U0739153

国家出版基金项目
NATIONAL PUBLICATION FOUNDATION

"十四五"国家重点出版物
出版规划项目

中国兽药
研究与应用全书

COMPREHENSIVE SERIES
ON VETERINARY DRUG
RESEARCH AND APPLICATION
IN CHINA

中国兽药产业

才学鹏 主编

化学工业出版社

·北京·

内容简介

本书立足我国兽药产业发展、兽药产业结构和产品结构的演变、兽药产业创新发展、兽药产业环保发展历程、兽药剂型加工发展历程、兽药产业机械化和智能化历程、兽药中间体产业发展历程、动物生物制品产业的发展、中药产业的发展、化学药品产业的发展等十个方面，详细阐述了我国兽药产业的发展历程和发展趋势，是一部集兽药科普、科研进展、生产技术、产业现状于一体的系统论著，对我国从事学科学习、科研开发、生产应用、产业管理等工作的专业人员具有很好的指导意义，也是高校动物药学、动物医学及相关专业师生的良好参考书。

图书在版编目（CIP）数据

中国兽药产业 / 才学鹏主编 . — 北京：化学工业
出版社，2025.3 — （中国兽药研究与应用全书）．
ISBN 978-7-122-46780-5

Ⅰ. F426.7

中国国家版本馆 CIP 数据核字第 2024TB9467 号

责任编辑：邵桂林　刘　军　　　装帧设计：尹琳琳
责任校对：王　静

出版发行：化学工业出版社
　　　　　（北京市东城区青年湖南街 13 号　邮政编码 100011）
印　　装：北京建宏印刷有限公司
787mm×1092mm　1/16　印张 51　字数 1282 千字
2025 年 6 月北京第 1 版第 1 次印刷

购书咨询：010-64518888　　　售后服务：010-64518899
网　　址：http://www.cip.com.cn
凡购买本书，如有缺损质量问题，本社销售中心负责调换。

定　　价：398.00 元　　　　　　　版权所有　违者必究

《中国兽药研究与应用全书》编辑委员会

顾　问

夏咸柱　中国人民解放军军事医学科学院，中国工程院院士

陈焕春　华中农业大学，中国工程院院士

刘秀梵　扬州大学，中国工程院院士

张改平　北京大学，中国工程院院士

陈化兰　中国农业科学院哈尔滨兽医研究所，中国科学院院士

张　涌　西北农林科技大学，中国工程院院士

麦康森　中国海洋大学，中国工程院院士

李德发　中国农业大学，中国工程院院士

印遇龙　中国科学院亚热带农业生态研究所，中国工程院院士

包振民　中国海洋大学，中国工程院院士

刘少军　湖南师范大学，中国工程院院士

编委会主任

沈建忠　中国农业大学，中国工程院院士

金宁一　中国人民解放军军事医学科学院，中国工程院院士

编委会委员（按姓氏笔画排序）

才学鹏　王战辉　邓均华　田克恭　冯忠武　沈建忠

金宁一　郝智慧　曹兴元　曾建国　曾振灵　廖　明

薛飞群

本书编写人员名单

主　编　才学鹏

副主编　刘业兵　谷　红　郭　晔

其他参编

徐士新	汪　霞	董义春	段文龙	曲鸿飞
吴　涛	高艳春	黄逢春	姜子楠	张雄方竹
张萍萍	刘爱玲	曹兴元	高迎春	毕昊容
闫喜军	田春利	赵丽丹	李俊平	赵丽霞
李宁求	王忠田	李勇军	范　强	赵　晖
陈莎莎	梁　磊	冯克青	王锦君	程海鹏
宫爱艳	谭克龙	陆连寿	安洪泽	岳常芳

丛书序言

我国是世界养殖业第一大国。兽药作为不可或缺的生产资料，对保障和促进养殖业健康发展至关重要，对保障我国动物源性食品安全具有重大战略意义，在我国国民经济的发展中起着不可替代的重要作用。党和政府高度重视兽药科研、生产、应用和管理，要求大力发展和推广使用安全、有效、质量可控、低残留兽药，除了要求保障我国畜牧养殖业健康发展外，进一步保障人民群众"舌尖上的安全"。国家发布的《"十四五"全国畜牧兽医行业发展规划》中明确规定，要继续完善兽药质量标准体系、检验体系等；同时提出推动兽药产业转型升级，加快兽用中药产业发展，加强中兽药饲料添加剂研发，支持发展动物专用原料药及制剂、安全高效的多价多联疫苗、新型标记疫苗及兽医诊断制品。以 2020 年《兽药管理条例》修订、突出"减抗替抗"为标志，我国兽药生产、管理工作和行业发展面临深刻调整，进入全新的发展时代。

兽药创新发展势在必行，成果的产业化应用推广是行业发展的关键。在国家科技创新政策的支持下，广大兽药从业人员深入实施创新驱动发展战略，推动高水平农业科技自立自强，兽药创制能力得到了大幅提升，取得了相当成效，特别是针对重大动物疾病和新发病的预防控制的兽药（尤其是疫苗）创制开发取得了丰硕的成果。我国兽药科技创新平台初具规模、兽药创制体系形成并稳步发展，取得一系列自主研发的新兽药品种，已经成为世界上少数几个具有新兽药创制能力的国家，为我国实现科技强国、加快建设农业强国提供坚实保障。

为了系统总结新中国成立以来兽药工业的研究与应用发展状况和取得的成果，尤其是介绍近年来我国在新兽药研究、创制与应用过程中取得的新技术、新成果和新思路，包括兽药安全评价、管理和贸易流通等，在化学工业出版社的邀请和提议下，沈建忠院士、金宁一院士组织了国内兽药教学、科研、生产、应用和管理等各领域知名专家编写了《中国兽药研究与应用全书》。参与编写的专家在本领域学术造诣深厚、取得了丰硕的成果、具有丰富的经验，代表了当前我国兽药学科领域的水平，保证了本套全书内容的权威性。

《中国兽药研究与应用全书》包含 10 卷，紧紧围绕党中央提出的新五大发展理念，结合国家兽药施用"减量增效"方针、最新修订的《兽药管理条例》和农业农村部"减抗限抗"政策，分别从中国兽药产业发展、兽用化学药物及应用、中兽药及应用、兽用疫苗及应用、兽用诊断试剂及应用、兽用抗生素替代物及应用、兽药残留与分析、兽药管理与国际贸易、兽药安全性与有效性评价、新兽药创制等方面给予了深入阐述，对学科和行业发展具有重要的参考价值和指导价值。

我相信，《中国兽药研究与应用全书》的顺利出版必将对推动我国兽药技术创新，提升兽药行业竞争力，保障畜牧养殖业的绿色和良性发展、动物和人类健康，保护生态环境等方面起到重要和积极作用。

祝贺《中国兽药研究与应用全书》顺利出版，是为序。

中国工程院院士
国家兽药安全评价中心主任、兽医公共卫生安全全国重点实验室主任

前言

非常感谢中国工程院院士、中国农业大学沈建忠教授在组织编写《中国兽药研究与应用全书》时把其中《中国兽药产业》分卷的编写任务交给中国兽药协会，使我和其他编写者一道能够重温中国兽药产业从无到有、从小到大、波澜壮阔、跌宕起伏的发展历程。

中国是世界养殖大国，养猪、养禽、养羊、养兔、海水/淡水养殖业都居全球第一，在重大动物疫病时常出现、人兽共患病无法根除、常见多发病司空见惯的情况下，如果没有兽药作为强力保障，是无法想象的。因此，兽药产业在中国发挥着举足轻重、不可替代的作用，是保障养殖业健康发展、动物源性食品安全、社会公共卫生安全、国家生物安全和生态环境安全的重要坚实基础。

新中国成立前，只有很少的兽药，没有形成产业。新中国成立后，中央政府非常重视兽药的研发和应用，陆续在全国各地布局了大专院校和科研单位从事兽药研发，成立了中国兽医药品监察所，专门负责指导生产企业建立兽药质量标准和生产与检验规程，分别在南京、兰州、成都和郑州建立了直属农业农村部的四个生物制品生产企业。随后，各省（自治区、直辖市）又分别建立了省属生物制品企业。我国兽用化学药物起步较晚，直到20世纪70年代各省（自治区、直辖市）、地（市）和县一级才开始有政府兴办的兽用化学药物生产企业。兽药行业改革前，全国兽药生产企业才450多家，以计划供应的方式，保障了养殖业的不断发展。

1988年后，我国私营兽药生产企业如雨后春笋般蓬勃发展起来，至2005年底，全国兽药生产企业达到了3600多家。2006年我国开始强制实施兽药GMP制度，兽药产业发展进入了规范化、国际化轨道。如今中国兽药产业已成为全球动保经济中一支不可忽视的力量，产业规模占全世界的1/4，有10家企业进入全球动保企业前50强、9家企业进入前30强、4家企业进入前20强。

中国兽药产业发展过程中既有成功的经验，也存在问题和面临挑战，希望《中国兽药产业》一书对大家能有所启迪。本书共分十章，系统介绍了兽药的概念、分类、起源，各类兽药的研发应用，兽药产业的形成、发展，以及法律、法规、标准的建立和不断完善的过程，展望了今后的发展趋势。

因水平所限，书中难免出现疏漏和不尽人意之处，欢迎广大读者批评指正。

衷心感谢参加本书编写的所有专家，他们认真负责和尽心尽力！感谢赵丽丹处长和姜子楠先生在参加编写的同时，随时随地为其他编写人员提供各种数据和资料，不厌其烦！感谢刘业兵研究员的负重担当，关键时刻排忧解难！感谢张雄方竹不图名利、默默奉献，承担并圆满完成了许多穿针引线、上传下达和相关文秘等工作。

衷心希望《中国兽药产业》能让读者开卷有益，成为兽药领域一部有价值的参考书，为兽药产业的可持续健康发展做出贡献。

才学鹏

2024 年 12 月 25 日

目录

第 1 章
我国兽药
产业发展
历程

1.1

兽药的概念及分类

兽药（veterinary drugs）是指用于预防、治疗、诊断动物疾病或者有目的地调节动物生理功能的物质（含药物饲料添加剂），主要包括疫苗、免疫血清、血液制品、抗体药物、诊断制品、微生态制剂、中药材、中成药、化学药品、抗生素、生化药品、放射性药品及外用杀虫剂、消毒剂等。

1.1.1　疫苗

疫苗（vaccines）是指用各类病原微生物或其组成成分、遗传基因制作的用于预防接种的生物制品。传统的用病原体直接制备的疫苗分为活疫苗（live vaccines）和灭活疫苗（inactivated vaccines）两种。随着生物技术的发展又陆续出现了下述新型疫苗。

1.1.1.1　亚单位疫苗

亚单位疫苗（subunit vaccines）是利用微生物的一种或几种具有免疫原性的特殊蛋白结构制成的疫苗。该疫苗根据其制备的技术又分为两种：①天然亚单位疫苗（natural subunit vaccines），即将微生物通过化学分解或有控制地水解蛋白质后，提取其具有免疫活性组分，加适当的佐剂制成的疫苗；②基因工程亚单位疫苗（genetic engineered subunit vaccines），又称生物合成亚单位疫苗或重组亚单位疫苗，是指将保护性抗原基因在原核或真核细胞中表达，并以基因产物——蛋白质或多肽制成的疫苗。

1.1.1.2　合成肽疫苗

合成肽疫苗（synthetic peptide vaccines）是用人工方法按照天然蛋白质的氨基酸顺序合成保护性短肽，与载体连接后加佐剂所制成的疫苗。

1.1.1.3　病毒样颗粒疫苗

病毒样颗粒疫苗（virus like particle vaccines）即用基因工程方法制备的含有某种病毒的一个或多个结构蛋白的空心颗粒加佐剂所制成的疫苗。病毒样颗粒没有病毒核酸，不能自主复制，在形态上与真正的病毒粒子相同或相似，俗称伪病毒。

1.1.1.4　病毒载体疫苗

病毒载体疫苗（viral vecter vaccines）是指将某种病原体具有免疫原性的结构蛋白基因连接到无致病性或改造的病毒载体上所制备的疫苗。

1.1.1.5　基因疫苗

基因疫苗又称DNA疫苗（DNA vaccines），即将编码外源性抗原的基因插入到含真核表达系统的质粒上，然后将质粒直接导入人或动物体内，使其在宿主细胞中表达抗原蛋白，诱导机体产生免疫应答。抗原基因在一定时限内的持续表达不断刺激机体免疫系统，使之达到预防疫病侵袭的目的。

1.1.1.6　mRNA 疫苗

mRNA 疫苗（mRNA vaccines）是将含有编码抗原蛋白的 mRNA 导入动物或人体内，在细胞内直接进行翻译，表达相应的抗原蛋白，从而诱导机体产生特异性免疫应答，达到预防疫病作用的疫苗。

1.1.1.7　抗独特型抗体疫苗

抗独特型抗体疫苗（anti idiotypic antibody vaccines）是以抗病原微生物抗体作为抗原所制备的疫苗。其原理是抗病原微生物的抗体（Ab1）作为抗原免疫动物后，抗体的独特型决定簇可刺激机体产生抗独特型抗体（简称 Id 抗体，或 Ab2），抗独特型抗体是始动抗原的内影像，可刺激机体产生对始动抗原的免疫应答，从而产生保护作用。

1.1.2　免疫血清

免疫血清（immune serum）又称抗血清，系含有抗体的血清制剂。免疫血清主要包括抗毒素、抗菌血清、抗病毒血清等。

1.1.2.1　抗毒素

将类毒素多次免疫动物后，采取动物的免疫血清，经浓缩、纯化后制成抗毒素（antitoxin）。其主要用于治疗细菌外毒素所引起的疾病，如破伤风抗毒素。

1.1.2.2　抗菌血清

抗菌血清（antibacterial serum）系用病原菌免疫动物，取其血清制备而成。相关产品如抗气肿疽血清、抗炭疽血清、抗绵羊痢疾血清、抗猪羊多杀性巴氏杆菌病血清、抗猪丹毒血清等。

1.1.2.3　抗病毒血清

抗病毒血清（antiviral serum）系用病毒免疫动物，采取血清精制而成。相关制剂如抗猪瘟血清、抗犬瘟热血清、抗细小病毒病血清等。

1.1.3　血液制品

血液制品（blood products）指以健康动物血液为原料，采用生物学工艺或分离纯化技术制备的生物活性制剂。相关产品主要包括动物免疫球蛋白、动物血液白蛋白等。

1.1.3.1　动物血液白蛋白

动物血液白蛋白（animal blood protein）是动物血浆中最主要的蛋白质，其功能是维持机体营养与渗透压，其实现途径：（1）维持血浆胶体渗透压的恒定；（2）转运难溶性的小分子有机物和无机离子；（3）保证细胞内液和细胞外液与组织间的交流；（4）对球蛋白发挥胶体稳定的保护作用；（5）重金属离子中毒时的解毒作用。

1.1.3.2　动物免疫球蛋白

动物免疫球蛋白（animal immunoglobulin）是指具有动物抗体活性或无抗体活性而在化学结构上与抗体相似的球蛋白。免疫球蛋白是 B 淋巴细胞受抗原刺激后增殖、分化为浆细胞的分泌产物。免疫球蛋白普遍存在于动物血浆、组织液、外分泌液及某些细胞的细胞质和细胞膜表面。近年来，动物免疫球蛋白已经被制作成生物制品，用于病毒病的预防和治疗，包括直接从鸡卵黄囊和哺乳动物血浆中提取的免疫球蛋白和通过哺乳动物细胞表达的基因工程抗体。

1.1.4　抗体药物

抗体药物（antibody drugs）是一种由同源抗体物质组成的药物，可分为多克隆抗体药物和单克隆抗体药物。兽医临床常用的卵黄抗体就是一种多克隆抗体药物。今后抗体药物发展的方向是单克隆抗体药物。

1.1.5　诊断制品

诊断制品（diagnostic reagents）是指采用免疫学、微生物学、分子生物学等原理或方法制备的用于动物疫病的诊断、检测及流行病学调查、免疫效果评价的诊断试剂。用于动物体内诊断的称作体内诊断试剂，用于体外诊断的称作体外诊断试剂。体外诊断试剂又分为临床生化诊断试剂、免疫诊断试剂和分子诊断试剂三大类，其中免疫诊断试剂应用最为广泛，分子诊断试剂是技术最尖端、发展最快的类别。

1.1.5.1　生化诊断试剂

生化诊断试剂（biochemical diagnostic reagents）是指有酶反应或抗原抗体反应参与，主要用于测定酶类、糖类、脂类、蛋白或非蛋白氮类、无机元素类等生物化学指标、机体功能指标或蛋白的诊断试剂。这类试剂主要用于血常规、尿常规、肝功能、肾功能、胰腺、尿糖等生化指标的检测。生化诊断试剂在人医领域使用非常普遍，在兽医领域仅在宠物和奶牛疾病的诊断中开始使用。有些上市的新产品技术含量非常高，实现了生物芯片技术、生物纳米技术和微流控技术的有机结合。目前，生化诊断试剂尚未列入兽药审评的范围。

1.1.5.2　免疫诊断试剂

免疫诊断试剂（immunodiagnostic reagents）是指根据免疫学的理论、技术和方法设计制备的用于诊断或检测各种疾病以及机体免疫状态的诊断试剂。这类诊断试剂数量很多，千差万别，根据抗原抗体反应后所呈现的现象分为以下几类。

（1）凝集反应试剂（agglutination reagents）　是指利用颗粒性抗原（细菌、细胞等）与相应的抗体，或可溶性抗原（或抗体）吸附于与免疫无关的载体形成致敏颗粒（免疫微球）与相应的抗体（或抗原），在有适量电解质存在下，形成肉眼可见的凝集小块的基本原理所制备的诊断试剂。

① 直接凝集反应试剂（direct agglutination reagents）：是指利用颗粒性抗原（凝集

原）与相应的抗体直接结合呈现凝集现象的原理所制备的诊断试剂。

② 间接凝集反应试剂（indirect agglutination reagents）：是指利用可溶性抗原（或抗体）吸附于与免疫无关的微球载体上，形成致敏载体（免疫微球）与相应的抗体（或抗原），在电解质存在条件下产生间接凝集或被动凝集现象的原理所制备的诊断试剂。

③ 间接凝集反应抑制试剂（indirect agglutination inhibition test reagents）：是指利用将可溶性抗原与相应的抗体预先混合并充分作用后，再加入抗原致敏的载体，此时因抗体已经被可溶性抗原结合，阻断了抗体与致敏载体上的抗原结合，不再出现凝集现象的原理所制备的诊断试剂。

④ 协同凝集反应试剂（co-agglutination reagents）：是指利用以金黄色葡萄球菌为载体，利用其细胞壁中的 A 蛋白（SPA）具有结合多种哺乳动物 IgG Fc 端的特性，将特异性抗体结合到金黄色葡萄球菌菌体表面，遇到相应的抗原时与之结合，导致可见的金黄色葡萄球菌凝集现象的原理制备的诊断试剂。

（2）沉淀反应试剂（precipitation reaction reagents）　是指利用可溶性抗原与相应的抗体，在有适量电解质存在的情况下出现肉眼可见的沉淀现象的原理所制备的诊断试剂。沉淀反应试剂的核心要素是已知定量特异性抗体，多数检测或诊断试验需要在特定缓冲条件下的琼脂平板上进行。

① 单向琼脂扩散（single immunodiffusion test）：将特异性抗体与熔化的琼脂充分混合，使抗体在琼脂中均匀分布，浇制成琼脂板，按需要打孔，在孔中加入抗原，通过抗原扩散与琼脂中的抗体形成沉淀圈。单向琼脂扩散系定量试验，沉淀圈的直径与抗原浓度呈正相关。该方法常被用于血清抗体检测。

② 火箭电泳（rocket electrophoresis）：将制备的单向琼脂平板打孔并加入抗原后，置于电场中，抗原置于负极向正极扩散，与琼脂中的抗体结合形成锥形沉淀峰，形状好像火箭。沉淀峰的高度与抗原浓度呈正相关。应用范围与单向琼脂扩散相同。

③ 双向琼脂扩散（double immunodiffusion test）：首先制备琼脂平板，按需要打孔，分别加入抗原和抗体，在扩散过程中如果抗原和抗体相对应，则在两孔之间形成白色沉淀线。该方法常用于测定抗原或抗体，也可用于测定免疫血清效价。

④ 对流免疫电泳（counter immunoelectrophoresis）：在双向琼脂扩散的基础上加电泳，将抗原孔置于负极，抗体孔置于正极。因抗原分子量小于抗体，且携带的负电荷比抗体多，在电场中能够克服电渗作用而由负极泳向正极；抗体无法克服电渗作用而从正极泳向负极。抗原和抗体形成对流，在比例适宜处形成白色沉淀线。由于抗原和抗体均作定向泳动，故而提高了检测的敏感性，自动化程度较高。

（3）补体结合试验试剂（complement fixation test reagents）　该试验的原理是，补体没有特异性，能够与任何抗原抗体复合物结合，结合后的三元复合物可以与红细胞和溶血素的复合物结合，造成红细胞破坏，即溶血反应。在补体结合试验中，补体是关键的反应介导物，绵羊红细胞和溶血素作为指示系统，用以检测未知抗原或抗体。该试验不仅可以用来诊断传染病，也可用于鉴定病原体，常作为传染病诊断和病原体鉴定的金标准。

（4）中和反应试剂（neutralization test reagents）　利用病毒、毒素、酶、激素的与其相应的抗体结合后导致生物活性丧失的中和反应原理制备的诊断试剂。

① 病毒中和试验（virus neutralization test）：用于检测抗病毒抗体，即中和抗体。将待检血清与病毒悬液混合，接种于细胞进行培养，根据对细胞的保护效果判断病毒是否被中和，计算出"中和指数"，确定中和抗体效价。该方法可利用已知免疫血清鉴定病毒，

或用已知病毒检测感染血清内的中和抗体，进行流行病学调查和病毒性疫病的诊断。

② 毒素中和试验（toxin neutralization test）：是一种体外的毒素-抗毒素中和试验，有些病原菌能够产生破坏红细胞的溶血素O，可刺激机体产生相应的抗体，当溶血素与相应的抗体结合后，毒性被中和，会失去溶血活性。试验过程是，将待检血清先与溶血素O混合，作用一定时间后加入红细胞，如未见溶血则判为阳性。

（5）免疫标记诊断试剂（immunolabeled diagnostic reagents） 将易显示的物质标记到已知抗体或抗原上，通过检测标记物确定有无抗原抗体反应，提高检测的敏感性，从而间接检测出微量的抗原或抗体。标记物包括酶、荧光素、放射性同位素、胶体金、生物素与亲和素、化学发光剂、纳米晶或半导体纳米晶及电子致密物质等。

① 酶标记免疫诊断试剂（enzyme-linked immunosobent assay，ELISA）：用酶标记抗原或抗体形成的诊断试剂。根据检测的目的不同，可组合成不同的检测方法。

A. 检测抗原的方法：主要有以下几种。

a. 双抗体夹心法（double antibody sandwich ELISA）：原理是先将特异性抗体与固相载体连接；加入待测样本，形成固相抗原抗体复合物；再加入酶标抗体形成双抗体夹心，洗涤；加底物显色，根据颜色反应强弱进行抗原的定性或定量检测。该方法是检测抗原最常用的方法，适用于检测含有至少两个抗原决定簇的多价大分子抗原，不能用于小分子半抗原的检测。

b. 双位点一步法（two site one-step ELISA）：前提条件是需要同一个目标抗原的两个不同的单克隆抗体。原理是先将一个单克隆抗体与固相载体连接，作为捕获单抗；将待测抗原与酶标记单抗混合后同时加入；温育，洗涤；加入底物显色，根据颜色反应强弱进行抗原的定性或定量检测。该方法适用于检测有两个抗原决定簇且空间距离较远的大分子抗原。

c. 固相竞争法（solid phase competitive ELISA）：原理是先将目标抗原的特异性抗体连接到固相载体上；同时加入待测样本和酶标记抗原，使样本中的未标记抗原和已知标记抗原与固相载体上的特异性抗体竞争结合；温育，洗涤；加入底物显色，根据颜色反应强弱进行抗原的定性或定量检测。需要注意的是，要保证反应体系中固相抗体和酶标抗原是固定限量，且固相抗体的结合位点一定要少于标记和非标记抗原的分子数量之和。判定结果时，结合于固相载体上的复合物中被测定的酶标抗原的量与样本或标准品中非标记抗原的浓度呈反比。该方法不仅适合于一般抗原的检测，更适合于检测小分子抗原，如药物、激素等。

B. 检测抗体的方法：主要有以下几种。

a. 间接法（indirect ELISA）：原理是将抗原包被（连接）到固相载体上；加入待测样本，形成固相抗原-待检抗体复合物；温育，洗涤；加入酶标二抗，在固相上形成固相抗原-待检抗体-酶标抗体复合物；加入底物显色，根据颜色反应强弱进行抗体的定性或定量检测。该方法是检测IgG类抗体最常用的方法。

b. 双抗原夹心法（double antigen sandwich ELISA）：原理是先将待检抗体相对应的特异性抗原包被到固相载体上；加入待测样本，形成固相抗原-待检抗体复合物；温育，洗涤；加入酶标抗原，由于抗体的两条臂不能同时结合抗原，与固相抗原结合后余下的一条臂就会与酶标抗原结合，形成固相抗原-待检抗体-酶标抗原复合物；加入底物显色，根据颜色反应判定结果。

c. 竞争法（competitive ELISA）：原理是先将待检抗体的特异性抗原连接到固相载体上；同时加入待测样本和酶标记抗体，使样本中的未标记抗体和已知标记抗体与固相载体上的特异性抗原竞争结合；温育，洗涤；加入底物显色，根据颜色反应强弱进行抗体的定性或定量检测。该方法的技术要点是必须保证反应体系中固相抗原和酶标抗体是固定限量，且固相抗原的结合位点一定要少于标记和非标记抗体的分子数量之和。竞争抗体与待测抗体的特异性及亲和力越接近，检测结果的可靠性越强。判定结果时，结合于固相载体上的复合物中被测定的酶标抗体的量与样本或标准品中非标记抗体的浓度呈反比。

d. 捕获法（又称反向间接法）（capture ELISA）：原理是先将待检抗体的二抗包被于固相载体；加入待检样本，待检抗体可被固相载体上的二抗捕获；再加入特异性抗原，使其与固相上被捕获的待检抗体结合；然后加入酶标记特异性抗原的抗体，形成固相二抗-待检抗体-抗原-酶标记抗体复合物；加入底物显色，即可确定待检样本中是否存在目标抗体及其含量。该方法主要用于血清中某种亚型成分（如 IgM）的检测，最常见的是病原体急性感染诊断中的 IgM 抗体检测。

② 荧光素标记免疫诊断试剂（fluorescent immunodiagnostic reagents）：用荧光素标记抗体或抗原所制备的用于免疫学诊断或检测的试剂。免疫荧光技术是在免疫学、生物化学和显微镜技术的基础上建立起来的一项检测技术，起始于 20 世纪 40 年代初（1941年），早期仅用于抗原定位。经过 80 多年的发展，该技术已经逐渐走向成熟，不仅可以用于抗原定位，也可用于抗原的相对定量。

免疫荧光技术的基本原理是将不影响抗原抗体活性的荧光素标记在抗体（或抗原）上，与其相应的抗原（或抗体）结合后，在荧光显微镜下呈现特异性荧光反应。

常见的荧光标记物有异硫氰酸荧光素、四乙基罗丹明、四甲基异硫氰酸罗丹明、镧系螯合物〔某些 3 价稀土镧系元素如铕（Eu）、铽（Tb）、铈（Ce）等的螯合物〕等。

在检测实践中，多用荧光素标记抗体检测抗原，很少用荧光素标记抗原检测抗体。根据参与反应的要素不同，可将免疫荧光检测分为直接法与间接法两种方法。

A. 直接法（direct immunofluorescence test）：将标记的特异性荧光抗体直接加在固定在载体上的待检抗原样本上，经一定温度和时间结合反应，洗去未参加反应的多余荧光抗体，荧光显微镜下观察结果。

B. 间接法（indirect immunofluorescence test）：检测未知抗原，先用已知未标记的特异性抗体（第一抗体）与固定在载体上的待检抗原样本进行反应，洗去未反应的抗体，再用标记的抗抗体（第二抗体）与样本载体上的抗原-抗体复合物反应，使之形成抗原-抗体（第一抗体）-标记抗抗体（第二抗体）复合物，再洗去未反应的标记抗体，荧光显微镜下观察结果。

检测未知抗体，先将已知抗原固定到反应载体上；加待检样本并作用一定时间，使之与固定在反应载体上的已知抗原进行反应，形成抗原-待检抗体（第一抗体）复合物；洗去未反应的待检抗体；再用标记的抗抗体（第二抗体）与反应载体上的抗原-待检抗体复合物反应，使之形成抗原-待检抗体（第一抗体）-标记抗抗体（第二抗体）复合物，再洗去未反应的标记抗体，荧光显微镜下观察结果。

③ 放射性同位素标记免疫诊断/检测试剂（radioimmunoassay reagents）：用放射性同位素标记抗原或抗体所制备的用于免疫学诊断或检测的试剂。

放射免疫分析技术由美国化学家 R. S. 耶洛于 20 世纪的 1960 年提出，经过六十多年的发展，医学界将其广泛应用于各种激素、病原体抗原和抗体、肿瘤抗原以及化学药物等的检测。

放射免疫分析技术的原理是使放射性同位素标记抗原（或抗体）和未标记抗原（或抗

体）（待测物）与不足量的特异性抗体（或抗原）竞争性地结合，反应后分离并测定放射性同位素而确定未标记抗原（或抗体）的量。

建立准确的放射免疫分析技术，须具备两个重要的前提条件：一是标记抗原（或抗体）与非标记抗原（或抗体）具有相同的免疫活性；二是具有一种能够将抗原抗体复合物从反应体系中分离出来的可靠技术。

常用的放射免疫分析方法有液相法和固相法两种。

A. 液相法（liquid phase radioimmunoassay）：将待检样本（抗原）和标记抗原与定量的特异性抗原混合，作用一定时间后，分离收集抗原抗体复合物及游离抗原，测定这两部分的放射活性，计算结合率。在反应体系中，待检样本中的抗原和放射性同位素标记的抗原与特异性抗体发生竞争性结合。非标记的抗原越多，标记抗原与抗体形成的复合物越少。非标记抗原含量与标记抗原抗体复合物含量呈一定的函数关系。预先用标准的非标记抗原作出标准曲线后，即可查出待检样本中的抗原含量。

B. 固相法（solid phase radioimmunoassay）：将抗原（或抗体）吸附到固相载体表面，然后加待检样本，最后加标记抗原（或抗体），竞争结合反应结束后，测定固相载体的放射活性。常用的固相载体有溴化氰（CNBr）海豹化纸片或聚苯乙烯小管。

④ 胶体金标记免疫诊断试剂（colloidal gold labeled immunodiagnostic reagent）：将胶体金作为标记物与抗原或抗体结合所制备的用于免疫学诊断或检测的试剂。

免疫胶体金技术（immune colloidal gold technique）是以作为示踪标志物应用于抗原抗体检测的一种免疫标记技术。1971 年 Faulk 和 Taytor 将胶体金作为标记物引入免疫组织化学研究，用于检测沙门菌的表面抗原。1974 年 Romano 将胶体金与马抗人 IgG 相结合，建立了间接免疫金染色法。该技术经过五十多年的发展，已经十分成熟，有些方法在兽医临床上广泛用于生产一线的快速检测。

免疫胶体金技术的基本原理：氯金酸（$HAuCl_4$）在还原剂的作用下可聚合成一定大小的金颗粒，且因静电作用呈稳定的胶体状态，故称胶体金。在弱碱性条件下，胶体金带负电荷，可与带正电荷基团的蛋白质分子形成牢固结合，且不影响蛋白质的生物活性。将胶体金与抗原或抗体结合，即可建立各种针对抗原或抗体的免疫学定位/诊断/检测方法。

A. 液相胶体金免疫测定法（liquid phase colloidal gold immunoassay）：将胶体金与抗体结合，建立微量凝集试验，检测相应的抗原，用肉眼可直接观察到凝集颗粒。

B. 胶体金标记流式细胞术（colloidal gold labeling flow cytometry）：胶体金可以明显改变红色激光的散射角，利用胶体金标记的羊抗鼠 Ig 抗体应用于流式细胞术，分析不同类型细胞的表面抗原，结果胶体金标记的细胞在波长 632nm 时，90°散射角可放大 10 倍以上，同时不影响细胞活性。

C. 固相胶体金免疫测定法（solid phase colloidal gold immunoassay）：又可分为以下 3 种。

a. 斑点免疫金银染色法（dot immunogold silver staining）：是将斑点 ELISA 与免疫胶体金结合起来的一种方法。将蛋白质抗原直接点样在硝酸纤维膜上，与特异性抗体反应后，再滴加胶体金标记的第二抗体，在抗原抗体反应处就会发生金颗粒聚集，形成肉眼可见的红色斑点，故称斑点免疫金染色法。银染色液可使该反应显色增强，所以称此法为斑点免疫金银染色法。

b. 斑点免疫金渗滤测定法（dot immunogold filtration assay）：该方法的原理与免疫金染色法完全相同，不同之处是在硝酸纤维膜下垫有吸水性强的材料，即渗滤装置。事先将抗原（或抗体）点样在硝酸纤维膜上，检测时可迅速加待检样本抗体（或抗原），再加金标记第二抗体（或金标记另一个第一抗体），由于有加速反应的渗滤装置，在数分钟内即可出现颜色反应。

c. 胶体金免疫层析法（colloidal gold immunochromatography assay）：将特异性抗原（或抗体）以条带状固定在微孔膜（如硝酸纤维膜）上，胶体金标记试剂（标记抗体或标记抗原）吸附在渗滤垫上，当待检样本加到微孔膜试纸条一端的样本垫上后，通过毛细作用向前移动，溶解渗滤垫上的胶体金标记试剂后相互反应，在移动至预先固定的抗原（或抗体）区域时，待检物与金标试剂的结合物与固定的抗原（或抗体）再一次发生特异性结合而被截留，聚集在检测带上，形成肉眼可见的显色条带。该方法已经发展为诊断或检测试纸条（或卡），在基层现场使用十分方便。

D. 免疫胶体金光镜/电镜染色法（immunocolloidal gold staining by light/electron microscopy）：可分为以下 2 种。

a. 免疫胶体金光镜染色法（immunocolloidal gold staining by light microscopy）：采样涂片或组织切片，可用胶体金标记的抗体染色，也可在胶体金标记的基础上用银显影液增强标记，使被还原的银原子沉积于已标记的金颗粒表面，可明显增强胶体金标记的敏感性。可用于抗原定位、病原体形态的观察和病原检测。

b. 免疫胶体金电镜染色法（immunocolloidal gold staining by electron microscopy）：可用胶体金标记的抗体或抗抗体（第二抗体，样本上有预先加好的抗体）与负染病毒样本或组织超薄切片结合，然后进行负染。可用于精确的抗原定位、病原体形态的观察和病原检测。

⑤ 生物素-亲和素标记免疫诊断试剂（biotin-avidin immunolabeling diagnostic reagents）：将生物素-亲和素作为放大系统制备的免疫标记诊断试剂。

生物素-亲和素系统（biotin-avidin system，BAS）是 20 世纪 70 年代末发展起来的一种新型生物反应放大系统，几乎可以与已知的各种标记物结合。生物素与亲和素之间高亲和力的牢固结合以及多级放大效应使 BAS 免疫标记和示踪分析更加灵敏，作为新技术广泛应用于微量抗原和抗体的定性、定量检测及定位观察。在免疫学诊断方面，理论上 BAS 可以与任何已知免疫标记技术结合，从而建立一种新的更加敏感的免疫标记诊断技术，最常见的是与免疫酶标记技术相结合。

BAS-ELISA：是在常规 ELISA 原理的基础上，结合 BAS 的高度放大作用，建立的一种诊断/检测技术。首先，将待检样本包被或捕获到固相载体上；加入已经与生物素以共价键结合的抗体（或抗原）；温育，洗涤；加入酶标记的亲和素；温育，洗涤；加入底物显色，根据显色程度，对待检抗原（或抗体）进行定性或定量。

A. BA 法，或称标记亲和素生物素法（LAB）：用标记亲和素连接生物素化大分子（即生物素标记的抗原或抗体）反应体系。

B. 桥联亲和素-生物素法（BRAB）：用亲和素两端分别连接生物素化大分子反应体系和标记生物素。

C. ABC 法：将亲和素与酶标生物素结合形成亲和素-生物素-过氧化物酶复合物，再与生物素标记的抗体结合，将抗原-抗体反应体系与 ABC 标记体系连成一体。该方法可以将微量抗原的信号放大成千上万倍，大幅度提高了检测的敏感性。

⑥ 化学发光剂标记免疫诊断试剂（chemiluminescence immunodiagnostic reagent）：将发光物质或酶作为放大系统制备的免疫标记诊断试剂。

化学发光免疫检测的原理是将发光物质或酶标记在抗原或抗体上，免疫反应结束后，加入氧化剂或酶底物引起发光，通过测量发射光强度和预先制作的标准曲线，对待检物进行定性或定量检测。

根据化学发光的底物不同，可将化学发光分为以下三类。

A. 酶促化学发光免疫检测法（enzymatic chemiluminescence immunoassay）：用辣根过氧化物酶标记抗体（或抗原），在与反应体系中的待测样本发生免疫反应后，形成固相包被抗体-待测抗原-酶标记抗体的复合物，洗涤清除未发生免疫结合的抗原及标记抗体，加入发光底物、氧化剂和发光增强剂，即可产生化学发光。

B. 直接化学发光免疫检测法（direct chemiluminescence immunoassay）：用化学发光底物直接标记抗体（或抗原），与待测样本中相应的抗原（或抗体）发生免疫反应后，形成固相包被抗体-待测抗原-发光底物标记抗体的复合物，洗涤清除未发生免疫结合的抗原及标记抗体，加入氧化剂和发光增强剂，化学发光底物在不需要催化剂的情况下即可发光。

C. 电化学发光免疫检测法（electro chemiluminescence immunoassay）：用电化学发光剂三联吡啶钌标记抗体（或抗原），以三丙胺为电子供体，在电场中因电子转移而发生特异性化学发光反应，包括电化学发光和化学发光两个过程。该方法是化学发光方法与电化学方法相互结合的产物，既保留了化学发光方法的灵敏度高、线性范围宽、观察方便、仪器简单等优点，又具有重现性好、试剂稳定、控制容易等特点，已广泛应用于免疫诊断/检测、核酸杂交分析和其他生化物质的测定。

⑦ 纳米晶（颗粒）标记免疫诊断试剂（nanocrystalline immunodiagnostic reagents）：将纳米颗粒作为放大系统制备的免疫标记诊断试剂。

上转换纳米粒子（upconversion nanoparticles，UCNPs）是近年发展起来的一种新型标记材料，因其"长波长激发，短波长发射"的独特发光性质，能有效规避生物样本自身的背景荧光干扰，已在医学检验、生物诊断等方面得到了广泛应用。农药残留检测方面，以新烟碱类、有机磷类和氰基菊酯类农药为主要检测对象，将合成的核壳结构 UCNPs 进行功能化修饰，制备各类农药的上转换发光免疫识别探针，成功研制了检测农药的上转换免疫试纸条，其测定时间为 30～40min，灵敏度 IC_{50} 值达到 3～30ng/mL，定量检测结果与仪器检测结果一致性达到 90％以上，可应用于环境和农产品等复杂基质样品中农药多残留快速筛查。

⑧ 量子点标记免疫诊断试剂（quantum dot immunodiagnostic reagent）：将量子点纳米颗粒作为放大系统制备的免疫标记诊断试剂。

量子点是半导体材料中的微小晶体，可以把电子锁定在一个非常微小的三维空间内，当有光照射的时候电子会受到激发跳跃到更高的能级，当这些电子回到原来较低的能级时，会发射出一定波长的光束。当量子点被光脉冲照射的时候，会产生各种各样的颜色，目前已经制造出可以产生超过 12 种颜色荧光的量子点，且理论上还可以产生出更多的颜色。量子点技术可应用于生物学、医学、兽医学的结构研究、精确定位、药物示踪检验检测和农药残留检测与监测，发展前景广阔。

⑨ 分子诊断试剂（molecular diagnostic reagents）：利用分子生物学技术，以检测靶标生物遗传基因的存在、变异或表达异常为目的，以 DNA 或 RNA 为诊断材料所制备的诊断试剂。

分子诊断技术已广泛应用于传染病的诊断、流行病学调查、农畜产品和食品卫生检验、肿瘤和遗传病的早期诊断及法医鉴定等诸多领域。主要技术方法如下。

A. 核酸分子杂交技术（nucleic acid molecular hybridization）：制备核酸探针，对特定 DNA 或 RNA 序列进行定性或定量检测。

a. Southern 印迹杂交（Southern blot hybridization）：首先用限制性内切酶消化（切割）待测 DNA 片段，然后用琼脂糖凝胶电泳分离酶切产物，电泳后将其放入碱性溶液中进行 DNA 原位变性，使之解离为单链；在凝胶上贴盖硝酸纤维素膜，使凝胶上的单链 DNA 吸印在膜上；吸印在膜上的单链 DNA 与标记的核酸探针杂交，然后洗膜除去非特异性结合的探针；最后，通过特定的检测方法确定目标 DNA 片段的大小、数量及序列特征。

b. Northern 印迹杂交（Northern blot hybridization）：此方法和 Southern 印迹杂交基本相同，区别是靶核酸不是 DNA 而是 RNA。另外，Northern 印迹杂交采用变性剂防止 RNA 分子形成"发夹"式二级结构，以保持其单链线性状态。

c. 点杂交（dot hybridization）：直接将待测 DNA 或 RNA 固定在滤膜上，然后加入过量的标记核酸探针进行杂交。

d. 原位杂交（*in situ* hybridization）：应用特定标记的已知序列的核酸分子作为探针，与细胞涂片或组织切片中的核酸特异性结合形成杂交体，然后应用组织化学或免疫组织化学方法在显微镜下观察待检目标的细胞内定位或基因表达的检测。

B. 聚合酶链反应（polymerse chain reaction，PCR）：是一种模拟体内 DNA 半保留复制过程，在体外酶促合成特异性 DNA 片段的方法。首先，根据目的基因的序列，设计合成一对特异性引物。然后进行体外基因扩增，扩增过程包括如下三个基本反应。a. 高温变性：提高温度使 DNA 双螺旋的氢键断裂，双链解离形成单链 DNA；b. 低温退火：降低温度使引物与模板 DNA 中所要扩增的目的序列的两侧互补序列进行配对结合；c. 适温延伸：从引物 $3'$ 末端开始，以四种脱氧核糖核苷三磷酸（dNTP）为原料，以变性后的单链 DNA 为模板，遵循碱基互补配对的规律，合成与模板互补的 DNA 单链。上述变性、退火和延伸三个环节构成一个循环，每一次循环所扩增的 DNA 又是下一个循环的模板，使扩增产物量呈指数增长。扩增反应结束后，须对扩增产物进行分析鉴定，确定是否得到了预期的扩增产物。常用的分析方法：凝胶电泳分析、限制性核酸内切酶酶切分析、分子杂交和核酸序列测定等。

C. 反转录-聚合酶链反应（reverse transcription polymerse chain reaction，RT-PCR）：是将 RNA 的反转录（RT）和 cDNA 的聚合酶链反应（PCR）扩增相结合的技术。首先经反转录酶的作用从 RNA 合成 cDNA，再以 cDNA 为模板，在 DNA 聚合酶的作用下扩增合成目的片段。作为模板的 RNA，可以是总 RNA、mRNA 或体外转录的 RNA 产物。用于反转录的引物有随机引物、多聚胸腺嘧啶（Oligo dT）及基因特异性引物，可根据实验的具体情况选择。

D. 实时荧光定量 PCR（quantitative real-time PCR，qPCR）：是在 PCR 反应体系中加入荧光基团，利用荧光信号积累实时监测整个 PCR 进程，最后通过标准曲线对未知模板进行定量分析的方法。其技术原理：将标记荧光素的 Taqman 探针与模板 DNA 混合后，进行 PCR 反应，在 DNA 扩增的过程中与模板 DNA 互补配对的 Taqman 探针被切断，荧光素游离于反应体系中，在特定光激发下发出荧光，随着循环次数的增加，被扩增的目的基因片段呈指数规律增长，通过实时检测与之对应的随扩增而变化的荧光信号强度求得 Ct 值，同时利用数个已知模板浓度的标准品作对照，即可得出待测样本目的基因的拷贝数。

E. 环介导等温扩增反应（loop-mediated isothermal amplification，LAMP）：DNA 在 65℃左右可以处于动态平衡状态，在此温度下利用 4 条特异性引物（两条外引物和两条内引物）识别保守序列 DNA 的 6 个特异性片段，依靠一种链置换 DNA 聚合酶，使链置换 DNA 的合成不间断地自我循环。反应体系中基因扩增和产物检测可一步完成，扩增效率高，可在 30～60min 扩增 $10^9 \sim 10^{10}$ 倍，且特异性较高。该技术已广泛应用于各种病毒、细菌、寄生虫等病原引起的疫病检测、食品和化妆品安全检查以及进出口快速诊断等。

F. 重组酶聚合酶扩增（recombinase polymerase amplication，RPA）技术：重组酶与引物结合形成的酶-DNA 复合物能在双链 DNA 中寻找同源序列；一旦引物定位了同源序列，就会发生链交换反应，并启动 DNA 合成，对模板上的目标区域进行指数式扩增；被替换的 DNA 链与单链 DNA 结合蛋白（SSB）结合，防止进一步替换。在此反应体系中，由两个相对的引物起始一个合成事件；整个过程用时很短，一般可在 10min 之内获得可检测水平的扩增产物。该技术于 2006 年首次问世，被称为是可替代 PCR 的核酸检测革命性技术，其优点：在常温下即可进行；不需要复杂的样品处理；能够扩增痕量的核酸模板；既可以扩增 DNA，也可以扩增 RNA；不仅可以对扩增产物进行终点检测，还可以对扩增过程进行实时监控；可以通过侧流层析试纸条（LFD）读取结果。该方法适用于基层野外检测。

G. 微流控技术（microfluidic technology）：是一种用于控制极微量液体（$10^{-9} \sim 10^{-18}$L）的新型技术平台，用于生物学领域时其主要特点是可将细胞培养、实验处理、成像、检测等步骤高度集成到芯片上。主要应用领域如下。

a. 器官芯片（microfluidic organ chip）：在微流控芯片平台上模拟器官功能，目的是通过在芯片上模拟生物环境，培养细胞、组织和器官，研究和控制细胞在体外培养过程中的生物行为，从而实现模拟生物环境的器官移植和药物评价。

b. 液体活检（microfluidic fluid biopsy techniqune）：是替代肿瘤组织活检的一种新型液体活检技术，可用于肿瘤分期检测、动态检测、疗效评价、用药指导、药物开发和预后检测等。

c. 环境污染检测（microfluidic enviromental pollution detection technology）：将微流控技术与标记技术、芯片技术结合，构建基于微流控芯片的免疫传感器，根据显色（或光）信号的强度定量检测污染物。该方法可分析多种环境污染物，操作简单，技术集成度高，发展潜力大。

d. 单细胞分析（microfluidic single cell analysis）：在微流控芯片上模拟细胞生长环境，创造单细胞培养的条件，实现对单细胞的观察和分析，为细胞生物功能研究提供了新的思路。

e. 核酸检测（microfluidic nucleic acid detection technology）：将微流控芯片技术与荧光定量 PCR、数字 PCR、环介导等温扩增等技术相结合用于目标基因扩增和检测，可以简化操作步骤，显著提高检测效率，使反应更加敏感，显示更加直观，特别适合微量或痕量核酸检测。

f. 药物筛选（microfluidic drug screening technology）：微流控芯片药物筛选技术平台目前可集成 256 个细胞培养腔微阵列，实现了细胞药物筛选的高通量化；芯片微纳升级体积大幅度降低了试剂消耗，节约了药物筛选成本；芯片的三维结构区域可产生较低的剪切力，在腔室内形成浓度梯度，可对药物进行毒性分析。由于微流控芯片药物筛选的集成化技术优势，因而成为一种非常有潜力的药物和先导化合物的高效筛选工具。

1.1.6　微生态制剂

微生态制剂（probiotics）也叫活菌制剂，是利用正常微生物或促进微生物生长的物质制成的活的微生物制剂，即一切能促进机体内正常微生物群生长繁殖的及抑制致病菌生长繁殖的制剂都称为微生态制剂。微生态制剂的突出特点是"患病治病，未病防病，无病保健"。近年，我国农业农村部大力推行"养殖减抗，饲料禁抗"政策措施，遏制养殖端细菌耐药性的产生，微生态制剂已成为实现"减抗，禁抗"的技术措施之一。

1.1.7　中药材

中药材（traditional Chinese medicine）是指在传统兽医学（即中兽医学）理论指导下应用的原生药材，用于治疗动物疾病。一般传统中药材讲究道地药材，是指在特定自然条件、生态环境的地域内所产的药材。由于道地药材生产较为集中，对栽培技术、采收加工技术都有严格要求，因而比其他地区生产的中药材品质佳、疗效好。

1.1.8　中成药

中成药（Chinese patent medicine）是指以中药材为主要原料，在中兽医理论指导下，按照规定的处方和固定的工艺批量生产的药物。中成药是多种中药材配伍制作而成的，并不是成分单一的中药材，而是添加了多味中药材以提高疗效、减少不良反应。

1.1.9　化学药品

化学药品（chemicals）是指从天然矿物、动植物中提取的有效成分以及经过化学合成或生物合成而制成的药物。动物用化学药品是以化合物为物质基础，以功效为应用基础，以保障动物及动物源性食品安全为导向的养殖业投入品。

1.1.9.1　原料药

原料药（active pharmaceutical ingredients）是指用于生产各类制剂的原料药物，是制剂的有效成分，由化学合成、植物提取或生物技术所制备的各种用来作为药用的，且人和动物无法直接服用的物质。原料药是药品制造中的任何一种物质或物质的混合物，成为药品的一种活性成分，在疾病的诊断、治疗、症状缓解、处理或疾病的预防中有药理活性或其他直接作用，或者能影响机体的功能或结构。原料药只有加工成为药物制剂，才能成为可供临床应用的药品。

1.1.9.2　制剂

制剂（pharmaceutical preparations）是指为适应治疗或预防的需要，按照一定的剂型要求所制成的可以最终提供给用药对象使用的药品。选择合理的制剂剂型可以更好地发挥药物的疗效。常用的制剂剂型有片剂、丸剂、散剂、注射剂、酊剂、溶液剂、浸膏剂、软膏剂、气雾剂等。

1.1.10　抗生素

抗生素（antibiotics）是指由微生物或动植物在生命活动中所产生的具有杀灭病原体、抑制病原体生长繁殖或其他活性的一类次级代谢产物，能干扰其他生活细胞发育功能的化学物质。常用的抗生素包括微生物培养液中的提取物以及用化学方法合成或半合成的化合物。兽用抗生素的杀菌或抑菌作用的筛选主要是依据"细菌有而人或其他动植物没有"的原则，主要作用机理：抑制细菌细胞壁合成，增强细菌细胞膜通透性，干扰细菌蛋白质合成，抑制细菌核酸复制转录。按照化学结构，抗生素可分类为喹诺酮类抗生素、β-内酰胺类抗生素、大环内酯类抗生素、氨基糖苷类抗生素等；按照用途，抗生素可分类为抗细菌抗生素、抗真菌抗生素、抗病毒抗生素、抗肿瘤抗生素等。

1.1.11　放射性药品

放射性药品（radiopharmaceuticals）又称放射性药物，是指含有放射性同位素制剂或者是放射性元素标记的化合物用于临床诊断或者治疗的药品。根据用途不同，可分为诊断放射性药物和治疗放射性药物。放射性药物除以放射性同位素的无机化合物形式出现外，多以放射性同位素与配体结合的形式存在。动物用放射性药物既要符合中国兽药典的常规要求（如无菌、无热原、化学毒性小等）之外，还要根据诊治需要对同位素的种类、放射性半衰期、辐射剂量等作出规定。放射性药物主要用于核医学显像诊断和肿瘤治疗。

1.2

全球兽药产业发展概览

1.2.1　天然物质的利用

兽药产业是与畜牧业伴生的产业，是人类社会开始驯养动物就萌生的最早的产业之一。人类社会科学技术的发展水平，决定了兽药产业的发展水平。从上古到现代，人类与自然长期共生的过程中不断积累对兽药的认知和开发利用能力，兽药产业不断进步，既促进了畜牧业的健康发展，又维护了人类健康，提高了人类的生活品质，使人类在地球上生生不息。探究兽药及兽药产业的发展脉络，始终是跟随于人医和医药产业之后的。在人类社会漫长的发展过程中，至少在近代以前，兽药并没有成为独立的产业体系，而是同医药及医药产业合并在一起的，医药产业裹挟着兽药产业共同发展。

在中国这个东方古国，兽药及兽药产业的发展具有显著的东方文化个性，特别是在兽药的认知理论体系方面与西方大相径庭。中国人对兽药独特的认知和理论几千年来一直主导着中兽药的临床实践和产业发展。中兽药学是传统兽医兽药学的重要组成部分，古代中兽药理论与实践是中华民族传统文化的宝贵遗产。在原始社会，对药物的认识源于人类的生产劳动和生活实践。早期人类赖以充饥的食物大多是植物，最先发现的药物是植物药。在渔猎生产开始以后，人类才有可能接触较多的动物，进而发现动物药。直至原始社会的后期，随着采矿和冶炼的兴起，又相继发现了矿物药。人类祖先们在采集植物、狩猎动物、采矿冶炼的过程中，自然就发生了因接触、食用了某种植物、动物或矿物而使罹患的疾病得以痊愈，或因食用未知植物、动物或矿物造成中毒的现象。久而久之，经过无数次尝试和经验积累，人们逐渐了解了一些植物、动物（或动物组织）或矿物对相应疾病的治疗作用和毒性，获得了原始的朴素的药理学和毒理学认知。在我国，有关药物治愈功效的传说与一位原始社会末期的帝王——神农（三皇五帝中的三皇之一）有关。根据甲骨文上流传下来的传说所记载，神农腹壁极薄，以致其可观察胃中的一切活动。因此，他命人采集天下各种植物，以身体试其功效，并将试药结果汇编成了一本书，名叫《本草经》。西汉刘安（公元前179—前122年）主持编撰的《淮南子·修务训》记载："古者，民茹草饮水，采树木之实，食蠃蚌之肉，时多疾病毒伤之害，于是神农乃始教民播种五谷，相土地宜，燥湿肥墝高下，尝百草之滋味，水泉之甘苦，令民知所避就。当此之时，一日而遇七十毒。"神农是距今5500—6000年以前的古人，说明至少在新石器时代人们就已经开始利用植物作为药物治疗疾病。《黄帝内经·素问·汤液醪醴论》中黄帝与天师岐伯有一段对话也有涉及药物的内容："岐伯曰：当今之世，必齐毒药攻其中，镵石、针艾治其外也。"既提到了药物（毒药），又谈到了器械（镵石，即石针），还描述了治法（内服外灸）。兽医兽药起源于人类开始驯化野生动物并将其转化为家畜的时代。据考证，我国早在史前时期在广西桂林甑皮岩已有家猪饲养〔距今（11310±180）—（7580±410）年〕。据西汉史学家刘向所著《列仙传》记载，"马师皇者，黄帝时马医也。知马形生死之诊，治之辄愈。"后世尊马师皇为兽医鼻祖。在马师皇为龙治病的神话故事中就提到了"甘草汤"。在远古的炎帝、黄帝时代，人医和兽医是兼医的，直到西周时代的《周礼·天官》中才有兽医这个专门职位的最早记载，"兽医疗兽疾，疗兽疡……"，采用灌药等方法治疗兽病。公元前1735—前1565年的夏朝末期的河南洛阳偃师二里头文化之前已经普遍饲养了猪、犬、牛、羊和鸡等畜禽。早期人类从野果与谷物自然发酵的启示中，还逐步掌握了制备汤剂和酿酒技术。夏商时期酒、汤液和朱砂已应用于疾病治疗。汤剂疗效显著，服用方便，沿用至今。河北藁城商遗址中出土的桃仁、郁李仁等药，后世的《神农本草经》收录于下卷，兽医亦常用于润燥剂中。殷商时期，酿酒业已十分兴盛。酒不仅是一种饮料，更重要的是具有温通血脉、行药势和作为溶剂等多方面的作用，故古人将酒誉为"百药之长"。文物考古表明，在发源于商代的钟鼎文中，已有"药"字出现。《诗经》中涉及的植物和动物共300多种，其中不少是后世本草著作中收载的药物。《山海经》载有100余种动物和植物药，并记述了它们的医疗用途。

在古埃及的几种古写本纸莎草纸医书中，埃伯斯（Ebers）发现的公元前1550年的古医书中就记载着大约700种药物和800种药方，其中包括各种动物药，如蜂蜜、胎盘、脂肪、肉、脑、肝、肺和血液，以及粪尿、乳汁和胆汁。动物和人的粪便、脑浆常涂抹在体表用以驱魔，蜥蜴、鳄、鹈鹕和婴儿的粪便用于治疗眼疾，鸟粪和蝇屎也作口服。各种动物的血液都用于医疗，如在拔除倒睫后涂上动物血，预防复发。尿用来与其他药物混合灌肠或外敷，人尿可以洗眼。牛和山羊的胆汁广泛作为药用；鱼胆用于明目，猪胆用作祛除眼睛里的邪气。未曾交配过的雄驴的睾丸可以治疗眼疾。动物的脂肪用于制备油膏。用油炸老鼠搽头，防止头发变白；老鼠烧烤成灰和以乳汁治疗儿童咳嗽。动物的鲜肉用于外敷伤口，吃肉作为药膳。古纸草医书上记有吃动物的肝脏治疗"看不见"和失明（sharu-blindness）的病例。美索不达米亚的药物与古埃及的十分相似，动物的脏器（特别是肝脏）、脂肪、血液、肉、尿粪和碾碎的骨屑以及人的头发都是常用的药物。

在西周之前，人医与兽医、人药与兽药是一体的，没有明确分工与分类的传说或记载。西周至春秋时期，随着畜牧业的发展，兽医医药也得到相应的发展，兽医与人医有了明确的分工。《周礼·天官冢宰》载："医师掌医之政令，聚毒药以供医事。"按照现代的职业分工，医师相当于西周时期管理医疗卫生的最高领导。同时，有了专职兽医，而且在兽医临床上已采用了灌药、养护等综合的疗法。《周礼》中的"五药"，汉代郑玄注为草、木、虫、石、谷，反映出当时人们已有药物分类的概念。

出土于湖南长沙马王堆一号汉墓的西汉时期的帛书《五十二病方》，详细记载了医方283个、药名254种，涉及内科、外科、妇科、儿科和五官科等103种疾病的治疗医方。

成书于东汉的《神农本草经》，相传起源于神农氏，是我国最早记述人类和动物使用天然物质治病的中药专著，记载了公元2世纪前使用的各种天然药物365种，包括草、谷、米、果、木、虫、鱼、家畜、金石等，其中植物药252种、动物药67种、矿物药46种，都是临床常用药。该书将365种中药分为上、中、下三品，上品为人参、甘草、大枣、阿胶等无毒滋补药品120种，中品为丹参、沙参、黄麻、五味子等能治病的药物120种，下品为巴豆、附子等多有毒性但能治病的药物125种。书中所记载的药物疗效多数真实可靠，而且提出了辨证用药的思想，药物适应病症达170多种，对用药剂量、时间等都有具体规定。该书是秦汉时期众多医学家药物学经验的系统总结，其中提出的大部分中药学理论和配伍规则以及"七情和合"原则在几千年的用药实践中发挥了巨大的指导作用，是中药学理论的发展源头，成为我国早期的中药理论精髓，对中药学起到了奠基作用。东汉名医张仲景的《伤寒论》，以论热病为主，提出了"方药治病，辨证施治"的治疗原则，根据病证的发展分别采用汗、下、温、和、吐、清六法；共收录113方，用药80余种。方剂选药精良，用药灵活，组方严密，故其理、法、方、药对医药学和兽医医药学的发展影响深远。如中兽医沿用至今的"治结以下法、治热以清法"、治阳明腑实证的"承气汤"；《牛经备要医方》中治牛热症的"栀连二石汤"，是根据牛热病的特点，由《伤寒论》中的"白虎汤"衍化而成。

魏晋南北朝时期尽管战乱，流传下来的医药专著仍有近百种之多。重要的本草著作，除《吴普本草》《李当之药录》《名医别录》《徐之才药对》之外，首推陶弘景（456—536年）所编撰的《本草经集注》。该书在总论部分针对当时药材伪劣品较多的状况，补充了大量采收、鉴别、炮制、制剂及合药取量方面的理论和操作原则，还增列了"诸病通用药""解百毒及金石等毒例""服药食忌例"等，进一步丰富了药学理论。各论部分，首创按药物自然同性分类的方法，将所载730种药物分为玉石、草木、虫兽、果、菜、米食及有名未用七类，各类中又结合三品分类安排药物顺序。该书较全面地搜集、整理了古代药物学的各种知识，反映了魏晋南北朝时期的主要药学成就，并且标志着综合本草模式的初步确立。

隋唐时期，医药学有较大发展。通过与外域通商，相继从海外输入的药材品种亦有所增加，丰富了我国药学宝库，各地使用的药物总数已达千种。唐显庆四年（659 年）颁行了由李勣、苏敬等主持编纂的《新修本草》（又称《唐本草》），是我国历史上第一部官修本草。全书收载药物共 844 种，增加了药物图谱，并附以文字说明，这种图文对照的方法开创了世界药学著作的先例，不仅反映了唐代药学的巨大成就，对后世药学的发展也有深远影响。该书于公元 731 年传入日本，并广为流传。日本古书《延喜式》还有"凡医生皆读苏敬新修本草"的记载。开元年间（713—741 年），陈藏器编成《本草拾遗》，增补了大量民间药物，将各种药物功用概括为十类，即宣、通、补、泻、轻、重、滑、涩、燥、湿十种，为中药按临床功效分类的发端。

印度古代吠陀医学常用的动物药材，有蜂蜜、胆汁、脂肪、骨髓、血液、肉、粪尿、精液、骨、肌腱、角、蹄甲、头发和毛鬃等。《医理精华》是 7 世纪中期吠陀医学的代表著作，其中动物药有牛羊奶和酥油，以及各种家养禽畜、鱼类和野生动物的肉。动物的尿用于去痰、祛风、杀虫、解毒，治疗黄疸、水肿、皮肤病、痔疮、肿胀和尿道病。

五代前蜀李珣（855—930 年）编撰的《海药本草》专门记述了 124 种海外及南方药物的形态、真伪优劣、性味主治、附方服法、禁忌畏恶等。

宋代本草书籍的修订，乃沿唐代先例由国家主导进行。公元 973—974 年刊行了《开宝本草》，1060 年刊行《嘉祐补注本草》，1061 年刊行《本草图经》。《本草图经》亦称《图经本草》，所附 900 多幅药图是我国现存最早的版刻本草图谱。同时，也有私人撰述的书籍，如唐慎微的《经史证类备急本草》，研究整理了大量经史文献中有关药学的资料，内容丰富，载药总数已达到 1500 余种，并于各药之后附列方剂以相印证。

金元两代没有出现大型综合本草专著。这一时期的著作均出自医家，具有明显的临床药物学特征，如《素问药注》《本草论》《珍珠囊》《药类法象》《用药心法》《汤液本草》《本草衍义补遗》等。总结上述著作的主要贡献：一是发展了医学经典中有关升降浮沉、归经等药物性能的理论，使之系统化；二是大兴药物奏效原理探求之风，以药物形、色、气、味为主干，利用气化、运气和阴阳五行学说建立了一整套法象药理模式，丰富了中药的药理内容。

中世纪后期欧洲医生使用的天然动植物药种类繁多，流行用多味方药，一个药方常由二三十种药物组成。当时最受尊崇的一种万应解毒药（Theriaca）最为复杂，由六七十种药物加蜂蜜配制而成。这个灵药不仅包含的药物种类多，而且药物随地域和季节而异，"其中常包括一些令人发呕的动物分泌物，以及一些奇药如鹿角、龙血、青蛙精液、毒蛇胆汁及蜗牛等"。不过其最基本的成分是毒蛇的肉，意在以毒攻毒。

明代弘治十六年（1503 年），由刘文泰领衔花费两年时间编成《本草品汇精要》。此书共 42 卷，收药 1815 种，分名、苗、地、时、收、用、质、色、味、性、气、臭、主、行……24 项记述。本书绘有 1385 幅精美的彩色药图和制药图，是古代彩绘本草之珍品。该书是我国封建社会最后一部大型官修本草，但书成之后存于内府而未刊行流传，故在药学史上未产生什么影响。

明代最有影响的本草巨著是李时珍（1518—1593 年）编撰的《本草纲目》，收录药物 1892 种，附药图 1000 余幅，阐发药物的性味、主治、用药法则、产地、形态、采集、炮制、方剂配伍等，收载附方 10000 余个。其中，收载的植物药 1094 种，动物药 461 种，矿物药 161 种。在动物药中，虫鱼鸟兽乃至人兽的指（趾）甲、皮毛、粪、尿，悉皆入药。明代人工栽培的药物已达 200 余种，种植技术也有很高的水平，如川芎茎节的无性繁殖，牡丹、芍药的分根繁衍。

《1618 年伦敦药典》，也收罗了大量的植物和动物药，其中动物药有胆汁、血、爪、鸡冠、羽毛、毛皮、毛发、汗液、唾液、蝎子、蛇皮、蛛网和地鳖等。三四百年前，加拿大的欧洲医生应用黄蜂窝和苍蝇煎汤治疗妇女不孕，理由是这些昆虫能大量繁殖。西伯利亚的伊捷尔缅人和雅库特人吞食蜘蛛和白虫（whiteworms）来治疗不育。这些做法与我国民间的活吞蝌蚪似是异曲同工。

清代对中药的利用有了进一步的发展。赵学敏（1719—1805 年）编撰的《本草纲目拾遗》共 10 卷，载药 921 种，新增药物 716 种。补充了马尾连、金钱草、鸦胆子等大量疗效确切的民间药，鸡血藤、胖大海、冬虫夏草、银柴胡等临床常用药，同时收载了金鸡纳（奎宁）、香草、臭草等外来药，极大地丰富了本草学的内容。同时它对《本草纲目》已载药物备而不详的加以补充，错误之处加以订正。本书不但总结了我国 16—18 世纪本草学发展的新成就，还保存了大量今已散失的方药书籍的部分内容，具有重要的文献价值。

中医的兽血治病，欧洲也曾有过。19 世纪末，巴黎的女士们如果身体不适，可能会去屠宰场喝一杯鲜血，以恢复体力。我国还有"刺（人）血热饮"治疗"狂犬咬、寒热欲发"。人肉也是良药，治疗羸瘵；人血可以治疗男人的性无能和不治之症。我国少数民族传统医疗所用的药材都是当地产的动植物，和中医药也大体相似，所不同的在于地域、物产和文化的差异。

民国时期中医药学的发展尽管受到阻碍，但也有一定程度的进步。一是全国各地开办了近 80 所中医学校，涌现了一批适应教学和临床运用需要的中药学讲义，如《本草正义》《实验药物学》《药物学》《药物讲义》等，加速了中药人才的培养和中药知识的普及。二是出现了药学辞典类大型工具书，其中影响最大是陈存仁编撰的《中国药学大辞典》（1935 年）。该书收录词目 4300 条，汇集古今有关论述，资料繁博，方便查阅，是近代第一部具有重要影响的大型药学辞书。

由此可见，在古代，世界各国使用的药物与我国的本草大致类同，不同是因为就地取材，在观念上没有根本的差别。

西药是中国特有的一个概念，是相对于中药而产生的，西药是伴随着西医进入中国的。西医和西药作为一门科学，最开始是由传教士带入中国的，16 世纪以后才大规模进入中国。明朝末期，有关西医西药的知识首先零散地出现在一些传教士的著作中。1569 年，主教加内罗在澳门设立医院，成为西医西药传入中国的鼻祖。据《燕京开教略》记载，清康熙三十二年（1693 年），康熙曾患疟疾，西洋人洪若翰、刘应进献了金鸡纳，皇上服之即愈。但是，在 1840 年以前，西药只是零星传入，并没有大规模贸易。第一次鸦片战争失败以后，1842 年 8 月 29 日，清政府签订了中英《南京条约》，开放五口通商，为西医西药进入中国创造了条件；咸丰八年（1858 年）清政府又与西方列强签订了《天津条约》，清政府增加开放了九个通商口岸，允许外国人买地建房，建教堂、学校和医院，西医西药开始大量涌入中国。在清末至辛亥革命建立国民政府期间，西医西药被纳入政府行政管理，表明西医西药已经正式进入中国。清末刘鹗所著《老残游记》中记载一宗投毒案，为西医西药进入中国的时间提供了佐证。光绪末年，山东齐河县齐东村贾姓女儿与邻村吴某私下相好，遭家人反对，吴某遂下毒致贾家一十三口"死亡"。郎中老残接诊时发现中毒者"骨节不硬，颜色不变"，遂疑"恐怕是西洋什么药，怕是印度草等类的东西。"为查清究竟是哪种药物，老残专赴济南的一家中西大药房调查。以上说明，在老残调查"毒药"的 1900 年西药已经进入了济南这样的大中型内陆城市。

1.2.2　兽医专用药品的出现

从《流沙坠简》及居延汉简记载的内容可以看出：汉朝以前兽医在临床上不仅已掌握了复方的组合与应用，并采用了汤、散、丸、熏等多种剂型，明确了饲喂前、饲喂后的用药区别。尤其是《流沙坠简》中有专门记载兽医专用的方剂《兽医方》，应该是比较早的兽医专用方剂。《神农本草经》还特别记有如"牛扁杀牛虱小虫，又疗牛病""柳叶主马疥痂疮""桐花主敷猪疮"等一些治疗家畜疾病的兽医药知识，说明我国在东汉以前已经出现了兽医专用药。晋代葛洪所著的《肘后备急方》的"治六畜诸病方"卷内所采用的剂型中已应用了丹剂等。梁代陶弘景（456—536 年）编著的《神农本草经集注》对兽药有专门介绍，如百部"作汤洗牛羊、去虱"，牛扁"牛疫代代不无用之"，闹羊花"羊食其叶，踯躅而死"等，说明当时对兽药和家畜毒草已经比较重视了。北宋设立的太平惠民和剂局是目前已知中国历史上最早的国有企业，分为两部分：惠民局是药店，和剂局是制药工厂。太平惠民和剂局设有兽用"药蜜库"专门生产、销售、管理兽药。王愈编纂的《蕃牧纂验方》，收集了大量的兽医药方和制药方法，极大地促进了兽药的发展，为后世兽药产业的发展奠定了基础。明代李时珍的《本草纲目》，不仅收载有大量的人畜通用的方药，还载有许多兽用药和易使家畜中毒的药物知识。此外，杨时乔（1531—1609 年）《新刻马书》的"喂养事宜"，是兽医食疗药性的专篇，对家畜常用的饲料的性味和功用逐一论述，如大麦，"煮半熟，用井花水淘过，味甘，性温，无毒，宽肠胃，化草谷，调中益气。捣捶生用，补胃气，强筋骨。为蘖（niè，树芽），化宿食，逐冷气，消肚胀，进草谷，开胃口，无不甚佳"。这种记载，在兽医古籍中尚属首见，体现着人们对兽药认识的提高，既补充了以往兽药本草的不足，也促进了兽医食疗的发展。清代李南晖编著的《活兽慈舟》收载了以牛病防治为主的多种家畜疾病 240 种，用方 700 多个。郭怀西编著的《新刻注释马牛驼经大全集》是较为全面的兽药专篇，收载用药 270 余种，对每种兽药都简要描述其性味、功能和配伍等，对此前的兽药知识进行了系统的总结。至此，历经数千年实践的兽药学才自成体系而问世，从而结束了有史以来没有兽药学专著的历史。

欧洲第一本官方药典于 1498 年由 Ricettario Fiorentino 发行。在德语地区，宗教改革的成果《药房药典》于 1535 年在纽伦堡裁判官 Valerius Cordus 的授权下编辑。1450 年已经发行了包含 327 件产品的药品价目表（法兰克福）。在普通药房的药剂师（成药）制备底野迦（Theriaca）、万应解毒剂和各种灵丹妙药，所有这些药物都被作为治疗狂犬病、牛瘟、吸虫病和其他动物疾病的经过验证的药物出售。在来自美洲的新药中，用来治疗"发烧"的药物金鸡纳树皮是最有价值的，它也被用于动物治疗。用于治疗梅毒的药物愈创木树脂，在兽医学中被推荐用作利尿剂或发汗剂。由于药剂师的活动，秘鲁香脂、古柯叶、苦配巴香脂和吐根同时在兽医实践中得到广泛应用。Johannes Deigendesch 在 1716 年出版了一个小册子，介绍了马和牛的内外病的治疗方法，推荐了药方和药剂的制备方法，大多数治疗方法是推荐用于患病马和患病牛的主要植物来源药物制剂。

烈性动物传染病的发生，彻底冲破了西方神学和秘药对科学治疗动物疾病的禁锢和羁绊，客观上催生了兽医专用药的研发和应用。在 1709 年到 1711 年之间发生了牛瘟，在整个欧洲造成了毁灭性的损失，导致 150 万头牛死亡，并且此后一直在肆虐。牛瘟的流行未能被任何种类的秘药和宗教仪式所阻止。荷兰约有 30 万头牛死亡，英国约有 7 万头牛死亡。Giovanni Mario Lancisi（1654—1720 年）是第一个诊断出牛瘟的人，他对牛瘟症状的观察具有很高的诊断价值。尽管在那个年代人们不可能对这种疾病的起源有一个稳定的认识，但他建议采取严厉的隔离措施。因此，他可以被认为是兽医卫生政策的发起人。

对动物传染病学和免疫学有重要贡献的另一个欧洲人是 1633 年 11 月 5 日出生在卡普里岛的著名医生 Bernardino Ramazzini。他依据 Molinetti 和 Viscardi 的病理出版物以及他自己的观察，驳斥了所有早期认为牛瘟是在占星术的影响下产生的观点。相反，他强调了在病死牛尸体上发现严重病变的重要性，并证明牛瘟已被引入欧洲，而且动物流行病是在动物之间传播的。他呼吁人们注意仔细分析每一种疾病症状的重要性，并证明了尸检结果的病理学意义。Ramazzini 还证明，没有特别有效的治疗牛瘟感染的药物。Ramazzini 首次尝试接种牛瘟疫苗，他把一根浸过疾病有毒物质的毛线拉进健康牛的赘肉里。此外，他在 1711 年提出试图将这种疾病传播给健康的动物，从而以轻微疾病为代价让动物产生抵抗力。说明当时的 Bernardino Ramazzini 已经对感染与免疫之间的关系有了朴素而清楚的认识，为一种全新的兽药——疫苗的研究与应用奠定了基础。

人们早就知道牛痘和天花是相似的疾病。一些地区的人们很久以前就注意到天花流行时那些感染牛痘牛的管理者都幸免于难。据说，在英国，包括萨顿兄弟在内的许多医生为人类接种牛痘，证明了牛痘的免疫保护作用，但卫生当局禁止大规模进行这种试验。据称，在伦敦学习的德国学生 Salger 也发现了牛痘的保护力（1713 年）。一些历史学家把这项发现的荣耀归功于蒙彼利埃的一位新教牧师（Rabout）。在英国，Jesty（1774 年）从一头感染了牛痘的牛身上感染了天花，并在随后的一次天花流行中幸免于难，他给妻子和孩子接种了牛痘。尽管有这些先驱者，接种疫苗的荣耀还是属于英国外科医生 Edward Jenner。

Edward Jenner 于 1749 年出生在伯克利（格洛斯特郡）的一个村庄。完成学业后，他去索德伯里学习外科技术。在那里，他了解到人们普遍认为牛痘可以保护人类免受天花侵袭的传闻。一次天花严重流行的时候，一个挤奶女工对年轻的外科学徒说："我永远不会得天花了，因为我已经得过牛痘了。我将永远不会有一张丑陋的麻脸。"这一信息促使Jenner 开始研究天花疫苗。1770 年，他返回家乡行医，并继续研究天花。开始，他的研究理论和成果并不被接受，直到 1796 年 5 月 14 日，才获准公开给八岁的 James Phipps接种牛痘疫苗，来源是挤奶女工 Sarah Nelmes 手上的一个脓疱病料。这名男孩出现了与供体相似的轻度脓疱。几个月后，以及 5 年后，Jenner 两次用天花患者身上的制备物对男孩进行了攻毒，但没有出现任何疾病迹象。在首次公开接种疫苗后的两年内，Jenner 未发现任何奶牛患有牛痘。最后，在 1798 年，他成功地出版了一本 75 页的小册子，题为"在英格兰西部的一些郡特别是格洛斯特郡发现的一种疾病（被称为牛痘）起因的调查和牛痘疫苗的作用"。第一个天花疫苗接种研究所在第二年成立，皇家 Jennerian 研究所（伦敦）于 1803 年开始运作。

Jenner 在世的时候，还对马痘和羊痘（这些疾病在一些畜群中造成了 10%～70% 的损失）的试验都取得了成功。此外，他还发现了猪痘，获得了有关骆驼、山羊和家禽痘病的有价值的资料。动物接种疫苗的成功对控制天花的思路产生了决定性的影响，并为发展预防牛瘟和狂犬病的免疫接种奠定了基础。Edward Jenner 是当之无愧的人类和动物疫苗研究开发的鼻祖，有了他的发明创造，才有了后来大量人用和兽用疫苗成功研制及产业化。

Emil von Behring 把因发明了"血清疗法"而赢得的诺贝尔奖（1901 年）的全部奖金都用于耗费巨大的结核病研究，作为这项研究工作的成果，"bovovaccin"疫苗（一种预防奶牛结核病的疫苗）在 1902 年上市。

19 世纪末，德国药物学家埃尔利希（Paul Ehrlich）提出了化学治疗的思想，1907 年首次发明了治疗锥虫病的染料"锥虫红"，不仅能杀死一种发生在非洲的昏睡病病原锥虫，而且对人无害。从此，埃尔利希开展了一系列药物合成工作，被称为"化学疗法之父"。正是因为有了埃尔利希的发明，用化学药物治疗人和动物疾病才成为可能，激发了人们对化学药物研究和创造的热情，从而诞生了规模巨大的化学药物产业。

血清疗法是世纪之交的另一项伟大成就。这个新学科的创始人是 Emil von Behring（1854—1917 年）。他是第一个获得诺贝尔生理学或医学奖（1901 年）的人。他因制备有效的白喉抗毒素和在血清治疗领域的丰硕成果而获得了巨大的荣誉。

在尝试用各种化学物质治疗白喉失败以后，Behring 用培养的白喉杆菌再次感染因感染白喉而存活的动物，令人惊讶的是，再感染动物保持健康，甚至能够抵抗致死剂量的白喉毒素攻击感染。Behring 试图澄清这个非预期事件。他将从存活动物中获得的血清与白喉毒素混合，并将混合物注射到先前未接种的豚鼠中。这些动物也存活了下来，但是如果没有注射血清，毒素剂量对豚鼠来说是致命的。Behring 得出结论，用白喉细菌培养物或白喉毒素预处理的豚鼠血清可中和毒素。这些动物已经获得了"保护"，即对毒素的免疫力。Behring 很快开始在更大的动物身上进行研究。他证明，白喉感染或毒素处理后存活的绵羊的血清也可保护豚鼠；然而，因此获得的保护作用持续时间较短。两周后，需要第二次血清注射以维持保护作用。Behring 在 1892 年出版了他划时代的著作《血清疗法》（*Die Blutserumtherapie*），详细阐述了血清疗法的科学知识和工业化加工生产技术，包括优质血清的制备、效价测定、储存和包装等。

受 Behring 的启发，其他人在欧洲的各个国家（如哥本哈根的 Statens Seruminstitute，德国的 Behring-Werke 等）和海外国家建立了许多血清生产机构。这些研究所成为微生物和免疫学研究中心。

血清疗法在一段时间内成为欧洲控制家养动物传染性疾病的一个重要手段，其中取得成效最大的是对猪瘟的控制。猪瘟首先在美国发生（1833 年），造成了数十万头猪死亡，后来又传播到欧洲，造成了数十万头猪死亡，欧洲猪群受到了猪瘟的威胁。自从有了血清疗法，用血清控制猪瘟曾经是特别受到关注的领域。匈牙利微生物学家 H. Preisz（1897 年）首次开始使用免疫（恢复期）血清预防猪瘟。

1.2.3 兽药产业的出现和发展

兽药行业在 1950 年之前相对不重要，对于食品动物人们普遍倾向于患病后立即屠宰，而不是治疗患病动物，且在磺胺类药物和抗生素问世之前缺乏有效的治疗药物。此后，由于集中养殖禽肉的需求呈指数级增长，兽药产值急剧增加。自 20 世纪 80 年代以来，随着农业领域药物使用量的下降，该行业开始关注宠物的健康需求，而不仅仅是养殖畜禽的健康需求。

尽管兽药在 20 世纪初期取得了重要的科学发展，但仍然是药品行业微不足道的分支，直到 1950 年之后作为集约化养殖快速发展的副产物，其产值才急剧增长。对于大多数经济学家和经济历史学家来说，兽药仍然是尚未研究的领域。大多数关于制药行业及其公司成员的标准出版物都忽略了其中的兽药活动。直到 20 世纪 30 年代，兽药行业才像现在这样被称为一个产业。1937 年磺胺类药物的问世以及之后抗生素的出现创造了一个难以想象的机会，使得"灵丹妙药"可用于兽医用途，使许多最致命的动物疾病得到比早期更成功的治疗。

从 20 世纪 50 年代开始，为了控制在集约化饲养制度中出现的疾病，需要混合使用高度复杂的药物。然后，随着生物技术革命从人药渗透到兽药，从 20 世纪 80 年代开始，英国的制药巨头退出了兽药行业。随着对动物疾病科学认识的增加，兽药产品更加专业化，因此降低了每个产品的潜在市场规模。在更广泛的制药行业中，开发高销量"畅销"药物的公司策略使得那些倾向于小批量药物销售的经营方法没有用武之地，因为无法产生公司所寻求的规模和效益，他们作为动物保健品提供者的地位被其他公司和专业生产商取代。

1900 年，由螨虫引起的寄生虫性绵羊疥癣治疗药物的最大生产商是伯克翰斯德（Berkhamsted）的 William Cooper & Nephew。自 1843 年以来，该公司生产出一种有毒的可溶性药浴砷和硫浸粉，以及用于引导绵羊通过的专利木制框架和用于实际浸泡过程的药浴槽。1903 年，其售出了超过 4100 万套药浴槽，经计算足以治疗全球 2.5 亿头绵羊。

尽管有越来越多的科学证据表明细菌的重要性，但在 19 世纪末，人们仍然普遍认为动物和人类的内在健康都是从适当激活的消化系统中产生的；因此，许多公司提供了能够彻底净化血液的净化药物。从放牧转为工作的马通常被给予通便剂量的芦荟类药物。因此，伦敦批发化学公司 Allen & Hanburys 出售了针对马的富含芦荟的药球和药粉。对于使役马或赛马经常发生的跛行、扭伤或马具磨损造成的疮疡，许多农民使用树脂、焦油和沥青的"涂料"加热并涂抹在患病部位，从而对马造成相当大的痛苦，这导致了擦剂包括 St Jacob's Oil 等兽用产品强势进入市场。

芦荟和洗剂的疗效欠佳。因此，商业兽用产品的需求水平往往较低。兽医通常用简单的药物来配制自己的药剂，而养殖户甚至用自家疗法来治疗他们的动物，因为这样更便宜。由于在国内销售专利药物的利润有限，生产商将目光投向了海外，尤其是为了满足在联邦国和名誉领地内具有庞大牲畜数量的（通常是英国）牧场主的需求。1903 年，Cooper 出口了约 89% 的羊用药浴槽，并获得了 80% 的海外利润。三分之二的药浴槽流向了拉丁美洲，主要是阿根廷。

1879 年 Louis Pasteur 在巴黎的研究证实毒力减弱或降低的血液中的微生物可以作为疫苗增强人类和动物免疫系统。这预示着现代人类和动物医学科学基础即将发生革命性改变。除了针对人类疾病的几种疫苗外，Pasteur 还研发了用于动物疫病的疫苗，如牛的炭疽疫苗和家禽的霍乱疫苗。同样，柏林的 Robert Koch 也从对牛肺结核等疾病免疫的动物身上提取出血清。到 20 世纪初，虽然人类和动物疾病仍然被认为是同一疾病谱，但后续科学家正在扩大人们对某些动物疾病的科学理解。一些英国公司和研究机构积极追随这些进展，生产动物和人类疫苗。

1891 年，在法国巴斯德研究所基础上成立的伦敦李斯特研究所生产了口蹄疫和牛白喉疫苗。Allen & Hanburys 研究成功并提供结核菌素以对抗马结核病，还提供鼻疽杆菌的灭菌培养物鼻疽菌素用于鼻疽（并非治愈疾病，而是用于接种和诊断）。皇家热带医学和卫生学会成立于 1907 年，是研究治疗家畜虫媒传染病药物的先驱，在联邦国市场和拉丁美洲市场开展了实质性的贸易。伦敦和利物浦的 Evans Sons, Lescher & Webb Ltd.

于 1902 年成立，其经营一个农业研究站，开发疫苗和血清，用于治疗马流感和犬瘟热（一种病毒性疾病）等疾病。该公司与利物浦大学医学院的科学家密切合作，于 1903 年共同建立了利物浦比较病理学研究所。该研究所在一定程度上得到了市政兽医部门的资助，为牛和羊黑腿病（又称气肿疽，导致肢体组织萎缩）等细菌感染提供治疗方法，也为鼻疽病的诊断提供鼻疽菌素。

另一个供应商是位于伦敦的公司 Burroughs Wellcome。其由美国出生的两位企业家 Silas Burroughs 和 Henry Wellcome 创立，生产人用药品。到 1900 年，该公司还提供了一系列不同的动物治疗药物，从吗啡到阿托品（一种用于治疗胃肠痉挛的生物碱），以及镇痛剂或止痛药。同时，还为陆军兽医部门提供委托生产，主要生产 1899—1902 年南非战争中使用的马用药物。到 1912 年，Burroughs Wellcome 提供了其第一个专用兽药产品——抗破伤风血清。

在 20 世纪早期，兽药行业的出现已经成为一种趋势。主要推动因素有两个：一是制造动物疫苗和抗血清的成本足够低；二是战争的需要。

第一次世界大战使英国政府面临前所未有的动物健康问题。战时一项至关重要的优先任务是确保足够的马匹能够运送士兵，并将武器和军事装备从铁路末端运送到前线。因此，到 1918 年，英国共购买了 136 万匹马，其中至少有 13.4 万匹死亡或受伤。由于马匹必须从世界各地进口，寄生性疥癣或鼻疽的流行可能严重危及英国为战争所作的所有努力。因此，在战争早期，英国政府招募了大量由 Alder-shot 陆军兽医学校实验室培训的兽医来治疗疾病，这一紧急行动避开了预期的疫情。

与此同时，政府不得不迅速采取行动，以应对药品的供应危机。所有先进的药物，以前都是从德国进口的。这些药品的进口在宣战后就停止了，政府要求英国医药公司启动大规模计划来生产替代品。当时，只有刚刚扩大兽药研究的 Burroughs Wellcome 有能力为动物市场增加疫苗、结核菌素和血清的产量。到 1917 年，英国农业委员会在 Weybridge 开设一个中心兽医实验室生产疫苗和血清。因此，这场战争至少促成了英国兽药行业的一些进步。

第一次世界大战后，美资公司 Abbott Laboratories 从 1937 年起在英国设分公司，销售 Vita-King（一种用于犬的液体维生素制剂）以及适用于安抚患病动物的液体形式的镇静剂 Nembutal 和 Pentathol35。法国 Rhône Poulenc 收购了 May & Baker，这在 20 世纪 30 年代末开发革命性新疗法方面发挥了至关重要的作用。尽管德国的 Bayer 公司和 E.Merck 公司与战争期间的几乎所有德国公司一样选择不开设英国分公司，但他们仍然在英国推销了他们的新型血清、维生素和抗寄生虫化合物。1950 年之后，上述公司和其他后来进入的外国公司在兽药部门占据了主导地位。

更重要的是，对于新生的英国兽药产业来说，Wellcome 不仅保持了兽药生产，而且在鉴定动物疾病的病原体方面取得了成功。病原体的发现使其能够开发疫苗，以预防和治疗多种疾病，如羔羊痢疾、犬黄疸、犬瘟热、猫瘟、犬/猫肠炎以及赛马和家禽疾病。

1937 年，May & Baker 的研究人员合成了磺胺类药物——M&B 693。到 1940 年，他们推出了一系列磺胺类兽药产品。M&B 693 不仅在 1943 年治愈了首相温斯顿丘吉尔的肺炎，而且在第二年治愈了皇家马戏团狮子 Nero。

然而，当时的磺胺类药物往往会引起不良反应，尤其是恶心。第二次世界大战期间，副作用更小的青霉素于 1943 年被批准上市，随后迎来了抗生素时代。1946 年，Wellcome 不久在 Sussex Frant 建立了 Wellcome 兽医研究站，是世界上第一家将单剂量青霉素注射到奶牛乳房中以对抗链球菌性乳腺炎的公司，这是一种比兽医用氧气给乳房充气以引入低效药物更为人道的治疗方法。

1943年，联合政府制定了战后保持农业产业活力和平衡的政策，并优先考虑改善牲畜的健康。1944年的《金融法案》随后鼓励更广泛的兽药研发，允许所有企业非资本研究费用抵销税收。

一位国际学者评价道："从1948年的230万英镑到1968年的4270万英镑，兽药行业的产值激增，每年的复合增长率几乎达到12％。事实上，20世纪见证了整个农业历史上最根本和最迅速的畜牧业生产转变。"

在1918年后的欧洲，开发了新的动物饲养管理系统，能够以最少的劳动力和最低的成本饲养和维持动物数量。越来越富足的消费者在可承受的价格的基础上对肉类和乳制品的需求日益增长，农民和养殖业者为了寻求最大的规模经济，不可避免的是，将大量牲畜集中在一起导致传染病的传播。为了控制传染病的传播，开始在饲料中添加兽药。在20世纪50年代和60年代，在英国用于集约化饲养动物的饲料中药物含量迅速增加，在80年代达到峰值。

在大规模、高密度的饲养环境中，鸡特别容易患呼吸道疾病。然而，更严重的威胁是球虫病。幸运的是，美国的生产者已经有了控制措施。Merck公司的磺胺喹噁啉（SQ）于1948年推出，这是一系列抗球虫药的第一个药物。20世纪60年代早期，据称Merck公司改进后的药品品牌Pancoxin占据了英国抗球虫药市场的75％。那时，包括Cooper、McDougall & Robertson、May & Baker、Eli Lilly和Bayer在内的许多竞争对手都在提供自己的品牌产品。

20世纪60年代，家禽和牛的饲养日益集约化以及猪饲养需要越来越多的人工动物饲料来替代其在田间和农舍中的觅食。1948年后，英国动物饲料产值增长加快。英国领先的饲料公司，包括Bibby、Ranks、Spillers、Silcocks、Lever Feeds和Unilever的BOCM，在抗生素价格大幅下降后，越来越多地向已经添加维生素、矿物质和其他精细化学补充剂的饲料中添加药物。

American Cyanamid制药部门的科学家Lederle发现抗生素添加在动物生命的关键时期降低死亡率。值得注意的是，他们还发现，在成长阶段，那些在实验室条件下给予抗生素的动物在减少饲料后增加了额外的体重。对于蛋鸡，使用Lederle的专利四环素类抗生素（含有四环分子）即金霉素可提高产蛋量，再次节省饲料成本。1958年，美国联邦贸易委员会报告称，在当时十年期间，全球生产的所有抗生素中至少有四分之一出售用于动物，主要是作为促生长剂。到20世纪60年代中期，英国抗生素总产值的41％～44％用于动物。迄今为止最大的产品组是磺胺类药物，而青霉素则意外成为最小的产品组之一。

鸡肉加工环节面临的最大挑战是，在去除鸡内脏的过程中无论做得多么小心，都不可避免地会导致细菌扩散到肉上，到了销售点之后鸡肉很快会变质。在20世纪50年代末，最初的解决办法是用抗生素喷洒肉类。例如，辉瑞的广谱土霉素额外增加了10d的有效期，比American Cynamid的金霉素增加的有效期更长。

集约化畜牧业和相关药物方面的划时代发展显著提高了兽药行业在制药行业中的地位。按数量计算，1948年的产值，即230万英镑，仍只占7600万英镑药品产值的3％，与30年代的份额基本相当。到1963年，价值近2000万英镑的英国兽药行业所占份额达到了总价值2.37亿英镑的药品产值的8.3％。此时，后者产值的一半来自美国跨国制药公司的17家英国分公司；在英国也有8家欧洲大陆公司的分公司。1968年，兽药产值

（4300 万英镑）不低于制药业产值（3.47 亿英镑）的 12.3%。这是英国兽药行业在制药行业中相对重要的最高纪录水平。此后，兽药产值继续增长，但不如更大规模的人类制药行业增长快。

从大约 20 世纪 60 年代起，英国主要制药公司开始在兽药生产中发挥比以前更大的作用。Wellcome 已经成为全球口蹄疫疫苗的领先企业，其最大的海外市场是巴西。Wellcome 于 1959 年与 Cooper、McDougall & Robertson 合并，其通过将自己的生物学专业知识与 Cooper 在寄生虫学领域的全球声誉联系起来，极大地增强了研发能力。1961 年，Wellcome 推出了 Covexin——一种治疗绵羊疾病的七合一药物。1973 年，Wellcome 联合研究实验室还开发了一系列细菌和寄生虫疾病的治疗方法，包括用于肝片吸虫病和腐蹄病的药物以及用于对抗仔猪中大肠埃希菌感染的药物。1979 年，该公司在美国收购了一家公司实验室，以此作为进军全球最大动物卫生市场的手段。

1954 年，Beecham 公司首次开始药物研究，5 年后推出了其首款产品苯氧乙基青霉素。到 1962 年，Beecham 开始为动物市场提供多种药物，包括用于乳腺炎的氯唑西林和用于农场和家畜胃肠道感染的氨苄青霉素，随后为马提供了流感疫苗和血清，分别命名为 Equiflu 和 Equiserum。1970 年收购动物饲料公司 Vitamins Ltd. 后，Beecham 成立了农产品部门，以扩大其营养和医药保健产品的范围。1973 年又收购了 Brittany 动物保健和营养产品生产公司 Laboratire Néolait，确立了其与美国以外更广泛的兽药市场的联系。由于这类产品的法国市场在（当时的）欧洲经济共同体中刚好是最大的市场，Beecham 雇用了 Néolait 的高效营销组织，在整个欧洲大陆销售产品。

Glaxo 的科学家发现可的松激素在改善牛和马匹代谢方面的价值后，该公司在 1953 年成立了一个专门的动物保健部门。5 年后，该公司收购了 Allen & Hanburys，随后推出了用于牛肺线虫的口服疫苗 Dictol。20 世纪 60 年代，Glaxo 内部部门提供了多种令人印象深刻的药物，包括一种用于治疗家禽支气管炎的药物，一种眼用和皮肤用软膏，预防鸡新城疫、布鲁菌病和猪瘟的疫苗以及一种对抗仔猪贫血的制剂。尽管刚刚描述了令人印象深刻的各种英国药品，但美国制药巨头的英国分公司在兽药领域继续享有竞争优势，部分原因是其母公司的基础研究水平更高，而且他们国内市场的潜在需求也更大。因此，美国公司在研发上的投入更多。与 1970 年 Merck 公司的 6900 万美元和 Eli Lilly 公司 6100 万美元的研发支出相比，Wellcome 公司和 Beecham 公司各 1400 万美元以及 Glaxo 公司的 1000 万美元研发支出相形见绌。毫不奇怪，美国公司在 20 世纪 50 年代和 60 年代推出了大部分商业上成功的产品。

一个重要的因素是美国公司在肉类生产的各个方面都比英国同行有更多的经验。1964 年，美国畜禽数量达到 60 亿，而英国仅为 1 亿。当年美国兽药市场产值估计为 2.5 亿美元，即 1.04 亿英镑，是英国市场 2000 万英镑的 5 倍。尽管英国的动物饲料行业在这些年中实现了创纪录的增长，但与美国相比，英国对兽药的需求仍然相对较小，在产品开发方面领先的美国公司更有优势。

在美国主要生产销售公司中，Merck 的英国兽药部门从 20 世纪 50 年代开始销售其系列抗球虫药以及噻苯达唑，后者将成为其主要的抗寄生虫产品。1954 年，辉瑞公司在伦敦成立了一家兽医分部，推出了一种土霉素，其不仅可用于治疗家禽疫病，还可用于治疗猪的疫病。Abbott Laboratories 的英国分公司销售了红霉素作为家禽的生长促进剂，还销售了用于新生犊牛和仔猪腹泻的壮观霉素。Eli Lilly 的英国分部 Elanco 也专门从事兽用抗生素生产。

当时，英国和海外公司都在持续努力，向英国客户提供尽可能广泛的兽药产品，从而将兽药部门的产值提高到制药行业整体活动中绝对创纪录份额和比例份额。如上所述，1968 年的兽药总产值为 4300 万英镑，不低于制药行业总产值的 12.3%。考虑到制药行业在人用药品方面的快速增长，兽药行业在总产值中的占比增长如此之大是非常了不起的表现。

数据显示，1976 年英国兽药的总产值约为 5000 万英镑，到 1992 年增长了 4 倍多，达到 2.25 亿英镑，到 2000 年又增加了近 2/3，接近 3.6 亿英镑。

20 世纪 60 年代末，兽药行业占药品总产值的 12%，到 1992 年这一比例急剧下降至 2.6%，到 2000 年稳定在 2.9%。与此同时，该行业仍然高度分散。1987 年，总部位于瑞士的 Hoffmann-La Roche 是全球领先的生产商，其全球兽药销售额为 7.2 亿美元，仅占该市场的 7%。Rhône-Poulenc 和辉瑞分别位居第二位和第三位，而 Merck 和 Bayer 分别位居第五位和第六位。

在 20 世纪 80 年代和 90 年代，英国成员公司的排名显示出了根本性的变化。该行业的影响力下降和所有权变化的主要驱动因素是人们对动物疾病的基础科学认知的显著提高。随着生物技术革命开始对兽医治疗学产生影响，药物正更精确地适应多种个体动物种属和疾病类型的需求。产品专业化程度提升意味着这些药物的市场规模和收益相对较低。

从 1988 年开始，世界制药行业进入了一个所谓的"合并狂热"时期，这个时期一直持续到 20 世纪末。长期发生这种情况的原因是为了追求规模经济，而且为了获得更高的收益而开发畅销药物。此时，进入世界市场的具有治疗意义的化合物数量逐年下降。

1984 年，Wellcome 将其全部份额和 Cooper 的兽药份额与 ICI 的份额合并，成立了一家新公司 Coopers Animal Health，这是 1987 年全球第七大动物保健公司。不久之后，这家公司被出售给 Pitman Moore——一家总部位于美国的国际矿产和化学公司的分公司。与此同时，Glaxo 在 1978 年将其所有业务和 Allen & Hanburys 的"兽药业务"合并为名称叫 Glaxo Animal Health 的公司。1985 年，该控股公司将其全球贸易子公司并入 Harefield Animal Health Group，开始生产抗炎皮质类固醇，即动物激素。两年后，Glaxo 把这个部门出售给 Pitman Moore。

1989 年，Beecham 与美国拥有的 Smith Kline Beckman 达成了跨大西洋合并，在伦敦设立了总部，但在美国设立了运营总部。尽管联合销售导致新合并的 Smith Kline Beecham 成为最大的动物保健生产商之一，但该公司开始减少在该领域的工作。4 年后，其动物保健部门的一位高级管理人员确定了他认为阻碍英国新兽药发展的因素，太多的现有品牌销售很差，估计有一半以上品牌的年销售额低于 2 万英镑；此外，政府审批制度明显比人用药品的审批制度更严格。1995 年，当 Smith Kline Beecham 的动物保健部门仅占其总销售额的 7%，利润率持续下降时，该部门被出售给辉瑞。

美国只有一家制药公司遵循类似的撤资政策。到 20 世纪 90 年代末，此时最重要的兽药生产商是 Merck。其产品伊维菌素是一种用于牛、羊、马和猪的抗寄生虫药物，据称是"历史上销售最多的兽药"。然后，在 1997 年，作为大规模重组和处置计划的一部分，该公司将其动物保健部门与 Rhône-Poulen 的动物保健部门合并，后者在 10 年前是全球该行业的第二大公司，并创建了独立的 Merial Animal Health。

到 1992 年，英国兽药产值为 2.25 亿英镑，占制药行业总产值 85.31 亿英镑的比例不超过 2.6%。到 2000 年，兽药产值（即 3.57 亿英镑）占制药业产值 123.74 亿英镑中的份额略微恢复到 2.9%，但到该世纪末，总体上，兽药在制药行业的相对重要性仅与 20

世纪 30 年代和 40 年代持平。部分原因是监管改革，以及对牲畜饲料的限制越来越大。尽管在 20 世纪 70 年代末，饲料添加剂占该行业总产值的 27%，而药品和生物制品占 73%；但到 2000 年，添加剂的比例降至仅为 6%。此时，该行业几乎一半的产出用于伴侣动物（现在包括用于休闲的马匹和宠物），而近五分之二用于饲养的食品动物。

世纪之交，Merial 是市场引领者。随后是辉瑞和 Roche。在主要生产商中，10 家是欧洲大陆公司的分公司，8 家是美国公司，1 家是日本公司。没有一家公司为英国所有。然而，世界上最大的兽用药物和疫苗研究、生产和销售公司 Merial 反而在英国设立了总部。

通过对英国兽药行业的出现和成熟过程开展调查，可以肯定的是，在 20 世纪 50 年代之前，尽管该行业的成员公司通过建立行业协会而将自己视为新兴行业的一部分，这个行业的规模仍然微不足道。因为在 20 世纪 30 年代和 40 年代磺胺类药物和抗生素被开发出来之前，除了疫苗和血清外，很少有有效预防和治疗严重动物疾病的药物，所以很少有农民、动物主人甚至兽医认为当时销售的药物将使他们受益。相比之下，20 世纪 50 年代和 60 年代的技术创新使得对新药开发和强化动物饲料需求有了急剧增长。这些都是具有经济意义的事件，但到目前为止仍然没有受到研究人员的注意；历史学家对英国战后经济发展的关注点集中在大型人类制药行业的同期业绩快速增长上。然而，在战后时代，兽药在药物产值中所占的份额迅速增加。考虑到整个医药行业对战后英国技术变革和经济发展的重要性，应更广泛地认识到兽药的贡献。当然，仍然存在许多问题，但兽药产值的增加似乎在很大程度上是由于英国从 20 世纪 50 年代开始对用于集约化养殖牲畜的先进复合动物饲料的需求增加所致。然而，自 20 世纪 80 年代以来，已不再使用此类技术，这导致药物使用量有所减少，因此最近对兽药产品的需求更多地转向了宠物，而非畜禽养殖。

我国在 1949 年之后兽药产业发展经历了以下几个重要阶段：

第一阶段：计划经济时代的稳定增长期（1949—1987 年）。

我国在 1949 年之后，陆续建成了中央和地方两个层级的兽药生产企业，以满足计划经济时代畜牧业发展过程中的疫病防控需求。

在中央层面先后成立了农业部直属四大药厂：南京药械厂、兰州生物药厂、成都药械厂、郑州兽医生物药品厂。这些企业均产生于新中国成立初期，除郑州兽医生物药品厂（成立于 1949 年，原名开封血清厂，1964 年迁至郑州，更名为农业部郑州兽医生物药品厂）外，均脱胎于前国民政府于 1931 年成立的中央农业实验所在不同地方建立的血清厂，由于承接了新中国成立前的设备、设施、资源、技术、管理经验和人才等，在新中国中央政府的直接领导下迅速发展壮大，成为新中国兽药产业发展的先锋队和地方企业人才培养的"黄埔军校"。

在地方层面，各省（自治区、直辖市）也陆续成立了由省一级畜牧兽医行政主管部门领导的兽药生产企业，有些地方在市一级都建立了兽药生产企业。1980 年国务院颁布了《兽药管理暂行条例》，兽药生产企业管理加强，逐渐开始向规范化、规模化、标准化发展。此后一段时间，各省市纷纷兴建了一些规模较小、符合国家要求的兽药厂。这是计划经济时代由地方政府主导建立的最后一批兽药厂。在整个计划经济时代，兽药产品属于卖方市场，由政府统一负责定价和销售。1986 年全国生产兽药的企业 450 多家，总产值约 8.7 亿元人民币。

第二阶段：改革开放前期的快速增长期（1988—2005 年）。

1988年4月12日全国人民代表大会颁布实施了《中华人民共和国宪法修正案》。宪法第十一条增加规定："国家允许私营经济在法律规定的范围内存在和发展。"同时，在宪法第十条第四款规定："土地的使用权可以依照法律的规定转让。"上述两条规定，为私营兽药企业的发展提供了法律基础和条件，私营兽药企业尤其是生产经营中兽药和化药的企业逐渐增多，特别是邓小平视察南方谈话发表之后，私营兽药生产和经营企业如雨后春笋般涌现出来，兽药生产企业的数量达到了历史最高水平。1987年5月21日，国务院发布《兽药管理条例》，自1988年1月1日起施行。1988年6月30日，农业部根据《兽药管理条例》第四十九条规定制定发布《兽药管理条例实施细则》，该细则第六条规定"新建、扩建、改建的兽药生产企业，必须符合农业部制定的《兽药生产质量管理规范》的规定"。1989年，农业部根据《兽药管理条例实施细则》第六条规定，制定发布"关于颁布《兽药生产质量管理规范（试行）》的通知"（1989农［牧］字第52号），自1990年1月1日起施行。该"规范"第四十九条明确"对不同类别兽药的生产，可以制定实施细则"。1994年10月21日，农业部发布"关于发布《兽药生产质量管理规范实施细则（试行）的通知"（农牧发［1994］32号），该通知第四条规定"自1995年7月1日起，各地新建的兽药生产企业必须经过我部组织的GMP验收合格后，才能发给《兽药生产许可证》"；通知第五条规定"现有的生产企业必须按GMP要求，制定规划，并逐步进行技术改造"。由于《兽药管理暂行条例》对兽药生产厂房的条件要求比较简单，加之《兽药生产质量管理规范（试行）》虽然公布了但没有采取强制措施推动执行，事实上除新建兽用生物制品生产厂房外，其他不符合《兽药生产质量管理规范（试行）》的化药和中兽药生产设施并没有退出生产，而是继续使用，其结果是我国兽药产业的生产设施条件和管理水平并没有得到根本性的全面改善和提高。据统计，截至2005年末，我国已经取得生产文号的兽药生产厂家就有3160多家，兽药经营企业7万多家；兽药生产企业销售额约150亿元人民币，经营企业销售额约170亿元人民币。

第三阶段：市场经济条件下的规范发展期（2006年至今）。

2002年3月19日中华人民共和国农业部发布了第一版《兽药生产质量管理规范》（Good Manufacturing Practice for Veterinary Drugs，简称兽药GMP），自2002年6月19日起施行。兽药GMP的出台，标志着我国兽药管理逐步向发达国家看齐，进一步提高了产业准入门槛，更加注重人才队伍的专业化、生产设施的标准化、生产过程的规范化、产品质量的优质化。为推进兽药GMP实施进程，2002年6月14日农业部发布实施兽药GMP规范的有关要求（农业部第202号公告），重申2005年12月31日为兽药GMP达标期限，即"凡在2005年12月31日前未取得《GMP合格证》的兽药生产企业，将被吊销《兽药生产许可证》，不得再进行兽药生产"。2006年1月1日国家对兽药生产企业强制施行兽药GMP，兽药生产企业的数量从2005年底的3160多家迅速减少至2006年初的800多家。2008年农业部进一步推进实施兽药GMP，修订了兽药GMP现场检查验收评定标准，建立了兽药行业准入和退出机制。2020年4月21日，中华人民共和国农业农村部部长韩长赋签署了中华人民共和国农业农村部第三号部长令：《兽药生产质量管理规范（2020年修订）》已经农业农村部2020年4月2日第6次常务会议审议通过，现予公布，自2020年6月1日起施行。新版兽药GMP在内容上发生了较大的变化：一是提高了兽用生物制品和无菌兽药生产的环境维护标准；二是提高了特殊兽药品种生产设施要求，对外用杀虫剂、环境消毒剂、粉剂和预混剂、散剂、生物制品的生产线、生产车间、各种动物房都提出了明确要求；三是提高并细化了软件管理要求，如兽药质量管理及软件、风险管理、变更控制、偏差处理、产品质量回顾等；四是对从业人员的素质和技能提高了要求；五是对文件管理提高了要求。截至 2023 年 12 月 31 日，通过新版兽药 GMP 验收企业总数为 1620 家，其中化药和中兽药企业 1443 家，生物制品企业 177 家。2023 年全国1620 家参加行业统计的兽药生产企业完成销售额 757.50 亿元。其中，177 家生物制品企业完成销售额 162.76 亿元；1443 家化药和中兽药企业完成销售额 594.74 亿元。

1.2.4　全球兽药产业进入成熟阶段

进入 21 世纪，随着全球的科技进步和经济全球化、一体化的深入发展，兽药行业集中度呈不断提高趋势，国际兽药企业通过不断地并购、重组，形成了诸如硕腾、默沙东、勃林格殷格翰、礼蓝动保、爱德士、诗华、维克、浩卫、辉宝、德克罗等国际巨头，前五大国际厂商的市场占有率超过 50%。全球动保前 10 强 2020 年的销售额占全球动保前 50强销售额的 81.33%，除在中国之外，几乎垄断了全球市场。全球前 10 大动保巨头之间，处在战略竞争平衡态势，各自都占有一定的市场份额，且市场份额比例发生变化的程度较小，头部企业之间的市场竞争手段已经从价格转向产品创新、质量提高、改善性能和强化售前售后服务等。影响巨大的头部企业利用各种壁垒固化了大部分的既有市场，企业运作的风险很低。就全球动保产业来说，已经进入成熟发展阶段。

第三世界国家的多数兽药生产企业在极其强大的竞争压力下停滞不前或遭到淘汰，但中国的兽药生产企业却异军突起，形成了一道亮丽的风景线，涌现出了中牧股份、瑞普生物、易邦生物、齐鲁动保、生物股份、鲁抗医药、金河生物、普莱柯、海正药业（动保）、永顺生物等一大批生机勃勃的大型动保企业。2020 年 1579 家中国兽药企业的销售额是620.95 亿元人民币，折合 95.87 亿美元；在全球动保前 50 强企业中，中国入围企业 10家，数量最多。但是，中国在实施新版兽药 GMP 以后，所有的兽药生产企业都变成了重资产企业，中国的兽药产业也就变成了重资产产业。在这种情况下，企业运作的资产成本、管理成本、人力资源成本、研发成本、产品更新换代的成本、销售过程的技术服务成本、环境保护成本等都会相应提高，企业生存压力增大。从这个角度看，中国兽药产业还处在快速发展阶段的后期，企业间剧烈的重组、并购、淘汰仍然在进行之中。但是，由于经济全球化，中国兽药产业提前被全球兽药产业裹挟到了产业成熟发展期，和欧美兽药产业面临相同的挑战。由于我们的发展基础相对薄弱，特别是企业的产品研发能力不足、生产工艺技术总体落后、产品营销和品牌意识较差、对客户的服务意识和服务能力不强，中国兽药产业在全球竞争中仍处于弱势，面临的形势更加严峻。

1.2.4.1　投入产出增长降速，新建企业数量减少

中国兽药产业虽然尚未进入成熟发展阶段，处在快速发展的晚期，但已经显露出成熟发展阶段的迹象。中国兽药产业的企业数量从 2015 年开始进入缓慢增长期。2015—2020年我国首次通过兽药 GMP 验收的企业数量总体上呈下降态势，新建企业的数量越来越少。主要原因是整个产业的产能极度过剩和企业间产品的同质性太高。兽用化药和中兽药的产能利用率平均为 20% 左右，兽用生物制品的产能利用率在 30% 左右；大部分中小微企业由于缺乏创新能力和购买新产品的资金，只能生产《中国兽药典》中或已经发布了质量标准且过了监测期的产品，造成企业间的产品同质性非常高。在产能利用率过低和企业

间产品同质性过高两个因素的共同作用下，市场竞争极其惨烈，既没有创新能力又有没有购买新产品资金的生产企业更是苦不堪言，已经走向崩溃的边缘。已经与新技术、新产品结合的资本持有者，正是看到了这一点，就以比较低的价格收购了这样的企业，省去了新建厂房和组建管理、生产、销售、服务、支撑团队的过程，投资小，见效快，致使新建企业的数量越来越少。2021年首次通过兽药GMP验收的企业增加，主要是三个管理政策先后实施等的效果叠加造成的偶然现象。一是农业农村部对水产养殖用投入品严格管理的强力推动。水产用消毒剂、杀虫剂产品种类较多，特别是水产用"非药品"由于种种原因得到了无序快速发展。但是，由于标准缺失、监管缺位，造成乱象丛生，广为诟病。针对这种情况，2021年农业农村部发布了《关于加强水产养殖用投入品监管的通知》（农渔发〔2021〕1号），要求水产养殖用投入品，应当按照兽药、饲料和饲料添加剂管理的，无论冠以"××剂"的名称，均应依法取得相应生产许可证和产品批准文号，方可生产、经营和使用。该政策对水产用药生产企业冲击较大，为保住原有市场和品牌，不得不申请兽药GMP、兽药生产许可证和兽药产品批准文号。二是农业农村部诊断试剂管理政策变化的强力推动。农业农村部将加大进口诊断试剂的管理力度，很多生产销售诊断试剂的公司提取获得了相关信息，无论是进口诊断试剂的生产销售公司还是国内诊断试剂的生产销售公司，感受到了农业农村部强化诊断试剂管理，特别是加强对一、二、三类疫病诊断试剂管理的压力，都立即着手建设诊断试剂的兽药GMP生产车间，并迅速通过了验收。果然，2022年1月28日，农业农村部和海关总署发布第507号联合公告，主要内容是根据《兽药管理条例》和《兽药进口管理办法》规定，农业农村部会同海关总署修订了《进口兽药管理目录》，先预发布，自2022年2月10日起施行。同时要求兽药进口单位进口兽药时，向农业农村部或省级人民政府畜牧兽医主管部门申请《进口兽药通关单》。进口单位凭《进口兽药通关单》向海关办理进口手续。三是新版兽药GMP全面实施的强力推动。一些兽用化药生产企业的生产设施设备很差，而且是老企业，无法进行改造，必须推倒重建。在这种情况下，部分企业选择去异地新的开发区或产业园重新建立企业，既符合新版兽药GMP要求，又可以享受开发区的产业扶持政策。四是创新产品与资本结合的强力推动。有些研发单位创制了具有明显经济效益的新产品，如新的原料药、新制剂等，不想转让给其他企业，而是寻找适合的风险投资商合作建厂生产，进而获取更大的、稳定的、持久的经济利益。

中国兽药产业的市场规模和毛利率从2012年开始分别进入缓慢增长期。2012—2018年，中国兽药产业的总销售额平均每年增长2.73%，远远低于中国GDP的增长水平；兽用化药的销售额平均每年增长1.30%；中兽药的销售额平均每年增长−0.71%；兽用生物制品的销售额平均每年增长7.34%，兽用生物制品板块引领了整个兽药产业的缓慢增长。2018年非洲猪瘟在我国暴发之后，虽然造成了养猪业的巨大损失，却促进了兽药产业的增长。兽药产业总销售额2019年增长9.80%，2020年增长23.22%，2021年增长10.27%；兽用化药板块的总销售额2019年增长16.14%，2020年增长19.62%，2021年增长14.00%；中兽药板块的总销售额2019年增长34.91，2020年增长14.31%，2021年增长2.04%；生物制品板块的总销售额在2018年下降0.54%，2019年下降10.95%；之后连续2年迅速反弹，2020年增长37.18%，2021年增长15.16%。

从毛利率方面看，2015—2021年，中国兽药产业总体毛利率始终徘徊在32.63%～36.62%之间，平均毛利率是34.57%；兽用化药和中兽药企业板块的毛利率徘徊在22.70%～26.19%之间，平均毛利率是24.61%；兽用生物制品企业板块的毛利率徘徊在

58.72%～63.67%之间，平均毛利率是61.59%。由此可见，中国兽药产业及其各板块的毛利率已经多年徘徊不前，稳定在一个非常小的波动空间内。也就是说，无论如何加强投入，企业的利润也很难提高。

1.2.4.2 兽药需求增长放缓，生产能力供大于求

进入21世纪，全球兽药市场的需求增长趋于放缓。究其原因，主要表现在以下几个方面。一是养殖业增长遇到了天花板。随着人类环境保护意识的增强，人们对养殖业的发展和统筹布局更加谨慎，养殖业与种植业和环境的有机融合受到空前的重视，饲料资源越来越少，逐渐出现了人畜争粮的问题，养殖业扩张的速度变慢，对兽药的需求增长减缓。二是烈性传染病得到了有效控制。高质量疫苗的上市、养殖环境的现代化、生物安全防护水平的提高和有效综合防控措施的推广，全球大部分地区已经有效控制了烈性传染病，动物疾病防治的重点将逐渐转向慢性传染病、寄生虫病、营养代谢病、遗传疾病和宠物的老龄疾病等，口蹄疫等烈性传染病的疫苗需求量在逐渐减少。三是抗生素和促生长类药物的限制应用。抗生素等化药的使用有效地降低了动物发病率，促生长类药物、药物添加剂、预混合饲料在提高动物生产性能方面作用突出，促进了养殖业的发展。但是，随着人类对细菌耐药性危害认识的进一步深入和普及，全球的维护人类健康意识和环境保护意识大幅度提高，抗生素和促生长类药物的使用受到了越来越严格的限制，使用量日趋减少。四是新的养殖模式减少了动物疫病的发生。近些年，出现了一种新的养殖模式——智能化楼房养猪（有的称为养殖生产联合体或猪肉食品产业园，区别是产业链长短不一样），进出圈舍的空气经过初、中、高效三级过滤器，舍内按照猪的生理要求设定恒温、恒湿，饮水、饲料投送和能繁母猪的发情诊断全部实现了自动化，饲料加工和粪、污、臭、病死猪的无害化处理均在养殖区域内完成。在这种养殖模式下，猪罹患传染病和寄生虫病的机会显著减少。据权威人士介绍，智能化楼房养殖模式下，兽用化药和疫苗的使用数量约减少50%。

尽管如此，近年来全球兽药产业市场规模仍呈现逐步增长趋势。增长的驱动因素主要有两个：一是在全球人口和肉类食物需求持续增长驱动下，畜禽饲养量有所增大；二是在生物技术快速进步的加持下，生物制药得到跨越式发展。从2010—2020年，全球兽药产业销售规模由201亿美元增长至338亿美元，年均复合增长率为5.33%。

全球兽药产业保持了较好的复合增长率，很大程度上得益于中国兽药产业的贡献。2010—2021年，中国兽药产业销售规模从304.38亿元增长至684.74亿元，年均复合增长率为7.65%，其中：兽用化药原料药和制剂的销售规模从207.80亿元增长至458.03亿元，年均复合增长率为7.45%；兽用生物制品的销售规模从62.13亿元增长至186.98亿元，年均复合增长率为10.53%；中兽药的销售规模从34.45亿元增长至57.97亿元，年均复合增长率为4.84%。中国兽药产业的年均复合增长率之所以高于全球水平，主要是中国兽药产业仍处在快速发展期的晚期。

全球兽药市场集中度相对较高，硕腾、勃林格殷格翰、默沙东、礼蓝动保、爱德士、诗华、维克等国际知名的大型兽药企业占据了主要市场份额。

但是，我国由于兽药企业数量偏多，产能过大，企业间非良性竞争加剧，企业失去了定价权，任由买方特别是养殖巨头宰割。有的养殖集团甚至逼迫供货商交出制剂配方，以便其重新核算成本，挤压生产销售企业的利润空间，而且有窥视技术机密之嫌，因为养殖巨头本身就有相关的生产企业。

1.2.4.3 兽用化药独占鳌头，宠物药品后来居上

从产品类别的角度分析，全球兽药市场主要包括化学药品、生物制品和药物饲料添加剂，其中兽用化药（抗感染药、抗寄生虫药等）市场份额最大，市场占比接近60％。2020年，国外兽药市场规模中，化药占比59％，生物制品占比30％，药物饲料添加剂占比11％。

从使用动物角度分析，全球兽药市场中猪、牛、羊、禽用药规模及占比最大，2020年市场规模202.5亿美元，市场占比约60％；宠物及其他兽药产品是全球市场重要的组成部分，2020年市场占比约40％。国外食品动物用兽药市场规模199.4亿美元，占总体市场规模59％；全球宠物用药市场规模约138.6亿美元，占总体市场规模41％。

在中国，兽用化药制剂与治疗用预混剂是统计在一起的，占比为64.22％；中兽药占比8.47％；兽用生物制品占比27.31％。从用药对象的角度分析，食品动物用药占比约90％，特种经济动物用药占比约5％，宠物用药占比5％。

1.2.4.4 竞争方式发生转变，节本强服成为导向

在供大于求、产品结构无法改变、已经形成买方市场的条件下，如何在激烈的竞争中求得生存与发展，是产业内所有企业必须面对的问题。首先考虑的是节约成本。除了管理方面常用的方法，如审查成本结构、降低材料成本、评估生产过程、调整产品功能、削减多余材料、降低物流成本、提高工作效率、控制能源消耗、减少各种浪费、升级生产设备等之外，还有新的动向值得关注。一是有些生产中兽药制剂的企业已经开始建立自己的道地药材生产基地，既能确保原料中药材品质，又能有效控制原料药价格，避免了原料药经销商的盘剥。二是有些兽用化药原材料生产企业开始生产兽用化药制剂，与专门生产制剂的企业相比较其生产成本会大幅度降低，凸显了生产成本的比较优势。其次是提高对终端用户的服务水平。这一方面，跨国大企业比本土企业做得更好。一是根据所售产品的适应症，为用户提供疾病防治的一揽子解决方案，并协助用户抓好落实；二是提供有的放矢的技术培训，除为用户培养专业技术人才外，还应用户要求做相应的管理培训；三是针对部分缺乏实验室检测能力的用户免费提供第三方疾病检测服务，同时提出解决方案的建议，进一步扩大销售产品的种类；四是在非洲猪瘟流行期间为用户提供生物安全体系技术方案，为用户解决燃眉之急。

良好的售后服务，可以增强用户对产品的忠诚度，提升产品的知名度，提高企业的信誉度，弘扬企业的美誉度。

1.2.4.5 充分利用各种机遇，创新驱动产业发展

当前全球经济形势充满挑战，不稳定、不确定因素明显增加，超预期挑战不断出现，世界经济增速放缓，发展水平依然不协调、不平衡。但是，和平与发展的全球基本共识没有变，经济全球化和世界经济一体化的基本发展趋势没有变。全球兽药产业在复杂多变、充满不确定性和非预期性的严峻经济形势挑战下，必须坚定信心，盯紧目标，顺势而为，抢抓机遇，创新发展。

应该看到，全球兽药产业仍然面临一些难得的发展机遇，导致动物产品刚性需求的增加，如果没有革命性的新的动物蛋白质来源，就必须通过提高食品动物的养殖数量和质量满足供应，必然导致兽药产品需求增长。

一是全球经济仍然在不断、缓慢地增长。美国GDP增长2019年为2.3％，2020年为

—3.4%，2021 年为 5.7%；然而，西欧宏观经济疲软和不确定性依然存在，欧元区 2019 年增长 1.3%，2020 年增长 1.5%，2021 年增长 5.3%，较近年有所改善；而英国因为脱欧，2019 年（增长 1.2%）和 2020 年（增长 1.4%）的经济增长放缓。而中国经济却一枝独秀，2019 年 GDP 增长 6%，2020 年 GDP 增长 2.2%，2021 年 GDP 增长 8.1%。全球经济增长虽然有较大的波动，但增长的势头没有变。

二是人口数量的增加。预测未来五年时间内，全球人口将以每年 1.1% 的速度增长。中产阶级人数在 2030 年将达到 12 亿人，占全球人口的 15%；2050 年全球人口将达到 90 亿以上。

三是动物蛋白需求增长。在人口增长、可支配收入增加和城市化的推动下，对所有类型的动物蛋白（牛奶、鸡蛋、家禽、猪肉、牛肉、水生动物）的需求持续增长。虽然在发达国家地区"素食饮食"有增长的趋势，但对全球动物蛋白消费的总体影响有限，预计肉类贸易量在未来五年将增长 8.5%。

四是兽药行业的转型升级。用传统的成熟的技术开发新产品的空间已经越来越小，兽药领域的创新研发速度近年来预计将保持在低水平。然而，更多的治疗性生物制品的引入，在未来五年内将有利于临床治疗的提升和提供更多的商业机会。目前，国外兽药行业已经逐步集中于少数大型公司。大型公司通过并购、重组等方式，不断扩大自身的竞争优势和市场地位。今后一段时间，随着国际兽药巨头、上市公司和大型企业的不断并购、重组，全球兽药行业的集中度将进一步提高。

1.3
我国兽药产业的发展现状

1.3.1　兽药产业总体概况

我国的兽药产业起源于 20 世纪 50 年代，目前已进入快速发展阶段的后期。截至 2023 年底，我国共有兽药生产企业 1620 家，实现产值 771.41 亿元，销售额 696.51 亿元，毛利 212.97 亿元，平均毛利率 30.58%，资产总额 3369.96 亿元，资产利润率 6.32%，固定资产 1222.28 亿元，从业人员 17.46 万人。年产值复合增长率为 6.45%，年销售额复合增长率为 6.16%。

2007 年开始行业统计，当年兽药生产企业有 1038 家，从 2008 年开始稳步上升，直到 2013 年达到 1661 家后呈现下滑态势，2016 年反弹至 1666 家兽药生产企业后逐年减少，趋于平稳，2023 年共有兽药生产企业 1620 家。

2007—2020 年，兽药产业整体呈现平稳上升态势。产值从 2007 年开始一直平稳上升，到 2018 年受"非洲猪瘟"疫情影响有所回落后，2019 年开始回升。销售额在 2008 年有所下降外也呈现平稳上升态势，同样，在 2018 年回落，2019 年达到正常水平。毛利在 2019 年下降，2020 年有明显回升。2022 年略有下降，2023 年有所回升。

由表 1-1 可知，2007 年和 2008 年平均毛利率较低，在 15% 以下，2009 年至今，平均毛利率在 32% 左右，相较于其他行业平均毛利率属于正常水平。

表 1-1　2007—2023 年平均毛利率变化情况　　　　　　　　　　　　　　　　　　　　　单位：%

年份	2007	2008	2009	2010	2011	2012	2013	2014	2015	2016	2017	2018	2019	2020	2021	2022	2023
平均毛利率	12.65	14.24	30.74	30.90	35.16	29.49	29.82	31.30	32.63	34.59	35.28	36.62	32.81	35.43	34.72	31.07	30.58

资产总额和固定资产在一定程度上可以反映出企业的经营规模。2009 年至今企业的资产总额逐年递增，2017 年有明显的增长。固定资产除了在 2011 年减少外，也呈现出逐年上升态势。可见，企业在不断发展壮大。

资产利润率是反映企业资产盈利能力的指标，是指企业在一定时间内实现的利润与同期资产平均占用额的比率。企业资产利润率这项指标能促进企业全面改善生产经营管理，不断提高企业的经济效益。由表 1-2 可知，2009 年和 2011 年的资产利润率处于比较高的位置，2011 年之后逐年递减，2016 年反弹到 10.60% 之后又开始下降，2020 年有所回升到 8.90%，距离历史最高点仍有 4.43 个百分点的差距。2021 年由于资产总额的不断增加，利润增长有限，资产利润率开始逐年递减。

表 1-2　2009—2023 年资产利润率情况　　　　　　　　　　　　　　　　　　　　　　　单位：%

年份	2009	2010	2011	2012	2013	2014	2015	2016	2017	2018	2019	2020	2021	2022	2023
资产利润率	12.98	10.98	13.33	11.64	10.37	9.71	9.26	10.60	7.86	7.19	6.74	8.90	8.75	6.68	6.32

从业人员随着产业发展不断变化，2008 年从业人员只有 9.42 万人，处于历史最低点，2009 年逐年上升，2012 年至今趋于平稳，在 16 万人左右，2020 年共有 17.03 万人（表 1-3）。2021 年有所减少，2023 年回升达到历史新高，共有 17.46 万人。

表 1-3　2007—2023 年从业人员情况　　　　　　　　　　　　　　　　　　　　　　　　单位：万人

年份	2007	2008	2009	2010	2011	2012	2013	2014	2015	2016	2017	2018	2019	2020	2021	2022	2023
从业人员数量	12.16	9.42	12.37	14.35	14.97	16.29	16.5	16.46	16.1	16.9	17.11	16.65	16.29	17.03	16.85	16.55	17.46

2007—2023 年，我国兽药生产企业数量增加了 582 家，年复合增长率 2.82%；产值增长了 574.3 亿元，年复合增长率 8.90%；销售额增长了 510.36 亿元，年复合增长率 8.60%；毛利增加了 189.43 亿元，年复合增长率 14.76%；毛利率增长了 17.93%；资产总额增加了 3168.77 亿元，年复合增长率 20.67%；固定资产增加了 969.75 亿元，年复合增长率 10.36%；从业人员增加了 5.3 万人，年复合增长率 2.29%。

通过对以上数据分析得出以下结论：一是企业数量将逐年减少，实力薄弱、没有核心竞争力的企业将逐步退出行业竞争；二是固定资产投入逐年增加，产业的自动化、智能化、信息化水平逐年提高；三是销售额将稳步增加，特别是近年来企业加大宠物专用药品的研发、生产，产业销售额将逐步减少对经济动物的依赖；四是随着资本的进入以及外资企业进一步加大投入，行业竞争会进一步加剧，毛利率提升空间有限；五是随着新版兽药 GMP 的实施，自动化、智能化设施、设备的引入，养殖规模化、集团化的程度进一步提高，行业从业人员的数量会逐步减少，高学历、高素质、勇于奉献的管理人员、科技人员和产业工人是行业未来需求重点。

1.3.2 兽药生产企业概况

1.3.2.1 企业数量

2010—2023年，我国兽药生产企业数量整体呈先升后降，趋于平稳波动的态势，2016年数量最多，达到了1666家，2010年最少（1386家），之后开始回升，2019年、2020年基本持平在1633家企业，2022年数量减少明显，2023年恢复至1620家企业。其中生药企业数量呈逐年递增的态势，从2010年的65家增长到2023年的177家企业。原料药企业数量从2010年开始逐渐上升，除2018年下降外，2019年后又开始逐年递增。化药制剂企业基本成逐年下降态势，从2013年的1316家，下降到2023年的1140家，减少了176家企业。中兽药企业2010—2013年基本维持在160家左右，2020年增长到201家企业，2021年开始下降，2023年维持在149家。详见表1-4。

表1-4　2010—2023年不同类型企业数量　　　　　　　　　　　　　　　　　　　　　　单位：家

企业规模	2010	2011	2012	2013	2014	2015	2016	2017	2018	2019	2020	2021	2022	2023
生药企业	65	64	68	72	77	77	89	94	99	102	119	137	152	177
原料药企业	92	97	108	112	113	114	129	133	129	131	133	136	139	154
化药制剂企业	1073	1089	1182	1316	1240	1186	1275	1242	1214	1221	1180	1121	1073	1140
中兽药企业	156	160	162	161	171	166	173	175	172	178	201	185	149	149
合计	1386	1410	1520	1661	1601	1543	1666	1644	1614	1632	1633	1579	1513	1620

1.3.2.2 企业规模

企业规模划分目前是以当年销售额为依据。2008—2011年，按照销售额将企业划分为大型企业（年销售额1亿元以上，包含1亿元）、中型企业（年销售额5000万元至1亿元，包含5000万元）、中小型企业（年销售额1000万元至5000万元，包含1000万元）和小型企业（年销售额1000万元以下）；2012年开始执行工信部企业规模划分标准（工信部联企业［2011］300号）：大型企业（年销售额2亿元以上，包含2亿元）、中型企业（年销售额500万元至2亿元，包含500万元）、小型企业（年销售额50万元至500万元，包含50万元）、微型企业（年销售额50万元以下）。

按照之前划分标准可见，我国兽药生产企业主要以小型企业为主，其次是中小型企业，二者份额占据半壁江山。详见表1-5、表1-6。

表1-5　2008—2011年不同规模企业数量　　　　　　　　　　　　　　　　　　　　　　单位：家

企业规模	2008	2009	2010	2011
大型企业	42	53	68	75
中型企业	46	68	76	78
中小型企业	250	309	346	379
小型企业	587	696	896	878

表 1-6 2012—2023 年不同规模企业数量 单位：家

企业规模	2012	2013	2014	2015	2016	2017	2018	2019	2020	2021	2022	2023
大型企业	44	45	45	47	54	58	59	62	77	87	88	85
中型企业	823	863	820	807	813	783	756	811	859	856	766	827
小型企业	558	610	599	585	627	630	711	602	552	515	518	537
微型企业	95	143	137	104	172	173	88	157	145	121	141	171

执行了新的企业规模划分标准后，2012—2023 年兽药生产企业主要以中小型企业为主，近年，数量最多的是中型企业，2012 年起点就很高，2013 年上升，然后开始下降，2018 年后开始回升，2020 年达到接近历史最高的 859 家。小型企业则从 2013 年之后开始下滑，2016 年开始上升，到 2018 年又开始下降，2023 年降至 537 家。而大型企业则处于平稳上升状态，从 2012 年的 44 家，发展到 2022 年的 88 家；2023 年略有下降，为 85 家。微型企业呈现上下波动态势，2020 年有 145 家，2023 年有 171 家。

我国兽药产业中以化药制剂企业为主，在 2023 年共有 1140 家化药制剂企业，占整体企业的 69.81%，生药企业 177 家，原料药企业 154 家，中兽药企业 149 家。

2023 年，从企业数量看，1620 家兽药生产企业以中型企业和小型企业为主。其中，微型企业 171 家，占企业总数的 10.56%；小型企业 537 家，占企业总数的 33.15%；中型企业 827 家，占企业总数的 51.05%；大型企业 85 家，占企业总数的 5.25%。

177 家生药企业中，小型企业 72 家，占生药企业总数的 40.68%；中型企业 78 家，占生药企业总数的 44.07%；大型企业 27 家，占生药企业总数的 15.25%。

1443 家化药企业中，微型企业 171 家，占化药企业总数的 11.85%；小型企业 465 家，占化药企业总数的 32.22%；中型企业 749 家，占化药企业总数的 51.91%；大型企业 58 家，占化药企业总数的 4.02%。

可见，我国的兽药产业总体上以中型企业为主，生药企业以大、中型企业为中坚力量，化药企业以中、小型企业为主。

1.3.2.3 资产规模

表 1-7 反映了 2012—2023 年不同类型生药企业资产总额的构成与变化态势。其中，大型企业在 2019 年略有下滑后，迅速回升到 2023 年的 336.45 亿元。中型企业在 2015 年下滑后开始回升，2019 年达到 181.03 亿元，而后开始下滑，2023 年达到 224.16 亿元。小型企业 2012—2015 年逐年递增，2016 年开始下降，2018 年降到历史最低点 4.96 亿元后有所回升，2020 年达到 18.66 亿元。2021 年下降后开始恢复，2023 年达到 37.14亿元。

表 1-7 2012—2023 年不同类型生药企业资产总额 单位：亿元

企业规模	2012	2013	2014	2015	2016	2017	2018	2019	2020	2021	2022	2023
大型企业	82.04	108.05	114.02	150.52	188.69	274.58	245.07	224.59	324.27	342.65	460.33	336.45
中型企业	96.19	102.67	119.13	98.11	107.02	134.45	179.67	181.03	164.28	158.87	227.25	224.16
小型企业	2.38	5.71	11.48	20.79	11.78	11.70	4.96	8.51	18.66	6.70	20.66	37.14

表 1-8 反映了 2010—2023 年不同类型企业资产总额的构成与变化态势。其中，生药企业在 2019 年略有下滑后，迅速回升到 2023 年的 597.75 亿元。原料药企业在 2016 年开始迅速上升到 2018 年的 1275.91 亿元后，开始逐年平稳上升到 2023 年的 1929.63 亿元。制剂企业在经历前十年的上下波动后，2019 年上升到 670.32 亿元，2020 年迅速下降至 553.95 亿元，2023 年上升到

769.82 亿元。中兽药企业则表现出上下波动态势，2023 年达到 72.77 亿元。

表 1-8　2010—2023 年不同类型企业资产总额情况　　　　　　　　　　　　　　　　　单位：亿元

企业类型	2010	2011	2012	2013	2014	2015	2016	2017	2018	2019	2020	2021	2022	2023
生药企业	104.37	167.02	180.61	216.43	244.63	269.42	307.49	420.73	429.70	414.13	507.21	508.22	708.24	597.75
原料药企业	226.90	312.49	372.84	480.52	468.09	608.26	650.85	1054.67	1275.91	1294.36	1340.74	1426.99	1641.77	1929.63
化药制剂企业	497.44	377.51	438.66	404.07	565.13	531.08	498.96	582.13	591.04	670.32	533.95	708.98	696.63	769.82
中兽药企业	20.11	22.58	24.36	54.46	34.11	48.24	58.39	66.89	41.77	74.67	69.89	77.27	86.05	72.77

　　表 1-9 反映了 2012—2023 年不同类型生药企业固定资产的构成与变化态势。其中，大型企业整体呈现上升态势，2016 年和 2018 年略微下降，2021 年达到历史最高 110.35 亿元，2023 年下降至 97.33 亿元。中型企业呈现逐年上升态势，2020 年下降到 55.32 亿元，后开始上升，2023 年上升到 92.89 亿元。小型企业则呈现出上下波动不稳定态势，2023 年达到 16.00 亿元。

表 1-9　2012—2023 年不同类型生药企业固定资产　　　　　　　　　　　　　　　　　单位：亿元

企业规模	2012	2013	2014	2015	2016	2017	2018	2019	2020	2021	2022	2023
大型企业	28.79	31.18	37.09	37.86	37.42	45.85	40	50.1	79.89	110.35	98.23	97.33
中型企业	25.59	32.54	39.01	41.32	44.63	51.9	66.88	73.72	55.32	67.05	88.81	92.89
小型企业	1.09	2.21	6.92	12.99	5.58	7.03	1.62	2.32	11.43	1.61	7.50	16.00

　　表 1-10 反映了 2010—2023 年不同类型企业固定资产的构成与变化态势。其中，生药企业与原料药企业均呈现上升态势，但生药企业上升较为平稳，从 2010 年的 40.38 亿元上升到 2023 年的 206.22 亿元；而原料药企业则上升迅速，从 2010 年的 105.89 亿元一下跃升至 2023 年的 688.95 亿元。化药制剂企业表现出上下波动态势，出现了三次下滑，2023 年上升至 287.49 亿元。中兽药企业也表现出上下波动的态势，2023 年上升到 39.62 亿元。

表 1-10　2010—2023 年不同类型企业固定资产情况　　　　　　　　　　　　　　　　　单位：亿元

企业类型	2010	2011	2012	2013	2014	2015	2016	2017	2018	2019	2020	2021	2022	2023
生药企业	40.38	51.01	55.47	65.93	83.02	92.17	87.63	104.78	108.50	126.14	146.64	179.01	194.54	206.22
原料药企业	105.89	118.53	180.41	213.59	210.22	289.36	310.92	344.26	397.66	480.44	581.94	505.86	549.32	688.95
化药制剂企业	249.26	175.46	162.14	169.56	226.72	197.96	197.54	209.48	212.27	235.33	217.57	250.39	262.69	287.49
中兽药企业	10.39	9.86	10.93	28.54	13.43	12.98	18.54	21.03	18.75	18.63	30.04	30.11	32.34	39.62

1.3.2.4　人员情况

　　人才是企业发展、产业进步的最重要因素。表 1-11 反映了 2008—2023 年生药企业从业人员的学历构成情况及变化态势。本科学历人才在 2019 年出现下滑后，2020 年迅速回升到 7124 人，2023 年上升到 8372 人。硕士人才基本表现出逐年上升态势，在 2023 年达到了 2927 人。可见，生药企业中，高学历人才稳步上升。

表 1-11　2008—2023 年生药企业不同学历人数　　　　　　　　　　　　　　　　　单位：人

学历	2008	2009	2010	2011	2012	2013	2014	2015	2016	2017	2018	2019	2020	2021	2022	2023
博士	55	89	126	155	158	164	181	235	199	207	219	226	351	280	339	374
硕士	435	710	839	1092	1190	1317	1539	1885	1862	1952	2084	2119	2388	2621	2892	2927
本科	2343	3070	3422	4506	4588	4932	5490	5622	5984	6341	6524	6362	7124	7954	8670	8372
其他	8530	9795	10462	11909	12101	11685	12888	12696	12997	13274	12918	12246	13474	13510	14308	11830
合计	11363	13664	14849	17662	18037	18098	20098	20438	21042	21774	21745	20953	23337	24365	26209	23503

表 1-12 反映了 2008—2023 年化药企业从业人员的学历构成情况及变化态势。本科学历及硕士学历人才在 2018 年均出现明显下滑，到 2023 年拥有本科学历人才 30209人，硕士学历人才 4565 人，均未达到历史最高位。而博士学历人才在 2023 年降至 702人。可见，化药企业中，高学历人才在逐渐流失。

表 1-12　2008—2023 年化药企业不同学历人数　　　　　　　　　　　　　　　　单位：人

学历	2008	2009	2010	2011	2012	2013	2014	2015	2016	2017	2018	2019	2020	2021	2022	2023
博士	302	469	755	805	966	900	999	973	1068	896	811	788	747	663	605	702
硕士	1190	2110	2745	3410	3728	4015	4437	4399	4358	4685	4077	4150	4183	4235	3667	4565
本科	11048	16142	19893	27447	31494	31055	31210	29561	30780	30937	27100	28173	29515	26863	26084	30209
其他	70301	91285	105295	100326	108677	110899	107876	105660	111720	112788	112857	108817	112582	112352	108912	115576
合计	82841	110006	128688	131988	144865	146869	144522	140593	147926	149306	144845	141928	147027	144113	139268	151052

表 1-13 反映了 2008—2023 年高级职称人才的构成情况及变化态势。生药企业中拥有高级职称的人数在逐年上升，到 2023 年拥有高级职称的人数达到 729 人。而化药企业中拥有高级职称的人数在 2016 年开始经历逐年下降后，2020 年有所回升，达到了 3419 人。而后再次下降，2023 年降至 1565 人。

表 1-13　2008—2023 年高级职称人才人数　　　　　　　　　　　　　　　　　　单位：人

企业类型	2008	2009	2010	2011	2012	2013	2014	2015	2016	2017	2018	2019	2020	2021	2022	2023
生药企业	329	400	447	492	596	517	546	514	511	518	532	560	641	693	721	729
化药企业	3285	2985	3650	4462	4612	4554	4811	4154	4157	4020	3712	3264	3419	3014	2259	1565

1.3.3　兽药产品现状

兽药产品批准文号是农业农村部根据兽药国家标准、生产工艺和生产条件批准特定兽药生产企业生产特定兽药产品时核发的兽药批准证明文件。通过对批准文号的统计能够反映出产品数量及结构的变化情况。

1.3.3.1　生物制品

从表 1-14 可以看出 2009—2023 年按照不同使用动物区分的生物制品产品数量变化态势。禽用生物制品数量呈上下波动态势，在 2017 年开始下降，2020 年明显回升到 1294个产品，而后继续下降到 2022 年的 981 个产品，再回升到 2023 年的 1075 个产品。猪用生物制品数量同样呈现上下波动态势，在 2017 年后开始稳步回升，2020 年明显上升到760 个产品，2021 年再次下降，2023 年回升到 711 个产品。牛羊用生物制品数量在2010—2012 年持续降低，2013—2016 年逐渐回升，2017 年降至 119 个产品后，2018 年与2019 年基本持平，2020 年上升到 226 个产品；2023 年进一步上升到 244 个产品。宠物及其他生物制品数量从 2009 年开始下降，2012 年开始逐年递增，2016 年开始下降，2018年开始持续回升到 2023 年的 80 个产品。兔用生物制品处于平稳上升的态势，从 2010 年开始基本处于 20 个产品左右，2020 年达到历史最高的 29 个产品，而后有所下降，2023年降到 18 个产品。

表 1-14　2009—2023 年生物制品批准文号数量　　　　　　　　　　　　　　　　　　　　　　　单位：个

生物制品 用途	2009	2010	2011	2012	2013	2014	2015	2016	2017	2018	2019	2020	2021	2022	2023
禽用	611	793	752	779	878	942	936	1055	1171	1124	1107	1294	1019	981	1075
猪用	240	374	367	392	421	464	462	532	515	595	600	760	638	630	711
牛羊用	49	99	88	86	110	124	128	155	119	187	187	226	190	188	244
宠物用及其他	75	35	24	30	33	39	46	42	34	40	44	59	60	68	80
兔用	10	19	19	17	19	23	20	21	21	23	24	29	16	12	18
合计	985	1320	1250	1304	1461	1592	1592	1805	1860	1969	1962	2368	1923	1879	2128

从表 1-15 可以看出，在实际生产过程中产品数量与申报数量有所差异。禽用生物制品数量在 2009—2017 年呈逐年上升态势，2018 年下降后又逐步恢复，2023 年达 804 个产品。猪用生物制品数量基本呈现出平稳上升态势，除 2021 年其他逐年增加，2023 年有 544 个产品正常生产。牛羊用生物制品数量也基本呈现出平稳上升态势，2019 年略有下降，2023 年实际生产 174 个产品。宠物及其他生物制品数量 2009—2011 年呈逐年下降趋势，到 2014 年开始至 2019 年相对平稳，在 30 个产品左右，2023 年实际生产 58 个产品。兔用生物制品数量 2009 年实际生产 7 个产品后，2010 年开始较其他类别产品稳定，基本处于 14 个产品左右，2023 年实际生产 10 个产品。

表 1-15　2009—2023 年生物制品批准文号使用量　　　　　　　　　　　　　　　　　　　　　单位：个

生物制品 用途	2009	2010	2011	2012	2013	2014	2015	2016	2017	2018	2019	2020	2021	2022	2023
禽用	414	488	497	571	641	659	670	681	723	701	738	783	740	770	804
猪用	160	227	248	283	308	331	360	381	391	410	417	493	475	494	544
牛羊用	30	56	58	66	73	80	88	100	102	123	122	138	144	148	174
宠物用及其他	61	25	21	21	21	31	31	30	30	28	31	39	44	48	58
兔用	7	15	11	13	14	15	14	14	13	13	14	13	12	9	10
合计	672	811	834	954	1057	1116	1163	1206	1259	1275	1322	1466	1415	1469	1590

从表 1-16 可以看出，2009—2023 年间，生物制品整体上批准文号使用率在 60％～79％之间，相较其他品种而言，使用率较高。禽用生物制品种类最多，使用率也较稳定，均处于 61％～79％的水平。其次是猪用生物制品种类，将近 500 个产品，使用率处于 60％～79％的水平。第三个主要产品是牛羊用生物制品，150 个左右的产品，使用率处于 56％～79％。宠物用、兔用及其他生物制品的种类相对来说较少，不足 100 个，使用率处于 44％～89％，波动较大。

表 1-16　2009—2023 年生物制品批准文号使用率　　　　　　　　　　　　　　　　　　　　　单位：%

生物制品 用途	2009	2010	2011	2012	2013	2014	2015	2016	2017	2018	2019	2020	2021	2022	2023
禽用	67.76	61.54	66.09	73.3	73.01	69.96	71.58	64.55	61.74	62.37	66.67	60.51	72.62	78.49	74.79
猪用	66.67	60.70	67.57	72.19	73.16	71.34	77.92	71.62	75.92	68.91	69.50	64.87	74.45	78.41	76.51
牛羊用	61.22	56.57	65.91	76.74	66.36	64.52	68.75	64.52	85.71	65.78	65.24	61.06	75.79	78.72	71.31
宠物用及其他	81.33	78.95	83.33	70.00	63.64	79.49	67.39	71.43	88.24	70.00	70.45	66.10	73.33	70.59	72.50
兔用	70.00	71.43	57.89	76.47	73.68	65.22	70.00	66.67	61.90	56.52	58.33	44.83	75.00	75.00	55.56
生药	68.22	61.44	66.72	73.16	72.35	70.10	73.05	66.81	67.69	64.75	67.38	61.91	73.58	78.18	74.72

1.3.3.2　原料药

从表 1-17 可以看出，2009—2023 年间，原料药共有 700 个左右产品，其中抗微生物药呈波动态势，2009—2011 年第一波上涨，2012—2013 年第二波上涨后，2014 年开始回落，2017 年后持续上涨至 2020 年，2020 年共有 399 个产品，2021 年下降后，2023 年回升至 388 个产品。抗寄生虫药呈上下波动态势，2009 年最低，有 98 个产品；2020 年最多，有 176 个产品，2023 年共有 141 个产品。解热镇痛抗炎药基本呈逐年递增态势，2023 年共有 42 个产品。其他类型原料药相对来说呈上下波动态势，2014—2011 年逐年递增，2023 年共有 160 个产品。

表 1-17　2009—2023 年原料药批准文号数量　　　　　　　　　　　　　　　　　　单位：个

类别	2009	2010	2011	2012	2013	2014	2015	2016	2017	2018	2019	2020	2021	2022	2023
抗微生物药	218	278	393	368	370	365	343	302	322	337	345	399	333	323	388
抗寄生虫药	98	120	158	133	126	139	141	133	132	147	153	176	123	133	141
解热镇痛抗炎药	3	3	7	8	8	12	17	19	24	31	32	36	31	34	42
其他类型原料药	36	47	58	47	35	31	42	54	63	78	100	102	120	116	160
合计	355	448	616	556	539	547	543	508	541	593	630	713	607	606	731

从表 1-18 可以看出，2009—2023 年间，原料药实际使用批准文号的产品共有 400 多个，其中抗微生物药呈上下波动态势，2009—2012 年第一波上涨，2013 年开始上下波动，2023 年共有 259 个产品。抗寄生虫药在 2009—2012 年连续上涨后趋于平静，平均在 90 个产品左右，2023 年有 101 个产品。解热镇痛抗炎药逐年递增，2023 年共有 30 个产品。其他类型原料药相对来说呈上下波动态势，2013 年开始基本逐年递增，2023 年共有 99 个产品。

表 1-18　2009—2023 年原料药批准文号使用量　　　　　　　　　　　　　　　　　单位：个

类别	2009	2010	2011	2012	2013	2014	2015	2016	2017	2018	2019	2020	2021	2022	2023
抗微生物药	165	204	235	319	285	272	261	211	224	243	231	235	242	236	259
抗寄生虫药	77	96	100	115	94	101	89	94	93	92	90	91	94	102	101
解热镇痛抗炎药	3	2	3	6	6	8	10	12	14	24	23	24	24	24	30
其他类型原料药	21	34	33	29	25	26	26	31	40	50	71	71	88	89	99
合计	266	336	371	469	410	407	386	348	371	409	415	421	448	451	489

从表 1-19 可以看出，2009—2023 年间，原料药整体上批准文号使用率在 59%～84% 之间，使用率跨度较高。抗微生物药种类最多，使用率也较稳定，均处于 58%～86% 的水平。其次是抗寄生虫药，使用率处于 51%～80% 的水平。解热镇痛抗炎药，24 个左右的产品，使用率处于 42%～100%，波动最大。其他原料药的使用率最稳定，处于 56%～83%。

表 1-19　2009—2023 年原料药批准文号使用率　　　　　　　　　　　　　　　　　单位：%

类别	2009	2010	2011	2012	2013	2014	2015	2016	2017	2018	2019	2020	2021	2022	2023
抗微生物药	75.69	73.38	59.80	86.68	77.03	74.52	76.09	69.87	69.57	72.11	66.96	58.90	72.67	73.07	66.75
抗寄生虫药	78.57	80.00	63.29	86.47	74.60	72.66	63.12	70.68	70.45	62.59	58.82	51.70	76.42	76.69	71.63
解热镇痛抗炎药	100	66.67	42.56	75.00	75.00	66.67	58.82	63.16	58.33	77.42	71.88	66.67	77.42	70.59	71.43
其他原料药	58.33	72.34	56.90	61.70	71.43	83.87	61.90	57.41	63.49	64.10	71.00	69.61	73.33	76.72	61.88

1.3.3.3　化药制剂

从表 1-20 可以看出，化药制剂产品种类繁多，共有 6 万多个产品批准文号。其中抗微生物药数量最多，有 3 万多个产品批准文号，占整体的 50%，2009—2020 年间呈上下波动态势，2023 年共有 33087 个产品批准文号。其次是抗寄生虫药，有 8000 多个产品批准文号，同样呈现出上下波动的态势，2017—2020 年逐年递增，2021 年开始下降，2023 年共有 9413 个产品批准文号。水产养殖用药呈现上下波动态势，2023 年共有 6037 个产品批准文号。消毒药整体呈现上下波动态势，2017—2020 年逐年递增，2021 年开始下降，2023 年回升，2023 年共有 4335 个产品批准文号。解热镇痛抗炎药在 2009—2013 年期间呈现上下波动态势，2014 年开始逐年递增，2023 年回升，2023 年共有 2750 个产品。调节组织代谢药呈先升后降态势，2023 年共有 2211 个产品批准文号。其他制剂产品同样呈上下波动态势，2023 年共有 3585 个产品批准文号。

表 1-20　2009—2023 年化药制剂批准文号数量　　　　　　　　　　　　　　　　　　　单位：个

类别	2009	2010	2011	2012	2013	2014	2015	2016	2017	2018	2019	2020	2021	2022	2023
抗微生物药	26224	36654	34656	37523	36314	33670	34357	34187	30271	30170	32578	35406	31096	27719	33087
抗寄生虫药	5840	8087	7517	7917	7273	6658	7152	7534	6712	6802	7606	8890	7636	7182	9413
水产养殖用药	3090	5439	5415	5725	5442	4434	4955	4810	4219	3635	3798	4316	4295	4015	6037
消毒药	3251	3021	3055	3278	3316	3005	3032	3229	2894	2895	3381	4276	3977	3791	4335
解热镇痛抗炎药	1309	1902	1693	1845	1451	1420	1676	1932	1979	2220	2518	2841	2491	2285	2750
调节组织代谢药	1089	1578	1495	1549	2097	2259	2488	2691	2387	2378	2533	2780	2262	2202	2211
其他制剂	2107	2978	2662	3026	2485	2348	2476	2689	2411	2526	2873	3128	3309	2576	3585
合计	42910	59659	56493	60863	58378	53794	56136	57072	50873	50626	55287	61637	55066	49770	61418

从表 1-21 可以看出，化药制剂中抗微生物药在 2009—2013 年呈递增态势，2014—2018 年逐年递减，2019—2020 年回升，2020 年实际使用的产品文号共有 22121 个，2021 年开始下降，2023 年回升至 21310 个。抗寄生虫药在 2009—2016 年期间基本逐年递增，2017 年开始回落，2019 年回升，2020 年共有 5309 个产品，2021 年开始下降，2023 年回升至 5801 个产品。水产养殖用药在 2009—2013 年期间逐年递增，2014 年回落后从 2015 年逐年递减，2019 年开始回升，2020 年共有 2433 个产品，2022 年下降后，2023 年回升至 3340 个产品批准文号。消毒药呈上下波动态势，2017 年开始逐年递增，2020 年共有 2618 个产品批准文号，2021 年开始下降，2023 年回升至 2207 个产品。解热镇痛抗炎药在 2009—2012 年期间逐年递增，经历 2013—2014 年期间的降低后，2015 年开始逐年递增，2020 年共有 1878 个产品批准文号。2021 年下降后 2023 年回升至 1870 个产品。调节组织代谢药在 2009—2016 年期间逐年递增，2017—2018 年递减，2019 年开始回升，2020 年共有 1679 个产品批准文号，2021 年下降，2023 年略有回升，达到 1418 个产品批准文号。其他制剂呈上下波动态势，2023 年共有 2052 个产品批准文号。

表 1-21　2009—2023 年化药制剂批准文号使用量　　　　　　　　　　　　　　　　　　单位：个

类别	2009	2010	2011	2012	2013	2014	2015	2016	2017	2018	2019	2020	2021	2022	2023
抗微生物药	15810	20109	20989	23038	23146	22166	21427	20154	18895	18756	21697	22121	20357	18099	21310
抗寄生虫药	3498	4412	4469	4617	4618	4344	4521	4533	4171	4149	4951	5309	4817	4589	5801
水产养殖用药	1697	2700	2740	2928	3276	2971	3057	2575	2402	2073	2386	2433	2733	2492	3340
消毒药	2037	1900	2067	2293	2233	2161	2072	2170	1904	1940	2375	2618	2417	2144	2207
解热镇痛抗炎药	786	996	998	1110	933	917	1049	1249	1405	1538	1754	1878	1733	1594	1870
调节组织代谢药	624	820	819	990	1337	1431	1595	1633	1523	1415	1641	1679	1443	1396	1418
其他制剂	1266	1562	1517	1556	922	1558	1634	1646	1551	1531	1834	1853	1968	1574	2052
合计	25718	32499	33599	36532	36465	35548	35355	33960	31851	31402	36638	37891	35468	31888	37998

从表 1-22 可以看出，2009—2023 年化药制剂批准文号使用率整体上除了其他制剂外，相对平稳，呈小幅度上下波动态势。抗微生物药与抗寄生虫药相对来说差不多，均保

持在54%～67%之间。水产养殖用药的批准文号使用率相对来说跨度较大，在49%～67%。消毒药的批准文号使用率在几个类型中集中度最高，达到56%～72%。解热镇痛抗炎药与调节组织代谢药的批准文号使用率差不多，均在51%～71%。其他制剂的批准文号使用率跨度最大，2013年使用率最低37.10%，其他年份的使用率在51%～67%。

表 1-22　2009—2023年化药制剂批准文号使用率　　　　　　　　　　　　　　　　单位：%

类别	2009	2010	2011	2012	2013	2014	2015	2016	2017	2018	2019	2020	2021	2022	2023
抗微生物药	60.29	54.86	60.56	61.40	63.74	65.83	62.37	58.95	62.42	62.17	66.60	62.48	65.47	65.29	64.41
抗寄生虫药	59.90	54.56	59.45	58.31	63.5	65.24	63.21	60.17	62.14	61.00	65.09	59.72	63.08	63.90	61.63
水产养殖用药	54.92	49.64	50.60	51.14	60.20	67.00	61.70	53.53	56.93	57.03	62.82	56.37	63.63	62.07	55.33
消毒药	62.66	62.89	67.66	69.95	67.34	71.94	68.34	67.20	65.79	67.01	70.25	61.23	60.77	56.55	60.91
解热镇痛抗炎药	60.05	52.37	58.95	60.16	64.30	64.58	62.59	64.65	71.00	69.66	69.66	66.10	69.57	69.76	68.00
调节组织代谢药	57.30	51.96	54.78	63.91	63.76	63.36	64.11	60.68	63.80	59.50	64.78	60.40	63.79	63.40	64.13
其他	60.09	52.45	56.99	51.42	37.10	66.35	65.99	61.21	64.33	60.61	63.84	59.24	59.47	61.10	57.24
制剂	59.93	54.47	59.47	60.02	62.46	66.08	62.98	59.50	62.61	62.03	66.27	61.47	64.41	64.07	61.87

1.3.3.4　中兽药

从表1-23可以看出中兽药中各剂型产品数量情况，2009—2023年平均有2万个产品左右。散剂作为中兽药最主要剂型占据了半壁江山，2009—2023年呈现上下波动态势，2018年数量最少，有15271个产品批准文号，2010年数量最多，有25570个产品，2023年共有11864个产品批准文号。2009—2023年，注射液产品呈现上下波动态势，2023年共有3021个产品批准文号。2009—2023年，合剂（口服液）产品除了个别年份略有下降外，整体呈现逐年递增态势，2017—2020年稳步增长至4135个批准文号，2021年开始下降，2023年回升至4045个产品批准文号，成为中兽药第二大剂型。2009—2023年片剂产品数量呈现上下波动态势，每年数量变化比较大，2023年共有452个产品批准文号，高于历年平均值。颗粒剂也是中兽药主要剂型之一，除2014年和2017年略有下降外，整体呈现递增态势，2020年共有2355个产品批准文号，2022年开始下滑，2023年共有2792个产品批准文号。酊剂、浸膏剂、流浸膏剂及其他中兽药种类相对来说较少，不足百种，历年数量较为稳定，2023年分别为49个、90个和173个产品批准文号。

表 1-23　2009—2023年中兽药批准文号数量　　　　　　　　　　　　　　　　　　单位：个

剂型	2009	2010	2011	2012	2013	2014	2015	2016	2017	2018	2019	2020	2021	2022	2023
散剂	17521	25570	23808	23404	24003	22506	21453	20168	16447	15271	15619	16981	13236	10874	11864
注射液	1229	1793	1762	2221	2838	2661	3258	3571	3008	2870	3034	3317	2819	2595	3021
合剂（口服药）	480	692	772	1128	1670	1567	2572	3219	3110	3189	3558	4135	3763	3606	4045
片剂	396	571	533	498	571	536	372	397	374	330	467	400	390	347	452
颗粒剂	327	524	577	873	1018	955	1438	1569	1126	1931	2213	2355	2490	2373	2792
酊剂	51	82	67	45	40	35	41	43	42	42	49	64	52	49	49
浸膏剂、流浸膏剂	30	44	49	61	45	40	62	65	61	65	66	79	18	69	90
其他中兽药	37	50	24	39	25	46	40	77	69	66	85	70	78	140	173
合计	20071	29326	27592	28269	30210	28346	35395	29109	24237	23764	25091	27401	22846	20053	22486

从表1-24可以看出中兽药中各剂型产品实际使用的情况，2023年共有12210个产品批准文号。散剂产品在2009—2012年期间逐年递增，2013—2018年逐年递减，2018年历史最低点只有7965个产品批准文号，2019年和2020年略有回升，2020年有8735个产品批准文号，2021年再次下降，2023年回升至5856个批准文号。注射液产品与合剂（口服

液）产品一样，呈现先升后降再升的态势，2009—2016 年持续上升，经历 2017 年、2018 年降低后迎来回升，2021—2023 年再次波动，2023 年分别有 1899 个产品和 2355 个产品批准文号实际使用。片剂产品呈现上下波动态势，2010 年、2013 年最高，均有 313 个产品批准文号使用，2022 年最少，有 172 个产品批准文号使用，2023 年实际使用 216 个产品批准文号。颗粒剂产品除了 2017 年、2022 年降低外，逐年递增，2023 年共有 1773 个产品批准文号使用。酊剂、浸膏剂、流浸膏剂、其他中兽药整体呈现上下波动态势，2023 年分别使用了 25 个、23 个、63 个产品批准文号。

表 1-24　2009—2023 年中兽药批准文号使用量 单位：个

剂型	2009	2010	2011	2012	2013	2014	2015	2016	2017	2018	2019	2020	2021	2022	2023
散剂	9904	13019	13734	14600	14315	12835	12350	10772	9016	7965	8892	8735	7206	5611	5856
注射液	828	1049	1127	1527	1737	1769	1870	2089	1817	1646	1895	1915	1803	1709	1899
合剂（口服液）	343	457	504	785	1081	1386	1643	1953	1892	1869	2362	2559	2318	2158	2355
片剂	234	313	302	289	313	253	234	211	219	181	277	221	197	172	216
颗粒剂	202	294	375	533	636	769	949	976	553	1247	1555	1536	1664	1562	1773
酊剂	31	34	40	24	17	18	18	25	19	23	31	35	29	27	25
浸膏剂、流浸膏剂	21	24	25	31	24	24	28	22	25	26	23	26	7	24	23
其他	24	35	17	11	14	24	22	28	34	33	41	28	38	55	63
中兽药合计	11587	15225	16124	17800	18137	17078	17114	16076	13575	12990	15076	15055	13262	11318	12210

从表 1-25 可以看出 2009—2023 年各剂型的中兽药实际使用率的变化态势。散剂产品除 2012 年使用率 62.38% 外，其余年份使用率保持在 49%～60%。注射液产品呈上下波动态势，使用率均保持在 57%～69%，是中兽药中使用率最高的剂型。合剂（口服液）产品 2014 年使用率最高，达到 88.45%，其余年份均稳定在 58%～67%。片剂产品使用率在 2014 年最低，为 47.20%，2015 年最高，达到 62.90%，其余年份相对较稳定，均在 53%～60% 之间。颗粒剂产品的使用率波动较大，2014 年和 2019 年都超过了 70%，2017 年又低于 50%，其余年份在 56%～66%。酊剂、浸膏剂、流浸膏剂及其他中兽药的使用率波动比较明显，最低时在 2023 年出现 25.56%，最高时在 2011 年，达到 70.83%。

表 1-25　2009—2023 年中兽药批准文号使用率 单位：%

剂型	2009	2010	2011	2012	2013	2014	2015	2016	2017	2018	2019	2020	2021	2022	2023
散剂	56.53	50.92	57.69	62.38	59.64	57.03	57.57	53.41	54.82	52.16	56.93	51.44	54.44	51.60	49.36
注射液	67.37	58.51	63.96	68.75	61.21	66.48	57.40	58.50	60.41	57.35	62.46	57.73	63.96	65.86	62.86
合剂（口服液）	71.46	66.04	65.28	69.59	64.73	88.45	63.88	60.67	60.83	58.61	66.39	61.89	61.60	59.84	58.22
片剂	59.09	54.82	56.66	58.03	54.82	47.20	62.90	53.15	58.56	54.85	59.31	55.25	50.51	49.57	47.79
颗粒剂	61.77	56.11	64.99	61.05	62.48	80.52	65.99	62.21	49.11	64.58	70.27	65.22	66.83	65.82	63.50
酊剂	60.78	41.46	59.70	53.33	42.50	51.43	43.90	58.14	45.24	54.76	63.27	54.69	55.77	55.10	51.02
浸膏剂、流浸膏剂	70.00	54.55	51.02	50.82	53.33	60.00	45.16	33.85	40.98	40.00	34.85	32.91	38.89	34.78	25.56
其他	64.86	70.00	70.83	28.21	56.00	52.17	55.00	36.36	49.28	50.00	48.24	40.00	48.72	39.29	36.42
中兽药	57.73	51.92	58.44	62.97	60.01	60.25	58.54	55.23	56.01	54.66	60.09	54.94	58.05	56.44	54.30

1.3.4 兽药生产现状

1.3.4.1 兽药产业总体产能规模

2010—2023 年，我国兽药产业总体产能规模呈上升趋势，以下将从生物制品、原料药、化药制剂及中兽药三个方面展开。

2010—2023 年，大部分疫苗品种生产能力整体呈上升态势（表 1-26）。活疫苗的产能主要取决于组织毒活疫苗的产能，在 2012 年、2015 年、2021 年、2023 年有明显下降，2018 年略微下降，其余年份均明显增长，2018 年后至今增速放缓，2023 年活疫苗产能5520.78 亿羽份/亿头份，其中组织毒活疫苗 4400.57 亿羽份/亿头份。细胞毒活疫苗的产能在 2012 年、2013 年、2017 年和 2019 年、2021 年、2023 年均有所下降，但整体上还是呈现上升态势，2023 年产能为 948.83 亿羽份/亿头份。细菌活疫苗整体上波动较小，2023 年产能为 171.38 亿羽份/亿头份。灭活疫苗的产能主要取决于组织毒灭活疫苗的产能，为增长态势。灭活疫苗的产能在 2012 年下降后，2013 年开始上涨，至 2019 年又出现下降，2021—2023 年上下波动，2023 年为 832.19 亿毫升，而组织毒灭活疫苗在2011—2014 年出现连续下降，2019 年同样下降，2020 年有所回升，达到 494.75 亿毫升，2021 年和 2023 年都有所下降，2023 年为 428.71 亿毫升。细胞毒灭活疫苗 2010—2016 年增长平稳，2017 年增长较快之后出现回落，2020 年略微回升到 252.74 亿毫升，2021 年到 2023年上下波动，2023 年降至 266.78 亿毫升。细菌灭活疫苗的产能在 2012 年和 2018 年略微下降外，其余年份均平稳上涨，2023 年达到 136.70 亿毫升。基因工程苗产能在 2017 年和 2019年下降外，其余年份有所上升，2023 年为历史最高，达 189.04 亿羽份/亿头份/亿毫升。

表 1-26　2010—2023 年各类疫苗生产能力

产品类型	单位	2010	2011	2012	2013	2014	2015	2016	2017	2018	2019	2020	2021	2022	2023
活疫苗	亿羽份/亿头份	2797.96	3973.12	3445.8	3797.71	4524.73	4102.05	4818.74	5240.78	5101.53	5264.25	5502.23	5275.13	6466.11	5520.78
组织毒活疫苗	亿羽份/亿头份	2242.54	2996	2548.92	2960.47	3506.4	2922.26	3461.16	3921.08	3669.48	4013.77	4184.68	4145.46	5295.51	4400.57
细胞毒活疫苗	亿羽份/亿头份	412.95	839.91	759.81	676.2	875.49	1005.98	1160.17	1094.06	1233.00	1066.97	1094.99	865.02	971.12	948.83
细菌活疫苗	亿羽份/亿头份	142.47	137.21	137.07	161.04	142.84	173.81	197.41	225.64	199.05	183.51	222.55	264.65	199.48	171.38
灭活疫苗	亿毫升	601.46	680.47	553.92	572.36	589.36	673.11	742.38	865.03	878.13	766.97	850.47	811.59	876.29	832.19
组织毒灭活疫苗	亿毫升	223.75	391.88	352.35	322.09	302.06	414.56	454.10	475.82	513.94	437.90	494.75	448.56	458.46	428.71
细胞毒灭活疫苗	亿毫升	129.95	154.65	143.1	178.11	205.14	197.86	211.37	305.09	284.59	238.60	252.74	238.14	282.12	266.78
细菌灭活疫苗	亿毫升	35.13	43.6	38.71	51	57.38	60.69	76.91	84.12	79.60	90.47	102.98	124.89	135.71	136.70
基因工程苗	亿羽份/亿头份/亿毫升	—	—	19.76	21.16	24.78	27.65	28.06	19.76	29.90	24.73	43.88	62.57	141.79	189.04

2009—2023 年原料药的产能整体呈上升态势，表 1-27 主要展现三种原料药产能的变化态势。首先，抗微生物药的产能在 2010—2015 年持续上涨，其中 2015 年增长最为明

显，达到 14.99 万吨，而后出现波动态势，2020 年归于平稳水平，为 11.75 万吨，2022年小幅回落，2023 年为 15.02 万吨。其次，抗寄生虫药的产能变化较为平稳，2009—2018 年均在 1 万吨左右波动，2019 年和 2020 年增长明显，2020 年达到历史最高 3.68 万吨，而后出现波动，2023 年降至 1.26 万吨。解热镇痛抗炎药的产能在 2009—2013 年较为平稳，2014 年开始增长明显，2020 年达到 2.13 万吨的历史最高水平，而后出现下降波动，2023 年达到 1.21 万吨。

表 1-27　2009—2023 年原料药生产能力　　　　　　　　　　　　　　　　　　　　　　　　单位：万吨

产品类型	2009	2010	2011	2012	2013	2014	2015	2016	2017	2018	2019	2020	2021	2022	2023
抗微生物药	6.2	5.05	7.57	9.19	11.21	11.61	14.99	9.7	12.13	9.77	10.02	11.75	14.67	12.14	15.02
抗寄生虫药	1.09	0.92	1.09	1.17	1.22	0.95	1.03	0.84	1.72	1.89	2.13	3.68	1.78	1.96	1.26
解热镇痛抗炎药	0.04	0.04	0.06	0.05	0.06	0.28	0.29	0.39	0.94	1.55	1.62	2.13	1.19	0.97	1.21

　　表 1-28 显示了 2009—2023 年化药制剂和中兽药各生产线生产能力的情况，由于两类兽药存在共用生产线的问题，因此生产能力合并展现。片剂在 2009—2015 年期间以万吨作为单位统计，除了 2014 年回落外呈现持续上升态势，2016—2020 年期间以亿片为单位统计，同样，除 2018 年回落外也呈现出持续上升态势，2023 年的产能为 469.06 亿片。注射液包含大输液产品，呈现出上下波动态势，2023 年产能最高，为 13.21 亿升，2015 年产能最低，为 3.47 亿升。注射用无菌粉针剂在所有剂型产能中最稳定，一直处于 1 万吨左右，2023 年产能突然提升至 2.19 万吨。粉剂、散剂、预混剂是所有剂型中最主要的剂型，也是产能最大的剂型，2009—2023 年呈上下波动增长态势，2011 年产能最低，有 69.34 万吨，2023 年产能最高，达到 140.26 万吨。口服液、合剂的产能在 2009—2023 年之间呈上下波动态势，2016—2019 年间基本保持在 5 亿升左右，2020 年上涨明显，达到 7.74 亿升，2021 年下降后，2022 年恢复增长，2023 年达 9.93 亿升。颗粒剂整体呈上升态势，2013 年、2017 年、2019 年、2020 年、2022 年增长明显，2023 年达到 12.51 万吨。固体消毒剂的产能 2009—2023 年间整体呈上升态势，2014 年略有下降，2017 年下降明显，为 12.29 万吨，而后开始回升，2020 年上涨明显，达到 16.95 万吨，在 2021 年下降后，2022 年开始回升，2023 年达到 26.46 万吨。液体消毒剂的产能波动明显，2011 年达到历史最高的 25.29 亿升，2012—2021 年趋于平稳的波动范围，2023 年增长明显，产能达 23.80 亿升。

表 1-28　2009—2023 年化药制剂及中兽药生产能力

产品类型	单位	2009	2010	2011	2012	2013	2014	2015	2016	2017	2018	2019	2020	2021	2022	2023
片剂	万吨/亿片	1.49	1.88	1.91	2.39	2.72	2.12	2.61	169.00	240.52	227.68	243.77	299.93	309.47	348.02	469.06
注射液(含大输液)	亿升	9.68	6.33	4.92	5.77	5.25	4.05	3.47	5.08	5.13	5.11	4.86	5.65	7.13	12.19	13.21
注射用无菌粉针剂	万吨	0.73	0.77	0.64	1.21	0.89	0.84	0.81	1.01	0.92	0.82	0.87	0.92	0.88	1.32	2.19
粉(散)剂、预混剂	万吨	80.34	91.26	69.34	93.50	111.49	88.99	106.98	100.41	96.20	95.09	130.94	133.50	98.33	119.76	140.26
口服液(合剂)	亿升	3.92	2.70	2.50	4.28	3.57	3.91	4.01	5.22	5.03	5.07	5.57	7.74	6.56	6.80	9.93
颗粒剂	万吨	1.08	2.52	2.85	5.04	4.51	4.85	5.06	5.64	6.49	6.18	7.83	9.63	8.06	13.78	12.51
消毒剂(固体)	万吨	8.53	11.57	13.39	13.75	14.19	13.97	14.26	14.56	12.29	12.29	14.43	16.95	12.30	18.87	26.46
消毒剂(液体)	亿升	2.96	7.13	25.29	10.31	8.15	7.26	7.12	9.21	7.10	7.02	8.95	10.59	11.24	13.70	23.80

1.3.4.2　兽药产业产量

　　由表 1-29 可知，生物制品在 2009—2023 年的产量整体呈现出上升态势。活疫苗与其中组织毒活疫苗保持高度一致，在 2015 年、2017 年和 2021 年出现下滑外，其余年份均保持上涨，2023 年实际生产活疫苗 1567.13 亿羽份/亿头份，其中组织毒活疫苗 1443.88 亿羽份/亿头份。细胞毒活疫苗 2009—2016 年持续上涨，2017—2019 年有所回落，2020 年回升明显，实际生产 202.49 亿羽份/亿头份，2021 年下降近一半，2023 年回升到 116.62 亿羽份/亿头份。细菌活疫苗在 2009—2014 年间经历先升后降的态势，2015 年 18.87 亿羽份/亿头份的产量成为历史最高，2016 年从 10.73 亿羽份/亿头份上涨，2019 年又明显回落，2020 年略有回升，实际生产 9.05 亿羽份/亿头份，2021 年开始逐年下降，2023 年生产 6.63 亿羽份/亿头份。灭活疫苗实际产量整体呈现出平稳上升的态势，波动不大，增速不明显，2012 年开始维持在 200 多亿毫升左右，2023 年实际生产 368.55 亿毫升。其中，组织毒灭活疫苗呈上下波动态势，2011—2018 年波动范围在 120 亿～180 亿毫升，2019 年开始增长明显，2020 年共生产 202.14 亿毫升，2021 年下降明显，2023 年快速回升到 299.12 亿毫升。细胞毒灭活疫苗在 2011—2018 年间在 50 亿毫升上下波动，2019 年明显降低到 33.41 亿毫升，2023 年回升到 44.14 亿毫升。细菌灭活疫苗在经历 2009—2010 年两年增长后，从 2011—2015 年稳定在 10 亿毫升左右，2016—2020 年上升，2017 年明显增长到 40.81 亿毫升达到历史最高，2023 年实际生产 25.29 亿毫升。基因工程苗前五年波动较大，2014 年后趋于稳定，呈上下波动态势，2017 年开始逐年增长，2023 年实际生产 60.67 亿羽份/亿头份/亿毫升。

表 1-29　2009—2023 年各类疫苗产量情况

产品类型	单位	2009	2010	2011	2012	2013	2014	2015	2016	2017	2018	2019	2020	2021	2022	2023
活疫苗	亿羽份/亿头份	602.12	940.64	994.05	1012.60	1175.72	1273.75	1099.00	1337.60	1159.06	1296.56	1624.73	1711.39	1393.35	1447.68	1567.13
组织毒活疫苗	亿羽份/亿头份	521.67	839.49	871.28	891.60	1036.69	1133.01	934.15	1165.21	996.73	1143.02	1463.23	1499.85	1279.47	1319.24	1443.88
细胞毒活疫苗	亿羽份/亿头份	67.74	87.48	105.96	109.34	127.52	130.72	145.98	161.66	150.67	141.43	152.89	202.49	104.92	120.61	116.62
细菌活疫苗	亿羽份/亿头份	12.71	13.67	16.81	11.66	11.51	10.02	18.87	10.73	11.66	12.11	8.61	9.05	8.96	7.83	6.63
灭活疫苗	亿毫升	78.35	204.30	185.59	225.63	208.35	256.00	205.18	240.26	234.00	222.19	249.43	272.78	230.35	256.48	368.55
组织毒灭活疫苗	亿毫升	13.44	47.93	124.12	168.62	148.37	174.31	144.50	176.92	146.13	152.21	194.96	202.14	165.01	190.37	299.12
细胞毒灭活疫苗	亿毫升	29.14	35.86	46.54	44.15	48.69	50.28	50.80	49.33	47.06	52.40	33.41	48.42	42.04	44.76	44.14
细菌灭活疫苗	亿毫升	5.12	8.61	10.13	11.43	10.30	10.53	9.88	13.95	40.81	17.58	21.06	22.22	23.30	21.35	25.29
基因工程苗	亿羽份/亿头份/亿毫升	30.65	111.9	4.80	1.43	0.99	20.88	14.71	13.38	10.38	18.77	22.59	37.40	47.47	57.62	60.67

由表 1-30 可知 2009—2023 年原料药产量情况态势。抗微生物药的原料药在 2009—2013 年间呈现上升态势，2014—2023 年呈上下波动态势，2021 年产量最高 9.03 万吨，2023 年降至 7.83 万吨。抗寄生虫药 2009—2016 年呈上下波动态势，波动不明显，2017 年至今开始上涨，2020 年增长明显达到 1.24 万吨，2021 年开始下降，2023 年降至 0.61 万吨。解热镇痛抗炎药除了 2012 年略有下降外，整体呈现平稳上升态势，2022 年略有下降，2023 年实际生产 0.64 万吨。

表 1-30　2009—2023 年原料药产量情况　　　　　　　　　　　　　　　　　　　　　　　　　单位：万吨

产品类型	2009	2010	2011	2012	2013	2014	2015	2016	2017	2018	2019	2020	2021	2022	2023
抗微生物药	2.96	3.18	4.70	5.25	5.95	5.30	6.27	5.47	6.27	5.05	5.71	5.94	9.03	6.78	7.83
抗寄生虫药	0.49	0.49	0.53	0.56	0.49	0.54	0.54	0.52	0.50	0.55	0.63	1.24	0.74	0.75	0.61
解热镇痛抗炎药	0.02	0.02	0.02	0.01	0.02	0.08	0.09	0.14	0.14	0.23	0.34	0.46	0.61	0.44	0.64

　　由表 1-31 可知 2009—2023 年化药制剂及中兽药的产量情况态势。片剂在 2009—2015 年使用万吨作为单位呈现上下波动态势，2012 年最高生产 1.07 万吨，2016—2023 年采用亿片为单位统计同样呈现上下波动态势，2018 年最高生产 123.94 亿片，2023 年实际生产 78.81 亿片。注射液产品整体呈现上下波动态势，2009—2015 年波动较明显，2016—2020 年振幅放缓，2021 年开始上升，2023 年增幅较大，年生产 1.87 亿升。注射用无菌粉针剂在 2009—2014 年呈上下波动态势，波动不明显，2014—2016 年增长明显，2017 年开始回落，2021 年回升，2023 年实际生产 0.43 万吨。粉剂、散剂、预混剂产品在 2009—2023 年呈现上下波动态势，波动幅度逐渐变大，2023 年增长较平稳，实际生产 33.34 万吨。合剂（口服液）产品在 2009—2023 年间呈现较平稳上下波动态势，2023 年实际生产 0.76 亿升。颗粒剂产品除 2018 年、2021 年、2022 年略有下降外，逐年递增，2023 年共生产 1.60 万吨。固体消毒剂产品在 2010—2016 年间持续下降，2017 年和 2018 年回升后又再次降低，2019 年和 2020 年同样维持在 3.56 万吨的产量，2021 年回升到 4.10 万吨，2023 年上升到 6.42 万吨。液体消毒剂产品在 2009—2023 年间呈上下波动态势，产量基本维持在 2 亿升以内，2023 年实际生产 1.53 亿升。

表 1-31　2009—2023 年化药制剂及中兽药产量情况

剂型	单位	2009	2010	2011	2012	2013	2014	2015	2016	2017	2018	2019	2020	2021	2022	2023
片剂	万吨/亿片	0.46	0.49	0.58	1.07	0.68	0.52	0.67	46.00	32.79	123.94	51.38	63.51	83.51	82.27	78.81
注射液	亿升	0.98	1.92	1.01	0.57	1.18	0.96	0.78	0.92	0.86	0.73	0.85	0.94	1.32	1.31	1.87
粉针剂	万吨	0.30	0.23	0.24	0.24	0.28	0.22	0.49	0.56	0.33	0.20	0.18	0.17	0.21	0.21	0.43
粉散剂、预混剂	万吨	32.72	37.56	35.08	39.28	32.80	37.78	43.84	40.63	35.90	30.24	39.24	40.46	34.90	33.42	33.34
口服液	亿升	0.52	0.46	0.63	0.96	0.71	0.81	0.74	0.58	0.58	0.67	0.83	0.96	0.78	0.66	0.76
颗粒剂	万吨	0.15	0.38	0.40	0.48	0.49	0.52	0.59	0.71	0.81	0.70	0.96	1.30	1.29	1.20	1.60
消毒剂（固体）	万吨	3.98	5.48	5.44	5.38	4.72	4.26	3.72	2.41	4.50	4.55	3.56	3.56	4.10	4.10	6.42
消毒剂（液体）	亿升	0.63	1.13	1.55	0.41	1.32	1.03	1.25	1.40	1.02	0.86	1.68	1.57	1.65	1.65	1.53

1.3.4.3　兽药产业产能利用率情况

　　由表 1-32 可知 2010—2023 年兽用生物制品的产能利用率情况。2010—2020 年活疫苗的产能利用率除了 2017 年 22.12％和 2022 年 22.39％外，其余年份均保持在 25％～34％。其中组织毒活疫苗的产能利用率最高，十年间保持在 25％～38％，细胞毒活疫苗的产能利用率十年间保持在 12％～22％，而细菌活疫苗的产能利用率在 2010—2015 年间保持在 7％～13％，2016 年至 2020 年降低到 4％～7％，2021—2023 年不到 4％。灭活疫苗的产能利用率相对较高，除 2011 年、2017 年和 2018 年外，均保持在 30％左右，2023 年达到 44.29％，其中，组织毒灭活疫苗的产能利用率波动较大，十年间的范围为 20％～69％。细胞毒灭活疫苗的产能利用率在 2010—2015 年间维持在 24％～31％，2016 年开始有所下降，2023 年的产能利用率在 16.55%。细菌灭活疫苗的产能利用率在 2017 年历史最高，达到 48.51%，其余年份均在 16%～30%。基因工程苗的产能利用率波动最大，2013 年的产能利用率最低到 4.68%，而 2019 年的产能利用率高达 91.35%，2023 年基因工程苗的产能利用率为 32.09%。

表 1-32　2010—2023 年各类疫苗产能利用率　　　　　　　　　　　　　　　　　　　　　　单位：%

疫苗类型	2010	2011	2012	2013	2014	2015	2016	2017	2018	2019	2020	2021	2022	2023
活疫苗	33.62	25.02	29.39	30.96	28.15	26.79	27.76	22.12	25.42	30.86	31.10	26.41	22.39	28.39
组织毒活疫苗	37.44	29.08	34.98	35.02	32.31	31.97	33.67	25.42	31.15	36.46	35.84	30.86	24.91	32.81
细胞毒活疫苗	21.18	12.62	14.39	18.86	14.93	14.51	13.93	13.77	11.47	14.33	18.49	12.13	12.42	12.29
细菌活疫苗	9.59	12.25	8.51	7.15	7.01	10.86	5.44	5.17	6.08	4.69	4.07	3.39	3.93	3.87
灭活疫苗	33.97	27.27	40.73	36.40	43.44	30.48	32.36	27.05	25.30	32.52	32.07	28.38	29.27	44.29
组织毒灭活疫苗	21.42	31.67	47.86	46.06	47.71	34.86	38.97	30.71	29.62	44.52	40.86	36.79	41.02	69.77
细胞毒灭活疫苗	27.60	30.09	30.85	27.34	24.51	25.67	23.34	15.43	18.41	14.00	19.16	17.65	15.87	16.55
细菌灭活疫苗	24.51	23.23	29.53	20.20	18.35	16.28	18.14	48.51	22.09	23.28	21.58	18.66	15.73	18.50
基因工程苗	52.63	5.31	7.24	4.68	84.26	53.20	47.68	52.53	62.78	91.35	85.21	75.87	40.64	32.09

由表 1-33 可知 2009—2023 年原料药产品的产能利用率情况。抗微生物药是三种原料药中波动最小的类型，2009—2023 年的波动范围保持在 41%～63%。抗寄生虫药的产能利用率保持在 29%～57%。解热镇痛抗炎药的产能利用率在 2009—2010 年有 50%，2011—2020 年均保持在 14%～35%，2021 年开始保持在 45%～53%。

表 1-33　2009—2023 年原料药产能利用率　　　　　　　　　　　　　　　　　　　　　　单位：%

药物类别	2009	2010	2011	2012	2013	2014	2015	2016	2017	2018	2019	2020	2021	2022	2023
抗微生物药	47.74	62.97	62.09	57.13	53.08	45.65	41.83	56.39	51.69	51.69	56.99	50.55	61.55	55.85	52.13
抗寄生虫药	44.95	53.26	48.62	47.86	40.16	56.84	52.43	61.90	29.07	29.10	29.58	33.70	41.57	38.27	48.41
解热镇痛抗炎药	50.00	50.00	33.33	20.00	33.33	28.57	31.03	35.90	14.89	14.84	20.99	21.60	51.26	45.36	52.89

由表 1-34 可知化药制剂及中兽药产品的产能利用率态势分布。片剂产品产能利用率大部分集中在 21%～31%，2017 年出现历史最低值 13.63%，2012 年和 2018 年分别出现历史高位 44.77% 和 54.44%，2023 年的产能利用率为 16.80%。注射液产品产能利用率大部分集中在 10%～24% 区间，2012 年略有降低，在 9.88%，2010 年曾突破 30%，2023 年的产能利用率为 14.16%。注射用无菌粉针剂产品的产能利用率大部分集中在 20%～41%，2015 年达到历史最高值 60.49%，2023 年为 19.63%。粉剂、散剂、预混剂产品的产能利用率大部分集中在 40%～43%，2011 年达到历史最高值 50.59%，2023 年为历史最低值 23.77%，2017—2022 年有所回落，保持在 27%～37%口服液（合剂）产品的产能利用率相较于其他产品较低，2009—2023 年保持在 7%～26%，2011 年历史最高，为 25.20%，2022 年历史最低，为 7.50%，2023 年的产能利用率为 7.65%。颗粒剂产品的产能利用率是所有产品中最低的，基本保持在 9%～15%，2010 年最高时达到 15.08%，2022 年最低时为 8.71%，2023 年的产能利用率是 12.79%。固体消毒剂产品的产能利用率大部分集中在 20%～40%，2009 年和 2010 年较高，分别达到了 46.66% 和 47.36%，2016 年最低，为 16.55%，2023 年的产能利用率是 24.26%。液体消毒剂产品的产能利用率是所有产品中最低的，大部分保持在 12%～20%，2011 年和 2012 年的产能利用率分别是 6.13% 和 3.98%，处于历史低位，2009 年的产能利用率最高 21.28%，2023 年的产能利用率是 6.43%。

表 1-34　2009—2023 年化药制剂及中兽药产能利用率　　　　　　　　　　　　　　　　　　　　　　　　　　单位:%

剂型	2009	2010	2011	2012	2013	2014	2015	2016	2017	2018	2019	2020	2021	2022	2023
片剂	30.87	26.06	30.37	44.77	25.00	24.53	25.67	27.22	13.63	54.44	21.08	21.17	26.98	23.64	16.80
注射液	10.12	30.33	20.53	9.88	22.48	23.70	22.48	18.11	16.76	14.29	17.49	16.64	18.51	10.75	14.16
粉针剂	41.10	29.87	37.50	19.83	31.46	26.19	60.49	55.45	35.87	24.39	20.69	18.48	23.86	15.91	19.63
粉散剂、预混剂	40.73	41.16	50.59	42.01	29.42	42.45	40.98	40.46	37.32	31.80	29.97	30.31	35.49	27.91	23.77
口服液	13.27	17.04	25.20	22.43	19.89	20.72	18.45	11.11	16.90	13.21	14.90	12.40	11.89	7.50	7.65
颗粒剂	13.89	15.08	14.04	9.52	10.86	10.72	11.66	12.59	12.48	11.33	12.26	13.5	16.00	8.71	12.79
消毒剂(固体)	46.66	47.36	40.63	39.13	33.26	30.49	26.09	16.55	36.62	37.02	24.67	21.00	33.33	21.73	24.26
消毒剂(液体)	21.28	15.85	6.13	3.98	16.20	14.19	17.56	15.20	14.37	12.25	18.77	14.83	14.68	12.04	6.43

1.3.4.4　兽药产业生产区域分布

表 1-35 反映了我国各省（自治区、直辖市）兽药生产企业的数量，以及生药企业与化药企业分别为多少家，结合图 1-1 可以看出，我国兽药行业生产区域主要分布在华东、华中、华北地区，生药企业与化药企业分布差别不大。图 1-2 展示出我国各地区兽药生产企业分布比例，华东、华中、华北分别占全国兽药生产企业数量的 36.42%、17.35% 与 19.69%，三个地区合计占全国兽药生产企业数量的 73.46%。

表 1-35　2023 年各省（自治区、直辖市）兽药生产企业数量　　　　　　　　　　　　　　　　　　　　单位:家

各省(自治区、直辖市)	企业总数	生药企业	化药企业	各省(自治区、直辖市)	企业总数	生药企业	化药企业
山东	280	16	264	黑龙江	30	6	24
河南	188	13	175	天津	26	7	19
四川	121	5	116	重庆	25	2	23
山西	114	1	113	吉林	22	9	13
河北	111	3	108	广西	21	3	18
广东	107	31	76	上海	20	3	17
江苏	106	17	89	福建	20	2	18
江西	64	3	61	甘肃	11	4	7
浙江	57	8	49	新疆	8	2	6
湖南	49	7	42	云南	7	2	5
湖北	44	4	40	宁夏	7	0	7
安徽	43	1	42	贵州	3	1	2
北京	35	14	21	青海	2	1	1
内蒙古	33	5	28	西藏	1	1	0
辽宁	33	1	32	海南	1	0	1
陕西	31	5	26	合计	1620	177	1443

图 1-1　2023 年全国兽药生产企业区域分布情况

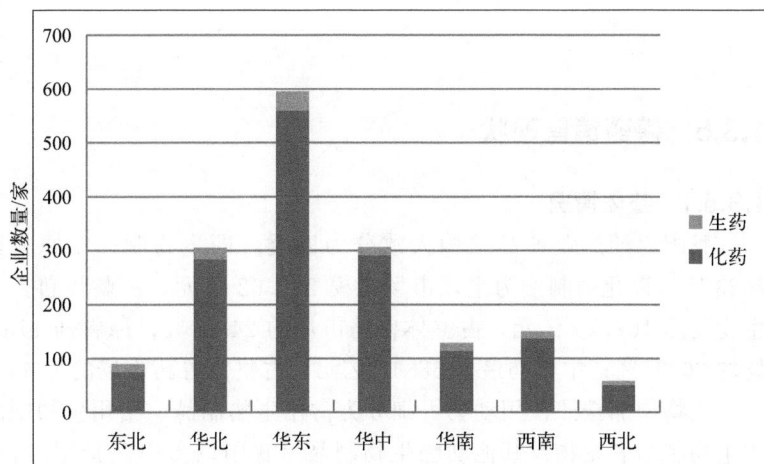

图 1-2　2023 年全国兽药生产企业区域分布比例

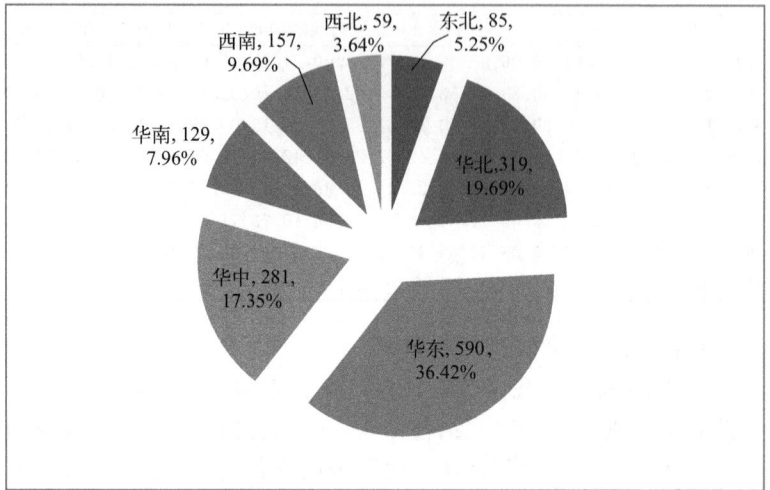

图 1-3 显示，我国各地区兽药生产企业市场规模以华东地区为主，华北地区其次，华中地区第三，三个地区市场规模占全国兽药市场的 78.44%。

图 1-3　2023 年全国兽药生产企业区域市场规模

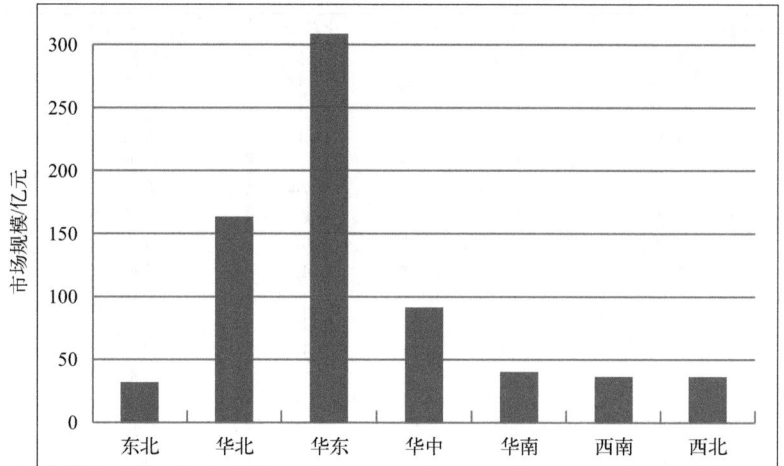

1.3.5　兽药销售现状

1.3.5.1　整体情况

我国兽药产业产品结构大致分为四类，即生物制品、原料药、化药制剂及中兽药。2023 年，以化药制剂为主，市场规模 299.02 亿元，占整体兽药市场的 40.10%；其次是生物制品 162.76 亿元，占整体兽药市场的 24.80%；原料药 176.26 亿元，占整体兽药市场的 26.65%；中兽药最少 58.47 亿元，占整体兽药市场的 8.45%。

生物制品按照使用动物可细分为禽用生物制品、猪用生物制品、牛羊用生物制品、兔用生物制品和宠物及其他动物生物制品。我国以禽用及猪用生物制品为主，2023 年市场份额分别为 71.54 亿元和 64.02 亿元，分别占整体生物制品市场份额的 43.95% 和

39.33%；牛羊用生物制品 17.71 亿元，占整体生物制品市场的 13.84；兔用生物制品 0.36 亿元，占整体生物制品市场的 0.20%；宠物及其他动物生物制品市场份额为 4.35 亿元，占整体生物制品市场的 2.67%。

原料药按照产品用途分为抗微生物药、抗寄生虫药、解热镇痛抗炎药及其他，我国以抗微生物药为主。2023 年，抗微生物药市场份额 147.24 亿元（含出口 33.82 亿元），占原料药总体市场份额的 83.54%；抗寄生虫药市场份额 18.02 亿元，占原料药总体市场的 10.22%；解热镇痛抗炎药市场份额 3.88 亿元，占原料药总体市场的 2.20%；其他原料药市场份额 7.12 亿元，占原料药总体市场的 4.04%。

化药制剂按照产品用途分为抗微生物药、抗寄生虫药、水产养殖用药、消毒药、解热镇痛抗炎药、调节组织代谢药及其他。我国以抗微生物药为主，2023 年，抗微生物药市场份额 206 亿元，占化药制剂总体市场份额的 68.89%；抗寄生虫药市场份额 31.7 亿元，占化药制剂总体市场的 10.60%；水产养殖用药市场份额 13.74 亿元，占化药制剂总体市场份额的 4.60%；消毒药市场份额 18.13 亿元，占化药制剂总体市场份额的 6.06%；解热镇痛抗炎药市场份额 7.38 亿元，占化药制剂总体市场份额的 2.47%；调节组织代谢药市场份额 3.85 亿元，占化药制剂总体市场份额的 1.29%；其他化药制剂市场份额 18.22 亿元，占化药制剂总体市场份额的 6.09%。

中兽药按照产品剂型分为散剂、注射液、合剂（口服液）、片剂、颗粒剂、酊剂、浸膏剂、流浸膏剂及其他剂型，我国以合剂、散剂为主。2023 年，散剂市场份额 18.18 亿元，占中兽药总体市场份额的 31.09%；注射液市场份额 5.57 亿元，占中兽药总体市场份额的 9.53%；合剂（口服液）市场份额 23.07 亿元，占中兽药总体市场份额的 39.46%；片剂市场份额 0.22 亿元，占中兽药总体市场份额的 0.38%；颗粒剂市场份额 10.49 亿元，占中兽药总体市场份额的 17.94%；酊剂市场份额 0.03 亿元，占中兽药总体市场份额的 0.05%；浸膏剂/流浸膏剂市场份额 0.08 亿元，占中兽药总体市场份额的 0.05%；其他剂型（锭剂、丸剂等）的中兽药产品市场份额 0.83 亿元，占中兽药总体市场份额的 1.42%。

1.3.5.2　生物制品

由表 1-36 可知，生物制品在 2009—2023 年的销量整体呈现出上升态势。活疫苗与其中组织毒活疫苗保持高度一致，在 2015 年和 2017 年出现下滑，其余年份均保持上涨，2021—2023 年小幅波动，2023 年实际销售活疫苗 1393.04 亿羽份/亿头份，其中组织毒活疫苗 1281.59 亿羽份/亿头份。细胞毒活疫苗 2009—2016 年整体上持续上涨，2017—2019 年有所回落，2020 年回升明显，2022 年再次下滑，2023 年基本持平，实际销售 105.11 亿羽份/亿头份。细菌活疫苗在 2009—2023 年间经历多次上下波动态势，2011 年 15.25 亿羽份/亿头份的销量成为历史最高，2023 年略有回升，实际销售 6.34 亿羽份/亿头份。灭活疫苗实际销量整体呈现平稳上升的态势，波动不大，增速不明显，2012—2022 年维持在 200 多亿毫升，2023 年增长明显，实际销售 330.64 亿毫升。其中，组织毒灭活疫苗呈上下波动态势，2011—2018 年波动范围在 120 亿～170 亿毫升，2019 年开始增长明显，2023 年共销售 265.94 亿毫升。细胞毒灭活疫苗在 2011—2018 年间上下波动在 50 亿毫升左右，2019 年明显降低到 33.92 亿毫升，2023 年回升到 41.48 亿毫升。细菌灭活疫苗在 2009—2013 年呈上下波动态势，2014—2023 年整体上涨，2023 年实际销售 23.22 亿毫升。

表 1-36 2009—2023 年疫苗销量

产品类型	单位	2009	2010	2011	2012	2013	2014	2015	2016	2017	2018	2019	2020	2021	2022	2023
活疫苗	亿羽份/亿头份	785.93	824.18	882.5	798.43	1116.95	1239.1	991.61	1222.72	1133.85	1162.77	1359.33	1617.53	1481.45	1347.12	1393.04
组织毒活疫苗	亿羽份/亿头份	707.64	732.66	774.68	692.67	982.64	1113.45	859.76	1062.69	995.8	1017.48	1211.09	1433.48	1293.83	1235.75	1281.59
细胞毒活疫苗	亿羽份/亿头份	63.73	78.13	92.57	92.94	121.46	117.55	123.07	149.55	128.51	132.91	140.35	175.46	179.75	105.90	105.11
细菌活疫苗	亿羽份/亿头份	14.56	13.87	15.25	12.82	12.85	8.1	8.78	10.48	9.54	12.38	7.89	8.59	7.87	5.41	6.34
灭活疫苗	亿毫升	157.38	155.5	191.8	224.63	223.91	205.49	213.64	204.55	196.98	204.93	225.51	249.22	235.63	243.52	330.64
组织毒灭活疫苗	亿毫升	71.16	77.8	137.9	160.53	168.68	147.54	155.37	144.45	133.66	133.89	172.85	187.55	169.66	178.38	265.94
细胞毒灭活疫苗	亿毫升	41.37	34.97	37.57	43.54	46.03	48.87	49.17	47.5	49.89	54.09	33.92	40.32	41.88	43.61	41.48
细菌灭活疫苗	亿毫升	8.31	8.86	8.72	7.86	9.2	9.08	9.1	12.6	13.43	16.95	18.74	21.35	24.09	21.53	23.22

由表 1-37 可知 2009—2023 年兽用生物制品销售额（市场份额）变化态势。活疫苗与灭活疫苗作为两大类主要疫苗产品在生物制品中占据主要地位，活疫苗增幅相较于灭活疫苗较大，但市场份额不如灭活疫苗高。2009—2023 年，活疫苗的市场份额从 15.13 亿元增长到 50.48 亿元，增幅 233.64%；灭活疫苗的市场份额从 36.28 亿元增长到 91.33 亿元，增幅达 151.74%。活疫苗中组织毒活疫苗的市场份额集中在 9 亿～15 亿元，细胞毒活疫苗的市场份额除了 2009 年 5.32 亿元外，集中在 10 亿～33 亿元，细菌活疫苗的市场份额集中在 0.3 亿～1.5 亿元，可见，在活疫苗中细胞毒活疫苗的市场份额逐步增加，占据主要地位。灭活疫苗中组织毒灭活疫苗的市场份额集中在 12 亿～47 亿元，细胞毒灭活疫苗的市场份额集中在 14 亿～52 亿元，细菌灭活疫苗的市场份额集中在 0.9 亿～6 亿元，可见，在灭活疫苗市场份额中组织毒灭活疫苗与细胞毒灭活疫苗共同占据主要地位。

表 1-37 2009—2023 年疫苗销售额 单位：亿元

产品类型	2009	2010	2011	2012	2013	2014	2015	2016	2017	2018	2019	2020	2021	2022	2023
活疫苗	15.13	23.02	26.61	31.00	35.39	37.40	34.69	44.22	39.40	39.41	34.19	46.33	46.60	49.22	50.48
组织毒活疫苗	9.47	11.36	10.34	11.43	12.83	12.47	9.83	13.92	13.81	11.52	13.18	14.64	12.86	14.58	13.55
细胞毒活疫苗	5.32	10.55	15.55	19.00	21.78	24.50	24.32	28.96	24.40	26.07	19.92	30.38	32.29	32.85	31.97
细菌活疫苗	0.34	0.45	0.72	0.57	0.78	0.43	0.54	1.34	1.19	1.82	1.09	1.31	1.45	1.79	4.96
灭活疫苗	36.28	38.32	46.09	52.80	53.81	60.79	65.71	77.67	82.08	82.55	71.11	95.96	98.73	90.97	91.33
组织毒灭活疫苗	12.89	13.77	21.18	22.29	23.83	23.01	23.82	28.98	28.30	27.80	39.05	46.78	42.68	39.96	38.31
细胞毒灭活疫苗	14.20	15.93	19.00	28.64	28.42	36.05	40.32	46.51	51.20	49.27	28.59	44.68	52.03	45.99	47.58
细菌灭活疫苗	0.92	1.31	1.41	1.11	1.56	1.73	1.57	2.18	2.58	5.48	3.47	4.50	3.93	5.02	5.44

2023 年，生物制品共实现销量 1883.44 亿头份/亿羽份/亿毫升，销售额 162.76 亿元。其中，猪用和禽用生物制品的销售额为 135.56 亿元，占生物制品总销售额的 83.29%。相较于禽用生物制品，猪用生物制品销售额及占生物制品总销售额的比重更大，2023 年禽用生物制品销售额 64.02 亿元，占生物制品总销售额的 39.33%；猪用生物制品销售额 71.54 亿元，占生物制品总销售额的 43.95%。牛羊用生物制品销售额 22.52 亿元，占生物制品总销售额的 13.84%（表 1-38）。

表 1-38　2023 年生物制品销量与销售额（按使用动物分类）

使用动物	销量	销售额/亿元	销售额比重/%
禽用	1766.57 亿羽份/亿毫升	64.02	39.33
猪用	60.90 亿头份/亿毫升	71.54	43.95
牛羊用	37.51 亿头份/亿毫升	22.52	13.84
兔用	1.95 亿头份/亿毫升	0.33	0.20
宠物及其他动物用	16.51 亿头份/亿毫升	4.35	2.67
合计	1883.44 亿头份/亿羽份/亿毫升	162.76	100

注：单位为孔、卡、条的诊断试剂盒或诊断试剂卡的销量未计入。

（1）禽用生物制品　2023 年，禽用生物制品共有 275 种产品生产销售，销量 1766.57 亿羽份/亿毫升，销售额 64.02 亿元。禽苗中单苗和多联苗的销量及销售额见表 1-39，禽用活疫苗和灭活疫苗及各细分的销量及销售额数据见表 1-40。

表 1-39　2023 年禽用生物制品销量与销售额（按产品类型分类）

产品类型	销量/（亿羽份/亿毫升）	销售额/亿元
单苗	883.63	14.47
多联苗	820.84	45.82
其他	62.09	3.73
合计	1766.57	64.02

注：其他包括卵黄抗体、转移因子口服液、诊断试剂等。单位为孔、卡、条的诊断试剂盒或诊断试剂卡的销量未计入。

表 1-40　2023 年禽用活疫苗和灭活疫苗销量与销售额（按产品类型分类）

产品类型	销量	销售额/亿元
活疫苗	1349.81 亿羽份	15.90
组织毒活疫苗	1280.81 亿羽份	13.22
细胞毒活疫苗	67.30 亿羽份	2.67
细菌活疫苗	1.70 亿羽份	0.01
灭活疫苗	281.99 亿毫升	42.39
组织毒灭活疫苗	264.59 亿毫升	38.15
细胞毒灭活疫苗	2.80 亿毫升	1.47
细菌灭活疫苗	14.60 亿毫升	2.77
其他疫苗	72.67 亿羽份/亿毫升	2.00
合计	1704.47 亿羽份/亿毫升	60.29

数据显示，2023 年禽用活疫苗销售额为 15.90 亿元，禽用灭活疫苗销售额为 42.39 亿元。

（2）猪用生物制品　2023 年，猪用生物制品共有 198 种产品生产销售，销量 60.90 亿头份/亿毫升，销售额 71.54 亿元。猪苗中单苗和多联苗的销量及销售额见表 1-41，猪用活疫苗和灭活疫苗及各细分的销量及销售额见表 1-42。

表 1-41　2023 年猪用生物制品销量与销售额（按产品类型分类）

产品类型	销量/（亿头份/亿毫升）	销售额/亿元
单苗	43.05	47.23
多联苗	17.13	22.74
其他	0.72	1.57
合计	60.90	71.54

注：其他包括干扰素、诊断试剂等。单位为孔、卡、条的诊断试剂盒或诊断试剂卡的销量未计入。

表 1-42　2023 年猪用活疫苗和灭活疫苗销量与销售额（按产品类型分类）

产品类型	销量	销售额/亿元
活疫苗	27.83 亿头份	26.65
组织毒活疫苗	0.78 亿头份	0.33
细胞毒活疫苗	26.48 亿头份	26.25
细菌活疫苗	0.57 亿头份	0.07
灭活疫苗	27.35 亿毫升	33.41
细胞毒灭活疫苗	25.82 亿毫升	32.40
细菌灭活疫苗	1.53 亿毫升	1.01
其他疫苗	5.00 亿毫升	9.89
合计	60.18 亿头份/亿毫升	69.95

2023 年，猪用活疫苗销售额为 26.65 亿元，猪用灭活疫苗销售额为 33.41 亿元。

（3）牛羊用生物制品　2023 年，牛羊用生物制品共有 91 种产品生产销售，销量 37.51 亿头份/亿毫升，销售额 22.52 亿元（表 1-43）。牛羊用活疫苗和灭活疫苗的销量与销售额见表 1-44。

表 1-43　牛羊用生物制品销量与销售额（按产品类型分类）

产品类型	销量/（亿头份/亿毫升）	销售额/亿元
单苗	17.48	9.93
多联苗	18.00	12.06
其他	2.03	0.53
合计	37.51	22.52

注：其他包括抗毒素、诊断试剂等。单位为孔、卡、条的诊断试剂盒或诊断试剂卡的销量未计入。

表 1-44　牛羊用活疫苗和灭活疫苗销量与销售额（按产品类型分类）

产品类型	销量	销售额/亿元
活疫苗	14.84 亿头份	7.19
细胞毒活疫苗	10.77 亿头份	2.31
细菌活疫苗	4.07 亿头份	4.88
灭活疫苗	19.57 亿毫升	13.33
细胞毒灭活疫苗	12.58 亿毫升	11.73
细菌灭活疫苗	6.99 亿毫升	1.60
其他疫苗	1.07 亿头份/亿毫升	1.47
合计	35.48 亿头份/亿毫升	21.99

2023 年牛羊用活疫苗销售额为 7.19 亿元，相较于往年处于历史高位。牛羊用灭活疫苗销售额为 13.33 亿元，相较于 2016 年的 23.80 亿元、2017 年的 30.47 亿元、2018 年的 20.49 亿元明显降低，较 2019 年的 10.50 亿元销售额有明显回升。

1.3.5.3　原料药

由表 1-45 可知原料药中抗微生物药、抗寄生虫药和解热镇痛抗炎药三类主要产品的实际销量情况。抗微生物药从 2009 年至今虽有小幅波动，但整体呈现增长态势，2018 年销量 6.11 万吨，2019 年略有回落，2020 年回升至 5.70 万吨。2021 年增长明显，2022 年回落，2023 年回升到 6.88 万吨。抗寄生虫药增长较平缓，2009—2018 年集中在 0.43 万～0.52 万吨，2019 年和 2020 年增长明显，2020 年实际销量 1.17 万吨。2021 年回落到 0.67 万吨后开始小幅回升，2023 年为 0.77 万吨。解热镇痛抗炎药从 2009—2013 年间波动不大，2014 年开始明显增长，到 2023 年的实际销量是 0.60 万吨。

原料药	2009	2010	2011	2012	2013	2014	2015	2016	2017	2018	2019	2020	2021	2022	2023
抗微生物药	2.84	3.15	4.52	4.90	5.61	5.05	5.57	5.04	5.68	6.11	5.43	5.70	8.21	5.55	6.88
抗寄生虫药	0.46	0.46	0.52	0.51	0.43	0.49	0.46	0.47	0.47	0.52	0.96	1.17	0.67	0.73	0.77
解热镇痛抗炎药	0.03	0.02	0.02	0.01	0.02	0.06	0.09	0.14	0.13	0.21	0.31	0.42	0.50	0.47	0.60

由表 1-46 可知原料药的市场份额中三大主要产品的市场规模情况。抗微生物药整体呈现上升态势，2013 年下降 14.58 亿元后开始逐年增加，2018 年略有下降后到 2021 年达到历史最高水平 153.32 亿元，2022 年略有下降，2023 年回升至 147.24 亿元。抗寄生虫药作为第二大主要产品，2009—2020 年呈现上下波动态势，2018 年至今增长明显，到 2020 年达到 20.83 亿元，2021 年略有下降，2022 年增长明显达 25.33 亿元，2023 年回落至 18.02 亿元。解热镇痛抗炎药在 2009—2020 年呈现平稳增长态势，从 2010 年的 0.07 亿元逐渐增长到 2023 年的 3.88 亿元。其他类型原料药的市场份额在 2009—2018 年从 0.06 亿元缓慢波动增长至 0.95 亿元，2019 年之后增长明显，2023 年达到 7.12 亿元。

表 1-46 2009—2023 年原料药销售额   单位：亿元

原料药	2009	2010	2011	2012	2013	2014	2015	2016	2017	2018	2019	2020	2021	2022	2023
抗微生物药	38.37	50.77	64.47	87.64	73.06	78.78	86.39	96.67	99.68	98.25	104.94	123.25	153.32	141.48	147.24
抗寄生虫药	7.44	10.63	13.22	12.03	8.04	9.24	6.94	9.87	15.62	13.53	17.21	20.83	19.44	25.33	18.02
解热镇痛抗炎药	0.16	0.07	0.12	0.17	0.31	0.56	0.79	1.31	1.3	1.89	2.27	3.06	3.84	2.64	3.88
其他	0.06	0.59	0.5	0.33	0.29	0.68	0.7	0.56	0.84	0.95	1.39	2.03	6.25	3.57	7.12

1.3.5.4 化药制剂

化药制剂按照产品类型划分，具体到产品的剂型多种多样，规格及单位复杂多样，不便于计算销量，因此化药制剂部分的销售情况以销售额（市场份额）来进行分析。

由表 1-47 可知化药制剂中六种主要类型化学药品的市场份额态势。抗微生物药是化学药品中主要类型，市场份额超过 70%，2009—2013 年增长后迎来 2014—2018 年的小波动，2019 年至今增长明显，2023 年达到 206.00 亿元。抗寄生虫药前期增长较平稳，在 17 亿～20 亿元波动，2019 年开始增长明显，2023 年达到 31.70 亿元，位居第二大类型化药制剂。水产养殖用药这些年增长不明显，呈上下波动态势，市场份额集中在 6 亿～14 亿元，2023 年达到 13.74 亿元。消毒药在 2009—2018 年呈相对稳定的上下波动态势，随着减抗、限抗政策出台，2019—2023 年增长明显，均突破 10 亿元，2023 年达到 18.13 亿元。解热镇痛抗炎药 2009—2019 年呈上下波动态势，波动幅度不大，2023 年明显增长到 7.38 亿元。调节组织代谢药整体市场份额较稳定，2009—2014 年上升后 2015—2018 年有所回落，而后 2019—2021 年再次回升，2022 年开始回落，2023 年达到 3.85 亿元。除这六种主要类型化学药品外的其他化药制剂的市场份额在 2020 年以前集中在 10 亿元以内，只在 2016 年突破 10 亿元，2020 年开始波动上升，2023 年为 18.22 亿元。

表 1-47 2009—2023 年化药制剂销售额   单位：亿元

化药制剂	2009	2010	2011	2012	2013	2014	2015	2016	2017	2018	2019	2020	2021	2022	2023
抗微生物药	79.78	103.68	104.42	123.77	131.72	123.26	120.67	127.46	133.83	126.97	145.15	176.11	189.59	196.50	206.00
抗寄生虫药	12.72	17.46	17.48	18.31	17.13	17.25	19.68	18.63	17.82	18.19	22.72	24.36	26.28	33.47	31.70
水产养殖用药	6.81	7.26	7.60	9.06	8.71	8.90	8.05	6.64	6.91	6.40	9.48	9.81	13.44	12.43	13.74
消毒药	7.82	7.73	8.68	7.11	9.46	8.90	8.56	7.47	8.05	8.63	14.04	15.97	16.84	16.14	18.13
解热镇痛抗炎药	2.84	3.46	3.12	3.45	3.52	3.01	3.79	4.39	5.02	5.25	5.66	7.82	8.54	6.97	7.38
调节组织代谢药	1.45	1.85	1.90	2.44	3.07	3.47	3.40	3.36	3.23	2.54	3.30	3.68	6.97	3.67	3.85
其他	3.27	4.30	4.93	4.84	6.09	5.17	5.26	13.25	5.74	6.61	9.73	14.86	13.52	14.15	18.22

1.3.5.5 中兽药

由表1-48可知中兽药各剂型产品的实际销量分布情况。散剂曾是中兽药的第一大剂型，2009—2013年呈上升态势，2014—2018年出现下滑，2018年销量只有4.60万吨，2019年回升较慢，2020年实际销量5.40万吨，2021年之后出现下滑，2022年有所回升，2023年回到4.26万吨。注射液产品除了2010年增长较大外，其余年份基本在1000万升左右，呈上下波动态势，2023年实际销量970.06万升。合剂（口服液）产品的销量在2009—2023年间呈现上下波动态势，2023年实际销量5661.03万升。2016年片剂单位由吨转变为万片，整体来看片剂的销量处在上下波动的态势，2023年销量达到了9.24亿片。颗粒剂的销量整体呈上升态势，除在2012年、2018年和2021年小幅下降外持续上升，2023年上升明显，达到1.43万吨。酊剂的销量在2010年最高达到92.43万升，2013—2018年降低到13万～25万升，2019年和2020年回升到38.82万升和36.11万升，2021年开始下滑，2023年销量为17.43万升。

表1-48　2009—2023年中兽药销量

剂型	单位	2009	2010	2011	2012	2013	2014	2015	2016
散剂	吨	92812.00	106303.00	104183.30	106219.70	118879.30	87611.27	80644.44	70982.54
注射液	万升	1048.90	3856.60	954.83	1447.41	1673.59	1153.57	1032.52	1270.65
合剂（口服液）	万升	903.95	2134.30	1842.78	3301.87	2726.84	2800.95	5206.17	3942.18
片剂	吨/万片	1910.00	1813.80	1600.01	4462.76	2099.24	1501.31	1848.53	98908.00
颗粒剂	吨	1330.80	3317.80	3758.08	2257.21	4524.66	4776.89	5349.67	6740.99
酊剂	万升	48.97	92.43	35.88	47.89	16.77	14.73	13.02	24.61

剂型	单位	2017	2018	2019	2020	2021	2022	2023
散剂	吨	58634.05	45980.61	50592.02	54356.23	64948.06	38274.52	42571.46
注射液	万升	1164.30	1184.15	962.68	912.34	979.34	755.03	970.06
合剂（口服液）	万升	5003.36	4457.78	6387.22	6623.90	6025.56	4648.12	5661.03
片剂	吨/万片	66907.00	67496.00	102298.10	146259.80	123852.26	111345.21	92378.32
颗粒剂	吨	6853.37	6441.14	9052.41	14246.08	11533.09	10821.89	14286.26
酊剂	万升	19.42	22.03	38.82	36.11	32.52	12.92	17.43

由表1-50可知中兽药在2009—2023年间的市场份额变化情况。散剂是中兽药市场份额中较大的剂型，2009—2013年呈上升态势，2014年开始下滑，2018年后开始逐渐回升，2021年出现波动，2023年市场份额18.18亿元，占整个市场的31.09%。注射液在2009—2023年间呈上下波动态势，振幅不大，集中在4亿～7亿元，2023年市场份额5.57亿元。合剂（口服液）是中兽药市场份额中第一大剂型，整体呈上升态势，2009—2018年平稳上升，2019—2023年上升明显，2023年达到23.07亿元，占整个市场的39.46%。片剂除了2012年达到3亿元的市场份额外，集中在0.6亿元以内，2017—2023年在0.2亿元上下波动，2023年的市场份额0.22亿元。颗粒剂是中兽药市场份额中第三位重要剂型，除2012年和2018年略有下降外，逐年递增，2023年市场份额10.49亿元，占整个市场的17.94%。酊剂除了2017年达到0.11亿元以外，基本保持在0.1亿元以内。浸膏剂和流浸膏剂也维持在0.4亿元以内。其他剂型中药市场份额占比不足2%，2023年市场份额0.83亿元。

表 1-49　2009—2023 年中兽药销售额　　　　　　　　　　　　　　　　　　　　　　　　单位：亿元

剂型	2009	2010	2011	2012	2013	2014	2015	2016	2017	2018	2019	2020	2021	2022	2023
散剂	15.64	21.48	22.85	27.36	28.56	24.53	22.55	22.44	19.57	16.73	19.07	22.23	21.11	17.51	18.18
注射液	4.14	6.39	5.43	6.06	6.33	4.88	5.23	4.72	4.86	3.36	4.85	5.47	5.27	4.58	5.57
合剂（口服液）	2.16	3.94	3.68	5.69	6.73	9.51	9.39	10.59	10.54	10.52	16.04	18.49	20.44	19.10	23.07
片剂	0.41	0.51	0.51	3.00	0.57	0.46	0.49	0.31	0.20	0.16	0.24	0.26	0.29	0.33	0.22
颗粒剂	0.88	1.69	2.04	0.58	3.43	4.10	4.29	5.24	5.77	5.44	9.11	9.49	10.00	9.12	10.49
酊剂	0.08	0.09	0.06	0.07	0.03	0.02	0.02	0.05	0.11	0.01	0.08	0.06	0.05	0.04	0.03
浸膏剂/流浸膏剂	0.15	0.21	0.29	0.28	0.36	0.13	0.18	0.11	0.14	0.13	0.18	0.18	0.04	0.13	0.08
其他	0.04	0.14	0.01	0.07	0.09	0.13	0.11	0.30	0.24	0.49	0.13	0.63	0.77	0.62	0.83

1.3.5.6　各类兽药企业销售额排名

2023 年，中国兽药协会对各兽药生产企业集团公司销售额进行分类排名，依据各集团旗下子公司不同产品的销售额分别汇总，作为集团公司相应产品的销售额数据，进行最终排名，结果如表 1-50～表 1-54。

表 1-50　2023 年生药企业销售额前十名

排名	企业名称	销售额/亿元
1	青岛易邦生物工程有限公司	16.57
2	金宇生物技术股份有限公司	14.89
3	天康生物股份有限公司	10.81
4	天津瑞普生物技术股份有限公司	10.55
5	武汉科前生物股份有限公司	9.92
6	勃林格殷格翰（中国）投资有限公司	9.55
7	普莱柯生物工程股份有限公司	8.46
8	广东温氏大华农生物科技有限公司	7.16
9	中牧实业股份有限公司	6.90
10	国药集团动物保健股份有限公司	5.03

表 1-51　2023 年诊断试剂企业销售额前十名

排名	企业名称	销售额/万元
1	北京金诺百泰生物技术有限公司	11000
2	上海基灵生物科技有限公司	8000
3	洛阳莱普生信息科技有限公司	7300
4	青岛立见生物科技有限公司	5800
5	北京明日达科技发展有限责任公司	5700
6	洛阳普泰生物技术有限公司	5600
7	北京天之泰生物科技有限公司	4500
8	兰州兽研生物科技有限公司	4400
9	北京纳百生物科技有限公司	4300
10	哈尔滨国生生物科技股份有限公司	4200

表 1-52　2023 年原料药企业销售额前十名

排名	企业名称	销售额/亿元
1	齐鲁制药集团有限公司	18.25
2	国邦医药集团股份有限公司	16.91
3	扬州联博药业有限公司	15.98
4	山东鲁抗医药股份有限公司	15.22
5	宁夏泰瑞制药股份有限公司	9.42
6	河北圣雪大成制药有限责任公司	7.58
7	河北久鹏制药有限公司	4.80
8	浙江康牧动物保健股份有限公司	4.73
9	中牧实业股份有限公司	3.84
10	常州齐晖药业有限公司	2.95

表 1-53　2023 年化药制剂企业销售额前十名

排名	企业名称	销售额/亿元
1	齐鲁制药集团有限公司	17.99
2	河北远征药业有限公司	12.47
3	广东温氏大华农生物科技有限公司	9.26
4	中牧实业股份有限公司	8.82
5	武汉回盛生物科技股份有限公司	7.83
6	天津瑞普生物技术股份有限公司	6.91
7	浦城正大生化有限公司	6.60
8	金河生物科技股份有限公司	6.24
9	四川恒通动物制药有限公司	4.56
10	浙江海正药业股份有限公司	3.98

表 1-54　2023 年中兽药企业销售额前十名

排名	企业名称	销售额/亿元
1	保定冀中药业有限公司	5.17
2	北京生泰尔科技股份有限公司	3.72
3	江西中成药业集团有限公司	2.30
4	广东温氏大华农生物科技有限公司	1.42
5	山东信得科技股份有限公司	1.03
6	山东信合生物制药有限公司	0.82
7	广东高山动物药业有限公司	0.80
8	河南后羿实业集团有限公司	0.75
9	湖南美可达生物资源股份有限公司	0.73
10	江西仲襄本草生物有限公司	0.70

1.3.5.7　产业集中度

产业集中度是刻画产业市场结构性状和大企业市场控制力的一个概念，通常用某一产业中前若干家企业的某些指标的合计数占整个产业相应指标的比重来反映。这一比重越大，说明产业集中度就越高。本小节将从生药企业、原料药企业、化药制剂企业及中兽药企业四个综合集中度分别进行介绍。

（1）生药企业综合集中度　2023 年，177 家企业生物制品总销售额为 162.76 亿元，销售额排名前 10 位的企业的销售额为 73.57 亿元，占生物制品总销售额的 45.2％。

（2）禽用生物制品集中度　2023 年，禽用生物制品总销售额为 64.02 亿元，销售额排名前 10 位的企业的销售额为 39.2 亿元，占禽用生物制品总销售额的 61.23％。

（3）猪用生物制品集中度　2023 年，猪用生物制品总销售额为 71.54 亿元，销售额排名前 10 位的企业的销售额为 41.59 亿元，占猪用生物制品总销售额的 58.14％。

（4）牛羊用生物制品集中度　2023 年，牛羊用生物制品总销售额为 22.52 亿元，销售排名前 5 位的企业的销售额为 16.01 亿元，占牛羊用生物制品总销售额的 71.09％。

（5）原料药企业集中度　2023 年，原料药总销售额 176.26 亿元。销售额排名前 10 位的企业的销售额为 91.95 亿元，占原料药总销售额的 52.17％。销售额排名前 30 位的企业的销售额为 152.04 亿元，占原料药总销售额的 86.26％。

（6）化药制剂企业集中度　2023 年，化药制剂总销售额 299.02 亿元。销售额排名前 10 位的企业的销售额为 86.86 亿元，占化药制剂总销售额的 29.05％。销售额排名前 30 位的企业的销售额为 148.95 亿元，占化药制剂总销售额的 49.81％。销售额排名前 50 位的企业的销售额为 176.09 亿元，占化药制剂总销售额的 58.89％。

（7）中兽药企业集中度　2023 年，中兽药总销售额 58.47 亿元。销售额排名前 10 位的企业的销售额为 19.76 亿元，占中兽药总销售额的 33.8％；销售额排名前 30 位的企业的销售额为 30.65 亿元，占中兽药总销售额的 52.42％；销售额排名前 50 位的企业的销售额为 34.97 亿元，占中兽药总销售额的 59.81％。

1.3.6 近十六年兽药进出口现状

2008—2023 年我国兽药产业进出口情况表现为贸易顺差，由表 1-55 可知，在连续 16 年间，我国兽药出口额均大于进口额，2023 年我国对外贸易总额为 83.84 亿元，进口额 22.07 亿元，出口额 61.77 亿元，贸易顺差 39.7 亿元，2018—2023 年的数据说明我国外贸依赖度比例也逐渐下降，内需的消费比例已经越来越大。

在经济全球化的推动下，各国的经济比以往联系更加紧密，商品和服务往来越来越自由。我国近年来积极推动"一带一路"合作倡议，为进出口贸易的快速增长提供了可能和条件，我国兽药产业供给能力增长，兽药产品在国际市场的销售额不断增加，产品竞争力也在提高。

表 1-55　2008—2023 年兽药进出口情况 单位：亿元

项目	2008	2009	2010	2011	2012	2013	2014	2015	2016	2017	2018	2019	2020	2021	2022	2023
进口额	7.16	11.15	10.3	13.14	11.46	13.67	13.34	16.85	14.24	24.54	37.57	35.19	27.58	36.81	29.84	22.07
出口额	9.63	24.05	22.34	23.64	37	28.56	31.52	30.88	31.49	31.87	38.95	58	57.51	52.85	61.64	61.77
总额	16.79	35.2	32.64	36.78	48.46	42.23	44.86	47.73	45.73	56.41	76.52	93.19	85.09	89.66	91.48	83.84
贸易顺差	2.47	12.9	12.04	10.5	25.54	14.89	18.18	14.03	17.25	7.33	1.38	22.81	29.93	16.04	31.80	39.70

1.3.6.1 进口市场分析

（1） 2008—2023 年兽药进口额变化态势 由表 1-56 可知 2008—2023 年兽药进口额变化情况，整体呈现出上下波动态势，2017 年增长明显，2018 年后开始下降。2021 年增长后继续下滑。其中，生物制品进口额每年呈上下波动态势，与整体进口态势相同，2017—2023 年明显高于往年，2018—2023 年呈下降态势。化学药品的进口额呈先升后降再升的态势，2018 年增长明显，2019 年略有增长后开始下降，2021 年增长后继续下滑。

表 1-56　2008—2023 年兽药进口额 单位：亿元

项目	2008	2009	2010	2011	2012	2013	2014	2015	2016	2017	2018	2019	2020	2021	2022	2023
生药	4.09	6.52	5.15	8.17	6.57	8.8	7.76	9.95	6.98	16.71	20.78	16.81	14.2	16.75	14.73	8.84
化药	3.07	4.63	5.15	4.97	4.89	4.87	5.58	6.9	7.26	7.83	16.79	18.38	13.38	20.06	15.11	13.23
总数	7.16	11.15	10.3	13.14	11.46	13.67	13.34	16.85	14.24	24.54	37.57	35.19	27.58	36.81	29.84	22.07

（2） 2016—2023 年兽药进口及销售情况 从注册的进口兽药数量来看，2016—2023 年进口兽药共注册 616 种，生物制品 176 种，化药制剂 440 种。数量变化整体呈波动态势，2017 年和 2019 年为注册高峰，其他年份略低，2018 年和 2023 年下降明显（表 1-57）。从兽药进口注册国家数目来看，年均进口国家或地区数在 14 个以上，其中 2017 年进口国数最多，达到了 20 个国家。

表 1-57　2016—2023 年进口兽药注册数量 单位：种

时间	2016	2017	2018	2019	2020	2021	2022	2023
生药	27	39	15	18	21	24	29	3
化药	33	62	45	95	48	59	55	43
总数	60	101	60	113	69	83	84	46

2016—2023 年国内进口注册兽药销售额中（表 1-58），生物制品的销售额整体呈现抛物线的态势，其中 2018 年最高为 20.78 亿元。化学药品的销售额，2021 年最高为 20.06 亿元，2019 年之前呈持续上升态势，之后出现波动。

表 1-58   2016—2023 年进口兽药销售额   单位：亿元

时间	2016	2017	2018	2019	2020	2021	2022	2023
生药	6.98	16.71	20.78	16.81	14.20	16.75	14.73	8.84
化药	7.26	7.83	16.79	18.38	13.38	20.06	15.11	13.23
总数	14.24	24.54	37.57	35.19	27.58	36.81	29.84	22.07

从市场规模来看，我国进口兽药销售额整体呈现波动的态势，其中 2018 年最高，为 37.57 亿元。从进口产品类别来看，我国进口兽药以生物制品为主，2018 年最高，为 20.78 亿元，整体呈现波动的态势；化药制剂的进口也较多，2019 年最高，为 18.38 亿元，整体呈现平稳增长的态势，2020 年略有回落。从不同产品进口额占比来看，生物制品进口额占比在 54% 左右，其中 2017 年占比最高，达到了 68%；化药制剂进口额占比在 45% 左右，其中 2019 年占比最高，达到了 52%。

我国 2016—2023 年进口生物制品注册数量及销售额如表 1-59 所示。从产品类别来看，进口的禽用生物制品销售额，2019 年最高为 3.45 亿元，整体呈现上升的态势，2020 年之后呈波动态势；猪用生物制品销售额，2018 年最高为 12.69 亿元，整体呈现抛物线的态势，2018 年之后明显下降，2021 年上升后继续回落；宠物及其他动物用生物制品销售额，2019 年最高，为 5.96 亿元，整体呈抛物线。从进口生物制品销售占比来看，禽用生物制品进口额占比在 13% 左右，其中 2013 年最高，为 33.37%；猪用生物制品进口额占比在 57% 左右，2017 年占比最高，为 68.88%；宠物及其他动物用生物制品进口额占比在 28% 左右，其中 2022 年最高，为 37.27%。整体上，猪用生物制品进口额占比最高，宠物及其他动物用生物制品发展空间最大。从注册数量来看，我国 2016—2023 年生物制品进口注册数量，2017 年最多，为 39 种，整体呈波动态势。禽用生物制品进口注册数量，2017 年最多，为 24 种，整体呈波动态势；猪用生物制品进口注册数量，2017 年和 2022 年最多，为 10 种，整体呈波动态势；宠物及其他动物用生物制品进口注册数量，2017 年和 2022 年最多，为 5 种，整体呈波动态势。

表 1-59   2016—2023 年进口生物制品注册数量及销售额

项目	2016	2017	2018	2019	2020	2021	2022	2023
禽用生物制品注册数量/种	17	24	6	11	11	14	14	1
猪用生物制品注册数量/种	7	10	6	5	7	9	10	2
宠物及其他动物生物制品注册数量/种	3	5	3	2	3	1	5	0
禽用销售额/亿元	0.84	1.62	2.35	3.45	2.03	2.69	2.22	2.95
猪用销售额/亿元	4.13	11.51	12.69	7.40	7.96	9.74	7.02	4.63
宠物及其他动物销售额/亿元	2.01	3.58	5.74	5.96	4.21	4.32	5.49	1.26

表 1-60   2016—2023 年化药制剂进口额   单位：亿元

时间	2016	2017	2018	2019	2020	2021	2022	2023
抗微生物药	4.93	5.08	11.00	8.53	6.37	5.99	4.73	3.68
抗寄生虫药	1.84	2.33	3.98	6.91	3.86	10.34	8.09	6.55

时间	2016	2017	2018	2019	2020	2021	2022	2023
其他化学药品	0.49	0.42	1.81	2.94	3.15	3.73	2.29	3.00
合计	7.26	7.83	16.79	18.38	13.38	20.06	15.11	13.23

我国进口化药制剂，从市场规模来看，进口额 2021 年最高，为 20.06 亿元，整体呈现波动的态势。从不同产品类别来看，抗微生物药年均进口额，2018 年最高，为 11.00 亿元，整体呈现抛物线的态势；抗寄生虫药进口额，2021 年最高，为 10.34 亿元，整体呈现抛物线的态势，2020 年下降明显，2021 年增长明显，而后开始下滑；其他类化药制剂进口额在 1 亿～3 亿元左右。从产品占比来看，抗微生物药占比在前三年达到 64% 以上而后逐渐减少到 30% 左右，其中 2016 年抗微生物化药制剂的进口占比最高，为 67.91%，其占比呈现下降的态势；抗寄生虫药进口额占比在 21%～54%，其中 2022 年最高，为 53.54%，其占比呈现波动的态势；其他类化药制剂占比在 5%～24%，其中 2020 年最高，为 23.54%，其占比呈现波动的态势（表 1-60）。

2016—2023 年进口注册兽药主要是生物制品、化学药品。2016—2020 年，我国进口兽药市场规模的情况是生物制品市场规模＞抗微生物药市场规模＞抗寄生虫药市场规模＞其他化学药品市场规模。2021—2023 年抗寄生虫药超过抗微生物药。2023 年，猪用生物制品占进口注册数量的 2/3，禽用生物制品占进口注册数量的 1/3，宠物及其他动物用生物制品没有。化药制剂进口中抗微生物药占比 27.82%，抗寄生虫药占比 49.51%，其他化学药物占比 22.67%。其中，化学制剂主要有恩诺沙星注射液、阿莫西林注射液、头孢噻呋晶体注射液和阿莫西林可溶性粉等。抗寄生虫药主要有米尔贝肟吡喹酮片、托曲珠利混悬液等；宠物用药主要有非泼罗尼吡丙醚滴剂、恩诺沙星片、乐替拉纳咀嚼片、吡虫啉滴剂、吡虫啉莫昔克丁滴剂。

（3）2023 年兽药进口及销售情况　2023 年国内进口兽药金额为 22.07 亿元，占我国兽药行业整体销售金额的 3.17%。生物制品的进口金额为 8.84 亿元，低于化学药品的进口金额 13.23 亿元。

2023 年国内进口兽药共注册 46 种，其中生物制品 3 种（猪用 2 种、禽用 1 种）；化药 43 种，均为制剂，且片剂和注射液居多。与国内兽药注册情况不同，进口注册兽药中宠物用药比例较大，且制剂中 30% 以上为动物专用药。说明国内兽药的宠物用药和动物专用药还存在缺口。

2023 年国内进口生物制品销售额如表 1-61 所示，猪牛羊用生物制品的占比较禽用生物制品的占比略高，而宠物及其他类生物制品则更依赖进口。

表 1-61　2023 年国内进口生物制品销量及销售额

产品类别	国内销售额/亿元	进口销售额/亿元	整体销售额	进口占比
猪牛羊用	71.54	4.63	76.17	6.08%
禽用	64.02	2.95	66.97	4.40%
宠物及其他动物用	4.35	1.26	5.61	22.46%

2023 年国内进口化学药品销量和销售额如表 1-62、表 1-63 所示，销售额总计 13.23 亿元，按剂型来看，片剂的销售额最高，其次是注射剂。从产品类型来看，抗寄生虫药进口最多，其次是抗微生物药。

表 1-62　2023 年国内进口化学药品销量及销售额（按产品剂型分类）

产品剂型	销量	销售额/亿元	产品剂型	销量	销售额/亿元
片剂	3007.42	2.40	消毒剂（液体）	114.22	0.53
注射剂	17.86	2.12	杀虫剂（液体）	12.15	3.72
粉剂	6.41	0.06	其他	—	2.50
预混剂	3103.05	1.90	合计		13.23

表 1-63　2023 年国内进口化学药品销售额（按产品类别分类）

产品类别	销售额/亿元
抗微生物药	3.68
抗寄生虫药	6.55
其他化学药品	3.00

　　2023 年兽药进口产品来自 8 个国家，如表 1-64 所示，法国的进口注册数量最多，其次是德国。以 2016—2023 年进口产品国家或地区来看，如表 1-65 所示，共有 29 个国家和地区向我国注册进口兽药，美国一直高居进口注册产品数量国家之首，可是按地域来看，欧洲地区国家进口注册数量占总数的 62.34%，北美洲国家进口注册数量占总数的 28.08%，然后是亚洲、南美洲及大洋洲。

表 1-64　2023 年兽药进口产品地域分布情况

国家	注册数量	国家	注册数量
美国	5	荷兰	5
法国	17	墨西哥	2
德国	10	波兰	1
西班牙	5	韩国	1

表 1-65　2016—2023 年兽药进口产品地域分布情况

国家或地区	2016 年注册数量	2017 年注册数量	2018 年注册数量	2019 年注册数量	2020 年注册数量	2021 年注册数量	2022 年注册数量	2023 年注册数量	小计
美国	20	23	15	25	25	22	15	5	150
法国	14	13	10	28	20	22	21	17	145
德国	1	5	10	14	4	5	4	10	53
西班牙	3	7	7	8	3	6	5	5	44
荷兰	7	9	4	1	2	6	8	5	42
英国	3	7	1	4	2	4	6	0	27
巴西	0	7	0	6	0	4	6	0	23
意大利	0	4	3	5	3	1	1	0	17
墨西哥	0	5	3	1	0	3	4	2	18
比利时	1	1	0	5	1	0	1	0	9
奥地利	0	2	0	6	0	0	2	0	10
保加利亚	1	5	2	0	0	1	4	0	13
印度尼西亚	3	3	1	0	0	2	1	0	10
中国台湾	2	0	0	1	0	2	0	0	5
以色列	2	1	1	0	1	2	0	0	7
匈牙利	0	1	1	3	2	0	1	0	8
澳大利亚	0	1	0	1	1	0	1	0	4
新西兰	0	0	1	1	0	0	0	0	2
波多黎各	0	0	0	3	0	0	0	0	3
泰国	0	0	0	0	2	0	0	0	2
韩国	0	3	0	0	0	0	1	1	5
加拿大	0	1	1	0	0	0	0	0	2
丹麦	0	2	0	0	0	0	0	3	5
芬兰	2	0	0	0	0	0	2	0	4

国家	2016年注册数量	2017年注册数量	2018年注册数量	2019年注册数量	2020年注册数量	2021年注册数量	2022年注册数量	2023年注册数量	小计
爱尔兰	0	1	0	1	0	1	0	0	3
葡萄牙	1	0	0	0	1	0	0	0	2
日本	0	0	0	0	1	0	0	0	1
瑞士	0	0	0	0	1	0	0	0	1
波兰	0	0	0	0	0	0	0	1	1

1.3.6.2 出口市场分析

（1）2008—2023年兽药出口额变化态势　由表1-66可知2008—2023年兽药出口额变化情况，2008—2014年呈现出上下波动态势，2015—2019年逐年递增，2020—2021年略微下降，2022—2023年回升。其中，生物制品出口额在2008—2011年逐年下降，2012—2015年逐年下降，2017—2022年逐年上升，2023年回落。原料药出口额从2009年开始统计，呈上下波动态势，2016—2020年逐年递增，2021—2023年上下波动。化药制剂出口额在2009—2012年、2013—2016年、2017—2019年逐年递增，2019—2022年下降，2023年回升。

表1-66　2008—2023年兽药出口额　　　　　　　　　　　　　　　　　　　　　单位：亿元

产品类型	2008	2009	2010	2011	2012	2013	2014	2015	2016	2017	2018	2019	2020	2021	2022	2023
生药	0.65	0.53	0.53	0.28	0.65	0.51	0.40	0.39	0.53	0.41	0.42	0.62	0.86	0.86	1.17	0.82
原料药		17.23	13.65	14.92	23.77	18.99	22.00	18.82	17.28	21.54	27.40	39.57	41.51	37.72	46.56	44.04
制剂	8.98	6.29	8.16	8.44	12.58	9.06	9.12	11.67	13.68	9.92	11.13	17.81	15.14	14.27	13.91	16.91
总体	9.63	24.05	22.34	23.64	37.00	28.56	31.52	30.88	31.49	31.87	38.95	58.00	57.51	52.85	61.64	61.77

（2）2016—2023年兽药出口情况　我国出口兽药总体情况，从市场规模来看，2016—2023年整体呈现上升的态势，2016—2018年在30多亿元，2019—2021年分别增长为50多亿元，2022年和2023年增长到60多亿元（表1-67）。从出口产品类别来看，我国出口的兽药以原料药为主，原料药出口额占比约60%以上，其中2022年占比最高，达到了74.54%；化药制剂出口额占比在30%左右，其中2016年占比最高，达到了43.44%；生物制品出口额只有所有出口额的1%～2%。

表1-67　2016—2023年我国兽药出口总体情况　　　　　　　　　　　　　　　　　单位：亿元

产品类型	2016	2017	2018	2019	2020	2021	2022	2023
生药	0.53	0.41	0.42	0.62	0.86	0.86	1.17	0.82
原料药	17.28	21.54	27.40	39.57	41.51	37.72	46.56	44.04
化药制剂	13.68	9.92	11.13	17.81	15.14	14.27	13.91	16.91
总体	31.49	31.87	38.95	58.00	57.51	52.85	61.64	61.77

从生物制品出口市场规模来看，2016—2023年，出口额整体呈现平稳增长的态势，2022年最高，为1.17亿元。从产品类别来看，出口的禽用生物制品销售额整体呈现波动的态势；猪用生物制品销售额整体同样呈现波动的态势，其他类型生物制品从2022年开始生现，两年有所增长。从出口生物制品销售占比来看，禽用生物制品出口额占比在65%左右，2022—2023年有所上升；猪用生物制品出口额占比在34%左右，2022—2023

年有所下降；整体上，禽用生物制品出口额占比大于猪用生物制品出口额占比。

从原料药市场规模来看，我国原料药出口额整体呈现增长的态势。从产品类别来看，抗微生物药为主要出口类别，整体呈现平稳上升的态势；抗寄生虫药的出口额整体呈现波动的态势；解热镇痛抗炎药和中枢兴奋药及其他类药物的出口额最少，2020年最低，为0.85亿元，2022年最高，为1.68亿元。从出口销售额占比来看，抗微生物药出口额占原料药出口额的比例最大，在70%左右，2023年最高，为76.79%，抗寄生虫药出口额占原料药出口额的比例在20%左右，其中2022年占比最高，为36.08%，解热镇痛抗炎药和中枢兴奋药及其他类药物出口占比仅为3%左右，其中2022年最高，为3.61%。

从化药制剂市场规模来看，我国化药制剂出口额整体呈现波动的态势。从不同产品类别来看，抗微生物药为主要的出口化药制剂，整体呈现波动的态势，其中2019年最高，为11.21亿元；抗寄生虫药整体呈现上升的态势，其中2020年最高，为6.68亿元；其他类化药制剂出口额在1000万元左右。从产品占比来看，抗微生物药占比在60%左右，其中2016年抗微生物化药制剂的出口占比最高，为79.02%，其占比呈现下降的态势；抗寄生虫药出口额占比在36%左右，其中2018年最高，为45.82%，其占比呈现波动的态势；其他类化药制剂占比非常小。

（3）**2023年兽药出口情况**　2023年我国出口兽药主要为生物制品、原料药和化药制剂。兽药出口产品销售额，生物制品共计8156.25万元，占兽药出口总额的1.32%；原料药出口金额为44.04亿元，占兽药出口总额的71.30%；化药制剂出口金额为16.91亿元，占兽药出口总额的27.38%。原料药为我国主要出口产品。

生物制品以疫苗为主，其中猪用生物制品占出口总额的7.32%，禽用生物制品占出口总额的85.37%，其他生物制品占出口总额的7.31%。

原料药出口中抗微生物药占原料药的76.79%，抗寄生虫药占原料药的20.05%，解热镇痛抗炎药及其他原料药仅占原料药出口的3.16%。其中，抗微生物药主要有大环内酯类、四环素类、磺胺类、喹诺酮类、氨基糖苷类、酰胺醇类、多肽类、头孢菌素类等。抗寄生虫药主要有阿维菌素类、苯并咪唑类、三嗪类抗球虫药、抗吸虫药、磺胺类等；其他原料药主要有解热镇痛药、外周神经系统药、中枢兴奋药等。

化药制剂出口中抗微生物药占化药的59.85%，抗寄生虫药占原料药的38.62%，其他类（包括中兽药）仅占1.53%。其中，抗微生物药主要有四环素类、多肽类、林可胺类、磺胺类、大环内酯类、氨基糖苷类等。抗寄生虫药主要有离子载体类抗球虫药、阿维菌素类、苯并咪唑类、磺胺类、三嗪类抗球虫药等。

兽药出口产品地域格局与兽药进口产品地域格局截然相反，更侧重向亚洲、非洲及南美洲等国家出口。

如表1-68所示，2023年我国向21个国家或地区出口生物制品，其中12个亚洲国家和地区、2个非洲国家、6个欧洲国家、1个南美洲国家。按贸易额排序前5位的国家是越南、埃及、伊朗、孟加拉国和缅甸。我国向65个国家和地区出口原料药，其中19个欧洲国家、21个亚洲国家和地区、10个南美洲国家、9个非洲国家、4个北美洲国家和2个大洋洲国家；按贸易额排序前5位的国家是德国、越南、巴西、印度、俄罗斯。我国向64个国家和地区出口化药制剂，其中25个亚洲国家和地区、16个非洲国家、6个欧洲国家、10个南美洲国家、5个北美洲国家，2个大洋洲国家，按贸易额排序前5位的国家是美国、比利时、泰国、印度和澳大利亚。

表 1-68　2023 年兽药出口产品地域分布情况

地区	生物制品	原料药	化药制剂
欧洲	6	19	6
亚洲	12	21	25
非洲	2	9	16
南美洲	1	10	10
北美洲	0	4	5
大洋洲	0	2	2

从兽药出口产品的金额来看，2023 年我国出口生物制品共计 8156.25 万元，亚洲市场 5553.29 万元，占生物制品出口总额的 68.09％。原料药出口金额为 44.04 亿元，其中：出口到 19 个欧洲国家金额共计 18.15 亿元，占出口总额的 41.21％；其次是出口到 21 个亚洲国家金额 14.79 亿元，占出口总额的 33.58％；出口到 10 个南美洲国家金额 4.75 亿元，占出口总额的 10.79％；出口到 4 个北美洲国家金额 4.86 亿元，占出口总额的 11.04％；出口到 9 个非洲国家金额 1.23 亿元，占出口总额的 2.79％；出口到 2 个大洋洲国家金额 0.26 亿元，仅占出口总额的 0.59％。化药制剂出口金额为 16.91 亿元，且出口额相较于原料药，则更均衡。如表 1-69 所示，原料药的出口额最大，化药制剂的出口国家最多，生物制品的出口空间最广阔。

表 1-69　2023 年我国兽药出口额分布情况　　　　　　　　　　　　　　　　　单位：亿元

产品剂型	欧洲	亚洲	非洲	北美洲	南美洲	大洋洲
生物制品	0.05	0.56	0.21		0.0003	
原料药	18.15	14.79	1.23	4.86	4.75	0.26
化药制剂	2.27	4.86	2.16	3.44	3.21	0.97

参考文献

[1] 贾敬敦，黄璐琦．兽医本草[M]．北京：中国医药科技出版社，2004．

[2] 祖述宪．关于传统动物药及其疗效问题[J]．安徽医药，2002（3）：1-6．

[3] Karasszon D．A concise history of veterinary medicine．Budapest：Akadémiai Kiadó，1988．

[4] 胡元亮．兽医中药学[M]．北京：中国农业出版社，2007．

[5] 刘钟杰，许剑琴．中兽医学[M]．3 版．北京：中国农业出版社，2002．

[6] 邢玉娟，陈茜，陈玉库，等．从中兽医地位看中国古代文明[C]．中国畜牧兽医学会中兽医学分会 2016 年学术研讨会暨中兽药新产品研发研讨会 2016 年第三次会议.中国畜牧兽医学会中兽医学分会，2016．

[7] 彭馨，胡翠华．从敦煌医药文献看古代民间兽药方的流传形式[J]．农业考古，2015（1）：234-236．

[8] 马千娇．从代表性兽医方看中国古代兽医学的发展[D]．西北民族大学，2021．

[9] 姜丽蓉．中国古代的兽医学[J]．文史知识，1988（4）：5．

第 2 章
兽药产业
结构和产品
结构的演变

2.1

概述

随着养殖业的快速发展，规模化、集约化程度的不断提高，我国兽药产业取得了长足进步，企业规模不断扩大，产品日益丰富，研发能力不断提升，产品结构趋于合理，在保障畜牧业健康发展中发挥了重要作用。

2.1.1 兽药产业总体发展概况

2.1.1.1 总体概况

调查结果显示，2020 年，全国 1633 家兽药生产企业完成生产总值 683.52 亿元，销售额 620.95 亿元，毛利 219.98 亿元，平均毛利率 35.43％，资产总额 2471.70 亿元，资产利润率 8.90％，固定资产 976.19 亿元，从业人员 17.03 万人。近十年来，产业整体规模逐步扩大，产值、销售额逐年增长，产值年复合增长率为 6.56％，销售额年复合增长率为 6.44％。

2.1.1.2 兽用生物制品企业

119 家兽用生物制品企业完成生产总值 193.56 亿元，销售额 162.36 亿元，毛利 103.38 亿元，平均毛利率 63.67％，资产总额 507.21 亿元，资产利润率 20.38％，固定资产 146.64 亿元，从业人员 2.33 万人。

2.1.1.3 兽用化药企业

1514 家兽用化药企业完成生产总值 489.96 亿元，销售额 458.59 亿元，毛利 116.60 亿元，平均毛利率 25.43％，资产总额 1964.58 亿元，资产利润率 5.94％，固定资产 829.55 亿元，从业人员 14.70 万人。

2.1.2 兽药产业发展规模与质量

2.1.2.1 企业规模与数量

从企业数量看，1633 家兽药生产企业以中型企业和小型企业为主。其中，微型企业 145 家，占企业总数的 8.88％；小型企业 552 家，占企业总数的 33.80％；中型企业 859 家，占企业总数的 52.60％；大型企业 77 家，占企业总数的 4.72％。119 家兽用生物制品企业中，小型企业 19 家，占兽用生物制品企业总数的 15.97％；中型企业 76 家，占兽用生物制品企业总数的 63.87％；大型企业 24 家，占兽用生物制品企业总数的 20.17％。1514 家兽用化药企业中，微型企业 145 家，占兽用化药企业总数的 9.58％；小型企业 533 家，占兽用化药企业总数的 35.20％；中型企业 783 家，占兽用化药企业总数的 51.72％；大型企业 53 家，占兽用化药企业总数的 3.50％。可见，根据国家统计局最新划分标准，我国的兽药产业总体上以中型企业为主，兽用生物制品企业以大、中型企业为中坚力量，兽用化药企业以中、小型企业为主。

本文中提到的企业规模均是按照国家统计局标准（国统字〔2017〕213号）根据销售额划分，大型企业是年销售额2亿元以上（包括2亿元）的企业，中型企业是年销售额500万～2亿元（包含500万元）的企业，小型企业是年销售额50万～500万元（包含50万元）的企业，微型企业是年销售额50万元以下的企业。

兽用原料药企业总计133家，其中大型企业24家，占18.05%；中型企业74家，占55.64%；小型企业35家，占26.32%。兽用化学药品制剂企业总计1180家，其中大型企业28家，占2.37%；中型企业610家，占51.69%；小型企业422家，占35.76%；微型企业120家，占10.17%。中兽药企业总计201家，其中大型企业1家，占0.5%；中型企业99家，占49.25%；小型企业76家，占37.81%；微型企业25家，占12.44%。

从兽用原料药企业、兽用化学药品制剂企业和中兽药企业规模上看，以中、小企业为主。

2.1.2.2 资产指标

从不同规模企业资产总额的分布情况来看，兽用生物制品企业资产总额为507.21亿元，其中大型企业324.27亿元，中型企业164.28亿元，小型企业18.66亿元；大、中型企业的资产总额较多，共有489.55亿元，占兽用生物制品企业资产总额的96.32%。兽用化药企业资产总额为1964.58亿元，其中大、中型企业所拥有资产总额1463.62亿元，占兽用化药企业资产总额的74.5%；兽用原料药企业拥有的资产总额为1340.74亿元，占兽用化药企业资产总额的68.25%。从不同规模企业固定资产的分布情况来看，兽用生物制品企业中，大型企业的固定资产较多，为79.89亿元，占兽用生物制品企业固定资产总额的54.48%；中型企业固定资产55.32亿元，占比37.73%；小型企业固定资产11.43亿元，占比7.79%。兽用化药企业固定资产总额829.55亿元，其中中型企业为482.39亿元，占兽用化药企业固定资产总额的58.15%；兽用原料药企业拥有的固定资产为581.94亿元，占兽用化药企业固定资产总额的70.15%；中兽药企业固定资产30.04亿元，占比3.62%。

2.1.2.3 生产总值与销售额

2020年，兽用生物制品企业共实现销售额162.36亿元，其中大型企业实现销售额120.16亿元，占兽用生物制品企业总销售额的74.01%；中型企业实现销售额42.02亿元，占比25.88%；小型企业实现销售额0.18亿元，占比0.11%。兽用化药企业共实现销售额458.59亿元。2020年，兽用化药企业中原料药生产企业实现销售额149.17亿元，其中大型企业104.29亿元，占比69.91%；中型企业实现销售额44.45亿元，占比29.80%；小型企业实现销售额0.43亿元，占比0.29%。化药制剂企业实现销售额252.61亿元，其中大型企业103.19亿元，占比40.85%；中型企业139.80亿元，占比55.34%；小型企业9.45亿元，占比3.74%，微型企业0.17亿元，占比0.07%。中兽药企业实现销售额56.81亿元，其中大中型企业53.56亿元，占比94.28%；小型企业3.18亿元，占比5.6%；微型企业0.07亿元，占比0.12%。可见，无论兽用生物制品企业还是兽用化药企业，销售额主要是由大型企业实现的。

2.1.2.4 毛利

2020年，兽用生物制品企业共实现毛利103.38亿元。其中，24家大型企业实现毛利81.34亿元，占兽用生物制品企业毛利总额的78.68%；76家中型企业实现毛利21.99亿元，占兽用生物制品企业毛利总额的21.27%；19家小型企业实现毛利0.05亿元，占比

0.05%。兽用化药企业共实现毛利116.60亿元，其中，53家大型企业实现毛利占兽用化药企业毛利总额的52.63%，783家中型企业实现的毛利占兽用化药企业毛利总额的45.21%，这两者的毛利份额占到整体的97.84%。原料药生产企业实现毛利总额为34.22亿元，其中大型企业实现毛利23.38亿元，占比68.32%；中型企业实现毛利10.75亿元，占比31.41%；小型企业0.09亿元，占比0.26%。化药制剂企业实现毛利总额为74.68亿元，其中大型企业实现毛利37.75亿元，占比50.55%；中型企业实现毛利34.90亿元，占比46.73%；小型企业实现毛利1.99亿元，占比2.66%；微型企业实现毛利0.04亿元，占比0.05%。中兽药生产企业实现毛利总额为7.7亿元，其中大中型企业实现毛利7.31亿元，占比94.94%；小型企业0.38亿元，占比4.94%；微型企业实现毛利0.01亿元，占比0.13%。无论是兽用生物制品企业还是兽用化药制剂企业、原料药企业，毛利主要集中在大型企业。中兽药企业毛利主要集中在大中型企业。

2.1.3　兽药产业生产能力与产能利用率

2.1.3.1　兽用生物制品

2020年，活疫苗生产能力为5502.23亿羽份/亿头份，产能利用率31.1%；灭活疫苗生产能力为850.48亿毫升，产能利用率32.07%。活疫苗中，组织毒活疫苗生产能力4184.68亿羽份/亿头份，产能利用率35.84%；细胞毒活疫苗生产能力1095.00亿羽份/亿头份，产能利用率18.49%；细菌活疫苗生产能力222.55亿羽份/亿头份，产能利用率4.07%。灭活疫苗中，组织毒灭活疫苗生产能力494.75亿毫升，产能利用率40.86%；细胞毒灭活疫苗生产能力252.74亿毫升，产能利用率19.16%；细菌灭活疫苗生产能力102.98亿毫升，产能利用率21.58%；基因工程苗生产能力43.89亿毫升，产能利用率85.21%。

2.1.3.2　兽用原料药

2020年，抗微生物药生产能力11.75万吨，产能利用率50.55%；抗寄生虫药生产能力3.68万吨，产能利用率33.70%；解热镇痛抗炎药生产能力2.13万吨，产能利用率21.60%。

2.1.3.3　兽用化药制剂和中兽药

2020年，片剂生产能力299.93亿片，产能利用率21.27%；注射液（含大输液）生产能力5.65亿升，产能利用率16.64%；注射用无菌粉针剂生产能力0.92万吨，产能利用率18.48%；粉（散）剂、预混剂生产能力133.50万吨，产能利用率30.31%；口服液（合剂）生产能力7.74亿升，产能利用率12.40%；颗粒剂生产能力9.63万吨，产能利用率13.50%；消毒药（固体）生产能力16.95万吨，产能利用率21.00%；消毒药（液体）生产能力10.59亿升，产能利用率14.83%。

2.1.4　兽药产业市场规模与市场结构

2.1.4.1　兽用生物制品

2020年，生物制品市场规模（销售额）162.36亿元。按使用动物分，禽用生物制品和猪用生物制品是生物制品的主要组成部分，禽用生物制品市场规模72.78亿元，占生物制品总市场规模的 44.83%；猪用生物制品市场规模 69.23 亿元，占生物制品总市场规模的 42.64%。禽用生物制品中，强制免疫疫苗市场规模 24.23 亿元，占禽用生物制品市场规模的 33.29%。猪用生物制品中，强制免疫疫苗市场规模 19.06 亿元，占猪用生物制品市场规模的 27.53%。按疫苗种类分，活疫苗市场规模 46.33 亿元，占生物制品总市场规模的 28.54%；灭活疫苗市场规模 95.96 亿元，占生物制品总市场规模的 59.1%。牛羊用生物制品规模 17.71 亿元，占生物制品总市场规模的 10.91%；兔用生物制品市场规模 0.36 亿元，占生物制品总市场规模的 0.22%；宠物及其他动物用生物制品市场规模 2.28 亿元，占生物制品总市场规模的 1.4%。

2.1.4.2 兽用原料药

2020 年，兽用原料药市场规模（销售额）149.17 亿元。按产品类别分类，抗微生物药市场规模 123.25 亿元，市场份额 82.62%；抗寄生虫药市场规模 20.83 亿元，市场份额 13.96%；解热镇痛抗炎药市场规模 3.06 亿元，市场份额 2.05%；其他原料药市场规模 2.03 亿元，市场份额 1.36%。

2.1.4.3 兽用化药制剂

2020 年，化药制剂市场规模（销售额）252.61 亿元。按产品类别分类，抗微生物药市场规模 176.11 亿元，市场份额 69.72%；抗寄生虫药市场规模 24.36 亿元，市场份额 9.64%；水产养殖用药市场规模 9.81 亿元，市场份额 3.88%；消毒药市场规模 15.97 亿元，市场份额 6.32%；解热镇痛抗炎药市场规模 7.82 亿元，市场份额 3.10%；调节组织代谢药市场规模 3.68 亿元，市场份额 1.46%；其他类别化药制剂市场规模 14.86 亿元，市场份额 5.88%。

2.1.4.4 中兽药

2020 年，中兽药市场规模（销售额）56.81 亿元。按产品剂型分类，散剂市场规模 22.23 亿元，市场份额 39.13%；注射液市场规模 5.47 亿元，市场份额 9.63%；合剂（口服液）市场规模 18.49 亿元，市场份额 32.55%；片剂市场规模 0.26 亿元，市场份额 0.46%；颗粒剂市场规模 9.49 亿元，市场份额 16.70%；酊剂市场规模 0.06 亿元，市场份额 0.11%；浸膏剂/流浸膏剂市场规模 0.18 亿元，市场份额 0.32%；其他剂型市场规模 0.63 亿元，市场份额 1.11%。

2.1.4.5 进口情况

2020 年进口兽药产品销售额 27.58 亿元。按产品类别分类，兽用生物制品 14.2 亿元，占进口总额的 51.49%；抗球虫类预混剂 0.89 亿元，占进口总额的 3.23%；抗微生物类预混剂 2.76 亿元，占进口总额的 10.01%；抗微生物药 3.61 亿元，占进口总额的 13.09%；抗寄生虫药 2.97 亿元，占进口总额的 10.77%；其他化学药品 3.15 亿元，占进口总额的 11.42%。按使用动物分类，猪、牛、羊用药品 16.8 亿元，占进口总额的 60.91%；禽用药品 2.69 亿元，占进口总额的 9.75%；宠物及其他动物用药品 8.09 亿元，占进口总额的 29.33%。

2.1.4.6 出口情况

2020 年兽药产品出口额为 57.51 亿元，其中兽用生物制品出口额 0.86 亿元，兽药原料药出口额 41.51 亿元，兽用化药制剂出口额 15.14 亿元。生物制品按使用动物分，禽用生物制品出口额 0.68 亿元，占生物制品出口额的 79.07%；猪用生物制品 0.18 亿元，占生物制品出口额的 20.93%。兽用原料药出口 53 个国家和地区，按产品类别分，抗微生物药出口 28.9 亿元，占原料药出口额的 69.62%；抗寄生虫药出口 12.26 亿元，占原料药出口额的 29.54%；解热镇痛抗炎药及其他原料药出口 0.35 亿元，占原料药出口额的 0.84%。化药制剂出口 68 个国家，按产品类别分，抗微生物药出口 8.3 亿元，占化药制剂出口额的 54.82%；抗寄生虫药出口 6.68 亿元，占化药制剂出口额的 44.12%；其他类别药出口 0.16 亿元，占化药制剂出口额的 1.06%。

2.1.5 兽药产业集中度

2020 年，兽用生物制品总销售额为 162.36 亿元。销售额前 10 名企业（表 2-1）的销售额为 84.51 亿元，占生物制品总销售额的 52.05%。

表 2-1 2020 年兽用生物制品企业排名与销售额对照表

排名	年销售额	排名	年销售额
前 10 名	3.80 亿元以上	前 40 名	1.00 亿元以上
前 20 名	2.98 亿元以上	前 50 名	0.74 亿元以上
前 30 名	1.50 亿元以上		

2020 年，兽用原料药总销售额 149.17 亿元。销售额前 10 名企业（表 2-2）的销售额为 63.97 亿元，占原料药总销售额的 42.88%；销售前 30 名企业（表 2-2）的销售额为 14.97 亿元，占原料药总销售额的 10.03%。

表 2-2 2020 年原料药企业排名与销售额对照表

排名	年销售额	排名	年销售额
前 10 名	4.20 亿元以上	前 40 名	0.99 亿元以上
前 20 名	2.51 亿元以上	前 50 名	0.65 亿元以上
前 30 名	1.54 亿元以上		

2020 年，兽用化药制剂总销售额 252.61 亿元。销售额前 10 名企业（表 2-3）的销售额为 60.45 亿元，占化药制剂总销售额的 23.93%；销售前 30 名企业（表 2-3）的销售额为 112.02 亿元，占化药制剂总销售额的 44.35%；销售前 50 名企业（表 2-3）的销售额为 137.24 亿元，占化药制剂总销售额的 54.33%。

表 2-3 2020 年兽用化药制剂企业排名与销售额对照表

排名	年销售额	排名	年销售额
前 10 名	4.29 亿元以上	前 40 名	1.19 亿元以上
前 20 名	2.44 亿元以上	前 50 名	1.01 亿元以上
前 30 名	1.65 亿元以上	前 100 名	0.49 亿元以上

2020 年，兽用中药总销售额 56.81 亿元。销售额前 10 名企业（表 2-4）的销售额为 13.02 亿元，占中药总销售额的 22.92%；销售前 30 名企业（表 2-4）的销售额为 22.80 亿元，占中药总销售额的 40.13%；销售前 50 名企业（表 2-4）的销售额为 27.02 亿元，占中药总销售额的 47.56%。

表 2-4　2020 年兽用中药企业排名与销售额对照表

排名	年销售额	排名	年销售额
前 10 名	0.79 亿元以上	前 40 名	0.22 亿元以上
前 20 名	0.45 亿元以上	前 50 名	0.13 亿元以上
前 30 名	0.31 亿元以上	前 100 名	0.05 亿元以上

2.2

近十五年我国兽药产业结构现状

随着养殖业的持续发展，人们对动物疫病防控重视程度的不断提高，兽药作为动物疫病防控需要的基础物质，其产业发生了较大变化，产业结构随着疫病防控需要、兽医用药水平也发生了变化。

2.2.1　兽药产业总体发展情况

2.2.1.1　生产企业数量变化

自 2010 年起，兽药生产企业数量达到 1500 家以上，2012—2014 年增长幅度比较大，2015—2020 年稍有减少，但都持续保持在 1630 家以上，2014 年达到最高，为 1714 家，见图 2-1。

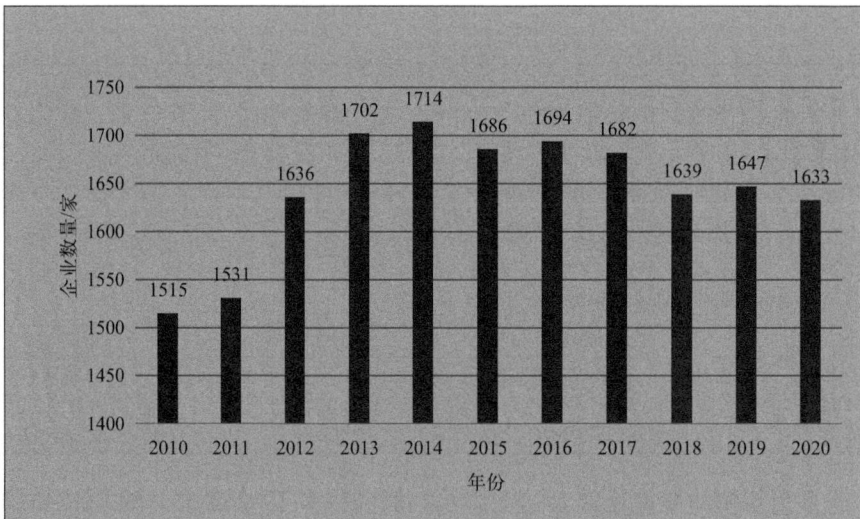

图 2-1　2010—2020 年兽药生产企业数量

2.2.1.2 兽药生产企业产值、销售额、毛利情况

自 2012 年以来，兽药生产企业产值、销售额、固定资产和毛利等逐年增长，增长幅度有所不同。2012 年起产值、销售额超 400 亿元，2020 年产值、销售额分别达到 683.52 亿元、620.95 亿元，固定资产达到 976.29 亿元，毛利为 219.98 亿元（图 2-2）。

兽用生物制品和兽用化药企业的产值、销售额、固定资产和毛利情况分别见图 2-3 和图 2-4。可见，兽用化药企业的产值、销售额、固定资产比兽用生物制品企业的大，但毛利少，平均毛利率约为兽用生物制品的 1/3（图 2-5）。

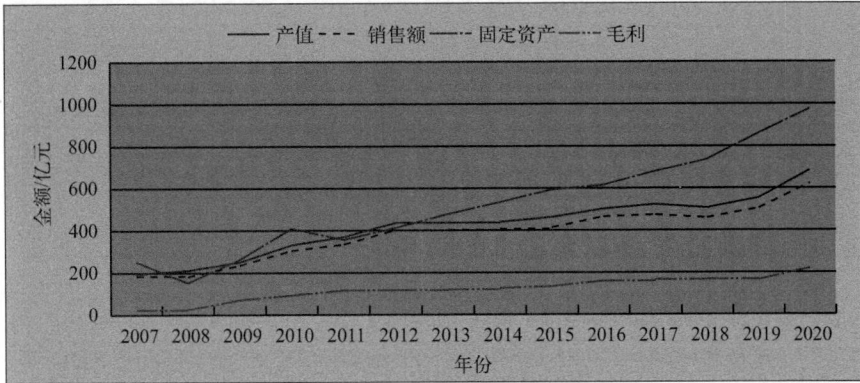

图 2-2　2007—2020 年兽药生产企业产值、销售额、固定资产和毛利情况

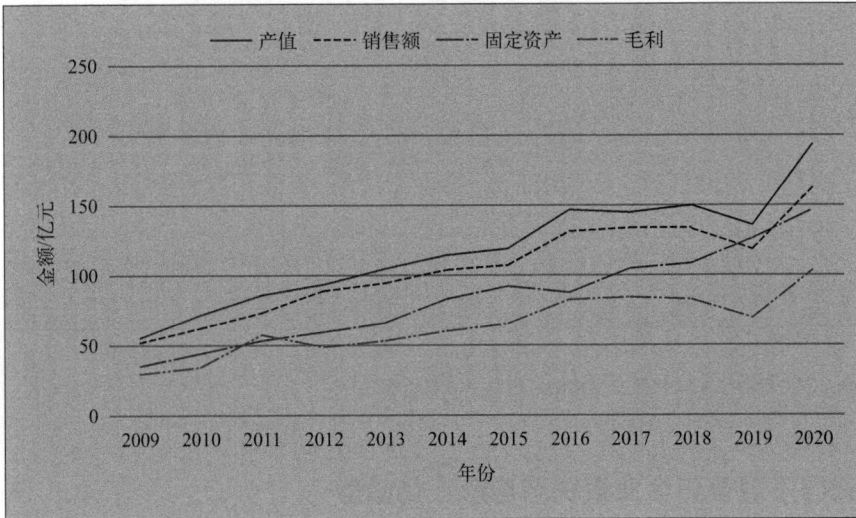

图 2-3　2009—2020 年兽用生物制品企业产值、销售额、固定资产和毛利情况

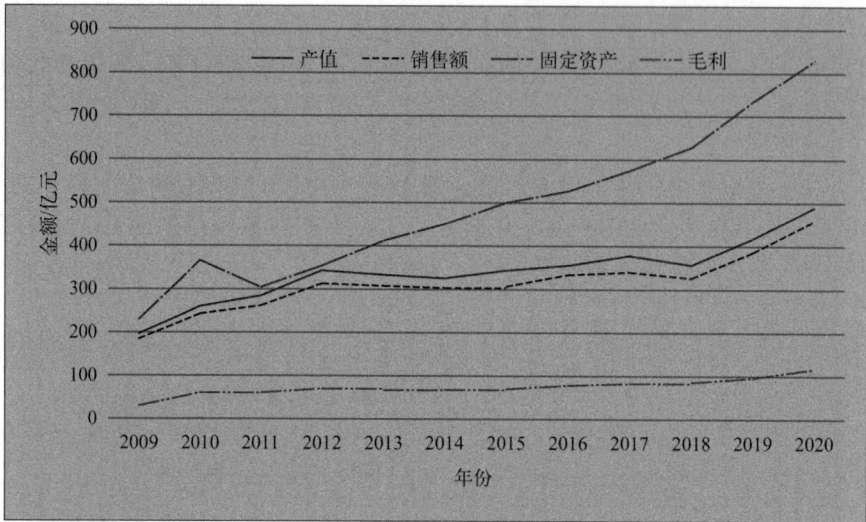

图 2-4　2009—2020 年兽用化药企业产值、销售额、固定资产和毛利

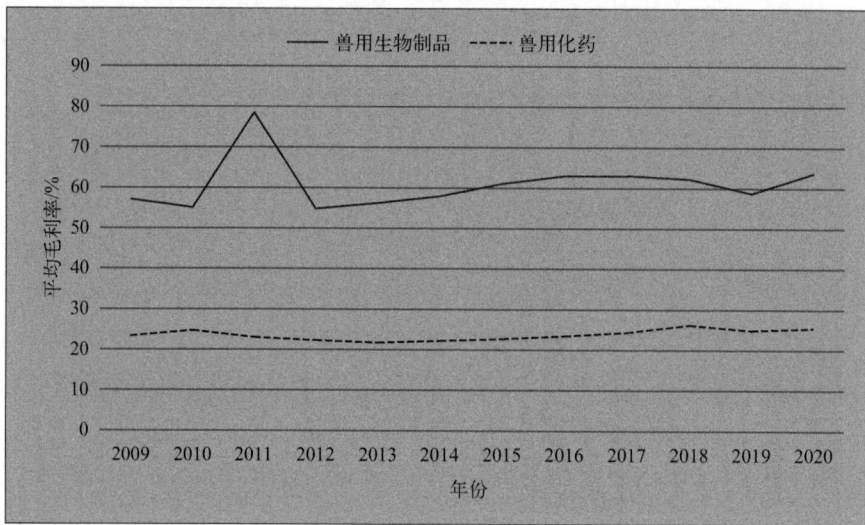

图 2-5　2009—2020 年兽用生物制品企业和化药企业平均毛利率

2.2.2　我国不同兽药企业板块结构及变化趋势

2.2.2.1　不同规模兽药企业发展与变化

2.2.2.1.1　企业规模与数量变化

从企业数量看，兽药生产企业以中型企业和小型企业为主。其中微型企业占 8％左右，小型企业占 35％左右，中型企业占 50％左右，大型企业占 3％左右，且大型企业逐年增长，微型企业每年变化较大，中、小型企业每年稍有变化（表 2-5）。

表 2-5　2012—2020 年度不同规模兽药企业所占比例

年份	微型企业占比/%	小型企业占比/%	中型企业占比/%	大型企业占比/%	兽药企业数
2012	6.32	36.64	54.15	2.89	1520
2013	8.61	36.72	51.96	2.71	1661
2014	8.56	37.41	51.22	2.81	1601
2015	6.74	37.91	52.3	3.05	1543
2016	10.32	37.64	48.8	3.24	1666
2017	10.52	38.32	47.63	3.53	1644
2018	5.45	44.05	46.84	3.66	1614
2019	9.62	36.89	49.69	3.80	1632
2020	8.88	33.80	52.60	4.72	1633

兽用生物制品企业中，以中型企业为主，没有微型企业，小型企业变化较大，占 10%～15%，大型企业占 20% 左右，中型企业占 60% 以上（表 2-6）。

表 2-6　2012—2020 年不同规模兽用生物制品企业所占比例

年份	小型企业占比/%	中型企业占比/%	大型企业占比/%	生药企业数
2012	5.88	67.65	26.47	68
2013	11.11	63.89	25.00	72
2014	14.28	63.64	22.08	77
2015	15.58	61.08	23.38	77
2016	16.85	59.55	23.60	89
2017	15.96	61.70	22.34	94
2018	12.12	70.71	17.17	99
2019	13.73	68.63	17.65	102
2020	15.97	63.87	20.17	119

兽用化药企业中，微型企业占 10% 左右，小型企业占 38% 以上，接近 40%，中型企业占 50% 左右，小型企业和中型企业二者合计达到 85% 以上，大型企业占 2% 左右且逐年上升（表 2-7）。

表 2-7　2012—2020 年不同规模兽用化药企业所占比重

年份	微型企业占比/%	小型企业占比/%	中型企业占比/%	大型企业占比/%	化药企业数
2012	6.54	38.16	53.51	1.79	1452
2013	9.00	37.89	51.41	1.70	1589
2014	8.99	38.58	50.59	1.84	1524
2015	7.09	39.09	51.84	1.98	1466
2016	10.91	38.81	48.19	2.09	1577
2017	11.16	39.68	46.77	2.39	1550
2018	5.81	46.14	45.28	2.77	1515
2019	10.26	38.43	48.43	2.88	1530
2020	9.58	35.20	51.72	3.50	1514

兽用化学药品原料药企业中，没有微型企业，小型企业占 15% 左右，中型企业占 65% 左右，大型企业占 20% 左右（表 2-8）。

表 2-8 2012—2020年不同规模原料药企业所占比例

年份	小型企业占比/%	中型企业占比/%	大型企业占比/%	原料药企业数
2012	13.89	73.15	12.96	108
2013	12.50	75.00	12.50	112
2014	20.35	67.26	12.39	113
2015	23.68	61.40	14.91	114
2016	16.28	63.57	20.16	129
2017	20.30	63.91	15.79	133
2018	17.05	64.34	18.60	129
2019	29.01	52.67	18.32	131
2020	18.05	55.64	26.32	133

兽用化药制剂企业中，微型企业占10%左右，小型企业占39%左右，中型企业占50%左右，大型企业占1%左右，大型企业2016—2020年逐年增长，但增幅较小，微型企业变化较大。小型企业和中型企业占89%左右（表2-9）。

表 2-9 2012—2020年不同规模化药制剂企业所占比例

年份	微型企业占比/%	小型企业占比/%	中型企业占比/%	大型企业占比/%	化药制剂企业数
2012	6.35	38.92	53.72	1.01	1182
2013	8.89	39.59	50.53	0.99	1316
2014	8.79	39.76	50.32	1.13	1240
2015	7.00	40.05	51.94	1.01	1186
2016	11.37	39.61	48.08	0.94	1275
2017	11.84	40.90	45.97	1.29	1242
2018	6.18	47.94	44.40	1.48	1214
2019	10.89	38.66	48.89	1.56	1221
2020	10.17	35.76	51.69	2.37	1180

中兽药企业中，微型企业占15%左右，小型企业占45%左右，中型企业占40%左右，大型企业仅在2020年有1家，占比0.5%，不同规模每年均有变化（表2-10）。

表 2-10 2012—2020年不同规模中兽药企业所占比例

年份	微型企业占比/%	小型企业占比/%	中型企业占比/%	大型企业占比/%	中兽药企业数
2012	12.34	48.77	38.89		162
2013	16.15	41.61	42.24		161
2014	16.37	42.11	41.52		171
2015	12.65	42.77	44.58		166
2016	15.61	46.82	37.57		173
2017	14.86	45.71	39.43		175
2018	7.56	55.23	37.21		172
2019	13.48	43.82	42.13		177
2020	12.44	37.81	49.25	0.50	201

由上可见，根据国家统计局最新划分标准，我国的兽药产业总体上以中型企业为主，生药企业以大中型企业为中坚力量，化药企业以中小型企业为主。原料药没有微型企业，中兽药仅2020年有1个大型企业。

2.2.2.1.2 资产指标变化

兽药生产企业资产总额和固定资产持续增长，2020年分别达到2471.70亿元和976.19亿元，其兽用生物制品企业资产总额和固定资产分别为507.21亿元、146.64亿元，化药企业资产总额和固定资产分别为 1964.58 亿元、829.55 亿元。

从不同规模企业兽用生物制品企业资产总额的分布情况看，除 2012 年和 2014 年外，兽用生物制品企业中，大型企业的资产总额较多（图 2-6）。从不同规模企业固定资产的分布情况看，兽用生物制品企业中，2012—2019 年中型企业的固定资产持续较多，仅 2020 年大型企业的固定资产较多（图 2-7）。

从不同类型化药企业资产总额的分布看，除 2012 年和 2014 年外，兽用化药企业中，原料药企业的资产总额较多（图 2-8）。从不同类型企业固定资产的分布看，除 2014 年外，兽用化药企业中，原料药企业固定资产总额较多，且自 2015 年持续增长，制剂企业则持续减少（图 2-9）。

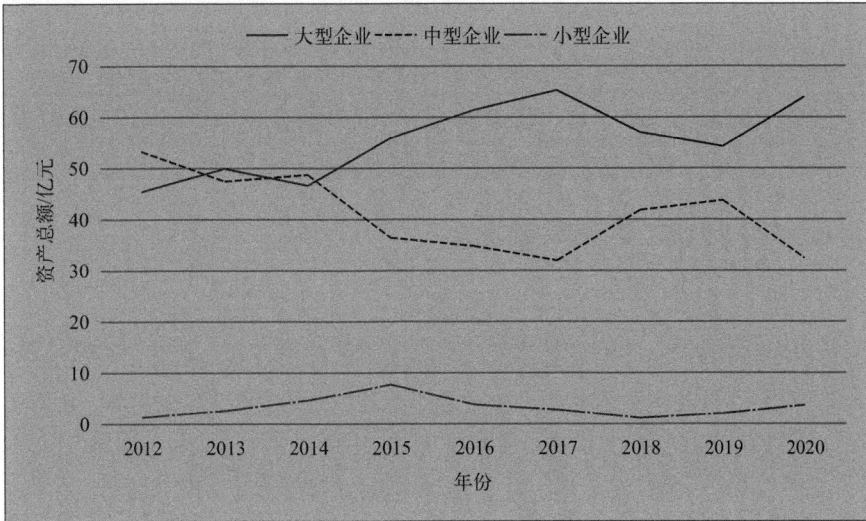

图 2-6　不同规模兽用生物制品企业资产总额占比

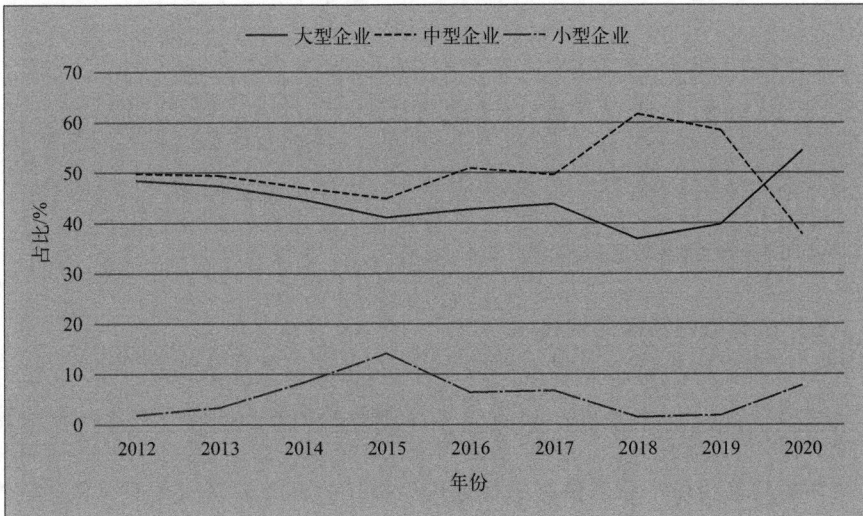

图 2-7　不同规模兽用生物制品企业固定资产占比

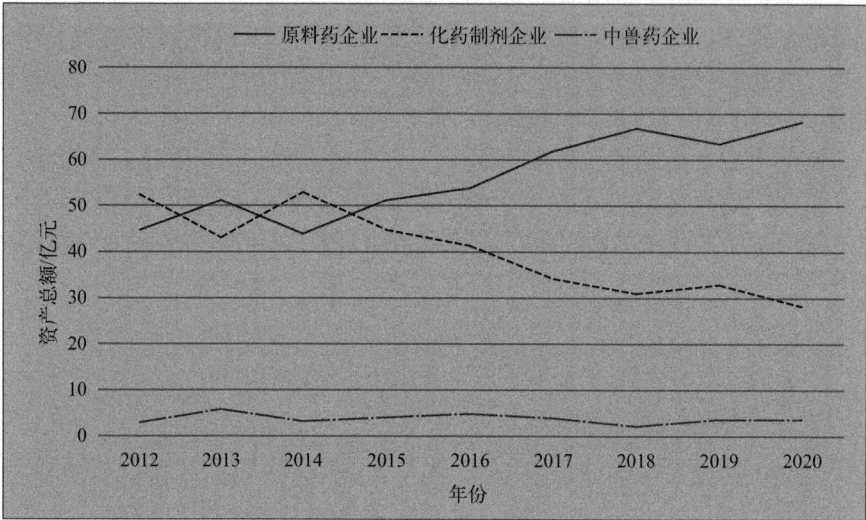

图 2-8　2012—2020 年不同类型化药企业资产总额占比

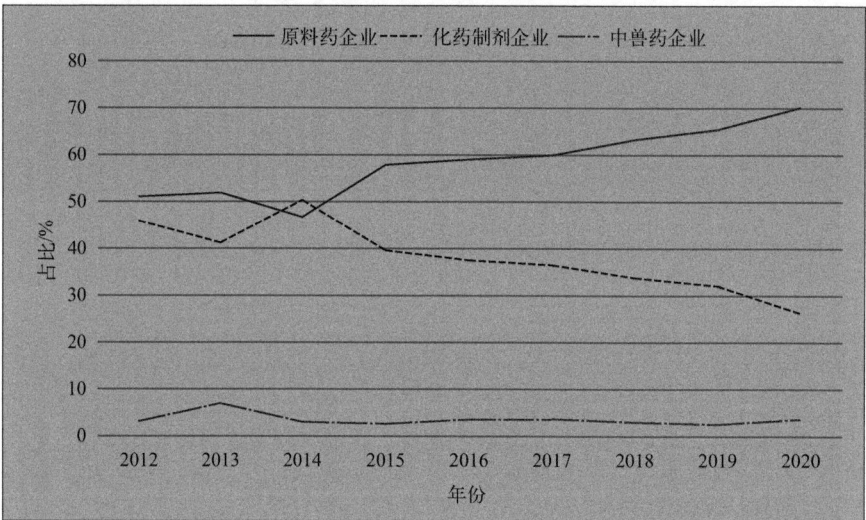

图 2-9　2012—2020 年不同类型化药企业固定资产占比

2.2.2.1.3　生产总值与销售额的变化

　　2020 年，兽用生物制品企业实现产值 193.56 亿元，实现销售额 162.36 亿元，其中大型企业实现销售额 120.16 亿元，占兽用生物制品总销售额的 74.01%。兽用化药制剂企业共实现产值 489.96 亿元，实现销售额 458.59 亿元。2007—2020 年生物制品、化药的产值、销售额与兽药生产总产值、销售额逐年增长，且增长幅度类似，化药的产值、销售额大于生物制品产值与销售额。

2.2.2.1.4 毛利与毛利率

从不同规模兽用生物制品企业毛利分布情况看，2020年，兽用生物制品企业实现毛利103.38亿元，平均毛利率63.67%，其中24家大型企业实现毛利81.34亿元，占所有生物制品企业的78.88%，平均毛利率达到67.69%。从2012—2020年兽用生物制品毛利分布看，大型企业毛利占比均在70%以上，平均毛利率60%，且持续增长。

从不同规模兽用化药企业毛利分布情况看，2020年，兽用化药企业实现毛利116.60亿元，平均毛利率25.43%。从2012—2020年兽用化药企业毛利率情况看，大型企业平均毛利率较高，均在20%以上，2018年达到32.07%。

2.2.2.2 兽药产能利用率变化

2.2.2.2.1 兽用生物制品

从2012—2020年不同类型产能利用率对比可以看出，总体上兽用生物制品产能利用率不高，且离散度较高，多数在20%左右，也有近5%左右，还有高达91%，基因工程苗产能利用率高于其他疫苗。

2.2.2.2.2 兽用原料药

从2012—2020年不同兽用原料药产能利用率可以看出，抗微生物药产能利用率较高，达到50%以上，且相对平稳，其次是抗寄生虫药、解热镇痛抗炎药，离散度稍高（图2-10）。

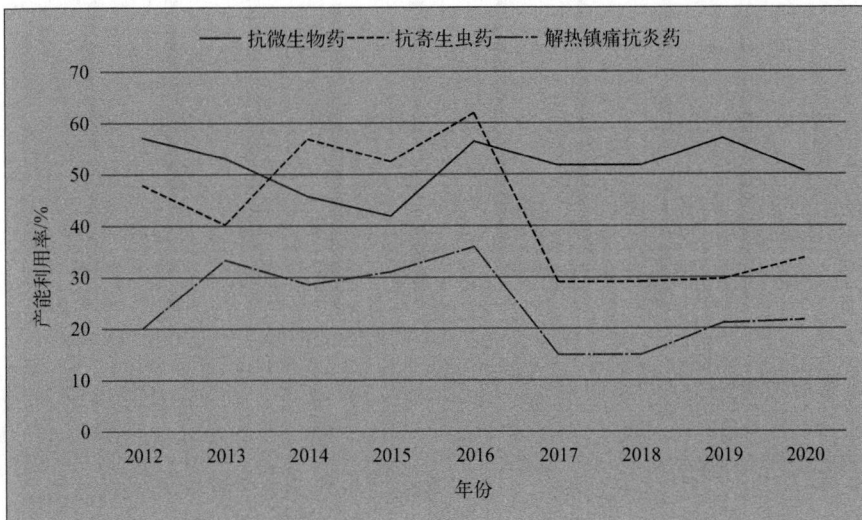

图2-10 2012—2020年不同类型原料药产能利用率

2.2.2.2.3 化药制剂和中兽药

从2012—2020年不同类型化药制剂产能利用率分布看，兽用化药/中药制剂产能利用率与兽用生物制品、原料药相比，产能利用率总体不高，多数在15%左右，仅有个别剂型、个别年份偏高。

2.2.2.3 市场规模与市场结构

2.2.2.3.1 兽用生物制品市场占比

2020年，生物制品市场规模（销售额）162.36亿元。按使用动物分，禽用生物制品和猪用生物制品占总市场规模的87.47%。禽用生物制品中，强制免疫疫苗市场规模占禽用生物制品规模的33.29%。猪用生物制品中，强制免疫疫苗市场规模占猪用生物制品规模的27.53%。按疫苗种类分，活疫苗市场规模占生物制品总市场规模的28.54%，灭活疫苗市场规模占生物制品总市场规模的59.1%。从2012—2020年不同类型市场占比看，兽用生物制品中，猪用疫苗和禽用疫苗合计占比接近80%，猪用强制免疫疫苗、禽用强制免疫疫苗有所下滑，灭活疫苗占比相对稳定在60%左右。

2.2.2.3.2 原料药市场份额变化

2020年，兽用原料药市场规模（销售额）149.17亿元。按产品类别分类，抗微生物药市场份额82.62%，抗寄生虫药市场份额13.95%，解热镇痛抗炎药市场份额2.05%，其他原料药市场份额1.36%。从2012—2020年不同类型原料药市场占比看，抗微生物药市场份额占比较大，达85%左右，抗寄生虫药占比10%左右，其他类占比很少（图2-11）。

图2-11 不同原料药市场规模占比

2.2.2.3.3 兽用化药制剂市场份额变化

2020年，兽用化药制剂市场规模（销售额）252.61亿元。按产品类别分类，抗微生物药市场份额69.72%，抗寄生虫药市场份额9.64%，水产养殖用药市场份额3.88%，消毒药市场份额6.32%，解热镇痛抗炎药市场份额3.10%，调节组织代谢药市场份额1.46%，其他类化药制剂市场份额5.88%。从2012—2020年不同类型市场份额看，化药制剂销售中也是以抗微生物药和抗寄生虫药为主，合计占比近85%，其中抗微生物药占比70%左右。

2.2.2.3.4 中兽药市场份额变化

2020 年，中兽药市场规模（销售额）56.81 亿元。按产品剂型分类，散剂市场份额 39.13%，注射液市场份额 9.63%，合剂（口服液）市场份额 32.55%，片剂市场份额 0.46%，颗粒剂市场份额 16.70%，酊剂市场份额 0.11%。浸膏剂/流浸膏剂市场份额 0.32%，其他剂型市场份额 1.11%。从 2012—2020 年中兽药市场份额看，散剂、注射液市场份额较大，近几年注射液份额有所下降，合剂、水产养殖用药逐年增加，可能跟用药方式相关。

2.2.2.4 兽药产业集中度情况

2020 年，兽用生物制品销售额 162.36 亿元。销售额前 10 名企业销售额占兽用生物制品销售额的 52.05%。从 2012—2020 年前 10 名占市场份额统计结果看，前 10 名企业的市场份额基本上持续保持在 50% 左右，每年稍有变化（图 2-12）。

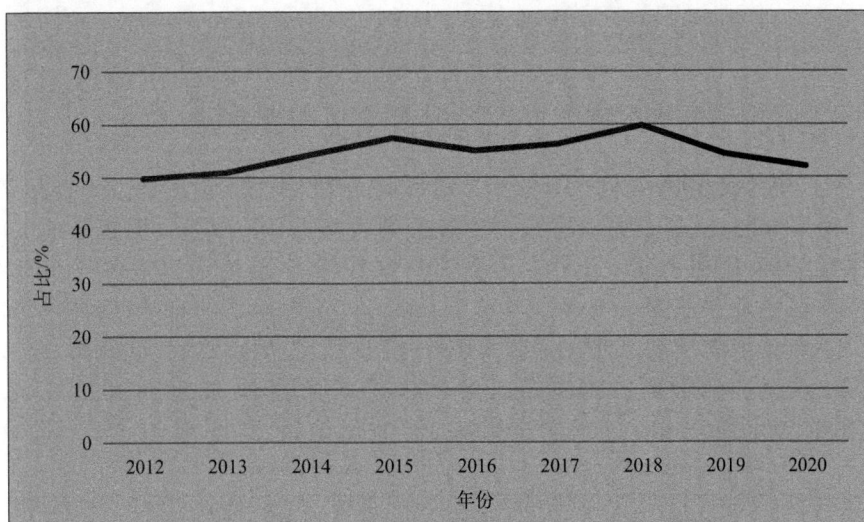

图 2-12 2012—2020 年兽用生物制品前 10 名企业销售额占比

2020 年，原料药销售额 149.17 亿元。销售额前 10 名企业销售额占原料药销售额的 42.88%，销售额前 30 名企业销售额占原料药销售额的 77.07%。从 2012—2020 年前 10 名、前 30 名销售额占比统计结果看，销售额前 10 名企业销售额占比基本维持在 45% 左右，2016 年达到最高（50.21%），销售额前 30 名企业销售额占比基本在 75% 左右，2016 年达到最高（84.76%）。

2020 年，化药制剂销售额 252.61 亿元。销售额前 10 名企业销售额占化药制剂销售额的 23.93%，销售额前 30 名企业销售额占化药制剂销售额的 44.35%，销售额前 50 名企业销售额占化药制剂销售额的 54.33%。从 2012—2020 年前 10 名企业等销售额占比统计看，销售额前 10 名企业销售额占比基本维持在 23% 左右，2012 年最高，为 25.03%；销售额前 30 名企业销售额占比基本维持在 40% 左右，2020 年最高，为 44.35%；销售额前 50 名企业销售额占比基本维持在 50% 左右，2017 年最高，达到 54.64%，每年稍有变化（图 2-13）。

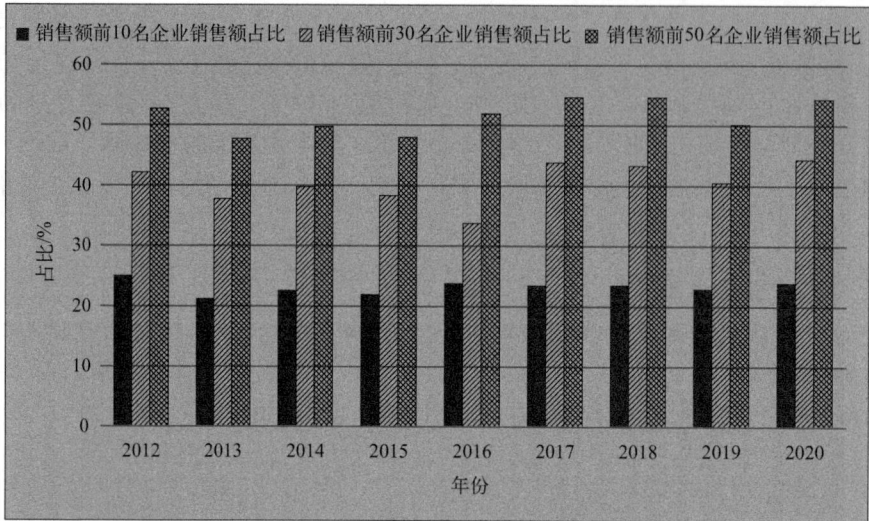

图 2-13　2012—2020 年化药制剂销售额前 10 名、前 30 名和前 50 名企业销售额占比

2020 年，中兽药销售额 56.81 亿元。销售额前 10 名企业销售额占中兽药销售额的 22.92%，销售额前 30 名企业销售额占中兽药销售额的 40.13%，销售额前 50 名企业销售额占中兽药销售额的 47.56%。从 2012—2020 年中兽药销售额占比统计结果看，销售额前 10 名企业销售额占比在 13.87%～28.27% 之间，2019 年最高（28.27%）；销售额前 30 名企业销售额占比在 27.07%～41.97% 之间，2019 年最高（41.97%）；销售额前 50 名企业销售额占比在 28.22%～47.56% 之间，2020 年最高（47.56%），其离散度比较大（图 2-14）。

图 2-14　2012—2020 年中兽药销售额前 10 名、前 30 名和前 50 名企业销售额占比

2.3

近十五年我国兽药产品结构现状

随着动物疾病发生类型不同和兽医用药使用需求变化，兽药产品结构在发生变化。

2.3.1 我国注册的主要兽药品种数量的变化

2.3.1.1 我国兽药生产类型和品种变化

2.3.1.1.1 兽用生物制品

2020 年兽用生物制品实现销售额 162.36 亿元，其中强制免疫疫苗销售额 58.62 亿元，占总销售额的 31.1%。强制免疫疫苗中，禽用强制免疫疫苗销售额 24.23 亿元，猪用强制免疫疫苗销售额 19.06 亿元，牛羊用强制免疫疫苗销售额 15.33 亿元。从图 2-15 中可以看出，禽用强免苗销售额占比相对平稳，占 10% 左右；猪用强免苗销售额占比离散度较大且呈下降趋势，2017 年下降至 10% 左右；牛羊用强免苗相对呈上升趋势，2017 年达到最高，为 23.80%，后开始下降；市场化疫苗及其他呈现持续上升趋势，2020 年达到最高，为 63.90%。

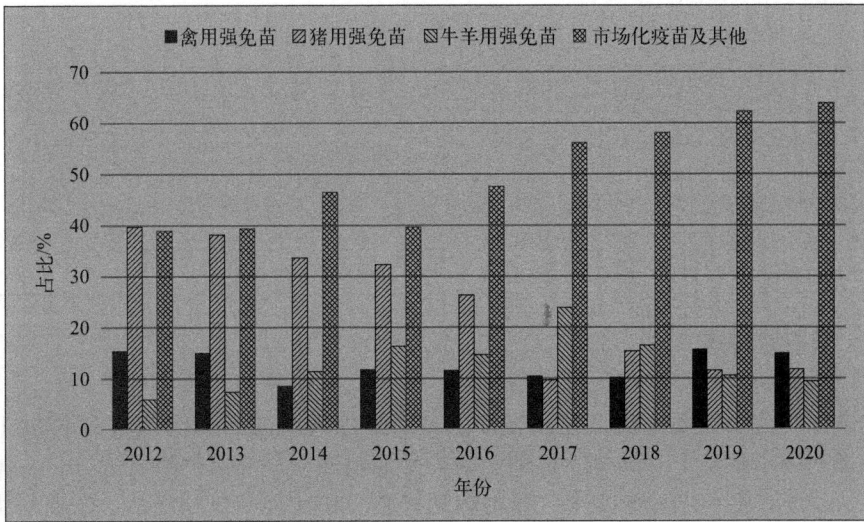

图 2-15 兽用生物制品销售额占比（按产品分类）

2020 年，兽用生物制品禽用市场化疫苗中，销售额超过 1 亿元的有：鸡新城疫禽流感（H9 亚型）二联灭活疫苗（LaSota 株＋F 株）、鸡新城疫传染性支气管炎二联活疫苗（LaSota 株＋H120 株）、鸡新城疫活疫苗（LaSota 株）、鸡传染性鼻炎（A 型）灭活疫苗和鸡新城疫灭活疫苗。猪用市场化疫苗中，销售额超过 1 亿元的有：猪圆环病毒 2 型灭活疫苗、猪繁殖与呼吸综合征活疫苗和伪狂犬病活疫苗（Bartha-K61 株）。从 2012—2020

年连续 9 年，禽用常规疫苗中，销售额超过 1 亿元的为鸡新城疫传染性支气管炎二联活疫苗（LaSota 株＋H120 株）、鸡新城疫禽流感（H9 亚型）二联灭活疫苗（LaSota 株＋F 株）（除 2012 年外）、鸡新城疫活疫苗（LaSota 株）（除 2015 年外）连续 9 年超过 1 亿元；猪用常规疫苗中，连续 9 年销售额超过 1 亿元的有：猪圆环病毒 2 型灭活疫苗、猪繁殖与呼吸综合征活疫苗和伪狂犬病活疫苗（Bartha-K61 株）。从 2012—2020 年主要常规疫苗市场份额占比（表 2-11）中看出，禽用常规疫苗中，鸡新城疫禽流感（H9 亚型）二联灭活疫苗（LaSota 株＋F 株）、鸡新城疫传染性支气管炎二联活疫苗（LaSota 株＋H120 株）、鸡新城疫活疫苗（LaSota 株）等相对份额较大；猪用常规疫苗中，猪圆环病毒 2 型灭活疫苗、猪繁殖与呼吸综合征活疫苗和伪狂犬病活疫苗（Bartha-K61 株）相对份额占比较大，但每年有变化。

表 2-11　2012—2020 年 13 种主要市场化疫苗市场份额占比　　　　　　　　　　　　　　单位：%

产品名称	2012 年	2013 年	2014 年	2015 年	2016 年	2017 年	2018 年	2019 年	2020 年
鸡新城疫禽流感（H9 亚型）二联灭活疫苗（LaSota 株＋F 株）	1.08	1.78	2.00	2.03	1.90	2.15	2.23	2.44	2.05
鸡新城疫传染性支气管炎二联活疫苗（LaSota 株＋H120 株）	1.81	1.81	1.36	1.90	1.94	1.82	1.94	2.26	1.59
鸡新城疫活疫苗（LaSota 株）	1.56	1.42	1.66	0.92	1.03	0.92	1.03	1.23	0.97
鸡传染性鼻炎（A 型）灭活疫苗	0.23	0.21	0.22	0.21	0.31	0.44	0.69	0.98	0.86
鸡新城疫灭活疫苗	1.05	0.96	0.73	0.71	0.46	1.11	0.65	0.78	0.63
鸡传染性法氏囊活疫苗（B87 株）	0.46	0.73	0.51	0.47	0.52	0.32	0.32	0.39	0.23
鸡新城疫活疫苗（Clone30 株）						0.30	0.32	0.35	0.32
鸡新城疫减蛋综合征二联灭活疫苗（LaSota 株＋京 911 株）	0.11	0.12	0.09	0.07	0.04				
禽流感灭活疫苗（H9 亚型 F 株/SY 株）	1.02	1.77	0.77	0.37	0.47	0.40	0.26	0.28	0.21
鸡痘活疫苗（鹌鹑化弱毒株）（细胞源）	0.25	0.24	0.94	0.94	0.27	0.21	0.23	0.26	0.20
猪圆环病毒 2 型灭活疫苗	3.08	5.32	5.64	6.30	5.20	6.02	4.54	3.52	3.50
猪繁殖与呼吸综合征活疫苗	1.58	2.69	1.17	1.17	1.23	0.94	1.05	1.53	1.74
伪狂犬病活疫苗（Bartha-K61 株）	1.62	2.12	2.01	1.90	1.90	2.18	1.94	1.40	1.76

2.3.1.1.2　兽用原料药

兽用原料药销售较多的包括抗微生物药、抗寄生虫药和解热镇痛抗炎药。近 15 年里，原料药抗微生物药销售额持续上升，抗寄生虫药呈上下波动趋势，2020 年持续上升；解热镇痛抗炎药处于平稳上升趋势。抗微生物药是原料药中最主要的组成成分，占整体市场份额较多，主要产品包括氟苯尼考、盐酸多西环素、磺胺间甲氧嘧啶钠；抗寄生虫药是原料药中第二大组成部分，主要产品包括伊维菌素、阿苯达唑、磺胺氯吡嗪钠、环丙氨嗪。

2.3.1.1.3　兽用化药制剂

兽用化药制剂包括抗微生物药、抗寄生虫药、水产养殖用药、消毒药、解热镇痛抗炎药和调节组织代谢药等类。近 15 年，化药制剂中抗微生物药销售额呈上下波动趋势，2020 年上升；抗寄生虫药、消毒药和解热镇痛抗炎药在 2020 年均有明显上升；水产养殖用药和调节组织代谢药呈平稳上升趋势。

抗微生物药主要产品包括氟苯尼考粉、阿莫西林可溶性粉、氟苯尼考注射液、杆菌肽锌预混剂等，抗寄生虫药包括莫能菌素预混剂、磺胺氯吡嗪钠可溶性粉、伊维菌素注射液、盐霉素预混剂、磺胺喹噁啉钠可溶性粉等。水产养殖用药包括聚维酮碘溶液（水产用）、恩诺沙星粉（水产用）、苯扎溴胺溶液（水产用）、复合碘溶液（水产用）、溴氯海因粉（水产用）等，消毒药包括聚维酮碘溶液、二氯异氰脲酸钠粉、稀戊二醛溶液、三氯异氰脲酸钠粉、复合酚等，解热镇痛抗炎药包括安乃近注射液、复方氨基比林注射液、地塞米松磷酸钠注射液、安痛定注射液、对乙酰氨基酚注射液等，调节组织代谢药包括复合维生素 B 注射液、维生素 C 注射液、维生素 B_1 注射液、亚硒酸钠维生素 E 注射液、亚硒酸钠维生素 E 预混剂等。

2.3.1.1.4　中兽药

中兽药制剂销售较多的包括散剂、注射液、片剂、颗粒剂、酊剂与浸膏类。近2007—2021 年，中兽药制剂销售中散剂、注射剂呈先下降后上升趋势，2018 年开始回升；合剂（口服液）与颗粒剂前 3 年较为平稳，2019 年开始明显增长；片剂相对其他品种波动不明显，2020 年略微降低。

中兽药散剂主要包括扶正解毒散、荆防败毒散、清瘟败毒散、白头翁散、黄连解毒散等；注射液主要包括黄芪多糖注射液、板蓝根注射液、鱼腥草注射液、穿心莲注射液、柴胡注射液等；合剂（口服液）主要包括双黄连口服液、清解合剂、杨树花口服液、四逆汤、公英青蓝合剂；片剂主要包括黄连解毒片、清瘟败毒片、大黄碳酸氢钠片、鸡痢灵片、板蓝根片等；颗粒剂主要包括板青颗粒、甘草颗粒、七清败毒颗粒、四黄止痢颗粒等；酊剂浸膏主要包括甘草浸膏、复方大黄酊、甘草流浸膏等。

2.3.1.2　我国注册的兽药品种结构及变化趋势

2.3.1.2.1　我国兽药注册的兽药品种结构与注册类别情况

2007—2021 年，农业农村部核发的新兽药注册证书中，兽用生物制品 491 个、兽用化学药品 274 个、中兽药 154 个。

2.3.1.2.2　兽用生物制品

2007—2021 年，农业农村部共核发兽用生物制品新兽药证书 491 个，其中一类证书37 个、二类证书 91 个、三类证书 363 个。一类为国内外首创的新产品，多为新发病疫苗或诊断制品；二类为填补国内空白的新产品；三类较多，为在一类、二类基础上有改进提高的产品。新兽药证书在 2010 年、2011 年、2016 年、2017 年、2018 年、2019 年、2020年、2021 年相对数量较多，呈逐年增多趋势，这与国家科技支撑计划等项目的大力支持和成功实施有关。

2.3.1.2.3　兽用化学药品

2007—2021 年农业农村部核发的兽用化学药品 274 个新兽药证书中，一类新兽药证书 6 个，二类新兽药证书 125 个（包括原料和制剂），三类新兽药证书 49 个，四类新兽药证书 38 个，五类新兽药证书 56 个。说明兽用化学药品原料和制剂的申报相对较多，主要是仿制国外已上市但在国内未上市销售的原料及其制剂、新的消毒剂复方制剂类产品，也与不同研制单位同时申报相同产品有关。

2.3.1.2.4　中药新兽药

2007—2021 年，农业农村部共核发中药新兽药证书 154 个，其中一类新兽药证书 3

个、二类新兽药证书 12 个（包括药材部位和有效部位）、三类新兽药证书 122 个、四类新兽药证书 17 个。其中中药复方制剂相对较多，而新的药材或有效成分研发相对较少。图中数据显示，2009 年、2012 年、2013 年、2015 年、2016 年、2019 年、2021 年相对数量较多，这与国家科技支撑计划等实施相关，在项目课题实施期开始申报或课题研发结题后的深入研究成果继续申报新兽药。

2.3.1.3 我国兽药注册的剂型变化

近 15 年，我国注册的兽药品种剂型不断增加。经对 2007—2021 年兽用化学药品注册的剂型进行分析对比，兽用化学药品新兽药研制的主要剂型为注射剂、溶液剂、预混剂、乳房注入剂、粉剂、可溶性粉等，这些剂型主要是给药方便，也是适应不同动物疾病治疗需要，如适用于奶牛乳房炎的乳房注入剂、子宫内膜炎治疗的子宫注入剂等局部用药。随着犬、猫等宠物的日益增多，其治疗的相关剂型也逐渐增多，如胶囊剂、喷雾剂、咀嚼片等。还有适应动物适口性或者使用方便的，如肠溶颗粒、浇泼剂等，剂型不断增加。详见图 2-16。

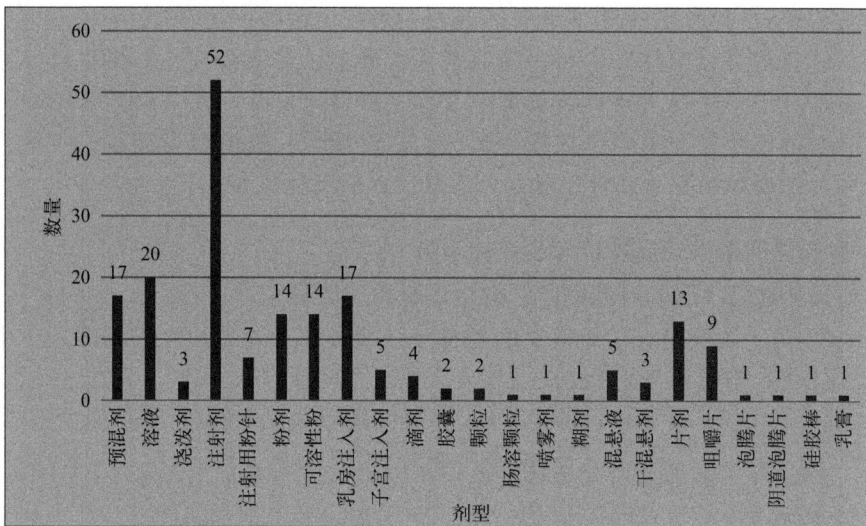

图 2-16　2007—2021 年兽用化学药品新兽药剂型分布

经对 2007—2021 年中药新兽药研制的剂型分析，研制的主要剂型为合剂、颗粒剂、散剂、注射剂，也有适应临床使用的可溶性粉、微粉、胶囊等制剂。

每年剂型均在变化，有增有减，但都与临床需求相关。

2.3.2　2021 年国内外注册产品对比

经对 2021 年国内外注册产品对比分析，国内新兽用生物制品注册产品的特点：一是针对国内新发生疫病开展的诊断制品和疫苗研究注册的产品，如鸭坦布苏病毒 ELISA 抗体检测试剂盒、水貂阿留申病毒抗体胶体金检测试纸条、非洲猪瘟病毒荧光微球检测试纸条、非洲猪瘟病毒 ELISA 抗体检测试剂盒、布鲁菌荧光偏振抗体等；二是针对已有疫病对种毒改造提升免疫效果或工艺重大改进疫苗或诊断制品，如牛口蹄疫 O 型病毒样颗粒疫苗，猪口蹄疫 O 型病毒样颗粒疫苗，猪圆环病毒 2 型合成肽疫苗（多肽 0803＋0806），猪链球菌 2、7、9 型 PCR 检测试剂盒等；三是针对疫病防控特点或纯化浓缩技术提升进行多联多价疫苗开发，如小反刍兽疫山羊痘二联灭活疫苗（Clone9 株＋AV 41 株）、重组禽流感病毒（H5＋H7）三价灭活疫苗（H5N2 rSD57 株＋rFJ56 株，H7N9 rGD76 株）、猪圆环病毒 2 型亚单位疫苗（重组杆状病毒 OKM 株）、重组禽流感病毒（H5＋H7）三价灭活疫苗（细胞源，H5N1 Re-11 株＋Re-12 株，H7N9 H7-Re2 株）等。国外注册的兽用生物制品的特点：一是针对国内疫病防控需要，多联疫苗或基因工程疫苗，如硕腾公司美国查理斯堡生产厂猪圆环病毒 1-2 型嵌合体、支原体肺炎二联灭活疫苗，美国法玛威生物制品股份有限公司猪圆环病毒 2 型、猪肺炎支原体二联灭活疫苗（重组杆状病毒 P 株＋P 株）；二是针对犬的治疗性制品，如硕腾公司美国林肯生产厂犬特应性皮炎免疫治疗剂。对于兽用化学药品，国内注册产品的特点：一是仿制国外注册的原料药和制剂，如泰地罗新及其注射液、匹莫苯丹及其咀嚼片；二是适用临床用药需求的新制剂开发，如维他昔布注射液、阿莫西林克拉维酸钾颗粒、盐酸溴己新可溶性粉、利福昔明子宫注入剂等；三是开发新的消毒药，如二氧化氯溶液等。国外注册的兽用化学药品多数为再注册产品，新注册产品的特点：一是针对乳腺炎疾病的药物，如十字动保药业集团有限公司碱式硝酸铋乳房注入剂（干乳期）；二是针对宠物疾病的药物，如法国礼蓝股份公司盐酸贝那普利片、硕腾公司美国卡拉玛祖生产厂赛拉菌素沙罗拉纳滴剂（猫用）、德国勃林格殷格翰动物保健有限公司墨西哥生产厂美洛昔康内服混悬液（犬猫用）、法国维克有限公司米尔贝肟吡喹酮片（猫用）、硕腾公司美国卡拉玛祖生产厂马来酸奥拉替尼片、法国维克有限公司非泼罗尼吡丙醚滴剂（猫用）（犬用）；三是针对动物繁殖用的激素类产品，如英特威国际有限公司法国厂烯丙孕素内服溶液；四是用于治疗成年马和 4 周龄及以上马驹胃溃疡和预防胃溃疡复发药物，如勃林格殷格翰动物保健（巴西）有限公司奥美拉唑内服糊剂；五是仿制拜耳公司的驱虫药物注册的，如法国诗华动物保健公司注册的托曲珠利法内服混悬液。

目前，不论是兽用生物制品，还是兽用化学药品，国外新研发的产品不多，多数为仿制产品或不同国家或公司注册的同类产品，基本与我国注册相一致。我国的部分产品质量已达到国际领先水平，有些产品基本一致，但化学药品中部分产品有一定差距。

参考文献

[1] 中国兽药协会. 中国兽药产业发展报告（2020 年度）[M]. 北京：中国市场出版社，2020.
[2] 景志忠，殷宏，才学鹏. 我国动物生物制品产业的发展现状与趋势[J]. 生物产业技术，2008（2）：8.
[3] 中国兽药协会. 兽药产业发展报告（2009 年度）[R].
[4] 中国兽药协会. 兽药产业发展报告（2010 年度）[R].

[5] 中国兽药协会. 兽药产业发展报告（2011 年度）[R].

[6] 中国兽药协会. 兽药产业发展报告（2012 年度）[R].

[7] 中国兽药协会. 兽药产业发展报告（2013 年度）[R].

[8] 中国兽药协会. 兽药产业发展报告（2014 年度）[R].

[9] 中国兽药协会. 兽药产业发展报告（2015 年度）[R].

[10] 中国兽药协会. 兽药产业发展报告（2016 年度）[R].

[11] 中国兽药协会. 兽药产业发展报告（2017 年度）[R].

[12] 中国兽药协会. 兽药产业发展报告（2018 年度）[R].

[13] 中国兽药协会. 兽药产业发展报告（2019 年度）[R].

[14] 中国兽药协会. 兽药产业发展报告（2020 年度）[R].

第 3 章
兽药产业的
创新发展

3.1

我国兽药创新体系发展

随着我国经济的快速发展，畜牧业也处于高速发展的时期，同时带动了兽药产业的全面发展。新时期的兽药产业，必须树立创新发展的理念，进行阶段性的科学定位，确立新的发展模式和目标。兽药产业作为高知识密集型产业之一，对经济发展和社会进步具有重要的影响，在国内外均保持了持续高速增长的势头。兽药作为保障动物健康的特殊产品，与人类生活息息相关，因此研究开发疗效确切、不良反应小、安全低毒的创新药物是各国共同奋斗的目标，而创新药物的开发需要建立在以市场为导向、开放的、系统的、动态的创新体系及完善的研发平台基础之上。

3.1.1 我国新兽药研发平台建设情况

新兽药研发平台是整合新兽药研发技术体系及相关要素而构成的对研发新兽药具有基础支撑和综合集成载体作用的、开放、完整并不断发展创新的有机系统。这些要素包括新兽药发现、开发核心技术体系及其关键设备、通用技术、规范标准、人才队伍和配套政策法规等。根据研究认识的角度不同可分为宏观机构平台、中观环节性技术平台和微观技术平台、硬性平台和软性平台以及技术性平台和品种性平台等。新兽药研发技术平台的开放性和高效性对于突破研发瓶颈、提高研发效率是一种重要基础，也是国家完善药物研发体系、缩短与世界先进水平之间差距的重要手段。

我国新兽药研发平台以兽药临床前安全性评价（GLP）、兽药临床试验研究（GCP）为策源地；到"十二五"期间，按照国家生物技术发展规划，先后在全国建成了兽医生物技术、家畜疫病病原生物学等10余所国家重点实验室，主要用于创制生物兽药；"十四五"开局，国家重点研发计划将"新兽药与替抗新产品"列入重点突破的关键技术与瓶颈问题，这是化学兽药快速发展的契机，与此同时由中国农业科学院上海兽医研究所主持开发的自主创新的1.1类化学新兽药成功获批，国家及主管部门将更加关注经验复制及化药平台的投入；此外企业也正逐渐开始注重创新，通过自身增加创新投入或形成"兽药产业技术创新联盟"，合作开展研发，提高创新能力，几个大型兽药企业在创新制剂及中兽药开发中也取得了不菲的创新成果。经统计，2014—2023年，我国国内新兽药注册获批共计704项，其中有300项生物制品，229项化学药品，107项中兽药、天然药物，68项诊断制品。创新型新兽药中，生物制品一类有21项，化学药品创新原料4项，四类创新制剂23项，二类中兽药创新药用部位10项，2019年起，平均每年有2.6项一类诊断制品获批。

3.1.1.1 认可的 GLP/GCP 评价平台

"九五"期间我国启动应急专项行动医药技术创新（1035）工程，开始筹建新药筛选中心、新药临床前安全性评价（GLP）中心、新药临床试验研究（GCP）中心，可视为新药研发平台的萌芽，主要服务于人用新药的发现、研制和开发。"十一五"起始，农业部兽医局明确临床及非临床试验管理规范（GCP/GLP）检查验收工作是中国兽医药品监察所的主要职责，新兽药研发中的临床及非临床试验由申请人自行承担，主管部门实行现场核查监管。2014 年 12 月农业部办公厅为了规范兽药研制过程管理，开始组织关于《兽药临床试验机构监督检查管理办法》的征求意见稿，公布了 GCP/GLP 监督检查办法、标准等 5 项重要文件，并陆续开启新兽药注册临床试验由符合兽药临床试验质量管理规范（兽药 GCP）要求的临床试验机构承担，临床试验由审批制改为备案制的转变历程。农业农村部从 2018 年 12 月，公布《兽药非临床研究及临床试验质量管理规范监督检查结果》，继中国农业大学、天津渤海农牧产业联合研究院第一批通过验收，至 2023 年 12 月，共监督检查 74 家单位，GCP 评价平台覆盖不同靶动物（禽、猪、牛、羊、马和宠物等）化学药品/生物制品安全性、有效性试验，药代动力学试验，食品动物残留消除试验，消毒剂试验等，共计 61 个项目，459 个子平台；GLP 评价平台覆盖啮齿类急性、亚慢性、慢性、繁殖毒性试验，局部毒性试验，遗传毒性试验（Ames 试验等）等，共计 10 个项目，40 个子平台。

GCP 的目的就是围绕"研好药"展开的，确保临床试验数据真实、有效。GCP/GLP 体系下更加规范的临床/非临床试验平台，对新兽药研发流程是强有力支撑，为新兽药的有效性、安全性提供可靠证据。

3.1.1.2　创制兽药筛选平台

（1）**兽用生物制品筛选平台**　我国《国家中长期科学和技术发展规划纲要（2006—2020 年）》《"十二五"生物技术发展规划》《当前优先发展的高技术产业化重点领域指南》等相关文件，都充分鼓励兽药企业创制新兽药。先后在全国以中国农业科学院哈尔滨兽医研究所、中国人民解放军军事科学院军事医学研究院、中国农业科学院兰州兽医研究所、中国农业科学院上海兽医研究所、华中农业大学等各大兽医科研院所为依托，建成了：①兽医生物技术国家重点实验室、家畜疫病病原生物学国家重点实验室 2 所国家重点实验室；②动物用生物制品国家工程研究中心、国家家禽工程技术研究中心、国家家畜工程技术研究中心 3 所工程（技术）研究中心；③国家动物疫病防控高级别生物安全实验室、国家禽流感参考实验室、国家非洲猪瘟专业实验室、国家口蹄疫参考实验室、国家动物血吸虫病参考实验室、国家兽药安全评价实验室、国家兽药残留基准实验室等 10 所国家实验室，为新型生物疫苗及诊断制品的研制和转化创造了良好的科研环境、基础设施和硬件条件。2017 年至 2023 年，我国生物制品一类新兽药累计获批 30 项，相比过去有了长足的进步。

（2）**兽用化学药品、中兽药筛选平台**　2021 年是"十四五"开局之年，兽药领域国家重点研发计划"动物疫病综合防控关键技术研发与应用"重点专项将"新兽药与替抗新产品"作为重点突破的关键技术与瓶颈问题。然而，创制兽药（化学药物、中兽药）由于其跨学科要求高，开发不确定性大，研究周期长、费用高，学科建设基础薄弱等特点，企业面临开发困难大、回报低、主动性差等困境，需要政府更多的引导和督促。反观，我国人用药在科技部及相关部委的重点资助下，"九五"至今，尤其是在"新药研究与开发产业化工程"（即"1035"工程计划）"创新药物和中药现代化"重大专项和"重大新药创制"国家科技重大专项的资助下，依托中国科学院上海药物所等创新力量雄厚的研究院所和高等院校，兼顾化学药、中药、生物技术药研究开发需求，已经建成了一批技术先进、配套完整、功能齐全、综合集成、相互衔接、运行规范的药物创新研究开发技术平台。

良好的创新环境也激活一部分坚持技术创新的企业，开展企业转型，在原先承担的产业型技术平台的基础上逐步向新药研发技术链条的上游拓展和延伸，并形成自身特色。因此，我国创制兽药要想发展，不仅要学习国外优秀的管理制度、产品技术，借助人药完善的创新体系、研发平台，还应当立足畜牧兽医行业需求，将从国外、从人医学到的经验运用于兽医临床实践，提供更多有针对性、有专业度的解决方案，瞄准生物医药科技发展的前沿，注重建立创新体系、制定研究开发战略。有鉴于此，农业农村部依托中国农业科学院上海兽医研究所、中国水产科学研究院珠江水产研究所，建立了兽用化学药物及制剂学重点实验室、渔用药物创制重点实验室2所兽药研发重点实验室。2020年11月由中国农业科学院上海兽医研究所主持研发天津市中升挑战生物科技有限公司等3家企业承担转化的1.1类创制新兽药沙咪珠利及沙咪珠利溶液获审批通过，也标志着农业农村部在兽药化学药品创制研究领域的尝试是卓有成效的。今后越来越多战略导向、需求导向、市场导向的新兽药创制品种的研发需求日益凸显，需要国家及主管部门在经验复制、政策倾斜、兽医专有平台的建设方面给予更多的关注和支持。

3.1.1.3 企业新兽药研发平台

（1）创新制剂研发平台　国外发达国家一种新药问世，需要10～15年时间，耗资上亿美元，而开发一个新制剂一般仅需2～3年，耗资几百万美元，同时原料药与制剂产品销售额之比一般为1∶10。通过开发新剂型的方式创制一个新药，投资少、周期短、风险小，是我国目前大多数兽药企业新兽药开发的主要形式。天津瑞普生物技术股份有限公司对于癸氧喹酯干混悬剂、替米考星肠溶颗粒、克林霉素磷酸酯颗粒等的创新制剂研发，就是站位不同靶动物用药便利性、生物利用度等，对于优势原料进行了深入开发；此外，该公司2018年"高端兽用晶体药物及制剂的开发与产业化"项目，从构效设计和合成工艺着手，针对动物专用原料药开发了一批新晶型，并利用优选晶型开发生物利用度高、质量稳定、毒副作用低、疗效好的高端兽用新制剂，共开发了头孢噻呋注射液等15种兽药新晶型药物，取得了9个新兽药注册证书，是兽药领域对于制剂创新应用研究的杰出代表。齐鲁动物保健品有限公司"奶牛高发病系列新兽药创制与应用"项目，针对我国奶牛养殖业面临的高发疾病药物短缺等行业问题，创新了动物专用抗菌药注射用头孢噻呋钠、氟苯尼考溶液、氟尼辛葡甲胺原料及注射液、利福昔明乳房注入剂等国家新兽药产品的工艺技术，实现了我国自主研发产品代替进口产品并出口的目标。

（2）中兽药创新产业发展平台　中兽药是祖国医药学的组成部分，对我国畜牧业和家庭养殖业的发展起到了重要作用。随着我国无公害安全食品的发展，天然药物被重新重视，据世界卫生组织估计，中草药的开发利用将迎来全球机遇。但是，我国中兽药创新发展也存在一定的问题：一是当前我国中兽药研发创新的主体仍然是研究所和高等院校，而使得中兽药创新与市场严重脱节，产品技术含量、质量标准和科技成果转化率都偏低；二是我国中兽药企业规模小，人才、技术、资金等均匮乏，中兽药研发创新能力薄弱；三是中兽药注册临床有效性论证困难，质量研究稳定性不易说明，工艺研究与生产设备不匹配等问题，更加使得创制中兽药的开发困难重重。目前，中兽药的创制仍主要集中在注册分类第三类"未在国内上市销售的制剂"。北京生泰尔科技股份有限公司80％销售额来自创制的中兽药。该公司通过自建密云、昌平、安国中草药种植基地，保证药源质量；获取FDA、欧盟兽药GMP认证，争取机会参与国内外高端技术项目合作，增进自身创新能力；每年将销售额 5%以上用于科研，配置国内同行中最先进的科研设备等手段，发展中兽药研发平台，打造千万级产品，被权威机构评为"中国中兽药科技创新领军企业"。我国中兽药的基础理论研究比较薄弱，标准化和提取工艺方面的研究薄弱是中兽药成果转化的主要瓶颈，需要投入更多的经费来支持中兽药研发队伍，尤其是基础理论研究的人才培养。

3.1.1.4　美国新兽药开发管理现状

在美国，FDA 兽医医学中心（CVM）下设的新动物药品评估办公室（ONADE）负责评估新动物药品的安全性（包括食品动物残留数据）和有效性，评估范围包括动物用药品及药用目的的饲料添加剂；美国农业部负责管理兽医用生物制品；环境保护局（EPA）管理动物用杀虫剂、清洗剂和消毒剂。1994 年动物药品使用澄清法案（AMDUCA）修订了《联邦食品、药品和化妆品法》，允许有执照的兽医给动物开具经批准的动物药和人用药的标签外用途处方。1996 年，美国国会通过了《动物药品可获得性法案》（ADAA），对动物药品的监管进行重大改革，旨在通过减轻动物健康行业的监管负担，促进新动物药品的批准、销售。2018 年，CVM 认识到目前推荐的用于犬的心丝虫预防剂的实验室和现场有效性研究的局限性，就如何改进心丝虫预防剂有效性研究的标准设计征求意见，以减少此类研究的局限性，同时确保研究中大量有效性证明数据的可获得性。2019 年 FDA 启动兽医创新计划（VIP），目标是为兽医再生医学（如干细胞）和动物有意基因组改变（IGA）在监管过程中提供更大的确定性，鼓励开发研究，并提供一种有效且可预测的途径来批准该类产品。截至 2021 年 9 月，已有 40 多种产品加入 VIP。

此外，兽药开发的最大挑战之一即协调全球不同监管机构的不同要求，通过减少或取消在不同国家上市批准药品的要求，减少研究开发成本，最大限度维护动物福利。兽药注册技术要求国际协调会（VICH）就是一项跨国（欧盟-日本-美国）的可持续性计划，目的是在 VICH 成员国和地区中，对兽药上市授权的权力机构之间就其要求提供研究资料和数据进行协调，以简化相关流程，最终让全球都可以平等地享受到安全、有效的兽药产品，该组织成员由欧盟、美国、日本、澳大利亚、加拿大等国政府、协会和行业观察员组成。在譬如"驱虫药物有效性的要求""兽药稳定性测试"等问题上给予各国通用的指南。与此同时，关于动物药品 GMP 的国际法规协同也在开展进程中。

3.1.1.5　我国新兽药研发展望

兽药在保护全球数百亿牲畜的健康和生产性能，确保动物源性食品质量安全以及保护约 10 亿伴侣动物的健康方面发挥着关键作用。但是，由于兽药使用要考虑防治投入与养殖成本的关系，导致兽药市场由一大批高质量、低毛利的产品主导。因此，兽药研发中所需的投入水平与可能的投资回报之间的平衡是一个关键问题。

近年来，伴侣动物特别是犬和猫，对于药品的需求大大增加，这为新型兽药的开发及其与人药研发平台的交叉共用创造了机会。过去，人药开发过程中，动物试验阶段显示药代动力学或药效学指标欠佳的品种，只能重新研究制剂制备或做适应证的改变研究。而近年宠物药品不断增长的市场潜力及政策倾斜，推动了人用药向兽用药的注册转移，譬如用于犬关节炎的非甾体消炎药的注册成功，就是新模式下创新兽药开发的一个代表。当今，在兽药领域，超一半商业引导的药物研发在更多地转向伴侣动物用药，同时随着伴侣动物的老龄化，更多老龄犬猫的疾病及治疗需求会得到重视，这也与人药发展的进程不谋而合。因此，人药兽药研发资源交叉共用的特点将继续保持并不断加大。

3.1.2 我国新兽药创新体系发展情况

3.1.2.1 创新体系的提出及定义

国家创新体系（National Innovation System，NIS）最早由弗瑞曼于 1987 年提出，他认为国家创新体系应该是一个由公共和私人机构组成的机构网络，他们的活动或相互交流导致原创性的发现、提升、改进和传播新型技术。

完善的创新体系大致包含下列四个要素：①国家创新体系是一个网络，而不是单纯地按一条或几条线流动，各机构之间相互影响、相互促进；②国家创新体系的主体是研究机制、大学和企业，他们是知识创新和技术创新的最初实现者；③国家创新体系的内在动力是创新，创新是连接各主体的首要因素，没有创新就谈不上国家创新体系；④国家创新体系需要一套完整的制度来保障其良好地运行。从以上四个方面来看，国家建立完善的创新体系对整个创新药物的开发具有重要意义。

我国兽药创新体系在国家相关政策的引领下，目前已经由最初的依托高校及科研院所为主的创新体系模式转变为多种模式并存、相互融合度更深的创新体系。

3.1.2.2 我国兽药创新体系的政策引领及规范管理

2005 年，经中国国务院批准，国家发展改革委发布《产业结构调整指导目录（2005 年本）》，最新已修订至 2024 年本。该"目录"由鼓励、限制和淘汰三类组成。其中，兽药行业鼓励动物疫病新型诊断试剂、疫苗及低毒低残留兽药（含兽用生物制品）新工艺、新技术开发与应用；除持有新兽药证书的品种和自动化密闭式高效率混合生产工艺外，限制兽用粉剂/散剂/预混剂生产线项目，限制转瓶培养生产方式的兽用细胞苗生产线项目。在相关政策的引领下，近年来我国兽药产业实现快速发展，充分发挥了经济高质量发展引擎作用。

2012 年 5 月 20 日，国务院办公厅以国办发［2012］31 号印发《国家中长期动物疫病防治规划（2012—2020 年）》，此"规划"对到 2015 年和到 2020 年的重点疫病防治做了明确规划，同时，国家制定了《兽药管理条例》，指导了我国兽药创新的主要发展方向，形成了一定的法律支撑。

2021 年 12 月 14 日，农业农村部制定印发了《"十四五"全国畜牧兽医行业发展规划》，兽药行业方面，该"规划"提出推动兽药产业转型升级，加快中兽药产业发展，加强中兽药饲料添加剂研发，支持发展动物专用原料药及制剂、安全高效的多价多联疫苗、新型标记疫苗及兽医诊断制品。

3.1.2.3 我国兽药创新体系模式简介

我国兽药产业创新体系目前已经形成了的运行模式主要有内源性自主研发模式和外源性产业创新模式两种。内源性自主研发模式需要投入大量的研发资金及精力，投入产出风险大，因此，相对较少；而外源性产业创新模式形式多样，可以是建立创新中心、"接力式"合作创新、产学研一体化体系等，不同领域融合度更深，因此，更适应目前国内的现状而广泛存在。

（1）**内源性自主研发模式** 内源性自主研发模式是指以产业本身为核心，通过整合产业内部各部门的力量，独立完成技术创新及研发全过程的创新模式。此模式不仅可以充分发挥产业内部在专业上的优势，还能够掌控创新及研发进程，大力培养优秀人才，从而积累经验；同时，产业也可以凭借自身优势实现产品或技术的垄断，进一步增长自身实力。但是，独立自主研发需要耗费大量资金与时间，存在极大的风险，企业需要具备足够的药物研发经验和超强的开发能力，才能在此方面有所突破。

如日本医药企业研发的药物大多数来自内部技术创新，平均只有36.5%的产品来自外部技术资源。除此之外，美国硕腾公司依靠此模式通过百年来对资金、技术和人才的不断积累，成功发展成为如今的全球巨头动保公司，2021年其销售收入近78亿美元，研发投入5.03亿美元，较2020年增长7%以上。

我国早期的研发创新体系主要以高校、科研院所为主，依托优势动物医学、药学等学科，借助国家相关基金项目等资源，通过对病原学、生物制品、化药原料药和药物制剂以及中兽药的研究，开展内源性自主研发创新，研制出一系列的拥有划时代意义的兽用药品及生物制品。

如由四川农业大学的郭万柱教授与华中农业大学的陈焕春院士领衔自主研发，从中国市场上流行的伪狂犬野毒株中进行筛选，然后通过基因工程技术加工而成的疫苗。采用中国流行的基因Ⅱ型的伪狂犬毒株制成的伪狂犬疫苗，具有划时代的意义。又如华中农业大学的兽医药理毒理学科，在业界著名教授袁宗辉的带领下，将放射示踪与高分辨质谱技术相结合，攻克未知代谢物/残留物鉴定和定量测定等关键技术，揭示喹噁啉类、苄胺嘧啶类等药物在畜、禽、鱼体内物料平衡、体内过程及其种属特点，阐明代谢谱、代谢路径和残留规律，确定残留标志物，为食品安全评价和风险管控奠定科学基础。

（2）**外源性产业创新模式**　外源性产业创新模式是指通过传统兽药企业与学术早期开发合作、开放众包、委托开发、收购兼并、建立卓越学术中心、与风险资本合作创建公司、药物同行合作分担风险和建立创新中心等多种方式，企业从外部获取发展所需人才、技术和产品，以实现技术的产品化和商业化的创新模式。此模式已经成为欧美医药企业发展创新的重要形式，欧美大型药企所研发的药物中，有40%～45%是通过与小型生物企业合作研究来获取的。

① 建立创新中心：在主要的热点地区引入创新中心也是一项新举措。这些中心的理念是为所有潜在的合作伙伴提供一站式服务，无论其来源是学术还是其他方面。当地代表与现场科学家近距离接触，建立融洽的关系以促进合作。创新中心的一个共同特点是其具有足够的自主性，可以简化和加速决策和交易过程。

截至2021年12月31日，礼蓝动保在研发方面投入达3.69亿美元，并在美国印第安纳州格林菲尔德、中国上海、巴西圣保罗、澳大利亚肯普斯溪、德国蒙海姆、美国艾奥瓦州道奇堡、瑞士巴塞尔、印度班加罗尔等地设立了研发中心/机构。硕腾为扩大在华业务份额，2015年10月，完成了苏州生产供应基地及北京研发中心的建立。

② "接力式"合作创新：在新药研发成本高、周期长、风险不可控等背景下，多数医药企业很难独立完成新药研发的整个过程，必须加强彼此之间的合作，优势互补，充分利用资源，形成以创新知识为主要接力手段、多个创新主体共同参与、以"接力"的方式共同推进新药发展的"接力式"创新研发体系。"接力式"创新通常由大学/科研机构、创新型公司和核心公司共同合作完成。其中，大学/科研机构主要负责发现并围绕新知识获得基础研究成果；创新型公司负责在确定成果的开发价值后，经专利的转移，"接力"承担应用开发的前端工作；而核心公司主要负责"接力"后续的生产、营销等商业化任务。

"接力式"合作创新因实用性、可操作性强，是我国目前应用较为广泛的创新模式。随着科学技术的发展，一方面，社会上逐渐涌现出一系列的孵化中心，孵化出许多专业能力更强的研发型公司；另一方面，兽药企业的研发也逐渐以多种形式对外拓展合作，合作方不仅局限于农业院校及研究所，也逐渐拓宽了合作领域，诸如一些化工企业，人药研发企业，高校的材料、化学或食品等专业。例如国内头部兽药企业瑞普生物在兽药原料的筛选开发方面，与天津大学国家工业结晶工程技术研究中心开展了广泛而深入的合作。

③ 产学研一体化：兽药产业的迅速发展、兽药研制的创新需求，都对药学人才培养的层次和质量提出了新的要求。高校也需探索新的教育体制，形成产、学、研一体化的创新体系。高校应通过与企业合作以教学带动科研工作、制剂生产和新品种开发，并及时应用于临床，发挥效益；同时科研和生产又可促进教学工作，以此步入良性循环的轨道。

如河南农业大学禽病研究所在王泽霖教授的带领下，创新性地开展了产学研协同创新，采取和企业合作的形式实现了滚动发展，走出了一条以服务生产促教学、科研，以教学和科研提升服务能力的良性循环道路。其主持创建了重大禽病病毒种质资源库，创立了浓缩灭活联苗研发平台，打破了国外垄断，彻底攻克了新型高效鸡新城疫、传染性法氏囊病等多种重大禽病防疫难题，被誉为"给中国鸡宝宝撑起了国产保护伞"。

3.1.2.4　我国现阶段兽药创新体系的发展成果

目前，随着新兽药申报制度的逐步完善，我国新兽药的创制、注册具备了相应的法规基础；国家创新平台及企业创新中心的建立，各类科创组织也逐渐增多，研发投入逐渐加大，人才队伍及研发水平也随之得到了大幅提升，科研成果逐渐增多。

（1）**我国兽药创新体系相关科创组织**　从现有兽药科研创新组织来看，农业部推动建立的兽药产业技术创新联盟、科技部推动建立的兽用化学药品产业技术创新战略联盟、中兽药产业技术创新战略联盟等创新联盟，以及国家兽用药品工程技术研究中心、国家兽药生物制品工程技术研究中心和国家动物用保健品工程技术研究中心等工程技术研究中心，对兽药产业技术创新发挥了作用，但科创组织形式有待优化，科研成果转化平台需要完善，研发资金投入需要保障。

按照新兽药研发程序，2021 年 1 月 19 日，中国兽医药品监察所公布了第一批符合兽药临床试验质量管理规范（GCP）与兽药非临床研究质量管理规范（GLP）要求单位信息，为打造增强新兽药开发技术手段、提升自主开发能力、加快科技成果产出进程奠定了基础。

（2）**我国兽药创新体系的研发方向**　从研发方向及定位上看，近几年新兽药在靶动物类别以及作用方式上已出现明显转移和多样化，其中，宠物用药和奶牛专用药的批准呈上升趋势，畜禽用药批准呈下降趋势，这主要是由于我国在食品动物减抗限抗政策的逐步实施对相关企业起到了引导作用，各生产企业针对政策做出了适应性的改变。随着国内宠物行业的蓬勃发展，人民生活水平的提高，宠物用药需求矛盾的凸显，我国宠物新兽药的研发和申报呈增长趋势。

一个好的药物要通过制剂发挥作用。当前药物制剂的发展已进入以药效最大化、持久化为目的的药物传递系统（DDS）时代，将定向、定时、缓释、控释、靶制剂、脂质体、微囊、植入剂等新剂型的研究作为提高我国兽用药剂质量的前提。药物在靶部位选择性集中，且能维持必要的药效时间，之后，迅速而完全排泄，尽量不对其他脏器与组织产生毒副作用，这是 DDS（药物传递系统）的理想剂型，也是我们今后应实施的研究课题。根据我国国情，结合市场需求，对不同的疾病、特定的感染部位、不同的给药群体和个体，研究不同的、配套的、有针对性的剂型和制剂，以求达到三高（即高效、速效、长效）、三小（剂量小、毒性小、副作用小）和实用性强的要求。

（3）我国兽药创新体系的科研投入　从科研投入上看，我国兽药生产企业总体上研发投入相对较少，且由于新药的研发投入大、周期长，许多兽药企业更倾向于选择投入少、产出快的仿制药进行研发，这造成自主研发产品偏少。由《兽药产业发展报告（2023年）》获悉：2023年兽药生产企业研发资金总投入73.91亿元，占兽药产业总销售额的10.61%。其中，生药企业研发资金投入20.11亿元，占生产企业总销售额的12.36%；化药和中兽药企业研发资金总投入为53.79亿元，占总销售额的10.08%。总体来讲，我国兽药企业的规模、销售额集中度和企业研发投入与美国先灵葆雅动物保健有限公司、辉瑞制药有限公司、梅里亚动物保健有限公司等全球前五大公司57%的市场占有率和欧盟大型企业12%左右的研发投入相比，我国企业数量多、规模小，发展集中度低，企业结构不合理，研发投入虽有增长但实力还较弱。

（4）我国兽药创新体系的科研队伍　从科研队伍上看，我国从事兽药研发的科研人才呈增长趋势，且近些年医药企业人才向兽药企业流动明显。《兽药产业发展报告（2023年）》指出：2023年，177家生药企业有研发人员4246人，1443家化药企业有研发人员13616人。但大多数国内企业的研发人员占比低于5%，企业缺乏自主创新的领袖人物。而国际大企业研发人员占比一般都在10%以上。自主创新能力是我国兽医药品产业能否参与国际市场竞争的原点与核心，因此，组建一支结构合理、优势互补、强有力的新兽药研发队伍是核心，积极创造条件，有计划地进行各类人才的培养和培训，特别是对现代高新技术的学习，广泛开展技术交流与合作，合理建立科学的分配制度和人才资源评价应用体系，努力营造开放、协作、竞争、流动的创新和创业环境，做到人尽其才，才尽其用。

（5）我国兽药创新体系科研成果　目前我国研发的新兽药仍以仿制药为主，剂型种类比较单一，以化学药品为例，其制剂形式一般为粉剂、散剂、口服液、预混剂以及普通注射剂等，对于新的给药系统、新的给药途径等具有明显临床优势的制剂开发较少。自2017年我国批准了国内外第一个用于动物的肠溶制剂"替米考星肠溶颗粒"，至今尚无其他明显具有临床优势的新剂型获批；我国中兽药现代化研究优势逐渐显现，中药在解决动物源性食品兽药残留问题上优势突出，近年来已有一大批的企业专注于中兽药新药研究与产业化研究，逐步解决中兽药动物模型难建立、标准难制定、效果难说清等问题。

2017—2021年，化学药品种仅批准了1个一类化学原料药及其制剂。我国化药企业以中小企业为主，占80%以上，产值2亿以上的大型企业仅占4%。企业规模决定了大多数企业没有能力开展有效研发，很多企业甚至没有研发团队。即便开展研发工作的企业，多数也限于粗放的剂型改造或做一些仿制产品。可以构建良好的试验环境、购置必要的实验设备、构建良好的科研条件的企业凤毛麟角。根据中国兽药信息网，2017—2021年生物制品与化学药品的新兽药证书核发数量见表3-1和表3-2。

表3-1　2017—2021年新兽药证书核发数量（生物制品）　　　　　　　　　　　　　　　　单位：个

类别	2017年	2018年	2019年	2020年	2021年
一类	5	2	5	6	5
二类	5	4	8	7	5
三类	26	25	28	21	39
合计	36	31	41	34	49

表 3-2　2017—2021 年新兽药证书核发数量（化学药品）　　　　　　　　　　　　　　单位：个

类别	2017 年	2018 年	2019 年	2020 年	2021 年
一类	0	0	0	2	0
二类	9	14	19	17	9
三类	7	11	14	11	9
四类	4	2	3	2	4
五类	9	8	5	4	3
合计	29	35	41	36	25

我国兽药创新的科研组织已经陆续建立，有一定的创新基础，运行模式也趋于多样化，且各领域融合度逐渐加深。在国家政策及法规的引领下，未来的创新体系更趋向于强化自主研发，提倡具有独立知识产权；在科研队伍及研发资金上仍需加大投入；在拓展新药研发思路上鼓励建立原料药源头创新、从制剂工艺入手提升兽药制剂水平，发展和重视辅料，形成满足动物需要的药物生物利用度，达到三高（即高效、速效、长效）、三小（剂量小、毒性小、副作用小）和实用性强的目的。

3.1.3　我国开展新兽药创新的主要企业

3.1.3.1　齐鲁动保

齐鲁动物保健品有限公司始建于 1958 年，隶属齐鲁制药集团有限公司，是集兽用化学药品、兽用生物制品、兽用原料药和饲料添加剂的研发、生产、销售于一体的大型综合性现代化动物保健品企业。依托公司建有山东省重大动物疫病新兽药创制技术重点实验室、山东省兽用化学药品工程技术研究中心、山东省企业技术中心、山东省兽用生物制品工程实验室等 4 个省级研发平台。兽药公司研发部总建筑面积约 5000 平方米，研发仪器设备原值超过 2000 万元。

2010 年至今，兽药公司共获得 27 个国家新兽药注册证书，其中一类新兽药 3 项，二类新兽药 9 项，三类新兽药 5 项，四类、五类新兽药 10 项，获得的新兽药数量居全国同行业第一名。其中紫锥菊、紫锥菊口服液、紫锥菊末三个产品获批国家一类新兽药，为新中国成立以来天然药物领域首次颁发，开创了中兽药研制的新篇章。此外，公司还参与了 2010、2015、2020 年版中华人民共和国兽药典以及多个国家法规的起草和修订工作，授权国家发明专利 54 项，同时承担多项"十二五""十三五"国家科技支撑计划、国家重点研发计划以及省市级重点研发项目，丰硕的成果和极具前瞻性的洞察力在一定程度上引导了全国动物保健品行业研究发展的方向。

3.1.3.2　河北远征药业有限公司

远征药业是一家集兽药产品研发、生产经营、技术服务于一体的高科技综合性兽药企业，是中国兽药制剂行业的领军企业之一。

远征药业是全国兽药制剂行业第一家通过农业部兽药 GMP 认证的企业；2006 年 12 月，被评为"省认定企业技术中心"；2008 年，被认定为"河北省兽药技术创新中心"。公司拥有"盐酸沃尼妙林"等国家二类新兽药 13 个，三、四、五类新兽药 15 个，拥有发明专利 15 项。

3.1.3.3　洛阳惠中兽药有限公司

洛阳惠中兽药有限公司是集高新制剂、中兽药、化学原料药研制与开发为一体的综合性现代动保企业。

该公司系河南省政府重点支持的 50 户高成长型高新技术企业之一；2006 年被评为"感动中国畜牧兽医科技创新领军企业"称号；2008 年以来被认定为新标准"高新技术企业"。2008 年经国家人保部批准公司设立了博士后科研工作站；2009 年经国家科技部批准组建了国家兽用药品工程技术研究中心，该中心是我国兽用药品行业以企业为主体获批组建的国家级工程技术研究中心。

该公司通过自主创新与集成创新持续推进技术产品研发，积极参与国家级、省、市级重大科研课题的研发工作，先后承担并完成国家、省、市重大科研攻关项目 10 余项；公司技术创新与产品研发能力居行业领先地位。公司相继开发成功盐酸沙拉沙星、头孢噻呋、硫酸头孢喹肟等新兽药，获二类新兽药证书 10 个、三类新兽药证书 9 个、四类新兽药证书 5 个。

3.1.3.4　上海汉维生物医药有限公司

汉维生物是集宠物医药健康产品研发、生产、国内外营销全方位一体化的国际化高新技术企业，致力于提供规范、安全、有效的宠物专用新型药品、保健护理产品和专业化服务。

公司专注宠物药开发 15 年之久，开发的产品覆盖抗感染药、止痛药、抗寄生虫药、抗真菌药和心血管病治疗药等多个领域。获得新兽药证书 12 个，其中二类新兽药 3 个、四类新兽药 2 个、五类新兽药 7 个。获专利授权 30 件，其中发明专利 7 件。上市宠物产品 22 个，拥有生产批准文号 46 个。

在国际合作方面，汉维生物可以为国外合作伙伴提供合同研发（CRO）、合同生产（CMO）的外包服务，包含处方开发、分析方法开发和研制、稳定性研究、项目技术转移、放大生产、商业化生产、工艺持续改进等服务。同时，汉维生物药政注册部门和市场营销团队可以为国外客户提供专业的中国市场药政咨询、进口注册、全国销售代理和医学技术支持服务。汉维生物的物流仓储部门可以为客户提供高效专业的清关、仓储和物流运输服务。

3.1.3.5　佛山市南海东方澳龙制药有限公司

该公司融科研、制造、销售于一体，主营业务涵盖反刍动物、畜、禽、水产、宠物领域，主要产品囊括动物药品和保健品、饲料添加剂、消毒剂等。

该公司现已建立了一套独具特色的创新和研发体系，其中包括一支 50 多人的专业科研团队，公司是同时拥有兽药临床前研究基地和临床研究基地的兽药企业。公司研究基地先后建立升格为"广东省农业科技创新中心""广东省新兽药工程技术研究中心"。

该公司是国内率先开发奶牛和宠物产品的企业，于 2018 年获评国家知识产权优势企业。迄今，公司已研制拥有自主知识产权的国家新兽药 12 个，申请专利 150 件，授权专利 50 件，其中奶牛乳头药浴液获得中国专利优秀奖、土霉素子宫注入剂获得广东省专利奖。

3.1.3.6　宁波三生生物科技股份有限公司

宁波三生生物科技股份有限公司主要生产鱼、兽用等生殖激素，并大力推广精准母猪生产批次化管理技术及规模牧场定时输精技术。公司于 2019 年获批国家高新技术企业荣誉，生产的产品获得新兽药证书二类 9 个、三类 10 个，拥有各项专利证书 27 个。

该公司拥有一支高水准的技术研发团队，同时每年提取销售额的 10% 用于各类创新研究及行业交流分享。公司已持续 5 年每年投入 200 万元成立海外研学专项基金，与德国安哈尔特应用技术大学、莱布尼茨家畜研究所、莱布尼茨 GmbH 猪场达成战略合作关系。

宁波三生生物立志进入中国兽药行业综合实力 TOP10，通过研究和推广高效的动物繁育技术，提高动物本身的价值，进而改善我们赖以生存的自然环境，促进人类与自然和谐发展。

3.1.3.7 宁波第二激素厂

宁波第二激素厂隶属宁波人健药业集团，深耕动物繁殖行业三十余载，是一家集原料、研发、生产、检测、销售、售后为一体的规模化企业，产品广泛应用于鱼、牛、猪、羊、宠物等领域，荣获"国家高新技术企业"等称号。

宁波第二激素厂具有精英技术研发，拥有工程技术中心，结合人健总部的研发团队力量，已成功开发 100 余个产品，每年有 2～3 个新兽药报批，30 多个产品已投入生产，并已取得 9 个主要原料的文号。2017 年来相继获批多个二类新兽药，如 D 型氯前列醇钠、氨基丁三醇前列腺素 $F_{2\alpha}$、PG600、烯丙孕素内服溶液和注射用戈那瑞林。

3.1.3.8 欧博方医药科技集团

欧博方医药科技集团是目前中国唯一拥有研发、生产、销售和终端医院的宠物医药健康全产业链集团化企业。

欧博方拥有世界一流的科学家及来自全球的创新药研究资源，研发团队核心成员均为来自国内外知名医药公司的博士、硕士，具有丰富的新药研发经验。欧博方自主研发的中国第一个全球专利创新宠物用化学药（1.1 类）"维他昔布咀嚼片"于 2016 年获得农业部颁发的新药证书和生产批准文号，实现了中国自主创新宠物药零的突破。

目前欧博方拥有维他昔布咀嚼片（1.1 类）、匹莫苯丹咀嚼片（二类）及盐酸贝那普利咀嚼片（五类）、奥美拉唑内服糊剂（五类）等多个新兽药证书和批准文号，在研药品项目十几个，已成为国内宠物新药研发的领军企业。

3.2

创新技术发展

3.2.1 兽用生物制品技术创新

现代生物制品的各阶段进展都是在免疫学、病原学、生物学等理论创新和技术突破下取得的。20 世纪 70 年代以来，现代生物技术发展不断创新和突破，成为推动兽用生物制品发展的最大动力。一批基于现代生物技术的新型疫苗、治疗制剂、诊断试剂研制成功，极大丰富了兽用生物制品的内涵，加速了兽用生物制品产业的发展。

兽用生物制品技术创新，一般来讲主要包括基因工程、细胞工程、发酵工程和分离浓缩纯化技术等四方面内容。随着生物信息学、生物学、病毒学、免疫学、宏基因组学、代谢组学以及蛋白组学学科发展，结合新材料和新工艺，不断有新的技术产生，如合成生物学技术、RNA病毒反向遗传操作技术、正交遗传技术、基因编辑技术以及反向疫苗技术等在兽用生物制品上得到应用。

3.2.1.1　应用于兽用疫苗的现代生物技术

（1）**基因工程**　基因工程（genetic engineering）是现代生物技术的核心，是以分子遗传学为理论基础，以分子生物学和微生物学的现代方法为手段，将不同来源的基因按预先设计的方案在体外构建杂种 DNA 分子，然后导入活细胞，使目的基因能在受体细胞内复制、转录、翻译表达的操作，以改变生物原有的遗传特性、获得新品种、生产新产品。基因工程技术为基因的结构和功能研究以及新生物制品的创制提供了有力的手段。

基因工程是生物工程的一个重要分支，它和细胞工程、酶工程、蛋白质工程和微生物工程共同组成了生物工程，它打破了常规育种难以突破的物种之间的界限，可以使原核生物与真核生物之间、动物与植物之间，甚至人与其他生物之间的遗传信息进行重组和转移。

我国农业农村部已经审批的兽用生物制品中，基因工程疫苗包括基因缺失活疫苗和灭活疫苗、基因工程亚单位疫苗、载体活疫苗，有些核酸疫苗正在研究和审批中。1991 年，仔猪大肠杆菌腹泻 K88-LTB 双价基因工程活疫苗，仔猪腹泻基因工程 K88、K99 双价灭活疫苗通过审批，标志着转基因技术在兽用生物制品研究中开始得到应用。此后，该类新制品层出不穷，如猪伪狂犬病三基因缺失活疫苗（SA215 株）、鸡传染性喉气管炎重组鸡痘病毒基因工程疫苗，禽流感重组鸡痘病毒载体活疫苗，鸡衣原体病基因工程亚单位疫苗，羊棘球蚴（包虫）病基因工程亚单位疫苗，鸡传染性法氏囊病基因工程亚单位疫苗以及猪口蹄疫 O 型、A 型二价灭活疫苗（Re-O/MYA98/JSCZ/2013 株＋Re-A/WH/09 株），牛口蹄疫 VLP 疫苗（2021 年）等已获得新兽药证书并投入生产。

上述几种类型的基因工程疫苗，与反向遗传技术重组疫苗（主要为高致病性禽流感 H5 亚型重组灭活疫苗）、合成肽疫苗（主要为口蹄疫合成肽疫苗）、抗独特型抗体疫苗（主要是牙鲆鱼溶藻弧菌、鳗弧菌、迟缓爱德华菌病多联抗独特型抗体疫苗）一起，构成了我国现有兽医生物新技术疫苗（或称兽医高技术疫苗）的主体。

（2）**细胞工程**　细胞工程（cell engineering）是细胞生物学与遗传学的交叉领域，主要利用细胞生物学的原理和方法，结合工程学的技术手段，按照人们预先的设计有计划地改变或创造细胞遗传性的技术，包括体外大量培养和繁殖细胞，或获得细胞产品或利用细胞体本身。主要内容包括细胞融合、细胞生物反应器、染色体转移、细胞器移植、基因转移、细胞及组织培养。细胞工程技术的主要成果是利用悬浮培养等新型培养技术表达抗体或抗原，高效制备各种活的病毒或疫苗弱毒，为治疗性抗体制剂和疫苗的制备提供更理想、更经济的材料。

（3）**发酵工程**　发酵工程也称为微生物工程技术，包括微生物的遗传育种、生理代谢、发酵动力学、生物反应器、连续培养、固定化培养、发酵培养的自动控制等。此项技术系利用微生物和有活性的离体酶的某些功能为人类生产有用的生物产品，或直接用微生物参与控制某些工业生产过程的一种技术。随着科学技术的进步，发酵技术也有了很大的发展，并且已经进入能够人为控制和改造微生物，使这些微生物为人类生产产品的现代发酵工程阶段。现代发酵工程作为现代生物技术的一个重要组成部分，具有广阔的应用前景。例如，用基因工程的方法有目的地改造菌种并且提高其产量；利用微生物发酵表达抗原和药品材料等，生产药品，如人的胰岛素、干扰素和生长激素等。

（4）**纯化浓缩工程** 蛋白质纯化技术，是当代生物产业的核心工艺技术，是从混合物中分离、纯化出所需要的目的蛋白质的方法，是决定疫苗等制品纯度、效力、质量与安全水平的关键技术，同时也决定着产品的成本。蛋白质纯化工程技术的发展不仅取决于物理化学技术的发展水平，更取决于其与其他现代生物技术的结合度，如需针对特定培养工艺、特定抗原结构和特性开发出具有实用价值的纯化新工艺新技术。蛋白质浓缩技术是利用物理或化学方法除去蛋白质溶液中的水分、离子和其他小分子物质，使单位体积内的蛋白质浓度大幅度提高的工艺技术。如 2002 年 3 月，河南农业大学研究的鸡新城疫、传染性支气管炎、减蛋综合征、传染性法氏囊病四联灭活疫苗获得批准，并投入生产，大规模抗原浓缩技术得到应用。2010 年 5 月，金宇保灵生物药品有限公司采用悬浮培养技术研究的猪口蹄疫 O 型灭活疫苗获得批准，其核心技术也包括浓缩纯化技术。

3.2.1.2 应用于兽用疫苗的其他生物技术

（1）**合成生物学技术** 合成生物学（synthetic biology）最初由 Hobom 于 1980 年提出来表述基因重组技术；随着分子系统生物学的发展，2000 年 E. Kool 在美国化学会年会上重新提出；2003 年国际上定义为基于系统生物学的遗传工程和工程方法的人工生物系统研究。从基因片段、DNA 分子、基因调控网络与信号传导路径到细胞的人工设计与合成，类似于现代集成型建筑工程，将工程学原理与方法应用于遗传工程与细胞工程等生物技术领域，合成生物学、计算生物学与化学生物学一同构成系统生物技术的方法学基础。

随着计算机、生物信息、基因合成与基因测序等技术的进展，计算机辅助设计、全基因乃至基因组人工合成成为可能，使生物工程产业化的技术瓶颈可能突破，使生物产业能够进入工程化与设计化的发展阶段，导致了有如"系统科学与自动通信技术"之间的理论研究与技术转化互动，系统科学与生物技术、系统生物学与合成生物学之间的密切互动，也将导致系统生物技术的基础研究向应用开发的转化（转化科学、转化生物学）距离迅速缩短。如 2004 年 11 月，中牧实业股份有限公司、申联生物医药（上海）有限公司研究的猪口蹄疫 O 型合成肽疫苗获得批准，标志着合成肽疫苗在我国成功面世并投入规模化生产和应用。

（2）**RNA 病毒反向遗传操作技术** 是在 DNA 水平上对 RNA 病毒基因组进行修饰或改造，通过拯救病毒的表型变化来判定这些基因操作的效果，从而研究病毒基因组表达调控机制及致病机理等，也可用于构建疫苗种毒。

1981 年，Racaniello 完成了第一例动物 RNA 病毒——脊髓灰质炎病毒的感染性克隆。随后，成功获得了口蹄疫病毒、流感病毒、猪瘟病毒、狂犬病病毒、牛瘟病毒、新城疫病毒等病毒的感染性克隆，并广泛应用于基础和应用研究。

反向遗传技术的建立和病毒基础研究的新进展，为定向设计和优化改造疫苗种毒性能提供了理论依据，使人们有条件构建抗原产能高、抗原性好、抗原稳定性强、致病性低和消除免疫抑制的疫苗种毒，进而为全面提升疫苗的效力和安全性提供了可能。如 2005 年，我国批准了重组禽流感病毒灭活疫苗（H5N1 亚型，Re-1 株）；2007 年，批准了禽流感、新城疫重组二联活疫苗（rL-H5 株）；2014 年，批准了重组新城疫病毒灭活疫苗（A-Ⅶ

株）；2013 年，批准了口蹄疫 O 型、亚洲 I 型、A 型三价灭活疫苗（O/MYA98 株＋AsiaIJSCZ/2005 株＋Re-A/WH/09 株），其中 Re-A/WH/09 株是反向遗传技术重组病毒，实现了国际首例产业化；2017 年，评审通过的猪口蹄疫 O 型、A 型二价灭活疫苗（Re-O/MYA98/JSCZ/2013 株＋Re-A/WH/09 株）是完全利用反相遗传技术构建的制苗种毒生产口蹄疫疫苗，国内外尚属首例。

（3）**遗传密码子扩展技术**　是通过改变 DNA 序列中的密码子来改变蛋白质的氨基酸序列，从而影响蛋白质结构和功能的基因工程技术。该技术可以通过基因合成、基因编辑和人工合成 RNA 等途径实现。最常用的方法是使用合成的 tRNA 和 tRNA 合成酶来识别新的遗传密码子，从而将新的氨基酸导入到蛋白质序列中，从而创造出更加多样化的蛋白质序列。该技术可应用于创制新的药物、生物材料、生物催化剂以及基因治疗、人工合成细胞和人工合成生命。

2015 年，北京大学周德敏课题组通过遗传密码子扩展技术对慢病毒载体进行改造，为慢病毒载体的合理设计提供了初步证据；2016 年，该课题组利用该技术制备出复制缺陷型的新型流感病毒活疫苗，首次从理论上证实制备免疫力更强、免疫谱更广的无复制能力活病毒疫苗是可行的，打破了常规病毒疫苗制备过程中灭活疫苗和减活疫苗存在的生产率低和效能不足的缺陷，为以此技术为基础制备其他复制缺陷的活毒疫苗提供了理论基础，展现了很好的应用前景。

（4）**基因编辑技术**　是指对生物体基因组特定目标进行修饰，高效精准地实现基因插入、缺失或替换，从而改变其遗传信息和表型特征的技术。基因组编辑工具包括锌指核酸内切酶、类转录激活因子效应物核酸酶和成簇的规律间隔的短回文重复序列（CRISPR）。

新兴的 CRISPR/Cas9 技术将基因组编辑技术带上了一个新的台阶。

目前，CRISPR/Cas9 技术在医疗健康、家畜育种等领域不断取得新进展。更多的实验室也开始使用该技术针对人类细胞、小鼠、大鼠、斑马鱼、细菌、果蝇、酵母细胞、线虫和多种农作物进行试验，成功实现了基因靶向缺失、插入、激活或抑制等遗传修饰操作，从各个方面证明了 CRISPR/Cas9 技术的潜在应用价值。此外，利用 CRISPR/Cas9 技术及其延伸技术制备特定的基因修饰细胞系以克服疫苗生产中存在的技术屏障（产量、效价等），进而降低动物用生物制品的生产成本，将进一步突显这一技术在实际生产、应用中的价值。

（5）**反向疫苗学技术**　是利用生物信息学和计算生物学工具，从病原体全基因组水平来筛选具有保护性免疫反应的候选抗原的疫苗开发技术。最早利用反向疫苗学技术开发的疫苗是 B 型脑膜炎球菌（*Meningococcus* B）疫苗。先用计算机分析 B 型脑膜炎球菌的基因组，找到 600 个潜在的疫苗候选抗原，将其中 350 个在大肠杆菌中进行表达，然后将蛋白提纯用于免疫小鼠，其中找到 29 个蛋白能诱导小鼠产生抗体，从而达到预防免疫的作用。这种疫苗的优势在于：第一，便捷，整个过程从分析基因组序列开始，不需要培养病原体。第二，宽泛，基于将所有的蛋白质看作是潜在的具有免疫原性的思路，整个过程从芯片法分析基因组序列开始，适用于所有疫苗的研究。第三，安全，可以对一些危险的病原微生物进行操作，避免病原体的扩散。第四，病原在不同时期和环境表达的蛋白质抗原都会被分析用来作为候选抗原，即使在对病原体的致病机理和免疫应答了解不多的情况下也可运用。

3.2.1.3　应用于动物疫病诊断的相关技术

诊断试剂的进步和发展，得益于兽医微生物学、免疫学、遗传学、分子生物学等各学科的交叉融合。21 世纪以来，动物病原微生物与免疫学和高新技术的发展十分迅猛，新的浪潮不断涌现，特别是现代分子生物学的日新月异，促进了动物疫病诊断技术领域中新技术、新方法的不断出现和融合，如单克隆抗体、免疫标记技术与新型显色材料的融合，产生了许多新型免疫学诊断方法，包括酶联免疫技术、化学发光、荧光免疫分析技术、时光分辨、量子点免疫标记和胶体金免疫层析技术等。分子生物学技术的突飞猛进，促进了核酸分子杂交、PCR 及 real-time PCR 技术、生物芯片等技术的产生和发展，大大丰富了疫病诊疗手段，提高了疫病诊治的准确率和有效率。

诊断试剂行业具有技术水平高、知识密集、多学科交叉综合的特点，是典型的技术创新推动型行业，其概念包含技术内涵和商品外延，其技术链由上游诊断技术和中下游的生产工艺、产业化及技术普及和推广组成。客观而言，我国的诊断技术与发达国家仍有一定的差距，制约其发展的真正瓶颈是中下游的生产工艺和技术普及推广。

历经显微技术、单克隆抗体技术、免疫标记技术、分子诊断技术 4 个技术发展阶段，动物疫病诊断技术已跨越至新的台阶。

（1）**显微技术** 20 世纪 30 年代，电子显微镜的出现，在发现和认识病原（病毒、细菌、寄生虫等）方面起了很重要的作用。许多病毒就是用电镜发现的，它揭开了病毒和细胞亚显微结构的奥秘，才使人们对微观世界的认识又进了一步，可研究物质的超微结构，这是测试技术的一个划时代的突破。

21 世纪随着激光共聚焦技术以及扫描隧道显微技术的成熟，在其基础上又出现了激光共聚焦显微镜（Laser Scanning Confocal Microscope，LSCM）和扫描隧道显微镜（Scanning Tunneling Microscope，STM），显微技术达到前所未有的高度。

（2）**单克隆抗体技术** 单克隆抗体技术（McAb）最主要的优点是可以用不纯的抗原分子制备针对单一抗原特异性位点的抗体。90 年代初期，PCR 技术应用于抗体技术中，后出现了抗体库技术，不需要免疫即可制备人源抗体。90 年代后，又出现了转基因小鼠抗体制备技术，可制备出特定效应功能的抗体。

随着基因工程技术的发展，出现了单链抗体、抗原化抗体、多价小分子抗体等，其亲和力高、形成的抗原抗体复合物稳定、能够增强导向治疗的精准性和特异性，在动物疫病防控中应用越来越广泛。

McAb 技术已日臻完善。目前，国内外报道的畜禽用 McAb 已达数百种。以猪伪狂犬病病毒（PrV）Ea 株特异性 McAb 为捕获抗体，纯化的抗 PrV IgG 为检测抗体，建立了检测PrV 抗原的双抗体夹心酶联免疫吸附试验方法，可广泛应用于动物组织中 PrV 的检测。

（3）**免疫标记技术** 当前的各种免疫诊断技术中免疫标记分析技术是最为活跃的、发展最快的一个领域。应用单克隆抗体与免疫标记技术研制的酶联免疫吸附试验、免疫荧光、化学发光试剂盒、胶体金检测试纸条（检测卡）、时间分辨免疫层析等诊断技术各具特色，极大地提高了诊断检测的敏感性、特异性和时效性。

① 酶免疫标记技术 酶标记的酶免疫分析（enzyme immunoassay，EIA）：是利用免疫复合物上的酶催化特定的底物，产生特定的颜色，用分光光度计测定，对待测物质进行定量或相对定量分析的方法。ELISA 方法是动物疫病血清学诊断应用最为普遍的方法。后来建立的生物素-亲和素系统（biotin-avidin system，BAS）是一种生物反应的放大系统，可将抗原抗体反应放大 10 万～100 万倍。BAS 不仅在酶免疫检测技术中广泛使用，在几乎所有的标记免疫检测技术中都可应用。

② 荧光标记技术 荧光免疫分析（fluorescene immunoassay，FIA）是将抗原或抗体

标记以荧光物质再与相应抗原或抗体结合，在荧光显微镜或紫外线照射下检测荧光强度和荧光现象的一种检测方法。荧光标记免疫法灵敏度高，但荧光素常会产生生物学毒性，导致抗体或抗原的灵敏度和选择性下降。免疫荧光法广泛用于病毒、细菌、立克次体、原生动物以及真菌和抗各种微生物抗体的检测中。

③ 化学发光免疫分析技术　狭义的发光免疫分析（luminescence immunoassay，LIA）主要是指化学发光免疫分析（chemiluminescence immunoassay，CLIA）。另外，还有酶放大化学发光免疫分析和电化学发光免疫分析（electro chemiluminescence immunno-assay，ECLIA）。CLIA 兼有发光免疫分析的高灵敏度和免疫反应的特异性。其基本原理同酶标记免疫分析法，测定发光强度以确定待测物的含量。

化学发光酶联免疫分析（CLEIA）已经被欧盟列为检测牛海绵样脑病（BSE）的快速检测手段之一，欧盟当局也准备把 CLEIA 推广为小型反刍动物如绵羊痒病（TSE）等此类疾病的快速检测手段。

化学发光免疫分析技术灵敏度高、特异性好、分析方法简单快速、能够稳定地与标志物结合而无污染，不受检测样本的破坏，在医学上对病毒的检测、肿瘤标志物的检测、心脏疾病的诊治以及免疫系统疾病的诊断等各方面应用效果好，也已在我国多种动物疫病的检测、诊断试剂的研发中应用，其中猪瘟化学发光检测试剂盒已获新兽药证书，并进行了商业化生产及应用。

④ 时间分辨荧光免疫分析技术　时间分辨荧光免疫分析（timed-resolved fluoroim-munoassay，TRFIA）是一种非放射性标记免疫技术，其使用镧系元素作为标记物，其中以 Eu 标记抗体应用最广泛。时间分辨荧光仪通过发射波长和激发波长不同，同时可延迟一定时间测定，就可获得 Eu^{3+} 的特异性荧光信号并有效排除非特异性荧光信号。该方法具有灵敏度高、检测范围宽、稳定性好、易于自动化的特点。该系统还可采用多标记的方法，对多个待测物同时检测。作为标记物的镧系元素很容易从荧光波长和荧光寿命分辨来区别不同的荧光信号，是 TRFIA 的技术特色之一。

采用双标记时间分辨荧光免疫分析技术已经研制出一种同时检测恶性疟原虫、间日疟原虫及混合感染试剂盒。这种试剂盒能同时检测恶性疟原虫、间日疟原虫及二者混合感染，且灵敏度高，可测范围宽，稳定性好，具有良好的应用前景。

⑤ 胶体金免疫层析技术　胶体金免疫分析（colloidal gold immune assay，CGIA），是以胶体金为标记物，在光镜或电镜下对抗原或抗体进行定位、定性乃至定量研究的标记技术。

胶体金技术作为一种新的免疫学标记方法，因具有简单、快速、准确和无污染等优点，在医学、动植物检疫、食品安全监督各领域得到了日益广泛的应用。

在对动物病毒性疫病的诊断中，胶体金免疫层析技术应用广泛。截至目前，针对犬细小病毒病、狂犬病、传染性支气管炎、口蹄疫、猪繁殖与呼吸综合征、猪流行性腹泻、肺吸虫病、小反刍兽疫、非洲猪瘟等一系列动物疾病的诊断，已经研制出多种疫病的相应胶体金诊断试纸条，促进了疫病的预防及监测工作的发展。

⑥ 新型纳米材料免疫标记　纳米材料制成的发光物具有光谱范围广、稳定性好的优点。由于纳米标志物在同一光谱下可以检测多种荧光，所以可以同时标记多个探针，对样品同时进行多种核酸检测，大大提高了检测的效率。量子点是如硅之类材料的碎片，体积微小，不同尺寸的量子点在紫外线照射下有各自独特的光芒，可帮助识别蛋白质、脱氧核糖核酸以及其他生物分子。类酶活性纳米材料是金、铂合金材料，由于

本身具有蛋白质、核酸吸附能力，同时又具备类 HRP 酶学活性，应用类酶标记物可显著提高检测的灵敏度。这些新型的纳米材料作为标记示踪物可为未来医学诊断提供更多元化的手段。

黄娇玲等利用氧化石墨烯负载 H5N1 亚型禽流感病毒多克隆抗体及牛血清白蛋白作为信号放大材料，构建了一种新型电化学免疫传感器，用于检测 H5N1 亚型禽流感病毒。此传感器特异性好、灵敏度高，在病原微生物快速检测领域具有良好的应用前景。

Jiang 等研究表明，利用金铂合金纳米粒子作为标记物，可实现对大肠杆菌 O157：H7 的定量检测，因其具有类酶活性，且具有信号放大的作用，能够显著地提高检测的灵敏度。

（4）分子诊断技术　分子诊断学技术主要包括三大方面：分子杂交技术、基因扩增技术和生物传感器技术。

① 分子杂交技术　分子杂交技术主要分两类：一是利用特异性标记的核酸作为探针，与病原核酸中互补的序列进行杂交，以确认核酸样品中的特定的核酸序列，从而确定宿主是否携带该病原体。1990 年，Robin 等已经将固相核酸杂交技术用来检测口蹄疫病毒，用不同型的探针区分 A、O、C 型。二是在组织切片上进行原位杂交，进而确定病原在组织或者细胞内外的分布情况。该技术具有特异性好、敏感性高、操作较为简便等优点，但也存在一些实际应用中的问题，比如：该方法检测前需要对样品进行培养，需要一定的时间，影响检测速度；对于灵敏度要求比较高的病原不适用；在确定病原体血清型时有不足，因为不能获得常规检验的病原微生物的相关信息。

② 基因扩增技术　主要有以下几种。

a. 常规 PCR 技术：根据一段核酸序列，设计特异的上、下游引物，通过变性、复性和延伸 3 个温度变化实现核酸在体外的复制，取扩增产物进行琼脂糖凝胶电泳，根据扩增条带的大小来确定特异性。根据不同的目的，之后又发展了一些类似的实验技术，比如套式 PCR、多重 PCR 等。早期有学者设计两对特异引物，建立了一种快速、准确检测猪附红细胞体的套式 PCR 检测方法，具有高度的特异性和敏感性。

b. PCR-ELISA 技术：1992 年，Sano 等创立了免疫 PCR 方法，基本原理就是将一段特异的核酸序列连接到抗体上，通过常规的抗原抗体反应，抗原和核酸序列就有了对应的关系，于是就可以将对蛋白质的检测转变成对核酸的检测。马来西亚学者研制了一种套式 RT-PCR 结合 ELISA 的方法检测新城疫病毒的技术手段，设计了高度特异的两个套式引物对，再用 ELISA 方法检测 PCR 产物，该方法比原有的 RT-PCR 方法、ELISA 方法及 HA 方法具有更高的特异性与敏感性。

c. 荧光定量 PCR 技术：荧光定量 PCR 的原理是在常规 PCR 扩增时样本核酸呈指数增长，在反应体系中增加的荧光染料或者荧光探针与扩增产物结合后发光，荧光值与扩增产物呈正相关，通过检测荧光值的变化即可监测整个 PCR 进程，最后对未知模板进行定量分析。

d. 数字 PCR 技术：该技术的基本原理是将 PCR 反应体系进行微球乳糜液化，再将乳糜液分散至芯片的微反应孔内，经过 PCR 反应之后，对每个微反应孔进行荧光信号的检测，没有目的模板的反应孔就没有荧光信号，以此推算原始的核酸浓度。Yan 等于 2016 年对感染 H7N9 的病人在 10 个不同时期的样本进行检测，其中对于 qPCR 检测结果为阴性的样本，数字 PCR 可以检测到阳性，说明数字 PCR 方法比 qPCR 更加灵敏。

③ 生物传感器技术　包括两类：一是基因芯片技术。基因芯片是近年来发展的一项新技术，对样品的需求量非常少，但能够同时进行多个基因的检测，具有高通量、高灵敏

性、高特异性等特点。有研究人员建立了麻疹病毒属 6 种重要病毒（犬瘟热病毒、麻疹病毒、小反刍兽疫病毒、牛瘟病毒、海豹瘟热病毒和海豚瘟热病毒）的基因芯片技术，具有较强的灵敏度和特异性，在疫情暴发时，可用于快速鉴定 6 种病毒。二是蛋白芯片技术。蛋白芯片（protein microarry）主要原理是以蛋白质分子作为配基，将其有序地固定在载体的表面形成微阵列，有标记的蛋白质或其他分子与其作用，将未结合的成分洗去，经荧光扫描等方法测定芯片上各个点的荧光强度，以此分析蛋白质之间或者蛋白质与其他分子之间的相互作用关系。

一种用于鉴别禽流感病毒 H5、H7、H9 亚型的抗体芯片已被开发应用。

3.2.1.4　应用于兽用生物制品领域的其他技术

（1）广谱中和性抗体技术　广谱中和性抗体是一类存在于自然感染宿主体内经过病毒与宿主长期的相互作用而产生的具有中和多种毒株能力的抗体。部分病毒的疫苗可以诱导机体产生特异性的中和抗体，但是对于高度遗传变异的病毒，如 AIV、HIV 和 FMDV 等，要求与抗原反应的抗体能同时结合不同的抗原作用位点，即诱导产生广谱中和抗体，同时中和多种流行毒株。这类制品统称为被动免疫制品，既能用于特异性治疗，又能用于短期内的特异性预防。

（2）微生态制剂技术　微生态制剂是利用正常微生物或促进微生物生长的物质制成的活的微生物制剂。用动物消化道内的正常菌群组分（如嗜酸乳杆菌、脆弱拟杆菌、蜡样芽孢杆菌、双歧杆菌、粪链球菌等）制成的含活菌的制品称益生菌，通过口服在肠道内大量繁殖并定植，从而达到抑制致病菌繁殖、改善肠道微环境、治疗畜禽正常菌群紊乱所致疾病的目的。

随着基因工程、细胞工程和发酵工程等技术进步，微生态制剂技术也有了很大的发展，且已经能够人为控制和改造微生物，为微生态制剂的性能提升和改良提供更加有力的技术支撑。

（3）生化制品制造技术　系指从动物组织中提取或通过基因工程技术人工表达或人工合成的技术制备而成，可以刺激动物机体提高特异性和非特异性免疫力的免疫调节剂、生殖功能调节剂，如干扰素、胸腺肽、转移因子、免疫刺激复合物、CpG 寡核苷酸、促卵泡释放激素等。

3.2.2　兽用化学药品技术创新

近年来，随着我国畜牧业的迅猛发展，养宠人数的激增，带动了兽药产业的发展，各种新技术在兽药中的应用也逐年增加。药物制剂技术飞速发展，已经进入药物传递系统（drug delivery system，DDS）时代。

由于兽药的特殊性，剂型及靶动物多样化，对制剂新技术的需求更加迫切。例如家禽集约化养殖中，对难溶性药物增溶技术的需求；大多数化合物具有苦味，靶动物顺应性差，对制剂掩味技术的需求；给药次数频繁，造成动物应激，人员成本增加，对制剂缓释长效技术的需求等。为了满足客户需求，达到不同的临床目的，可以采用不同的技术手段或多种技术手段联合应用。

3.2.2.1 提高难溶性药物溶解度

提高难溶性药物的溶解度和吸收是当代药物研发领域的一个重大挑战。据统计，目前市售药物中约 40％为难溶性化合物，70％为溶解度差的化合物。难溶性药物口服吸收差，生物利用度低，难以达到预期的治疗效果。尤其对于家畜集约化养殖，难以实现饮水给药，限制了药物的应用。

（1）固体分散体技术

① 定义：固体分散体（solid dispersion，SD）是由药物与载体混合制成的高度分散的固体分散体系。其中活性成分以微晶、溶解状态或无定形状态存在。

② 固体分散体制备方法：固体分散体常用的制备方法有熔融法、溶剂法、熔剂-溶融法。

A. 熔融法。将药物与载体混匀，加热至熔融，然后使熔融物在剧烈搅拌下迅速冷却固化。本法简易、成本低，适用于对热稳定的药物。现热熔挤出技术（HME）已经是一种可行的商业化生产技术。HME 具有可连续操作、重现性好、减少粉尘、可在线管理等优势。

B. 溶剂法。又称共沉淀法或共蒸发法，将药物与载体共同溶于有机溶剂中，蒸去溶剂后得到药物固体分散物。本法适用于对热不稳定或易挥发的药物。商业化生产中，常用的是喷雾干燥工艺技术。喷雾干燥是将原料药和载体溶液以液滴形式喷入温度、湿度和气流条件受控的腔室内进行挥发干燥的过程。许多难溶性药物可通过喷雾干燥来提高其药物的溶出速率。在喷雾干燥过程中通常使用有机溶剂。

C. 溶剂-熔融法。先将药物用少量（5％～10％）有机溶剂溶解；再与熔融的载体混合均匀，蒸去溶剂并冷却固化。本法适用于热稳定性差的药物，也适用于液体药物（鱼肝油，维生素 A、D、E 等），但仅限于小剂量药物，一般剂量在 50mg 以下。用此法制备的安体舒通-PEG 的固体分散体片具有较高的溶出速度。溶剂-熔融法现阶段商业化的可实现度较低。

③ 固体分散体表征：在固体分散体表征中，一般多采用光谱分析、热分析及显微镜法。

A. 光谱分析。光谱分析包括粉末 X 射线衍射法、小角 X 射线散射法、傅里叶变换红外光谱法、衰减全反射傅里叶变换红外光谱法、固体核磁共振技术、拉曼光谱法与共焦显微拉曼光谱法和太赫兹时域光谱法。

B. 热分析。热分析包括差式扫描量热法、高速差式扫描量热法和调制式差示扫描量热法。

C. 显微镜法。显微镜法包括扫描电镜法、环境扫描电镜法、透射电子显微镜法、偏振光显微镜法和热台偏光显微镜法。

④ 固体分散体产品案例

A. PVP 和纤维素为载体。中国农业大学佘如凤等采用 PVP 为载体，制备盐酸氯苯胍固体分散体可溶性粉剂。活性成分盐酸氯苯胍以无定形状态分散在载体中，极大提高盐酸氯苯胍的溶出度和溶解度，且在鸡体内的生物利用度提高至 241.03％。

B. 表面活性剂和脂质基质为载体。巴娟等采用 PEG6000：P188＝20：1 为载体，制备了替米考星固体分散体，替米考星以无定形态分散在载体中，所制备的固体分散体易溶于水，方便饮水给药，可及时治疗疾病，给养殖业带来更大的方便以及利益。

（2）环糊精包合技术

① 定义 包合物是指一种药物分子结构全部或部分包合入另一种物质的分子空腔中而形成独特形式的络合物。主分子可通过分子空间结构、氢键等分子间作用力将药物分子镶嵌在内部疏水的空洞中，使药物的理化性质被隐藏起来，而表现出主分子外部亲水的性质，增加难溶性药物的溶解度。包合物最常用的主分子是环糊精及其衍生物，而生产环糊精的工业原料是淀粉，因此，环糊精包合技术因其主分子的低毒性、低成本和易获得性在兽药领域被广泛使用。

包合物的制备方法简单，可产业化，但应用受限，对药物要求严格，药物分子量的原子数要大于5，如有稠环，稠环数应小于5，相对分子质量在100~400之间，水中溶解度要小于10g/L，熔点低于250℃等。

化合物能否与环糊精形成包合物，很大程度取决于化合物的粒径与环糊精腔体尺寸是否匹配。然而包合物的稳定性还取决于药物分子的其他性质，如极性。药物化合物通常为大分子化合物，因此，通常包合物中只有特定的基团或侧链才能进入碳水化合物通道。

② 环糊精包合物的制备方法 有多种 β-环糊精包合物的制备方法，在应用中应根据药物分子的性质、投料比例、设备条件等选择适宜的方法。

A. 饱和水溶液法。这是目前研究中采用最多的方法。该方法具有制法简便、操作时间短、包合率高等特点。在一定温度下，将 β-环糊精配成饱和水溶液，按一定比例加入药物，搅拌混合，将析出的固体包合物静置、抽滤、有机溶剂洗涤、低温干燥得到包合物。在饱和水溶液包合过程中，影响包合工艺的主要因素有主客分子投料比例、包合温度、包合时间、搅拌方式、干燥方法等。最佳包合条件一般根据其影响因素，设立不同的水平进行正交试验或均匀设计而得到。

B. 研磨法。β-环糊精加 2~5 倍量水混合、研匀，加入药物（难溶性药物应先溶于有机溶剂中），充分研磨混匀至糊状物，经低温干燥后，再用有机溶剂洗涤、抽滤、干燥后得粉末状包合物。采用手工研磨法操作费时费力，仅适用小量生产。胶体研磨法高效、包合率高，使工业化生产得以实现。研磨时间、投料比会对包合率产生一定影响。

C. 超声法。将固体药物或用溶剂溶解后与 β-环糊精饱和水溶液混合，将混合物用超声波清洗机或超声波破碎仪在适当功率下超声适当时间，然后将析出的沉淀过滤、洗涤、干燥得到包合物。此法仪器简单、快捷，适用于批量生产。超声时间、温度、物料比可影响包合率。

D. 其他方法。此外，还有冷冻干燥法、喷雾干燥法。这些方法在实际中应用较少，存在包合物产率低、对被包合的药物性质要求较高等缺点。冷冻干燥法适用于加热干燥易分解的药物，喷雾干燥法适用于遇热性质较稳定的药物。

a. 环糊精包合物的表征手段。固体包合物的表征有几种方法，最常用的方法有差式扫描量热法（DSC）、X 射线衍射法（XRD）、傅里叶变换红外光谱（FT-IR）、X 射线晶体学和核磁共振（NMR）。

b. 环糊精包合技术优势。环糊精包合技术，除了可以增加难溶性药物的溶解度，提高生物利用度以外，还具有以下优势。

增加药物稳定性：β-环糊精包合物可看作分子胶囊，药物分子被分离而包合在环糊精的空腔中，可避免药物分子的水解、氧化、异构化、聚合作用，从而保护药物分子免受周围环境中分子的接触，提高了药物的稳定性。

液体药物固化：液体药物（如维生素 A、E 等），用环糊精包合后，可实现液体药物的固化。国外在这方面的应用比较早，如进口的维生素 A 可溶性粉等。

掩盖药物的不良气味：具有苦臭味、刺激性的药物经 β-环糊精包合后，由于药物被包在分子囊内，从而掩盖了药物的苦味、异味，可提高对动物的适口性。

降低药物的刺激性、毒副作用：水合氯醛、乙酰水杨酸等药物对胃刺激性较大，容易引起动物的胃炎，甚至胃出血，经环糊精包合后，对胃的刺激性可明显减轻或消除；氯丙嗪、苯甲醇等药物易引起溶血，若用环糊精包合后，可防止溶血现象的发生。

c. 环糊精包合技术产品案例。Li 等用羟丙基-β-环糊精制备了氟苯尼考包合物，提高了氟苯尼考的溶解度和生物利用度。有研究表明环糊精还可以提高药物渗透性。例如，王彤等利用 β-环糊精包合物可使龙血竭透皮能力明显提高。

阿法沙龙因其水溶性差，限制了静脉注射的应用，在最初研究人员采用 Cremoophor EL 作为增溶剂，但此增溶剂会导致犬组胺释放和潜在的过敏反应。2000 年，Jurox Pty Limited 采用包合技术，使用 2-羟丙基-β-环糊精制备了阿法沙龙注射液（商品名：Alfaxan®），此产品在国际上被批准用于狗和猫的麻醉诱导和维持，包括澳大利亚、新西兰、南非、加拿大、法国、德国、爱尔兰、西班牙、比利时、英国和美国。

（3）微（纳米）粉化技术 对于难溶性药物而言，药物的溶出过程往往成为其在胃肠道吸收的限速过程。根据 Noyes-Whitney 方程和 Ficks 扩散定律可知，当药物的粒径降低时，其比表面积增大，药物与溶出介质的有效接触面积也随之增加，可以有效改善药物的溶出度和溶出速度。因此，减小药物颗粒的粒径也是提高难溶性药物生物利用度的有效方法。

① 定义 微（纳米）粉化技术是指通过某些手段在不改变药物化学性质的条件下，将固体药物粉碎成粒径细小的微（纳米）粒的过程。药物的溶解度与其比表面积有关。药物的粒径减小，可以显著提高药物的比表面积，从而增加药物与介质的有效接触面积来提高药物的溶解度和溶出速度。

② 微（纳米）粉化方法

A. 气流粉碎研磨。气流粉碎技术，是一种干磨技术，代表了最有效，可扩展和工业上最流行的减小粒径技术之一。颗粒减小的主要方式是通过颗粒与颗粒的碰撞，可得到 $1\sim30\mu m$ 粒径大小范围的微粒。气流粉碎技术在微粉化过程中不存在显著的产热现象，所以适用于热敏化合物的粉碎，但其仅能达到微米级药物，无法达到纳米级别。

B. 球磨。球磨机由一个圆柱容器和一个用于添加和排出药物材料和研磨介质的端口组成。研磨介质的级联作用通过级联效应引起的磨碎、冲击和压缩影响颗粒尺寸的减小。球磨操作可以在干燥条件下进行，也可以在潮湿条件下使用合适的介质进行。超细粉碎球磨机的典型工作参数如下：介质比例为容器容积的 50%，材料比例为容器容积的 25%，转速为临界转速的 50%～85%。另研磨介质的形状、密度、尺寸和硬度都会影响研磨效果。如增加研磨介质的密度和硬度，可以提高颗粒减小速率和程度。减小介质尺寸有利于提高颗粒尺寸减小的速率和程度。对于水溶性较差的化合物进行球磨，可以适当加入表面活性剂或水溶性聚合物，可以实现低于 200nm 的粒径分布。

C. 微射流。微射流是一个设计高压流体处理器的过程，该处理器提供独特的功能，包括用于分散、乳剂和脂质体纳米粒的粒径减小。

③ 微（纳米）体系存在问题及解决方法 颗粒尺寸的减小包括在微粉化过程中分散的能量供给以及更小颗粒形成新的表面。随着表面积的大幅增加，新形成的粒子需要被稳定下来，防止由颗粒间的相互作用引起的后续聚集，并保持它们作为单个微粒实

体存在。

因此在体系中需要添加一些抑晶剂，常用的晶体生长抑制剂包括 PVP、酪蛋白和聚乙烯醇等物质。

④ 微（纳米）粉化技术产品案例

A. 口服给药的应用。王加才利用超声速气流粉碎技术对氟苯尼考进行了微粉化处理，结果表明经超微粉碎后的氟苯尼考粉（800 目）的溶解度提高了 3.24 倍，而且微粉化后的氟苯尼考在鸡体内更容易被吸收，其生物利用度显著提高。

B. 静脉给药的应用。药物水溶性差严重限制了原料药应用于静脉注射。为了增加溶解度，难溶性药物中通常加入共溶剂、表面活性剂，或与给药载体（如聚合物等）组成递送系统进行静脉给药，但这些物质的加入常引起过敏反应。纳米粒为静脉注射难溶性药物提供了替代方案，提高安全性，降低对给药系统的要求。

2020 年 04 月美国 FDA 批准 Baudax Bio 公司的 Anjeso（美洛昔康混悬注射液），将美洛昔康粒径粉碎至纳米级别，可用于静脉注射，治疗中重度疼痛及人的术后镇痛。该产品是首个非阿片类静脉注射药物，用于中重度镇痛。

（4）脂质药物传递系统

① 定义　口服脂质药物传递系统（LBDDS）通常用来以可溶性形式传递难溶性药物，以避免晶型态的溶出成为药物吸收的限速步骤。

脂质处方组成包括：油相、乳化剂和助溶剂。

其中油相主要是脂类成分，它既可以是单一物质也可以是多种脂质的混合物。如长链甘油三酯、中链甘油三酯和混合甘油酯等。

乳化剂可以是水溶性表面活性剂，一般 HLB 值较高（＞10），亲水性强，加入水中后往往形成透明的胶束溶液，有利于水包油乳剂的形成。

② 分类　通常情况下可将脂质处方分为四类。

第一类：将药物溶于 100％油相中，此种处方为最基础的脂质处方，多数用于软胶囊剂填充，不可分散于水中，无法实现饮水给药，在兽药的应用中受限。

第二类：粒径处于 200nm～10μm 之间的乳剂，此粒径范围的乳剂为不透明乳剂，其组成主要包括 40％～80％的油相、20％～60％的水不溶性表面活性剂。

第三类：为粒径处于 50～250nm 的乳剂，此粒径范围的乳剂为透明或几乎透明的乳剂，可以被水无限稀释。此种脂质处方称为自微乳化给药系统或自纳米乳化给药系统。自乳化给药系统是由油相、非离子表面活性剂和潜溶剂形成的均一透明的溶液。形成的乳化系统不仅可以提高水难溶性药物的溶解度，还可保护药物不被酶水解，此外，由于该系统平均液滴尺寸小、形状变形能力也较强，从而对肠细胞的磷脂双层显示出高的渗透性。

第四类：为粒径小于 50nm 的胶束溶液，此给药系统中无油相，仅由表面活性剂和助溶剂组成。

③ 脂质处方的优点

A. 保持药物在胃肠中呈溶解状态。

B. 促进胆汁分泌，有助于形成胶束团粒，从而影响药物吸收。

C. 调节药物的通透性，增进药物透过肠上皮细胞。

D. 具有不饱和键的长链脂质辅料，可以刺激乳糜微粒分泌，增加药物通过淋巴系统转运吸收，减少肝脏首过效应。

④ 脂质药物给药技术应用案例

A. 自乳化体系。FDA 上市的 Atopic、环孢素软胶囊及口服液，用于猫过敏性皮炎和犬特应性皮炎，软胶囊内容物和口服液采用的就是自纳米乳化给药体系。自微乳的内容物与胃肠液接触后，在胃肠道的蠕动下，自发形成粒径小于 50nm 的乳剂，提高了环孢素在靶动物体内的生物利用度。

Qi 等试验表明匹多莫德自乳化给药系统与匹多莫德溶液剂相比吸收显著提高，其血浆药物浓度-时间曲线下面积是溶液剂的 2.56 倍。自乳化给药系统提高药物的溶出度也有报道，李海春等制备的塞来昔布自乳化给药系统能显著提高塞来昔布的体外溶出度。

B. 胶束体系。FDA 上市的 Exzolt 口服液，其中采用吐温 80 作为表面活性剂，二乙二醇单乙醚作为助溶剂，口服液遇水后形成胶束体系，可以和水以任何比例无限稀释，成为透明液体，非常适合于家禽的群体给药。

（5）共晶技术　药物共晶是活性药物成分通过非共价键（如氢键）和共晶试剂结合在一个晶格中所形成的一种新晶型。它是一种新的药物固体型态，共晶技术可以改善药物的理化性质，比如改善溶解度、增加渗透性、提高生物利用度等，是目前药物研发的一个新的热点。

（6）原料结构修饰　除制剂手段外，对原料的结构进行修饰也可以达到增加药物溶解度的作用。如成盐、制备水溶性前体药物、改变药物晶型结构等。

增加水溶性的常用策略是引入离子或可离子化的基团。增加带有羟基的药物水溶性的常用酯包括半琥珀酸酯、磷酸酯、二烷基氨基乙酸酯和氨基酸酯。对于具有羧酸基团的药物，与胆碱或 β-二甲基氨基乙醇的醇羟基形成酯，或与 α-氨基酸的氨基形成酰胺，均可成功制备具有较强溶解度的前药。

瑞普生物上市的克林霉素磷酸酯颗粒，相对于国外上市的克林霉素盐酸盐片剂，主要具有更高的溶解度。克林霉素盐酸盐溶解度为 3mg/mL，克林霉素磷酸酯的溶解度超过 150mg/mL，并且在体内迅速水解，起效快，生物利用度高。

3.2.2.2　改善适口性

现集约化养殖中多数采用拌料或饮水给药，药物的适口性直接影响动物的采食量和摄入量。遮蔽药物的苦味，改善适口性的需求日益增加，尤其是大部分兽药原料都具有苦味，如恩诺沙星、替米考星等，多数在兽药制剂中采用包被的技术进行掩味，虽然该技术有一定的掩味效果，但在包被过程中容易造成活性成分含量的损失，造成制剂产品在水中溶解度差，只能拌料饲喂，无法在禽类动物上饮水使用，造成使用不便和药物浪费，威胁环境安全。因此除包被技术外，一些新的掩味技术的应用也越来越广泛。

（1）包衣技术

① 定义　包衣是在固体制剂表面包以适当的衣层，形成一个物理屏障来隔绝药物与味觉系统的接触，还能改善外观和稳定性，达到缓释和控释的目的。

聚合物包衣是掩味最常用的方法之一。用于掩味包衣的聚合物材料在唾液中不溶解，从而降低味蕾对苦味的反应，而进入胃肠道后再迅速释放药物。常见的形式包括：粉末包衣、颗粒包衣、微丸包衣和片剂包衣等，现在兽药中的应用较为广泛。

② 包衣技术的优势　药物经包衣后，具有以下几种优势。

A. 改善口感，掩蔽产品本身的苦涩或其他不良气味。

B. 降低药物和添加剂产品对机体的不良刺激。

C. 调节药物和添加剂的消化吸收位点，靶位释放，提高局部物质浓度，提高使用效率，减少浪费。

D. 缓释，延长作用时间，降低投药次数，降低投药成本。

E. 提高产品稳定性，降低与其他养分的拮抗和化学反应。

③ 包衣技术的应用　包衣技术掩味在兽药中的应用已经非常广泛，比如现已上市的盐酸沃尼妙林预混剂、恩诺沙星、替米考星等，均采用包衣技术进行掩味。

瑞普生物上市的新剂型药物替米佳（替米考星肠溶颗粒），采用微丸包衣技术，不但可以遮蔽苦味，提高动物的采食率，还有效地减少了药物在胃酸中的降解。

（2）离子交换技术

① 定义　离子交换树脂是一种不溶于水的大分子聚合物，结构中含有酸性或碱性基团，可以与药物进行离子交换。离子交换树脂可以分为阴（碱性）离子交换树脂和阳（酸性）离子交换树脂，而阴、阳离子交换树脂又可以分为强、弱离子交换树脂。

离子交换树脂是一种分子掩味物质，其可以阻断药物分子与苦味受体的接触。药用离子交换树脂是粉末型颗粒，可以混悬于液体介质中制成混悬剂，也可以制成掩味口崩片。

② 掩味原理　药物树脂盐体系释药原理是基于药物与胃肠道内的离子交换，而动物口腔内也会存在少量离子，故对于某些水溶性很强的药物，制备成树脂后可能依旧会有些许苦味，因此有时还需要联用其他一些掩味方法。

③ 离子交换技术优势　采用离子交换技术掩味具有以下几个优点。

A. 长时间的高效率掩味。

B. 易于从实验室扩大到生产规模。

C. 适用于液体和混悬液。

D. 极佳的适口性，基本上无砂砾口感。

E. 消除不佳的味道。

④ 离子交换技术产品应用　Aman 等用 AmberliteTM IRP-69 树脂来制备法莫替丁缓释混悬剂，当药物树脂比为 1∶6 时，达到最大载药量，志愿者口尝试验的苦味评分是 0.083 分（评分等级均为整数，0～5 分，0 为不苦，5 为极苦）。

FDA 批准的猫用普拉沙星口服混悬液（Veraflox），采用 Amberlite 离子交换树脂制备，形成普拉沙星与树脂复合物，提高稳定性的同时，并可以掩盖药物的不良味道。

（3）制粒技术

① 定义　制粒不仅可以提高物料的流动性和美观程度，解决飞散性、黏附性等问题，而且保证了颗粒的形状大小均匀。在片剂生产过程中颗粒是中间体，既要改善流动性以减少片剂的质量差异，又要保证颗粒的压缩成型性。目前，生产中广泛应用的制粒方法有湿法制粒、干法制粒、喷雾制粒三大类，其中湿法制粒应用最为广泛。制粒除了有以上用途之外，不论是湿法制粒还是干法制粒，都具有掩盖药物不良味道的作用。将有不良味道的药物与甜味剂、疏水性聚合物、蜡脂类等混合，可达到掩味的目的，且十分经济、便利。对于其他物理掩味技术而言，制粒掩味技术主要通过设备选择和参数设置实现口味矫正，不增加辅料用量和工艺环节，可谓经济、便利，一举多得，是目前研究的热点。

② 制粒技术分类

A. 高速剪切制粒技术。高速剪切制粒，因具有混合效果好、速度快、能耗低、全封闭和可用于高黏度物料制粒等优点，成为近几年来发展较快、应用最为广泛的制粒技术。高速剪切制粒是将粉末变成可用于掩味颗粒的有效方法。制粒时，将加入药物与辅料的混合锅密封，大叶轮低速转动，搅拌物料使之均匀混合，适当升温，使部分低熔点辅料融化并包裹在药物表面，而后向锅内加入润湿剂或黏合剂，持续混合一定时间，直至达到所需的粒度和密度，熔化辅料对药物的包裹即可达到掩味效果。常用辅料如双硬脂酸甘油酯等。

B. 熔融制粒技术。熔融制粒，可以直接得到掩味颗粒，无需包衣过程，可大大节省人力和物力，将药物及其他辅料混合后加热、搅拌、熔融，之后药物粉末会被黏结成颗粒状或团块状，由于药物被包封于颗粒中，故而降低了与味蕾接触的药量，达到掩盖其不良味道的目的。常用辅料如双硬脂酸甘油酯、甘油棕榈酸酯、单硬脂酸甘油酯、淀粉衍生物、硬脂酸、十八醇、聚乙二醇等。

C. 蒸汽制粒技术。蒸汽制粒作为新型湿法造粒技术，是用水蒸气作为黏合剂而不是传统液体，蒸汽制粒能够有效地掩盖药物的不良口味。在制备过程中，通过控制颗粒的形状、粗糙度、孔隙率来达到掩味效果。研究表明在制粒过程中控制好蒸汽的流速，且在润湿过程中控制好叶轮速度能够使蒸汽均匀分布在颗粒表面是掩盖药物不良口味的关键所在。蒸汽冷凝后，在粉末颗粒上形成容易蒸发的热薄膜，以达到掩盖不良味道的效果，且这个过程只有少量的能量损失。蒸汽制粒的优点是提供了更高的蒸汽均匀分布能力并使其扩散进入粉末颗粒，且只需在与蒸汽发生耦合的高剪切混合器中完成即可。

D. 流化床制粒技术。流化床制粒，又称为沸腾制粒或一步制粒等。在流化床制粒机中，压缩空气和黏合剂溶液按一定比例由喷嘴雾化并喷至流化床层正处于流化状态的物料粉末上。液滴使接触到的粉末润湿并聚集在其周围形成粒子核，同时再由继续喷入的液滴落在粒子核表面上产生黏合架桥作用，使粒子核与粒子核之间、粒子核与粒子之间相互结合，逐渐形成较大的颗粒。干燥后，粉末间的液体桥变成固体桥，即得外形圆整的多孔颗粒。因流化床制粒全过程不受外力作用，仅受床内气流影响，据文献报道，采用流化床制粒技术制得的颗粒密度小、粒子强度低，但颗粒的粒度均匀，流动性和压缩成形性好，并且还能掩盖药物的不良口味，达到矫味掩味的效果。

③ 制粒技术产品应用　盐酸甲氧氯普胺是一种具有高度水溶性且口服给药易被吸收，但具有强烈苦味的药物。Ahire 等采用单硬脂酸甘油酯为辅料，通过熔融制粒技术制备掩味颗粒，并进行了体外味觉评估研究与苦味阈值比较，结果显示掩味效果良好。Albertini 等开发了一种新型蒸汽制粒法制备了对乙酰氨基酚掩味颗粒，在制粒过程中将水以一定流速蒸汽的形式加入。研究表明蒸汽制粒工艺具有明显优势（耗时短、载药量高、颗粒粒度分布均匀、表面光滑规则、孔隙率低），掩盖苦味效果显著。与其他工艺相比，蒸汽制粒工艺时间明显缩短，是掩盖对乙酰氨基酚苦味的最佳方法，同时制得的颗粒具有光滑且规则的表面。

（4）**环糊精包合技术**　包合技术目前在掩味中的应用很广泛，药物嵌入 β-环糊精、羟丙基-β-环糊精分子内部，通过范德华力起作用，降低药物与味蕾接触的量而达掩味目的，进入靶动物体内后药物再从包合物中释放出来发挥疗效。

（5）**微球微囊技术**　微囊及微球化技术是将药物包裹或分散于高分子囊膜或成球材料中，以阻断或减少药物与味觉受体的接触，同时实现药物缓控释、靶向给药、液态药物固体化等目的。

瑞普生物专利 CN113967196A 中公开了一种采用微囊技术，制备甲硝唑微囊片剂。依据专利所制备的甲硝唑微囊片克服了甲硝唑片剂在临床使用时适口性差、顺应性差的缺陷，可使动物主动采食，解决了宠物主给药不便的难题。

（6）原料结构优化　除了制剂手段以外，可以通过对原料药的结构进行修饰，制备成无苦味的前体药物，例如氯霉素、红霉素等，就是利用结构中的羟基酰化作用来遮蔽苦味的，常用的前体药物有氯霉素棕榈酸酯和琥珀酸酯，红霉素碳酸乙酯和硬脂酸酯等。

2022年1月我国农业农村部批准克林霉素磷酸酯颗粒上市，该制剂的活性成分就是对克林霉素结构进行修改后形成的前药克林霉素磷酸酯，消除了药物苦味，同时提高了溶水性。

同时开发药物新晶型或采用共晶技术，也可以达到掩味的目的。

3.2.2.3　缓控释给药系统

缓释制剂，系指在规定的释放介质中，按要求缓慢地非恒速释放药物，与相应的普通制剂比较，给药频率减少一半或有所减少，且能显著增加用药依从性的制剂。

控释制剂，系指在规定的释放介质中，按要求缓慢地恒速释放药物，与相应的普通制剂比较，给药频率减少一半或有所减少，血药浓度比缓释制剂更加平稳，且能显著增加用药依从性的制剂。

临床上为了达到良好的缓控释效果，常用技术包括骨架缓释技术、微球微囊技术、原位凝胶技术和脂质体技术等。

（1）骨架缓释技术

① 定义　骨架型制剂是指药物和一种或多种惰性骨架材料通过压制、融合等技术制成的片状、粒状、团块状或其他形式的制剂，它们在水或生理体液中能够维持或转变成整体式骨架结构。

骨架型缓控释制剂根据骨架材料的不同可分为亲水凝胶型骨架缓释片、水不溶性骨架缓释片及蜡质骨架缓释片。其中亲水凝胶型骨架缓释片可实现长时间在胃内停留的目的。

② 骨架材料分类　常用的缓释材料包括亲水凝胶骨架材料、非溶蚀性骨架材料和生物溶蚀性骨架材料。

A. 亲水凝胶骨架材料。指遇水膨胀后，能形成凝胶屏障而控制药物释放的材料。大致分为四类：天然高分子材料类，如海藻酸钠、琼脂和西黄蓍胶等；纤维素类，如HPMC、甲基纤维素（MC）、羟乙基纤维素（HEC）等；非纤维素多糖，如壳聚糖、半乳糖甘露醇聚糖等；乙烯聚合物，如卡波普、聚乙烯醇等。

B. 非溶蚀性骨架材料。指不溶于水或水溶性极小的高分子聚合物。常见材料有：纤维素类，如乙基纤维素（EC）；聚烯烃类，如聚乙烯、聚丙烯和乙烯-醋酸乙烯共聚物；聚丙烯酸酯类，如聚甲基丙烯酸甲酯等。

C. 生物溶蚀性骨架材料。指本身不溶解，但是在胃肠液环境下可以逐渐溶蚀的惰性蜡质、脂肪酸及其酯类等，这类骨架在体内逐渐溶蚀，药物释放可以通过孔道扩散或骨架溶蚀或孔道扩散和骨架溶蚀相结合的机制。主要材料有：蜡类，如蜂蜡、巴西棕榈蜡、蓖麻蜡、硬脂醇等；脂肪酸及其酯类，如硬脂酸、氢化植物油、聚乙二醇单硬脂酸酯、单硬脂酸甘油酯、甘油三酯等。

③ 骨架型缓释制剂特点　骨架型缓释制剂具有给药次数少，维持平稳的血药浓度，减少刺激性，可制成定位给药系统，同时可以提高某些药物的生物利用度等优势。

④ 兽用缓释丸剂应用　兽用缓释丸剂，能长期滞留或悬浮在瘤胃中，释药时间长，体内药物浓度维持相对恒定的特征，同时对养殖过程中疫苗的使用不产生任何影响。缓释

丸剂最早原型是 Allen 为预防反刍动物微量元素缺乏而研究出的可溶性玻璃长效瘤胃缓释丸。丸剂形状以圆柱体居多，大小可以依据动物的种属进行调整。缓释丸剂的密度是较重要的参数，建议在 $2.25\sim3.5g/cm^3$。而对于圈养吃精料为主的羊，密度也可以低到 $1.8g/cm^3$。

由于缓释丸剂的持续作用时间长，可覆盖寄生虫在体内的多个发育阶段，能有效控制寄生虫感染。因此，该制剂更适合于防治反刍动物寄生虫病。

IVOMEC SR® bolus 是勃林格英格翰在 1996 年被批准的牛用伊维菌素长效驱虫药物（缓释巨丸剂），可实现 130d 长效。PARATECT FLEX™ 是硕腾在 1991 年获批的酒石酸甲噻嘧啶缓释巨丸剂，在牛体内可以长效 102d。

（2）缓释微球

① 定义　缓释微球（microspheres，MS）是指药物溶解或分散在高分子材料基质中形成的粒径尺寸大小分布在 $5\sim250\mu m$ 之间的球状实体。

② 微球制剂特点　在现有的众多缓释制剂中，微球制剂由于其特有的优点，诸如给药后微球降解逐渐释放药物、可避免出现血药浓度峰谷现象减小毒副作用、大大减少治疗周期的给药剂量、可提高药物的生物利用度与病人的顺应性等，逐渐成为现代药剂学中热门的研究内容。利用缓释微球开发新型的给药系统逐渐成为科学界及工业界关注的焦点。

③ 微球制备方法

A. 乳化-溶剂挥发法。乳化-溶剂挥发法是指先将含有微球骨架材料与药物的有机溶剂分散在与之互不相溶的另一相液体中形成乳剂，再除去分散相中的挥发性溶剂，使骨架材料逐渐析出固化成微球的方法。根据制备过程中的乳液类型体系，可分为单乳（O/W型和 O/O 型）法和复乳（W/O/W 型和 S/O/W 型）法。

B. 喷雾干燥法。将高分子聚合物材料溶解于低沸点的有机溶剂中，同样将药物通过溶解或以小颗粒的方式分散在聚合物溶液中，组成单相或多相的胶体，然后将溶液用雾化器喷雾，同时用向上流动的氮气干燥。过程中通过对干燥室进出口温度调整可以制备不同形态的微球。喷雾干燥法减少了人为操作的误差，简化了过程中的灭菌工艺，适合于工业上大规模的放大生产。

C. 相分离法。相分离法应用广泛，可以将不同特性的药物包埋进微球。在载药微球的制备中，应用较为广泛的是溶剂-非溶剂法，即在聚合物溶液中加入一种对此聚合物不溶的溶剂，在引起相分离的同时将药物包裹成微球的方法。药物可以以固体或液体形式存在，稳定溶解或混悬于有机溶剂中，高分子聚合物载体材料同样溶解于有机溶剂中，然后加入可与有机溶剂互溶但是不能溶解高分子载体材料和药物的非溶剂，使高分子聚合物因溶解度降低迅速发生凝聚，实现固液分离，最后去除有机溶剂即可得到载药微球。

D. 超临界流体沉积法。超临界流体沉积法是指在超临界流体存在的环境下快速吸收溶液中的有机溶剂，使高分子载体材料过饱和而快速成球。与传统制备方法相比，超临界流体沉积法制备工艺条件温和，微球形成时间短、包封率高、有机溶剂残留量少，适合热敏性药物以及挥发性药物微球的制备。

E. 快速膜乳化法。快速膜乳化技术成功地解决了传统微球粒径大小及均一程度难控制及批间差异性大等问题。快速膜乳化器的工作原理是通过乳化法制备粒径大于膜孔孔径的预乳液，随后利用外部压力将预乳液快速通过尺寸大小可选择的微孔膜，形成粒径均一的乳滴；一般重复操作 3～5 次后，即可得到粒径均一的乳液，乳液固化后即可得到粒径均一可控的载药微球。快速膜乳化技术耗能低，条件温和，易于放大，近年来已应用于缓释微球制剂的研发上，并得到了广泛的认可。

④ 微球的表征手段

A. 微球的物理特性评价。微球的物理特性评价指标包括形态、粒径及分布、有机溶剂残留、聚合物玻璃化转变温度与晶型改变等。

B. 微球的药剂学评价。微球的药剂学评价指标包括载药量/包封率、体外释放行为、材料降解试验、微生物限度检测等。

⑤ 微球常用材料　可生物降解材料由于可以逐渐降解为人体可吸收、代谢的物质，解决了辅料残留物带来毒性或在体内滞留的问题，从而广泛应用于微球制剂。目前微球制剂材料可大体分为两类：天然来源的聚合物和人工化学合成的聚合物。天然来源的聚合物价格低廉，且来源广泛，可分为多糖和蛋白质类等，如葡聚糖、壳聚糖、海藻酸盐、淀粉、明胶、白蛋白等。天然来源的聚合物对纯化有着较高的要求，当作为微球辅料用于大批量生产时较难保持批次间严格的质量标准。常用的化学合成的聚合物可分为聚酯、聚酸酐、聚磷腈、聚酰胺、聚磷酸酯等。相比之下，这些合成的聚合物材料可以通过人为控制聚合制备工艺，从而保证药用辅料级别的质量，并且当作为载药微球的骨架材料时，可以通过改变黏度及分子量等参数，进而灵活地控制载药微球的降解速率，以调节所包埋药物的释放速率。

⑥ 微球产品案例　长效缓释微球技术，现在人药方面应用及研究较为广泛，已有一些用于治疗糖尿病、精神病、子宫内膜异位等疾病的长效缓释微球制剂被批准上市。然而，因为微球的制备工艺繁杂、质量控制困难，至今微丸技术未在我国兽药上使用。硕腾在 2004 年上市了 ProHeart® 6，莫昔克丁长效微球（6 个月）制剂，可有效预防犬心丝虫，长效时间达半年。后硕腾于 2019 年又上市了 ProHeart® 12，长效周期可达 12 个月。

（3）植入剂

① 定义　植入剂，即植入式给药制剂，是一种新型的给药方式，具有长效缓释作用，一般供腔道、组织或皮下植入使用。植入剂常为无菌固体控制释放制剂，是一类可经手术植入或者经针头导入的控制释药系统。

② 植入剂特点　植入剂可以看作是注射剂的一种特殊形式，具有长效、恒速释放、降低毒性、提高生物利用度及可随时终止给药等优势。

③ 植入剂制备方法　常用的固体植入剂的制备方法有熔解分散法、溶剂挥发法、微球压片法等。

A. 熔解分散法。熔解分散法是将聚合物基质加热至熔融，按所需载药量加入固体粉末状药物，搅拌均匀后倾入预热模具中，室温冷却后，使用一定的模型，如注射模型成形机，加工成适宜的大小和形状。这种方法要求所用药物受热不分解，有比较好的稳定性。

B. 溶剂挥发法。溶剂挥发法是将基质和药物按比例溶于某一溶剂中，低温下倾入模具，然后转移至玻璃板上低温挥发溶剂，再加工成适宜的大小和形状。溶剂挥发法主要用于脂溶性药物的制膜过程，制成的膜剂一般在手术切除实体瘤之后放入瘤腔，以达到抑制肿瘤细胞生长或使其凋亡的目的。此方法一般要求基质材料和药物溶于同种溶剂中。

C. 微球压片法和可植入微球的制备方法。可生物降解聚合物制备微球植入体内，在目前植入剂的研究中非常常见，但由于微球的植入部位不易固定，因此，在研究中常将微球压成片。微球压片法要求首先制备粒径分布一致的载药微球，然后使用压片机或其他机器将载药微球压成薄片。这种方法以制备微球为基础，微球粒径的大小分布是影响给药途径和药物释放途径选择的重要因素。因此，此方法所得薄片的释放受微球的载药量、包封率和粒径分布等因素的影响。微球压片法是目前制备生物降解膜片的一种重要方法。通常使用压片机或液压机将微球直接压制成为一定厚度一定直径的薄片。

D. 研磨法。研磨法是将聚合物与药物及某些添加剂捣碎后研磨成粒度符合一定要求的细小颗粒，然后利用一些特殊设备压制成一定形状的一种方法。

E. 挤压法。挤压法是将粒度和浓度符合一定要求的药物挤压在一定大小的聚合物上，经过一定设备加工制成一定形状的植入剂。

④ 植入剂产品应用　近些年植入制剂在人药上应用越来越广泛，尤其是在眼内植入和皮下植入方面。醋酸氟轻松眼内植入剂（Retisert）采用 PVA 和二甲硅油作为载体，长效周期高达 3 年。

法国维克上市的速抑情（Suprelorin®），是以氢化棕榈油及卵磷脂作为载体材料制备的乙酸地洛瑞林植入剂，用于公犬的暂时性绝育，可实现 12 个月的长效。

（4）原位凝胶

① 定义　原位凝胶（in situ gel）即在位凝胶，是一类以溶液状态给药后，能在用药部位立即发生相转变，由液态转化形成非化学交联半固体凝胶的制剂。药物与凝胶材料可以制成均一、混悬的乳胶稠厚液体或半固体的凝胶剂。凝胶剂具有良好的组织相容性，在给药部位滞留时间长；同时可起到贮存药物，防止药物受环境影响等作用。原位凝胶剂作为一种新型的药物剂型，广泛用于缓释、控释及脉冲释放等新型给药系统，原位凝胶可应用于皮肤、眼部、鼻腔、口腔、阴道、直肠等多种途径给药。现今，原位凝胶给药系统已成为药剂学与生物技术领域的一个研究热点。

② 原位凝胶特点　与普通凝胶剂相比，原位凝胶剂制备工艺简单，给药前以溶液形式存在，给药方便，且剂量准确。给药后在体内迅速形成半固体凝胶，在用药部位滞留时间长，且具有良好的药物缓控释性能。此外，患者使用后，一般无异物感，具有良好的可接受性和安全性。

③ 原位凝胶分类　根据形成机制不同，原位凝胶可分为温度敏感型原位凝胶、离子敏感型原位凝胶及 pH 敏感型原位凝胶等；根据用药后产生吸收作用或局部作用，原位凝胶剂可分为全身用凝胶剂和局部用凝胶剂；原位凝胶又可根据给药途径的不同，可分为口服、注射、滴眼、皮肤、鼻用、直肠用、阴道用等多种。

④ 原位凝胶采用基质　原位凝胶剂能否发挥最大疗效，除了与药物本身的理化性质以及药理活性相关外，制剂处方的组成也十分重要。原位凝胶剂的处方中除了主药外，通常还包括凝胶基质材料、生物黏附剂、吸收促进剂、pH 调节剂、防腐剂等。其中，基质材料在处方中所占的质量比例最大，其性能以及用量决定了处方的基本性质。

A. 温敏型凝胶基质。泊洛沙姆是一种非离子表面活性剂，同时也是温敏型原位凝胶处方中常用的辅料。该聚合物分子在临界胶束温度时，其链上疏水性聚氧丙烯（PPO）嵌段脱水，在水溶液中聚集成以脱水 PPO 链为内核、以水化膨胀的聚氧乙烯（PEO）链为外壳的球状胶束，随着温度升高，胶束间的缠结和堆砌作用加剧而发生胶凝。其中，泊洛沙姆 407 与泊洛沙姆 188 是该类基质中最常用的代表性辅料。

壳聚糖又称脱乙酰甲壳素，它在生理 pH 条件下不易溶解，在酸性条件下溶解，可与甘油磷酸盐（GP）联用，其特点是以液体给药后，在药用部位因温度变化而发生相转变形成凝胶，从而控制药物释放。

聚乙二醇嵌段共聚物是由聚乳酸和聚乙二醇类似物单体合成的共聚物，可通过对环境温度的改变做出应答，从而实现对药物的智能控制释放。

B. pH 敏感型凝胶基质。卡波姆（carbopol，CP）又名聚羧乙烯，是一种丙烯酸与烯丙基蔗糖或季戊四醇烯丙醚交联而形成的高分子聚合物，拥有良好的生物黏附性及流变学性质，可延长药物的作用时间，增加药物生物利用度。根据聚合度的不同，卡波姆可以分为多种规格，其中以 CP934、CP940、CP941 等最为常用。

C. 离子敏感型凝胶基质。海藻酸钠是由 β-D-甘露糖醛酸和 α-L-古洛糖醛酸残基通过1,4-糖苷键联接构成的线型多糖类嵌段共聚物，具有良好的溶胶-凝胶特性，其水溶液与一定浓度的一价或二价金属阳离子（如人泪液中均含 Na^+、K^+ 和 Ca^{2+} 等离子）相遇会发生胶凝化，形成半固体状凝胶。

结冷胶是一种新型微生物胞外多糖，有两种存在形式，分别为天然结冷胶（高酰基结冷胶）以及去乙酰基结冷胶（DGG）。其中，DGG 结构中酰基全部或部分被去除，使得分子间空间阻碍作用明显减弱，形成的凝胶能力增强，故在凝胶剂研究中使用广泛。DGG 在阳离子的络合及水氢键作用下，可形成脱乙酰化多糖双螺旋结合区，双螺旋段再进一步聚集，最后形成一个三维立体网络结构的凝胶。人鼻液含浓度较高的 Na^+、K^+ 和 Ca^{2+} 等阳离子，故 DGG 可用作鼻内给药原位凝胶的基质，以延长在鼻腔滞留时间并增加药物吸收。

⑤ 原位凝胶产品应用　Tian 等制备了以甲氧基聚乙二醇（mPEG)-聚乳酸（PDLLA）共聚物为载体的替硝唑（TNZ）温敏原位凝胶。基于 mPEG-PDLLA 的 TNZ 原位凝胶的处方组成：5％TNZ、35％mPEG-PDLLA、0.4％甘油和适量 N-甲基吡咯烷酮及水。该制剂胶凝温度为 37℃，胶凝时间为 6s。体外释放研究中显示 TNZ 的释放时间长达 192h，动物牙周组织学安全性研究表明该原位凝胶安全性高。

（5）改变原料结构延长半衰期

① 聚乙二醇 PEG 化的技术　聚乙二醇化（PEGylation）又称为 PEG 修饰，可有效延长药物半衰期，是目前生物技术药物变构化学中最重要最成熟的技术之一。

2019 年 5 月豪森医药上市了聚乙二醇洛塞那肽，该制剂采用 PEG 化技术，延长药物半衰期，实现 7d 长效。

② 与双羟奈酸成盐　化合物与双羟奈酸成盐可以延长其半衰期，从而实现制剂的长效。奥氮平双羟奈酸盐长效注射剂（商品名：Zyprexa ReLprev）是礼来制药公司研发上市的用于治疗精神分裂症的一种长效肌内注射制剂。该制剂的特点是将奥氮平与难溶性的双羟奈酸制成难溶性盐，从而降低奥氮平的溶解度，实现 4 周长效。

③ 偶联白蛋白　延长多肽在体内循环半衰期的一种潜在方法是利用一种配体（ligand）将多肽锚定到具有更长寿命的血清蛋白上，例如白蛋白（albumin）。白蛋白是最丰富的血清蛋白，其半衰期为 19d。在理想情况下，配体应很容易地合成并附着在多肽上，同时与白蛋白具有很高的亲和力。地特胰岛素（insulin detemir）、德谷胰岛素（insulin degludec）、利拉鲁肽（liraglutide）是最常见的 3 种多肽药物，其结构中均含有可结合白蛋白的脂肪酸，目前已应用于糖尿病的临床治疗。

诺和诺德的 Sogroya 也采用了偶联白蛋白的方式增长半衰期，达到一周一针的频率。

3.2.3　中兽药创新

中兽药是根据中兽医药理论以天然动物、植物、矿物为原料，经过炮制、配伍、提取、纯化和制剂工艺过程制备的药物。中兽药新兽药的研制与开发，不但需要中兽医药学的理论和知识，而且还涉及许多其他相关学科的知识。2007—2021 年获得中兽药新兽药证书为 158 个，其中一类新兽药证书 3 个、二类新兽药证书 12 个、三类新兽药证书 126 个、四类新兽药证书 17 个。说明中兽药复方制剂相对较多，而新的药材或有效成分研发相对较少。从兽药管理政策实施落地和新兽药批准种类可以看出中兽药创新内容。

15 年来，兽医行政管理部门根据兽药产业发展和技术评审需要出台了相关政策，国家科技支撑计划项目或者重大专项列入相关中兽药课题，资助中兽药现代化与产业化关键技术研究，支持促进中兽药创新发展。

一是中兽药研发创新平台初步建立。2015 年出台兽药非临床研究质量管理规范、兽药临床试验质量管理规范。2016 年兽药非临床研究、临床试验质量管理规范监督检查标准及其监督检查相关要求明确规定：首次开展兽药安全性评价的单位、已开展兽药安全性评价但尚未接受过兽药非临床研究质量管理规范或兽药临床试验质量管理规范监督检查的单位，应向中国兽医药品监察所提交报告及相关资料，并接受监督检查；兽药非临床研究的所有安全性评价试验，应由与新兽药研制单位无隶属或者其他利害关系的兽药安全性评价单位承担；自 2018 年 1 月 1 日起，未经监督检查或监督检查不合格的兽药安全性评价单位，其完成的研究、试验资料不得用于兽药注册申请。为此相关研究单位和企业按照要求进行了实验室改造、设施设备购置和人员培训，经过监督检查成为兽药 GLP/GCP 单位，为新兽药研制者提供实验。截至 2021 年底，除专门从事中兽药研究的 GLP/GCP 的 3 家平台外，还有许多化学药品 GLP/GCP 研究平台也能提供相关研发服务。

二是药物饲料添加剂退出管理方式转变等政策，为中兽药产品推广提供创新发展机遇。2019 年药物饲料添加剂退出和调整相关管理政策明确规定，自 2020 年 1 月 1 日起，退出除中药外的所有促生长类药物饲料添加剂品种，兽药生产企业停止生产、进口兽药代理商停止进口相应兽药产品，同时注销相应的兽药产品批准文号和进口兽药注册证书。2020 年 7 月 1 日起，饲料生产企业停止生产含有促生长类药物饲料添加剂（中药类除外）的商品饲料。改变抗球虫和中药类药物饲料添加剂管理方式，不再核发"兽药添字"批准文号，改为"兽药字"批准文号，可在商品饲料和养殖过程中使用。为贯彻落实中共中央办公厅、国务院办公厅《关于创新体制机制推进农业绿色发展的意见》和 2018 年中央 1 号文件对兽用抗菌药使用减量有关精神，2018 年 4 月 20 日农业农村部下发开展兽用抗菌药使用减量化行动试点工作通知，实施养殖环节兽用抗菌药使用减量化行动试点工作，推广兽用抗菌药使用减量化模式，减少使用抗菌药类药物饲料添加剂，兽用抗菌药使用量实现"零增长"，兽药残留和动物细菌耐药问题得到有效控制，以维护养殖业生产安全、动物源性食品安全、公共卫生安全和生态环境安全。这些政策对中兽药创新发展带来生机。

三是国家科技项目促进了产学研融合，提高中兽药整体创新水平。"十一五"国家科技支撑计划"中兽药现代化技术研究与开发"项目、"十二五"国家科技支撑计划"现代中兽药研究与新药创制项目、"十三五"国家重点研发计划"中兽医药现代化与绿色养殖技术研究"项目，云集国内从事中兽药教学、科研单位与有较高研发实力的企业共同承担，均将新兽药注册或获准新兽药证书纳入考核指标。为完成项目任务，大家集思广益，通力合作，密切协作，整体研发水平得到提高，中兽药创新成效显著。

四是剂型和用药范围不断发展。一是根据临床用药特点开发了新的剂型，如为满足饮水给药溶解性要求，制成可溶性粉或微粉制剂；二是为方便给药，研制合剂或改变散剂为合剂，同时也提高疗效；三是针对犬研制胶囊制剂。制剂的用药范围也从单一的靶动物鸡扩展到猪、犬和水产用药，还有针对目前奶牛用药研制了白头翁皂苷注射液，用于奶牛乳房注入剂、子宫灌注剂等。

随着生产设备更新、自动化程度的提高以及实施 GMP 要求，中兽药生产企业也在原来传统设备基础上更新了设施设备，优化提取纯化和制剂工艺，通过技术创新，中兽药制剂均一稳定性也有所提高。

3.3

我国兽药创新品种

3.3.1 生物制品研发情况

2017 年 1 月—2021 年 12 月共批准 171 种新生物制品，其中一类新生物制品 22 种、二类新生物制品 30 种、三类新生物制品 134 种（表 3-3）。

表 3-3 2017—2021 年批准新生物制品

一类制品			
2017 年	兔出血症病毒杆状病毒载体灭活疫苗	江苏省农业科学院兽医研究所、国家兽用生物制品工程技术研究中心、南京天邦生物科技有限公司、山东华宏生物工程有限公司、贵州福斯特生物科技有限公司等 5 家单位申报	中华人民共和国农业部公告第 2490 号批准为一类新兽药，(2017)新兽药证字 06 号
	布鲁菌抗体检测试纸条	中国兽医药品监察所、浙江迪恩生物科技股份有限公司、唐山怡安生物工程有限公司、上海快灵生物科技有限公司	中华人民共和国农业部公告第 2526 号批准为一类新兽药，(2017)新兽药证字 23 号
	猪口蹄疫 O 型标记灭活疫苗(O/rV-1 株)	中国农业科学院兰州兽医研究所、中牧实业股份有限公司、中农威特生物科技股份有限公司	中华人民共和国农业部公告第 2590 号批准为三类新兽药，(2017)新兽药证字 50 号
	猪口蹄疫 O 型、A 型二价灭活疫苗 (Re-O/MYA98/JSCZ/2013 株 ＋ Re-A/WH/09 株)	中国农业科学院兰州兽医研究所、中农威特生物科技股份有限公司/金宇保灵生物药品有限公司、申联生物医药(上海)股份有限公司	中华人民共和国农业部公告第 2617 号批准为一类新兽药，(2017)新兽药证字 56 号
	重组鸡白细胞介素-2 注射液	大连三仪动物药品有限公司	中华人民共和国农业部公告第 2631 号
2018 年	禽流感 DNA 疫苗(H5 亚型，pH5-GD)	中国农业科学院哈尔滨兽医研究所、华派生物工程集团有限公司、哈尔滨维科生物技术开发有限公司、上海海利生物技术股份有限公司、天津瑞普生物技术股份有限公司、山东信得动物疫苗有限公司	中华人民共和国农业农村部公告第 30 号(2018)新兽药证字 26 号
	犬血白蛋白注射液	中国人民解放军军事科学院军事医学研究院、北京博莱得利生物技术有限责任公司、泰州博莱得利生物技术有限公司	中华人民共和国农业农村部公告第 94 号批准为一类新兽药，(2018)新兽药证字 51 号

		一类制品	
2019 年	猪链球菌病、副猪嗜血杆菌病二联亚单位疫苗	华中农业大学、武汉科前动物生物制品有限责任公司、天津瑞普生物技术股份有限公司、国药集团扬州威克生物工程有限公司	中华人民共和国农业农村部公告第 130 号批准为三类新兽药，(2019)新兽药证字 9 号
	重组禽流感病毒（H5＋H7）二价灭活疫苗（H5N1 Re-8 株＋H7N9 H7-Re1 株）	中国农业科学院哈尔滨兽医研究所、哈尔滨维科生物技术有限公司	中华人民共和国农业农村部公告第 187 号批准新兽药注册，(2019)新兽药证字 37 号
	猪肺炎支原体等温扩增检测试剂盒	中国农业大学、成都农业科技中心、中农承信（成都）生物科技有限公司、北京紫陌科技有限公司	中华人民共和国农业农村部公告第 207 号批准新兽药注册，(2019)新兽药证字 56 号
	鳜传染性脾肾坏死病灭活疫苗(NH0618 株)	中山大学、广东永顺生物制药股份有限公司、广州渔跃生物技术有限公司、北京时信成生物科技有限公司、广东渔跃生物技术有限公司	中华人民共和国农业农村部公告第 253 号批准新兽药注册，(2019)新兽药证字 75 号
2020 年	番鸭细小病毒病、小鹅瘟二联活疫苗(P1 株＋D 株)	福建省农业科学院畜牧兽医研究所、青岛易邦生物工程有限公司、山东德利诺生物工程有限公司、河南祺祥生物科技有限公司	中华人民共和国农业农村部公告第 266 号批准新兽药注册，(2020)新兽药证字 1 号
	猫杯状病毒胶体金检测试剂盒	洛阳普泰生物技术有限公司、国家兽用药品工程技术研究中心	中华人民共和国农业农村部公告第 266 号批准新兽药注册，(2020)新兽药证字 7 号
	禽白血病病毒群特异原检测试纸条	中国农业科学院哈尔滨兽医研究所、哈尔滨国生生物科技股份有限公司、哈尔滨维科生物技术有限公司、肇庆大华农生物药品有限公司	中华人民共和国农业农村部公告第 266 号批准新兽药注册，(2020)新兽药证字 8 号
	牛支原体环介导等温扩增检测试剂盒	中国农业大学、成都农业科技中心、北京紫陌科技有限公司	中华人民共和国农业农村部公告第 320 号，(2020)新兽药证字 35 号
	鸭坦布苏病毒血凝抑制试验抗原、阳性血清与阴性血清	北京市农林科学院、中国兽医药品监察所、天津瑞普生物技术股份有限公司、乾元浩生物股份有限公司、金宇保灵生物药品有限公司、豪威生物科技有限公司	中华人民共和国农业农村部公告第 341 号，(2020)新兽药证字 48 号
	山羊支原体山羊肺炎亚种抗体检测试纸条	中国兽医药品监察所、洛阳莱普生信息科技有限公司、深圳市心月生物科技有限公司、深圳市易瑞生物技术股份有限公司、洛阳现代生物技术研究院有限公司、山东省滨州畜牧兽医研究院、湖北省农业科学院畜牧兽医研究所	中华人民共和国农业农村部公告第 346 号，(2020)新兽药证字 51 号
2021 年	水貂阿留申病毒抗体胶体金检测试纸条	中国农业科学院特产研究所、吉林特研生物技术有限责任公司、深圳市中科同辉科技有限公司、杭州艾宠科技有限公司、西安实创生科生物技术有限公司、长春西诺生物科技有限公司	中华人民共和国农业农村部公告第 402 号，(2021)新兽药证字 04 号
	猪圆环病毒 2 型合成肽疫苗(多肽 0803＋0806)	南京农业大学、中牧实业股份有限公司、江苏南农高科技股份有限公司	中华人民共和国农业农村部公告第 406 号，(2021)新兽药证字 10 号
	鸭坦布苏病毒 ELISA 抗体检测试剂盒	中国农业科学院上海兽医研究所、瑞普（保定）生物药业有限公司、青岛易邦生物工程有限公司、肇庆大华农生物药品有限公司	中华人民共和国农业农村部公告第 450 号，(2021)新兽药证字 45 号

		一类制品	
2021 年	牛口蹄疫 O 型病毒样颗粒疫苗	中国农业科学院兰州兽医研究所、华宇生物科技(腾冲)有限公司、中农威特生物科技股份有限公司、天津威特生物医药有限责任公司、华派生物工程集团有限公司	中华人民共和国农业农村部公告 471 号,(2021)新兽药证字 57 号
	猪口蹄疫 O 型病毒样颗粒疫苗	中国农业科学院兰州兽医研究所、华宇生物科技(腾冲)有限公司、中农威特生物科技股份有限公司、天津威特生物医药有限责任公司、华派生物工程集团有限公司	中华人民共和国农业农村部公告 471 号,(2021)新兽药证字 58 号
		二、三类制品	
2017 年	牛支原体 ELISA 抗体检测试剂盒	中国农业科学院哈尔滨兽医研究所、哈尔滨国生物科技股份有限公司、哈尔滨维科生物技术开发公司、瑞普(保定)生物药业有限公司、金宇保灵生物药品有限公司	中华人民共和国农业部公告第 2593 号批准为三类新兽药,(2017)新兽药证字 48 号
	水貂犬瘟热、病毒性肠炎二联活疫苗(CL08 株＋NA04 株)	上海启盛生物科技有限公司、国药集团扬州威克生物工程有限公司	中华人民共和国农业部公告第 2598 号批准为三类新兽药,(2017)新兽药证字 53 号
	猪瘟病毒 E2 蛋白重组杆状病毒灭活疫苗(Rb-03 株)	天康生物股份有限公司	中华人民共和国农业部公告第 2627 号
	猪轮状病毒胶体金检测试纸条	洛阳普莱柯万泰生物技术有限公司、国家兽用药品工程技术研究中心	中华人民共和国农业部公告第 2627 号
	禽脑脊髓炎、鸡痘二联活疫苗(YBF02 株＋鹌鹑化弱毒株)	中国兽医药品监察所、青岛易邦生物工程有限公司、天津瑞普生物技术股份有限公司、普莱柯生物工程股份有限公司	中华人民共和国农业部公告第 2631 号
2018 年	犬细小病毒胶体金检测试纸条	武汉中博生物股份有限公司	中华人民共和国农业农村部公告第 14 号
	副猪嗜血杆菌病间接血凝试验抗原、阳性血清与阴性血清	中国农业科学院兰州兽医研究所、中农威特生物科技股份有限公司	中华人民共和国农业农村部公告第 41 号,(2018)新兽药证字 36 号
	猪流行性腹泻病毒胶体金检测试纸条	洛阳普泰生物技术有限公司、国家药品工程技术研究中心、河南农业大学	中华人民共和国农业农村部公告第 72 号批准为三类新兽药,(2018)新兽药证字 48 号
	鸡传染性支气管炎病毒 ELISA 抗体检测试剂盒	中国农业科学院哈尔滨兽医研究所、哈尔滨国生物科技股份有限公司、哈尔滨维科生物技术开发公司	中华人民共和国农业农村部公告第 74 号批准为二类新兽药,(2018)新兽药证字 44 号
	鸡传染性鼻炎(A 型＋B 型＋C 型)三价灭活疫苗	北京农林科学院、中国兽医药品监察所、乾元浩生物股份有限公司、北京信得威特科技有限公司、华派生物工程集团有限公司	中华人民共和国农业农村部公告第 94 号批准为二类新兽药,(2018)新兽药证字 56 号
2019 年	牛结核病 γ-干扰素 ELISA 检测试剂盒	华中农业大学、武汉科前动物生物制品有限责任公司、广州悦洋生物技术有限公司	中华人民共和国农业农村部公告第 130 号批准为三类新兽药,(2019)新兽药证字 7 号
	牛结核病 IFN-γ 夹心 ELISA 检测试剂盒	扬州大学、中国兽医药品监察所、中国农业科学院北京畜牧兽医研究所、南京太和生物技术有限公司、青岛瑞尔生物技术有限公司	中华人民共和国农业农村部公告第 130 号批准为三类新兽药,(2019)新兽药证字 8 号

	二、三类制品		
2019 年	非洲猪瘟病毒荧光 PCR 检测试剂盒	中国动物疫病预防控制中心、北京森康生物技术开发有限公司、洛阳莱普生信息科技有限公司、深圳真瑞生物科技有限公司	中华人民共和国农业农村部公告第 130 号批准为二类新兽药，(2019)新兽药证字 11 号
	水貂出血性肺炎、多杀性巴氏杆菌病、肺炎克雷伯杆菌病三联灭活疫苗（血清 G 型 DL1007 株＋RC1108 株＋ZC1108 株）	军事科学院军事医学研究院军事兽医研究所、吉林和元生物工程股份有限公司、吉林省牧艾生物科技有限公司、吉林嘉汇生物技术有限公司、北京万牧源农业科技有限公司	中华人民共和国农业农村部公告第 164 号批准新兽药注册，(2019)新兽药证字 29 号
	口蹄疫 O 型、A 型二价 3B 蛋白表位缺失灭活疫苗（O/rV-1 株＋A/rV-2 株）	中国农业科学院兰州兽医研究所、中牧实业股份有限公司、中农威特生物科技股份有限公司、内蒙古必威安泰生物科技有限公司	中华人民共和国农业农村部公告第 207 号批准新兽药注册，(2019)新兽药证字 52 号
	鸡传染性法氏囊病免疫复合物疫苗(CF 株)	北京中海生物科技有限公司、青岛易邦生物工程有限公司、华派生物工程集团有限公司、福建圣维生物科技有限公司、中崇信诺生物制药泰州有限公司	中华人民共和国农业农村部公告第 207 号批准新兽药注册，(2019)新兽药证字 54 号
	犬腺病毒 1 型胶体金检测试纸条	洛阳普泰生物技术有限公司、国家兽用药品工程技术研究中心、北京天恩泰生物科技有限公司	中华人民共和国农业农村部公告第 207 号批准新兽药注册，(2019)新兽药证字 55 号
	犬腺病毒（血清 1、2 型）胶体金检测试纸条	洛阳普泰生物技术有限公司、国家兽用药品工程技术研究中心、北京天恩泰生物科技有限公司	中华人民共和国农业农村部公告第 207 号批准新兽药注册，(2019)新兽药证字 58 号
2020 年	鸡滑液支原体灭活疫苗（YBF-MS1 株）	青岛易邦生物工程有限公司	中华人民共和国农业农村部公告第 266 号批准新兽药注册，(2020)新兽药证字 3 号
	牛曼氏杆菌病灭活疫苗（A1 型 M164 株）	北京生泰尔科技股份有限公司、北京华夏兴洋生物有限公司、生泰尔（内蒙古）科技有限公司	中华人民共和国农业农村部公告第 297 号批准新兽药注册，(2020)新兽药证字 17 号
	犬瘟热病毒胶体金检测试纸条	洛阳普泰生物技术有限公司、国家兽用药品工程技术研究中心、北京天恩泰生物科技有限公司	中华人民共和国农业农村部公告第 297 号批准新兽药注册，(2020)新兽药证字 20 号
	猫泛白细胞减少症病毒胶体金检测试纸条	洛阳普泰生物技术有限公司、北京市动物疫病预防控制中心、北京天恩泰生物科技有限公司	中华人民共和国农业农村部公告第 297 号批准新兽药注册，(2020)新兽药证字 21 号
	犬副流感病毒胶体金检测试纸条	洛阳普泰生物技术有限公司、国家兽用药品工程技术研究中心	中华人民共和国农业农村部公告第 299 号批准新兽药注册，(2020)新兽药证字 23 号
	猪传染性胃肠炎病毒胶体金检测试纸条	洛阳普泰生物技术有限公司、国家兽用药品工程技术研究中心	中华人民共和国农业农村部公告第 299 号批准新兽药注册，(2020)新兽药证字 26 号
	猪传染性胃肠炎病毒胶体金检测试纸条	国药集团动物保健股份有限公司、深圳市康百得生物科技有限公司、斯澳生物科技(苏州)有限公司	中华人民共和国农业农村部公告第 373 号，(2020)新兽药证字 64 号

	二、三类制品		
2021年	猪链球菌 2、7、9 型 PCR 检测试剂盒	广东海大畜牧兽医研究院有限公司、南京农业大学、中国动物卫生与流行病学中心、广东永顺生物制药股份有限公司、东莞市动物疫病预防控制中心	中华人民共和国农业农村部公告第 414 号
	鸡毒支原体 ELISA 抗体检测试剂盒	中国农业大学、哈尔滨国生生物科技股份有限公司、北京亿森宝生物科技有限公司、郑州中道生物技术有限公司、北京纳百生物科技有限公司	中华人民共和国农业农村部公告 441 号,(2021)新兽药证字 36 号
	非洲猪瘟病毒 ELISA 抗体检测试剂盒	北京金诺百泰生物技术有限公司、中国农业大学	中华人民共和国农业农村部公告 463 号,(2021)新兽药证字 53 号
	非洲猪瘟病毒荧光微球检测试纸条	中国动物卫生与流行病学中心、中国农业大学、北京金诺百泰生物技术有限公司、青岛立见生物科技有限公司、成都微瑞生物科技有限公司	中华人民共和国农业农村部公告 450 号,(2021)新兽药证字 42 号
	布鲁菌荧光偏振抗体检测试剂盒	中联瑞(北京)生物科技有限责任公司、山东生科尚仪生物技术有限公司、北京纳百生物科技有限公司	中华人民共和国农业农村部公告 471 号,(2021)新兽药证字 56 号

在制苗菌（毒、虫）种研发方面有几个突出特点。一是利用分子生物学技术对生产用菌毒虫种进行改造，降低产品的生物安全风险，或者提高产品的生产效率。比如，鸡马立克病毒 Δmeq 基因缺失疫苗，伪狂犬病病毒 ΔgI/gE 缺失毒株。二是利用痘病毒、火鸡疱疹病毒、腺病毒等载体，对存在生物安全风险或者病毒培养困难的毒株进行改造，构建了新型的活载体疫苗生产毒株，如：禽流感重组鸡痘病毒载体活疫苗（H5 亚型）、HVT 载体重组痘病活疫苗，均获得二类新兽药证书。三是利用新生物技术，对微生物进行改造，创造出适于疫苗生产的毒株。

在抗原制备方面，利用有机化学反应原理，根据保护性抗原多肽的序列，人工合成免疫原技术。比如：口蹄疫合成肽疫苗。

在核酸疫苗研制方面有突破。通过基因重组技术，将外源基因构建成重组 DNA 质粒，直接导入动物体内。比如：禽流感 H5 亚型 DNA 疫苗。

在工艺研究方面：病毒的培养已从传统的单层细胞培养发展到悬浮细胞培养，悬浮培养的方式有微载体悬浮培养和纯悬浮培养；在细胞培养基配方改进上，从最初的 5％～10％血清使用率，改进为低血清或无血清培养基，大大提高了生产效率，降低了产品污染率，保证了产品的均一性，提高了产品质量。为减少疫苗的副反应，去除疫苗中的杂质，在疫苗生产工艺上大量使用现代分离纯化技术，从早期的简单过滤、吸附等简单处理，提升到使用切向流超滤、氯仿/PEG-6000 沉淀、层析和膜包超滤等现代生物分离技术。

在研发的方式上，从最初的主要以研究院所大专院校为主，逐渐变为企业与科研单位联合、企业与企业联合、企业独立研发的局面。根据中国兽药协会 2016 年对 78 家兽医生物制品企业调查的结果显示，有 75 家生药企业选择自主研发。

3.3.2　化学药品研发情况

随着科学技术的发展与动物健康需求的增长，兽药成为一类不断"推陈出新"的特殊商品。2004 年国务院颁布实施《兽药管理条例》，农业农村部相继颁发《兽药注册办法》《新兽药研制办法》和农业部公告第 442 号等，为规范新兽药研制、注册申报行为，保证新兽药安全、有效和质量可控起到了积极推动作用。2003 年兽药残留试验技术规范（试行）、2009 年兽用化学药物安全药理学试验等 15 个技术指导原则、2010 年蚕药靶动物安全性试验等 17 个技术指导原则、2013 年水产养殖用抗菌药物药效试验等 13 个技术指导原则、2020 年防治奶牛乳腺炎的抗微生物药靶动物安全性有效性试验等 4 个试验技术指导原则的发布实施，对于化学类药品、中兽药研发、申报与评审起到了指导帮助作用。2008 年"十一五"国家科技支撑计划重点项目"新型动物药剂研制与应用"、"十二五"国家科技支撑计划重点项目"新型动物药剂创制与产业化关键技术研究"、"十三五"国家重点研发计划"畜禽重大疫病防控与高效安全养殖综合技术研发"重点专项"新型动物药剂创新与产业化"等项目的实施，进一步推动了兽用化学药品新兽药的研发创制力度，创建了一批新兽药研发平台，培养了一批研发人员，也提高了研发单位研发整体水平。这些项目均将新兽药申报与证书纳入考核目标，这也可以从历年新兽药申报数量中得以体现。

3.3.2.1　研究成果

数据显示，2007—2021 年，农业农村部共核发兽用化学药品新兽药证书 226 个，其中 2010 年、2011 年、2014 年、2015 年、2018 年、2019 年、2020 年等相对数量较多，这与国家科技支撑计划等项目实施相关，与在项目实施期开始申报或结题实施后的深入研究成果继续申报新兽药相关。

表 3-4 中显示，在 2007—2021 年中药新兽药获得证书的 271 个中，一类新兽药证书 6 个，二类新兽药证书 125 个（包括原料药和制剂），三类新兽药证书 52 个，四类新兽药证书 38 个，五类新兽药证书 50 个。说明兽用化学药品原料药和制剂申报得相对较多，主要是仿制国外已上市但在国内未上市销售的原料药及其制剂、新的消毒剂复方制剂类产品，也与不同研制单位同时申报相同产品有关。

表 3-4　2007—2021 年兽用化学药品新兽药证书核发数量

年份	数量	一类	二类	三类	四类	五类
2007	11	1	4	6		
2008	13		10	2	1	
2009	15	1	9	3	2	
2010	22		8	10	4	
2011	18		9	2	6	1
2012	8		2	1	4	1
2013	11		6		4	1
2014	25		8	5	2	10
2015	23		6	6	4	7
2016	16	2	4	4		6
2017	19		7	1	3	8
2018	31		19	4	1	7
2019	22		11	3	3	5
2020	25	2	15	2	2	4
2021	12		7		2	3
合计	271	6	125	49	38	53

表 3-5～表 3-9 是 2007—2021 年（部分至 2020 年）各类兽用化学药品名称及研制单位。

表 3-5　2007—2021 年一类兽用化学药品新兽药名称及研制单位

年份	新兽药名称	研制单位
2007	聚乙二醇牛血红蛋白偶联物	北京凯正生物工程发展有限公司
2009	重组溶葡萄球菌酶粉	上海高科联合生物技术研发有限公司
2016	维他昔布	北京欧博方医药科技有限公司
	维他昔布咀嚼片	北京欧博方医药科技有限公司
2020	沙咪珠利	中国农业科学院上海兽医研究所、山东国邦药业有限公司、湖北中牧安达药业有限公司
	沙咪珠利溶液	中国农业科学院上海兽医研究所、天津市中升挑战生物科技有限公司、中牧全药（南京）动物药品有限公司、山东国邦药业有限公司

表 3-6　2007—2021 年二类兽用化学药品新兽药名称及研制单位

年份	新兽药名称	研制单位
2007	乙酰氨基阿维菌素原料药	浙江海正药业股份有限公司
	乙酰氨基阿维菌素注射液	浙江海正药业股份有限公司
	乙酰氨基阿维菌素原料药	华北制药集团爱诺有限公司
	乙酰氨基阿维菌素注射液（30mL∶300mg）	华北制药集团爱诺有限公司
2008	硫酸头孢喹肟原料药	浙江海正药业股份有限公司
	硫酸头孢喹肟注射液 2.5%（商品名：海倍特）	浙江海正药业股份有限公司
	盐酸吡利霉素	浙江海正药业股份有限公司
	盐酸吡利霉素乳房注入剂（泌乳期）（商品名：海利乳）	浙江海正药业股份有限公司
	硫酸头孢喹肟原料药	洛阳惠中兽药有限公司
	硫酸头孢喹肟注射液	洛阳惠中兽药有限公司
	硫酸头孢喹肟原料药	江苏倍康药业有限公司
	硫酸头孢喹肟注射液	江苏倍康药业有限公司
	硫酸头孢喹肟原料药	河北远征药业有限公司
	硫酸头孢喹肟注射液	河北远征药业有限公司
2009	硫酸头孢喹肟	中牧实业股份有限公司
	硫酸头孢喹肟注射液	中牧实业股份有限公司
	硫酸头孢喹肟	齐鲁动物保健品有限公司
	硫酸头孢喹肟注射液（50mL∶1.25g）	齐鲁动物保健品有限公司
	注射用硫酸头孢喹肟（0.2g/瓶）	齐鲁动物保健品有限公司
	硫酸头孢喹肟	瑞普（天津）生物药业有限公司、南京农业大学、南京农大新兽药开发工程技术有限公司
	硫酸头孢喹肟注射液（10mL∶0.25g）	瑞普（天津）生物药业有限公司、南京农业大学、南京农大新兽药开发工程技术有限公司
	盐酸沃尼妙林	广东大华农动物保健品股份有限公司动物保健品厂、广州惠华动物保健品有限公司、华南农业大学兽医学院
	盐酸沃尼妙林预混剂（10%、50%）	广东大华农动物保健品股份有限公司动物保健品厂、广州惠华动物保健品有限公司
2010	盐酸沃尼妙林原料药	河北远征药业有限公司
	盐酸沃尼妙林预混剂	河北远征药业有限公司
	盐酸沃尼妙林原料药	齐鲁动物保健品有限公司
	盐酸沃尼妙林预混剂（100g∶10g）	齐鲁动物保健品有限公司
	盐酸沃尼妙林原料药	金河生物科技股份有限公司
	盐酸沃尼妙林预混剂	金河生物科技股份有限公司
	盐酸沃尼妙林原料药	浙江海正药业股份有限公司
	盐酸沃尼妙林预混剂（100g∶10g）	浙江海正药业股份有限公司

年份	新兽药名称	研制单位
2011	盐酸沃尼妙林原料药	河北威远动物药业有限公司
	盐酸沃尼妙林预混剂(10%)	河北威远动物药业有限公司
	盐酸沃尼妙林原料药	湖北龙翔药业有限公司
	盐酸沃尼妙林预混剂(10%)	湖北龙翔药业有限公司、瑞普(天津)生物药业有限公司、武汉回盛生物科技有限公司、武汉华杨动物药业有限责任公司
	盐酸沃尼妙林	中国农业科学院饲料研究所、浙江升华拜克生物股份有限公司、青岛康地恩药业有限公司
	盐酸沃尼妙林预混剂	中国农业科学院饲料研究所、浙江升华拜克生物股份有限公司、青岛康地恩药业有限公司
	季铵盐戊二醛溶液	中国农业大学、中国兽医药品监察所、北京中农大动物保健品技术研究院、成都中牧生物药业公司、浙江海正药业股份有限公司、广西容大动物保健品有限公司
	硝唑沙奈	中国农业科学院上海兽医研究所
	硝唑沙奈干混悬剂	中国农业科学院上海兽医研究所
2012	盐酸沃尼妙林	沈阳伟嘉牧业技术有限公司、北京伟嘉人生物技术有限公司
	盐酸沃尼妙林预混剂(10%)	沈阳伟嘉牧业技术有限公司、北京伟嘉人生物技术有限公司
2013	非泼罗尼	金坛区凌云动物保健品有限公司
	非泼罗尼滴剂	金坛区凌云动物保健品有限公司
	米尔贝肟	浙江海正药业股份有限公司
	米尔贝肟片	浙江海正药业股份有限公司
	非泼罗尼	浙江海正药业股份有限公司、上海汉维生物医药科技有限公司
	非泼罗尼滴剂	浙江海正药业股份有限公司、上海汉维生物医药科技有限公司
2014	非泼罗尼	湖北美天生物科技有限公司
	非泼罗尼滴剂	湖北美天生物科技有限公司
	莫西克丁	浙江海正动物保健品有限公司、浙江海正药业股份有限公司、东北农业大学
	莫西克丁浇泼溶液	浙江海正动物保健品有限公司、东北农业大学
	磷酸替米考星	宁夏泰瑞制药股份有限公司
	磷酸替米考星可溶性粉	宁夏泰瑞制药股份有限公司
	马波沙星	浙江国邦药业有限公司
	注射用马波沙星	浙江国邦药业有限公司、浙江华尔成生物药业股份有限公司
2015	马波沙星	武汉回盛生物科技有限公司、广东海纳川药业股份有限公司、湖北启达药业有限公司、湖北泱盛生物科技有限公司、长沙施比龙动物药业有限公司
	马波沙星片	湖北泱盛生物科技有限公司、天津生机集团股份有限责任公司、广东海纳川药业股份有限公司、武汉回盛生物科技有限公司、长沙施比龙动物药业有限公司
	马波沙星	河北远征药业有限公司、浙江凯胜生物药业有限公司
	马波沙星注射液	河北远征药业有限公司、浙江凯胜生物药业有限公司
	亚甲基水杨酸杆菌肽	绿康生化股份有限公司
	亚甲基水杨酸杆菌肽可溶性粉	绿康生化股份有限公司

年份	新兽药名称	研制单位
2016	赛拉菌素	浙江海正药业有限公司、东北农业大学、中国农业科学院兰州畜牧与兽药研究所
	赛拉菌素滴剂	浙江海正药业有限公司、浙江海正动物保健品有限公司、东北农业大学、中国农业科学院兰州畜牧与兽药研究所
	马波沙星	河北天象生物药业有限公司、湖北龙翔药业有限公司、潍坊康地恩生物制药有限公司、保定阳光本草药业有限公司、保定冀中药业有限公司、天津万象药业有限公司、河北安然动物药业有限公司
	马波沙星注射液	保定阳光本草药业有限公司、瑞普(天津)生物药业有限公司、江西傲新生物科技有限公司、河北天象生物药业有限公司、保定冀中药业有限公司、天津万象药业有限公司、河北安然动物药业有限公司、青岛康地恩动物药业有限公司
2017	马波沙星	海门慧聚药业有限公司
	氨基丁三醇前列腺素 $F_{2\alpha}$	宁波市三生药业有限公司
	氨基丁三醇前列腺素 $F_{2\alpha}$ 注射液	宁波市三生药业有限公司
	氨基丁三醇前列腺素 $F_{2\alpha}$	宁波第二激素厂
	氨基丁三醇前列腺素 $F_{2\alpha}$ 注射液	宁波第二激素厂
	D-氯前列腺钠	宁波第二激素厂
	D-氯前列腺钠注射液	宁波第二激素厂
2018	烯丙孕素	宁波三生生物科技有限公司、中国农业大学
	烯丙孕素内服溶液	宁波三生生物科技有限公司、中国农业大学
	烯丙孕素	宁波第二激素厂
	烯丙孕素内服溶液	宁波第二激素厂
	加米霉素	齐鲁动物保健品有限公司、齐鲁晟华制药有限公司
	加米霉素注射液	齐鲁动物保健品有限公司、齐鲁晟华制药有限公司
	加米霉素	华北制药集团动物保健品有限公司、河北精中生物科技有限公司、湖北龙翔药业科技股份有限公司、河北远征药业有限公司、河北科星药业有限公司、四川恒通动保生物科技有限公司、内蒙古联邦动保药品有限公司、江西新世纪民星动物保健品有限公司
	加米霉素注射液	华北制药集团动物保健品有限公司、河北远征药业有限公司、佛山市南海东方澳龙制药有限公司、湖北龙翔药业科技股份有限公司、内蒙古联邦动保药品有限公司、河北科星药业有限公司、四川恒通动保生物科技有限公司、江西新世纪民星动物保健品有限公司
	烯丙孕素原料药	北京市科益丰生物技术发展有限公司
	加米霉素原料药	洛阳惠中兽药有限公司、普莱柯生物工程股份有限公司、河南新正好生物工程有限公司
	加米霉素注射液	洛阳惠中兽药有限公司、普莱柯生物工程股份有限公司、河南新正好生物工程有限公司
	布他磷原料药	青岛蔚蓝生物股份有限公司、河北远征禾木药业有限公司、河北远征药业有限公司、中牧实业股份有限公司黄冈动物药品厂、四川博发药业有限公司
	复方布他磷注射液	青岛蔚蓝生物股份有限公司、河北远征禾木药业有限公司、河北远征药业有限公司、青岛康地恩动物药业有限公司、四川鼎尖动物药业有限责任公司、江西博莱大药厂有限公司、上海申亚动物保健品阜阳有限公司、郑州百瑞动物药业有限公司、江西傲新生物科技有限公司、重庆西农大科信动物药业有限公司、中牧南京动物药业有限公司

年份	新兽药名称	研制单位
2018	头孢洛宁原料药	华南农业大学、福建省福抗药业股份有限公司、广东温氏大华农生物科技有限公司动物保健品厂、河北天象生物药业有限公司、内蒙古金河动物药业有限公司、青岛农业大学
	头孢洛宁乳房注入剂（干乳期）	华南农业大学、保定阳光本草药业有限公司、广东温氏大华农生物科技有限公司动物保健品厂、福建省福抗药业股份有限公司、内蒙古金河动物药业有限公司、保定冀中生物科技有限公司、青岛农业大学
	匹莫苯丹原料药	海门慧聚药业有限公司
	匹莫苯丹咀嚼片	北京欧博方医药科技有限公司、青岛欧博方医药科技有限公司
	烯丙孕素内服溶液	天津市中升挑战生物科技有限公司
	烯丙孕素原料药	天津市中升挑战生物科技有限公司、浙江仙居君业药业有限公司、扬州大学
2019	烯丙孕素内服溶液	齐鲁动物保健品有限公司
	烯丙孕素	江苏远大信谊药业有限公司
	头孢洛宁	中国农业科学院饲料研究所、齐鲁晟华制药有限公司、齐鲁动物保健品有限公司、北京市畜牧总站
	头孢洛宁乳房注入剂（干乳期）	中国农业科学院饲料研究所、齐鲁动物保健品有限公司、北京市畜牧总站、齐鲁晟华制药有限公司
	泰地罗新	齐鲁晟华制药有限公司、齐鲁动物保健品有限公司、中国农业大学
	泰地罗新注射液	齐鲁动物保健品有限公司、齐鲁晟华制药有限公司、中国农业大学
	头孢洛宁	中牧实业股份有限公司、中国牧工商集团有限公司、艾美科健（中国）生物医药有限公司、山东鲁抗舍里乐药业有限公司、湖北中牧安达药业有限公司、扬州大学
	头孢洛宁乳房注入剂（干乳期）	中牧实业股份有限公司、中国牧工商集团有限公司、山东鲁抗舍里乐药业有限公司高新区分公司、艾美科健（中国）生物医药有限公司、中牧全药（南京）动物药品有限公司、扬州大学
	烯丙孕素	杭州裕美生物科技有限公司、上海同仁药业股份有限公司、上海兽药厂、大连上岛科技发展有限公司
	加米霉素	中国农业科学院饲料研究所、浙江国邦药业有限公司、天津市中升挑战生物科技有限公司、艾美科健（中国）生物医药有限公司
	加米霉素注射液	天津市中升挑战生物科技有限公司、新昌和宝生物科技有限公司、艾美科健（中国）生物医药有限公司
2020	孟布酮	西南大学、天津瑞普生物技术股份有限公司、湖北龙翔药业科技股份有限公司
	孟布酮粉	西南大学、瑞普（天津）生物药业有限公司、成都新亨药业有限公司、天津市中升挑战生物科技有限公司
	孟布酮注射液	西南大学、瑞普（天津）生物药业有限公司、成都新亨药业有限公司、天津市中升挑战生物科技有限公司
	加米霉素	保定冀中生物科技有限公司、山东鲁抗舍里乐药业有限公司、青岛农业大学、河北天象生物药业有限公司、保定冀中药业有限公司、保定九孚生化有限公司、湖北中牧安达药业有限公司

年份	新兽药名称	研制单位
2020	加米霉素注射液	保定冀中生物科技有限公司、上海公谊药业有限公司、广东温氏大华农生物科技有限公司动物保健品厂、山东鲁抗舍里乐药业有限公司高新区分公司、青岛农业大学、东北农业大学、中国农业大学、保定九孚生化有限公司、中牧南京动物药业有限公司、保定冀中药业有限公司、湖北回盛生物科技有限公司
	羟氯扎胺	中国农业科学院兰州畜牧与兽药研究所、常州齐晖药业有限公司、内蒙古齐晖化学有限公司
	羟氯扎胺混悬液	中国农业科学院兰州畜牧与兽药研究所、常州齐晖药业有限公司、武威牛满加药业有限责任公司、成都中牧生物药业有限公司、重庆方通动物药业有限公司、河北远征药业有限公司、兰州牧药所生物科技研发有限责任公司、江苏优力维生物医药有限公司
	卡贝缩宫素	宁波三生生物科技有限公司、中国农业大学
	卡贝缩宫素注射液	宁波三生生物科技有限公司、中国农业大学
	泰地罗新	上海市动物疫病预防控制中心、上海同仁药业股份有限公司上海兽药厂、华南农业大学、湖北龙翔药业科技股份有限公司、湖北中牧安达药业有限公司、启东东岳药业有限公司、内蒙古联邦动保药品有限公司、广东温氏大华农生物科技有限公司动物保健品厂、华北制药集团动物保健品有限责任公司
	泰地罗新注射液	上海市动物疫病预防控制中心、上海同仁药业股份有限公司上海兽药厂、华南农业大学、瑞普（天津）生物药业有限公司、中牧南京动物药业有限公司、内蒙古联邦动保药品有限公司、广东温氏大华农生物科技有限公司动物保健品厂、江西博莱大药厂有限公司、华北制药集团动物保健品有限责任公司
	氢溴酸常山酮	山西美西林药业有限公司
	氢溴酸常山酮预混剂	山西美西林药业有限公司、南京惠牧生物科技有限公司
	甲氧普烯	洛阳惠中兽药有限公司、普莱柯生物工程股份有限公司、河南新正好生物工程有限公司
	复方非泼罗尼滴剂	洛阳惠中兽药有限公司、普莱柯生物工程股份有限公司、河南新正好生物工程有限公司
2021	泰地罗新	武汉回盛生物科技股份有限公司、瑞孚信湖北药业有限公司、山东华辰生物化学有限公司、山东久隆恒信药业有限公司、湖北回盛生物科技有限公司、艾美科健（中国）生物医药有限公司、京山瑞生制药有限公司、长沙施比龙动物药业有限公司、武汉轻工大学
	泰地罗新注射液	湖北回盛生物科技有限公司、江苏恒丰强生物技术有限公司、山东华辰制药有限公司、武汉回盛生物科技股份有限公司、艾美科健（中国）生物医药有限公司、山东久隆恒信药业有限公司、长沙施比龙动物药业有限公司、华中农业大学、保定冀中生物科技有限公司
	泰地罗新	青岛农业大学、河北远征禾木药业有限公司、山东鲁抗舍里乐药业有限公司、郑州福源动物药业有限公司、河北远征药业有限公司、保定九孚生化有限公司、黑龙江联顺生物科技有限公司、河北威远药业有限公司

年份	新兽药名称	研制单位
2021	泰地罗新注射液	河北远征药业有限公司、福建傲农生物制药有限公司、河南牧翔动物药业有限公司、河北远征禾木药业有限公司、青岛农业大学、山东鲁抗舍里乐药业有限公司高新区分公司、山东德州神牛药业有限公司、保定九孚生化有限公司、河北威远药业有限公司
	匹莫苯丹	青岛农业大学、中国农业大学、新疆农业大学、山东信得科技股份有限公司、山东谊源药业股份有限公司
	匹莫苯丹咀嚼片	青岛农业大学、中国农业大学、新疆农业大学、山东信得科技股份有限公司、南京金盾动物药业有限责任公司、南京威特动物药品有限公司、青岛百慧智业生物科技有限公司、山东谊源药业股份有限公司、秦皇岛摩登狗生物科技有限公司
	二氧化氯溶液	中国农业科学院饲料研究所、广东温氏大华农生物科技有限公司、中牧实业股份有限公司黄冈动物药品厂、湖南喜爱迪生物科技有限责任公司

表3-7　2007—2021年三类兽用化学药品新兽药名称及研制单位

年份	新兽药名称	研制单位
2007	复合次氯酸钙粉	中国检验检疫科学研究院
	氟尼辛葡甲胺原料药	齐鲁动物保健品有限公司
	氟尼辛葡甲胺注射液	齐鲁动物保健品有限公司
	盐酸头孢噻呋原料药	浙江海正药业股份有限公司
	盐酸头孢噻呋注射液	浙江海正药业股份有限公司
	注射用复方鲑鱼促性腺激素释放激素类似物	宁波市三生药业有限公司
2008	三氯氰尿酸、磷酸三钠粉（蚕用）	中国农业科学院蚕业研究所附属蚕药厂
	次氯酸钠溶液	新疆佳宁八四消毒制品有限公司
2009	盐酸头孢噻呋	齐鲁动物保健品有限公司
	盐酸头孢噻呋注射液	齐鲁动物保健品有限公司
2010	复方三氯异氰脲酸粉（蚕用）	浙江省农科院生物技术公司
	二氯异氰脲酸钠、百菌清粉（蚕用）	中国农业科学院蚕业研究所附属蚕药厂
	乳酸甲氧苄啶	山东达易利科技开发有限公司烟台药业分公司
	枸橼酸粉	临洮威特药业有限公司
	卡巴匹林钙原料药	齐鲁动物保健品有限公司
	卡巴匹林钙可溶性粉	齐鲁动物保健品有限公司
	戈那瑞林原料药	宁波市三生药业有限公司
	注射用戈那瑞林	宁波市三生药业有限公司
	戈那瑞林注射液（2mL：100μg，2mL：200μg）	宁波市三生药业有限公司
	盐酸恩诺沙星原料药	浙江国邦药业有限公司、浙江华义医药有限公司、上虞京新药业有限公司
	盐酸恩诺沙星可溶性粉（10%、30%）	浙江国邦药业有限公司、浙江明博药业有限公司、杭州爱力迈动物药业有限公司、义乌双峰动物药业有限公司、杭州萧山第一兽药制造有限公司
2011	蒙脱石粉	安吉丰牧兽药有限公司
	碘甘油乳头浸剂	内蒙古瑞普大地生物药业有限责任公司、内蒙古农业大学
2012	阿莫西林钠	齐鲁晟华制药有限公司
2014	复合亚氯酸钠粉	张家口市绿洁环保化工技术开发有限公司
	戊二醛苯扎溴铵溶液	洛阳惠中兽药有限公司、普莱柯生物工程股份有限公司、河南新正好生物工程有限公司、洛阳惠德生物工程有限公司

年份	新兽药名称	研制单位
2014	过硫酸氢钾复合盐泡腾片	镇江威特药业有限责任公司、镇江合合科技有限公司
	枸橼酸碘溶液	佛山市正典生物技术有限公司
	阿莫西林钠	河北远征禾木药业有限公司
2015	复合亚氯酸钠粉	新乡市康大消毒剂有限公司
	葡萄糖酸氯己定碘溶液	上海利康生物高科技有限公司
	美洛昔康	青岛蔚蓝生物股份有限公司、山东鲁抗舍里乐药业有限公司、河北天象生物药业有限公司、青岛农业大学、潍坊康地恩生物制药有限公司
	美洛昔康注射液	青岛蔚蓝生物股份有限公司、保定阳光本草药业有限公司、山东鲁抗舍里乐药业有限公司高新区分公司、青岛农业大学、青岛康地恩动物药业有限公司
	磷酸替米考星	湖北龙翔药业有限公司
	磷酸替米考星可溶性粉	湖北龙翔药业有限公司、瑞普（天津）生物药业有限公司、江西省特邦动物药业有限公司、北京中农华威制药有限公司
2016	磷酸替米考星	青岛蔚蓝生物股份有限公司、广东温氏大华农生物科技有限公司动物保健品厂、山东久隆恒信药业有限公司、山东胜利生物工程有限公司、潍坊康地恩生物制药有限公司、青岛康地恩动物药业有限公司、河北维尔利动物药业集团有限公司
	磷酸替米考星可溶性粉	青岛蔚蓝生物股份有限公司、广东温氏大华农生物科技有限公司动物保健品厂、江西傲新生物科技有限公司、河北维尔利动物药业集团有限公司、青岛康地恩动物药业有限公司、菏泽普恩药业有限公司、潍坊诺达药业有限公司、山东胜利生物工程有限公司、江苏南农高科动物药业有限公司
	磷酸替米考星	河北天象生物药业有限公司、山东鲁抗舍里乐药业有限公司、山东方明邦嘉制药有限公司、保定冀中药业有限公司、山东鲁抗舍里乐药业有限公司高新区分公司、内蒙古金河动物药业有限公司、
	磷酸替米考星可溶性粉	保定冀中药业有限公司、山东鲁抗舍里乐药业有限公司高新区分公司、内蒙古金河动物药业有限公司、河北天象生物药业有限公司、山东鲁抗舍里乐药业有限公司、山东方明邦嘉制药有限公司
2017	美洛昔康内服混悬液（猫用）	上海汉维生物医药科技有限公司
2018	盐酸贝那普利咀嚼片	河北远征禾木药业有限公司、南京金盾动物药业有限责任公司、江苏恒丰强生物技术有限公司、河北远征药业有限公司
	托芬那酸	青岛农业大学、中国农业大学、山东信得科技股份有限公司、青岛百慧智业生物科技有限公司、新疆农业大学、齐鲁动物保健品有限公司
	托芬那酸注射液	青岛农业大学、中国农业大学、山东信得科技股份有限公司、河北威远动物药业有限公司、施维雅（青岛）生物制药有限公司、青岛百慧智业生物科技有限公司、新疆农业大学、齐鲁动物保健品有限公司、南京威特动物药品有限公司
	西地碘粉	山东省农业科学院家禽研究所、济南森康三峰生物工程有限公司
2019	碘甘油混合溶液	中国农业科学院饲料研究所、利拉伐（天津）有限公司
	烯丙孕素内服溶液	上海同仁药业股份有限公司上海兽药厂、大连上岛科技发展有限公司、杭州裕美生物科技有限公司
	复方过硫酸氢钾枸橼酸粉	北京大北农动物保健科技有限责任公司、韶山大北农动物药业有限公司

年份	新兽药名称	研制单位
2020	复合亚氯酸钠溶液	广州迈高化学有限公司
	过氧化氢粉	南京艾力彼兽药研究所有限公司、安徽天安生物科技股份有限公司、青岛润达生物科技有限公司、江苏南京农大动物药业有限公司盱眙分公司、南京美智德合成材料有限公司、南京农业大学

表 3-8 2007—2021 年四类兽用化学药品新兽药名称及研制单位

年份	新兽药名称	研制单位
2008	替米考星可溶性粉	瑞普(天津)生物药业有限公司、天津润拓动物药业有限公司
2009	癸氧喹酯溶液 3%	青岛六和药业有限公司、青岛康地恩药业有限公司、潍坊诺达药业有限公司、菏泽普恩药业有限公司、潍坊大成生物工程有限公司、山西农大恒远药业有限公司、江苏欧克动物药业有限公司
	多潘立酮注射液(2mL∶100mg)	宁波第二激素厂
2010	癸氧喹酯溶液	齐鲁动物保健品有限公司
	磺胺氯达嗪钠、乳酸甲氧苄啶可溶性粉	山东达易利科技开发有限公司烟台药业分公司
	盐酸头孢噻呋注射液	北京中农大动物保健品集团湘潭兽药厂、中国农业大学动物医学院、北京中农大动物保健品技术研究院、广西北斗星动物保健品有限公司
	盐酸苯噁唑注射液(2mL∶60mg)	敦化市圣达动物药品有限公司
2011	注射用戈那瑞林	宁波第二激素厂
	恩诺沙星混悬液(100mL∶5g)	广东大华农动物保健品股份有限公司
	土霉素子宫注入剂 10%	佛山市南海东方澳龙制药有限公司
	盐酸沙拉沙星胶囊(蚕用)	中国农业科学院蚕业研究所附属蚕药厂
	盐酸头孢噻呋注射液	沈阳伟嘉牧业技术有限公司、湖南农大动物药业有限公司
	阿莫西林硫酸黏菌素注射液	中国农业大学、中国兽医药品监察所、北京中农大动物保健品技术研究院、成都中牧生物药业公司、浙江海正药业股份有限公司、山东济兴制药有限公司、广西北斗星动物保健品有限公司、北京中农大动物保健品集团湘潭兽药厂
2012	吡喹酮硅胶棒	丹东市绿丹和华动物药业有限公司、新疆维吾尔自治区疾病预防控制中心
	复方达克罗宁滴耳液	北京康牧兽医药械中心制药厂
	盐酸头孢噻呋注射液	上海市兽药饲料检测所、华南农业大学、上海公谊兽药厂、挑战(天津)动物药业有限公司、广东大华农动物保健品股份有限公司动物保健品厂
	头孢噻呋注射液	华南农业大学、洛阳惠中兽药有限公司、瑞普(天津)生物药业有限公司、广西天荣生物科技有限公司
2013	盐酸多西环素注射液	华南农业大学、洛阳惠中兽药有限公司、挑战(天津)动物药业有限公司、上海公谊兽药厂
	复方阿莫西林乳房注入剂	中国农业大学、中国兽医药品监察所、北京中农大动物保健品技术研究院、浙江海正药业股份有限公司、广西容大动物保健有限公司、佛山市南海东方澳龙制药有限公司、齐鲁动物保健品有限公司、郑州福源动物药业有限公司、河南省兽药监察所、北京中农大动物保健品集团湘潭兽药厂
	磺胺氯吡嗪钠二甲氧苄啶溶液	青岛康地恩动物药业有限公司、青岛康地恩药业股份有限公司、潍坊大成生物工程有限公司、潍坊诺达药业有限公司、菏泽普恩药业有限公司、山西康地恩恒远药业有限公司
	癸氧喹酯干混悬剂	瑞普(天津)生物药业有限公司、山西瑞象生物药业有限公司

年份	新兽药名称	研制单位
2014	复方氟康唑乳膏	青岛康地恩药业股份有限公司、南京金盾动物药业有限责任公司
	氟苯尼考胶囊（蚕用）	中国农业科学院蚕业研究所附属蚕药厂、东台市头灶蚕药厂
2015	盐酸氨丙啉乙氧酰胺苯甲酯磺胺喹噁啉可溶性粉	洛阳惠中兽药有限公司、普莱柯生物工程股份有限公司、河南新正好生物工程有限公司
	聚维酮碘口服液	深圳市安多福动物药业有限公司、深圳市安多福消毒高科技股份有限公司
	重组溶葡萄球菌酶阴道泡腾片	上海高科联合生物技术研发有限公司、昆山博青生物科技有限公司
	癸氧喹酯干混悬剂	广州华农大实验兽药有限公司、成都乾坤动物药业有限公司、广东大华农动物保健品股份有限公司动物保健品厂
2017	注射用多潘立酮	宁波市三生药业有限公司
	复方甲霜灵粉	长沙拜特生物科技研究所有限公司、上海海洋大学
	替米考星肠溶颗粒	瑞普（天津）生物药业有限公司、湖北龙翔药业科技股份有限公司、江苏省特邦动物药业有限公司
2018	磺胺氯吡嗪钠二甲氧苄啶混悬液	中牧南京动物药业有限公司、扬州大学、中牧全药（南京）动物药品有限公司、江苏中牧倍康药业有限公司
2019	磺胺氯吡嗪钠甲氧苄啶可溶性粉	河南牧翔动物药业有限公司、广东腾骏动物药业股份有限公司、四川恒通动保生物科技有限公司、石家庄江山动物药业有限公司、江苏恒丰强生物技术有限公司、扬州大学、河南农业大学
	注射用阿莫西林钠克拉维酸钾	内蒙古联邦动保药品有限公司、华北制药集团动物保健品有限责任公司、瑞普（天津）生物药业有限公司
	硫糖铝片	青岛蔚蓝生物股份有限公司、天津市保灵动物保健品有限公司、江苏恒丰强生物技术有限公司、保定冀中生物科技有限公司、北京中科拜克生物技术有限公司、青岛动保国家工程技术研究中心有限公司、山东益远药业有限公司
2020	复方甘草酸苷片	南京农业大学、吉林大学、南京金盾动物药业有限责任公司、保定冀中生物科技有限公司、河南新感觉兽药有限公司、南京朗博特动物药业有限公司、湖北中博绿亚生物技术有限公司、上海信元动物药品有限公司、河北远征药业有限公司
	复方氨基酸注射液	河北科星药业有限公司、四川恒通动保生物科技有限公司、江苏朗博特动物药品有限公司、江西省保灵动物保健品有限公司
2021	维他昔布注射液	北京欧博方医药科技有限公司、青岛欧博方医药科技有限公司
	阿莫西林克拉维酸钾颗粒	内蒙古联邦动保药品有限公司

表 3-9　2011—2021 年五类兽用化学药品新兽药名称及研制单位

年份	新兽药名称	研制单位
2011	复方氯硝柳胺片	青岛康地恩药业有限公司、青岛六合药业有限公司、潍坊诺达药业有限公司、菏泽普恩药业有限公司
2012	亚甲基水杨酸杆菌肽预混剂	浦城绿康生化有限公司
2013	阿莫西林硫酸黏菌素可溶性粉	山西恒丰强动物药业有限公司、上海恒丰强动物药业有限公司

年份	新兽药名称	研制单位
2014	硫酸头孢喹肟乳房注入剂（泌乳期）	佛山市南海东方澳龙制药有限公司、齐鲁动物保健品有限公司
	非泼罗尼喷雾剂	上海汉维生物医药科技有限公司
	头孢氨苄片	上海汉维生物医药科技有限公司
	利福昔明乳房注入剂（干乳期）	齐鲁动物保健品有限公司
	盐酸头孢噻呋乳房注入剂（干乳期）	齐鲁动物保健品有限公司
	美洛昔康注射液	齐鲁动物保健品有限公司
	美洛昔康内服混悬液	上海汉维生物医药科技有限公司
	硫酸头孢喹肟乳房注入剂（泌乳期）	瑞普（天津）生物药业有限公司、内蒙古瑞普大地生物药业有限责任公司
	硫酸头孢喹肟乳房注入剂（泌乳期）	河北远征药业有限公司
	硫酸头孢喹肟乳房注入剂（泌乳期）	中国农业科学院饲料研究所、北京市畜牧总站、中牧实业股份有限公司、广东大华农动物保健品股份有限公司、北京立时达药业有限公司、华秦源（北京）动物药业有限公司
2015	硫酸头孢喹肟子宫注入剂	河北远征药业有限公司
	米尔贝肟吡喹酮片	浙江海正动物保健品有限公司、浙江海正药业股份有限公司
	阿莫西林克拉维酸钾片	上海汉维生物医药科技有限公司
	盐酸头孢噻呋乳房注入剂（干乳期）	中国农业科学院饲料研究所、北京市畜牧总站、中牧实业股份有限公司、华嗪源（北京）动物药业有限公司、北京中农劲腾生物技术有限公司
	硫酸头孢喹肟乳房注入剂（干乳期）	中国农业科学院饲料研究所、北京市畜牧总站、广东大华农动物保健品股份有限公司动物保健品厂、北京康牧生物科技有限公司、中牧实业股份有限公司、华嗪源（北京）动物药业有限公司
	硫酸头孢喹肟子宫注入剂	中国农业科学院饲料研究所、北京市畜牧总站、广东大华农动物保健品股份有限公司动物保健品厂、北京康牧生物科技有限公司、中牧实业股份有限公司、华嗪源（北京）动物药业有限公司
	硫酸头孢喹肟乳房注入剂（干乳期）	瑞普（天津）生物药业有限公司、佛山市南海东方澳龙制药有限公司、内蒙古瑞普大地生物药业有限责任公司
2016	乙酰氨基阿维菌素浇泼剂	浙江海正动物保健品有限公司、浙江海正药业股份有限公司、中国农业大学
	恩诺沙星注射液（20%）	天津市中升挑战生物科技有限公司、广东温氏大华农生物科技有限公司动物保健品厂、广州惠元生化科技有限公司
	吡喹酮咀嚼片	新疆畜牧科学院兽医研究所（新疆畜牧科学院动物临床医学研究中心）、北京中农华威制药股份有限公司
	美洛昔康片	瑞普（天津）生物药业有限公司、江西省特邦动物药业有限公司、浙江海正动物保健品有限公司、保定冀中药业有限公司、天津瑞普生物技术股份有限公司
	双氯芬酸钠注射液	烟台绿叶动物保健品有限公司、扬州大学、山东省健牧生物药业有限公司、天津市中升挑战生物科技有限公司、山东省农业科学院畜牧兽医研究所
	盐酸恩诺沙星可溶性粉（蚕用）	湖北农科生物化学有限公司
2017	对乙酰氨基酚双氯芬酸钠注射液	烟台绿叶动物保健品有限公司、山东省农业科学院畜牧兽医研究所、天津市中升挑战生物科技有限公司、河南牧翔动物药业有限公司、山东农业大学
	美洛昔康片	南京仕必得生物技术有限公司、来安县仕必得生物技术有限公司、来安县仕必得新兽药研发有限公司、天津市宝灵动物保健品有限公司

年份	新兽药名称	研制单位
2017	伊曲康唑内服溶液	上海汉维生物医药科技有限公司
	盐酸多西环素颗粒	河北远征禾木药业有限公司、河北远征药业有限公司
	伊维菌素咀嚼片	中国农业大学动物医学院、佛山市南海东方澳龙制药有限公司、瑞普（天津）生物药业有限公司、齐鲁晟华制药有限公司、北京中农大动物保健品集团湘潭兽药厂
	盐酸贝那普利咀嚼片	中国农业大学动物医学院、瑞普（天津）生物药业有限公司、齐鲁晟华制药有限公司、佛山市南海东方澳龙制药有限公司、北京中农大动物保健品集团湘潭兽药厂
	注射用尿促性素	宁波第二激素厂
	美洛昔康片	齐鲁晟华制药有限公司、佛山市南海东方澳龙制药有限公司、江苏恒丰强生物技术有限公司、齐鲁动物保健品有限公司
2018	伊维菌素浇泼溶液	内蒙古金河动物药业有限公司、金河生物科技股份有限公司
	乳酸钠林格注射液	江苏恒丰强生物技术有限公司
	奥美拉唑内服糊剂	北京欧博方医药科技有限公司
	硫酸头孢喹肟注射液	齐鲁动物保健品有限公司
	丙泊酚注射液	广东嘉博制药有限公司、华南农业大学、沛生医药科技（广州）有限公司、青岛农业大学
	盐酸贝那普利片	来安县仕必得生物技术有限公司、来安县仕必得新兽药研发有限公司、浙江海正动物保健品有限公司、南京威特动物药品有限公司、南京仕必得生物技术有限公司、天津市保灵动物保健品有限公司、南京科灵格动物药业有限公司、南京威嘉仕宠物用品有限公司
	盐酸贝那普利咀嚼片	北京欧博方医药科技有限公司、青岛欧博方医药科技有限公司
2019	维生素ADE注射液	宁夏智弘生物科技有限公司、苏州素仕生物科技有限公司、河北远征药业有限公司、宁夏回族自治区兽药饲料监察所
	双氯芬酸钠注射液	郑州百瑞动物药业有限公司、中国农业科学院兰州畜牧与兽药研究所、河南省兽药监察所、郑州大学
	利福昔明子宫注入剂	南京农业大学、山东鲁抗舍里乐药业有限公司高新区分公司、佛山市南海东方澳龙制药有限公司、湖北回盛生物科技有限公司、四川省川龙动物药业有限公司、河南益华动物药业有限公司
	碱式硝酸铋乳房注入剂（干乳期）	中国农业科学院饲料研究所、浙江海正动物保健品有限公司、齐鲁动物保健品有限公司、浙江海正药业股份有限公司、齐鲁晟华制药有限公司
	米尔贝肟吡喹酮咀嚼片	浙江海正动物保健品有限公司
2020	利福昔明乳房注射剂（泌乳期）	南京农业大学、山东鲁抗舍里乐药业有限公司高新区分公司、佛山市南海东方澳龙制药有限公司、郑州百瑞动物药业有限公司、保定冀中生物科技有限公司、河北远征药业有限公司、河南益华动物药业有限公司
	酮洛芬注射液	佛山市南海东方澳龙制药有限公司
	美洛昔康咀嚼片	浙江海正动物保健品有限公司
	替米沙坦内服溶液	中国农业大学、洛阳惠中兽药有限公司、江苏恒丰强生物技术有限公司、佛山市南海东方澳龙制药有限公司、北京市兽药监察所、洛阳惠德生物工程有限公司
2021	利福昔明子宫注入剂	中国农业科学院饲料研究所、北京市畜牧总站、广东温氏大华农生物科技有限公司动物保健品厂、齐鲁动物保健品有限公司、华秦源（北京）动物药业有限公司杨凌分公司
	盐酸溴已新可溶性粉	天津市中升挑战生物科技有限公司
	恩诺沙星子宫注入剂	华南农业大学、青岛农业大学、山东鲁抗舍里乐药业有限公司高新区分公司、安徽科尔药业有限公司、广州金泓格农业科技有限公司

从表中可以看出，从 2017 年开始，联合申报注册单位有所增加。

3.3.2.2 研发类型与剂型分布

从新兽药名称与分类中可以看出，我国自主研发的一类新兽药有聚乙二醇牛血红蛋白偶联物、重组溶葡萄球菌酶、维他昔布和沙咪珠利 3 个原料药。仿制国外原料的 69 个证书中，因由不同研制团队分别申报，具体原料包括乙酰氨基阿维菌素、硫酸头孢喹肟、盐酸吡利霉素、盐酸沃尼妙林、硝唑沙奈、非泼罗尼、米尔贝肟、莫西克丁、磷酸替米考星、马波沙星、亚甲基水杨酸杆菌肽、赛拉菌素、氨基丁三醇前列腺素 $F_{2\alpha}$、D-氯前列腺素钠、烯丙孕素、加米霉素、托芬那酸、布他磷、头孢洛宁、匹莫苯丹、泰地罗新、孟布酮、羟氯扎胺、卡贝缩宫素、氢溴酸常山酮、甲氧普烯等 26 个品种，其作用包括抗微生物、抗寄生虫、治疗心脏病以及用于动物繁殖用药等的原料药，初步解决了我国相关药品依赖国外产品的历史。随着我国对仿制药品研发和评审水平的提升，部分产品质量达到国外制剂的同等水平，如消毒药二类药的季铵盐戊二醛溶液、二氧化氯溶液等品种。

原料药必须制成适宜的剂型才能用于临床，不同剂型均需保证药物的安全、有效、稳定和使用方便。剂型选择时除考虑药物的理化性质和生物学特性、制剂工业化生产的可行性与生产成本外，也要考虑临床治疗的需要和临床用药的顺应性。制剂与临床用药相关，反映临床实际使用效果。已批准核发新兽药证书产品的剂型均已证明剂型选择的依据充分、处方合理、工艺稳定、生产过程能得到有效控制、适合工业化生产。

兽用化学药品新兽药研制的主要剂型为注射剂、溶液剂、预混剂、乳房注入剂、粉剂、可溶性粉等，主要是给药方便，也是适应不同动物疾病需要，如适用于奶牛乳腺炎的乳房注入剂、治疗子宫内膜炎的子宫注入剂等局部用药。随着犬、猫等宠物的日益增多，其治疗的相关剂型也逐渐增多，如胶囊剂、喷雾剂、咀嚼片等。还有适应动物适口性或者使用方便的，如肠溶颗粒、浇泼剂等，剂型不断增加。

3.3.3 中兽药研发情况

新兽药研究是一个复杂的系统工程，从选题立项、临床前研究、临床研究、新兽药申报、获准上市、组织生产到新兽药推广，涉及组织管理协调、深入规范的专业研究、申报审批程序、知识产权保护等诸多方面。

中药新兽药是指未曾在中国境内上市销售的、在我国传统中兽医理论指导下使用的天然药用物质及其制剂，包括未曾在中国境内上市销售的、在现代兽医理论指导下使用的天然药用物质及其制剂。

随着科技的发展与动物健康需求的增长，兽药成为一类不断"推陈出新"的特殊商品。2004 年国务院颁布实施新的《兽药管理条例》，农业农村部相继颁发《兽药注册办法》《新兽药研制办法》和农业部公告第 442 号等，为规范新兽药研制、注册申报行为，保证新兽药安全、有效和质量可控起到了积极推动作用。2006 年兽用中药、天然药物原料前处理等技术指导原则，2011 年兽用中药、天然药物临床试验等技术指导原则的发布实施，对于中药新兽药研发、申报与评审起到了指导帮助作用。2008 年"十一五"国家科技支撑计划重点项目"中兽药现代化技术研究与开发"；"十二五"国家科技支撑计划重点项目"现代中兽药研究与新药创制"、"十三五"国家重点研发计划"畜禽重大疫病防控与高效安全养殖综合技术研发"重点专项"中兽医药现代化与绿色养殖技术研究"等，随着这些项目的实施，进一步推动了中药新兽药的研发创制力度，培养了一批研发人员，也提高了研发单位研发整体水平。这些项目均将新兽药申报与证书纳入考核目标，这也可以从历年新兽药申报数量中得以体现。

国家鼓励研究和创制新兽药，《兽药管理条例》第六条"国家鼓励研制新兽药，依法保护研制者的合法权益"。

3.3.3.1 研发成果

数据显示，2006—2021年，农业农村部共核发中药新兽药证书158个，其中2009年、2012年、2013年、2015年、2016年、2019年、2021年等相对数量较多（表3-10），这与国家科技支撑计划等实施相关，与在项目课题实施期开始申报或研发结题实施后的深入研究成果继续申报新兽药相关。

表3-10显示，在2006—2021年中药新兽药获得的158个证书中，一类新兽药证书3个，二类新兽药证书12个，三类新兽药证书126个，四类新兽药证书17个。说明中兽药复方制剂相对较多，而新的药材或有效成分研发相对较少。

表3-10 2006—2021年中药新兽药证书核发数量

年份	数量	一类	二类	三类	四类
2006	4			4	
2007	7			7	
2008	4			4	
2009	8			7	1
2010	4			4	
2011	5		2	2	1
2012	14	3		9	2
2013	15			13	2
2014	9		2	6	1
2015	15			13	2
2016	16			12	4
2017	10		2	7	1
2018	9			8	1
2019	14		2	12	
2020	11		2	9	
2021	13		2	9	2
合计	158	3	12	126	17

表3-11～表3-14展示了中药新兽药名称及研制单位。

表3-11 2012年一类中药新兽药名称及研制单位

新兽药名称	研制单位
紫锥菊	青岛康地恩药业股份有限公司、齐鲁动物保健品有限公司、青岛六和药业有限公司、潍坊诺达药业有限公司、齐鲁动物保健品(临邑)有限公司
紫锥菊口服液	青岛康地恩药业股份有限公司、齐鲁动物保健品有限公司、青岛六和药业有限公司、潍坊诺达药业有限公司、齐鲁动物保健品(临邑)有限公司
紫锥菊末	青岛康地恩药业股份有限公司、齐鲁动物保健品有限公司、青岛六和药业有限公司、潍坊诺达药业有限公司、齐鲁动物保健品(临邑)有限公司

表 3-12　2011—2021 年二类中药新兽药名称及研制单位

年份	新兽药名称	研制单位
2011	博落回提取物	湖南美克达生物资源有限公司
	博落回散	湖南美克达生物资源有限公司
2014	紫锥菊根	华南农业大学、广州华农大实验兽药有限公司、广东大华农动物保健品股份有限公司动物保健品厂、天津瑞普生物技术股份有限公司、成都乾坤动物药业有限公司
	紫锥菊根末	华南农业大学、广州华农大实验兽药有限公司、广东大华农动物保健品股份有限公司动物保健品厂、天津瑞普生物技术股份有限公司、成都乾坤动物药业有限公司
2017	香菇多糖	成都乾坤动物药业股份有限公司、广东海纳川生物科技股份有限公司、山东鲁抗舍里乐药业有限公司高新区分公司、南京威泰珐码兽药研究所有限公司、江苏南京农大动物药业有限公司、山东百力和生物药业有限公司、山东信得科技股份有限公司、江西博莱大药厂有限公司、天津市中升挑战生物科技有限公司
	香菇多糖粉	江苏南京农大动物药业有限公司、山东信得科技股份有限公司、天津市中升挑战生物科技有限公司、山东百力和生物药业有限公司、南京威泰珐码兽药研究所有限公司、成都乾坤动物药业股份有限公司、广东海纳川生物科技股份有限公司、山东鲁抗舍里乐药业有限公司高新区分公司、河南牧翔动物药业有限公司
2019	博普总碱	湖南农业大学、湖南美可达生物资源股份有限公司、湖南菲托蔵植物资源有限公司、湖南省中药提取工程研究中心有限公司
	博普总碱散	湖南农业大学、湖南美可达生物资源股份有限公司、湖南菲托蔵植物资源有限公司、湖南省中药提取工程研究中心有限公司
2020	味连须	西南大学、北京中农劲腾生物技术股份有限公司、成都乾坤动物药业股份有限公司、河南后羿实业集团有限公司、重庆和美保健药业有限公司
	味连须散	西南大学、北京中农劲腾生物技术股份有限公司、成都乾坤动物药业股份有限公司、河南后羿实业集团有限公司、重庆和美保健药业有限公司
2021	白头翁皂苷提取物	江西中医药大学、广西英路维特医药有限公司、广西馨海动保药业有限公司、广西英路维特医药科技有限公司
	白头翁皂苷提取物注射液	江西中医药大学、广西英路维特医药有限公司、广西馨海动保药业有限公司、广西英路维特医药科技有限公司

表 3-13　2006—2021 年三类中药新兽药名称及研制单位

年份	新兽药名称	研制单位
2006	山楂子宫灌注液	北京绿业潮生化制品有限公司
	贯连散	山东潍坊威力兽药有限公司
	大黄侧柏叶合剂	江苏倍康药业有限公司、南京知新医药研发有限公司
	甘胆口服液	北京生泰尔生物科技有限公司、爱迪森（北京）生物科技有限公司、北京普尔路威达兽药有限公司
2007	银黄注射液	北京生泰尔生物科技有限公司、爱迪森（北京）生物科技有限公司、北京普尔路威达兽药有限公司
	仁香散	浙江安吉丰牧兽药有限公司、浙江湖州世博生物制品有限公司
	紫花诃子散	瑞普（天津）动物药业有限公司
	翘叶清淤散	瑞普（天津）动物药业有限公司
	双黄败毒颗粒	成都恩威药业有限公司
	黄芩可溶性粉	北京生泰尔生物科技有限公司、北京太空城生物科技有限公司
	银黄可溶性粉	北京生泰尔生物科技有限公司、北京太空城生物科技有限公司
2008	铁风抗珠散	中国农业科学院上海兽医研究所
	金根注射液	重庆方通动物药业有限公司
	注射用双黄连	江西中成药业集团有限公司、江西中成中药原料有限公司
	黄芪多糖口服液	北京生泰尔生物科技有限公司、爱迪森（北京）生物科技有限公司、北京普尔路威达兽药有限公司

年份	新兽药名称	研制单位
2009	黄芪多糖粉	北京生泰尔生物科技有限公司、爱迪森(北京)生物科技有限公司
	芩黄颗粒	洛阳惠中药业有限公司
	芩黄口服液	洛阳惠中药业有限公司
	芪芍增免散	保定市冀农动物药业有限公司
	黄芩解毒散	无锡正大畜禽有限公司、南京知新医药研发有限公司
	常青散	保定市冀农动物药业有限公司
	石香颗粒	北京农学院、北京昊隆农神生物科技有限公司
2010	玉屏风口服液	保定冀中药业有限公司、河北天象生物药业有限公司
	连参止痢颗粒	四川省兽药监察所、四川省兴牧兽药研究所
	五味健脾合剂	保定冀中药业有限公司、保定阳光本草药业有限公司
	金石翁芍散	中国农业科学院兰州畜牧与兽药研究所
2011	护肝颗粒	江西中成中药原料有限公司
	苍蓝口服液	保定冀中药业有限公司、保定阳光本草药业有限公司
2012	注射用黄连	江西中成药业集团有限公司、江西中成中药原料有限公司
	注射用黄芩	江西中成药业集团有限公司、江西中成中药原料有限公司
	苦参苍术口服液	洛阳惠中兽药有限公司、中国兽医药品监察所
	蜘蛛香散	通威股份有限公司
	蛇床子溶液	常州市武进动物药品有限公司
	参芪粉	无锡正大畜禽有限公司动物保健品厂
	香芪颗粒	吉林大学、江西中成中药原料有限公司
	人参叶口服液	浙江大学、江西中成中药原料有限公司
	芩藤注射液	通威股份有限公司、成都通威三新药业有限公司
2013	连翘颗粒	青岛康地恩药业股份有限公司、沈阳伟嘉牧业技术有限公司、菏泽普恩药业有限公司、潍坊诺达药业有限公司、青岛康地恩动物药业有限公司、山西康地恩恒远药业有限公司、潍坊大成生物工程有限公司、湖南农大动物药业有限公司
	连葛口服液	保定冀中药业有限公司、保定阳光本草药业有限公司
	板蓝根颗粒	北京生泰尔生物科技有限公司、爱迪森(北京)生物科技有限公司、北京普尔路威达兽药有限公司、北京华夏本草中药科技有限公司
	藿蜂注射液	南京农业大学、扬中牧乐药业有限公司、湖南农大动物药业有限公司
	柴胡口服液	北京生泰尔生物科技有限公司、爱迪森(北京)生物科技有限公司、北京普尔路威达兽药有限公司、北京华夏本草中药科技有限公司
	黄白双花口服液	中国农业科学院兰州畜牧与兽药研究所
	益蒲灌注液	中国农业科学院兰州畜牧与兽药研究所
	白头翁颗粒	青岛康地恩药业股份有限公司、菏泽普恩药业有限公司、潍坊诺达药业有限公司、青岛康地恩动物药业有限公司、山西康地恩恒远药业有限公司、潍坊大成生物工程有限公司、江西康地恩派尼生物药业有限公司
	膏芩口服液	成都乾坤动物药业有限公司、齐鲁动物保健品有限公司、四川华蜀动物药业有限公司
	芪藿注射液	南京农业大学、扬中牧乐药业有限公司、湖南农大动物药业有限公司
	党参多糖口服液	江西新世纪民星动物保健品有限公司、江西正邦动物保健品有限公司
	蟾酥注射液	广西北斗星动物保健品有限公司、广西容大动物保健品有限公司、广西普大动物保健品有限公司
	地锦草颗粒	山东省兽药质量检验所、山东华尔康兽药有限公司
2014	夏枯草注射液	江西新世纪民星动物保健品有限公司、江西正邦动物保健品有限公司
	芪草乳康颗粒	青岛康地恩药业股份有限公司、潍坊诺达药业有限公司、菏泽普恩药业有限公司、江西康地恩派尼生物药业有限公司、青岛康地恩动物药业有限公司、山西康地恩恒远药业有限公司

年份	新兽药名称	研制单位
2014	香连溶液	北京生泰尔生物科技有限公司、爱迪森(北京)生物科技有限公司、北京普尔路威达兽药有限公司、北京华夏本草中药科技有限公司
	麻黄止咳平喘口服液	天津生机集团股份有限公司、天津市圣世莱科技有限公司、天津市天合力药物研发有限公司
	杨黄止痢注射液	成都乾坤动物药业有限公司
	桉薄溶液	烟台绿叶动物保健品有限公司
2015	参龙合剂	天津生机集团股份有限公司、天津市圣世莱科技有限公司、天津市天合力药物研发有限公司、天津市海纳德动物药业有限公司、天津市万格尔生物工程有限公司
	射干地龙颗粒	中国农业科学院兰州畜牧与兽药研究所
	芪楂口服液	石家庄华骏动物药业有限公司、湖南圣雅凯生物科技有限公司、广州华农大实验兽药有限公司、河北农业大学
	苦参止痢颗粒	北京生泰尔生物科技有限公司、爱迪森(北京)生物科技有限公司
	芪术增免合剂	湖南农大动物药业有限公司、青岛蔚蓝生物股份有限公司、福建中农牧生物药业有限公司、沈阳伟嘉牧业技术有限公司、菏泽普恩药业有限公司、青岛康地恩动物药业有限公司、潍坊诺达药业有限公司、山西康恩恒远药业有限公司、潍坊大成生物工程有限公司
	五加芪粉	洛阳惠中兽药有限公司、普莱柯生物工程股份有限公司、河南新正好生物工程有限公司
	金苓通肾口服液	北京生泰尔生物科技有限公司、爱迪森(北京)生物科技有限公司、北京普尔路威达兽药有限公司、北京华夏本草中药科技有限公司、西南民族大学
	金葛解毒口服液	北京生泰尔生物科技有限公司、爱迪森(北京)生物科技有限公司、北京普尔路威达兽药有限公司、北京华夏本草中药科技有限公司
	五加芪口服液	洛阳惠中兽药有限公司、普莱柯生物工程股份有限公司、河南新正好生物工程有限公司
	苍朴口服液	中国农业科学院兰州畜牧与兽药研究所
	北芪五加可溶性粉	江西中成中药原料有限公司
	蒲地蓝消炎颗粒	西安雨田农业科技有限公司、成都乾坤动物药业有限公司、河南牧翔动物药业有限公司、江西新世纪民星动物保健品有限公司、北京万牧源农业科技有限公司
	北芪五加颗粒	郑州大学、商丘爱己爱牧生物科技股份有限公司、河南碧云天动物药业有限公司、瑞普(天津)生物药业有限公司、郑州百瑞动物药业有限公司、河南省兽药饲料监察所
2016	茵栀黄口服液	北京生泰尔生物科技有限公司、爱迪森(北京)生物科技有限公司、北京普尔路威达兽药有限公司、北京华夏本草中药科技有限公司
	黄藿口服液	河北安然动物药业有限公司、保定阳光本草药业有限公司、河北锦坤动物药业有限公司、河北农业大学
	连蒲双清散	青岛蔚蓝生物股份有限公司、广西普大动物保健品有限公司、青岛农业大学、徐州天意动物药业有限公司、菏泽普恩药业有限公司
	锦心口服液	北京生泰尔生物科技有限公司、爱迪森(北京)生物科技有限公司、北京华夏本草中药科技有限公司
	连蒲双清颗粒	青岛蔚蓝生物股份有限公司、广西普大动物保健品有限公司、青岛农业大学、徐州天意动物药业有限公司、菏泽普恩药业有限公司
	板黄口服液	中国农业科学院兰州畜牧与兽药研究所、湖北武当动物药业有限责任公司、成都中牧生物药业有限公司
	清营口服液	山东省农业科学院家禽研究所、济南森康三峰生物工程有限公司
	芪术玄参微粉	河南省康星药业股份有限公司、山东亚康药业有限公司、北京方诚智盛生物科技有限公司、河南省康星常笑动物药业有限公司
	益母红灌注液	北京生泰尔科技股份有限公司、爱迪森(北京)生物科技有限公司

年份	新兽药名称	研制单位
2016	白苦败痢口服液	天津生机集团股份有限公司、四川维尔康动物药业有限公司、亳州市乾元动物药业有限责任公司
	山花黄芩提取物散	北京生泰尔科技股份有限公司、爱迪森(北京)生物科技有限公司
	苋黄止痢口服液	亳州市乾元动物药业有限责任公司、北京中农华正兽药有限责任公司、广东广牧动物保健品有限公司、江西博莱大药厂有限公司、广东海纳川生物科技股份有限公司、山西福瑞沃农大生物技术工程有限公司、南昌市力赛聚生物技术有限公司
2017	蜘蛛香胶囊	中国人民解放军军事医学科学院军事兽医研究所、江苏农牧科技职业学院、江苏中牧倍康药业有限公司、长春西诺生物科技有限公司
	藿芪灌注液	中国农业科学院兰州畜牧与兽药研究所、北京中衣劲腾生物技术股份有限公司
	人参茎叶总皂苷颗粒	浙江大学、西安市昌盛动物保健品有限公司、成都乾坤动物药业股份有限公司、浙江金大康动物保健品有限公司
	苦参功劳颗粒	中国兽医药品监察所、洛阳惠中兽药有限公司、山东鲁抗舍里乐药业有限公司高新区分公司、济南森康三峰生物工程有限公司
	根黄分散片	中国农业科学院兰州畜牧与兽药研究所、四川鼎尖动物药业有限责任公司
	芪藿散	南京农业大学、扬中牧乐药业有限公司、湖南农大动物药业有限公司、江苏光大动物药业有限公司、江苏南农高科动物药业有限公司、四川鼎尖动物药业有限责任公司、广东海纳川生物科技股份有限公司、山西福瑞沃农大生物技术工程有限公司、南昌市力赛聚生物技术有限公司
	商陆口服液	河南省康星药业股份有限公司、辽宁凯为生物技术有限公司、河南白云牧生物科技有限公司、河南牧业经济学院、河南省康星常笑动物药业有限公司
2018	鱼腥草芩蓝口服液	河南牧翔动物药业有限公司、石家庄市光华药业有限公司、河北维尔利动物药业集团有限公司、中国农业科学院兰州畜牧与兽药研究所、河南省科高植物天然产物开发工程技术有限公司
	地黄散	保定市金诺兽药研究所、保定市冀农动物药业有限公司、河北正合生物制药有限公司、河北农业大学
	芪参催乳颗粒	江苏农牧科技职业学院、中国农业大学、烟台绿叶动物保健品有限公司、江西博莱大药厂有限公司、济南百鸣生物制药有限公司、山东省农业科学院家禽研究所
	枣胡散	湖南加农正和生物技术有限公司、河南后羿实业集团有限公司、武汉回盛生物科技股份有限公司、北京农学院、中国农业大学、中悦民安(北京)科技发展有限公司
	马针颗粒	成都乾坤动物药业股份有限公司、北京万牧源农业科技有限公司、广东容大生物股份有限公司、华北制药集团动物保健品有限责任公司、中山市天天动物保健科技有限公司
	归芪益母口服液	北京生泰尔科技股份有限公司、爱迪森(北京)生物科技有限公司、北京喜禽药业有限公司、生泰尔(内蒙古)科技有限公司
	茯苓多糖散	湖北回盛生物科技有限公司、广东海纳川生物科技股份有限公司、山东迅达康兽药有限公司、湖北中医药大学、武汉回盛生物科技股份有限公司
	板芩肺热清口服液	青岛农业大学、中国农业大学、安徽奥力欣生物科技有限公司、义乌双峰动物药业有限公司、青岛百慧智业生物科技有限公司、山东鲁港福友药业有限公司
2019	银黄二陈合剂	保定冀中药业有限公司、山东派森药业有限公司、保定冀中生物科技有限公司、保定阳光本草药业有限公司、河北农业大学
	柴黄口服液	河北远征药业有限公司、河北锦坤动物药业有限公司、郑州福源动物药业有限公司、河北远征禾木药业有限公司、石家庄石牧动物药业有限公司、河北好施德生物科技有限公司、河北农业大学
	金香颗粒	沈阳伟嘉牧业技术有限公司、郑州福源动物药业有限公司
	肿节风三清颗粒	广西大学、广西北斗星动物保健品有限公司
	芪芝口服液	大连三仪动物药品有限公司、河北普德动物药业有限公司、河南益华动物药业有限公司、江西鑫博生物工程有限公司、辽宁凯为生物技术有限公司、河南森隆动物保健品有限公司、福建贝迪药业有限公司

年份	新兽药名称	研制单位
2019	乌锦颗粒	中国农业科学院兰州畜牧与兽药研究所、青岛农业大学、成都中牧生物药业有限公司、山东德州神牛药业有限公司、中农华威生物制药（湖北）有限公司、安徽奥力欣生物科技有限公司
	双葛止泻口服液	洛阳惠中兽药有限公司、普莱柯生物工程股份有限公司、河南新正好生物工程有限公司
	女贞子提取物散	北京生泰尔科技股份有限公司、爱迪森（北京）生物科技有限公司、北京喜禽药业有限公司、生泰尔（内蒙古）科技有限公司
	芪根可溶性粉	青岛农业大学、中国农业科学院兰州畜牧与兽药研究所、中国农业大学、山东鲁港福友药业有限公司、安徽奥力欣生物科技有限公司、山东晟阳生物工程有限公司、青岛百慧智业生物科技有限公司
	青蒿甘草颗粒	郑州大学、中国农业科学院兰州畜牧与兽药研究所、商丘爱己爱牧生物科技股份有限公司、郑州百瑞动物药业有限公司、河南中盛动物药业有限公司、太原恒德源动保科技开发有限公司
	柴芍口服液	青岛动保国家工程技术研究中心有限公司、潍坊诺达药业有限公司、山东方舟生物科技有限公司、潍坊华英生物科技有限公司、青岛蔚蓝生物股份有限公司、山东德信生物科技有限公司、河北科星药业有限公司、四川鼎尖动物药业有限责任公司、徐州天意动物药业股份有限公司
	七味消滞颗粒	西安雨田农业科技有限公司、河北地邦动物保健科技有限公司、湖北武当动物药业有限责任公司、四川德成动物保健品有限公司、河北新世纪药业有限公司、济南亿民动物药业有限公司、福建贝迪药业有限公司
2020	金芩蓝口服液	河北远征药业有限公司、济南亿民动物药业有限公司、山东圣地宝药业有限公司、河北远征禾木药业有限公司、河北农业大学
	藿蜂散	南京农业大学、山东百力和生物药业有限公司、芮城绿曼生物药业有限公司、青岛创生药业有限公司、山西农业大学
	土苓茅根颗粒	青岛动保国家工程技术研究中心有限公司、石家庄江山动物药业有限公司、湖北回盛生物科技有限公司、山东欣慧瑞生物科技有限公司、广东海纳川生物科技股份有限公司、山东省兽药质量检验所、青岛蔚蓝生物股份有限公司、成都新精华药业有限公司、石家庄市金元康牧药业有限公司、青岛信诺邦生物科技有限公司、江西邦诚动物药业有限公司
	裸花紫珠末	广州格雷特生物科技有限公司、华南农业大学
	石榴皮止泻散	浙江金大康动物保健品有限公司
	芪翁黄柏散	北京生泰尔科技股份有限公司、爱迪森（北京）生物科技有限公司、北京喜禽药业有限公司、生泰尔（内蒙古）科技有限公司
	参麦健胃片	北京生泰尔科技股份有限公司、爱迪森（北京）生物科技有限公司、北京喜禽药业有限公司、生泰尔（内蒙古）科技有限公司
	常山抗球合剂	北京生泰尔科技股份有限公司、爱迪森（北京）生物科技有限公司、北京喜禽药业有限公司、生泰尔（内蒙古）科技有限公司
	黄芩提取物注射液	湖北武当动物药业有限责任公司、广西大学、遂宁市中通实业集团动物药业有限公司、河北远征禾木药业有限公司、广西北斗星动物保健品有限公司、吉林省华牧动物保健品有限公司、吉林大学
2021	益母草提取物散	北京生泰尔科技股份有限公司、爱迪森（北京）生物科技有限公司、北京喜禽药业有限公司、生泰尔（内蒙古）科技有限公司
	柴桂口服液	河南牧翔动物药业有限公司、河北远征禾木药业有限公司、郑州百瑞动物药业有限公司、河南中亚神鹏医药科技有限公司、广西大学、河南省现代中兽医研究院
	葛根芩连片	北京生泰尔科技股份有限公司、爱迪森（北京）生物科技有限公司、北京喜禽药业有限公司、生泰尔（内蒙古）科技有限公司、北京爱宠族科技有限公司、爱宠族（江苏）科技有限公司
	功苋止痢散	青岛农业大学、中国农业大学、中国农业科学院兰州畜牧与兽药研究所、江西中成药业集团有限公司、湖北回盛生物科技有限公司、青岛中仁动物药品有限公司、山东谊源药业股份有限公司

年份	新兽药名称	研制单位
2021	合欢磁牡口服液	石家庄石牧药业有限公司、河北威远药业有限公司、北京中农劲腾生物技术股份有限公司、湖南圣雅凯生物科技有限公司、广东华农高科生物药业有限公司、石家庄华骏动物药业有限公司、河北农业大学
	丹参三七片	北京生泰尔科技股份有限公司、爱迪森（北京）生物科技有限公司、北京爱宠族科技有限公司、生泰尔（内蒙古）科技有限公司、爱宠族（江苏）科技有限公司
	连花柴芩可溶性粉	河南中亚神鹏医药科技有限公司、河南省纳普生物技术有限公司、徐州天意动物药业股份有限公司、河南农业大学、河南牧翔动物药业有限公司、河南省科高植物天然产物开发工程技术有限公司、山东华农生物制药有限公司
	三七片	北京生泰尔科技股份有限公司、爱迪森（北京）生物科技有限公司、生泰尔（内蒙古）科技有限公司、吉林大学、北京市兽药监察所、北京喜禽药业有限公司、北京爱宠族科技有限公司、爱宠族（江苏）科技有限公司
	肉桂油口服液	山东广元药业科技有限公司、吉林大学、湖北武当动物药业有限责任公司、江西嘉博生物工程有限公司、河北远征禾木药业有限公司、林州中农颖泰生物肽有限公司、山东金铸基药业有限公司、吉林省五星动物保健有限公司、锦州医科大学

表3-14　2009—2021年四类中药新兽药名称及研制单位

年份	新兽药名称	研制单位
2009	清肺颗粒	重庆方通动物药业有限公司
2011	白龙颗粒	天津生机集团股份有限公司
2012	防己合剂	江西中成药业集团有限公司
	柴葛解肌颗粒	天津生机集团股份有限公司
2013	清解颗粒	青岛康地恩药业股份有限公司、菏泽普恩药业有限公司、潍坊诺达药业有限公司、青岛康地恩动物药业有限公司、山西康地恩恒远药业有限公司、潍坊大成生物工程有限公司
	麻杏石甘可溶性粉	山东圣旺药业股份有限公司
2014	芪芍增免口服液	保定市冀农动物药业有限公司
2015	扶正解毒颗粒	北京大北农动物保健科技有限责任公司、韶山大北农动物药业有限公司、北京中农劲腾生物技术有限公司
	扶正解毒口服液	河南牧翔动物药业有限公司、西安市昌盛动物保健品有限公司、河南众翔百成兽药有限公司
2016	玉屏风颗粒	保定冀中药业有限公司、保定阳光本草药业有限公司、保定冀中生物科技有限公司、河北农业大学
	扶正解毒微粉	河南省康星药业股份有限公司、山东亚康药业股份有限公司、北京方诚智盛生物科技有限公司、河南省康星常笑动物药业有限公司
	五味健脾颗粒	保定冀中药业有限公司、保定阳光本草药业有限公司、保定冀中生物科技有限公司、瑞普（天津）生物药业有限公司
	紫锥菊颗粒	齐鲁动物保健品有限公司、齐鲁晟华制药有限公司、青岛农业大学
2017	黄连解毒微粉	河南省康星药业股份有限公司、河南牧业经济学院、安徽天安生物科技股份有限公司、南京农业大学、河南省康星常笑动物药业有限公司、福建农林大学
2018	芪草乳康散	青岛蔚蓝生物股份有限公司、华嗪源（北京）动物药业有限公司、郑州百瑞动物药业有限公司、河南中亚神鹏医药科技有限公司、青岛康地恩动物药业有限公司
2021	党参可溶性粉	山西农业大学、山西博锐生物工程有限公司、亳州市乾元动物药业有限责任公司、太原恒德源动保科技开发有限公司、山西奥信动物药业有限公司、太原市威尔潞威科技发展有限公司、江西新世纪民星动物保健品有限公司、施瑞客（天津）生物技术有限公司、淄博维希尔生物技术有限公司、南昌市力赛聚生物技术有限公司
	荆防败毒提取散	天津生机集团股份有限公司、鼎正动物药业（天津）有限公司、天津市中升挑战生物科技有限公司、济南亿民动物药业有限公司、山东鲁抗舍里乐药业有限公司高新区分公司、天津市生机圣世科技有限公司、天津市圣世莱科技有限公司、天津市天合力药物研发有限公司

从表中可以看出，从 2017 年开始，联合申报注册单位有所增加。

3.3.3.2 研发类型与剂型分布

从新兽药名称与分类中可以看出，研发的新兽药中药材类包括新药材紫锥菊、药材新的药用部位紫锥菊根、味连须；中药提取的有效部位包括博落回提取物、香菇多糖、博普总碱和白头翁皂苷，其余为中兽药复方或单方制剂。

中药制剂与临床用药相关，反映临床实际使用效果。中药新兽药研制的主要剂型为合剂、颗粒剂、散剂、注射剂。

参考文献

[1] 才学鹏，景志忠，邱昌庆主译. 动物疫苗学[M]. 北京：中国农业科技出版社，2009.

[2] 曹雪涛. 免疫学前沿进展[M]. 3 版. 北京：人民卫生出版社，2014.

[3] 韩文瑜，雷连成. 高级动物免疫学[M]. 北京：科学出版社，2016.

[4] 景志忠. 天然分子免疫学[M]. 北京：科学出版社，2017.

[5] 刘娟，曹雪涛. 2012 年度免疫学研究重要进展[J]. 中国免疫学杂志，2013，29（1）：3-13.

[6] 刘娟，曹雪涛. 2016 年国内外免疫学研究重要进展[J]. 中国免疫学杂志，2017，33（1）：1-10.

[7] 刘光清. 动物病毒反向遗传学[M]. 2 版. 北京：科学出版社，2014.

[8] 吕群燕，田志刚，董尔丹，等. 组织器官的区域免疫特性与疾病机理研究[J]. 科学通报，2012，57（36）：3450-3458.

[9] 舒红兵. 抗病毒天然免疫[M]. 北京：科学出版社，2009.

[10] 田志刚，曹雪涛. 免疫学领域的发展现状和未来挑战[J]. 科学观察，2014，9（3）：33-36.

[11] 吴荣富. 围绕"同一个健康"理念推进创新型兽药评价资质平台建设跨越发展——中国（泰州）国际医博会第四届兽用生物制品创新评价技术高峰论坛精彩透视[J]. 中国禽业导刊，2018，35（20）：46-50.

[12] "动物生物制品科技创新发展战略研究"在郑州启动[J]. 中国农业科技导报，2017（6）：139-139.

[13] Bannantine J P, Paustian M L. Identification of diagnostic proteins in *Mycobacterium avium* subspecies paratuberculosis by a whole genome analysis approach[J]. Methods in Molecular Biology, 2006, 345（345）：185.

[14] Ong H, Chandran V. Identification of gastroenteric viruses by electron microscopy using higher order spectral features[J]. Journal of Clinical Virology, 2005, 34（3）：195-206.

[15] Kreuze J F, Perez A, Untiveros M, et al. Complete viral genome sequence and discovery of novel viruses by deep sequencing of small RNAs: a generic method for diagnosis, discovery and sequencing of viruses[J]. Virology, 2009, 388（1）：1-7.

[16] Lu S, Zong C, Fan W, et al. Probing meiotic recombination and aneuploidy of single sperm cells by whole-genome sequencing[J]. Science, 2012, 338（6114）：1627-1630.

[17] Pankhurst L J, del Ojo Elias C, Votintseva A A, et al. Rapid, comprehensive, and affordable mycobacterial diagnosis with whole-genome sequencing: a prospective study[J]. The Lancet Respiratory Medicine, 2016, 4（1）：49-58.

[18] Hazelton P R, Gelderblom H R. Electron microscopy for rapid diagnosis of infectious agents in emergent situations [J]. Emerging Infectious Diseases, 2003, 9: 294-303.

[19] Raszek M M, Guan L L, Plastow G S. Use of genomic tools to improve cattle health in the context of infectious diseases[J]. Frontiers in Genetics, 2016, 7: 1.

[20] Ren S X, Fu G, Xiu-Gao J, et al. Unique physiological and pathogenic features of *Leptospira interrogans* revealed by whole-genome sequencing [J]. Nature, 2003, 422 (6934): 888.

[21] Blevins S M, Bronze M S. Robert Koch and the "golden age" of bacteriology[J]. International Journal of Infectious Diseases, 2010, 14: e744-e751.

[22] Trindade G S, Vilela M C J, Ferreira J M S, et al. Use of atomic force microscopy as a diagnostic tool to identify orthopoxvirus[J]. Journal of Virological Methods, 2007, 141: 198-204.

[23] [美]刘荣. 难溶性药物制剂技术[M]. 北京: 化学工业出版社, 2021.

[24] 佘如凤. 盐酸氯苯胍固体分散体的研制与评价[D]. 中国农业科学院, 2018.

[25] 巴娟. 替米考星固体分散体的制备与物相鉴定[J]. 中国兽药杂志, 2019, 53 (1): 44-49.

[26] 曾庆云. 固体分散体中药物分散状态测定方法的研究进展[J]. 中成药, 2019, 41 (1): 146-150.

[27] Yan G. Preparation, characterization, and pharmacokinetics of tilmicosin tastemasked formulation via hot-melt extrusion technology [J]. Colloids and Surfaces B: Biointerfaces, 2020, 196: 111293.

[28] 颜洁, 谌志远, 关志宇, 等. 制粒技术在药物掩味方面的研究进展[J]. 中国实验方剂杂志, 2019, 25 (18): 221-225.

[29] Shanmugam S. Granulation techniques and technologies: recent progresses [J] Shanmugam, BioImpacts, 2015, 5 (1): 55-63.

[30] 王加才. 氟苯尼考超微粉在肉鸡体内的药动学与药效学研究[D]. 南京: 南京农业大学, 2006.

[31] 李芳. 国内包被技术在畜牧业的应用研究进展[J]. 饲料研究, 2019 (5): 100-105.

[32] 黄茜. 中药苦味物质掩味技术及应用[J]. 亚太传统医药, 2017, 13 (22): 74-76.

[33] 唐林芳. 儿童药物制剂掩味技术的研究进展[J]. 中国药科大学学报, 2017, 48 (2): 135-141.

[34] 颜洁. 制粒技术在药物掩味方面的研究进展[J]. 中国实验方剂学杂志, 2019, 25 (18): 221-226.

[35] 阮祥春. 羊用 IVM 瘤胃缓释丸剂的创制及释放动力学研究 [D]. 南京: 南京农业大学, 2018.

[36] 李勋. 缓释微球制剂的研究进展[J]. 北京化工大学学报 (自然科学版), 2017, 44 (6): 1-11.

[37] 程江雪. 固体植入剂的制备方法研究进展[J]. 中国现代应用药学, 2013, 30 (4): 440-445.

[38] 林晓鸣. 植入制剂质量控制研究进展[J]. 中国新药杂志, 2019, 28 (5): 528-535.

[39] Tian Y, Shen Y, Jv M. Synthesis, characterzation and evaluation of tinidazole-loaded mPEG-PDLLA (10/90) *in situ* gel forming systerm for periodontitis treatment [J]. Drug Deliv, 2016, 23 (8): 2726-2735.

[40] 董吉. 注射型原位凝胶植入剂的研究进展[J]. 药学进展, 2007, 31 (3): 109-113.

[41] 丛志新. 原位凝胶剂的研究现状与应用前景[J]. 中南药学, 2018, 16 (9): 1185-1190.

[42] Aman R M, Meshali M M, Abdelghani G M. Ion-exchange complex of famotidine: sustained release and taste masking approach of stable liquid dosage form[J]. Drug Discov Ther, 2014, 8 (6): 268-275.

[43] Nomura T, Kayamuro H, Tsunoda S. Development of a technology platform for novel drug discovery aimed at regulating biological function[J]. Yakugaku Zasshi, 2010, 130 (1): 43-44.

[44] 董艳娇, 王建华, 李天泉. 我国兽药产业的现状及发展对策[J]. 中国兽医医药杂志, 2020, 39 (2): 101-104.

[45] 张雨桐. 促进兽药行业健康可持续发展——2017 第二届兽药行业发展暨畜产品安全高层论坛在兰州成功举办[J]. 兽医导刊, 2017 (19): 31-33.

[46] 张立国，李鹏燕，贾启燕，等．国内外新药研发平台建设的初步比较[J]．国际药学研究杂志，2010，37（3）：170-173.

[47] 王境．国家"1035 工程"进展顺利[J]．精细与专用化学品，1998（15）：13.

[48] 孙亚磊．兽药行业管理政策及兽药评审新举措解读[J]．中国动物保健，2019（11）：7-8.

[49] "十四五"国家重点研发计划"动物疫病综合防控关键技术研发与应用"重点专项 2021 年度项目申报指南[EB /OL]．（2021-05-17）．https: //service. most. gov. cn/kjjh_tztg_all/20210517/4308. html.

[50] 胡海燕．关于我国新兽药研究开发的战略思考[J]．中国兽药杂志，2006，40（8）：45-48.

[51] 徐守军．我国新药研发技术平台发展策略研究[D]．北京：中国人民解放军军事医学科学院，2007.

[52] 赵晓松．我国兽药企业为何难成兽药研发主干线[J]．中国动物保健，2016，18（7）：1.

[53] 2018 年度天津市科学技术进步奖一等奖（部分）高端兽用晶体药物及制剂的开发与产业化[J]．中国科技奖励，2019（8）：54.

[54] 齐鲁制药集团再获 2 项国家科技进步二等奖，累计已达 7 项[EB /OL]．（2021-11-04）．http: //www. qilu-pharma. com/news/1677. html.

[55] 游熙火．我国中兽药产业发展战略研究[J]．中国畜牧杂志，2014，50（8）：8-10，15.

[56] 王金东．中兽药产业中存在问题及对策[J]．畜牧兽医科学，2020（24）：190-191.

[57] 王学伟，刘自扬，梁先明，等．中兽药注册退审原因分析[J]．中国兽药杂志，2021，55（6）：73-79.

[58] 何芳，孔富丽，腰文颖．培养研发队伍 主导科技创新——访北京生泰尔生物科技集团总裁江厚生（二）[J]．中国动物保健，2009（10）：50-53.

[59] Animal Drug Availability Act [EB/OL]. < （2002-05-01）http: //www. fda. gov/cvm/index/adaa/adaa66. pdf（1996）.

[60] 徐士新，段文龙．VICH 及其工作进展介绍[J]．中国兽药杂志，2011，45（2）：55-58.

[61] Lathers C M. Challenges and opportunities in animal drug development: a regulatory perspective[J]. Nature Reviews, 2003, 2: 915-919.

第 4 章
兽药制剂的
发展历程

4.1

兽药制剂的定义及种类

4.1.1 兽药制剂的定义

兽药制剂是根据规定处方和质量标准将原料和辅料等经过加工制得的兽药成品，是用于预防、治疗、诊断动物疾病或者有目的地调节动物生理机能的物质（含药物饲料添加剂）的总称。

4.1.2 兽药制剂的种类

按兽药制剂的剂型分类，可分为固体剂型、半固体剂型和液体剂型三类。

4.1.2.1 固体剂型

（1）粉剂（powder） 指一种或多种药物加辅料制成的均匀的粉末状制剂。可溶于水的称可溶性粉。兽用粉剂一般制成预混剂的形式，便于混饲或混入饮水给药。

（2）胶囊剂（capsule） 把药物定量分装在胶囊内，方便吞服。一般供小动物使用。

（3）片剂（tablet） 药物经压制而成的定量小片。

（4）大丸剂（bolus） 供草食动物的专用剂型，常为抗寄生虫药的缓释或控释制剂。

除上述常用固体剂型外，近年来已研制开发一些新的剂型，如微囊（microcapsule）、微球（microsphere）、脂质体（liposome）和埋植剂（implant）等，还有含驱虫药的项圈（小动物）和耳号夹（大动物）。

4.1.2.2 半固体剂型

（1）软膏剂（unguent） 用凡士林或油脂等作基质，加药品均匀混合制成的外用剂型。专供眼用的灭菌软膏，称眼膏（oculentum）。

（2）糊剂（paste） 成分和制法与软膏相同，但含药量较高，含药 25％ 以上者称糊剂。可供外用或内服，供内服者称为舐剂。

4.1.2.3 液体剂型

（1）溶液剂（solution） 常为不挥发药物的水溶液。

（2）酊剂（tincture） 是药物的醇溶液，包括生药的醇浸出液。

（3）浇泼剂（pouron） 外用涂布皮肤的浓稠液体剂型。可透皮吸收作全身治疗，如左旋咪唑浇泼剂，又称透皮剂。

（4）乳剂（emulsion） 互不相混的两种液体如油和水，经过乳化剂的特殊处理，混悬而成的乳状液体。

（5）**注射剂**（injection） 供注射用的灭菌溶液、混悬液或粉。粉针多为溶液中不稳定的药品，临用前配成溶液。

4.1.2.4　其他剂型

由于我国兽药的应用主要为食品动物，故新剂型、新制剂要考虑给药方便，适于群体给药，而且价格要便宜，这就给新剂型的研发带来很大的限制。从发展的观点来说，我们还是要逐步增加缓释制剂和控释制剂，也要研制水产养殖用药和宠物用药的制剂和剂型。

（1）**气雾剂** 宠物的消毒药、抗寄生虫药常制成此种剂型。

（2）**按具体用途选择剂型** 具体如下。

反刍动物：抗寄生虫药的浇淋剂（pouron）、大丸剂、控释剂；促生长药的埋植剂等。

奶牛：抗菌药的乳房注入剂（泌乳期和干乳期）、乳头清洁剂等。

仔猪：抗菌药的乳膏剂（舐剂）、滴剂等。

宠物：抗寄生虫药的项圈、洗涤剂（香波）、气雾剂、咀嚼片等。

水产养殖：抗菌药和抗寄生虫药等的膨化制剂等。

环境消毒：消毒药的喷雾剂、缓释制剂等。

4.2

兽药制剂起步阶段

我国兽药制剂的发展历史可以追溯到古代，有了兽药就自然伴随着制剂的产生。早期的剂型比较简单，主要有汤剂、散剂、丸剂、酊剂、膏剂等，后来出现了片剂、颗粒剂、注射剂等，但品种少、数量小，缺乏统一的质量标准。1980年国务院颁布了《兽药管理暂行条例》，开启了兽药法制化管理的进程。1987年5月21日发布了《兽药管理条例》，使兽药的监督管理正式纳入法制化轨道。2004年3月，国务院又重新修订和发布了《兽药管理条例》。上述管理法规的颁布和实施对于加强兽药管理，保证兽药质量，促进兽药制剂的发展，发挥了积极的作用。2006年以来，随着兽药GMP等法律法规的实施，兽药行业的生产经营逐步规范，兽药制剂的质量大幅度提高。

4.2.1　兽药制剂起步阶段的研发特点

1995年10月，硕腾（苏州）动物保健品有限公司苏州工厂成立，作为外资企业有完善的兽药GMP管理体系，拥有一批高素质接受过良好培训的员工，拥有世界上最先进的生产设施和检测技术，于1997年10月获得中国首个兽药GMP认证证书。此后，国外大型动物保健品公司纷纷登陆中国，高端制剂快速涌入中国市场。当时我国新兽药创制能力弱，制剂技术落后，兽药质量控制水平低，新兽药的开发主要是以仿制为主。截至2004

年，按原标准，农业部共批准一、二、三类新化药 199 种，批准新生物制品 134 种。批准的 199 种新化药中，抗生素类占 23%，驱寄生虫药 27%，药物添加剂及促生长剂 3%，抗菌药 26%，抗球虫药 6%，消毒剂 7%，其他 8%。其中，三类新兽药占到 95%。

4.2.2　兽药制剂起步阶段的质量特点

这个阶段兽药质量标准渐成体系，农业部先后颁布了《中华人民共和国兽药典》（1990 年版）、《兽药规范》（1992 年版）、《兽用生物制品质量标准》（1992 年）及《进口兽药质量标准》，各地也制定、颁布了一批地方标准。形成了以《中国兽药典》为中心的中国兽药质量标准体系，当时并存的还有地方兽药标准体系、专业标准。

2005 年版兽药典共收载化药 446 个，包括片剂、注射剂、酊剂、胶囊剂、软膏（乳膏、糊剂）剂、滴眼剂、眼膏剂、粉剂、预混剂、内服溶液（内服混悬、内服乳剂）剂、颗粒剂、可溶性粉剂、外用液体制剂、乳房注入剂、阴道用制剂等 15 个剂型；中药 685 个，包括散剂、胶剂、片剂、锭剂、酊剂、颗粒剂、软膏剂、合剂（口服液）、注射剂灌注剂、浇泼剂与浸膏剂等 11 个剂型；生物制品 115 个。

2005 年版《兽药使用指南》是《中华人民共和国兽药典》（2005 年版）一部的配套丛书，也是一次改革的尝试，全书共 18 章，药物收集源于兽药典、兽药质量规范、农业部颁标准、进口兽药质量标准，共收集药物 832 种，其中原料药 331 种、制剂 501 种，对药物的安全有效用药、药物研究开发、动物性食品安全等均有指导意义。

4.2.3　兽药制剂起步阶段的生产特点

GMP 迅速发展并成为世界性准则，我国的兽药 GMP 实施始于 20 世纪 80 年代初。1995 年，农业部提出兽药企业 GMP 认证的硬性要求，并提出达标限制期限，同年，硕腾苏州工厂、乾坤动物药业有限公司成立，1997 年河北远征公司的粉针车间通过兽药 GMP 验收，从那时起我国就开始规范生产、规范产品、规范市场，严格按照兽药 GMP 等体系规范生产经营，并把"产品质量"作为企业的头等大事来抓。2000 年以前，只有少数兽药企业通过验收，而且多为梅里亚等外资或合资企业，其中乾坤股份、河北远征、瑞普生物、天津生机、中牧股份等成为当时为数不多的全面通过兽药 GMP 验收的兽药企业。

20 世纪 80 年代初，我国兽药企业数量和兽药品种大幅度增长，据 2002 年初统计，有兽药生产企业约 2600 家，年产值 135 亿元。兽药生产企业的主要特点是企业体量小、规模化生产程度低、企业间产品同质化严重；中小型企业产品多为跟风仿制、技术含量低等。随着养殖业的迅速发展，对兽药的需求也不断地增加，兽药生产企业也越来越多，兽药产业出现产能过剩，"一多两低"，即小、微企业数量较多，产能利用率低，产业集中度低。2006 年对兽药从业者来说，是关键的一年，兽药 GMP 改造验收和地方标准升国家标准两项工作同时进行，1278 家兽药企业通过兽药 GMP 检查验收。其中，生物制品企业59 家、其他兽药企业 1219 家，兽药企业的管理水平大幅度提高。

4.2.4 兽药制剂起步阶段的市场情况

强制施行兽药 GMP 之前，我国兽药市场规范性差，兽药价格竞争激烈，兽药种类少，制剂水平低，专业化的人才队伍尚未建立。兽药销售粗放化，服务能力差、水平低。据统计，截至 2002 年初全国有兽药经营企业 72000 多家，营销额约 200 亿元。

4.3

兽药制剂迅速发展期

4.3.1 兽药制剂发展总体情况

自 2006 年至今，兽药制剂得以快速发展。制剂与剂型体现着一个国家的医药科技水平，随着中国强制实施兽药 GMP、GLP、GCP、GSP，兽药的研产销全流程的管理力度加大，兽药制剂进入了快速发展轨道。

（1）**兽药制剂发展阶段的研发特点**　近二三十年来，药剂学有了迅速发展，产生了许多新兴分支学科，如生物药剂学等。随着这些新兴学科和高分子化学工业的发展，药剂学从 20 世纪 50 年代以前的调剂学进入到药剂科学的新时代，兽药自 21 世纪以来，剂型和制剂经历了四个发展代次。

第一代——常规制剂，如粉散剂、颗粒剂、溶液剂、片剂、注射剂等。

第二代——长效制剂或肠溶制剂，开始了体外溶出度的研究，如头孢噻呋长效晶体注射液等。

第三代——缓释、控释制剂，使药物的活性成分在体内产生恒定的血药浓度，提高药物的安全性、有效性，已上市的这类制剂不多，但正在进行研发的单位很多，已上市的有替米考星肠溶颗粒。

第四代——靶向制剂（又称靶向给药系统，TDDS），将药物递送到机体的特定部位或器官，避免了药物全身分布带来的副作用。当前各国医药学家对脂质体、微球、毫微球等靶向给药制剂进行了广泛的研究，取得了许多突破性进展。

今后，兽药研究体系将会借助人药体系对时辰生物学技术与生理节律同步的脉冲式给药，实现高度自动化养殖体系下自动调节释放药量的自调式给药系统，亦称为智能制剂，是兽药制剂未来发展方向。

目前，已进入源于设计（QbD）的先进制剂开发阶段。从制剂工艺创新着手，分析药物作用特性，合理评价制剂，充分发挥药物的临床作用，兽药制剂水平在快速提升。药物制剂设计的关键质量因素是关注药物的生物药剂分类系统（BCS）性质，BCS 是基于药物溶解性和渗透性测定的药物分类预测系统。美国 FDA 于 1995 年最早采用并认可 BCS 作为生物等效性试验豁免的指导原则。BCS 分类的溶解性和肠渗透性两个依据，可以为新制剂的研发提供参考。BCS 系统将药物分为 4 类，详见图 4-1。

图 4-1　BCS 系统药物分类

类型 1	类型 2
高溶解度	低溶解度
高渗透性	高渗透性
类型 3	类型 4
高溶解度	低溶解度
低渗透性	低渗透性

制剂创新正在成为企业间激烈竞争的焦点，发展方向如下。

① 改善药物制剂适口性。通过微型胶囊化、包衣、离子交换、制粒等，实现缓释、掩味、肠道增溶或胃肠道靶向释放、过胃（减少溶出）肠溶定位释放的目的；提高动物对药物的选择性，提高药物的稳定性。

② 提高难溶性药物溶出度。采用固体分散体、环糊精包合、微（纳米）粉化、脂质药物传递系统、共晶技术、原料结构修饰等技术，提高难溶性药物的溶出度，增加药物的生物利用度。

③ 缓控释给药制剂技术。缓释制剂是可以减少给药频率，且能显著增加用药依从性的制剂。控释制剂指在规定的释放介质中按要求缓慢地恒速释放药物，与相应的普通制剂比较，可调节释放速率，提高生物利用度，降低刺激性与毒副作用，血药浓度比缓释制剂更加平稳。

（2）兽药制剂快速发展阶段的质量特点　兽药质量控制最具代表性的一项节点工作，是全国地方标准上升为国家标准的整体实施。2006—2007 年，农业部共完成对 5849 个地标的审查清理工作，发布标准 710 个，废止地方标准品种数 3300 个。

兽药生产、经营管理制度的实施，促进了国内兽药的规范化发展。首先，开办兽药生产、经营企业必须具备规定的准入条件，遵守兽药 GMP、GSP 的规定。其次，统一了兽药产品的审批要求和质量标准；三是对兽用生物制品的生产实行批签发管理制度，进一步加强了兽用生物制品的经营管理。

（3）兽药制剂发展阶段的生产特点　"十三五"后，我国兽药制剂产业的突出特点是没有创新能力的兽药企业数量在减少，企业研发人员的数量在增加。

工艺研究取得突破。兽药生产技术方面注重工艺研究，特别是新的兽药批准文号管理办法发布后实施比对试验研究，各企业发挥自身人才技术优势，产品的生产工艺技术取得突破性进展。口蹄疫病毒悬浮培养工艺成功突破，已发展到禽流感病毒、狂犬病病毒、圆环病毒等多种病毒的培养；纯化、浓缩工艺得到广泛应用；自行设计生产设备；针对原料药晶型、粒度等物理性质变化对药效的影响，改进生产工艺；将传统的液体产品，改进为冷冻干燥、喷雾干燥产品等。

新设备、新技术、新包材和新佐剂应用逐步扩展。有的厂房建设已经达到欧盟 GMP 标准，无菌生产中引用了隔离技术、吹灌封技术，自动化灭菌大容量注射液的容器从玻璃瓶装到非 PVC 多层共挤膜的袋装，现已发展到塑料瓶吹制灌封一体机的塑瓶装；新的佐剂、耐热保护剂研究应用持续推进，免疫效果不断提高，2～8℃保存产品不断增多，使用过程中稳定性已进入关注视野。

此外，信息化技术在兽药产业得到广泛应用。一是质控的实时化，在线实时测定悬浮粒子，自动化发酵、加样、灭菌系统。二是监管的数字化，建成兽药评审、文号核发、生产许可证信息管理系统等 12 个数据库，成为支撑的全国性兽药基础权威信息查询平台；建立健全了兽药二维码追溯系统，实现了兽药来源可查、去向可追。

（4）兽药制剂发展阶段的市场特点　从我国兽药行业近几年的销售额变化来看，我国兽药行业发展至今已初具规模，2016—2020 年，国内兽药产品销售规模由 472.29 亿元增长至 620.95 亿元，年均复合增长率为 5.57%。从兽药细分种类来看，中兽药销售额占比从 2015 年的 9.3%下降到 2020 年的 7.0%，原料药及化药制剂、生物制品占比则呈上升趋势。由此可见，原料药及化药制剂、生物制品发展速度较快。

4.3.2　化学药品制剂的发展概况

化学药品剂型是将原料药和辅料经过加工调制，制成便于使用、保存和运输的一种形式。剂型的分类方式很多，如果按形态分类，兽药常用的剂型可分为液体剂型、固体剂型、半固体剂型、气体剂型和特殊剂型等大类，每一大类中又包括了许多不同的剂型。剂型对药物的疗效起着极为重要的作用，打破了"化学结构"是唯一决定疗效的传统观念。具体表现为：a. 剂型可以改变药物作用的性质；b. 剂型能调节药物作用速度；c. 剂型可降低或消除药物毒副作用；d. 剂型可以影响药物的稳定性；e. 特殊剂型还有定位靶向作用。

（1）我国兽用化药制剂现状分析　2004—2006 年 1000 多家兽药 GMP 企业的剂型统计结果显示，我国兽药制剂以粉、散剂和预混剂等固体剂型为主，分别有高达 71.76%、60.88%和 55.82%的企业拥有此类车间；其次有 36.77%和 33.40%的企业生产小容量注射剂和液体消毒剂；而生产口服液和固体消毒剂的企业各占 25.14%、21.58%；生产颗粒剂、片剂、粉针剂、液体杀虫剂等制剂的企业各占有 10%左右的比例。其他生产线还包括胶囊剂、冻干粉针剂、膏剂、栓剂、乳房注入剂、搽剂（透皮剂）、浇泼剂、诊断试剂、血液制品及微生态制剂等。2008 年兽用化学药品制剂不同剂型销售额占比如下：粉散剂 55.0%，注射剂 21.0%，预混剂 11.0%，消毒剂 8.0%，口服液 2.0%，片剂 1.0%，颗粒剂 1.0%，其他 1.0%。截至 2016 年，我国兽药中化药类生产线 10074 条，粉剂、散剂、预混剂生产线 4053 条，占比 40.24%。

2020 年统计结果显示，兽用药物制剂类型按使用途径分为混饲途径、饮水途径、注射途径和其他途径 4 类。混饲途径仅含预混剂，饮水途径包括可溶性粉剂和溶液，注射途径包括注射液、注射用粉针等；其他途径包括粉剂、片剂、乳房注入剂及子宫注入剂。兽用抗菌药以混饲途径为主，总量为 13184.734 吨，占比 40.226%；饮水途径使用总量为 11208.270 吨，占比 34.196%；注射途径使用总量为 3572.531 吨，占比 10.900%；其他途径使用总量为 4810.762 吨，占比 14.678%。

2020 年使用的兽用抗菌药中，单类别抗菌药品种数量最多的是磺胺类及增效剂、β-内酰胺类及抑制剂、氟喹诺酮类；最少的是林可胺类和安沙霉素类；分别是林可霉素和利福昔明。从制剂数量来看，磺胺类药物制剂数量最多，共 46 个，其次是 β-内酰胺类及抑制剂（36 个）和氟喹诺酮类（35 个），单个药物制剂数量最多的是磺胺间甲氧嘧啶，共有 14 个单方和复方制剂。

通过以上的统计数据可知，我国兽药制剂剂型有两大特点：一是剂型种类偏少；二是剂型相对集中。我国制剂剂型主要为粉散剂、预混剂和注射剂。这主要是由于我国现阶段养殖业结构特性所决定，这类剂型成本低、方便群体给药。产品同质化严重，以仿制药为主，尚未形成自主产品系列的创新药物。这种情况除与我国兽药的制剂科技水平有关外，主要受使用对象（食品动物）的限制，其经济价值有限，不可能有过高的投入。此外，目前我国的剂型结构也缺乏合理性，抗菌药物用药对象主要以食品动物为主，宠物专用药物偏少。

（2）**兽药主要新制剂类型**　由于我国兽药的应用对象主要为食品动物，故新剂型、新制剂要考虑给药方便，适于群体给药，而且价格合理，这就给新剂型的研发带来很大的限制。理想的药物制剂可使药物的临床效果和生产效益实现最大化。近十几年来，药物剂型和制剂研究已进入药物传递系统（DDS）时代。国际上药剂学研究的重点主要有：缓释长效制剂、靶向给药制剂、皮肤给药制剂以及黏膜给药制剂。药物新剂型研究中常用的有以下几项新技术。

① 固体分散技术：药物高度分散（分子、胶态、微晶或无定形状态等）在惰性载体（水溶性、肠溶性或难溶性）中形成的一种以固体形式存在的分散体系。其优点是能提高难溶性药物的溶出速率和溶解度，可以提高药物的吸收和生物利用度；还可看作是中间体，用以制备药物的速释或缓释制剂，也可制备肠溶制剂。其缺点主要是储存过程中的老化使溶出速度变慢，药物在分散体中的比例不高，限制了部分兽药的使用。

② 包合技术：一种分子全部或部分被包嵌于另一种分子的空穴结构内，形成包合物。包合物又称为分子胶囊。包合物的优点包括：增加药物的溶解度和稳定性，改善药物的吸收和提高生物利用度，降低药物的毒副作用和刺激性，也可使液体药物粉末化。

③ 微囊与微球的制备技术：利用天然的或合成的高分子材料（囊材）作为囊膜壁壳，将固态或液态药物（囊心物）包裹而成药库型胶囊，简称微囊（microencapsules）。也可使药物溶解和（或）分散在高分子材料基质中，形成基质型微小球状实体的固体骨架物，简称微球（microspheres）。

药物微囊化的特点：掩盖药物的不良气味及口味，提高药物的稳定性，防止药物在胃内失活或减少对胃的刺激性，使液态药物固化，便于应用与储存，减少复方药物的配伍变化，缓释或控释药物，使药物浓集于靶区，可将生物活性物质包被制成纳米粒。纳米粒（nanoparticles）的制备技术是由高分子物质组成的骨架实体，药物可以溶解、包裹于其中或吸附在实体上，粒径在 $1 \sim 1000 nm$ 的粒子。纳米粒药物的特点：增加药物在血脑屏障或生物膜的穿透能力，改善多肽蛋白类药物的口服吸收，可用作生物大分子的特殊载体。

④ 脂质体制备技术：脂质体（liposomes，或称类脂小球）是一种类似生物膜结构的双分子层微小囊泡。脂质体的特点：靶向性，缓释性，降低药物毒性，提高药物稳定性。

⑤ 乳化技术：将互不相溶的两种液相在乳化剂存在的条件下，采用外力使其乳化，制成粒径在 $0.1 \sim 100 \mu m$ 范围的非均相分散系统（包括普通乳、复乳、亚微乳）。水包油（O/W）及油包水（W/O）为普通乳的两种类型，靶向性是新型乳剂的显著特点。

（3）**我国兽药制剂研发展望**　根据我国养殖业、科技水平和人民生活水平的发展状况，在相当长时间内，我国的兽药中食品动物用药还会占绝对的优势，但宠物饲养在我国也会有较快的发展，因此必须为发展宠物药做好基础研究和技术贮备。近年来国外批准了大量的复方制剂，在复方抗菌药物中，抗菌、抗真菌和皮质激素组成的复方较多，主要用于宠物。而复方抗寄生虫药物中，主要为生物合成的大环内酯类驱虫药与化学合成的驱虫药组成的复方制剂。我国在兽用复方寄生虫药物方面也逐渐加大研发投入，陆续上市了一些仿制复方驱虫制剂，打破了国外兽药公司的垄断地位。

全球兽药市场除了重点开发抗寄生虫药物外，还不断致力于非甾体抗炎药物的研究开发。在 20 世纪 90 年代上市的 49 种新兽药中，有 8 种非甾体抗炎药，占有很高的比例（16.3%），该类药物绝大部分用于宠物的关节炎。随着动物福利的重视和宠物的老龄化问题，非甾体抗炎药物也许还会有一个新的发展时期。

着眼于兽药新制剂和新剂型的开发。国外兽药企业非常重视复方制剂和系列制剂的研发。一个好的产品其销售额能达到上亿美元，除了有良好的疗效和专利保护外，与其剂型齐全是分不开的，如伊维菌素有注射剂、浇泼剂、片剂、糊剂和预混剂等。目前，传统的注射剂、片剂、预混剂已很难满足现代畜牧业的需要，随着科技的发展，近年来不断涌现出了一些新的制剂技术。运用脂质体、纳米微粒或微囊、微球、乳剂、透皮给药系统等现代技术来开发长效、速效制剂，控、缓释制剂，浇泼剂，透皮剂，喷雾剂，靶向制剂等。依据动物临床需要设计的新剂型，将会拥有广阔的市场前景。

4.3.3　中兽药制剂的发展概况

许多大型畜禽养殖企业已将中兽药作为预防、治疗疾病及促进动物生长的重点使用药物，中兽药更是成为兽药生产企业研制和开发的首选项目。

中兽药散剂，是指中药材或中药饮片提取物经粉碎、混合均匀制成的粉末状制剂，是一种较早被应用于畜禽疾病治疗中的制剂。在现代畜牧养殖产业中应用较为普遍，优点是制备简便、成本低廉、效果确切；缺点是药效发挥较慢、给药困难、生物利用度低。利用超微粉碎技术制成的中兽药制剂大百芩散和石苦秦散，可作为犊牛、羔羊生长期的养殖保健药物。2020 年版《中华人民共和国国兽药典》收载的中兽药散剂共140 种。

丸剂，系指用适宜的黏合剂或其他辅料制成的球形或类球形固体剂型。优点是崩解缓慢、释药持久、生产技术和设备都较为简单，主要适于动物的个体给药。鉴于现代畜牧养殖企业注重规模养殖，丸剂不再适应当前畜牧兽禽治病使用，但在宠物还有很大的使用空间。

片剂是在丸剂的基础上发展起来的，是指药物与辅料均匀混合后压制而成的片状或异形片状的固体制剂。最先被使用是 20 世纪 40 年代，后来随着设备的快速更新，逐渐摸索出一套适用于中兽药片剂生产的工艺条件，极大地推动了中兽药片剂的发展和应用。中兽药片剂的优点是溶出度好、用药剂量准确、质量稳定，缺点是给药的剂量大、次数多、见效慢，不适合规模畜禽养殖的疾病防治。

注射剂是近年来中兽药领域开发出来的一个新剂型，其优点是药效迅速，作用可靠，适于不宜口服给药的疾病和药物，较其他液体制剂耐贮存。但也存在不少缺点，注射剂制作工艺复杂，生产条件要求高，临床给药容易产生较强的应激反应。已上市的中兽药注射剂较多，例如：具有利尿通淋、消肿排脓功效的鱼腥草注射液；具有清热健胃和通便功效的复方猪胆素注射液；具有清热疏风、利咽解毒功效的银黄提取物注射液；对多种病毒性疾病具有显著治疗效果的柴辛注射液等。

浸膏剂是中兽药制剂的典型制剂之一，应用历史久远。浸膏剂，系指药材用适宜的溶剂浸出有效成分，除去大部分或全部溶剂，浓缩成膏状或制成固体粉状制剂。不同的浸膏类制剂各有优缺点，例如：常见的低温浓缩型浸膏、浸膏粉具有安全、高效、稳定、用药成本低、作用迅速等特点，可群防群治。常见的动物用膏类制剂有治疗猫便秘用的化毛膏等。

汤剂是中兽药制剂中最常见、应用历史最悠久的一种剂型，多为复方，可按照中药配伍原则，使药物之间相互促进、相互制约，从而达到增强疗效、缓和药性的目的。汤剂最大的优点如下：能适应中医辨证施治，随症加减处方；可充分发挥方药多种成分的综合疗效和特点；溶剂价廉易得；制备方法简单易行等。缺点：需临用时新制，久置易发霉变质，不便携带；服用容积大，难以服用；脂溶性和难溶性成分以水煎煮，不易提取完全等。在临床上，八珍汤用于治疗饲养管理差所致的母猪缺乳。

4.3.4 兽药制剂发展的影响因素

4.3.4.1 外部影响因素

（1）**养殖模式影响因素** 我国是畜牧大国，畜牧业在我国国民经济中占有举足轻重的地位，随着现代化及工业化的到来，畜牧业的养殖方式也由散养逐渐向集约化方式转变，直接影响兽药产品的研发方向和兽药企业的市场定位与市场规模。兽药企业的市场服务主体是养殖企业，市场主体的变化带动企业的发展方向，变化的频率考验着兽药企业的研发、生产等整体实力，也改变兽药产业的发展重心与产业结构。如伴随"防大于治"养殖理念的转变，带动了兽用生物制品、微生态制剂、营养添加剂、中药等领域的发展。而规模化养殖的发展及人力成本的提升，饮水给药方式受到更多养殖企业的青睐。这种需求变化，会影响药物制剂研发方向。从需求导向型兽药研发来看，制剂开发要顺应市场需求，目前部分兽药企业研发集中于中兽药制剂、抗病毒药、调节动物生产性能等方向，但由于这些种类的药物开发对药效、机体内代谢等要求较高，突破性成果相对较少。由于集约化养殖中越来越高的残留、安全等要求，这种研发思路将会成为未来制剂发展的重要方向。

（2）**用药成本影响因素** 畜牧养殖业发展的缺点在于与人争粮，成本上升将增大养殖风险，致使养殖户和养殖集团的利润下滑，为了拉升利润空间，降低成本，兽药生产企业的利润空间被压缩。其次，单个经济型动物的价值有限，养殖户可接受的治疗成本有限，高价值的药物市场受限。食品安全事件、禽流感疫情、非洲猪瘟疫情，已经严重影响了养殖行业，养殖规模缩减，这给以畜牧养殖为主要目标市场的兽药产业带来新的挑战，加之环保壁垒和原料药价格持续上涨，劳动力价格的不断攀升等，直接加重兽药企业的成本压力，诸多内在和外界因素会影响兽药制剂的研发方向和生产导向。

（3）**国家政策影响因素** 政策走向是影响产业发展的重要变量。改革开放以后，我国以养猪、养鸡为代表的集约化养殖业得到了迅猛发展，不仅能满足国内需求，并可满足一定量的出口需求。近年来，以草食动物肉牛和肉羊的舍饲以及半舍饲肥育生产发展比较迅速，奶牛的饲养量也迅速增加。随着我国加入 WTO，我国在知识产权保护和药品、动物源食品标准与世界接轨，我国畜牧业从数量型进入质量型的转变，主要表现在动物性食品品质的提高、动物食品中兽药残留的严格控制、兽药对环境和生态影响的重视加强。目前各国政府面临的棘手问题是药物残留和耐药性，面对社会压力，抗生素的开发和使用会更加苛刻。在这种情况下，企业研发新药会变得更加困难，积极性也受到很大的负面影响。

近几年来，环保政策已对相当一部分兽药企业产生了巨大影响，有些企业被迫停产整顿，甚至整体搬迁。未来环保政策将会对兽药企业研发和生产产生长久而深远的影响。

社会公众对畜产品安全的要求越来越高，消费选择已从数量要求向质量要求转变，对食品安全的社会关注度空前加大，舆论监督势必要求兽药研发与生产以低残留、绿色、安全等为重点，进一步对兽药企业的研发能力、产品布局和生产模式改变能力提出更高的要求。

（4）技术发展影响因素　随着科技水平的不断发展和进步，兽药研发、生产、检测、监管等也在不断提升。世界动物保健品行业近十年来持续发展，发达国家投入巨资进行新产品研究和开发，不断以新产品和高科技产品占领市场，保持销售稳定增长的同时不断开拓新的市场，带动和促进了全球动物保健品市场的持续发展。世界动物保健品销售总量逐年上升，近几年年均增长率超过6%，其中化学治疗药物的销售额占动物保健品销售总额的近半成，占主导地位。美国、西欧和日本是兽药行业发展最为成熟的地区，兽药生产企业数量并不多，但企业生产规模大，国际市场兽药产业已进入成熟发展时期，跨国企业纷纷兼并重组，市场集中度不断提高。

随着我国养殖业的不断发展和壮大，养殖结构在不断转型，生猪及家禽养殖业向集约化、规模化方向发展，养殖企业的规模越大，承担的风险就越大，对兽药产品的依存度较强，一般会选用安全、高效的高端兽药产品。广阔的国内市场需求极大地吸引了国外兽药企业涌入我国市场，进口兽药进入中国后，在制剂使用效果、安全性等诸多方面形成品牌效应，迅速抢占国内市场份额，对国内兽药企业形成了巨大压力，但这种压力同时也促进了国内兽药企业不断自我提升和进步，我国兽药企业研发及生产要紧跟国际步伐，利用新技术深入研究探索，例如利用现代生物技术（克隆技术、基因工程）开发新型杂合抗生素，或通过激活抗生素产生菌的沉默基因生产新的抗生素，通过改善原有抗生素的结构开发新的半合成抗生素，通过前体药物的筛选或结合构效关系的研究进行新化学实体药物的创制等。

21世纪是世界高技术研究和产业化进程迅猛发展的时期，全球经济一体化趋势，特别是中国作为WTO成员国，传统的兽药产业受到前所未有的挑战，也更加突出了新兽药开发科技在调整产业结构，提高国家经济实力中的作用。随着我国兽用化学药物科技开发的发展，兽药市场竞争也日趋激烈，中国作为国际兽药市场的一部分，必须提出我们自己的新时期创新药物发展战略。创新药物品种的产业孵化器的逐步形成，必将推进兽药研究技术成果的产业化。推出一批具有自主知识产权的创新药物，促进兽药产业结构和产品结构的改善，将增强我国兽药的国际竞争力，基本实现我国兽用化学药物由以仿制为主向创新为主的转轨，为兽药产业的可持续发展奠定坚实的基础，最终提高我国创新药物研究与开发的综合实力和整体水平，为国内畜牧业的可持续和健康发展服务。

4.3.4.2　内部影响因素

（1）专业人才影响因素　兽药研发是一项周期长、技术要求高、风险大的系统工程，需要从事专业研究的高素质人才。多年来，我国兽药制剂技术多以引用或借鉴人药为主，因而造成兽药行业缺乏独立地从事兽药制剂处方筛选、制备工艺和质量控制研究的科研队伍，加之兽药教育事业起步晚，兽药企业缺乏专业技术人才，目前从事兽药生产和管理的都是一些或远或近的相关专业技术人员，相对缺乏药剂学的基本理论知识，对制剂工艺研究缺乏深度。人才的缺乏，直接影响药物制剂的研究与开发水平。

（2）研发模式影响因素　在我国，新兽药研发主体多样化，基本采用产、学、研相结合的研发模式，尽管近年来我国一些科研单位和高校在兽药制剂学方面开展了一些研究，但不够系统，而且各自为政，重复研究多，学术交流少，使我国兽药制剂学尚未形成独立学科。新兽药的开发和生产意味着漫长的研制期、大规模的资金投入和复杂的生产工序与工艺，企业无力承担相应的费用与风险。科技转化成果效率低是我国兽药产业面临的重要问题之一。而国外一般以制药企业为研发主体。在美国，一种新兽药产品上市需要花费1亿美元，时间则需要7～10年；在欧洲，仅2011年兽药研发的投入达4亿多欧元；全球排名前十的兽药生产企业平均拿出其销售额的12％用于新产品创新和研发。同时，发达国家新药研发采用市场化模式，基础研究、开发研究和产业化、市场化连接在一起，并以企业为主导。而我国则分别由科研院所、制药企业分两头承担，科研、生产与市场脱节的现象仍然存在。兽药企业由于技术力量薄弱，投入技术研发的经费甚微，许多企业几乎没有，其产品仍以仿制药品为主；拥有兽药制剂研究技术的科研院所又缺乏研究经费，虽然进行了一些基础研究，但与企业联系少，开展的研究工作实际指导意义不大，最终导致兽药制剂技术发展缓慢。

在今后的研究中，一方面兽药科研机构和企业之间应加强合作，利用科研机构的科研优势，加入企业的市场化管理，将科研院所作为企业的创新基地。同时企业应加大投入，建立具有科研实力的企业自主研发队伍，使兽药企业成为兽药制剂技术创新的源头。

（3）研究设备影响因素　高端的制剂往往需要高精尖设备，我国高性能的设备主要依赖进口，国产化程度低。随着制药行业的发展，制药装备行业规模不断壮大，产品技术从简单仿制发展到合作开发和自主创新研发，我国也逐渐发展成为制药装备生产大国。但是，由于我国制药装备行业集中度较低，大多数中小企业缺乏具有自主知识产权的高附加值产品，不同企业的产品差异程度较小，低端制药装备市场竞争较为激烈。目前，国内兽药生产企业车间的自动化设计在空调净化、医药用水、在线清洗、灭菌和易燃火灾报警等方面应用较多，而部分质量和计量控制点缺乏合适的在线监控手段，所有的质量管理系统大部分也还是离线和非实时，自动化系统没有得到很好的整合。同时，兽药研制实验和测试仪器基本依靠国外，由于进口仪器的高昂费用所限，给研究试验设施的改善带来很大困难，国内相关兽药研发机构的设施配置普遍满足不了要求。这也成为限制制剂发展水平的影响因素之一。

4.3.5　新制剂现状及发展趋势

新制剂研究主要围绕药物疗效与药物在动物体内浓度展开，兽用新制剂类型研究有以下几个方向。

4.3.5.1　缓控释制剂

缓控释制剂是近年来发展起来的新制剂类型。缓释、控释制剂亦称缓控释给药系统，是发展较快的新型给药系统。早在20世纪40年代青霉素油剂应用于临床后，长效制剂便开始引起医药界的关注。根据释药规律的不同，又分为缓释制剂和控释制剂。缓释制剂能按要求缓慢地非恒速释放药物，药物的释放速率受到外界因素的影响。控释制剂释放药物是恒速或接近恒速的，血药浓度比缓释制剂更加平稳，药物的释放速率不受环境和酶等外界因素的影响。与普通制剂相比，有以下优势：①可减少给药次数；②血药浓度平稳，避免"峰谷"现象，降低药物的毒副作用；③增加药物治疗的稳定性；④减少用药总剂量，用最小剂量达到最大药效。在兽医临床应用方面，国外20世纪80年代中期即有大量兽药缓控释制剂研究和应用的报道。

目前在兽用缓、控释药物剂型研究方面，给药途径主要以经口给药和注射给药为主，由于缓、控释制剂具有给药用药量少，作用时间特别长的特点，特别适合用于抗寄生虫药。石来风等将阿维菌素复方缓释制剂用于防治绵羊寄生虫病，分别使用伊维菌素-丙硫咪唑复方片剂、伊维菌素-阿苯达唑亚砜注射液和阿维菌素-内硫咪唑亚砜复方长效油胶进行驱虫试验，其中阿维菌素-阿苯达唑亚砜长效油胶药效可持续达100d左右，效果显著。

缓释、控释制剂不仅可以用于动物寄生虫病的防治，在动物微量元素的补充方面也有较广泛的应用。吴卫杰等将微量元素缓释丸投喂于试验组羊的瘤胃内，让其缓慢释放。结果表明，投服缓释丸后37d，试验组羊被毛和血清中锌（Zn）、锰（Mn）、硒（Se）含量显著高于对照组（$P<0.05$），表明该缓释丸对提高羊体内微量元素含量效果明显。韩银仓等通过对反刍动物复合微量元素缓释丸进行研究，从体外溶解试验和瘤胃内容物、血液中投丸前后的Cu、Co和Se的测定值表明，反刍动物复合微量元素缓释丸的溶解速度和微量元素的释放规律是可调控的。在整个试验过程中动物未表现出不良反应，元素在全血中的最高值未达到动物中毒标准。

4.3.5.2 经皮给药制剂

经皮给药制剂是指在皮肤表面给药，应用物理或化学方法及手段促进药物穿过皮肤，药物由皮下毛细血管吸收进入血液循环，并实现治疗或预防疾病作用的药物制剂。经皮给药制剂使药物以恒定的速度持续地通过皮肤进入血液循环，可以达到类似静脉持续给药的效果。这一新剂型出现在20世纪70年代，自其面世以来就受到了世界医药工作者的广泛关注。到目前为止，全球有56%的经皮给药制剂由美国研制开发，随后是欧洲和日本，分别占32%和7%。美国2001年进行临床试验的129种药物中，有51种与经皮给药或皮肤有关；77种处于临床前期研究的药物中，33%与经皮给药制剂有关，可见经皮给药制剂的开发是受到广泛重视的。

经皮给药制剂的优点如下：①避免了口服给药可能发生的肝脏首过效应和胃肠道的降解作用，提高了药物的疗效；②使用方便，可以随时给药或中断给药，对机体几乎无损伤，改善了用药的顺应性；③维持稳定的血药浓度，避免了口服给药或注射给药等引起的血药浓度"峰谷"现象，降低药物的毒副作用；④具有长效作用，延长了药物的作用时间，大多数经皮给药制剂一次给药可连续释药数日，比很多缓控释制剂的有效作用时间都长。

在动物医学领域经皮给药制剂得到了越来越多的重视，由于动物疾病自身的特点，经皮给药制剂在兽医临床上的应用主要集中在传统药物新剂型的开发上，主要涉及抗菌、驱虫、免疫接种、止痛等领域。国外经皮给药制剂的研究主要集中在芬太尼等止痛药。Ma-lavasi等报道了芬太尼经皮给药制剂与吗啡硬膜外腔给药联合应用对外科手术实验动物生理和行为的影响，一组猪在进行肠手术之前通过硬膜外腔给予 0.1mg/kg 的吗啡，手术后立即给予芬太尼经皮 $50\mu g/(kg \cdot h)$，另一组为对照组，结果显示硬膜外注射吗啡与芬太尼经皮剂联合使用，能使实验动物提前恢复到正常活动状态，并且手术后增重不受影响。

国内在经皮给药制剂的研制开发主要集中在抗寄生虫方面。唐山枫等研究了吡喹酮经皮给药后药物在小鼠体内的组织分布及药代动力学，给药后药物在小鼠肝脏分布浓度高，达到了临床治疗的要求。在猪的螨病防治方面，侯玉慧等应用伊维菌素经皮溶液进行驱杀猪消化道线虫的效果试验，结果显示中、高剂量组的线虫卵转阴率、螨治愈率均为 100%。

4.3.5.3 脂质体制剂

脂质体或称类脂小球、液晶微囊，是一种类似微型胶囊的新剂型。脂质体制剂是将药物包封于类脂质双分子层内，药物通过渗透或被巨噬细胞吞噬后，载体被酶类分解而释放药物，从而发挥作用。1965 年，英国学者 Bangham 等发现，磷脂分散在水中时能形成类生物膜结构的脂质双分子层的微型泡，即脂质体。20 世纪 60 年代末，Rahaman 等首次将脂质体作为药物载体应用。近几年随着生物技术的发展，脂质体制备技术趋于完善，脂质体作用机制进一步阐明，其作为药物载体的研究越来越受到科研人员的重视。目前，脂质体研究领域主要集中在药物控释和靶向给药、基因和其他药物向细胞内传输、模拟膜的研究和皮肤化妆品领域的研究等。

脂质体的结构类似细胞膜，具有亲油亲水性，适合作为药物或其他物质的载体。进入体内主要被网状内皮系统吞噬而激活机体的自身免疫功能，并改变被包封药物在体内的分布动力学特征，使药物主要在肝、脾、肺和骨等器官组织中蓄积，从而能提高药物的治疗指数，减少药物的治疗剂量和降低药物的毒副作用。因此脂质体作为一种靶向给药新剂型，应用前景非常广。在兽药方面，脂质体多被应用在抗寄生虫等方面。陈桂香等采用改良的冷冻融溶法制备氯碘柳胺脂质体，以 2.5mg/kg 的剂量皮下注射，对绵羊的肝片吸虫有完全的驱除作用。刘伟等研究了伊维菌素脂质体对猪螨病的临床疗效，结果显示高、低剂量的伊维菌素脂质体对猪螨病治愈率显著高于常规剂型的伊维菌素。

4.3.5.4 微囊化技术制剂

微囊化技术指利用天然的或人工合成的高分子材料作为囊材，将固态或液态物质包裹制成半透性或封闭药库（微囊或微球）的技术。微囊系利用天然的或合成的高分子材料作为膜将药物（固态或液态）作囊心物包裹而成为药库型微小胶囊。微囊的粒径为 $1\sim500\mu m$，通常为 $5\sim200\mu m$。微球系将药物溶解或分散在高分子材料基质中形成的球状微粒分散系统，常见的微球粒径多在 $1\sim40\mu m$ 间。药物微囊化之后有如下优点：①提高药物的稳定性，很多药物遇光、接触空气或进入胃时容易降解，在微囊化之后能显著提高药物的稳定性。②有特殊气味的药物，可以通过微囊化技术遮盖药物的不良气味和口味，提高适口性。③使液态药物固态化。④很多有刺激性的药物，微囊化之后可以降低不良反应，可使药物达到缓释长效的目的。

微球是 20 世纪 80 年代发展起来的新型给药体，将药物制成微球后，能被器官组织网状内皮系统吞噬，集中于靶部位缓慢释放药物。微囊和微球凭借着它们具有提高药物稳定性、生物相容性以及赋予药物靶向性及缓释、控释性等一系列优越的性能，在人类医药界和在动物医学领域均得到了越来越广泛的应用。易金娥等进行了阿维菌素微囊在家兔体内的药动学研究，通过比较阿维菌素微囊注射液与普通阿维菌素注射液的药动学参数可以看出，微囊组与普通剂型具有显著性差异，阿维菌素制成微囊后吸收慢，消除慢，有效血药浓度维持时间长，峰值浓度增加，生物利用度增加。远立国等利用乳化-化学交联法制备了替米考星肺向微球，并验证了该制剂在兔体内的肺向性，结果显示载药量为 39.83%，包封率为 70.47%，且在肺脏的摄取率最高，峰浓度也比其他器官高，表明研制的替米考星明胶微球具有良好的肺向性，减轻了替米考星的心脏毒性。

4.3.5.5 中西药复方制剂

无论从药物的成分还是从治疗原则上看，西药与中药存在着很大的区别，西药作为结构明确的化学合成药物，由单一的或有限的几个化合物单体组成，作用于体内特异的靶点，药效快而明显，但无法有效治疗慢性病。中药有着自己独特的理论体系和应用形式，运用整体观念与辨证论治的原则指导临床治疗，成分复杂的中药活性物质能作用于多个不同的靶点而产生协同、放大的作用，中药以整体的观念治疗病症，但是难以达到西药的速效、高效，对于病程短的疾病往往效果不佳。中西药复方制剂可以将西药的速效和中药对整体的全面调理结合起来，取得协同效果。合理配伍的中西复方药物以其自身的优势将会成为继中药、西药、生物制品之后的又一药品大类。

从目前的趋势来看，关于中西药复方制剂治疗动物疾病取得良好效果的报道逐年增加，显示了较强的活力。在畜禽大肠杆菌病的防治方面，王铭杰等报道了中西药复方制剂对仔猪大肠杆菌病的治疗试验，使用自制中药复方制剂，对人工感染仔猪大肠杆菌引起的腹泻猪进行治疗，试验组与对照组比较差异极显著（$P<0.01$），说明中西药合剂对猪的腹泻病有较好的治疗作用。唐少刚报道了应用中西药结合法治疗鸡大肠杆菌病试验，硫酸安普素＋复方白头散抑菌圈直径比两者单用都要大，临床试验显示中西药结合法治愈率为 98%。

在动物的寄生虫病防治方面，中西药复方制剂也显示了良好的疗效。李春生等用苯、乙醇、中草药粉剂制成中西药复方制剂，治疗人工感染球虫的家兔，在短期内喂 15d 就可控制因兔球病及继发感染引起的幼兔死亡，使死亡率由 30.9% 下降到 1.95%，并能使感染球虫卵迅速消失，同时具有明显的增重效果。黄发明等利用 0.5% 地克朱利与几味中药组成复方制剂，对人工感染鸡球虫病的 60 只罗曼蛋鸡进行治疗试验，复方制剂中剂量组比单纯西药组的抗球虫指数高出 31.92，差异显著（$P<0.05$）。

4.3.5.6 包合制剂

包合物的优点是可以增加药物的溶解度和稳定性，改善药物的吸收和提高生物利用度，降低药物的毒副作用和刺激性，也可使液体药物粉末化。包合技术在药学方面主要用于物质的分离和精制、药物的稳定化、难溶性药物的可溶化、光学异构体的拆分等。由于包合技术在药剂上的应用令人瞩目，因此研究应用包合技术，开发研制兽药新剂型、新品种有着良好的前景。其中 β-环糊精包合技术在兽药新剂型研究中应用较多。许爱霞等采用逆向搅拌法制备了阿苯达唑的 β-环糊精包合物，研究结果发现包合物的溶解度是原药的 10 倍，溶出度也明显高于阿苯达唑原药。罗兰等采用溶剂法制备了甲苯达唑的 β-环糊精包合物，结果甲苯达唑的溶解度增大了 5.66 倍。陆亚鹏等用研磨法制备的阿莫西林 β-环糊精包合物，溶解度提高 2.99 倍，包合物在 10min 内的体外溶出度上升 72 倍。

4.3.5.7 纳米制剂

纳米技术是微球、毫微球、固体分散技术及包合技术的延伸。该技术在制剂中的应用主要是把药物或载体制成纳米微粒，并加上一定的靶向材料，使药物在体内很快到达作用部位，充分发挥作用。纳米技术可把药物原料颗粒粉碎到纳米水平后再加工成颗粒药物．这样的药物口服后与消化液的接触面比原药物大数万倍乃至数十万倍，所以更易吸收。由于提高了药效，因而可以降低用药量，解决令人头痛的药物残留问题。用纳米技术可将药物制成"纳米生物导弹"，能将超细纳米药物连接在磁性超微粒子上，定向射向致病细胞，并把它们消灭。用纳米技术可制造出具有广谱、亲水、环保等多种性能的药物，对致病菌有强烈的抑制和杀灭作用，纳米级新药即使达到临床用量的 4000 倍也不会引起中毒反应。用纳米材料制成的纳米膜，能过滤、筛去药物的有害成分，消除药物产生的污染。运用纳米技术能对传统的名贵中药进行超细化处理，同样服一帖中药，经过纳米技术处理的中药效果更好。

4.3.5.8 兽药新制剂发展趋势

尽管兽药制剂类型较多，但还是各有优缺点，因此寻找、改进和开发新型药物辅料，以克服原辅料存在的缺点，或寻找同类代替品，开发利用自然产物或来源广泛的辅料或者改变原有剂型的辅料处方或剂型的加工制备技术，将影响因素进行优化处理，制备更理想化的剂型，尤其是在无毒、可逆和特异性吸收的生物降解高分子聚合物方面还需进行更深入的研究。

寻求更合理化的给药体系，将给药体系进一步与生理特征进行有效的结合是制剂发展的重要方向。从药物作用配位、器官、细胞、亚细胞、受体甚至核酸水平认识给药途径、药物作用机理和代谢途径，将与药物治疗无关的因素进行有效的消除，副作用进一步降低，以寻求研制如根据渗透压、蒸气压、机械磁性、离子渗透、pH 值、水分、水解和酶活性等多种方式触发释药系统。运用时辰药物动力学原理，设计新的控释药物系统，达到定时定量释放有效治疗剂量的药物。靶向给药系统向纵深方向发展以提高药物对机体病灶定向选择和传输准确性，从而以最少剂量达到最佳疗效。

利用药物制剂新技术，开发药物的新剂型，可望解决药物现有剂型存在的生物利用度低、毒性大、受影响因素多等问题。但目前许多新剂型和新技术很不成熟，并没有达到真正的缓释、长效、低毒的效果。因此，必须重视这些新剂型的工艺和技术研究。由于药物新剂型和新技术的研制和工艺相对复杂，产品成本相对提高，必须考虑到要与畜牧业发展相适应，尽量降低这些新剂型的生产成本，提高经济效益，所以必须研制适合工厂化生产的简单可行的工艺。

4.3.6 传统制剂现状与发展趋势

长期以来，兽用药物主要以针、片、散等常规剂型在临床上使用，特别是口服、肌注给药，是控制畜禽疾病的重要途径。兽药传统制剂主要经历两个阶段。

第一阶段是药物简单加工，供口服与外用的汤、膏、丹、丸、散、酊、醋剂及膏药（或称贴剂），专家统计，我国早年的药学文献中，从公元 2 世纪的《神农本草经》，到明代李时珍的《本草纲目》等，就有了兽药及其方剂的记载。在唐代《司牧安骥集》和明代《元亨疗马集》等兽医古籍中，对医治牛马六畜的方剂有更丰富的载述；汤、丸、散、膏等剂型在兽医上沿用至今。我国对药物方剂的早期应用，据记载始于《黄帝内经》（公元前 18 世纪～公元前 12 世纪），比国外被称为药剂鼻祖的 Galen（格林氏，公元 131—201年）的著作中所记述的散、丸、改、醑剂等的年代还要早得多。该阶段兽药制剂没有形成规模化生产，临床兽医针对动物个体疾病以对症治疗为主。

兽药制剂快速发展的第二阶段是到 19 世纪，兽药制剂逐渐实现了机械化生产，20 世纪，药剂学已形成一门专门系统的学科。随着生产力和科技的发展，给药途径的扩大和工业生产的机械化和自动化，兽药制剂逐渐实现了安全有效、质量可控。产生了散剂、粉剂、溶液剂、注射剂、片剂和颗粒剂等诸多剂型。

4.3.6.1 粉剂

粉剂系指原料药物与适宜的辅料经过粉碎、均匀混合制成的干燥粉末状制剂，分为内服粉剂和局部用药粉剂。局部用药粉剂可用于皮肤、黏膜和创伤等疾患，亦称撒粉。目前兽用粉剂中，多以拌料口服给药为主。该类剂型优点是容易混合均匀，方便群体疾病用药防治。但该类剂型同样存在使用弊端，例如，由于四季天气变化，气温高低影响畜禽饮水量，药物剂量不易掌握。拌料给药时由于病畜采食量降低造成给药不充足等问题。因此，需要综合考虑粉剂药物在饲料中稳定性、药物采食适口性等诸多因素，结合近些年来发展起来的固体分散体、包合技术、缓控释等新型工艺技术，开发适口性好、疗效可控的新型粉剂剂型。

4.3.6.2 可溶性粉

可溶性粉系指原料药物与适宜的辅料经粉碎、均匀混合制成的可溶于水的干燥粉末状制剂，专用于饮水给药。在水中不溶或分散性差、水溶液不稳定、挥发性大等原料药物不宜制成可溶性粉。可溶性粉的使用降低了拌料给药的劳动强度，同时对于病畜采食量偏低造成药物有效剂量摄入不足等问题也能得到较好的解决。但是在集约化养殖中使用时，常使用加药器饮水给药，要求药物在水中的溶解浓度在临床使用浓度的 50 倍以上，而可溶性粉传统剂型一般溶解性偏低，因此继续提升药物的溶解浓度是该类剂型的一个研究方向。同时，饮水给药时，不同地区的水质差异会导致药物在水溶液中的稳定性不同，提高药物在不同地区水质中的稳定性等以满足临床使用需求，也是兽药企业应该重点关注的问题。

4.3.6.3 预混剂

预混剂是指原料药物与适宜的辅料均匀混合制成的粉末状或颗粒状制剂，预混剂通过饲料以一定的药物浓度给药。预混剂是目前我国畜牧业养殖过程中普遍使用的一种制剂类型，由于其生产工艺简单、辅料价格不高，使用成本低，被广泛应用。传统的预混剂多以麸皮、稻壳粉、葡萄糖等为辅料，将有效成分与这些辅料混合制备而成。但随着近些年的深入研究，发现同一种药物采用不同的预混剂制备工艺，会导致药物在体内的吸收代谢存在显著差异。例如，金霉素是养殖过程中使用量较大的抗生素药物之一，因其具备广谱抗菌特性，成本低且毒副作用小的被广泛使用。但金霉素生物利用度低，有研究表明，金霉素在胃液中全部释放，进入肠道后，随着 pH 值的升高，一部分形成游离金霉素在肠道中沉淀，一部分又会和钙离子重新结合而降低吸收度。而通过添加亲水表面活性剂和活性疏水性载体的方式制备得到的微囊金霉素预混剂，使金霉素绝大部分在肠道释放，受到亲水表面活性剂和活性疏水性载体的保护，可使动物组织药物浓度增加，也可防止在胃肠道内失活，降低对胃的刺激性，掩盖药物不良气味，提高药物的稳定性，同时起到缓慢释放的效果，有效改善药物的治疗效果。沃尼妙林存在刺激性，普通的混合工艺会显著降低动物的采食量，导致药物有效剂量摄入不足，不但造成药物浪费，还会影响治疗效果。通过粉包衣的方式包被沃尼妙林有效成分后，再与辅料混合制成预混剂，可有效改善药物的适口性、降低刺激性，拌料使用不影响采食量。随着兽药研发水平的提升，根据药物的自身理化性质及特点，采取包衣、缓控释、微粉化等新技术制备预混剂以提升临床使用效果是未来预混剂发展的一个重要方向。

4.3.6.4　内服溶液剂、混悬液和乳剂

溶液剂是将非挥发性的化学药物溶于水或其他介质中而制成的药物，可供内服或外用。溶液剂、混悬液或乳剂可以实现饮水给药，但该类品种对于药物的稳定性要求很高，其溶剂中的有机溶剂对运输安全也有较高的要求，该类剂型被广泛应用于畜牧业生产中。但是，对混悬液及乳剂，不同制备工艺及组方可能会导致药物在体内的吸收利用度差异，因此该类制剂要重点关注其在体内的吸收和代谢，结合缓控释技术进一步提升药物治疗效果。例如，乳剂型缓控释注射液是利用乳化技术制备的乳剂型长效缓释注射液，包括普通乳、复乳、亚微乳和微乳注射液等剂型。亚微乳常作为胃肠外给药的载体，具有缓释、控释或靶向性。

4.3.6.5　注射剂

注射剂系指原料药物与适宜的辅料制成的供注入体内的无菌制剂。注射剂可分为注射液、注射用无菌粉末与注射用浓溶液。注射液无论以液体针剂还是粉针剂贮存，到临床应用时均以液体状态直接注射进入机体组织、血管或者器官内，所以吸收迅速，特别是静脉注射液药液可直接进入血循环，生物利用度高，不受 pH 值、酶、食物等影响，无首过效应，可发挥全身或局部定位作用，适用于不适合或不能口服的药物。

传统的兽用注射剂虽然解决了给药剂量精准和使用安全等问题，但是受养殖水平及使用成本限制，生产工艺及组方相对简单，多以质量可控、使用成本低为主要控制点，传统兽用注射剂一般治疗周期在 3～5d，个体注射给药耗费人工较多，不适合集约化养殖场，但注射剂是一种不可替代的给药途径，因此不断研究和开发长效缓释注射剂将成为主要的发展趋势，靶向给药也将会成为未来的研究热点。例如，采用脂质体、微球、微囊、纳米粒、微滴等长效缓释技术制剂减少给药频率，降低用药成本，节约劳动力，避免波峰毒副作用等将成为研发重点。

4.3.6.6　片剂

片剂是指将原料药物与适宜的辅料制成的原片状或者异形的片状固体制剂，它由原药、填料、吸附剂、黏结剂、润滑剂、分散剂、润湿剂、崩解剂、香料、色料等组成。制备过程为先将物料粉碎、造粒、干燥，再用压片机制成片状，也有不需要造粒和干燥，直压法造粒的。片剂在质量上要求含量准确，重量差异小，崩解时间或者溶出度符合规定，硬度适当，符合卫生检查标准，在规定保藏期性质稳定等。

片剂是在丸剂使用基础上发展起来的，在 10 世纪后叶出现的模印片可以说是片剂的原型，到 19 世纪末随着压片机械的出现和不断改进，片剂的生产和应用得到了迅速的发展。目前，兽用片剂主要以普通片为主，主要是宠物用药，符合宠物个体给药的特点，具有用药剂量准确、使用方便等特点。但也存在问题，例如适口性差、给药频繁等。近年来，随着生产技术与机械设备方面的发展，大量新型片剂被开发和利用，例如：缓释、控

释、肠溶、风味片及咀嚼片等。

缓控释片剂对于半衰期短的或需要频繁给药的药物，可以减少服药次数，减少用药总剂量，用最小剂量达到最大疗效，从而提高动物的顺应性，使用方便，血药浓度波动小，避免超过治疗血药浓度范围的毒副作用，保证药物的安全性和有效性。由于优点突出，以及近些年缓控释辅料的发现，缓控释药物越来越受到人们的重视，作为动物用药，缓控释技术与风味片、咀嚼片等技术结合，有望制备出效果显著、适口性好的新剂型兽药。

4.3.6.7　颗粒剂

颗粒剂系指原料药物与适宜的辅料混合制成具有一定粒度的干燥颗粒状制剂。颗粒剂可分为可溶性颗粒（通称为颗粒）、混悬颗粒、泡腾颗粒、肠溶颗粒、缓释颗粒和控释颗粒。颗粒剂的优点很多，主要表现为：①在制药方面，颗粒剂的飞散性、附着性、聚集性、吸湿性都很小，这样能够很好地进行分剂量。②在中成药方面，含有中药成分的颗粒剂既能够保持中药提取物的治疗效果，又方便使用。③颗粒剂在水中可溶解或混悬，使得药物在体内被吸收，能够起到快速起效的作用，而且颗粒剂与液体制剂相比较性质更稳定，在使用、贮存等方面都有优势。④颗粒剂还可以适当加入一些添加剂，使适口性更好。目前国内使用比较多的颗粒剂多为普通颗粒，用于拌料或饮水给药。常规的颗粒剂在临床使用过程中也存在的一定的问题，例如颗粒剂生产成本略高，而中药类颗粒还比较容易潮解，因此对包装要求相对较高，保质期一般比较短。另外由于颗粒的大小不同，拌料给药时颗粒进行混合，可能会出现分层或混合不均匀的情况。

未来兽药颗粒剂在成本可控的基础上会以靶向、缓释等为主要发展方向。例如我国2017 年首次批准了替米考星肠溶颗粒用于猪呼吸系统疾病的治疗，给药时，与饲料混合后饲喂给动物，由于颗粒直径在 0.6mm 以内，动物采食进入口腔后不会被咀嚼破坏，直接进入胃部，颗粒外部的肠溶包衣膜保护药物不在胃酸中释放，进入肠道后释放药物，不仅起到靶向释放的效果，提升了药物的生物利用度，还改善了药物的适口性。而硫氰酸红霉素等易被胃酸破坏的药物，也更加适合制备成肠溶颗粒的形式给动物饲喂，过胃肠溶，避免有效成分在胃酸中降解，进而提升其生物利用度和治疗效果。

4.3.6.8　其他制剂

其他制剂类型主要以局部用药形式为主，局部用药包含耳用制剂、子宫注入剂、乳房注入剂、阴道注入剂、软膏剂等制剂类型。该类制剂一般以有效成分加以适宜辅料基质，制成规定的剂型，供局部治疗使用。局部用药虽然给药方便，但是目前国内常规的兽用局部用药其有效成分的在局部组织渗透、吸收、残留等还未进行全面深入的研究，未来局部用药开发中，除了关注其治疗效果外，还要结合新制剂工艺及辅料，使其在局部能发挥更好的治疗效果，进一步降低其残留及毒副作用等。

由于我国兽药的应用对象主要为食品动物，故新制剂要考虑给药方便、适于群体给药，而且使用成本要低，这给研发带来很大的挑战。从发展的观点来说，不仅要逐步增加缓释制剂和控释制剂，也要研制水产养殖用药和宠物专用药物，浇泼剂、微丸剂、颈圈等制剂类型也将被越来越广泛地应用。当前新药研发过程中，BCS（生物药剂学分类系统）的概念已不仅仅用于使药物获得生物等效性试验豁免权，也开始应用于从初期到临床试验阶段的剂型设计。根据药物的作用，结合药物的理化性质和生物药剂学分类，合理优化制剂的处方和生产工艺。药物制剂新技术的研发是药物充分发挥药效的基础和保证，重视兽用药物制剂新技术的开发和在兽药研制中的应用，是我国提升兽药产品质量、加快兽药生产企业发展、与国际兽药市场接轨的必经之路。

4.4

兽药辅料的发展

4.4.1 兽药辅料发展概述

4.4.1.1 定义

药用辅料系指生产药品和调配处方时使用的赋形剂和附加剂，是除活性成分以外，在安全性方面已进行了合理的评估，且包含在药物制剂中的物质。

药物辅料应无毒害作用、化学性质稳定、与主药及辅料之间无配伍禁忌、不影响制剂的检验，且尽可能用较小的用量发挥较大的作用。药用辅料除了赋形、充当载体、提高稳定性外，还具有增溶、助溶、缓控释等重要功能，是可能会影响到药品的质量、安全性和有效性的重要成分。

4.4.1.2 制剂中辅料的用途

（1）**使制剂具有形态特征** 如溶液剂中加入溶剂，片剂中加入填充剂、黏合剂、软膏剂，栓剂中加入适宜基质等，使剂型具有形态特征。

（2）**使制备过程顺利进行** 在液体制剂中根据需要加入适宜的增溶剂、助溶剂、混悬剂、乳化剂等；在片剂的生产中加入助流剂、润滑剂以改善物料的粉体性质，使压片过程顺利进行。

（3）**提高药物稳定性** 如处方中加入抗氧化剂，防止药物发生氧化降解；加入抑晶剂，防止药物晶型发生转变；加入 pH 值调节剂、金属离子螯合剂等，以此来提高药物的稳定性。

（4）**调节有效成分的释放行为、作用部位** 如使制剂具有速释性、缓释性、肠溶性、靶向性、热敏性、生物黏附性、体内可降解性的各种辅料。

（5）**增加用药顺应性及辨识度** 如满足动物适口性需求添加的矫味剂、诱食剂；满足注射剂要求的 pH 值调节剂、等渗调节剂、止痛剂等；满足产品辨识度需求的着色剂等。

4.4.1.3 分类

辅料在制剂中作用分类有 66 种。可从来源、作用和用途、给药途径等进行分类。

（1）**按来源分类** 可分为天然物、半天然物和全合成物。

（2）**按用途分类** 可分为溶剂、抛射剂、增溶剂、助溶剂、乳化剂、着色剂、黏合剂、崩解剂、填充剂、润滑剂、润湿剂、渗透压调节剂、稳定剂、助流剂、矫味剂、防腐剂、助悬剂、包衣材料、芳香剂、抗黏合剂、整合剂、渗透促进剂、pH 值调节剂、缓冲剂、增塑剂、表面活性剂、发泡剂、消泡剂、增稠剂、包合剂、保湿剂、吸收剂、稀释剂、絮凝剂与反絮凝剂、助滤剂、释放阻滞剂等。

（3）**按用于制备的剂型分类** 可用于制备药物制剂的类型主要包括片剂、注射剂、胶囊剂、颗粒剂、眼用制剂、栓剂、丸剂、乳/软膏剂、滴剂、浇泼剂、内服溶液剂、内服混悬剂、内服乳剂、耳用制剂、粉剂、预混剂、可溶性粉、灌注剂等。

（4）**按给药途径分类** 可分为口服、注射、黏膜、经皮或局部给药、经鼻或口腔吸入给药和眼部给药等。

近年来兽药制剂飞速发展，新兽药、改良新兽药研发成为热点。全球一类新化合物发现日趋艰难，导致创新药物研究逐渐转向新型药物制剂的开发，因此对新型辅料的需求越来越大。

我国本土生产企业在研发新型辅料上的投入较少，以仿制为主，自主研发缺失，且存在许多问题，如辅料产品质量问题，许多高端辅料如增溶剂、环糊精、缓控释材料批间差异大，造成制剂产品质量重现性差，国产辅料质量远不如进口辅料；进口辅料成本高，用于经济动物，成本偏高；要想我国制剂产品走出国门，提高国产辅料的质量水平也是刻不容缓。

随着行业的发展以及政策的驱动，我国药用辅料行业龙头企业近年来均投入大量资本在新型药用辅料的研发中，推动国产辅料向高端药用辅料转变，推动我国制剂水平的整体提高。

4.4.2 兽药辅料发展现状

4.4.2.1 我国药用辅料发展现状

我国药用辅料行业起步较晚，相对于制药行业整体的高速发展，药用辅料的发展略显滞后，这与企业对辅料功能的认识水平有关。以往，药用辅料被认为是惰性的，即使临床诊疗过程中患者出现不良反应，也通常认为是药物活性成分的安全风险所致。随着国内多起药源性事件的发生，如"铬超标胶囊""齐二药事件"等，都与药用辅料的安全性密切相关，药用辅料越来越引起人们的重视。近年来，随着对辅料功能作用的认识不断深入，以及在国内医药市场需求等因素的推动下，我国药用辅料行业开始进入快速发展期，药用辅料的品种日趋丰富，产品质量明显提升。药用辅料产品不断向专、精、新方向发展，以药典收载品种为例，《中华人民共和国药典》（2020 年版）收载药用辅料 66 个类别，总数达 335 种，其中新增 65 种，修订 212 种，修订数量约占总品种的 80%。《中华人民共和国药典》（2020 年版）还增加了动物来源药用辅料指导原则、预混与共处理药用辅料质量控制指导原则，加强对动物来源辅料、预混合共处理辅料的全链条质量管理及风险防控。

随着我国药品审评审批制度改革，医药产业快速发展，药用辅料相关政策也相继出台。2016 年 3 月，《国务院办公厅关于促进医药产业健康发展的指导意见》提出："发展技术精、质量高的医药中间体、辅料、包材等配套产品，形成大中小企业分工协作、互利共赢的产业结构。"2016 年 8 月，国家食品药品监督管理总局（以下简称国家总局）发布《关于药包材药用辅料与药品关联审评审批有关事项的公告》，针对目前存在的突出问题，将药用包装材料、药用辅料单独审批改为在审批药品注册申请时一并审评审批；2017 年 2 月，国务院印发的《"十三五"国家药品安全规划》明确提出，要加强药用辅料和药包材监管，探索以关键质量风险控制为核心、以备案管理为手段的药用辅料、药包材与药品关联审评审批制度体系，进一步明确药品生产企业主体责任，监督履行对供应商的审计职责，开展对药用辅料和药包材生产企业的延伸监管。新政策的出台与实施，对药用辅料提出了新的要求，将过去孤立、分散的药用辅料与制剂相关联，统一在一个平台管理，有助于从整体上提升我国药品质量，实施科学监管，实现"四个最严"的施政理念。

4.4.2.2　药用辅料面临的国际化问题

在大多数发达国家，药用辅料被规定为一种有效的药物成分。在欧洲，全新的赋形剂需要作为新化学物质进行评估。在美国，辅料作为新药申请的一部分，其需要由食品药品监督管理局（FDA）评估和批准。由于缺乏统一的国际管理准则，国际药用辅料理事会（IPEC）于 1991 年成立。IPEC 旨在发现美国、欧洲、日本、中国等不同国家辅料管理、标准的不同，加以校准，以解决与辅料标准的国际协同、高价值新辅料的市场引入和辅料安全性评价相关的普遍行业问题。

（1）辅料安全性问题　药用辅料不再被认为是完全惰性的物质，因为它们可以与原料药相互作用，降低其效价。它们还会产生不良杂质或改变吸收、分布、代谢和排泄（ADME），并最终影响原料药的生物利用度。它们被认为是现代药物配方中添加的功能性必需物质。然而，对于制药工业中使用的辅料的安全性，国际上仍然没有共同、公正的秩序。这一问题可以通过采用并严格遵守与原料药（API）相类似的生产规范（GMP）来克服。在欧洲、美国和日本，用于指导安全性评估的法规和方法仍然存在很大不同。一般认为，现有赋形剂的人体数据可替代某些非临床安全性数据，并且一个赋形剂具备与拟使用场景相关的人类暴露数据的应该可能豁免一整套的毒理学研究评估，但这并不通用，是视具体情况而定的。

（2）辅料 GMP 全球化问题　目前，对于辅料 GMP 要求包括三个主要问题：安全性、质量性和功能性。在制造商寻求成本最低的过程中，赋形剂成本在这些要求的控制措施中起着至关重要的作用。由于缺乏全球特定的指导来评估和确保其安全性，新辅料在药物配方中的使用进展缓慢。另一方面，制药行业需要对辅料进行创新，以提高药物处方的有效性和质量。

评估目前使用的辅料之间的相容性以及它们在药物配方中的功能是必要的。虽然美国食品药品监督管理局（FDA）从 2008 年开始重视辅料的 GMP 符合性，但目前还没有针对辅料的全球监管标准，换句话说，尽管药品当局正试图改善药用辅料的监管状况，但这些法规是分散的。例如 2010 年 2 月，首次 ANSI 的辅料 GMP 质量管理体系认证在格雷斯公司位于美国马里兰州巴尔的摩市的工厂开展，这家工厂生产辅料二氧化硅 NF-syloide® FP。这次认证有多重好处，它保证了制药公司的 GMP 符合性，并减少了与单个公司在辅料现场审核相关的不便和费用。

药品市场的全球化促使制造商特别是发达国家的制造商需要考虑各国药典要求，以促使其产品的出口。事实上成品的全球化供应链逐渐增多，例如在发达国家美国食品药品监督管理局（FDA）注册的中国制造网站从 2001 年的 140 个网站 797 个药物品种增加到 2008 年的 815 家 3000 多个品种，没有一个国家能在全球化的进程中被保护。

（3）**辅料质量控制问题**　缺乏检测方法、方案或指南影响了对辅料有效性的评价。对于造成辅料质量控制发展缓慢的原因有以下两条：①辅料生产一致性难以达成，这也是GMP实施过程中的一般问题；②检测成本和行业利润之间不平衡。但无论如何，辅料检测是药品质量控制的必要手段。

4.4.2.3　国际与我国兽药辅料发展现状对比

（1）**国际兽药辅料发展现状**　欧洲药品管理局（EMA）在新兽药申报时兽用辅料授权上市要求的指导原则中，围绕兽药制剂的成分、药品开发、辅料、成品控制、稳定性等制剂申报中与辅料相关的方面，对区分药典辅料与非药典辅料提出要求。例如对于新辅料或新混合辅料应提供与新活性成分（API）等同的申请材料，提供能够说明辅料功能的完整特征描述，混合辅料须从定性和定量角度说明成分；已使用在其他领域（食品、化妆品等）拟作兽药辅料申报的，应提供有关化学品毒理学和产品已使用领域的全部文献数据；另外，新辅料的毒理学数据应根据剂型、给药途径和兽药产品的目标品种提出。对于不同类型辅料的针对性要求，指导原则中也给出了示例。

赋形剂是单一化学实体的，如有机、无机酸及其盐、糖和醇，一般是利用物理方法赋予新的技术特征，如微细化。

化学改良型辅料，是通过一些化学处理使现有物料获得一些技术特性，如变性淀粉。这种辅料在命名和质量控制上与未处理的辅料做明确区分。

化学相关成分混合型辅料，如多元醇酯（单、二和三酯的混合物）、氢化葡萄糖糖浆、麦芽糖醇糖浆等，应说明辅料各组成部分性质、含量和限度、影响制剂性能的技术指标、使用的添加剂等。

预混合共处理辅料，如直压或薄膜包衣混合物，应提交混合赋形剂定性、定量组成，整体和每个组成部分的产品规格。药典已收录的混合型辅料除外。

辅料来源是天然的，即"天然"产品经过某种化学处理的，与产品质量控制相关的项目，应提供获得或纯化产品而进行的操作相关数据，如分解产物、特定杂质、处理过程中使用的化学物质、灭菌或去污方法，以及这些操作对赋形剂的影响描述。

动物或人类来源的生物辅料，应考虑外来物料的传播风险，提交适当的文件。例如，用作起始材料的组织和体液的来源、制备方法和控制，制造商名称和制造地点。

调味剂，如香料、芳香物质等，既可能是天然产物，也可能是化学合成产物。由于其组成复杂，只需要描述一般的定性组成、主要成分及鉴别方法。人工香料的大多数成分在食品使用中具有国际公认的纯度标准（FAO/WHO）。参考这些标准是兽药产品可接受的。

着色剂，可分为染料（溶于水）和颜料（不溶于水）两种。批准用于澄明液体处方的着色剂仅限于染料，包括日落黄、甲基蓝、奎宁黄和诱惑红。EMA对有关食品和兽药产品中的色素使用有相关立法。

（2）**我国兽药辅料发展现状**　兽药辅料在国内均未与人药辅料做显著区分，国际上FDA、EMA人药辅料、兽药辅料统一管理，我国兽药行政主管部门以优选人药辅料为主，对于用药形式不同（外用、环境用）、用药需求不同（矫味、调色）等，视具体情况可接受食品级添加剂及某些化工级辅料应用于制剂。相比于人药辅料责任主体逐渐清晰，兽药辅料面临着监管未有审批路径，安全、质量未有立法、监督，兽专用辅料未有适当管理、指导的现状，目前仅有某些大型进口辅料企业在做人药辅料开发之余，对一些市场需求大的兽药辅料做同步立项、开发和推广，国内大部分兽药企业对于辅料认知及关注严重不足。

我国《兽药管理条例》第十七条规定"生产兽药所需的原料、辅料，应当符合国家标准或者所生产兽药的质量要求"，但对辅料生产企业应具备的基本生产条件、如何管理、监管责任、监管措施、新辅料研制等均没有相关管理规定，目前生产兽药所需的辅料开发、生产、经营、使用基本处于监管缺位状态。尽管2020年版《中华人民共和国兽药典》收载了132种药用辅料标准，但兽药生产中实际使用的辅料远不止这些，国家标准少的现状，加之兽药生产企业对生产兽药辅料不重视，大多数企业研发新制剂时不考虑如何选择辅料和所用辅料合理的配比，不对辅料进行筛选研究，甚至一些企业存在使用有毒有害化工产品作溶剂的现象。我国兽药辅料的使用和管理相对混乱，长此以往一定会影响动物产品的食品安全，这个问题应当引起监管部门及广大兽药企业的充分重视。

4.4.3 我国兽药辅料的发展趋势

目前，我国药用辅料企业的规模都比较小，技术水平较低，生产的品种较少，规格不全，质量不稳定，许多企业的产品还停留在无水葡萄糖、淀粉、糊精等"老三样"上。而国外批准面世的药用辅料已经超过了一千种，新型的药用辅料呈现出逐年递增的趋势。每一个特色原料药、新药、新剂型的出现，无不伴随着药用辅料新产品的涌现。我国兽药辅料的研发正朝着品种多样化、质量更安全的方向发展。

4.4.3.1 研发向新发展，辅料品种更加多样化

新型药用辅料的开发与应用对于药物制剂性能的改良，生物利用度的提高以及药物的缓、控释等都有非常显著的作用。一个优良新辅料的出现，可开发出一大类剂型、一大批制剂产品，并带动其质量的提高，取得十分显著的经济效益和社会效应。同时，新型药用辅料的开发，也为我国药物制剂的转型升级、打入国际市场提供有力支持。

2013年1月23日国家食品药品监督管理局发布征求实行许可管理药用辅料品种第一批名单，有28个品种新辅料，包括用于注射、空心胶囊、共聚物和重要的埋植用微球材料。

新型药用辅料的研发途径主要有3种：一是全新药用辅料化合物的开发。这类研发的周期长、风险大、投入大、回报率低，辅料开发企业与制剂企业合作研发更有利于项目的快速推进。二是在现有辅料中开发新的规格。主要是对现有辅料的一些功能性指标进行精细研发，使其发生改变，以适应不同制剂的需求。三是预混辅料的开发。预混辅料是将多种单一辅料按一定配方比例、一定的生产工艺预先混合均匀，作为一个辅料整体在制剂中使用，是多种性能的集合、时间和成本的集合，而发挥其独特作用，从我国国情出发，第三种无疑是最佳选择，目前常见的有包衣预混剂等。

由于临床对象的不同，未来兽药辅料的研发方向在品种上除了常规使用赋形剂载体之外，功能性辅料如各类矫味剂的开发也是重点研发领域。

4.4.3.2 质控更加完善，辅料标准更加全面

《中华人民共和国药典》（2015年版）对药用辅料进行重新定义，强调药用辅料除了赋形、充当载体、提高稳定性外，还应具有增溶、助溶、缓控释等重要功能，是可能会影响到

制剂的质量、安全性和有效性的重要成分。新的定义更加具有科学性，内涵更加广泛。

《兽药产品批准文号管理办法》新版本实施的实行比对试验管理制度，即对申请非技术转让或非本企业研制的非生物制品类兽药文号的，逐步实行比对试验管理，比对试验结果作为核发兽药文号的主要依据，说明了未来的兽药产品竞争不仅在原料上，对药用辅料也提出了更高的要求。

如在辅料质量研究中，应增加辅料功能性指标控制。《中化人民共和国药典》（2015年版）首次增加了《药用辅料功能性指标指导原则》，增加了多孔性检查、密度检查（包括固体、粘贴剂）、粉末细度检查、粉末流动检查、比表面积检查、黏度等检查指标。对于药用辅料而言，功能性指标是产品质量的核心，同一辅料按功能性指标不同可以分为不同的规格，使用者可根据用途选择适宜的药用辅料以保证制剂的质量。

与原料药研发相似，我国药用辅料研发技术水平低、安全性评价方面的风险比较大、有效激励机制仍未形成。所以，应出台相关政策，鼓励药用辅料研发和创新，加大对辅料研究机构和生产企业的资金扶持。倡导辅料向"生产专业化、品种系列化、应用科学化、服务优质化"和"安全性、功能性、适应性、高效性"方向发展，推动动物专用药用辅料逐步替代非专用药用辅料。

更加完善的兽药辅料标准有助于提升我国兽药制剂质量，更有利于仿制药的快速审评通过，推进新兽药的研发进度，对我国兽药研发的快速发展有着深远的影响。

4.4.3.3　申报、监管更完善

药用辅料的质量问题往往会引起整个药品行业的系统性风险。主药出现问题的影响是一个点，辅料出现问题的影响是一个面，会涉及这一类辅料所用的制剂，因此必须高度重视辅料的科学监管。

随着我国人药审评审批制度改革，实行药用辅料关联审评制度，充分借鉴了欧美等国家原辅材料主控文件（drug master files，DMF）管理制度，简化了药品审批程序，按照风险分类分级管理，改变以往"重审批、轻监管"的方式，有利于节约审评资源，提高审评效率。同时，该制度也强调制剂生产企业是所选用辅料和包材质量的责任主体，理清了药品监管部门、制剂生产企业和药用辅料生产企业之间的责任。

目前我国新兽药原料及制剂研发创制的各项指导原则与人药基本保持一致，目前的申报注册制度略有差异，但根据近些年发布的相关征求意见稿可以看出，兽药品种在研发申报监管等各方面都在向人药看齐、靠拢。

鉴于辅料供应链的全球化，我国出台兽药辅料的管理办法及相关制度已是十分必要，有助于兽药辅料的申报、注册、生产、监管；在降低药用辅料成本的同时，适当打击假冒伪劣产品，除此之外，可追溯性和污染控制也是基本要素，应由供应商修订。

新的《兽药产品批准文号管理办法》批准实施，对改变兽药产品现状意义重大，也将对现有的国内兽药企业形成优胜劣汰的激励作用，在强化兽药企业技术内涵的同时树立了企业品牌。现有的兽药企业必须树立创新意识，从原料药到制剂，甚至辅料，无论是研究单位、企业还是专业公司都必须着手增强自身技术水平、工艺水平和独立自主知识产权保护等内涵提升，这样才能保证兽药质量。

虽然目前专做兽药辅料的企业较少，但随着申报、监管体系，法律法规相关政策体系的逐步完善，相信未来专注兽药辅料研发、生产的企业会越来越多。兽药辅料的发展也将朝着人药辅料的发展轨迹稳步向前。

4.5

兽药佐剂的发展

4.5.1　佐剂概述

很多疫苗制备需要佐剂，传统的病毒灭活疫苗、细菌灭活疫苗等都需要佐剂，作为新兴疫苗的重组亚单位疫苗、病毒样颗粒疫苗、合成肽疫苗等更需要佐剂，佐剂已成为动物疫苗生产中不可或缺的组分。

佐剂（adjuvant）一词来源于拉丁语，原为辅助之意，是非特异性免疫增强剂。佐剂本身不具有抗原性，可增强机体对抗原的免疫应答或改变免疫应答类型，发挥其辅佐作用，通常也称"免疫佐剂"。佐剂增强免疫应答的机制是通过改变抗原的物理形状，增强抗原表面面积，在接种部位形成抗原贮存库，使抗原缓慢释放，延长抗原在机体内保留时间，在更长时间内使抗原与免疫细胞接触并激发对抗原的应答；辅助抗原暴露并将能刺激特异性免疫应答的抗原表位递呈给免疫细胞，刺激单核吞噬细胞对抗原的递呈能力；刺激淋巴细胞分化，诱导能介导免疫应答的细胞因子释放，增加免疫应答能力。活苗中佐剂多以稀释液的方式存在，以取代 PBS 仅存的稀释能力，达到缓释及免疫增强的作用。佐剂在动物和人疫苗技术中起着非常重要的作用，目前已有许多有机、无机、合成和天然来源的化合物被证明具有刺激免疫反应和佐剂特性。目前，针对新型疫苗佐剂的研究很多，主要有铝胶佐剂、油乳佐剂、天然佐剂、脂质体佐剂、纳米粒子佐剂、细胞因子佐剂等，部分新型佐剂已经普遍应用，还有大量佐剂正在研究和不断完善中。

4.5.2　佐剂的分类

佐剂种类很多，但对分类尚无一致的意见，常见如下分类。

① Bullanti 佐剂分类：分微生物与亚细胞组分佐剂和非微生物物质佐剂。

微生物与亚细胞组分佐剂：a. 分枝杆菌；b. 革兰阴性杆菌；c. 革兰阳性杆菌；d. 革兰阳性球菌；e. 其他微生物与组分。

非微生物物质佐剂：a. 大分子物质，如核酸（DNA、RNA）、人工合成双链核苷酸等；b. 小分子物质，含有机物类（如维生素 A、类脂质等）、无机物类（如铍、铝胶及明矾等）及化学药品（如左旋咪唑等）。

② 山村雄一佐剂分类：不溶性铝盐类胶体佐剂；油佐剂；微生物及其组分、产物佐剂；核酸及其类似物佐剂；合成物佐剂。

③ 按佐剂作用分类：储存佐剂（depot adjuvant）；中枢作用性佐剂或称非储存佐剂。

④ 按佐剂的剂型分类：将佐剂分为颗粒（铝胶佐剂、钙佐剂、油包水佐剂、水包油佐剂、免疫刺激复合物、脂质体、纳米或微米级聚丙乙交酯等）和液体（如 QS21、类脂 A、细菌毒素、细胞素等）两大类。

根据所起作用不同，还可以分为免疫增强剂类（Toll 样受体激动剂，皂苷，细胞因子）和递送剂类（乳剂，微粒，矿物盐）。免疫增强剂刺激抗原递呈细胞（APCs）促进各种细胞因子的分泌，而递送剂可以保存抗原的构象并将其递送给 APCs，并为抗原的缓慢释放提供持续的免疫刺激。例如，TLR 激动剂和其他免疫刺激物质可增强免疫细胞的募集和细胞因子的分泌，而乳剂和矿物盐可在注射部位产生储存效应，延长抗原的释放时间并持续刺激免疫细胞。因为涉及成本效益，食品动物疫苗的研发不同于人和其他动物疫苗。从安全出发，例如在人类疫苗中 Quil-A 和矿物油等佐剂是被限制使用的，但已被广泛运用于动物疫苗中。

4.5.3　佐剂的发展历程

佐剂的研究历史很长。20 世纪初在某些生物制剂中已开始加入佐剂，早期以铝盐类为主（如明矾、氢氧化铝、磷酸铝等）。1925 年，法国第一个制备出明矾沉淀破伤风类毒素，制成了加明矾的口蹄疫疫苗（1939 年）、气肿疽菌苗和加铝胶的口蹄疫疫苗（1940），创制了氢氧化铝胶吸附猪丹毒菌苗（1947 年）。这些佐剂虽然作用较好，但在机体内不易分散吸收，可能长期存留造成局部肿胀。很早就有人研究油佐剂疫苗，1916 年有人用羊毛脂与石蜡油制成伤寒沙门氏菌乳剂疫苗，用羊毛脂加琼脂为佐剂研制出炭疽菌苗，并证明均能较显著提高机体的免疫力。1935 年发明了著名的弗氏佐剂，也是矿物油佐剂中最经典的一种，分为弗氏不完全佐剂（FA）与弗氏完全佐剂（FCA）2 种。弗氏佐剂对免疫学及生物制品研究起了重要作用。但是，出于安全性考虑，这种佐剂迄今仍只能在部分兽医疫苗中使用，未批准在人体上使用。20 世纪 60 年代后，兽医生物制品中加入矿物油佐剂的研究更加普遍，有的已在生产上使用，1966 年制备的无凝集原 45/20 布鲁菌油佐剂疫苗、魏氏梭菌油佐剂疫苗、1975 年制备的鸡新城疫灭活疫苗 1977 年制备的流感油乳剂疫苗，1978 年制备的禽支原体和鸡新城疫联合油乳剂疫苗，以及用于试制狂犬病疫苗、犬瘟热疫苗、犬传染性肝炎疫苗和牛流感疫苗等。1986 年证明了禽霍乱油乳剂疫苗比铝胶佐剂疫苗效力好、免疫期长、局部反应较轻，说明对不同动物使用不同佐剂有不同的免疫效果。为解决矿物油不能被机体有效代谢的缺点，以精制的花生油代替白油研制出"佐剂 65"，当时被认为是一种比较好的油佐剂。1990 年用大豆磷脂（soybeanlecithin）和精制花生油制成油佐剂（ALB），所制成的脑炎疫苗可诱导产生高滴度抗体。自 20 世纪 60 年代开始，我国兽医生物制品企业采用的佐剂类型基本上还是传统的铝胶和白油，并逐步建立了兽医生物制品用氢氧化铝胶（1963 年）和白油（2000 年）的质量标准，从原辅材料方面规范兽医生物制品的生产，保证了疫苗的质量安全。20 世纪 90 年代，分子生物学及重组 DNA 技术研究的发展，基因工程疫苗的研究不断深入，推动了新型疫苗佐剂的研发。这些新型佐剂的研究包括控制释放传递系统（脂质体、微球、纳米粒等）、免疫刺激复合物（immune stimulating complex，ISCOM）、人工合成佐剂、毒素、细胞因子、微生物及其代谢产物等，其中部分成果已从实验室研究走向开发应用阶段，并取得了满意效果。

4.5.4　佐剂的作用机制

佐剂加强免疫反应是一个非常复杂的过程，一般来说，不同佐剂具有不同的效应机制。1996 年，提出关于免疫佐剂作用机制的信号假说，Th 细胞的起始反应需要 3 个信号，分别是信号 0、信号 1 和信号 2，理论上，佐剂可以与这 3 个信号都作用，根据启动不同信号通路发挥作用，将佐剂分为 A 型佐剂、B 型佐剂和 C 型佐剂。A 型佐剂是目前研究最多的，如单磷酰脂质 A（MPL），主要与信号 0 发生作用，通过激活抗原递呈细胞（APCs）间接与信号 2 作用，引起细胞因子的分泌。B 型佐剂是非特异性佐剂，如氢氧化铝，通过在注射部位建立一个中转站，从而增强抗原的递呈作用，最终使局部抗原浓度增大，并通过 APCs 提高上调作用，它们的效应基于信号 1 的放大。C 型佐剂，它们的功能模式是通过与 APCs 上的共同刺激分子相互作用，引起信号 2 的增强。

免疫佐剂除了可以增强机体对该抗原的特异性免疫应答外，在疫苗免疫中还起到储存抗原的作用，还可以影响递呈抗原的树突状细胞（dendriticcells，DC），提高免疫应答和有效的记忆性免疫。在机体中，DC 通过监测免疫环境来识别坏死细胞、受伤机体释放的细胞因子和细菌等危险信号。这些危险信号都能激活 DC，促进带有相应受体的淋巴细胞通过淋巴管从淋巴结中迁移出来而产生初次免疫，有些免疫佐剂能够诱导机体不同类别细胞因子的分泌，从而控制或者改变机体对该抗原的免疫反应类型。其作用大体上可以分为抗原储存、免疫调节、抗原递呈作用和细胞毒性 T 细胞诱导作用 4 个方面：①抗原储存作用，可分为短期储存和长期储存。以铝胶和油包水型油佐剂为代表的短期储存，与抗原混合后可形成凝胶状，减缓了抗原的降解速度，延长了抗原在体内的储存时间，也持续有效地提高了血流中的抗体滴度。以微粒性佐剂（如微囊、微球、脂质体等）为代表的长期储存，可连续型或脉冲型释放，持续刺激抗原递呈作用（APC），从而达到增强免疫效果的目的。②免疫调节作用，指的是调节细胞因子的能力，不同的佐剂诱导抗原递呈细胞分泌不同的细胞因子，促使 Th 前体细胞向 Th1 或 Th2 不同的亚型分化。机体的免疫反应有些是以 Th1 为主，而有些则以 Th2 为主。因此选择合适的免疫佐剂，不仅会增强免疫反应，也会决定免疫反应的类型。③抗原递呈作用（APC），是指佐剂保持抗原构象完整并递呈给适当的免疫效应细胞的能力。当佐剂与抗原以更有效地保持构象表位的方式结合时，可提高抗原的体内作用，延长抗原释放时间。对疫苗而言，选用的佐剂应不破坏其抗原决定簇的构象。佐剂通过 APC 将抗原递呈给免疫效应细胞，从而产生较强的免疫效应。此种调节有助于免疫系统获得足量抗原以达到预期的免疫效果。④细胞毒性 T 细胞（CTL）诱导作用，是通过内源性途径来实现的，主要通过与细胞膜融合或保护抗原肽，佐剂可促进相应肽掺入 MHC I 类分子并维持二者结合，同时诱导 IFN-γ、TNF-β 来提高 MHC I 类分子的表达。多聚酶复合物中含有一种小分子聚合多肽体（low-molecular-mass polypeptide，LMP），导致蛋白质的裂解朝着与 MHC I 类分子结合的方向发展。由于 LMP 的产生受 IFN-γ 调控，因此添加可影响 IFN-γ 表达量的佐剂即可对免疫反应起调节作用。另一种途径是直接将抗原的肽链与 APC 上的未被结合的 MHC I 类分子相连，从而避开复杂的免疫机制对抗原的影响，提高免疫的效率。皂苷通过与胆固醇相互作用而插入细胞膜，其结果是允许抗原通过内吞噬的途径递呈，从而产生 CTL 产物。

4.5.5　铝胶佐剂

铝胶佐剂，又称铝盐佐剂，是一类含 Al^{3+} 的无机盐，属于矿物盐类佐剂。矿物盐类佐剂在人类和动物疫苗学研究中具有较长的历史，是相对安全和经济的一类佐剂。虽然在对抗细胞外病原体的疫苗中表现出良好的佐剂性能，但在针对细胞内细菌感染的疫苗中的应用却有限。

铝胶佐剂一般仅能增强疫苗的体液免疫应答，对细胞内病原体的效果较差。铝胶佐剂主要刺激 Th2 免疫应答，产生的细胞因子以白细胞介素-4（IL-4）为主，表现为促进 IgG1 和 IgE 抗体应答和激活嗜酸性粒细胞。在生物制品上应用广泛，也是第一个被批准可用于人用和兽用疫苗的佐剂，已被广泛应用 80 多年。一般认为有 4 种作用机制：一是"储存库效应"，即铝盐类佐剂具有比较好的吸附疫苗抗原的作用，疫苗注射机体后可形成一个储存库，从而使抗原能缓慢释放以增强抗体水平。二是佐剂可引起局部炎症反应，细胞内源性免疫应答的炎性复合体受到激活，同时巨噬细胞对促炎症因子 IL-1β 和 IL-18 的分泌能力得到增强，最终引起炎性效应。三是可促使可溶性抗原形成微粒，从而可被巨噬细胞、DC 细胞和 B 细胞等抗原递呈细胞吞噬，间接增强抗原递呈细胞吞噬能力。四是该类佐剂还可以诱导嗜酸性粒细胞增多，激活补体。

影响免疫增强效果的因素较多，主要有 4 种：一是吸附率。吸附率越高，佐剂效果越明显。铝胶佐剂可通过静电引力、疏水作用或基团交换等物理作用力来吸附抗原。铝胶佐剂的氢氧根与抗原的磷酸根发生配体互换，会产生吸附作用，而且磷酸根对铝原子的连接比氢氧根更强。二是佐剂的含量。小剂量的佐剂可能完全吸附抗原，但不能显示出佐剂的最佳效果。过量的佐剂会抑制免疫，可能是因为过多的佐剂完全包裹抗原反而抑制了抗原的释放，并对吞噬细胞有细胞毒作用。三是理化条件。多种阴离子，如磷酸根离子、硫酸根离子、硼酸根离子可以干扰铝盐吸附负电蛋白。四是抗原特性。铝胶佐剂对抗原蛋白的吸附性与佐剂和蛋白的表面电荷有关，吸附蛋白量低时以佐剂的表面电荷特性为主，吸附蛋白量高时则以表现蛋白表面电荷特性为主。因此，单凭佐剂的理化特性不足以预测疫苗悬液的作用或稳定性，还有必要了解抗原-佐剂复合物的表面电荷特性。

铝胶佐剂早在 1926 年就已经被批准使用，在之后也一直被广泛应用，直到现在仍然是动物疫苗中最主要的佐剂，是抗菌和抗寄生虫疫苗的理想候选佐剂。铝胶佐剂可以诱导体液免疫反应，而且不会导致严重的副反应，具有较好的安全性。铝胶佐剂作用时间相对较长，易于配制，价格低廉，工艺成熟，但也存在一定的缺点，如注射部位的红肿、过敏反应，不能诱导细胞免疫应答等。近年来，分子生物学和基因工程学发展迅猛，多种 DNA 疫苗、亚单位疫苗等新型疫苗相继上市，传统铝胶佐剂分子质量小、免疫原性差等问题开始突显，已不能满足新型疫苗的更高要求。但一项新的研究结果显示，铝盐纳米颗粒克服了传统的铝胶佐剂无法诱导 Th1 型免疫反应的缺点，纳米复合物表面反应活性中心较多，有较强的吸附能力，在刺激抗体产生的同时促进细胞免疫应答。在新城疫疫苗研究中，有学者证实纳米氢氧化铝佐剂可诱导雏鸡产生更高的新城疫 HI 抗体水平，辅佐机体产生比常规氢氧化铝佐剂更强烈的体液免疫，对细胞免疫应答也有一定的作用，且更为安全。此外铝胶佐剂在复合佐剂中也被广泛应用，如明矾与 CpG-ODN 合剂及 CPG-OND 与氢氧化铝合剂。

铝胶佐剂主要包括氢氧化铝、磷酸铝和明矾，目前最常用的是氢氧化铝胶。

4.5.5.1 氢氧化铝胶

氢氧化铝胶 $Al(OH)_3$，简称"铝胶"，是两性化合物，等电点为 11.4，pH 9.0 以下时颗粒带正电荷，能很好地吸附阴离子抗原。铝胶是一种纤维状粒子，聚集后以松散的形式存在，粒子大小为 $1\sim10\mu m$。质量好的铝胶应分子细腻、胶体性良好、稳定、吸附力强。氢氧化铝胶吸附蛋白质的能力取决于其生化性质，即颗粒分离度、内表面、水化程度及颗粒电荷等。铝胶可通过高温高压进行灭菌处理，但室温放置易形成晶体，从而导致对蛋白的吸附量降低，因此铝胶佐剂合成后应尽快使用。

氢氧化铝是很好的化学工业原料，其凝胶是治疗十二指肠溃疡、胃溃疡、胃酸过多症的常用药。氢氧化铝也是最常用的化学佐剂物质，能吸附或包裹疫苗抗原，不仅对抗原具有保护作用，而且具有缓释作用，所以广泛用作人和动物的疫苗佐剂。我国于 20 世纪 50 年代初，在兽医生物药品生产上开始研究与使用铝胶，当时铝胶主要应用于细菌病疫苗。近年来，氢氧化铝胶还成功应用于多种病毒病疫苗和基因工程疫苗，如猪传染性胃肠炎猪流行性腹泻二联灭活疫苗、兔病毒性出血症灭活疫苗、B 型产气荚膜梭菌病基因工程灭活疫苗、猪圆环病毒 2 型基因工程亚单位疫苗等基因工程疫苗。

合成氢氧化铝胶的主要材料是硫酸铝钾和液氨（氨水）。过去生产氢氧化铝胶的原料是铝矾土，因为工艺复杂，需要把它转化成硫酸铝后才能与液氨化合。后改用硫酸铝钾（明矾）作原料，直接与液氨进行化合，工艺简化了许多。在温度、pH 值都能符合的条件下，硫酸铝钾与液氨会发生化学反应，生成白色的氢氧化铝凝胶。根据铝胶合成时环境 pH 值的不同，分为酸性化合、碱性化合、中性化合三种不同的化合方式。酸性化合是将一定浓度的氨水液加入呈酸性的硫酸铝钾液中进行化合，化合环境呈酸性，故称为酸性化合；碱性化合是指将硫酸铝钾液加入呈碱性的氨水液中，化合环境呈碱性，因而称碱性化合；中性化合是指在化合反应器中同时加入当量相等的硫酸铝钾液和氨水液，化合环境相对而言是呈中性的，因此称中性化合。人用生物制品及用于人药敷料的铝胶多采用中性化合，中性化合方法生产的铝胶胶态细腻，比较清亮稀薄，副作用小，但反应条件难以控制和掌握，所以，目前国内大多数兽医生物制品企业都选择采用碱性化合方法生产合成铝胶。铝胶佐剂的保存或处理温度直接影响其作用，研究表明铝胶佐剂在不同温度条件下的热稳定性不同，在高温高压灭菌条件下，铝胶佐剂会发生去质子化和脱水反应。这些反应导致佐剂的表面积减少，而与表面积相关的性质（诸如对蛋白的吸附能力、对酸的中和速率、等电点和黏性），在高温高压灭菌后都下降。因此在使用佐剂制备疫苗时，应该尽量缩短佐剂暴露于消毒灭菌程序的时间，并且应控制佐剂重复高压灭菌的次数。铝胶佐剂在室温中的稳定性会随放置时间的延长而变差，结构变得高度有序，从而导致蛋白吸附能力下降。将 $Al(OH)_3$ 佐剂纳米化改进后，再进行高温高压灭菌处理，结果纳米 $Al(OH)_3$ 佐剂的 pH 值略有下降，但是吸附能力没有受到影响，说明纳米化改进后的 $Al(OH)_3$ 佐剂可以耐受高温高压。

我国用于制造兽医生物制品的氢氧化铝胶应符合的标准：①性状：为淡灰白色、无臭、细腻的胶体，薄层半透明，静置能析出少量水分，不得含有异物，不应有霉菌生长或变质。②胶态：将灭菌后的氢氧化铝胶用注射用水稀释成 0.4%，取 25mL 装入直径 17mm 的平底量筒或有刻度的平底玻璃管中，置室温下 24h，其沉淀物应不少于 4.0mL。③吸附力测定：精密称取灭菌后的铝胶 2.0g，置 1000mL 磨口具塞三角瓶中，加 0.077% 的刚果红溶液 40mL，强烈振摇 5min，用定性滤纸滤过置 50mL 的纳氏比色管中，滤液应透明无色。如果有颜色，其颜色与 1500 倍稀释的标准管比较，不得更深。④pH 值测定：pH 值应为 6.0~7.2。⑤其他杂质含量测定：氯化物含量应不超过 0.3%；硫酸盐含量应不超过 0.4%；氨含量应不超过万分之一；重金属含量应不超过百万分之五；砷盐含量应不超过千万分之八；氧化铝含量应不超过 3.9%。以上项目中，除②、③、④项用灭菌后的成品测定外，其余项目均用灭菌前的成品测定。

使用氢氧化铝佐剂能降低细菌脂多糖对动物机体的毒性作用。研究结果显示氢氧化铝佐剂能显著减少脊髓灰质炎等灭活疫苗的使用剂量，不仅能降低疫苗成本，而且能减小疫苗的不良反应。氢氧化铝佐剂也有一定的副作用，曾有引起皮肤红斑、皮下结节、超敏反应和肉芽肿等局部不良反应的报道。

氢氧化铝佐剂不能冷冻保存，不能在零度以下储存。铝胶佐剂或含铝胶佐剂的疫苗都要防冻保存，因为冷冻会使铝胶佐剂发生粒子聚集而产生不可逆的凝固并失效，但是在冷冻过程中提高冷却速率或者加入冷冻保护剂可有效减轻冷冻损害。因此，对于含有铝胶佐剂疫苗的保存，除了要考虑疫苗本身的热稳定性外，佐剂的稳定性也需要关注。

4.5.5.2　明矾

明矾（alum），俗名白矾，为一种无色结晶状物质，溶于水，不溶于酒精，味酸、涩，性寒，有小毒；入肺、脾、肝、胃及大肠经。明矾作为常用攻毒杀虫止痒药中的一种，由硫酸盐类矿物明矾石经加工提炼制成。明矾具有祛痰燥湿、抗菌利胆、解毒杀虫、止泻止血等功效。明矾也是中药方剂中的重要组成，许多古方记载中均有明矾成分。明矾亦可用于制备佐剂、铝盐、发酵粉、媒染剂等。有钾明矾 $[KAl(SO_4)_2 \cdot 12H_2O]$ 和铵明矾 $[AlNH_4(SO_4)_2 \cdot 12H_2O]_2$ 两种，作为佐剂用于生物制品的主要是钾明矾（即硫酸铝钾），很早即作为类毒素佐剂使用。

目前，明矾在大多数国家仍是广泛使用的佐剂。但是明矾倾向于附着在细胞膜上而不是进入树突状细胞（DC），导致抗原在细胞内转移和过程的缺失，从而限制了T细胞介导的免疫。为了解决这个问题，有研究将明矾填充在角鲨烯/水的界面上，形成铝稳定的酸洗乳液（PAPE）。PAPE在油/水相密集排列明矾，可以吸附大量抗原，而且对DC摄取具有更高的亲和力，从而引发被递送抗原的摄取和交叉呈现。我国已批准的钾明矾佐剂疫苗有破伤风类毒素和气肿疽灭活疫苗。佐剂作用与氢氧化铝胶近似，但用法较简便。

目前对于明矾的研究在不断地进行新的探索与发现，其中在临床上常用的明矾多为提炼加工后才投入应用。明矾作为常用的矿物药之一，其来源主要是明矾石蒸发浓缩后所得的正八面结晶体。明矾作为最常用的佐剂起到免疫调节的作用。但明矾也有一些毒性损害。研究表明，明矾中所含的铝对小鼠学习记忆能力均有影响，长期大剂量摄入会导致机体铝蓄积，骨、脑、肝、肾等器官尤为明显。另外，明矾对人体的生殖系统亦有一定的影响。因此，对其安全性研究与毒理试验研究显得尤为重要。但如何更好地规避矿物药带来的毒性不良反应，更安全地发挥其积极有益的一面，仍然是未来研究的一个重要发展方向。

4.5.5.3　磷酸三钙

常用的矿物盐佐剂主要是氢氧化铝胶、明矾及磷酸三钙。磷酸三钙是另一种市售矿物盐佐剂，已运用在对抗各种类毒素和病毒病原体的疫苗生产中。与铝胶佐剂相比，磷酸三钙对局部组织的刺激较小，IgE抗体产生减少。在小鼠和豚鼠模型中，用磷酸三钙纳米颗粒给药的DNA疫苗可诱导足够的体液和细胞介导的免疫应答，以保护动物免受口蹄疫的致死感染，以磷酸三钙为佐剂的新城疫灭活疫苗产生保护性免疫的效果低于以天然高分子壳聚糖为佐剂的疫苗。

法国已成功地将磷酸三钙佐剂用于百日破、小儿麻痹症、卡介苗、麻疹、黄热病、乙型肝炎等疫苗的配制。在猪巴氏杆菌苗、牛巴氏杆菌苗和猪丹毒菌苗中进行试验发现，该佐剂对活菌的吸附力高。该佐剂的作用可能与铝胶佐剂相似，但不引起 IgE 介导的变态反应。

4.5.6　油佐剂

油佐剂（或油乳佐剂）可以使单一或者多种抗原产生高滴度抗体且免疫周期较长，包被在油滴中的特异性抗原释放缓慢，能连续刺激机体产生特异性免疫应答；油滴能诱发机体局部产生炎症反应，有利于刺激免疫细胞的增殖，增强体液和细胞免疫应答；特异性抗原包被在油滴中，避免被体液中的酶迅速分解，降低抗原分解速度，延长作用时间；油乳剂能将注射部位的特异性抗原经淋巴系统运送至全身的淋巴结和脾脏处，从而产生一种新刺激诱生抗体。与铝胶佐剂一样，油佐剂已长期用作禽类疫苗中的佐剂。油佐剂是目前动物灭活疫苗中使用较为广泛、效果较为可靠的佐剂之一。

乳剂作为佐剂的作用机理主要有 4 个方面：①乳状液在注射部位的储存库效应能延长抗原在体内的存留时间，缓慢释放抗原，从而持续刺激机体，提高抗原的免疫原性。②乳剂能够包裹抗原，保护其不被体液中的酶迅速分解，延长抗原刺激机体的时间。③乳剂会在注射部位引起细胞浸润，促使抗原递呈细胞如巨噬细胞、树突状细胞和淋巴细胞等聚集和增殖，从而提高免疫应答水平。④油佐剂还可以刺激各种细胞因子，促进抗体产生。

油佐剂按油料的不同可分为矿物油佐剂和非矿物油佐剂，按分散状态不同可分为水包油型乳液、油包水型乳液和双相型乳液三种形式。

4.5.6.1　根据油料的不同，油佐剂可以分为矿物油佐剂和非矿物油佐剂两种

（1）矿物油佐剂　是将矿物油、乳化剂（如 Span-80、Tween-80）及稳定剂（如硬脂酸铝）按一定比例混合制备而成的。主要包括弗氏佐剂、白油司本佐剂和 ISA206 等，是动物疫苗长期使用的佐剂，具有容易生产、成本低、诱导免疫应答效果好的优势。其特点是不稳定且黏稠、在体内不能被代谢，毒副作用较大。

目前市场上的动物油佐剂疫苗大多为白油佐剂，是矿物油佐剂。制备乳剂疫苗所用的白油系用石油炼制制得的多种液状烃的混合物，以无多环芳烃化合物、黏度低、无色、无味、无毒性的矿物油为标准。Drakocel-6VR、Marcol-52、Lipolul-4 均是当前用于制苗的白油，可以使抗原免疫时间延长，减少免疫次数。研究表明，影响白油佐剂免疫效果的主要因素为芳烃、重金属含量和白油的黏度两方面。白油中烷烃的分子质量越大，佐剂毒性越小，活性也越低，$C_{16} \sim C_{20}$ 烷烃的佐剂抗体效价最高且副作用比较小，C_{24} 以上烷烃的毒性反应很小。临床上存在因黏度大导致的注射困难和注射部位炎症反应的问题，黏度较低的白油佐剂疫苗免疫后抗体产生时间、维持水平均优于其他组。白油粒子的均一性对疫苗免疫效果影响不大，但是均一性更高的白油佐剂引起的炎症反应更轻。

目前，我国用于生产兽用生物制品的白油应符合的质量标准如下：①性状：无色透明、无臭、无味的油状液体，在日光下不显荧光。②相对密度：相对密度应为 0.805～0.880。③黏度：在 40℃时，运动黏度（毛细管内径为 1.0mm）应为 $4 \sim 13 \text{mm}^2/\text{s}$。④酸度：取样品 5.0mL，加中性乙醇 5.0mL，煮沸，溶液遇湿润的石蕊试纸应显中性反应。

⑤稠环芳烃：取样品 25mL，置 125mL 分液漏斗中，加正己烷 25mL，混匀；加二甲基亚砜 5.0mL，强烈振摇 1min，静置分层；下层分至另一分液漏斗中，再加正己烷 2.0mL，强力振摇使均匀，静置分层，取下层作为供试品溶液，按照紫外-可见分光光度法，在 260～350nm 波长范围内测定供试品溶液吸收度。以二甲基亚砜 5.0mL 与正己烷 25mL 置分液漏斗中强力振摇 1min，静置分层后的下层作为空白溶液。其最大吸光度不得超过 0.10。⑥固形石蜡：取样品在 105℃ 干燥 2h，置干燥器中冷却后，装满于内径约 25mm 的具塞试管中，密塞，在 0℃ 冰水中冷却 4h，溶液应清亮；如果发生混浊，与同体积的对照溶液［取盐酸滴定液（0.01mol/L）0.15mL，加稀硝酸 6.0mL 与硝酸银试剂 1.0mL，加水至 50mL］比较，不得更浓。⑦易炭化物：取样品 5.0mL，置长约 160mm、内径 25mm 的具塞试管中，加硫酸 5.0mL，置沸水浴中，30s 后迅速取出，加塞，用手指按紧，上下强力振摇 3 次。振幅应在 12cm 以上，但时间不得超过 3s。振摇后置回水浴中，每隔 30s 再取出，如上法振摇，自试管浸入水浴中起，经过 10min 后取出，静置分层，石蜡层不得显色；酸层如果显色，与对照溶液（取比色用重铬酸钾溶液 1.5mL、比色用氯化钴溶液 1.3mL、比色用硫酸铜溶液 0.5mL 与水 1.7mL，加样品 5.0mL 制成）比较，颜色不得更深。⑧重金属：应不得超过百万分之十。⑨铅：应不超过百万分之一。⑩砷：应不超过百万分之一。

（2）非矿物油佐剂　其油料成分是花生油、角鲨烷、角鲨烯等可代谢物质，主要包括 MF-59、佐剂-65 和 SAF 系列等。佐剂-65 是以花生油为基础油相制成的水包油型佐剂，它能在注射部位形成油囊包后 2～3 个月消失，没有潜在的致癌物质。与矿物油佐剂相比，非矿物油佐剂在体内能被代谢，副作用较小。长期动物试验表明，除了注射部位的反应外，并没有引起其他病变，也没有致突变性，在体内可被代谢或分泌，证明安全有效，已用于人的流感疫苗。

MF59 佐剂是继铝盐类胶体佐剂后第二个被批准应用于人的新型佐剂，是一种大小为 (160±10)nm，均一、稳定的乳白色水包油型佐剂，是最具代表性的水包油型佐剂。以 5% 角鲨烯、0.5% Tween-80 和 0.5% Span85 组成的油包水纳米油佐剂，主要成分是角鲨烯，在肝脏中自然合成，易于降解，密度为 0.9963g/mL，黏度接近于水，容易注射。它能在注射部位诱导局部免疫刺激，调节细胞因子、趋化因子和其他固有免疫基因，促进树突状细胞对抗原的摄取。MF59 中两种非离子表面活性剂 Tween-80 和 Span-85（山梨酸酐三油酸酯）可以起到稳定油滴的作用，从而增加疫苗作用时间，可在 2～8℃ 至少保存 3 年。MF59 佐剂最初是作为胞壁肽佐剂（MTP-PE）的载体，后来发现其自身有显著的佐剂特性。MF59 诱导机体产生的体液免疫效果明显高于铝胶佐剂，与铝胶佐剂不同，MF59 佐剂并不在注射部位发挥储存库效应。MF59 可与 APC 在注射部位发生作用，然后在注射后 2d 缓慢分散到引流淋巴结，随后被具有 APC 功能的淋巴内细胞递呈，从而增强递呈效率。此外，MF59 也可在注射部位产生巨噬细胞的化学性诱导作用。有研究显示 MF59 可以产生 Th1 型和 Th2 型细胞免疫反应，但是未发现 CD8 毒性 T 细胞免疫反应的报道。MF59 已经应用于部分亚单位疫苗中，其安全性高，扩散快，而且不形成抗原储有库，但需要抗原与佐剂免疫相同位置才能增强免疫反应。有学者将自主构建的 H7N9 禽流感病毒疫苗加 MF59 制备成品疫苗，验证了以 MF59 为佐剂的禽流感疫苗不仅具备长期免疫原性，而且有良好的稳定性。

AS03 是葛兰素史克公司在 2009 年研发的一种佐剂系统，与 MF59 相比，增加了一种主要成分 α-生育酚。该物质可以增加诱导产生的细胞因子水平，促进单核细胞的抗原摄取水平，进一步提高诱导产生的抗体水平。目前 AS03 已经被用于 H5N1 流感病毒疫苗和 H7N9 流感病毒疫苗临床试验阶段的研究。新型油佐剂的研究还有很多，如同样由葛兰素史克公司研发的 AS02 已经被应用于结核病的临床试验阶段。

4.5.6.2　根据分散状态分类

"乳剂"是将一种溶液或干粉分散成细小的微粒，混悬于另一不相溶的液体中所成的分散体系，被分散的物质称为分散相（内相），承受分散相的液体称连续相（外相），2 种不混溶的液体混合在一起时就形成了乳剂，内相组成小液滴，分散在外相液滴中，并由两者界面上的表面活性剂层来稳定其结构，两相间的界面活性物质称为乳化剂。根据水相与油相的分散状态，乳剂分为油包水（W/O）型与水包油（O/W）型及 W/O/W 型与 O/W/O 型复乳。当以水为分散相，以加有乳化剂的油为连续相时，制成的乳剂为油包水型乳剂（水/油或 W/O），反之为水包油型乳剂（油/水或 O/W）。如将 W/O 型或 O/W 型乳剂进一步乳化即可形成 W/O/W 型（水包油包水型）与 O/W/O 型（油包水包油型）复乳剂。制成什么样的乳剂型，与乳化剂及乳化方法密切相关。因为其相对易生产，成本较低，并在产生抗体的应答中表现出良好的效能，所以乳剂是动物疫苗佐剂的一个优良选择。根据分散状态的不同，可以将油佐剂分为水包油（O/W）型油包水（W/O）型水包油包水（W/O/W）的双相型三种类型。

（1）水包油（O/W）型乳状液　是将油滴分散在水相中，安全性较高；扩散快，使得佐剂活性较低，水包油佐剂不会在注射部位形成抗原库，油滴促进趋化因子诱导的免疫细胞募集以及巨噬细胞和树突状细胞的分化。

水包油型乳剂研究较多的有角鲨烯水包油型佐剂（MF59）。MF59 在刺激细胞诱导的针对流感病毒的免疫反应强于氢氧化铝或磷酸三钙佐剂免疫反应。与磷酸铝佐剂疫苗相比，MF59 与灭活马流感病毒疫苗可促进 IL-12 和 IFN-γ 的表达。水包油型佐剂已用于多种家畜细菌和病毒的疫苗中。最近发现一种以矿物油为基础的水包油型乳剂和一种廉价的食品级植物油乳化剂对用猪流感病毒、猪肺炎支原体和猪瘟病毒制备的疫苗均有效。这些研究结果表明水包油型乳剂适合作为病毒和支原体疫苗佐剂。

（2）油包水（W/O）型乳状液　是将抗原包裹在水相中，水滴是连续油相中的分散体，周围是连续的油相，注射后因油的分解而缓慢释放抗原，储存时间较长，从而延长免疫细胞刺激和抗原加工的时间，能给抗原提供短期及长期的免疫增强作用，佐剂活性很高。

最常见的油包水型佐剂有弗氏佐剂、法国 SEPPIC 公司的 Montanide（ISA）佐剂。

弗氏佐剂包括含灭活分枝杆菌的弗氏完全佐剂（FCA）和不含分枝杆菌的弗氏不完全佐剂（FIA）。弗氏佐剂能够诱导高效价的抗体应答，但刺激反应较强烈，引起局部炎症性损伤、疼痛和痛苦等，所以限制了其在动物和人疫苗中的广泛应用。FCA 是既能诱导体液免疫又能诱导细胞免疫的佐剂，其所含分枝杆菌中的主要有效成分为蜡质 D，是含分枝菌酸的一种复合脂质，活性成分是肽糖质，它作用于 T 细胞或 B 细胞发挥佐剂效应，是 FCA 诱导 Th1 型反应的主要成分。而 FIA 只能诱导 Th2 型细胞因子，不能诱发很强的细胞免疫，也不能诱发迟发型超敏反应。其作用机制与铝盐类佐剂相似，但抗原必须在油乳剂的水相中才能加强免疫反应。

法国 SEPPIC 公司的 Montanide（ISA）佐剂是做得最好的商业化 W/O 型乳剂，ISA 是基于结合了各类表面活性剂的可代谢的油、不可代谢的油或两种油的混合物组成的佐剂。含有提纯的矿物油或角鲨烯油，以甘露醇酯作为乳化剂，副作用小，被广泛用于兽用疫苗的生产和研发。现已用于口蹄疫灭活疫苗、合成肽疫苗、猪圆环病毒 2 型灭活疫苗和猪细小病毒灭活疫苗等兽用疫苗，以及试验性 HIV 疫苗、疟疾疫苗和乳腺癌等人用疫苗。

（3）双相型（W/O/W）乳状液　其作用时间和活性都介于 O/W 型和 W/O 型之间，但稳定性较差，容易转化为 W/O 型。为了克服水包油型乳剂的局部炎症反应和黏度高的问题，研究人员致力于开发一种水包油包水型佐剂，既能从外部水相快速释放抗原，又能从内部油滴长时间释放抗原，因此可以快速且持续地刺激免疫细胞。在双相乳剂水包油包水（W/O/W）型中，含有内部水滴的油滴分散成连续的水相，这种乳剂可以同时提供抗原从外部水相的快速释放和从内部水相的延长释放，可以快速、持续地刺激免疫细胞。

水包油包水型佐剂目前市场上较少，兽用疫苗中应用最广泛的就是 Montanide ISA 201 和 Montanide ISA 206，与抗原在温和条件下混合后制备疫苗。ISA206 可用于制备水包油包水型复乳，由矿物油和甘露醇单油酸酯组成。由于水包油包水型乳剂能更快地释放抗原，因此 MontanideISA206 常被用于紧急接种疫苗的研究。目前，该佐剂常用于制备猪口蹄疫 O 型灭活疫苗，口蹄疫 O 型、亚洲 1 型、A 型三价灭活疫苗，以及伪狂犬病疫苗。Cox 等（1998 年）以 ISA 206 作为口蹄疫疫苗佐剂的紧急接种试验发现，ISA206 能在短时间内提供有效保护，减少接触传染口蹄疫的机会。

影响乳化剂稳定性的因素很多，比如亲水亲油平衡值（HLB）、乳化工艺等，将低 HLB 值和高 HLB 值的乳化剂混合使用能产生特别稳定的界面膜，从而形成比较稳定的乳化体系。油佐剂作为一个储存库，可以防止水相中的抗原被机体水解，从而达到缓释和保护抗原的目的，油水乳剂有利于树突状细胞移向淋巴细胞并递呈，以增强机体的免疫应答反应。

油佐剂是兽用疫苗中非常有前景和市场的佐剂，通过油乳本身对抗原的包裹使抗原可以在机体内持续存在，从而使抗原刺激的时间延长，免疫效果大幅提高，在抗体效价和免疫持久性方面都优于铝胶佐剂疫苗。油佐剂的成分廉价、较易获得，如矿物油和食品级乳化剂，但乳剂的物理特性与其诱导动物免疫反应的能力之间的关系还需要进一步研究。在持续的刺激下，机体中容易出现组织损伤、应激反应、炎症、溃疡和肉芽肿、矿物油的残留等，存在一定的安全隐患。在疫苗研发中，结合其他佐剂制成混合油佐剂疫苗可减少其副作用的发生。未来针对油佐剂的研究方向在于如何在保证其长效抗原刺激的同时进一步提高其安全性，避免因长期存在于体内造成各种不良反应。总之，油剂虽然促进疫苗的免疫保护效果，但仍有一定的不良反应。

4.5.7　水佐剂

由于其他佐剂的局限性，越来越多的企业研发方向集中在了水佐剂，包括水包油剂型佐剂以及另外的纯水剂型佐剂，而纯水剂型则是未来动物疫苗佐剂的主要方向之一。纯水佐剂的研发方向有两个，一个是传统类型的以缓释效果为第一要求的佐剂，而另一个是以激活机体自身免疫能力为主要方向的产品，二者兼而有之最好，有鉴于此，目前纯水佐剂的研发面临一个难以逾越的门槛，即有效性和持久性的矛盾，当然，还面临性价比的问题。

4.5.8 天然佐剂

天然佐剂是指天然植物、动物中提取的某些具有免疫佐剂活性的成分，研究较多的有来源于动物机体的细胞因子佐剂、蜂胶佐剂、皂苷和中药多糖佐剂等。这些成分具有毒性低、易于代谢、不易产生耐药性等优点，近年来在免疫佐剂的研究中越来越被重视。

4.5.8.1 细胞因子佐剂

细胞因子是机体在免疫反应时产生的一类免疫调节物质。细胞因子已被证实能作为疫苗的高效免疫增强剂，这类调节因子是由免疫原或其他因子刺激免疫细胞或其他细胞所产生的，具有广泛的生物学活性，其中具有免疫佐剂效应的细胞因子包括白细胞介素-1（IL-1）、白细胞介素-2、白细胞介素-4、白细胞介素-12 及 γ-干扰素等。在理想条件下使用时，其作为免疫佐剂能够大幅度提高疫苗的免疫保护率和机体的免疫水平。

根据不同细胞因子在调节免疫反应中的作用，可选择特定的细胞因子用于一些禽类传染病疫苗的优化，例如 IL-2、IL-12 和 IFN-γ 可促进 Th1 细胞的活化，参与胞内感染细胞介导的免疫应答。除了促进 Th1 细胞的活性外，IFN-γ 还通过诱导抗原递呈细胞上主要组织相容性复合物 MHC Ⅱ 分子的表达来增强抗原的摄取和呈递。在宿主防御细胞外病原体中，细胞因子 IL-4、IL-5 和 IL-10 可促进 Th2 细胞的发育和抗体产生。

（1）**白细胞介素-1（IL-1）** IL-1 又称淋巴细胞活化因子，是第 1 个细胞因子佐剂，IL-1 及其肽是 IL-2 产生的有力的增强剂，并能增强抗原特异性辅助性 T 细胞。辅助性 T 细胞活性的提高可能不依赖 IL-2 的增加，可能尚有其他不依赖辅助性 T 细胞的机理，这些机理对 T 非依赖性抗原应容的增强尤为重要，可能涉及通过 IL-2 或直接由 IL-1 诱导 B 细胞增殖和分化。IL-1 可引起许多与炎症有关的严重副作用，这是其用作疫苗佐剂的不足。IL-1 序列中 163～171 位的短肽不存在上述问题，但仍可保特 IL-1 的免疫刺激作用。

（2）**白细胞介素-2（IL-2）** IL-2 是 T 细胞在抗原或促有丝分裂原刺激下所分泌的一种淋巴因子，可引起 T 细胞增殖和维持 T 细胞在体外持续生长，故曾称为 T 细胞生长因子（TCG）。IL-2 具有促进 T 细胞生长、诱导或增强细胞毒性 T 细胞的杀伤活性、协同刺激 B 细胞增殖及分泌免疫球蛋白、增强活化的 T 细胞产生 IFN 和集落刺激因子（CSF）、诱导淋巴细胞表达 IL-2R、促进少突胶质细胞的成熟和增殖及增强吞噬细胞的吞噬杀伤能力等免疫生物学效应。当 IL-2 用于灭活疫苗和正常接种对象时，其免疫原性的增强取决于给予抗原后的连续注射。

（3）**白细胞介素-4（IL-4）** IL-4 又称为 B 细胞刺激因子（BSF-1），是由辅助性 T 细胞（Th 细胞）经抗原或丝裂原刺激后产生的一类重要的淋巴因子，为蛋白性质的肽类。IL-4 对 T、B 淋巴细胞分化和成熟具有潜在的佐剂活性。可能成为一种强有力的佐剂候选因子。

（4）**白细胞介素-12（IL-12）** IL-12 是目前发现的唯一由 B 细胞产生的细胞因子，与 IL-2 有协同作用。IL-12 还能诱导 NK 细胞和 T 细胞产生 γ-干扰素（IFN-γ）。IL-12 活性高于 IL-2 和 IFN-γ，在极低浓度时就有显著活性，对灭活疫苗、肿瘤和寄生虫抗原具有有效的佐剂活性，IL-12 的产生是某些细菌性佐剂发挥作用的机理。IL-12 可替代这些细菌佐剂，更为安全。

（5）**γ-干扰素（IFN-γ）** IFN-γ 是由致敏 T 细胞（Th 细胞和 NK 细胞等）在活的或灭活的病毒等干扰素诱生剂和某些细胞因子作用下所产生的一类高活性多功能的糖蛋

白。IFN-γ 具有抗病毒、抗肿瘤、免疫调节和免疫佐剂等多种免疫生物学活性。

细胞因子虽然具备高效免疫增强的特点，但目前还无法被广泛应用，主要是因为作为佐剂存在的缺点较多：半衰期短，价格昂贵，可能存在发热、炎症等副作用，其稳定性和潜在的自身免疫性有一定的隐患问题，且佐剂活性较低，不如常规佐剂，细胞因子的表达和纯化成本较高，且需要多次注射使用，不适合大规模的家禽养殖。因此对其商业化开发和经济性仍需要进一步评估。

在新城疫疫苗的研究中，已有大量研究表明细胞因子作为新城疫疫苗佐剂可提高疫苗的免疫保护率和机体免疫水平。有研究以强毒力 NDV 毒株为载体表达鸡的 IL-2，降低了鸡血液、脾脏和黏膜分泌物中的 NDV 载量，在同种毒株基因组中插入 IFN-γ 后，鸡发病率和死亡率都有明显降低。IFN-γ 作为佐剂，已被证明可改善疫苗对不同禽类病原体的保护并增强免疫反应。

4.5.8.2 多糖佐剂

中药及其提取的某些多糖成分具有免疫佐剂的活性。机体的多种生命活动离不开多糖类物质的调节参与，许多多糖具有促进机体特异性免疫和非特异性免疫的作用，且具有低毒、安全等特点，可能成为理想的疫苗佐剂。中药中的多糖、苷类、维生素、氨基酸以及生物碱等成分不仅能激活自然杀伤细胞，还能活化巨噬细胞和单核细胞，促进 T 和 B 淋巴细胞活化增殖，增加 IL-2 等多种细胞因子分泌以及活化补体，以此提高机体体液和细胞免疫功能，增强机体的抗病力。在中药佐剂作为新城疫疫苗佐剂的研究中，已有大量研究资料证明其活化机体的免疫细胞而增强机体免疫力的功能。有研究表明在鸡新城疫 IV 系疫苗中加入不同剂量的党参浸液后其 NDV 抗体水平显著升高；另一研究发现仅低剂量的黄芪多糖、板蓝根多糖和高剂量的山药、牛膝多糖均能明显提高鸡新城疫免疫鸡群 HI 抗体水平和免疫器官指数，还能促进鸡群体内各类免疫细胞增殖，以及提高鸡群肠黏液中 IgA 含量。

（1）**壳聚糖** 壳聚糖（chitosan）是由几丁质 N-脱乙酰化形成的天然多聚糖。在酸性介质中，壳聚糖分子上的氨基以—NH_3^+ 的形式存在，是唯一一种阳离子多糖，具良好的黏膜黏附性，能延长抗原的滞留时间，并且能打开黏膜上皮细胞间的紧密连接，使抗原被黏膜 APC 识别，引起一系列免疫应答。这一特性使壳聚糖能够被制成微颗粒、纳米颗粒等剂型。壳聚糖可通过 TLR4 促进树突状细胞（dendriticcells，DC），能上调 CD80 和 CD86 表达，但未能激活 T 细胞产生相应的细胞因子，这表明单纯壳聚糖不能引起 T 细胞相关免疫反应。而壳聚糖及其衍生物与抗原结合后，可弥补壳聚糖本身的免疫缺陷。在人体中具有良好的耐受性，无严重不良反应，并引起肠黏膜组织分泌 IgA。

（2）**菊糖** 菊糖（inulin）又名菊粉，是一种天然果糖聚合物，是植物体内的一种贮存多糖。菊糖主要存在 α、β、γ、δ 4 种构型。其中 α、β 构型在常温下溶解，而 γ 构型菊糖要达到 37℃溶解。δ-菊糖需要在 40℃下才能溶解，但当其开始冷却后需要反复加热处理才可以重新转化为 δ-菊糖。这些溶解性的菊糖不能激活补体或增强适应性免疫应答，表明菊糖的免疫作用与其颗粒的特定包装结构密切相关。菊糖的 γ 和 δ 构型都具有免疫佐剂性质。其中，γ-菊糖能够使巨噬细胞表面的 C3 片段沉积，从而导致 T 细胞活化，但 γ-菊糖在消毒时结构和性质不稳定。而 δ 构型具有很好的温度稳定性，其在伽马射线灭菌后结构无变化，还具有很好的免疫活性。除了可以用于传统的免疫方式外，也可通过黏膜给药。

（3）葡聚糖　葡聚糖可分为α-葡聚糖和β-葡聚糖。大多数葡聚糖来源于植物或微生物，种类繁多。具有佐剂活性的α-葡聚糖主要有右旋糖酐，β-葡聚糖主要有海带多糖、香菇多糖、酵母聚糖等。α-葡聚糖右旋糖酐（dextran）是由多个葡萄糖缩合而成的同聚多糖。右旋糖酐硫酸化后具有广泛的促炎作用，是一种有效的引起细胞介导的迟发型超敏反应的免疫佐剂。β-葡聚糖主要来源于生物的细胞壁，如酵母、某些种类的海藻等，没有明显的毒性或副作用，种类不同，结构有差异，免疫作用也存在差异。在接触病原的早期，使黏膜部位快速产生免疫应答，防止组织感染的发生。

（4）LPS　LPS是革兰阴性菌外膜的一部分，一般占外膜的35%～45%，是天然免疫的诱导剂和增强剂。而LPS无法作为人类佐剂使用主要是由于其能强烈激活MyD88通路，导致不必要的、潜在有害的炎症反应。从20世纪70年代开始，对LPS进行了大量的改造试验，并成功制备了毒性更低，免疫作用强的单磷酰脂质。LPS用于由葛兰素史瑞克公司研制的AS01、AS02、AS04佐剂中，已被批准用于疟疾疫苗、乙肝病毒疫苗、人乳头瘤病毒疫苗等多种疫苗中。

（5）中药多糖　除了以上所述的几类多糖以外，中药多糖也具有发展为佐剂的潜能。中药多糖来源广泛、种类繁多，每种中药多糖具有独特的免疫作用。作为佐剂，多糖无毒副作用。由于分子量相对较大、能与免疫细胞表面受体识别结合等特点，易作为抗原被多种免疫细胞识别，从而激发多种免疫机制。许多多糖还能够引起黏膜免疫应答，这为通过黏膜部位感染机体病原体疫苗的研究提供了新的策略和思路。黄芪多糖可增强网状内皮系统吞噬细胞的吞噬作用，促进淋巴细胞转化，激活T细胞和B细胞，并能促进抗体形成，从而发挥免疫调节作用，并且可以增强递呈口蹄疫病毒、禽流感病毒、乙肝病毒等多种抗原的免疫原性。除了作为佐剂与疫苗同时使用外，在肉鸡日粮中添加0.05%黄芪多糖也能够显著提高鸡新城疫、H9亚型禽流感病毒二联灭活疫苗免疫后的NDV抗体效价和H9亚型禽流感病毒抗体效价。当归多糖作为新城疫病毒疫苗佐剂可提高血凝反应，在免疫后期提高抗体滴度。枸杞多糖能显著增强机体神经内分泌免疫网络的调节功能。茯苓多糖作为流感疫苗佐剂免疫效果强烈，能提高小鼠流感病毒的致死剂量，增强灭活流感疫苗的免疫效果。

多种中药多糖可以合理配伍制备成复合多糖佐剂配方（CPS），从而引起更加广泛且强大的免疫应答。协同效应引发更加强烈、全面的免疫效果，也已逐步成为热点研究方向。这些将成为促进中药多糖疫苗佐剂的临床开发和商品化进程的关键。

4.5.8.3　皂苷佐剂

皂苷是水溶性佐剂，作为疫苗佐剂已经使用了很长时间，成分QS-21是一种皂树（*Quillaja saponaria* Molina）树皮提取物中的第21个组分，纯化的三萜糖苷，能够同时刺激细胞免疫和体液免疫。在人体和动物试验中，QS-21能促进抗原特异性抗体CD^+4和CD^+8辅助性T细胞的反应。其使用过程中无需乳化步骤，根据成分可以分为杀菌剂佐剂、植物来源佐剂和人工合成化合物佐剂等。

QuilA是从南美皂树树皮中筛选到的具有佐剂活性的成分。大量研究表明QuilA既能使外源性抗原刺激机体Th1免疫应答，又能诱导CTL应答的佐剂。这一独特的性质使其成为亚单位疫苗、细胞内病原体疫苗及癌症疫苗的理想佐剂。但是QuilA存在严重的毒副作用，可引起溶血、局部组织坏死，甚至全身不良反应或中毒，其对小鼠致死量为$100～125\mu g$。猪O型口蹄疫疫苗添加QuilA佐剂，显著提高了FMD疫苗免疫后猪VP1

结构蛋白抗体及血清中细胞因子的水平，显著提高了 T 淋巴细胞增殖率，从而提高了对猪的免疫保护作用。

4.5.8.4 微生物佐剂

（1）**内毒素类脂 A** 细菌内毒素类脂 A（Lipid A）具有佐剂作用，但同时具毒性。近年有人将类脂 A 改造成单磷酸类脂 A（monophosphoryl Lipid A，MPL），大大降低了毒性，但仍保持佐剂作用。

（2）**毒素** 毒素佐剂中最具代表性的佐剂是霍乱毒素（CT）和大肠菌不耐热毒素（LT），这两个毒素如用于黏膜免疫，不但本身具有高免疫原性，也同时具有佐剂效用。CT、LT 毒素在核酸序列上有 80% 的相似性，而且二者结构相似，和肠道表皮细胞受体有极高的亲和力，具有酶活性。CT 不会引起炎症反应，但毒性过高，只要 5g 就可使人产生腹泻症状，于是基因重组的 CT 和 LT 便成为科学家的希望。

此外，近年报道了以破伤风毒素无毒的 C 末端部分（相对分子质量 50000）FrgC 作为抗原，在小鼠单独使用或与活性 PT-9K/129G、CT 以及铝胶佐剂合用的滴鼻或皮下免疫，均产生良好的效果

4.5.8.5 蜂胶佐剂

蜂胶（propolis）是蜜蜂上腭腺分泌的天然有机和无机成分、蜂蜡、花粉等组成的一种混合物，经特定工序加工而成的胶状物质，内含几十种生物活性物质、多种维生素、氨基酸、脂肪酸、多糖和酶等，具有广谱抗病毒、抗细菌和抗霉菌作用。蜂胶由于产量稀少，一个 5 万～6 万只的蜂群一年只能生产蜂胶 100～150g，因此蜂胶具有"紫色黄金"的称誉。蜂胶具有芳香气味，味苦；低于 15℃ 条件下变硬；0℃ 以下变脆；35～45℃ 时质软，带黏度可塑性；60℃ 以上熔化，相对密度为 1.127 左右。外形为不透明固体，表面光滑或粗糙，折断面呈砂粒状，切面与大理石外形相似，颜色有黄褐色、棕褐色、灰褐色、灰绿色和暗绿色等，极少数深似黑色，具有特殊的芳香气味。受地理环境、气候条件等因素的影响，不同来源的蜂胶功能成分及生物活性也有所不同。蜂胶的颜色及品质与蜜蜂所采集的植物种类有关，新收集的蜂胶约含 55% 的树脂和香脂、30% 的蜂蜡及芳香挥发油、10% 以上花粉和其他杂质，是一种质量不均的混合物。蜂胶溶于 95% 乙醇中，应呈透明的栗色，溶液状。蜂胶的药用历史悠久，在 2000 多年前亚里士多德的《动物史》和 1000 多年前阿维森纳的《医典》中均有记载，近来也被载入《中华人民共和国药典》和《中华本草》。蜂胶是一种广谱生物活性物质，具有增强免疫的作用和促进组织再生的作用，主要通过增强补体和吞噬细胞活力增加白细胞的产生和抗体产量，并使特异性凝集素的产量增加来发挥其功能，诸如明显增加血清 γ 球蛋白的效果提高抗体效价等。多项研究表明，蜂胶具有抗氧化、提高免疫力、抗病毒、抗菌、降血糖、降血脂、保护肝脏、抗癌和抗炎症等多种功效，因而在近年来食品、药品和化妆品的研究中备受关注。

蜂胶的成分极为复杂。运用气相色谱-质谱联用仪等现代分析手段，从蜂胶中分析鉴定出了 100 多种化学成分。蜂胶含多种黄酮类化合物，包括黄酮醇类和双氢黄酮类等；另外，从蜂胶中还分离出多种酸类、醇类、酚类、酮类、酯类、烯烃和萜类等化合物，多种氨基酸、酶、多糖、脂肪酸、B 族维生素、维生素 C，多种化学元素（如氧、碳、氢、钙、磷、氮、钾、钠、镁、铁、铜、锌等）。其成分非常复杂，这也使蜂胶具备了优良天然药物的特点。这些复杂的化学成分决定了蜂胶具有广泛的生物学作用，如抗菌、抗病

毒、抗肿瘤、消炎、增强机体免疫功能和促进组织再生等作用。但由于蜂种不同、产地不同，蜂胶的质量和成分有较大的差异，用作免疫佐剂的乙醇浸出液的含量一般不应低于50%。天然蜂胶杂质含量多而高，用于免疫佐剂需进行纯化。取1份蜂胶剪碎，加4份95%乙醇溶解，18～25℃浸泡24h，冷却后离心取上清液即为纯化蜂胶，以干物质计算配成30mg/mL溶液4℃保存。

蜂胶为天然物质，与其他类型佐剂相比安全性较高。在猪细小病毒疫苗的研制过程中比较了油佐剂与蜂胶佐剂，发现蜂胶佐剂可以提高豚鼠细胞免疫和早期体液免疫。也有学者比较了不同类型的蜂胶佐剂和其他佐剂猪圆环病毒疫苗活性的促进作用，结果显示蜂胶佐剂猪圆环病毒疫苗能显著增强猪群的特异性免疫和非特异性免疫，且具有良好的安全性，为蜂胶佐剂疫苗临床推广应用提供了数据支撑。近年来蜂胶佐剂的应用已经十分广泛，在特定种类疫苗中，蜂胶佐剂疫苗的生产数量已经远远超过传统疫苗，有逐渐取代传统疫苗的趋势。统计2017—2019年部分细菌灭活疫苗批签发数据，其中禽大肠杆菌类灭活疫苗、禽多杀性巴氏杆菌类灭活疫苗、猪链球菌类灭活疫苗三种主要细菌相关产品中蜂胶佐剂疫苗生产量占比分别为51.8%、30.4%、30.9%，从数量上看蜂胶疫苗在灭活疫苗中已经占据了相当大的比例。

蜂胶具有广谱生物学活性，是一种良好的免疫增强剂和刺激剂，具有良好的免疫增强作用及免疫调节作用，能全面激活机体的免疫系统，包括细胞免疫系统、体液免疫系统、巨噬细胞补体免疫系统等，使其产生特异性免疫力和非特异性免疫力。此外，蜂胶还能通过增强红细胞膜上的C3b受体活性来增强红细胞的免疫功能，增加其他免疫细胞如白细胞、巨噬细胞的产生并增强其吞噬能力。蜂胶在电子显微镜下，可见到许多大小不等的圆形蜂胶颗粒，直径为100～200nm，蜂胶颗粒周围吸附有大量的病毒粒子；同时，蜂胶之间也相互吸附，使蜂胶颗粒与病毒相互联结成网状结构或不规则的聚集状结构、包被状结构，在疫苗中还可见到游离的蜂胶颗粒和游离的病毒，其中游离的病毒占总病毒的15%左右。蜂胶疫苗的这种独特超微结构使蜂胶疫苗具有很强的稳定性，能在体内缓慢释放，从而起到储存作用，与油苗比较，免疫后产生抗体时间更早、滴度更高、细胞免疫水平高。在新城疫疫苗研究中，有学者采用鸽新城疫种毒，混合蜂胶佐剂制成灭活疫苗。经效力试验综合分析，表明该疫苗抗原性良好，免疫后5d抗体效价开始上升，14d抗体可达到高峰，免疫后30d、60d、90d和180d用强毒株攻毒后，其保护指数均为100%，且疫苗的性状和活性都较稳定。蜂胶的超微结构也具有耐热和耐冷的特点，这决定了该疫苗免疫保护期长，可低温或高温保存。蜂胶佐剂用于牛疱疹病毒5型疫苗，与不加佐剂的试验组相比，蜂胶佐剂组可显著提高中和抗体水平。1987年用蜂胶佐剂制成了布鲁菌病疫苗，比用氢氧化铝胶或矿物油作佐剂的疫苗接种动物产生的血凝素高8～10倍。1993年用蜂胶成功开发出禽霍乱蜂胶佐剂疫苗，且该疫苗免疫效力良好。1994年以蜂胶为免疫佐剂制成牛病毒性腹泻、牛传染性鼻气管炎病毒二联多价灭活疫苗，免疫攻毒试验表明该疫苗对牛的保护性良好。为提高佐剂效果，联合其他活性成分制备蜂胶合剂疫苗佐剂也成为研究的热点，如复方淫羊藿多糖蜂胶总黄酮与脂质体复合疫苗佐剂能有效促进淋巴细胞增殖，提高γ-干扰素和白细胞介素6的浓度，提高抗体效价。目前，我国已批准多个蜂胶佐剂疫苗产品，如1994年批准的禽霍乱蜂胶灭活疫苗，2011年批准的鸡大肠杆菌病蜂胶灭活疫苗，2012年批准的猪链球菌病蜂胶灭活疫苗，猪传染性胸膜肺炎二价蜂胶灭活疫苗和鸭传染性浆膜炎、大肠杆菌病二联蜂胶灭活疫苗等。

参考文献

[1] 陈贵才，底佳芳，王丽，等．我国兽药新剂型的研究与应用[J]．中国家禽，2006，28（9）：34-38.

[2] 陈杖榴．国内外兽药研发动向与未来的思考[J]．今日畜牧兽医，2010（10）：1-6.

[3] 李明．我国兽药产业现状与发展趋势[J]．兽医导刊，2016（19）：12-15.

[4] 陈杖榴，邱银生，曾振灵．国内外兽药研制开发与市场动态[J]．中国兽药杂志，2002，36（3）：42-46.

[5] 莫云．简析跨国企业的兽药产品及市场特点[J]．中国动物保健，2003（10）：40-41.

[6] 邱银生．国内外兽用化学药物研究进展和发展趋势[J]．畜牧市场，2004（6）：22-24.

[7] 杨小勇．国内兽药行业发展预测以及兽药研发思路[J]．今日畜牧兽医，2008（6）：4-6.

[8] 田淑琴，李远森．论我国动物药剂学所面临的机遇和挑战[J]．四川畜牧兽医，2004，31（5）：36-37. DOI：10.3969/j.issn.1001-8964.2004.05.024.

[9] 齐尚，万海滨．潜心研发兽药创新成果辉煌[J]．科技创新与品牌，2012（2）：59.

[10] 张铁明，张铁锋．实施兽药技术创新的探讨[J]．养殖技术顾问，2012（9）：211. DOI：10.3969/j.issn.1673-1921.2012.09.201.

[11] 司红彬，孙忠玉．兽药剂型的发展趋势[J]．动物保健，2006（12）：32-34. DOI：10.3969/j.issn.1673-8586.2006.12.017.

[12] 曾振灵，刘义明，黄显会．兽药新剂型的研发现状与方向[J]．中国家禽，2009，31（8）：5-11.

[13] 李丽杰，乔彦良，闫祥华．兽药新剂型的研究进展[J]．中国畜牧兽医，2008，35（3）：85-87.

[14] 刘文利．我国兽药剂型的现状与发展对策[J]．中国动物保健，2012，14（1）：65-68. DOI：10.3969/j.issn.1008-4754.2012.01.036.

[15] 李峰，赵永星．兽药新剂型与新技术的应用与发展[J]．中国兽药杂志，2011，45（7）：52-55. DOI：10.3969/j.issn.1002-1280.2011.07.014.

[16] 张卫元，操继跃．兽药制剂新技术[C]//首届中国兽药大会暨中国畜牧兽医学会动物药品学分会2008年学术年会论文集．2008：394-395.

[17] 郝智慧．兽用药物制剂新技术在兽药开发中的应用[C]//第八届全国畜牧兽医青年科技工作者学术研讨会论文集．2016：15-15.

[18] 李丽杰，赵风立，乔彦良，等．制剂新技术在兽药研发中的应用[J]．中国畜牧兽医，2008，35（5）：98-100.

[19] 陈蕾，宋宗华，胡淑君，等．2020年版《中国药典》药用辅料标准体系及主要特点概述[J]．中国药学杂志，2020，7（55）：1177-1183.

[20] 国务院办公厅．国办发[2016]11号 关于促进医药产业健康发展的指导意见[S]．2016.

[21] 国家食品药品监督管理总局．2016年第134号 关于药包材药用辅料与药品关联审评审批有关事项的公告[S]．2016.

[22] 国务院．国发[2017]12号 关于印发"十三五"国家食品安全规划和"十三五"国家药品安全规划的通知[S]．2017.

[23] Kumar D，Dureja H. Pharmaceutical excipients：global regulatory issues[J]. Indonesian Journal of Pharmacy，2013，24（4）：215-221.

[24] Abrantes C G，Duarte D，Reis C P. An overview of pharmaceutical excipients：safe or not

safe[J]. Journal of Pharmaceutical Sciences, 2016, 105（7）：2019—2026.

[25] Saito J, Agrawal A, Patravale V, et al. The current states, challenges, ongoing efforts, and future perspectives of pharmaceutical excipients in pediatric patients in each country and region[J]. Children, 2022, 9：453.

[26] Pifferi G, Restani P. The safety of pharmaceutical excipients[J]. Farmaco, 2003, 58（8）：541-550.

[27] Baldrick P. The safety of chitosan as a pharmaceutical excipient[J]. Regulatory Toxicology and Pharmacology, 2010, 56（3）：290-299.

[28] Larner G, Schoneker D, et al. Pharmaceutical excipient testing and control strategies[J]. Pharmaceutical Technology, 2006：86-92, 96.

[29] Woo J, Wolfgang S, Batista H. The effect of globalization of drug manufacturing, production, and sourcing and challenges for American drug safety[J]. Clinical Pharmacology & Therapeutics, 2008, 83（3）, 494-497.

[30] Sheehan C. Tools to ensure safe medicines：new monograph tests in USP-NF[J]. Journal of Excipients and Food Chemicals, 2010, 1（2）：33-39.

[31] Moreton R C. Functionality and performance of excipients[J]. Pharmaceutical Technology, 2006, 30（10）：4.

[32] Baldrick P. Pharmaceutical excipient development：the need for preclinical guidance[J]. Regulatory Toxicology and Pharmacology, 2000, 32（2）：210-218.

[33] Wasylaschuk W R, Harmon P A, Wagner G, et al. Evaluation of hydroperoxides in common pharmaceutical excipients[J]. Journal of Pharmaceutical Sciences, 2007, 96（1）：106-116.

[34] Crowley P, Martini L G. Drug-excipient interactions[J]. Pharmacy Technology, 2001, 4：7-12.

[35] Ilium L. Chitosan and its use as a pharmaceutical excipient[J]. Pharmaceutical Research, 1998,15（9）：1326-1331.

[36] The European Agency for the Evaluation of Medicinal Products, Committee for Veterinary Medicinal Products（CVMP）. Draft Note for Guidance on Excipients in the Dossier for Application for Marketing Authorization for Veterinary Medicinal Product（EMEA/CVMP/004/98）[S]. London, 1999：1-7.

[37] 郭筱华，梁先明，段文龙，等．关于我国兽药生产用辅料管理的思考[J]．中国兽药杂志，2012，47（9）：48-49.

[38] 翁燕君，黄涛阳．药用辅料在医院制剂室应用的困惑与对策建议[J]．中国药业，2012（2）：10-12.

[39] 谭燕美，由春娜，董敏．我国药用辅料关联审评审批政策的剖析与建议[J]．中国医药工业杂志，2017，48（8）：7.

第 5 章
动物生物
制品产业
的发展

5.1

动物疫苗产业的发展

5.1.1 猪用疫苗

随着我国养猪业持续、稳定发展，规模化、集约化养殖程度不断提高，疫病发生、传播的风险也在增加，再加上耐药性和食品动物药物残留问题，抗生素的使用受到限制，推动我国动物疫苗研发步入快速发展的黄金时期。我国动物疫苗市场规模 2020 年为 193 亿元，在 2025 年有望达到 250 亿元，猪用疫苗约占 42.9%。若非洲猪瘟疫苗成功上市，其单个产品市场可超百亿。

国内外猪用疫苗研发现状与发展趋势：①联苗进入"井喷期"。目前常见的猪病就有 20 多种，近年来又有一些老病新发，病毒的变异速度也在加快，如口蹄疫病毒，亚型众多。防控如此众多的疾病需要多次免疫，工作强度较大，而且每次免疫对猪来说就是一次应激。如何在防病的同时，降低劳动强度，减少动物应激，联苗成为解决此矛盾的利剑。②基因工程疫苗研发快速增长。在 2009 年之前，国内疫苗市场罕有新型、高端疫苗上市，但在 2005 年、2009 年，勃林格殷格翰陆续在我国推出圆环病毒亚单位疫苗。国外的新型疫苗大举进军我国市场，也使国内的疫苗生产企业和科研单位开始产生危机意识，并纷纷加大研发投入，拓展基因工程疫苗研究。在未来几年，新型基因工程疫苗将是猪用疫苗市场快速增长的驱动力。③安全、高效、广谱、廉价、使用更方便、提高动物免疫力的新型疫苗是疫苗发展的总体趋势。以病原基因组学、蛋白质组学研究为技术基础，结合生物信息学和反向疫苗学，挖掘、筛选和鉴定具有疫苗开发价值的毒力相关基因和保护性抗原基因，通过结构生物学、免疫信息学研究和计算机辅助设计，发展基因工程亚单位疫苗、基因缺失疫苗和活载体疫苗、动物病毒样颗粒（VLP）疫苗，有望引发疫苗的第四次革命。

5.1.1.1 猪病毒病疫苗

（1）**猪瘟疫苗** 猪瘟（classical swine fever，CSF）是由猪瘟病毒（classical swine fever virus，CSFV）引起的一种以高热稽留、细小血管壁变性、全身泛发性出血和脾梗死为主要特征的高度传染性疾病。CSF 呈世界性分布，由于其危害程度高，对养猪业造成的经济损失巨大，所以世界动物卫生组织将本病列入需上报疫病，并规定为国际重点检疫对象。近十年来不少国家先后采取了消灭猪瘟的措施，例如欧盟国家采取扑杀带毒猪、制定兽医法规、环境消毒等措施，取得了显著效果。目前本病在我国仍有发生，是对养猪业危害最大、最危险的传染病之一。

疫苗接种是防控和根除该病的主要手段，传统猪瘟疫苗主要有猪瘟兔化弱毒疫苗（C株）、日本的 GPE 株、法国的 Thiverval 株等。其中，C 株是我国科学家将 CSFV 强毒株通过家兔连续传代后成功培育的一株经典弱毒疫苗，具有很高的安全性和有效性。近年来，C 株疫苗的生产方式已取得了较大的进步，由以前的组织苗（脾淋苗）变为细胞苗，大大提高了生产效率，降低了生产成本。

目前，为了猪瘟的净化及根除，多种新型猪瘟疫苗正在研发之中，部分已经获得成功。CSFV 囊膜蛋白 E2 是最主要的免疫原性蛋白，天康生物股份有限公司、武汉科前等公司采用杆状病毒表达重组 E2 蛋白的亚单位疫苗已经获得新兽药注册证书，并开始在临床上应用。

（2）**猪繁殖与呼吸综合征疫苗**　猪繁殖与呼吸综合征（porcine reproductive and respiratory syndrome，PRRS）是由猪繁殖与呼吸综合征病毒（porcine reproductive and respiratory syndrome virus，PRRSV）感染引起的，以妊娠母猪繁殖障碍及各年龄阶段猪特别是仔猪呼吸道症状和高死亡率为主要特征，对全球养猪业危害极大。疫苗是预防和控制该病最常用的策略，尽管商品化 PRRS 疫苗投放市场已超过 20 年，但目前仍未控制和根除该病。近几年发现 PRRSV 出现变异，对控制和扑灭提出了严重挑战。PRRS 疫苗主要包括商品化的灭活疫苗、弱毒活疫苗及基因工程疫苗。

我国 PRRS 疫苗研究起步较晚，中国农业科学院哈尔滨兽医研究所于 2000 年用从国内首次分离得到的 PRRSV CH-1a 株研制成功了我国第一个油佐剂 PRRS 灭活疫苗；随后，山东齐鲁动物保健品有限公司用 SD-1 株研制生产了 PRRSV-SD1 灭活疫苗。2006 年我国暴发高致病性 PRRS 后，2007 年农业部批准天津瑞普生物技术股份有限公司、广东永顺生物制药股份有限公司等 12 家国内兽用疫苗生产厂家用高致病性 PRRSV 江西株（NVDC-JXA1）作为种毒株生产高致病性猪繁殖与呼吸综合征灭活疫苗。目前，国内市场上应用的 PRRS 灭活疫苗共有 2 种，均为经典毒株 PRRS 灭活疫苗（CH-1a 株和 SD-1 株）。PRRS 灭活疫苗需要多次加强免疫，产生中和抗体滴度低，几乎不能刺激机体产生细胞免疫，抵抗同型病毒感染作用有限，对异型毒株交叉保护力低。目前主要用于 PRRSV 阴性的母猪群这些缺点限制了它们的广泛应用。

德国的勃林格殷格翰动物保健有限公司 1994 年成功研制出了全球首个 PRRS 弱毒活疫苗 Ingelvac® PRRS MLV，该疫苗于 2005 年 4 月正式进入我国市场。目前我国自主研发的 PRRS 弱毒活疫苗主要包括 2 个经典株 PRRS 活疫苗（CH-1R 株和 R98 株）和 4 个高致病性 PRRS 活疫苗（JXA1-R 株、HuN4-F112 株、TJM-F92 株和 GDr180 株）。与 PRRS 灭活疫苗相比，由于 PRRS 弱毒活疫苗具有免疫力强、抗体产生速度快、持续时间长、可在体内复制并介导细胞免疫反应等优点，目前应用最为广泛。

随着疫苗的发展，PRRS 基因工程疫苗也得到了蓬勃发展，由于目前研发的商品化 PRRS 灭活疫苗免疫效果差而弱毒活疫苗又存在安全风险和交叉保护力低等缺点，人们纷纷将焦点转移到基因工程疫苗上，以期弥补上述疫苗的缺陷。也有很多学者构建了包含不同毒株 PRRSVs 的结构基因的嵌合 PRRSV，其可以增强交叉保护效率。

我国 2018 年批准注册的猪繁殖与呼吸综合征嵌合病毒活疫苗（PC 株），就是采用反向遗传操作技术，将猪繁殖与呼吸综合征病毒（SP 株）和高致病性猪繁殖与呼吸综合征病毒（GD 株）嵌合而成，连续传代遗传稳定；疫苗接种后能刺激机体产生高效的抗病毒免疫力，可同时预防经典猪繁殖与呼吸综合征和高致病性猪繁殖与呼吸综合征。

（3）**猪圆环病毒病疫苗**　猪圆环病毒（porcine circovirus）为圆环病毒科圆环病毒属成员，猪圆环病毒 2 型（PCV2）是引起猪圆环病毒相关疾病的原发病原。主要临床特征：消瘦，贫血，黄疸，生长发育不良，腹泻，呼吸困难，母猪繁殖障碍，内脏器官肾、脾脏及全身淋巴结的高度肿大、出血和坏死，皮肤上形成圆形或不规则形、呈红色或紫色的斑块。PCV2 感染可以破坏动物机体的免疫系统，造成严重的免疫抑制，容易诱发多种细菌及病毒的混合感染与继发感染，给疾病的诊断和治疗带来巨大的困难。有关 PCV2 疫苗的研究已成为国内外学者的关注热点。

迄今为止，国内外已先后推出商品化的 PCV2 灭活疫苗、亚单位疫苗及嵌合病毒疫苗，为有效防控猪圆环病毒病病提供了保障。2006 年勃林格殷格翰率先研发成功猪圆环病毒病疫苗，该疫苗拥有纯化圆环病毒抗原 PCA™ 和创新 ImpranFLEX™ 佐剂，使用灵活方便，1 针 1mL 2 周龄起，保护猪直至出栏。国内南京农业大学、华中农业大学、哈尔滨兽医研究所以及普莱柯和海利生物等多家单位也研制成功灭活疫苗，并在临床上大范围推广使用，对该病的防控起到了重要的作用。目前还没有 PCV2 弱毒活疫苗上市。

Cap 蛋白是 PCV2 的主要结构蛋白和免疫保护性抗原，是研制 PCV2 基因工程亚单位疫苗的理想靶抗原。常用于 PCV2 亚单位疫苗生产的表达系统主要是昆杆状病毒表达系统。国外已有多种 PCV2 亚单位疫苗注册上市，分别是勃林格殷格翰公司研制的 Ingelvac CircoFLEX、英特威公司研制的 Porcilic Circumvent 以及先灵葆雅公司研制的 Porcilis-PCV，这 3 种疫苗均为杆状病毒表达的 Cap 蛋白亚单位疫苗。我国青岛易邦、普莱柯以及兆丰华生物等单位采用大肠杆菌表达的 Cap 蛋白研制了亚单位疫苗，并结合猪肺支原体研究成功了猪圆环病毒病、猪支原体肺炎二联灭活疫苗，已在产业化应用中取得良好效果。

2021 年，猪圆环病毒病 2 型合成肽疫苗（多肽 0803＋0806）研制成功，并获得新兽药证书，这也是圆环病毒病疫苗的一个新的里程碑。

（4）猪流行性腹泻疫苗 猪流行性腹泻（porcine epidemic diarrhea，PED）是由猪流行性腹泻病毒（porcine epidemic diarrhea virus，PEDV）引起的猪肠道传染病，主要以仔猪的腹泻、呕吐、脱水进而导致仔猪高致死率为主要特征。2010 年 PED 在中国已免疫猪群中暴发，研究表明引起此次暴发的 PEDV 毒株发生了变异，且变异主要集中在 S 蛋白。目前 PEDV 流行毒株主要为基因 2 型，致病性高，引起 7 日龄内仔猪腹泻并死亡，给养猪业带来了严重危害。当前对 PED 的防控除了综合性生物安全措施外，主要还是依靠疫苗免疫。

目前应用于 PEDV 免疫的疫苗类型主要有灭活疫苗和弱毒活疫苗，如我国以 CV777 株（基因 1 型）研制的猪流行性腹泻-猪传染性胃肠炎二联灭活疫苗，以 CV777 传代致弱毒株、ZJ08 株（基因 1 型）为基础的猪流行性腹泻-猪传染性胃肠炎二联活疫苗。

我国也于 2016 年开始批准基于基因 2 型 PEDV 的二联灭活疫苗和二联活疫苗（猪流行性腹泻-猪传染性胃肠炎），目前已经在临床上广泛应用。

关于 PEDV 的亚单位疫苗、重组载体细菌活疫苗等新型基因工程疫苗研究方面，国际上已经开展了大量的工作，主要集中在表达 PEDV 具有保护性免疫原 S 蛋白上。由于亚单位疫苗需要和免疫佐剂配合使用，目前尚无商品化疫苗问世。

（5）猪轮状病毒病疫苗 猪轮状病毒（porcine rotavirus，PoRV）是引起猪腹泻的重要病原之一，能够引起各日龄的猪发病，尤其是 5 周龄以内的仔猪。目前，猪轮状病毒分为 9 个群（A～I），其中 A、B、C、H 群猪轮状病毒在临床上能够引起猪发病，尤其是 A 群最常见。在我国，A 群猪轮状病毒主要有 6 个血清型（G2、G3、G4、G5、G9、G11），其中 G5 型最常见。目前世界上仅有预防 A 群猪轮状病毒的商品化疫苗。猪轮状病毒还是一种人畜共患病病毒，引起婴幼儿腹泻和脱水，成年人多为阴性经过。

我国 2010 年批准了预防猪传染性胃肠炎、猪流行性腹泻和猪轮状病毒感染的商品化三联活疫苗，该疫苗可用于预防 A 群 G5 型猪轮状病毒引起的猪腹泻。

由于猪轮状病毒的群多、血清型多，给疫苗研发及产业化带来困难，但开发针对多群、多血清型的常规疫苗及病毒样颗粒疫苗还是可行的。

（6）**猪传染性胃肠炎疫苗**　猪传染性胃肠炎（transmissible gastroenteritis，TGE）是引起猪腹泻的传统老病，给我国及世界的养猪业造成了严重的经济损失。虽然猪传染性胃肠炎病毒（transmissible gastroenteritis virus，TGEV）根据基因型分为 Miller 和 Purdue 两个群，但其只有一个血清型。临床诊断上以发热、呕吐、严重腹泻、脱水和 2 周龄以内仔猪高死亡率为特征，属于世界动物卫生组织规定的上报疫病中必须检疫的猪传染病。

目前预防 TGE 的商品化疫苗有灭活疫苗和弱毒活疫苗。我国有预防猪传染性胃肠炎、猪流行性腹泻二联活疫苗，该疫苗中猪传染性胃肠炎毒株是大北农集团培育的 HB08 株以及华中农业大学培育的 WH-1R 株；预防猪传染性胃肠炎、猪流行性腹泻和猪轮状病毒感染的商品化三联活疫苗，该疫苗中猪传染性胃肠炎毒株是哈尔滨兽医研究所培育的弱毒华毒株（H 株），能够有效地预防猪传染性胃肠炎。

（7）**伪狂犬病疫苗**　伪狂犬病（pseudorabies，PR）是由伪狂犬病病毒（pseudorabies virus，PRV）引起的多种动物以发热、奇痒、脑脊髓炎为主要特征的一种急性烈性传染病。

中国目前正在使用的伪狂犬病疫苗包括灭活疫苗、弱毒活疫苗以及通过基因工程技术获得的基因缺失疫苗，新上市的伪狂犬病灭活疫苗都是基于 gE 基因缺失毒株研发的。

在国内获批已上市的猪伪狂犬病疫苗主要包括经典株活疫苗（如 Bartha 株、C 株、SA215 株等）、经典株灭活疫苗（如 Bartha 株等）、变异株灭活疫苗（如 HN1201-ΔgE 株等）。

但灭活疫苗免疫效力提升的空间有限，除了选择合适的灭活剂和佐剂以外，利用悬浮培养等技术提高病毒含量，利用抗原纯化技术提高病毒纯度等都可以提高灭活疫苗的质量。世界上第一个伪狂犬病活疫苗株是匈牙利学者 Bartha 在 1961 年报道的。Bartha 疫苗株是由强毒株经过鸡胚细胞传代而获得的弱毒株，该毒株是稳定的小蚀斑毒株，也称作 K61 毒株。Bartha 疫苗株是伪狂犬病疫苗的经典毒株。该毒株不仅缺失了主要毒力因子 gE 基因和 gI 基因，还在 US 区存在其他一些缺失。

20 世纪 90 年代郭万柱等以牛源的 PRV 强毒株 Fa 株为亲本毒株，筛选获得了 $TK/gI/gE$ 三基因缺失株，对猪、黄牛、水牛、山羊、绵羊、家兔和犬等动物接种后，发现除犬在接种后 3d 内连续出现 39.8℃的体温反应外，其余动物均无明显临床反应。在此基础上研制的伪狂犬病基因缺失疫苗 SA215，对仔猪、育肥猪、母猪、兔、犬、山羊、绵羊、黄牛和水牛等安全，且具有良好的保护作用。陈焕春等研制成功的 TK/gG 双基因缺失疫苗株（HB-98）获得了新兽药注册证书，在产业化中获得良好的应用。

自 2011 年以来，一种由伪狂犬病病毒变异毒株引起的猪伪狂犬病在我国暴发，造成母猪繁殖障碍和初生乳猪死亡，给我国养猪业造成了巨大的经济损失。新出现的伪狂犬病病毒毒力明显增强，抗原性也发生了变异，致使传统的疫苗株不能提供完全的保护。针对新出现的伪狂犬病病毒变异毒株，国内多家研究机构对其基因特征、抗原性和致病性等进行了一系列的研究，并开展了疫苗的研制工作。国家兽用药品工程技术研究中心利用同源重组技术把伪狂犬病病毒变异毒株（HN1201 株）进行了基因缺失，构建了 gE 基因缺失的伪狂犬病病毒（HN1201-ΔgE 株），已获准上市产业化使用。南京农业大学、中国农业科学院上海兽医研究所等单位对伪狂犬病病毒变异毒株进行基因缺失，构建了基因缺失的伪狂犬病毒灭活疫苗，试验证明其安全性与免疫原性良好，即将批准上市和产业化应用。

（8）**口蹄疫疫苗** 口蹄疫（foot and mouth disease，FMD）是由口蹄疫病毒（foot and mouth disease virus，FMDV）引起的猪、牛、羊等主要家畜和其他家养、野生偶蹄动物共患的一种急性、热性、高度接触性传染病，易感动物达 70 多种。临床以蹄冠、蹄叉、蹄踵、鼻端发生水疱，体温升高至 41～42℃，拒食，跛行，进行性消瘦为主要特征。该病传播途径多、速度快，曾多次在世界范围内暴发流行，造成巨大经济损失，世界动物卫生组织将其列为需上报疫病。目前，有三分之二的 OIE 成员国流行 FMD，时刻威胁着无 FMD 国家和地区的家畜安全和畜产品贸易。目前已知 FMDV 在全世界有七个主型，即 Asia1、A、O、C、南非 1、南非 2、南非 3。目前，防控口蹄疫主要以灭活疫苗为主。

2004 年 11 月，中牧实业股份有限公司、申联生物医药（上海）有限公司研究的猪口蹄疫 O 型合成肽疫苗获得批准一类新兽药证书并产业化生产，标志着合成肽疫苗在我国成功面世并投入规模化生产和应用。

2005 年 2 月，复旦大学研究的原核表达系统表达抗原的猪口蹄疫 O 型基因工程疫苗获得批准新兽药，但是一直未实现产业化生产，仍然没有实现突破。

利用反向遗传技术来改造疫苗种毒，从而提高疫苗的产量、抗原匹配性、抗原稳定性等。郑海学等利用反向遗传技术构建的疫苗种毒于 2011 年实现了国际首例产业化生产，应用全国并出口，销售累计 32.88 亿元，已产生显著的社会效益。

2021 年兰州兽医研究所研制成功的猪 O 型口蹄疫病毒样颗粒灭活疫苗被批准为一类新兽药，已产业化上市。

（9）**猪流感疫苗** 猪流感（swine influenza，SI）是由猪流感病毒（swine influenza virus，SIV）引起的猪的急性高度传染性的呼吸道疾病，临床特征为突发、咳嗽、呼吸困难及发热等。在动物流感中，猪流感是除禽流感以外经济意义最大且公共卫生意义特别重要的疾病之一。

目前使用的猪流感疫苗主要为灭活疫苗。在国内，目前有多种 H1N1、H3N2 亚型的 SI 疫苗获得了生产许可。

5.1.1.2 猪细菌病疫苗

猪的细菌性传染病为数众多，情况复杂。虽经数年努力，此类疫病在我国得到较好控制，但近年来由细菌引起的猪呼吸系统疾病还是给我国养猪业造成了巨大的经济损失。目前从整体上来看，呼吸系统传染病造成的损失已经排在猪病第一位。从病原方面来看，当前主要是副猪嗜血杆菌、胸膜肺炎放线杆菌和猪链球菌等，可引起猪急性发病死亡，损失惨重。其次是猪肺炎支原体、产毒素多杀性巴氏杆菌和支气管败血波氏杆菌等，虽然引起的多为慢性呼吸道传染病，但也给养猪业造成重大的经济损失。

目前细菌病的疫苗保护效果低，相关配套的研究，包括新型疫苗、基因缺失疫苗和细菌活载体疫苗的研发，是保证养猪业的健康持续发展的必然。

（1）**副猪嗜血杆菌病疫苗** 副猪嗜血杆菌病（即 Glasser's disease）是由副猪嗜血杆菌（*Haemophilus parasuis*，HPS）［注：此菌现称"副猪格拉瑟菌"（*Glaesserella parasuis*），因许多疫苗商品仍使用旧称，本书因循旧称未统一修改］引起的猪的呼吸道疾病，以多发性纤维素性浆膜炎、关节炎和脑膜炎为主要特征，发病日龄从 2 周龄至 4 月龄，通常多见于 5～8 周龄的仔猪，病死率可达 50%。随着免疫抑制性疾病的传播，HPS 继发或并发的病例越来越多，使病情更加复杂，给养猪业带来了极大的经济损失。

对副猪嗜血杆菌病而言，疫苗免疫是预防该病最经济、有效的方法之一，可大大降低猪感染发病的风险。针对该病，国内外应用最多的是灭活疫苗。当前，我国市场上商品化的灭活疫苗主要有5种：美国勃林格公司的副猪嗜血杆菌病灭活疫苗（Z-1517株），对不同的 HPS 菌株表现广谱的交叉保护；西班牙海博莱公司的副猪嗜血杆菌病灭活疫苗（SV-1株＋SV-6株），用于预防由血清1型和6型 HPS 引起的副猪嗜血杆菌病；华中农业大学、武汉科前、中牧实业研制的副猪嗜血杆菌病灭活疫苗（4型 MD0332株＋5型 SH0165株），以及普莱柯的副猪嗜血杆菌病二价灭活疫苗（4型 JS株，5型 ZJ株），可用于预防由血清4型和5型 HPS 引起的副猪嗜血杆菌病；山东省农业科学院畜牧兽医研究所、山东滨州沃华、浙江诺倍威的副猪嗜血杆菌病二价灭活疫苗（1型 LC株＋5型 LZ株），用于预防由血清1型和5型 HPS 引起的副猪嗜血杆菌病。这些灭活疫苗，已经商品化推广和应用。

此外，华中农业大学利用基因工程表达的亚单位疫苗，也取得良好的免疫保护效果，2020年获得国家一类新兽药证书，并进入产业化阶段。

（2）**猪链球菌病疫苗** 猪链球菌病是由 C、D、E 及 L、R、S 等多种不同群的链球菌感染引起的猪的一类传染病的总称，属于人畜共患病，临床上常引起急性型败血症、脑膜炎、关节炎、心内膜炎及淋巴结脓肿。控制猪链球菌感染以预防为主。长期使用某些抗生素可使细菌产生耐药性，同时易造成抗生素在畜体内产生残留。因此，疫苗免疫是预防该病的一种最有效的方法之一。

目前，商品化的疫苗有4种，其中3种是灭活疫苗：上海海利生物技术股份有限公司的猪链球菌病灭活疫苗（马链球菌兽疫亚种 ATCC35246株＋猪链球菌2型 HA9801株），用于预防 C 群马链球菌兽疫亚种和 R 群猪链球菌2型感染引起的猪链球菌病；武汉科前动物生物制品有限责任公司的猪链球菌病灭活疫苗（马链球菌兽疫亚种＋猪链球菌2型＋猪链球菌7型）；山东滨州华宏生物制品有限责任公司的猪链球菌病蜂胶灭活疫苗（马链球菌兽疫亚种＋猪链球菌2型）；另外1种是活疫苗，中牧实业股份有限公司、浙江诺倍威生物技术有限公司的猪败血性链球菌病活疫苗（ST171株），用于预防由兰氏 C 群兽疫链球菌引起的猪败血性链球菌病。

除了这些已经商品化的疫苗之外，一批具有良好免疫效果的蛋白被挖掘出来，为猪链球菌的基因工程亚单位疫苗的研发奠定了基础。

（3）**猪传染性胸膜肺炎疫苗** 猪传染性胸膜肺炎（porcine contagious pleuropneumonia，PCP）是由胸膜肺炎放线杆菌（*Actinobacillus pleuropneumoniae*，APP）引起的一种猪的高度接触传染性、致死性呼吸道传染病。PCP 以出血性坏死肺炎和纤维素性胸膜炎为特征。疫苗免疫是防控 PCP 的有效途径之一。

目前临床常用疫苗主要包括灭活疫苗、亚单位疫苗。灭活疫苗是武汉科前等公司生产的猪传染性胸膜肺炎二价苗（2型＋7型）、三价苗（2型＋7型＋12型）。

亚单位疫苗上，利用基因工程技术，对疫苗候选抗原进行克隆表达，获得的免疫原性高的蛋白，如天康生物、中海公司研制成功 ApxⅡ、oml-1、oml-7 基因工程疫苗，武汉科前、华中农大研制成功猪传染性胸膜肺炎基因缺失活疫苗（App-HB-04M株）。

（4）**猪支原体肺炎疫苗** 猪支原体肺炎（mycoplasma pneumoniae of swine，MPS）又称猪气喘病或猪地方性流行性肺炎（swine enzootic pneumonia），是由猪肺炎支原体（*Mycoplasma hyopneumoniae*，Mhp）引起的一种慢性、接触性、呼吸道传染病。其主要症状是咳嗽和气喘，病变特征是肺的尖叶、心叶、中间叶和膈叶前缘呈"肉样"或"虾肉样"实变。该病多呈慢性经过，常有其他病原继发感染，增加感染机会，导致更严重的疫情发生。该病在世界范围内广泛流行，发病率高达 38％～100％，导致病猪生长发育缓慢，生长率降低 15％左右，饲料利用率降低 20％左右，有的成为僵猪或继发感染死亡。集约化猪场感染此病后会造成巨大的经济损失，被认为是全世界范围内（包括中国在内）最重要的细菌性猪病之一。

自 20 世纪 70 年代起，国内外开始研制活疫苗和灭活疫苗，直到 90 年代末，中国注册了第一个活疫苗，但由于生产工艺限制，不能规模化生产。21 世纪初，活疫苗和灭活疫苗的研制才出现突破而广泛应用，对猪呼吸道病防控发挥了核心作用。

商品化的猪支原体肺炎疫苗已在全球范围广泛应用。在美国，超过 85％的猪场都免疫了猪肺炎支原体疫苗。疫苗免疫最大的优势在于它可以减轻临床症状和肺组织损伤，提高猪的日增重（2％～8％）和饲料转化率（2％～5％），缩短仔猪出栏时间和降低治疗成本。许多欧洲国家（如瑞士、丹麦、芬兰等）已经实现了局部净化的根除计划。

我国经过三十多年攻关协作，研发成功猪支原体肺炎活疫苗（168 株、LMP、RM48 株），并上市应用。江苏省农业科学院育成 168 株弱毒苗，该疫苗于 2007 年上市，近亿头份临床应用证明安全高效。

1985 年，中国兽医药品监察所育成乳兔继代弱毒株（R790 株），使用 688～843 代有效，但需乳兔肺组织或鸡胚卵黄囊生产，生产工艺有限制。后经传代驯化，育成可以无细胞培养的 RM48 株，2014 年上市，经胸腔免疫或鼻腔喷雾免疫，保护率可达 78％以上，免疫期半年以上。

安全高效、应激反应小、使用方便、成本低廉的疫苗是猪支原体肺炎生物制品的研发目标，猪呼吸道病多联多价疫苗是未来研发方向。近几年猪气喘病活疫苗高效水性佐剂及免疫技术体系创新，猪支原体肺炎联苗相继问世，可以实现更大范围内猪气喘病的高效防控。

（5）**猪传染性萎缩性鼻炎疫苗**　猪传染性萎缩性鼻炎（porcine infectious atrophic rhinitis，AR）是由支气管败血波氏杆菌（*Bordetella bronchiseptica*，Bb）Ⅰ相菌原发感染和产毒素的多杀性巴氏杆菌（*Pasteurella multocida*，Pm）参与感染引起的，以浆液至黏液脓性鼻分泌物、鼻部短缩或弯曲、鼻甲骨萎缩和生产性能降低为特征的猪慢性呼吸道传染病，我国于 1964 年开始有关于本病发生的报道。

预防和治疗猪传染性萎缩性鼻炎的灭活疫苗，多数使用少量活的或者死的 Pm 菌体制备疫苗，主要是灭活菌体疫苗。目前国内外已经商业化的有以下几种疫苗：西班牙海博莱公司的 RHINISENGR（瑞立胜）是一种在欧洲商品化猪传染性萎缩性鼻炎疫苗，目前已经进入我国；武汉科前、中博生物生产的猪传染性萎缩性鼻炎灭活疫苗（波氏杆菌 JB5 株）。

利用 Bb 及其类毒素和 Pm 及其类毒素，细菌的高密度发酵培养技术，配合水溶性佐剂，是此苗研究应用及产业化的关键点。

（6）**猪大肠杆菌病疫苗**　大肠杆菌感染猪能引起多种疾病，包括肠道内的疾病和肠道外的疾病。肠内致病性大肠杆菌主要引起仔猪及断奶仔猪腹泻及水肿病等，肠外致病性大肠杆菌主要引起脑膜炎、肺炎、败血症、乳腺炎等。自 2004 年以来，我国猪群中广泛流行肠外致病性大肠杆菌，不仅引起大量生猪发病死亡，而且作为重要的食源性病原微生物威胁人民健康。对于猪大肠杆菌病，国内外长期采取药物治疗方法，但药物治疗费用昂贵，更因抗药菌株日趋增多，导致药物疗效不佳甚至无效，而免疫预防是控制这类疾病的最佳选择。

仔猪大肠杆菌性腹泻疫苗的研制主要从产肠毒素大肠杆菌（ETEC）的致病因子菌毛

（黏附素）和肠毒素入手。其中肠毒素分为热敏肠毒素（LT）和耐热肠毒素（ST）两个主要类型。目前针对腹泻性大肠杆菌的疫苗主要包括针对流行的不同菌毛抗原［F4（K88）、F5（K99）、F6（987P）等］的多价联合灭活疫苗，如中牧实业股份有限公司、山东滨州华宏生物制品有限责任公司等都在生产和销售的三价灭活疫苗。开发菌毛或者毒素蛋白的基因工程亚单位疫苗，有助于提高保护效果，降低毒性和成本，中牧实业股份有限公司研发了仔猪大肠杆菌性腹泻 K88-LTB 双价基因工程疫苗。

由于能致病的大肠杆菌的血清型众多，不同血清型之间的交叉保护不一致，传统的灭活疫苗、单一的肠毒素疫苗或单一的菌毛疫苗可能都不能获得最佳的防控效果。

综上所述，目前关于猪主要细菌性疾病相应的疫苗数量较多，但是以灭活疫苗为主，仅有少量的弱毒活疫苗及基因工程疫苗。灭活疫苗存在免疫效果不佳、持续时间短、刺激细胞免疫能力弱、副反应大等缺陷，当前及今后需要从以下几方面开展猪细菌病疫苗的研究和应用。一是安全高效弱毒活疫苗的研究。弱毒活疫苗具有免疫效力高、持续时间长、成本相对低廉等优势。主要需开展包括天然弱毒菌株的筛选、传统体外致弱以及毒力基因敲除等方法。二是开展多价基因工程疫苗的研究。尤其是应该以活载体疫苗、多价亚单位疫苗等为主。三是注重疫苗先进生产工艺的研发。通过改进菌株大规模生产工艺，包括高滴度繁殖培养基配方的筛选与改进、无污染大罐发酵工艺、血清辐照脱毒技术、低外源蛋白冻干工艺等，使得疫苗生产实现高纯度、高滴度、低成本。四是促进新型佐剂的研究。要使用高效佐剂，尤其是黏膜免疫佐剂、纳米颗粒佐剂的出现，为疫苗的研制和开发拓展了极大的空间。

5.1.1.3 猪寄生虫病疫苗

猪寄生虫病疫苗开发存在许多困难，很多寄生虫尤其是蠕虫的感染导致宿主免疫抑制，免疫力的产生是一个缓慢且不完全的过程，对于只有几个月生产周期的商品猪，在疫苗实现其价值之前猪就被宰杀了；其次，很多寄生虫主要危害仔猪，在疫苗诱导产生免疫力之前疫病就已经发生了。此外，对于有些原虫病，几十年的研究表明只有活的全虫疫苗才具有足够的保护性，但由于活疫苗不确定的安全性，很难通过审批。鉴于这些原因，尽管全世界的科学家们在不断地努力尝试，但到目前为止，商业化的猪寄生虫病疫苗开发和应用寥若晨星。然而，近年来在猪囊虫、弓形虫等几个主要寄生虫病的疫苗研究方面取得了比较重要的进展，不久的将来有望实现这些寄生虫病的疫苗突破。

（1）弓形虫病疫苗　近半个世纪以来，全世界的科学家们设计了很多形式各样的弓形虫病疫苗，包括重组蛋白亚单位疫苗、表达虫体蛋白的 DNA 疫苗、表达虫体蛋白的病毒载体疫苗、分泌排泄抗原疫苗、灭活全虫抗原疫苗等，以小鼠为模型的研究中，这些候选疫苗均或多或少表现出一定的保护性，但保护力远没有达到临床应用的要求。TOX-OVAX 疫苗的出现为弓形虫病疫苗的研制提供了重要借鉴。"TOXOVAX" 的主要成分是 S48 虫株，是从新西兰一只流产的羊身上分离出来后经连续培养获得的减毒活疫苗，主要用于新西兰及欧洲部分地区预防绵羊因弓形虫病造成的流产，这也是到现在为止唯一商品化的弓形虫病疫苗。这个疫苗虽然已经商品化，但还存在很多不足，因而没有大面积推广使用。但是这个疫苗提示，活的虫株或许是设计弓形虫病疫苗最大的希望。依据这个思路，同时随着基因编辑技术的运用，基因缺失活疫苗在这几年得到了较快发展，以 CPS Ⅱ缺失虫株为代表的营养缺陷型突变体表现出了较好的利用前景。国内研究机构在基因缺失活疫苗研制方面也取得了长足的进步。

（2）**猪囊虫病疫苗** 传统的天然虫体抗原疫苗虽然在猪囊虫病的预防中发挥了重要的作用，但由于来源非常有限，很难实现规模化生产。羊囊虫45W和细粒棘球绦虫Eg95重组抗原疫苗的相继问世，为猪囊虫病基因工程疫苗的研制奠定了理论基础。此后，国内外相继开展了猪囊虫病新型疫苗的研究，筛选和鉴定出了TSOL18、45W和AgB等免疫原性好的抗原分子，并对这些分子的重组抗原疫苗、DNA疫苗、活载体疫苗、多肽疫苗等进行了广泛研究。目前，报道最多、免疫效果最好的当数TSOL18重组抗原疫苗，无论是大肠杆菌还是毕赤酵母表达的TSOL18疫苗的免疫保护效力均在95%以上。虽然目前国内外尚无商品化的猪囊虫病新型疫苗，但世界卫生组织（WHO）已将TSOL18疫苗用于猪囊虫病根除计划，并在非洲和印度等猪囊虫病高发地区或国家实施免疫。此外，国际上也有学者设计了以植物为载体表达保护性抗原而研制可直接食用的疫苗，如表达S3Pvac的转基因木瓜对小鼠模型的囊虫病有90%以上的保护力。这些研究为今后设计廉价的、可以口服的猪寄生虫病疫苗提供了崭新的思路。

（3）**旋毛虫病疫苗** 与囊虫病疫苗一样，以旋毛虫肌幼虫粗提物等虫体天然蛋白制备的抗原表现出较高的保护力，但是难以大量制备而不适合推广应用。随着基因工程技术的发展，研究人员也开发了DNA疫苗与重组蛋白疫苗等各种形式的基因工程疫苗，但由单一一个或几个蛋白组成的疫苗尚没能达到令人满意的效果。近期有报道用沙门菌作为载体表达并分泌旋毛虫抗原（T1gp43等），或者用噬菌体作为载体展示旋毛虫蛋白（Tsp10等）做成载体疫苗，表现出了较好的前景，但是这些工作相当一部分是在旋毛虫感染小鼠模型中进行的，在本动物猪体内的保护情况尚不明朗。

5.1.2　禽用疫苗

我国是家禽养殖大国，各类家禽年养殖量约占全球养禽总量的25%。同时，我国也是世界上家禽传染病种类较多的国家之一，禽病的防制离不开禽用疫苗。近年来，国家对食品安全越来越重视，随着抗菌药使用减量化行动的实施，我国以往家禽养殖环节通过大量使用抗菌药物控制传染病和提高生产性能的养殖方式得到了根本转变，各类禽用疫苗使用已成为预防和控制家禽疫病的最经济最有效的手段。我国政府十分重视兽用疫苗的质量，在1952年就颁布了第1版《兽医生物药品制造及检验规程》，经过70年的接续努力和持续发展，我国禽用疫苗的品种、数量和质量得到了长足的发展，部分禽用疫苗（如禽流感、新城疫等疫苗）研制水平和质量已达到或世界领先水平。1978年，我国禽用疫苗约1.4亿羽份，但到2020年，我国禽用生物制品销量约1883.6亿羽份/亿毫升、生产销售品种215个、产值约66亿元。2008年1月1日起，农业部要求用于禽用疫苗菌（毒）种制备与鉴定、活疫苗生产以及疫苗检验必须使用无特定病原体（SPF级）鸡、鸡胚，有力地促进了我国禽用疫苗的质量以及与国际的接轨。

目前，我国已批准各类禽用疫苗近200个品种，主要分三类：一是禽用病毒类疫苗，涉及禽流感、鸡新城疫、鸡传染性支气管炎、鸡传染性法氏囊病、鸡传染性喉气管炎、鸡痘、鸡马立克病、1群禽腺病毒病、禽脑脊髓炎、小鹅瘟、鸭瘟、鸭病毒性肝炎、番鸭细小病毒病、鸭坦布苏病毒病、鸭瘟等近20个病毒类疫病疫苗，以全病毒组织疫苗为主，也有亚单位疫苗。生产工艺主要为鸡胚培养工艺、细胞培养工艺、细菌发酵工艺或细胞悬浮培养工艺等。二是禽用细菌（支原体）类疫苗，涉及禽大肠杆菌病、禽沙门菌病、鸡毒支原体病、鸡传染性鼻炎、鸭传染性浆膜炎等疫病的疫苗。三是寄生虫类疫苗，主要是球虫病疫苗，涉及巨型、变位、布氏、堆型、柔嫩、早熟、毒害、哈氏艾美耳球虫等。

5.1.2.1 病毒病疫苗

5.1.2.1.1 禽流感疫苗

禽流感（avian influenza，AI）是禽流行性感冒的简称，是由禽流感病毒（avian influenza virus，AIV）引起的一种禽类传染性疾病综合征。AIV 属于正黏病毒科、A 型流感病毒属。典型的 AIV 粒子呈球状。AIV 的最外面包裹着一层脂质囊膜，囊膜表面有一层棒状和蘑菇状的纤突，前者对红细胞有凝集性，称 HA，后者有将吸附在细胞表面上的病毒粒子解脱下来的作用，称 NA。AIV 耐冷不耐热，通常 56℃ 30min 被灭活，100℃ 2min 以上灭活，在 0~4℃ 存活数周。AIV 培养特性在 AI 诊断和疫苗制备方面有重要意义，组织培养中最常用的是犬肾细胞（MDCK）。目前分离的 AIV 共分为 16 个 HA 亚型和 9 个 NA 亚型。

禽流感对于鸡、鸭等家禽均可感染，发病情况差别较大，有的出现急性死亡，有的无症状带毒。水禽是 AIV 的自然宿主，也是流感病毒的天然基因库，几乎所有亚型的流感病毒都可以在水禽中分离到。在世界范围内，家禽中流行的主要是 H5、H7、H9 等亚型。H5 和 H7 亚型的某些毒株可以造成禽类高发病率和死亡率，被称为高致病性禽流感（HPAI）病毒。H9 亚型为低致病性禽流感病毒，感染后不会导致群体大批死亡，但是感染率较高，在有其他病原存在的情况下也可以造成鸡群严重损失。

（1）H9 亚型禽流感疫苗　目前市场上含 H9N2 亚型禽流感病毒的多价多联灭活疫苗较多，H9 亚型 AI 系列灭活疫苗是我国兽医生物制品中种毒株最多的疫苗品种。H9 亚型禽流感疫苗均为胚毒苗，系用禽流感病毒接种易感鸡胚培养，收获感染鸡胚液，经甲醛溶液灭活后，加油佐剂乳化制成。还常与鸡新城疫、传染性支气管炎、减蛋综合征、传染性法氏囊等抗原按比例混合后制作联苗。

目前我国已批准的新兽药禽流感（H9 亚型）单苗及多价联苗产品共 44 种，截至 2022 年 3 月，农业农村部已批准了禽流感（H9 亚型）单苗及多价联苗生产文号 200 余个。

（2）H5 亚型、H7 亚型禽流感疫苗　H5 亚型、H7 亚型禽流感疫苗生产方式主要分为两大类，一是胚毒苗，二是细胞苗。胚毒苗系将 H5 亚型及 H7 亚型重组禽流感病毒接种易感鸡胚培养，收获感染鸡胚病毒液，浓缩后用甲醛溶液灭活，加油佐剂混合乳化制成。细胞苗通常指用重组禽流感病毒 H5 亚型和 H7 亚型疫苗毒株分别接种 MDCK 细胞，用细胞全悬浮培养工艺增值，收获病毒液，经浓缩、甲醛溶液灭活后，加入油佐剂混合乳化制成。灭活苗是最为常见的疫苗。国家禽流感参考实验室根据我国不同时期流行病毒的抗原性，利用反向遗传技术先后研制出 H5 亚型多个重组病毒株。在 2014 年，国家禽流感参考实验室同样利用该技术研制出针对 H7 亚型禽流感病毒的重组灭活疫苗并通过农业农村部新兽药评价，为迅速控制 H7 型禽流感疫情发挥了极其重要的作用，目前作为战略储备疫苗。截至 2022 年 4 月禽流感参考实验室已将 H7N9 H7 灭活疫苗生产用种子更新至 H7N9 H7 Re-4 株。

随着细胞培养技术的发展和成熟，用细胞培养 AIV 来生产 AI 灭活疫苗越来越受到关注和认可，一系列疫苗产品相继问世。中国农业科学院哈尔滨兽医研究所、山东信得动物疫苗有限公司和哈尔滨维科生物技术开发公司联合研发的重组禽流感病毒（H5N1 亚型）

灭活疫苗（细胞源，Re-5 株）于 2012 年获得三类新兽药证书；2016 年，中国农业科学院哈尔滨兽医研究所、吉林冠界生物技术有限公司和哈尔滨维科生物技术开发公司联合研发的重组禽流感病毒（H5 亚型）二价灭活疫苗（细胞源，Re-6 株＋Re-4 株）获得三类新兽药证书，该产品采用悬浮培养生产工艺，大大降低了疫苗生产成本，该疫苗与鸡胚源灭活疫苗同步进行种毒更新，从而形成新的产品用于我国 AI 防控。

目前，在国内采用国家禽流感参考实验室研制的重组禽流感灭活疫苗的生产企业共有 11 家，分别是青岛易邦、肇庆大华农、乾元浩郑州、哈尔滨维科、辽宁益康、广东永顺、哈药集团、吉林冠界、山东信得、普莱柯南京、华南农大生物。其中吉林冠界和山东信得采用悬浮细胞工艺生产疫苗，其余九个厂家均采用鸡胚工艺进行疫苗生产。

除此之外，针对水禽用的禽流感灭活疫苗（H5N2 亚型，D7 株）于 2013 年获得新兽药证书。该疫苗是由广州市华南农大生物药品有限公司与华南农业大学、中国兽医药品监察所共同研制，是国内外首个水禽专用的 H5 亚型禽流感灭活疫苗。

目前，我国已批准禽流感（H5 亚型）疫苗产品 29 种，禽流感（H5 亚型、H7 亚型）疫苗产品 18 种。截至 2022 年 3 月，农业农村部已批准了 40 余个禽流感（H5 亚型）疫苗生产文号、25 个禽流感（H5 亚型、H7 亚型）疫苗生产文号。

5.1.2.1.2 新城疫疫苗

新城疫（newcastle disease，ND）是由新城疫病毒（NDV）引起的一种急性、热性、败血性和高度接触性传染病。世界动物卫生组织将其定为法定报告的动物疫病，我国农业农村部将其列为一类动物传染病，是世界上流行范围最广、对全球养禽业造成最严重经济损失的家禽传染病之一。新城疫病毒属于副黏病毒科副黏病毒属，也被称为禽副黏病毒 1 型（APMV-1）。在电镜下，负染 NDV 颗粒呈多边形，具有副黏病毒亚科成员的典型特征。虽然可见到断面约 100nm 的不同长度的丝状体，但一般为圆形，直径 100～500nm，病毒粒子表面有长约 8nm 的纤突。DNV 的核酸由单股负链 RNA 组成，分子量约为 5×10^6，占病毒颗粒总重量的 0.5% 左右。NDV 基因组编码 6 种结构蛋白质：核衣壳蛋白（NP）、磷蛋白（P）、基质蛋白（M）、融合蛋白（F）、血凝素神经氨酸酶（HN）和大蛋白（L），顺序为 3'-NP-P-M-F-HN-L-5'。典型新城疫感染鸡一般表现为精神沉郁、体温升高、呼吸困难、发病早期有头点地等神经症状，通常还伴有绿色下痢，发病急，死亡率高。产蛋鸡群生产性能严重下降，降幅可达 40%～60%，且蛋壳质量差。非典型新城疫发病鸡一般日龄较小，会出现严重的呼吸道疾病，成年鸡有的会出现神经症状，但不多见。

典型新城疫发病鸡有特征性病变，口腔有大量黏液，腺胃乳头肿胀出血，肌胃角质膜下也可见出血点，十二指肠充血、出血，肠淋巴滤泡肿胀；盲肠扁桃体肿胀、出血、坏死。产蛋鸡卵黄膜严重充血、淤血，卵黄破裂，继发卵黄性腹膜炎。非典型新城疫发病鸡小肠有黄色泡状肠段，剪开后可见橘黄色肠内容物，肠黏膜脱落，肠壁毛细血管充血、出血。腺胃乳头出血。

疫苗免疫是控制该病的重要手段，被广泛应用于养殖生产中。目前，应用于临床的疫苗主要有活疫苗、灭活疫苗、核酸疫苗等。我国使用的主流疫苗还是活疫苗和灭活疫苗，其在很大程度上抑制了疫病的传播。目前，我国已批准上市的鸡新城疫疫苗有 65 种，包括单苗和多联疫苗。

5.1.2.1.3 传染性支气管炎疫苗

鸡传染性支气管炎（avian infectious bronchitis，IB）是由传染性支气管炎病毒（IBV）引起的鸡的一种急性、高度接触性、呼吸道传染病。本病感染鸡，无明显的品种差异。各种日龄的鸡均易感，但5周龄内的鸡症状较明显，死亡率可达15%～19%。IBV的感染常可继发细菌感染，或与细菌等其他病原混合感染，引起更高的死亡率和肉蛋品质的污染。

IBV为Nido病毒目冠状病毒科冠状病毒属γ冠状病毒。基因组为不分节段的单股正链RNA。病毒粒子略呈球形，有时呈多形性，直径80～120nm，有囊膜IBV的血清型众多，不同血清型病毒之间交叉保护性小或无交叉保护作用。不同毒株之间致病性差异较大。所有这些因素使得IB的免疫变得非常复杂。

目前我国批准的鸡传染性支气管炎疫苗主要为活疫苗、灭活疫苗等。

5.1.2.1.4 传染性法氏囊病疫苗

鸡传染性法氏囊病（infectious bursal disease，IBD），又称甘布罗病（Gumboro disease），是由传染性法氏囊病病毒（IBDV）引起的一种急性、高度接触性和免疫抑制性的禽类传染病。我国将其列为二类动物疫病。1957年IBD首先发生于美国特拉华州甘博罗地区，我国在1979年首次在广州发生。1980年在北京分离到病原，1982年先后在北京、上海、广州传播开来，但当时都以局部地区散发或以亚临床型发生。然而最近几年来在全国呈暴发态势，症状和病变明显严重，发病率死亡率高，造成直接和间接的经济损失。

IBDV属于双股RNA病毒科禽双股RNA病毒属，病毒粒子呈六角形，无囊膜，直径55～60nm，呈二十面体立体对称。IBDV包括两个血清型：血清Ⅰ型和血清Ⅱ型。血清Ⅰ型是鸡源病毒，对鸡有致病性；血清Ⅱ型是从火鸡中分离到的病毒，可以感染鸡和火鸡，但无致病性。2个血清型的病毒抗原的相关性较低，没有交叉免疫保护作用。

目前，我国批准的鸡传染性法氏囊病疫苗主要为活疫苗、灭活疫苗、HVT载体活疫苗、基因工程亚单位疫苗等。我国已经批准新兽药注册的IBD活疫苗很多，包括低毒力株活疫苗、中等毒力株活疫苗和中等偏强毒力株活疫苗。中等毒力株活疫苗包括国产B87、BJ836、NF8、Gt、BJV株等活疫苗，低毒力株活疫苗包括国产A80株活疫苗。2011年以来，我国新批准上市的鸡传染性法氏囊病疫苗19种，主要是含IBD成分的多联灭活疫苗。

5.1.2.1.5 鸡传染性喉气管炎疫苗

鸡传染性喉气管炎（avian infectious laryngotracheitis，AILT）是由传染性喉气管炎病毒引起的一种急性、接触性上部呼吸道传染病，被我国农业部列为二类动物传染病。其临床症状主要是呼吸困难、咳嗽和咳出含有血样的渗出物。剖检时可见喉部、气管黏膜肿胀、出血和糜烂。在病的早期患部细胞可形成核内包涵体。本病1925年在美国首次报道后，现已遍及世界许多养鸡地区，世界动物卫生组织将该病列为需上报疫病。AILT传播快，死亡率较高，而我国20世纪60年代于贵阳市首次发现该病，且呈区域性流行，由于鸡群一旦患病便长期携带病毒，流行地区遭污染后不易根除，故给养鸡业带来了较大的危害。

我国批准的预防鸡传染性喉气管炎疫苗主要为活疫苗，包括单苗、重组鸡痘病毒二联活疫苗和基因工程疫苗。截至目前，我国已批准上市的预防鸡传染性喉气管炎的活疫苗有7种，包括由不同疫苗毒株制备的单价苗、鸡传染性喉气管类重组鸡痘病毒二联活疫苗和重组病毒基因工程苗。其中单苗的市场占比率较大。已经审批的疫苗名称如下：鸡传染性喉气管炎活疫苗（K317株）、鸡传染性喉气管炎（CHP50株）、鸡传染性喉气管炎活疫苗（LT-IVAX）株、鸡传染性喉气管炎活疫苗（sals bury♯146株）、鸡传染性支气管炎活疫苗（A96株）、鸡传染性喉气管炎重组鸡痘病毒二联活疫苗、鸡传染性喉气管炎重组鸡痘病毒基因工程疫苗。

5.1.2.1.6 鸡马立克氏病疫苗

鸡马立克氏病（Marek's disease，MD）是由马立克氏病病毒（MDV）引起的鸡的一种高度接触性传染性疾病。该病毒可通过空气传播，传染力极强，被感染鸡产生肿瘤并死亡。该病毒为细胞结合性疱疹病毒，通常以外周神经和包括皮肤、虹膜在内的其他各种器官和组织的单核细胞浸润为特征。1907年，MD首次在匈牙利被发现。我国于1960年发现本病，1974年在北京密云进口肉鸡中分离到北京-1株鸡马立克氏病病毒。

我国共批准了8个鸡马立克氏病活疫苗，在临床上具有一定的保护效果。批准的疫苗包括：鸡马立克氏病火鸡疱疹病毒活疫苗（FC-126株），鸡马立克氏病活疫苗（814株），鸡马立克氏病活疫苗（CVI988/Rispens株），鸡马立克氏病Ⅰ型、Ⅲ型二价活疫苗（CVI988株＋FC126株），鸡马立克氏病活疫苗（CVTR株），鸡马立克氏病活疫苗（rMDV-Δmeq株），鸡马立克氏病活疫苗（SC9-1株）和鸡马立克氏病毒、传染性法氏囊病毒火鸡疱疹病毒载体重组病毒二联活疫苗。

5.1.2.1.7 禽腺病毒病疫苗

禽腺病毒（fowl adenovirus，FAdV）是无囊膜DNA病毒，其病毒粒子大小70～90nm，呈二十面体对称，由分布在三角形面上的252个壳粒组成，含有240个直径为8～9.5nm的不在顶点的壳粒（六邻体）和12个顶点壳粒（五邻体），顶点壳粒带有被称为纤丝的纤突。根据国际病毒分类委员会第十次报告，禽腺病毒归属于腺病毒科（Adenoviridae）、禽腺病毒属（Aviadenovirus）。其中禽腺病毒属又被分为Ⅰ群禽腺病毒、Ⅱ群禽腺病毒和Ⅲ群禽腺病毒3个群。

禽腺病毒病疫苗产业化发展，目前我国批准的Ⅰ群血清4型禽腺病毒病疫苗只有两个三联灭活疫苗，即：鸡新城疫、禽流感（H9亚型）、禽腺病毒（Ⅰ群4型）三联灭活疫苗（La Sota株＋YBF13株＋YBAV-4株）和鸡新城疫、禽流感（H9亚型）、禽腺病毒（Ⅰ群4型）三联灭活疫苗（La Sota株＋YT株＋QD株）。

Ⅲ群禽腺病毒病疫苗，目前我国批准的Ⅲ群禽腺病毒（即减蛋综合征病毒）病疫苗有26种，国内新兽药15种，进口兽药11种。全部为灭活疫苗，包括单苗及与鸡新城疫病毒、传染性支气管炎病毒、禽流感病毒、传染性法氏囊病病毒、传染性脑脊髓炎病毒等组合成的联苗。

5.1.2.1.8 鸡痘疫苗

鸡痘是由鸡痘病毒（fowlpox virus，FPV）引起的一种急性、接触性传染病。FPV是动物病毒中最大的病毒之一，在已知9000种鸟类中有230多种对FPV易感，但主要感染动物是鸡，尤其对雏鸡的易感性最高。被我国农业农村部列为二类动物传染病。

目前，我国批准的预防鸡痘疫苗主要为弱毒活疫苗，包括单苗、耐热保护剂活疫苗、重组病毒二联苗、重组病毒基因工程疫苗和二联苗等。我国已批准上市的预防鸡痘的活疫苗有9种，其中二联活疫苗越来越受到市场重视。我国已有52家国内企业和2家进口企业生产鸡痘活疫苗产品。批准的产品包括：鸡痘活疫苗（CVCC AV1003株），鸡痘活疫苗（汕系疫苗株），鸡痘活疫苗（M-92株），鸡痘活疫苗（DCEP25株），鸡痘耐热保护剂活疫苗（细胞苗，CVCC AV1003株），禽脑脊髓炎、鸡痘二联活疫苗（YBF02＋鹌鹑化弱毒株），鸡传染性喉气管炎重组鸡痘病毒基因工程疫苗（鹌鹑化弱毒株），鸡传染性喉气管炎重组鸡痘病毒二联活疫苗（鹌鹑化弱毒株），禽流感重组鸡痘病毒载体活疫苗（鹌鹑化弱毒株）。

5.1.2.1.9 禽脑脊髓炎疫苗

禽脑脊髓炎（avian encephalomyelitis，AE）是由禽脑脊髓炎病毒（avian encephalomyelitis virus，AEV）引起的一种高度接触性传染病。鸡、火鸡、野鸡、鸽子、鹌鹑等禽类动物对该病毒易感染，已广泛存在于包括中国、美国等在内的禽类养殖国家。1932年Jones在美国首次报道禽脑脊髓炎病，1980年禽脑脊髓炎病首次在我国广东省发生，其后在辽宁、江苏、黑龙江、河北、福建、上海和陕西等省市发生，给我国禽类养殖业造成了巨大的经济损失。

我国批准的预防禽脑脊髓炎疫苗主要为活疫苗和灭活疫苗。截至目前，我国已批准上市的预防禽脑脊髓炎活疫苗1种、灭活疫苗3种，包含二联活疫苗、灭活疫苗和四联灭活疫苗。已经批准的疫苗包括：禽脑脊髓炎、鸡痘二联活疫苗（YBF02株＋鹌鹑化弱毒株），禽脑脊髓炎灭活疫苗（NH937株），禽脑脊髓炎油乳剂灭活疫苗（VR株）和鸡新城疫、传染性支气管炎、减蛋综合征、传染性脑脊髓炎四联灭活疫苗（La Sota株＋M41株＋HSH23株＋VR株）。

5.1.2.1.10 小鹅瘟疫苗

小鹅瘟（gosling plague，GP）是由鹅细小病毒（goose parvovirus，GPV）引起的雏鹅的一种急性或亚急性的败血性传染病，感染对象为雏番鸭和雏鹅，以1月龄以内为主，具有传播速度快、发病率和病死率高等特点，死亡率可高达90%以上，若10日龄内雏鹅发病，病死率达100%。该病是全世界范围内危害养鹅业的重要传染病，使养鹅业经济损失严重。GPV属于细小病毒科依赖病毒属，是单股DNA病毒，全长约5106bp。病毒呈球形，病毒粒子外径20～25nm、内径约为15nm，无囊膜、无脂类和糖类，对外界环境耐受能力很强。对乙醚、氯仿、0.5%苯酚、脱氧胆酸钠盐、pH 3.0的酸性等各类化学物质具有抵抗力，对胰蛋白酶和去污剂有耐受性，但对紫外线较敏感。该病毒对鸡、鸭、鹅、羊、牛、豚鼠、小鼠等多种哺乳动物及禽类的红细胞无凝集现象，这是GPV明显不同于本属其他成员的一个特点。目前发现，GPV仅有一个血清型，未发现与其他细小病毒发生交叉血清学反应。

目前我国共批准4个用于预防小鹅瘟的疫苗的弱毒活疫苗及灭活疫苗，其中活疫苗3个（含联苗1个）、灭活疫苗1个。这些制品使用靶动物主要为鹅和番鸭。已经批准的疫苗包括：小鹅瘟活疫苗（GD株），小鹅瘟活疫苗（SYG 26-35株或SYG 41-50株）番鸭细小病毒病、小鹅瘟二联活疫苗（P1株＋D株）和小鹅瘟灭活疫苗（TZ10株）。

5.1.2.1.11　番鸭细小病毒病疫苗

番鸭细小病毒病，俗称"三周病"，是一种由番鸭细小病毒（muscovy duck parvovirus，MDPV）引起的急性病毒性传染病，在临床上主要危害20日龄内的番鸭，发病率和死亡率非常高。该病一旦在番鸭中暴发，感染番鸭生长缓慢，成为所谓的"僵鸭"，影响其经济价值，是番鸭养殖业中较严重的传染病。

目前我国批准的预防番鸭细小病毒病疫苗主要为弱毒活疫苗，包括单苗和二联苗。已经批准的疫苗包括：雏番鸭细小病毒病活疫苗（P1株），番鸭细小病毒病、小鹅瘟二联活疫苗（P1株＋D株）。

5.1.2.1.12　鸭坦布苏病毒病疫苗

鸭坦布苏病毒病（duck Tambusu virus disease）是由鸭坦布苏病毒（duck Tambusu virus）引起的以体温升高、采食量下降、消瘦、产蛋率呈断崖式下跌为特征的传染病。

目前我国市场上有灭活疫苗和活疫苗可用于该病的防治，共批准了4个鸭坦布苏病毒病疫苗，其中活疫苗2个、灭活疫苗2个，临床上有一定的保护效果。已经批准的疫苗包括：鸭坦布苏病毒病灭活疫苗（HB株）、鸭坦布苏病毒病活疫苗（WF100株）、鸭坦布苏病毒病活疫苗（FX2010-180P株）和鸭坦布苏病毒病灭活疫苗（DF2株）。

5.1.2.1.13　呼肠孤病毒病疫苗

呼肠孤病毒（reovirus）是目前全世界已知分布最为广泛的病毒之一，其可以感染哺乳动物、禽类（鸡、鸭和鹅等）、植物和真菌类等。禽呼肠孤病毒（avian reovirus，ARV）是目前严重危害养禽业发展的一种病原微生物，其引起的禽呼肠孤病毒病在全球各地的家禽养殖场广泛流行。近年来，ARV在我国养禽业的感染率呈逐渐上升趋势，给我国养禽业造成了重大的经济损失。

现有研究结果已鉴定有多种血清型，但由于采用的试验方法不同，分别有4个、5个或11个血清型的报道，可能原因是该病毒由很多抗原亚型而不是不同血清型。到目前为止，我国已在各地分离到了多株ARV病毒株，但不同血清型之间的关系还未进行进一步的系统研究。目前尚无针对ARV的特效药物，主要通过免疫接种、环境消毒、提升饲养管理水平、加强免疫监测等措施来控制ARV。预防性免疫接种主要用弱毒活疫苗和灭活疫苗。

目前，我国已批准鸡呼肠孤病毒活疫苗3个、番鸭呼肠孤病毒活疫苗1个、鸡病毒性关节炎灭活疫苗6个。

① 鸡呼肠孤病毒活疫苗。鸡呼肠孤病毒活疫苗是用毒种接种鸡胚成纤维细胞，收获培养物，加适宜稳定剂，经冷冻真空干燥制成，可用于雏鸡免疫，也可用于种鸡加强免疫。ARV弱毒苗的首次应用是在1984年，我国批准使用的进口活疫苗毒株为S1133株，国内用于生产的毒株为ZJS株。目前，我国已批准新兽药鸡呼肠孤病毒病活疫苗产品1种、进口鸡呼肠孤病毒活疫苗产品2种。截至2022年3月，农业农村部已批准了4个鸡病毒性关节炎活疫苗生产文号，其中鸡呼肠孤病毒（ZJS株）3个、鸡呼肠孤病毒（S1133株）1个。

② 番鸭呼肠孤病毒活疫苗。目前国外尚无预防和治疗该病的生物制品，国内仅有福建省农业科学院畜牧兽医研究所研制的"番鸭呼肠孤病毒病活疫苗（CA株）"于2013年获得国家一类新兽药证书，该疫苗现已上市推广应用。截至2022年3月，农业农村部已批准了1个番鸭呼肠孤病毒活疫苗。该产品填补了国内外番鸭呼肠孤病毒活疫苗的空

白，已成为我国番鸭呼肠孤病毒病防控的主要制剂并将长期发挥主导作用。

③ 鸡呼肠孤病毒灭活疫苗。我国批准使用的进口灭活疫苗包括 S1133 株、Olson WVU2937 株单价灭活疫苗，S11333 株＋1733 株、1733 株＋2048 株二价灭活疫苗。我国用于生产灭活疫苗的毒株为 S1133 株、AV2311 株。此外，鸡病毒性关节炎病毒还经常与新城疫、鸡传染性支气管炎、传染性法氏囊病毒等组分制成多联灭活疫苗。目前，我国已批准新兽药鸡呼肠孤病毒灭活疫苗产品 2 种，进口鸡呼肠孤病毒活疫苗产品 4 种，其中联苗占比 50%。截至 2022 年 3 月，农业农村部已批准了 4 个鸡病毒性关节炎灭活疫苗生产文号，均为联苗。

目前，已有的弱毒活疫苗和灭活疫苗用于预防鸡病毒性关节炎及鸭呼肠孤病毒病，基本控制了禽呼肠孤病毒的流行，但因其血清型的多样性，免疫过后仍存在发病可能。灭活疫苗存在接种量大、免疫时间长等问题，但较为安全，稳定，无致病性；弱毒疫苗抗原性强，但存在毒力反强的风险，因此常采用灭活疫苗和弱毒疫苗联合使用的策略。接下来应对呼肠孤病毒的蛋白结构及功能方面以及 MDRV 和 ARV 致病性差异的分子机制进行研究，加快亚单位疫苗、核酸疫苗等基因工程疫苗的研究，填补市场空缺，为养禽业健康发展提供保障。

5.1.2.1.14　鸭病毒性肝炎疫苗

鸭病毒性肝炎（DH）是一种传播迅速并对雏鸭具有高度致死性的病毒病，具有发病急、传播速度快、致死率高的特点。病理变化主要以肝炎和出血为其主要特征。鸭病毒性肝炎病毒（DHV）原有 3 个独立的血清型，分别为 1 型、2 型和 3 型鸭肝炎病毒。DHV3 个血清型病毒均属微 RNA 病毒，DHV 的病毒粒子很小，呈球形或类球形，直径 20～40nm，无囊膜，病毒的基因组为单股正链 RNA，衣壳由 VP0、VP1、VP3 3 种结构蛋白构成二十面体对称结构。现在还有新型鸭肝炎病毒，其中世界上广泛传播的是较常见的病毒 I 型。该病 1953 年开始在世界范围内流行，我国在 1963 年首次报道发现本病，之后各养鸭地区均有报道流行，是危害养鸭业最严重的疾病之一。

目前我国批准的用于防治鸭病毒性肝炎的产品主要有蛋黄抗体、灭活疫苗和活疫苗。其中蛋黄抗体 4 个、活疫苗 2 个、灭活疫苗 1 个，临床上有一定的保护效果。批准的产品包括：鸭病毒性肝炎精制蛋黄抗体（二个产品）、鸭病毒性肝炎冻干蛋黄抗体、I 型鸭病毒性肝炎精制蛋黄抗体、I 型鸭肝炎病毒卵黄抗体、鸭甲型肝炎病毒二价蛋黄抗体（1 型＋3 型）、鸭病毒性肝炎二价卵黄抗体（1 型＋3 型）、鸭病毒性肝炎活疫苗（A66 株）、鸭病毒性肝炎弱毒活疫苗（CH60 株）、鸭病毒性肝炎二价（1 型＋3 型）灭活疫苗（YB3 株＋GD 株）。

5.1.2.1.15　鸭瘟疫苗

鸭瘟（duck plague，DP），又称鸭病毒性肠炎（duck viral enteritis，DVE），是由鸭瘟病毒（duck plague virus，DPV）引起的感染鸭、鹅和多种雁形目禽类的一种急性、热性、出血性及接触性传染病。此病最早出现在荷兰，于 1923 年和 1930 年陆续报道发现此病，1940 年该病再次暴发。1949 年该病由国际兽医学会正式命名为"鸭瘟"。在法国、美国、比利时、印度等国家相继报道该病出现后，我国于 1957 年在广东出现了鸭瘟的正式报道，之后该病陆续在湖北、上海、广西等省区市发生。该病主要集中在我华东、华南和华中等养鸭产业发达的地区，一旦易感鸭感染鸭瘟会迅速死亡，给禽类养殖业特别是鸭、鹅等产业带来巨大的经济损失。

目前我国批准的预防鸭瘟苗分为活疫苗和灭活疫苗，其中已批准上市的预防鸭瘟的活疫苗 1 种、灭活疫苗 2 种。

① 鸭瘟鸡胚化弱毒活疫苗：南京药械厂成功培育了鸭瘟 C-KCE 弱毒株（AV1221株），此弱毒株对鸭不致病，而且有良好的免疫力。此弱毒疫苗安全性好，对 2 月龄以上鸭免疫后 3~4d 产生免疫力，免疫期为 9 个月，雏鸭的免疫期为 1 个月。

鸭瘟鸡胚化弱毒细胞疫苗：大部分是在鸡胚化弱毒疫苗的基础上或通过鸭胚传代后适应鸡胚成纤维细胞研制而成。

② 鸭瘟、禽流感（H9 亚型）二联灭活疫苗（AV1221 株＋D1 株）：中国兽医药品监察所等单位采用鸭肝组织毒强毒株（AV1221 株）经鸭胚传代制成鸭胚适应毒株灭活疫苗。该疫苗一针两防，能诱导产生良好的免疫保护作用，丰富了我国水禽疫苗的品种。

5.1.2.2 细菌病疫苗

5.1.2.2.1 副鸡禽杆菌病疫苗

鸡传染性鼻炎（infectious coryza，IC）是由副鸡禽杆菌（*Avibacterium paragallinarum*，Apg）引起的一种在生长发育、产蛋鸡群中常见的急性或亚急性呼吸道传染病，临床表现主要为鸡眶下窦及周围肿胀、流鼻涕、流泪，可引起产蛋鸡的产蛋量下降，育成鸡发育不良、开产期延迟，给养禽业带来极大的经济损失。

1986 年，国内首次报道本病，冯文达等用玻板凝集、HA、HI 试验证明分离到了 A 血清型 Apg 菌株。早期在我国流行的以 A、C 型为主，2003 年后陆续报道有 B 型。

目前，鸡传染性鼻炎疫苗均为灭活疫苗，均系用不同型副鸡禽杆菌分别接种适宜培养基培养，收获培养物，经灭活、浓缩后，将抗原按一定比例混合，再加佐剂配制而成。

截至目前，我国已批准上市的预防鸡传染性鼻炎的疫苗有 11 种，包括单价（A 型）、二价（A 型＋C 型）、三价疫苗（A 型＋B 型＋C 型），也有与鸡毒支原体、新城疫病毒LaSota 株等组合成的联苗，近 3 年有产品生产的有 9 种，国产二价、三价苗呈增加趋势。已经批准的疫苗包括：鸡传染性鼻炎（A 型、B 型、C 型）三价灭活疫苗（083 株＋Spross 株＋H-18 株），鸡传染性鼻炎（A 型、B 型、C 型）三价灭活疫苗（W 株＋Spross株＋Modesto），鸡传染性鼻炎（A 型＋C 型）灭活疫苗（Japan 221 株＋Modesto 株），鸡传染性鼻炎（A 型）灭活疫苗（C-Hpg-8 株），鸡毒支原体、传染性鼻炎（A、C 型）二联灭活疫苗（221 株＋Hpg-668 株），鸡传染性鼻炎（A 型＋C 型）、新城疫二联灭活疫苗（C'-Hpg-8 株＋Hpg-668 株），鸡传染性鼻炎（A 型）灭活疫苗（QL-Apg-3 株），鸡传染性鼻炎（A 型＋B 型＋C 型）三价灭活疫苗（C-Apg-8 株＋C-Apg-BJ05 株＋C-Apg-668株），鸡传染性鼻炎二价灭活疫苗（A 型 221 株＋C 型 H-18 株），鸡传染性鼻炎（A 型、C 型）二价灭活疫苗（HN3 株＋SD3 株）和鸡传染性鼻炎（A 型、C 型）二价灭活疫苗（YT 株＋JN 株）。

5.1.2.2.2 禽致病性大肠杆菌病疫苗

禽致病性大肠杆菌病（avian colibacillosis，AC）是由禽致病性大肠杆菌（avian pathogenic *Escherichia coli*，APEC）引起的鸡、火鸡及其他禽类急性、全身性肠外感染的总称，临床上以心包炎、肝周炎、气囊炎、肺炎、蜂窝织炎、败血症、输卵管炎、腹膜炎、雏鸡脐炎和肿头综合征等较为常见，是目前导致世界养禽业特别是肉鸡业经济损失最为严重的细菌性传染病。

预防禽大肠杆菌病的商品化疫苗均为灭活疫苗和减毒活疫苗。疫苗适用靶动物为鸡和鸭。灭活疫苗系用大肠杆菌强毒株，接种适宜培养基培养，收获培养物，经甲醛灭活后，再加佐剂配制而成。常使用的佐剂包括氢氧化铝胶、矿物油佐剂和蜂胶。

截至目前，我国已批准上市的预防禽致病性大肠杆菌病的疫苗有 6 种，用于鸡的有 4 种，用于鸭的有 3 种，均为灭活疫苗。已经批准的疫苗包括：鸡大肠杆菌病灭活疫苗（EC24 株、EC30 株、EC45 株、EC50 株、EC44 株），鸡大肠杆菌病蜂胶灭活疫苗（EC24 株、EC30 株、EC45 株、EC50 株、EC44 株），鸭传染性浆膜炎、大肠杆菌病二联蜂胶灭活疫苗（WF 株＋BZ 株），鸡多杀性巴氏杆菌病、大肠杆菌病二联蜂胶灭活疫苗（YT 株），鸭传染性浆膜炎、大肠杆菌病二联灭活疫苗（2 型 RABYT06 株＋078 型 ECBYT101 株）和鸭传染性浆膜炎、大肠杆菌病灭活疫苗（1 型 CZ12 株＋078 型 SH 株）。

5.1.2.2.3 多杀性巴氏杆菌病疫苗

禽多杀性巴氏杆菌病，又称禽霍乱，是由多杀性巴氏杆菌引起的鸡、火鸡、鸭、鹅等禽类的一种出血性、败血性传染病，在各地呈散发性或地方性流行。以发热、腹泻、呼吸困难为特征，急性型呈出血性败血症迅速死亡。禽霍乱是一种接触性传染病，危害多种家禽、野禽。其特征表现为急性败血过程，发病率和死亡率都很高。低毒力株感染或急性发病之后，可出现慢性的、局部性的疾病。

预防禽霍乱的商品化疫苗包括灭活疫苗和减毒活疫苗。灭活疫苗系用多杀性巴氏杆菌强毒株，接种适宜培养基培养，收获培养物，经甲醛灭活后，再加佐剂配制而成。常使用的佐剂包括氢氧化铝胶、矿物油佐剂和蜂胶。弱毒活疫苗系用多杀性巴氏杆菌弱毒株，接种适宜培养基培养，收获培养物，将培养物加稳定剂，经冷冻真空干燥制成。

截至目前，我国已批准上市的预防禽多杀性巴氏杆菌病的疫苗有 8 种，既有灭活苗也有弱毒活苗，也有与新城疫 LaSota 株或大肠杆菌等组合成的联苗。已经批准的产品包括：禽多杀性巴氏杆菌病蜂胶灭活疫苗（C48-2 株），禽多杀性巴氏杆菌病油乳剂灭活疫苗（TJ 株），禽多杀性巴氏杆菌病灭活疫苗（C-48-2 株），禽多杀性巴氏杆菌病灭活疫苗（1502 株），禽多杀性巴氏杆菌病活疫苗（G190E40 株），禽多杀性巴氏杆菌病活疫苗（B26-T1200 株），鸡多杀性巴氏杆菌病、大肠杆菌病二联蜂胶灭活疫苗（A 群 BZ＋078 型 YT 株）和鸡新城疫、多杀性巴氏杆菌病二联灭活疫苗（La Sota＋1502 株）。

5.1.2.2.4 沙门菌病疫苗

禽沙门菌病是由沙门菌属中的一种沙门菌引起的禽类的急性或慢性疾病的总称。摄入沙门菌污染的肉、蛋、乳等动物原性食品可致人的急性食物中毒，因此沙门菌对医学、兽医学和公共卫生均十分重要。沙门菌很容易在动物与动物、动物与人、人与人之间通过直接或间接的途径传播，没有中间宿主。主要传染途径是消化道，也可通过气溶胶感染。卫生不良、应激以及发生病毒或寄生虫感染，均可诱发易感动物沙门菌病。由鸡白痢沙门菌引起的称为鸡白痢，由鸡伤寒沙门菌引起的称为禽伤寒，由其他有鞭毛能运动的沙门菌引起的禽类疾病则统称为禽副伤寒。禽沙门菌病在世界各地普遍存在，对养禽业的危害性很大。

我国市场上预防禽肠炎沙门菌病的商品化疫苗仅有 1 种，即为德国罗曼动物保健有限公司生产的鸡肠炎沙门菌病活疫苗（Sm24/Rif12/Ssq 株）。该疫苗系用致弱肠炎沙门菌 Sm24/Rif12/Ssq 株，接种适宜培养基培养，收获培养物，加入适宜稳定剂，经冷冻真空干燥制成。

5.1.2.2.5 支原体疫苗

鸡毒支原体（*Mycoplasma gallisepticum*，MG）又称为鸡败血支原体、鸡毒霉形体，是引发鸡的慢性呼吸道疾病（chronic respiratory disease，CRD）的主要病原之一，虽然致死率不高，但因其病程长，致病性强，严重影响家禽产蛋率、孵化率和饲养转化率，是导致养禽场经济损失最大的支原体病。

鸡滑液囊支原体（*Mycoplasma synoviae*，MS）属于支原体目支原体科支原体属，是感染鸡的一种重要病原体，给我国的家禽养殖业带来了严重的经济损失。鸡群感染 MS 后会引起上呼吸道疾病、气囊炎、关节滑膜囊炎及腱鞘炎，在临床上主要表现为关节肿胀、跛行、雏鸡生长发育迟缓及蛋鸡产蛋量下降；该病既可以接触传播，又可以垂直传播，可以在鸡群中蔓延；自 2008 年以来，我国多个省份地区的养殖场检测到 MS 的感染；当 MS 合并其他致病因子，如鸡新城疫病毒（NDV）、传染性支气管炎病毒（IBV）、低致病性禽流感病毒或大肠杆菌感染时，会使病情恶化，严重危害着养鸡业的发展。

目前我国批准的支原体疫苗国内注册制品 4 个，进口注册制品 4 个；按品种分类，鸡毒支原体疫苗 6 个，鸡滑液支原体疫苗 2 个；按剂型分类，活疫苗 4 个，灭活疫苗 4 个。

当前市面上所常用的 MG 疫苗主要分为灭活苗和弱毒苗两种，灭活苗能够阻断 MG 的经蛋传播，可以增强体液免疫，暂时减轻感染时的症状；弱毒苗可使机体产生黏膜免疫。目前我国共有 13 家企业生产和批签发鸭传染性浆膜炎灭活疫苗 4 个产品，另外进口产品有 3 家企业生产的 4 个产品。已经批准的疫苗包括：鸡毒支原体灭活疫苗（CR 株），鸡毒支原体活疫苗（F-36 株），鸡毒支原体、传染性鼻炎（A、C 型）二联灭活疫苗（R 株），鸡滑液支原体灭活疫苗（YBF-MS1 株），鸡滑液支原体活疫苗（MS-H 株），鸡毒支原体灭活疫苗（R 株），鸡毒支原体活疫苗（TS-11）和鸡毒支原体活疫苗（MG6/85 株）。

5.1.2.2.6　鸭疫里默氏杆菌疫苗

鸭传染性浆膜炎是由鸭疫里默氏杆菌（*Riemerella anatipestifer*，RA）引起的家鸭、火鸡、鹅、鹌鹑、鸽、鸵鸟和其他多种禽类的一种急性接触性败血性传染病，从猪和鱼体内也分离鉴定出 RA。在我国 20 世纪 80 年代初期，郭玉璞和郭予强分别在北京和广东首次分离鉴定到 RA，到目前为止，我国各省份和台湾地区均相继报道了疫情。本病已传播至我国各省、市、区养鸭场，血清型也不断增多，而且流行范围逐渐扩大。目前，国际上分离鉴定的血清型有 25 种，我国的流行血清型主要为 1、2、3、4、5、6、7、8 和 10 型，1 型是优势血清型。RA 毒力因子众多，主要包括溶血素、外膜蛋白、荚膜多糖、脂多糖、黏附素和热休克蛋白等。

该病感染宿主范围广，发病率和死亡率较高，易产生耐药性，已对养鸭业造成了严重的危害。疫苗免疫成为防制该病最重要的手段，但病原菌血清型众多，不同血清型之间缺乏交叉免疫保护能力，应根据养殖场流行 RA 血清型选择合适的疫苗。

2009 年，四川农业大学实验动物工程技术中心和成都天邦生物制品有限公司申报的鸭传染性浆膜炎灭活疫苗获得一类新兽药注册证书，填补了国内外鸭传染性浆膜炎疫苗的空白，获得了 2013 年度的国家技术发明二等奖。随后，2012—2021 年，陆续又有 7 个鸭传染性浆膜炎疫苗获得新兽药注册证书。目前我国批准的预防鸭传染性浆膜炎的疫苗均为灭活疫苗，包括单价苗、二价苗、三价苗和与大肠杆菌的二联苗，生产用菌株涵盖鸭疫里默氏杆菌血清 1 型、2 型、4 型和 7 型菌株。

截至目前，我国已批准上市的预防鸭传染性浆膜炎的疫苗有 8 种，均为国产疫苗，没有进口注册疫苗。已经批准的产品包括：鸭传染性浆膜炎灭活疫苗（RA-CH-Ⅰ株），鸭传染性浆膜炎、大肠杆菌病二联蜂胶灭活疫苗（WF 株＋BZ 株），鸭传染性浆膜炎二价灭活疫苗（1型 RAf63 株＋2 型 RAf34 株），鸭传染性浆膜炎二价灭活疫苗（1型 SG4 株＋2 型 ZZY7 株），鸭传染性浆膜炎三价灭活疫苗（1型 ZJ01 株＋2 型 HN01 株＋7 型 YC03 株），鸭传染性浆膜炎三价灭活疫苗（1型 YBRA01 株＋2 型 YBRA02 株＋4 型 YBRA04 株），鸭传染性浆膜炎、大肠杆菌病二联灭活疫苗（2型 RABY06 株＋078 型 ECBYT01 株），鸭传染性浆膜炎、大肠杆菌病二联灭活疫苗（1型 CZ12 株＋078 型 SH 株）。

5.1.2.3 寄生虫病疫苗

寄生虫病疫苗主要是球虫病疫苗。鸡球虫病是一种由艾美耳球虫引起的危害性极大的全球性原虫病，它是集约化养鸡业中最为多发且严重并防治困难的疾病之一。我国能够导致鸡患病的艾美耳球虫有 7 种，包括柔嫩艾美耳球虫、堆型艾美耳球虫、毒害艾美耳球虫、巨型艾美耳球虫、和缓艾美耳球虫、布氏艾美耳球虫和早熟艾美耳球虫。艾美耳球虫寄生在鸡的肠道内，但不同种的球虫所寄生的部位不同，和缓艾美耳球虫寄生于小肠后段，布氏艾美耳球虫寄生于小肠后段和直肠，堆型艾美耳球虫和早熟艾美耳球虫寄生于十二指肠，柔嫩艾美耳球虫寄生于盲肠，巨型艾美耳球虫和毒害艾美耳球虫寄生于小肠。球虫在鸡肠道不同部位的寄生影响肠道的正常消化、吸收，感染后的鸡群生产能力显著下降，严重时由于侵害肠黏膜而导致鸡出血过多或继发细菌感染，甚至引起死亡，其病死率可高达 $40\% \sim 80\%$，雏鸡甚至全群覆灭。由于鸡球虫病终年不断，给养鸡业带来很大的经济损失。

球虫病目前主要以疫苗预防和药物防治为主，抗球虫药物的长期使用必然导致鸡球虫耐药性的产生。由于耐药性产生较快，很多抗球虫药物问世较短时间即退出市场。同时，由于新药研制费用过高（约为 5 亿美元）、历时过长（可能达 10 年）且成功率很低，新的抗球虫药的开发速度已远赶不上耐药虫株出现的速度，新的抗球虫药上市较少，现在市场供应的抗球虫药大多是 80 年代的产品，其中大部分药物由于鸡球虫耐药性的产生，已达不到刚刚上市时的预防效果。加之人们对禽产品药残的关注及环保意识的增强，疫苗预防球虫病已刻不容缓。

目前我国批准的预防鸡球虫病的疫苗均为弱毒活疫苗，生产用虫株为选育的早熟弱毒株或自然弱毒株，包括三价活疫苗和四价活疫苗，均含有柔嫩艾美耳球虫和巨型艾美耳球虫，部分含有毒害艾美耳球虫和堆型艾美耳球虫。进口注册产品还包括八价活疫苗，含有国产疫苗没有的变位艾美耳球虫、布氏艾美耳球虫、早熟艾美耳球虫和哈氏艾美耳球虫。

截至目前我国已批准上市的预防鸡球虫病的疫苗有 9 种，包括国产制品 7 种和进口制品 2 种。已经批准的产品包括：鸡球虫病三价活疫苗；鸡柔嫩艾美耳球虫、巨型艾美耳球虫、堆型艾美耳球虫三价活疫苗（PBN＋PZJ＋HB 株）；鸡柔嫩艾美耳球虫、毒害艾美耳球虫、巨型艾美耳球虫、堆型艾美耳球虫四价活疫苗（PBN＋PSHX＋PZJ＋HB 株）；鸡球虫病三价活疫苗；鸡球虫病四价活疫苗（柔嫩艾美耳球虫 PTMZ 株＋毒害艾美耳球虫 PNHZ 株＋巨型艾美耳球虫 PMHY 株＋堆型艾美耳球虫 PAHY 株）；鸡球虫病三价活疫苗（柔嫩艾美耳球虫 PTMZ 株＋巨型艾美耳球虫 PMHY 株＋堆型艾美耳球虫 PAHY 株）；鸡球虫病四价活疫苗（柔嫩艾美耳球虫 ETGZ 株＋毒害艾美耳球虫 ENHZ 株＋堆型艾美耳球虫 EAGZ 株＋巨型艾美耳球虫 EMPY 株）；肉鸡球虫活疫苗和种鸡球虫活疫苗。

5.1.3 牛羊用疫苗

疫苗是牛羊疫病防控的最有效的手段。世界各国都十分重视疫苗类生物制品的相关研发，市场前景广阔。就牛羊用疫苗而言，仍以常规疫苗为主，但随着生物技术与基因工程技术的不断进步和应用，疫苗类生物制品的研制和生产技术也在不断改进，并从传统疫苗向新型疫苗方向发展。以基因工程疫苗为主体，利用病原基因组信息学，计算机模型辅助筛选抗原或表位多肽，实现由任何病原体基因组中某一编码抗原蛋白的 DNA 到免疫活性抗原的设计和生产，前瞻性高通量研发新型疫苗的时代已经到来。此外，天然免疫学理论的建立和材料科学的发展为与疫苗直接相关的新型佐剂、免疫增强剂、活疫苗耐热保护剂的研究开发提供理论和技术支撑，可为牛羊疫病疫苗研发提供更坚实的支撑。

5.1.3.1 牛病毒病疫苗

目前我国市场上牛病毒病的疫苗有 10 余种，其中绝大多数是口蹄疫等重大传染病疫苗。主要包括口蹄疫 O 型、亚洲 1 型、A 型灭活疫苗（AF/72 株），口蹄疫 O 型、亚洲 1 型二价灭活疫苗，口蹄疫 O 型、亚洲 1 型二价灭活疫苗（OS 株＋JSL 株），口蹄疫 O 型、亚洲 1 型二价灭活疫苗（OHM/02 株＋JSL 株），口蹄疫 O 型、A 型、亚洲 1 型三价灭活疫苗（O/HB/HK/99 株＋AF/72 株＋Asia-1/XJ/KLMY/04 株），口蹄疫 O 型、亚洲 1 型、A 型三价灭活疫苗（O/MYA98/BY/2010 株＋Asial/JSL/ZK/06 株＋Re-A/WH/09 株），牛口蹄疫 O 型、亚洲 1 型二价合成肽疫苗（多肽 0501＋0601），还有以反向遗传学技术研制的 A 型口蹄疫灭活疫苗（Re-A/WH/09 株）。此外，还有伪狂犬病灭活疫苗（牛羊用）和伪狂犬病活疫苗（牛羊猪用）。牛病毒性腹泻/黏膜病灭活疫苗（Ⅰ型，NMO1 株）于 2017 年获得国家二类新兽药证书，是国内首个牛病毒性腹泻黏膜病灭活疫苗。

5.1.3.1.1 口蹄疫疫苗

目前，世界各国防控口蹄疫使用的疫苗均为口蹄疫病毒灭活疫苗，仅使用疫苗毒株不同。口蹄疫病毒有 7 个不同的血清型，不同血清型之间无交叉保护作用，每种疫苗仅能提供型特异性的保护。因此，在口蹄疫病毒多种血清型流行地区，需用含不同血清型毒株的多价疫苗免疫动物，国外牛羊用口蹄疫疫苗以双价疫苗和三价灭活疫苗为主。但传统的口蹄疫灭活疫苗存在难以避免的安全隐患、干扰鉴别诊断等问题，因此研制口蹄疫新型疫苗成为新的发展方向，其可归纳为：1）对常规灭活疫苗的改进：利用反向遗传技术等分子生物学技术对口蹄疫病毒基因改造，获得预期生物特性的疫苗毒株（如抗原匹配性、免疫应答能力、非结构蛋白优势抗原表位缺失等），制备更加高效、安全的口蹄疫灭活疫苗和口蹄疫病毒基因缺失灭活疫苗，利于感染和免疫鉴别诊断，但目前国内外还没有成熟的产品应用。2）针对口蹄疫防控产品安全性的需求，开展非感染性口蹄疫亚单位疫苗的研制，包括口蹄疫病毒表位蛋白疫苗、病毒样颗粒疫苗、合成肽疫苗、蛋白质载体疫苗、活载体疫苗、DNA 疫苗和可饲疫苗等，其使用的表达载体有疱疹病毒、痘病毒、腺病毒等，其中最有效的是腺病毒 Ad5 口蹄疫病毒 A24 Cruzeiro 活载体疫苗，2012 年 6 月获得美国农业部动物植物和健康检查署兽医生物制品中心签发的有条件使用许可证，允许在救急情况下使用该疫苗免疫牛。从国外口蹄疫疫苗的整个研究和应用情况看，新型疫苗虽然取得了一些非常有前途的结果，但在免疫效力和经济上目前难与常规疫苗竞争，而且迄今多数研究还处于实验室研究阶段，没有形成相应的产品。

目前，我国防控牛羊口蹄疫主要使用口蹄疫病毒灭活疫苗。近两年来，口蹄疫新型疫苗不断用于生产，反向遗传学技术研制的 A 型口蹄疫灭活疫苗（Re-A/WH/09 株）、原核表达口蹄疫病毒样颗粒疫苗（VLPs）和表位疫苗获得新兽药证书。许多牛用口蹄疫新型疫苗还处于试验研究阶段。如通过反向遗传操作定点突变研制的"FMDV r-HN/3A93-143"标记灭活疫苗已进入临床试验阶段。而活载体疫苗研究大多处于实验室阶段，未取得突破性进展。我国 DNA 疫苗黏膜免疫疫苗也取得了巨大的进步，通过纳米疫苗并与细胞因子联合使用可诱导免疫牛早期产生 sIgA。利用反向遗传技术研制可鉴别诊断的基因缺失或标记疫苗也是目前的研究热点，如口蹄疫 A 型缺失/突变非结构蛋白疫苗（A24LL3DYR 和 A24LL3BPVKV 3DYR）和"FMDV r-HN/3A93-143"等。

5.1.3.1.2 牛传染性鼻气管炎、牛病毒性腹泻黏膜病疫苗

目前牛传染性鼻气管炎防控常使用灭活苗和弱毒苗，一些疫苗研制与生产机构也推荐亚单位疫苗、基因工程缺失苗和病毒活载体疫苗等，但世界各国对牛传染性鼻气管炎的防控仍以弱毒疫苗为主。在新型疫苗方面，直接敲除免疫抑制基因成为研制牛传染性鼻气管炎基因缺失标记疫苗的新策略，已开发出各种活苗和灭活苗。包括牛传染性鼻气管炎病毒 Bartha Nu/67 弱毒株、改良型 RLB106 株的 *KT* 基因缺失疫苗，*KT*⁻/*gE*⁻ 双基因缺失株和 *TK*⁻、*gC*⁻ 及 *TK*⁻/*gC*⁻、BHVn 的 *TK* 基因缺失苗，IBRVKT/*LacZ* 缺失突变株疫苗。其中牛传染性鼻气管炎病毒基因缺失标记疫苗 IBRV *gE*/*TK* 已成为一些发达国家防制与净化该病的主要手段。同时，牛传染性鼻气管炎病毒糖蛋白 gD 或其主要结构域已分别在大肠杆菌、酵母、哺乳动物细胞及昆虫细胞等得到高效表达，并用于研制亚单位疫苗。此外，研制多联、多价疫苗是未来的发展方向。国外基于牛病毒性腹泻黏膜病病毒 E2 蛋白、牛传染性鼻气管炎病毒 gD 蛋白研发了牛传染性鼻气管炎病毒、牛病毒性腹泻黏膜病病毒联合亚单位疫苗以及基于牛传染性鼻气管炎病毒 gD 蛋白的 DNA 疫苗。辉瑞公司研发的 BOVI-SHIELD® 4 是含有牛传染性鼻气管炎、病毒性腹泻、副流感病毒 3 和呼吸道合胞体病毒多联弱毒疫苗。

牛病毒性腹泻黏膜病病毒俄勒冈州（Oregon）C24V 株弱毒疫苗是世界上首个成功研发的、并用于奶牛病毒性腹泻黏膜病的弱毒疫苗。在国外，牛病毒性腹泻病商品化疫苗主要是弱毒苗和灭活苗，使用毒株主要有 Oregon C24V 标准株、NADL 株、Singer 株，并通过细胞体外培养研制多联多价疫苗。现主要有牛病毒性腹泻和鼻气管炎二联苗、牛鼻炎-副流感（BPIV3）-呼吸道合胞（BRSV）-病毒性腹泻 1 型和 2 型四联疫苗等，已在国外广泛使用。牛用多价和多联疫苗仍是疫苗产业发展的方向和主流技术，在美国各类兽用疫苗中排在前 10 位的产品中有 9 个产品为多价或多联疫苗；欧美等发达国家将 BVDV、IBRV、BPIV3、BRSV 和巴氏杆菌等制成联合疫苗接种免疫牛。

BPIV3 疫苗既有常规灭活疫苗和减毒活疫苗，又有新型基因工程疫苗，如病毒载体疫苗、亚单位疫苗和 DNA 疫苗等。其他疫苗仍处于实验室研发阶段，如牛轮状病毒活疫苗、牛病毒性腹泻和细小病毒二联苗等。

在我国，获批的牛病毒性腹泻/黏膜病和牛传染性鼻气管炎灭活疫苗有两种，分别是牛病毒性腹泻/黏膜病、牛传染性鼻气管炎二联灭活疫苗（NMG 株＋LY 株）和牛病毒性腹泻/黏膜病、牛传染性鼻气管炎二联灭活疫苗（NM01 株＋LN01/08 株）。其他疫苗仍处于实验室研发阶段。

5.1.3.1.3 牛结节皮肤病疫苗

目前，世界上 LSD 流行国家均采用活疫苗进行防控，包括同源活疫苗（LSDV）或异源活疫苗（羊痘活疫苗）。同源活疫苗是将 LSDV 经细胞培养或鸡胚等传代减毒制备，主要疫苗毒株是 Neethling 毒株，该疫苗具有较好的保护性，但有报道在使用过程中存在

一定的副反应，也有报道出现了疫苗毒株与野毒株重组产生的新毒株。2018—2020 年，俄罗斯报道发现了疫苗毒和野毒重组的新毒株，对活疫苗应用安全性带来极大的挑战。

在我国，目前在研的有 LSDV 灭活菌及羊痘源疫苗，利用传代一致弱的弱毒株也取得了积极进展。

总之，我国在牛羊病毒病疫苗研制方面，计划继续推动牛羊口蹄疫病毒样颗粒疫苗、cDNA 标记灭活疫苗和多表位重组疫苗的产业化研发；开展牛结节性皮肤病标记疫苗；牛羊副流感、呼吸道合胞体病毒等疫苗；开展牛病毒性腹泻黏膜病、牛传染性鼻气管炎、口蹄疫多联疫苗；牛病毒性腹泻黏膜病双价基因工程疫苗；牛传染性鼻气管炎基因缺失标记疫苗研究等。同时，为增强新型疫苗特别是分子疫苗的免疫效力，基于机体天然免疫理论和分子机制研发免疫佐剂，如 CpG ODN 和免疫刺激分子等，用于口蹄疫灭活疫苗、复合表位疫苗等多种疫苗，改善疫苗的免疫效果，增强牛羊免疫保护力。

5.1.3.2 牛细菌病疫苗

我国批准的牛细菌病疫苗产品也有 10 余种，主要包括牛副伤寒灭活疫苗，牦牛副伤寒活疫苗，破伤风类毒素，气肿疽灭活疫苗，肉毒梭菌（C 型）中毒症灭活疫苗，Ⅱ炭疽芽孢疫苗，无荚膜炭疽芽孢疫苗，多杀性巴氏杆菌灭活疫苗，布鲁菌 A19、S2 和 M5 株活疫苗，奶牛衣原体病灭活疫苗等，而其他疫苗均在试验研发阶段。

5.1.3.2.1 牛结核病疫苗

牛分枝杆菌卡介苗是人类唯一使用的结核病疫苗，但世界上还没有商品化的牛结核病疫苗。牛分枝杆菌卡介苗疫苗接种的一个缺点是不能区分感染动物和免疫动物。因此，新型疫苗研究策略是瞄准能诱导持久的 T 细胞免疫应答，并增强疫苗免疫原性和有效性。目前结核病防控主要研发结核分枝杆菌复合体减毒疫苗、DNA 疫苗、结核蛋白多肽疫苗、重组活病毒载体疫苗等新型疫苗。其中利用基因工程敲除或者突变致病基因的人结核病的减毒活疫苗 MTBVAC01 已进入 I 期临床试验阶段，也是唯一应用于临床试验的一株减毒结核分枝杆菌活疫苗。另外，用安卡拉牛痘病毒改良株研制结核分枝杆菌 Ag85A 重组活病毒载体疫苗，并与牛分枝杆菌卡介苗混合免疫动物的免疫效果更显著。

但动物结核疫苗的研发刚刚起步。獾 BCG 疫苗是第一个获批的动物结核疫苗，牛、鹿等动物的结核疫苗正在研究之中，但尚未有牛用疫苗产品。

5.1.3.2.2 牛羊布鲁杆菌病疫苗

在国外，有 45/20、S19 和 RB51 3 种流产布鲁杆菌弱毒活疫苗用于控制流产布鲁杆菌对牛的感染，其中流产布鲁杆菌 45/20 疫苗仅限于几个国家未能广泛推广，S19 株活疫苗广泛用于牛流产布鲁杆菌病预防已达半个世纪以上，20 世纪中叶研制成功了安全性更好的 RB51 粗糙型疫苗。为开发更好的布鲁杆菌病疫苗，国外研发出与 S19 疫苗相同保护力的减毒突变的活疫苗和黑曲霉 Rev-1 株活疫苗。近年国外利用减毒沙门菌、痘苗病毒载体、流感病毒载体分别研制布病新型基因工程疫苗，然而这些研究还处于实验室阶段。布鲁杆菌病疫苗未来研究的方向，将开发带有标记基因的、能诱导 Th1 型细胞免疫的新型标记疫苗。

在国内，用于牛布鲁杆菌病预防的疫苗有 A19、S2 和 M5 株布鲁杆菌活疫苗，但其对人有一定的致病力。其中 A19 株布鲁杆菌活疫苗主要用于牛的免疫接种，免疫期达 72 个月，但不用于怀孕牛；马耳他布鲁杆菌 M5 株活疫苗主要用于牛、羊的布鲁杆菌病，一般仅接种 3～8 月龄的奶牛，成年奶牛不接种，在配种前 1～2 个月接种较好，免疫期达 36 个月；猪布鲁杆菌 2 (S2) 活疫苗可用于预防羊、猪和牛的布鲁杆菌病，防止布鲁杆菌感染的免疫效力分别如下：奶牛 71.4％、绵羊 82.7％、山羊 82.1％和猪 75％。

近年来，为便于自然感染和疫苗免疫的鉴别诊断，采用基因工程技术对多个疫苗候选菌株以及 S2、M5 和 Rev-1 株疫苗进行基因修饰。其中中国兽医药品监察所和石河子大学等对 S2 疫苗株进行基因工程修饰，哈尔滨兽医研究所和兰州兽医研究所共同研发 M5 基因工程修饰疫苗，正在申报新兽药注册。

5.1.3.2.3　牛支原体病疫苗

在国外，除美国有 5 种牛支原体灭活疫苗用于犊牛肺炎或奶牛乳腺炎的预防外，世界其他地区还没有该病的疫苗上市。其他新型疫苗均在试验研究中，其中包括英国和波兰联合研发的一种用皂素配伍新型油佐剂而制备的牛支原体灭活苗，其对不同来源的两种菌株的攻击感染具有一定的保护作用；加拿大利用多种亚单位成分研发疫苗，但 10 余种重组蛋白或菌体提取物均不能提供有效的免疫保护。

在国内，有专利或文献报道利用本地分离株制备自家苗，具有一定的保护作用。目前还有一种牛呼吸系统综合征多联苗的专利，其含有牛支原体成分，但未见免疫效力评估报告。国内华中农业大学研发了一种牛支原体弱毒疫苗，可减轻临床症状和排毒，已申报临床。但我国牛支原体病疫苗产品尚属空白。

5.1.3.2.4　牛衣原体病疫苗

国外对牛衣原体病疫苗的研究主要集中在弱毒疫苗、MOMP 蛋白亚单位疫苗和 DNA 疫苗，但目前还没有商品化的牛衣原体病疫苗。

国内兰州兽医研究所研制的"奶牛衣原体病灭活疫苗"（2011 年）已注册为一类新兽药产品，此外还研制了牦牛衣原体病灭活疫苗。由于灭活疫苗具有较好的免疫效果，提高疫苗生产工艺，鉴定保护性抗原靶标研发基因工程疫苗是研究方向。

5.1.3.2.5　牛巴氏杆菌病疫苗

牛巴氏杆菌病疫苗主要包括灭活苗、弱毒苗和亚单位疫苗。我国注册的牛巴氏杆菌病疫苗有牛 B 型多杀性巴氏杆菌灭活疫苗，用于预防牛出血性败血症，我国有多家兽药生物制品企业都能生产该疫苗。其次，国内也有牛 A 型巴氏杆菌灭活疫苗以及多联多价疫苗的研究。国外尚无牛巴氏杆菌病疫苗进入中国市场，但牛呼吸系统综合征多联疫苗在中国申报了专利。

5.1.3.2.6　牛羊溶血性曼氏杆菌病

国外对本病疫苗研究较早，但未进入我国市场。美国研制的疫苗有 *LktCA* 基因敲除弱毒苗、重组 PLPE 表位和 LKTA 表位的亚单位疫苗。墨西哥研制的疫苗有外膜蛋白 PLPE 和 LKTA 表达的亚单位疫苗、A2 型菌株的细菌微囊泡生物疫苗以及曼氏杆菌 A1/A2＋巴氏杆菌 A1＋嗜血杆菌＋沙门菌多价苗。

我国牛曼氏杆菌灭活疫苗（A1 型）已获得新兽药注册批准。另外，我国还研制了溶血性曼氏杆菌菌甲醛灭活疫苗，我国台湾研制了曼氏杆菌白细胞毒素佐剂曼氏杆菌灭活疫苗等。目前多价多联疫苗和亚单位疫苗是国际研究热点方向。

5.1.3.3　牛寄生虫病疫苗

由于寄生虫结构和生活史比病毒、细菌更复杂，目前在世界上注册使用的动物用寄生虫病疫苗仅 10 多种，其中主要是预防原虫病的疫苗。在牛寄生虫病疫苗，国内外在牛羊肺线虫疫苗、微小牛蜱 BM86 基因工程疫苗（Gavac 和 TickGARD）、捻转血矛线虫 H11 抗原疫苗和环形泰勒虫病裂殖体胶冻细胞疫苗等方面取得了极大成功，其中我国在环形泰勒虫病、血吸虫病、棘球蚴病等重要寄生虫病方面做了大量的探索。

5.1.3.3.1 抗蜱及蜱传原虫病疫苗

牛抗蜱病亚单位疫苗在世界上取得很大成功，其中微小牛蜱 BM86 基因工程疫苗分别在拉美国家和澳大利亚注册，能使牛体雌蜱的数量和饱血程度降低，使蜱的繁殖能力大大降低。疫苗免疫和传统药物防治结合能有效控制蜱的感染，并减少了化学药物的应用。随后，分别利用环节牛蜱和青色牛蜱的 BM86 同源蛋白 Ba86 和 Bd86 的表达产物和 BM86 抗原表位研制 SBm7462 疫苗，极大地提高了抗牛蜱疫苗的广谱抗性，也降低了蜱传性疾病的危害。

在泰勒虫病疫苗方面，已研制成功强毒疫苗、弱毒疫苗和基因工程疫苗。其中最安全有效的疫苗是我国兰州兽医研究所吕文顺等 1975 年研制成功的环形泰勒虫病裂殖体胶冻细胞疫苗，在环形泰勒虫病的防治中发挥了非常重要的作用。尽管其亚单位疫苗取得了一些进展，但与商品化应用仍有一定的距离。

在巴贝斯虫病疫苗，20 世纪初期，澳大利亚采用病愈牛的血液接种敏感牛的方法，有效控制了巴贝斯虫病的流行。后改用除脾动物繁殖虫体而使巴贝斯虫致弱活疫苗标准化，而产生长期的保护力，并在澳大利亚、以色列和美洲的一些国家普遍应用。从安全性考虑，其亚单位疫苗和 DNA 疫苗成为研发方向。牛巴贝斯虫裂殖体表面抗原 MSA-1、MSA-2 和棒状体联合蛋白 RAP 1 在预防牛巴贝斯虫病方面有一定作用，但单一蛋白抗原疫苗预防效果并不理想。另外，还成功研制了牛巴贝斯虫顶膜抗原 1（AMA-1）疫苗。虽然牛巴贝斯虫病疫苗取得了很大的突破，但其他巴贝斯虫病，如双芽巴贝斯虫病、卵形巴贝斯虫病和大巴贝斯虫病还没有理想的疫苗，而且联合疫苗的研究也较少。

5.1.3.3.2 牛血吸虫病疫苗

牛血吸虫病疫苗研发有多种类型，其中重组蛋白疫苗和核酸疫苗是当前研究的热点：1) 重组蛋白疫苗。日本血吸虫重组疫苗主要集中于 Sj14、Sj24、Sj29、Sj32 等表膜蛋白的组合，如重组 Bb（pGEX-Sj14-3-3-Sj32）疫苗、重组 Bb（pGEX-Sj26GST）疫苗等都具有一定的免疫保护力。2) 核酸疫苗。日本血吸虫胰岛素受体-2（SJIR-2）纳米微球核酸疫苗、SjDLC 和 SjCB2 DNA 疫苗、日本血吸虫谷胱甘肽还原酶 DAN 疫苗是理想的候选核酸疫苗。3) 其他如重组活载体疫苗和抗独特型抗体疫苗等也在积极研发中。

目前，血吸虫病疫苗存在多种疫苗形式，且各有其优缺点，随着时代和技术的进步，更加理想的新型疫苗相信也会相继出现，总的来说，寻找具有更加高效、廉价、安全等优点的疫苗是其研发的方向。

5.1.3.3.3 隐孢子虫病疫苗

目前还没有获得注册的隐孢子虫病疫苗，现主要集中在疫苗候选抗原分子的筛选。早期研究表明，隐孢子虫表面蛋白是使宿主产生免疫保护的主要抗原。由于对隐孢子虫胞内阶段和有性生殖阶段的遗传和生化特性缺乏深入了解，现主要集中在子孢子表面抗原即 Cp15、Cp40 和 Cp23 等分子的研究，证实其免疫原性很强，能诱导特征性的 T 细胞免疫，并与其抗原蛋白的高度糖基化状态相关。其中 CP15 抗原存在于卵囊和子孢子表面，是被识别的最显著的抗原之一，具有高度的免疫原性和反应原性；CP23 抗原与虫体附着和侵入宿主细胞相关，可与阳性血清的 IgG1 和 IgA 强烈反应；子孢子表面蛋白 CP15/60 存在于子孢子和裂殖子表面，也与隐孢子虫的内部结构有关系，是宿主肠道黏膜免疫识别的主要目标抗原之一。

5.1.3.4　羊疫苗

5.1.3.4.1　羊病毒病疫苗

目前我国市场上羊病毒病的疫苗有 10 余种，其中大多数是羊口蹄疫、羊痘和小反刍兽疫等重大传染病疫苗，同时大多数又是与牛通用的疫苗。除与牛通用的口蹄疫、伪狂犬病疫苗外，主要包括绵羊痘活疫苗、山羊痘活疫苗、羊口疮活疫苗等，其他病毒性疫苗均处在研发阶段。

① 小反刍兽疫疫苗。目前世界各国均使用弱毒疫苗对小反刍兽疫进行防控，其中以 Nigeria 75/1 疫苗为主，其他疫苗有 Sungri/96、Arasur/87 和 Coimbatore/97 疫苗。然而，这些弱毒疫苗热稳定性较低，是一个很大的缺陷。因此提高疫苗稳定性是保证小反刍兽疫病毒弱毒疫苗效力的关键所在。同时，小反刍兽疫病毒灭活疫苗与弱毒疫苗一样，能在羊体内产生有效的保护力，具有商业疫苗的生产潜力。

目前国外小反刍兽疫疫苗主要有：小反刍兽疫病毒减毒活疫苗 Nigeria 75/1 毒株、Arasur 87 毒株（绵羊源）、Coimbatore 97 毒株（山羊源）、TCRP 弱毒疫苗、Sungri/96 毒株疫苗；热稳定 PPR 疫苗 PPR/Revati 和 PPR/Jhans、Vero 细胞培养减毒疫苗；牛瘟重组痘苗病毒疫苗；杆状病毒、杆状病毒家蚕表达 PPRV 的 H 重组糖蛋白疫苗；PPR 和 GP 联合疫苗、PPR 和绵羊源羊痘疫苗（SPV RM65）弱毒苗，PPR 和 SP 联合疫苗等。

目前我国已引进生产和使用了 Nigeria 75/1 毒株小反刍兽疫病毒减毒活疫苗，研制注册了小反刍兽疫活疫苗（Clone9 株）、灭活疫苗及其联苗，在疫情控制中发挥了关键作用。

② 羊痘、羊口疮疫苗。对羊痘、羊口疮的防控，目前世界各国使用的疫苗均为弱毒疫苗。

在羊痘的防控，摩洛哥和印度均使用羊痘罗马尼亚毒株（SSP）疫苗，保护率为87.5%～100%。在巴基斯坦、阿尔及利亚、阿富汗、阿尔巴尼亚、巴林、埃塞俄比亚、马来西亚以及中东地区等 10 国均使用 RM-65（SPP）毒株疫苗，保护率达到 80%～100%。在以色列和肯尼亚使用约旦生物工业中心（JOVAC）研制的 Kenyavac（KSGP O-240）和 Jovivac（RM65）弱毒疫苗，沙特阿拉伯使用兽医疫苗研究所（SAVVI）研制的羊痘弱毒疫苗（罗马尼亚毒株），蒙古主要使用 Biocombinat SOI 研发的羊痘弱毒疫苗（Perego 毒株），土耳其主要使用绵羊痘病毒制备的弱毒疫苗（Bk 毒株）进行羊痘的防控，保护率可达 100%。

在羊口疮的防控，伊朗、印度以及美国使用弱毒组织培养疫苗。在无羊痘、牛皮肤结节病流行的国家尤其欧洲等地的发达国家，由于弱毒疫苗均不能区分自然感染动物和疫苗免疫动物（DIVA），研制灭活疫苗、亚单位（多肽）疫苗以及 DNA 疫苗等新一代疫苗成为新的发展方向和热点，但新一代疫苗均处于研发试验阶段。

目前我国注册和生产有羊痘鸡胚化弱毒疫苗和羊口疮弱毒细胞冻干苗，其中羊痘弱毒疫苗包括绵羊痘病毒鸡胚化弱毒疫苗（CVCC AV44）和山羊痘病毒弱毒疫苗（CVCC AV41），前者主要防控绵羊痘，后者同时预防绵羊痘和山羊痘。目前我国计划重点研发小反刍兽疫、羊痘二联活疫苗，羊口疮羊痘病毒载体二联活疫苗，其他新型疫苗均在研发中，尚未有注册疫苗。

③ 蓝舌病疫苗。国内还没有商品化的蓝舌病疫苗。蓝舌病病毒（BTV）有 29 个不同的血清型，不同血清型之间无交叉保护作用，每种疫苗仅能提供型特异性的保护，因此常用不同血清型的减毒株混合物多价疫苗防控该病。目前，国外主要使用弱毒疫苗和灭活疫苗防控蓝舌病，其中弱毒疫苗在南非已使用几十年，近年来国外对 BTV-1 和 BTV-6 弱毒疫苗进行改造提高其安全性。商品化蓝舌病病毒灭活疫苗有 BTV-2 型、BTV-4 型、BTV-1 型、BTV-8 型和 BTV-9 型单价灭活疫苗和 BTV-2 型/BTV-4 型多价灭活疫苗。2008 年欧洲用梅里亚的 MERIABTVPUR ALSAPR 8 和英特威的 BOVILIS R BTV8 两种灭活疫苗控制 BTV-8。但灭活疫苗和减毒活疫苗均不能区分自然感染动物和疫苗免疫动物，因此研制新型安全有效能区分自然感染动物的疫苗是其研究方向。

国外利用蓝舌病病毒的 4 种主要结构蛋白 VP2、VP5、VP3 和 VP7 研制不具有感染性的 BTV-1 型、BTV-2 型、BTV-8 型多价或单价病毒样颗粒疫苗；蓝舌病活载体疫苗有重组牛痘疫苗、重组羊痘疫苗、重组金丝雀痘疫苗、重组马疱疹病毒疫苗和重组水疱型口炎病毒疫苗等，其中以金丝雀痘为载体的重组蓝舌病病毒疫苗效果最理想；但无论是蓝舌病病毒样颗粒疫苗还是重组载体疫苗现都处于研发阶段，还没有新一代安全有效的 DIVA 蓝舌病疫苗可供使用。

在国外，适于绵羊蓝舌病防控使用的疫苗主要有 BTV 弱毒疫苗（鸡胚培养 BTV-10、BTV-11 和 BTV-17 毒株），BTV 灭活疫苗（BTV-1、BTV-2、BTV-4、BTV-8 和 BTV-9 毒株），BTV 自体疫苗，BTV、多血清型 EHDV 和细菌抗原/毒素的多联自体疫苗。基因修饰的弱毒活疫苗主要有 5 种，其中 BTV-2、BTV-9、BTV-4 和 BTV-16 用于免疫羊，BTV-2、BTV-4 和 BTV-16 用于牛，该类疫苗在美国广泛应用，可鉴别自然感染与免疫动物。

5.1.3.4.2 羊细菌病疫苗

我国批准的羊细菌病疫苗产品较多，除与牛通用的布鲁杆菌病、破伤风、气肿疽、炭疽疫苗外，主要有预防山羊传染性胸膜肺炎的疫苗，如山羊传染性胸膜肺炎组织灭活疫苗、山羊传染性胸膜肺炎灭活疫苗（山羊支原体山羊肺炎亚种 M1601 株）和山羊传染性胸膜肺炎二联灭活疫苗；预防绵羊支原体肺炎的疫苗，如绵羊肺炎支原体灭活苗、绵羊肺炎支原体-丝状支原体二联灭活疫苗以及绵羊肺炎支原体-山羊支原体山羊肺炎亚种二联灭活苗；预防羊梭菌病的疫苗包括羊黑疫、快疫二联苗，羊快疫、猝狙、肠毒血症三联灭活疫苗，羊快疫、猝狙、羔羊痢疾、肠毒血症三联四防灭活疫苗，羊快疫、猝狙、肠毒血症三联灭活疫苗和羊梭菌病多联干粉灭活疫苗。另外，也包括羊大肠杆菌灭活疫苗，羊败血性链球菌病活疫苗，羊流产衣原体病灭活疫苗，以及羊衣原体基因工程亚单位疫苗和犊牛、羔羊大肠杆菌病、B 型产气荚膜梭菌病基因工程灭活疫苗等，其他疫苗均在研发中。

① 羊支原体病疫苗。预防山羊传染性胸膜肺炎的疫苗，国内已批准的包括 20 世纪 50 年代研发的山羊传染性胸膜肺炎组织灭活疫苗、山羊传染性胸膜肺炎灭活疫苗（山羊支原体山羊肺炎亚种 M1601 株）、山羊传染性胸膜肺炎二联灭活疫苗等 3 种纯培养物灭活疫苗。目前国内正在利用新技术改进灭活疫苗、异源替代疫苗和亚单位疫苗，正在尝试传统灭活疫苗与其他重要疫病（如羊痘）的多联疫苗的探索。在国外，仅非洲肯尼亚和埃塞俄比亚生产一种皂苷灭活的纯培养物疫苗，但免疫效果并不确实。国际家畜研究所正在研制

人工诱变的弱毒株疫苗。

预防绵羊支原体肺炎疫苗，国内已批准的包括兰州兽医研究所研制的绵羊肺炎支原体灭活苗及其与丝状支原体的二联灭活疫苗，以及 2017 年获批的中监所研制的绵羊肺炎支原体和山羊支原体山羊肺炎亚种二联灭活苗。此外，也有研制"自家"分离株灭活疫苗。目前国外还未见商业化疫苗，仅用自家苗预防该病。

羊支原体病疫苗的前沿研究，应考虑其不同分离株间存在广泛的抗原异质性和遗传多样性特性，重新评估商业化疫苗的本地菌株的适应性与优势。经过基因分型方法对流行菌株进行分类，评估不同基因型菌株间的交叉保护性；通过基因组和免疫蛋白组分析鉴定广谱的疫苗候选靶标。

② 羊梭菌病疫苗。目前国外在该病的预防方面，使用的商品化梭菌疫苗主要是甲醛灭活苗，如 Ultrabac 和 Somubac，并在绵羊、山羊和牛上使用了很多年。由于产气荚膜梭菌多价苗都是经人工培养标准强毒菌株，采用物理或化学方法将其毒性去除后制成，疫苗生产条件要求不高，使用安全，因而应用广泛。

目前国内防控羊产气荚膜梭菌病的疫苗是魏氏梭菌多价灭活苗，并在全国范围内使用。主要有：羊黑疫、快疫二联疫苗，羊快疫、猝疽、肠毒血症三联灭活疫苗，羊快疫、猝疽、羔羊痢疾、肠毒血症三联四防灭活疫苗，羊梭菌病多联干粉灭活疫苗和犊牛、羔羊大肠杆菌病、B 型产气荚膜梭菌病基因工程菌灭活疫苗。

目前国内牛羊梭菌病疫苗品种多，但多数疫苗制苗菌株老化，免疫效果不佳，筛选流行菌株制备新疫苗是大势所趋。

③ 羊曼氏杆菌、巴氏杆菌病疫苗。曼氏杆菌和巴氏杆菌是引起羊肺炎的重要病原，常常混合感染。国外已有羊溶血性曼氏杆菌病疫苗和羊多杀性巴氏杆菌病疫苗的应用。由 A1 型溶血性曼氏杆菌菌种和类毒素组成的商业疫苗 OneShotUltra8 对羔羊具有一定的免疫保护效果；埃塞俄比亚国家兽医研究所研制出 A 型多杀性巴氏杆菌灭活疫苗，处于临床试验阶段。国内对羊溶血性曼氏杆菌病疫苗和羊巴氏杆菌病疫苗研究较少，尚无羊溶血性曼氏杆菌病和羊多杀性巴氏杆菌病的商品化疫苗。多价疫苗是未来预防曼氏杆菌病和巴氏杆菌病的方向。

④ 羊衣原体病疫苗。预防羊衣原体病的疫苗，国内已注册的产品包括羊流产衣原体病灭活疫苗（1989 年）、羊衣原体基因工程亚单位疫苗（2014 年）。在国外，对羊衣原体病疫苗的研究主要集中在弱毒疫苗、MOMP 蛋白的亚单位疫苗和 DNA 疫苗，但只有一种商品化的羊衣原体病弱毒疫苗（1B 株）。

由于衣原体病灭活疫苗具有较好的免疫效果，如何改进其疫苗生产工艺、提高疫苗质量和降低生产成本，如何鉴定保护性抗原靶标、研发基因工程疫苗是其研究方向。

⑤ 羊李氏杆菌病疫苗。由于李氏杆菌血清型变种较多，且主要的免疫应答是细胞免疫，目前尚无注册的商品化疫苗。此外，由于李氏杆菌灭活后不能产生溶血素等毒力因子，其灭活疫苗的免疫效价较低，免疫效果不佳。一些研究证实，以溶血素作为添加剂能增强灭活疫苗的免疫保护效果，但溶血素毒性很强，很容易导致宿主出现毒性反应，甚至死亡。目前以体外表达的 P60 蛋白作为灭活疫苗的添加剂，使甲醛灭活的疫苗的免疫保护效果大大提高。

⑥ 羊链球菌病疫苗。目前国内获批的预防羊链球菌病的疫苗主要有羊败血性链球菌病活疫苗和灭活疫苗。其中羊败血性链球菌病灭活疫苗的生产企业有数家，而活疫苗的生产企业仅一家。

牛羊细菌病的多联多价疫苗研制可成为防控链球菌、巴氏杆菌、溶血性曼氏杆菌等多种细菌性感染的新方向。

5.1.3.4.3 寄生虫病疫苗

与牛寄生虫病疫苗类似，预防羊的寄生虫病商品化疫苗较少，国外获批的有牛羊肺线虫疫苗、捻转血毛线虫 H11 抗原疫苗、绵羊棘球蚴病 EG95 疫苗、羊带绦虫病的 *45W* 基因工程疫苗和绵羊弓形虫病的 Toxovax 疫苗。其他疫苗均在研发阶段。

① 棘球蚴病疫苗。在肝包虫病防控，我国 2010 年前后从新西兰引进 EG95 融合表达蛋白的羊棘球蚴病疫苗，并在我国获得一类新兽药证书，用于羊棘球蚴病的防控。EG95 蛋白是目前公认的最具发展前景的棘球蚴病候选疫苗抗原，由于原核表达系统表达的 GST 融合蛋白制备疫苗的工艺比较复杂、成本高，国内目前利用酵母表达系统高密度发酵工艺研制真核细胞表达蛋白的羊棘球蚴病疫苗，并已技术转让，与企业合作开发。今后筛选疫苗候选抗原分子，研制多价疫苗是其发展方向。

脑棘球蚴病防控，目前还没有商品化疫苗。现主要围绕脑多头蚴病的标志物，开展脑多头蚴 Tm18、Tm16、Tm45W、TmAdh1（黏着蛋白）和 TmENO（烯醇酶）保护性抗原的筛选和抗原表位鉴定，其中 TmAdh1 蛋白和 Tm18 可作为羊脑多头蚴病疫苗研制的候选抗原。

② 捻转血矛线虫病疫苗。捻转血矛线虫对放牧牛羊影响较大，常规驱虫效果不理想，但目前还没有获批的疫苗。筛选具有诱导保护性免疫反应的疫苗候选抗原，是捻转血矛线虫病防治研究中的热点之一。目前研究较多的捻转血矛线虫抗原主要有：ⅰ）隐蔽抗原，主要包括 H11、血矛线虫半乳糖糖蛋白复合物以及半胱氨酸蛋白酶等；ⅱ）天然抗原，如成虫 15/24 ES 抗原和捻转血矛线虫感染性三期幼虫表面抗原；ⅲ）重组蛋白抗原，如捻转血矛线虫组织蛋白酶 L（Hc-CPL-1）等。

捻转血矛线虫病疫苗研究的发展方向：捻转血矛线虫病疫苗研制非常困难，然而线虫耐药性等诸多问题使越来越多的学者致力于疫苗研究。捻转血矛线虫等胃肠道线虫病疫苗的发展趋势主要集中在以下几方面：新的疫苗候选抗原的鉴定，利用寄生性线虫的细胞系表达抗原，秀丽隐杆线虫作为表达系统大量制备疫苗候选抗原。

③ 片形吸虫病疫苗。目前，国内外还没有商品化的疫苗产品，研究主要集中在疫苗候选抗原分子的筛选鉴定上。研究发现，谷胱甘肽 S-转移酶（GST）和组织蛋白酶 L（CP-L）分子疫苗对肝片形吸虫感染均具有免疫保护作用，并显示出良好的应用前景。针对我国肝片形吸虫病流行区经济相对落后、化学药物和上市疫苗费用昂贵等问题，肝片形吸虫病可食植物疫苗即苜蓿疫苗应用前景广阔。此外，多表位疫苗、DNA 疫苗等也是一个研究方向。

5.1.4　宠物及军警动物用疫苗

随着我国老龄化社会的到来，宠物作为许多家庭"成员"在现代生活中的作用日显突出；军警犬等工作犬在维护国家安全、打击犯罪等领域具有不可替代的作用。但宠物也是多种病原的宿主和传播媒介，是狂犬病等多种人畜共患病的传染源，严重威胁人类健康和国家生物安全。宠物健康对于我国公共卫生和生物安全、人类精神生活、生命科学研究和野生动物保护都有重要的作用。

目前，宠物数量日益增多，宠物疾病也越来越复杂。狂犬病作为危害人和犬猫的重要人畜共患病一直受到高度重视，近几年公共卫生安全和动物狂犬病防控体系建立，狂犬病得到了有效的控制。除狂犬病外，危害犬的主要传染病包括犬瘟热、犬细小病毒病、犬腺病毒病、犬副流感等；危害猫的主要传染病包括猫泛白细胞减少症（猫瘟热）、猫杯状病毒病、猫鼻气管炎等。这些传染病的发生给宠物健康带来较大影响。

狂犬病公共卫生意义重大，动物狂犬病疫苗的开发一直受到重视，目前已有多种狂犬病灭活疫苗推广应用。犬、猫用疫苗的开发我国起步较晚，尤其猫用疫苗目前国内还没有产品上市，我国宠物用疫苗大部分被进口疫苗垄断。近几年，国内相关研究机构陆续开展犬、猫专用疫苗开发，我国未来犬、猫疫苗国产化率低的状况将得到有效缓解。

5.1.4.1　狂犬病疫苗

狂犬病（rabies）是由狂犬病病毒（rabies virus，RABV）感染引起的、以脑脊髓炎为特征的高度致死性的人畜共患传染病。狂犬病主要在犬科动物（如犬、狼等）中传播，动物通过互相间的撕咬而传播病毒。不同动物和人感染狂犬病的症状主要以脑脊髓炎为主要特征，通常初期表现为不安或不适，中期表现兴奋，后期表现为麻痹。中国的狂犬病主要由犬传播，家犬可以成为无症状携带者，所以表面"健康"的犬对人的健康危害很大。人多因被病兽咬伤而感染，对于狂犬病尚缺乏有效的治疗手段，人患狂犬病后的病死率几乎 100%。

在我国批准上市用于预防犬的狂犬病疫苗主要包括弱毒活疫苗和灭活疫苗两类。

5.1.4.1.1　活疫苗

我国批准两种注射用活疫苗（ERA 株和 Flury-LEP 株）在犬中应用，也曾批准过两种基于 ERA 株的犬狂犬病、犬瘟热、犬副流感、犬腺病毒、犬细小病毒病五联活疫苗。由于担心长期应用活疫苗可能造成毒株毒力返祖，WHO 没有推荐该类活疫苗在动物中注射使用，我国遵循国际习惯做法，已禁止注射用狂犬病活疫苗的使用。

5.1.4.1.2　狂犬病组织灭活疫苗

1881 年 Louis Pasteur 利用狂犬病病毒固定毒感染家兔，经氢氧化钾处理兔脊髓后制成毒力降低的灭活疫苗，应用于犬并取得成功。1908 年和 1911 年科学家采用石碳酸作为灭活剂，灭活狂犬病病毒固定毒感染的羊脑组织，研制成功灭活疫苗用于犬的免疫接种。我国 1965 年才开始生产和使用狂犬病羊脑组织灭活疫苗。目前组织灭活疫苗不再使用。

5.1.4.1.3　狂犬病细胞培养灭活疫苗

1958 年狂犬病病毒在仓鼠肾细胞培养成功，随后选育出了一系列狂犬病病毒细胞适应株，包括 PV 株、PM 株、CVS 株、SAD 株、ERA 株、Flury 株等，可以采用 Vero 细胞、PK 细胞、人二倍体细胞、仓鼠肾细胞等原代细胞和传代细胞作为培养基质进行狂犬病病毒的高滴度培养，狂犬病病毒纯度高，易于下游浓缩纯化，利于产品质量控制。狂犬病病毒的灭活方法由早期的石碳酸和甲醛，逐渐被 β-丙内酯（BPL）、乙酰甲基亚胺（BEI）替代。

5.1.4.1.4　狂犬病基因工程灭活疫苗

科研人员利用反向遗传技术构建了一个含有 3 个同源 G 基因的重组狂犬病病毒

RV-r3G 株，采用重组狂犬病病毒 RV-r3G 株接种仓鼠肾细胞（BHK-21），开发了狂犬病基因工程灭活疫苗，获得了新兽药注册证书并在临床上推广应用。

截至目前，我国已批准上市的狂犬病灭活疫苗有 9 种，包括中国兽医药品监察所的狂犬病灭活疫苗（Flury LEP 株）、中国人民解放军军事医学科学院的狂犬病灭活疫苗（CVS-11 株）等，主要以单苗形式应用。多采用 Vero 细胞、BHK-21、PK 细胞等传代细胞制备狂犬病病毒抗原。此外，近些年细胞高密度悬浮培养和浓缩纯化等生产工艺在灭活疫苗生产中也得到了普遍应用，如辽宁成大动物药业有限公司开发的狂犬病灭活疫苗采用了微载体悬浮培养技术。

OIE 规定狂犬病灭活疫苗效力为每个剂量不小于 1.0IU，同时规定，一个剂量狂犬病灭活疫苗免疫犬后，在规定的免疫持续期内结束后，以野毒攻击，能保证免疫的 10～30 只犬攻毒后观察 3 个月，存活 80% 以上。目前国内进口注册的狂犬病灭活疫苗效力每个剂量均在 1.0IU 以上，适用于 3 月龄以上犬，接种一次，每年加强免疫一次。国产的狂犬病灭活疫苗效力均在 2.0IU 以上，适用于 3 月龄以上犬，初免时接种两针，间隔两周，以后每年加强免疫一次。

5.1.4.2　犬（包括宠物犬）和军警犬用疫苗

5.1.4.2.1　犬瘟热（canine distemper，CD）

是由犬瘟热病毒（canine distemper virus，CDV）感染引起犬的一种急性、高度接触性传染病。临床表现为双相热，呼吸道、胃肠道、消化道和神经系统症状。2～12 月龄幼年犬最易感，死亡率高达 80%，是危害犬的主要传染病之一。1905 年 Carré 鉴定其病原为病毒，因此本病又称 Carré 病。我国在 1980 年分离到 CDV，目前该病在世界各地均有发生。

目前 CDV 抗原仅一个血清型。在 20 世纪 50～60 年代科学家通过鸡胚传代驯化了犬瘟热病毒弱毒株 Lederle 株和 Onderstepoort 株，之后采用犬肾传代细胞驯化了 Rockborn 株等，并相继开发了犬瘟热弱毒活疫苗，有效地控制了犬瘟热的发生。我国犬瘟热疫苗研究起步于 20 世纪 80 年代，由夏咸柱院士率先开展研究，并开发了用于犬的疫苗。

5.1.4.2.2　犬细小病毒病

是由犬细小病毒（canine parvovirus，CPV）感染幼犬引起的一种急性传染病，是宠物犬、实验犬和工作犬（军犬、警犬、导盲犬等）的主要传染病之一。临床上有肠炎型和心肌炎型两种表现型，肠炎型最为常见，以呕吐、出血性肠炎为特征。犬细小病毒 1978 年首次发现，世界各地均有流行，是危害犬类的最主要的烈性传染病之一。

自然界 CPV 遗传进化中，其 VP2 蛋白氨基酸个别表位出现了变异。初期分离的病毒为 CPV-2 型，目前世界范围内不同地区犬细小病毒已经由最初的 CPV-2 型逐渐演变成 CPV-2a、CPV-2b、CPV-2c 等多种亚型。流行病学研究表明我国目前犬细小病毒三个亚型并存，以 CPV-2a 亚型为主，但近几年 CPV-2c 亚型分离率逐年升高。早期科学家采用猫肾传代细胞（CRFK 或 F81）驯化 CPV-2 型犬细小病毒弱毒株用于预防犬细小病毒病，对 CPV-2a、CPV-2b 等亚型也具有较好的保护作用。国内相关研究机构正在开展 CPV-2a 或 CPV-2b 亚型犬细小病毒致弱驯化工作。

5.1.4.2.3　犬腺病毒病

是由犬腺病毒（canine adenovirus，CAV）引起的传染性疾病，是危害犬健康的重要传染病之一。犬腺病毒分两种血清型：犬腺病毒1型（CAV-1）即犬传染性肝炎病毒，主要引起传染性肝炎以及其他一些疾病；犬腺病毒2型（CAV-2）即犬喉气管炎病毒，其主要引起呼吸道疾病，是引起"犬窝咳"的主要病原之一。

犬腺病毒属于腺病毒科哺乳动物腺病毒属成员。CAV为线性的双链DNA病毒，基因组长30～31kb。CAV-2与CAV-1在血清学上有明显的交叉反应。国外科研工作者早期研制成的犬腺病毒1型细胞弱毒苗免疫效果极佳，接种一个剂量能产生终生免疫，但该疫苗可使部分免疫犬发生所谓的"蓝眼"病变或肾病。到1978年开发了犬腺病毒2型细胞弱毒苗，未见这些副作用，同时能预防犬传染性肝炎和犬喉气管炎。目前各国几乎均以CAV-2型弱毒疫苗来预防犬腺病毒病，接种CAV-2型弱毒疫苗的动物产生抗CAV-2型抗体，这种抗体也能抵抗CAV-1型病毒的感染。

5.1.4.2.4 犬副流感

是犬副流感病毒（canine parainfluenza virus，CPIV）感染引起犬的主要的呼吸道传染病，是"犬窝咳"主要病原之一。犬副流感主要发生于4月龄以内幼犬。

犬副流感病毒属于副黏病毒科成员，基因组为单链RNA病毒。CPIV血清型分析属于副流感病毒2型。

5.1.4.2.5 国产犬用疫苗产业发展

目前国内批准使用的犬疫苗主要有犬瘟热、犬细小病毒病二联活疫苗（简称犬二联活疫苗）和犬瘟热、犬副流感、犬腺病毒病、犬细小病毒病四联活疫苗（简称犬四联活疫苗）。

① 犬瘟热、犬副流感、犬腺病毒病、犬细小病毒病四联活疫苗。20世纪90年代，原中国人民解放军农牧大学夏咸柱院士研发了我国第一个犬用狂犬病、犬瘟热、犬副流感、犬腺病毒病、犬细小病毒病五联活疫苗，之后中国人民解放军第三军医大学相继开发了犬用狂犬病、犬瘟热、犬副流感、犬腺病毒病、犬细小病毒病五联活疫苗。由于担心长期应用狂犬病活疫苗可能造成毒株毒力返祖，我国遵循国际习惯做法，已禁止注射用狂犬病活疫苗的使用。目前市场上应用的均为犬四联活疫苗。此外国内相关机构开发的犬瘟热、犬腺病毒病、犬细小病毒病三联活疫苗和犬四联活疫苗在新兽药临床试验评价阶段。

② 犬瘟热、犬细小病毒病二联活疫苗。北京大北农科技集团股份有限公司等单位开发的犬瘟热、犬细小病毒病二联活疫苗获得新兽药注册证书。普莱柯生物工程股份有限公司研发的犬二联活疫苗已进入新兽药临床评价。

5.1.4.3 猫用疫苗

猫泛白细胞减少症，又称猫瘟热（feline infectious enteritis），是由猫泛白细胞减少症病毒（feline panleucopenia virus，FPV）引起的一种以高热、白细胞减少、肠炎为特征的疾病，1957年Bilin等首次成功分离出FPV，我国1983年由李刚等从猫体内成功分离出FPV。

猫泛白细胞减少症潜伏期2～5d，以1岁以内幼龄猫多发。6月龄以内的幼猫多呈急性发病，体温升高40℃以上，不出现任何症状突然死亡。6个月以上的猫多呈亚急性临床，体温升高到40℃左右，持续1～2d；病猫精神不振，厌食，顽固性呕吐，粪便黏稠样，后期带血，严重脱水，贫血。血象分析可见白细胞迅速减少，可降至5000个/mm^{3}以下。多于5～6d死亡，死亡率一般为60%～70%。

目前我国仅批准一款进口注册猫用疫苗，即美国礼来公司美国生产厂生产的猫鼻气管炎、嵌杯病毒病、泛白细胞减少症三联灭活疫苗。国内许多研发机构积极投身猫用疫苗研究，多款猫用三联疫苗已通过评价上市。

目前犬用狂犬病疫苗国内已开发了多款全病毒狂犬病灭活疫苗，并在培养工艺和下游浓缩纯化工艺方面开展了大量研究，国产狂犬病灭活疫苗质量明显提高。基于狂犬病毒 G 基因的基因工程亚单位疫苗开发有望进入市场。

国内犬用疫苗多集中于狂犬病疫苗和犬瘟热、犬副流感、犬腺病毒病、犬细小病毒病四联活疫苗，危害犬的其他重要传染病，如犬冠状病毒病、钩端螺旋体病、弓形虫病和犬流感等有待加快产品开发，可与犬四联活疫苗联合使用，减少免疫次数，保护宠物健康。

猫用疫苗目前开发的均为病毒培养灭活疫苗，由于灭活疫苗免疫持续期短，同时灭活疫苗含有免疫佐剂，易使猫出现一过性热反应。欧美国家猫用疫苗以弱毒活疫苗较多，国内需要开展猫多联弱毒活疫苗产品开发。此外，近几年基因工程亚单位疫苗技术日趋成熟，国内多家研究机构正致力于猫基因工程疫苗研究，未来在猫传染病控制领域将发挥作用。

5.1.5　特种经济动物用疫苗

我国特种经济动物养殖业从 20 世纪 50 年代发展至今，已成为我国畜牧业的重要组成部分。我国饲养的特种经济动物种类主要有毛皮动物（包括水貂、狐狸、貉等）、兔、鹿等，据不完全统计，目前我国水貂、狐狸、貉存栏量超过 4000 万只，兔存栏量 3 亿只以上。

随着特种经济动物养殖的规模化发展，各种传染病也不断发生。毛皮动物主要传染病有犬瘟热、水貂病毒性肠炎、水貂阿留申病、狐狸脑炎等，兔主要传染病有兔病毒性出血症、兔多杀性巴氏杆菌病、兔魏氏梭菌病等。犬瘟热是危害水貂、狐狸、貉最主要的病毒性传染病，规模化养殖场一旦感染后造成很高的死亡率。兔病毒性出血症是危害兔养殖业最主要的传染病，兔群感染后造成毁灭性损失。目前预防特种经济动物传染病最有效的方法是疫苗免疫接种。在 20 世纪 80 年代我国特种经济动物养殖业发展初期，为有效控制传染病发生，国内相关研究机构相继开发了兔病毒性出血症组织灭活疫苗、犬瘟热鸡胚成纤维细胞活疫苗等产品，有效地控制了特种经济动物疫病的发生。随着细胞生物学、分子生物学技术等新兴技术的发展，国内相关机构开发了系列基于传代细胞培养的疫苗、多联多价疫苗以及基因工程疫苗，新型疫苗更安全、有效，质量更可控，对特种经济动物疫病控制发挥了重要作用。

5.1.5.1　毛皮动物疫苗

5.1.5.1.1　毛皮动物犬瘟热疫苗

犬瘟热（canine distemper，CD）是由犬瘟热病毒（canine distemper virus，CDV）引起的一种急性、热性、传染性极强的高度接触性传染病。水貂、狐狸、貉等毛皮动物对该病毒易感染，已广泛存在于包括中国在内的所有毛皮动物养殖国家。1905 年 Garre 证实犬瘟热的病原为一种病毒。1928 年 Rudolf 报道了水貂犬瘟热病。1968 年水貂犬瘟热首次在我国黑龙江省发生，其后在吉林、辽宁、山东、河北、河南等省发生，同时在银黑狐、北极狐、貉等动物中流行，给我国毛皮动物饲养业造成了巨大的经济损失。

水貂、狐狸、貉对 CDV 均易感，尤其 2～10 月龄幼龄动物易感性更高，感染后其临床表现有所不同。

水貂犬瘟热临床表现：潜伏期 3～5d。病程初期精神不振，食欲减退，鼻镜干燥，体温升高，达 40～41℃。随着病程进展，眼部出现浆液性、黏液性乃至化脓性眼眵，附着在内眼角或整个眼裂周围；鼻流清涕或黏性、脓性鼻漏，口裂和鼻部皮肤增厚，黏着糠麸样或豆腐渣样的干燥物。病貂被毛蓬乱，无光泽，毛丛中有谷糠样皮屑，散发出一种特殊的腥臭味。病貂排稀便、黏便，混有蛋清样黏液甚至煤焦油样血便。病程平均 3～10d，多数转归死亡。

狐狸、貉犬瘟热临床表现：潜伏期 3～5d。病程初期精神不振，食欲减退，体温升高达 40～41℃。部分狐狸、貉出现浆液性或脓性眼鼻分泌物症状。动物出血腹泻，排稀便、黏便，严重者出现血便；狐狸腹泻后期出现脱肛现象。多数动物转归死亡。

目前我国批准的预防毛皮动物犬瘟热疫苗主要为弱毒活疫苗，包括单苗和二联疫苗。

① 原代细胞培养活疫苗：中国农业科学院特产研究所在国内最早引进犬瘟热鸡胚传代疫苗活疫苗（Lederle 株），并将犬瘟热弱毒适应于鸡胚成纤维细胞（CEF），研制成功犬瘟热鸡胚成纤维细胞（CEF）弱毒活疫苗，用于预防水貂、狐狸、貉犬瘟热的发生。疫苗对断奶后 2 周水貂、狐狸、貉一次免疫的免疫保护期可长达 6 个月以上。该产品在国内应用了 30 余年，对预防毛皮动物犬瘟热的发生发挥了重要作用。由于该疫苗采用鸡胚成纤维细胞生产，制备工艺烦琐，同时产品为液态冷冻疫苗，规模化生产质量控制、生产成本和储存条件的因素制约了该疫苗的市场推广，目前仅少量生产。

② 传代细胞培养活疫苗：中国农业科学院特产研究所、齐鲁动物保健品有限公司等单位分别采用非洲绿猴肾传代细胞（Vero）培养犬瘟热病毒弱毒株，研制了用于预防毛皮动物的犬瘟热活疫苗。

③ 水貂犬瘟热、病毒性肠炎二联活疫苗：华威特（江苏）生物制药有限公司、上海启盛生物科技有限公司等单位分别采用传代细胞培养水貂犬瘟热弱毒株和水貂病毒性肠炎弱毒株研制了二联活疫苗，市场应用表明二联活疫苗预防水貂犬瘟热和病毒性肠炎效果良好。

截至目前，我国已批准上市的预防水貂、狐狸的犬瘟热活疫苗有 6 种，包括单苗和二联活疫苗。二联活疫苗市场越来越受到重视。已批准的产品包括：水貂犬瘟热活疫苗（CDV3 株），CEF 细胞；水貂犬瘟热活疫苗（CDV3-CL 株）；犬瘟热活疫苗（CDV-11 株）；水貂犬瘟热、病毒性肠炎二联活疫苗（JTM 株）；水貂犬瘟热、病毒性肠炎二联活疫苗（CL-08）；水貂犬瘟热、病毒性肠炎二联活疫苗（CDV3-CL 株）。

5.1.5.1.2 水貂病毒性肠炎疫苗

水貂病毒性肠炎（mink parvovirus enteritis）是由水貂肠炎病毒（MEV）感染引起的一种以严重腹泻、呕吐、高热、白细胞减少为特征的高度接触性传染病。水貂病毒性肠炎 1947 年首先发生于加拿大安大略省一些水貂场，此后丹麦、瑞典、荷兰、英国、日本和苏联等国家相继报道有本病。我国 1981 年报道引进的水貂发生疑似水貂病毒性肠炎，高云等证实该病在我国存在。

在自然条件下，本病仅侵袭水貂，呈地方性流行，不同年龄和性别的所有基因型水貂均有易感性，以 6 月龄以内水貂更易感染，而 6～8 周龄水貂为最高。水貂病毒性肠炎传染源主要为带毒动物，通过带毒动物的分泌物、排泄物及污染的饲料，经消化道传染。

目前我国批准的预防水貂病毒性肠炎疫苗主要为灭活疫苗、弱毒活疫苗和基因工程亚单位疫苗三种。

① 组织灭活疫苗：20 个世纪 80 年代水貂病毒性肠炎流行早期，采用发病水貂肠道内容物感染水貂，采用发病水貂的肠道及内容物经甲醛灭活后制成组织灭活疫苗，应用于水貂免疫接种并取得成功。我国 20 世纪 90 年代中早期一直使用组织灭活疫苗预防水貂病毒性肠炎，并取得了较好效果。

② 细胞培养灭活疫苗：20 世纪 90 年代初期，中国人民解放军农牧大学（吉林大学农学部前身）、中国农业科学院特产研究所相继分离鉴定了水貂肠炎病毒，并采用传代细胞实现了放大培养，在此基础上成功研制了水貂病毒性肠炎细胞培养灭活疫苗，获得了农业农村部新兽药注册批准，目前在市场上普遍应用，对控制水貂病毒性肠炎发挥了重要作用。此外，近些年细胞高密度悬浮培养生产工艺在水貂病毒性肠炎灭活疫苗生产中也得到了普遍应用。

③ 基因工程亚单位灭活疫苗：齐鲁动物保健品有限公司和普莱柯生物工程股份有限公司分别采用杆状病毒载体表达 MEV 的 VP2 蛋白，研制了用于预防水貂病毒性肠炎的基因工程亚单位灭活疫苗，市场应用效果良好。

④ 水貂犬瘟热、病毒性肠炎二联活疫苗：华威特（江苏）生物制药有限公司、上海启盛生物科技有限公司等单位分别采用传代细胞培养水貂犬瘟热弱毒株和水貂病毒性肠炎弱毒株研制了二联活疫苗，均获得了农业农村部新兽药注册证书，市场应用表明二联活疫苗预防水貂犬瘟热和病毒性肠炎效果良好。

截至目前，我国已批准上市的预防水貂病毒性肠炎的疫苗有 7 种，包括单苗和二联活疫苗。已批准的产品包括：水貂细小病毒性肠炎灭活疫苗（MEVB 株）；水貂病毒性肠炎灭活疫苗；水貂病毒性肠炎灭活疫苗（MEV-RC1 株）；水貂肠类病毒杆状病毒载体灭活疫苗（MEV-VP2 株）；水貂犬瘟热、病毒性肠炎二联活疫苗（JTM 株）；水貂犬瘟热、病毒性肠炎二联活疫苗（CL-08 株）；水貂犬瘟热、病毒性肠炎二联活疫苗（CDV3-CL 株）。

5.1.5.1.3　水貂出血性肺炎疫苗

水貂出血性肺炎（mink hemorrhagic pneumonia），是由铜绿假单胞菌（*Pseudomonas aeruginosa*）感染引起的水貂的一种急性传染病。主要发生在每年 9～11 月份水貂换毛季节，以出现呼吸困难、鼻孔流出红色带泡沫液体、急性死亡为主要症状，剖检可见整个肺叶弥漫性出血和败血症变化。2006 年随着我国水貂养殖业集约化程度提高，该病在我国大连地区暴发流行，之后随着水貂调运该病在国内水貂主要养殖区域普遍存在。我国学者在水貂出血性肺炎研究过程中采用了日本血清分型系统，通过对引起水貂出血性肺炎的绿脓杆菌（铜绿假单胞菌旧称）进行流行病学分析，确定 G 型和 B 型绿脓杆菌为主要血清型，其中 G 型占 90％以上，此外 C 型和 D 型也时有发生，近几年部分地区有逐年增加的趋势。

目前我国批准的预防水貂出血性肺炎疫苗均为灭活疫苗，以多联多价苗为主。

由于水貂出血性肺炎发病急、死亡快，几乎没有治疗机会，因此疫苗接种是预防水貂出血性肺炎的有效手段。国内中国农业科学院特产研究所率先开展了水貂出血性肺炎疫苗研究，之后齐鲁动物保健品有限公司等相关机构相继开展了水貂出血性肺炎疫苗多联多价疫苗开发，截至目前我国已批准上市的预防水貂出血性肺炎的疫苗 4 种。已经批准的产品包括：水貂出血性肺炎二价灭活疫苗（G 型、B 型），2 个产品；水貂出血性肺炎三价灭活疫苗（G 型、B 型、C 型）；水貂出血性肺炎、多杀性巴氏杆菌、肺炎克雷伯菌三联灭活疫苗（G 型）。

5.1.5.1.4　狐狸传染性脑炎疫苗

狐狸传染性脑炎（fox infectious encephalitis）是由 1 型犬腺病毒（canine adenovirus，CAdV）感染引起的狐狸的一种急性、致死性传染病。该病 1925 年在英国首次发现，1959 年分离到病毒并确定为 1 型犬腺病毒。我国 1989 年，钟志宏首次从患脑炎的狐狸中分离到了狐狸脑炎病毒。

狐狸传染性脑炎潜伏期 1～3d，初期精神沉郁和食欲减退，体温升高至 40℃ 以上，之后感觉过敏、易惊，之后出现共济失调、抽搐及至死亡；同时狐狸伴发呕吐和轻度腹泻症状。银黑狐以脑炎为主要症状，北极狐以传染性肝炎为主要症状。

目前我国批准的预防狐狸传染性脑炎疫苗均为活疫苗，以单价疫苗为主。

疫苗是预防狐狸传染性脑炎的有效手段。国内中国农业科学院特产研究所和齐鲁动物保健品有限公司相继开发了狐狸传染性脑炎活疫苗，截至目前我国已批准上市的预防狐狸传染性脑炎的疫苗有 2 种。已批准的产品包括：狐狸传染性脑炎活疫苗（CAV-2C 株）、狐狸传染性脑炎活疫苗（CAV-2RZ 株）。

5.1.5.1.5　狐阴道加德纳菌病疫苗

狐阴道加德纳菌病是由狐狸阴道加德纳菌（*Gardnerella vaginalis* of fox，GVF）感染引起的妊娠狐狸空怀、流产为特征的繁殖障碍性传染病。该病发生有明显的季节性，主要表现为每年繁殖期，多发生在配种后的 20～45d，母狐表现为拒食，妊娠母狐腹围缩小，胚胎被吸收而妊娠终止；妊娠后期母狐可见到流产胎儿。北极狐和银黑狐均易感染，主要通过交配、人工授精传播，引起母狐的阴道炎、子宫颈炎、子宫内膜炎，公狐的睾丸炎。

狐狸阴道加德纳菌为革兰染色阴性小杆菌。目前国内主要流行狐狸阴道加德纳菌血清 1 型。

目前我国批准用于预防狐阴道加德纳菌病的疫苗仅为中国农业科学院特产研究所研发的狐阴道加德纳菌病灭活疫苗。

5.1.5.1.6　水貂肉毒梭菌毒素疫苗

水貂肉毒梭菌毒素中毒是由 C 型肉毒梭菌毒素侵染水貂引起的急性致死性中毒性疾病。水貂饲养过程中需要采食动物性饲料，新鲜的动物性脏器和下脚料通常作为水貂的动物性蛋白补充，由于水貂食用了被 C 型肉毒梭菌污染的动物性饲料而发生中毒性疾病。

肉毒梭菌属于厌氧性梭状芽孢杆菌属，肉毒梭菌在厌氧条件下生长，暴露空气中形成芽孢。该菌在新鲜培养基为革兰染色阳性，并产生细菌外毒素，即肉毒毒素，毒素可抑制呼吸导致死亡。水貂肉毒梭菌毒素中毒发生潜伏期仅几个小时，采食含肉毒梭菌及毒素污染的饲料后在肠道繁殖吸收而出现症状。

目前我国批准用于水貂肉毒梭菌毒素中毒的疫苗主要为青海畜牧兽医研究所开发的灭活疫苗。

5.1.5.2　兔疫苗产业发展

5.1.5.2.1　兔病毒性出血症疫苗

兔病毒性出血症（rabbit haemorrhagic disease，RHD）俗称兔瘟，是由兔出血症病毒（rabbit haemorrhagic disease virus，RHDV）感染引起的兔的一种急性、高度接触性

传染病。该病于1984年首先发生于我国的江苏省，随即蔓延到全国多数地区。此后，世界上许多国家和地区相继报道了本病。本病的特征：呼吸系统和全身其他实质性组织器官出血、淤血、水肿；发病急、潜伏期短、发病率和死亡率高，24～48h内的死亡率可达60%～90%，两月龄以内的乳兔有一定的抵抗力。

目前我国批准的预防兔病毒性出血症疫苗主要为灭活疫苗和基因工程亚单位疫苗两种。

① 组织灭活疫苗：20世纪80年代兔病毒性出血症流行早期，我国学者采用发病兔肝脏病料感染家兔，采用发病兔肝脏、脾脏经甲醛灭活后制成组织灭活疫苗，成功用于兔病毒性出血症的预防。在家兔40～45日龄首免2mL，60～65日龄二免1mL，以后每半年1次，6～8d产生保护抗体。该疫苗对兔病毒性出血症控制起到了至关重要的作用，一直沿用至今；并在此基础上，开发了兔病毒性出血症、多杀性巴氏杆菌病二联灭活疫苗，兔病毒性出血症、多杀性巴氏杆菌病、产气荚膜梭菌病（A型）三联灭活疫苗。由于组织灭活疫苗生产需要用家兔脏器作为原料制备疫苗，质量不可控，同时产业化生产也受到了限制。

② 基因工程灭活疫苗：江苏省农业科学院兽医研究所、齐鲁动物保健品有限公司等国内机构分别采用杆状病毒载体表达RHDV的VP60蛋白，研制了用于预防兔病毒性出血症疫苗的基因工程灭活疫苗，市场应用效果良好。

截至目前，我国已批准上市的预防兔病毒性出血症的疫苗有13种，包括单苗、二联灭活疫苗和三联灭活疫苗。已经批准的产品包括：兔病毒性出血症灭活疫苗；兔病毒性出血症杆状病毒载体灭活疫苗（BAC-VP60株）；兔病毒性出血症、多杀性巴氏杆菌病二联灭活疫苗（皖阜株）；兔病毒性出血症、多杀性巴氏杆菌病、产气荚膜梭菌病三联灭活疫苗（皖阜株）；兔病毒性出血症杆状病毒载体灭活疫苗（VP60株）；兔病毒性出血症、多杀性巴氏杆菌病二联灭活疫苗（AV-34株）；兔病毒性出血症、多杀性巴氏杆菌病、产气荚膜梭菌病三联灭活疫苗（SD-1株）；兔病毒性出血症杆状病毒载体灭活疫苗（RHDV-VP60株）；兔病毒性出血症、多杀性巴氏杆菌病、产气荚膜梭菌病三联灭活疫苗（RHDV-VP60株）；兔病毒性出血症杆状病毒载体灭活疫苗（Re-Bac VP60株）；兔病毒性出血症、多杀性巴氏杆菌病二联灭活疫苗（CD85株）；兔病毒性出血症、多杀性巴氏杆菌病二联蜂胶灭活疫苗（YT株）；兔病毒性出血症、多杀性巴氏杆菌病二联灭活疫苗（LQ株）。

5.1.5.2.2 兔多杀性巴氏杆菌病疫苗

兔多杀性巴氏杆菌病又称兔出血性败血症，是由Fo型多杀性巴氏杆菌引起的，其血清型为7∶A或5∶A，9周龄到6月龄家兔较常发生，一般无季节性。

自然环境下，多杀性巴氏杆菌寄生在家兔鼻腔黏膜和扁桃体内，成为带菌者，在各种应激因素刺激下，如过分拥挤、通风不良、空气污浊、长途运输、气候突变等或在其他致病菌的协同作用下，机体抵抗力下降，病菌易乘机侵入体内，发生内源性感染。9周龄至6月龄兔多发。

目前我国批准的预防兔多杀性巴氏杆菌病疫苗主要为灭活疫苗。

兔多杀性巴氏杆菌病由A型多杀性巴氏杆菌引起。我国学者采用分离的A型多杀性巴氏杆菌研制了兔多杀性巴氏杆菌病灭活疫苗，在此基础上相继开发了兔病毒性出血症、多杀性巴氏杆菌病二联灭活疫苗，兔病毒性出血症、多杀性巴氏杆菌病、产气荚膜梭菌病（A型）三联灭活疫苗。有效地控制了兔多杀性巴氏杆菌病的发生。

截至目前，我国已批准上市的预防兔多杀性巴氏杆菌病疫苗有 11 种，包括单苗、二联灭活疫苗和三联灭活疫苗。已批准的产品包括：兔、禽多杀性巴氏杆菌病灭活疫苗；兔病毒性出血症、多杀性巴氏杆菌病二联灭活疫苗（C51-17 株）；兔病毒性出血症、多杀性巴氏杆菌病、产气荚膜梭菌病三联灭活疫苗（C51-17 株）；兔病毒性出血症、多杀性巴氏杆菌病二联灭活疫苗（QLT-1 株）；兔病毒性出血症、多杀性巴氏杆菌病、产气荚膜梭菌病三联灭活疫苗（QLT-1 株）；兔病毒性出血症、多杀性巴氏杆菌病、产气荚膜梭菌病三联灭活疫苗（SC-0512 株）；兔病毒性出血症、多杀性巴氏杆菌病二联灭活疫苗（C51-17 株）；兔病毒性出血症、多杀性巴氏杆菌病二联蜂胶灭活疫苗（CJN 株）；兔病毒性出血症、多杀性巴氏杆菌病二联灭活疫苗（C51-17 株）；兔病毒性出血症、多杀性巴氏杆菌病、产气荚膜梭菌病三联灭活疫苗（C51-2 株）；家兔多杀性巴氏杆菌病、支气管波氏菌病二联灭活疫苗（A 型）。

5.1.5.2.3 兔产气荚膜梭菌病疫苗

兔产气荚膜梭菌病（clostridium）是由 A 型产气荚膜梭菌（rabbit *Clostridium perfringens*）及其外毒素引起的家兔的一种以剧烈腹泻为特征的急性、致死性肠毒血症。临床症状：急性病例突然发作，急剧腹泻，很快死亡。有的病兔精神不振，食欲减退或不食，粪便不成形，很快变成带血色、胶冻样、黑色或褐色、腥臭味稀粪，污染后躯。

目前我国批准的预防兔产气荚膜梭菌病疫苗主要为灭活疫苗。

兔产气荚膜梭菌病由 A 型产气荚膜梭菌引起。江苏省农业科学院兽医研究所采用分离的 A 型产气荚膜梭菌研制了兔产气荚膜梭菌病灭活疫苗，之后相关机构相继开发了兔病毒性出血症、多杀性巴氏杆菌病、产气荚膜梭菌病（A 型）三联灭活疫苗。有效地控制了兔产气荚膜梭菌病的发生。

截至目前，我国已批准上市的预防兔产气荚膜梭菌病疫苗有 5 种，包括单苗和三联灭活疫苗。在已批准的产品中，除江苏省农科院研制的"兔产气荚膜梭菌。（A 型）灭活疫苗"外，其余产品在兔毒性出血症联苗已经提及，此处不再罗列。

5.1.6 水生动物疫苗

5.1.6.1 水生动物疫苗

水生动物疫苗是指适用于养殖鱼类、两栖类、爬行类等水生脊椎动物，并特异性地针对病毒、细菌、寄生虫等病原的预防性生物制品，具有广泛的作用范围。水生动物疫苗的研究始于 20 世纪 40 年代，1942 年国际首次应用灭活的杀鲑气单胞菌疫苗口服免疫硬头鳟获得成功，开始了疫苗在鱼类中的应用。在 20 世纪 70 年代，世界各国普遍开展水生动物疫苗的研制，并逐步尝试商品化生产，至 20 世纪 80 年代已初步形成一定的产业规模。

全球水生动物疫苗产业化较为发达地区主要包括欧洲、美国、日本、智利、阿根廷等，据不完全统计，截至 2017 年，全球商品化水产疫苗数量总计 154 种，主要应用于鲑科鱼（包括鲑鱼和虹鳟鱼）、鲈鱼、大西洋鳕鱼等。其中，挪威法玛克公司（PHARMAQ，现隶属于硕腾公司 ZOETIS）针对大西洋鲑等开发了 28 种疫苗产品，且大多数产品为多联、多价形式，其中最高可达七联。与此同时，在水产养殖集约化程度较高的国家和地区，如北美的美国、加拿大，南美的智利、阿根廷，欧洲的挪威、西班牙、瑞士，亚洲的日本、韩国，都已经全面实行水产疫苗接种策略。

我国水生动物疫苗研究起步相对较晚，始于 20 世纪 60 年代末，其中，草鱼出血病疫苗的研制见证了我国水生动物疫苗从低级向高级发展的历史进程。经三十余年的发展，针对草鱼出血病先后研制出 3 种开创性疫苗：a. 我国第一个水生动物疫苗——20 世纪 60 年代末中国水产科学研究院珠江水产研究所研制的草鱼病组织浆灭活疫苗（"土法"疫苗）；b. 我国第一个人工水生动物疫苗——20 世纪 80 年代浙江省淡水水产研究所研制的草鱼出血病细胞灭活疫苗，并于 1992 年获得我国第一个水生动物疫苗的国家新兽药证书；c. 我国第一个水生动物减毒活疫苗——20 世纪 90 年代中国水产科学研究院珠江水产研究所研制的草鱼出血病活疫苗，并于 2010 年获得国家一类新兽药证书，2011 年获得生产批准文号，开启了我国水生动物疫苗产业化的大门。

5.1.6.2　我国水生动物疫苗产业现状

与国外相比，我国水产养殖种类多，规模化养殖品种达 100 多种，水产养殖疾病种类可达 300～400 种；且病原血清型复杂，同种病原存在多种血清型；我国地域辽阔，跨热带、亚热带、温带、亚寒带等地理区域，导致水产养殖区域病原区系与特性存在极大的差异。这些因素制约了疫苗研发和产业应用。

我国的水生动物疫苗产业仍处在发展的初期，无论是产品数量还是疫苗接种规模，与水产养殖发达国家相比存在较大的差距。此外，在商品化水产疫苗数"量"的差距的背后，还隐藏着产品"质"量的短板，如在水产疫苗的多联、多价、浸泡、口服等实用化免疫途径方面差距明显。

截至 2021 年底，我国获得国家新兽药证书的水生动物疫苗产品仅有 7 种，分别为草鱼出血病灭活疫苗，鱼嗜水气单胞菌败血症灭活疫苗，牙鲆鱼溶藻弧菌病、鳗弧菌病、迟缓爱德华菌病多联抗独特型单克隆抗体疫苗，草鱼出血病活疫苗，大菱鲆迟钝爱德华氏菌病活疫苗，大菱鲆鳗弧菌基因工程活疫苗，鳜传染性脾肾坏死病灭活疫苗，另有 2 个水生动物疫苗获准进口注册。其中"草鱼出血病活疫苗""鱼嗜水气单胞菌败血症灭活疫苗"等 5 个疫苗获得生产批准文号，初步实现产业化应用。

5.1.6.3　水生动物疫苗产业发展前景

产业发展潜力巨大。据统计，2020 年我国水产品总产量 6445 万吨，渔业经济总产值 2.48 万亿元，其中养殖产量 5224 万吨，占全世界养殖产量的 60% 以上。其中鱼类养殖约 2950 万吨（占我国水产养殖总量的 57%）。在鱼类养殖中淡水养殖鱼类产量达 2815 万吨，占我国鱼类养殖总量的 95.4%，主要品种包括草鱼、鲢鱼、鳙鱼、鲤鱼、鲫鱼和罗非鱼等；海水鱼养殖总产量约为 135 万吨，占我国鱼类养殖总量的 4.6%，主要品种包括大黄鱼、鲆鱼、鲈鱼、石斑鱼等。相比之下，欧洲水产养殖总量仅占全球水产养殖总量的 4%，绝大部分为鱼类养殖（约占欧洲水产养殖总量的 80%），且以海水养殖鱼类为主。然而与水产养殖总量极不匹配的是，我国可供使用的水产疫苗屈指可数，与发达国家水产养殖过程中普遍使用疫苗形成鲜明对比。据测算，每年生产的水生动物苗种达 5.64 万亿尾（头），其中适宜疫苗接种的鱼苗数量达 1.33 万亿尾，水生动物疫苗潜在的市场前景广阔。

近年来，水生动物免疫与疫苗研究成为热点，得到了国家各级项目的资助，疫苗研究有了飞跃式的进展。中国水产科学研究院珠江水产研究所、中山大学、华东理工大学等高校、科研院所，针对水生呼肠孤病毒、虹彩病毒、弹状病毒、双 RNA 病毒科、疱疹病毒、诺达病毒等病毒，气单胞菌、链球菌、爱德华菌、弧菌、诺卡菌、黄杆菌、耶尔森菌等细菌，刺激隐核虫、多子小瓜虫等寄生虫，储备了全病原灭活疫苗、减毒活疫苗、活载体疫苗、重组亚单位疫苗、核酸疫苗等一批实验室产品。可以预见，在未来一段时间内将有系列水生动物疫苗产品逐步实现产业化，助力我国水产养殖产业绿色高质量发展。

水生动物疫苗广阔的发展前景吸引相关企业投资，纷纷建立水生动物疫苗专业团队、扩建生产线，广州普麟、广州大渔、广州渔跃等水生动物疫苗企业先后成立，肇庆大华农、广东永顺、西安斯凯达、宁波三生等兽医生物制品企业纷纷进入水生动物疫苗产业，增加了活力，促进了水生动物疫苗产业的发展。

近几年，国际动保巨头也瞄准中国的水生动物疫苗市场，硕腾、默沙东等先后在中国设立水生动物疫苗研发中心，投资建厂，加快了中国市场的开发。外资企业的进入加剧了我国水生动物疫苗产业的结构调整，便于有效引进、消化和吸收国外先进水生动物疫苗研发的生产技术，在生产流程与质量控制方面和国外一流水平接轨，为我国企业利用后发优势，增强国际竞争能力创造了机会。

5.2

诊断制剂产业的发展

诊断试剂行业具有技术水平高、知识密集、多学科交叉综合的特点，是典型的技术创新推动型行业，其概念包含技术内涵和商品外延，其技术链由上游诊断技术和中下游生产工艺及商品化运作组成。客观而言，我国实验室水平上的诊断技术研发与发达国家仍有一定的差距，其中蛋白稳定剂和保护剂、抗原/抗体大规模制备与纯化、标准物质制备等核心技术和关键工艺又是制约其发展的瓶颈。

发达国家猪用诊断试剂研发起步早，建立了完善的多学科交叉研究体系，掌握关键技术和工艺，持续创新能力强。发达国家很早就已认识到诊断试剂在动物疫病防控中的重要作用，并着力于动物诊断试剂的研发。在经过 30 多年发展，历经化学、酶、免疫测定和探针技术 4 次技术革命之后，美国、法国等发达国家的动物诊断试剂已经跨越到一个新的台阶，并以绝对的优势领跑于包括我国在内的发展中国家和其他国家。目前，在猪用诊断试剂领域，欧美等发达国家已经建立了完善的多学科交叉体系，拥有高水平的研发团队，具备很强的持续创新能力。建立和完善了新型诊断标识发掘技术，掌握着蛋白稳定剂和保护剂、抗原/抗体大规模制备与纯化、标准物质建立等核心技术和关键工艺，保障了检测试剂的敏感性、特异性和稳定性，从而引领世界猪用诊断试剂的技术和产业发展。

发达国家常规诊断技术成熟，专门化、标准化程度高，产品种类丰富，市场占有率高。发达国家中央技术支持机构在重大动物疫病防控规划实施过程中，通过完善的多学科交叉体系以及相应的技术攻关，发展了十分成熟的 ELISA、PCR、免疫组化等常规诊断技术，并建立和形成了专门化的研发机构，当本国控制消灭计划结束而不再应用时就转让商业公司生产外销，从而实现了诊断试剂生产和销售的标准化和商品化，并凭借其先进的技术优势和巨大的资金优势迅速占领世界各国的市场。

近30年来，在世界各国对诊断试剂巨大市场需求的吸引下，美国IDEXX公司、西班牙海博莱（HIPRA）公司、瑞典罗氏公司、法国LSI公司、韩国Anigen公司等知名的诊断试剂专门化公司孕育而生，并形成了以企业为创新主体的诊断试剂技术研发模式，极大地促进了诊断试剂研发成果的高效转化。目前，全球范围参与疾病诊断用品行业的公司有200多家，领先的7个公司年销售收入都在10亿美元以上。如1984年成立的美国IDEXX公司，现已是全球最大的动物疫病诊断试剂公司，拥有4700名员工，在全世界建有60多个分部，有100多名科学家致力于产品研发，生产兽用诊断试剂种类达100多种，几乎包括了所有的动物疫病和人畜共患病，目前占据了75%的美国市场、半数以上的全球市场和我国大部分市场份额，年销售额达到14亿美元。这些诊断试剂专门化公司建有标准化生产车间，拥有完善的质量管理体系，设计有标准化生产工艺，从而形成了常规诊断技术成熟，专门化、标准化程度都很高，而且产品种类丰富，市场占有率高的格局。

随着生物技术、基因工程技术、高新材料技术和工艺、电化学及生物传感器技术等的发展，为了适应全球猪用诊断试剂市场对疫病快速、精准和高通量检测等新兴检测技术的需求，以核酸和蛋白分子为特异性靶标、各种芯片为主要技术平台，通过对样品采集、传输、信息处理与分析等相关技术的研究，建立了对疫病病原体的高通量、快速、准确的诊断技术平台，其相关技术包括各类抗体文库，高通量筛查、鉴别，以生物芯片为载体的病原体组合筛查等技术。正是基于这些关键技术的研究，许多发达国家都建立了可同时检测大量病原的芯片检测平台，并向精确定性、定量方向发展，如核酸适体自动化筛选技术、恒温扩增基因芯片技术、微流控芯片等新技术，并逐步应用到动物疾病的诊断中来。

5.2.1　猪用诊断试剂

猪病问题是我国畜牧业发展面临的最大问题之一。由疫病问题延伸而来的药物残留问题、环境污染问题、食品安全问题、养殖效益问题等已成为我国畜牧业可持续发展中亟待解决的核心问题。而诊断试剂不仅是及时、准确诊断猪病必不可少的工具，也是评估疫苗免疫效果、进行疾病检测与监测的重要物质基础，在疾病防控、动物及其产品的检疫、疾病普查中发挥极其重要的作用。

我国猪用诊断试剂技术研发及发展起步较晚，技术研发和产业发展也严重滞后。2003年我国禽流感疫情暴发后，临床诊断试剂产品严重缺乏的局面再次暴露了我国在该领域的不足。自此之后，在国家的高度重视和大力支持下，我国猪用诊断试剂研发步入快速发展时期。据统计，2010—2020年，我国猪用诊断试剂先后申请和获得国家发明专利732项。但是，只有18项诊断试剂获得了国家新兽药注册证书。这说明我国诊断试剂研究虽然发展迅速，但仍有诸多尚待加强和完善之处。目前，我国诊断试剂技术和产业发展呈现如下特点。

5.2.1.1　跟踪仿制能力较强，自主创新能力较低

近年来，我国重大猪病的诊断技术发展较快，但PCR（聚合酶链式反应）、ELISA（酶联免疫吸附试验）、LAMP（环介导等温扩增）、基因芯片等技术均是在发达国家建立多年后才引进来。从2010—2017年我国申请的532项专利技术来看，绝大多数专利多集

中在 ELISA、试纸条、PCR、荧光定量 PCR 检测技术上，这也是我国目前临床诊断中心所采用的主流诊断技术。另外，基因芯片、NASBA（核酸依赖性扩增）等新型检测技术也很快应用到猪疫病检测中来。但不足之处是，检测技术的跟踪仿制能力较强，自主创新能力较低。例如，近几年快速发展的 LAMP 快速检测技术，其核心试剂的专利还在发达国家，尚缺乏完全自主创新的技术。而且，近年来批准的猪疫病的检测技术只有 ELISA 和检测试纸条方法，也从一个侧面反映出来新技术研究还需进一步标准化。

在新型快速诊断技术方面，我国虽然起步较晚，但进展很快。如哈尔滨兽医研究所、华中农业大学和河南省农业科学院动物免疫学重点实验室等单位先后研制了多种病原的抗原和抗体系列快速检测试剂盒。ELISA 技术前期也主要采用间接法，目前特异性更好的阻断法逐渐上市，也反映出了诊断技术的研究是随着市场需求而不断改进的。在鉴别诊断技术方面，国内虽然研究开发单位较多，覆盖口蹄疫、猪瘟、伪狂犬病、猪传染性胸膜肺炎等多种疫病，但目前只有口蹄疫非结构蛋白 ELISA 鉴别诊断试剂盒和伪狂犬病 gE-ELISA 鉴别诊断试剂盒成功转化为商品。

5.2.1.2　关键技术和工艺研发落后，成果转化效率低

诊断试剂的研发涉及诸多高新技术和核心技术。目前，我国诊断试剂的研发主要集中在科研院所的实验室。在研发过程中，重在建立方法，而对涉及诊断试剂品质的蛋白稳定剂、保护剂、抗原/抗体大规模制备与纯化的高新技术和核心工艺则研究甚少。因此，我国目前自主研发的诊断试剂与国际大公司产品相比，尽管价格相对较低，但田间应用试剂性能较差，平行符合率较低，市场竞争力不强。从官方调查和论坛资料汇总情况看，我国田间应用的诊断试剂在敏感性、特异性、可重复性（稳定性）、保存期（有效期）、保存条件等性能指标上均与国外产品存在差距，严重影响我国自主研发产品的市场竞争力。我国各项诊断技术成果虽然很多，但规模化生产工艺落后，稳定性不够，导致不能有效转化为产品，成果转化率很低。

5.2.1.3　产品种类过于集中，检测对象覆盖不全

从申请的专利和获批的新兽药注册证书来看，虽然一些新发疫病如猪博卡病毒、J 型冠状病毒等的检测试剂研究明显加强。但总体而言，当前我国的猪用疫病诊断试剂研发主要集中在口蹄疫、猪繁殖与呼吸综合征、猪瘟、圆环病毒病、猪链球菌病等几个重大传染病上。近几年获批新兽药注册证书的 11 项诊断试剂就只包括了口蹄疫、猪瘟、圆环病毒病、猪链球菌病、乙型脑炎、肺炎支原体、流感、猪胸膜肺炎、猪伪狂犬病。而针对自然疫源性传染病和外来疫病的诊断试剂研究尚未引起足够重视。非洲猪瘟等外来病的诊断试剂只能依靠进口。这一被动局面正给我国动物传染病的日常监测与进出口检疫工作带来巨大挑战。

5.2.1.4　研发力量分散，缺乏引领主体

当前，我国从事诊断试剂研发的单位不少，但主要分散在农业部直属技术支撑机构、各级科研院所和大学内部，企业研发中心尚未成为主体。目前，在通过兽药 GMP 验收的 125 家诊断试剂生产企业中，仅有约 20％的企业具有新产品研发的能力，年均销售额与国外公司相比存在巨大差距。2010—2021 年，我国批准了 34 个诊断制品，其中一类新兽药 1 个、二类新兽药 12 个、三类新兽药 21 个。一类新兽药系由大学牵头申报，二类新兽药中有 7 个系由科研单位、大专院校、事业单位带头申报，三类新兽药有 13 个也由上述单位申报。

5.2.2 禽用诊断制剂

我国是家禽养殖大国，养殖规模逐年扩大，集约化程度不断提高，饲养密度大大增加，导致在养殖活动开展过程中过分依赖疫苗和化学药物，病原菌抗药性日益严重，疫病感染情况更加复杂，加之国际国内贸易繁荣和我国家禽及其产品流通加快，给我国家禽疫病的防控工作带来巨大的压力。目前，危害家禽的疫病主要包括病毒病、细菌病和球虫病三大类，其中，感染鸡的主要病毒有禽流感病毒（H5、H7、H9 亚型）、鸡传染性支气管炎病毒、新城疫病毒、禽腺病毒 1 群、鸡传染性法氏囊病病毒、鸡痘病毒、鸡传染性喉气管炎病毒、鸡马立克病病毒、鸡病毒性关节炎病毒、禽脑脊髓炎病毒、鸡传染性贫血病毒等，感染水禽的病毒主要有鸭坦布苏病毒、鸭病毒性肝炎病毒、鸭呼肠孤病毒、鸭瘟病毒、小鹅瘟和鸭细小病毒、禽星状病毒等，细菌病病原主要包括副鸡嗜血杆菌、鸡肠炎沙门菌、（鸡、鸭）多杀性巴氏杆菌、（鸡、鸭）大肠杆菌、鸭疫里默氏杆菌、支原体和衣原体等。禽病的有效防控主要依赖于精准的诊断。敏感性和特异性良好的禽用诊断试剂（盒）是防控各类禽病的基础。考虑到禽病病原繁多复杂，涉及的靶动物较多，特别是临床感染情况复杂，因此开发针对各类禽病快速、敏感、特异、高通量且具有成本优势的诊断试剂（盒）理应成为禽类诊断制品的研究方向。

按照诊断技术原理，禽病诊断试剂一般可分为免疫学类诊断试剂和分子生物学类诊断试剂两大类。目前，我国已批准了近 50 个禽用诊断试剂（盒），病原基本涵盖了目前我国禽病的主要流行疫病，包括种禽净化相关的诊断制品也不少，为我国养禽业的健康发展以及禽白血病等疫病的净化提供了重要技术支撑。总体而言，从禽病诊断制品涉及的病原类别看，以禽病毒病为主，其他诊断试剂相对较少（如细菌、支原体、衣原体、寄生虫等），可成为今后研制的重点方向。就已批准的各类诊断试剂看，免疫学类诊断制品主要包括各类 ELISA 试剂盒、胶体金试纸条、荧光抗体检测试剂盒、琼脂扩散试验抗原和阴阳性血清、凝集试验抗原和阴阳性血清、沉淀试验抗原和阴阳性血清等，分子生物学类诊断制品包括普通 PCR（RT-PCR）检测试剂盒、实时荧光 PCR（RT-PCR）检测试剂盒和等温扩增检测试剂盒等。

5.2.2.1 免疫学类诊断制品

目前，我国共批准了 44 个禽用免疫学类诊断制品，其中 ELISA 检测试剂盒 9 种（鸡传染性法氏囊病、禽流感、禽白血病、鸭坦布苏和鸡毒支原体），琼扩试验抗原与阴、阳性血清 3 种（禽网状内皮组织增殖病、鸡传染性法氏囊病和鸡马立克病），检测试纸条 4 种（鸡传染性法氏囊病、禽流感、鹦鹉热衣原体和禽白血病），凝集试验抗原与阴、阳性血清 28 种（禽白血病、鸡新城疫、禽流感、番鸭小鹅瘟、衣原体、鸡毒支原体和鸡滑液支原体）。就禽病诊断制品的主要品种看，禽流感、鸡毒支原体、禽白血病、鸡传染性法氏囊病、鸡传染性支气管炎、鸭坦布苏等病原或抗体的检测试剂盒品种较多，其中与高致病性禽流感灭活疫苗不同毒株效力检验配套使用的红细胞凝集试验抗原与阴、阳性血清数量最多。

5.2.2.2 分子生物学类诊断试剂

目前，我国共批准了 7 个禽用病毒病分子生物学诊断试剂（盒），全部为禽流感病毒 RT-PCR 检测试剂盒。其中，中国农业科学院哈尔滨兽医研究所针对 A 型禽流感病毒 *M*

基因设计特异性引物研制了 1 种禽流感病毒 RT-PCR 检测试剂盒，用于 A 型禽流感病毒的检测。其他 6 种为针对 H5 或 H7 亚型 *HA* 基因生产的 H5、H7 亚型分型检测试剂盒。对于其他禽类病毒性病原和细菌性病原，目前尚无相应的分子生物学类诊断制品。

5.2.3　牛羊用诊断制剂

兽用生物制品诊断技术的进步和发展，得益于兽医微生物学、免疫学、遗传学、分子生物学等各学科的交叉融合，从而提高了疫病诊治的准确率和有效性。

目前，牛羊常见病诊断和检测的技术主要包括传统临床诊断、生物学试验、血清学诊断以及分子生物学病原检测等几大类。同时，牛羊病各种检测技术的不断交叉和融合发展了新的检测技术，如单克隆抗体与新型标记物结合发展了酶联免疫技术、化学发光、荧光免疫分析技术，新型纳米材料与标记技术的结合发展了胶体金免疫层析技术、时光分辨、量子点免疫标记检测方法。分子生物学技术的突飞猛进，使核酸分子杂交、PCR 技术和生物芯片等技术应用于疫病诊断和检测，为牛羊用生物诊断和检测制剂的发展奠定了坚实的基础。

5.2.3.1　牛羊常见病毒病诊断制剂

口蹄疫、小反刍兽疫、羊痘等均属于《国家中长期动物疫病防治规划（2012—2020）》中优先防治的 16 种国内动物疫病和重点防范的 13 种外来动物疫病范围之列。这类重大疫病和人畜共患病，国家主要采取疫苗接种和综合防控措施相结合的策略，使动物疫病得到有效控制和净化。因此，牛羊重大疫病和常见病毒病防控的重点就是如何提高动物群体的疫苗免疫有效性和剔除可能导致疫病传播的"带病"动物，故疫病诊断和检测技术的水平和能力就显得特别重要。

在牛羊重大疫病检测技术研究方面，国内外整体水平基本相近，除传统方法如病原分离、中和试验、皮肤变态反应等外，主要是发展高通量、简便化和精准化的免疫学和分子生物学诊断检测技术。在高通量检测技术方面，国内外均有商品化的牛羊 FMDV、PPRV 抗体 ELISA 试剂盒和抗原常规或荧光定量 PCR 试剂盒，并在牛羊病防控和净化中发挥了关键作用。但在牛羊常见病毒病检测技术研究方面，国内整体水平明显落后于发达国家。如对蓝舌病、牛病毒性腹泻（BVD）、牛传染性气管炎（IBR）等多种常见病毒病的检测，缺少国产商品化试剂盒，多以病毒分离培养、PCR 检测以及经典的中和试验为主，存在检测方法烦琐、周期长和敏感性偏低等技术问题。

5.2.3.1.1　口蹄疫

口蹄疫常规病毒分离技术是检测口蹄疫的黄金标准，主要有细胞培养和动物接种 2 种方法。血清学诊断技术主要有病毒中和试验（VNT）、间接血凝试验、酶联免疫吸附试验（ELISA）等，其中病毒中和试验是 WOAH 推荐的检测 FMDV 抗体的标准方法，但这一方法必须使用活病毒，不能在普通实验室中操作。ELISA 试验检测口蹄疫具有特异、敏感、快速、简便、可靠性好等优点，已成为国际上检测 FMDV 的常规方法之一。

液相阻断 ELISA 方法（LBE）最早由 Hamblin 等建立，我国在此基础上建立了 O 型、Asia1 型和 A 型液相阻断 ELISA 方法，并取得新兽药注册，在口蹄疫防控中发挥了重要作用。丹麦1998年研发出能分别检测非结构蛋白3AB、3ABC、3D抗体的ELISA方法，其中3AB、3ABC、3D ELISA均可检测FMDV的7种血清型的病毒抗体。德国2004年也成功建立了3ABC ELISA方法。我国利用口蹄疫病毒非结构蛋白（NSP）3ABC也建立了ELISA方法，且取得了新兽药注册证书。后利用NSP2C3AB多肽抗原建立了免疫层析快速试纸条，2015年获二类新兽药注册，并在市场推广应用。

近年来，随着分子生物学的飞速发展，以及对FMDV研究的不断深入，已建立检测FMDV的各种分子生物学诊断的新方法，其中包括基于聚合酶链式反应（PCR）技术发展而来的RT-PCR、生物传感器和基因芯片技术。在分子生物学检测技术检测口蹄疫病原方面，目前我国商品化的试剂盒有多重RT-PCR和定型RT-PCR，并已建立了不需要核酸提取的新型荧光定量PCR方法。在国外，建立了基于压电免疫传感器的口蹄疫诊断和病毒分型技术，建立了基于口蹄疫病毒主要抗原位点*C-S8c1*基因SNPs检测的基因芯片技术，能检测VP1-VP3-2A的23个不同口蹄疫病毒株所代表的7血清型，实现在同一基因芯片上鉴定和分型口蹄疫的技术。

5.2.3.1.2 小反刍兽疫

目前该病的血清学监测方法主要包括琼扩试验（AGID）、ELISA、病毒中和试验（VNT）和红细胞凝集试验（HA）等，但AGID、HA试验的特异性不高，而VNT和ELISA以其简便、快速、敏感性高等特点被普遍使用。随着新标记物以及固相载体技术和抗体制备技术的发展，时间分辨荧光免疫测定等新技术相继用于PPRV的检测。同时，基于表达纯化小反刍兽疫病毒N蛋白，已建立了检测小反刍兽疫病毒抗原的双抗体夹心ELISA方法以及小反刍兽疫病毒N蛋白抗体检测的间接ELISA方法。

PPRV的病原学检测技术最常见的主要有RT-PCR及荧光定量PCR方法，但许多其他新的分子生物学检测技术正在研发中。如RT-LAMP快速检测法、双重荧光RT-PCR鉴别检测方法、PCR-焦磷酸检测技术、逆转录重组酶聚合酶扩增检测法等，均可开展小反刍兽疫野毒与疫苗毒株的快速鉴别诊断和检测，且敏感性与特异性较高。但这些分子生物学检测方法尚无有注册的产品。

5.2.3.1.3 羊痘

羊痘的诊断目前主要包括病原学诊断、血清学诊断和分子生物学诊断三个方面。病原学诊断主要是电镜观察，其次是病毒分离培养。血清学诊断方法包括病毒中和试验（VNT）、荧光抗体试验（FAT）、琼脂扩散试验（AGID）、免疫电泳（IE）、对流免疫电泳（CIE）、反向被动血凝试验（RPHA）、乳胶凝聚试验（LAT）、单向辐射状溶血试验（SRH）和酶联免疫吸附试验（ELISA）等，其中ELISA方法应用较多。

由于羊痘病毒包括绵羊痘病毒、山羊痘病毒和皮肤结节病毒，三种病毒同是山羊痘病毒属的成员，其全基因组相似性达96%以上，其病毒形态、理化特性和血清学反应没有明显的区别，因此传统的病毒分离培养、血清学技术、电镜技术均无法明确区分。目前能有效区分该病毒属种特异性的方法主要有PCR、PCR-RLFP和基因组测序技术，其中后者更加准确。但目前国内外均没有商品化的产品供疫病诊断检测使用。

我国在血清学诊断方法中，建立了基于ORF95和ORF103两种重组蛋白的有效检测羊痘野毒感染的iELISA方法，能有效排除羊痘弱毒疫苗免疫造成的干扰。在分子生物学诊断方法中，建立了一种同时检测CPV、GTPV、SPPV及LSDV的寡核苷酸微阵列检测方法以及检测SPPV和GTPV的双重荧光定量检测方法。

国外建立了一种可以鉴定 GTPV、SPPV 和 LSDV 的环介导等温扩增 LAMP 检测方法，基于 CaPV 的 DNA 结合磷酸蛋白（I3L）基因建立了多重聚合酶链式反应（mPCR），可区别 SPPV、GTPV 和羊口疮病毒（ORFV）三种痘病毒。

5.2.3.1.4 牛结节性皮肤病

牛结节性皮肤病（LSDV）确诊方法是通过电镜观察、病毒分离培养、血清学检测方法和分子检测方法诊断。LSDV 的分离需要在生物安全级别的实验室进行。血清学检测方法主要有病毒中和试验、间接荧光抗体试验、ELISA 方法。由于牛结节性皮肤病病毒（LSDV）与山羊痘病毒（GTPV）、绵羊痘病毒（SPPV）存在交叉中和反应性抗原，血清抗体方法特异性较差。qPCR 和 PCR 常用于 LSDV 的诊断。WOAH 陆生动物诊断手册推荐的 PCR 可用于羊痘病毒属的通用检测，通过测序鉴别 LSDV、GTPV 和 SPPV。我国制定的《牛结节性皮肤病诊断技术》针对 ORF101 和 ORF126 基因设计引物及探针，可用于鉴别 LSDV 野毒株和疫苗毒株。国内用于检测 LSDV 的核酸和抗体的试剂盒正在申请注册。

5.2.3.1.5 牛病毒性腹泻黏膜病

牛病毒性腹泻病毒（BVDV）能引起牛发生黏膜发炎、糜烂、坏死和腹泻，给养牛业造成很大的危害，同时该病毒也能感染猪、山羊等其他动物，因此检测牛病毒性腹泻病毒对整个养殖业意义重要。病毒分离是鉴定 BVDV 感染的一种常见检测方法，但这种方法只适用于致细胞病变型（CP 型）的 BVDV 毒株分离鉴定，而对非致细胞病变型（NCP 型）的 BVDV 毒株需通过其他方法进一步检测。

ELISA 是检测 BVDV 感染以及体内抗体水平的一种良好技术，目前已建立了检测 BVDV 抗原的捕获 ELISA 方法、检测 BVDV 血清抗体的 E2-PPA-ELISA 方法，建立了同时检测 2 种 BVDV 即致细胞病变 CP 型（BVDV OregonC24 株）和非致细胞病变 NCP 型（BVDV Yak 株）间接 ELISA 检测方法；建立了检测牛病毒性腹泻病毒的间接免疫荧光法，可用于猪瘟活疫苗中污染的 BVDV 检测。另外，建立了检测牛病毒性腹泻病毒 Taqman 实时荧光定量 RT-PCR 方法以及用于 BVDV-1 检测的一种单步 TaqMan RT-qPCR 方法。其中牛病毒性腹泻黏膜病的中和试验抗原、阳性血清与阴性血清是我国获批的诊断检测制剂，其他方法均在研发中。

5.2.3.1.6 牛传染性鼻气管炎

牛传染性鼻气管炎病毒（IBRV）检测的主要方法有病理组织学诊断、病毒的分离鉴定、免疫学检测和分子生物学检测等，其中 ELISA 法是 WOAH 指定的国际贸易检疫的试验方法，牛传染性鼻气管炎中和试验抗原、阳性血清与阴性血清是我国注册的诊断检测制剂，其他制剂均在研发中。

世界动物卫生组织（WOAH）采用欧盟的 3 个标准参考血清，以规范其 ELISA 诊断标准，并作为标准参考血清筛选新的检测血清。目前我国已建立了检测 IBRV 的胶体金试纸条、检测 IBR 的 ELISA 方法和检测 IBR 抗体的纳米胶体金斑点免疫渗滤法检测试剂盒。

我国应用金纳米颗粒与 PCR 结合建立了牛传染性鼻气管炎病毒纳米 PCR 新型分子检测方法和 LAMP 可视化检测方法，建立了一种 IBRV 的重组酶聚合酶扩增-等温侧流层析（RPA-LFD）检测方法，建立了 IBRV 的基因芯片检测方法和基于 gB 基因的内标法荧光定量 PCR 方法。其中后者检测灵敏度比病毒分离方法高 500 倍，比普通 PCR 方法高 50 倍，比 WOAH 报道的方法高 40 倍。

5.2.3.1.7　牛冠状病毒病

牛冠状病毒（bovine corona virus，BCV）常与其他病毒混合感染，并引发细菌感染而导致临床症状表现复杂，而造成诊断困难。根据其病原学、流行病学、临床症状及病理变化只能初步诊断，若要确诊则需实验室检测。牛冠状病毒对营养要求极为复杂，初代病毒分离困难，因此，BCV 检测的血清学技术和分子生物学技术是其发展方向。

血清学技术主要包括病毒中和试验、血凝和血凝抑制试验、荧光抗体技术、ELISA 方法等。分子生物学技术主要包括 RT-PCR、RT-PCR 结合探针、PCR-ELISA 等。我国已建立了检测牛冠状病毒重组 N 蛋白的间接 ELISA 方法、快速检测 BCV 的 RT-LAMP 方法和 SYBR Green I 实时荧光定量 PCR 方法，国外建立了 BCV 检测的逆转录重组酶聚合酶扩增（RT-RPA）新方法以及基于 S1 基因检测 BCV 的 PCR-ELISA 方法。

5.2.3.1.8　轮状病毒病

轮状病毒（rotavirus，RV）病原体分离是经典的检测技术，但并不适用于大规模样品检测。普通的血清学诊断方法主要有乳胶凝集反应、ELISA 方法等。我国建立了检测牛轮状病毒抗体的间接 ELISA 方法、检测感染牛血清抗体的固相竞争 ELISA 方法以及基于病毒 VP6 基因的 SYBR Green I 荧光定量 PCR 检测方法、检测 BRV 和牦牛 RV 的 iiPCR（恒温隔绝 PCR）方法。国外建立了实时 NASBA（RT-NASBA）方法，检测限可达每个反应 7 个拷贝，比常规 RT-PCR 和 TaqMan RT-PCR 低两个对数。

5.2.3.1.9　蓝舌病

蓝舌病病毒（BTV）主要感染绵羊、山羊、牛、鹿等反刍兽，且型与型之间不发生交叉免疫。诊断和检测蓝舌病病毒的方法很多，主要以血清学及分子生物学方法为主。蓝舌病的快速诊断是控制和消灭该病的基础。目前我国已建立了许多 BTV 抗体检测和 BTV 鉴定方法，除动物活体试验、鸡胚静脉接种和细胞培养外，还有血清学诊断技术和分子生物学诊断技术。

我国已建立多种蓝舌病病毒病原学检测方法，其中包括检测 BTV 的抗原捕获 ELISA 方法、蓝舌病群特异性阻断 ELISA 抗体检测方法以及针对蓝舌病病毒 4 型的特异性竞争 ELISA 抗体检测方法。国外还建立了一种检测 BTV 的逆转录绝缘等温聚合酶链反应（RT-iiPCR）以及特异性检测 BTV-8 单克隆抗体的夹心 ELISA。

5.2.3.1.10　牛白血病

检疫和净化染疫牛群是目前少数发达国家根除牛白血病（bovine leukaemia，BL）的措施。牛白血病是牛进口规定需要检疫的重要疫病，琼脂免疫扩散试验（AGID）和 ELISA 法是 WOAH 规定的国际动物贸易检疫的指定方法。此外，PCR 方法也是一种比较常用的辅助确诊的方法。

我国已建立了牛白血病病毒（bovine leukaemia virus，BLV）的胶体金快速诊断试纸条、液体磁流芯片检测方法、LUXTM 荧光 PCR 方法和基于 gp51 的 ELISA 诊断试剂盒。另外，国外开发了一种基于血液 BLV 的新型 PCR 系统和套式 PCR 方法。其中，牛白血病琼脂扩散试验抗原、阴阳性血清制剂已在我国注册，其他检测方法和制剂正在研发中。

5.2.3.1.11　牛流行热

目前对牛流行热（bovine ephemeral fever，BEF）的防治尚无特效药，只能对病牛采取对症治疗以缓解症状，因此建立准确、灵敏、特异的检测方法及时检疫隔离病牛是防治本病的关键。国内已建立了基于牛流行热病毒糖蛋白 G 抗体检测的间接 ELISA 方法，基于 BEFV 糖蛋白 G 基因的实时荧光 PCR 检测方法以及可视化逆转录环介导等温扩增（RT-LAMP）检测技术等。但尚无注册的生物制剂产品用于该病的检测和诊断。

5.2.3.1.12　赤羽病

赤羽病（akabane，AKA）是目前对养牛业、养羊业危害较为严重的疫病，是 WOAH 确定的必须通报的疫病，也是我国牛羊进口必须检疫的七种疫病之一。赤羽病诊断技术经历了早期的病毒分离鉴定、血清学试验，再到分子生物学检测这一过程，正逐渐向更敏感、特异、方便、经济的方向发展。

目前国内普遍采用微量血清中和试验法，但常因细胞病变不明显或毒价过低而漏检。现已建立了检测抗 AKAV 特异性单抗的双夹心 ELISA 方法、AKA 抗体检测的斑点免疫金渗滤法以及快速检测 AKAV 的新型 RT-LAMP 和基于 AKAV S 基因的基因芯片检测方法。

5.2.3.1.13　绵羊肺腺瘤

绵羊肺腺瘤（OPA）是一种肿瘤性传染病。该病潜伏期长，发病率高，病死率为 100%，目前无治疗措施，因此对 OPA 的早期精确诊断是防制本病的前提。近年来国内外检测绵羊肺腺瘤病毒（jaagsiekte sheep retrovirus，JSRV）的分子生物学方法主要有聚合酶链式反应、核酸探针杂交技术、酶联免疫吸附试验、环介导等温扩增技术等。

我国建立了地高辛标记 exJSRV 的正反义探针原位杂交技术，以检测 JSRV 在绒毛膜的表达与定位；采用 JSRV *env* 及 *LTR* 的 U3 区基因地高辛标记探针，检测病羊肺脏 DNA 斑点杂交；建立了基于 exJSRV-*env* 全基因巢式 RT-PCR 扩增的检测方法。另外，也建立了基于 JSRV 囊膜蛋白的抗 CT 单抗的双抗体夹心 ELISA 法，高通量快速检测 OPA。

5.2.3.1.14　羊副流感

病原学和血清学调查结果均显示我国山羊存在较为严重的山羊副流感病毒 3 型（caprine parainfluenza virus type 3，CPIV3）的感染。副流感病毒检测已经形成了成熟稳定的技术，包括病毒分离、血凝和血凝抑制、中和试验、ELISA 方法、PCR 技术、qPCR 技术等。这些技术方法为副流感 3 型病毒的诊断提供了技术基础。但国内外还没有用于羊副流感的核酸或抗原检测试剂盒，也没有抗体检测 ELISA 商品化试剂盒。

5.2.3.2　牛羊常见细菌病、衣原体病和支原体病诊断制剂

对细菌病的检测，国内外主要采用细菌学检验、凝集试验、补体结合试验等传统方法，但这些方法存在特异性不高、费时耗力、检测效率低等问题，通过寻找新型诊断及鉴别诊断标识，用特异性的单克隆抗体结合免疫磁珠、胶体金等方法研发新型诊断技术和产品，是解决上述问题的主要途径。

牛支原体和衣原体病方面，国内外均缺少直接检测支原体/衣原体抗原的 ELISA 方法；针对抗体的检测方法主要依靠进口，但进口价格昂贵。开发多种牛羊疫病（如 BVD、牛副结核、羊梭菌病、衣原体等）的 ELISA 高通量检测技术是我国目前研究的重点，能有效解决国内相关诊断试剂用量大、过度依赖进口产品的困境。

5.2.3.2.1 牛结核病

我国将奶牛结核病列为优先防治的动物疫病之一，并制定了奶牛结核病的综合防治措施。由于该病早期几乎无临床症状，因此实验室诊断在牛结核病防控中十分重要。目前国际上通用的牛结核病诊断方法有三种：细菌学方法、免疫学方法及分子生物学方法。其中我国已将提纯牛型结核菌素注册作为皮内变态反应（purified protein derivative，PPD）的制剂。

免疫学诊断是牛结核病诊断中应用最广泛的一类方法，主要包括结核菌素皮内变态反应（PPD）、IFN-γ 诊断法、淋巴细胞增殖试验、免疫胶体金技术、ELISA 等方法。结核菌素变态反应（PPD）是历史上最常用的结核病诊断方法，也被世界各国所接受和普遍采用，但 PPD 皮内试验不能鉴别免疫动物与感染动物。ELISA 检测法在区分结核分枝杆菌种类和重症病例上更为可靠，其检测抗原有 CFP10、PPD、ESAT-6、LPSO（脂多糖）等。在许多国家应用 ELISA 检测牛结核病，其中牛分枝杆菌 PPD-ELISA 方法诊断该病较好。在结核分枝杆菌血清学试验中，ELISA 作为 IT（传统结核分枝杆菌试验）的补充试验，对 IT 阴性和假阴性结果鉴定具有重要作用。我国牛结核病 ELISA 抗体检测试剂盒和 BM70/83 抗体检测试纸条已生产上市。γ-干扰素（IFN-γ）体外释放检测是一种细胞免疫检测方法，灵敏性、特异性高，但成本偏高，难以用于大规模的检疫诊断。有些发达国家规定该方法作为皮试检测的辅助手段，用于确定皮试阳性牛或阴性牛的确诊。主要有瑞士 Prionics-BOVIGAMTM 和北京爱德士元亨公司生产的牛结核分枝杆菌 γ-干扰素检测试剂盒。

筛选更特异的结核菌抗原研发 ELISA 试剂盒是目前的前沿研究方向，如表达纯化结核分枝杆菌的 ESAT-6、CFP10、PT51、MPT63 以及 MPB59、MPB64、MPB70 作为包被抗原用于 ELISA 检测方法，可大大提高 ELISA 方法的灵敏度和特异性。但主要问题是结核菌的抗原性较弱且属间和种间存在共同抗原决定簇，另外体液免疫与结核病的相关性还不完全明确，这是血清学诊断技术难以突破的原因。

牛结核病的分子生物学检测方法相对较少。国外利用实时定量 PCR 技术区别不同的结核分枝杆菌及非典型结核分枝杆菌，且敏感性和特异性很高。

5.2.3.2.2 布鲁菌病

布鲁菌病的分子生物学诊断法包括 PCR 法、单核苷酸多态性分析等，可有效诊断该病。其中单核苷酸多态性分析能快速准确区别布鲁菌野毒株与减毒活疫苗，广泛用于该病的诊断及鉴别。血清学诊断法包括酶联免疫吸附试验、凝集试验、补体结合试验（CFT）等。而凝集试验又包括全乳环状试验、卡片试验、试管凝集试验（SAT）、虎红平板凝集试验（RBPT）等，其中全乳环状试验与虎红平板凝集试验是该病检测常用的初筛方法，补体结合试验用于确诊。

在我国，布鲁菌病补体结合试验抗原、阳性血清与阴性血清，布鲁菌病虎红平板凝集试验抗原，布鲁菌全乳环状反应抗原，布鲁菌病试管凝集试验抗原、阳性血清与阴性血清均已注册作为检测制剂，其中虎红平板凝集试验和试管凝集试验被广泛应用。最近，我国研发注册了布鲁菌间接 ELISA（2015 新兽药证字 67 号）、竞争 ELISA（2016 新兽药证字 6 号）和抗体检测试纸条（2017 新兽药证字 23 号）以及布鲁菌 cELISA 检测试剂盒（2013 新兽药证字 27 号），并已生产。此外，欧美等一些国家还建立了针对布鲁菌抗体 IgG 和 IgM 检测的试剂盒以及胶体金免疫层析技术，是布鲁菌新种型鉴定和早期诊断试剂盒，市场发展前景广阔。

病原学诊断技术目前尚未有产品注册或上市，仍采用传统方法如病原分离、培养特性及生化试验、噬菌体和血清型等鉴定布鲁菌种型。新型检测方法包括 PCR、巢式 PCR、实时 PCR 等，并用 AMOS-PCR、MLVA 和 MLST 等基因分型方法对布鲁菌牛种、羊种、猪种进行种型鉴定和分子流行病学分析。这些方法近年来也用于我国布鲁菌分离株的鉴定和分子流行病学调查，其中已制定了我国牛布鲁菌 PCR 诊断技术的农业行业标准。

近年来，布鲁菌快速检测的方法研究越来越多，如国外使用杂交探针（hybprobe）的实时 PCR 技术，更适用于高同源性 DNA 的细菌。还将用于反刍动物的血清诊断的 cELISA 转化为 AlphaLISA 同质邻近性分析，其敏感性和特异性比 cELISA、iELISA 和 FPA 法更好，可满足许多其他疫病诊断的高通量检测。

5.2.3.2.3　衣原体病

在动物衣原体病中，禽类鹦鹉热嗜衣原体病和羊地方性流产是 WOAH 列出的动物疫病，其中绵羊（山羊）地方性流产是国际贸易检疫的重要疫病，也是我国检疫的二类动物疫病。衣原体病的检测方法通常包括衣原体抗原、衣原体抗体和分子生物学检测。其中，衣原体抗体检测包括补体结合试验（CFT）、间接血凝试验（indirect hemagglutination assay，IHA）、ELISA。国内对牛羊衣原体病的诊断主要采取间接血凝试验（IHA）、补体结合试验和 PCR 诊断技术，并制定了相关的农业行业标准（NY/T 562—2015），其中衣原体病间接血凝试验和补体结合试验的抗原、阴阳性血清已注册，但缺乏其他商品化的试剂盒。

CFT 是衣原体实验室诊断的重要方法之一，但在没有流产病史的畜群或个体，且抗体滴度低时，判定结果困难。IHA 检测方法方便快捷，条件要求低，但其特异性和灵敏度较低。ELISA 试剂盒以针对脂多糖类抗原（LPS）的较多，但衣原体脂多糖类抗原的一些表位与其他革兰阴性细菌的相同，易出现交叉反应和假阳性。ELISA 方法诊断绵羊、山羊地方性流产的实验感染和自然病例样品时，敏感性比 CFT 高，但无种特异性。为此，国内外应用合成多肽抗原 ELISA、竞争性 ELISA 和重组抗原间接 ELISA 鉴别流产衣原体与家畜衣原体。而微量间接免疫荧光试验（micro-immunofluorescence，MIF）是诊断肺炎衣原体感染的最敏感方法。此外，国外建立了斑点免疫试验（Dot-ELISA，DIA），发现其是一种很有前途的快速诊断羊衣原体病的方法。

现代分子生物学方法是近年来衣原体检测和诊断的发展方向，其靶基因包括衣原体主要外膜蛋白（major outer membrane protein，MOMP）基因和 16S-23S rRNA 基因，现已建立了普通 PCR、多重 PCR、套式 PCR、巢式 PCR、荧光定量 PCR 检测方法等。

5.2.3.2.4　牛羊副结核病

由于细菌分离培养具有很高的特异性，被作为诊断副结核病的参考标准。我国注册的诊断制剂有牛副结核和牛羊副结核补体结合试验抗原、阴阳性血清以及提纯副结核菌素、副结核 ELISA 诊断试剂盒等。其他诊断检测技术正在研发中。

分子生物学检测是一种应用广泛的方法，国外建立了基于 MAP 特异性片段 IS900 的 PCR 检测方法，并通过 IS900 片段酶切有效降低假阳性。另外，基于放射免疫标记建立了基因探针诊断羊副结核的技术。还建立了山羊副结核病皮内变态反应 AGID 方法，但其只限定在山羊中使用。

目前针对血清中副结核特异性抗体检测，是最常用的副结核诊断方法，现已有商品化的副结核 ELISA 诊断试剂盒，但假阳性严重。另外，还建立了适于牛副结核早期临床样本检测血清抗体的 CFT 法以及基于副结核 P18 提取物抗原的琼脂扩散试验法。国外还研发了基于纳米技术和重组 MAP 分泌蛋白的能区分自然感染动物和疫苗接种动物间的早期诊断技术，为控制和消灭副结核病提供了有效监测候选手段。

5.2.3.2.5 牛羊支原体病

在牛支原体感染检测方面，国际上主要有牛支原体 ELISA 抗体检测试剂盒产品（加拿大 Biovet 公司和比利时 Bio-X 公司生产），但国内已有牛支原体 ELISA 抗体检测试剂盒、牛传染性胸膜肺炎补体结合试验抗原、阴阳性血清的注册，尚未有其他诊断试剂盒上市。在研发方面，分别了建立了 ELISA、IHA 和胶体金试纸条诊断技术，其中研制的 IHA 和胶体金试纸条已申报专利。在牛支原体病原学检测方法，已建立了实时定量 PCR、RPA、LAMP 等多种方法，但均未注册或应用。

在山羊传染性胸膜肺炎诊断方面，国际上主要有法国 CIRAD 研制的 IDEXX 生产的 cELISA 试剂盒，但 WOAH 所列其他诊断技术（如补体结合试验和乳胶凝集试验等）并无商品化的制剂。国内获批的制剂主要有间接血凝抗体检测试剂盒、间接 ELISA 抗体检测试剂盒。另外，国内还建立了胶体金诊断试纸条、LAMP 试剂盒和 iiPCR 试剂盒等多种快速诊断制剂。

绵羊肺炎支原体感染方面，国外目前尚无该病的诊断试剂，国内获批的诊断制剂为绵羊支原体肺炎间接血凝试验制剂和间接 ELISA 试剂盒。病原学检测主要是分离鉴定和 PCR 技术，但目前无商品化的试剂盒。

由于支原体及其亚种间高度的遗传相似性和抗原交叉反应性，目前该病诊断制剂研发主要集中在新特异性靶标的发掘上，尤其是感染标志性靶标是目前诊断研发的方向。

5.2.3.2.6 牛巴氏杆菌病

牛巴氏杆菌病又称牛出血性败血症或牛出败，实验室诊断包括涂片镜检观察、分离培养及生化鉴定结合的方法。我国已建立了包括病原分离和 PCR 检测以及 ELISA 抗体检测方法，但尚无牛羊巴氏杆菌病诊断试剂盒产品注册或上市。

5.2.3.2.7 牛羊曼氏杆菌病

溶血性曼氏杆菌（*Mannheimia haemolytica*）是牛、羊呼吸道疾病的重要病原，主要引起牛和羊的肺炎、新生羔羊的败血症、羊乳腺炎等，是牛"运输热"的主要病原之一，据报道全球 30％的病死牛与溶血性曼氏杆菌有关。发病牛、羊以呼吸困难、发热、咳嗽和流涕为主要临床特征。溶血性曼氏杆菌是曼氏菌属中致病性最强的菌株，属机会致病菌，长期寄生在牛、羊的上呼吸道，当受到外界环境骤变、长途运输等刺激出现应激反应或病原感染（副流感病毒、绵羊肺炎支原体、牛支原体等）会导致动物机体的免疫机制下降或致病，使溶血性曼氏杆菌更容易侵入下呼吸道，在肺部定居增殖，并引起急性纤维素性肺炎。文献报道了许多溶血性曼氏杆菌的 PCR 技术、qPCR 技术等用于溶血性曼氏杆菌的诊断。但尚无牛羊溶血性曼氏杆菌诊断和抗体检测试剂盒注册或上市。

5.2.3.2.8 牛羊李氏杆菌病

李氏杆菌引起的以脑膜脑炎、败血症和母畜流产为主要特征的传染病，一般通过临床症状、病理解剖结合细菌培养鉴定来诊断。李氏杆菌经典的检测方法是以李氏杆菌 I、II、V 三种 O 抗原做凝集试验，凝集试验与细菌学检查相结合可检出一些隐性和潜伏期感染的病畜。国内已建立了奶牛致病菌五重 PCR 反应试剂盒，其能对产肠毒素大肠杆菌 *LT* 基因和 *ST* 基因、沙门菌 *invA* 基因、金黄色葡萄球菌 *nuc* 基因、李氏杆菌 *hlyA* 基因进行同时检测。另外，还建立了基于 p60 重组蛋白抗原的生物素标记单抗的李氏杆菌 ELISA 检测定量分析方法，但尚无商品化检测试剂盒。

5.2.3.2.9　羊链球菌病

羊链球菌病常见的诊断方法有镜检鉴定以及分离培养鉴定，缺乏商品化诊断制剂产品。我国研制的一种抗链球菌溶血素 O 检测试剂盒，解决了现有技术均需离心或超滤等不利于生产的问题。

5.2.3.2.10　牛羊溶血性曼氏杆菌病

溶血性曼氏杆菌病常用的检测方法，有琼脂免疫扩散试验、普通 PCR 方法。还建立了包括曼氏杆菌白细胞毒素定量 ELISA 检测方法，曼氏杆菌血清 1 型、2 型、6 型多重 PCR 检测方法，曼氏杆菌血清 1 型、2 型质谱快速分型方法以及利用 *PHSSA* 和 *Rpt 2* 双靶基因快速检测曼氏杆菌的 PCR 检测方法等，但国内市场缺乏商品化的试剂盒。

5.2.3.2.11　牛羊产气荚膜梭菌病

产气荚膜梭菌病经典的检测方法是采用血清中和试验，其中我国已注册了产气荚膜梭菌定型血清。抗原的检测主要针对各型产气荚膜梭菌所分泌的毒素，主要方法有胶体金、ELISA 免疫学检测方法和毒素基因检测方法等。分型鉴定主要有血清中和试验、ELISA、多重 PCR 等检测方法，但无商品化生产的快速检测制剂。

5.2.3.2.12　牛羊沙门菌病

国内无商品化牛羊沙门菌检测试剂盒。国外有沙门菌抗体检测试剂盒，如 D 群和 B 群沙门菌抗体 ELISA 检测试剂盒（荷兰 BioChek 公司生产），但其均未明确说明可用于检测沙门菌病的宿主种类和病原种类。国内建立了沙门菌病间接血凝试验检测方法、PCR 检测方法和 ELISA 检测方法，但缺乏快速鉴定牛羊沙门菌血清型的方法。

在将来，对牛羊沙门菌特异性快速检测并能定型的血清学方法、PCR 或实时定量 PCR 检测试剂盒，有巨大市场需求。

5.2.3.3　牛羊常见寄生虫病

寄生虫病的确诊仍主要依据在病畜的体液或分泌排泄物中找到虫体、包囊、卵囊或虫卵，也可依据在病畜病变部位的组织活检标本中找到虫体或虫卵而确诊，它是诊断寄生虫病最可靠、最常用的方法；但免疫学检测在寄生虫病诊断中具有十分重要的价值，目前常用的方法有皮内试验和血清免疫学试验。血清免疫学试验有间接红细胞凝集试验（IHA）、间接荧光抗体技术（indirect fluorescent antibody technique，IFT）及酶联免疫吸附试验（ELISA）。这些方法主要用于检测寄主的特异性抗体，目前也已建立检测虫体循环抗原或排泄抗原的方法，作为早期诊断及疗效的考核。在疫区，免疫学检测是流行病学调查、筛查病原体感染对象以及疫情监测和考核防治效果的重要手段；分子生物学诊断中，如 DNA 探针和 PCR 技术可用于许多原虫和部分蠕虫的检测或鉴定。目前，我国寄生虫病诊断检测制剂仅有日本血吸虫病凝集试验抗原、阴阳性血清及伊氏锥虫病补体结合试验和凝集试验抗原、阴阳性血清的注册，尚未有其他商品化的制剂上市。

总之，免疫学和分子生物学检测制剂是国内外牛羊病诊断主要生物制品。目前免疫学检测中以酶联免疫试验和胶体金免疫层析试纸条制剂占据主要市场，分子生物学检测中以核酸检测制剂占据主要市场，其中生物芯片等高通量检测技术是未来发展的重要方向，但由于成本较高，开发难度大，目前使用量还比较小。

5.2.4 宠物诊断制剂

近些年，随着中国经济的快速发展及老龄化社会的到来，宠物饲养在现代生活中越来越受到重视。据《2021年中国宠物行业白皮书》调研数据显示，我国主要饲养的宠物是犬和猫，猫的饲养数量已经超过了犬，成为饲养最多的宠物，在中国城镇家庭中，宠物猫的数量是5806万只，犬的数量是5429万只。

随着宠物养殖量的快速增长，危害宠物的疾病也频繁发生。目前严重危害宠物健康的疾病主要概括为呼吸系统、消化道和神经系统疾病三大类，包括犬瘟热病毒（canine distemper virus，CDV）、犬细小病毒（canine parvovirus，CPV）、犬腺病毒（canine adenovirus，CAV）、犬冠状病毒（canine coronavirus，CCV）、狂犬病病毒（rabies virus，RV）及猫细小病毒（feline panleukopenia virus，FPV）、猫杯状病毒（feline calicivirus，FCV）等。这些病原体常发生混合感染。因此快速、灵敏的诊断试剂和试剂盒，可及时确诊疾病，为有效采取防治措施提供保障。

随着现代生物技术、单克隆抗体技术、光化学等科学技术的快速发展和重要突破，诊断试剂行业历经了化学、酶、免疫测定和探针技术四次技术革命，不仅灵敏度、特异性有了极大的提高，而且应用范围迅速扩大，操作门槛逐步降低，商业价值也日趋重要。目前动物疾病诊断试剂主要包括抗原、抗体、核酸、蛋白等检测试剂，用来诊断、监测动物疾病。根据检测原理分类，诊断试剂主要分为生化诊断试剂、免疫诊断试剂、分子诊断试剂、微生物诊断试剂、尿液诊断试剂、凝血类诊断试剂、血液学和流式细胞诊断试剂。其中生化、免疫、分子诊断试剂是我国诊断试剂主要的三大类品种。

5.2.4.1 国内宠物疾病诊断制剂发展概况

近十年我国宠物行业发展快速，宠物医疗行业也快速崛起。而我国宠物疾病诊疗技术与欧美国家及日本、韩国等宠物行业起步较早的国家有很大差距。21世纪早期，国内宠物疾病诊断试剂市场基本被进口检测试剂垄断，这些国外检测试剂均未在国内进口注册，通过不同途径进入中国市场，如BIONOTE株式会社产品（Anigen和Vcheck品牌）的犬猫疾病系列抗原抗体检测试纸、爱德士公司基于SNAP技术的犬猫疾病系列抗原抗体检测卡、西班牙Ingenasa公司系列犬猫疾病ELISA检测产品。国内较早开发宠物疾病检测试剂的公司有上海快灵生物科技有限公司、北京世纪元亨动物防疫技术有限公司等，开发了系列胶体金快速检测试纸。近几年，随着新技术的应用，宠物疾病诊断产品也得到了快速发展，国内相关机构进行了大量的人力、资金和技术投入，胶体金免疫层析检测试纸、荧光免疫层析检测试剂、化学发光检测试剂、ELISA检测试剂盒等宠物疾病抗原抗体系列免疫学检测试剂，以及PCR试剂盒、荧光定量PCR试剂盒等病原核酸检测试剂在宠物临床得到了应用。

5.2.4.2 狂犬病诊断制剂

狂犬病（rabies）是由狂犬病毒（rabies virus，RV）侵犯神经系统引起的急性传染病，属人畜共患自然疫源性疾病。人狂犬病表现为愈合的咬伤伤口或周围感觉异常、麻木发痒，之后出现兴奋、烦躁、恐惧，对外界刺激如风、水、光、声等异常敏感。病人有"恐水"症状，伴交感神经兴奋性亢进，继而肌肉瘫痪或颅神经瘫痪而死亡；动物发生狂犬病表现为神经兴奋和意识障碍，患病动物暴躁易怒，对光源和水产生恐惧，后期神经瘫痪、流涎，最后麻痹死亡。

流行病学表明，无论人或者动物狂犬病，均有被犬、猫或野生动物咬伤或舔过的病史。根据流行病史和症状对狂犬病可做出初步诊断，最后确诊需要实验室诊断。目前国家标准用于狂犬病诊断的方法主要有直接荧光抗体法检测组织标本中狂犬病病毒，或用RT-PCR检测狂犬病病毒核酸等方法。国内相关机构开发了多种狂犬病病毒抗原、抗体及核酸检测试剂，多种试剂已经通过了国家新兽药审批。

5.2.4.2.1 狂犬病病毒抗原诊断试剂

狂犬病荧光抗体染色试验（FAT）是狂犬病抗原诊断最常用的方法，可直接用于脑涂片的检测，也可用于病料接种细胞后抗原的检测。中国人民解放军军事医学科学院军事兽医研究所开发的狂犬病免疫荧光抗原检测试剂盒已经获得新兽药注册批准并在市场中应用。

5.2.4.2.2 狂犬病病毒核酸检测试剂

随着分子生物学技术的发展和新技术的不断涌现，分子诊断技术越来越受到关注。基于RT-PCR技术，国内相关机构开发了RT-PCR检测试剂盒、荧光定量RT-PCR检测试剂盒等系列狂犬病毒核酸检测试剂。其中，中国人民解放军军事医学科学院军事兽医研究所开发的狂犬病病毒巢式RT-PCR检测试剂盒已经获得新兽药注册批准并在市场中应用。

5.2.4.2.3 狂犬病病毒抗体检测试剂

狂犬病病毒抗体的检测主要用于狂犬病疫苗免疫后血清抗体阳转和抗体水平的检测。OIE指定的狂犬病毒中和抗体检测方法为荧光抗体中和试验（FAVN）和间接ELISA检测方法。国内唐山怡安生物工程有限公司等单位开发的狂犬病病毒ELISA抗体检测试剂盒及兆丰华生物科技（北京）科技有限公司开发的犬狂犬病病毒抗体检测试纸条均已获得农业农村部新兽药注册批准，并在市场上应用。

5.2.4.3 犬疾病诊断制剂

5.2.4.3.1 犬细小病毒病

犬细小病毒病是由犬细小病毒（canine parvovirus，CPV）感染幼犬引起的一种急性传染病，以发病率高、死亡率高和传染性强为特点。

根据幼犬肠炎的典型临床症状，可做出初步诊断。进一步确诊需要实验室诊断。目前国内多家研发机构采用免疫学技术和分子诊断技术开发了犬细小病毒抗原、抗体及核酸检测试剂，如犬细小病毒抗原/抗体胶体金检测试纸、犬细小病毒抗原/抗体荧光免疫层析试纸、犬细小病毒抗体ELISA检测试剂盒、犬细小病毒PCR和荧光定量PCR检测试剂盒等，部分产品已经通过了国家新兽药审批。目前国内已批准的犬细小病毒病诊断产品有3种。

5.2.4.3.2 犬瘟热

犬瘟热（canine distemper，CD）是由犬瘟热病毒（canine distemper virus，CDV）

感染引起的一种急性、高度接触性传染病。2～12月龄幼年犬最易感，死亡率高达80%。犬瘟热潜伏期为3～5d，随后出现双相型发热（即体温两次升高），眼、鼻部有卡他性、黏性或脓性分泌物。第二次发热时出现呕吐、腹泻和呼吸道炎症，有的出现肺炎或神经症状。出现肺炎或神经症状的犬死亡率高达70%～80%。

根据流行病学和临床症状，可做出初步诊断。进一步确诊需要实验室诊断。目前国内相关机构采用免疫学技术和分子诊断技术开发了犬瘟热病毒抗原、抗体及核酸检测试剂，如犬瘟热病毒抗原/抗体胶体金检测试纸、犬瘟热病毒抗原/抗体荧光免疫层析试纸、犬瘟热病毒抗体 ELISA 检测试剂盒、犬瘟热病毒荧光定量 RT-PCR 检测试剂盒等，部分产品已经通过了国家新兽药审批，如洛阳普泰生物技术有限公司开发的犬瘟热病毒胶体金检测试纸条，获得了农业农村部颁发的新兽药注册证书。

目前国内仅有洛阳普泰生物技术有限公司生产和批签发相关犬瘟热诊断试剂产品。

5.2.4.3.3　犬腺病毒病

犬腺病毒病是由犬腺病毒（canine adenovirus，CAV）引起的以传染性肝炎和呼吸道疾病为特征的传染性疾病。犬腺病毒分两种血清型：犬腺病毒 1 型（CAV-1）即犬传染性肝炎病毒，主要引起传染性肝炎以及其他一些疾病；犬腺病毒 2 型（CAV-2）即犬喉气管炎病毒。

根据犬腺病毒病的典型临床症状，可做出初步诊断。进一步确诊需要实验室诊断。目前国内多家研发机构采用免疫学技术和分子诊断技术开发了犬腺病毒抗原、抗体及核酸检测试剂，如犬腺病毒抗原/抗体胶体金检测试纸、犬腺病毒抗原/抗体荧光免疫层析试纸、犬腺病毒抗体 ELISA 检测试剂盒、犬腺病毒 PCR 和荧光定量 PCR 检测试剂盒等，部分产品已经通过了农业农村部新兽药审批，如洛阳普泰生物技术有限公司开发的 3 种犬腺病毒胶体金检测试纸条产品获得了农业农村部颁发的新兽药注册证书。目前国内仅有洛阳普泰生物技术有限公司生产和批签发犬腺病毒诊断试剂产品。

5.2.4.3.4　犬副流感

犬副流感是犬副流感病毒（canine parainfluenza virus，CPIV）感染引起的犬的主要的呼吸道传染病，主要发生于 4 月龄以内幼犬，病犬发热，初期卡他性鼻炎，起初流大量浆液性，而后黏液性、不透明鼻分泌物；随着病程进展出现支气管炎、咳嗽等症状。

临床上"犬窝咳"主要病原有犬副流感病毒、犬 2 型腺病毒和支气管败血波氏杆菌。确诊"犬窝咳"的病原需要实验室诊断。目前国内多家研发机构开发了犬副流感检测试剂，如犬副流感抗原/抗体胶体金检测试纸、犬副流感抗原/抗体荧光免疫层析试纸、犬副流感病毒荧光定量 RT-PCR 检测试剂盒等，部分产品已经通过了农业农村部新兽药审批，如洛阳普泰生物技术有限公司开发的犬副流感病毒胶体金检测试纸条产品获得了农业农村部颁发的新兽药注册证书。目前国内仅有洛阳普泰生物技术有限公司生产和批签发犬副流感诊断试剂产品。

5.2.4.4　猫疾病诊断制剂

5.2.4.4.1　猫泛白细胞减少症

猫泛白细胞减少症又称猫瘟热（feline infectious enteritis），是由猫泛白细胞减少症病毒（feline panleucopenia virus，FPV）引起的一种以高热、白细胞减少、肠炎为特征的疾病。该病潜伏期 2～5d，以 1 岁以内幼龄猫多发。6 月龄以内的幼猫多呈急性发病，体温升高到 40℃以上，不出现任何症状突然死亡。6 个月以上的猫多呈亚急性临床，体温升高到 40℃左右，持续 1～2d；病猫精神不振，厌食，顽固性呕吐，粪便黏稠样，后期带血，严重脱水，贫血。血象分析可见白细胞迅速减少，可降至 5000 个/mm³ 以下。多于 5～6d 死亡，死亡率一般为 60%～70%。

根据猫白细胞减少、肠炎的典型临床症状，可做出初步诊断。进一步确诊需要实验室诊断。目前国内多家研发机构开发了猫泛白细胞减少症病毒抗原、抗体及核酸检测试剂，如 FPV 抗原/抗体胶体金检测试纸、FPV 抗原/抗体荧光免疫层析试纸、FPV 抗体 ELISA 检测试剂盒、FPV 荧光定量 PCR 检测试剂盒等，部分产品已经通过了国家新兽药审批，如洛阳普泰生物技术有限公司开发的猫泛白细胞减少症病毒胶体金检测试纸条产品获得了农业农村部颁发的新兽药注册证书。目前国内仅有洛阳普泰生物技术有限公司生产和批签发猫泛白细胞减少症诊断试剂产品。

5.2.4.4.2　猫鼻结膜炎

猫鼻结膜炎又称嵌杯病毒病，是由猫杯状病毒（feline calicivirus，FCV）感染引起的猫呼吸系统传染病。临床上猫杯状病毒感染潜伏期为 2～3d，初期体温升高，精神不振、打喷嚏，口腔及鼻腔分泌物增多，流涎，眼鼻分泌物开始为浆液性、4～5d 后转为脓性，角膜发炎、羞明。舌面有明显溃疡病灶。如与猫疱疹病毒、衣原体等混合感染，病情加重而引起死亡。

根据猫鼻结膜炎临床症状，可做出初步诊断。进一步确诊需要实验室诊断。目前国内多家研发机构开发了猫杯状病毒抗原、抗体及核酸检测试剂，如猫杯状病毒抗原/抗体胶体金检测试纸、猫杯状病毒抗原/抗体荧光免疫层析试纸、猫杯状病毒抗体 ELISA 检测试剂盒、猫杯状病毒荧光定量 PCR 检测试剂盒等，部分产品已经通过了国家新兽药审批，如洛阳普泰生物技术有限公司开发的猫杯状病毒胶体金检测试纸条产品获得了农业农村部颁发的新兽药注册证书。目前国内仅有洛阳普泰生物技术有限公司生产和批签发猫杯状病毒诊断试剂产品。

5.2.4.4.3　猫鼻气管炎

猫鼻气管炎是由猫疱疹病毒（feline herpesvirus type 1，FHV-1）感染引起的猫呼吸系统传染病。临床上猫鼻气管炎潜伏期 2～6d，初期猫出现体温升高、精神沉郁、打喷嚏，之后出现畏光、结膜炎及眼睛分泌物；有明显的鼻分泌物，从清澈的鼻涕变为脓涕。如果有继发性感染，眼和鼻的分泌物就会呈现脓状。

根据猫鼻气管炎临床症状，可做出初步诊断。进一步确诊需要实验室诊断。目前国内多家研发机构致力于开发猫杯状病毒抗原和核酸检测试剂，如猫疱疹病毒抗原胶体金检测试纸和荧光免疫层析试纸、猫疱疹病毒荧光定量 PCR 检测试剂盒等，相关产品正在进行新兽药注册申报。

5.2.4.5　展望

目前国产宠物用诊断试剂产品以胶体金快速检测试纸条为主，而荧光免疫层析检测试剂、化学发光检测试剂等更灵敏的宠物疾病抗原和抗体系列免疫学检测试剂较少，荧光定量 PCR 试剂盒等病原核酸检测试剂虽然在宠物临床得到了应用，需要提高产品稳定性。近几年开发的基于病原核酸检测的微流控全自动核酸检测技术，配套专用小型检测设备可进行多病原同时检测，在宠物临床得到了应用。

5.2.5 特种经济动物疫病诊断制剂

随着我国特种经济动物养殖业的快速发展，危害特种经济动物的疫病也频繁发生。目前危害特种经济动物的疫病主要包括呼吸系统、消化道和繁殖障碍疾病三大类，其中毛皮动物疫病主要有犬瘟热、水貂病毒性肠炎、水貂阿留申病、狐狸传染性脑炎等，兔主要疫病主要有兔病毒性出血症、兔多杀性巴氏杆菌病等。这些病原体单独或混合感染，根据临床症状很难做出及时确诊，因此开发实验室使用的快速、灵敏的诊断试剂和试剂盒，可及时确诊疾病，为有效采取防治措施提供保障。

国内特种经济动物疫病诊断试剂盒的开发相对比较滞后，由于狐狸、貉与犬同属于犬科，而水貂病毒性肠炎与猫泛白细胞减少症亲缘关系近，目前特种经济动物疫病的抗原检测试剂主要是用犬猫相关试剂替代。对于水貂阿留申病、狐阴道加德纳菌病等特种经济动物特有的疫病，相关机构研发了相关的检测试剂并在临床上推广应用。

5.2.5.1 水貂阿留申病诊断试剂

水貂阿留申病（Aleutian mink disease，AD）是由阿留申病病毒（Aleutian disease virus，ADV）侵染水貂引起的一种病程缓慢的免疫缺陷性传染性疾病，病毒侵害单核-巨噬细胞系统，以浆细胞弥漫性增生、γ-球蛋白异常升高及持续性病毒血症为特征。1956年 Harlsough 与 Gorham 在养殖的阿留申基因型（银蓝色系）水貂首先发现该病而命名；1964 年 Porter 与 Larsen 证实所有基因型水貂均可感染该病。

目前，水貂阿留申病尚无有效的防控手段，由于阿留申病为自身免疫缺陷性疾病，还没有开发出有效的疫苗，主要依靠血清学检测剔除阳性感染水貂的方法净化该病。丹麦采用每年对留种水貂进行水貂阿留申病病毒抗体检测净化的方式，阿留申病得到了有效控制。我国部分水貂养殖企业也采用该方法控制，也取得了一定成效。

传统的水貂阿留申病检测方法为对流免疫电泳（CIEP）方法，该方法通过对流免疫电泳试剂检测水貂血清中是否存在特异性 ADV 抗体，以此来判断水貂是否感染 ADV，该方法特异性强，是国际通用的检测阿留申病的金标准，中国农业科学院特产研究所在1984 年开发成功并推广应用至今。但对流免疫电泳方法操作烦琐，耗时长，不适合大批量检测。近几年，为适应快速、高通量检测的要求，中国农业科学院特产研究所又开发了水貂阿留申病病毒抗体胶体金检测试纸、水貂阿留申病病毒 ELISA 抗体检测试剂盒，获得了新兽药注册证书并在市场中推广使用。

5.2.5.2 狐阴道加德纳菌病诊断试剂

狐阴道加德纳菌病是由狐狸阴道加德纳菌（*Gardnerella vaginalis* of fox，GVF）感染引起的妊娠狐狸空怀、流产为特征的繁殖障碍性传染病。该病发生有明显的季节性，主要表现为每年繁殖期，多发生在配种后的 20～45d，母狐表现为拒食，妊娠母狐腹围缩小，胚胎被吸收而妊娠终止；妊娠后期母狐可见到流产胎儿。

狐阴道加德纳菌病的危害主要为种狐，仅在繁殖季节妊娠母狐才可见到临床症状，日常饲养管理很难确定养殖场是否存在狐阴道加德纳菌病。流行病学显示，狐狸感染狐阴道加德纳菌后，血清中存在特异性抗体。中国农业科学院特产研究所开发了狐阴道加德纳菌虎红平板凝集抗原，1998年获得新兽药注册证书并在临床上得到了应用。

5.3

治疗制剂和免疫增强剂产业的发展

我国是养殖大国，同时也是动物疫病大国。动物疫病不但造成了重大经济损失，也给公共卫生安全带来严重危害。而同人类医疗对抗体需求相比，国内动物疫病防治对抗体需求将会更大。这是因为，一方面，许多二、三类动物疫病由病毒感染引起，无法用特异性抗生素进行有效治疗，特异性抗体可以在一定程度上防治病毒感染；另一方面，对细菌性传染病防治而言，抗生素的大量使用造成耐药菌产生和抗生素残留等严重问题，已经对环境和食品安全造成严重危害，迫切需要研发替代抗生素的药物，抗体药物则以其毒副作用小、天然和高度特异性的疗效，显示了其作为抗生素替代品独特的优势和潜力。

正如前文所指出的，传统的诊断和治疗技术存在着特异性不强、灵敏度差、操作不便、费用高昂等缺陷，阻碍了动物疫病的防治。只有大力研制和发展先进的分子诊断和治疗技术，才能使这一世界性难题得到很好的解决。这种先进的分子诊断治疗技术需要高质量的抗体分子。正是在这样的形势下，一个新兴的以研制抗体为主要目的的生物工程技术——抗体库技术应运而生，该项技术近年来得到了迅速发展，且取得了一些可喜的成果。同时也在不断拓展抗体的应用领域，不仅仅限于疾病诊断，还涉及病原微生物致病的分子机制以及疫病的治疗，特别是肿瘤治疗等方面，显示了新型抗体分子更加诱人的前景。

抗体既可以特异性地与病原微生物抗原结合，应用于病原微生物的检测和疫病诊断，还可以对抗病原微生物的感染和致病，从而起到治疗作用。人们对抗体的重要性的认识极大地促进了抗体工程技术的发展，使其在生物技术制药领域中发挥越来越重要的作用。这又反向加速了新型抗体药物研发技术的成熟，使得抗体药物进一步体现毒副作用小、天然和高度特异性的疗效，并且创造出巨大的社会效益和经济效益，显示出更加广阔的应用前景。抗体药物是目前美国食品药品监督管理局（FDA）批准上市品种最多的一类生物工程药物。在美国食品药品监督管理局批准上市的80多种基因工程和抗体工程产品中，抗体类产品有21种。尤其最近几年发展起来的用于制备新型抗体的噬菌体抗体库技术以及核糖体展示抗体库技术将抗体工程的研究推向了一个新的高潮。这些技术更易于筛选高亲和力抗体和采用体外进化的方法对抗体性质进行改造，代表了抗体工程的未来发展趋势。

国外利用噬菌体抗体库技术已经获得了大量针对病原微生物的抗体，研发了一系列具有自主知识产权的人源化抗体以达到诊断和治疗疾病的目的。噬菌体抗体技术最成功的应用是对病毒性肝炎诊治。这也是该技术目前应用的热点之一，如甲肝病毒（HAV）、乙肝病毒（HBV）、丙肝病毒（HCV）等。另外还研发了艾滋病病毒

（HIV）、流感嗜血杆菌和破伤风毒素、呼吸道合胞病毒、单纯疱疹病毒糖蛋白等的单抗，它们具有良好的诊断和治疗的应用前景。美国每年投入基因工程抗体药物的研究经费不少于100亿美元，至今已批准了120余种基因工程抗体药物上市，尚有近400种处于各期临床研究阶段，约2000种处于临床前研究开发阶段，2000年产值和销售额已超过200亿美元，美国的基因工程抗体产业不仅形成了一定的规模化，而且其发展势头强劲。

从20世纪80年代，我国开始研制基因工程抗体。国内已有实验室开始了噬菌体抗体库的构建。用抗体库技术制备人源化抗体，在肝炎等的诊断、治疗、发病机制的研究中发挥了积极作用，显示了良好的应用前景。国家"863"计划等已经将新型抗体研发列为今后相当长时间的发展重点。然而，与国外相比，我国的抗体库技术相对滞后，而且仅限于人源化抗体库的研究，有关鸡、猪等食品动物源性抗体库的报道更为少见。由于发达国家的人类及动物基因组计划起步早、投入大，并申请了绝大部分基因的专利，因此我国可以在单克隆抗体的发现和功能的确定领域获得大量自主知识产权的产品，特别是在鸡、猪等动物源性抗体研究方面更是具有巨大的发展空间。

利用基因工程抗体技术构建同种动物源性原核或真核表达抗体库，通过多样性突变、链置换和抗原的选择，体外模拟和亲和力成熟等可制备高亲和力的抗体，按照需要生产各种动物来源的单克隆抗体，制备的抗体药物用于治疗本种动物，可以克服因异种动物制备抗体所造成的免疫原性；发挥抗体工程用于高通量抗体筛选制备的优势，可以大规模生产抗体，能满足大规模养殖动物群体对抗体的需求。

支撑治疗性抗体技术发展的是抗体库技术。抗体库技术是利用生物技术生产和筛选针对各种抗原分子抗体的一种生物工程技术，最常用的是噬菌体抗体库技术。用基因克隆技术将B淋巴细胞全套可变区基因克隆出来，组装到表达载体内并表达到噬菌体表面，即为噬菌体抗体库。可以直接从库中筛选针对某一抗原的特异性抗体。它从根本上改变了传统的单抗制备流程，可以在体外改良抗体的特异性并对其进行体外亲和力成熟。

该技术的特点是选择范围广泛，可对百万至亿万个分子进行选择；模拟天然免疫系统亲和力成熟过程，多样性突变、链置换和抗原的选择，体外模拟和亲和力成熟等可制备高亲和力的抗体。这些特点使得产生的单克隆抗体不但亲和力高，特异性强，更重要的是还可以按照需要生产各种动物来源的单克隆抗体，抗体分子直接用于本种动物免疫治疗，使其应用范围更加广泛，在人畜共患病病原体检测、疫病治疗特别是肿瘤诊断及治疗方面将发挥巨大作用，显示了新型抗体分子更加诱人的前景。噬菌体抗体库技术的应用前景广泛，经过10多年的不断完善，使体外制备高亲和力抗体成为现实；通过这项技术不仅可以筛选到一般抗原的特异性抗体，也可产生非免疫原性或毒性抗原的抗体，能够产生具有识别功能的动物抗体。所得到的抗体可以是scFv或Fab，也可以进行基因工程改造，转变成其他形式的小分子抗体、免疫毒素、靶向细胞因子或全抗体。目前公认的主要方法有构建大容量抗体库，严格筛选条件、优化筛选方法和体外亲和力成熟技术。而获得的大量的重组抗体可用作抗体芯片的研究，为噬菌体展示抗体库的应用开辟了新的道路。筛选方法的不断改进和高通量筛选技术的建立，为快速、准确获得目标抗体奠定了基础。

通过动物源性基因工程抗体技术，可得到大量的病原变异性强、血清型众多的病原体的抗体分子，这些抗体可以精确地与病原体表位结合，在胞内或胞外对病毒复制和入侵进行干扰和阻断，可为人畜共患传染病提供优于现行基因治疗和干扰致病机制分子，极大地推动动物疫病防治的基础研究发展；对于病毒感染，至今几乎无特效药物，因此，免疫治疗显得尤为重要。动物源性基因工程抗体技术将为治疗动物疫病提供新的、高效的抗体药物；此外还可以制备出针对多种肿瘤的亲和力高、穿透力强的抗体分子，在这些抗体片段融合细胞毒素、破坏细胞的酶和细胞因子等，形成对肿瘤细胞有特异性杀伤作用的生物导弹。虽然动物肿瘤治疗重要性不及人类，然而，预防兽医学专业有一个得天独厚的条件，就是可以建立动物实验模型，很方便地将每一项研究成果直接进行动物模型检验，为人类疾病致病机制研究和治疗技术研发提供理论和实验依据。

展望：应该充分发挥我国在相关领域人力资源、技术资源和动物资源上的优势，同时积极引进国外先进的抗体生产技术，整合国内现有科研和技术力量，优化资源配置，抢先构建猪、鸡和牛等动物源性抗体库，搭建筛选动物源性抗体的技术平台，大量筛选针对重要动物疫病病原体的抗体，抢报国际专利。应用建立的技术平台开展新型动物源性抗体药物的制备、筛选及生产工艺研究，在动物抗体医药的原创发明上形成突破，从而有力保障我国在这一新兴领域与发达国家保持同步。正是基于对我国开展动物抗体工程技术研究迫切性及其良好发展前景的认识，上海交通大学上海兽医生物技术实验室很早就成立了包括抗体中试GMP车间的动物抗体工程实验室，较系统地开展了动物抗体工程技术研究，研制成功了包括禽流感病毒、口蹄疫病毒单克隆抗体和单链抗体的一系列抗体试剂。同时还建有国内为数不多的小型猪生产基地，构建了猪、牛、鸡、兔等动物源性噬菌体抗体表达文库，筛选鉴定了一大批针对重要病原体的优质单链抗体分子，并且研制了一些具有治疗功能的单链抗体制剂。这一切为系统深入地开展动物治疗性抗体研究奠定了坚实基础。

5.3.1　猪用制剂

在养猪业生产中，细胞因子和干扰素类等产品能够在一定程度上预防和抑制对猪有重要危害的传染病。其具有易吸收、无毒副作用及无药物残留等优点。

尽管国外对猪用干扰素已做了大量研究，但目前尚无实质性产品获批进入临床；而国内多家研究单位和公司已有原核表达的猪IFN产品，用于临床上预防和治疗猪病。四川世红生物技术有限公司生产的猪IFN填补了动物病毒性疾病防治兼备的用药空白，大连三仪动物药品有限公司生产的猪IFN、TF（转移因子）及排疫肽等在预防猪病和增强机体的免疫力中起着重要的作用。安徽医科大学自2000年以来，成功利用大肠杆菌表达系统成功表达了猪IFN-α及长效IFN-α，并于2014年7月获得了农业部首个猪基因工程治疗性生物制品临床批文，对12609头猪传染性胃肠炎患病仔猪临床效力试验的结果表明，所试5批重组猪干扰素α（冻干型）对5个猪场总有效率达71.3%，总治愈率达60.4%。

猪源干扰素（IFN）具有广谱抗菌、抗病毒活性和免疫调控功能，且作用机制独特，对细胞毒性低，是养猪业中替代抗生素的理想候选物。Chinsangaram等研究发现大肠杆菌表达的猪IFN-α对口蹄疫病毒有抑制作用，其作用机制可能是重组IFN-α在病毒增殖的蛋白质翻译水平发挥了抑制作用，使双股RNA依赖的蛋白激酶活性下降。Moraes等研究表明，将一定剂量的猪IFN-α的复制缺陷型人5型腺病毒一次接种猪体16h后便获得对口蹄疫强毒株攻击的保护，在3d内完全保护，在7d内有保护效果。Suradhat等证实猪的 IFN-γ 在抗猪瘟病毒的细胞免疫中也发挥重要作用。关于何种 IFN 更为有效，可能与病毒种类相关，如 Li 等发现与 IFN-α 相比，IFN-λ 能更有效地抑制猪流行性腹泻病毒复制，提示 IFN-λ 可能作为一种更好的抗病毒药物；而 Luo 等则发现 IFN-λ 能抑制猪繁殖与呼吸综合征病毒在 MARC-145 细胞中的复制，但效果不如 IFN-α。干扰素也是一种有效的疫苗免疫增强剂，You 等构建了同时表达猪 IFN-α 和 IFN-γ 的腺病毒，与口蹄疫疫苗同时免疫猪后能显著提升口蹄疫病毒保护水平。

白细胞介素（白介素，interleukin，IL）是由白细胞产生且可调节其他细胞反应的可溶性糖蛋白，对细胞免疫和体液免疫均具有重要作用。Xue 等发现重组猪 IL-22 在 IPEC-J2 细胞中能有效抑制 α 冠状病毒、流行性腹泻病毒、传染性胃肠炎病毒及轮状病毒，可能与其激活 STAT3 信号通路有关。马露等利用乳酸乳球菌 MG1363 表达的猪 IL-18 可促进猪脾脏淋巴细胞增殖且显著抑制病毒复制。而 IL-2 常作为免疫增强剂用于猪病的治疗和预防，将 IL-2 与猪圆环病毒 CAP 蛋白疫苗共同免疫后，能显著增强机体 Th1 型免疫反应。

尽管国内外开展猪病治疗用细胞因子研究较多，但研究工作还不够深入、全面，大多还停留在实验室阶段。虽有一些在兽医临床方面的应用报道，但制剂使用的还是实验室制品，研究深度和应用范围也有待拓展。尤其是国内尚未建立统一的动物细胞因子产品质量标准，产品没有实现产业化。

5.3.2　禽用制剂

我国是家禽养殖大国，养殖规模逐年增加，在生产过程中添加抗生素的情况越来越普遍，随着抗生素长期广泛使用，家禽机体逐渐产生了免疫力下降、对药物产生耐药性等情况，家禽产品中的兽药残留情况越来越严重。近年来，随着人们的生活水平日益提高，抗生素滥用和兽药残留问题越来越引起社会的关注，减抗、替抗、无抗养殖已成为家禽行业的发展趋势。因此，家禽养殖业普遍采用主动免疫（疫苗接种）、被动免疫（使用抗血清或卵黄抗体等），使用免疫增强剂、免疫调节剂以及微生态制剂多管齐下，促进健康养殖，提高综合经济效益。目前，我国养禽业使用的制剂主要有三种类型：一是抗体类制剂，如抗小鹅瘟血清以及水禽主要疾病（如小鹅瘟、鸭瘟、鸭病毒性肝炎等）的卵黄抗体。通过给机体注射抗体的方式，常用于相关疾病的早期感染的治疗以及紧急预防。二是微生态制剂，常用菌种有乳酸菌、芽孢杆菌、粪链球菌、酵母菌、枯草芽孢杆菌、光合菌、双歧杆菌等的单组分或多组分冻干粉。通过在饲料中添加或直接饲喂给家禽的微生物或微生物及其培养物，能参与调节胃肠道内微生态平衡，刺激特异性或非特异性免疫功能，促进家禽生长和提高饲料转化效率。三是免疫增强制剂或免疫调节制剂，如重组鸡白细胞介素-2、羊胎盘转移因子、猪脾转移因子等。通过注射或饮水的方式，通过激活免疫活性细胞，增强机体特异性或非特异性免疫功能，促进动物生长。截至 2021 年，我国批准各类预防或治疗类禽用制剂 20 余个。随着细胞生物学、分子生物学技术等新兴技术的发展以及人们对于禁抗、高质量食品的需求增加，相关禽用制剂将会得到越来越广泛的应用，必将对健康养殖、绿色养殖和促进食品安全发挥更大作用。

（1）**抗体类制剂**　目前，我国共批准了 16 个抗体类制剂，其中抗血清制剂 2 种（新城疫和小鹅瘟）、卵黄抗体制剂14种（鸡用制剂1种，其余13种均为水禽用制剂）。除小鹅瘟卵黄抗体、鸭病毒性肝炎卵黄抗体两种制剂外，新城疫病毒抗血清、抗小鹅瘟血清等制剂由于生产成本、市场需求等原因已基本退出禽用制剂市场。卵黄抗体是蛋鸡以特定抗原免疫后产生的特异性抗体经血液循环在卵细胞中蓄积逐渐形成的抗体，经提取、纯化、灭活（或辐照）后制成液体制品或冻干制品，具有制备和纯化工艺简单、生产成本低、特异性好、安全有效等特点，广泛应用于畜禽疾病的预防和控制，特别是在水禽疾病控制方面应用较为广泛。截至2022年3月，农业农村部已批准了21个卵黄抗体生产文号，其中小鹅瘟卵黄抗体文号占比为81%（17/21），鸭病毒性肝炎卵黄抗体文号占比为14%（3/21），鸡传染性法氏囊病卵黄抗体占比为5%（1/21）。2021年，共有910余批小鹅瘟卵黄抗体和200余批鸭病毒性肝炎卵黄抗体被批签发，卵黄抗体制剂占该两种水禽疾病防控制品（卵黄抗体和疫苗）批签发总数的98%以上。目前，针对近年来国内新发或常见家禽或水禽疾病的卵黄抗体已成研制热点，多联多价为下一步研究的重点方向。已有企业新申请了腺病毒1群4型、鸭坦布苏病毒病、鸭传染性浆膜炎、鸭呼肠孤病毒病、鹅星状病毒病、禽流感（H9亚型）的临床试验。

（2）微生态制剂　微生态制剂是指被摄入动物体内并且能够有效参与肠道微生态平衡、调节微生物区系、促进肠道消化吸收和转化等生理功能、可以提高畜禽生产性能的一类活的微生物培养物的总称，具备绿色环保高效的特点，具有较大的应用价值。截至2022年3月，我国共批准了8个微生态制剂，涉及酪酸菌、乳酸菌、芽孢杆菌、脆弱拟杆菌、粪链球菌、枯草芽孢杆菌、蜡样芽孢杆菌等7种益生菌，但目前仅有2个产品在生产销售。该类制剂一般通过菌种接种适宜的培养基收获培养物，加适宜赋形剂经干燥制成粉剂或片剂（多组分时按一定比例混合）配制而成。目前，国内仅有江苏恒丰强生物技术有限公司和湖北绿雪生物产业有限公司等两家公司有生产文号，生产产品分别为双歧杆菌、乳酸杆菌、粪链球菌、酵母菌复合活菌制剂和酪酸菌活菌制剂两种，其余已批准产品近年均未申请生产文号或停产。2020—2021年，两家公司共46批微生态制剂批签发。

（3）免疫增强剂　免疫增强剂通常指的是在单用或与抗原同时使用时可增强机体免疫应答的物质，可通过不同的作用方式增强机体的特异性和非特异性免疫应答。禽用免疫增强剂一般包括微生物来源的药物（如卡介苗、草分枝杆菌、短小棒状杆菌、多抗甲素等）、生物因子类药物（如白细胞介素-2、胸腺肽、新生牛肝活性肽、热休克蛋白、转移因子等）、化学药物（如西咪替丁、左旋咪唑等）、天然类药物（如黄芪多糖、菊粉、人参皂苷、当归多糖等中药提取物）以及微量元素（如硒制剂、锌制剂等）。目前，常用的家禽生物免疫增强剂或调节剂以猪脾转移因子和重组鸡白细胞介素-2最为常见。其中重组鸡白细胞介素-2作为免疫增强剂，是基于基因克隆表达和重组蛋白纯化的细胞因子，肌肉注射后用于增强机体的免疫力，增强鸡传染性支气管炎的免疫效果。转移因子作为免疫调节剂，是由T淋巴细胞产生的化学本质为小肽与寡聚核苷酸复合物，能够将供体的细胞免疫功能转移给受体，从而提高受体天然免疫和特异性免疫功能。畜禽用转移因子一般系用健康猪脾脏或健康羊的胎盘为原料，经裂解、超滤、灭活（或不灭活）等工艺制成，可用于增强猪、鸡的免疫功能。截至2022年3月，我国共批准4个该类制剂，其中猪脾转移因子2个、羊胎盘转移因子1个、重组鸡白细胞介素-2注射液1个。

5.3.3 牛羊用制剂

5.3.3.1 牛羊用治疗性抗体

自 1986 年第一个治疗性抗体进入临床以来，治疗性抗体得到了迅速的发展，成为生物医药产业发展最快的领域。对于兽用治疗性抗体产品而言，由于价格昂贵等原因，牛羊用治疗性抗体研制相对滞后，目前还未有该类产品上市，但在羊临床上有用抗血清治疗疾病的研究。国内公开了一种抗羊口疮抗体饲料添加剂及制备方法，该方法制备的抗羊口疮卵黄抗体能提高羊抵抗病毒而防治疾病的作用。发明专利牛源性抗金黄色葡萄球菌基因工程单链抗体有望成为预防和治疗金黄色葡萄球菌奶牛乳腺炎的药物，牛 IP-10 单克隆抗体可为牛结核的预防与诊断研究提供重要的生物材料。另外，还有基于牛病毒性腹泻病毒（BVDV）囊膜蛋白 Erns 和 E2 构建噬菌体展示 anti-BVDV 抗体文库的研究，这为制备抗 BVDV 的纳米抗体奠定了基础。国外使用艰难梭菌毒素 A 和 B 重组突变体反复免疫怀孕奶牛，用其初乳作为一种治疗艰难梭菌感染的生物抗体药物。

治疗性抗体在牛羊免疫原性弱的病原所致疾病、免疫抑制性疾病、强耐药菌株所致疾病的防治方面具有重要意义，也是未来研发的重点和热点。

5.3.3.2 牛羊用抗病毒治疗剂

干扰素（IFN-α/β）及作用于其信号通路靶点的抗病毒药物是目前研究热点和重点，在医学领域已取得了巨大成就，多种干扰素包括天然的和重组的干扰素被广泛应用于临床治疗，但牛羊用的产品尚无。国内已建立了一系列基因工程哺乳动物细胞系高效、稳定表达牛等家畜的重组 β-干扰素，在原核表达系统中高效表达牛干扰素-α 成熟多肽，这为其研究和生产应用奠定了基础。还有研究证明，Ⅰ 型干扰素诱导的抗病毒蛋白 Mx 在抗口蹄疫病毒感染中具有抗病毒活性。羊口疮病毒编码的 NF-κB 核抑制剂 002 蛋白，其能抑制 NF-κB 信号通路，可作为治疗羊口疮的潜在药物。另外研究发现，重组类泛素 ISG15 蛋白和重组 BPI 蛋白对绵羊肺炎支原体感染羊具有一定的免疫调节及治疗效果，为绵羊支原体肺炎临床治疗和新药的研发提供新的理论依据。

目前兽医临床上治疗用抗病毒产品很少，因此急需要加强干扰素及受体、干扰素刺激因子和调控因子等细胞因子制剂的研究与创新。

5.3.3.3 牛羊用微生态制剂

微生态制剂是由一种或多种有益微生物及其代谢产物组成，具有调节或维持消化道微生态平衡、提高饲料转化率并增强免疫力、促进动物生长作用的益生素或益生菌制剂。虽然微生态制剂生产技术和临床有效性研究手段相对成熟，但发现具有生物活性和药效作用微生物的难度较大。我国发布的可直接饲喂动物的饲料级微生物添加剂菌种共 15 种，包括地衣芽孢杆菌（*Bacillus liheniformis*）、枯草芽孢杆菌（*Bacillus subtilis*）、两歧双歧杆菌（*Bifidobacterium bifidum*）、粪肠球菌（*Enterococcus faecalis*）、乳酸肠球菌（*Enterococcus lactis*）、嗜酸乳杆菌（*Lactobacillus acidophilus*）、干酪乳杆菌（*Lactobacillus casei*）、乳酸乳杆菌（*Lactobacillus lactis*）、植物乳杆菌（*Lactobacillus plantarum*）、乳酸片球菌（*Pediococcus acidilacticzi*）、戊糖片球菌（*Pediococcus pentosaceus*）、产朊假丝酵母（*Candida utilis*）、酿酒酵母（*Saccharomyces cerevisiae*）、沼泽红假单胞菌

（*Rhodopseudomonas palustris*）、保加利亚乳杆菌（*Lactobacillus bulgaricus*）等。

目前牛羊用微生态制剂多为饲料添加剂，主要用来调整肠道菌群平衡（牛专用微生态制剂）、增加饲料转化率（肉牛增重微生态添加剂）、增强免疫力、降低乳体细胞数（韩国娜尔公司生产的"PM发酵粉"、美国达农威公司生产的"益康XP"）等。治疗性牛羊用微生态制剂研究相对集中于防治奶牛乳腺炎、子宫内膜炎以及犊牛、羔羊腹泻等疾病上。研究发现，由酿酒酵母、产朊假丝酵母、嗜酸乳杆菌、地衣芽孢杆菌和丙酸杆菌组成的微生态制剂在饲喂奶牛后可治疗隐性乳腺炎。另外，从健康牛体内分离的益生菌通过乳房灌注和饲喂可预防隐性乳腺炎。国外在奶牛产前1～2周及产后4周使用复合乳酸菌制剂灌注阴道内，能降低奶牛子宫内膜炎的发病率，提高产奶量。国内使用从牦牛肠道内分离益生菌预防犊牛腹泻，比抗生素饲喂效果更好。有研究者研发了一种牛饲料添加剂（由维生素E、维生素B_1、啤酒酵母菌粉、乳酸菌粉、芽孢杆菌粉、牛干扰素粉、血球蛋白粉为组分混合而成）具有广谱抗病毒作用。国内还开展了奶牛能量代谢障碍性疾病微生态制剂、围产期奶牛能量负平衡微生态制剂、肉牛亚急性瘤胃酸中毒微生态制剂的研究，但尚处于试验阶段。

在奶牛养殖行业中，微生态制剂具有代替人工合成类抗生素的趋势。微生态制剂不仅可以提高奶牛饲料转化率，提高产奶量和奶品质，增强机体抗病力和抗应激能力，而且也减少了抗生素的使用量，符合绿色、安全发展理念。在养羊业，微生态制剂可以提高羊生长性能和产毛性能，其中使用植物乳酸杆菌可降低肉羊的甲烷排放量，改善瘤胃发酵类型和性能，并提高饲料的能量利用率。然而，微生态制剂在反刍动物中的使用还有诸多的问题要解决：主要是微生态制剂在反刍动物瘤胃中原有菌群间的关系及其作用机制，复合微生态制剂中益生菌如何协同发挥作用、如何提高微生态制剂的稳定性等。新型活性微生物的筛选、微生物与反刍动物肠道菌群间的相互作用、复合微生态制剂的创新、微生态制剂的免疫增强作用等是研究的重点内容。

5.3.3.4　中药免疫增强剂和免疫佐剂

中药免疫增强剂和免疫佐剂效果是研究重点之一，未来中药免疫增强剂将从单味中药成分的研究向中药复方体系发展，从单一免疫系统作用的研究向神经内分泌免疫网络作用的研究发展，其中中药精油类免疫佐剂已引起人们的高度重视。肠道微生物与中药间的协同作用研究是中兽药研究的又一热点方向，越来越多的实践证明肠道微生物和中药在防病促生长方面具有相辅相成的作用。中兽药的药食同源二重性也是近年来的研究重点，中药富含的多种激素、氨基酸、糖类等可有效促进肠道微生物的增殖，肠道微生物的消化代谢功能可促进中药的吸收和利用。如甘草甜素是甘草中最重要的一种有效成分，具有抗过敏、抗炎症等作用，研究表明甘草甜素被服用后并不是被直接吸收利用，而是在肠道菌的作用下切去其含糖部分，形成糖原后才被机体吸收至血液而发挥效用。黄芪多糖是黄芪的主要有效成分，具有抗病毒、抗应激、抗氧化等作用，肠道分离的分解乳糖链球菌发酵黄芪可提高黄芪多糖的利用率。

5.3.3.5　牛羊用细胞因子免疫调节剂

由于机体的天然免疫分子机制的逐渐阐明，对细胞因子制品的研究成为生物学研究中最活跃的领域之一，其中白介素、干扰素、胸腺肽、转移因子和白蛋白等大量的免疫调节性细胞因子被应用于医学临床。对牛羊免疫调节性细胞因子而言，其作为非特异性免疫调节剂以增强机体的抗病性能。除牛用的重组白介素 2（IL-2）、羊胎盘转移因子注射液在我国注册和生产外，多数细胞因子制剂尚处于临床试验阶段。现研发的免疫调节剂主要有胸腺五肽、胸腺素和胎盘肽以及 IL-4、IFN-γ 和 IP-10 等，其中胸腺素能预防犊牛腹泻，IL-4 对牛主动脉内皮细胞有保护作用，牛胎盘肽可作为一种新的免疫调节类药品或保健品。羊血管内皮生长因子能够加速绵羊卵母细胞微绒毛的发育，羊胎盘免疫调节因子能促进正常或免疫抑制巨噬细胞的吞噬能力。另外，IL-2、IL-4、IFN-γ 已作为疫苗的免疫佐剂在多种牛羊疫病疫苗中进行了评价，证实具有强烈的免疫佐剂效应。

5.3.3.6 牛羊用其他生物制剂

蛋白酶、核酸等生物制品在牛羊病防治中也有应用。我国研发的重组溶葡萄球菌酶粉（莱索菲）获得国家一类新兽药证书，是生物型抗菌兽药的突破，为奶牛子宫内膜炎和乳腺炎的治疗提供有效手段。链球菌噬菌体 λSA2 和 B30 细胞内溶素能够杀灭牛奶中的链球菌，有望用于治疗链球菌引起的乳房炎。干奶期乳头封闭剂结合乳酸菌素可预防干奶牛的乳腺感染。使用酪蛋白水解物可清除细菌感染，提高下一个泌乳期的产奶量。

脱氧寡核苷酸作为免疫调节剂和疫苗佐剂，在抵抗微生物感染及治疗肿瘤等诸多方面有很高的潜在应用价值。脱氧寡核苷酸作为免疫调节剂及疫苗佐剂，可有效辅助口蹄疫重组蛋白疫苗产生中和性抗体。其次，CpG 脱氧寡核苷酸能够防治细胞内病原菌感染，其种类也决定了刺激绵羊外周血单核细胞引发天然免疫反应的类型和强度。美国研制了一种包含 Quil A、胆固醇、DDA、DEAE、葡聚糖、脱氧寡核苷酸等的佐剂组合物，其可治疗或预防牛乳腺炎。此外，还有治疗牛营养代谢病的有机矿物元素类药物、酵母类治疗性的药物以及治疗酮病的生物类制剂等。

5.3.4 宠物用治疗制剂和免疫增强剂

治疗类生物制剂一般包括各种血液制剂、免疫制剂等。按治疗作用可分为特异治疗制剂（如单克隆抗体、抗血清等）和非特异治疗制剂（如干扰素、白蛋白等）。目前在宠物临床上，用于宠物疾病治疗的制剂主要有：单克隆抗体、免疫球蛋白，以及干扰素和白蛋白等。近几年随着宠物行业发展，重组干扰素、治疗性单克隆抗体等提高宠物健康的治疗性制剂得到快速发展。

5.3.4.1 宠物用干扰素治疗制剂

干扰素（IFN）是一种由多种细胞分泌产生的细胞因子，具有广谱的抗病毒、抗肿瘤细胞增殖和免疫调节等生物学功能。抗病毒作用，主要通过细胞表面受体作用使细胞产生抗病毒蛋白，从而抑制病毒的复制；通过提高自然杀伤细胞（NK 细胞）、巨噬细胞和 T 淋巴细胞的活力，从而起到免疫调节作用，并增强抗病毒能力。

IFN 根据其结合的不同受体主要分为三种类型：Ⅰ 型、Ⅱ 型和 Ⅲ 型。Ⅱ 型 IFN（IFN-γ）的免疫调节功能和抑制肿瘤细胞生长的功能比 Ⅰ 型（如 IFN-α、IFN-β 等）强，抗病毒作用则 Ⅰ 型 IFN 比 Ⅱ 型强。Ⅰ 型 IFN 是最大的 IFN 家族，包括 IFN-α、IFN-β、IFN-ω 等，其中干扰素 α 组是由白细胞分泌产生的一种糖蛋白，具有较高的抗病毒活性，在临床上抗病毒治疗中具有很高的应用价值。

目前人用和动物用干扰素多为重组干扰素，主要采用原核表达（如大肠杆菌）、真核表达（如酵母菌、杆状病毒等）和哺乳动物细胞表达三种方法开发和生产重组干扰素。当前利用大肠杆菌和酵母菌表达平台开发重组干扰素是多数研发机构选择的方案。

国内天津瑞普生物技术股份有限公司、中国科学院微生物研究所等机构相继开展了重组犬 α-干扰素、重组猫 ω-干扰素的开发，2019 年天津瑞普生物技术股份有限公司开发的注射用重组犬 α-干扰素（冻干型）获得了新兽药注册批准，并在宠物临床上推广应用。

5.3.4.2 宠物用治疗性单克隆抗体

单克隆抗体（monoclonal antibody，mAb）是由单一 B 淋巴细胞克隆产生的高度均一、仅针对某一特定抗原表位的抗体。单克隆抗体特异性强，广泛用于生命科学领域检测、疾病诊断和治疗。mAb 通常采用杂交瘤技术来制备，制备的基本过程：抗原纯化后与佐剂混合，免疫 BALB/c 小鼠，连续免疫 3～4 次，在最后一次加强免疫后第 3 天取小鼠脾脏制备脾脏细胞（主要是 B 淋巴细胞），并与 BALB/c 小鼠骨髓瘤细胞融合。将融合后的细胞铺板，加入 HAT 选择性培养基筛选杂交瘤细胞。采用 ELISA 方法筛选可分泌特异性抗体的杂交瘤细胞株。

单克隆抗体的生产主要采用动物体内诱生法和体外培养法。其中体外培养法主要是将杂交瘤细胞置于培养瓶中进行培养，收集培养上清液，离心去除细胞及其碎片，即可获得所需要的单克隆抗体。

宠物用治疗性单克隆抗体是针对特定病原特异性抗原位点而筛选的具有中和活性的单克隆抗体，用于治疗某些传染病。目前国内已批准了犬瘟热病毒单克隆抗体注射液和犬细小病毒单克隆抗体注射液两种治疗性单克隆抗体，哈尔滨元亨生物药业生产。

犬瘟热病毒单克隆抗体注射液，由分泌具有中和犬瘟热病毒的杂交瘤细胞株接种生物反应器，采用连续灌注培养法培养，收获培养液后通过过滤、浓缩和除菌制备而成，产品中和抗体效价不低于 1∶1024，用于治疗犬瘟热。

犬细小病毒单克隆抗体注射液，由分泌具有中和犬细小病毒的杂交瘤细胞株接种生物反应器，采用连续灌注培养法培养，收获培养液后通过过滤、浓缩和除菌制备而成，产品血凝抑制抗体不低于 1∶1280，用于治疗犬细小病毒性肠炎。

（1）犬细小病毒免疫球蛋白注射液　免疫球蛋白具有增强免疫力、中和外来病原、提高动物抗病能力的作用，常用于发病动物的治疗。由杨凌凯娜英多克隆动物药业有限公司开发的犬细小病毒免疫球蛋白注射液获得农业农村部新兽药注册批准。该产品系用犬细小病毒抗原免疫接种健康关中驴，检测驴血清中和抗体达到 1∶80 以上，无菌采血并收集血清而制成犬细小病毒免疫球蛋白注射液，用于治疗犬细小病毒引起的犬急性出血性肠炎。

（2）犬血白蛋白注射液　犬血白蛋白是犬血浆中含量最多的蛋白质，占犬血浆总蛋白的 40%～60%，同时也是犬血浆中功能较多的一种蛋白质。白蛋白可以提高血浆胶体渗透压，增加血容量，同时提高血浆白蛋白浓度，对预防和治疗发病犬失血、水肿、休克等临床适应症有很好的效果。犬血白蛋白制备工艺主要采集于健康犬血浆，利用现代生物技术分离、提取、经病毒灭活处理并加入适宜稳定剂精制而成，具有犬体内白蛋白所具有的全部生物活性，用于静脉注射。

国内中国人民解放军军事科学院军事医学研究院、北京博莱得利生物技术有限责任公司、长春西诺生物科技有限公司等单位开发的犬血白蛋白注射液已获得农业农村部新兽药注册批准生产上市。

参考文献

[1] 陈焕春, 何启盖. 伪狂犬病[M]. 北京: 中国农业出版社, 2015.

[2] 杨汉春. 猪繁殖与呼吸综合征[M]. 北京: 中国农业出版社, 2015.

[3] 金宁一, 胡仲明, 冯书章. 新编人兽共患病学[M]. 北京: 科学出版社, 2007.

[4] 张改平. 免疫层析试纸快速检测技术[M]. 郑州: 河南科学技术出版社, 2015.

[5] Zimmerman J J, Ramirez A, Schwartz K J, et al. Diseases of swine[M]. 10th ed. Ames, USA: Wiley-Blackwell Publishing, 2012.

[6] Hou C, Zeng X, Yang F, et al. Study and use of the probiotic Lactobacillus reuteri in pigs: a review[J]. Journal of Animal Science and Biotechnology, 2015, 6 (1): 14.

[7] Blomberg L, Henriksson A, Conway P L. Inhibition of adhesion of Escherichia coli K88 to piglet ileal mucus by Lactobacillus spp. [J]. Applied and Environmental Microbiology, 1993, 59 (1): 34-39.

[8] Holben W E, Williams P, Saarinen M, et al. Phylogenetic analysis of intestinal microflora indicates a novel Mycoplasma phylotype in farmed and wild salmon[J]. Microbial Ecology, 2002, 44 (2): 175-185.

[9] Yulevich O I, Lihach A V, Dehtyar Y F. The effectiveness of the use of probiotics in the feeding of growing of piglets[J]. Scientific Messenger of LNU of Veterinary Medicine and Biotechnologies, 2017, 19 (74): 91-94.

[10] Liao S F, Nyachoti C M. Using probiotics to improve swine gut health and nutrient utilization [J]. Animal Nutrition, 2017, 6 (4): 331-343.

[11] Balasubramanian B, Li T, Kim I H. Effects of supplementing growing-finishing pig diets with Bacillus spp. probiotic on growth performance and meat-carcass grade qualitytraits [J]. Revista Brasileira de Zootecnia, 2016, 45 (3): 93-100.

[12] Dowarah R, Verma A K, Agrawal N, et al. Effect of swine-based probiotic on growth performance, nutrient utilization and immune status of early-weaned grower-finisher crossbred pigs[J]. Animal Nutrition and Feed Technology, 2016, 16 (3): 451-461.

[13] Kim J S, Hosseindoust A, Lee S H, et al. Bacteriophage cocktail and multi-strain probiotics in the feed for weanling pigs: effects on intestine morphology and targeted intestinal coliforms and Clostridium[J]. Animal, 2017, 11 (1): 45-53.

[14] Yang J, Qian K, Wang C, et al. Roles of probiotic Lactobacilli inclusion in helping piglets establish healthy intestinal inter-environment for pathogen defense[J]. Probiotics and Antimicrobial Proteins, 2018, 10 (2): 243-250.

[15] Choi I H, Lee H J, Kim D H, et al. Evaluation of probiotics on animal husbandry and environmental management as manure additives to reduce pathogen and gas emissions in pig slurry[J]. Journal of Environmental Science International, 2015, 24 (1): 25-30.

[16] Gong J, Yin F, Hou Y, et al. Chinese herbs as alternatives to antibiotics in feed for swine and poultry production: potential and challenges in application[J]. Canadian Journal of Ani-

mal Science, 2014, 94（2）: 223-241.

[17] Seifzadeh S, Mirzaei Aghjehgheshlagh F, Abdibenemar H, et al. The effects of a medical plant mix and probiotic on performance and health status of suckling *Holstein calves*[J].Italian Journal of Animal Science, 2017, 16（1）: 44-51.

[18] Sarker M S K, Kim G M, Sharmin F, et al. Effects of medicinal plants, *Alisma canaliculatum*, *Laminaria japonica* and *Cornus officinalis*, treated with probiotics on growth performance, meat composition and internal organ development of broiler chicken[J]. Asian Journal of Medical and Biological Research, 2017, 2（4）: 696-702.

[19] Hu K, Wang Q, Hu P Q. The male silkworm moth（*Antheraea pernyi*）is a key ingredient in Hu-Bao and Sheng-Bao for specific prolongation of the life-span of the male fruit fly（*Drosophila melanogaster*）[J]. The American Journal of Chinese Medicine, 2002, 30（02n03）: 263-270.

[20] Bostami A, Sarker M S K, Yang C J. Performance and meat fatty acid profile in mixed sex broilers fed diet supplemented with fermented medicinal plant combinations[J]. JAPS, Journal of Animal and Plant Sciences, 2017, 27（2）: 360-372.

[21] Jeong J S, Kim I H. Effect of probiotic bacteria-fermented medicinal plants（*Gynura procumbens*, *Rehmannia glutinosa*, *Scutellaria baicalensis*）as performance enhancers in growing pigs[J]. Animal Science Journal, 2015, 86（6）: 603-609.

[22] Wang X, Xie H, Liu F, et al. Production performance, immunity, and heat stress resistance in Jersey cattle fed a concentrate fermented with probiotics in the presence of a Chinese herbal combination[J]. Animal Feed Science and Technology, 2017, 228: 59-65.

[23] Singh A, Chandra R, Ali M N. Antimicrobial activity of herbal extract with yoghurt and probiotic culture and pathogens[J]. Trends in Biosciences, 2015, 8（10）: 2595-2597.

第6章
兽用中药
产业的发展

6.1

兽用中药产业发展概述

兽用中药是指依据中兽医学独特的理论体系及丰富的兽医临床经验，应用于防治动物疾病的药物。兽用中药制剂是指利用天然的药用植物、动物或矿物，并已确定性味、归经的中药材组成的单方或多药材组方，采用传统加工工艺或现代制药工艺制成的不同剂型的兽药产品。

兽用中药按药物功能分类，主要有清热解毒药、活血化瘀药、止咳化痰药等。按剂型分类，主要有散剂、胶剂、片剂、丸剂、锭剂、颗粒剂、软膏剂、流浸膏剂与浸膏剂、酊剂、合剂、胶囊剂、灌注剂、注射剂、可溶性粉剂、微粉剂等。按给药途径和给药方法分类，经胃肠道给药的剂型有散剂、合剂、颗粒剂、丸剂、片剂、可溶性粉剂、微粉剂；注射给药的剂型有静脉注射、肌内注射的注射剂；子宫、乳房给药的剂型有灌注剂；皮肤给药的剂型有软膏剂等。

兽用中药的应用与中药同样有着悠久的历史。近年来，兽药残留等食品安全问题日益突出，随着人们对畜禽产品的安全性要求越来越高，无残留、低残留的兽用中药开始逐渐被重视，许多大型畜禽养殖企业已将中兽药作为预防、治疗疾病及促进动物生长的重点使用品种，在中小型养殖场（户）也得到了广泛应用。

6.1.1　兽用中药生产工艺概况

兽用中药的生产工艺主要包括兽用中药材前处理（药材挑选、洗药、润药、切药、炮制、干燥、粉碎）、中药提取（提取、浓缩、分离、干燥），以及不同兽用中药剂型对应的制剂生产工艺。

按照《中华人民共和国兽药典（二部）》(2020 年版) 附录，兽用中药剂型主要包括散剂、胶剂、片剂、丸剂、锭剂、颗粒剂、软膏剂、流浸膏剂与浸膏剂、酊剂、合剂、胶囊剂、灌注剂、注射剂、可溶性粉剂、微粉剂。各制剂生产工艺简述如下。

散剂：系指饮片或提取物经粉碎、均匀混合制成的粉末状制剂，分为内服散剂和外用散剂。生产过程中除另有规定外，应进行粒度、外观均匀度、水分、装量差异/装量的检查。

胶剂：系指动物皮、骨、甲或角用水煎取胶质，浓缩成稠胶状，经干燥后制成的固体块状内服制剂。生产过程中除另有规定外，应进行水分和微生物限度的检查。

片剂：系指提取物、提取物加饮片细粉或饮片细粉与适宜辅料混匀压制或用其他适宜方法制成的圆片状或异形片状的制剂。包括浸膏片、半浸膏片和全粉片。生产过程中除另有规定外，应进行重量差异和崩解时限的检查。

丸剂：系指饮片细粉或提取物加适宜的黏合剂或其他辅料制成的球形或类球形制剂，常见丸剂类型有水丸、糊丸、浓缩丸等。生产过程中除另有规定外，应进行水分、重量差异、装量和溶散时限的检查。

锭剂：系指饮片细粉或提取物与适宜黏合剂（或利用饮片细粉本身的黏性）制成的不

同形状的固体制剂。生产过程中除另有规定外，应进行重量差异的检查。

颗粒剂：系指提取物与适宜的辅料或饮片细粉制成的具有一定粒度的颗粒状制剂。分为可溶颗粒和混悬颗粒。生产过程中除另有规定外，应进行粒度、水分、溶化性和装量的检查。

软膏剂：系指提取物、饮片细粉与适宜基质均匀混合制成的半固体外用制剂。常用基质分为油脂性、水溶性和乳剂型基质，其中用乳剂型基质制成的软膏又称为乳膏剂。按基质的不同，可分为水包油型乳膏剂与油包水型乳膏剂。生产过程中除另有规定外，应进行装量、无菌/微生物限度的检查。

流浸膏剂、浸膏剂：系指饮片用适宜的溶剂提取，蒸去部分或全部溶剂，调整至规定浓度而制成的制剂。生产过程中除另有规定外，应进行乙醇量、甲醇量、装量和微生物限度的检查。

酊剂：系指饮片用规定浓度的乙醇提取或溶解而制成的澄清液体制剂，亦可用流浸膏稀释制成。供内服或外用。生产过程中除另有规定外，应进行乙醇量、甲醇量、装量和微生物限度的检查。

合剂：系指饮片用水或其他溶剂，采用适宜方法提取制成的口服液体制剂，又称口服液。生产过程中除另有规定外，应进行装量和微生物限度的检查。

胶囊剂：系指将饮片用适宜方法加工后，加入适宜辅料填充于空心胶囊或密封于软质囊材中的制剂，可分为硬胶囊、软胶囊（胶丸）和肠溶胶囊等。主要供内服用。生产过程中除另有规定外，应进行水分、装量差异、崩解时限和微生物限度的检查。

灌注剂：系指饮片提取物、药物以适宜的溶剂制成的供子宫、乳房等灌注的灭菌液体制剂。分为溶液型、混悬型和乳浊型。生产过程中除另有规定外，应进行装量和无菌的检查。

注射剂：系指饮片经提取、纯化后制成的，或提取物配制的供注入动物体内的溶液、乳状液及供临用前配制成溶液的粉末或浓溶液的无菌制剂。注射剂可分为注射液、注射用无菌粉末和注射用浓溶液。生产过程中除另有规定外，应进行装量差异/装量、可见异物、不溶性微粒、有关物质、无菌、热原/细菌内毒素的检查。

可溶性粉剂：系指提取物或饮片经提取加工制成的可溶于水的干燥粉末状制剂，专用于饮水给药。可溶性粉剂可根据需要加入适宜辅料。在水中不溶或分散性差、水溶液不稳定、挥发性大的提取物不宜制成可溶性粉剂。生产过程中除另有规定外，应进行外观均匀度、水分、溶解性、装量差异/装量的检查。

微粉剂：系指饮片经粉碎成粒径为微米级，并均匀混合制成的干燥粉末状内服制剂。生产过程中除另有规定外，应进行粒度、外观均匀度、水分、装量差异/装量的检查。

6.1.2 兽用中药生产情况

总体来看，兽用中药生产有以下几个特点。

一是兽用中药企业规模普遍偏小。根据中国兽药协会发布的《中国兽药产业发展报告（2020年度）》，截至2020年底，全国共有兽用中药企业201家，其中大型企业仅1家、中型企业99家、小微企业101家；资产总额69.89亿元。

二是兽用中药剂型生产相对集中。截至2020年底，农业农村部核发的兽用中药有效的批准文号27401个，2020年实际使用15055个，批准文号使用率54.94％。从各剂型获批的产品批准文号数量分析，散剂16981个，排位第一，其余依次为合剂（口服液）4135个、注射液3317个、颗粒剂2355个、片剂400个、浸膏剂/流浸膏剂79个、酊剂64个、其他剂型70个。兽用中药剂型生产相对集中在散剂、合剂（口服液）、注射液、颗粒剂、片剂这几个剂型。

三是兽用中药生产主要品种集中度明显。据统计，截至2021年11月底农业农村部核发的兽用中药批准文号涉及的产品共656个。其中，单个产品批准文号数量在10个以上的有263个，20个以上的有136个，50个以上的有91个，100个以上的有59个。从剂型上分析，散剂中扶正解毒散、清瘟败毒散、白头翁散、荆防败毒散、黄连解毒散等5个产品批准文号数量居前，均大于500个；注射液中黄芪多糖注射液、穿心莲注射液、板蓝根注射液、柴胡注射液等4个产品批准文号数量居前，为200~500个之间；合剂（口服液）中双黄连口服液、杨树花口服液、清解合剂、四逆汤等4个产品批准文号数量居前，为100~500个之间；颗粒剂中板青颗粒、甘草颗粒、四黄止痢颗粒、七清败毒颗粒等4个产品批准文号数量居前，为200~400个之间；片剂中黄连解毒片、清瘟败毒片、板蓝根片、鸡痢灵片、大黄碳酸氢钠片等5个产品批准文号数量居前，为20~70个之间。

6.1.3　兽用中药市场情况

近年来，兽用中药年生产、销售规模增长不快，基本在36亿~50亿元之间，2020年有了较明显增长，达56.81亿元。据《中国兽药产业发展报告（2020年度）》统计数据分析，近几年兽药生产、销售统计情况见表6-1。

表6-1　2014—2020年全国兽药统计数据　　　　　　　　　　　　　　　　单位：亿元

年份	填报企业数/家	年产总值	销售额	生药销售	化药销售			中药销售
					化药总	制剂	原料药	
2014	1601	439.55	406.76	103.78	259.22	169.96	89.26	43.76
2015	1543	462.31	413.57	107.08	264.23	157.42	106.81	42.26
2016	1666	501.64	464.50	131.13	289.61	181.20	108.41	43.76
2017	1644	522.45	473.11	133.64	298.04	180.60	117.44	41.43
2018	1614	505.96	458.97	132.92	289.21	174.59	114.62	36.84
2019	1632	552.88	503.95	118.36	335.89	210.08	125.81	49.70
2020	1633	683.52	620.95	162.36	401.78	252.61	149.17	56.81

从市场规模分析，2020年兽用中药市场规模（销售额）56.81亿元。按产品剂型分类，散剂销量为54356.23吨，销售额22.23亿元，市场份额39.13％；注射液销量为912.34万升，销售额5.47亿元，市场份额9.63％；合剂（口服液）销量为6623.9万升，销售额18.49亿元，市场份额32.55％；片剂销量为146259.76万片，销售额0.26亿元，市场份额0.46％；颗粒剂销量为14246.08吨，销售额9.49亿元，市场份额16.70％；酊剂销量为36.11万升，销售额0.06亿元，市场份额0.11％；浸膏剂/流浸膏剂销量为155.5吨＋22.55万升，销售额0.18亿元，市场份额0.32％；其他剂型（锭剂、丸剂等）销售额0.63亿元，市场份额1.11％。总的来看，散剂、合剂（口服液）、颗粒剂、注射液占据了兽用中药市场主要份额。

从产业集中度分析，2020年兽用中药总销售额56.81亿元。其中，销售额前10名企业的销售额为 13.02 亿元，占中药总销售额的 22.92%；销售额前 30 名企业的销售额为 22.80 亿元，占中药总销售额的 40.13%；销售前 50 名企业的销售额为 27.02 亿元，占中药总销售额的 47.56%。产业集中度处于较高水平。

6.2

猪用中药制剂

6.2.1 粉散剂

二母冬花散

【处方】知母 30g、浙贝母 30g、款冬花 30g、桔梗 25g、苦杏仁 20g、马兜铃 20g、黄芩 25g、桑白皮 25g、白药子 25g、金银花 30g、郁金 20g。

【制法】以上 11 味，粉碎，过筛，混匀，即得。

【方解】方中知母、黄芩、金银花、白药子清泻肺热，为君药；苦杏仁、款冬花、桑白皮、马兜铃、浙贝母润肺止咳化痰，为臣药；郁金助君药清热，为佐药；桔梗宣肺止咳，并能载药上行入肺，为使药。诸药合用，清热润肺，止咳化痰。

【功能】清热润肺，止咳化痰。

【主治】肺热咳嗽。

【临床应用】肺热咳嗽 多因外感火热之邪或风寒之邪，郁而化热，肺气宣降失常所致。证见患畜精神倦怠，饮食减少，口渴贪饮，大便干燥，小便短赤，咳声洪亮，气促喘粗，呼出气热，鼻流黏涕或脓涕，口色赤红，舌苔黄燥，脉象洪数。凡上呼吸道感染、喉卡他、支气管炎、小叶性肺炎等见上述证候者均可应用。

【不良反应】目前尚未检索到不良反应报道。

【用法与用量】猪、羊 40～80g；马、牛 250～300g。

【贮藏】密闭，防潮。

【生产企业数量】6 家。

二陈散

【处方】姜半夏 45g、陈皮 50g、茯苓 30g、甘草 15g。

【制法】以上 4 味，粉碎，过筛，混匀，即得。

【方解】方中姜半夏温中化痰，又可和胃降逆、消痞散结，为君药；陈皮理气燥湿，助君药化痰，又能和胃，为臣药；茯苓健脾渗湿，使湿无所聚，则痰无由生，为佐药；甘草调和诸药，兼润肺和中，为使药。诸药合用，使脾阳健、痰湿去，共奏燥湿化痰、理气和胃之功。

【功能】燥湿化痰，理气和胃。

【主治】湿痰咳嗽，呕吐，腹胀。

【临床应用】

（1）**湿痰咳嗽** 由痰湿停滞所致。证见咳嗽痰多，色白，咳时偶见呕吐，舌苔白润，口津滑利，脉缓。凡急性或慢性气管炎、支气管炎、肺气肿、肺心病等见上述证候者均可应用。

（2）**呕吐** 多因劳役太重，饲喂不当，致使脾胃运化功能失职；或久渴失饮，或突然饮冷水过多，寒凝胃腑，胃气不降，上逆而为呕吐。证见消瘦，慢草，耳鼻俱凉，常在食后呕吐，呕吐物无明显气味，吐后口内多涎，偶见腹胀；口色淡白，口津滑利，脉象沉迟。

【不良反应】目前尚未检索到不良反应报道。

【用法与用量】猪、羊 30～45g；马、牛 150～200g。

【贮藏】密闭，防潮。

【生产企业数量】22 家。

十黑散

【处方】知母 30g、黄柏 25g、栀子 25g、地榆 25g、槐花 20g、蒲黄 25g、侧柏叶 20g、棕榈 25g、杜仲 25g、血余炭 15g。

【制法】以上前 9 味，均炒黑，与血余炭共粉碎，过筛，混匀，即得。

【方解】方中知母、黄柏、栀子清降肾火以治热淋，为君药；地榆、槐花、侧柏叶凉血止血，蒲黄、血余炭、棕榈收敛止血，以治尿血，为臣药；杜仲补益肝肾，固本清源以治劳伤，为佐使药。诸药合用，清热泻火，凉血止血。

【功能】清热泻火，凉血止血。

【主治】膀胱积热，尿血，便血。

【临床应用】

（1）**膀胱积热** 为湿热蕴结膀胱之证。多因感受湿热，下注膀胱所致。证见尿液短赤，排尿困难，淋漓不畅，时作排尿姿势，却很少或无尿排出，重症可见尿中带血或沙石、浑浊，口色红，舌苔黄腻，脉数。

（2）**尿血** 多因膀胱积热或劳伤过度所致。证见精神倦怠，食欲减少，发热，排尿困难，有明显的痛苦表现，尿色鲜红，口色偏红，脉细数；急性泌尿系统感染及泌尿系统结石而见上述证候者。

（3）**便血** 多因暑热炎天，剧烈劳役，或久渴失饮，饮水秽浊不洁，饲料燥热或腐败糜烂，以致热毒积于胃肠，入于营血，迫血妄行，血离经络，溢于肠胃所致。证见发病较急，精神不振，耳鼻俱热，口渴喜饮，食欲减少或废绝，小便短赤，粪干，排便不爽，附有血丝或黏液，先血后便，或血便同出，血色多鲜红，口色赤红，脉象洪数。

【不良反应】目前尚未检索到不良反应报道。

【用法与用量】猪、羊 60～90g；马、牛 200～250g。

【贮藏】密闭，防潮。

【生产企业数量】20 家。

七补散

【处方】党参 30g、白术（炒）30g、茯苓 30g、甘草 25g、炙黄芪 30g、山药 25g、炒酸枣仁 25g、当归 30g、秦艽 30g、陈皮 20g、川楝子 25g、醋香附 25g、麦芽 30g。

【制法】以上 13 味，粉碎，过筛，混匀，即得。

【方解】方中党参、白术、茯苓、甘草，补脾益气，共为君药；黄芪、当归、山药益气健脾养血，为臣药；酸枣仁安神养心，秦艽、川楝子除湿通痹，香附、麦芽、陈皮行气消导，令君臣药补而不滞，为佐使药。诸药合用，培补脾肾，益气养血。

【功能】培补脾肾，益气养血。

【主治】劳伤，虚损，体弱。

【临床应用】虚劳 又称劳伤、虚损，多因先天不足，素体虚弱；或后天饲养管理失调，诸如饲料不足，饥饱不匀，劳役过重，饱后重役，役后贪饮凉水太过及汗后雨淋；老龄体弱，胃肠虫积，久病失治；母畜孕育太多，公畜配种太频等所致的多种慢性虚损劳伤之证。本品可用于气虚和阳虚。气虚，证见精神倦怠，头低耳耷，食欲减退，毛焦欨吊，多卧少立，口色淡白，脉虚无力。兼见粪便清稀，或直肠、子宫脱垂，咳嗽无力，呼吸气短，动则喘甚，自汗，易感风寒等。阳虚，证见畏寒怕冷，四肢发凉，口色淡白，脉象沉迟。兼见腰膝痿软，起卧艰难，阳痿滑精，久泻不止。

【不良反应】目前尚未检索到不良反应报道。

【用法与用量】猪、羊 45～80g；马、牛 250～400g。

【贮藏】密闭，防潮。

【生产企业数量】67 家。

八正散

【处方】木通 30g、瞿麦 30g、萹蓄 30g、车前子 30g、滑石 60g、甘草 25g、炒栀子 30g、酒大黄 30g、灯心草 15g。

【制法】以上 9 味，粉碎，过筛，混匀，即得。

【方解】方中木通、车前子清热渗湿、泻火利尿、通淋止痛，为君药；瞿麦、萹蓄、滑石清利湿热、利水通淋，为臣药；栀子通泄三焦、清热凉血，大黄苦寒下行、通利二便、化瘀止痛，灯心草清心利水、导热下行，共为佐药；甘草调和诸药、缓急止痛，为使药。诸药合用，共奏清热泻火、利尿通淋之功。

【功能】清热泻火，利尿通淋。

【主治】湿热下注，热淋，血淋，石淋，尿血。

【临床应用】

（1）热淋 多因暑热炎天，过劳生热，饮水不足，热注膀胱或湿热蕴结下焦；或因采食霉败、有毒饲料，料毒内聚，传注膀胱而发。证见精神倦怠，食欲减退，排尿痛苦，尿少频数，淋漓不畅，尿色黄赤，口色赤红，舌苔黄，脉象滑数。

（2）血淋 由湿热下注、迫血妄行所致。证见排尿困难，淋漓涩痛，小便频数，尿中带血，尿色紫红，舌红苔黄，脉滑数。

（3）石淋 由湿热下注、煎熬尿液所致。证见小便短赤，淋漓不畅，排尿中断，时有腹痛，尿中带血，舌淡苔黄腻，脉滑数。

（4）尿血 多因劳役过重，感受热邪的侵袭，致使心火亢盛，下移小肠，以致膀胱积热，湿热互结，损伤脉络而发。证见精神倦怠，食欲减少，小便短赤，尿中混有血液或血块，色鲜红或暗紫，口色红，脉细数。

临床上，本方被广泛用于治疗泌尿系统感染、结石、急性肾炎等而见上述诸症者。

【不良反应】目前尚未检索到不良反应报道。

【用法与用量】猪、羊 30～60g；马、牛 250～300g。

【贮藏】密闭，防潮。

【生产企业数量】46 家。

三子散

本品系蒙古族验方。

【处方】诃子 200g、川楝子 200g、栀子 200g。

【制法】以上 3 味，粉碎，过筛，混匀，即得。

【方解】方中栀子性寒凉，清泻三焦实热，凉血解毒，为君药；诃子味涩，清热，为臣药；川楝子味苦，清热，为佐使药。诸药合用，共奏清热解毒之功。

【功能】清热解毒。

【主治】三焦热盛，疮黄肿毒，脏腑实热。

【临床应用】

（1）**热证**　本方可用于治疗一切热证。临床还可随证加减，食欲不振、粪便干燥者，加芒硝；热泻或肺热咳嗽者，加连翘、拳参、木通、麦冬；幼畜红痢，加制胆粉；白痢，加酒炒红花、红糖；羊痘，加苦参、杏仁、甘草、绿豆粉。

（2）**疮证**　多因外感热毒、火毒之气，使气血凝滞，经络阻塞所致。疮发无定处，遍体可生，形态不一。初起局部肿胀，硬而多有疼痛或发热，最终化脓破溃。轻者全身症状不明显，重者发热倦怠，食欲不振，口色红，脉数。

（3）**黄证**　多因劳役过度，复感热邪，热毒积于心胸，三焦壅极，致使气血妄行；或因久卧湿地，湿邪凝滞，阻碍血行，溢于肤腠，聚而为黄。证见局部肿胀，初期发硬，继之扩大而软，软而无痛，久则破流黄水。穿刺为橙黄色稍透明的液体，凝固较慢。有的局部稍增温，口色鲜红，脉洪大。

【不良反应】目前尚未检索到不良反应报道。

【用法与用量】猪、羊 10～30g；马、牛 120～300g；驼 250～450g。

【贮藏】密闭，防潮。

【生产企业数量】71 家。

三白散

【处方】玄明粉 400g、石膏 300g、滑石 300g。

【制法】以上 3 味，粉碎，过筛，混匀，即得。

【方解】方中玄明粉为苦寒泻下，导泻胃肠实热，为君药；石膏辛甘大寒，既能清泻上焦肺热，又能泄泻中焦胃火，助君药导泻胃肠实热，为臣药；滑石甘淡寒，清热利水通淋，导热下行，为佐药。诸药合用，通二便泻三焦实热，共奏清胃、泻火、通便之功。

【功能】清胃，泻火，通便。

【主治】胃热食少，大便秘结，小便短赤。

【临床应用】

（1）**胃热食少**　胃热又名胃火，多因乘饥喂谷料过多，饮水不足，饲后立即使役；或因暑热炎天，放牧使役不当，邪热入胃，耗伤胃津所致。证见精神不振，食少或不食，耳鼻温热，口臭贪饮，粪干尿少，口舌干燥，口色赤红，舌苔黄干或黄厚，脉象洪数，反刍动物反刍减少或停止；猪可见呕吐。

（2）**大便秘结**　多因饲养失宜，长期饲喂粗硬不易消化的饲料，饮水和运动不足；或因热性病，热邪伤于脏腑，灼伤津液，肠液亏乏所致。证见精神沉郁，少食喜饮，排粪困难，弓腰努责，排少量干小粪球，肚腹膨大，口色干红，舌苔黄，口臭，脉象洪大，或沉涩。

（3）**热淋**　多因暑热炎天，过劳生热，饮水不足，热注膀胱或湿热蕴结下焦；或因采食霉败、有毒饲料，料毒内聚，传注膀胱而发。证见精神倦怠，食欲减退，排尿痛苦，尿少频数，淋漓不畅，尿色黄赤，口色赤红，舌苔黄，脉象滑数。

【不良反应】目前尚未检索到不良反应报道。

【注意事项】胃无实热，年老、体质素虚者和孕畜忌用。

【用法与用量】猪 30～60g。

【贮藏】密闭，防潮。

【生产企业数量】90 家。

三香散

【处方】丁香 25g、木香 45g、藿香 45g、青皮 30g、陈皮 45g、槟榔 15g、炒牵牛子 45g。

【制法】以上 7 味，粉碎，过筛，混匀，即得。

【方解】方中丁香温胃散寒，下气消胀，为君药；木香调气，藿香和胃止痛，青皮疏肝解郁，陈皮理气和脾，为臣药；槟榔、牵牛子宽肠导滞，助消化和泻下，为佐使药。诸药合用，共奏破气消胀、宽肠通便之功。

【功能】破气消胀，宽肠通便。

【主治】胃肠臌气。

【临床应用】胃肠臌气　由消化道过度产气所致，常见有马属动物肠臌气和反刍动物瘤胃臌气。

（1）肠臌气　常见于马属动物，多因突然大量采食青嫩或豆类饲料，或食后饮冷水太过，或突然更换草料，损伤脾胃消化功能所致。证见发病快，开始呈轻度间歇性腹痛，很快转为持续而剧烈的腹痛，呼吸迫促，鼻翼扇动，起卧不安，腹部尤其右肷部膨胀明显，腹壁紧张，叩之如鼓，食欲废绝，口干，口色青紫，脉象紧数。

（2）瘤胃臌气　多见于牛、羊、骆驼及鹿等反刍动物，多因采食容易发酵的草料之后或放牧过程中，突然发病。证见腹部急剧膨大，重者左肷部高过背脊，叩之如鼓。患畜站立不安，头颈伸直，四肢张开，回头观腹或后肢蹴腹，食欲、反刍、嗳气停止，张口流涎，呼吸困难，伸舌吼叫，口色红或赤紫，脉数。

【不良反应】目前尚未检索到不良反应报道。

【注意事项】

（1）畏郁金。

（2）家畜胃肠胀气、积食较重者，应适当控制采食。

（3）血枯阴虚、热盛伤津者禁用。

【用法与用量】猪、羊 30～60g；马、牛 200～250g。

【贮藏】密闭，防潮。

【生产企业数量】12 家。

大承气散

【处方】大黄 60g、厚朴 30g、枳实 30g、玄明粉 180g。

【制法】以上 4 味，粉碎，过筛，混匀，即得。

【方解】方中大黄苦寒，攻积泻热，荡涤积滞，为君药；玄明粉咸寒，软坚化积，荡涤肠中之热结，增强君药攻下之力，为臣药；厚朴苦温，下气为专，偏于消胀除满，以利大黄、玄明粉泻便，为佐药；枳实苦寒，破气为主，偏于消积除痞，为使药。君臣药重在攻积泻热，驱除燥粪，可使实热去而阴液存；佐使药重在破结行气，排除积气，使气结散而胀满消。诸药合用，攻下热结，破结通肠。

【功能】攻下热结，破结通肠。

【主治】结症，便秘。

【临床应用】**热秘** 多因气候炎热，剧烈劳役；或精料偏多，胃肠积热；或外感六淫失治化火，热邪深入脏腑，传入脾胃，蕴结肠道，致糟粕干结难下而成。证见精神不振，水草减少，耳鼻俱热，鼻镜干燥，或体温升高，粪球干小，拱腰努责，排粪困难，或完全不能排粪，肚腹胀满，小便短赤，口色赤红，舌苔黄厚，脉象沉数。牛鼻镜干燥或龟裂，反刍停止；猪鼻盘干燥，有时可在腹部摸到硬粪块。本方适用于不完全阻塞性便秘。

【不良反应】仅有 1 例大承气汤致水牛直肠脱的报道。目前尚未检索到其他不良反应报道。

【注意事项】

（1）本方剂量应用时应加不少于 3000mL 水冲调灌服。

（2）本方为泻下峻剂，如气虚阴亏，或表证未解，或胃肠无热结，均不宜用。

（3）本方作用峻猛，中病即止，过用会损耗正气，孕畜禁用。

【用法与用量】猪、羊 60～120g；马、牛 300～500g。

【贮藏】密闭，防潮。

【生产企业数量】39 家。

大黄末

本品为大黄经加工制成的散剂。

【制法】取大黄，粉碎，过筛，即得。

【方解】大黄苦寒，善于泻热毒、破积滞而荡涤胃肠，为峻下热积之要药。大黄气味重浊，直降而下，走而不守，有斩关夺门之功，故号"将军"，功专泄热通便，下胃肠积热有形之积滞。本品味苦，口服可刺激唾液、胃液等消化液的分泌，促食欲、助消化而产生健胃作用。此外，大黄尚有清热解毒、活血祛瘀的作用，单用内服或外敷可治烫火伤、热毒疮疡、跌打损伤等。

【功能】健胃消食，泻热通肠，凉血解毒，破积行瘀。

【主治】食欲不振，实热便秘，结症，疮黄疗毒，目赤肿痛，烧伤烫伤，跌打损伤。鱼肠炎，烂鳃，腐皮。

【临床应用】

（1）**食欲不振** 多因饲养管理失宜，如饲料品质不良，劳役不均，时饥时饱；或外感风寒，内伤阴冷，或长期劳役过重，老龄体衰，久病失治或误治等使脾胃运化功能衰弱所致。证见精神委顿，四肢倦怠，头低耳聋，水草迟细，粪便稀溏，完谷不化；后期消瘦，毛焦欣吊，耳鼻稍凉，卧多立少，口色淡黄或淡白，口内湿润，舌质绵软，舌苔薄白，脉细无力。

（2）**实热便秘** 多因外感之邪，入里化热；或火热之邪，直中脏腑；或饲喂难以消化的草料，又饮水不足所致。证见腹痛起卧，粪便不通，小便短赤或黄，口臭，口干舌红，苔黄厚，脉象沉数。牛鼻镜干燥或龟裂，反刍停止；猪鼻盘干燥，有时可在腹部摸到硬粪块。

（3）**疮证** 多因外感热毒、火毒之气，使气血凝滞，经络阻塞所致。疮发无定处，遍体可生，形态不一。初起局部肿胀，硬而多有疼痛或发热，最终化脓破溃。轻者全身症状不明显，重者发热倦怠，食欲不振，口色红，脉数。

（4）**黄证** 多因劳役过度，复感热邪，热毒积于心胸，三焦壅极，致使气血妄行；或因久卧湿地，湿邪凝滞，阻碍血行，溢于肤腠，聚而为黄。证见局部肿胀，初期发硬，继之扩大而软，软而无痛，久则破流黄水。穿刺为橙黄色稍透明的液体，凝固较慢。有的局部稍增温，口色鲜红，脉洪大。

（5）**目赤肿痛** 见于肝热传眼。多因暑月炎天，劳役过重，心肺积热，流注肝经，肝火上炎，外传于眼；或肾水亏虚，不能养肝，虚火上炎，外传于眼所致。证见白睛潮红充血，疼痛，羞明流泪，眵多难睁；继则睛生翳膜，视物不清，牵行不动，或行走乱撞。口色鲜红，脉象弦数。

（6）**烫火伤** 由气体、液体、固体、火焰及易燃药品等外来热源所致。湿热所致称为烫伤；火热所致称为火伤或烧伤。证见局部疼痛，皮肤潮红或焦黑，或有水疱，或表皮脱落，疱下肉色鲜红，轻度烧伤见上述证候者。用本品配地榆，研极细末，麻油调敷患处，1日3次，直至痊愈。

【**不良反应**】目前尚未检索到不良反应报道。

【**注意事项**】孕畜慎用或禁用。

【**用法与用量**】猪、羊10～20g；犬、猫3～10g；兔、禽1～3g；马、牛50～150g；驼100～200g。用于健胃时酌减。外用适量，调敷患处。鱼每1kg体重5～10g，拌饵投喂；每1m³水体2.5～4g，泼洒鱼池。

【**贮藏**】密闭，防潮。

【**生产企业数量**】194家。

山大黄末

本品为山大黄经加工制成的散剂。

【**制法**】取山大黄，粉碎，过筛，即得。

【**方解**】山大黄味苦、性寒，善于泻实热、破积滞，下胃肠积热有形之积滞；其味苦，口服可刺激口腔味觉感受器反射引起消化液分泌，而有健胃消食功效；尚有行瘀血、消肿胀的作用，内服或外敷可用于疮疡肿痛、跌打损伤和烧烫伤等。

【**功能**】健胃消食，清热解毒，破瘀消肿。

【**主治**】食欲不振，胃肠积热，湿热黄疸，热毒痈肿，跌打损伤，瘀血肿痛，烧伤。

【**临床应用**】

（1）**食欲不振** 多因饲养管理失宜，如饲料品质不良，劳役不均，时饥时饱；或外感风寒，内伤阴冷；或长期劳役过重，老龄体衰，久病失治或误治等使脾胃运化功能衰弱所致。证见精神委顿，四肢倦怠，头低耳耷，水草迟细，粪便稀溏，完谷不化；后期消瘦，毛焦欹吊，耳鼻稍凉，卧多立少，口色淡黄或淡白，口内湿润，舌质绵软，舌苔薄白，脉细无力。

（2）**胃热不食** 多因劳役过度，或饮喂失调，乘饥喂草料过多，热积于胃所致。证见精神倦怠，耳耷头低，草料迟细，口干舌燥，涎黏口臭，大便干燥，小便短少，口色红，舌苔黄，脉洪数。

（3）**湿热黄疸** 多因湿热熏蒸所致。证见体热不退，黏膜黄染，色泽鲜明且光润如橘，精神不振，食欲减少或废绝，肚腹胀满，大便溏泻，有时干硬，小便短黄，口津黏少，舌苔黄腻，脉象滑数。

（4）**疮证** 多因外感热毒、火毒之气，使气血凝滞、经络阻塞所致。证见发无定处，形态不一，初起局部肿胀，硬而多有疼痛或发热，随后化脓破溃。轻者全身症状不明显，重者发热倦怠，食欲不振，口色红，脉数。

（5）**黄证** 多因劳役过度，复感热邪，热毒积于心胸，致使气血妄行；或因久卧湿地，湿邪凝滞，溢于肤腠，聚而为黄。证见局部肿胀，初期发硬，继之扩大而软，软而无痛，久则破流黄水。穿刺为橙黄色稍透明的液体，凝固较慢。有的局部稍增温，口色鲜红，脉洪大。

（6）**跌打损伤** 为跌打内挫所致的损伤，包括跌伤、压伤、打伤、闪伤、挫伤、刺伤等。证见伤处疼痛、肿胀、破损、出血，重者引起骨折、脱臼。四肢及腰部的跌打损伤常伴发跛行。

（7）**烫火伤** 由气体、液体、固体、火焰及易燃药品等外来热源所致。证见局部疼痛，皮肤潮红或焦黑，或有水疱，或表皮脱落，疱下肉色鲜红。轻度烧伤者，用本品研极细末，麻油调敷患处，1日3次，直至痊愈。

【不良反应】 目前尚未检索到不良反应报道。

【用法与用量】 猪、羊 10～20g；马、牛 30～100g；驼 50～150g。外用适量，调敷患处。

【贮藏】 密闭，防潮。

【生产企业数量】 53 家。

千金散

【处方】 蔓荆子20g、旋覆花20g、僵蚕20g、天麻25g、乌梢蛇25g、南沙参25g、桑螵蛸20g、何首乌25g、制天南星25g、防风25g、阿胶20g、川芎15g、羌活25g、蝉蜕30g、细辛10g、全蝎20g、升麻25g、藿香20g、独活25g。

【制法】 以上19味，粉碎，过筛，混匀，即得。

【方解】 方中蝉蜕、防风、羌活、独活、细辛、蔓荆子疏散风邪，为君药；风邪入内，引动肝风，天麻、僵蚕、乌梢蛇、全蝎熄风解痉，以治内风，为臣药；"治风先治血，血和风自灭"，阿胶、南沙参、何首乌、桑螵蛸、川芎养血滋阴，"去风先化痰，痰去风自安"，天南星、旋覆花化痰熄风，藿香、升麻升清降浊，醒脾和胃，共为佐使药。诸药合用，共奏熄风解痉之功。

【功能】 熄风解痉。

【主治】 破伤风。

【临床应用】 破伤风 因破伤风梭菌通过伤口感染所致。证见牙关紧闭，口内垂涎，肢体僵硬，角弓反张，两眼上翻，耳竖尾直，阵发性抽搐，口色青，脉弦紧等。

【不良反应】 目前尚未检索到不良反应报道。

【用法与用量】 猪、羊30～100g；马、牛250～450g。

【贮藏】 密闭，防潮。

【生产企业数量】 1 家。

小柴胡散

【处方】 柴胡45g、黄芩45g、姜半夏30g、党参45g、甘草15g。

【方解】 方中柴胡透达少阳之邪，疏解气机壅滞，为君药；黄芩清泻少阳之郁热，为臣药；二药合用，和解少阳，以除寒热往来；半夏降逆止呕，党参、甘草益气和中，鼓邪外出，防邪内侵，共为佐使药。诸药合用，和解少阳，扶正祛邪。

【功能】 和解少阳，扶正祛邪，解热。

【主治】 少阳证，寒热往来，不欲饮食，口津少，反胃呕吐。

【临床应用】少阳证 患畜表现精神时好时差，不欲饮食，寒热往来，耳鼻时冷时热，口干津少，舌苔薄白，脉弦。本方可以用于治疗黄疸、气管炎、支气管炎、胃炎、便秘、产后发热等具有半表半里、寒热往来证候者。

【不良反应】国外报道小柴胡汤有药物性肺炎、药物性肝损伤、药物性膀胱炎、类肾上腺皮质功能亢进综合征等毒副作用，与国内相关研究报道不一致，有待进一步研究。

【用法与用量】猪、羊 30～60g；马、牛 100～250g。

【贮藏】密闭，防潮。

【生产企业数量】281 家。

无失散

【处方】槟榔 20g、牵牛子 45g、郁李仁 60g、木香 25g、木通 20g、青皮 30g、三棱 25g、大黄 75g、玄明粉 200g。

【制法】以上 9 味，粉碎，过筛，混匀，即得。

【方解】方中大黄、玄明粉破结通肠，为君药；牵牛子、槟榔攻逐峻泻，郁李仁润肠通便，助君药攻逐泻下，为臣药；木香、青皮、三棱理气消滞，木通利尿降火，为佐药。诸药合用，共奏泻下通肠之功。

【功能】泻下通肠。

【主治】结症，便秘。

【临床应用】

（1）结症 现代兽医学称肠阻塞。多因贪食草料过多，饲料粗硬，空腹急饮；或饱后立即使役，草料突然更换，或长期饲喂单一饲料，或缺少饮水；或老龄家畜，牙齿松动，咀嚼不全，草料难以消化；或天气骤变等所致。本病以粪便积滞在不同肠段，使肠腔完全或不完全阻塞，引起腹痛为特征。马结症按结粪不同部位分为前、中、后三结，前结症见突然发病，腹痛剧烈，前蹄刨地，连连起卧，有时前冲后跌，口干少津，舌苔黄，口色红紫，脉象沉细；中结症见腹痛中等，连连起卧，或后肢踢腹，腹部略显臌胀，口腔特别干燥，舌苔黄腻，气味恶臭，呼吸增数，口色红紫，脉象沉涩；后结症见腹痛轻微，尾巴不断扑打腹部，或回头观腹，频频做排粪姿势。

（2）热结便秘 多因气候炎热，剧烈劳役；或精料偏多，胃肠积热；或外感六淫失治化火，热邪深入脏腑，传入脾胃，蕴结肠道，致糟粕干结难下而成。证见精神不振，水草减少，耳鼻俱热，鼻镜干燥；或体温升高，粪球干小，拱腰努责，排粪困难；或完全不能排粪，肚腹胀满，小便短赤，口色赤红，舌苔黄厚，脉象沉数。牛鼻镜干燥或龟裂，反刍停止；猪鼻盘干燥，有时可在腹部摸到硬粪块。本方适用于不完全阻塞性便秘。

【不良反应】目前尚未检索到不良反应报道。

【注意事项】本方攻逐泻下之力峻猛，老龄、幼年、体质虚弱或怀孕动物慎用或禁用。

【用法与用量】猪、羊 50～100g；马、牛 250～500g。

【贮藏】密闭，防潮。

【生产企业数量】4 家。

五皮散

【处方】桑白皮 30g、陈皮 30g、大腹皮 30g、姜皮 15g、茯苓皮 30g。

【制法】以上 5 味，粉碎，过筛，混匀，即得。

【方解】方中茯苓皮淡渗利湿、健脾和中，为君药；大腹皮下气行水、消胀满，桑白皮肃降肺气、通调水道、泻肺行水，为臣药；陈皮芳香化湿、理气健脾、和胃气，姜皮辛散，通行全身而散水气，为佐药。诸药合用，共奏行气、化湿、利水之功。水湿得利，则水肿自消。

【功能】行气，化湿，利水。

【主治】浮肿。

【临床应用】

（1）水肿　多因圈舍潮湿，或被雨淋，或暴饮冷水，或长期饲喂冰冻饲料，脾阳为寒湿所困，运化失职，水湿停聚，溢于肌肤所致。证见精神萎靡，草料迟细，耳耷头低，四肢沉重。胸前、腹下、四肢、阴囊等处水肿，以后肢最为严重。运步强拘，腰腿僵硬。小便短少，大便稀薄。脉象迟缓，舌苔白腻。

（2）妊娠水肿　多发于马、牛妊娠中后期。多因孕畜脾胃虚弱、饲养不当，损伤脾阳，运化失司致水湿停聚肌肤所致。证见四肢、腹下、乳房、会阴等处水肿，食欲稍减，粪软或稀薄，精神倦怠，四肢不温，口色淡白或微黄，脉象缓滑无力。

【不良反应】目前尚未检索到不良反应报道。

【用法与用量】猪、羊 45～60g；马、牛 120～240g。

【贮藏】密闭，防潮。

【生产企业数量】87 家。

五苓散

【处方】茯苓 100g、泽泻 200g、猪苓 100g、肉桂 50g、白术（炒）100g。

【制法】以上 5 味，粉碎，过筛，混匀，即得。

【方解】方中重用泽泻，甘淡性寒，功善渗湿利水消肿，为君药；茯苓、猪苓甘淡渗湿，健脾利水，通利小便，助君药以增强利水之力，共为臣药；肉桂通阳化气，白术燥湿利水，为佐药。诸药合用，共奏温阳化气、利湿行水之功。

【功能】温阳化气，利湿行水。

【主治】水湿内停，排尿不利，泄泻，水肿，宿水停脐。

【临床应用】

（1）水湿内停　为全身或局部组织过量水液积聚的病证。多因外感内伤，脏腑气血失调，尤其是肺、脾、肾等脏腑气化功能障碍，水湿积聚所致。水湿积于肌肤则成水肿，积于胸中则成胸腔积水，积于腹中则成腹水等，均可用本方或五皮散加减治疗。

（2）水肿　多因圈舍潮湿，或被雨淋，或暴饮冷水，或长期饲喂冰冻饲料，脾阳为寒湿所困，运化失职，水湿停聚，溢于肌肤所致。证见精神萎靡，草料迟细，耳耷头低，四肢沉重。胸前、腹下、四肢、阴囊等处水肿，以后肢最为严重。运步强拘，腰腿僵硬。小便短少，大便稀薄。舌苔白腻，脉象迟缓。发病缓慢，病程较长。

（3）胸腔积水　也称前槽停水，马属动物较为常见。多因饲养不良，劳役过度，外感内伤致脾肺气虚，水液运化失常所致。证见食欲渐减，精神倦怠，咳逆喘息，鼻流清涕或白色黏涕，日久体瘦毛焦，鬃毛易脱，耳鼻发凉，不敢卧地或行走，站立时两前肢交替前伸或张开，并喜站于前高后低的斜坡，肘后肌肤有时发颤。叩诊胸部敏感，在一侧或两侧出现水平浊音。动则喘促，咳嗽低弱。大便时溏时软，小便清长。口淡舌软，苔白腻，脉弦紧或沉滑。

（4）腹水　也称宿水停脐。多因饲养管理不当，劳役过度或外感寒湿，空肠误饮浊水过多，致使脾失健运，影响肺、脾、肾、三焦功能，水湿停聚体内，渗入和蓄积于腹腔所致。证见病初症状不显，而后逐渐出现两胁凹陷，腹部下垂，左右对称膨大，皮肤紧张。触诊下腹有荡水声和波动感。精神倦怠，耳耷头低，食欲减退，口色青黄，脉象沉涩。严重者，毛焦欨吊，日渐消瘦，有时四肢及腹下水肿。

（5）泄泻　多因湿困脾胃，或过食冰冻草料和空腹饮冷水太过，寒邪直中脾胃，致使脾胃运化无力，寒湿下注，清气不升，浊气不降所致。证见精神倦怠，泄泻似水或稀薄，小便不利，耳鼻俱凉，草料迟细，反刍减少，口色青白，脉象沉迟。

【不良反应】目前尚未检索到不良反应报道。

【用法与用量】猪、羊 30～60g；马、牛 150～250g。

【贮藏】密闭，防潮。

【生产企业数量】159 家。

五虎追风散

【处方】僵蚕 15g、天麻 30g、全蝎 15g、蝉蜕 150g、制天南星 30g。

【制法】以上 5 味，粉碎，过筛，混匀，即得。

【方解】方中重用蝉蜕解痉发表，导邪外出，为君药；天南星祛风痰，天麻熄风止痉，为臣药；全蝎、僵蚕祛风镇痉，增强熄风解痉作用，为佐使药。诸药合用，熄风解痉，涤痰安神。

【功能】熄风解痉。

【主治】破伤风。

【临床应用】破伤风　因破伤风梭菌通过伤口感染引起的一种传染病。证见牙关紧闭，口内垂涎，肢体僵硬，角弓反张，两眼上翻，耳竖尾直，阵发性抽搐，口色青，脉弦紧等。

【不良反应】目前尚未检索到不良反应报道。

【用法与用量】猪、羊 30～60g；马、牛 180～240g。

【贮藏】密闭，防潮。

【生产企业数量】1 家。

木香槟榔散

【处方】木香 15g、槟榔 15g、炒枳壳 15g、陈皮 15g、醋青皮 50g、醋香附 30g、三棱 15g、醋莪术 15g、黄连 15g、黄柏（酒炒）30g、大黄 30g、炒牵牛子 30g、玄明粉 60g。

【制法】以上 13 味，粉碎，过筛，混匀，即得。

【方解】方中木香、香附行气解郁、理气止痛，青皮疏通气机、解下焦郁结，陈皮理气温中、宣上焦肺气，槟榔、牵牛子下气宽肠，通行三焦滞气，共为君药；三棱、莪术破积行气，增强君药行气导滞之力，为臣药；黄连、黄柏清热燥湿，为佐药；大黄、玄明粉攻积通便，为使药。诸药合用，行气导滞，泄热通便。

【功能】行气导滞，泄热通便。

【主治】痢疾腹痛，胃肠积滞，瘤胃臌气。

【临床应用】

（1）湿热痢疾　多由外感暑湿之邪，或食入霉烂草料，湿热郁结肠内，胃肠气血阻滞，肠道黏膜及肠壁脉络受损，化为脓血所致。证见精神短少，腹痛蜷卧，食欲减少甚至废绝，反刍动物反刍减少或停止，鼻镜干燥，弓腰努责，泻粪不爽，次多量少，里急后重，下痢稀糊，赤白相杂，或呈白色胶冻状；口色赤红，舌苔黄腻，脉数。

（2）胃肠积滞　包括胃食滞（瘤胃积食或宿草不转）和肠梗塞（肠梗阻或肠便秘）。前者多因采食大量粗硬难以消化的草料，或劳役过度，役后急喂，或脾胃素虚，采食过量所致。证见食欲、反刍大减或废绝，左肷部硬胀，按压瘤胃坚实，嗳气酸臭，回头顾腹，不时踢腹或起卧，呼吸迫促，口色红或赤红，舌津少而黏，脉象洪数或沉而有力。后者多因长期饲喂粗硬草料，饮水不足；或内伤劳役所致。证见病初食欲、反刍减少，鼻汗时有时无，有时拱腰揭尾，常呈排便姿势，粪便干硬成块。后期鼻镜干燥，食欲废绝、反刍停止，大便难下，腹部微胀，呼吸喘促，有时起卧。

【不良反应】目前尚未检索到不良反应报道。

【用法与用量】猪、羊 60～90g；马、牛 300～450g。

【贮藏】密闭，防潮。

【生产企业数量】23 家。

木槟硝黄散

【处方】槟榔 30g、大黄 90g、玄明粉 110g、木香 30g。

【制法】以上 4 味，粉碎，过筛，混匀，即得。

【方解】方中大黄苦寒，善于泻热毒、破结滞而荡涤胃肠，为君药；玄明粉咸寒，善于润肠燥、软坚结而泻下通便，为臣药；君臣同用，攻下之力大增，作用迅速且猛烈。槟榔消积导滞，木香温中行气，二者合用，行气止痛、消积导滞，共为佐使药。诸药合力，行气导滞，泄热通便。

【功能】行气导滞，泄热通便。

【主治】实热便秘，胃肠积滞。

【临床应用】

（1）实热便秘　多因外感之邪，入里化热；或火热之邪，直中脏腑；或饲喂难以消化的草料，又饮水不足所致。证见腹痛起卧，粪便不通，小便短赤或黄，口臭，口干舌红，苔黄厚，脉象沉数。牛鼻镜干燥或龟裂，反刍停止；猪鼻盘干燥，有时可在腹部摸到硬粪块。

（2）胃肠积滞　包括胃食滞（瘤胃积食或宿草不转）和肠梗塞（肠梗阻或肠便秘）。前者多因采食大量粗硬难以消化的草料，或劳役过度，役后急喂，或脾胃素虚，采食过量所致。证见食欲、反刍大减或废绝，左肷部硬胀，按压瘤胃坚实，嗳气酸臭，回头顾腹，不时踢腹或起卧，呼吸迫促，口色红或赤红，舌津少而黏，脉象洪数或沉而有力。后者多因长期饲喂粗硬草料，饮水不足；或内伤劳役所致。证见病初食欲、反刍减少，鼻汗时有时无，有时拱腰揭尾，常呈排便姿势，粪便干硬成块。后期鼻镜干燥，食欲废绝、反刍停止，大便难下，腹部微胀，呼吸喘促，有时起卧。

【不良反应】目前尚未检索到不良反应报道。

【用法与用量】猪、羊 60～90g；马 150～200g；牛 250～400g。

【贮藏】密闭，防潮。

【生产企业数量】30 家。

止咳散

【处方】知母 25g、枳壳 20g、麻黄 15g、桔梗 30g、苦杏仁 25g、葶苈子 25g、桑白皮 25g、陈皮 25g、石膏 30g、前胡 25g、射干 25g、枇杷叶 20g、甘草 15g。

【制法】以上 13 味，粉碎，过筛，混匀，即得。

【方解】方中知母、石膏清泻肺热，为君药；麻黄、苦杏仁、枇杷叶止咳平喘，葶苈子、桑白皮泻肺平喘，利水消肿，为臣药；陈皮燥湿化痰，枳壳理气宽胸，前胡降气化痰，射干清热解毒、消痰利咽，为佐药；桔梗宣肺祛痰、利咽排脓，又引药入肺，甘草祛痰止咳、和中缓急、调和诸药，为使药。诸药合用，共奏清肺化痰，止咳平喘之功。

【功能】清肺化痰，止咳平喘。

【主治】肺热咳喘。

【临床应用】肺热咳喘 多因外感风热或因风寒之邪入里郁而化热，阻遏肺气，肺失清肃而上逆咳喘。见于咽喉炎、急性支气管炎、肺炎、肺脓疡等症。主要表现咳嗽不爽，咳声宏大，气促喘粗，肷肋扇动，呼出气热，鼻涕黄而黏稠。全身症状较重，体温常升高，汗出，精神沉郁或高度沉郁，食欲减少或废绝，咽喉肿痛，粪便干燥，尿液短赤，口渴贪饮，口色赤红，舌苔黄燥，脉洪数。

【不良反应】目前尚未检索到不良反应报道。

【注意事项】肺气虚没有热象的个体不可应用。

【用法与用量】猪、羊 45～60g；马、牛 250～300g。

【贮藏】密闭，防潮。

【生产企业数量】70 家。

六味地黄散

【处方】熟地黄 70g、山茱萸（制）35g、山药 35g、牡丹皮 30g、茯苓 30g、泽泻 30g。

【制法】以上 6 味，粉碎，过筛，混匀，即得。

【方解】方中重用熟地黄滋补肾阴，填精益髓生血，为君药。山茱萸补益肝肾，并能涩精；山药补养脾阴而补肾固精，共为臣药。泽泻利湿泄热而降肾浊，并能减熟地黄之滋腻；茯苓淡渗脾湿，并助山药健运，与泽泻共降肾浊；牡丹皮清泄虚热，并制山茱萸之温性，共为佐药。诸药合用，共奏滋补肝肾之功。

【功能】滋补肝肾。

【主治】肝肾阴虚，腰胯无力，盗汗，滑精，阴虚发热。

【临床应用】肝肾阴虚 由于饲养管理不良、营养不平衡、生长发育障碍、先天禀赋不足，或久病耗损、过服温燥竭阴之品、母畜胎次频繁、产仔过多、公畜交配过度，或其他外感内伤因素所致。证见站立不稳，时欲倒地，腰胯疲弱，后躯无力，眼干涩，视力减退或夜盲内障。公畜举阳滑精，母畜发情周期不正常。低烧或午后发热，盗汗，口色红，舌苔少或无苔，脉细数。

【不良反应】目前尚未检索到不良反应报道。

【注意事项】本品为阴虚证而设，体实及阳虚者忌用；感冒者慎用，以免表邪不解；本品药性较滋腻，脾虚、气滞、食少纳呆者慎用。

【用法与用量】猪、羊 15～50g；马、牛 100～300g。

【贮藏】密闭，防潮。

【生产企业数量】64 家。

公英散

【处方】蒲公英 60g、金银花 60g、连翘 60g、丝瓜络 30g、通草 25g、芙蓉叶 25g、浙贝母 30g。

【制法】以上 7 味，粉碎，过筛，混匀，即得。

【方解】方中蒲公英清热解毒、消肿散结、利水，为君药；金银花清热解毒、散热疏风，连翘清热解毒、消肿散结，芙蓉叶清热解毒、消肿排脓，以加强蒲公英清热解毒、消肿散结之功，共为臣药；丝瓜络通络、活血、祛风，浙贝母化痰消痈、清热散结，通草清热利尿、通气下乳，共为佐使药。诸药合用，共奏清热解毒、消肿散痈之功。

【功能】清热解毒，消肿散痈。

【主治】乳痈初起，红肿热痛。

【临床应用】**乳痈初起**　相当于急性乳腺炎。饲养管理不良，感受六淫之邪，榨乳机械或方法不良，以及仔畜隔离等情志因素等均可引起该病证。患畜表现乳汁分泌不畅，乳量减少或停止，乳汁稀薄或呈水样，并含有絮状物；患侧乳房肿胀，变硬，局部增温，并有疼痛，不愿或拒绝哺乳；体温升高，精神不振，食欲减少，站立时两后肢开张，行走缓慢；口色红燥，舌苔黄，脉象洪数。

【不良反应】目前尚未检索到不良反应报道。

【注意事项】对中、后期乳腺炎可配合其他敏感抗菌药治疗。

【用法与用量】猪、羊 30～60g；马、牛 250～300g。

【贮藏】密闭，防潮。

【生产企业数量】173 家。

乌梅散

【处方】乌梅 15g、柿饼 24g、黄连 6g、姜黄 6g、诃子 9g。

【制法】以上 5 味，粉碎，过筛，混匀，即得。

【方解】幼畜奶泻，多因乳热所伤，湿热积于胃肠所致。又因幼畜体质娇嫩，不耐克伐，故应固涩与祛邪并用。方中乌梅涩肠止泻、生津止渴，为君药；柿饼、诃子涩肠收敛，为臣药，共助乌梅涩肠止泻；黄连清热燥湿、泻火解毒，姜黄行气化瘀、利湿退黄，为佐药。诸药合用，共奏清热解毒、涩肠止泻之功。

【功能】清热解毒，涩肠止泻。

【主治】幼畜奶泻。

【临床应用】**幼畜奶泻**　多因饲养管理不善所致，由于幼畜脏腑稚嫩，消化器官发育尚未成熟，消化、免疫功能还不健全，中枢神经系统对胃肠的调节机能较差，此时若饲养管理不善，幼畜舔食污物粪便、饮水不洁等，则引发本病。一般病势较轻，体温不高，精神尚可或沉郁，食欲正常或减退，排粥样粪便含白色凝乳状小块，或水样腹泻但无恶臭，尿量减少，饮欲增加，全身比较虚弱，舌质淡，脉沉细无力。

【不良反应】目前尚未检索到不良反应报道。

【注意事项】本方收敛止泻作用较强，为避免闭门留寇，粪便恶臭或带脓血者慎用。

【用法与用量】仔猪、羔羊 10～15g；驹、犊 30～60g。

【贮藏】密闭，防潮。

【生产企业数量】110 家。

巴戟散

【处方】巴戟天 30g、小茴香 30g、槟榔 12g、肉桂 25g、陈皮 25g、肉豆蔻（煨）20g、肉苁蓉 25g、川楝子 20g、补骨脂 30g、胡芦巴 30g、木通 15g、青皮 15g。

【制法】以上 12 味，粉碎，过筛，混匀，即得。

【方解】本方为肾阳虚所致的腰胯疼痛、后腿难移、腰脊僵硬等证而设。命门火衰，不能温暖下焦，风寒湿邪侵犯于腰胯，则腰脊僵硬、疼痛，后肢运步障碍。方中巴戟天、胡芦巴补肾壮阳、强筋壮骨、散寒止痛，为君药；补骨脂、肉苁蓉温补肾阳、益精养血，小茴香、肉桂补火助阳、温中除寒，共为臣药；川楝子、槟榔、陈皮、青皮、肉豆蔻行气止痛、健脾和胃，共为佐药；木通通经利湿、引药归肾，为使药。诸药合用，补肾壮阳，祛寒止痛。

【功能】补肾壮阳，祛寒止痛。

【主治】腰胯风湿。

【临床应用】腰胯风湿　多与肾阳虚有关。由于肾阳虚，命门火衰，对环境的适应能力降低，若感受风寒湿邪则引起发病。证见背腰僵硬，患部肌肉与关节疼痛，难起难卧，运步不灵，跛行明显，少时运动后有所减轻，重则卧地不起，髋结节等处磨破形成褥疮。全身症状有形寒肢冷，耳鼻不温，易汗，饮食欲减损，口色淡，舌苔白，脉沉迟无力。

【不良反应】目前尚未检索到不良反应报道。

【注意事项】有发热、口色红、脉数等热象时忌用，孕畜慎用。

【用法与用量】猪、羊 45～60g；马、牛 250～350g。

【贮藏】密闭，防潮。

【生产企业数量】1 家。

白术散

【处方】白术 30g、当归 25g、川芎 15g、党参 30g、甘草 15g、砂仁 20g、熟地黄 30g、陈皮 25g、紫苏梗 25g、黄芩 25g、白芍 20g、阿胶（炒）30g。

【制法】以上 12 味，粉碎，过筛，混匀，即得。

【方解】方中熟地黄、白芍、当归、川芎、阿胶养血调经，为君药；党参、白术、甘草健脾益气，以资生血之源，为臣药；砂仁、陈皮理气安胎，紫苏梗升举胎元，黄芩配白术更能清热安胎，均为佐药；甘草协调诸药，为使药。诸药合用，共奏补气、养血、安胎之效。

【功能】补气，养血，安胎。

【主治】胎动不安。

【临床应用】胎动不安　是指动物妊娠期突然出现腹痛不安，阴道不时少量出血的病证，相当于现代兽医学的称为先兆流产。引起胎动不安的基本原因有气血虚弱、肾气不足、血热滋扰、跌打外伤等多个方面。胎动不安则应尽早积极治疗，首先除去病因，然后投服白术散。同时加强饲养管理，注意厩舍安静、保暖，喂以营养丰富且易消化的食物。

【不良反应】目前尚未检索到不良反应报道。

【用法与用量】猪、羊 60～90g；马、牛 250～350g。

【贮藏】密闭，防潮。

【生产企业数量】58 家。

白龙散

【处方】白头翁 600g、龙胆 300g、黄连 100g。

【制法】以上 3 味，粉碎，过筛，混匀，即得。

【方解】方中白头翁清热解毒、凉血止痢，为君药；龙胆泻肝胆实火、除下焦湿热，为臣药；黄连清热燥湿、泻火解毒，为佐使药。诸药合用，共奏清热燥湿、凉血止痢之功。

【功能】清热燥湿，凉血止痢。

【主治】湿热泻痢，热毒血痢。

【临床应用】

（1）湿热泻痢　多由于外感湿热之邪，或食入霉变及含有毒素的草料，或饮水不洁，湿热郁结胃肠，气血阻滞，正气与湿热毒素相搏，肠腑功能与内环境遭受破坏而致。证见发热，精神沉郁，食欲减少或废绝，口渴多饮，有时轻微腹痛，蜷腰卧地，排粪次数明显增多，有的频频努责，有里急后重症状，泻粪稀薄或呈水样，腥臭甚至恶臭，尿赤短，口色赤红，舌苔黄厚，口臭，脉象沉数。

（2）**热毒血痢**　若感受疫毒之气，毒邪壅阻胃肠，与气血相搏，肠道黏膜及肠壁脉络受损，化为脓血，故形成热毒血痢。在湿热泻痢主要症状的基础上粪中潜血或混有大量血液。

【不良反应】目前尚未检索到不良反应报道。

【注意事项】脾胃虚寒者禁用。

【用法与用量】猪、羊 10～20g；兔、禽 1～3g；马、牛 40～60g。

【贮藏】密闭，防潮。

【生产企业数量】170 家。

白头翁散

【处方】白头翁 60g、黄连 30g、黄柏 45g、秦皮 60g。

【制法】以上 4 味，粉碎，过筛，混匀，即得。

【方解】方中白头翁清热解毒、凉血，清大肠血热而专治热毒血痢，为君药；黄连、黄柏助君药清热解毒、燥湿止痢，共为臣药；秦皮清热燥湿、收涩止痢。诸药合用，共奏清热解毒、凉血止痢之功。

【功能】清热解毒，凉血止痢。

【主治】湿热泄泻，下痢脓血。

【临床应用】**湿热泄泻、下痢脓血**　多由于饲养管理不善，圈舍闷热潮湿，湿热之邪侵入，郁积胃肠；或饲料品质不良、饮水不洁，发生霉变与其他有害物污染，动物采食及饮入后肠腑功能与内环境遭受破坏而导致湿热泄泻；湿热蕴结，与气血相搏，肠道黏膜及肠壁脉络受损，化为脓血，故发生下痢脓血。证见体温升高，精神沉郁，食欲减损或废绝，口渴多饮，有时轻微腹痛，排粪次数明显增多，有的频频努责，有里急后重症状，泻粪稀薄或呈水样，有的粪便中潜血或混有大量脓血黏液，腥臭甚至恶臭，尿赤短，口色赤红，舌苔黄厚，口臭，脉象沉数。

【不良反应】目前尚未检索到不良反应报道。

【用法与用量】猪、羊 30～45g；马、牛 150～250g；兔、禽 2～3g。

【贮藏】密闭，防潮。

【生产企业数量】709 家。

白矾散

【处方】白矾 60g、浙贝母 30g、黄连 20g、白芷 20g、郁金 25g、黄芩 45g、大黄 25g、葶苈子 30g、甘草 20g。

【制法】以上 9 味，粉碎，过筛，混匀，即得。

【方解】方中白矾燥湿祛痰，黄芩清热解毒、燥湿化痰，共为君药；浙贝母、葶苈子清肺泻热、利湿化痰、止咳平喘，共为臣药；黄连、郁金、大黄清热燥湿、凉血解毒、行气化瘀，共为佐药；白芷祛风通窍，甘草祛痰止咳、调和诸药，共为使药。诸药合用，共奏清热化痰、下气平喘之功。

【功能】清热化痰，下气平喘。

【主治】肺热咳喘。

【临床应用】**肺热咳喘**　肺为娇脏，易受外邪侵袭，风热、燥火、暑湿等外邪经呼吸道或肌表侵入动物体，致肺气不宣，肃降失常，或由于饲养管理不良，劳役过度，圈舍闷热潮湿，空气污浊，熏蒸于肺，痰浊内聚，致肺之宣降失职，遂发本病。证见体温升高，耳鼻温热，精神沉郁，呼吸促迫，有时张口伸颈而喘，呼出气热，咳嗽，喘鸣音明显，鼻流浓涕，口渴喜饮，口干色红或发绀，舌苔黄厚腻，大便干燥，小便短赤，脉象洪数。

【不良反应】目前尚未检索到不良反应报道。

【用法与用量】猪、羊 40～80g；马、牛 250～350g；兔、禽 1～3g。

【贮藏】密闭，防潮。

【生产企业数量】9 家。

龙胆泻肝散

【处方】龙胆 45g、车前子 30g、柴胡 30g、当归 30g、栀子 30g、生地黄 45g、甘草 15g、黄芩 30g、泽泻 45g、木通 20g。

【制法】以上 10 味，粉碎，过筛，混匀，即得。

【方解】本方为泻肝胆实火、清三焦湿热的代表方。方中龙胆泻肝胆实火，除下焦湿热，为君药；栀子、黄芩泻火清热，助龙胆清肝胆实火，为臣药；泽泻、木通、车前子利尿，引湿热从尿而出，助龙胆清利肝胆湿热，当归、生地养血益阴以和肝，均为佐药；甘草和中协调诸药，柴胡疏肝胆之气，并用作引经药，皆为使药。诸药合用，共奏泻肝胆实火、清三焦湿热之功。

【功能】泻肝胆实火，清三焦湿热。

【主治】目赤肿痛，淋浊，带下。

【临床应用】

（1）**目赤肿痛** 由于肝胆实火、上炎于目所致。证见结膜潮红、充血、肿胀、疼痛、眵盛难睁及羞明流泪。

（2）**淋浊** 因三焦湿热、下注膀胱引起，证见排尿困难，疼痛不安，拱腰努责，尿量少但频频做排尿姿势，淋漓不断，尿色白浊或赤黄或鲜红带血，气味臊臭。

（3）**带下** 因三焦湿热、流注胞宫引起，证见阴道流出大量污浊或棕黄色黏液脓性分泌物，分泌物中常含有絮状物或胎衣碎片，腥臭，精神沉郁，食欲减损，口色红赤，舌苔黄厚腻，脉象洪数。

【不良反应】目前尚未检索到不良反应报道。

【用法与用量】猪、羊 30～60g；马、牛 250～350g。

【贮藏】密闭，防潮。

【生产企业数量】245 家。

平胃散

【处方】苍术 80g、厚朴 50g、陈皮 50g、甘草 30g。

【制法】以上 4 味，粉碎，过筛，混匀，即得。

【方解】本方是治疗脾胃不和、食少纳呆、粪便稀软的基本方。方中苍术苦温性燥、除湿健脾、祛风散寒，为君药；厚朴行气化湿、消积散满，为臣药；陈皮理气化滞、和胃止呕，为佐药；甘草甘缓和中、调和诸药，为使药。诸药合用，共奏燥湿健脾、理气开胃之功。

【功能】燥湿健脾，理气开胃。

【主治】脾胃不和，食少，粪稀软。

【临床应用】**脾胃不和** 是指脾与胃在功能上不能和谐顺调而发生的病理过程。脾主运化，胃主受纳、腐熟；脾的特性是喜燥恶湿，胃的特性是喜润恶燥；脾气以升为顺，胃气以降为和。二者一纳一化，一升一降，一润一燥，相反相成，共同完成消化、吸收运输与转化营养的职能。若脾胃不和，脾气不升，运化失职则完谷不化、食少便稀；胃气不降则受纳腐熟障碍，引起肚腹胀满，呕吐嗳气等症状，此时可用本品治疗。

【不良反应】目前尚未检索到不良反应报道。

【用法与用量】猪、羊 30～60g；马、牛 200～250g。

【贮藏】密封，防潮。

【生产企业数量】88 家。

四君子散

【处方】党参 60g、白术（炒）60g、茯苓 60g、甘草（炙）30g。

【制法】以上 4 味，粉碎，过筛，混匀，即得。

【方解】方中党参补中益气、健脾和胃，为君药；白术苦温、健脾燥湿，为臣药；茯苓甘淡、渗湿利水、健脾宁心，为佐药；白术、茯苓合用，健脾除湿之功更强；甘草甘温、补脾益气、和中缓急、调和诸药，为使药。诸药合用，共奏补中气、健脾胃之功。

【功能】益气健脾。

【主治】脾胃气虚，食少，体瘦。

【临床应用】**脾胃气虚**　是指脾与胃的功能减退所引起以食少、体瘦为主症的病证。脾主运化，一方面运化水谷精微，另一方面运化水湿；脾统血，统摄血液循经运行而不致溢出脉外；脾主肌肉、四肢，以水谷精微濡养肌肉、四肢而令其丰满强壮；脾开窍于口、外应于唇是指脾与口、唇关系密切，脾有维持口唇采食、味觉、唾液分泌及食欲的功能；胃主受纳与腐熟水谷，喜润恶燥，与脾相表里。因此脾胃气虚所呈现的证候特征是体瘦毛焦，倦怠乏力，食少纳呆，粪便溏稀，完谷不化，有时也见肢体浮肿，口色淡白，脉弱。

【不良反应】目前尚未检索到不良反应报道。

【用法与用量】猪、羊 30～45g；马、牛 200～300g。

【贮藏】密闭，防潮。

【生产企业数量】63 家。

多味健胃散

【处方】木香 25g、槟榔 20g、白芍 25g、厚朴 20g、枳壳 30g、黄柏 30g、苍术 50g、大黄 50g、龙胆 30g、焦山楂 40g、香附 50g、陈皮 50g、大青盐（炒）40g、苦参 40g。

【制法】以上 14 味，粉碎，过筛，混匀，即得。

【方解】方中焦山楂消食健胃，香附理气解郁、散结止痛，大黄攻积导滞，共为君药；木香行气和胃，槟榔行气利水，厚朴行气燥湿，枳壳行气消积宽中，陈皮理气健脾，苍术燥湿健脾，共助君药理气健脾、消食导滞之功，为臣药；大青盐泻热、润燥，黄柏、龙胆、苦参清热燥湿，白芍敛阴养血，共为佐使药，以清胃肠积滞引起之积热。诸药合用，共奏健脾理气、宽中除胀之功。

【功能】健胃理气，宽中除胀。

【主治】食欲减退，消化不良，肚腹胀满。

【临床应用】

（1）**食欲减退（消化不良）**　多由劳役过度，耗伤气血，或饲养不当，饥饱不均，草料质劣致使脾胃受损，运化失常所致。证见精神不振，食欲减退，肷吊毛焦，四肢无力，日见赢瘦，粪便粗糙带水，完谷不化。舌质如绵，脉虚无力。

（2）**肚腹胀满**　多因畜体素虚，或长期饮喂失宜，饥饱不匀，营养缺乏，劳役过度，损伤脾胃，致脾虚不能运化水谷以升清，胃弱无力腐熟以降浊而致病。发病缓慢，病程较长，证见肚腹胀满，食后尤甚，反复发作，体倦乏力，身瘦毛焦；食欲减少，或时好时坏；粪便多溏或偶干。口色淡白，脉象虚细。

【不良反应】目前尚未检索到不良反应报道。

【用法与用量】猪、羊30～50g；马、牛200～250g。

【贮藏】密闭，防潮。

【生产企业数量】69家。

苍术香连散

【处方】黄连30g、木香20g、苍术60g。

【制法】以上3味，粉碎，过筛，混匀，即得。

【方解】方中黄连清热燥湿解毒，善清肠胃湿热壅滞，为君药；苍术燥湿健脾，与黄连同用加强黄连燥湿的功效，为臣药；木香行气止痛，和胃止泻，为佐药。三药同用，共奏清热燥湿止泻、行气止痛之功。

【功能】清热燥湿。

【主治】湿热泄泻，下痢。

【临床应用】

（1）肠黄（湿热泄泻）　多由暑月炎天，劳役过重，乘饥而喂热料，或草料霉败，谷气料毒积于肠中，郁而化热，损伤脾胃，津液不能化生，则水反为湿，湿热下注而成泄泻。证见发热，精神沉郁，食欲减少或废绝，口渴多饮，有时轻微腹痛，蜷腰卧地，泻粪稀薄，黏腻腥臭，尿赤短，口色赤红，舌苔黄腻，口臭，脉象沉数。

（2）下痢　多由外感暑湿之邪，或食入霉烂草料，湿热郁结肠内，胃肠气血阻滞，肠道黏膜及肠壁脉络受损，化为脓血而致。证见精神短少，蜷腰卧地，食欲减少甚至废绝，反刍动物反刍减少或停止，鼻镜干燥；弓腰努责，泻粪不爽，里急后重，下痢稀糊，赤白相杂，或呈白色胶冻状；口色赤红，舌苔黄腻，脉数。

【不良反应】目前尚未检索到不良反应报道。

【用法与用量】猪、羊15～30g；马、牛90～120g。

【贮藏】密闭，防潮。

【生产企业数量】152家。

香薷散

【处方】香薷30g、黄芩45g、黄连30g、甘草15g、柴胡25g、当归30g、连翘30g、栀子30g、天花粉30g。

【制法】以上9味，粉碎，过筛，混匀，即得。

【方解】方中香薷解表祛暑化湿，是夏季伤暑表证的要药，为君药；黄芩、黄连、栀子、连翘、柴胡，通泻诸经之火，为臣药；当归、天花粉养血生津，为佐药；甘草和中解毒，为使药。诸药合用，共奏清热解暑之功。

【功能】清热解暑。

【主治】伤热，中暑。

【临床应用】

（1）伤热　亦称轻度中暑或慢性中暑。为暑热炎天，劳役、运动过度或长途转运，出汗过多，饮水不足，或圈养于狭小、通风不良、潮湿闷热的饲养环境，暑热之邪由表入里，卫气被郁，内热不得外泄，热毒积于心经不得充分散发所致。证见身热汗出，呼吸气促，精神倦怠，耳耷头低，四肢无力，呆立如痴，食少纳呆，口干喜饮，口色鲜红，脉象洪大。

（2）中暑　伤热继续发展，出现神经症状，即为中暑。伤热和中暑只是病情轻重的不同。证见突然发病，身热喘促，全身肉颤，汗出如浆，烦躁不安，行走如醉，甚至神昏倒地，痉挛抽搐，口色赤紫，脉象洪数或细数无力。若不及时抢救，则很快出现呼吸浅表，四肢不温，脉微欲绝的气阴两脱之危象。

【不良反应】目前尚未检索到不良反应报道。

【用法与用量】猪、羊 30～60g；马、牛 250～300g；兔、禽 1～3g。

【贮藏】密闭，防潮。

【生产企业数量】13 家。

洗心散

【处方】天花粉 25g、木通 20g、黄芩 45g、黄连 30g、连翘 30g、茯苓 20g、黄柏 30g、桔梗 25g、白芷 15g、栀子 30g、牛蒡子 45g。

【制法】以上 11 味，粉碎，过筛，混匀，即得。

【方解】方中黄连、黄芩、黄柏、栀子通泻三焦之火，导热下行，共为君药；连翘助君药泻火解毒，为臣药；牛蒡子、白芷消肿止痛生肌，茯苓渗湿利尿，天花粉清热生津，木通清心火、利尿，共为佐药；桔梗排脓消肿，并载药上达病所，为使药。诸药合用，共奏清热、泻火、解毒之功。

【功能】清热，泻火，解毒。

【主治】心经积热，口舌生疮。

【临床应用】心经积热　多因暑热炎天，久渴失饮，或劳役过重，奔走太急，或使役后乘热而喂草料，以致热积于心所致。证见精神短少，咀嚼缓慢，继而舌体肿胀或显有烂斑，重者口舌破溃成疮，咽喉肿痛，口流黏涎，大便干燥，小便短赤，口臭难闻，脉洪大，口色鲜红或赤红。

【不良反应】目前尚未检索到不良反应的报道。

【用法与用量】猪、羊 40～60g；马、牛 250～350g。

【贮藏】密闭，防潮。

【生产企业数量】31 家。

桂心散

【处方】肉桂 25g、青皮 20g、白术 30g、厚朴 30g、益智 20g、干姜 25g、当归 20g、陈皮 25g、砂仁 25g、五味子 25g、肉豆蔻 25g、甘草 25g。

【制法】以上 12 味，粉碎，过筛，混匀，即得。

【方解】方中肉桂、干姜、益智温中散寒，温脾暖胃，为君药；陈皮、青皮、厚朴行气导滞，理气健脾，为臣药；砂仁、肉豆蔻温中理气，白术、五味子健脾益气，当归养血活血，共为佐药；甘草调和诸药，为使药。诸药合用，共奏温中散寒、理气止痛之功。

【功能】温中散寒，理气止痛。

【主治】胃寒草少，胃冷吐涎，冷痛。

【临床应用】

（1）胃寒草少　由寒邪、寒湿或风寒内侵，伤及脾胃，或脾胃素虚、脾肾阳虚所致。证见精神不振，喜卧懒动，鼻寒耳冷，被毛粗乱，无光泽，食欲减少，口内垂涎，舌津多而滑利，口色淡白或青白，舌苔薄白或白腻，脉象沉迟或沉细。

（2）**胃冷吐涎**　因使役或运动后饮冷水太过，寒食伤于胃腑所致，或被阴雨苦淋，感寒传于脾胃所致。证见精神沉郁，食欲不振，口流寒涎，鼻寒耳冷，重者浑身发颤，欣吊毛焦，口色青黄，脉沉细。

（3）**冷痛**　因空肠过饮冷水，或气候突然转冷，寒湿内侵，传于胃肠，中焦气机不畅所致。马多发。证见发病急骤，腹痛剧烈，阵阵起卧，前蹄刨地，排粪稀软或带水，肠鸣如雷，鼻寒耳冷，口色青白滑利，脉象沉迟。

【不良反应】目前尚未检索到不良反应报道。

【用法与用量】猪、羊 45～60g；马、牛 250～350g。

【贮藏】密闭，防潮。

【生产企业数量】3 家。

破伤风散

【处方】甘草 500g、蝉蜕 120g、钩藤 90g、川芎 30g、荆芥 45g、防风 60g、大黄 60g、关木通 45g、黄芪 50g。

【制法】以上 9 味，粉碎，过筛，混匀，即得。

【方解】方中甘草解毒，蝉蜕、钩藤熄风止痉，共为君药；荆芥、防风祛风解表，川芎、大黄活血祛瘀，为臣药；关木通通利经络，黄芪益气固本，为佐使药。诸药合用，共奏解毒止痉、解表祛风之功。

【功能】解毒止痉，解表祛风。

【主治】破伤风。

【临床应用】**破伤风**　多因外伤、去势、去角、分娩、断脐等感染破伤风杆菌所致。证见牙关紧闭，口内垂涎，耳直尾揭，四肢僵硬。病初头颈强硬，水草难进，咀嚼困难；继则头项长伸，耳紧尾直，四肢如柱，形如木马，牙关紧闭，口边垂涎，对光线、声音和触摸等刺激易受惊恐，引起全身痉挛；后期全身板硬，行走困难，呼吸喘促，喉中痰鸣，肉颤汗出，倒地不起。

【不良反应】目前尚未检索到不良反应报道。

【用法与用量】猪、羊 150～300g；马、牛 500～700g。

【贮藏】密闭，防潮。

【生产企业数量】2 家。

柴葛解肌散

【处方】柴胡 30g、葛根 30g、甘草 15g、黄芩 25g、羌活 30g、白芷 15g、白芍 30g、桔梗 20g、石膏 60g。

【制法】以上 9 味，粉碎，过筛，混匀，即得。

【方解】本方为太阳风寒未解，而又化热入里之辛凉解表剂的代表方。方中葛根味辛性凉，外透肌热，内清郁热，解阳明邪热，柴胡味辛性寒，为解肌要药，入少阳疏畅气机，又助葛根外透郁热，共为君药；石膏、黄芩清泻里热，羌活、白芷辛散太阳风寒，共为臣药；白芍、甘草敛阴和营，防止疏散太过而伤阴，桔梗宣肺利咽，又载药上行三阳，共为佐使药。综合全方，既能散表邪，又能清里热，温清并用，表里同治，共奏解肌清热之功。

【功能】解肌清热。

【主治】感冒发热。

【临床应用】**感冒发热** 本方主证外感风寒，郁而化热，外邪未解，里热已炽之三阳合病。证见精神不振，头低耳聋，食欲废绝，反刍停止，恶寒无汗，发热，口渴喜饮，粪干，尿短赤，口干舌红，苔黄，脉浮数有力。

【不良反应】目前尚未检索到不良反应报道。

【用法与用量】猪、羊 30～60g；马、牛 200～300g。

【贮藏】密闭，防潮。

【生产企业数量】56 家。

健胃散

【处方】山楂 15g、麦芽 15g、六神曲 15g、槟榔 3g。

【制法】以上 4 味，粉碎，过筛，混匀，即得。

【方解】方中山楂、麦芽、六神曲消食导滞，化谷宽肠，槟榔消积下气，四药皆为消伐克削之品，专主食滞，诸药合用，共奏消食下气、开胃宽肠之功。

【功能】消食下气，开胃宽肠。

【主治】伤食积滞，消化不良。

【临床应用】**伤食积滞，消化不良** 因劳役过度，突然改变饲料，饲喂或偷吃过多谷料所致。证见精神倦怠，水草减少或废绝，恶料，肚腹胀满，粪便粗糙或稀软，完谷不化，口气酸臭，口色偏红，舌苔厚腻，脉象洪大有力。牛表现反刍停止，两肋微胀，严重时鼻冷无汗，大便泄溏、恶臭。

【不良反应】目前尚未检索到不良反应报道。

【用法与用量】猪、羊 30～60g；马、牛 150～250g。

【生产企业数量】445 家。

消黄散

【处方】知母 30g、浙贝母 25g、黄芩 45g、甘草 20g、黄药子 30g、白药子 30g、大黄 45g、郁金 45g。

【制法】以上 8 味，粉碎，过筛，混匀，即得。

【方解】方中知母、浙贝母、黄芩清上焦心肺之火，为君药；大黄清中焦胃热，兼能活血，为臣药；黄药子、白药子、郁金清热凉血，为佐药；甘草调和诸药，为使药。诸药合用，共奏清热解毒、散瘀消肿的之功。

【功能】清热解毒，散瘀消肿。

【主治】三焦热盛，热毒，黄肿。

【临床应用】

（1）**三焦热盛** 指实热火毒充斥上、中、下三焦，即上焦心肺实热、中焦脾胃实热、下焦肝肾实热同时出现。证见体温升高，血热发斑，或疮黄疔毒，舌红口干，苔黄，脉数有力，狂躁不安等。凡猪丹毒及各种家畜的败血症、急性肠炎、菌痢、肺炎、烧伤及其他急性炎症等，属火毒炽盛者，均可用本方治疗。

（2）**热毒** 多因感受温热时毒所致。证见突然高热寒战，口渴，躁动不安，舌红，脉数，继而出现局部红肿热痛，甚至糜烂破溃等。

（3）**黄肿** 多因热邪或瘀血凝聚于肌腠所致软组织肿胀。根据黄肿发生的部位不同而有锁口黄、鼻黄、颡黄、耳黄、腮黄、背黄、胸黄、肚底黄、肘黄、腕黄等不同病名。

【不良反应】目前尚未检索到不良反应报道。

【注意事项】本方药味为多性寒味苦，不可用药太过，以免伤脾胃。

【用法与用量】猪、羊30～60g；马、牛250～350g。

【生产企业数量】35家。

止痢散

【处方】雄黄40g、藿香110g、滑石150g。

【制法】以上3味，粉碎，过筛，混匀，即得。

【方解】方中雄黄燥湿解毒，为君药；藿香芳香化湿、和中止呕、宣散表邪、行气化滞，为臣药；滑石渗湿利水、清热止泻，为佐药。诸药合用，共奏清热解毒、化湿止痢之功。

【功能】清热解毒，化湿止痢。

【主治】仔猪白痢。

【临床应用】仔猪白痢　是由猪致病性大肠杆菌感染所致，多因饲养管理不良，外感寒湿之邪，或因饲料霉变以及其他品质不良，引起脾胃受损，运化失职而发病。临床以腹泻，排白色、灰白色或黄白色腥臭稀便等为特征。

【不良反应】目前尚未检索到不良反应报道。

【注意事项】雄黄有毒，不能超量或长期服用。

【用法与用量】仔猪2～4g。

【贮藏】密闭，防潮。

【生产企业数量】372家。

生乳散

【处方】黄芪30g、党参30g、当归45g、通草15g、川芎15g、白术30g、续断25g、木通15g、甘草15g、王不留行30g、路路通25g。

【制法】以上11味，粉碎，过筛，混匀，即得。

【方解】方中当归补血活血，黄芪补气生血，二者相须为用，共为君药；党参、白术、甘草是四君子散的组成药物，补脾益气，使气血化生有源，续断滋补肝肾，川芎活血行气，共为臣药；王不留行、路路通活血化瘀、通经下乳，共为佐药；木通、通草通经下乳，为使药。诸药合用，共奏补气养血、通经下乳之功。

【功能】补气养血，通经下乳。

【主治】气血不足的缺乳和乳少症。

【临床应用】缺乳和乳少症　乳汁化生于血，需脾、胃、肝、肾之气参与。由于先天肾精亏乏，肝血不足，乳腺发育迟滞，或后天饲养管理不良，如分娩过程延长、难产等因素耗气伤血，或饲料搭配不合理、饮水不足或其他环境因素所致气血化生不足或耗损过多，气血虚弱不能化生乳汁而发病。证见泌乳减少或完全无乳，乳房松弛干瘪，不愿哺乳，对幼仔吮乳要求反应冷漠，精神沉郁，不愿运动，食欲不振，口色淡，脉沉细无力。

【不良反应】目前尚未检索到不良反应报道。

【用法与用量】猪、羊60～90g；马、牛250～300g。

【贮藏】密闭，防潮。

【生产企业数量】85家。

加减消黄散

【处方】大黄30g、玄明粉40g、知母25g、浙贝母30g、黄药子30g、栀子30g、连翘

45g、白药子 30g、郁金 45g、甘草 15g。

【制法】以上 10 味，粉碎，过筛，混匀，即得。

【方解】方中黄药子、白药子、栀子清热解毒，共为君药；大黄、玄明粉清胃肠热毒，连翘清热解毒、消肿散结，知母清热生津，四者均能增强君药清热解毒之效力，共为臣药；浙贝母清热散结，郁金凉血散瘀，二药合用功善清热消肿，共为佐药；甘草清热解毒、调和诸药，为使药。诸药合用，共奏清热泻火、消肿解毒之功。

【功能】清热泻火，消肿解毒。

【主治】脏腑壅热，疮黄肿毒。

【临床应用】

（1）**脏腑壅热**　多由天气炎热，使役过度，或外感温热邪气，热邪壅积脏腑所致，常见的有心热、肺热、肝热、胃热、大肠实热、小肠实热等。常见证候为发热，呼吸迫促，舌红苔黄，口津干少，粪干尿少，脉洪数。

（2）**黄证**　多由饲养失调，劳役过度，外感病邪，正邪相搏于肌肤，卫气受阻，经络郁塞，气血凝滞而成。证见初期患部肿硬，间有疼痛，继而面积扩大并变软，有的出现波动，刺之流出黄水。因黄的部位不同而有锁口黄、鼻黄、颊黄、耳黄、腮黄、背黄、胸黄、肚底黄、肘黄、腕黄等。

【不良反应】目前尚未检索到不良反应报道。

【注意事项】

（1）骡过量服用本品可引起肠臌气。

（2）与盐酸四环素合用可能会导致马匹死亡。

【用法与用量】猪、羊 30～60g；马、牛 250～400g。

【贮藏】密闭，防潮。

【生产企业数量】30 家。

百合固金散

【处方】百合 45g、白芍 25g、当归 25g、甘草 20g、玄参 30g、川贝母 30g、生地黄 30g、熟地黄 30g、桔梗 25g、麦冬 30g。

【制法】以上 10 味，粉碎，过筛，混匀，即得。

【方解】方中百合、生地黄、熟地黄滋养肺阴，共为君药；麦冬助百合润肺止咳，玄参助生地黄、熟地黄滋肾清热，共为臣药；当归、白芍养血和阴，川贝母、桔梗清肺化痰，共为佐药；甘草协调诸药，配桔梗以清利咽喉，为使药。诸药合用，共奏养阴清热、润肺化痰之功。

【功能】养阴清热，润肺化痰。

【主治】肺虚咳喘，阴虚火旺，咽喉肿痛。

【临床应用】**阴虚咳嗽**　肺肾阴虚，虚火上炎所致燥咳，证见干咳少痰，痰中带血，咽喉疼痛，舌红苔少，脉细数。

【不良反应】目前尚未检索到不良反应报道。

【注意事项】

（1）本品为阴虚咳嗽所设，外感咳嗽、寒湿痰喘者忌用。

（2）本品滋阴生湿，凡脾虚便溏、食欲不振者慎用。

【用法与用量】猪、羊 45～60g；马、牛 250～300g。

【贮藏】密闭，防潮。

曲麦散

【处方】六神曲 60g、麦芽 30g、山楂 30g、厚朴 25g、枳壳 25g、陈皮 25g、青皮 25g、苍术 25g、甘草 15g。

【制法】以上 9 味，粉碎，过筛，混匀，即得。

【方解】方中六神曲、麦芽、山楂消食化谷，共为君药；青皮、厚朴、枳壳行气宽肠，助君药消胀，共为臣药；陈皮、苍术理气健脾，使脾气得升，胃气得降，运化复常，共为佐药；甘草和中，协调诸药，为使药。诸药合用，共奏消积破气、化谷宽肠之功。

【功能】消积破气，化谷宽肠。

【主治】胃肠积滞，料伤五攒痛。

【临床应用】

（1）胃肠积滞　多由饲喂无节，食谷料过多，超过胃肠受纳功能，宿食难消所致。证见食欲废绝，肚腹胀满，有时腹痛起卧，前肢刨地，后肢踢腹；粪便酸臭，口色赤红，舌苔黄厚，脉沉紧。

（2）料伤五攒痛　多因过食谷料，运动不足；或胃肠阻滞，饮水不足，致使谷料毒气凝于胃肠，吸收入血，凝滞不散所致。证见食欲大减，或只吃草不吃料，粪稀带水，有酸臭气味；站立时，腰曲头低，四肢攒于腹下；运步时，束步难行，步幅极短，气促喘粗；触诊，蹄温升高，蹄前壁敏感；口色鲜红，脉象洪大。

【不良反应】目前尚未检索到不良反应报道。

【用法与用量】猪、羊 40～100g；马、牛 250～500g。

【贮藏】密闭，防潮。

【生产企业数量】54 家。

朱砂散

【处方】朱砂 5g、党参 60g、茯苓 45g、黄连 60g。

【制法】以上 4 味，除朱砂另研成极细粉外，其余 3 味粉碎成粉末，过筛，再与朱砂极细粉配研，混匀，即得。

【方解】方中朱砂镇心安神，茯苓宁心安神，二药相配，增进安神作用，共为君药；黄连清降心火，宁心除烦，为臣药；党参益气宁神，固表止汗，扶正祛邪，为佐药。诸药合用，共奏清心安神、扶正祛邪之功。

【功能】清心安神，扶正祛邪。

【主治】心热风邪，脑黄。

【临床应用】

（1）心热风邪　由感受热邪，热壅积于心，扰乱神明所致。证见全身出汗，肉颤头摇，气促喘粗，神志不清，左右乱跌，口色赤红，脉洪数。

（2）脑黄　多由感受热邪，积于心肺，上冲于头所致。证见高热神昏，狂躁不安，前肢举起，爬越饲槽，不顾障碍，低头前冲或昂头奔驰，有时不住转圈。口色赤红，脉象洪数；脑膜脑炎见有上述证候者。

（3）中暑　多由暑热炎天，劳役过重，或烈日暴晒，或畜舍闷热，热毒熏蒸，积于心肺所致。证见高热神昏，行走如醉，精神极度沉郁，气促喘粗，浑身出汗，甚至卧地不起，肢体抽搐，口色赤红，脉象洪数或细数无力。

【不良反应】目前尚未检索到不良反应报道。

【用法与用量】猪、羊 10～30g；马、牛 150～200g。

【贮藏】密闭，防潮。

【生产企业数量】35 家。

壮阳散

【处方】熟地黄 45g、补骨脂 40g、阳起石 20g、淫羊藿 45g、锁阳 45g、菟丝子 40g、五味子 30g、肉苁蓉 40g、山药 40g、肉桂 25g、车前子 25g、续断 40g、覆盆子 40g。

【制法】以上 13 味，粉碎，过筛，混匀，即得。

【方解】方中淫羊藿、肉苁蓉、补骨脂、锁阳、阳起石补肾壮阳，以助命门之火，共为君药；菟丝子补肝肾、益精髓，续断滋补肝肾，熟地黄补血滋阴，肉桂暖肾壮阳，以增强君药补肾壮阳效果，覆盆子益肾固精，共为臣药；山药健脾益肾，五味子滋肾涩精，车前子利水通淋，共为佐使药。诸药合用，共奏补肾壮阳之功。

【功能】温补肾阳。

【主治】性欲减退，阳痿，滑精。

【临床应用】

（1）肾阳虚衰　多由素体阳虚，或久病伤肾，或劳损过度，或年老体弱，下元亏损所致。证见形寒肢冷，耳鼻四肢不温，腰痿，腰腿不灵，难起难卧，四肢下部浮肿，粪便稀软或泄泻，小便减少。口色淡，舌苔白，脉沉迟无力。

（2）性欲减退　在肾阳虚衰基础上发展而来，除上述肾阳虚衰症状外，主要表现为性欲减退，对处于发情期的母畜缺少反应。

（3）阳痿　由肾阳虚衰发展而来，除上述肾阳虚衰症状外，主要表现为阳痿不举或垂缕不收。

（4）滑精　由肾阳虚衰发展而来，除上述肾阳虚衰症状外，主要表现为滑精、早泄。

【不良反应】目前尚未检索到不良反应报道。

【用法与用量】猪、羊 50～80g；马、牛 250～300g。

【贮藏】密闭，防潮。

【生产企业数量】10 家。

阳和散

【处方】熟地黄 90g、鹿角胶 30g、白芥子 20g、肉桂 20g、炮姜 20g、麻黄 10g、甘草 20g。

【制法】以上 7 味，粉碎，过筛，混匀，即得。

【方解】方中重用熟地黄，温补肝肾，滋阴养血，为君药；鹿角胶补肾填精，强筋壮骨，为臣药；麻黄辛温宣散，发越阳气，白芥子祛痰除湿，内外宣通，二药合用可宣通气血，使熟地黄、鹿角胶补而不滞，炮姜、肉桂均入血分，温经散寒，共为佐药；甘草清热解毒，调和诸药，为使药。诸药合用，共奏温阳散寒、和血通脉之功。

【功能】温阳散寒，和血通脉。

【主治】阴证疮疡。

【临床应用】阴证疮疡　常因素体阳虚，阴寒之邪乘虚侵袭，阻于筋骨血脉之中，致血虚寒凝痰滞而成。证见患处漫肿无头，皮色不变，酸痛无热，不渴，舌苔淡白，脉沉细。

【不良反应】目前尚未检索到不良反应报道。

【用法与用量】猪、羊 30～50g；马、牛 200～300g。

【贮藏】密闭，防潮。

【生产企业数量】1家。

辛夷散

【处方】辛夷60g、知母（酒制）30g、黄柏（酒制）30g、北沙参30g、木香15g、郁金30g、明矾20g。

【制法】以上7味，粉碎，过筛，混匀，即得。

【方解】本方专为治疗脑颡鼻脓而立。方中辛夷上通额窦鼻腔，疏散邪毒，为君药；知母、黄柏清热泻火，黄柏酒制引药力上行，为臣药；北沙参养阴润肺，郁金活血化瘀，木香调理气机，明矾收敛固涩，均为佐药。诸药合用，共奏清热滋阴、疏风通窍之功。

【功能】滋阴降火，疏风通窍。

【主治】脑颡鼻脓。

【临床应用】**脑颡鼻脓**　相当于副鼻窦炎。多因风热毒邪侵袭脑颡，或湿热内胜上移于脑颡，熏蒸清窍，使气血瘀滞，化为脓涕所致。证见涕液稀白或呈豆腐渣样，气味恶臭，鼻部肿胀，叩之呈浊音。

【不良反应】目前尚未检索到不良反应报道。

【用法与用量】猪、羊40～60g；马、牛200～300g。

【贮藏】密闭，防潮。

【生产企业数量】23家。

补中益气散

【处方】炙黄芪75g、党参60g、白术（炒）60g、炙甘草30g、当归30g、陈皮20g、升麻20g、柴胡20g。

【制法】以上8味，粉碎，过筛，混匀，即得。

【方解】方中炙黄芪补中益气，升阳举陷，为君药；党参、白术益气健脾和胃，助君药补中益气，升麻、柴胡升阳举陷，助君药升举下陷之清阳，共为臣药；当归补血和血，防升阳之品燥烈伤阴，陈皮理气和胃，与补气养血药物同用，使补而不滞，共为佐药；炙甘草补中益气，调和诸药，为使药。诸药合用，共奏补中益气、升阳举陷之功。

【功能】补中益气，升阳举陷。

【主治】脾胃气虚，泄泻，脱肛，阴道、子宫脱垂。

【临床应用】

（1）**脾胃气虚**　多因素体虚弱，或老龄体弱，或久病失治、误治，耗伤正气，或长期饲养管理不当，劳役过度，脾胃受损所致。证见食欲减少，精神不振，欹吊毛焦，体瘦形羸，四肢无力，怠行好卧，粪便稀软，完谷不化或水粪并下，口色淡白，脉沉细无力。

（2）**泄泻**　脾胃虚弱，中气下陷所致的泄泻。证见食欲减少甚至废绝，精神不振，体瘦毛焦，四肢无力，久泻久痢，粪便清稀甚至如水样，完谷不化或水粪并下，口色淡白，脉沉细无力。

（3）**脱肛**　脾胃虚弱，中气下陷所致的脱肛。证见直肠脱出于外，初期呈粉红色，久之则呈暗红色甚至发生坏死，同时兼有脾胃气虚的表现。

（4）**阴道、子宫垂脱**　脾胃虚弱，中气下陷所致的阴道或子宫垂脱。证见阴道或子宫垂脱于外，同时兼有脾胃气虚的表现。

【不良反应】目前尚未检索到不良反应报道。

【用法与用量】猪、羊45～60g；马、牛250～400g。

【贮藏】密闭，防潮。

【生产企业数量】190 家。

防己散

【处方】防己 25g、黄芪 30g、茯苓 25g、肉桂 30g、葫芦巴 20g、厚朴 15g、补骨脂 30g、泽泻 45g、猪苓 25g、川楝子 25g、巴戟天 25g。

【制法】以上 11 味，粉碎，过筛，混匀，即得。

【方解】方中肉桂、胡芦巴、巴戟天、补骨脂温肾壮阳，蒸化水湿，共为君药；川楝子舒肝行气止痛，善行下焦，协同防己、猪苓、泽泻等利水药，导水湿外出，共为臣药；黄芪补中益气，厚朴、茯苓健脾利水消肿，均为佐药。诸药合用，共奏补肾健脾、利尿除湿之功。

【功能】补肾健脾，利尿除湿。

【主治】肾虚浮肿。

【临床应用】肾虚浮肿　多由肾虚命门火衰，水湿不能蒸化，流注肢体所致。证见四肢、腹下水肿，尤以两后肢浮肿最为常见，重者宿水停脐或阴囊水肿，粪稀尿少，喘咳痰鸣，耳鼻四肢不温，舌质胖淡，苔白滑，脉沉细。

【不良反应】目前尚未检索到不良反应报道。

【用法与用量】猪、羊 45～60g；马、牛 250～300g。

【贮藏】密闭，防潮。

【生产企业数量】25 家。

郁金散

【处方】郁金 30g、诃子 15g、黄芩 30g、大黄 60g、黄连 30g、黄柏 30g、栀子 30g、白芍 15g。

【制法】以上 8 味，粉碎，过筛，混匀，即得。

【方解】方中郁金清热凉血，行气散瘀，为君药；黄连、黄芩、黄柏、栀子清泄三焦火毒兼燥湿，为臣药；白芍、诃子敛阴涩肠而止泻，大黄泻热导滞，清除肠道腐物，调理肠道，共为佐药。诸药合用，共奏清热解毒、燥湿止泻之功。

【功能】清热解毒，燥湿止泻。

【主治】肠黄，湿热泻痢。

【临床应用】肠黄、湿热泻痢　多因暑热炎天，劳役过重，草料不洁，致湿热病邪内侵，热毒内陷所致。证见耳鼻全身温热，食欲减退，粪便稀溏或有脓血，或有腹痛，尿液短赤，口色红，舌苔黄腻。

【不良反应】目前尚未检索到不良反应报道。

【用法与用量】猪、羊，45～60g；马、牛，250～350g。

【贮藏】密闭，防潮。

【生产企业数量】78 家。

金花平喘散

【处方】洋金花 200g、麻黄 100g、苦杏仁 150g、石膏 400g、明矾 150g。

【制法】以上 5 味，粉碎，过筛，混匀，即得。

【方解】方中洋金花止咳平喘，为君药；麻黄平喘，石膏清泻肺热，共为臣药；苦杏仁宣降肺气，明矾敛肺止咳，共为佐药。诸药合用，共奏平喘、止咳之功。

【功能】平喘，止咳。

【主治】气喘，咳嗽。

【临床应用】

（1）气喘　因邪热犯肺，肺气壅遏，而致肺失清肃。证见咳嗽喘急，发热有汗或无汗，口干渴，舌红，苔薄白或黄，脉浮滑而数。

（2）咳嗽　因外感风热或外感风寒化热，肺失宣降所致。证见耳鼻体表温热，鼻涕黏稠，咳声响亮，口色偏红，舌苔薄黄，脉浮数。

【不良反应】目前尚未检索到不良反应报道。

【用法与用量】猪、羊 10～30g；马、牛 100～150g。

【贮藏】密闭，防潮。

【生产企业数量】170 家。

金锁固精散

【处方】沙苑子（炒）60g、芡实（盐炒）60g、莲须 60g、龙骨（煅）30g、煅牡蛎 30g、莲子 30g。

【制法】以上 6 味，粉碎，过筛，混匀，即得。

【方解】方中沙苑子补肾益精，为君药；莲子、芡实益肾涩精、健脾宁心，为臣药；莲须、龙骨、牡蛎涩精止滑、安神，共为佐使药。诸药合用，标本兼顾，既能涩精之外泄，又可补精之不足，共奏固肾涩精之功。

【功能】固肾涩精。

【主治】肾虚滑精。

【临床应用】肾虚滑精　多因配种过度，伤精耗液，肾阴不足，相火妄动所致。证见滑精，早泄，腰胯四肢无力，尿频，舌淡，脉细弱。

【不良反应】目前尚未检索到不良反应报道。

【用法与用量】猪、羊 40～60g；马、牛 250～350g。

【贮藏】密闭，防潮。

【生产企业数量】3 家。

肥猪菜

【处方】白芍 20g、前胡 20g、陈皮 20g、滑石 20g、碳酸氢钠 20g。

【制法】以上 5 味，粉碎，过筛，混匀，即得。

【方解】方中陈皮理气健脾，为君药；前胡化痰祛湿，白芍养肝，调理肝脾，碳酸氢钠开胃进食，增进食欲，共为臣药；滑石通肠、利湿，为佐药。诸药合用，共奏健脾开胃之功。

【功能】健脾开胃。

【主治】消化不良，食欲减退。

【临床应用】消化不良、食欲不振　多由饲养管理不当，难以消化，脾胃受损，或感受外邪，损伤脾胃所致。证见食欲减退或废绝，被毛粗乱无光，怠行好卧，粪便粗糙或完谷不化，口色淡白，脉虚无力。

【不良反应】目前尚未检索到不良反应报道。

【用法与用量】猪 25～50g。

【贮藏】密闭，防潮。

【生产企业数量】53 家。

肥猪散

【处方】 绵马贯众 30g、制何首乌 30g、麦芽 500g、黄豆（炒）500g。

【制法】 以上 4 味，粉碎，过筛，混匀，即得。

【方解】 猪食少、瘦弱、生长缓慢，多与胃肠道寄生虫有关，治宜扶正祛邪结合。方中麦芽健脾助消化，为君药；贯众驱虫以祛邪，何首乌滋补强壮，共为臣药；黄豆补充营养，为佐药。诸药合用，共奏开胃、驱虫、催肥之功。

【功能】 开胃，驱虫，催肥。

【主治】 食少，瘦弱，生长缓慢。

【临床应用】 猪肠道寄生虫病　因各种寄生于胃肠道而引起，常见线虫、蛔虫、绦虫等，证见体瘦毛焦、食欲不振，生长缓慢等。

【不良反应】 目前尚未检索到不良反应报道。

【用法与用量】 猪 50～100g。

【贮藏】 密闭，防潮。

【生产企业数量】 240 家。

茴香散

【处方】 小茴香 30g、肉桂 20g、槟榔 10g、白术 25g、木通 10g、巴戟天 20g、当归 20g、牵牛子 10g、藁本 20g、白附子 15g、川楝子 20g、肉豆蔻 15g、荜澄茄 20g。

【制法】 以上 13 味，粉碎，过筛，混匀，即得。

【方解】 方中茴香散寒理气，善入下焦祛腰肾风寒邪气，为君药；肉桂、肉豆蔻、荜澄茄温肾除寒、暖脾和中、行气止痛，为臣药；巴戟天补肾壮阳、强筋骨、除风湿，白术健脾燥湿，藁本、牵牛子、槟榔、木通祛风利湿，白附子、川楝子祛风止痛，当归活血定痛，共为佐使药。诸药合用，共奏温肾散寒、祛风除湿、通经止痛之功。

【功能】 暖腰肾，祛风湿。

【主治】 寒伤腰胯。

【临床应用】 寒伤腰胯　寒湿邪气侵入肾经，传于腰胯所致。证见腰脊板硬，前行后拽，胯靸腰拖。

【不良反应】 目前尚未检索到不良反应报道。

【用法与用量】 猪、羊 30～60g；马、牛 200～300g。

【贮藏】 密闭，防潮。

【注意】 孕畜慎用。

【生产企业数量】 1 家。

秦艽散

【处方】 秦艽 30g、黄芩 20g、瞿麦 25g、当归 25g、红花 15g、蒲黄 25g、大黄 20g、白芍 20g、甘草 15g、栀子 25g、淡竹叶 15g、天花粉 25g、车前子 25g。

【制法】 以上 13 味，除蒲黄外，其余 12 味粉碎，再加入蒲黄，过筛，混匀，即得。

【方解】 方中蒲黄、瞿麦、秦艽通淋止血，和血止痛，为君药；当归、白芍养血滋阴，为臣药；大黄、红花清热活血，栀子、黄芩、车前子、天花粉、竹叶清热利尿，均为佐药；甘草调和诸药，为使药。诸药合用，共奏清热利尿、祛瘀止血之功，可使热清瘀去而血止，小便通利而痛除。

【功能】 清热利尿，祛瘀止血。

【主治】膀胱积热，努伤尿血。

【临床应用】**膀胱积热，努伤尿血**　因暑天负重，劳役或运动过度，热邪侵入心经，传注小肠，流注膀胱所致。证见头低耳聋，草料迟细，排尿疼痛，尿中混血或紫血块，往往尿血红者病轻，尿血黑者病重。

【不良反应】目前尚未检索到不良反应报道。

【用法与用量】猪、羊 30～60g；马、牛 250～350g。

【贮藏】密闭，防潮。

【生产企业数量】0 家。

泰山盘石散

【处方】党参 30g、黄芪 30g、当归 30g、续断 30g、黄芩 30g、川芎 15g、白芍 30g、熟地黄 45g、白术 30g、砂仁 15g、炙甘草 12g。

【制法】以上 11 味，粉碎，过筛，混匀，即得。

【方解】方中黄芪、党参、白术、炙甘草健脾补气，为君药；白芍、熟地黄、当归、川芎、续断补血固肾，以养胎元，共为臣药；黄芩配合白术安胎，砂仁调气安胎，共为佐药。诸药合用，共奏益气健脾、养血安胎之功。

【功能】补气血，安胎。

【主治】气血两虚所致胎动不安，习惯性流产。

【临床应用】

（1）**体虚胎动**　因使役过度，营养不良，或旧有痼疾，以致气血虚弱，冲任不固，胎失所养而发病。证见站立不安，回头顾腹，弓腰努责，频频排出少量尿液，阴道流出带血水浊液，间有起卧，手按右侧下腹部，可感知胎动增加。

（2）**习惯性流产**　中兽医学称为滑胎。多因气虚、脾虚、肾虚、血热、外伤或使役不当等原因，引起气血亏虚，不能养胎；或体质素虚，胎元不固，致使胎儿死亡或不足月即产，并反复发作。

【不良反应】目前尚未检索到不良反应报道。

【用法与用量】猪、羊 60～90g；马、牛 250～350g；犬、猫 5～15g。

【贮藏】密闭，防潮。

【生产企业数量】48 家。

独活寄生散

【处方】独活 25g、桑寄生 45g、秦艽 25g、防风 25g、细辛 10g、当归 25g、白芍 15g、川芎 15g、熟地黄 45g、杜仲 30g、牛膝 30g、党参 30g、茯苓 30g、肉桂 20g、甘草 15g。

【制法】以上 15 味，粉碎，过筛，混匀，即得。

【方解】方中独活祛风除湿、通经活络，桑寄生益肝肾、强筋骨，共为君药；防风、秦艽祛风胜湿，肉桂、细辛辛散温通、祛除风寒，牛膝、杜仲补益肝肾、强壮筋骨、兼祛风湿，共为臣药；当归、白芍、熟地黄、川芎养血舒筋、活血通络，党参、茯苓益气健脾、扶助正气，使祛邪不伤正，扶正不恋邪，共为佐药；甘草善调和诸药，为使药。全方以祛风寒湿邪为主，配以补肝肾、养气血之品，扶正祛邪，共奏补益肝肾、养血舒筋、祛风除湿之功。

【功能】益肝肾，补气血，祛风湿。

【主治】痹症日久，肝肾两亏，气血不足。

【临床应用】

（1）**风寒湿痹**　因阳气不足，卫气不固，再逢气候突变，夜露风霜，久卧湿地，穿堂贼风，风寒湿邪乘虚伤于皮肤，流窜经络，侵害肌肉、关节和筋骨引起。证见肌肉或关节疼痛，皮紧肉硬，四肢屈伸不利，跛行随运动而减轻。

（2）**肝肾亏虚**　因痹症日久，肝肾两亏，气血不足所致。证见腰胯疼痛，关节屈伸不利，畏寒喜暖，食欲不振，关节肿大变形，肌肉萎缩，筋脉拘急，甚至卧地不起。

【不良反应】目前尚未检索到不良反应报道。

【用法与用量】猪、羊 60～90g；马、牛 250～350g。

【生产企业数量】9 家。

健脾散

【处方】当归 20g、白术 30g、青皮 20g、陈皮 25g、厚朴 30g、肉桂 30g、干姜 30g、茯苓 30g、五味子 25g、石菖蒲 25g、砂仁 20g、泽泻 30g、甘草 20g。

【制法】以上 13 味，粉碎，过筛，混匀，即得。

【方解】方中厚朴、砂仁、干姜、肉桂温中散寒，共为君药；青皮、陈皮、石菖蒲行气活血，共为臣药；白术、茯苓补脾燥湿，泽泻助茯苓行水，五味子补虚而止泻，均为佐药；甘草协调诸药，为使药。诸药合用，共奏温中健脾、利水止泻之功。

【功能】温中健脾，利水止泻。

【主治】胃寒草少，冷肠泄泻。

【临床应用】

（1）**胃寒草少**　多因冷伤脾胃，气不升降所致。证见形寒怕冷、耳鼻发凉，食欲减退，口腔湿滑或口流清涎，粪软尿清，口色淡或青白，舌苔薄白而滑，脉沉迟。

（2）**冷肠泄泻**　多因空腹过饮冷水，或过服寒凉药，损伤胃肠，以致清浊不分，而成此病。证见发病较急，饮多食少，精神倦怠，耳耷头低，肠鸣如雷，泻粪如水，或水粪齐下，耳鼻俱凉，口色淡白，脉沉迟。

【不良反应】目前尚未检索到不良反应报道。

【用法与用量】猪、羊 45～60g；马、牛 250～350g。

【生产企业数量】33 家。

益母生化散

【处方】益母草 120g、当归 75g、川芎 30g、桃仁 30g、炮姜 15g、炙甘草 15g。

【制法】以上 6 味，粉碎，过筛，混匀，即得。

【方解】方中益母草辛苦开泄，祛瘀生新，调治胎产诸证，为君药；当归、川芎、桃仁活血化瘀，以增强益母草的功能，为臣药；炮姜温经散寒，为佐药；炙甘草和药补中，为使药。诸药合用，共奏活血祛瘀、温经止痛之功。

【功能】活血祛瘀，温经止痛。

【主治】产后恶露不行，血瘀腹痛。

【临床应用】

（1）**恶露不行**　家畜在分娩过程中，因难产时助产损伤阴道，或胎衣脱离不全，子宫收缩快而造成瘀血内阻。证见不安，弓腰，努责，做排尿姿势，排出腥臭带异色的脓液并夹杂条状或块状腐肉，而后精神不振，食欲减退，毛焦胘吊，体温偏高，口黏膜潮红，眼结膜发绀。畜体很快消瘦，瘀血内阻，恶露聚于子宫内，继而引起自体中毒，导致败血症。

（2）**血瘀腹痛**　多因产后寒凝血瘀所致。证见肚腹疼痛，蹲腰踏地，回头顾腹，不时起卧，食欲减少；有时从阴道流出带紫黑色血块的恶露；口色发青，脉象沉紧或沉涩。

若兼气血虚，又见神疲力乏，舌质淡红，脉虚无力。

【不良反应】目前尚未检索到不良反应报道。

【注意事项】本品为活血破瘀之剂，怀孕母畜慎用。

【用法与用量】猪、羊 30～60g；马、牛 250～350g。

【生产企业数量】422 家。

消疮散

【处方】金银花 60g、皂角刺（炒）30g、白芷 25g、天花粉 30g、当归 30g、甘草 15g、赤芍 25g、乳香 25g、没药 25g、防风 25g、浙贝母 30g、陈皮 60g。

【制法】以上 12 味，粉碎，过筛，混匀，即得。

【方解】方中金银花清热解毒，消散疮结，为君药；当归、赤芍、乳香、没药活血止痛，陈皮理气行滞消肿，防风、白芷疏风散结消肿，为臣药；浙贝母、天花粉清热排脓散结，皂角刺解毒通络、消肿溃坚，为佐药；甘草调和诸药，为使药。诸药合用，共奏清热解毒、消肿排脓、活血止痛之功。

【功能】清热解毒，消肿排脓，活血止痛。

【主治】疮痈肿毒初起，红肿热痛，属于阳证未溃者。

【临床应用】疮黄肿毒　疮是局部化脓性感染的总称；黄是皮肤完整性未被破坏的软组织肿胀；肿毒是脏腑毒气积聚外应于体表的证候。证见红肿热痛，舌红苔黄，脉数有力。脓未成者，本方用之可使消散；脓已成者，本方服之可使外溃。对脓肿、蜂窝织炎、乳腺炎等属阳证疮黄肿毒者，可用本方治疗。

【不良反应】目前尚未检索到不良反应报道。

【注意事项】疮已破溃或阴证不用。

【用法与用量】猪、羊 40～80g；马、牛 250～400g；犬、猫 5～15g。

【生产企业数量】53 家。

消食平胃散

【处方】槟榔 25g、山楂 60g、苍术 30g、陈皮 30g、厚朴 20g、甘草 15g。

【制法】以上 6 味，粉碎，过筛，混匀，即得。

【方解】方中山楂消食开胃，槟榔下气消胀，为君药；苍术苦温性燥，除湿运脾，厚朴行气化湿，消胀除满，为臣药；陈皮理气化滞，为佐药；甘草和中，为使药。诸药合用，共奏消食开胃之功。

【功能】消食开胃。

【主治】寒湿困脾，胃肠积滞。

【临床应用】

（1）**寒湿困脾**　多因久卧寒湿之地，或阴雨苦淋，或过饮冷水，寒湿之邪侵害脾胃，水湿不运，困阻脉道所致。证见食少腹胀、倦怠懒动、不欲饮水、泄泻、排尿不利、舌苔白滑、脉迟缓。

（2）**胃肠积滞**　因饲料质量低劣，过食精料，或寒湿内侵，气机不畅，脾胃功能失调所致。证见消化不良，胃内积食不化，宿食停滞，食欲不振。

【不良反应】目前尚未检索到不良反应报道。

【注意事项】本品用于寒湿困脾，宿食停滞胃肠，属克伐之品，对于脾胃素虚，或积滞日久，耗伤正气者慎用。

【用法与用量】猪、羊 30～60g；马、牛 150～250g。

【生产企业数量】120家。

消积散

【处方】炒山楂15g、麦芽30g、六神曲15g、炒莱菔子15g、大黄10g、玄明粉15g。

【制法】以上6味，粉碎，过筛，混匀，即得。

【方解】方中山楂、麦芽、六神曲消食导滞，为君药；莱菔子下气，为臣药；大黄、玄明粉泻下通肠，为佐药。诸药合用，共奏消积导滞、下气消胀之功。

【功能】消积导滞，下气消胀。

【主治】伤食积滞。

【临床应用】**伤食积滞** 多因饲喂不节，贪食过量食物，或素体脾虚，食过量难以消化的饲料，谷气凝于脾胃，料毒内聚入血所致。证见精神倦怠，厌食，肚腹胀满，粪便粗糙或稀软，有时完谷不化，口气酸臭，料毒损伤肢蹄时可见拘行束步等症状。

【不良反应】目前尚未检索到不良反应报道。

【注意事项】本品乃属克伐之品，对于脾胃素虚，或积滞日久，耗伤正气者慎用。

【用法与用量】猪、羊60～90g；马、牛250～500g。

【生产企业数量】48家。

香薷散

【处方】香薷30g、黄芩45g、黄连30g、甘草15g、柴胡25g、当归30g、连翘30g、栀子30g、天花粉30g。

【制法】以上9味，粉碎，过筛，混匀，即得。

【方解】方中香薷解表祛暑化湿，是夏季伤暑表证的要药，为君药；黄芩、黄连、栀子、连翘、柴胡通泻诸经之火，为臣药；当归、天花粉养血生津，为佐药；甘草和中解毒，为使药。诸药合用，共奏清热解暑之功。

【功能】清热解暑。

【主治】伤热，中暑。

【临床应用】

（1）**伤热** 亦称轻度中暑或慢性中暑。为暑热炎天，劳役、运动过度或长途转运，出汗过多，饮水不足，或圈养于狭小、通风不良、潮湿闷热的饲养环境，暑热之邪由表入里，卫气被郁，内热不得外泄，热毒积于心经不得充分散发所致。证见身热汗出，呼吸气促，精神倦怠，耳聋头低，四肢无力，呆立如痴，食少纳呆，口干喜饮，口色鲜红，脉象洪大。

（2）**中暑** 伤热继续发展，出现神经症状，即为中暑。伤热和中暑只是病情轻重的不同。证见突然发病，身热喘促，全身肉颤，汗出如浆，烦躁不安，行走如醉，甚至神昏倒地，痉挛抽搐，口色赤紫，脉象洪数或细数无力。若不及时抢救，则很快出现呼吸浅表，四肢不温，脉微欲绝的气阴两脱之危象。

【不良反应】目前尚未检索到不良反应报道。

【用法与用量】猪、羊30～60g；马、牛250～300g；兔、禽1～3g。

【生产企业数量】13家。

定喘散

【处方】桑白皮25g、炒苦杏仁20g、莱菔子30g、葶苈子30g、紫苏子20g、党参30g、白术（炒）20g、关木通20g、大黄30g、郁金25g、黄芩25g、栀子25g。

【制法】 以上 12 味，粉碎，过筛，混匀，即得。

【方解】 方中桑白皮、葶苈子、苦杏仁泻肺平喘，为君药；莱菔子、紫苏子降气止咳，黄芩、栀子清泻肺热，共为臣药；党参、白术、关木通健脾祛湿以培土生金，保护肺气，大黄、郁金清泻大肠以泻肺热，共为佐药。诸药合用，共奏清肺、止咳、平喘之功。

【功能】 清肺，止咳，平喘。

【主治】 肺热咳嗽，气喘。

【临床应用】

（1）**肺热咳嗽** 因外感风热或外感风寒化热，壅滞于肺，肺失宣降。证见耳鼻体表温热，鼻涕黏稠，呼出气热，咳声洪大，口色红，舌苔黄，脉数。

（2）**气喘** 邪热犯肺，肺气壅遏，而致肺失清肃。证见咳嗽喘急，发热有汗或无汗，口干渴，舌红，苔黄，脉数。

【不良反应】 目前尚未检索到不良反应报道。

【用法与用量】 猪、羊 30～50g；马、牛 200～350g；兔、禽 1～3g。

【贮藏】 密闭，防潮。

【生产企业数量】 104 家。

参苓白术散

【处方】 党参 60g、茯苓 30g、白术（炒）60g、山药 60g、甘草 30g、炒白扁豆 60g、莲子 30g、薏苡仁（炒）30g、砂仁 15g、桔梗 30g、陈皮 30g。

【制法】 以上 11 味，粉碎，过筛，混匀，即得。

【方解】 方中党参、白术、茯苓、甘草补气健脾，为君药；山药、莲子助党参补气健脾，白扁豆、薏苡仁助茯苓、白术健脾止泻，共为臣药；砂仁芳香醒脾、理气宽胸，桔梗宣利肺气，共为佐使药。诸药合用，共奏补气健脾、渗湿止泻之功。

【功能】 补脾胃，益肺气。

【主治】 脾胃虚弱，肺气不足。

【临床应用】

（1）**脾胃虚弱** 多因长期饮喂失节，饥饱不均；或草质粗劣，营养不足；或劳役过重，伤及脾气所致。证见精神短少，完谷不化，久泻不止，体形羸瘦，四肢浮肿，肠鸣如雷，小便短少，口色淡白，脉沉细。

（2）**肺气不足** 多因久病咳喘伤及肺气，或其他脏器病变影响及肺，使肺气虚弱而成。表现久咳气喘，且咳喘无力，动则喘甚，鼻流清涕，畏寒喜暖，易于感冒，容易出汗，日渐消瘦，皮燥毛焦，倦怠肯卧，口色淡白，脉象细弱。

【不良反应】 目前尚未检索到不良反应报道。

【用法与用量】 猪、羊 45～60g；马、牛 250～350g。

【贮藏】 密闭，防潮。

【生产企业数量】 46 家。

荆防败毒散

【处方】 荆芥 45g、防风 30g、羌活 25g、独活 25g、柴胡 30g、前胡 25g、枳壳 30g、茯苓 45g、桔梗 30g、川芎 25g、甘草 15g、薄荷 15g。

【制法】 以上 12 味，粉碎，过筛，混匀，即得。

【方解】 方中荆芥、防风发散肌表风寒，羌活、独活祛除全身风湿，四药共用以解表祛邪，为君药；川芎散风止痛，柴胡助荆芥、防风疏散表邪，茯苓渗湿健脾以助正气，共为臣药；枳壳理气宽胸，前胡、桔梗宣肺止咳，为佐药；甘草益气和中、调和诸药，为使药。诸药合用，共奏辛温解表、疏风祛湿之功。

【功能】辛温解表，疏风祛湿。

【主治】风寒感冒，流感。

【临床应用】

（1）风寒感冒　多因气候骤变，风寒侵犯肺卫。证见恶寒颤抖明显，发热较轻，耳耷头低，腰弓毛乍，鼻流清涕，咳嗽，口津润滑，舌苔薄白，脉象浮紧。

（2）流感　常称时疫感冒，由外感疫毒而引起。证见高热寒颤，精神沉郁，食欲减退或废绝，咳嗽流涕，结膜红肿，流泪，呼吸粗促，口色红，舌苔薄黄，脉浮数。

【不良反应】目前尚未检索到不良反应报道。

【用法与用量】猪、羊 40～80g；马、牛 250～400g；兔、鸡 1～3g。

【贮藏】密闭，防潮。

【生产企业数量】697 家。

荆防解毒散

【处方】金银花 30g、连翘 30g、生地黄 15g、牡丹皮 15g、赤芍 15g、荆芥 15g、薄荷 15g、防风 15g、苦参 30g、蝉蜕 30g、甘草 15g。

【制法】以上 11 味，粉碎，过筛，混匀，即得。

【方解】方中苦参、蝉蜕散风止痒，为君药；金银花、连翘清热解毒、疏散风热，为臣药；荆芥、薄荷、防风疏散风热以止痒，生地黄、牡丹皮、赤芍清热凉血以治血热，共为佐药；甘草调和诸药，为使药。诸药合用，共奏疏风清热、凉血解毒之功。

【功能】疏风清热，凉血解毒。

【主治】血热风疹，遍身黄。

【临床应用】

（1）血热风疹　多因心肺积热，复加毛窍闭塞，内热不能外泄，荣卫不和，皮毛失去荣养所致。证见全身瘙痒，擦柱揩桩，鬃毛或被毛焦枯散乱或脱落，或皮破生疮，患部皮肤变色，被覆痂皮，不时啃咬或舐吮患部，口色鲜红，脉象洪大。

（2）遍身黄　多因皮肤不洁，腠理不固，贼风侵袭，正邪相搏，卫气受遏，营卫不和所致。证见遍体瘙痒，皮肤出现大小不等的疙瘩。

【不良反应】目前尚未检索到不良反应报道。

【用法与用量】猪、羊 30～60g；马、牛 200～300g。

【贮藏】密闭，防潮。

【生产企业数量】105 家。

茵陈木通散

【处方】茵陈 15g、连翘 15g、桔梗 12g、川木通 12g、苍术 18g、柴胡 12g、升麻 9g、青皮 15g、陈皮 15g、泽兰 12g、荆芥 9g、防风 9g、槟榔 15g、当归 18g、牵牛子 18g。

【制法】以上 15 味，粉碎，过筛，混匀，即得。

【方解】方中茵陈清利湿热、利胆退黄，苍术燥湿健脾、祛风，共为君药；连翘、柴胡、升麻、防风、荆芥疏风解表，共为臣药；陈皮、桔梗、青皮行气以疏肝，槟榔、牵牛子、川木通利水祛湿，当归、泽兰活血以助利水，共为佐使药。诸药合用，共奏解表疏肝、清热利湿之功。

【功能】解表疏肝，清热利湿。

【主治】温热病初起。常用作春季调理剂。

【临床应用】温热病初起　外感温热病邪早期，证见发热，咽喉肿痛，口干喜饮，舌苔薄白，脉浮数。

【不良反应】目前尚未检索到不良反应报道。

【用法与用量】猪、羊 30～60g；马、骡 150～250g。

【贮藏】密闭，防潮。

【生产企业数量】32 家。

茵陈蒿散

【处方】茵陈 120g、栀子 60g、大黄 45g。

【制法】以上 3 味，粉碎，过筛，混匀，即得。

【方解】方中茵陈利胆清热，祛湿除黄，为君药；栀子清利三焦湿热，使湿热由小便而出，为臣药；大黄通泄郁热，使湿热由粪便而下，为佐药。诸药合用，共奏清热、利湿、退黄之功。

【功能】清热，利湿，退黄。

【主治】湿热黄疸。

【临床应用】湿热黄疸　多由脾胃积热、积湿，蕴伏中焦，或脾胃运化功能减退或肝气郁滞，疏泄、条达的功能失常，以及湿热之邪外侵，或疫毒感染等，导致胆液失其常道而成。证见结膜和口色黄色鲜明，发热烦渴，尿短少黄赤，粪便燥结，舌苔黄腻，脉弦数。

【不良反应】目前尚未检索到不良反应报道。

【用法与用量】猪、羊 30～45g；马、牛 200～300g。

【贮藏】密闭，防潮。

【生产企业数量】189 家。

胃肠活

【处方】黄芩 20g、陈皮 20g、青皮 15g、大黄 25g、白术 15g、木通 15g、槟榔 10g、知母 20g、玄明粉 30g、六神曲 20g、石菖蒲 15g、乌药 15g、牵牛子 20g。

【制法】以上 13 味，粉碎，过筛，混匀，即得。

【方解】方中大黄、玄明粉通便清热，攻积化滞，为君药；黄芩、知母清肺胃热邪，青皮、陈皮、乌药理气宽肠，白术、神曲、石菖蒲健脾化食消积，共为臣药；槟榔、木通、牵牛子下气利水、祛积除满，共为佐药。诸药合用，共奏理气、消食、清热、通便之功。

【功能】理气，消食，清热，通便。

【主治】消化不良，食欲减退，便秘。

【临床应用】

（1）猪消化不良　多由饲养管理不当，饲料质劣，难以消化，脾胃受损，或感受外邪，损伤脾胃所致。证见食欲减退或废绝，被毛粗乱无光，四肢无力，怠行好卧，粪便粗糙或完谷不化，口色淡白，脉虚无力。

（2）猪食欲减退　多由饲养不当，饥饱不均，饲料质劣致使脾胃受损，运化失常所致。证见精神不振，食欲减退，吷吊毛焦，四肢无力，日见羸瘦，粪便粗糙带水，完谷不化，舌质如绵，脉虚无力。

【不良反应】目前尚未检索到不良反应报道。

【用法与用量】猪 20～50g。

【生产企业数量】85 家。

钩吻末

【处方】本品为钩吻经加工制成的散剂。

【制法】取钩吻，粉碎，过筛，即得。

【方解】钩吻性温，味辛、苦，生长地民间称之为猪人参。《本草纲目》记载：羊食之能大肥，猪食之能治热性病。本方单独使用，对猪有健胃、杀虫、促生长的功效。

【功能】健胃，杀虫。

【主治】消化不良，虫积。

【临床应用】

（1）猪消化不良　由于食积、暑热、劳伤等多种因素所致，证见精神倦怠，食少、纳呆。

（2）猪虫积　因饮水不洁，或食入带有寄生虫卵的饲料水草等原因而致寄生虫寄生于动物胃肠道，常见线虫病、蛔虫病、绦虫病、吸虫病等。证见消瘦，被毛粗乱，食欲减退，大便干燥或泄泻，精神不安，有时磨牙，时有腹痛。

【不良反应】目前尚未检索到不良反应报道。

【注意事项】有大毒（对牛、猪、羊毒性较小）。孕畜慎用。

【用法与用量】猪 10～30g。

【生产企业数量】31 家。

保胎无忧散

【处方】当归 50g、川芎 20g、熟地黄 50g、白芍 30g、黄芪 30g、党参 40g、白术（炒焦）60g、枳壳 30g、陈皮 30g、黄芩 30g、紫苏梗 30g、艾叶 20g、甘草 20g。

【制法】以上 13 味，粉碎，过筛，混匀，即得。

【方解】方中黄芪、党参、白术益气健脾，使气血充足，胎有所养，为君药；熟地黄、当归、白芍、川芎、黄芩、紫苏梗补益肝肾，补血活血，安胎，共为臣药；枳壳、陈皮理气宽中，艾叶温经散寒、暖宫止血，共为佐药；甘草调和诸药，为使药。诸药合用，共奏养血、补气、安胎之功。

【功能】养血，补气，安胎。

【主治】胎动不安。

【临床应用】胎动不安　是母畜妊娠期未满、胎儿欲坠的病证。多因使役过度，营养不良，或旧有痼疾，以致气血虚弱，冲任不固，胎失所养而发病。证见胎动不安，时有努责，微有腹痛，体瘦毛焦，舌质淡白，苔薄白，脉滑无力或沉弱，严重者可见阴道流出血水、浊液。

【不良反应】目前尚未检索到不良反应报道。

【用法与用量】猪、羊 30～60g；马、牛 200～300g。

【生产企业数量】237 家。

健猪散

【处方】大黄 400g、玄明粉 400g、苦参 100g、陈皮 100g。

【制法】以上 4 味，粉碎，过筛，混匀，即得。

【方解】方中大黄通便泻热，玄明粉软坚泻下，共为君药；苦参清热燥湿，为臣药；

陈皮健脾理气，为佐药。诸药合用，共奏消食导滞、通便之功。

【功能】消食导滞，通便。

【主治】消化不良，粪干便秘。

【临床应用】粪干便秘　多因长期饲喂难以消化或加工不善的粗硬饲料，加之失饮，运动不足，致脾胃不能正常运化传递，槽粕滞于大肠而成。证见精神不振，粪涩难下，粪干小呈球状，食欲大减或废绝，肚腹膨大，触摸可感知结粪，腹痛不安，呻吟，常有体热，口色干红，舌苔黄，口臭，脉象洪大或沉涩。

【不良反应】目前尚未检索到不良反应报道。

【用法与用量】猪 15～30g。

【生产企业数量】47 家。

通乳散

【处方】当归 30g、王不留行 30g、黄芪 60g、路路通 30g、红花 25g、通草 20g、漏芦 20g、瓜蒌 25g、泽兰 20g、丹参 20g。

【制法】以上 10 味，粉碎，过筛，混匀，即得。

【方解】方中黄芪健脾益气，以资气血生化之源，为君药；当归滋补阴血，为臣药；红花、泽兰、丹参活血祛瘀，王不留行、路路通、通草、瓜蒌、漏芦通经下乳，为佐药。诸药合用，共奏通经活血、行气下乳之功。

【功能】通经下乳。

【主治】产后乳少，乳汁不下。

【临床应用】产后乳少，乳汁不下　多因饲养管理不当导致母畜产后气血虚弱，乳汁化生不足，或肝郁气滞，乳络不通所致。证见乳房、乳头缩小，乳汁减少、清稀，或挤不出奶。

【不良反应】目前尚未检索到不良反应报道。

【用法与用量】猪、羊 60～90g；马、牛 250～350g。

【贮藏】密闭，防潮。

【生产企业数量】79 家。

桑菊散

【处方】桑叶 45g、菊花 45g、连翘 45g、薄荷 30g、苦杏仁 20g、桔梗 30g、甘草 15g、芦根 30g。

【制法】以上 8 味，粉碎，过筛，混匀，即得。

【方解】方中桑叶疏散上焦风热，宣肺止咳，菊花甘凉轻清，清利头目，共为君药；薄荷协助君药以疏散上焦风热，苦杏仁肃降肺气，桔梗宣肺止咳，二药一宣一降，增强肺的宣降功能而止咳，共为臣药；连翘苦辛性寒，清热透表解毒，芦根甘寒，清热生津而止渴，共为佐使药；芦根与桔梗配伍，又可清利咽喉。诸药合用，共奏疏风清热、宣肺止咳之功。

【功能】疏风清热，宣肺止咳。

【主治】外感风热。

【临床应用】外感风热　多因风热犯表、肺气失宣所致。证见精神不振，食欲减退，咳嗽，身热不甚，口渴喜饮，舌边尖红，脉浮数。凡感冒、流行性感冒、急性支气管炎、急性扁桃体炎等见上述诸证者均可用之。

【不良反应】目前尚未检索到不良反应报道。

【用法与用量】猪、羊 30～60g；马、牛 200～300g；犬、猫 5～15g。

【贮藏】密闭，防潮。

【生产企业数量】62 家。

理中散

【处方】党参 60g、干姜 30g、甘草 30g、白术 60g。

【制法】以上 4 味，粉碎，过筛，混匀，即得。

【方解】方中干姜辛热，温中焦脾胃而祛里寒，为君药；党参甘温，益气健脾，助干姜振脾胃之升降，为臣药；脾虚则生湿，以白术燥湿健脾，为佐药；甘草益气和中而调诸药，为使药。诸药合用，温中焦之阳，补脾胃之虚，复升降之常，升清降浊，共奏温中散寒、补气健脾之功。

【功能】温中散寒，补气健脾。

【主治】脾胃虚寒，食少，泄泻，腹痛。

【临床应用】**脾胃虚寒** 即脾胃阳虚，食少、泄泻、腹痛是脾胃虚寒的主要证候。多因过饮冷水，过食冰冻饲料，或脾气虚，日久不愈，或素体阳虚，复感寒邪等伤及脾阳，阳虚生寒，寒凝气滞，气血不畅所致。证见慢草不食，畏寒肢冷，肠鸣腹泻，完谷不化，时有腹痛，舌苔淡白，脉沉迟。慢性胃肠炎、胃及十二指肠溃疡等见有上述证候者均可用之。

【不良反应】目前尚未检索到不良反应报道。

【用法与用量】猪、羊 30～60g；马、牛 200～300g。

【贮藏】密闭，防潮。

【生产企业数量】47 家。

理肺止咳散

【处方】百合 45g、麦冬 30g、清半夏 25g、紫菀 30g、甘草 15g、远志 25g、知母 25g、北沙参 30g、陈皮 25g、茯苓 25g、浮石 20g。

【制法】以上 11 味，粉碎，过筛，混匀，即得。

【方解】方中百合、麦冬、北沙参、知母润肺养阴，为君药；紫菀、远志化痰止咳，陈皮、清半夏、浮石燥湿化痰、止咳，共为臣药；茯苓健脾利水，为佐药；甘草化痰止咳，调和诸药，为使药。诸药合用，共奏润肺化痰、止咳之功。

【功能】润肺化痰，止咳。

【主治】劳伤久咳，阴虚咳嗽。

【临床应用】

（1）**劳伤久咳** 多因劳役过重，耗伤肺气，致使肺宣肃无力而发咳嗽。证见食欲减退，精神倦怠，毛焦肷吊，日渐消瘦，久咳不已，咳声低微，动则咳甚并有汗出，鼻流黏涕，口色淡白，舌质绵软，脉象迟细。

（2）**阴虚咳嗽** 多因久病体弱，损伤肺阴所致。证见频频干咳，久咳不止，昼轻夜重，痰少津干，干咳无痰或鼻有少量黏稠鼻涕，低烧不退，或午后发热，盗汗，舌红少苔，脉细数。

【不良反应】目前尚未检索到不良反应报道。

【用法与用量】猪、羊 40～60g；马、牛 250～300g。

【贮藏】密闭，防潮。

【生产企业数量】33 家。

黄连解毒散

【处方】黄连 30g、黄芩 60g、黄柏 60g、栀子 45g。

【制法】以上 4 味，粉碎，过筛，混匀，即得。

【方解】方中黄连泻上焦心火兼泻中焦火，为君药；黄芩泻上焦肺火，为臣药；黄柏泻下焦肾火，为佐药；栀子通泻三焦之火，导热下行从膀胱而出，为使药。诸药合用，共奏泻火解毒之功。

【功能】泻火解毒。

【主治】三焦实热，疮黄肿毒。

【临床应用】三焦实热　指实热火毒充斥上、中、下三焦，即上焦心肺实热，中焦脾胃实热，下焦肝肾实热同时出现。证见体温升高，血热发斑，或疮黄疔毒，舌红口干，苔黄，脉数有力，狂躁不安等。猪丹毒及各种家畜的败血症、急性肠炎、菌痢、肺炎、烧伤及其他急性炎症等属火毒炽盛者均可用之。

【不良反应】目前尚未检索到不良反应报道。

【用法与用量】猪、羊 30～50g；马、牛 150～250g；兔、禽 1～2g。

【贮藏】密闭，防潮。

【生产企业数量】751 家。

银翘散

【处方】金银花 60g、连翘 45g、薄荷 30g、荆芥穗 30g、淡豆豉 30g、牛蒡子 45g、桔梗 25g、淡竹叶 20g、甘草 20g、芦根 30g。

【制法】以上 10 味，粉碎，过筛，混匀，即得。

【方解】方中金银花、连翘清热解毒，辛凉透表，为君药；薄荷、荆芥穗、淡豆豉发散表邪，助君药透热外出，为臣药；牛蒡子、桔梗、甘草合用能宣肺祛痰、利咽止咳，芦根、淡竹叶清热生津止渴，治疗兼证，为佐使药。诸药合用，共奏辛凉透表、清热解毒之功。

【功能】辛凉透表，清热解毒。

【主治】风热感冒，咽喉肿痛，疮痈初起。

【临床应用】

（1）风热感冒　由温热之邪侵犯肌表，卫阳被郁所致。证见发热重，恶寒轻，咳嗽，咽喉肿痛，口干微红，舌苔薄黄，脉浮数。

（2）咽喉肿痛　多因温热之邪侵袭肺经，肺经积热，热毒上攻，伤及咽喉所致。证见咽喉部位黏膜肿胀，吞咽困难、流涎，可伴有发热、咳嗽等。急性和慢性咽炎见上述诸证者均可用之。

（3）疮痈初起　证见红肿热痛明显，兼见发热重，恶寒轻，口干微红，舌苔薄黄，脉浮数等风热表证者。

【不良反应】目前尚未检索到不良反应报道。

【用法与用量】猪、羊 50～80g；兔、禽 1～3g；马、牛 250～400g。

【贮藏】密闭，防潮。

【生产企业数量】428 家。

猪健散

【处方】龙胆草 30g、苍术 30g、柴胡 10g、干姜 10g、碳酸氢钠 20g。

【制法】以上 5 味，粉碎，过筛，混匀，即得。

【方解】方中龙胆草健胃除湿，苍术燥湿健脾，为君药；柴胡疏肝理气，助脾胃消化，干姜祛中焦痰湿，助君药健脾除湿，为臣药；碳酸氢钠调节胃肠环境，为佐药。诸药合用，共奏消食健胃之功。

【功能】消食健胃。

【主治】消化不良。

【临床应用】消化不良　由于痰湿内盛，脾失健运所致。证见胃脘痞满，食后腹胀，嗳气呃逆，疲乏无力，喜温喜按，甚则大便溏薄，痰涎量多，舌质白腻，脉细滑。

【不良反应】目前尚未检索到不良反应报道。

【用法与用量】猪 10～20g。

【贮藏】密闭，防潮。

【生产企业数量】22 家。

麻杏石甘散

【处方】麻黄 30g、苦杏仁 30g、石膏 150g、甘草 30g。

【制法】以上 4 味，粉碎，过筛，混匀，即得。

【方解】方中麻黄辛温，宣肺解表平喘，为君药；石膏辛凉宣泄，与麻黄配合，发散肺经郁热而平喘；苦杏仁宣降肺气，助麻黄止咳平喘，为佐药；甘草协调诸药，为使药。诸药合用，共奏宣肺、清热、平喘之功。

【功能】宣肺，清热，平喘。

【主治】肺热咳喘。

【临床应用】肺热咳喘　由于热邪困肺，肺气不宣，烁灼肺津成痰，痰热壅肺所致。证见发热，有汗或无汗，烦躁不安，咳嗽气粗，口渴尿少，舌红，苔薄白或黄，脉浮滑而数。

【不良反应】目前尚未检索到不良反应报道。

【用法与用量】猪、羊 30～60g；兔、禽 1～3g；马、牛 200～300g。

【贮藏】密闭，防潮。

【生产企业数量】696 家。

清肺止咳散

【处方】桑白皮 30g、知母 25g、苦杏仁 25g、前胡 30g、金银花 60g、连翘 30g、桔梗 25g、甘草 20g、橘红 30g、黄芩 45g。

【制法】以上 10 味，粉碎，过筛，混匀，即得。

【方解】方中黄芩、知母、桑白皮清泻肺热，止咳嗽，为君药；金银花、连翘清热解毒以助君药清热之功，为臣药；苦杏仁、橘红、前胡、桔梗化痰止咳，为佐药；甘草调和药性，为使药。诸药合用，共奏清泻肺热、化痰止咳之功。

【功能】清泻肺热，化痰止咳。

【主治】肺热咳喘，咽喉肿痛。

【临床应用】

（1）肺热咳喘　多因热邪侵袭，或外感风寒，入里化热，肺内积热，灼液成痰，肺失清肃所致。证见咳声洪亮，气促喘粗，鼻翼扇动，鼻涕黄而黏稠，咽喉肿痛，粪便干燥，尿液短赤，口渴贪饮，口色赤红，舌苔黄燥，脉洪数。咽喉炎、急性支气管炎、肺炎、肺脓疡等见上述诸证者皆可用之。

（2）**咽喉肿痛**　多因温热之邪侵袭肺经，肺经积热，热毒上攻，伤及咽喉所致。证见咽喉部位黏膜肿胀，吞咽困难、流涎，可伴有发热、咳嗽等症状。急性和慢性咽炎见上述诸证者可用之。

【不良反应】目前尚未检索到不良反应报道。

【用法与用量】猪、羊 30～50g；马、牛 200～300g；兔、禽 1～3g。

【贮藏】密闭，防潮。

【生产企业数量】320 家。

清肺散

【处方】板蓝根 90g、葶苈子 50g、浙贝母 50g、桔梗 30g、甘草 25g。

【制法】以上 5 味，粉碎，过筛，混匀，即得。

【方解】方中重用板蓝根清肺热，平咳喘，治咽喉肿痛，为君药；浙贝母清肺止咳，葶苈子泻肺平喘，共助君药发挥清肺平喘功能，为臣药；桔梗开宣肺气而祛痰，为佐药；甘草调和诸药，且能润肺止咳，为使药。诸药合用，共奏清肺平喘、化痰止咳之效。

【功能】清肺平喘，化痰止咳。

【主治】肺热咳喘，咽喉肿痛。

【临床应用】

（1）**肺热咳喘**　多因热邪侵袭，或外感风寒，入里化热，肺内积热，灼液成痰，肺失清肃所致。证见咳声洪亮，气促喘粗，鼻翼扇动，鼻涕黄而黏稠，咽喉肿痛，粪便干燥，尿液短赤，口渴贪饮，口色赤红，舌苔黄燥，脉洪数。咽喉炎、急性支气管炎、肺炎、肺脓疡等见上述诸证者可用之。

（2）**咽喉肿痛**　多因温热之邪侵袭肺经，肺经积热，热毒上攻，伤及咽喉所致。证见咽喉部位黏膜肿胀，吞咽困难、流涎，可伴有发热、咳嗽等症状。急性和慢性咽炎见上述诸证者可用之。

【不良反应】目前尚未检索到不良反应报道。

【用法与用量】猪、羊 30～50g；马、牛 200～300g。

【贮藏】密闭，防潮。

【生产企业数量】111 家。

清胃散

【处方】石膏 60g、大黄 45g、知母 30g、黄芩 30g、陈皮 25g、枳壳 25g、天花粉 30g、甘草 30g、玄明粉 45g、麦冬 30g。

【制法】以上 10 味，粉碎，过筛，混匀，即得。

【方解】方中石膏清热泻火，大黄泻热通肠，共为君药；知母清热泻火、滋阴润燥，黄芩泻火解毒，玄明粉泻热通便，为臣药；天花粉、麦冬清热生津，枳壳行气宽中，陈皮理气，为佐药；甘草调和诸药，为使药。诸药合用，共奏清热泻火、理气开胃之功。

【功能】清热泻火，理气开胃。

【主治】胃热食少，粪干。

【临床应用】**胃热**　又称胃火。多因外感或内伤之热客于胃中，内热亢盛，耗伤胃津，胃失濡养，受纳腐熟无力所致。证见耳鼻温热，精神不振，草料迟细，口干舌燥，口渴贪饮，粪球干小，色黑发硬，小便短赤；或口腔腐臭，齿龈肿痛。口色鲜红，舌有黄苔，脉象洪数。牛反刍减少，或仅食草而拒食料，甚至食欲废绝。

【不良反应】目前尚未检索到不良反应报道。

【用法与用量】猪、羊 50～80g；马、牛 250～350g。

【贮藏】密闭，防潮。

【生产企业数量】14 家。

清热散

【处方】大青叶 60g、板蓝根 60g、石膏 60g、大黄 30g、玄明粉 60g。

【制法】以上 5 味，粉碎，过筛，混匀，即得。

【方解】方中石膏、板蓝根、大青叶清热泻火解毒，为君药；大黄、玄明粉通便泻热，为臣药。诸药合用，共奏清热解毒、泻火通便之功。

【功能】清热解毒，泻火通便。

【主治】发热，粪干。

【临床应用】

（1）发热　多因外感火热之邪入里，或其他邪气入里化热所致。证见高热不退，出汗，口渴喜饮，头低耳聋，食欲废绝，呼吸喘促，粪便干燥，尿短赤，口色赤红，舌苔黄燥，脉洪数。

（2）便秘　多因里热炽盛，热与肠中糟粕相结，粪便干燥难下所致。证见高热，粪球干小难下甚至粪结不通，尿短赤，口津干燥，口色深红，舌苔黄厚而燥，脉沉实有力。

【不良反应】目前尚未检索到不良反应报道。

【用法与用量】猪 30～60g。

【贮藏】密闭，防潮。

【生产企业数量】269 家。

清暑散

【处方】香薷 30g、白扁豆 30g、麦冬 25g、薄荷 30g、木通 25g、猪牙皂 20g、藿香 30g、茵陈 25g、菊花 30g、石菖蒲 25g、金银花 60g、茯苓 25g、甘草 15g。

【制法】以上 13 味，粉碎，过筛，混匀，即得。

【方解】方中重用金银花清热透邪，祛除心经积热，为君药；香薷、藿香祛暑化湿，菊花、薄荷辛散表热，共为臣药；猪牙皂、石菖蒲开窍祛痰，茵陈清热利湿，白扁豆健脾渗湿，茯苓、木通利湿除热，麦冬养胃生津，为佐药；甘草调和诸药，为使药。诸药合用，共奏清热祛暑之功。

【功能】清热祛暑。

【主治】伤热，中暑。

【临床应用】

（1）伤热　指暑证之轻者。多因天气炎热，家畜烈日下暴晒或劳役，或畜舍闷热，暑邪侵袭畜体所致。证见身热出汗，精神沉郁，耳聋头低，四肢无力，粪便干燥，尿短赤，步态不稳，呼吸气粗，口色发红，口干喜饮，脉象洪大。

（2）中暑　指暑证之重者，多因天气炎热，家畜烈日下暴晒或劳役，或畜舍闷热，暑邪侵袭畜体而猝然发病。证见高热多汗，气促喘粗，口干舌燥，神昏似醉，或突然倒地，四肢抽搐，汗出如油，脉象洪数。

【不良反应】目前尚未检索到不良反应报道。

【用法与用量】猪、羊 50～80g；马、牛 250～350g；兔、禽 1～3g。

【贮藏】密闭，防潮。

【生产企业数量】26 家。

清瘟败毒散

【处方】石膏 120g、地黄 30g、水牛角 60g、黄连 20g、栀子 30g、牡丹皮 20g、黄芩 25g、赤芍 25g、玄参 25g、知母 30g、连翘 30g、桔梗 25g、甘草 15g、淡竹叶 25g。

【制法】以上 14 味，粉碎，过筛，混匀，即得。

【方解】方中重用石膏清热泻火，为君药；知母配合石膏清气分实热，水牛角、地黄、牡丹皮、玄参、赤芍凉血解毒清血分热，为臣药；黄连、栀子、黄芩、连翘通泻三焦火热，为佐药；桔梗宣肺、载药上行，淡竹叶清心利尿、导热下行，甘草调和诸药，为使药。诸药合用，共奏泻火解毒、凉血之功。

【功能】泻火解毒，凉血。

【主治】热毒发斑，高热神昏。

【临床应用】热毒发斑，高热神昏 为温热毒邪侵扰气分和血分引起的气血两燔之证。证见大热躁动，口渴，昏狂，发斑，舌绛，脉数。凡温毒所致的急性热性病、时疫等见上述证候者均可应用。

【不良反应】目前尚未检索到不良反应报道。

【用法与用量】猪、羊 50～100g；兔、禽 1～3g；马、牛 300～450g。

【贮藏】密闭，防潮。

【生产企业数量】791 家。

普济消毒散

【处方】大黄 30g、黄芩 25g、黄连 20g、甘草 15g、马勃 20g、薄荷 25g、玄参 25g、牛蒡子 45g、升麻 25g、柴胡 25g、桔梗 25g、陈皮 20g、连翘 30g、荆芥 25g、板蓝根 30g、青黛 25g、滑石 80g。

【制法】以上 17 味，粉碎，过筛，混匀，即得。

【方解】方中黄芩、黄连清泄上焦热毒，为君药；牛蒡子、连翘、薄荷、荆芥、柴胡、升麻疏风透邪，为臣药；马勃、板蓝根、青黛解毒消肿、清利咽喉，玄参滋阴降火，陈皮理气散结，滑石、大黄导热下行，为佐药；桔梗开肺透邪、引药上行，甘草调和诸药，为使药。诸药合用，共奏清热解毒、疏风消肿之功。

【功能】清热解毒，疏风消肿。

【主治】热毒上冲，头面、腮颊肿痛，疮黄疔毒。

【临床应用】

（1）热毒上冲致腮颊肿痛 热毒上冲常引起的腮颊黄肿。黄：是皮肤完整性未被破坏的软组织肿胀。多因饲养失调，劳役过度，外感病邪，正邪相搏于肌肤，卫气受阻，经络郁塞，气血凝滞而成。共同证候是初起患部肿硬，间有疼痛或局部发热，继则面积扩大而变软，有的出现波动，刺之流出黄水。黄发于不同的部位，有不同的名称和主证。腮黄，证见一侧或双侧腮部发生肿胀，初期肿胀较小且硬，随后逐渐扩大，可向前肿至食槽，引起口内流涎，水草难进，咀嚼困难；或向颈部蔓延，导致颈部肿胀，影响颈部活动；若波及咽喉，则出现呼吸困难，严重时可引起窒息；颊黄，证见颊部一侧或双侧发生软肿，压之不痛，初期肿胀较小，后逐渐扩大，甚至到食槽，口流涎水，咀嚼困难，口色赤红，脉洪数。凡头颈部位漫肿无头疼痛而见上述证候者均可应用。

（2）疮黄疔毒 是皮肤与肌肉组织发生肿胀和化脓性感染的一类病证，简称疮黄。疮，是局部化脓性感染的总称，多由六淫之气侵入经络，气血运行受阻，致使气血凝滞而成；或因劳役过度，饮喂失调，久之畜体衰弱，营卫不和，气血凝滞而成。证见初期患部肿胀，灼热疼痛。严重的可出现发热、精神不振、食欲减退、脉象洪数等全身表现。若局部按之柔软，为脓已成。后期，皮肤逐渐变薄，破溃后流出黄色或绿色稠脓，带恶臭味，或夹杂有血丝或血块，疮面呈赤红色，有时疮面被痂皮覆盖。

疔：因其坚硬、根深、形状如钉而得名，多为鞍伤感染所致。根据感染的发展阶段和损害程度，可分为黑疔、筋疔、气疔、水疔、血疔等五种。黑疔，证见皮肤浅层组织受伤，疮面覆盖有血样分泌物，后则变干，形成黑色痂皮，形似钉盖，坚硬色黑，不红不肿，无血无脓；筋疔，证见脊间皮肤组织破溃，疮面溃烂无痂，显露出灰白色而略带黄色的肌膜，流出淡黄色水；气疔，证见疮面溃烂，局部色白，或因坏死组织分解，产生带有泡沫状的脓汁，或流出黄白色的渗出物；水疔，证见患部红肿疼痛，光亮多水，严重者伴有全身症状；血疔，证见皮肤组织破溃，久不结痂，色赤，常流脓血。

毒：是脏腑毒气积聚，反映于体表的病证，有阴毒、阳毒之分。阴毒，因阴邪结聚、挟痰而成，多在前胸、腹底或四肢内侧发生瘰疬结核，累累相连，肿硬如石，不发热，不易化脓，难溃，难敛，或敛后复溃。阳毒，多由于膘肥体壮，热毒内盛，加之鞍具不适，或气候骤变，劳役中汗出雨淋，湿热交结，郁伏于肤腠而成，多在肩膊、脊背及四肢外侧发生肿块，大小不等，发热疼痛，脓成易溃，溃后易敛。

凡体表各部位损伤而见上述证候者均可应用。

【不良反应】目前尚未检索到不良反应报道。

【用法与用量】猪、羊 40～80g；兔、禽 1～3g；马、牛 250～400g；犬、猫 5～15g。

【贮藏】密闭，防潮。

【生产企业数量】103 家。

滑石散

【处方】滑石 60g、泽泻 45g、灯芯草 15g、茵陈 30g、知母（酒制）25g、黄柏（酒制）30g、猪苓 25g、瞿麦 25g。

【制法】以上 8 味，粉碎，过筛，混匀，即得。

【方解】方中滑石性寒而滑，寒能泻热，滑能利窍，渗湿利水，兼清热利尿，为君药；泽泻、茵陈、猪苓、瞿麦清利湿热，为臣药；知母、黄柏泻肾火、保真阴，为佐药；灯心草清热利湿，引湿热从小便而出，为使药。诸药合用，共奏清热利湿、通淋之功。

【功能】清热利湿，通淋。

【主治】膀胱热结，排尿不利。

【临床应用】

（1）**膀胱热结、排尿不利**　多由湿热下注膀胱、气化功能受阻所致。证见尿频而急，尿液排出困难，常做排尿姿势，痛苦不安，或尿淋漓，尿色浑浊，或有脓血，口色红，舌苔黄腻，脉濡数。凡家畜膀胱炎、尿道炎而见上述证候者均可应用。

（2）**砂石淋**　多由湿热蕴结膀胱、煎熬尿液成石所致。尿道不完全堵塞时，证见尿频，排尿困难，疼痛不安，尿淋漓不尽，有时排尿中断，尿液混浊，常见有大小不等的砂石，或尿中带有血丝。尿道完全堵塞时，证见痛苦不安，常作排尿姿势，但无尿排出，口色微红而干，脉滑数。严重者，因久不排尿，包皮、会阴发生水肿，同时伴有全身症状。凡尿结石未完全堵塞而见上述证候者均可应用。

【不良反应】目前尚未检索到不良反应报道。

【用法与用量】猪、羊 40～60g；马、牛 250～300g。

【贮藏】密闭，防潮。

强壮散

【处方】党参 200g、六神曲 70g、麦芽 70g、山楂（炒）70g、黄芪 200g、茯苓 150g、白术 100g、草豆蔻 140g。

【制法】以上 8 味，粉碎，过筛，混匀，即得。

【方解】党参、黄芪、白术、茯苓益气健脾，为君药；六神曲、山楂、麦芽消食化谷，为臣药；草豆蔻燥湿健脾、温中和胃，为佐药。诸药合用，共奏益气健脾、消积化食之功。

【功能】益气健脾，消积化食。

【主治】食欲不振，体瘦毛焦，生长迟缓。

【临床应用】脾虚食滞　多由饮食劳倦所伤、脾失健运所致。证见食欲不振，体瘦毛焦，大便稀溏，完谷不化，舌淡苔白，脉虚弱。凡饲养管理不良、过劳等引起的慢性消化不良、食滞不消而见上述证候者均可应用。

【不良反应】目前尚未检索到不良反应报道。

【用法与用量】猪、羊 30～50g；马、牛 250～400g。

【贮藏】密闭，防潮。

【生产企业数量】171 家。

槐花散

【处方】炒槐花 60g、侧柏叶（炒）60g、荆芥炭 60g、枳壳（炒）60g。

【制法】以上 4 味，粉碎，过筛，混匀，即得。

【方解】方中用炒槐花专清大肠湿热，并能止血，为君药；侧柏叶凉血止血，荆芥炭理气疏风并入血分而止血，为臣药；枳壳理气宽肠，为佐药。诸药合用，共奏清肠止血、疏风行气之功。全方以止血与宽肠结合，既能止便血，又不致湿热滞留。诸药炒制，能增加止血作用。

【功能】清肠止血，疏风行气。

【主治】肠风下血。

【临床应用】肠风下血　多因暑月炎天，使役过重，或久渴失饮，或饮水秽浊不清，或乘热饲喂草料，或草料腐败霉烂，以致湿热蕴结胃肠，灼伤脉络，溢于胃肠而成。证见发病较急，精神沉郁，食欲、反刍减少或停止，耳鼻俱热，口渴喜饮；病初粪便干硬，附有血丝或黏液，继而粪便稀薄带血，血色鲜红，小便短赤；口色鲜红，舌苔黄腻，脉滑数。凡便血见上述诸证者均可应用。

【不良反应】目前尚未检索到不良反应报道。

【用法与用量】猪、羊 30～50g；马、牛 200～250g。

【贮藏】密闭，防潮。

【生产企业数量】8 家。

催奶灵散

【处方】王不留行 20g、黄芪 10g、皂角刺 10g、当归 20g、党参 10g、川芎 20g、漏芦 5g、路路通 5g。

【制法】以上 8 味，粉碎，过筛，混匀，即得。

【方解】方中王不留行活血通经、下乳消肿，为君药；当归、川芎补血活血，黄芪、党参补气健脾，为臣药；皂角刺消肿、托毒、排脓，漏芦解毒消痈、通经下乳，路路通活络通经、利水消肿，为佐药。诸药合用，共奏补气养血、通经下乳之功。

【功能】补气养血，通经下乳。

【主治】产后乳少，乳汁不下。

【临床应用】

（1）产后乳少　多因产前劳役过度，饮喂失调，致使脾胃虚弱，营养不良，或老龄体弱，或分娩失血过多，气随血耗，导致气血两亏，使乳汁化生无源。证见乳少或全无，幼畜吸吮有声，不见下咽，乳房缩小而柔软，外皮皱褶，触之不热不痛，口色淡白，舌绵无苔，脉细弱。

（2）乳汁不下　多因产前喂养过盛，运动和劳役不足，以致气机不畅，乳络运行受阻而致乳汁分泌受阻。证见乳汁不行，乳房肿满，触之胀硬或有肿块，用手挤之有少量乳汁流出，食欲减退，舌苔薄黄，脉弦而数。

【不良反应】目前尚未检索到不良反应报道。

【用法与用量】猪、羊 40～60g；马、牛 300～500g。

【贮藏】密闭，防潮。

【生产企业数量】237 家。

催情散

【处方】淫羊藿 6g、阳起石（酒淬）6g、当归 4g、香附 5g、益母草 6g、菟丝子 5g。

【制法】以上 6 味，粉碎，过筛，混匀，即得。

【方解】方中淫羊藿、阳起石补肾壮阳，为君药；菟丝子滋肝补肾，当归补血活血，为臣药；益母草活血调经，香附行气解郁、调经止痛，为佐药。诸药合用，共奏补肾壮阳、催情促孕之功。

【功能】催情。

【主治】不发情。

【临床应用】母猪不发情　多因饲养管理不当导致气血亏虚，命门火衰，胞脉失养，冲任空虚所致。证见发情不明显或不正常，精神倦怠，形体消瘦，口色淡白，脉沉细无力。

【不良反应】目前尚未检索到不良反应报道。

【用法与用量】猪 30～60g。

【贮藏】密闭，防潮。

【生产企业数量】418 家。

藿香正气散

【处方】广藿香 60g、紫苏叶 45g、茯苓 30g、白芷 15g、大腹皮 30g、陈皮 30g、桔梗 25g、白术（炒）30g、厚朴 30g、法半夏 20g、甘草 15g。

【制法】以上 11 味，粉碎，过筛，混匀，即得。

【方解】方中广藿香味辛性微温，既解表散风寒，又芳香化湿浊，辟秽和中，升清降浊，为君药；紫苏叶、白芷辛温发散，助广藿香外散风寒，芳化湿浊，为臣药；厚朴、大腹皮行气燥湿、除满消胀，法半夏、陈皮燥湿和胃、降逆止呕，茯苓、白术燥湿健脾、和中止泻，桔梗理气化痰，共为佐药；甘草调和脾胃、调和药性，为使药。诸药合用，内外兼治，表里双解，风寒得解，湿滞得化，清升浊降，气机通畅，共奏解表化湿、理气和中之功。

【功能】解表化湿，理气和中。

【主治】外感风寒，内伤食滞，泄泻腹胀。

【临床应用】

（1）风寒感冒　外感风寒、内伤湿滞所致的恶寒发热。证见肢体沉重，疼痛，腹胀满，舌质淡红，舌苔白腻，脉浮缓。

（2）呕吐　湿阻中焦所致的呕吐。证见腹满胀痛，伴有恶寒发热、肢体困重、疼痛。

（3）泄泻　湿阻气机、大肠湿热所致的泄泻。证见粪清稀，肠鸣腹痛，少食，伴有恶寒发热、肢体困重。

（4）中暑　外感暑湿、气机受阻所致。证见突然恶寒发热，肢体困重，腹胀呕吐，舌苔白而厚腻。

【不良反应】目前尚未检索到不良反应报道。

【用法与用量】猪、羊 60～90g；马、牛 300～450g；犬、猫 3～10g。

【贮藏】密闭，防潮。

【生产企业数量】168 家。

6.2.2　颗粒剂

甘草颗粒

【处方】本品为甘草浸膏经加工制成的颗粒。

【制法】取甘草浸膏，加入适量蔗糖、糊精，混匀，制粒，干燥，即得。

【方解】甘草味甘性平，归心、肺、脾、胃经，具有补脾益气，祛痰止咳，和中缓急，解毒，调和诸药，缓解药物毒性、烈性的作用，主治脾胃虚弱，倦怠无力，咳喘，咽喉肿痛，中毒，疮疡等病证。在古今众多方剂中均有甘草配伍，单独使用甘草一味组方的经典方剂有《伤寒论》的甘草汤，是治疗少阴咽痛的有效方剂。甘草流浸膏是将甘草浸膏进一步以乙醇提取经加工而成的流浸膏，其功效、主治与甘草相近，但对某些动物则便于服用。

【功能】祛痰止咳。

【主治】咳嗽。

【临床应用】咳嗽　是肺经疾病的一种主要证候。临床可分为外感咳嗽和内伤咳嗽两类。外感咳嗽是由于风寒、风热等外邪经呼吸道或肌表侵入动物体，致使肺气不宣，肃降失常，或日久不愈转为肺火所致；内伤咳嗽以肺虚咳嗽为多见，常因饲养管理不良，劳役过重，饥饱不均，致使肺气亏虚，或因肺脾两虚，痰浊内生，或阴液不足，虚火上炎，灼伤肺津，均可使肺宣降失常、肺津亏乏而咳嗽。各型咳嗽均可用本品以抑制或消除咳嗽。

【不良反应】本品连续服用较大剂量时，可出现水肿等副作用，停药后症状逐渐消失。

【注意事项】一般不与海藻、大戟、甘遂等芫花合用。

【用法与用量】猪 6～12g；禽 0.5～1g。

【贮藏】密封，置阴凉干燥处。

6.2.3　口服液

四逆汤

【处方】淡附片 300g、干姜 200g、炙甘草 300g。

【制法】以上 3 味，淡附片、炙甘草加水煎煮 2 次，第一次 2h，第二次 1.5h，合并煎液，滤过；干姜通水蒸气蒸馏提取挥发油，挥发油和蒸馏后的水溶液备用；姜渣再加水煎煮 1h，煎液与上述水溶液合并，滤过，再与淡附片、炙甘草的煎液合并，浓缩至约400mL，放冷，加乙醇 1200mL，搅匀，静置 24h，滤过，减压浓缩至适量，用适量水稀释，冷藏 24h，滤过，加单糖浆 300mL、苯甲酸钠 3g 与上述挥发油，加水至 1000mL，搅匀，灌封，灭菌，即得。

【方解】方中淡附片回阳救逆、温中散寒，为君药；干姜温中散寒，助淡附片回阳救逆，为臣药；炙甘草和中益气并缓和姜附燥烈之性，为佐使药。诸药合用，共奏回阳救逆之功。

【功能】温中祛寒，回阳救逆。

【主治】四肢厥冷，脉微欲绝，亡阳虚脱。

【临床应用】亡阳虚脱　四肢厥冷、脉微欲绝是亡阳虚脱的基本症状。四肢为诸阳之末，阳气不足，阴寒内盛，则阳气不能敷布，以致四肢厥冷；阳气衰微，不能温运全身，所以恶寒蜷卧；阳气虚衰，不能鼓动血液运行，则见脉象沉微。

该病证的基本病因有两方面：由于饲养管理不善，圈舍阴冷潮湿，气候突变，暴饮凉水，致外寒入侵机体，郁积脏腑；或体质虚弱，心肾阳虚，命门火衰，内寒中生，不能温煦全身而发病。

患病动物大多突然发病，表现精神沉郁，恶寒战栗，或蜷卧一隅，呼吸浅表，食欲大减或废食，胃肠蠕动音减弱，体温降低，耳鼻、口唇、四肢末端或全身体表发凉，口色淡白，舌津湿润，脉沉细无力。

【不良反应】目前尚未检索到不良反应报道。

【注意事项】本方性属温热，湿热、阴虚、实热之证禁用；凡热邪所致呕吐、腹痛、泄泻者均不宜使用；妊娠禁用；本品含淡附片，不宜过量、久服。

【用法与用量】猪、羊 30～50mL；马、牛 100～200mL；禽，每 1kg 体重 0.5～1mL。

【贮藏】密封，置阴凉处。

【生产企业数量】130 家。

杨树花口服液

【处方】每 1mL 相当于原生药 1g。

【制法】本品为杨树花经提取制成的合剂。

【方解】杨树花味苦，性寒，功能清热解毒、涩肠止泻、化湿止痢，对多种肠道细菌都有杀灭或抑制作用，单味使用即能治疗痢疾、肠炎。

【功能】化湿止痢。

【主治】痢疾，肠炎。

【临床应用】

（1）**痢疾**　多由外感暑湿之邪，或食入霉烂草料，湿热郁结肠内，胃肠气血阻滞，肠道黏膜及肠壁脉络受损，化为脓血而致。证见精神短少，蜷腰卧地，食欲减少甚至废绝，反刍动物反刍减少或停止，鼻镜干燥；弓腰努责，泻粪不爽，里急后重，下痢稀糊，赤白相杂，或呈白色胶冻状；口色赤红，舌苔黄腻，脉数。

（2）**肠炎**　多由暑月炎天，劳役过重，乘饥而喂热料，或草料霉败，谷气料毒积于肠中，郁而化热，损伤脾胃，津液不能化生，则水反为湿，湿热下注而成。证见发热，精神沉郁，食欲减少或废绝，口渴多饮，有时轻微腹痛，蜷腰卧地，泻粪稀薄，黏腻腥臭，尿赤短，口色赤红，舌苔黄腻，口臭，脉象沉数。

【不良反应】目前尚未检索到不良反应报道。

【用法与用量】猪、羊10～20mL；马、牛50～100mL；兔、禽1～2mL。

【贮藏】密闭，置阴凉处。

【生产企业数量】466家。

6.2.4　注射液

杨黄止痢注射液

【处方】杨树花1000g、黄芩375g。

【制法】以上2味，杨树花加水煎煮二次，每次2h，合并煎液，滤过，滤液浓缩至相对密度为1.12～1.20（60℃）的清膏，加乙醇使含醇量达70%，冷藏，滤过，滤液浓缩至相对密度为1.12～1.20（60℃）的清膏，加乙醇使含醇量达75%，冷藏，滤过，滤液回收乙醇至无醇味，冷藏备用。黄芩加水煎煮三次，第一次2h，第二、第三次各1h，合并煎液，滤过，滤液浓缩并在80℃时加入2mol/L盐酸溶液适量调节pH值至1.0～2.0，保温1h，静置12h，滤过，沉淀加6～8倍量水，用40%氢氧化钠溶液调pH值至7.0，再加等量乙醇，搅拌使溶解，滤过，滤液用2mol/L盐酸溶液调pH值至2.0，60℃保温30min，静置12h，滤过，沉淀加乙醇洗至pH值至7.0，挥尽乙醇，加水适量，用40%氢氧化钠溶液调pH值至6.0～6.5，冷藏备用。

【方解】杨树花味苦，性寒，功能清热解毒、涩肠止泻、化湿止痢，为君药；黄芩清热燥湿，泻火解毒，为臣药。诸药合用，共奏清热解毒、止痢之功。

【功能】清热解毒，止痢。

【主治】仔猪黄白痢。

【临床应用】主治仔猪黄白痢。

【不良反应】目前尚未检索到不良反应报道。

【用法与用量】肌内注射：一次量，每1kg体重，仔猪0.3mL，一日2次，连用3d。

【贮藏】密封，避光，置阴凉处。

【生产企业数量】2家。

鱼腥草注射液

【处方】本品为鲜鱼腥草经加工制成的灭菌水溶液。

【制法】取鲜鱼腥草2000g，水蒸气蒸馏，收集初馏液2000mL，再进行重蒸馏，收集重蒸馏液约 1000mL，加氯化钠 7g 及聚山梨酯 802.5g，混匀，加注射用水使成 1000mL，滤过，灌封，灭菌，即得。

【方解】鱼腥草性味辛、寒，具有清热解毒、消肿排脓、利尿通淋的功效，主要应用于肺痈吐脓、痰热喘咳、热痢热淋、痈肿疮痛。

【功能】清热解毒，消肿排脓，利尿通淋。

【主治】肺痈，痢疾，乳痈，淋浊。

【临床应用】

（1）肺痈　多因风热外侵，化液成痰，痰热互结，热毒瘀血壅结于肺而成。证见高热不退，咳喘频繁，鼻流脓涕或带血丝，舌红苔黄，脉数。

（2）痢疾　暑湿热毒侵于胃肠而致。证见下痢脓血，里急后重，泻粪黏腻，时有腹痛，口色红，舌苔黄，脉数。

（3）乳痈　多因邪毒内侵，蕴结化热，乳络不痛而发病。证见乳房胀痛，乳汁变性，混有凝乳块或血丝。

（4）淋浊　多因心经积热，下移小肠；或外感湿热之邪，下注膀胱，或素有内湿又外感热邪，致使湿热蕴结膀胱，使膀胱气化失司，而成淋证；或湿热内蕴，灼炼尿液，日积月累，尿中杂质结为砂石，阻塞尿路，以致气化不利，而成砂石淋。证见尿频、尿急、尿痛、排尿不畅、淋漓不尽，或者尿中有血丝或砂石。

【不良反应】目前尚未检索到不良反应报道。

【用法与用量】肌内注射，猪、羊 5～10mL，马、牛 20～40mL，犬 2～5mL，猫 0.5～2mL。

【贮藏】密封，避光，置阴凉处。

【生产企业数量】381 家。

柴胡注射液

【处方】本品为柴胡制成的注射液。每 1mL 相当于原生药 1g。

【制法】取柴胡 1000g，切断，加水温浸，经水蒸气蒸馏，收集初馏液，再重蒸馏，收集重馏液约 1000mL，加 3g 聚山梨酯 80，搅拌使油完全溶解，再加入 9g 氯化钠，溶解后，滤过，加注射用水至 1000mL，调节 pH 值，测定吸光度，精滤，灌封，灭菌，即得。

【方解】柴胡苦辛微寒，辛散苦泄，微寒退热，善于退邪解表，退热。《滇南本草》谓本品"为伤寒发汗解表要药"；本品入肝、胆经，尚能解疟疾寒热，《本草纲目》云本品治"诸疟"，故本品为治疗外感发热、疟疾发热的良药。

【功能】解热。

【主治】感冒发热。

【临床应用】外感风热　为外感风热之邪所致。证见发热恶寒，出汗，咽喉肿痛，口渴贪饮，舌红，苔薄白或薄黄，脉浮数。

【不良反应】目前尚未检索到不良反应报道。

【注意事项】本品为退热解表药，无发热者不宜。

【用法与用量】肌内注射，猪、羊 5～10mL，马、牛 20～40mL，犬、猫 1～3mL。

【生产企业数量】272 家。

穿心莲注射液

【处方】本品为穿心莲经水醇法提取制成的灭菌水溶液。每 1mL 相当于原生药 1g。

【方解】 方中穿心莲味苦性寒，既能清热解毒，又可燥湿消肿。《岭南采药录》云"……能理内伤咳嗽"，《泉州本草》言"清热解毒，消炎退肿，治咽喉炎症、痢疾、高热"。故本品为清热燥湿，凉血解毒，广泛用于邪热火毒引起的多种病证。

【功能】 清热解毒。

【主治】 肠炎，肺炎，仔猪白痢。

【临床应用】

（1）**肠炎** 因热毒内蕴、伤及胃肠、传化失常所致。证见腹痛，泄泻甚至里急后重，粪便赤白相杂，恶臭或带脓血。多见急性发作。急性细菌性痢疾见上述证候者。

（2）**肺炎** 因外感风热，邪热入里化热，或风寒外邪郁而化热，致热邪壅肺，肺失肃降，肺气上逆，而出现热郁肺经的现象。证见高热、咳嗽、气喘、鼻流黄色或铁锈色鼻液等。急性大叶性肺炎见上述证候者。

（3）**仔猪白痢** 仔猪为稚阴稚阳之体，形气不足，卫外不固，胃肠道消化机能和防御机能尚不完善，很容易感受毒气或外邪而引起泻痢。证见粪便稀薄甚至呈水样，色灰黄或灰白，有时带有血液，气味腥臭，口色赤红，舌苔黄腻。

【不良反应】 目前尚未检索到应用于动物发生不良反应的报道。在人，此剂静脉滴注可引起过敏、血象异常、惊厥等不良反应。

【用法与用量】 肌内注射，猪、羊5～15mL，马、牛30～50mL，犬、猫1～3mL。

【生产企业数量】 447家。

6.2.5 其他制剂

大黄碳酸氢钠片

【处方】 大黄150g、碳酸氢钠150g［本品含碳酸氢钠（$NaHCO_3$）应为标示量的90.0%～110.0%］。

【制法】 取大黄细粉，加碳酸氢钠，混匀，制粒，压制成1000片，即得。

【方解】 大黄性味苦寒，为泻下通便良药、清热解毒妙品，能"荡涤肠胃，推陈致新，通利水谷，调中化食，安和五脏"。其味苦，口服可刺激口腔味觉感受器，反射性地引起唾液、胃液等消化液分泌增多，而具健胃之效。碳酸氢钠碱性，口服可中和过剩胃酸，调整胃肠酸碱平衡。二者合之，具健胃、助消化、调整胃肠功能、清热解毒及通利大便之功效。

【功能】 健胃。

【主治】 食欲不振，消化不良。

【临床应用】

（1）**食欲不振** 参见"大黄末"。

（2）**消化不良** 多因饲养管理失宜，如饲料品质不良，劳役不均，时饥时饱；或外感风寒，内伤阴冷；或长期劳役过重，老龄体衰，久病失治或误治等使脾胃运化功能衰弱所致。证见精神委顿，四肢倦怠，头低耳聋，水草迟细，粪便稀溏，完谷不化；后期消瘦，毛焦肷吊，耳鼻稍凉，卧多立少，口色淡黄或淡白，口内湿润，舌质绵软，舌苔薄白，脉细无力。

【不良反应】目前尚未检索到不良反应报道。

【注意事项】孕畜慎用或禁用。

【用法与用量】猪、羊 15～30 片；犬、猫 2～5 片。

【贮藏】密闭，防潮。

【生产企业数量】52 家。

龙胆碳酸氢钠片

【处方】龙胆 100g、碳酸氢钠 150g。

【制法】以上 2 味，将龙胆粉碎成细粉，过筛，与碳酸氢钠混匀，加辅料适量，制成颗粒，干燥，压制成 1000 片，即得。

【方解】方中选择味苦性寒的龙胆，泻肝胆实火，除下焦湿热，其苦味成分可促进消化液分泌，增强胃肠运动；配以碳酸氢钠以调节胃肠内环境，改善消化功能。二药合用，可起到清热燥湿、健胃的作用。

【功能】清热燥湿，健胃。

【主治】食欲不振。

【临床应用】食欲不振　食欲是脾胃功能正常与否的最灵敏、最直观的一个表征，也是判断许多疾病预后的一个重要依据。正常食欲的维持有赖五脏六腑特别是脾胃气血阴阳的平衡协调，主要体现在消化系统内环境的平衡协调方面。在许多疾病过程中，正是由于内环境平衡被打破才引起消化吸收障碍，表现出的症状则是食欲减退或废绝。此时根据病情投以相应剂量的龙胆碳酸氢钠片，通过调节消化系内环境而促进消化，增强食欲。

【不良反应】目前尚未检索到不良反应报道。

【用法与用量】猪、羊 10～30 片；犬、猫 2～5 片。

【贮藏】密闭，置干燥处。

【生产企业数量】37 家。

板蓝根片

【处方】板蓝根 300g、茵陈 150g、甘草 50g。

【制法】以上 3 味，板蓝根粉碎，取细粉 155g；其余粗粉与茵陈、甘草加水煎煮 3 次，合并煎液，滤过，滤液浓缩成稠膏，与上述细粉混匀，制成颗粒，干燥，压制成 1000 片，即得。

【方解】方中板蓝根清热解毒，凉血利咽，为君药；茵陈清肝利胆除湿，为臣药；甘草清热解毒，助君药之功效，又可调和药性，为佐使药。诸药合用，共奏清热解毒、除湿利胆之功。

【功能】清热解毒，除湿利胆。

【主治】感冒发热，咽喉肿痛，肝胆湿热。

【临床应用】

（1）感冒发热　感受风寒或风热，肺卫失宣，而出现恶寒、发热。

（2）咽喉肿痛　多因肺胃积热，热毒上攻，结于咽喉所致。证见伸头直项，吞咽不利，口中流涎。

（3）肝胆湿热　湿热蕴结于肝胆，引起目、唇等黏膜黄染，特点是黄色鲜明如橘色，食欲不振，精神倦怠。

【不良反应】目前尚未检索到不良反应报道。

【用法与用量】猪、羊 10~20 片；马、牛 20~30 片。

【贮藏】密闭，防潮。

【生产企业数量】52 家。

大黄流浸膏

【处方】本品为大黄经加工制成的流浸膏。

【制法】取大黄（最粗粉）1000g，照流浸膏剂与浸膏剂项下的渗漉法，用 60% 乙醇作溶剂，浸渍 24h 后，以每分钟 1~3mL 的速度缓缓渗漉，收集初漉液 850mL，另器保存，继续渗漉，至渗漉液色淡为止，收集续漉液，浓缩至稠膏状，加入初漉液，混合后，用 60% 乙醇稀释至 1000mL，静置，俟澄清，滤过，即得。

【方解】大黄为清热通下之品，具有通腑降浊，增进食欲，调理气血，畅达气机的作用。大黄能刺激结肠和乙状结肠，使肠液分泌量增多，促进大肠平滑肌蠕动，软解大便，促进大便排出体外。通便后可减少肠道内毒素吸收，使大肠气血通调，伴随症状亦自然缓解。其味苦，口服可刺激口腔味觉感受器，反射性地引起唾液、胃液等消化液分泌增多，而具健胃之效。

【功能】健胃通肠。

【主治】食欲不振，便秘。

【临床应用】可用于食欲不振、大便秘结之轻症及老年动物习惯性便秘，参见"大黄酊"。

【不良反应】目前尚未检索到不良反应报道。

【注意事项】孕畜慎用或禁用。

【用法与用量】猪 1~5mL；羊 2~10mL；犬、猫 0.5~2mL；马 10~25mL；牛 20~40mL。

【贮藏】密封，置阴凉处。

【生产企业数量】5 家。

甘草流浸膏

【处方】本品为甘草浸膏经加工制成的流浸膏。

【制法】取甘草浸膏 300~400g，加水适量，不断搅拌，并加热使溶解，滤过，在滤液中缓缓加入 85% 乙醇，随加随搅拌，直至溶液中含乙醇量达 65% 左右，静置过夜，小心取出上清液，遗留沉淀再加 65% 乙醇，充分搅拌，静置过夜，小心取出上清液，遗留沉淀再加 65% 乙醇，充分搅拌，静置过夜，取出上清液，沉淀再用 65% 乙醇提取 1 次，合并 3 次提取液，滤过，回收乙醇，测定甘草酸含量后，加水与乙醇适量，使甘草酸和乙醇量均符合规定，加浓氨试液适量调节 pH 值，静置使澄清，取出上清液，滤过，即得。

本品的【方解】、【功能】、【主治】、【临床应用】、【不良反应】、【注意事项】参见"甘草颗粒"。

【用法与用量】猪、羊 6~12mL；犬、猫 1~5mL；马、牛 30~120mL；驼 60~150mL。

【贮藏】密封，置阴凉处。

【生产企业数量】29 家。

大黄酊

【处方】本品为大黄经加工制成的酊剂。每 1mL 相当于原生药 0.2g。

【制法】取大黄最粗粉 200g，照酊剂项下的渗漉法，用 60% 乙醇作溶剂，浸渍 24h，以每分钟 3～5mL 的速度缓缓渗漉，收集渗漉液达 800mL 时，停止渗漉，加入甘油 100mL，用 60％乙醇稀释至 1000mL，即得。

【方解】方中大黄苦寒，能泻热毒，破积滞，行瘀血。其味苦，口服尤善健胃，助消化，增进食欲。酒辛温，通血脉，御寒气，行药势，缓和大黄寒凉之性而不伤胃，二者合之，具健胃、通便之功。

【功能】健胃，通便。

【主治】食欲不振，大便秘结。

【临床应用】

（1）食欲不振　参见"大黄末"。

（2）大便秘结　多因采食粗硬不易消化的草料，饮水和运动不足所致。热结证见粪干，排便困难，食欲大减或废绝，肚腹膨大，可触及结粪，腹痛不安，呻吟，口色干红，舌苔黄，口臭，脉象洪大。寒结证见粪干，艰涩难下，鼻寒耳冷，恶寒，口色青白，舌苔白，脉象沉迟。凡便秘轻症，见上述证候者，均可酌用本品。

【不良反应】目前尚未检索到不良反应报道。

【注意事项】孕畜慎用或禁用。

【用法与用量】猪、羊 5～15mL；马、牛 30～100mL；犬、猫 1～3mL。

【贮藏】密封，置阴凉处。

【生产企业数量】8 家。

马钱子酊（番木鳖酊）

【处方】本品为马钱子流浸膏经加工制成的酊剂。

【制法】取马钱子流浸膏 83.4mL，加 45％乙醇稀释，使成 1000mL，搅匀，静置 12h，滤过，即得。

【方解】方中马钱子味苦，可刺激味觉感受器反射性地促进胃液分泌，增强消化机能和食欲，并能兴奋脊髓和植物神经中枢，增强胃肠蠕动和食欲。

【功能】健胃。

【主治】脾虚慢草，宿草不转，食欲不振。

【临床应用】

（1）脾虚慢草　现代兽医学称消化不良。多因饲养管理失宜，如饲料品质不良，劳役不均，时饥时饱；或外感风寒，内伤阴冷；或长期劳役过重，老龄体衰，久病失治或误治等使脾胃运化功能衰弱所致。证见精神委顿，四肢倦怠，头低耳耷，少食慢草；后期消瘦，毛焦肷吊，耳鼻稍凉，卧多立少，口色淡黄或无色，口内湿润，舌质绵软，舌苔薄白，脉细无力。

（2）宿草不转　多因采食大量粗硬难以消化的草料，或劳役过重，或役后急喂，或脾胃素虚，采食过量所致。证见食欲、反刍大减或废绝，左肷部胀硬，按压瘤胃内容物坚硬，回复缓慢而见压痕，嗳气酸臭，回头顾腹，不时踢腹或起卧，呼吸迫促，口色红，或赤红，舌津少而黏，脉象洪数或沉而有力。

（3）食欲不振　多因饲养管理失宜，如饲料品质不良，劳役不均，时饥时饱；或外感风寒，内伤阴冷；或长期劳役过重，老龄体衰，久病失治或误治等使脾胃运化功能衰弱所致。证见精神委顿，四肢倦怠，头低耳耷，水草迟细，粪便稀溏，完谷不化；后期消瘦，毛焦肷吊，耳鼻稍凉，卧多立少，口色淡黄或淡白，口内湿润，舌质绵软，舌苔薄白，脉细无力。

【不良反应】目前尚未检索到动物不良反应报道。对人可引起强直性僵直，蓄积后出现吞咽困难、呛咳，血压一过性升高，抑制食欲等症状。

【注意事项】不宜多服久服。孕畜禁用。

【用法与用量】猪、羊1～2.5mL；马10～20mL；牛10～30mL。

【贮藏】密封，置阴凉处。

【生产企业数量】4家。

龙胆酊

【处方】龙胆。

【制法】取龙胆最粗粉100g，照酊剂项下的渗漉法，用40％乙醇作溶剂，浸渍24h后，以每分钟3～5mL的速度渗漉，收集漉液1000mL，静置，俟澄清，滤过，即得。

【方解】龙胆味苦性寒，苦能健胃，寒能泻肝胆实火，故以龙胆单味药组方，既能清肝胆郁热又能促进食欲，制成酊剂还可缓和龙胆的寒性。

【功能】健胃。

【主治】食欲不振。

【临床应用】食欲不振 是由种种原因所致发的许多疾病过程中的一个证候。例如过食精料引起的料伤，外感、内伤所致胃寒、胃热、胃食滞、脾胃气虚、阴虚胃燥，以及牙齿疾病等均可引起食欲不振。病因不同，临床呈现的全身症状也多种多样，共同表现是采食量减少，即中兽医所谓水草迟细，食少纳呆与慢草不食，听诊胃肠蠕动音减弱或不整。针对不同的病因要采取不同的治法与方剂进行治疗，而针对食欲不振这一证候，无论其原发病因如何，均可用本品提高食欲。

【不良反应】目前尚未检索到不良反应报道。

【用法与用量】猪、羊5～10mL；马、牛50～100mL；驼60～150mL；犬、猫1～3mL。

【贮藏】密封，置阴凉处。

【生产企业数量】6家。

肉桂酊

【处方】本品为肉桂经加工制成的酊剂。

【制法】取肉桂粗粉200g，照酊剂项下的浸渍法，用70％乙醇作溶剂，浸渍5～7d，浸渍液再加70％乙醇至1000mL，即得。

【方解】肉桂味辛、甘，性大热，有暖肾壮阳、温中祛寒、活血止痛之功效。肉桂所含之桂皮油能刺激嗅觉，反射地促进胃机能，也能直接对胃黏膜有缓和的刺激作用，使胃酸分泌增加，胃蠕动增强，故有芳香健胃之作用。肉桂性热，热能散寒，桂皮油亦能促进肠运动，使肠管兴奋，故又能治疗胃寒、冷痛。

【功能】温中健胃。

【主治】消化不良，胃寒，冷痛。

【临床应用】

（1）消化不良 多由饲养管理不当，劳役过重，草料质劣，难以消化，脾胃受损，或感受外邪，损伤脾胃所致。证见食欲减退或废绝，被毛粗乱无光，四肢无力，怠行好卧，粪便粗糙或完谷不化，口色淡白，脉虚无力。

（2）胃寒 多由外感风寒或内伤阴冷，脾胃阳气受损所致。证见食欲减少，毛焦欣吊，头低耳耷，鼻寒耳冷，粪便稀软，尿清长，口色青白或淡白，舌苔淡白，口津滑利，脉象沉迟。

（3）**冷痛** 由外感寒邪传于胃肠，或阴寒邪气直中胃肠，致使寒邪凝滞于胃肠，气机受阻而引起。证见肠鸣腹痛，起卧滚转，前肢刨地，后肢踢腹，回头顾腹，鼻寒耳冷，四肢不温，口色青白，口津滑利，脉象沉迟。

【不良反应】目前尚未检索到不良反应报道。

【用法与用量】猪、羊 10～20mL；马、牛 30～100mL。

【贮藏】密封，置阴凉处。

【生产企业数量】3 家。

远志酊

【处方】本品为远志流浸膏经加工制成的酊剂。

【制法】取远志流浸膏 200mL，加 60％乙醇使成 1000mL，混合后，静置，滤过，即得。

【方解】远志味辛、苦，性微温，有宁心安神、祛痰开窍之功，单味使用即可祛痰镇咳。

【功能】祛痰镇咳。

【主治】痰喘，咳嗽。

【临床应用】

（1）**痰喘** 多由脾、肺、肾等内脏的水液代谢功能失调，不能运化和输布水液，聚而成痰，或邪热郁火煎熬津液成痰所致。证见气促喘粗，咳嗽痰多，喉中痰鸣，鼻涕量多。

（2）**咳嗽** 多由风寒或风热邪气侵袭，或邪热壅肺，使肺失宣降所致。风寒咳嗽证见发热恶寒，无汗，被毛逆立，甚至颤抖，鼻流清涕，咳声洪亮，喷嚏，口色青白，舌苔薄白，脉象浮紧。风热咳嗽证见发热恶寒，咳嗽不爽，鼻流黏涕，呼出气热，口渴喜饮，舌苔薄黄，口红少津，脉象浮数。肺热咳嗽证见精神倦怠，饮食欲减少，口渴喜饮，大便干燥，小便短赤，咳嗽，咳声洪亮，气促喘粗，呼出气热，鼻流黏涕或脓涕，口渴贪饮，口色赤红，舌苔黄燥，脉象洪数。

【不良反应】目前尚未检索到不良反应报道。

【用法与用量】猪、羊 3～5mL；马、牛 10～20mL。

【贮藏】密封，置阴凉处。

【生产企业数量】5 家。

陈皮酊

【处方】本品为陈皮经加工制成的酊剂。

【制法】取陈皮粗粉 100g，照酊剂项渗漉法，用 60％乙醇作溶剂，浸渍 24h 后，以每分钟 3～5mL 的速度缓缓渗漉，收集漉液 1000mL，静置，俟澄清，即得。

【方解】陈皮辛能行气，故能调畅中焦脾胃气机，配合酒的活血通经，用于中气不和而引起的肚腹胀满、食欲不振等。

【功能】理气健胃。

【主治】食欲不振。

【临床应用】**食欲不振** 多因饲养管理不当，或者饲料品质差，环境不良，寒热湿邪损伤脾胃，出现草料迟细，嗳气呕逆，粪便带水或稀软，脉沉迟，口色青白。

【不良反应】目前尚未检索到不良反应报道。

【用法与用量】猪、羊 10～20mL；马、牛 30～100mL。

【贮藏】密封，置阴凉处。

【生产企业数量】11家。

复方大黄酊

【处方】大黄100g、陈皮20g、草豆蔻20g、60％乙醇适量。

【制法】取大黄、陈皮、草豆蔻粉碎成最粗粉，混匀，照酊剂项下的渗漉法，用60％乙醇作溶剂，浸渍24h后，以每分钟3～5mL的速度缓缓渗漉，收集漉液1000mL，静置，俟澄清，滤过，即得。

【方解】方中大黄苦寒沉降，攻积导滞，泄热通便，荡涤胃经实热，并有健胃化食、通利水谷之功效，为君药；陈皮理气健脾，调畅气机，为臣药；草豆蔻化湿和中，温胃止呕，为佐药。诸药合用，共奏健脾消食、理气开胃之功。

【功能】健脾消食，理气开胃。

【主治】慢草不食，食滞不化。

【临床应用】

（1）**慢草不食**　多由饥饱劳逸等因素引起脾胃运化功能减退或失常，证见精神倦怠，食欲减退，草料迟细，肚腹胀满等。

（2）**食滞不化**　多因暴饮暴食，伤及脾胃，食滞不化，或草料不易消化，停滞于胃所致。证见不食，肚腹胀满，嗳气酸臭，粪干，常有腹痛表现。

【不良反应】目前尚未检索到不良反应报道。

【用法与用量】猪、羊5～20mL；犬、猫1～4mL；马、牛30～100mL。

【贮藏】密封，置阴凉处。

【生产企业数量】8家。

复方龙胆酊（苦味酊）

【处方】龙胆100g、陈皮40g、草豆蔻10g、60％乙醇适量。

【制法】取龙胆、陈皮、草豆蔻粉碎成最粗粉，混匀，照酊剂项下的渗漉法，用60％乙醇作溶剂，浸渍24h后，以每分钟3～5mL的速度渗漉，收集漉液1000mL，静置，俟澄清，滤过，即得。

【方解】方中龙胆味苦性寒，苦能健胃，寒能泻肝胆实火，为君药；陈皮理气健脾、燥湿，为臣药；草豆蔻化湿和中、温胃止呕，为佐药。三药配合使用，共同发挥健脾开胃的作用。

【功能】健脾开胃。

【主治】脾失健运，食欲不振，消化不良。

【临床应用】

（1）**脾失健运**　因劳倦等多种因素致使脾阳不振，运化失职，草料停滞胃腑所致。证见精神倦怠，食欲减退，草料迟细，消瘦或肚腹虚胀。

（2）**消化不良**　多由饥饱劳逸等因素引起，轻则食欲不振，重则消化不良。证见食欲减退，胃肠蠕动减弱，肚腹胀满。

【不良反应】目前尚未检索到不良反应报道。

【用法与用量】猪、羊5～20mL；犬、猫1～4mL；马、牛50～100mL。

【贮藏】密封，置阴凉处。

【生产企业数量】8家。

复方豆蔻酊

【处方】草豆蔻 20g、小茴香 10g、桂皮 25g、甘油 50mL、60%乙醇适量。

【制法】取草豆蔻、小茴香、桂皮粉碎成粗粉，混匀，照酊剂项下的浸渍法，用 60%乙醇 900mL，依法浸渍后，加甘油 50mL 与 60%乙醇适量，使成 1000mL，即得。

【方解】方中草豆蔻性温，可燥湿健脾，温中暖胃，行气止呕，为君药；小茴香理气止痛，芳香醒脾，为臣药；桂皮暖脾胃，散风寒，通血脉，为使药。诸药合用，共奏温中健脾、行气止呕之功。

【功能】温中健脾，行气止呕。

【主治】寒湿困脾，翻胃少食，脾胃虚寒，食积腹胀，伤水冷痛。

【临床应用】

（1）寒湿困脾　多因长期过食冰冻草料，暴饮冷水，使寒湿停于中焦，或久卧湿地而致。湿困中阳，脾运受阻，证见耳耷头低，四肢沉重喜卧，草料迟细，粪便稀薄，尿不利，或见浮肿，口黏不渴，舌苔白腻，脉象迟缓而濡。

（2）脾胃虚寒　外感风寒或饮喂失调，致脾气虚弱，运化失常。证见形寒肢冷，耳鼻发凉，食欲减退，倦怠肯卧，粪软尿清，口色淡，脉弱。

（3）食积腹胀　因采食过量饲料或采食易发酵的饲料，消化不良，引起脾胃虚弱，运化无力而致。证见精神不振，食欲大减或废绝，耳、鼻、四肢及体表温热，体温稍高，胃蠕动微弱，肚腹微胀，嗳气酸臭，尿液浓稠或短赤，间有粪便燥结，口色及排齿红，舌苔灰白或黄，脉象洪数。

（4）伤水冷痛　多因劳役或运动之后过饮冷水，或采食冰冻草料，寒邪直伤胃肠，中焦气机不畅所致的急性腹痛。证见发病急骤，腹痛剧烈，时起时卧，频频摇尾，前蹄刨地，回头望腹，鼻寒耳凉，肠鸣如雷，时有作泻，口色及排齿红青紫，脉象沉迟。在牛还时见拱背伸腰，后蹄踢腹。

【不良反应】目前尚未检索到不良反应报道。

【用法与用量】猪、羊 10~20mL；犬、猫 2~6mL；马、牛 30~100mL。

【贮藏】密封，置阴凉处。

【生产企业数量】3 家。

姜酊

【处方】本品为姜流浸膏经加工制成的酊剂。

【制法】取姜流浸膏 200mL，加 90%乙醇使成 1000mL，混合后，静置，滤过，即得。

【方解】干姜温中散寒，善温脾胃之阳，除里寒，通血脉，具有健脾和胃之功。

【功能】温中散寒，健脾和胃。

【主治】脾胃虚寒，食欲不振，冷痛。

【临床应用】

（1）脾胃虚寒，食欲不振　多由脾气虚发展而来，或由寒邪损伤脾阳所致。证见草料迟细，肚腹胀满，泄泻，形寒肢冷，耳鼻四肢不温，口腔滑利，脉象沉迟。

（2）冷痛　因使役后过饮冷水，或气候突然转冷，夜露风霜，寒邪侵袭脾经，传于胃肠，清气不升，浊气不降，致成其患。证见发病急骤，剧烈腹痛，时起时卧，频频摆尾，前蹄刨地，呈间歇性腹痛，肠鸣如雷，泻粪如水，鼻寒耳冷，蹇唇似笑，口色青黄，口津滑利，脉象沉迟。

【不良反应】目前尚未检索到不良反应报道。

【用法与用量】猪、羊 15～30mL；犬、猫 2～5mL；马、牛 40～60mL。

【贮藏】密封，置阴凉处。

【生产企业数量】11 家。

颠茄酊

【处方】本品为颠茄草经加工制成的酊剂。

【制法】取颠茄草粗粉 1000g，照流浸膏剂与浸膏剂项下的渗漉法，用 85％乙醇作溶剂，浸渍 48h 后，以每分钟 1～3mL 的速度缓缓渗漉，收集初漉液约 3000mL，另器保存，继续渗漉，俟生物碱完全漉出，续漉液作下次渗漉的溶剂用。将初漉液在 60℃减压回收乙醇，放冷，分离除去叶绿素，滤过，滤液在 60～70℃蒸发至稠膏状，加 10 倍量的乙醇，搅拌均匀，静置，俟沉淀完全，吸取上清液，在 60℃减压回收乙醇后，浓缩至稠膏状，测定生物碱的含量〔取本品约 3g，精密称定，用稀乙醇 12mL，洗入分液漏斗中，持续振摇 30min，加氨试液 2mL，迅速用三氯甲烷振摇提取至少 6 次，每次 25mL，至生物碱提尽为止，合并三氯甲烷液，用 0.1mol/L 硫酸溶液-乙醇（3∶1）分次振摇提取，至生物碱提尽为止，合并酸液，照颠茄草〔含量测定〕项下的方法自"用三氯甲烷分次振摇，每次 10mL"起，依法测定。每 1mL 硫酸滴定液（0.01mol/L）相当于 5.788mg 的莨菪碱（$C_{17}H_{23}NO_3$）〕。本品含生物碱以莨菪碱（$C_{17}H_{23}NO_3$）计，应为 0.95％～1.05％。加 85％乙醇适量，并用水稀释，使含生物碱和乙醇量均符合规定，静置，俟澄清，滤过，即得。

【方解】方中颠茄草解痉止痛，酒为溶剂，兼能活血理气，增强解痉止痛作用。

【功能】解痉止痛。

【主治】冷痛。

【临床应用】参见橘皮散。

【不良反应】目前尚未检索到动物不良反应报道。在人，有引起精神障碍和全身性过敏性荨麻疹的报道。

【用法与用量】猪、羊 2～5mL；犬、猫 0.2～1mL；马 10～30mL；驹 0.5～1mL；牛 20～40mL。

【贮藏】密封，置阴凉处。

【生产企业数量】1 家。

保健锭

【处方】樟脑 30g、薄荷脑 5g、大黄 15g、陈皮 8g、龙胆 15g、甘草 7g。

【制法】大黄、陈皮、龙胆、甘草 4 味药粉碎成中粉；将樟脑、薄荷脑溶于适量乙醇中，再加入上述粉末及适量滑石粉、淀粉，总量为 100g，混匀，压制成锭，阴干，即得。

【方解】方中樟脑、薄荷脑通窍醒脾，刺激胃肠蠕动，为君药；大黄、陈皮消积行气，增强胃肠动力，为臣药；龙胆燥湿健胃，为佐药；甘草调和诸药，为使药。诸药配合，共奏健脾开胃、通窍醒神之功。

【功能】健脾开胃，通窍醒神。

【主治】消化不良，食欲不振。

【临床应用】消化不良　多因饲养不良、天气过热或伤食所致。证见精神倦怠，饮食欲差，食积纳呆，肚腹胀满，粪便粗糙或稀软，有时完谷不化，口色偏红，舌苔厚腻。

【不良反应】目前尚未检索到不良反应报道。

【用法与用量】猪、羊 4～12g；马、牛 12～40g；兔、禽 0.5～2g。

【贮藏】密闭，防潮。

【生产企业数量】1 家。

6.3

禽用制剂

6.3.1　粉散剂

双黄连散

【处方】金银花 375g、黄芩 375g、连翘 750g。

【制法】以上 3 味粉碎，过筛，混匀。

【方解】方中金银花性味甘寒，芳香疏散，善解肺经热邪，又可清解心胃之热毒，为辛凉解表、清热解毒良药，故为君药；黄芩苦寒，能清热燥湿，泻火解毒，且长于清肺热与上焦实火，连翘味苦，性微寒，既能清热解毒，又能透表达邪，善于清心火而散上焦之热，二者配合，共为臣药。全方药少而力专，共奏辛凉解表、清热解毒之功。

【功能】辛凉解表，清热解毒。

【主治】感冒发热。

【临床应用】感冒发热　由于外感六淫之邪，特别是风热、暑湿等客于肌表，郁闭腠理，肺卫失于宣散而发病。证见体温升高，耳鼻温热，发热与恶寒并见，被毛逆立，精神沉郁，结膜潮红，流泪，食欲减损，或有咳嗽，呼出气热，咽喉肿痛，口渴欲饮、舌苔薄黄、脉象浮数。

【不良反应】目前尚未检索到不良反应报道。

【注意事项】风寒感冒者不宜使用。

【用法与用量】鸡 0.75～1.5g。

【贮藏】密闭，防潮。

【生产企业数量】135 家。

四味穿心莲散

【处方】穿心莲 450g、辣蓼 150g、大青叶 200g、葫芦茶 200g。

【制法】以上 4 味，粉碎，过筛，混匀，即得。

【方解】方中穿心莲清热解毒、消肿止痛，为君药；大青叶清热解毒、凉血消斑，为臣药；葫芦茶清热解暑、消积利湿、杀虫，为佐药；辣蓼祛湿止泻、散瘀止痛、祛风杀虫，为使药。诸药合用，共奏清热解毒、除湿化滞之功。

【功能】清热解毒，除湿化滞。

【主治】泻痢，积滞。

【临床应用】泻痢 大多由于湿热蕴结，或大肠杆菌、沙门菌或球虫等病原侵袭并造成毒素聚集所致，患鸡表现为精神沉郁，食欲减损，后驱羽毛附着粪污，排灰白色或绿白色稀便，有时排白色水样便，嗉囊内食物停滞，腹部膨大。

【不良反应】目前尚未检索到不良反应报道。

【用法与用量】鸡 0.5～1.5g。

【贮藏】密闭，防潮。

【生产企业数量】399 家。

扶正解毒散

【处方】板蓝根 60g、黄芪 60g、淫羊藿 30g。

【制法】以上 3 味，粉碎，过筛，混匀，即得。

【方解】方中黄芪补中益气，淫羊藿温肾补阳、调节免疫以扶正，板蓝根清热解毒、凉血消肿以祛邪。诸药合用，共奏扶正祛邪、清热解毒之功。

【功能】扶正祛邪，清热解毒。

【主治】鸡法氏囊病。

【临床应用】鸡传染性法氏囊病 是由鸡传染性法氏囊病病毒引起的传染性疾病，3～6 周龄的鸡最易发生。发病初期可见鸡啄自己肛门周围羽毛，随即出现腹泻，排出白色黏稠或水样稀便。一些鸡身体轻微震颤，走路摇晃，步态不稳。随着病程的发展，病鸡食欲减退，翅膀下垂，羽毛逆立无光泽，严重者鸡头垂地，闭眼，呈昏睡状态。感染 72h 后体温常升高 1～1.5℃，持续 10h 左右，随后体温下降 1～2℃。后期触摸病鸡有冷感，病鸡因脱水严重而趾爪干燥，眼窝凹陷，最后极度衰竭死亡。

【不良反应】目前尚未检索到不良反应报道。

【用法与用量】鸡 0.5～1.5g。

【贮藏】密闭，防潮。

【生产企业数量】827 家。

芪芍增免散

【处方】黄芪 300g、白芍 300g、麦冬 150g、淫羊藿 150g。

【制法】以上 4 味，粉碎，过筛，混匀，即得。

【方解】方中黄芪为补气要药，补气升阳，固表止汗，为君药；白芍平肝止痛，养血敛阴，为臣药；麦冬养阴生津，润肺清心，为佐药；淫羊藿补肾阳，为使药。诸药合用，益气养阴。

【功能】益气养阴。

【主治】用于提高鸡免疫力，可配合疫苗使用。

【临床应用】提高鸡免疫力，增强鸡对疫苗的免疫应答。

不良反应】目前尚未检索到不良反应报道。

【用法与用量】混饮：每 1L 水，鸡 3g，连用 7d。

【贮藏】密闭，防潮。

【生产企业数量】63 家。

鸡球虫散

【处方】青蒿 3000g、仙鹤草 500g、何首乌 500g、白头翁 300g、肉桂 260g。

【制法】以上 5 味，粉碎，过筛，混匀，即得。

【方解】方中青蒿、仙鹤草杀虫祛邪，为君药；何首乌滋阴补血，肉桂补阳暖胃以辅助正气，为臣药；白头翁清热解毒、凉血止痢，为佐药。诸药合用，共奏杀虫、止血之功。

【功能】抗球虫，止血。

【主治】鸡球虫病。

【临床应用】鸡球虫病　由球虫在鸡肠道寄生和繁殖，破坏肠黏膜的完整性，引起肠黏膜上皮细胞崩解和肠管发炎，且大量出血，导致临床上出现发热、沉郁、出血下痢、贫血、消瘦，甚至衰竭死亡。

【不良反应】目前尚未检索到不良反应报道。

【用法与用量】混饲，每1kg饲料，鸡10～20g。

【贮藏】密闭，防潮。

【生产企业数量】153家。

鸡痢灵散

【处方】雄黄10g、藿香10g、白头翁15g、滑石10g、马尾连15g、诃子15g、马齿苋15g、黄柏10g。

【制法】以上8味，粉碎，过筛，混匀，即得。

【方解】方中雄黄、白头翁、马尾连、马齿苋、黄柏清热解毒，凉血止痢，为君药；藿香、滑石化湿，为臣药；诃子涩肠止痢，为佐药。诸药合用，共奏清热解毒、涩肠止痢之功。

【功能】清热解毒，涩肠止痢。

【主治】雏鸡白痢。

【临床应用】雏鸡白痢　由鸡白痢沙门菌引起。病鸡表现怕冷、沉郁、昏睡、翅下垂，拉白色、淡黄、淡绿色稀粪。中兽医辨证属于湿热泻痢。

【不良反应】目前尚未检索到不良反应报道。

【用法与用量】雏鸡0.5g。

【贮藏】密闭，防潮。

【生产企业数量】153家。

降脂增蛋散

【处方】刺五加50g、仙茅50g、何首乌50g、当归50g、艾叶50g、党参80g、白术80g、山楂40g、六神曲40g、麦芽40g、松针200g。

【制法】以上11味，粉碎，过筛，混匀，即得。

【方解】方中刺五加、仙茅、何首乌、当归补肾养血，以助蛋之生机，为君药；党参、白术补气健脾，培补后天之本，为臣药；艾叶暖胞宫，山楂、六神曲、麦芽消食以助脾胃运化，松针促产蛋，共为佐药。诸药合用，共奏补肾益脾、暖宫活血之功。

【功能】补肾益脾，暖宫活血。

【主治】产蛋下降。

【临床应用】鸡产蛋下降　环境应激、管理、饲料、疾病等可导致产蛋下降。

【不良反应】目前尚未检索到不良反应报道。

【用法与用量】混饲：每1kg饲料，鸡5～10g。

【贮藏】密闭，防潮。

【生产企业数量】152家。

健鸡散

【处方】党参 20g、黄芪 20g、茯苓 20g、六神曲 10g、麦芽 10g、甘草 5g、炒山楂 10g、炒槟榔 5g。

【制法】以上 8 味，粉碎，过筛，混匀，即得。

【方解】方中党参、黄芪补中益气，茯苓理脾渗湿，共为君药；山楂、麦芽、六神曲、槟榔化谷宽肠，消积下气，共为臣药；甘草调和诸药，为使药。诸药合用，共奏益气健脾、消食开胃之功。

【功能】益气健脾，消食开胃。

【主治】食欲不振，生长迟缓。

【临床应用】食欲不振，生长迟缓　多因饲养管理不良、天气过热或伤食所致，证见饮食欲差，食积纳呆，肚腹胀满，粪便粗糙或稀软，有时完谷不化，生长缓慢，口色偏红，舌苔厚腻。

【不良反应】目前尚未检索到不良反应报道。

【用法与用量】混饲：每 1kg 饲料，鸡 20g。

【生产企业数量】112 家。

麻黄鱼腥草散

【处方】麻黄 50g、黄芩 50g、鱼腥草 100g、穿心莲 50g、板蓝根 50g。

【制法】以上 5 味，粉碎，过筛，混匀，即得。

【方解】方中鱼腥草清热解毒、消肿排脓，麻黄平喘，共为君药；黄芩、穿心莲、板蓝根助君药清热解毒，共为臣药。诸药合用，共奏宣肺泄热、平喘止咳之功。

【功能】宣肺泄热，平喘止咳。

【主治】肺热咳喘，鸡支原体病。

【临床应用】肺热咳喘　多因热邪侵袭，或外感风寒，入里化热，肺内积热，灼液成痰，肺失清肃所致。证见咳声洪亮，气促喘粗，鼻翼扇动，鼻涕黄而黏稠，咽喉肿痛，粪便干燥，尿液短赤，口渴贪饮，口色赤红，苔黄燥，脉洪数。咽喉炎、急性支气管炎、肺炎、肺脓疡等见上述诸证者均可用之。

【不良反应】目前尚未检索到不良反应报道。

【用法与用量】混饲：每 1kg 饲料，鸡 15～20g。

【贮藏】密闭，防潮。

【生产企业数量】202 家。

蛋鸡宝

【处方】党参 100g、黄芪 200g、茯苓 100g、白术 100g、麦芽 100g、山楂 100g、六神曲 100g、菟丝子 100g、蛇床子 100g、淫羊藿 100g。

【制法】以上 10 味，粉碎，过筛，混匀，即得。

【方解】方中党参、黄芪、茯苓、白术益气健脾，为君药；淫羊藿、菟丝子、蛇床子补肾壮阳，促进产蛋，为臣药；六神曲、麦芽、山楂健胃消食，为产蛋提供生化之源，为佐药。诸药合用，共奏益气健脾、补肾壮阳之功。

【功能】益气健脾，补肾壮阳。

【主治】用于提高产蛋率，延长产蛋高峰期。

【临床应用】产蛋下降　由于环境应激、管理、饲料、疾病等引起，主要表现产蛋率低于正常。

【不良反应】目前尚未检索到不良反应报道。

【用法与用量】混饲：每1kg饲料，鸡20g。

【贮藏】密闭，防潮。

【生产企业数量】237家。

喉炎净散

【处方】板蓝根840g、蟾酥80g、人工牛黄60g、胆膏120g、甘草40g、青黛24g、玄明粉40g、冰片28g、雄黄90g。

【制法】以上9味，取蟾酥加倍量白酒，拌匀，放置24h，挥发去酒，干燥得制蟾酥；取雄黄水飞或粉碎成极细粉；其余板蓝根等7味共粉碎成粉末，过筛，混匀，再与制蟾酥、雄黄配研，即得。

【方解】方中重用板蓝根清热解毒，为君药；配青黛、蟾酥、人工牛黄、胆膏增强清热解毒作用，蟾酥、牛黄并能止痛，为臣药；雄黄、玄明粉、冰片解毒消肿止痛，通利咽喉，为佐药；甘草解毒，润肺止咳，调和诸药，为使药。诸药合用，共奏清热解毒、通利咽喉之功。

【功能】清热解毒，通利咽喉。

【主治】鸡喉气管炎。

【临床应用】鸡传染性喉气管炎　证见气喘，伸脖张口呼吸，咳嗽，摇头甩痰，流泪，流涕；剖检见喉气管黏膜肿胀、出血和糜烂，黏液分泌物较多。

【不良反应】目前尚未检索到不良反应报道。

【用法与用量】鸡0.05～0.15g。

【贮藏】密闭，防潮。

【生产企业数量】97家。

解暑抗热散

【处方】滑石粉51g、甘草8.6g、碳酸氢钠40g、冰片0.4g。本品含碳酸氢钠（$NaHCO_3$）应为标示量的90.0%～110.0%。

【制法】甘草粉碎成中粉，过筛，与碳酸氢钠、滑石粉、冰片（另研）混匀，即得。

【方解】方中滑石味淡体滑，能清热利尿，使暑湿热邪从尿排出，为君药；甘草清热和中，与滑石配合甘寒生津，利尿而不伤津，共奏清热解暑之效，为臣药；碳酸氢钠中和胃酸、纠正代谢性酸中毒，冰片开窍醒神、清热止痛，增强清热解暑作用，为佐药。诸药合用，共奏清热解暑之功。

【功能】清热解暑。

【主治】热应激，中暑。

【临床应用】

（1）鸡热应激　热应激多发生在夏秋高温季节，多因高温高湿、禽舍通风不良、降温措施不足、饲养密度过大等所致。证见采食减少或拒食，饮水增加，伸颈张口，两翼下垂，两喙张开，热性喘息，呼吸加快，精神紧张或抑郁，鸡冠发绀（有的苍白），粪便干少带血，蛋鸡产蛋下降等。剖检见肌肉苍白、呈煮熟样病变，心肌扩张，出血，肠卡他性炎，泄殖腔黏膜充血、出血和水肿等。

（2）鸡中暑　病因与热应激相同，当气温超过32℃，鸡舍通风不良和卫生条件较差时，鸡群极易中暑。鸡群密度过高、鸡体较肥胖时更易发病。证见张口呼吸，或呼吸时喉内发出明显的呼噜声，采食量下降，或绝食，饮水增加，精神萎靡，活动减少，或卧于笼底，鸡冠发绀，体温高达 45℃ 以上。当温度进一步升高时，病鸡站立不稳、痉挛倒地、昏睡甚至昏迷，有的突然倒地死亡。死亡高峰多在晚上 7～9 时。死亡鸡大多体躯偏胖或过胖，尸僵缓慢，嗉囊积食，压迫鼻腔有灰白色黏液流出。剖检见肌肉苍白、柔软，呈煮肉样外观。血液呈紫黑色，凝固不良。肝质脆、肿大、紫红色。心扩张，肺充血、出血和水肿。

【不良反应】 目前尚未检索到不良反应报道。

【用法与用量】 混饲：每 1kg 饲料，鸡 10g。

【贮藏】 密闭，防潮。

【生产企业数量】 121 家。

雏痢净

【处方】 白头翁 30g、黄连 15g、黄柏 20g、马齿苋 30g、乌梅 15g、诃子 9g、木香 20g、苍术 60g、苦参 10g。

【制法】 以上 9 味，粉碎，过筛，混匀，即得。

【方解】 方中白头翁清热解毒、清大肠血热，专治热痢，黄连清化湿热而固大肠，黄柏清下焦湿热，苦参清热燥湿，为君药；马齿苋凉血止痢，乌梅、诃子涩肠止泻，为臣药；苍术燥湿健脾，木香行气和胃，为佐药。诸药合用，共奏清热解毒、涩肠止泻之功。

【功能】 清热解毒，涩肠止泻。

【主治】 雏鸡白痢。

【临床应用】 雏鸡白痢　由鸡白痢沙门菌引起，以 2～3 周龄以内雏鸡发病率和死亡率为最高。发病呈最急性者，无症状迅速死亡。稍缓者证见精神委顿，绒毛粗乱，两翼下垂，缩颈闭眼昏睡，不愿走动，拥挤在一起。病初食欲减少，而后停食，多数出现软嗉症状。同时腹泻，排稀薄如糨糊状粪便，肛门周围绒毛被粪便污染，有的因粪便干结封住肛门周围，影响排粪。由于肛门周围炎症引起疼痛，故常发出尖锐叫声。

【不良反应】 目前尚未检索到不良反应报道。

【用法与用量】 雏鸡 0.3～0.5g。

【贮藏】 密闭，防潮。

【生产企业数量】 28 家。

镇喘散

【处方】 香附 300g、黄连 200g、干姜 300g、桔梗 150g、山豆根 100g、皂角 40g、甘草 100g、人工牛黄 40g、蟾酥 30g、雄黄 30g、明矾 50g。

【制法】 以上 11 味，取蟾酥加倍量白酒，拌匀，放置 24h，挥发去酒，干燥得制蟾酥；取雄黄水飞或粉碎成极细粉；其余黄连等 9 味粉碎，再与制蟾酥、雄黄配研，过筛，混匀，即得。

【方解】 方中香附理气解郁、活血止痛，干姜回阳通脉、燥湿消痰，为君药；黄连清热燥湿、泻火解毒，蟾酥、人工牛黄、皂角豁痰开窍、解毒、消肿、止痛，为臣药；桔梗宣肺祛痰，山豆根解毒利咽，明矾燥湿祛痰，雄黄燥湿解毒，为佐药；甘草补中益气、润肺止咳、缓和药性，为使药。诸药合用，共奏清热解毒、止咳平喘、通利咽喉之功。

【功能】 清热解毒，止咳平喘，通利咽喉。

【主治】 鸡慢性呼吸道病，喉气管炎。

【临床应用】

（1）鸡慢性呼吸道病　是由鸡毒支原体引起的一种接触传染性呼吸道病。以呼吸时发出啰音、咳嗽、流鼻涕和窦部肿胀为临床特征，呈隐性经过，发展缓慢，病程较长。典型症状发生在 1～2 月龄幼鸡，主要有浆液性或黏液性鼻液，初期为透明水样，后期变黄稠，常可见到一侧或两侧鼻孔前冒气泡。病鸡不活泼，食欲减退，常频频做吞咽状，一侧或两侧眼结膜发炎，羞明，流泪。病鸡常抓患眼，眼睑肿胀，眼眶内出现干酪样物质。随着病情发展，出现张口呼吸，摇头，企图把鼻孔内分泌物甩出，并发出"咯咯"声。有时伸长颈子喘息和咳嗽。病程可长达 1 个月以上，生长受阻，消瘦，常因并发感染致死。

（2）鸡传染性喉气管炎　是由鸡传染性喉气管炎病毒引起的一种急性接触性传染病。其典型临床表现为眼睑肿胀，有泡沫样渗出物，呼吸困难，病鸡伸颈呼吸，发出高的吸气鼻音；继而出现甩头或间歇式咳嗽，咳出带有黏液或血液的分泌物。4～10 月龄成年鸡发病最严重，感染后症状典型。发病初期，鸡群中突然出现死亡，1～3d 后，患鸡急剧增多，从鼻腔流出透明黏液，有时出现流泪现象，呼吸常发出"格鲁格鲁"声音。重症鸡由于气管或支气管内有多量渗出物，故表现强烈咳嗽以及咳出渗出物，或伸颈张口呼吸并暴露喉部或咳出带血的黏稠渗出物。产蛋鸡感染后，一般可使产蛋率下降 12%～62%，约需 1 个月后方可恢复正常。

【不良反应】 目前尚未检索到不良反应报道。

【用法与用量】 鸡 0.5～1.5g。

【贮藏】 密闭，防潮。

【生产企业数量】 53 家。

激蛋散

【处方】 虎杖 100g、丹参 80g、菟丝子 60g、当归 60g、川芎 60g、牡蛎 60g、地榆 50g、肉苁蓉 60g、丁香 20g、白芍 50g。

【制法】 以上 10 味，粉碎，过筛，混匀，即得。

【方解】 方中虎杖清热解毒，为主药；丹参、川芎活血化瘀，当归、白芍养血调经，地榆凉血止血，为辅药；菟丝子、肉苁蓉、丁香补肾壮阳，牡蛎敛阴涩精，为佐药。诸药合用，共奏清热解毒、活血祛瘀、补肾强体之功。

【功能】 清热解毒，活血祛瘀，补肾强体。

【主治】 输卵管炎，产蛋功能低下。

【临床应用】

（1）输卵管炎　主要由禽大肠杆菌引起，多发生于产蛋家禽。病原可能由泄殖道侵入，病变为输卵管肿大，管内有条索状干酪样物，干酪样物中含有许多坏死组织、异嗜性粒细胞和细菌。病禽感染后数月内死亡，耐过后不再产蛋。

（2）产蛋功能低下　由多种原因引起，传染性因素为鸡产蛋下降综合征病毒。病原通过垂直传播，潜伏期约为 1 周。发病鸡群外观正常，饮水、采食无明显变化，有的仅出现一过性下痢。发病日龄大都在产蛋高峰期，鸡群突然产蛋率下降，每日可下降 2%～4%，平均 50% 左右，最高可达 67%。病程长，常延续 50 余天，病鸡很难恢复至原有产蛋水平。蛋品质下降，以蛋壳变白、破蛋、薄壳蛋、无壳蛋、畸形蛋、蛋清稀薄为特征。

【不良反应】目前尚未检索到不良反应报道。

【用法与用量】混饲：每 1kg 饲料，鸡 10g。

【贮藏】密闭，防潮。

【生产企业数量】244 家。

6.3.2　颗粒剂

七清败毒颗粒

【处方】黄芩 100g、虎杖 100g、白头翁 80g、苦参 80g、板蓝根 100g、绵马贯众 60g、大青叶 40g。

【制法】以上 7 味，加水煎煮 2 次，第一次 2h，第二次 1h，煎液滤过，滤液合并，80℃以下减压浓缩至相对密度为 1.30～1.35（55℃），得清膏，加入适量的蔗糖和糊精，混匀，制成颗粒，干燥，制成 560g，即得。

【方解】方中白头翁为治痢要药，清热解毒、凉血止痢，为君药；苦参、黄芩、虎杖清热解毒、燥湿止痢，为臣药；板蓝根、大青叶、绵马贯众清热解毒、凉血止血，共为佐药。诸药合用，共奏清热解毒、燥湿止泻之功。

【功能】清热解毒，燥湿止泻。

【主治】湿热泄泻，雏鸡白痢。

【临床应用】

（1）湿热泄泻　多因暑月炎天，劳役过重，乘饥而喂热料，或草料霉败，谷气料毒积于肠中，郁而化热，损伤脾胃，水湿不化，湿热下注，而成泄泻。证见发热，精神沉郁，食欲减少或废绝，口渴多饮，有时轻微腹痛，蜷腰卧地，泻粪黏腻腥臭，尿赤短，口臭，口色赤红，舌苔黄腻，脉象沉数。

（2）雏鸡白痢　鸡白痢沙门菌感染所致，1～14 日龄雏鸡最易感染。证见多数病雏怕冷、精神沉郁、翅膀下垂，排白色、或淡黄、或淡绿色稀粪，粪便粘连在泄殖腔周围。张口呼吸，死亡多在出壳后 2～3 周，3 周龄以上者较少死亡。成鸡症状不明显，排白色稀粪，产蛋停止，继发腹膜炎，腹膜增生而呈"垂腹"现象。

【不良反应】目前尚未检索到不良反应报道。

【用法与用量】混饮：每 1L 水，禽 2.5g。

【贮藏】密封，防潮。

【生产企业数量】293 家。

四黄止痢颗粒

【处方】黄连 200g、黄柏 200g、大黄 100g、黄芩 200g、板蓝根 200g、甘草 100g。

【制法】以上 6 味加水煎煮 2 次，第一次 2h，第二次 1h，合并煎液，滤过，滤液浓缩至相对密度为 1.32～1.35 的稠膏，加蔗糖和糊精适量，制成颗粒，干燥，制成 1000g，即得。

【方解】方中黄连清热燥湿、泻火解毒，为君药；黄芩、黄柏清热燥湿、泻火解毒，为臣药；大黄泻热通肠、凉血解毒、破积行瘀，板蓝根清热解毒、凉血利咽，共为佐药；

甘草和中解毒、调和诸药，为使药。诸药合用，共奏清热泻火、止痢之功。

【功能】清热泻火，止痢。

【主治】湿热泻痢，鸡大肠杆菌病。

【临床应用】**鸡湿热泻痢**　由于饲养管理不良、气温突变等，致使鸡感受湿热之邪，湿困于脾，运化失职，胃肠机能紊乱而发生的腹泻下痢。病鸡主要表现精神沉郁，食欲减损或废绝，羽毛蓬乱无光泽。头颈部特别是肉垂及眼睛周围水肿，肿胀部位皮下有淡黄色或黄色水样液体，嗉囊充满食物，排淡黄色、灰白色或绿色混有血液的腥臭稀便。

【不良反应】目前尚未检索到不良反应报道。

【用法与用量】混饮：每1L水，鸡0.5～1.0g。

【贮藏】密闭，防潮。

【生产企业数量】342家。

芪贞增免颗粒

【处方】黄芪180g、淫羊藿90g、女贞子90g。

【制法】以上3味，加水煎煮3次，合并煎液，滤过，滤液浓缩至约360mL，加3倍量乙醇，4℃静置24h，滤过，滤液回收乙醇，浓缩至相对密度为1.30～1.35（80℃）的清膏。按清膏量，加蔗糖3份、糊精1份，混匀，制粒，低温干燥，制成300g颗粒，即得。

【方解】方中黄芪为补气要药，补气升阳，固表止汗，为君药；淫羊藿、女贞子补肝肾，祛风湿，为臣药。诸药合用，共奏滋补肝肾、益气固表之功。

【功能】滋补肝肾，益气固表。

【主治】鸡免疫力低下。

【临床应用】提高鸡免疫力，增强鸡对疫苗的免疫应答。

【不良反应】目前尚未检索到不良反应报道。

【用法与用量】每1L水，鸡1g，连用3～5d。

【贮藏】密闭，防潮。

【生产企业数量】258家。

芪板青颗粒

【处方】黄芪250g、板蓝根250g、金银花250g、蒲公英500g、大青叶250g、甘草150g。

【制法】以上6味，加水煎煮2次，合并煎液，滤过，滤液浓缩至500mL，放冷，加适量淀粉，制粒，干燥，制成1000g，即得。

【方解】方中黄芪为补气要药，补气升阳，固表止汗，为君药；金银花、蒲公英清热解毒，疏散风热，消肿散结，为臣药；板蓝根、大青叶清热解毒、凉血止血，共为佐药；甘草解毒，调和诸药，为使药。诸药合用，共奏清热解毒之功。

【功能】清热解毒。

【主治】用于鸡传染性法氏囊病的辅助治疗。

【临床应用】用于鸡传染性法氏囊病的辅助治疗。

【不良反应】目前尚未检索到不良反应报道。

【用法与用量】每1L水，鸡5g。

【贮藏】密封。

肝胆颗粒

【处方】板蓝根 1500g、茵陈 1500g。

【制法】以上 2 味，加水煎煮两次，合并煎液，滤过，滤液浓缩至相对密度为 1.15～1.20（60℃）的浸膏，加入乙醇使含醇量约为 60%，静置 24h，分取上清液，滤过，回收乙醇，减压浓缩至相对密度为 1.25～1.35（60℃），加入辅料适量，搅拌均匀，制粒，干燥，制成 1000g。

【方解】方中板蓝根清热解毒，凉血利咽，为君药；茵陈清利湿热，利胆退黄，为臣药。诸药合用，共奏清热解毒、保肝利胆之功。

【功能】清热解毒，保肝利胆。

【主治】肝炎。

【临床应用】用于肝炎的治疗。

【不良反应】目前尚未检索到不良反应报道。

【用法与用量】每 1L 水，鸡 1g。

【贮藏】密封，防潮。

【生产企业数量】244 家。

板青颗粒

【处方】板蓝根 600g、大青叶 900g。

【制法】以上 2 味，加水煎煮 2 次，每次 1h，合并煎液，滤过，滤液浓缩至稠膏状，加蔗糖、糊精适量，混匀，制成颗粒，干燥，制成 1500g，即得。

【方解】板蓝根、大青叶均可清热解毒，板蓝根重在凉血利咽，大青叶偏于凉血消癍。二药配合，清热解毒，凉血。

【功能】清热解毒，凉血。

【主治】风热感冒，咽喉肿痛，热病发斑等温热性疾病。

【临床应用】

（1）风热感冒　外感风热引起。证见发热，咽喉肿痛，口干喜饮，舌苔薄白，脉浮数。

（2）咽喉肿痛　多因肺胃积热，热毒上攻，结于咽喉所致。证见伸头直项，吞咽不利，口中流涎。

（3）热病发斑　温热病热入营血阶段。证见发热，神昏，皮肤黏膜发斑，或有便血、尿血。舌红绛，脉数。

【不良反应】目前尚未检索到不良反应报道。

【用法与用量】鸡 0.5g。

【贮藏】密封，防潮。

【生产企业数量】477 家。

6.3.3　口服液

双黄连口服液

【处方】金银花 375g、黄芩 375g、连翘 750g。

【制法】以上 3 味，黄芩切片，加水煎煮 3 次，第一次 2h，第二、第三次各 1h，合并煎液，滤过，滤液浓缩并在 80℃时加入 2mol/L 盐酸溶液适量调 pH 值至 1.0～2.0，保温 1h，静置 12h，滤过，沉淀加 6～8 倍量水，用 40％氢氧化钠溶液调 pH 值 7.0，再加等量乙醇，搅拌使溶解，滤过，滤液用 2mol/L 盐酸溶液调 pH 值至 2.0，60℃保温 30min，静置 12h，滤过，沉淀加乙醇洗至 pH 值为 7.0，挥尽乙醇备用。金银花、连翘加水温浸 0.5h 后，煎煮 2 次，每次 1.5h，合并煎液，滤过，滤液浓缩至相对密度为 1.20～1.25（70～80℃），冷至 40℃时缓慢加入乙醇，使含醇量达 75％，充分搅拌，静置 12h，滤取上清液，残渣加 75％乙醇适量，搅匀，静置 12h，滤过，合并乙醇液，回收乙醇至无醇味，加入黄芩提取物，并加水适量，以 40％氢氧化钠溶液调 pH 值至 7.0，搅匀，冷藏（4～8℃）72h，滤过，滤液调 pH 值至 7.0，加水制成 1000mL，搅匀，静置 12h，滤过，灌装，灭菌，即得。

【方解】、【功能】、【主治】、【临床应用】、【不良反应】、【注意事项】参见双黄连散。

【用法与用量】鸡 0.5～1mL。

【贮藏】密封，避光，置阴凉处。

【生产企业数量】591 家。

芪术增免合剂

【处方】黄芪 300g、山药 250g、白术 250g、虎杖 200g。

【制法】以上 4 味，加水煎煮 3 次，每次 1h，滤过，合并滤液，浓缩，加入乙醇，使含醇量达到 50％，冷藏静置 12h，滤过，滤液回收乙醇，加水调至 1000mL，搅匀、灌封，灭菌，即得。

【方解】方中黄芪为补气要药，补气升阳，固表止汗，为君药；山药、白术健脾益气，生津益肺，为臣药；虎杖利湿退黄，清热解毒，为佐药。诸药合用，共奏补气健脾、益卫固表之功。

【功能】补气健脾，益卫固表。

【主治】增强鸡对新城疫疫苗的免疫应答。

【临床应用】增强鸡对新城疫疫苗的免疫应答。

【不良反应】目前尚未检索到不良反应报道。

【用法与用量】混饮：每 1L 水，鸡 2～4mL，连用 5d。

【贮藏】密封，置阴凉处。

【生产企业数量】4 家。

芪芍增免口服液

【处方】黄芪 333.3g、白芍 333.3g、麦冬 166.7g、淫羊藿 166.7g。

【制法】以上 4 味，加水煎煮 3 次，第一次加 12 倍量水，浸泡 1h，煎煮 1.5h，第二次加 10 倍量水，煎煮 1h，第二次加 8 倍量水，煎煮 0.5h。合并煎液，滤过，滤液减压浓缩至约 1000mL 的清膏，放冷，备用。取苯甲酸钠 1.5g，加适量蒸馏水溶解，滤过，滤液加入上述清膏中，加水调至 1000mL，混匀，分装，即得。

【方解】方中黄芪为补气要药，补气升阳，固表止汗，为君药；白芍平肝止痛，养血敛阴，为臣药；麦冬养阴生津，润肺清心，为佐药；淫羊藿补肾阳，为使药。诸药合用，共奏益气养阴之功。

【功能】益气养阴。

【主治】用于提高鸡免疫力，可配合疫苗使用。

【临床应用】提高鸡免疫力，增强鸡对疫苗的免疫应答。

【不良反应】目前尚未检索到不良反应报道。

【用法与用量】混饮：每1L水，鸡3g，连用7d。

【贮藏】密闭，置阴凉干燥处。

【生产企业数量】1家。

清解合剂

【处方】石膏670g、金银花140g、玄参100g、黄芩80g、生地黄80g、连翘70g、栀子70g、龙胆60g、甜地丁60g、板蓝根60g、知母60g、麦冬60g。

【制法】以上12味，除金银花、黄芩外，其余10味，加水温浸1h，再煎煮2次，第一次1h（煎煮半小时后加入金银花、黄芩），第二次煎煮40min，滤过，合并滤液，滤液浓缩至相对密度约为1.17（90℃），加入乙醇，使含醇量达65%～70%，冷藏静置48h，滤过，滤液回收乙醇，加水调至1000mL，灌装，灭菌，即得。

【方解】方中重用石膏清热泻火，金银花清热解毒，为君药；配知母以助石膏泻肺、胃之热，兼能生津止渴，连翘、板蓝根、甜地丁助金银花清心火、解热毒，黄芩、龙胆清热燥湿，泻肺、肝实热，栀子泻三焦火热，共为臣药；玄参、生地黄清热凉血滋阴，麦冬养阴清热，为佐药。诸药合用，共奏清热解毒之功。

【功能】清热解毒。

【主治】鸡大肠杆菌引起的热毒症。

【临床应用】**鸡大肠杆菌引起的热毒症** 证见精神沉郁，羽毛粗乱，两翅下垂，食欲减少或废绝，鸡冠暗紫，鼻液增多，呼吸发出咕咕声音或张口呼吸，下痢，排黄色或黄绿色稀粪。剖检见腹腔纤维素性渗出物增多，肝呈铜绿色、有坏死点，肠黏膜充血、出血。凡鸡群环境卫生和饲养管理不良、或气候突变、或鸡群存在其他病原、大群发病而见上述诸证者均可应用。

【不良反应】目前尚未检索到不良反应报道。

【用法与用量】混饮：鸡每1L水2.5mL。

【贮藏】密封，置阴凉处。

【生产企业数量】281家。

6.3.4 注射液

芪藿注射液

【处方】黄芪60g、淫羊藿40g。

【方解】方中黄芪为补气要药，补气升阳，固表止汗，为君药；淫羊藿补肝肾，祛风湿，为臣药。诸药合用，共奏补益正气增强免疫之功。

【功能】补益正气，增强免疫。

【主治】鸡免疫抑制，提高鸡、猪疫苗的免疫效果。

【临床应用】鸡免疫抑制，提高鸡疫苗的免疫效果。

【不良反应】目前尚未检索到不良反应报道。

【用法与用量】肌内或皮下注射：鸡0.5～1mL。

【贮藏】密封，置阴凉处。

【生产企业数量】1 家。

6.3.5　其他制剂

双黄连片

【处方】金银花 375g、黄芩 375g、连翘 750g。

【制法】以上 3 味，黄芩加水煎煮三次，第一次 2h，第二、三次各 1h，合并煎液，滤过，滤液浓缩至相对密度为 1.03～1.08（80℃）的清膏，于 80℃用 2mol/L 盐酸溶液调 pH 值至 1.0～2.0，保温 1h，静置 24h，滤过，沉淀用水洗至 pH 值为 5.0，再用 70％乙醇洗至 pH 值为 7.0，低温干燥，备用；金银花、连翘加水温浸 30min 后，煎煮二次，每次 1.5h，合并煎液，滤过，滤液浓缩至相对密度为 1.20～1.25（80℃）的清膏，冷至 40℃，加乙醇使含醇量达 75％，充分搅拌，静置 12h，取上清液，残渣加 75％乙醇适量，搅匀，静置 12h，滤过，合并二次滤液，回收乙醇至无醇味，浓缩成相对密度为 1.34～1.40（60℃）的稠膏，减压干燥，加入上述黄芩提取物，粉碎成细粉，加入微晶纤维素、羧甲淀粉钠，混匀，制成颗粒，干燥，加入硬脂酸镁，混匀，压制成片。

【方解】、【功能】、【主治】、【临床应用】、【不良反应】、【注意事项】参见"双黄连散"。

【贮藏】密闭，防潮。

【生产企业数量】25 家。

麻杏石甘片

【处方】麻黄 30g、苦杏仁 30g、石膏 150g、甘草 30g。

【制法】以上 4 味，粉碎成细粉，过筛，混匀，制粒，干燥，压制成 800 片，即得。

【功能】清热，宣肺，平喘。

【主治】肺热咳喘。

【用法与用量】鸡 3～5 片。

【方解】、【临床应用】、【不良反应】参见"麻杏石甘散"。

【贮藏】密闭，防潮。

【生产企业数量】56 家。

杨树花片

【处方】每片相当于原生药 0.3g。

【制法】本品为杨树花经加工制成的片剂。

【方解】杨树花味苦，性寒，功能清热解毒、涩肠止泻、化湿止痢，对多种肠道细菌具有杀灭或抑制作用，单味使用即能治疗痢疾、肠炎。

【功能】化湿止痢。

【主治】痢疾，肠炎。

【临床应用】

（1）痢疾　多由外感暑湿之邪，或食入霉烂草料，湿热郁结肠内，胃肠气血阻滞，肠道黏膜及肠壁脉络受损，化为脓血而致。证见精神短少，蜷腰卧地，食欲减少甚至废绝，反刍动物反刍减少或停止，鼻镜干燥；弓腰努责，泻粪不爽，里急后重，下痢稀糊，赤白相杂，或呈白色胶冻状；口色赤红，舌苔黄腻，脉数。

（2）**肠炎** 多由暑月炎天，劳役过重，乘饥而喂热料，或草料霉败，谷气料毒积于肠中，郁而化热，损伤脾胃，津液不能化生，则水反为湿，湿热下注而成。证见发热，精神沉郁，食欲减少或废绝，口渴多饮，有时轻微腹痛，蜷腰卧地，泻粪稀薄，黏腻腥臭，尿赤短，口色赤红，舌苔黄腻，口臭，脉象沉数。

【不良反应】目前尚未检索到不良反应报道。

【用法与用量】鸡 3～6 片。

【贮藏】密闭，防潮。

【生产企业数量】33 家。

鸡痢灵片

【处方】雄黄 10g、藿香 10g、白头翁 15g、滑石 10g、马尾连 15g、诃子 15g、马齿苋 15g、黄柏 10g。

【制法】以上 8 味，除雄黄、滑石另研外，其余 6 味粉碎成细粉，过筛，余渣煎煮滤过，滤液浓缩，加入以上细粉，混匀，制粒，干燥，压制成 400 片，即得。

【方解】方中雄黄、白头翁、马尾连、马齿苋、黄柏清热解毒，凉血止痢，为君药；藿香、滑石化湿，为臣药；诃子涩肠止痢，为佐药；诸药合用，共奏清热解毒、涩肠止痢之功。

【功能】清热解毒，涩肠止痢。

【主治】雏鸡白痢。

【临床应用】**雏鸡白痢** 由鸡白痢沙门菌引起。病鸡表现怕冷、沉郁、昏睡、翅下垂、排白色、淡黄、淡绿色稀粪。中兽医辨证属于湿热泻痢。

【不良反应】目前尚未检索到不良反应报道。

【用法与用量】雏鸡 2 片。

【贮藏】密封，防潮。

【生产企业数量】31 家。

金荞麦片

【处方】本品为金荞麦经加工制成的片剂。每片相当于原生药 0.3g。

【制法】将金荞麦处方总量的 1/2 粉碎，煎煮 2 次，合并煎液，滤过，滤液浓缩成稠膏，将金荞麦另 1/2 粉碎成细粉，与稠膏混匀，制粒，干燥，压片，即得。

【方解】金荞麦微辛、涩、凉，归肺经，功能清热解毒、清肺排脓、活血祛瘀，常用于治疗咽喉肿痛、肺痈鼻脓、乳痈、下痢、痈疮肿毒等。现代研究已经证明金荞麦具有良好的抑菌、抗炎等作用，单味使用即能治疗鸡葡萄球菌病、细菌性下痢、呼吸道感染等。

【功能】清热解毒，活血祛瘀，清肺排脓。

【主治】鸡葡萄球菌病，细菌性下痢，呼吸道感染。

【临床应用】

（1）**鸡葡萄球菌病** 由金黄色葡萄球菌引起的雏鸡传染病。其特征是腱鞘、关节和滑液囊局部化脓、创伤感染、败血症、脐炎和细菌性心内膜炎。

（2）**细菌性下痢** 多由大肠杆菌、沙门菌、梭菌（犬出血性胃肠炎）等引起。临床表现有呕吐、腹痛、腹泻、稀水便或黏液脓血便。

（3）**呼吸道感染** 属于中兽医的感冒范畴，表现咳嗽流鼻涕，被毛逆立等。

【不良反应】目前尚未检索到不良反应报道。

【用法与用量】鸡 3～5 片。

【贮藏】密闭，防潮。

【生产企业数量】10 家。

清瘟败毒片

【处方】石膏 120g、地黄 30g、水牛角 60g、黄连 20g、栀子 30g、牡丹皮 20g、黄芩 25g、赤芍 25g、玄参 25g、知母 30g、连翘 30g、桔梗 25g、甘草 15g、淡竹叶 25g。

【制法】以上 14 味，粉碎，过筛，混匀，制粒，干燥，压制成 1600 片（包衣），即得。

【方解】方中重用石膏清热泻火，为君药；知母配合石膏清气分实热，水牛角、地黄、牡丹皮、玄参、赤芍凉血解毒清血分热，为臣药；黄连、栀子、黄芩、连翘通泻三焦火热，为佐药；桔梗宣肺、载药上行，淡竹叶清心利尿、导热下行，甘草调和诸药，为使药。诸药合用，共奏泻火解毒、凉血之功。

【功能】泻火解毒，凉血。

【主治】热毒发斑，高热神昏。

【临床应用】**热毒发斑，高热神昏** 为温热毒邪侵扰气分和血分引起的气血两燔之证。证见大热躁动，口渴，昏狂，发斑，舌绛，脉数。凡温毒所致的急性热性病、时疫等见上述证候者均可应用。

【不良反应】目前尚未检索到不良反应报道。

【用法与用量】鸡，每 1kg 体重 2～3 片。

【贮藏】密闭，防潮。

【生产企业数量】82 家。

黄连解毒片

【处方】黄连 30g、黄芩 60g、黄柏 60g、栀子 45g。

【制法】以上 4 味，粉碎，过筛，混匀，制粒，干燥，压制成 650 片，即得。

【方解】方中黄连泻上焦心火兼泻中焦火，为君药；黄芩泻上焦肺火，为臣药；黄柏泻下焦肾火，为佐药；栀子通泻三焦之火，导热下行从膀胱而出，为使药。诸药合用，共奏泻火解毒之功。

【功能】泻火解毒。

【主治】三焦实热。

【临床应用】**三焦实热** 指实热火毒充斥上、中、下三焦，即上焦心肺实热，中焦脾胃实热，下焦肝肾实热同时出现。证见体温升高，血热发斑，或疮黄疔毒，舌红口干，苔黄，脉数有力，狂躁不安等。猪丹毒及各种家畜的败血症、急性肠炎、菌痢、肺炎、烧伤及其他急性炎症等属火毒炽盛者均可用之。

【不良反应】目前尚未检索到不良反应报道。

【用法与用量】鸡 1～2 片。

【贮藏】密闭，防潮。

【生产企业数量】75 家。

6.4

马牛羊用制剂

6.4.1 粉散剂

七味胆膏散

本品系蒙古族兽医验方。

【处方】胆膏 50g、连翘 150g、木鳖子 125g、麦冬 100g、香附 200g、关木通 50g、丹参 80g。

【制法】以上 7 味，除胆膏外，其余 6 味粉碎成细粉，将胆膏用适量水溶解，混入以上细粉中，充分搅拌，于 60℃以下干燥，过筛，混匀，即得。

【方解】方中胆膏、连翘、麦冬清热解毒、消肿止痛、养胃生津，共为君药；关木通清热利水、止泻止痢，为臣药；木鳖子散结消肿、拔毒排脓，香附理气解郁、消胀止痛，丹参活血祛瘀、凉血消痈，共为佐药。诸药合用，共奏清热解毒、止泻止痢之功。

【功能】清热解毒，止泻止痢。

【主治】羔羊腹泻，痢疾。

【临床应用】羔羊下痢 多因母羊怀孕期间营养不良，初生羔羊体质瘦小，脾胃娇弱；圈舍、饲喂器具或食乳不洁；天气寒热骤变，或饥饱不匀、乳食所伤等，湿热疫毒侵犯胃肠，致脾胃不调，大肠传导失司。证见精神不振，头低耳耷，不食；腹泻，粪便恶臭，状似面糊或稀薄如水，呈黄绿色、黄白色或灰白色，尿短赤；后期粪便带血。口色红燥，舌苔黄腻，脉滑数或细数。

【不良反应】目前尚未检索到不良反应报道。

【用法与用量】羔羊 1～5g。

【贮藏】密闭，防潮。

【生产企业数量】6 家。

大戟散

【处方】京大戟 30g、滑石 90g、甘遂 30g、牵牛子 60g、黄芪 45g、玄明粉 200g、大黄 60g。

【方解】方中京大戟、甘遂峻下逐水，滑石利尿通淋，牵牛子攻逐水草之积，共为君药；大黄、玄明粉荡涤胃肠，大黄借玄明粉软坚之能，玄明粉借大黄推荡之力，相须为用，增强泻下之功，为臣药；君臣药攻逐之力甚强，易伤正气，故以黄芪益气扶正，为佐药。诸药合用，共奏逐水峻下之功。

【功能】逐水，泻下。

【主治】水草肚胀，宿草不转。

【临床应用】

（1）水草肚胀 主证为肚胀。多因饥后饲喂过多，贪食过饱，停积胃肠，滞而不化，发酵膨胀，或多种原因引起的胃肠积水。证见精神不振，食欲大减或废绝，时有呕吐，气味酸臭；腹围增大，触诊腹壁坚实或有痛感、击水音，口臭色红，舌苔黄，脉象弦滑。

（2）宿草不转　即反刍动物瘤胃积食。多因采食大量粗硬难以消化的草料，或劳役过重，或役后急喂，或脾胃素虚，采食过量所致。证见食欲、反刍大减或废绝，左肷部胀硬，按压瘤胃内容物坚硬，回复缓慢而见压痕，嗳气酸臭，回头顾腹，不时踢腹或起卧，呼吸迫促，口色红或赤红，舌津少而黏，脉象洪数或沉而有力。

凡牛瘤胃积食、胃肠积水属于实证者，均可酌情应用。

【不良反应】目前尚未检索到不良反应报道。

【注意事项】本方攻逐之力甚为猛烈。体质素虚者，剂量不宜过大。

【用法与用量】牛 150～300g，加猪油 250g。

【贮藏】密闭，防潮。

【生产企业数量】6 家。

天麻散

【处方】天麻 30g、党参 45g、防风 25g、荆芥 30g、薄荷 30g、制何首乌 30g、茯苓 45g、甘草 25g、川芎 25g、蝉蜕 30g。

【制法】以上 10 味，粉碎，过筛，混匀，即得。

【方解】方中天麻甘温镇痉、平肝养阴、解痉熄风，为君药；防风、荆芥、薄荷解表散风、清利头目，蝉蜕祛风解痉，共为臣药；党参补气健脾，茯苓健脾渗湿，川芎行气活血，何首乌滋肝养血，均为佐药；甘草调和诸药，为使药。诸药合用，共奏疏散风邪、益气活血之功。

【功能】疏散风邪，益气活血。

【主治】脾虚湿邪，慢性脑水肿。

【临床应用】脾虚湿邪　近似于现代兽医学的脑水肿，多因蓄养失调，劳役过度；或放牧阴雨苦淋；或年老体虚，幼驹血气未全，夜露风霜，久卧湿地所致。证见精神沉郁，耳耷头低，眼目半闭，神昏似醉，行立如痴，食欲减少，体温不高。病情渐重，双目全闭，双唇下垂，状似昏睡，前肢交叉站立，行走步态笨拙，采食衔草不嚼或嚼而不咽，饮水不吸或呷水不咽。

【不良反应】目前尚未检索到不良反应报道。

【用法与用量】马、牛 250～300g。

【贮藏】密闭，防潮。

【生产企业数量】6 家。

五味石榴皮散

本品系蒙古族兽医验方。

【处方】石榴皮 30g、红花 25g、益智仁 35g、肉桂 30g、荜茇 25g。

【制法】以上 5 味，粉碎，过筛，混匀，即得。

【方解】方中肉桂味辛、甘、大热、补火助阳、温中除寒，荜茇味辛、性热、温中散寒、下气止痛，二药以辛热之性显温中散寒之功，共为君药；益智仁味辛、性温、温脾暖肾、固气缩尿、涩精摄唾，红花味辛、性温、活血散瘀、止痛，共为臣药；石榴皮味酸涩、性温，能涩肠止泻、止血，为佐药。诸药合用，共奏温脾暖胃之功。

【功能】温脾暖胃。

【主治】胃寒，冷痛。

【临床应用】

（1）**胃寒** 胃腑感受阴寒之邪，使胃气不降，功能失职而呈现以慢草或不食为主要表现的病证，故又称胃寒不食。证见精神倦怠，体瘦毛焦，慢草，耳鼻俱寒；病情严重的，精神沉郁，饮食欲大减，欨吊，下唇下垂，有时口流清涎，肠音不整，大便稀溏，口色淡，舌苔薄白，脉迟细。

（2）**冷痛** 又名伤水起卧，现代兽医学称为肠痉挛或痉挛疝。因外感风寒，内伤阴冷所致的急性腹痛，多见于马属动物。常常发病急骤，病畜呈间歇性腹痛，起卧不安，频频摆尾，前蹄刨地，肠鸣如雷，泻粪如水，鼻塞耳冷，搴唇似笑，口色青黄，口津滑利，脉象沉迟；病情严重者，腹痛剧烈，急起急卧，打滚翻转。

【不良反应】目前尚未检索到不良反应报道。

【注意事项】胃热、胃火、胃食滞以及胃肠湿热均不可应用。

【用法与用量】马、牛 60～120g。

【贮藏】密闭，防潮。

【生产企业数量】12 家。

风湿活血散

【处方】羌活 15g、独活 15g、广防己 15g、防风 10g、荆芥 10g、当归 10g、红花 10g、威灵仙 10g、桂枝 15g、秦艽 10g、槲寄生 10g、续断 20g、苍术 10g、川楝子 10g、香加皮 15g。

【制法】以上 15 味，粉碎，过筛，混匀，即得。

【方解】方中独活、羌活祛风散寒、除湿止痛，为君药；防风、荆芥、广防己、秦艽、威灵仙、苍术祛风除湿、散寒止痛，共为臣药；槲寄生、续断、香加皮、当归、红花祛风湿、补肝肾、强筋骨、养血息风、活血散瘀，共为佐药；桂枝发汗解肌、温经通阳，川楝子舒肝行气、止痛，共为使药。诸药合用，共奏祛风除湿，舒筋活络之功。

【功能】祛风除湿，舒筋活络。

【主治】风寒湿痹，筋骨疼痛。

【临床应用】**风寒湿痹、筋骨疼痛** 风寒湿痹即兽医临床常见的风湿病，筋骨疼痛是其多发的一个症状。多因动物卫气不固，又逢气候突变，夜露风霜，阴雨苦淋，久卧湿地，贼风侵袭，劳役过重，乘热渡河，带汗揭鞍等，风寒湿邪便乘虚而入，伤于肌肤，流窜经络，侵害肌肉、关节、筋骨，引起经络阻塞，气血凝滞，遂成本病。证见肌肉或关节肿痛，皮紧肉硬，四肢跛行，屈伸不利，跛行随运动而减轻。重则关节肿大，肌肉萎缩，甚至卧地不起。风邪偏胜者，疼痛游走不定，常累及多个关节，脉缓；寒邪偏胜者，疼痛剧烈，痛久固定，得热痛减，遇冷痛重，脉弦紧；湿邪偏胜者，疼痛较轻，痛处固定，或肿胀麻木，脉沉缓。

【不良反应】目前尚未检索到不良反应报道。

【注意事项】孕畜忌服。

【用法与用量】马、牛 250～400g。

【贮藏】密闭，防潮。

【生产企业数量】3 家。

半夏散

【处方】姜半夏 30g、升麻 45g、防风 25g、枯矾 45g。

【制法】以上 4 味，粉碎，过筛，混匀，即得。

【方解】方中姜半夏温化寒痰、降逆止呕，为君药；枯矾收涩燥湿、消痰化饮，为臣药，姜半夏配枯矾，和胃降逆，治寒湿痰饮相得益彰；防风、升麻祛风胜湿、解痉和阳，为佐使药。诸药合用，共奏温肺散寒、燥湿化痰之功。

【功能】温肺散寒，燥湿化痰。

【主治】肺寒吐沫。

【临床应用】**肺寒吐沫** 因饲养管理不良、气温突变等所致寒湿之邪入肺，使肺之通调水道与宣发肃降功能失职，津液输布障碍，化为涎沫，逆于口内而吐出的病证。证见频频磨牙，口吐白沫，唇沥清涎，沫多涎少，如雪似绵，洒落槽边桩下，唇舌无疮损。全身症状不甚明显，偶见精神沉郁，头低耳耷，水草迟细，毛焦肷吊，耳鼻四肢发凉，或偶有咳嗽，口腔湿润，口色淡白或青白，舌质绵软，苔薄而润，脉象沉迟。

【不良反应】目前尚未检索到不良反应报道。

【用法与用量】马 150～180g，另用生姜 30g、蜂蜜 60g 为引。

【贮藏】密闭，防潮。

【生产企业数量】8 家。

加味知柏散

【处方】知母（酒炒）120g、黄柏（酒炒）120g、木香 20g、醋乳香 25g、醋没药 25g、连翘 20g、桔梗 20g、金银花 30g、荆芥 15g、防风 15g、甘草 15g。

【制法】以上 11 味，粉碎，过筛，混匀，即得。

【方解】方中知母清热滋阴，黄柏清热解毒、滋阴，共为君药；乳香活血行气，没药活血散瘀，连翘清热解毒、消肿散结，金银花清热解毒，桔梗祛痰排脓，共为臣药；木香行气止痛，荆芥、防风祛风胜湿，共为佐药；甘草清热解毒、调和诸药，为使药。诸药合用，共奏滋阴降火、解毒散瘀、化痰止涕之功。

【功能】滋阴降火，解毒散瘀，化痰止涕。

【主治】脑颡鼻脓，额窦炎。

【临床应用】**脑颡鼻脓（副鼻窦炎）** 多因风热毒邪侵袭脑颡，或湿热内盛上移于脑颡，熏蒸清窍，使气血瘀滞，化为脓涕所致。证见涕液稀白或呈豆腐渣样，气味恶臭，鼻部肿胀，额部叩诊呈浊音。

【不良反应】目前尚未检索到不良反应报道。

【用法与用量】马、骡 250～400g。

【贮藏】密闭，防潮。

【生产企业数量】3 家。

当归苁蓉散

【处方】当归（麻油炒）180g、肉苁蓉 90g、番泻叶 45g、瞿麦 15g、六神曲 60g、木香 12g、厚朴 45g、枳壳 30g、醋香附 45g、通草 12g。

【制法】以上 10 味，粉碎，过筛，混匀，即得。

【方解】方中当归补血润肠，肉苁蓉补肾润肠，共为君药；番泻叶清热通便，为臣药；六神曲消食化积，木香、香附、厚朴、枳壳通行滞气，助君药理气通便，瞿麦、通草利尿以清燥粪所化之热，共为佐使药。诸药合用，共奏润燥滑肠、理气通便之功。

【功能】润燥滑肠，理气通便。

【主治】老、弱、孕畜便秘。

【临床应用】**老、弱、孕畜便秘** 多由老弱久病以及胎产家畜气血不足、津液亏虚所致。证见不时拱腰努责，但气虚无力，排粪困难，排出的粪便干硬量少；严重者，粪便秘结不通。患畜精神短少，肢体无力，舌色淡白，脉弱。

【不良反应】目前尚未检索到不良反应报道。

【用法与用量】马、骡 350～500g，加麻油 250g。

【贮藏】密闭，防潮。

【生产企业数量】15 家。

当归散

【处方】当归 30g、红花 25g、牡丹皮 20g、白芍 20g、醋没药 25g、大黄 30g、天花粉 25g、枇杷叶 20g、黄药子 25g、白药子 25g、桔梗 25g、甘草 15g。

【制法】以上 12 味，粉碎，过筛，混匀，即得。

【方解】方中当归、红花、没药、白芍活血散瘀、止痛，共为君药；牡丹皮、大黄、天花粉、黄药子、白药子清热凉血消肿，大黄尚能助君药行瘀破滞，共为臣药；桔梗、枇杷叶宽胸顺气、利膈散瘀，共为佐药；甘草调和诸药，为使药。诸药合用，共奏活血止痛、宽胸利气之功。

【功能】活血止痛，宽胸利气。

【主治】胸膊痛，束步难行。

【临床应用】闪伤胸膊痛　多由踏空跌倒，闪伤前肢胸膊，瘀血痞气凝结不通所致。证见站立困难，频频换肢，行走时束步难行，跛行。

【不良反应】目前尚未检索到不良反应报道。

【用法与用量】马、牛 250～400g。

【贮藏】密闭，防潮。

【生产企业数量】2 家。

伤力散

【处方】党参 50g、白术（炒焦）40g、茯苓 30g、黄芪 50g、山药 50g、当归 50g、陈皮 50g、秦艽 30g、香附 40g、甘草 40g。

【制法】以上 10 味，粉碎，过筛，混匀，即得。

【方解】方中党参、黄芪补中益气，共为君药；白术益气、健脾燥湿，山药健脾胃，茯苓健脾补中，助君药健脾益气，共为臣药；当归补血，陈皮理气燥湿，秦艽祛湿，香附理气解郁，共为佐药；甘草补中益气、调和诸药，为使药。诸药合用，共奏补虚益气之功。

【功能】补虚益气。

【主治】劳伤气虚。

【临床应用】劳伤气虚　多由素体虚弱或老龄虚弱，加之使役不当或使役过度所致。证见食欲减少，精神不振，欣吊毛焦，体瘦形羸，四肢无力，怠行好卧，呼吸气短，咳声无力，动则气喘、汗出，粪便清稀，完谷不化或水粪齐下，口色淡白，舌绵软无力，脉沉细无力。

【不良反应】目前尚未检索到不良反应报道。

【用法与用量】马、牛 250～350g。

【贮藏】密闭，防潮。

【生产企业数量】10 家。

决明散

【处方】 煅石决明 30g、决明子 30g、栀子 20g、大黄 25g、黄芪 30g、郁金 20g、黄芩 30g、马尾连 25g、醋没药 20g、白药子 20g、黄药子 20g。

【制法】 以上 11 味，粉碎，过筛，混匀，即得。

【方解】 方中石决明、决明子清肝热，消肿痛，退云翳，为君药；马尾连、黄芩、栀子清热泻火，黄药子、白药子凉血解毒，加强清肝解毒作用，为臣药；大黄、郁金、没药散瘀消肿止痛，黄芪补气，均为佐药。诸药合用，共奏清肝明目、消瘀退翳之功。

【功能】 清肝明目，消瘀退翳。

【主治】 肝经积热，云翳遮睛。

【临床应用】

（1）**肝火上炎** 多由外感风热或肝经积热化火所致。证见两目红肿，羞明流泪，视物不清，粪干尿黄，口色鲜红，脉象弦数；结膜炎、角膜炎见上述证候者。

（2）**暴发火眼** 外感风热，入里化火，肝经积热所致。发病突然，证见双目赤红肿胀，眵盛难睁，舌红苔黄，脉数；结膜炎、角膜炎见上述证候者。

（3）**云翳遮睛** 因肝经积热上扰所致。证见眼睑肿胀，羞明流泪，睛生灰白色或蓝色云翳，角膜混浊，白睛血管充盈。口色红，脉洪数；角膜炎见上述证候者。

【不良反应】 目前尚未检索到不良反应报道。

【用法与用量】 马、牛 250～300g。

【贮藏】 密闭，防潮。

【生产企业数量】 3 家。

通肠芍药散

【处方】 大黄 30g、槟榔 20g、山楂 45g、枳实 25g、赤芍 30g、木香 20g、黄芩 30g、黄连 25g、玄明粉 90g。

【制法】 以上 9 味，粉碎，过筛，混匀，即得。

【方解】 方中黄连、黄芩苦寒泻火、保阴止痢，为君药；大黄、玄明粉通肠泻热，以助君药清热解毒、燥湿止泻之功，为臣药；木香调气，赤芍和血，槟榔、山楂、枳实消导积滞，共为佐使药。诸药合用，共奏清热通肠、行气导滞之功。

【功能】 清热通肠，行气导滞。

【主治】 湿热积滞，肠黄下痢。

【临床应用】肠黄下痢 多因湿热或热毒蕴结肠中，脏腑壅塞所致。证见腹痛，排便不畅，下痢赤白，粪味臭，精神不振，耳鼻发热，鼻镜干燥，口色红，脉数。

【不良反应】 目前尚未检索到不良反应报道。

【用法与用量】 牛 300～350g。

【贮藏】 密闭，防潮。

【生产企业数量】 8 家。

理肺散

【处方】 蛤蚧 1 对、知母 20g、浙贝母 20g、秦艽 20g、紫苏子 20g、百合 30g、山药 20g、天冬 20g、马兜铃 25g、枇杷叶 20g、防己 20g、白药子 20g、栀子 20g、天花粉 20g、麦冬 25g、升麻 20g。

【制法】 以上 16 味，粉碎，过筛，混匀，即得。

【方解】方中蛤蚧、百合、浙贝母、马兜铃、枇杷叶、紫苏子清热润肺，降气平喘，为君药；知母、天冬、麦冬、天花粉滋阴润肺，助君药清热润肺，为臣药；栀子、白药子清热解毒，防己、升麻、秦艽利湿以化痰，山药补气，共为佐使药。诸药合用，共奏润肺化痰、止咳定喘之功。

【功能】润肺化痰，止咳定喘。

【主治】劳伤咳喘，鼻流脓涕。

【临床应用】劳伤咳喘　多因劳役过重，耗伤肺气，致使肺宣肃无力而发咳喘。证见食欲减退，精神倦怠，毛焦肷吊，日渐消瘦，咳嗽，气喘，鼻流脓涕，口色淡白，舌质绵软，脉象迟细。

【不良反应】目前尚未检索到不良反应报道。

【用法与用量】马、牛 250～300g。

【贮藏】密闭，防潮。

【生产企业数量】3 家。

猪苓散

【处方】猪苓 30g、泽泻 45g、肉桂 45g、干姜 60g、天仙子 20g。

【制法】以上 5 味，粉碎，过筛，混匀，即得。

【方解】方中猪苓、泽泻渗湿利水止泻，为君药；肉桂、干姜、天仙子温中散寒止泻，共为臣药。诸药合用，共奏利水止泻、温中散寒之功。

【功能】利水止泻，温中散寒。

【主治】冷肠泄泻。

【临床应用】冷肠泄泻　又称寒泻，伤水泻。多因过饮冷水，过服寒凉药物，损伤胃肠，以致清浊不分所致。证见泻粪稀薄如水，甚至呈喷射状排出，遇寒泻剧，遇暖泻缓，肠鸣如雷，食欲减少或不食，精神倦怠，头低耳耷，耳寒鼻冷，间有寒战，尿清长，口色青白或青黄，舌苔薄白，口津滑利，脉象沉迟。

【不良反应】目前尚未检索到不良反应报道。

【用法与用量】马、牛 200～250g。

【注意】孕畜忌服。

【贮藏】密闭，防潮。

【生产企业数量】5 家。

麻黄桂枝散

【处方】麻黄 45g、桂枝 30g、细辛 5g、羌活 25g、防风 25g、桔梗 30g、苍术 30g、荆芥 25g、紫苏叶 25g、薄荷 25g、槟榔 20g、甘草 15g、皂角 20g、枳壳 30g。

【制法】以上 14 味，粉碎，过筛，混匀，即得。

【方解】方中麻黄发汗解表以散风寒，宣利肺气以平喘咳，桂枝发汗解肌，温通经脉，共为君药；荆芥、防风、细辛、紫苏叶、薄荷辛散表邪，羌活、苍术芳香除湿，助君药解表散寒，为臣药；槟榔、枳壳、皂角疏理气机，桔梗宣肺止咳，为佐药；甘草益气和中，调和诸药，为使药。诸药合用，共奏解表散寒、疏理气机之效。

【功能】解表散寒，梳理气机。

【主治】风寒感冒。

【临床应用】风寒感冒　因寒邪束表，肺气失于宣降所致。证见食欲减退或废绝，头低耳耷，腰弓毛咋，耳鼻发凉，遇寒则抖，发热无汗，鼻流清涕，咳嗽气喘，舌无苔或少许薄白苔，脉浮紧。严重者出现肢体拘急，行动不灵。

【不良反应】目前尚未检索到不良反应报道。

【用法与用量】牛 300～400g。

【贮藏】密闭，防潮。

【生产企业数量】52 家。

清热健胃散

【处方】龙胆 30g、黄柏 30g、知母 20g、陈皮 25g、厚朴 20g、大黄 20g、山楂 20g、六神曲 20g、麦芽 30g、碳酸氢钠 50g。

【制法】以上 10 味，除碳酸氢钠外，其余龙胆等 9 味共粉碎成粉末，加碳酸氢钠，过筛，混匀，即得。

【方解】方中龙胆泻肝胆实火，除下焦湿热，为君药；黄柏、知母清热解毒、燥湿，山楂、六神曲、麦芽健胃消食，共为臣药；大黄、陈皮、厚朴泻胃肠之热，理胃肠之气，碳酸氢钠调理胃肠环境，共为佐使药。诸药合用，共奏清热、燥湿、消食之功。

【功能】清热，燥湿，消食。

【主治】胃热不食，宿食不化。

【临床应用】

（1）胃热不食　多因外感或内伤之热客于胃中，内热亢盛，耗伤胃津，胃失濡养，受纳腐熟无力所致。证见耳鼻温热，精神不振，草料迟细，口干舌燥，口渴贪饮，粪球干小，色黑发硬，小便短赤；或口腔腐臭，齿龈肿痛。口色鲜红，舌有黄苔，脉象洪数。牛反刍减少，或仅食草而拒食料，甚至食欲废绝。

（2）宿食不化　多因外感或内伤之热客于胃中，胃受纳腐熟功能受阻，草料停滞于胃，食滞不化所致。证见不食，肚腹胀满，嗳气酸臭，腹痛起卧，粪干，矢气酸臭，口色深红而燥，舌苔厚腻，脉滑实。

【不良反应】目前尚未检索到不良反应报道。

【用法与用量】马、牛 200～300g。孕畜及泌乳期家畜慎用。

【贮藏】密闭，防潮。

【生产企业数量】84 家。

跛行镇痛散

【处方】当归 80g、红花 60g、桃仁 70g、丹参 80g、桂枝 70g、牛膝 80g、土鳖虫 20g、乳香（制）20g、没药（制）20g。

【制法】以上 9 味，粉碎，过筛，混匀，即得。

【方解】方中当归、红花、桃仁活血化瘀、止痛，为君药；丹参散瘀消肿，桂枝通利关节，为臣药；土鳖虫破瘀血、续筋骨，乳香、没药活血定痛，为佐药；牛膝温经通脉，引药下行，为使药。诸药合用，共奏活血、散瘀、止痛之功。

【功能】活血，散瘀，止痛。

【主治】跌打损伤，腰肢疼痛。

【临床应用】跌打损伤、腰肢疼痛　跌打损伤是引起马、牛腰肢疼痛、跛行的常见原因之一。多因使役时滑跌闪伤、扭伤，致使筋骨脉络受损、气瘀血滞而成肿痛、跛行。证见伤后立即出现跛行，且随运动而加剧。腰部闪伤时，腰痛明显，拱腰低头，行走困难，后脚难移，起卧艰难，甚至卧地不起；四肢闪伤时，患肢疼痛明显，负重和屈伸困难。

【不良反应】目前尚未检索到不良反应报道。

【用法与用量】马、牛 200～400g。

【贮藏】密闭，防潮。

【生产企业数量】28 家。

温脾散

【处方】当归 25g、厚朴 30g、青皮 25g、陈皮 30g、益智 30g、牵牛子（炒）15g、细辛 12g、苍术 30g、甘草 20g。

【制法】以上 9 味，粉碎，过筛，混匀，即得。

【方解】方中益智、细辛温中祛寒，共为君药；厚朴、青皮、陈皮理气宽中，当归活血，共为臣药；苍术燥湿健脾，牵牛子逐水，为佐药；甘草缓中，调和诸药，为使药。诸药合用，共奏温中散寒、理气止痛之功。

【功能】温中散寒，理气止痛。

【主治】胃寒草少，冷痛。

【临床应用】

（1）胃寒草少　为脾胃虚寒证。多由饮喂失调，如长期过食冰冻草料、暴饮冷水等引起。证见食欲大减或不食，毛焦欣吊，头低耳聋，鼻寒耳冷，四肢发凉；腹痛，肠音活泼，粪便稀软，尿液清长；口内湿滑，口流清涎，口色青白，舌苔淡白，脉象沉迟。凡慢性胃肠炎、消化不良而见上述证候者均可应用。

（2）冷痛　多因久渴失饮而误饮冷水太过，停住于肠，阳气不升，阴气不降，冷热相击致成腹痛起卧之证。证见腹痛起卧，肠鸣，粪便稀薄，口内湿滑，口流清涎，口色青白，脉象沉迟。凡寒性腹痛、痉挛疝而见上述证候者均可应用。

【不良反应】目前尚未检索到不良反应报道。

【用法与用量】马 200～250g。

【贮藏】密闭，防潮。

【生产企业数量】28 家。

镇心散

【处方】朱砂 10g、茯苓 25g、党参 30g、防风 25g、甘草 15g、远志 25g、栀子 30g、郁金 25g、黄芩 30g、黄连 30g、麻黄 15g。

【制法】以上 11 味除朱砂另研成极细粉外，其余 10 味共粉碎成粉末，过筛，再与朱砂极细粉配研，混匀，即得。

【方解】方中朱砂重镇安神，为君药；黄连、黄芩、栀子清热泻火，茯苓、远志宁心安神，为臣药；郁金凉血解郁、除三焦郁热，防风、麻黄表散风邪，党参扶正以祛邪，为佐药；甘草益气复脉，调和诸药，为使药。诸药合用，共奏镇心安神、清热祛风之功。

【功能】镇心安神，清热祛风。

【主治】惊狂，神昏，脑黄。

【临床应用】心主神明，镇心散主治神志性病证，包括兴奋型和抑制型。兴奋型表现为惊狂，抑制型表现为神昏。

（1）惊狂　惊狂为心黄或心热风邪的主证，病机为痰火扰心。多因六淫或疫疠之邪，入里化热，或气郁化火，上扰心神所致。证见发热，气粗，眼急惊狂，蹬槽越桩，狂躁奔走，咬物伤人以及一些其他兴奋型的表现，舌苔黄腻，脉滑数。凡表里热盛、热极生风所致的惊狂、抽搐而见上述证候者均可应用。

（2）神昏　神昏为脑黄的主证，病机为痰迷心窍。多因湿浊内生，气郁化痰，痰浊阻闭心窍所致。证见神识痴呆，行如酒醉，或昏迷嗜睡，口流痰涎或喉中痰鸣，舌苔腻、脉滑。凡马、骡脑炎、脑膜炎和慢性脑水肿而见以上证候者均可应用。

【不良反应】目前尚未检索到不良反应报道。

【用法与用量】马、牛 250～300g。

【贮藏】密闭，防潮。

【生产企业数量】3 家。

镇痫散

【处方】当归 6g、川芎 3g、白芍 6g、全蝎 1g、蜈蚣 1g、僵蚕 6g、钩藤 6g、朱砂 0.5g。

【制法】以上 8 味，除朱砂另研成细粉外，其余 7 味共粉碎成粉末，过筛，混匀，再与朱砂配研，即得。

【方解】方中钩藤、僵蚕、全蝎、蜈蚣熄风镇痉，涤痰安神，为君药；当归、川芎、白芍补血养阴，熄风，为臣药；朱砂镇心定神，为佐药。诸药合用，共奏活血熄风、解痉安神之功。

【功能】活血熄风，解痉安神。

【主治】幼畜惊痫。

【临床应用】幼畜惊痫　痫证多因肝、脾、肾功能失调，痰火内生，累及于心所致。证见突然倒地，四肢抽搐，肌肉痉挛，两目上翻，牙关紧闭，口吐白沫，头向后弯，呼吸促迫。待气顺痰消，神志清醒。反复发作，久之身体逐渐衰弱，口色淡，脉沉细。本品也可加大剂量用于成年家畜癫痫证。

【不良反应】目前尚未检索到不良反应报道。

【用法与用量】驹、犊 30～45g。

【贮藏】密闭，防潮。

【生产企业数量】1 家。

橘皮散

【处方】青皮 25g、陈皮 30g、厚朴 25g、肉桂 30g、细辛 12g、小茴香 45g、当归 25g、白芷 15g、槟榔 12g。

【制法】以上 9 味，粉碎，过筛，混匀，即得。

【方解】方中青皮、陈皮、当归理气活血，为君药；肉桂、小茴香、厚朴辛温散寒、以驱除里寒，为臣药；白芷、细辛、槟榔温经行水消积，以驱肠内积水，为佐药。诸药合用，共奏理气活血、散寒止痛之功。

【功能】理气止痛，温中散寒。

【主治】冷痛。

【临床应用】冷痛　冷痛多因过饮冷水，或采食冰冻草料、外感寒邪等阴冷之邪直中胃肠，致使寒凝气滞，气血瘀阻，不通则痛，故腹中作痛。证见鼻寒耳冷，口唇发凉，甚或肌肉寒战；阵发性腹痛，起卧不安，或刨地蹴腹，回头观腹，或卧地滚转；肠鸣如雷，连绵不断，粪便稀软带水。少数病例在腹痛间歇期肠音减弱。饮食欲废绝，口内湿滑或流清涎，口温较低，口色青白，脉象沉迟。凡急性寒性腹痛见上述证候者均可应用。

【不良反应】目前尚未检索到不良反应报道。

【用法与用量】马、牛 200～350g。

【贮藏】密闭，防潮。

防风散

【处方】防风 30g、独活 25g、连翘 15g、升麻 25g、柴胡 20g、淡附片 15g、乌药 20g、羌活 25g、当归 25g、甘草 15g、葛根 20g、山药 25g。

【制法】以上 12 味，粉碎，过筛，混匀，即得。

【方解】方中羌活、独活、防风散周身风湿而舒利关节，为君药；升麻、柴胡、葛根祛肌表郁湿而发汗止痛，助君药宣散周身表湿，为臣药；当归、乌药理气血而止痛，淡附片、山药壮肾强腰补气以扶正祛邪，连翘防寒化热，均为佐药；甘草调和诸药，为使药。诸药合用，共奏祛风湿、调气血之功。

【功能】祛风湿，调气血。

【主治】腰胯风湿。

【临床应用】**腰胯风湿**　多因动物体阳气不足，卫气不固，再逢气候突变、夜露风霜、阴雨苦淋、久卧湿地、穿堂贼风、劳役过重、乘热渡河、带汗揭鞍等，风寒湿邪便乘虚而伤于皮肤，流窜经络，引起经络阻塞，气血凝滞所致。证见腰背部肌肉僵硬，疼痛，转动不灵，难起难卧，行动困难。

【不良反应】目前尚未检索到不良反应报道。

【用法与用量】马、牛 250～300g。

【贮藏】密闭，防潮。

【生产企业数量】1 家。

红花散

【处方】红花 20g、醋没药 20g、桔梗 20g、六神曲 30g、枳壳 30g、当归 30g、山楂 30g、厚朴 20g、陈皮 25g、甘草 15g、白药子 25g、黄药子 25g、麦芽 30g。

【制法】以上 13 味，粉碎，过筛，混匀，即得。

【方解】方中红花、没药、当归活血祛瘀，为君药；枳壳、厚朴、陈皮、六神曲、山楂、麦芽行气宽中，消食化积，为臣药；桔梗开胸膈滞气，黄药子、白药子凉血解毒，均为佐药；甘草和中缓急，为使药。诸药合用，共奏活血理气、消食化积之功。

【功能】活血理气，消食化积。

【主治】料伤五攒痛。

【临床应用】**料伤五攒痛**　由饲喂或偷吃精料过多，运动不足，脾胃运化失职，料毒流注肢蹄所致。证见食欲大减，或只吃草不吃料，粪稀带水，有酸臭气味；站立时，腰曲头低，四肢攒于腹下；运步时，束步难行，步幅极短，把前把后，气促喘粗；触诊，蹄温升高，蹄前壁敏感；口色鲜红，脉象洪大。

【不良反应】目前尚未检索到不良反应报道。

【用法与用量】马 250～400g。

【贮藏】密闭，防潮。

【生产企业数量】7 家。

牡蛎散

【处方】煅牡蛎 60g、黄芪 60g、麻黄根 30g、浮小麦 120g。

【制法】以上 4 味，粉碎，过筛，混匀，即得。

【方解】方中牡蛎敛阴止汗，为君药；黄芪益气固表，为臣药；麻黄根、浮小麦收敛止汗，共为佐药。诸药合用，共奏敛汗固表之功。

【功能】敛汗固表。

【主治】体虚自汗。

【临床应用】体虚自汗　由阳虚卫气不固所致。证见白昼休息时即有汗出，轻微使役即出大汗，患畜虚弱无力，呼吸气短，耳鼻及四肢末梢发凉，口色淡白，脉虚无力。

【不良反应】目前尚未检索到不良反应报道。

【用法与用量】马 250～300g。

【贮藏】密闭，防潮。

【生产企业数量】4 家。

肝蛭散

【处方】绵马贯众 60g、槟榔 24g、苏木 25g、肉豆蔻 25g、茯苓 25g、龙胆 25g、木通 25g、甘草 25g、厚朴 25g、泽泻 25g。

【制法】以上 10 味，粉碎，过筛，混匀，即得。

【方解】方中绵马贯众、槟榔杀虫，为君药；苏木活血止痛，龙胆清泻肝胆、利湿、健胃，厚朴行气导滞，共为臣药；木通、茯苓、泽泻健脾渗湿，肉豆蔻温中、涩肠止泻，共为佐药；甘草健脾和中，调和诸药，为使药。诸药合用，共奏杀虫利水、行气健脾之功。

【功能】杀虫利水，行气健脾。

【主治】肝片吸虫病。

【临床应用】肝片吸虫病　是由肝片吸虫引起的寄生虫病。多呈慢性过程，患畜逐渐消瘦，被毛粗乱，黏膜苍白，食欲稍有不振。乳牛泌乳量减少，耕牛耕作能力下降，病情重时下颚、胸前、腹下发生水肿，不时出现腹泻，孕畜流产，甚至极度衰弱死亡。幼畜大量感染时可出现急性型，表现为体温升高，精神萎靡，偶有腹泻，肝区触诊敏感，很快出现贫血，在几天内突然死亡，或转为慢性。

【不良反应】目前尚未检索到不良反应报道。

【用法与用量】牛 250～300g；羊 40～60g。

【贮藏】密闭，防潮。

【生产企业数量】11 家。

补肾壮阳散

【处方】淫羊藿 35g、熟地黄 30g、胡芦巴 25g、远志 35g、丁香 20g、巴戟天 30g、锁阳 35g、菟丝子 35g、五味子 35g、蛇床子 35g、韭菜子 35g、覆盆子 35g、沙苑子 35g、肉苁蓉 30g、莲须 30g、补骨脂 20g。

【制法】以上 16 味，粉碎，过筛，混匀，即得。

【方解】方中巴戟天、肉苁蓉、补骨脂、胡芦巴、淫羊藿温补肾阳，为君药；菟丝子补肝肾、益精髓，锁阳、覆盆子益肾固精，五味子滋阴固精，熟地黄、沙苑子滋补肝肾而益精，蛇床子、韭菜子、丁香温肾助阳，共为臣药；远志、莲须化湿健脾，以填补后天之精，为佐药。诸药合用，共奏温补肾阳之功。

【功能】温补肾阳。

【主治】性欲减退，阳痿，滑精。

【临床应用】

（1）性欲减退　多由素体阳虚，或久病伤肾，或劳损过度，下元亏损所致。证见形寒肢冷，腰痿无力，性欲减退，对处于发情期的母畜缺少反应。

（2）**阳痿**　公畜配种过早或频繁，致使命门火衰，下元虚惫，阳痿而不举。此外，营养不良，劳役过度；或配种偶遭怒打，肝气郁结；或配种不当，闪伤腰胯等均可导致本证发生。证见腰腿软弱，举步无力，见母畜阴茎痿而不举，或举而不坚，厌配或拒配。

（3）**滑精**　多因种公畜配种过多，精窍屡开；或营养不足，劳役过度，致使肾气亏损，下元衰弱，不能封藏所致。证见阴茎频频勃起，流出精液，遇见母畜时加重；或尚未交配，精液早泄，重者拱腰，举尾。口红苔少，脉细数。

【不良反应】目前尚未检索到不良反应报道。

【用法与用量】马、牛 250～350g。

【贮藏】密闭，防潮。

【生产企业数量】9 家。

青黛散

【处方】青黛 200g、黄连 200g、黄柏 200g、薄荷 200g、桔梗 200g、儿茶 200g。

【制法】以上 6 味，粉碎，过筛，混匀，即得。

【方解】方中青黛清热解毒，为君药；黄连、黄柏清热解毒，助青黛消肿，为臣药；薄荷、桔梗疏散风热、清利咽喉，儿茶收敛生肌，共为佐药。诸药合用，共奏清热解毒、消肿止痛之功。

【功能】清热解毒，消肿止痛。

【主治】口舌生疮，咽喉肿痛。

【临床应用】

（1）**口舌生疮**　多因暑热炎天，劳役过重或奔走太急，热邪侵入心经，心经积热，上注于舌，致使舌体溃烂成疮；或异物刺激，饲料中混有木屑、麦芒、碎玻璃、铁丝等异物刺伤口舌而致病。以唇舌肿胀溃烂，口流黏液，甚至带血，口臭难闻，采食困难为常见症状。

（2）**咽喉肿痛**　多因肺胃积热，热毒上攻，结于咽喉所致。证见伸头直项，吞咽不利，口中流涎。

【不良反应】目前尚未检索到不良反应报道。

【用法与用量】将药适量装入纱布袋内，嚼于马、牛口中。

【贮藏】密闭，防潮。

【生产企业数量】20 家。

复明蝉蜕散

【处方】蝉蜕 35g、龙胆 35g、生地黄 25g、菊花 25g、珍珠母 50g、决明子 30g、栀子 25g、黄芩 40g、白芷 25g、防风 25g、苍术 35g、蒺藜 25g、青葙子 25g、木贼 35g、旋覆花 25g。

【制法】以上 15 味，粉碎，过筛，混匀，即得。

【方解】方中蝉蜕、决明子、青葙子、蒺藜、菊花、珍珠母平肝潜阳，疏风清热，退翳明目，为君药；白芷、防风、木贼、苍术祛风散热、消肿排脓，栀子、黄芩、龙胆清实热、泻肝火，共为臣药；生地黄滋阴生津，为佐药；旋覆花消痰行水，为使药。诸药并用，共奏清肝明目、退翳消肿之功。

【功能】清肝明目，退翳消肿。

【主治】目赤肿痛，睛生云翳。

【临床应用】**目赤肿痛，睛生云翳**　多因外感风热，或肝经积热，热邪上冲于眼，而致目赤肿痛或睛生云翳。证见病初头低眼闭，眼睑红肿，生眵流泪，白睛充血，黑睛生翳，后期眼肿减退，不再羞明流泪，一旦白膜遮蔽瞳仁，即翳盛难睁，视力障碍。

【不良反应】目前尚未检索到不良反应报道。

【用法与用量】马、牛 200～300g。

【贮藏】密闭，防潮。

【生产企业数量】0 家。

6.4.2 其他制剂

促孕灌注液

【处方】淫羊藿 400g、益母草 400g、红花 200g。

【制法】以上 3 味，加水煎煮提取后，滤过，滤液浓缩，放冷，分别加入乙醇和明胶溶液除去杂质，药液加注射用水至 1000mL，煮沸，冷藏，滤过，加葡萄糖 50g 使溶解，精滤，灌封，灭菌，即得。

【方解】方中淫羊藿补肾壮阳，为主药；益母草活血通经，兴奋子宫，为臣药；红花活血化瘀，为佐药。诸药合用，共奏补肾壮阳、活血化瘀、催情促孕之功。

【功能】补肾壮阳，活血化瘀，催情促孕。

【主治】卵巢静止和持久黄体性的不孕症。

【临床应用】

（1）卵巢静止　由于体质衰弱，饲养管理不当，或患有生殖器疾病或其他疾病，致使卵巢的机能受到扰乱，卵巢长期处于静止状态。证见母畜长期不发情，或发情不明显，直检见卵巢上无卵泡发育，也无黄体存在。

（2）持久黄体　也称黄体滞留或永久黄体。由于饲养管理不当、子宫疾病或全身性疾病，引起黄体吸收障碍，分泌孕酮作用持续，抑制卵泡发育。证见母畜长期不发情，正常的性周期消失，直检见卵巢上有持久性黄体存在。

【不良反应】目前尚未检索到不良反应报道。

【注意事项】

（1）用药 1 次效果不明显者，再用药 1～2 次，间隔 10d。

（2）并发子宫内膜炎者加用子宫消毒药。

【用法与用量】子宫内灌注：马、牛 20～30mL。

【生产企业数量】27 家。

6.5

水产、蚕、蜂和宠物用制剂

虾蟹脱壳促长散

【处方】露水草 50g、龙胆 150g、泽泻 100g、沸石 350g、夏枯草 100g、筋骨草 150g、

酵母 50g、稀土 50g。

【制法】 以上 8 味，粉碎，过筛，混匀，即得。

【方解】 虾、蟹系水生甲壳类动物，其体表被几丁质和钙化层外壳，须周期性地摆脱硬壳束缚才能实现生长发育。脱壳是甲壳类动物独特的生理特征，是其生长的标志，蜕皮激素是其完成脱壳变态所必需的物质。方中露水草、夏枯草与筋骨草等 3 味药物，均含有 β 蜕皮激素及其类似成分，可促进甲壳类动物完成脱壳过程，为君药；沸石、稀土含丰富的钙及其他矿物质元素，酵母含有丰富的蛋白质与磷脂等营养成分，均可及时补充虾、蟹脱壳后快速生长对钙、磷等矿物质及蛋白质的迫切需求，为臣药；龙胆燥湿泻肝，泽泻渗湿利水，共为佐药。诸药合用，共同发挥缩短脱壳变态过程进而促进生长的作用。

【功能】 促脱壳，促生长。

【主治】 虾、蟹脱壳迟缓。

【临床应用】

（1）脱壳迟缓　蜕皮激素水平不足或饲料营养缺乏所致的虾、蟹脱壳过程延长，表现为不能正常脱壳或脱壳时间延长，生长缓慢，软壳，甚至死亡。

（2）脱壳不同步　表现为脱壳不齐整，个体大小不一。

【不良反应】 目前尚未检索到不良反应报道。

【用法与用量】 虾、蟹饲料中添加 0.1%。

【贮藏】 密闭，防潮。

【生产企业数量】 22 家。

蚌毒灵散

【处方】 黄芩 60g、黄柏 20g、大青叶 10g、大黄 10g。

【制法】 以上 4 味，粉碎，过筛，混匀，即得。

【方解】 黄芩、黄柏、大青叶清热、燥湿、解毒，大黄除泻热解毒的传统功效外还广泛用于水产动物感染性疾病的防治，诸药并用，共奏清瘟之功。

【功能】 清热解毒。

【主治】 蚌瘟病。

【临床应用】 蚌瘟病　由三角帆蚌瘟病病毒引起的一种危害极其严重的蚌病。病蚌在发病初期可见匍匐运动消失，对水的净化能力减弱，排粪减少，喷水无力，贝壳不能紧闭，对外界刺激反应迟钝，斧足紧缩不能伸展；后期不排粪，有少量黏液附于排水孔，严重者张壳死亡。

【不良反应】 目前尚未检索到不良反应报道。

【用法与用量】 挟袋法：每 10 只手术蚌 5g。泼洒法：每 1m³ 水体 1g。

【生产企业数量】 8 家。

蜂螨酊

【处方】 百部 1000g、马钱子（制）1000g、烟叶 1000g。

【制法】 以上 3 味，粉碎成中粉，混匀。加乙醇适量，浸渍 48h，回流提取 2 次，每次 1.5～2h，滤过，合并提取液，静置俟沉淀完全，倾出上清液，浓缩至 1500mL，滤过，即得。

【方解】 方中百部、烟叶杀疥灭虱，为君药；马钱子散结消肿，为臣药；制成酊剂有杀灭蜂螨的作用。

【功能】 杀灭蜂螨。

【主治】蜜蜂寄生螨。

【临床应用】**蜜蜂螨病**　证见蜂群群势急剧下降，死蜂，死蛹，幼蜂足、翅残缺到处乱爬，成蜂采集力下降，寿命缩短。

【不良反应】目前尚未检索到不良反应报道。

【用法与用量】加 3～5 倍水稀释喷雾，每标准群 100～200mL。

【注意】采蜜期禁用。

【贮藏】密封，置阴凉处。

【生产企业数量】1 家。

蚕用蜕皮液

【处方】本品为筋骨草或紫背金盘经加工制成的水溶液。

【制法】取筋骨草或紫背金盘 5000g，切成小段，加水煎煮 2 次，每次 1h，合并煎液，滤过，滤液减压浓缩至约 8000mL，加入乙醇 25000mL，搅拌后静置 24h，滤过，滤液减压回收乙醇，浓缩至约 5000mL，加入乙醇 20000mL，搅拌，静置 12h，滤过，滤液减压回收乙醇，浓缩至约 900mL，滤过，加苯甲酸 5g，加水适量，调节吸光度至规定范围，灌封，即得。

【方解】本方系由筋骨草或紫背金盘制成的单方制剂。筋骨草或紫背金盘都含有可促进家蚕变态的昆虫激素，可有效调节昆虫的生理周期，使家蚕在生长发育过程中能够整齐一致。

【功能】调节家蚕生长发育。

【主治】用于促进家蚕上蔟整齐。

【临床应用】**促进家蚕上蔟整齐**　本品含有能促进家蚕蜕皮变态的活性物质，能调节家蚕生长发育，主要用于促使家蚕老熟一致，上蔟整齐。

【不良反应】目前尚未检索到不良反应报道。

【用法与用量】见有 5% 熟蚕时，取本品 4～5mL，加凉开水 750～1000mL，均匀喷洒在 5～6kg 桑叶上，供 1 万头蚕采食。

【生产企业数量】2 家。

6.6

其他外用制剂

白及膏

【处方】白及 210g、乳香 30g、没药 30g。

【制法】以上 3 味，分别研成细粉。取醋适量，入锅加温，再加入白及粉，不断搅拌，直至熬成稠膏，离火候温，再加入乳香、没药细粉，搅匀，即得。

【方解】方中白及收敛止血、消肿生肌，为君药；没药活血止痛、消肿生肌，为臣药；乳香活血散瘀、理气止痛、消肿生肌，为佐使药。诸药合用，共奏散瘀止痛之功。

【功能】散瘀止痛。

【主治】骨折，闭合性损伤。

【临床应用】骨折与闭合性损伤　多因饲养管理不良、突发性事故所致的机械性损伤，有时也与钙、磷等代谢障碍或其他疾病有关。基本病理变化为组织损伤与血瘀气滞，主要症状为瘀血、肿痛与机能障碍。对于骨折动物，首先应适当麻醉与镇静令其安定，以免因活动挣扎造成二次损伤。然后按一定手法对折断骨骼进行整复并固定，再以白及膏适量，醋调成糊状，敷于患处。对于软组织闭合性损伤，局部剪毛后以白及膏适量，醋调成糊状，敷于患处。

【不良反应】目前尚未检索到不良反应报道。

【用法与用量】外用适量，敷患处。

【贮藏】密封，置阴凉处。

【生产企业数量】17 家。

拨云散

【处方】炉甘石 9g、硼砂 9g、大青盐 9g、黄连 9g、铜绿 9g、硇砂 3g、冰片 3g。

【制法】以上 7 味，粉碎成极细粉，过筛，混匀，即得。

【方解】方中炉甘石退翳明目、敛疮生肌，眼科要药，为君药；冰片、硼砂消肿解毒、防腐，大青盐、铜绿去腐解毒、退目翳，共为臣药；硇砂收湿止痒，硼砂收敛消肿，黄连清心明目，共为佐药。诸药合用，共奏解毒去腐、退翳明目之功。

【功能】解毒去腐，退翳明目。

【主治】云翳遮睛。

【临床应用】

（1）云翳遮睛　因外感风热毒邪的侵袭，以致肝经积热，上应于目，或外伤、化学物质刺激、劳役过度等因素均可引起眼角膜发生云翳点状的称星翳，遮蔽瞳孔，使病畜视力减退，甚至失明，现代医学称角膜炎。

（2）暴发火眼　表现红肿流泪、眼边红烂等眼疾。

【不良反应】目前尚未检索到不良反应报道。

【用法与用量】外用少许点眼。

【贮藏】密闭，防潮。

【生产企业数量】3 家。

桃花散

【处方】陈石灰 480g、大黄 90g。

【制法】先将大黄置于锅内，加水 300mL，煮沸 5～10min，加陈石灰（或熟石灰）搅拌，炒干，粉碎成细粉，过筛，混匀，即得。

【方解】方中陈石灰敛伤止血、解毒防腐，为君药；大黄凉血解毒，增强陈石灰的敛伤止血作用，为臣药；二者配合，收敛，止血。

【功能】收敛，止血。

【主治】外伤出血。

【临床应用】外伤出血　因创伤或其他原因引起身体外部出血。证见局部创伤、出血。

【不良反应】目前尚未检索到不良反应报道。

【用法与用量】外用适量，撒布创面。

【贮藏】密闭，防潮。

【生产企业数量】15 家。

紫草膏

【处方】紫草 60g、金银花 60g、当归 60g、白芷 60g、麻油 500g、白蜡 25g、冰片 6g。

【制法】将紫草、金银花、当归、白芷用麻油在文火上炸枯，去渣后加入白蜡，候温加入冰片，搅匀，即得。

【方解】方中紫草清热解毒，活血凉血，为君药；金银花清热解毒，当归加强凉血解毒、养血生肌之力，为臣药；白芷散结消肿排脓，冰片辛香走窜，活血消肿止痛，为佐药；麻油、白蜡为赋形剂，兼有湿润和保护创面以及生肌作用。诸药合用，共奏清热解毒、生肌止痛功效。

【功能】清热解毒，生肌止痛。

【主治】烫伤，火伤。

【临床应用】烫伤、火伤　又称烧伤。多因高热液体、气体、固体、火焰、易燃品或某些化学物质（如硫酸、硝酸、石灰等）作用于动物体所致。根据烧伤的程度，一般分为三度。一度烧伤：仅皮肤表层损伤，证见皮肤轻度红肿，疼痛，由火焰所致者，被毛烧焦。二度烧伤：皮肤表层与真皮层均有损伤，证见被毛烧光，疼痛，皮肤水肿，有时形成水泡，皮肤表层易脱落，露出紫红色或黄白色创面，重则皮肤表面稍呈干硬，以后形成痂皮。三度烧伤：皮肤全层或深部组织损伤，证见组织呈干性坏死，皮肤干硬，形成焦痂。经 1～2 周后坏死组织开始溃烂、脱落，露出创面，易感染化脓。本品对二度以上烧伤者均可应用。

【不良反应】目前尚未检索到不良反应报道。

【用法与用量】外用适量，涂患处。

【贮藏】密闭，置阴凉处。

【生产企业数量】7 家。

生肌散

【处方】血竭 30g、赤石脂 30g、醋乳香 30g、龙骨（煅）30g、冰片 10g、醋没药 30g、儿茶 30g。

【制法】以上 7 味，除冰片外，其余 6 味粉碎成细粉，加冰片研细，过筛，混匀，即得。

【方解】方中血竭祛瘀定痛，止血生肌，为君药；赤石脂、龙骨与儿茶收涩止血，敛疮生肌，为臣药；乳香、没药活血止痛，消肿生肌，为佐药；冰片清热泻火，消肿止痛，为使药。诸药合用，共奏活血化瘀、生肌敛疮之功。

【功能】活血化瘀、生肌敛疮。

【主治】疮疡。

【临床应用】疮疡　属于中兽医外科的常见病证。多因劳役过度、饮喂失时，气候炎热、奔走太急，外感风邪、内伤草料，致使热邪积于脏腑，循经外传，郁于体表肌腠而发；或因跌扑挫伤，外物所伤，使气血运行不畅，瘀血凝聚于肌腠所致。根据发生部位、病变性质与症状不同而有疮、黄、疔、毒、痈、疽、流注、瘰疬等相应名称。一般感染比较浅表的称为"疡"；感染比较深入的称为"疮"。疮疡局部常伴有红、肿、热、痛或出血，化脓破溃后流出脓汁，机体正气虚弱者溃脓缠绵，久不收口。治疗时对尚未化脓破溃者，局部剪毛消毒后，以生肌散醋调外敷；对已破溃或形成瘘管者，局部剪毛后以 0.5%高锰酸钾水或 3%双氧水或 3%明矾水清洗，除去脓汁及坏死组织，为便于排脓有时需要扩创或引流，然后将生肌散撒布于创面。

【不良反应】目前尚未检索到不良反应报道。

【用法与用量】外用适量，撒布患处。

【贮藏】密闭，防潮。

【生产企业数量】8 家。

擦疥散

【处方】狼毒 120g、猪牙皂（炮）120g、巴豆 30g、雄黄 9g、轻粉 5g。

【制法】以上 5 味，粉碎成细粉，过筛，混匀，即得。

【方解】方中诸药均系辛散有毒之品，联合外用毒杀疥螨，消肿止痒。狼毒攻毒杀虫作用最强，单用有效，为君药；猪牙皂杀虫消痈，巴豆杀虫蚀疮，雄黄杀虫解毒，轻粉杀虫消肿，为臣药。用时以植物油作赋形剂，有浸润、软化痂皮作用，增强了攻毒杀虫威力。

【功能】杀疥螨。

【主治】疥癣。

【临床应用】疥癣　又称疥螨病、癞疮、疥癞等，是由疥螨和痒螨寄生在动物皮内而引起的一种接触性传染的慢性皮肤寄生虫病。以传染性强，传播速度快为其特征。一年四季均可发生，尤以秋、冬季节传播最广。特别是当饲养管理不良，卫生条件差时，最易发生。一般首先发生在嘴唇、口角、耳根、眼周围皮肤，继而蔓延到颈、肩胛、躯干、背部、四肢内侧。证见奇痒不安，不断啃咬和摩擦患部。最初患部皮肤发红，出现丘疹，继而形成水泡。水泡破溃后，流出少量黄色液体，最后结痂。患部皮肤增厚、粗糙、干枯、皱褶。严重的病例，出现全身症状，如食欲减退、精神不振、不愿行走、放牧离群、消瘦、发育停止及贫血等。最后因机体衰竭而死亡。

【不良反应】目前尚未检索到不良反应报道。

【用法与用量】外用适量。将植物油烧热，调药成流膏状，涂擦患处。

【注意】不可内服。如疥癣面积过大，应分区分期涂药，并防止患病动物舔食。

【贮藏】密闭，防潮。

【生产企业数量】7 家。

通关散

【处方】猪牙皂 500g、细辛 500g。

【制法】以上 2 味，粉碎成细粉，过筛，混匀，即得。

【方解】方中猪牙皂味辛散，性燥烈，祛痰开窍，为君药；细辛辛香走串，开窍醒神，为臣药。两药合用有通关开窍、祛痰苏醒之功效。

【功能】通关开窍。

【主治】中暑，昏迷，冷痛。

【临床应用】厥证　因脾虚痰浊内盛，复因肝气上逆，痰随气升，蒙蔽清窍而致病，证见突然昏倒、神志不清、牙关紧闭，四肢厥逆，痰涎壅盛等。

【不良反应】目前尚未检索到不良反应报道。

【用法与用量】外用少许，吹入鼻孔取嚏。

【贮藏】密闭，防潮。

【生产企业数量】3 家。

雄黄散

【处方】 雄黄 200g、白及 200g、白蔹 200g、龙骨（煅）200g、大黄 200g。

【制法】 以上 5 味，粉碎成细粉，过筛，混匀，即得。

【方解】 方中雄黄解毒防腐，为君药；白及消肿生肌、收敛止血，白蔹清热解毒、消肿生肌，龙骨生肌敛疮，为臣药；大黄清热泻火，逐瘀消肿，为佐药。诸药合用，共奏清热解毒、消肿止痛之功。

【功能】 清热解毒，消肿止痛。

【主治】 热性黄肿。

【临床应用】热性黄肿　为阳证疮黄的早期症状。疮是局部化脓性感染的总称。多由六淫之气侵入经络，气血运行受阻，或因劳役过度，饮喂失调，久之畜体衰弱，营卫不和，致使气血凝滞而成。证见患部肿胀，灼热疼痛，严重的可出现发热、精神不振、食欲减退、脉象洪数等全身表现。黄是皮肤完整性未被破坏的软组织肿胀。多因饲养失调，劳役过度，外感病邪，正邪相搏于肌肤，卫气受阻，经络郁塞，气血凝滞而成。证见患部肿硬，间有疼痛或局部发热，继则面积扩大而变软，有的出现波动，刺之流出黄水。凡疮黄初起，证见红肿热痛未溃脓者均可应用。

【不良反应】 目前尚未检索到不良反应报道。

【用法与用量】 外用适量。热醋或热水调成糊状，待温，敷患处。

【贮藏】 密闭，防潮。

【生产企业数量】 5 家。

防腐生肌散

【处方】 枯矾 30g、陈石灰 30g、血竭 15g、乳香 15g、没药 25g、煅石膏 25g、铅丹 3g、冰片 3g、轻粉 3g。

【制法】 以上 9 味，粉碎成细粉，过筛，混匀，即得。

【方解】 方中枯矾、陈石灰、煅石膏吸湿生肌敛疮，为君药；没药、乳香、血竭生肌消肿止痛，冰片清热消肿止痛，为臣药；轻粉防腐止痒，铅丹防腐拔毒生肌，且增加黏性，使各药易于附着创面，为佐使药。诸药合用，共奏防腐生肌、收敛止血之功。

【功能】 防腐生肌，收敛止血。

【主治】 痈疽溃烂，疮疡流脓，外伤出血。

【临床应用】

（1）**痈疽溃烂，疮疡流脓**　多由六淫之气侵入经络，聚于局部，气血运行受阻，气血凝滞，瘀而化腐所致。痈疽疮疡破溃处流出黄色或绿色稠脓，带恶臭味，或夹杂有血丝或血块，疮面呈赤红色，有时疮面被褐色痂皮覆盖。

（2）**外伤出血**　金刃伤、枪弹伤、虫兽咬伤以及跌打损伤等所致脉管破损，血液外溢。证见局部破损，有血液流出。

【不良反应】 目前尚未检索到不良反应报道。

【用法与用量】 外用适量，撒布创面。

【贮藏】 密闭，防潮。

【生产企业数量】 24 家。

如意金黄散

【处方】 天花粉 60g、黄柏 30g、大黄 30g、姜黄 30g、白芷 30g、厚朴 12g、苍术 12g、

甘草 12g、陈皮 12g、生天南星 12g。

【制法】以上 10 味，粉碎，过筛，混匀，即得。

【方解】方中黄柏、大黄清热燥湿，泻火解毒，共为君药；姜黄破血通经、消肿止痛，白芷、天花粉燥湿消肿、排脓止痛，加强君药解毒消肿之效，共为臣药；陈皮、厚朴燥湿化痰、行滞消肿，苍术燥湿辟秽、逐皮间结肿，生天南星燥湿散结、消肿止痛，共为佐药；甘草清热解毒，调和药性，为使药。诸药合用，共奏清热除湿、消肿止痛之功。

【功能】清热除湿，消肿止痛。

【主治】红肿热痛，痈疽黄肿，烫火伤。

【临床应用】

（1）疮疡　由热毒瘀滞皮肤所致。证见病变局部肿胀，皮肤发红，触之温热，有疼痛感。

（2）烫火伤　由于高温、放射性或化学物质作用于畜体所致。证见局部脱毛潮红，肿胀疼痛，皮破流水，甚至皮肉腐烂。严重者，可出现全身症状。

【不良反应】目前尚未检索到不良反应报道。

【用法与用量】外用适量。红肿热痛，漫肿无头者，用醋或鸡蛋清调敷；烫火伤，用麻油调敷。

【注意】不可内服。

【贮藏】密闭，防潮。

【生产企业数量】4 家。

参考文献

[1] 中国兽药协会 . 兽药产业发展报告 . 2014—2020.

[2] 中国兽药典委员会 . 中华人民共和国兽药典[M]. 北京: 中国农业出版社, 2020.

[3] 郭晔, 刘业兵 . 兽用中药制剂工[M]. 北京: 中国农业出版社, 2020.

[4] 中国兽药典委员会 . 兽药使用指南[M]. 北京: 中国农业出版社, 2011.

[5] 范开, 张克家, 许剑琴 . 中兽医方剂辨证应用及分析[M]. 北京: 化学工业出版社, 2006.

[6] 陈正伦 . 兽医中药药理学[M]. 北京: 中国农业出版社, 1995.

[7] 郑虎占, 董泽宏, 佘靖 . 中药现代研究与应用[M]. 北京: 学苑出版社, 1998.

[8] 周金黄, 王筠默 . 中药药理学[M]. 上海: 上海科学技术出版社, 1986.

[9] 周邦靖 . 常用中药的抗菌作用及其测定方法[M]. 重庆: 科学技术文献出版社重庆分社, 1987.

[10] 王本祥 . 现代中药药理与临床[M]. 天津: 天津科技翻译出版有限公司, 2004.

第 7 章
兽用化学药品产业的发展

7.1

原料药

7.1.1 抗菌药

7.1.1.1 抗生素

（1）β-内酰胺类

① 青霉素类

青霉素钠

天然青霉素中最常用的是青霉素钠（亦称青霉素 G 钠）。1928 年，英国科学家 Fleming 偶然发现了青霉菌。一个培养皿中的培养基上，从空气中落入的绿色霉菌形成了菌落，而在它的周围，所有原先生长的可以致病的葡萄球菌完全消失。Fleming 认为是这种绿色霉菌分泌的物质杀死了周围的葡萄球菌。1929 年，Fleming 把他的发现和试验经过写成论文，发表于英国期刊 "British Journal of Experimental Pathology" 上。他把这种绿色的青霉菌所分泌物的物质命名为 "青霉素（Penicillin）"。1938 年，Chain 和 Florey 等科学家成功地从青霉菌的培养液中分离制得青霉素，它的杀菌能力空前，当时的王牌抗感染药磺胺无法与之比拟。1940 年，已制备了满足人体肌肉注射的青霉素制品。由于青霉素的发现，挽救了无数感染性病人的生命，Fleming、Florey 和 Chain 因此同时获得了 1945 年诺贝尔生理学或医学奖。

1953 年 5 月，中国第一批国产青霉素诞生，揭开了中国生产抗生素的历史。目前，中国为青霉素生产大国，国内生产的青霉素，已占世界产量的近 70%。

青霉素钠的生产分为发酵和提取两个步骤，在提取过程中应用最广泛的是溶媒萃取法。此外，也有研究用乳状液膜法和支撑液膜法来提取青霉素钠。青霉素钠的内酰胺键易被水、酸、碱、金属离子等分解而使其失去活性，且分子易发生重排。其水溶液不稳定，在室温下抗菌活性迅速下降，甚至生成具有抗原性的降解产物，在 pH 6.0~6.8 时较稳定，因为该品只能制成固体粉针制剂。青霉素钠在碱性条件下即可使 β-内酰胺环破坏，分解为青霉噻唑酸；在酸性溶液中引起分子重排，生成青霉酸；在酸性并加热的条件下，分解为青霉胺和青霉醛酸，重排和分解产物均失去药效而无抗菌作用；在羟胺作用下，β-内酰胺环破裂，生成 α-羟胺青霉噻唑酸，后者在稀酸中与高铁离子生成酒红色络合物。

【理化性质】

青霉素钠化学名称为(2S,5R,6R)-3,3-二甲基-6-(2-苯乙酰氨基)-7-氧代-4-硫杂-1-氮杂双环[3.2.0]庚烷-2-甲酸钠盐；CAS 号：69-57-8；分子式：$C_{16}H_{17}N_2NaO_4S$；分子量：356.37；白色结晶性粉末；在水中极易溶解；在乙醇中溶解，在脂肪油或液体石蜡中不溶。

【结构式】

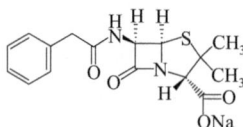

【合成工艺】

青霉素钠的生产分为发酵和提取两个步骤，采用的原始菌种为点青霉菌，现用产黄青霉素，按菌丝的形态分为丝状菌（黄孢子和绿孢子）和球状菌（绿孢子和白孢子）两种，国内青霉素生产厂大都采用绿孢子丝状菌，个别厂家采用白孢子球状菌。在提取工程中溶媒萃取法应用最广泛。

发酵工艺流程：

A. 产黄青霉素丝状菌发酵工艺流程：

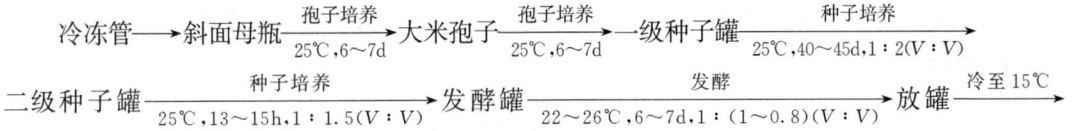

冷冻管 $\longrightarrow$ 斜面母瓶 $\xrightarrow[25℃,6\sim7d]{孢子培养}$ 大米孢子 $\xrightarrow[25℃,6\sim7d]{孢子培养}$ 一级种子罐 $\xrightarrow[25℃,40\sim45d,1:2(V:V)]{种子培养}$

二级种子罐 $\xrightarrow[25℃,13\sim15h,1:1.5(V:V)]{种子培养}$ 发酵罐 $\xrightarrow[22\sim26℃,6\sim7d,1:(1\sim0.8)(V:V)]{发酵}$ 放罐 $\xrightarrow{冷至15℃}$

提炼

B. 产黄青霉素球状菌发酵工艺流程：

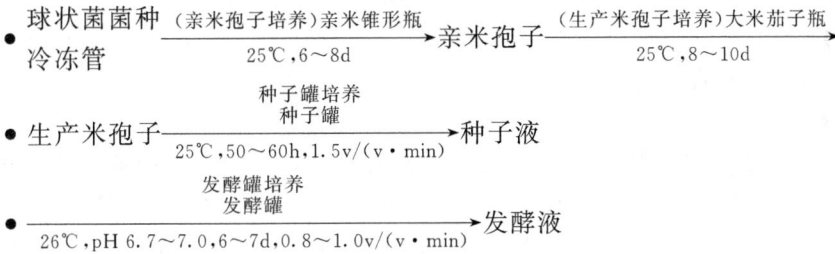

• 球状菌菌种
  冷冻管 $\xrightarrow[25℃,6\sim8d]{（亲米孢子培养）亲米锥形瓶}$ 亲米孢子 $\xrightarrow[25℃,8\sim10d]{（生产米孢子培养）大米茄子瓶}$

• 生产米孢子 $\xrightarrow[25℃,50\sim60h,1.5v/(v\cdot min)]{\text{种子罐培养}\atop 种子罐}$ 种子液

• $\xrightarrow[26℃,pH\ 6.7\sim7.0,6\sim7d,0.8\sim1.0v/(v\cdot min)]{\text{发酵罐培养}\atop 发酵罐}$ 发酵液

提取：

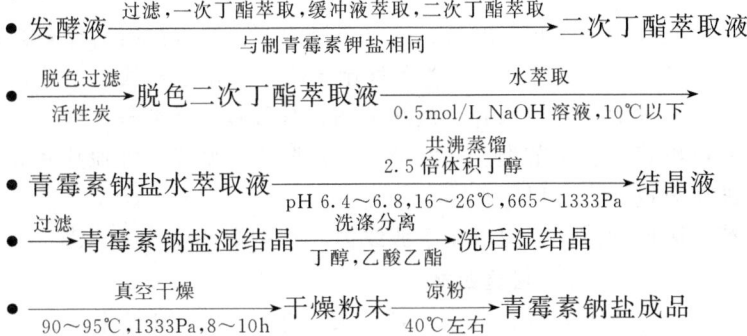

• 发酵液 $\xrightarrow[与制青霉素钾盐相同]{过滤，一次丁酯萃取，缓冲液萃取，二次丁酯萃取}$ 二次丁酯萃取液

• $\xrightarrow[活性炭]{脱色过滤}$ 脱色二次丁酯萃取液 $\xrightarrow[0.5mol/L\ NaOH溶液，10℃以下]{水萃取}$

• 青霉素钠盐水萃取液 $\xrightarrow[pH\ 6.4\sim6.8,16\sim26℃,665\sim1333Pa]{\text{共沸蒸馏}\atop 2.5倍体积丁醇}$ 结晶液

• $\xrightarrow{过滤}$ 青霉素钠盐湿结晶 $\xrightarrow[丁醇,乙酸乙酯]{洗涤分离}$ 洗后湿结晶

• $\xrightarrow[90\sim95℃,1333Pa,8\sim10h]{真空干燥}$ 干燥粉末 $\xrightarrow[40℃左右]{凉粉}$ 青霉素钠盐成品

【药理药效】

青霉素抗菌作用机理主要是抑制细菌细胞壁黏肽的合成。生长期的敏感菌分裂旺盛，细胞壁处于生物合成期，在青霉素的作用下，黏肽的合成受阻不能形成细胞壁，在渗透压作用下导致细胞膜破裂而死亡。非生长繁殖期的细菌，此时不需合成细胞壁，则青霉素不起杀菌作用，不应将青霉素这类"繁殖期杀菌剂"与抑制细菌生长繁殖的"快效抑菌剂"（如氟苯尼考、四环素类、红霉素等）合用。后者使细菌处于生长抑制状态，导致青霉素不能发挥作用。

青霉素为窄谱抗生素，主要对多种革兰阳性菌和少数革兰阴性菌有作用。主要敏感菌有葡萄球菌、链球菌、猪丹毒杆菌、棒状杆菌、破伤风梭菌、放线菌、炭疽杆菌、螺旋体等。对分枝杆菌、支原体、衣原体、立克次体、诺卡菌、真菌和病毒均不敏感。

用于治疗革兰阳性菌感染，也可用于放线菌、钩端螺旋体等的感染。

青霉素钾

青霉素钾又名汴青霉素，汴青霉素 G 钾盐，是广谱的青霉素抗生素。本品对流感嗜血杆菌和百日咳鲍特菌亦具一定抗菌活性，其他革兰阴性需氧或兼性厌氧菌对本品敏感性差；对梭状芽孢杆菌属、消化链球菌厌氧菌以及产黑色素拟杆菌等具良好抗菌作用，对脆弱拟杆菌的抗菌作用差。

【理化性质】

青霉素钾化学名为(2S,5R,6R)-3,3-二甲基-6-(2-苯乙酰氨基)-7-氧代-4-硫杂-1-氮杂双环[3.2.0]庚烷-2-甲酸钾盐；CAS 号：113-98-4；分子式：$C_{16}H_{17}KN_2O_4S$；分子量：372.48；白色晶体性粉末，无臭或微有特异性臭，有吸湿性。本品易溶于水、生理盐水、葡萄糖溶液；其水溶液在室温放置易失效，遇酸、碱、氧化剂等迅速失效。

【结构式】

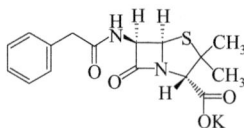

【合成工艺】

发酵工艺流程参考青霉素钠。

【药理药效】

青霉素类抗生素是 β-内酰胺类中一大类抗生素的总称，它们具有相似的作用机理，即作用于细菌肽聚糖的转化-合成过程中，阻止肽聚糖合成，进而导致细菌体失去抵抗渗透压的能力而胀破。由于 β-内酰胺类作用于细菌的细胞壁，而人类细胞只有细胞膜无细胞壁，故对人类的毒性较小。

青霉素钾盐肌内注射后吸收迅速，15～30min 达血药峰浓度，肌内注射后血药浓度维持 0.5μg/mL 以上的时间为 6～7h。主要用于革兰阳性菌感染，亦用于放线菌及钩端螺旋体等的感染，如猪丹毒、气，肿疽、恶性水肿、放线菌病、马腺疫、坏死杆菌病、钩端螺旋体病及乳腺炎、皮肤软组织感染、关节炎、子宫炎、肾盂肾炎、肺炎、败血症和破伤风等。治疗破伤风时宜与破伤风抗毒素合用。

青霉素钾用于治疗革兰阳性菌感染，也可用于放线菌、钩端螺旋体等的感染。

阿莫西林

阿莫西林是临床上常用的广谱半合成青霉素类抗生素，于 1972 年开始上市，该药列名于世界卫生组织基本药物标准清单，为医疗系统必备药物之一。由于其分子中含有 β-内酰胺结构的不稳定性，容易受水、碱及青霉素酶等作用，水解破裂而生成失去活性，甚至聚合产生致敏性的杂质。阿莫西林在酸性条件下稳定，胃肠道吸收率达 90%，较氨苄西林吸收更迅速、完全，除对志贺菌效果较氨苄西林差以外，其余效果相似。

阿莫西林杀菌作用强，穿透细胞壁的能力也强。口服后药物分子中的内酰胺基立即水解生成肽键，迅速和菌体内的转肽酶结合使之失活，切断菌体依靠转肽酶合成糖肽用来建造细胞壁的唯一途径，使细菌细胞迅速成为球形体而破裂溶解，菌体最终因细胞壁受损水分不断渗透而胀裂死亡。对大多数致病的革兰阳性菌和革兰阴性菌（包括球菌和杆菌）均有强大的抑菌和杀菌作用。血液透析能清除部分药物，但腹膜透析无清除本品的作用。

【理化性质】

阿莫西林 CAS 号：26787-78-0；分子式：$C_{16}H_{19}N_3O_5S$；分子量：365.4；本品为白色或类白色结晶性粉末，味微苦。在水中微溶，在乙醇中几乎不溶，酸性条件下稳定。密度：1.54g/cm³；沸点：743.2℃；闪点：403.3℃。

【结构式】

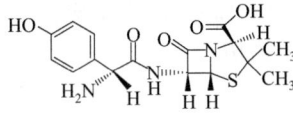

【合成工艺】

混酐制备：羟基邓盐74g，溶于225mL二氯甲烷中，加31.5mL N,N-二甲基乙酰胺助溶，加催化剂0.134mL，降温加特戊酰氯30mL，在$-25\sim-20℃$下搅拌2h，降温加入0.9mL 2-乙基己酸。

6-APA溶解：在58mL二氯甲烷中加入50g 6-APA，控制温度15℃，加37mL三乙胺，加9.2mL水，在25℃下搅拌溶解，降温到0℃。

缩合反应：在$-50℃$下，控制在15min内加入6-APA溶液，在$-50\sim-35℃$搅拌反应3h，最终温度$-25℃$。

水解：加水400mL，加盐酸，在$12\sim15℃$下搅拌5min，此时pH<1.0，分相，分出二氯甲烷层350mL，过滤水相，转到结晶反应器，用50mL水冲洗分相漏斗。

结晶：低温下用浓氨水调pH至5.2，静置2h，过滤，用1000mL丙酮洗涤后，干燥称重。

【药理药效】

阿莫西林属β-内酰胺类抗生素，具有广谱抗菌作用。通过抑制细菌细胞壁的合成以产生抗菌作用。它抑制作为革兰阳性菌和革兰阴性菌细胞壁主要成分的线性肽聚糖聚合物链之间的联结。

抗菌谱及抗菌活性与氨苄西林基本相同，对大多数革兰阳性菌的抗菌活性稍弱于青霉素，对青霉素酶敏感，故对耐青霉素的金黄色葡萄球菌无效。对革兰阴性菌如大肠埃希菌、变形杆菌、沙门菌、嗜血杆菌、布鲁菌和巴氏杆菌等有较强的作用，但这些细菌易产生耐药性。对铜绿假单胞菌不敏感。由于其在单胃动物的吸收比氨苄西林好，血药浓度较高，故对全身性感染的疗效较好。适用于敏感菌所致的呼吸系统、泌尿系统、皮肤及软组织等全身感染。

阿莫西林对胃酸相当稳定，单胃动物内服后74%～92%吸收。胃肠道内容物影响其吸收速率，但不影响吸收程度，故可混饲给药。同等剂量内服后，阿莫西林血清浓度比氨苄西林高1.5～3倍。

本品与氨基糖苷类合用，可提高后者在菌体内的浓度，呈现协同作用。

大环内酯类、四环素类和酰胺醇类等快效抑菌剂对本品的杀菌作用有干扰作用，不宜合用。

用于治疗鸡对阿莫西林敏感的革兰阳性菌和革兰阴性菌感染。

苯唑西林钠

苯唑西林（oxacillin）属于半合成的异噁唑类，具有耐酸和耐葡萄球菌青霉素酶的性质。苯唑西林对产青霉素酶的葡萄球菌具有良好抗菌活性，对产酶金黄色葡萄球菌菌株有效，但对各种链球菌和不产青霉素酶的葡萄球菌的抗菌活性则逊于青霉素G。本品疗效较好、耐受性好、安全性高，是较理想的抗菌药物。

【理化性质】

苯唑西林钠化学名为(2S,5R,6R)-3,3-二甲基-6-(5-甲基-3-苯基-4-噁唑基甲酰氨基)-

7-氧代-4-硫杂-1-氮杂双环[3.2.0]庚烷-2-羧酸钠盐；CAS 号：1173-88-2；分子式：$C_{19}H_{18}N_3NaO_5S$；分子量：423.42；白色结晶性粉末，无臭或微臭，味苦。可溶于水、乙醇，不溶于乙醚、丙酮，微溶于氯仿。

【结构式】

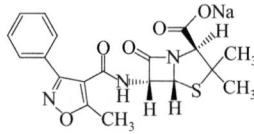

【合成工艺】

28.9g 5-甲基-3-苯基异噁唑-4-酰氯溶于 173mL 丙酮溶液，分批加入 28.1g 6-APA 和溶于 712mL 水与 192mL 丙酮溶液的 28.5g 碳酸氢铵，冷至 5℃，加入该混合物于室温搅拌 2h，150mL 丁酸乙酯萃取，分出水相，用 200mL 丁酸乙酯提取。水层用 87mL 10% 的硫酸调 pH 至 2.5，再用 100mL 丁酸乙酯提取。合并有机层，无水硫酸镁干燥，滤除干燥剂，加入溶于 87.2mL 乙醇的氢氧化钠（5.6g）溶液，滴加过程保持温度 0～2℃。30min 后，固体析出，继续搅拌 30min，于 5℃下放置 3h，滤出固体，分别用丁酸乙酯、丙酮洗涤，665Pa 下于 60℃干燥 1.5h，得 45.3g 本品。

【药理药效】

苯唑西林通过其 β-内酰胺环与青霉素结合蛋白共价结合，干扰转肽反应并抑制肽聚糖的合成，最终通过破坏细菌细胞壁的完整性，使细胞自溶而杀死活跃生长的细菌。

苯唑西林属 β-内酰胺类抗菌药，其抗菌谱比青霉素窄，但不易被青霉素酶水解，对耐青霉素的产酶金黄色葡萄球菌有效，对不产酶菌株和其他对青霉素敏感的革兰阳性菌的杀菌作用不如青霉素。肠球菌对本品耐药。

苯唑西林与氨苄西林或庆大霉素合用可增强对细菌的抗菌活性。

大环内酯类、四环素类和酰胺醇类等快效抑菌剂对青霉素类的杀菌活性有干扰作用，不宜合用。

重金属离子（尤其是铜、锌、汞）、醇类、酸、碘、氧化剂、还原剂、羟基化合物，呈酸性的葡萄糖注射液或盐酸四环素注射液等可破坏青霉素的活性，属配伍禁忌。

苯唑西林主要用于敏感菌引起的败血症、肺炎、乳腺炎、烧伤创面感染等。

氯唑西林钠

氯唑西林钠是耐酶、耐酸的半合成青霉素。

【理化性质】

氯唑西林钠化学名为 (2S,5R,6R)-3,3-二甲基-6-[5-甲基-3-(2-氯苯基)-4-异噁唑甲酰氨基]-7-氧代-4-硫杂-1-氮杂双环[3.2.0]庚烷-2-甲酸钠盐；CAS 号：642-78-4；分子式：$C_{19}H_{19}ClN_3NaO_5S$；分子量：459.88。本品为白色粉末或结晶性粉末；微臭，味苦；有引湿性。本品在水中易溶，在乙醇中溶解，在醋酸乙酯中几乎不溶。

【结构式】

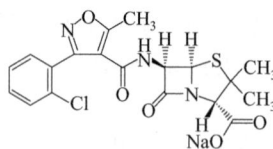

【合成工艺】

氯唑西林钠是耐酶、耐酸的半合成抗生素。以邻氯苯甲醛为原料，经与盐酸羟胺肟化制得邻氯苯甲肟，它与氯气在乙醇中氯化制得邻氯苯甲肟氯的乙醇液，此乙醇液与乙酰乙酸乙酯在正己烷中酯化，水解制得邻氯苯甲异唑酸，从邻氯苯甲肟三步收率71％。与POCl₃酰化制得邻氯苯甲异唑甲酰氯，所得的酰氯13.2g以10mL丙酮溶解，10g 6-APA悬浮于300mL水中，用NaOH溶清，加丙酮液反应60min，以醋酸丁酯提取，硫酸酸化至pH为2.0～2.5，醋酸丁酯液中加入5mL甲醇，加入异辛烷钠7.7g的醋酸丁酯液，即析出苯唑西林钠结晶19.2g，收率90％。

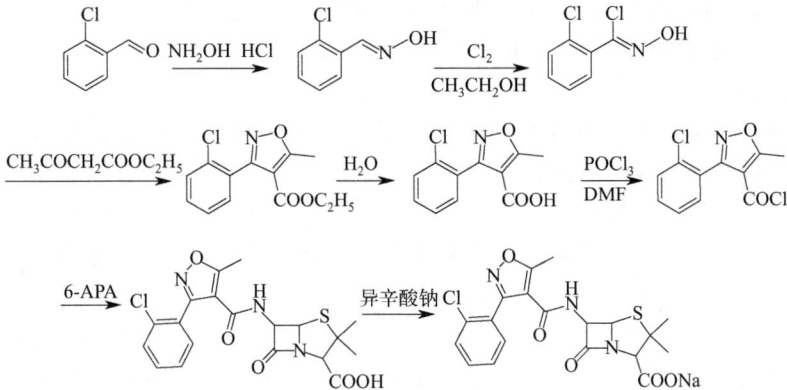

【药理药效】

氯唑西林是一种具有抗菌活性的半合成β-内酰胺酶抗性青霉素抗生素。氯唑西林与位于细菌细胞壁内膜上的青霉素结合蛋白（PBP）结合并使其失活，从而阻止肽聚糖的交联，肽聚糖是细菌细胞壁的关键成分，最终导致细菌细胞裂解。

氯唑西林属β-内酰胺类，其抗菌谱比青霉素窄，类似苯唑西林，但不易被青霉素酶水解，对耐青霉素的产酶金黄色葡萄球菌有效，在苯环上增加氯离子使体外抗葡萄球菌的活性有所增强。对大多数革兰阳性菌特别是耐青霉素金黄葡萄球菌有效，其MIC为0.29（0.0621～1.0）μg/mL。对不产酶菌株和其他对青霉素敏感的革兰阳性菌的杀菌作用不如青霉素。

本品耐酸，内服吸收快但不完全，受胃内容物影响可降低其生物利用度，故宜空腹给药。

氯唑西林钠溶液与下列药物溶液呈物理性配伍禁忌（产生混浊、絮状物或沉淀）：琥乙红霉素、盐酸土霉素、盐酸四环素、硫酸庆大霉素、硫酸多黏菌素B、维生素C和盐酸氯丙嗪。

氯唑西林与硫酸黏菌素、硫酸卡那霉素溶液混合即失效。

氯唑西林用于治疗耐青霉素葡萄球菌感染的乳腺炎。

苄星氯唑西林

苄星氯唑西林也叫苄星邻氯青霉素，邻氯青霉素的二苄基乙二胺盐，是一种半合成广谱抗生素，主要用于奶牛乳腺炎的治疗。

【理化性质】

苄星氯唑西林是邻氯青霉素的二苄基乙二胺盐；CAS号：23736-58-5；分子式：$(C_{19}H_{18}ClN_3O_5S)_2 \cdot C_{16}H_{20}N_2$；分子量：1112.11；本品为白色或类白色结晶性粉末，

在甲醇中易溶，在三氯甲烷中溶解，在水或乙醇中不溶。

【结构式】

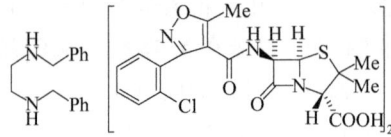

【合成工艺】

将 6-APA 在乙醇或丙酮的水溶液中溶于稀碱液后，与邻氯苯甲异噁唑酰氯缩合直接得到邻氯青霉素钠的溶液，再与 DBED 的水溶液进行反应结晶，减压抽滤，乙醇或丙酮的水溶液洗涤三次制得产品，工艺的总收率达 85％以上。

【药理药效】

苄星氯唑西林属于 β-内酰胺类抗生素，通过与膜上相应的青霉素结合蛋白（PBPs）结合并影响其功能，导致细菌破裂死亡。

对部分革兰阴性菌、葡萄球菌和链球菌引起的感染能有效治疗。治疗原理主要是通过抑制细胞壁的黏肽合成，造成细菌细胞壁缺损，进而大量的水分涌进细菌体内，使细菌肿胀、破裂、死亡。本品耐酸、耐酶，不易被青霉素酶水解。对大多数革兰阳性菌特别是耐青霉素金黄色葡萄球菌有效，但对不产酶菌株及 A 组溶血性链球菌、肺炎球菌、草绿色链球菌、表皮葡萄球菌等革兰阳性球菌的抗菌活性比青霉素弱。粪肠球菌对本品耐药。

本品与下列药物溶液呈物理性配伍禁忌（产生混浊、絮状物或沉淀）：琥乙红霉素、盐酸土霉素、盐酸四环素、硫酸庆大霉素、硫酸多黏菌素 B、维生素 C 和盐酸氯丙嗪。

本品与黏菌素甲磺酸钠、硫酸卡那霉素溶液混合即失效。

本品主要用于治疗敏感菌引起的奶牛干乳期乳腺炎。

普鲁卡因青霉素

普鲁卡因青霉素为青霉素的普鲁卡因盐，为普鲁卡因青霉素与青霉素钠（钾）加适宜的悬浮剂与缓冲剂制成的无菌粉末，其抗菌活性成分为青霉素。该品为青霉素长效品种，不耐酸，不能口服，只能肌内注射，禁止静脉给药。该品抗菌谱与作用机制同青霉素。

【理化性质】

普鲁卡因青霉素化学名为对氨基苯甲酰基 2-(二乙氨基)乙酯(6R)-6-(2-苯基乙酰氨基)青霉烷酸盐一水合物；CAS 号：54-35-3；分子式：$C_{29}H_{38}N_4O_6S$；分子量：570.7；沸点：663.3℃；闪点：355℃；本品为白色结晶性粉末；遇酸、碱或氧化剂等即迅速失效，在甲醇中易溶，在乙醇中略溶，在水中微溶。

【结构式】

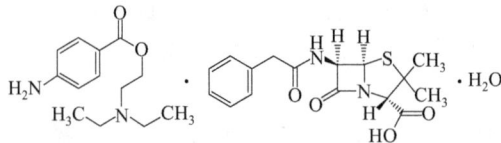

【合成工艺】

将盐酸普鲁卡因溶于 22mL 浓盐酸，配制成普鲁卡因盐酸溶液；将 75g 青霉素 G 钾溶于 25mL 纯化水，加入 37.5mL 甲醇，制成青霉素 G 钾盐溶液；5℃下向普鲁卡因溶液中流加钾盐溶液，5min 加完；反应 3h 后，得到反应液 150mL。加入二氯甲烷 200mL、甲醇 100mL，充分搅拌后用分液漏斗静置，取下层有机相，将有机相常温下减压蒸馏 2h，得到油状液体；常温下真空干燥 24h，得到黄色粗品。

【药理药效】

普鲁卡因青霉素属 β-内酰胺类抗生素，抗菌活性强，其抗菌作用机理主要是抑制细菌细胞壁黏肽的合成。生长期的敏感菌分裂旺盛，细胞壁处于生物合成期，在青霉素的作用下，黏肽的合成受阻不能形成细胞壁，在渗透压作用下导致细胞膜破裂而死亡。主要对多种革兰阳性菌和少数革兰阴性球菌有作用。主要敏感菌有葡萄球菌、链球菌、猪丹毒杆菌、棒状杆菌、破伤风梭菌、放线菌、炭疽杆菌、螺旋体等。对分枝杆菌、支原体、衣原体、立克次体、诺卡菌、真菌和病毒均不敏感。限用于对青霉素高度敏感的病原菌，不宜用于治疗严重的感染。

普鲁卡因青霉素肌内注射后，在局部水解释放出青霉素后被缓慢吸收。达峰时间较长，血中浓度低，但作用较青霉素持久。普鲁卡因青霉素大量注射可引起普鲁卡因中毒。

青霉素与氨基糖苷类合用，可提高后者在菌体内的浓度，故呈现协同作用。

大环内酯类、四环素类和酰胺醇类等快效抑菌剂对青霉素的杀菌活性有干扰作用，不宜合用。

重金属离子（尤其是铜、锌、汞）、醇类、酸、碘、氧化剂、还原剂、羟基化合物，呈酸性的葡萄糖注射液或盐酸四环素注射液等可破坏青霉素的活性，属配伍禁忌。

本品与一些药物溶液（如盐酸氯丙嗪、盐酸林可霉素、酒石酸去甲肾上腺素、盐酸土霉素、盐酸四环素、B 族维生素及维生素 C）不宜混合，否则可产生混浊、絮状物或沉淀。

本品主要用于革兰阳性菌感染，亦可用于放线菌及钩端螺旋体等感染。

苄星青霉素

苄星青霉素是青霉素的二苄基乙二胺盐加适量缓冲剂及助悬剂制成的无菌粉末。经肌内注射后，缓慢释放其抗菌活性成分青霉素，可达到长效的目的，因此亦成为长效青霉素。

【理化性质】

苄星青霉素的化学名为 $(2S,5R,6R)$-3,3-二甲基-6-(2-苯乙酰氨基)-7-氧代-4-硫杂-1-氮杂双环［3.2.0］庚烷-2-甲酸二苄基乙二胺；CAS 号：1538-09-6；分子式：$C_{48}H_{56}N_6O_8S_2$；分子量：909.12；白色结晶性粉末，本品在 N,N-二甲基甲酰胺或甲酰胺中易溶，在乙醇中微溶，在水中极微溶解。

【结构式】

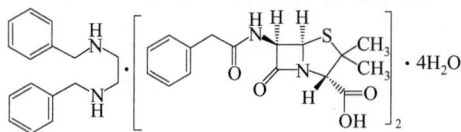

【合成工艺】

它是由青霉素 G 钾与二苄基乙二胺二醋酸盐反应结晶制得。

【药理药效】

其抗菌作用机理主要是抑制细菌细胞壁黏肽的合成，生长期的敏感菌分裂旺盛，细胞壁处于生物合成期，在青霉素的作用下，黏肽的合成受阻不能形成细胞壁，在渗透压的作用下导致细胞膜破裂死亡。

主要敏感菌有葡萄球菌、链球菌、猪丹毒杆菌、棒状杆菌、破伤风梭菌、放线菌、炭疽杆菌、螺旋体等。对分枝杆菌、支原体、衣原体、立克次体、诺卡菌、真菌和病毒均不敏感。对急性重度感染不宜单独使用，须注射青霉素钠（钾）显效后，再用本品维持药效。

苄星青霉素为长效青霉素，吸收和排泄缓慢，血中浓度较低。

本品与氨基糖苷类合用，可提高后者在菌体内的浓度，故呈现协同作用。

大环内酯类、四环素类和酰胺醇类等快效抑菌剂对苄星青霉素的杀菌活性有干扰作用，不宜合用。

重金属离子（尤其是铜、锌、汞）、醇类、酸、碘、氧化剂、还原剂、羟基化合物，呈酸性的葡萄糖注射液或盐酸四环素注射液等可破坏其活性，属配伍禁忌。

本品与一些药物溶液（如盐酸氯丙嗪、盐酸林可霉素、酒石酸去甲肾上腺素、盐酸土霉素、盐酸四环素、B 族维生素及维生素 C）不宜混合，否则可产生混浊、絮状物或沉淀。

用于革兰阳性菌感染。

② 头孢菌素类

头孢噻呋

头孢噻呋属 β-内酰胺类抗生素，是第三代头孢菌素类抗生素，为一种畜禽专用抗生素，具有广谱杀菌作用。对革兰阳性菌、革兰阴性菌（包括产 β-内酰胺酶菌）均有效。头孢噻呋是由 Bernard Labeeuw 等于 1984 年首先合成，其后 Pharmacia & Upjohn 将其做成钠盐的冻干粉及盐酸盐的混悬液（商品名为 Naxcel 或 Excenel）用于动物疾病的治疗。与其他抗生素相比，该产品的独特之处在于药物在感染组织中的含量比非感染组织高 2～4 倍，呈有目标的集中分布发挥药物作用，具有药效持久的特点，并且不易产生耐药性，已被广泛应用于兽医临床。注射用头孢噻呋钠是国内最早上市的动物专用头孢类产品，起初是由美国辉瑞 Pharmacia & Upjohn 公司 1999 年国内注册；后来盐酸头孢噻呋及头孢噻呋晶体陆续在国内上市。

【理化性质】

头孢噻呋 CAS 号：80370-57-6；分子式 $C_{19}H_{17}N_5O_7S_3$，分子量 523.56；化学名：$(6R,7R)$-7-[2-(2-氨基噻唑-4-基)-(Z)-2-(甲氧亚氨基)乙酰氨基]-3-(2-呋喃基羰基)硫甲基-3-头孢烯-4-羧酸；为类白色至淡黄色粉末。在水中不溶，在丙酮中微溶，在乙醇中几乎不溶。头孢噻呋是以晶体形式存在的，可以成钠盐、盐酸盐，无定形的头孢噻呋难以独立存在，不能成药；另外头孢噻呋晶体及其盐酸盐不溶于水，只有头孢噻呋钠可以溶于水。

【结构式】

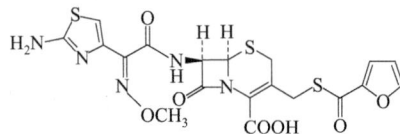

【合成工艺】

以 7-ACA（**2**）为原料，与 2-呋喃甲硫羟酸（**3**）缩合反应制得（**4**），再用已有工业化生产的活性硫酯（**5**）进行 7-位酰胺化反应制得（**1**）（头孢噻呋）。

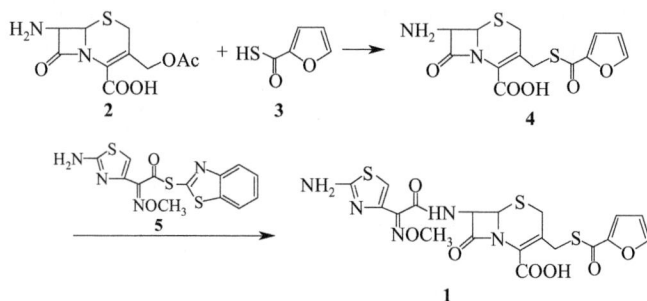

【药理药效】

头孢噻呋属 β-内酰胺类抗生素，是第三代头孢菌素抗生素，为畜禽专用抗生素，具有广谱杀菌作用。对革兰阳性菌、革兰阴性菌（包括产 β-内酰胺酶菌）均有效。头孢噻呋的作用机理与其他 β-内酰胺类药物相同，能够与细菌的受体结合蛋白（PBPs）结合，抑制细菌细胞壁合成的转肽酶、羧肽酶、内肽酶，阻止肽链交叉联结延长，破坏细菌细胞壁合成，达到繁殖期（快速）高效杀菌的作用。对头孢噻呋敏感菌主要有多杀性巴氏杆菌、溶血性巴氏杆菌、胸膜肺炎放线杆菌、沙门菌、大肠埃希菌、链球菌、葡萄球菌等，某些铜绿假单胞菌、肠球菌耐药。

在猪中，头孢噻呋对下列导致猪呼吸道疾病和其他疾病的目标病原体特别有效：胸膜肺炎放线杆菌、多杀性巴氏杆菌、副猪嗜血杆菌和猪链球菌。支气管败血波氏杆菌在体外对头孢噻呋本身不敏感。

在牛中，头孢噻呋对下列与急性产后（产褥期）子宫炎有关的微生物有活性：大肠杆菌、化脓隐秘杆菌和坏死梭杆菌；趾间坏死杆菌病：拟杆菌属、坏死梭杆菌、卟啉单胞菌属和普雷沃菌属。

去呋喃甲酰基头孢噻呋是主要的活性代谢物。它对目标病原体具有与头孢噻呋相似的抗菌活性。

在推荐的治疗剂量下，血浆浓度高于临床研究中分离的目标细菌的 MIC_{90} 值（< $0.2\mu g/mL$）至少 158h。

【应用】

该药用于治疗牛、马、猪、羊、犬、猫、家禽等动物的呼吸道感染、细菌性感染。

猪：治疗与胸膜肺炎放线杆菌、多杀性巴氏杆菌、副猪嗜血杆菌和猪链球菌相关的细菌性呼吸道疾病。治疗与猪链球菌感染相关的败血症、多发性关节炎或多发性浆膜炎。

牛：治疗牛的急性指间坏死杆菌病，也称为化脓性指头炎或脚腐病。

在使用另一种抗生素治疗失败的情况下治疗牛的急性产后（产褥期）子宫炎。

头孢喹肟

头孢喹肟（cefquinome，CEF）又名头孢喹诺、头孢喹咪，商品名克百特（Cobactan），是德国赫斯特公司（Hoechst Roussel Vet）于 20 世纪 80 年代开发的第四代动物专用头孢类抗生素。其抗菌活性极强、药代动力学特征优良、毒副作用小、残留低，与第二、三代头孢菌素相比，具有广谱的抗菌活性、生物利用度高、抗菌谱广的优点，对临床上多种重要细菌染色体和质粒编码的 β-内酰胺酶高度稳定，动力学特点优良、吸收快、生物利用度较高，可在许多组织达到较高的组织浓度；头孢喹肟的毒性低，在动物可食性组织中残留较少，在中国兽医临床上有广阔的应用前景。

【理化性质】头孢喹肟的化学名称：1-[（6R，7R）7-[（2Z）-（2-氨基-4-噻唑基）（甲氧亚氨基）乙酰基]氨基-2-羧基-8-氧代-5-硫杂-1-氮杂二环[4.2.0]辛-2-烯-3-基]甲基 5,6,7,8-四氢喹啉内鎓盐；分子式：$C_{23}H_{24}N_6O_5S_2$；分子量：528.6。

【结构式】

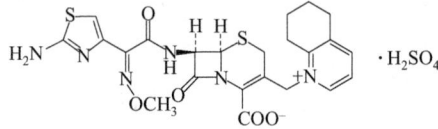

【合成工艺】

硫酸头孢喹肟的合成路线主要有 3 条：a.7-氨基头孢烷酸（7-ACA）与 AE-活性酯反应生成头孢噻肟酸，再在三甲基碘硅烷（TMSI）作用下与 5,6,7,8-四氢喹啉反应生成硫酸头孢喹肟；b.7-ACA 在三甲基碘硅烷作用下与 5,6,7,8-四氢喹啉反应生成中间体，再与 AE-活性酯反应得到硫酸头孢喹肟；c.7-苯乙酰氨基-3-氯甲基头孢烷酸对甲氧苄酯（GCLE）在碘化钾作用下与 5,6,7,8-四氢喹啉反应生成中间体，再在五氯化磷作用下脱去氨基、羧基保护，最后与 AE-活性酯反应得到硫酸头孢喹肟。

A. 合成路线一：先合成头孢噻肟酸，然后再合成头孢喹肟。

中间体头孢噻肟酸的合成：目前头孢噻肟酸的合成有多种，但工业化生产主要采用 AE-活性酯法。综合文献，合成头孢噻肟酸的方法基本相似，不同的是用了不同的反应溶剂，所得到的收率也不尽相同。一般所用溶剂为丙酮、二氯甲烷、四氢呋喃、2-甲基四氢呋喃等。

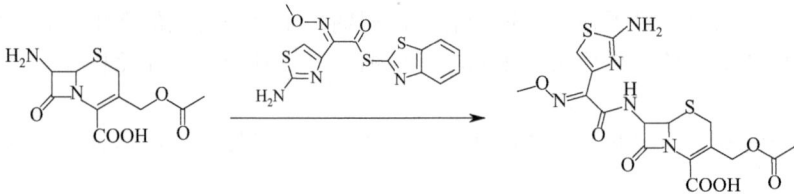

头孢喹肟的合成：以头孢噻肟酸为原料，与 5,6,7,8-四氢喹啉反应生成头孢喹肟。

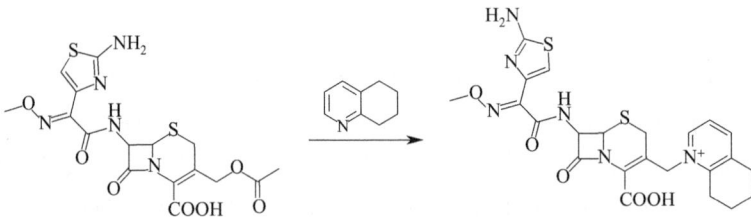

B. 合成路线二：为起始原料，首先与 5,6,7,8-四氢喹啉在催化剂作用下生成中间体，在产品不处理情况下直接与 AE-活性酯在催化剂条件下反应生成最终产物头孢喹肟。

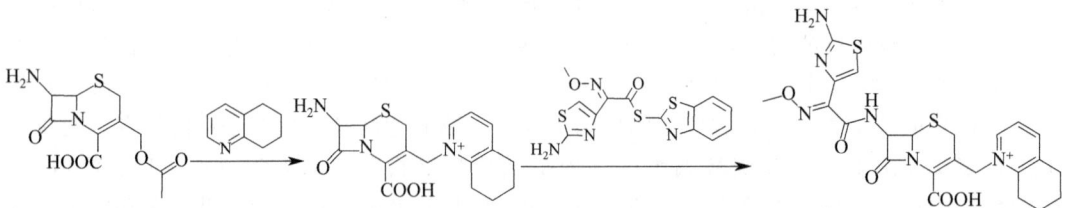

C. 合成路线三：以 GCLE 代替 7-ACA 为初始原料合成头孢喹肟。C-3 位氯甲基中氯由碘取代后，与 5,6,7,8-四氢喹啉反应制得中间体，在五氯化磷和苯酚作用下先后脱去

C-7 位氨基保护和 C-4 位羧基保护，在三乙胺存在下与 AE-活性酯反应，制得头孢喹肟。此法避免了使用三甲基碘硅烷，产品成本低，但此工艺反应路线较为复杂，生成较多副产物。

【药理药效】

头孢喹肟属于 β-内酰胺类抗生素，通过对头孢菌素的基本化学结构进行修饰，使头孢喹肟具有独特的两性离子的特性，这一特性使其能快速穿过细胞壁孔蛋白质渗透到生物膜，通过与青霉素结合蛋白结合抑制细胞壁黏肽酶合成，使细胞壁缺损，菌体膨胀裂解而达到杀菌作用。

头孢喹肟通过抑制细胞壁的合成达到杀菌效果，具有广谱抗菌活性，对青霉素酶与 β-内酰胺酶稳定。体外抑菌试验表明本品可抑制常见的革兰阳性和阴性菌，其中包括大肠杆菌、枸橼酸杆菌、克雷伯杆菌、巴氏杆菌、变形杆菌、沙门菌、黏质沙雷菌、牛嗜血杆菌、化脓放线菌、芽孢杆菌属的细菌、棒状杆菌、金黄色葡萄球菌、链球菌、类杆菌、梭状芽孢杆菌、梭杆菌属的细菌、普雷沃菌、放线杆菌和猪丹毒杆菌。

【应用】

本品主要用于牛、马、猪等动物的细菌性感染。如用于猪和牛的呼吸道细菌感染、牛急性乳腺炎、牛蹄病、牛败血症、猪呼吸系统疾病、母猪子宫炎-乳腺炎-无乳综合征、马败血症和呼吸道疾病、皮肤和软组织感染、下呼吸道等多种严重感染疾病。

头孢洛宁

头孢洛宁（cephalonium）是美国先灵葆雅制药公司开发的第一代半合成的长效头孢菌素类抗生素，动物专用，杀菌力强，抗菌谱广，毒副作用低，对多种革兰阳性菌和革兰阴性菌引起的疾病均有治疗效果，是一种有效的预防和治疗干乳期奶牛亚临床乳腺炎的抗菌药物，还可用于治疗敏感菌所引起的牛结膜角膜炎，目前有乳房注入剂和眼膏剂。

【理化性质】

头孢洛宁是一种白色或类白色结晶粉末，在甲醇和水中几乎不溶，溶于二甲亚砜。化学名：（6R,7R）-3-(4-氨基甲酰吡啶-1-基)甲基-8-氧代-7-(2-噻吩-2-基乙酰氨基)-5-硫杂-1-氮杂双环[4.2.0]辛-2-烯-2-羧酸内盐；分子式 $C_{20}H_{18}N_4O_5S_2$；分子量 458.51；CAS 号 5575-21-3。

【结构式】

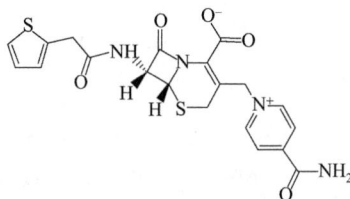

【合成工艺】

查阅文献，头孢洛宁及其类似物的合成路线主要有两种：a. 以 7-ACA 为原料，先进行 7-位氨基的酰胺化反应制备得到头孢噻吩，后与异烟酰胺反应制备得到头孢洛宁；b. 以 7-ACA 为原料，先进行 3-位的铵化反应制备得到 7-IACA，后与噻吩乙酸活性衍生物反应制备得到头孢洛宁，该方法常见于第四代头孢菌素类化合物的制备。

具体的合成路线分析如下：

A. 路线一：以 7-ACA 为原料制备头孢噻吩，或直接以头孢噻吩钠为原料，在溶剂水中与异烟酰胺反应制备得到头孢洛宁。具体反应方程式如下。

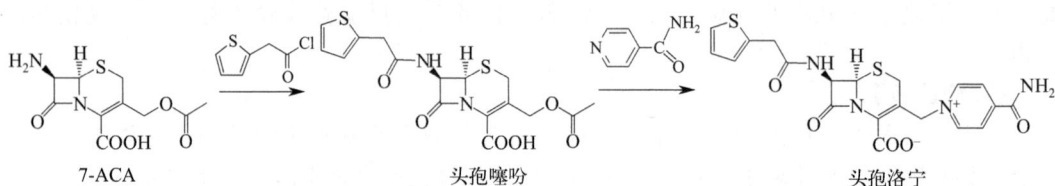

路线一原料简单易得，反应条件较为温和，对生产设备无特殊要求，是早期头孢洛宁及其类似物的主要合成方法。由于 3-位缩合反应，通常以水作溶剂，并使用 KSCN、NaI 等无机盐催化，加热至 60℃ 以上反应，使得该方法下所得产物杂质多、收率低、颜色差，而 KSCN 毒性较大，对环境的污染也不容小视，限制了其工业化应用。

改进后的路线一：以 7-ACA 为原料制备头孢噻吩，或直接以头孢噻吩为原料，在硅烷化试剂作用下，"一锅法"经保护、碘代及铵化反应制备到的头孢洛宁，具体反应方程式如下。

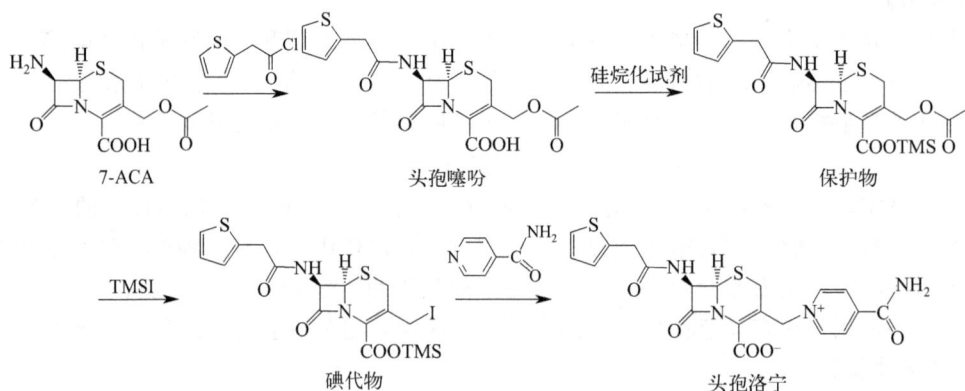

B. 路线二：主要参考了第四代头孢菌素的合成路线，以 7-ACA 为原料，在硅烷化试剂作用下，"一锅法"经保护-碘代-铵化反应制备得到 3-位缩合的中间体 7-IACA，后经酰胺化反应制备得到头孢洛宁。具体反应方程式如下。

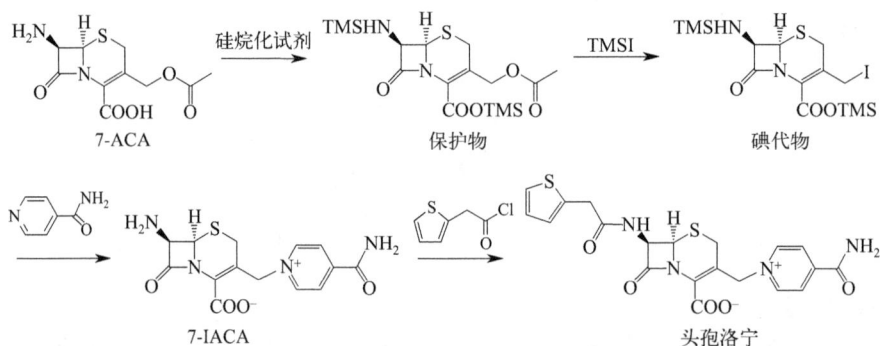

【药理药效】

头孢洛宁抗菌作用机理和其他 β-内酰胺类抗生素相似，分子中含有 β-内酰胺环，通过与细菌胞质膜上的青霉素结合蛋白（penicillin-binding proteins，PBPs）结合使其灭活，造成敏感菌内黏肽的交叉联结受到阻碍，使线性高聚物不能转化成交联结构，阻碍细菌细胞壁的形成，从而使细胞壁缺损，缺失了渗透屏障的保护作用，使细胞外的水分不断向菌体内渗，从而引起溶菌，导致细菌死亡。人和哺乳动物的细胞无细胞壁，因此对人体细胞毒性很小。

头孢洛宁是一种广谱的抗微生物药物，对临床分离的革兰阳性菌和革兰阴性菌的最小抑菌浓度（MIC）较低，尤其是对引起奶牛乳腺炎的金黄色葡萄球菌、链球菌较敏感，对大肠杆菌、棒状杆菌属、枸橼酸杆菌属、克雷伯菌属和化脓性杆菌也有较强的杀灭作用。

【应用】

头孢洛宁主要用于治疗干奶期奶牛亚临床乳腺炎，预防由金黄色葡萄球菌、无乳链球菌、停乳链球菌、乳房链球菌、化脓性杆菌、大肠杆菌和克雷伯杆菌引起的乳房细菌感染。

头孢维星钠

头孢维星（cefovecin，INN）是由 SmithKline Beecham 公司研发的一种半合成的第三代的头孢类抗菌药物，在 20 世纪 90 年代中期，辉瑞动物保健公司收购了 SmithKline Beecham 公司的动物保健部门之后，研发了头孢维星钠盐，即头孢维星钠，大大降低了生产成本，使得头孢维星可以形成商品化规模生产。头孢维星由辉瑞旗下硕腾公司（Zoetis）上市销售，商品名为 Convenia、康卫宁（中国大陆）、久安（中国台湾）。

头孢维星于 2006 年 6 月首次在欧盟批准用于犬、猫。2008 年 4 月，美国批准用于犬、猫。2012 年 11 月，在中国实现进口注册；2017 年 8 月，在中国实现进口再注册。14d 一次的皮下注射为此抗生素的使用方式，主要用于治疗犬和猫由伪中间型葡萄球菌、艰难梭菌、大肠埃希菌、多杀性巴氏杆菌等引起的皮肤、消化道、泌尿生殖道、骨和软组织感染及携带有 *mecA* 基因的葡萄球菌引起的犬的脓皮病等，也可作为犬、猫外科手术后的防止术后感染用药。

【理化性质】

头孢维星的化学名称为(6R,7R)-7-[(2Z)-(2-氨基噻唑-4-烃基)(甲氧亚氨基)乙酰基]氨基-8-氧-3-[(2S)-四氢呋喃-2-烃基]-5-硫杂-1-氨基双环[4.2.0]辛烷-2-丙烯-2-羧酸。CAS 号：234096-34-5；分子式：$C_{17}H_{19}N_5O_6S_2$；分子量：453.49；密度（1.85±0.1）g/cm^3；酸度系数（pK_a）：2.78±0.50。

【结构式】

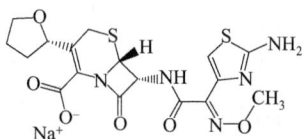

【合成工艺】

头孢维星的合成工艺如下：

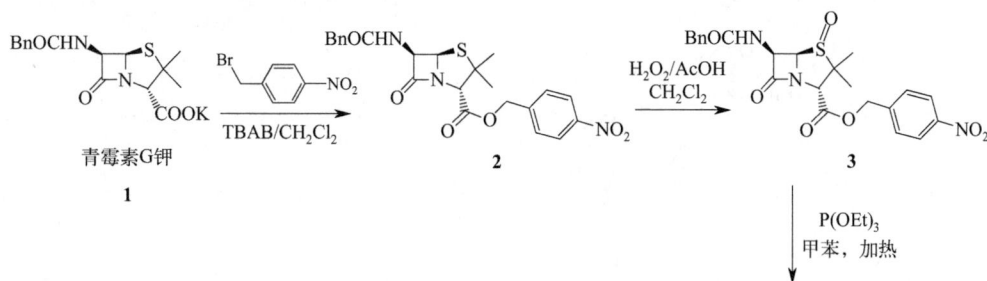

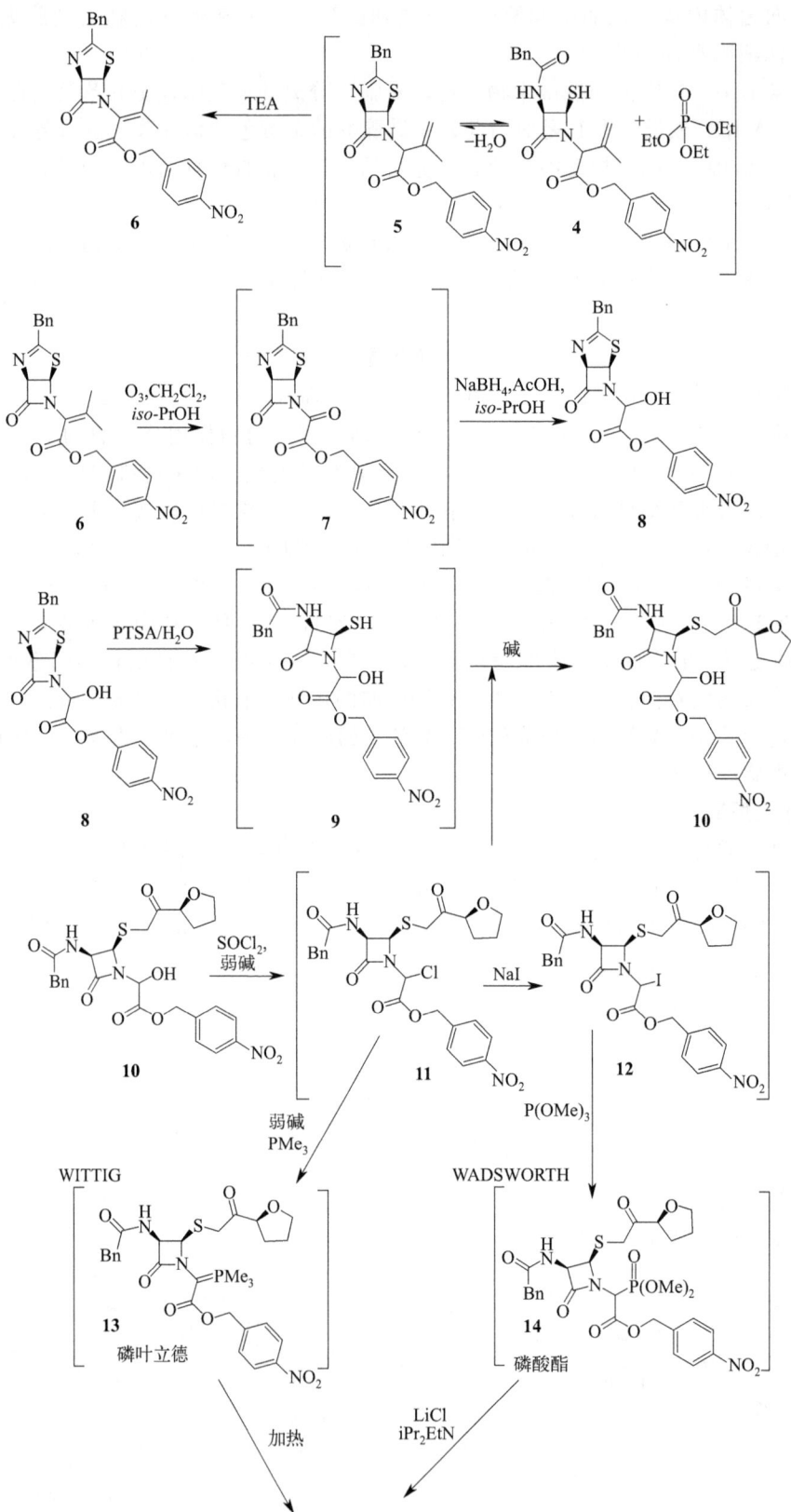

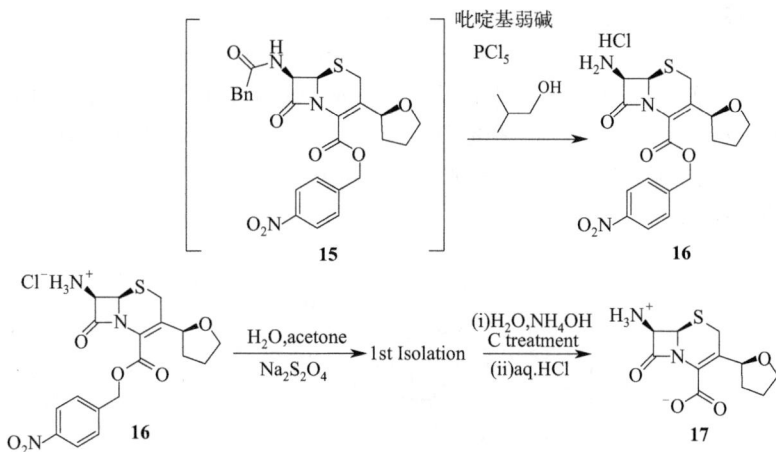

最后由（**17**）与活化的磷脂化物（**18**）反应生成头孢维星钠。

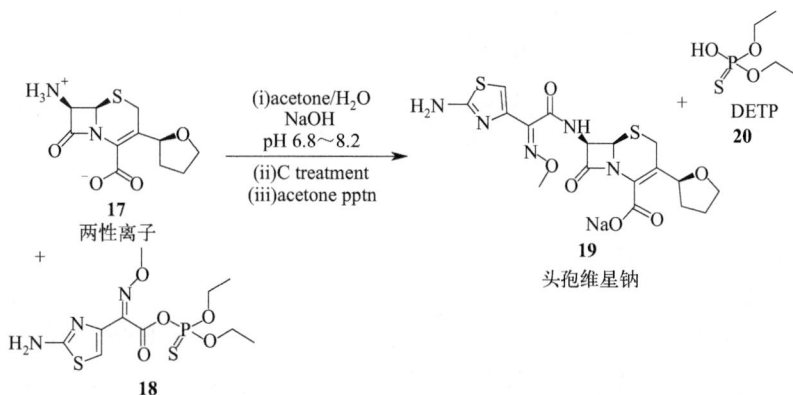

【药理药效】

头孢维星属于头孢菌素类抗菌药物，其作用机制与其他 β-内酰胺类抗生素的作用机制相似，都能抑制胞壁黏肽合成酶，即青霉素结合蛋白，从而阻碍细胞壁黏肽合成，使细菌胞壁缺损，菌体膨胀裂解，为繁殖期杀菌剂。头孢维星抗菌谱广，对大肠埃希菌、多杀性巴氏杆菌、变形杆菌、克雷伯菌属（包括肺炎克雷伯杆菌）、β-溶血性链球菌、金黄色葡萄球菌及对厌氧菌包括梭杆菌属、拟杆菌属、普雷沃菌属、棒状杆菌属和梭状芽孢杆菌属等具有良好的抗菌活性。

【应用】

本品主要用于治疗犬和猫由伪中间型葡萄球菌、艰难梭菌、大肠埃希菌、多杀性巴氏杆菌等引起的皮肤、消化道、泌尿生殖道、骨和软组织感染及携带有 *mecA* 基因的葡萄球菌引起的犬的脓皮病等，也可作为犬、猫外科手术后的防止术后感染用药。

（2）氨基糖苷类

硫酸链霉素

链霉素是 1944 年发现的一种氨基糖苷类药物，是从灰色链霉菌培养液中提出的一种广谱性碱性抗生素。由链霉胍、链霉糖和 N-甲基-L-葡萄糖组成，常以硫酸盐形式存在。

【理化性质】

CAS 号：3810-74-0；分子式：$C_{21}H_{42}N_7O_{18}S_{1.5}$；分子量：728.69。白色或类白色粉末，无臭、味微苦，有引湿性，易溶于水，在水中易溶且性质较稳定，在乙醇或三氯甲烷中不溶，干燥状态下稳定，密闭避光保存 4 年以上效价不变，水溶液在室温 pH3～7 条件下可保存 2～4 周，遇酸、碱、氧化剂均易破坏失效。

【结构式】

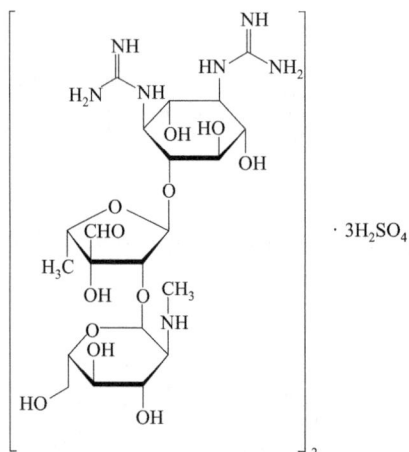

【合成工艺】

由灰色链霉菌发酵生产。

【药理药效】

属于氨基糖苷类抗生素，其作用机制和抗菌谱与其他氨基糖苷类抗生素相似。通过干扰细菌蛋白质合成过程，致使合成异常的蛋白质、阻碍已合成的蛋白质释放。另外，还可使细菌细胞膜通透性增加导致一些重要生理物质的外漏，最终引起细菌死亡。

链霉素对结核分枝杆菌和多种革兰阴性杆菌，如大肠埃希菌、沙门菌、布鲁菌、巴氏杆菌、志贺痢疾杆菌、鼻疽杆菌等有抗菌作用。对金黄色葡萄球菌等多数革兰阳性球菌的作用差。链球菌、铜绿假单胞菌和厌氧菌对本品固有耐药。

氨基糖苷类抗生素。主要用于治疗敏感的革兰阴性菌和结核分枝杆菌感染。

硫酸双氢链霉素

链霉素是一种氨基糖苷类抗生素，对革兰阴性菌和某些革兰阳性菌尤其是结核分枝杆菌具有显著的抗菌活性。自 1944 年赛尔曼·瓦克斯曼首次在灰色链球菌属中发现链霉素以来，它已被广泛应用于多种疾病的治疗以及兽药和饲料添加剂的应用。

硫酸双氢链霉素（dihydrostreptomycin sulfate，DHS）属于半合成氨基糖苷类抗生素，为链霉素中链霉糖部分的醛基氢化而成，在兽医临床上用于治疗革兰阴性菌和部分革兰阳性菌引起的感染。

【理化性质】

硫酸双氢链霉素 CAS 号：5490-27-7；分子式：$2(C_{21}H_{41}N_7O_{12})\cdot 3(H_2SO_4)$；分子量：1461.41。为白色或类白色粉末，熔点 210～212℃，易溶于水，微溶于乙醇，不溶于甲醇、氯仿和丙酮。

【结构式】

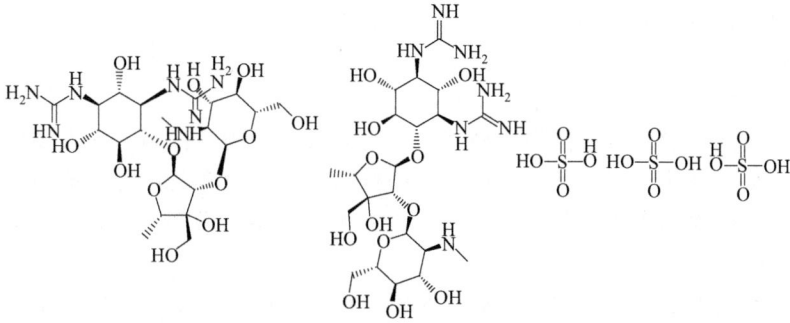

【合成工艺】

硫酸双氢链霉素是将链霉素的醛基加氢还原为醇羟基，并将其转化为硫酸盐形式，能够很好地克服链霉素稳定性差的问题，而且其抗菌谱与链霉素类似。

双氢链霉素可由湿链霉菌直接发酵产生，但由于双氢链霉素中不含醛基，因此无法通过大孔伯胺基树脂或者 D401 螯合树脂进行吸附提纯，导致产品纯度难以提高。目前普遍使用的是半合成法制备双氢链霉素，即先通过链霉菌发酵得到链霉素，再将其中的醛基进行还原，主要采用的还原方法有氢气催化反应法、电解还原法和还原态氢还原法。

【药理药效】

硫酸双氢链霉素是一种重要的氨基糖苷类抗生素，它可与细菌核糖体的 30S 亚基结合，导致 tRNA 在翻译 mRNA 时解码错误，合成异常蛋白质，阻碍应合成的蛋白质的释放，抑制细菌的生长。

除通过干扰细菌蛋白质合成过程，致使合成异常的蛋白质、阻碍已合成的蛋白质释放外，硫酸双氢链霉素还可使细菌细胞膜通透性增强导致一些重要生理物质的外漏，最终引起细菌死亡。双氢链霉素对结核杆菌和多种革兰阴性杆菌，如大肠埃希菌、沙门菌、布鲁菌、巴氏杆菌、志贺痢疾杆菌、鼻疽杆菌等有抗菌作用。对金黄色葡萄球菌等多数革兰阳性球菌的作用差。链球菌、铜绿假单胞菌和厌氧菌对本品固有耐药。

抗生素类药。用于革兰阴性菌和结核分枝杆菌的感染。在兽药领域，该药常被用作鸡羊牛猪等各种炎症，例如鸡传染性鼻炎、猪急性支气管炎、猪白痢、奶牛乳腺炎、子宫内膜炎等。

硫酸卡那霉素

【理化性质】

硫酸卡那霉素也称单硫酸卡那霉素、硫酸卡那辛；CAS 号：70560-51-9；分子式：$C_{18}H_{38}N_4O_{15}S$；分子量：582.58。本品为白色或类白色结晶性粉末；无臭；有引湿性。本品在水中易溶，在乙醇、丙酮、三氯甲烷或乙醚中几乎不溶。单硫酸卡那霉素的 12% 的水溶液的 pH 为 7.0～9.0；硫酸卡那霉素的 30% 的水溶液的 pH 为 6.0～8.0。

【结构式】

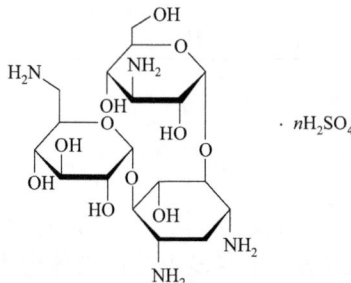

【合成工艺】

由链霉菌 *Streptomyces kanamyceticus* 发酵法产生。

【药理药效】

卡那霉素属氨基糖苷类抗生素，主要与细菌核糖体 30S 亚单位结合，抑制细菌蛋白质合成。抗菌谱与链霉素相似，但作用稍强。对大多数革兰阴性杆菌（如大肠埃希菌、变形杆菌、沙门菌和多杀性巴氏杆菌等）有强大的抗菌作用，对金黄色葡萄球菌和结核分枝杆菌也较敏感。铜绿假单胞菌、革兰阳性菌（金黄色葡萄球菌除外）、立克次体、厌氧菌和真菌等对本品耐药。

氨基糖苷类抗生素。用于治疗败血症及泌尿道、呼吸道感染，亦用于猪气喘病。

硫酸庆大霉素

硫酸庆大霉素（gentamicin，GN）是一种氨基糖苷类药物，于 1963 年在绛红小单孢菌（*Micromonospora purpurea*）和棘孢小单孢菌（*M. echinospora*）首次分离得到。硫酸庆大霉素是兽医临床中治疗细菌感染重要抗生素之一，自 20 世纪 60 年代硫酸庆大霉素首次进入临床，因其抗菌谱广、抗菌活性强，在兽医临床上用于治疗各种杆菌、铜绿假单胞菌、革兰阳性球菌等敏感菌引起的各种疾病，并被用作动物饲料添加剂广泛应用于动物饲养过程中。

【理化性质】

硫酸庆大霉素属氨基糖苷类抗生素，为氨基环己多元醇和氨基糖形成的苷。庆大霉素分子中有五个碱性中心，为碱性化合物，药物为庆大霉素的硫酸盐。庆大霉素是 C 组分的复合物，主要成分为 C_1、C_2、C_{1a} 及 C_{2a} 等。

CAS 号：1405-41-0；分子式：$C_{60}H_{125}O_{22}N_{15} \cdot H_2SO_4$；分子量：1506.8。白色或类白色结晶性粉末，有引湿性，易溶于水，难溶于脂类，不溶于有机溶剂，化学性质稳定，对温度及酸碱度的变化较稳定，4% 水溶液的 pH 为 4.0～6.0。

【结构式】

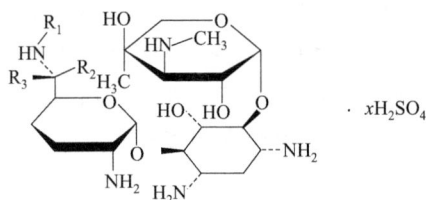

庆大霉素	分子式	R_1	R_2	R_3
C_1	$C_{21}H_{43}N_5O_7$	CH_3	CH_3	H
C_{1a}	$C_{19}H_{39}N_5O_7$	H	H	H
C_2	$C_{20}H_{41}N_5O_7$	H	CH_3	H
C_{2a}	$C_{20}H_{41}N_5O_7$	H	H	CH_3

【合成工艺】

通过微生物发酵工艺生产。

【药理药效】

硫酸庆大霉素在兽医临床中使用极其广泛，其抗菌作用主要是通过与细菌核糖体 30S 亚基的 16S rRNA 解码区 A 位点的一个或多个蛋白受体产生不可逆性结合，干扰 mRNA

转录，引起 mRNA 密码错译或过早终止肽链延长，从而合成无功能的蛋白，导致细菌细胞膜、细胞壁的缺损，进而产生杀菌作用。

庆大霉素属氨基糖苷类抗生素，对多种革兰阴性菌（如大肠埃希菌、克雷伯杆菌、变形杆菌、铜绿假单胞菌、巴氏杆菌、沙门菌等）和金黄色葡萄球菌（包括产 β-内酰胺酶菌株）均有抗菌作用。多数球菌（化脓链球菌、肺炎球菌、粪链球菌等）、厌氧菌（类杆菌属或梭状芽孢杆菌属）、结核分枝杆菌、立克次体和真菌对本品耐药。

硫酸新霉素

新霉素是乌克兰裔的美国生物化学家 Waksman 等在 1949 年最早从弗氏链霉菌培养液中分离纯化得到的一类混合、广谱氨基糖苷类抗生素，包含有化学构型、生物活性各不相同的 A、B、C 三种成分，其中，具有疗效作用的是新霉素 B，新霉素 A 含量极少，由新霉素 B、C 的降解而来，新霉素 B 与硫酸反应形成硫酸新霉素。世界上最早进行新霉素研发和生产的企业是美国普强公司。

【理化性质】

CAS 号：1405-10-3；分子式：$C_{23}H_{48}N_6O_{17}S$；分子量：712.72。其产品颜色为类白色至淡黄色的细小粉末，无臭，无味，能溶于水，微溶于乙醇、乙醚、丙酮和三氯甲烷，热稳定性良好。其中 10% 水溶液 pH 为 5.0～7.0，抗菌活性在 pH 为 2.0～9.0 时较稳定，疗效最好。与酸共热，丧失其大部分活力。吸水性强，容易潮解。

【结构式】

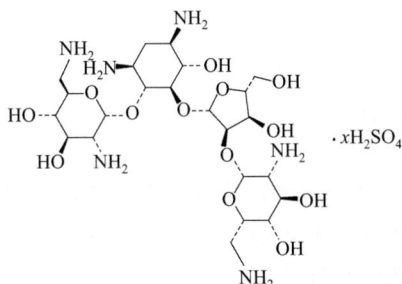

【合成工艺】

目前生产新霉素的方式主要是微生物发酵法，即新霉素生产菌株主要是弗氏链霉菌在适宜的条件下（适宜的温度、湿度、培养基以及 pH 等）将培养成分通过特定的生物合成代谢途径转化为次级代谢产物新霉素的过程，目前新霉素的生产菌株主要是通过分子改造或者诱变手段筛选获得的遗传性状良好的菌株。

【药理药效】

新霉素属于氨基糖苷类抗菌药，能够干扰蛋白质的合成来发挥抗菌作用。抗菌谱与卡那霉素相似。对大多数革兰阴性杆菌如大肠埃希菌、变形杆菌、沙门菌和多杀性巴氏杆菌等有强大抗菌作用，对金黄色葡萄球菌也较敏感。铜绿假单胞菌、革兰阳性菌（金黄色葡萄球菌除外）、立克次体、厌氧菌和真菌等对本品耐药。

用于防治猪、鸡、牛等畜禽因大肠杆菌、沙门菌导致的痢疾、腹泻和发育不良等疾病。也可作为水产当中鱼虾的肠炎治疗。

大观霉素

大观霉素又称奇放线菌素，或壮观霉素，是由链霉菌产生的一种由氨基环醇为主体和氨基糖类以苷键结合而成的氨基糖苷类快速杀菌型抗生素。在畜禽兽医临床，主要用于治疗敏感细菌，如大肠杆菌、沙门菌、巴氏杆菌和支原体等引起的疾病。

1960 年，美国 Abbott 实验室和 Upjohn 公司的 Mason 等首次从链霉菌 *Streptomyces spectabilis* NRRL2792 的发酵液中分离出大观霉素。1971 年美国普强公司上市注射用盐酸大观霉素，商品名"Trobicin"（淋必治）。1979 年中国医学科学院从土壤中分离出大观霉素的产生菌 1043，此菌的发酵液可分离出大观霉素。

【理化性质】

大观霉素属于碱性抗生素，碱性越强其抗菌效力越强；但大观霉素不溶解于水，所以，目前国内最常用的商品化原药是盐酸大观霉素。

盐酸大观霉素的 CAS 号：22189-32-8；分子式：$C_{14}H_{24}N_2O_7 \cdot 2HCl \cdot 5H_2O$；分子量：495.35。盐酸大观霉素眼观为白色或者类白色结晶性粉末，易溶于二甲基亚砜和水，溶于甲醇，几乎不溶于乙醇、乙醚、氯仿或三氯甲烷等有机溶剂中。盐酸大观霉素在溶液中的稳定性：酸性条件＞中性条件＞碱性条件。其熔点为 205～210℃。

硫酸大观霉素的 CAS 号：23312-56-3；分子式：$C_{14}H_{24}N_2O_7 \cdot H_2SO_4$；分子量：430.43。

【结构式】

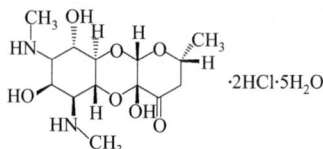

【合成工艺】

大观霉素的生产采用微生物发酵法。

【药理药效】

大观霉素的抗菌机制与其他氨基糖苷类抗生素一样，也是进入细菌细胞内之后，选择性地作用于细菌细胞核蛋白体 30S 亚单位上，从而对细菌细胞蛋白质的合成产生强大的抑制作用，对敏感细菌产生强大杀灭作用。

大观霉素属氨基糖苷类抗生素，对多种革兰阴性杆菌，如大肠埃希菌、沙门菌、志贺菌、变形杆菌等有中度抑制作用。对链球菌、肺炎球菌、表皮葡萄球菌和某些支原体（如鸡毒支原体、火鸡支原体、滑液支原体、猪鼻支原体、猪滑膜支原体等）敏感。对草绿色链球菌和金黄色葡萄球菌多不敏感。铜绿假单胞菌和密螺旋体通常耐药。肠道菌对大观霉素耐药较广泛，但与链霉素不表现交叉耐药性。

大观霉素用于革兰阴性菌及支原体感染。

硫酸安普霉素

安普霉素（apramycin，APR）又名阿泊拉霉素，是一种动物专用的氨基糖苷类广谱抗生素，1985 年由美国里莱公司最先开发生产。它是黑暗链霉菌株发酵复合物中的其中一种，其硫酸盐的形式在畜禽养殖业中得到广泛的应用。

【理化性质】

硫酸安普霉素的 CAS 号：41194-16-5；分子式：$C_{21}H_{43}N_5O_{15}S$；分子量：637.66。硫酸安普霉素为棕褐色或淡黄色粉末，有吸湿性，易溶于水，微溶于酒精，在甲醇、丙酮、乙醚中几乎不溶。

【结构式】

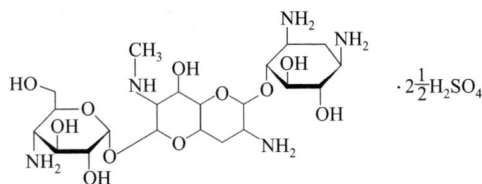

【合成工艺】

通过微生物发酵工艺生产。

【药理药效】

硫酸安普霉素的作用机理是干扰原核生物核糖蛋白质的合成，从而抑制动物体内的有害细菌。

安普霉素在细菌胞内作用位点为核糖体，作用机理：a. 增加细胞膜的通透性，导致细菌死亡；b. 改变细菌氨基酸序列，在早期终止蛋白质的合成，或是合成无功能、功能异常的蛋白质。

安普霉素属氨基糖苷类抗生素，对多种革兰阴性菌（如大肠埃希菌、假单胞菌、沙门菌、克雷伯杆菌、变形杆菌、巴氏杆菌、猪痢疾密螺旋体、支气管炎败血博代杆菌）及葡萄球菌和支原体均具杀菌活性。

安普霉素独特的化学结构可抗由多种质粒编码钝化酶的灭活作用，因而革兰阴性菌对其较少耐药，许多分离自动物的病原性大肠埃希菌及沙门菌对其敏感。安普霉素与其他氨基糖苷类不存在染色体突变引起的交叉耐药性。

本品主要用于治疗猪、鸡革兰阴性菌引起的肠道感染。主要用于治疗猪大肠杆菌病和其他敏感菌所致的疾病。也可治疗犊牛肠杆菌和沙门菌引起的腹泻。对鸡的大肠杆菌、沙门菌及部分支原体感染也有效。

（3）四环素类

土霉素

土霉素（oxytetracycline，OTC）是由 Finlay 等于 1950 年在辉瑞实验室附近分离到的龟裂链霉菌（*Streptomyces rimosus*）中发现的一种广谱四环素类抗生素，对多数革兰阳性菌、阴性菌、球菌和杆菌有抗菌作用，对支原体、衣原体和立克次体等也有抑制作用，因此作为抗菌剂和生长因子被广泛应用于药物治疗和畜牧养殖业。

土霉素是四环素类抗生素，目前，在我国主要作为畜禽用药及饲料添加剂，水产业使用也较多，其控制阿米巴肠炎和肠道感染的效果比较好。此外，还可用土霉素作为原料生产半合成抗生素，比如用其合成的强力霉素（多西霉素），还可将土霉素与维生素组成复方土霉素，以增加疗效，比如用土霉素、维生素 E 和氯美松糊剂可以治疗手足脱皮症。

【理化性质】

土霉素又被称为氧四环素、5-羟基四环素、地灵霉素等，为浅黄色至深黄色结晶状粉末或者是无定形粉末；味苦，无臭；遇光颜色容易变暗，是一种天然的四环素类药物。土霉素属于酸碱两性结晶物，可与酸、碱结合成盐类，易溶于稀酸与稀碱中，但在酸性溶液中比较稳定，在碱性溶液中容易遭到破坏从而失去抗菌活性。在水、乙醚、石油醚中难溶，在甲醇和丙酮中易溶，其熔点是 $181\sim183℃$，临床上经常使用本品的盐酸盐，颜色为黄色，性状为结晶状的粉末，比较稳定，在乙醇中微溶，在水中易溶，10%盐酸土霉素水溶液 pH 是 2.3～2.9，但水溶液不稳定，必须现用现配。土霉素的贮藏条件为干燥、避光，密封；CAS 号：79-57-2，分子式为 $C_{22}H_{24}N_2O_9$，分子量为 460.44；化学名为 6-甲基-4-二甲氨基-3,5,6,10,12,12α-六羟基-1,11-二氧代-1,4,4α,5,5α,6,11,12α-八氢-2-并四苯甲酰胺。

【结构式】

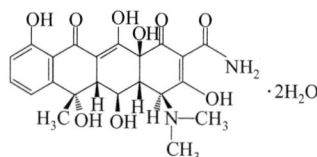

【合成工艺】

土霉素是以龟裂链霉菌为菌种进行发酵生产的。国外辉瑞制药最早开始生产土霉素，我国也从 20 世纪 50 年代开始生产。

土霉素生物合成过程为，1 个丙二酰 CoA 与 8 个丙二酰 CoA 重复缩合，脱羧，形成聚九酮化合物，然后，形成三环化合物，此化合物再经多步化学修饰，形成脱水四环素，龟裂链霉菌由此进一步合成土霉素。

【药理药效】

土霉素分子中含有一个线性融合的四环素核，是其抗菌活性最重要的特征。具有抗菌活性最简单的四环素分子是 6-脱氧-6-去甲基四环素，也是最小的药效基团。

土霉素进入菌体后，可逆性地与细菌核糖体 30S 亚基结合，干扰 tRNA 和 mRNA-核糖体复合体的受体结合，使氨酰 tRNA 核糖体复合体不能形成，从而阻止了肽链延长，抑制蛋白质合成，接着细菌的生长繁殖受到抑制。

本品主要对革兰阳性菌及革兰阴性菌起作用，亦可以对衣原体、立克次体、支原体、放线菌等以及一些原虫起抑制的作用。其中，在革兰阳性菌中，尤其是对溶血性链球菌、某些葡萄球菌、破伤风杆菌和炭疽杆菌等的作用较强；在革兰阴性菌中，特别是大肠杆菌、产气荚膜梭菌、巴氏杆菌属、布鲁菌等以及某些厌氧菌较敏感。本品的抗菌活性虽小于四环素，但是对梭状芽孢杆菌、绿脓杆菌以及立克次体能产生较好的抑菌作用。低浓度、中浓度的土霉素对某些细菌呈现抑制作用，高浓度的土霉素可将某些细菌杀死。

土霉素可作为牛、猪、家禽和鱼等动物疾病预防和治疗感染的药物。可用于沙门氏菌或大肠杆菌引发的下痢，如犊牛白痢、仔猪黄痢和白痢、羔羊痢疾、雏鸡白痢等；多杀性巴氏杆菌引起的猪肺疫、禽霍乱和牛出血性败血症等；支原体引起的猪喘气病、牛肺炎和鸡慢性呼吸道疾病等；用于坏死杆菌所致的局部坏死、子宫蓄脓和子宫内膜炎等；治疗放线菌病、泰勒虫病和钩端螺旋体病等；土霉素也被广泛用于治疗奶牛乳腺炎、梨形虫病和附红细胞体病；鱼用土霉素可治疗肠炎病和弧菌病等，拌料 50～80mg/kg（按体重计算用量），连用 4～6d，临床用药时，注意药物之间的配伍禁忌，否则不但达不到预防和治疗疾病的目的，还会导致畜禽中毒，带来严重的经济损失。

此外土霉素又是生长促进剂，且具有广谱抗菌活性和低费用等优点，经常用作畜禽的饲料添加剂，还能达到抑菌效果，增强动物的抗病能力和适应能力，缩短动物的饲养周期。不利的一方面是加入饲料中，长期服用，可能产生富集残留，威胁到食用人群的健康；而且也可能产生细菌耐药性问题，一旦发病，较难治愈。

四环素

1948 年，Benjanmin Duggar 博士从链霉菌的培养液中分离得到了第一种四环素类抗生素金霉素（chlortetracycline），随后 1950 年从轾裂链丝菌培养液中分离出土霉素，1953 年发现将金霉素脱去氯原子，可得到四环素，随后发现用在不含氯的培养基中生长的链霉菌菌株发酵可生产四环素。这 3 种抗生素有着广泛与相似的抗菌谱，除革兰阳性、阴性细菌外，对立克次体、衣原体、支原体、螺旋体均有作用。1957 年，去甲基金霉素被发现，通过对这几种抗生素的结构分析发现，它们具有极为相似的化学结构，都具有并四苯基本骨架，仅取代基有所不同。从此"四环素"被看成一类新型抗生素出现在人们的日常生活中，随后通过人工及半人工合成了强力霉素、米诺环素等抗生素，共同构成了应用十分广泛的四环素族抗生素。在相当长的时期内四环素是一种重要的促进动物生长的添加剂。

【理化性质】

CAS 号：60-54-8；分子式：$C_{22}H_{24}N_2O_8$；分子量：444.43。

【结构式】

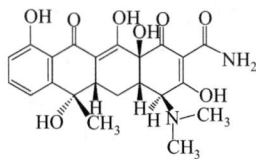

【合成工艺】

四环素类抗生素通常由生物合成和半合成方法制备。生物合成法是在酶的催化下，经过发酵、提炼工艺制成，对简单四环素类药物的大规模发酵生产仍然具有成本优势，但对复杂四环素类衍生物进行结构修饰难度很大。半合成法是以生物合成抗生素为原料，进行化学反应，对菲烷结构上的官能团进行改造，从而得到新的四环素类衍生物。虽简单易行，过去五十多年对四环素的改造多用此法，由于结构变化受限，极大地限制了对四环素类改造的发展空间。

在用传统方法对四环素进行改造的同时，有一些化学家致力并最终完成了四环素类抗生素的全合成，Muxfeldt、Lederle、Woodward 和 Barton 等都在这方面作出了突出贡献。然而，冗长的全合成路线、繁复的化学反应和艰难的色谱纯化过程使得这些全合成方法难以得到工业应用。直到 2005 年，Myers 课题组发现了一条全新高效的全合成路线，即首先分别合成 AB 环烯酮和有负离子的 D 环，然后通过特定的缩合反应，合成了含 ABCD 环的四环素类衍生物。这条全合成路线比以往的更简单实用，反应过程大大缩短，通过此路线现已合成了 3000 多个四环素衍生物，其中多数衍生物用以往的改造方法是不可能实现的。

【药理药效】

抑制细菌蛋白质合成是四环素类药物的抗菌作用机制。四环素类抗生素通过与细菌胞内核糖体 30S 亚基形成可逆结合体，抑制蛋白质合成，起到抗菌效果。当抗生素浓度较低时，这种可逆的竞争性结合也将失去作用，细菌的蛋白质合成将继续进行。四环素还可通过结合线粒体 70S 亚基，抑制线粒体蛋白质的合成。四环素与真核细胞核糖体 80S 亚基的结合能力相对较弱，因此抑制真核细胞蛋白质合成的能力也较弱。这可能是四环素抗菌作用能力强，而对人类副作用小的原因。四环素类对寄生虫均有抑制作用，但对无线粒体的寄生虫的作用机制和目标位点目前还无从知晓。总之，四环素类抗菌的作用机制是通过结合到核糖体亚基的 A 位点，与受体的 tRNA 进行竞争性抑制，从而抑制肽链的增长和影响细菌蛋白质的合成。

四环素是由金霉素催化脱卤生物合成的抗生素，毒性低，为广谱抑菌剂，高浓度时具杀菌作用。除了常见的革兰阳性菌、革兰阴性菌以及厌氧菌外，多数立克次体属、支原体属、衣原体属、非典型分枝杆菌属、螺旋体也对本品敏感。本品对革兰阳性菌的作用优于革兰阴性菌，但肠球菌属对其耐药。

盐酸金霉素

金霉素（chlortetracycline，CTC）是率先被科学家发现的四环素类抗生素（tetracyclines，TCs），它是 Benjamin Minge Duggar 博士于 1948 年从金色链丝菌的培养液中分离得到的，因此命名为金霉素，又被称为氯四环素，是一种微生物次级代谢产物，是第一代四环素类药物。随后，美国 Junkes 博士与 Stockstad 博士在金霉素与维生素 B_2 对家禽生长效果的影响试验中发现金霉素具有促生长能力。Zeibei 博士发现低剂量的金霉素能促进家禽、猪、牛的生长，在高剂量的条件下能控制动物的慢性呼吸道疾病。金霉素是四环素家族中的一员，是由重要的天然产物和半合成衍生物合成的，对致病性微生物包括革兰阳性菌、革兰阴性菌、螺旋体、支原体、衣原体和部分原虫等具有很好的治疗和预防作用。

美国食品药品监督管理局（FDA）批准盐酸金霉素用于鸡、火鸡、猪、犊牛、肉牛和非哺乳期奶牛等，适用范围较广，而目前，国内仅批准盐酸金霉素可溶性粉用于鸡敏感大肠埃希菌和支原体引起的感染性疾病。金霉素具有抗菌谱广、休药期短、价格低廉等优点，尤其在控制滑液囊支原体上效果显著。

【理化性质】

盐酸金霉素（chlortetracycline hydrochloride），简称 CTC。CAS 号：64-72-2；分子式：$C_{22}H_{23}ClN_2O_8 \cdot HCl$；分子量：515.34；化学名称：6-甲基-4-二甲氨基-3,6,10,12,12α-五羟基-1,11-二氧代-7-氯-1,4,4α,5,5α,6,11,12α-八氢-2-并四苯甲酰胺盐酸盐。金霉素为金黄色或黄褐色晶体，味苦。金霉素分子中含有烯醇、酚羟基和二甲氨基，具有易与强酸强碱形成盐类的特性。临床上一般使用的是其盐酸盐，具有良好的水溶性和很高的稳定性，盐酸盐 210℃分解。

【结构式】

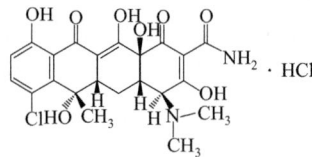

【合成工艺】

盐酸金霉素主要通过发酵工艺进行生产。

【药理药效】

四环素类抗生素的作用机制主要是与细菌核蛋白体的 30S 亚基结合，阻止氨基酰 tRNA 同核蛋白体结合，使氨基酰 tRNA 不能进入 mRNA 上的受位，从而阻止肽链延伸和细菌蛋白质合成。金霉素不但可以阻止已合成的蛋白质肽链释放，还对细菌 70S 核糖体有较强的抑制作用，敏感菌的生长受到抑制。

有的学者认为金霉素是通过与细菌的 30S 小亚基 A 位结合，阻断氨基酰 tRNA 与30S 小亚基的结合，使得氨基酰 tRNA 进入 mRNA 上的受位受阻，抑制了合成蛋白质时肽链的延长，从而干扰了蛋白质的合成来产生抑菌作用。也有学者认为金霉素可以通过抑制细菌的代谢、降低细菌将谷氨酸转化为细菌蛋白，从而产生抑菌作用。金霉素分别阻断细菌蛋白质合成的三个阶段、改变细菌细胞膜的通透性、使其易在细菌体内聚集，从而起到杀菌作用。

在兽医临床上，金霉素通常用于鸡以控制由革兰阴性（大肠杆菌、空肠弯曲杆菌和多杀巴斯德氏菌）、革兰阳性（粪肠球菌）菌和支原体（鸡毒支原体）引起的感染，它用于预防和治疗犊牛白痢，羔羊、兔、母猪等呼吸道和消化道感染，用于仔猪腹泻、细菌性肠炎、繁殖与呼吸综合征等疾病的治疗。在畜牧生产上，金霉素作为预混剂、粉末和口服溶液，主要用于动物保健，预防各种疾病的发生，提高动物机体的抵抗力，提高饲料利用率和成活率，促进动物快速生长。

盐酸多西环素

在临床应用中发现天然四环素类药物的化学结构不够稳定，多西环素（DOX）和米诺环素（MNC）均为四环素类药物的半合成衍生物，两者在结构方面进行了修饰，因此成了第二代有代表性的半合成四环素类药物。盐酸多西环素于 20 世纪 70 年代合成生产，抗菌活性是四环素的 3 倍左右，相对四环素来说具有强效、长效的特点。

多西环素（doxycycline，DOX）又名脱氧土霉素、强力霉素，为四环素类抗菌药物的第二代衍生物，临床上常用其盐酸盐形式，盐酸多西环素是第二代半合成四环素类抗生素，对革兰阴性菌、革兰阳性菌、螺旋体、立克次体、支原体、衣原体等均产生抑制作用，为广谱抗生素，具有口服生物利用度高、脂溶性高、对组织渗透力强、分布广泛等特点，广泛用于人和动物疾病的预防和治疗。

多西环素为第二代四环素类衍生物，已被用来治疗多种传染性疾病，尤其是衣原体感染、呼吸道感染和人畜共患病感染。盐酸多西环素主要用于防治畜禽的泌尿系统感染、急性呼吸道感染、皮肤软组织感染、大肠埃希菌病、沙门菌病、布鲁氏杆菌病以及鹦鹉热等；对于淋病、衣原体、支原体、尿道炎、败血症以及斑疹伤寒等也有一定的疗效；它经常被用于治疗慢性前列腺炎、鼻窦炎、梅毒、衣原体和骨盆炎等疾病；曾报道多西环素也被用于治疗恶性胸腔积液；另外，多西环素在莱姆病和埃里希体病的治疗中特别有效，同样它频繁地用于治疗耐万古霉素肠球菌病。多西环素也被广泛用于治疗由于典型和非典型病原体引起的群体获得性肺炎，多西环素对肺炎链球菌具有很高的活性，并且甚至对耐青霉素菌株也有一定的活性。

【理化性质】

盐酸多西环素（doxycycline hydrochloride）属于四环素类抗生素，CAS 号为 10592-13-9，分子式为 $C_{22}H_{24}N_2O_8$，分子量为 512.93，其化学名称为 6-甲基-4-二甲氨基-3，5，10，12，12α-五羟基八氢二氧代-1，4，4α，5，5α，6，11，12α-八氢-2-并四苯甲酰胺，为淡黄色或黄色结晶粉末，在甲醇或水中易溶，在乙醇或丙酮中可轻微溶解，几乎不溶于氯仿，但脂溶性较好，有较强的生物膜穿透力，在体内吸收更加快速和广泛。盐酸多西环素溶液不稳定，会发生电离，其电离常数为 3.5、7.7、9.5。

【结构式】

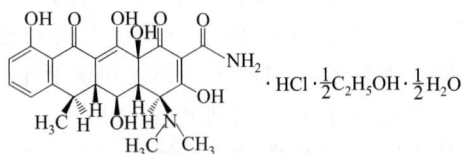

【合成工艺】

盐酸多西环素的合成多是以土霉素为原料，首先经过氯代反应得到11α-氯-6,12-半缩酮土霉素和11α-氯-12-羰基土霉素混合物，再用脱水剂脱除6-位羟基制得11α-氯代甲烯土霉素，然后依次经脱氯、氢化和转盐反应得到目标产物盐酸多西环素。

在脱氯和氢化过程中，金属催化剂对异构体选择性影响极大，并直接影响成品的质量、收率和成本。文献方法多以11α-氯代甲烯土霉素对甲苯磺酸盐为原料，经一步或两步法得到α-6-脱氧土霉素磺基水杨酸盐，最后转盐得到盐酸多西环素。在一步法中，以Pd/C或硅胶键合的Rh(PPh₃)₃Cl为催化剂同时进行脱氯氢化。两步法则用不同活性的Pd/C为催化剂，将脱氯和不对称氢化分为两步进行。一步法若以非均相的Pd/C为催化剂，立体选择性差，收率低；硅胶键合的Rh(PPh₃)₃Cl虽为均相催化剂，但成本偏高。两步法虽然成本较低，但收率偏低。

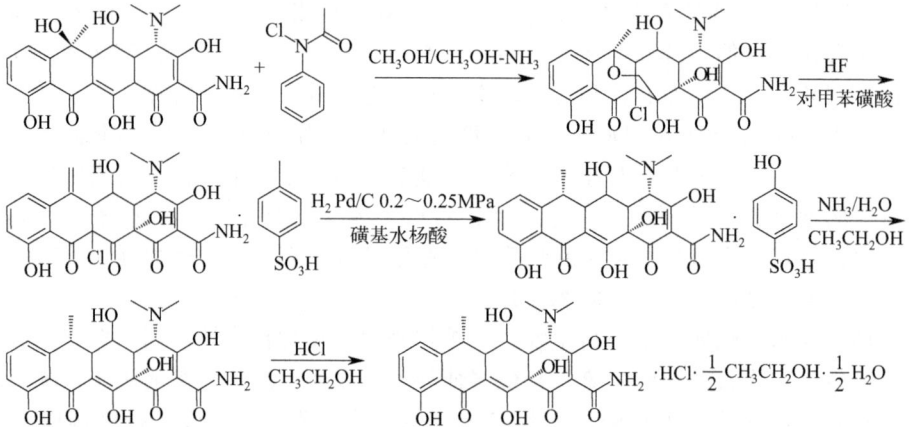

另外，有文献报道了以11α-氯代甲烯土霉素对甲苯磺酸盐为原料，选用两步法，用自制的钯炭催化剂完成脱氯和氢化，最后转盐制得盐酸多西环素，总收率达到58.4%。

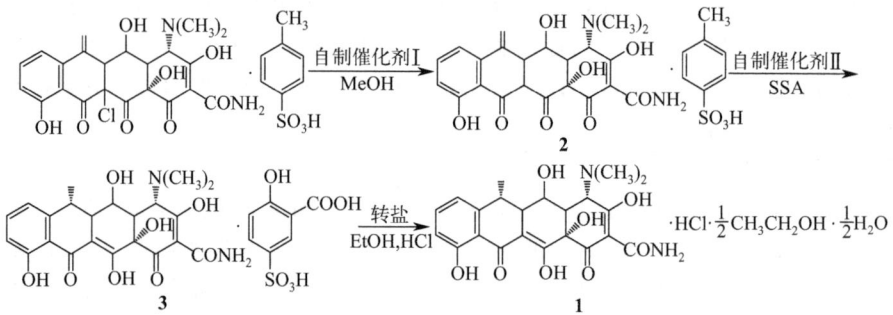

【药理药效】

多西环素是一种对多种病原菌（多种生物体的细菌，革兰阳性菌和革兰阴性菌）具有抑菌活性的四环素类的半合成的结构异构体。对于革兰阴性菌中，强力霉素进入细胞是通过被动扩散或通过能量依赖性主动运输系统发生的，有人认为在革兰阳性菌中这种方式同样存在。多西环素的亲脂性比其他四环素类药物更强，这使得它能够更容易通过细菌的脂质双分子层。四环素已知的主要作用机制是通过结合细菌核糖体的30S亚单位来抑制蛋白质合成。多西环素的作用机理是通过可逆性地结合核糖体30S亚基细菌抑制蛋白质的合成，从而防止氨酰基tRNA的连接，并导致其翻译的终止。多西环素对哺乳动物 80S 核糖体和细菌 70S 核糖体更具有选择性。多西环素还具有抗菌选择性，因此它可以高效地到达细菌细胞内。多西环素由于其亲水性可通过亲水性孔蛋白进入革兰阴性菌，并且可以利用其亲脂性进入革兰阳性菌中。细菌把多西环素误认为食物，从而通过主动转运的能量使其穿过胞质膜而发挥作用。多西环素也可以改变细胞质膜来引起核苷酸和其他化合物进出细胞，这虽然不能直接杀灭细菌，但却能很好地发挥其抑菌作用。

盐酸多西环素对革兰阳性菌（链球菌、炭疽杆菌、某些葡萄球菌、破伤风杆菌等）、革兰阴性菌（巴氏杆菌、沙门菌、布氏杆菌、克雷伯杆菌和嗜血杆菌等）、衣原体、支原体、立克次体具有明显的抑菌作用，同时被广泛用于呼吸道感染、泌尿系统感染、莱姆病和疟疾等由原虫和细菌引起的各种感染性疾病，是目前临床中应用最广泛且活性最强的四环素类抗生素。

（4）大环内酯类

红霉素

红霉素（erythromycin，EM，Er）由链霉素所产生，是一种碱性抗生素，包括红霉素 A(ErA)、红霉素 B(ErB)、红霉素 C(ErC)、红霉素 D(ErD)、红霉素 E(ErE) 和红霉素 F(ErF)。属于大环内酯类窄谱抗生素，常用于对青霉素耐药的革兰阳性菌感染及对青霉素过敏的替代品，抗菌谱与青霉素类似。我国制药界早在 20 世纪 60 年代就已开始生产红霉素。

【理化性质】

白色或类白色的结晶性粉末；无臭，味苦；略有引湿性。呈弱碱性，微溶于水（约 0.2%），易溶于有机溶剂。酸性条件下不稳定。CAS 号：114-07-8；分子式：$C_{37}H_{67}NO_{13}$；分子量：733.93。

【结构式】

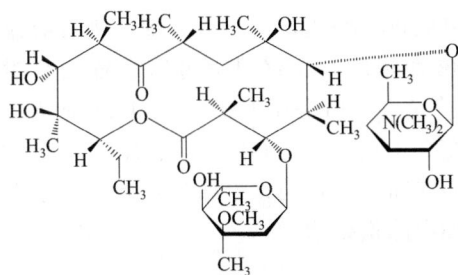

【合成工艺】

该品是由红霉素链霉菌（*Streptomyces erythreus*）发酵培养液中提取的一种碱性抗生素。提纯时，利用它在不同的酸碱 Chemicalbook 度溶解在不同溶剂中的特性，用乙酸丁酯和水溶液反复抽提，达到浓缩提纯的目的，最后在乙酸丁酯溶液中进行冷冻结晶，得红霉素碱。

【药理药效】

大环内酯类的作用位点被认为是位于细胞质中的核糖体亚基。红霉素抗性基因可能携带在质粒或转座子上。对大环内酯类的抗性机制与 23S 核糖体 RNA 的酶促修饰（甲基化）有关，该酶可防止大环内酯类与核糖体结合。

红霉素是一种大环内酯类抗生素，在体外对支原体、革兰阳性球菌（葡萄球菌、链球菌）、奈瑟菌、嗜血杆菌的部分菌株、棒状杆菌、李斯特菌、多杀巴斯德氏菌、布鲁菌、立克次体和密螺旋体均有效。变形杆菌属、假单胞菌属、大肠杆菌对这种药物有相对的耐药性。对大多数敏感菌，MIC 范围为 $0.01\sim0.5\mu g/mL$。在兽医学中，它用于奶牛临床和亚临床乳腺炎的治疗，用于治疗红霉素敏感菌（牛、羊、猪、家禽）引起的传染病，以及用于治疗家禽支原体引起的慢性呼吸道疾病，主要以硫氰酸盐和硬脂酸盐为主。最常用的推荐剂量（红霉素碱）为牛（包括哺乳期奶牛、猪和羊）每天 $5\sim20mg/kg$（按体重计算用量），肌肉注射 $3\sim5d$，肉鸡和蛋鸡每天 $20mg/kg$（按体重计算用量）。

吉他霉素

吉他霉素（kitasamycin）又称北里霉素、柱晶白霉素，是由北里链霉菌（*Streptomyces kitasatoensis*）产生的一种多组分十六元大环内酯类抗生素，在欧美和日本等国常作为饲料添加剂使用。吉他霉素具有防治动物呼吸道疾病与肠道疾病、提高饲料转化效率和促进生长等功效。

北里链霉菌是由日本科研人员于 1953 年从土壤中分离得到的，进行发酵后，从发酵液中获得了吉他霉素。1981 年由四川抗生素研究所分离到一株链霉菌，代谢产物与国外报道的吉他霉素相同。由于该菌株菌丝有毒性、产素能力低、接触人员出现过敏反应，无法进行工业化生产。通过多次的原生质体融合，效价逐步提高，毒性越来越小，逐渐放大。吉他霉素含有 A_1、A_3、A_4、A_5、A_6、A_7、A_8、A_9、A_{13} 等 A 族组分，B_1、B_2、B_3、B_4 等 B 族组分及 U、V 等一些小组分，目前市场上的吉他霉素产品，都是以 A_9、A_8、A_7、A_6、A_5、A_4、A_1、A_3、A_{13} 等 A 族组分为主。

【理化性质】

吉他霉素外观为白色或类白色粉末。吉他霉素是脂溶性的大环内酯类抗生素，其相应的盐为白色或淡黄色结晶粉末，无臭，味苦。易溶于甲醇、乙醇、丙酮、乙醚和氯仿，难溶于水。一般吉他霉素游离碱供口服用，而经过处理的酒石酸盐则供注射用。吉他霉素粉末味苦、难溶于水，是弱碱性物质，在室温下可以放置较长时间。在 100℃、pH6.0～8.0 的水溶液中 1h 内可保持稳定。但是在 100℃、pH2.0 或者 pH10.0 的水溶液中短时间就会受到破坏。吉他霉素在 231～234nm（甲醇）处有最大紫外吸收峰。在酸性甲醇、乙醇、丙醇、丁醇溶液中易形成缩醛。吉他霉素通过碱处理由于碳阴离子和乙酸基团进行分子内取代反应会转变为双环内酯衍生物。

【结构式】

吉他霉素是由 A_1、$A_3\sim A_9$、U 和 V 等 10 种组分构成的，每一种组分均具有一个十六元大环内酯环，由糖苷、碳霉胺糖和碳霉糖（mycarose）三部分通过 α-L-糖苷键连接的基本骨架。其结构式如下：

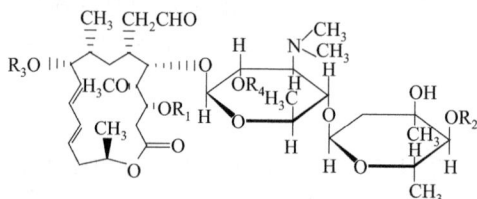

吉他霉素A$_1$:	R$_1$=H	R$_2$=COCH$_2$CH(CH$_3$)$_2$
	R$_3$=H	R$_4$=H
吉他霉素A$_3$:	R$_1$=COCH$_3$	R$_2$=COCH$_2$CH(CH$_3$)$_2$
	R$_3$=H	R$_4$=H
吉他霉素A$_4$:	R$_1$=H	R$_2$=COCH$_2$CH$_2$CH$_3$
	R$_3$=H	R$_4$=H
吉他霉素A$_5$:	R$_1$=COCH$_3$	R$_2$=COCH$_2$CH$_2$CH$_3$
	R$_3$=H	R$_4$=H
吉他霉素A$_6$:	R$_1$=H	R$_2$=COCH$_2$CH$_3$
	R$_3$=H	R$_4$=H
吉他霉素A$_7$:	R$_1$=COCH$_3$	R$_2$=COCH$_2$CH$_3$
	R$_3$=H	R$_4$=H
吉他霉素A$_8$:	R$_1$=COCH$_3$	R$_2$=COCH$_3$
	R$_3$=H	R$_4$=H
吉他霉素A$_9$:	R$_1$=H	R$_2$=COCH$_3$
	R$_3$=H	R$_4$=H
吉他霉素A$_{13}$:	R$_1$=H	R$_2$=COCH$_2$CH$_2$CH$_2$CH$_3$
	R$_3$=H	R$_4$=H

【合成工艺】

吉他霉素是通过菌体发酵工艺进行的,已有几十年的工业生产历史。一些二碳、三碳、四碳的小分子化合物,是合成吉他霉素内酯骨架的主体。该内酯骨架的形成过程也非常复杂,过程涉及一些很复杂的反应发生,故其合成过程机理至今尚未清楚认识。

根据菌体的生长和代谢情况,吉他霉素的发酵过程大致可以分为前期、中期和后期,因为不同的罐菌体代谢快慢不一样,所以这几个时期出现的具体时间会有所不同。吉他霉素的发酵工艺相对于螺旋霉素、林可霉素而言比较简单,在林可霉素和螺旋霉素发酵罐中氨基氮和糖消耗到一定程度都会进行补料,糖消耗到一定程度开始补加葡萄糖,氨基氮消耗到一定程度补加黄豆粉和玉米浆。而吉他霉素在整个发酵过程中不需要补料,但是当菌体的生长量(PMV)高于30%时会多次少量补充无菌水。

在吉他霉素工业生产中,通常会添加适量的乙酸、丙酸、丁酸或其钠盐乙酸钠、丙酸钠、丁酸钠作为来补充吉他霉素在合成过程中的前体,试验结果已很好地证明了其添加的效果,对吉他霉素的产量和质量都起到促进作用。另外,以异丁酸盐与缬氨酸同样也可以作为前体掺入培养基中,使异丁酸盐经异构化先转变成丁酸盐,然后丁酸盐进一步被生物利用。

【药理药效】

吉他霉素能与核糖体50S亚单位的L-蛋白质相结合,从而抑制病原菌蛋白质的合成。其具体作用机理与前面大环内酯类抗生素抗病机制相似。致病菌23S核糖体RNA的一个腺嘌呤残基转录后甲基化,是它们对大环内酯类抗生素多重耐药最常见的原因。其耐药机制还涉及阻止药物穿透细胞膜等。

吉他霉素的抗菌性能与红霉素、竹桃霉素、螺旋霉素等相似,对革兰阳性菌,如葡萄球菌、化脓性链球菌、绿色链球菌、肺炎链球菌、破伤风杆菌、白喉杆菌等有较强的抑制作用,特别是对耐红霉素和青霉素的金黄色葡萄球菌有很好的效果。对革兰阴性菌,如淋球菌、百日咳杆菌等也有相当的抑制作用。此外,对支原体、钩端螺旋体、立克次体及衣原体有抑制作用。与十四元大环内酯类抗生素相比,吉他霉素毒副作用小,不良反应较少,不易形成耐药性。吉他霉素在养殖业是一种高效的饲料添加剂,被广泛应用于兽药行业,用于预防和治疗畜禽的呼吸道、消化道等疾病。

泰地罗新

泰地罗新是一种新型动物专用十六元环大环内酯类半合成抗生素，为泰乐菌素的衍生物。最早是由英特威国际有限公司开发的，泰地罗新注射液最早于 2011 年 5 月在欧盟地区批准上市，在猪上主要用于治疗和补救性预防由对泰地罗新敏感的胸膜肺炎放线杆菌、支气管败血波氏杆菌、多杀性巴氏杆菌和副猪嗜血杆菌引起的猪呼吸系统疾病；在牛上用于治疗和预防由对泰地罗新敏感的溶血性曼氏杆菌、多杀性巴氏杆菌和睡眠嗜组织菌引起的牛呼吸系统疾病。2012 年 5 月，美国 FDA 批准了其在牛的使用。

【理化性质】

白色至淡黄色粉末，泰地罗新以多晶型物存在，微溶于水，可溶于极性有机溶剂（如甲醇、丙酮等）。CAS 号 328898-40-4，国际化学命名为 20-脱氧-23-脱氧-5-氧-(3,6-二脱氧-3-二甲氨基-β-D-吡喃葡萄糖基)-20,23-二-1-哌啶基泰乐内酯，分子式 $C_{41}H_{71}N_3O_8$，分子量 734.02，密度 $1.15kg/m^3$，熔点为 192℃。

【结构式】

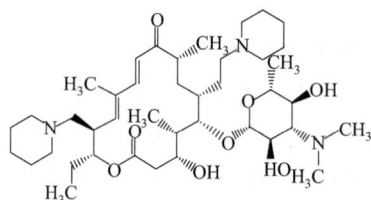

【合成工艺】

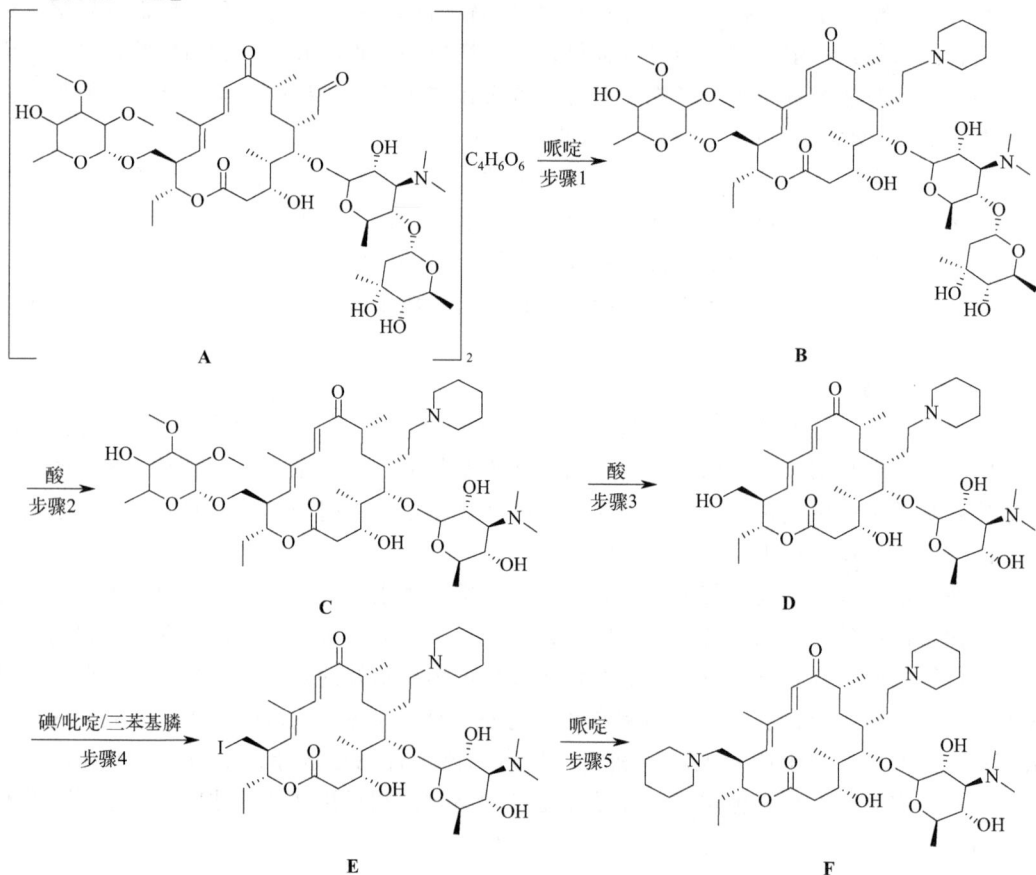

步骤 1：在非极性溶剂存在下使泰乐菌素（**A**）或其盐、哌啶和甲酸反应而形成 20-哌啶基泰乐菌素化合物（**B**）。

步骤 2：使 20-哌啶基泰乐菌素化合物（**B**）与酸反应形成 23-O-(6-脱氧-2,3-二-O-甲基-D-阿洛糖基)-20-哌啶基-5-O-碳霉胺糖基泰乐内酯化合物（**C**）。

步骤 3：使 23-O-(6-脱氧-2,3-二-O-甲基-D-阿洛糖基)-20-哌啶基-5-O-碳霉胺糖基-泰乐内酯化合物（**C**）与酸反应形成 23-羟基-20-哌啶基-5-O-碳霉胺糖基泰乐内酯化合物（**D**）。

步骤 4：用活化剂将 23-羟基-20-哌啶基-5-O-碳霉胺糖基泰乐内酯化合物（**D**）活化形成活化化合物（**E**）。

步骤 5：使活化化合物（**E**）与哌啶反应生成泰地罗新（**F**）。

【药理药效】

泰地罗新为一种十六元半合成大环内酯类抗生素。泰地罗新抗菌作用与泰乐菌素相似，对革兰阳性菌和部分革兰阴性菌均具有较强的抑菌作用，对致猪、牛呼吸系统疾病的病原菌尤其敏感，如多杀性巴氏杆菌、胸膜肺炎放线杆菌、支气管败血波氏杆菌、副猪嗜血杆菌、溶血性曼海姆菌、睡眠嗜组织菌、支原体、螺旋体、布鲁菌等，泰地罗新的抑菌作用机理与泰乐菌素等大环内酯类药物相同，能与敏感菌的核蛋白体 50S 亚基相结合，抑制、阻止核蛋白肽链的合成和延长，进而影响细菌蛋白质的合成。泰地罗新体外抗菌活性（MIC_{50}、MIC_{90}），据报道与泰乐菌素和替米考星相比较，对多杀性巴氏杆菌、胸膜肺炎放线杆菌等革兰阴性菌具有更好的抗菌作用。但是，对胸膜肺炎放线杆菌的抑菌作用不如泰乐菌素和替米考星。

【应用】

本品用于治疗对泰地罗新敏感的胸膜肺炎放线杆菌、多杀性巴氏杆菌、溶血性曼氏杆菌、睡眠嗜组织菌及副猪嗜血杆菌等引起的牛、猪呼吸道疾病。

泰拉霉素

泰拉霉素是一种动物专用的大环内酯类半合成抗生素。泰拉霉素（tulathromycin），又被称为土拉霉素、托拉霉素，商品名为"Draxxin"，中文名称为"瑞克新"。是由美国辉瑞动物保健品公司于 20 世纪 90 年代末期开发出来的一种新型的红霉素类半合成兽用抗生素，属于第三代大环内酯类抗生素。泰拉霉素具有抑菌和杀菌活性，特别对呼吸系统传染病有十分明显的治疗效果。泰拉霉素具有吸收迅速、生物利用度高、低残留、半衰期长、药效持久、胃肠外单次给药能提供全程治疗等特点。主要用于治疗和防治由胸膜肺炎放线杆菌、支原体、巴氏杆菌、副嗜血杆菌、支气管败血性博德特菌等引起的猪、牛呼吸系统疾病。2003 年欧盟批准泰拉霉素注射剂瑞克新（Draxxin）在欧盟上市；2005 年美国食品药品监督管理局（FDA）批准泰拉霉素注射剂瑞克新在美国上市。我国农业部在 2008 年第 957 号公告中首次批准在国内使用泰拉霉素。

【理化性质】白色或者类白色粉末，可溶解于甲醇、丙酮、乙酸乙酯、乙醇。化学名称：(2R,3S,4R,5R,8R,10R,11R,12S,13S,14R)-13-[2,6-二脱氧-3-C-甲基-3-O-甲基-4-C-(丙氨基)甲基-α-L-核己吡喃糖基]氧-2-乙基-3,4,10-三羟基-3,5,8,10,12,14-六甲基-11-3,4,6-三脱氧-3-二甲氨基-β-D-木己吡喃糖基氧-1-氧杂-6-氮杂环十五烷-15-酮。分子式：$C_{41}H_{79}N_3O_{12}$；分子量：806；泰拉菌素 BCAS 号：280755-12-6；泰拉菌素 ACAS 号：217500-96-4。

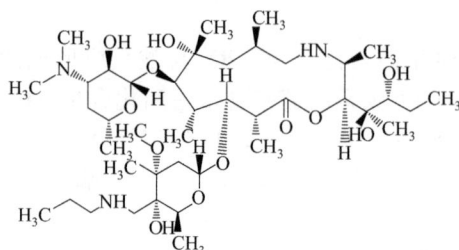

【合成工艺】

目前国外关于泰拉霉素的合成报道主要是 Pfizer 的专利合成法。该方法以红霉素 A 为原料，经过八步反应得到泰拉霉素，在专利介绍的实例中首先红霉素 A（1-25）与盐酸羟胺反应制得红霉素 A 肟（1-26），红霉素 A 肟再经 Beckmann 重排反应制得亚胺醚（1-27），亚胺醚经氢化还原制得去甲阿奇霉素（1-28），然后去甲阿奇霉素在 0～5℃的条件下与氯甲酸苄酯反应 3h 左右，可以根据加入氯甲酸苄酯的量控制得到 2'-OCbz-9α-NCbz 阿奇霉素（1-29a）或 2'-OCbz-9α-NH 阿奇霉素（1-29b），粗产品的产率一般在 90％左右，经 Cbz 保护的阿奇霉素粗品溶解于 DMSO 中，在－70～－60℃温度下使用 Swern 氧化剂（DMSO＋三氟乙酸酐为氧化剂）反应 30min，反应结束后经三氟乙酸成盐可以以 87.9％的产率得到氧化成酮的产物 1-30a 或 1-30b。酮盐产品 1-30a 或 1-30b 经碱脱盐后冷却至－70℃加入预处理的 Corey-Chaykovsky 环氧化剂（溴化三甲基锍）进行环氧化反应，经后处理后能够得到 80％左右的粗产品 1-31a 或 1-31b。中间体再经过钯碳脱 Cbz 保护可以得到水合形式的环氧化合物 1-32（用 Karl-Fischer 方法测定水含量）。专利通过正丙胺与分子中的环氧乙烷片段的亲核加成反应得到氨基乙醇片段，从而最终得到泰拉霉素（1-33），该合成工艺的后续部分，以去甲阿奇霉素为原料，经五步反应制备泰拉霉素。在对去甲阿奇霉素中的 2'-OH 或 9α-NH 进行保护和脱保护时，选用的是中性条件保护脱保护。即专利选用的是稳定性差、刺激性强且并不廉价的 Cbz（氯甲酸苄酯）进行保护，而在第四步反应中为了脱保护 Cbz，不得不使用高压加氢条件下的钯碳催化脱保护。因此，整个合成工艺条件复杂，操作难度大，合成的泰拉霉素成本高，不利于工业生产，使得泰拉霉素的进一步推广使用受到了很大的限制。

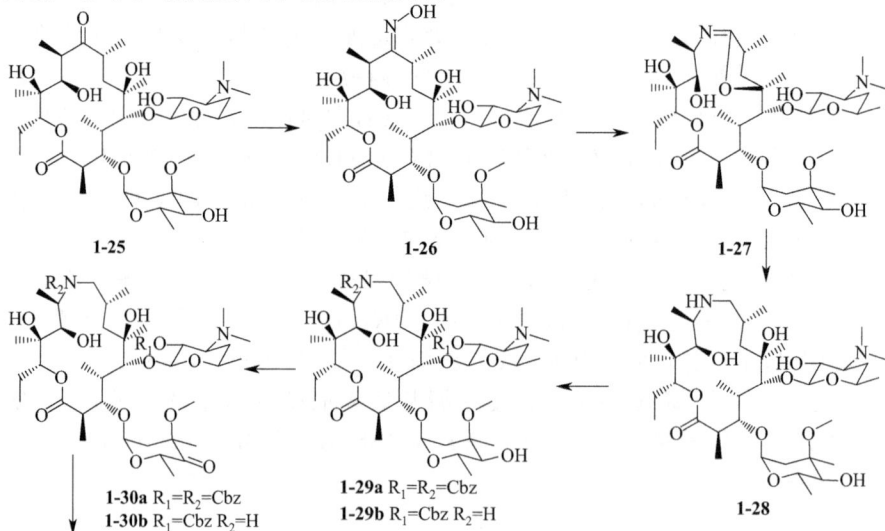

1-25

1-26

1-27

1-30a R₁=R₂=Cbz
1-30b R₁=Cbz R₂=H

1-29a R₁=R₂=Cbz
1-29b R₁=Cbz R₂=H

1-28

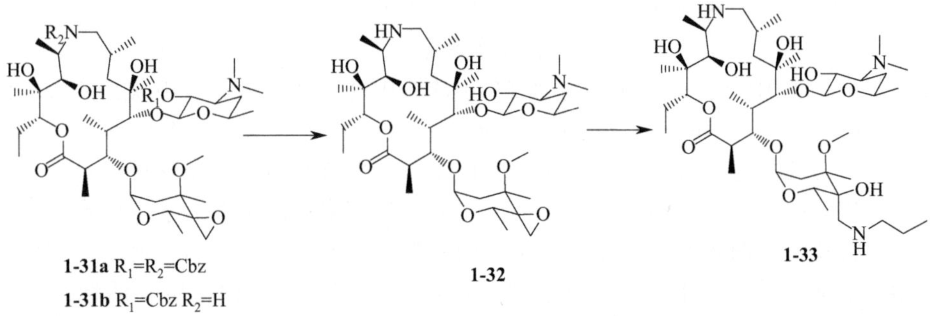

【药理药效】

泰拉霉素是一种半合成的来源于发酵产物的大环内酯类抗菌剂。它与许多其他大环内酯的不同之处在于它的作用持续时间长，部分原因在于它的三个胺基。

大环内酯类是具有抑菌作用的抗生素，并且由于它们与细菌核糖体 RNA 的选择性结合而抑制必需蛋白质的生物合成。泰拉霉素通过与敏感菌的核蛋白体 50S 亚基结合，刺激移位过程中肽酰 tRNA 从核糖体上的解离，从而抑制细菌转肽过程，使肽链的合成和延长受阻，从而影响细菌蛋白质合成。

泰拉霉素对溶血性曼海姆氏菌、多杀性巴氏杆菌、睡眠嗜血杆菌和牛支原体以及胸膜肺炎放线杆菌、猪肺炎支原体、副猪嗜血杆菌和支气管败血性博德特菌具有体外活性，它们分别是最常与牛和猪呼吸道疾病相关的细菌病原体。在某些睡眠嗜血杆菌和胸膜肺炎放线杆菌的分离物中发现了增加的最低抑菌浓度（MIC）值。已经证明了对结节性双歧杆菌的体外活性，这种细菌病原体最常与绵羊感染性足皮炎（脚腐病）相关。

泰拉霉素还具有抗牛莫拉菌的体外活性，牛莫拉菌是最常与牛传染性角膜结膜炎（IBK）相关的细菌病原体。

临床和实验室标准协会 CLSI 已将泰拉霉素对牛呼吸道来源的溶血性曼氏杆菌、多杀性巴氏杆菌和睡眠嗜血杆菌以及猪呼吸道来源的多杀性巴氏杆菌和支气管败血杆菌的临床折点设定为≤16μg/mL 敏感和≥64μg/mL 抗性。对于猪呼吸道来源的胸膜肺炎放线杆菌，易感折点设置为≤64μg/mL。CLSI 还发布了基于磁盘扩散法的泰拉霉素临床折点（CLSI 文件 VET08，第 4 版，2018 年）。副猪嗜血杆菌没有可用的临床折点。EUCAST 和 CLSI 都没有开发用于测试针对兽用支原体的抗菌剂的标准方法，因此没有设置解释标准。

除了其抗菌特性外，泰拉霉素在试验研究中还显示出免疫调节和抗炎作用。在牛和猪的多形核细胞（PMNs；中性粒细胞）中，泰拉霉素促进细胞凋亡（程序性细胞死亡）和巨噬细胞对凋亡细胞的清除。它降低促炎介质白三烯 B4 和白细胞介素-8（CXCL-8）的产生，并诱导抗炎和促分解脂质脂氧素 A4 的产生。

【应用】

泰拉霉素主要用于放线杆菌、支原体、巴氏杆菌、副嗜血杆菌等引起的猪、牛的呼吸系统疾病和羊腐蹄病。具有用量少、一次给药、低残留和动物专用等众多优点。

牛：治疗和群体预防溶血性曼式杆菌、多杀性巴氏杆菌、睡眠嗜组织菌和牛支原体引起的牛呼吸系统疾病（BRD），传染性牛角膜结膜炎。

猪：治疗和群体预防胸膜肺炎放射杆菌、多杀性巴氏杆菌、溶血性曼式杆菌、副猪嗜血杆菌病、支气管炎博德特菌引起的猪呼吸道疾病（SRD）。

羊：治疗剧毒结瘤偶蹄杆菌引起的传染性蹄皮炎（腐蹄病）。

泰乐菌素

泰乐菌素是美国学者 Hamill 等于 1959 年从弗氏链霉菌的培养液中获得的大环内酯类抗生素。我国于 1994 年建成工业化泰乐菌素生产线，其产品酒石酸泰乐菌素、磷酸泰乐菌素经中国兽医药品监察所检验和临床试验证实，其理化性质、抗菌作用、毒性、药理效果及对畜禽疫病的防治效果与国际上其他公司的泰乐菌素产品等同。泰乐菌素被广泛地运用于畜牧业畜禽疾病的防治以及作为促生长的饲料添加剂。泰乐菌素在使用过程中具有较多的优点，如抗菌谱广、用量少、吸收快、组织中分布广、结构稳定、活性高、促生长等；对真菌、G 菌具有很强的抗菌作用；对部分 G 菌、螺旋体等具有抑制作用。但是，泰乐菌素在使用中也出现了一些问题，如残留、耐药及诱发其他药物的耐药等问题，制约了其的进一步使用。

【理化性质】

泰乐菌素（tylosin），又名泰乐星、泰洛霉素，为大环内酯类抗生素。CAS：1401-69-0；分子式：$C_{46}H_{77}NO_{17}$；分子量：916.1。该药为白色板状结晶，溶于甲醇、乙醇、丙酮、乙酸乙酯等，微溶于水，呈碱性，pK_a 为 7.1。其产品有酒石酸盐、磷酸盐、盐酸盐、硫酸盐及乳酸盐，易溶于水。泰乐菌素主要由泰乐菌素 A、B、C、D 四种组分组成，四组分中除泰乐菌素 D 组分基本无抗菌活性外，A、B、C 均有抗菌活性，其中以 A 组分的抗菌活性最高，含量约占泰乐菌素原粉的 90%，日常生活中使用的是泰乐菌素的酒石酸盐和磷酸盐，水溶性较好。水溶液在 25℃、pH 值 5.5～7.5 时可保留 3 个月，但是若水溶液中含有铁、铜金属离子时，会使本品失效。

【结构式】

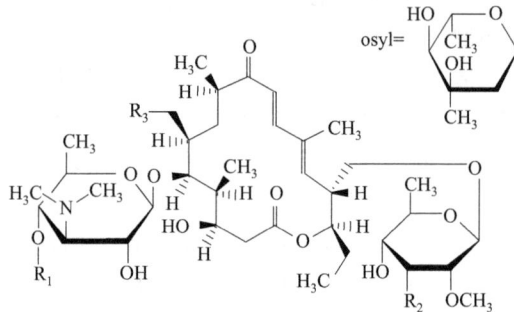

泰乐菌素A：R₁=osyl	R₂=OCH₃	R₃=CHO	$C_{46}H_{77}NO_{17}$	916.11
泰乐菌素B：R₁=H	R₂=OCH₃	R₃=CHO	$C_{39}H_{65}NO_{14}$	771.94
泰乐菌素C：R₁=osyl	R₂=OH	R₃=CHO	$C_{45}H_{75}NO_{17}$	902.08
泰乐菌素D：R₁=osyl	R₂=OCH₃	R₃=CH₂OH	$C_{46}H_{79}NO_{17}$	918.13

【合成工艺】

泰乐菌素目前主要是通过发酵工艺进行生产，产生菌有弗氏链霉菌、龟裂链霉菌和吸水链霉菌等。

【药理药效】

泰乐菌素通过与其他大环内酯类类似的机制发挥其抗生素活性，即通过结合核糖体的 50S 部分，从而抑制蛋白质的合成。泰乐菌素主要具有抑菌活性。

泰乐菌素对革兰阳性球菌（葡萄球菌、链球菌）、革兰阳性杆菌、某些革兰阴性杆菌和支原体具有抗菌作用。

对大环内酯类药物的耐药性通常是质粒介导的，但核糖体的修饰可能通过染色体突变发生。耐药性可能机制：i）减少进入细菌（最常见于革兰阴性菌）；ii）合成水解药物的细菌酶；iii）修饰靶标（核糖体）。

后一种耐药类型也可能导致与其他优先与细菌核糖体结合的抗生素产生交叉耐药性。革兰阴性厌氧菌通常具有抗药性。

替米考星

替米考星是英国 Elanco 公司于 20 世纪末以泰乐菌素为原料，通过化学结构的修饰研发的一种新型畜禽专用大环内酯类抗生素。具有抗菌谱广、安全性高、耐药性低等特点，在临床上得到了广泛的应用。替米考星对革兰阳性菌和部分革兰阴性菌及螺旋体、霉形体等均有较强的抑制作用，尤其对多种螺旋体和支原体有很强的抑制作用，其抗菌活性优于氟苯尼考和泰乐菌素等多种类似的抗生素类药物。替米考星已在美国、欧洲、澳大利亚、巴西、西班牙和中国等国家获批准用于临床用药，用于治疗猪、奶牛、鸡等畜禽类动物的感染性疾病，特别是畜禽呼吸道类感染，对猪的胸膜肺炎、奶牛的乳房炎、禽类的支原体病等有较好的预防和治疗效果。

【理化性质】

白色粉末，化学名称为 4α-O-脱(2,6-二脱氧-3-C-甲基-L-核糖吡喃己基)-20-脱氧-20-(3,5-二甲基-1-哌啶基)[20(顺式：反式)]泰乐菌素。CAS 号：108050-54-0；分子式：$C_{46}H_{80}N_2O_{13}$；分子量：869.15。

【结构式】

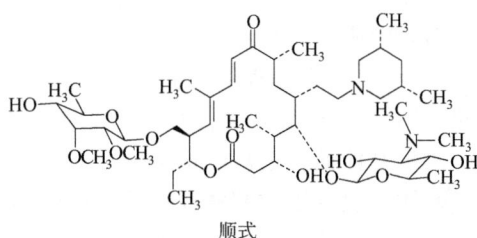

顺式

【合成工艺】

替米考星通常采取经泰乐菌素化学半合成的方法进行合成，具体方法是泰乐菌素或其盐类（如磷酸盐、酒石酸盐等）在酸性条件下水解生成中间产物去碳霉糖泰乐菌素（desmycosin），去碳霉糖泰乐菌素在乙酸乙酯中与 3,5-二甲基哌啶反应并经甲酸还原生成溶于乙酸乙酯中的目标产物替米考星，再经分离提纯最终制得替米考星。

替米考星有三种合成途径，合成原理与步骤大体相同，只是原料不同。可由泰乐菌素碱直接合成替米考星，也可由其磷酸盐（磷酸泰乐菌素）或酒石酸盐（酒石酸泰乐菌素）水解脱去对应的酸后再进行合成。

【药理药效】

替米考星是十六元环的内酯结构（羟基与糖/取代糖以苷键的方式连接）的半合成畜禽专用大环内酯类抗生素，环张力较小，结构性质稳定。替米考星主要在细菌生长期发挥抑菌剂的作用，其主要机制是抑制细菌蛋白质的合成，此过程中，替米考星可逆性结合细菌 50S 核糖体亚单位，由此产生的移位酶活性下降可阻碍核糖体的位移，进而肽链延长以及蛋白质合成被极大抑制。然而，哺乳动物的 80S 核糖体却不与替米考星进行结合，因此替米考星对靶动物的毒性非常小。

替米考星的抗菌谱很广，并具有很强的抗菌活性，不仅对所有的革兰阳性菌和部分革兰阴性菌、螺旋体、霉形体等具有较强的抑制作用，而且对多种支原体也有很强的抑制作用，对胸膜肺炎放线杆菌、多杀性巴氏杆菌、溶血性巴氏杆菌及多种畜禽霉形体也有很强的抗菌活性。与泰乐菌素相比，替米考星的抗菌活性更强：对乳房链球菌的90%抑菌范围从 $6.25\mu g/mL$ 降低为 $3.12\mu g/mL$；对化脓性链球菌的90%抑菌范围从 $3.12\mu g/mL$ 降低为 $0.04\mu g/mL$；对溶血性巴氏杆菌的90%抑菌范围从 $3.12\mu g/mL$ 降低为 $1.56\mu g/mL$；对沙门菌的90%抑菌范围从 $6.25\mu g/mL$ 降低为 $3.12\mu g/mL$。

大量动物临床试验结果表明，替米考星抗菌谱很广，对常见的多种畜禽病原菌的抑制效果强于先锋霉素，特别是对猪胸膜肺炎放线杆菌、猪丹毒杆菌、肺炎链球菌、金黄色葡萄球菌、李氏杆菌、支气管炎博德特菌、鸡败血支原体等菌株极为敏感。替米考星对多种导致奶牛乳房炎的病原菌均也有较强的抑制作用，特别是对 G^+ 菌具有很强的抑制效果。

替米考星不仅对多种畜禽呼吸道疾病的致病菌和奶牛乳房炎病原菌有较强的抑制作用，而且不管是混到动物饲料中喂食或皮下注射给药，替米考星在动物体内扩散较快，血液中药物浓度增加迅速，药物浓度的半衰期较长。由于替米考星的抗菌活性较泰乐菌素、氟苯尼考等传统抗生素较强，而且具有易于动物吸收、药物扩散快等优势，所以在畜牧业中得到了广泛的应用。

替米考星在临床中的应用是与其抗菌活性对应的。由于对导致动物呼吸系统疾病的革兰阳阴性菌、胸膜肺炎放线杆菌、多种霉形体、支原体和奶牛乳房炎致病菌等具有较强的抑制效果，所以替米考星主要用于治疗畜禽类呼吸系统疾病和奶牛的乳房炎。如：猪的胸膜肺炎，羊的乳腺炎，鸡的多种呼吸道疾病等。

磷酸替米考星

替米考星碱（替米考星与3,5-二甲基哌啶反应生成）加磷酸和水反应后，即在替米考星原结构上新添加了一个磷酸基团而合成新的衍生物，即为磷酸替米考星，为新型的大环内酯类抗生素。加入磷酸基团后改变了它的物理性质，由脂溶性物质变为易溶于水。使其在临床治疗上动物给药时，可选择饮水给药，更加安全便捷。磷酸替米考星被吸收进入机体后脱去磷酸基团而转化为替米考星发挥作用。

【理化性质】

磷酸替米考星的分子式为 $C_{46}H_{80}N_2O_{13} \cdot H_3PO_4$，分子量为 967.14，磷酸替米考星为白色或淡黄色粉末状，能在水、甲醇、乙腈、丙酮等有机溶剂中溶解。

【合成工艺】

由替米考星与3,5-二甲基哌啶反应生成替米考星碱，再加磷酸和水后制成。

【药理药效】

磷酸替米考星的作用机理与替米考星基本相似。磷酸替米考星能与敏感菌核蛋白体50S大亚基的P位结合点发生特异性结合而抑制转肽酶，阻断 mRNA 的位移以及肽链从A位点到P位点的转移，从而肽链的合成和延长被抑制，细菌蛋白质合成发生障碍，因此起到杀菌的作用。磷酸替米考星在低浓度时主要呈现抑菌作用，在高浓度时则具有杀菌作用。磷酸替米考星与哺乳动物细胞内80S核糖体也不能结合，因此其对于临床使用的靶动物是非常安全的，磷酸替米考星对于巴氏杆菌及肺炎放线杆菌的抗菌作用可维持 8h，这可能是因为磷酸替米考星对肺泡巨噬细胞具有较强的压向聚集性，可进入肺泡巨噬细胞并在其中维持相当长时间。当吞噬细胞外的药物代谢完毕后，吞噬细胞内的替米考星可释放出来并达到有效浓度而继续发挥作用。

实质上，磷酸替米考星中的有效成分依然是替米考星。两者的抗菌药效学作用主要对全部革兰阳性菌、部分革兰阴性菌以及支原体具有很好的抑制作用。与泰乐菌素相比，磷酸替米考星对胸膜肺炎放线杆菌、巴氏杆菌及畜禽支原体具有更好的抑菌作用。磷酸替米考星除了可以在感染早期阻止支原体在呼吸道黏膜上的附着和增殖、显著抑制支原体肺炎外，其对奶牛乳房炎致病菌的抑菌效果也较强，并具有"内服和皮下注射吸收迅速，血液中消除半衰期较长"的特殊药代动力学特征，良好的组织穿透力使磷酸替米考星迅速从血液进入乳房，使乳房内药物浓度长时间处于高水平。在兽医临床上，磷酸替米考星主要对由胸膜肺炎放线杆菌、巴氏杆菌及支原体等感染引起的家畜肺炎、禽支原体病及泌乳动物乳房炎等疾病有极好的临床治疗效果。

（5）酰胺醇类

甲砜霉素

甲砜霉素系 1952 年美国 Sterling-Winthrop 研究所首次开发的 β-氨基醇类抗生素。甲砜霉素是氯霉素类第二代广谱抗菌药，结构与氯霉素相似。在 20 世纪 80 年代被欧洲作为新的化学治疗药，20 世纪 90 年代开始用于我国临床和兽医临床。其抗菌作用、抗菌机理、抗菌活性与氯霉素基本相似，它的甲基磺酰基取代了氯霉素的硝基，因而毒性降低，其体内抗菌作用比氯霉素强 2.5～5 倍，使用广泛。它对革兰阴性菌和革兰阳性菌均有效，对厌氧菌尤其有效。由于此药物具有抗菌力强、吸收快、分布广、血液中浓度高、药效持久等特点，在临床上广泛应用于伤寒、痢疾、肠道感染、布鲁氏菌病、脑膜炎及外科感染等治疗。而在畜牧养殖业上主要用于家禽的细菌性感染（如大肠杆菌、沙门菌、伤寒杆菌等）的治疗。

【理化性质】

甲砜霉素，又名硫霉素、甲砜氯霉素，是一种酰胺醇类抗生素。常温下为白色至类白色结晶性粉末或晶体，无臭，味微苦，有引湿性。化学名为[R-(R*,R*)-N-[1-(羟基甲基)]-2-羟基-2-[4-(甲基磺酰基)苯基]乙基]-2,2-二氯乙酰胺；CAS：15318-45-3；分子式：$C_{12}H_{15}Cl_2NO_5S$；分子量：356.22。本品水中微溶，室温时溶解度仅为 0.5%～1%，醇中溶解度为 5%，在二甲基甲酰胺中易溶。

【结构式】

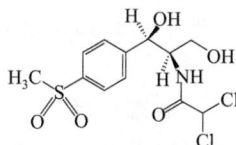

【合成工艺】

1952 年，美国 Sterling-Winthrop 研究所 Cutler 研究小组在开发各种 β-氨基醇类似物抗生素过程中，首次以对甲硫基苯乙酮为起始原料分别经 7 步和 9 步常规官能团化学转化完成了（±）-1 的合成。由溴素使对甲硫基苯乙酮经 α-溴代反应所获得的 α-溴代酮与乌洛托品进行 S_N2 亲核取代转化成加成物 5，再经浓盐酸/乙醇处理得铵盐 6 后分别与二氯乙酰氯和醋酐进行 N-乙酰化，再行 α-羟甲基化、还原以及甲硫基氧化即得（±）-1。

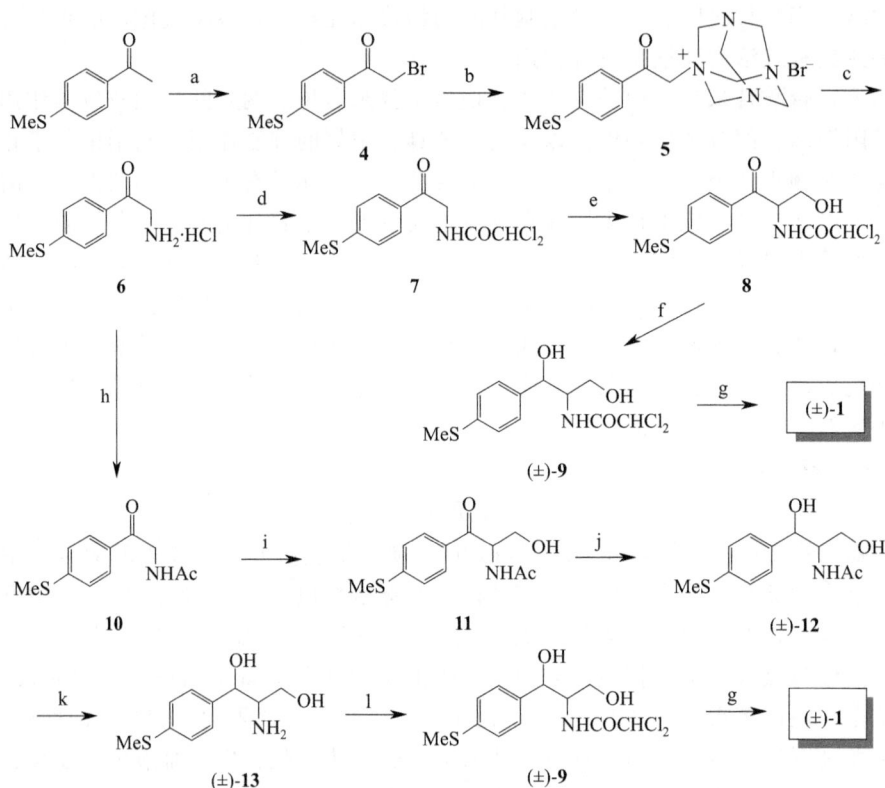

【药理药效】

甲砜霉素本质上是一种抑菌抗生素：它通过与 70S 核糖体的 50S 亚基结合而发挥作用，从而阻断肽基转移酶并抑制细菌蛋白质的合成而起作用。

为广谱抑菌剂。对大多数革兰阳性菌和革兰阴性菌均有抑制作用。特别是对革兰阴性杆菌作用强大，如对大肠杆菌、沙门菌、伤寒杆菌、产气杆菌、克雷伯杆菌、巴氏杆菌、布氏杆菌、痢疾杆菌等作用较强，革兰阳性菌中如炭疽杆菌、葡萄球菌、棒状杆菌、肺炎球菌、链球菌、肠球菌和放线菌对其亦较敏感。但对革兰阳性菌的作用不及青霉素和四环素。对钩端螺旋体、某些霉形体、部分衣原体和立克次体亦有作用。细菌对本品与氯霉素间有完全的交叉耐药性，与四环素类之间有部分交叉耐药性。

甲砜霉素用于治疗和控制牛、猪和家禽的各种细菌来源的呼吸道和消化道感染，给药途径是口服或肌肉注射。该物质也可用于泌乳和干乳母牛的乳房内给药以及母牛的宫内给药。

氟苯尼考

氟苯尼考（florfenicol）别称为氟甲砜霉素、氟洛芬，是第三代氯霉素类抗菌药，是一种化学合成的动物专用的新型广谱抗菌药，主要用于水产养殖业，该药以其广谱、高效、低毒、吸收良好、体内分布广泛和无潜在的致再生障碍性贫血等特点而备受兽医界的关注和欢迎。

目前，氟苯尼考被广泛应用于兽医临床防治革兰阳性、革兰阴性以及甲砜霉素耐药性细菌病，因其抗菌谱广、吸收良好、体内分布广泛，特别是氟苯尼考不同于氯霉素和甲砜霉素，它不含硝基，不会造成剂量相关、可逆性骨髓抑制或不可逆转的再生障碍性贫血，也不会致畸、致癌、致突变。1988 年，美国先灵葆雅公司成功研制出氟苯尼考，先后在日本、挪威、法国、英国、奥地利、墨西哥等国家上市，用于猪、禽、鱼细菌性疾病的治疗。1999年氟苯尼考在我国获得批准为二类新兽药，被用于预防和治疗猪传染性胸膜肺炎、黄痢、白痢，以及巴氏杆菌引起的牛呼吸道感染、鸡大肠杆菌病、禽霍乱等细菌性疾病。

氟苯尼考是甲砜霉素的3位氟衍生物，属新型酰胺醇类抗生素，其在动物中的代谢产物为氟苯尼考胺、氟苯尼考醇、氟苯尼考草酸铵和单氯氟苯尼考等，其中氟苯尼考胺为最主要的代谢产物，且大部分存在于动物肝脏中。

【理化性质】

氟苯尼考为甲砜霉素的单氟衍生物，分子式为 $C_{12}H_{14}Cl_2FNO_4S$，分子量为358.2，化学名称为D-（＋）-苏-1-对甲砜基苯基-2-二氯乙酰氨基-3-氟丙醇。氟甲砜霉素是一种中性分子，性状为白色或类白色结晶性粉末，无臭、味苦，熔点为152～156℃；在pH值为3～9的范围内能保持结构的稳定，但在强酸的条件下，氟甲砜霉素分子中的酰胺键会断裂。氟甲砜霉素分子极易溶于二甲基甲酰胺，易溶于有机溶剂如丙二醇、N-甲基吡咯烷酮，在甲醇中可溶解，在冰醋酸中略溶，在水或氯仿中极微溶解；0.5%水溶液的pH值为4.5～4.6。

【结构式】

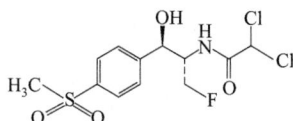

【合成工艺】

以手性氨基醇为基础原料，合成氟苯尼考，利用苯甲腈在乙二醇中在催化量 K_2CO_3 的存在下于105℃得到二级醇保护的噁唑啉。

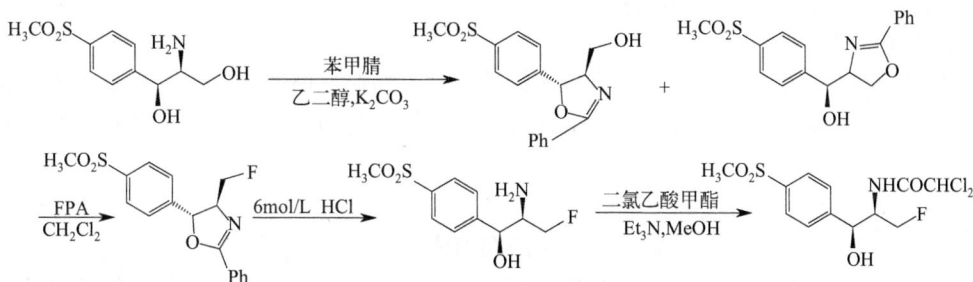

【药理药效】

氟苯尼考是甲砜霉素的单氟衍生物，其作用机制及抗菌谱与甲砜霉素、氯霉素相同，能通过抑制细菌70S核糖体，与50S亚基结合，抑制肽酰基转移酶活性，从而抑制肽链的延伸，干扰细菌蛋白质的合成，因而对革兰阴性菌、革兰阳性菌均有抑制作用。甲砜霉素和氯霉素耐药菌通常会产生乙酰转移酶，该酶能够使甲砜霉素和氯霉素α-甲基位上的—OH乙酰化，从而失去药理活性。而氟苯尼考则因α-甲基上的—OH被—F取代，不会受乙酰转移酶的破坏，所以甲砜霉素和氯霉素具有耐药性的菌株仍会对氟苯尼考敏感。

氟甲砜霉素的抗菌谱广，对临床分离的多种革兰阴性和革兰阳性菌均有较强的杀菌作用，对支原体也有作用，而且对耐氯霉素和甲砜霉素的大部分菌株仍有高的抗菌活性。

（6）林可胺类

盐酸林可霉素

林可霉素（lincomycin），又名洁霉素，是由链霉菌培养液中取得的一种林可胺类碱性抗生素。1962年由美国人Mason等首先提取获得，从此得到广泛应用，国内于1975年开始研制开发。林可霉素对组织和细胞的穿透力强，在治疗家畜因革兰阳性菌所引起的感染，猪密螺旋体、弓形虫等感染，以及家禽慢性呼吸道病、鸡坏死性肠炎等疾病中发挥了重要作用。在兽医临床上主要作为速效抑制细菌生长的治疗用药，应用初期，还曾作为饲料添加剂使用，但由于其毒副作用较大，现已禁止用作饲料添加剂。在动物疾病防治中常用林可霉素的盐酸盐。

【理化性质】

盐酸林可霉素常温下为白色结晶性粉末，有微臭或特殊臭，味苦，在水或甲醇中易溶，在乙醇中略溶。其性质稳定，pK_a 为7.6，20%的水溶液pH值为3.0～5.5。CAS号：859-18-7；分子式：$C_{18}H_{35}ClN_2O_6S$；分子量：443。

【结构式】

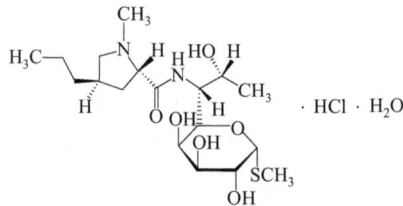

【合成工艺】

从结构上看，林可霉素是由林可酰胺（lincosamide，LSM）和丙基脯氨酸（propyl-proline，PPL）两部分缩合并后修饰而成。近年来，林可霉素生物合成机理研究取得了实质性成果，生物合成途径日渐清晰。

【药理药效】

林可霉素可与敏感菌的核蛋白体50S亚基结合，抑制肽酰基转移酶，使肽链不能向新接上的氨基酸转移，致使肽链的增长受到抑制，使细菌蛋白质合成停止，从而起到对细菌的抑制或杀灭作用。

（7）多肽类

硫酸黏菌素

黏菌素（colistin）是1947年从多黏杆菌 *Paenibacillus polymyxa* 或产气孢子杆菌 *P. aerobacillus* 的培养滤液中得到的一种多肽类抗生素，含有A、B、C、D、E五种成分。1950年从 *Aerobacillus colistinus* 的培养滤液中得到的黏菌素，一直被认为是一种新型抗生素，1964年时证实黏菌素即为硫酸黏杆菌素，临床应用时多用其硫酸盐或甲磺酸盐。

美国和欧盟均将硫酸黏杆菌素批作兽药使用，用于治疗肠道疾病和饲料添加剂。我国于1986年批准进口产品，作为治疗药物和饲料添加剂。我国于20世纪90年代末研制成功硫酸黏杆菌素。由于抗生素滥用造成的细菌耐药性和动物产品药物残留的问题日渐严重，我国农业部于2016年11月1日起禁止使用硫酸黏杆菌素作为动物生长促进剂。

硫酸黏菌素又名硫酸黏杆菌素、克利斯汀（Colistin）、多黏菌素E（polymyxin E）、抗敌素等，在兽医学中，它通常用作口服制剂的硫酸盐和肠胃外给药的甲磺酸盐。黏菌素用于预防和治疗兔、猪、家禽、牛、绵羊和山羊的敏感细菌（如沙门菌和大肠杆菌）引起的疾病。它用于家禽生产供人类食用的鸡蛋，以及牛、绵羊和山羊生产供人类食用的牛奶。也有产品可用于肠外和乳房内给药。

【理化性质】

CAS号：1264-72-8；分子式：$2C_{52}H_{98}N_{16}O_{13} \cdot 5H_2SO_4$；分子量：2801.27。硫酸黏杆菌素为白色或近白色无定形粉末，无臭、味苦，有引湿性，易溶于水，微溶于甲醇、乙醇，几乎不溶于丙酮、乙醚等有机溶剂，游离碱微溶于水。在pH 3～7.5范围内稳定。硫酸黏杆菌素由多黏杆菌产生，对革兰阴性菌有较强的抗菌作用，用于治疗革兰阴性菌引起的肠道疾病，用作饲料添加剂，且有明显促生长作用。和磺胺嘧啶合用效果较好。

【结构式】

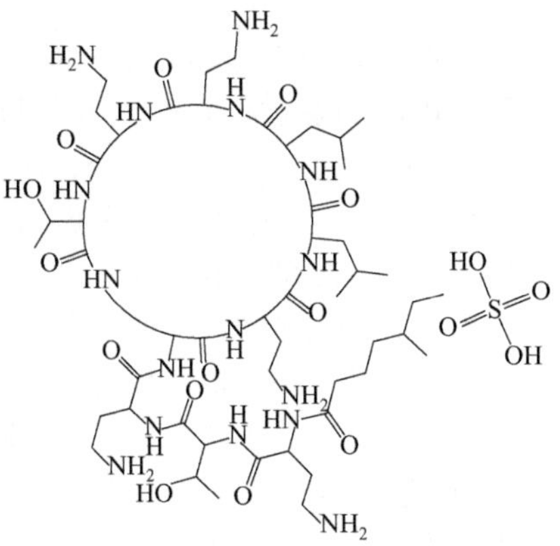

【合成工艺】

黏菌素（colistin）是由多黏芽孢杆菌培养液中产生的一种碱性环肽抗生素，生产工艺采用生物发酵法。

【药理药效】

硫酸黏杆菌素是碱性多肽类抗生素，其抗菌机理与多黏菌素B的抗菌机理相似，硫酸黏杆菌素的抑菌杀菌机理主要作用于细菌细胞膜。当与敏感菌接触时，其化学结构中的游离氨基（带阳电荷）与细菌细胞膜上脂蛋白的磷脂磷酸根（带负电荷）结合，使细胞膜的表面张力降低、通透性增加，导致细胞内的重要物质如氨基酸、嘌呤、嘧啶、K^+等外漏；同时会影响核质和核糖体的功能，其最低的抑菌浓度为每升0.2～80单位。

黏杆菌素对革兰阳性菌基本无效，主要是因为革兰阳性菌细胞膜中磷脂含量较少，且细胞外膜含有核糖核酸镁，镁离子可削弱硫酸黏杆菌素的抗菌作用。

本品对需氧菌、大肠杆菌、嗜血杆菌、克雷伯杆菌、巴氏杆菌、铜绿假单胞菌、沙门菌和志贺菌等革兰阴性菌有较强的抑制和杀灭作用，本品主要用于敏感菌感染造成的一些疾病，如败血症、急性肠炎、尿路感染等，可以预防和治疗某些革兰阴性菌（如大肠杆菌、绿脓杆菌、沙门菌等）引起的肠道疾病。

杆菌肽锌

杆菌肽主要是由地衣芽孢杆菌和枯草芽孢杆菌产生的一种含有噻唑环的多肽类广谱抗生素，是1945年由美国哥伦比亚大学Johnson首次从感染伤口中发现的，1948年由UP-JOHN公司生产，1960年美国批准杆菌肽锌作为饲料添加剂使用，1990年中国批准其可作为饲料添加剂使用。对杆菌肽有激活作用的锌与之络合而形成稳定性好、效价强的杆菌肽锌。大量研究表明，杆菌肽锌是一种较为理想的防病抗病促生长的畜禽饲料添加剂，可提高饲料利用率，改善肠道菌群结构，增强机体免疫力，促进动物生长。此外，杆菌肽锌代谢安全性好，畜禽吸收量少，分解产物主要随粪便排出体外，且其分解产物没有毒性，对畜禽生长繁殖没有不良影响，对环境不存在污染。目前，杆菌肽锌在国内外的畜禽养殖业和饲料生产中均有广泛应用。美国、加拿大、巴西、澳大利亚等国至今一直在畜禽养殖中使用杆菌肽锌预混剂作为促生长剂。

杆菌肽锌具有效果好、排泄迅速、无残留、配伍禁忌少、不易产生耐药等优点，被广泛用作饲料添加剂，对促进畜禽生长、防治疾病、增强免疫、干预代谢和改善发酵紊乱等方面均存在有益影响。饲料中添加低剂量的杆菌肽锌，能够明显地促进动物生长，提高动物日增重，改善饲料利用率，并能明显降低腹泻率。

【理化性质】

杆菌肽锌为淡褐色、淡黄色至淡棕黄色至褐色粉末，具有特殊气味，易溶于吡啶、难溶于乙醚，几乎不溶于水、甲醇、丙酮和氯仿，在酸、碱性和热环境中稳定性也较好。杆菌肽锌的 CAS 号：1405-89-6；分子式：$C_{66}H_{101}N_{17}O_{16}SZn$；分子量：1486。杆菌肽由一组结构类似的多肽复合物组成，结构类似物主要有杆菌肽 A、B1、B2、B3，杆菌肽 C1、C2、C3 和杆菌肽 F，杆菌肽 F 为杆菌肽 A 的氧化降解产物。杆菌肽 A、B1、B2 和 B3 占杆菌肽复合物总抗菌活性的 96%，其中杆菌肽 A 的活性最强，杆菌肽 A 的分子量为1422.72，杆菌肽 B 的分子量为 1408.69。杆菌肽由 12 个氨基酸组成，其基本结构为一个环状结构（7 个氨基酸）和一个链状结构（5 个氨基酸）。目前，在养殖业中应用最多的是由 12 个氨基酸组成的含噻唑环的杆菌肽 A，分子中含有 D-氨基酸和 L-氨基酸，使杆菌肽对胰蛋白酶、胃蛋白酶、无花果蛋白酶等多种蛋白质水解酶和蛋白酶抑制剂及体液均有较强的抗性。但杆菌肽不稳定、易降解，粪便中的杆菌肽，在室温条件下 3～6d 便分解，在堆肥中分解更迅速，而锌可增强其稳定性和活性，因此在杆菌肽的生产过程中添加硫酸锌或氯化锌生成更稳定的杆菌肽锌，且其效价在干燥状态、室温条件下仍可保存 3 年不变，即使在酸性、碱性和热环境中，其稳定性也较好。

【结构式】

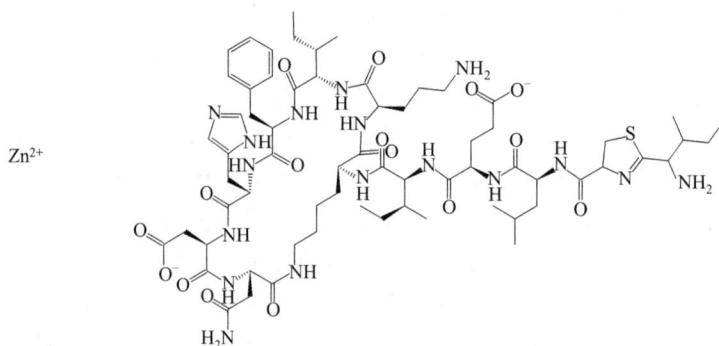

【合成工艺】

杆菌肽锌主要是由地衣芽孢杆菌和枯草芽孢杆菌经发酵工艺生产。

【药理药效】

杆菌肽锌与青霉素的抗菌谱相似，对革兰阳性菌（如梭状芽孢杆菌属、葡萄球菌属）、部分革兰阴性菌（如脑膜炎双球菌、流感杆菌，螺旋体，放线菌等）均有强烈的抑制作用。其抑菌作用机制主要是三重抑菌机制，抑制细胞壁合成：抑制磷脂载体的运转，从而阻碍向细胞壁支架输送黏肽；损伤细胞膜：增加细胞膜通透性，导致胞内各种离子、氨基酸、嘌呤等物质外流；干扰敏感菌细胞内原浆蛋白的合成。同时，杆菌肽锌的配伍禁忌少，能与多种抗生素联用，达到预防、治疗疾病的作用。

杆菌肽锌与青霉素 G、链霉素、新霉素、多黏菌素等均有协同作用，而与喹乙醇、恩拉霉素等存在拮抗作用。并且，杆菌肽锌作为强的杀菌剂，细菌对其不易产生抗药性及交叉耐药性。因此，在养殖生产中杆菌肽锌常与其他抗生素联用。此外，在消化液和肠道菌群的作用下，杆菌肽锌被降解为杆菌肽和锌离子，锌离子被机体吸收利用，而杆菌肽因特殊的结构很难被肠道吸收，从而为更好发挥抑菌效应奠定基础，同时也减少杆菌肽在动物性产品中的残留。说明杆菌肽锌在养殖业中作为饲料添加剂应用非常安全。

亚甲基水杨酸杆菌肽

亚甲基水杨酸杆菌肽（bacitracin methylene disalicylate，BMD）为第二代杆菌肽制剂，是地衣芽孢杆菌次级代谢物杆菌肽与亚甲基水杨酸的反应物，是一种多肽类的抗生素，是一种新型饲用药物添加剂，对畜禽的生长发育有良好的促进作用，目前已广泛用于肉鸡、猪以及鱼类的生产中。1954 年，Simonoff 等成功研制了亚甲基水杨酸杆菌肽，最初于 20 世纪 80 年代在全世界推广应用，美国 FDA 先后批准亚甲基水杨酸杆菌肽在促进鸡、猪、牛等畜禽生长及其在防治和控制梭菌性肠炎方面的使用规定。2012 年，亚甲基水杨酸杆菌肽预混剂获得我国新兽药注册证书，2013 年获得药物添加剂文号，正式在国内推广应用，获准在鸡、猪、鸭上连续使用，以达到促进生长，改善饲料报酬的目的。这是自 2001 年农业部 168 号文件（《饲料药物添加剂使用规范》）颁布实施后我国第二个批准的能在饲料中长期添加的药物添加剂。

【理化性质】

亚甲基水杨酸杆菌肽是由两分子亚甲基水杨酸与一分子杆菌肽反应生成的，CAS 为 8027-21-2；分子式为 $C_{66}H_{103}O_{16}S \cdot 2C_{15}H_{12}O_6$，分子量为 1985。亚甲基水杨酸杆菌肽分子量大，胃中不容，肠道不吸收，溶解度随着 pH 的增加而增加，最终能够完全溶解在小肠和大肠中，可与其他药物添加剂配伍使用，对梭菌极其敏感。

【结构式】

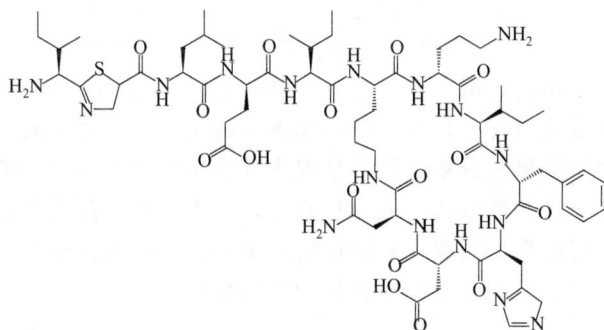

【合成工艺】

本品主要由地衣芽孢杆菌发酵生产。

【药理药效】

亚甲基水杨酸杆菌肽对革兰阳性菌有很强的抑制作用，其主要机制是影响细菌细胞壁的合成。细菌由细胞壁保持结构完整，维持渗透压稳定。一般情况下，在细胞质中合成的肽聚糖前体会通过焦磷酸酯载体穿过细胞膜。当在细胞壁上的肽聚糖合成部位释放肽聚糖前体时，运载肽聚糖前体的脂质载体依然以焦磷酸酯的形式存在于细胞膜上。这时亚甲基水杨酸杆菌肽与焦磷酸酯结合，阻止焦磷酸酯的去磷酸化，从而阻止肽聚糖前体的运输，继而影响肽聚糖的合成，造成细胞壁不完整，细胞内渗透压失衡，细菌变形肿胀、破裂死亡。亚甲基水杨酸杆菌肽主要作用于菌体的分裂期，导致其生长繁殖受阻，不仅杀菌，而且溶菌。

亚甲基水杨酸杆菌肽在大肠杆菌中具有特别作用，通过对大肠杆菌细胞壁完整性的影响，来提高对抗 G⁻ 药物的敏感性，使肠道中对金霉素和氨苄青霉素有抗性的大肠杆菌数量降低，并减少大肠杆菌中抗性质粒的传播，抑制沙门菌的传播；同时增加对某些革兰阴性菌如脑膜炎双球菌、奈瑟菌属以及内变形虫属和牛放线菌的抑制作用。美国 FDA 的试验说明，亚甲基水杨酸杆菌肽对肠道益生菌，如乳酸杆菌、双歧杆菌、芽孢杆菌等都没有抑杀作用。

亚甲基水杨酸杆菌肽能够加快肠道绒毛生长，增加绒毛表面积，进而提高饲料消化率，增加饲料营养的吸收能力，最终加快畜禽生长发育，提高饲料报酬。同时，保持肠道健康，降低稀便、饲料便、水便、血便的发病率。有害微生物的过度增殖会导致畜禽消化不良，水分吸收和重吸收紊乱，引起腹泻（稀便、饲料便、水便、血便等）现象的发生。亚甲基水杨酸杆菌肽可预防肠道感染，维持肠道健康，明显改善动物机体的腹泻状况。

亚甲基水杨酸杆菌肽作为新二代杆菌肽，其分子量更大，且肠道溶解性更佳，可在小肠等作用部位发挥最大的抗菌作用而且不被吸收。与球虫药的配伍种类除与杆菌肽锌相同外，还能与地克珠利、氢溴常山酮以及塞杜拉霉素联用以防治球虫。此外，亚甲基水杨酸杆菌肽还具有很好的治疗功能，研究发现其可以控制家禽中由梭状芽孢菌引起的坏死性肠炎、由短螺旋体引起的猪痢疾、与金霉素配伍可很好控制由胞内劳森菌引起的猪回肠炎。

恩拉霉素

恩拉霉素（enramycin），又名恩来霉素、恩霉素、安来霉素、持久霉素，是一种动物专用的环状多肽类抗生素。1966 年由日本武田药品工业株式会社从土壤中获得的一类由放线菌（*Streptomyces fungicidicus* No. B5477）发酵而得的多肽类抗生素。1974 年，恩拉霉素在日本首次注册使用，不久便作为抗生素促生长剂使用于各国。1993 年，日本武田药品工业株式会社向中国农业部申请登记注册该药，注册名称为恩拉霉素预混剂（恩拉鼎），用作药物饲料添加剂。2000 年，先灵葆雅公司收购了日本武田动物保健公司，该产品由先灵保雅独家生产经营，国内外市场处于垄断状态。直到 2005 年，我国企业开始与美国先灵葆雅开始达成战略合作，向全球市场供应该类抗生素预混剂。

由于只需要添加微量恩拉霉素就可以呈现出优良的促生长和改善饲料利用率的作用，并且其具有很高的稳定性、低毒性、低药物残留，对革兰阳性菌有很强的抑制作用，特别对肠道有害菌梭菌的抑制作用较强，长期使用后不易产生耐药性等特点，因此被世界上很多国家推荐作为动物促生长剂，是一种较好的饲料添加剂。

【理化性质】

饲料药物添加剂恩拉霉素是由放线菌发酵后加工而得的多肽类抗生素，恩拉霉素是由13 种氨基酸的 17 个单体组成的巨大内酯环与脂肪酸侧链通过酰胺键连接而成的脂肽类物质。根据末端脂肪酸种类的不同，主要成分为恩拉霉素 A 和恩拉霉素 B，还有少量的 C 和 D 组分。恩拉霉素是一种有机碱，其盐酸盐形式为白色或微黄白色结晶性粉末（粗品呈灰色或灰褐色的粉末，有特臭），分子量约为 2500，熔点为 238～245℃，属于有机碱，其应用形式多为其盐酸盐。该抗生素通常是由发酵过程中产生的 A、B 组分混合物，A 和 B 组分不同是因为恩拉霉素氨基酸分子构成的环状多肽的尾端脂肪酸种类不同造成的。Enramycin A 分子式为 $C_{107}H_{138}N_{26}O_{31}Cl_2$；Enramycin B 分子式为 $C_{108}H_{140}N_{26}O_{31}Cl_2$。恩拉霉素易溶于二甲亚砜，可溶于甲醇、含水乙醇，难溶于乙醇和丙酮，不溶于苯、氯仿等。盐酸恩拉霉素对热和潮湿不敏感，在干燥环境下，温度达 100℃ 基本不分解且不影响效价，室温下保存 2 年不发生变化。恩拉霉素在 pH 3.5～7.5 时，不影响其效价，只当 pH<3 或 pH>9.0 时易失效。恩拉霉素粉末不受光照影响，将其置于阳光下照射两个月效价无损失，恩拉霉素在制作过程中及产品添加剂也具高稳定性。

【结构式】

恩拉霉素 A 结构式

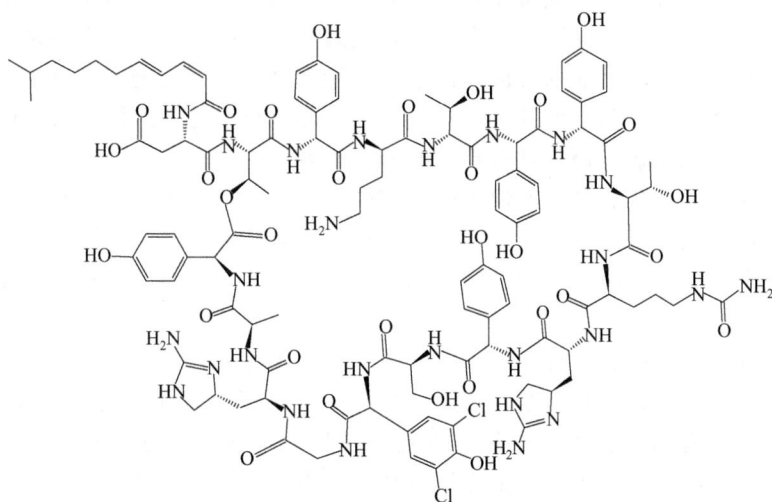

恩拉霉素 B 结构式

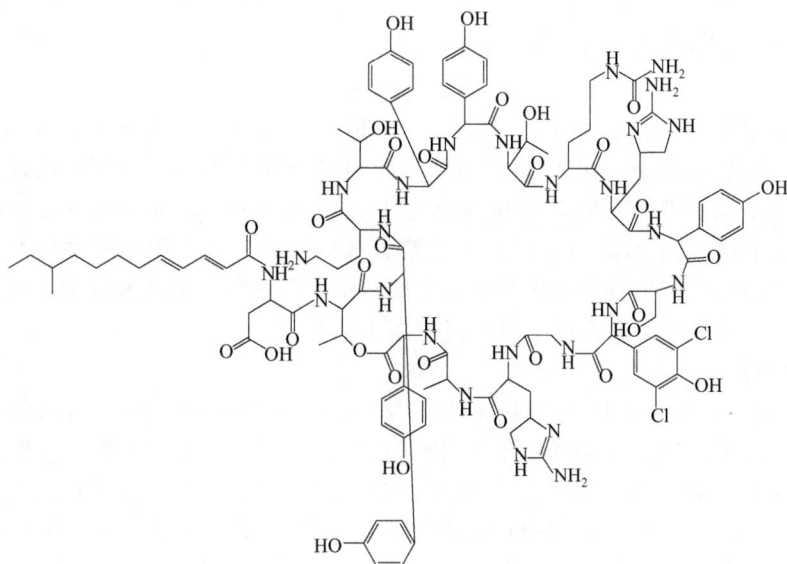

【合成工艺】

恩拉霉素主要通过微生物发酵进行生产。

【药理药效】

革兰阳性菌对恩拉霉素极敏感，主要是由于恩拉霉素与脂质结合，抑制转糖基步骤（肽聚糖前体核苷形成），起到抑制细胞壁的合成的作用，最终达到抑菌效果。

关于恩拉霉素的作用机制的理论主要包括以下几种：a. 离子通道的形成；b. 抑制细胞呼吸；c. 抑制细胞外膜蛋白的合成；d. 抑制细胞壁的形成。恩拉霉素分子的构成氨基酸中大多数为带正电荷的氨基酸，分子通过正电荷与细菌胞质磷脂分子上的负电荷形成静电吸附而结合在脂质膜上，然后恩拉霉素分子中的疏水端借助分子链的柔性插入到质膜中，进而牵引整个分子进入质膜，扰乱质膜上蛋白质和脂质原有的排列秩序，再通过恩拉霉素分子间的相互位移聚合形成跨膜离子通道。细菌细胞壁主要作用就是维持外形，保持渗透压的稳定，主要成分是黏肽，而在革兰阳性菌细胞壁中黏肽占其总量的 65%～95%，而恩拉霉素正是通过阻止黏肽的合成，使细菌细胞壁缺损，最终导致细胞内渗透压升高，细胞外液渗入菌体，使细菌形变肿大，破裂死亡。恩拉霉素对细菌作用的最佳时期是裂殖阶段，不仅杀菌效果明显，而且具有较强的溶菌能力。

恩拉霉素对于动物具有良好的促进生长作用，且具有多种优点，目前未被允许添加到饲料作为饲料添加剂的抗生素之一。该类抗生素具有降低猪腹泻率、提高猪日增重和蛋白质转化率的优点。另外，鱼类饲粮中混入恩拉霉素能显著提高异育银鲫的长势，降低饲饵系数。

恩拉霉素在需氧和厌氧条件下对大部分革兰阳性菌都具有强大的杀菌作用。恩拉霉素不但具有溶菌作用，而且还具有杀菌作用。恩拉霉素对革兰阳性菌具有强大的抗菌活性，如梭状芽孢杆菌、链球菌、葡萄球菌、肺炎双球菌等，但对大肠杆菌、绿脓杆菌、沙门菌、志贺菌等革兰阴性菌几乎无抗菌作用。从生理方面而言，动物肠道处于厌氧的状态，因而对需氧菌和厌氧菌具有同等效应的抗生素往往被推荐作饲料添加剂使用，恩拉霉素正满足此要求。此外，恩拉霉素对乙肝病毒（HBV）抗原有较强的抑制作用，对乙肝病毒脱氧核糖核酸（HBVDNA）和乙肝病毒 e 抗原（HBeAg）也有较好的抑制效果，可能是恩拉霉素抑制了包括逆转录酶和抗原在内的蛋白质合成及后加工。

维吉尼亚霉素

维吉尼亚霉素（virginiamycin，VGM）又称为纯霉素、维吉霉素、弗吉尼亚霉素、抗金葡霉素、威里霉素等。在 20 世纪中叶，比利时卢邦大学的一位戴索玛教授，从土壤中经分离纯化获得一株 VGM 产生菌维吉尼亚链霉菌（*Streptomyces virginiae*），VGM 就是由维吉尼亚链霉菌（*S. virginiae*）发酵合成的一种动物专用饲料添加剂，该药物抗菌谱较窄，且不易使微生物产生抗药性，主要对革兰阳性菌，如八叠球菌、枯草杆菌、金黄色葡萄球菌等有抗性，在国际上被广泛应用于畜牧业。

【理化性质】

VGM 不是单一组分，由 VGMM（M1、M2）和 VGMS（S1～S5）组成的混合物，主要成分为 M1 因子（70%～80%）和 S1 因子（20%～30%）。VGM 类抗生素是由两类结构完全不同的化合物组成，M 为大环内酯，S1 为环状多肽。M1 分子式：$C_{28}H_{35}N_3O_7$；S1 分子式：$C_{43}H_{49}N_7O_{10}$。两组分间有着极强的协同作用，被划分为链阳性抗生素，是一类结构新颖且效果良好的兽用抗生素。抗菌范围不同的 M1 因子和 S1 因子之间存在较好的协同作用，当 M1 因子和 S1 因子的比例为 70：30 的时候，其杀菌效果最好。但 M

或 S 因子单独存在时，仅表现出抑菌作用。如，M 因子单独抑制金黄色葡萄球菌时的最小抑菌浓度为 $0.25\mu g/mL$，S 因子单独抑制藤黄微球菌时为 $4\mu g/mL$；二者共同存在时仅为 $0.125\mu g/mL$。

VGM 作为一种非晶棕黄色粉末，具有特殊的臭味，在水中的溶解度较低（$563\mu g/mL$），易溶解于各种有机溶剂，比如甲醇、乙醚及氯仿等。干产品比较稳定，溶解在中性溶液中会比较稳定，但若溶解在酸性或碱性溶液中时，VGM 的效价会下降，导致抗生素杀菌能力下降；另外，VGM 暴露在紫外光下，会很快被降解，因此 VGM 需要避光、干燥保存。

【结构式】

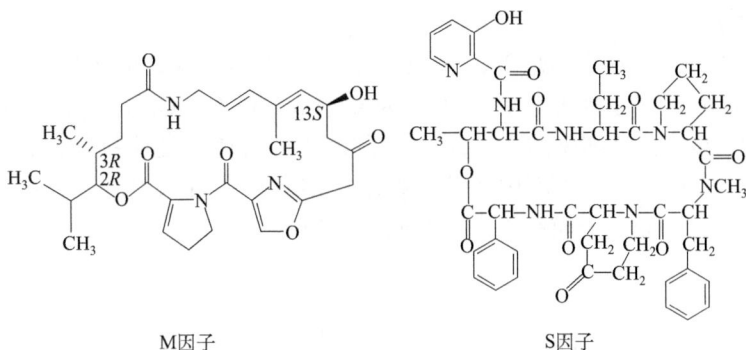

M因子　　　　　　S因子

【合成工艺】

维吉尼亚霉素是链霉菌产生的次级代谢产物，属于一种链阳性菌素，主要由 M1 组分和 S1 组分构成。

属于 A 族链阳性菌素的 M1 组分的生物合成机制尚未精确地揭示，它由缬氨酸作为生物合成的起始单位，由缬氨酸等氨基酸和来自丝氨酸的噁唑环以及 7 个乙酸单位作为基本骨架，形成一种不饱和环内酯。属于 B 族链阳性菌素的 S1 组分推测涉及前体合成、六肽合成、侧链修饰三个过程，相关试验证明，在六肽合成过程中，丙氨酸、苏氨酸、甲硫氨酸、赖氨酸和脯氨酸这 5 个氨基酸残基脱水缩合形成环六肽内酯。

【药理药效】

VGM 对大部分革兰阴性菌抑制效果差，主要由于其细胞壁具有不渗透性，而无法使 VGM 轻易进入细菌细胞内，但是对革兰阳性菌具有显著的抑制作用。VGM 可以穿过革兰阳性菌的细胞壁，与核糖体大亚基的 23S RNA 结合成稳定的复合物，严重阻碍蛋白质合成过程，进而引起细菌的死亡。但 M 因子或 S 因子单独存在时，却仅能抑菌。

在多肽链的延伸阶段，M 因子影响肽基转移酶的功能和核糖体的构象，S 因子通过阻断其过程引起正在合成的多肽链中断脱离核糖体。菌体内部很多重要的代谢过程因蛋白质合成过程受阻而停止，从而抑制细菌的正常生长（抑菌作用）或直接导致菌体的死亡（杀菌作用）。

VGM 对肠道内的菌落有影响，它能杀死肠道内的有害革兰阳性菌，减少吲哚、氨气等废气的产生，从而减慢排便速度，提高饲料在肠道内的停留时间，增加营养的吸收，促进生长。

（8）其他

延胡索酸泰妙菌素

泰妙菌素（tiamulin）又称硫姆林、泰妙霉素、泰妙灵、支原净、泰牧霉素，是由高等真菌担子菌侧耳属 *Pleurotus mutilus* 和 *Pleurotus passeckerianuus* 菌种的深层培养液提取的一种截短侧耳素类动物专用抗生素，为抑制性双萜烯类半合成抗生素，为窄谱抗生素。1951 年澳大利亚 Kavangh 首次报道了这类物质，20 世纪 60 年代开始对其进行广泛研究。泰妙菌素是 Sandoz 在 20 世纪 70 年代研发的兽医专用抗生素，主要以延胡索酸泰妙菌素的形式在临床上使用。延胡索酸泰妙菌素是动物专用抗生素，在微生物试验中发现它与大环内酯类药物有相似的抗菌谱，并且具有较好的抗支原体效果，泰妙菌素主要用于防治鸡的慢性呼吸道病、猪支原体肺炎、嗜血菌性胸膜肺炎及猪密螺旋体引起的痢疾，与金霉素、土霉素等四环素类抗生素配伍可产生增效作用。低剂量还可用于促进畜禽生长、提高饲料利用率和生产性能。

【理化性质】

泰妙菌素的分子式为 $C_{28}H_{47}NO_4S$，分子量为 493.75，CAS 为 55297-95-5；实际使用多为泰妙菌素的延胡索酸盐，其分子式为 $C_{28}H_{47}NO_4S \cdot C_4H_4O_4$，分子量为 609.8，CAS 号为 55297-96-6。延胡索酸泰妙菌素为白色或类白色结晶性粉末，吸入能够产生强烈的刺激、味苦；在甲醇或乙醇中易溶，在水中溶解，在丙酮中略溶，在己烷中几乎不溶；熔点为 143～149℃。干燥品稳定，对光、热较不稳定。

【结构式】

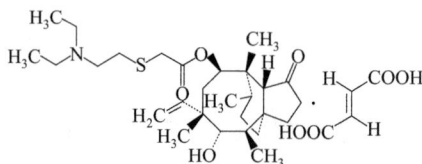

【合成工艺】

延胡索酸泰妙菌素是一种半发酵半合成双萜类动物专用抗生素。

生产厂家一般采用的生产工艺是发酵培养得到截短侧耳素后，首先在 4-甲基-2-戊酮（MIBK）介质中合成泰妙碱，泰妙碱的 MIBK 溶液加水洗涤除杂质后，加入无水硫酸钠吸水。过滤后滤液加入一定比例的甲醇，在一定条件下加入延胡索酸，使之和泰妙碱进行成盐反应合成延胡索酸泰妙菌素。反应结束后加晶种降温结晶，离心干燥得到延胡索酸泰妙菌素晶体。

截短侧耳素结构式

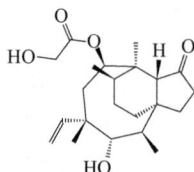

11,14′-羟基双保护截短侧耳素合成过程

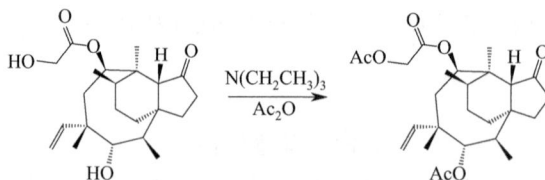

11′-羟基保护姆替林合成过程

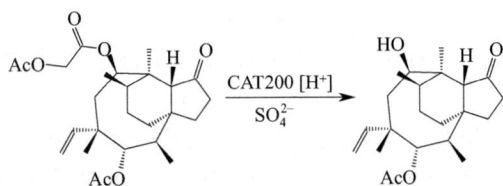

11′-羟基保护巯基取代侧耳素合成过程

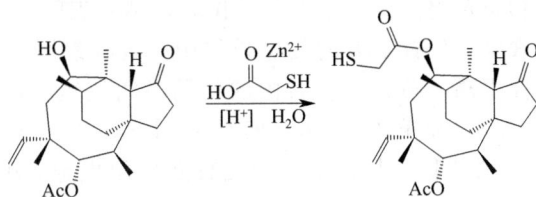

2-二乙氨基乙基磺酸酯合成过程

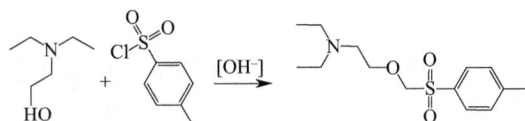

11′-羟基保护泰妙菌素碱合成过程

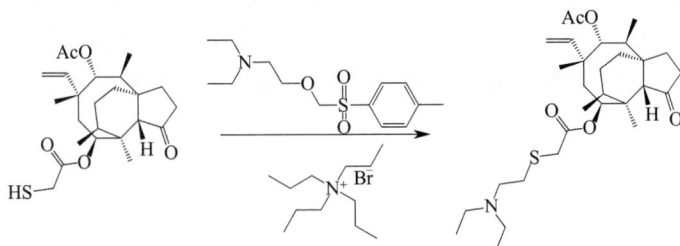

延胡索酸泰妙菌素合成过程

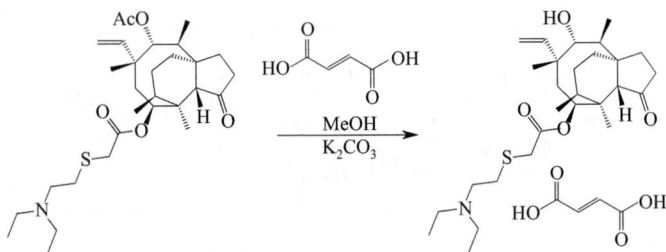

【药理药效】

泰妙菌素为动物专用的抗生素，其作用机理为抑制细菌蛋白质的合成，能与细菌核糖体 50S 亚基结合，通过抑制肽链移位酶，对转肽作用或 mRNA 位移的阻断来抑制肽链的合成和延长，抑制细菌蛋白质合成而起抑菌作用。氟苯尼考、林可霉素、大环内酯类抗生素的作用机理与本类抗生素相同，可替代或阻止本类抗生素与细菌核糖体的 50S 亚基相结合，同用可发生拮抗而不宜联合应用。

泰妙菌素对支原体属、螺旋体属、胞内劳森菌、革兰阳性菌有较强的作用，但是对革兰阴性菌作用较弱。临床主要用于由支原体、螺旋体、猪胸膜放线杆菌和胞内劳森菌等病原微生物引发的慢性呼吸道病、痢疾、回肠炎、结肠炎等。

黄霉素

黄霉素（flavomycin），又称斑伯霉素（bambermycins）、黄磷脂醇素（flavophospolipol）和默诺霉素 A（moenomycin A），是 Lindner 等于 1955 年从灰绿链霉菌 *S. bambergiensis*（斑伯氏链丝菌）的厌氧发酵产物中提取分离出来的磷酸多糖类抗生素。

黄霉素最先是由德国赫斯特公司在 20 世纪 70 年代初期开发的第一个专门用于动物的新型磷酸多糖类抗生素促生长剂，仅用作饲料添加剂，不作为治疗用药。自 20 世纪 70 年代起，黄霉素产品在动物畜禽身上进行了实用性试验，结果表明，在畜禽所食用的饲料中添加低浓度剂量的黄霉素就可发挥显著的促生长作用。黄霉素用量小，促生长效果显著，无残留，无污染，安全性很高。黄霉素在我国的使用时间较短，1993 年农业部开始进口荷兰英特威公司的黄霉素 40 和黄霉素 80（商品分别含黄霉素 40g/kg 和 80g/kg），于 1997 年发布的《允许作饲料药物添加剂的兽药品种及使用规定》中被定为无停药期且产奶期可使用的两种抗菌药之一。2002 年农业部正式批准黄霉素预混剂为新兽药，并在同年引进外国先进的黄霉素生产工艺技术进行大规模生产。

【理化性质】

黄霉素属弱酸性物质，结构复杂，由 4 个微生物活性物质（它们的化学特性及抗菌活性相似，其中斑伯链丝菌的产物占 50％以上）组成的一种含磷糖脂，其中主要成分为黄霉素 A，黄霉素 A 的 CAS 号为 11015-37-5，分子式为 $C_{69}H_{107}N_4O_{35}P$，分子量为 1583.57，纯品为无色无味的非结晶性粉末，易溶于水和醇类等小分子物质，不溶于苯类、三氯甲烷等其他有机溶剂。在一般条件下比较稳定，但在强酸和强碱条件下易失效。黄霉素无明显的熔点，200℃开始分解，与其他药物添加剂、维生素、氨基酸、微量元素等无配伍禁忌。

【结构式】

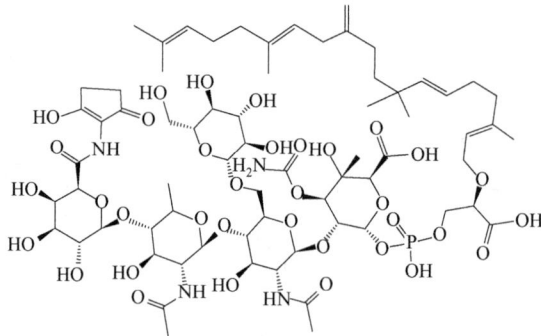

【合成工艺】

由灰绿链霉菌（斑伯氏链丝菌）发酵而得。以葡萄糖、大豆粕和食盐为培养基，经深层发酵培养，发酵液经喷雾干燥得到产品。

【药理药效】

黄霉素主要抑制革兰阳性菌，对一部分革兰阴性菌也很有效。其抗菌作用是干扰细菌细胞壁的结构物质肽聚糖的生物合成，从而抑制细菌的繁殖，肽聚糖层状结构的毁坏导致了细菌细胞的破裂。因为动物细胞没有与细菌相似的细胞壁结构，也不含有黄霉素可以起作用的肽聚糖，而黄霉素是破坏肽聚糖生物合成的活跃物质之一，所以它的这种性质特别适合作为饲料添加剂。

赛地卡霉素

赛地卡霉素（sedecamycin），也叫西地霉素，属于大环内酯类抗生素。赛地卡霉素对革兰阳性菌有很强的抗菌效力，此外，对密螺旋体（*Treponema hyodysenteriae*）引起的猪血痢亦呈现强大的抗菌力。由于与其他抗生素无交叉耐药性，具有用量少、抗菌效果好等优点，在畜牧业以及淡水渔业中得到广泛应用。农业部 2001 年发布的《饲料药物添加剂使用规范》中规定赛地卡霉素主要用于治疗猪密螺旋体引起的血痢，并规定了使用方法及休药期。发达国家对赛地卡霉素的使用也制定了严格的使用剂量和停药期，并且严格监控养殖企业的用药行为。

【理化性质】

CAS 号：23477-98-7；分子式：$C_{27}H_{35}NO_8$；分子量：501.57。白色或浅橙黄色结晶性粉末。在乙腈、氯仿中易溶，在甲醇、无水乙醇中略溶，在水中不溶。按干燥品计算，每 1mg 的效价不得少于 750 赛地卡霉素单位。

【结构式】

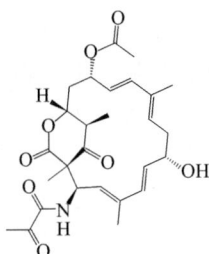

【合成工艺】

由链霉菌经微生物发酵生产赛地卡霉素。

【药理药效】

赛地卡霉素主要作用于细胞核，通过抑制蛋白质的合成，抑制并杀灭细菌。对多种细菌如葡萄球菌、链球菌、肺炎球菌、志贺菌等的抑制作用较强。对猪痢疾短螺旋体的作用比林可霉素强，但弱于泰妙菌素。主要用于治疗短螺旋体引起的猪血痢。

那西肽

那西肽又称诺西肽、诺肽菌素和诺肽霉素，是由活跃链霉菌产生的一种含硫多肽类抗生素，是次级代谢产物，属硫链丝菌素（thiostrepton）类，为畜禽专用抗生素。因它能明显促进畜禽生长、改善饲料的利用率，同时用量低，在机体内无残留，对环境影响小，无交叉耐药性，而被称为环保型饲料添加剂。

那西肽由法国科学家 Rhonepoulenc 于 1961 年首先从链霉素发酵液中发现，后由罗那普朗克公司首次试生产。多个国家和地区的动物饲喂试验，发现那西肽对动物的促生长效果很好。1987 年，日本将那西肽批准为法定的饲料添加剂，1992 年被列入了我国农业部攻关项目，1998 年被批准为国家三类新兽药，2001 年农业部发文将那西肽列为可在饲料中长期添加使用的饲料添加剂。那西肽具有用量低、抑菌范围广、动物体内无残留、无耐药性、对环境的影响极小等优点。

【理化性质】

分子量 1222，分子式为 $C_{51}H_{43}N_{13}O_{12}S_6$。那西肽常温下呈结晶性粉状末，颜色为淡黄色至淡褐色，可溶于氯仿、吡啶、二甲基甲酰胺，微溶于甲醇、乙醇、乙酸乙酯和苯，对水和石油醚表现为不溶，属脂溶性抗生素，其熔点为 310～320℃，溶解时伴随分解。

【结构式】

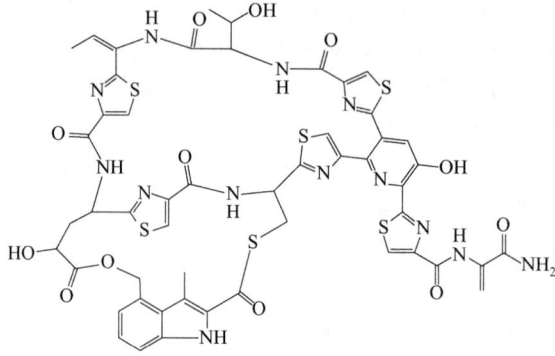

【合成工艺】

由链霉菌经微生物发酵生产那西肽。

【药理药效】

A. 促生长机制

那西肽对革兰阳性菌抑制作用明显。其促进动物生长，提高饲料利用率的机制是通过抑制有害细菌在肠内的生长，对肠道中的微生物菌群进行调控，使得肠黏膜形态结构间接发生改变，增加机体消化吸收面积，降低机体肠道所需能量水平来实现的。有试验结果显示，通过对仔猪饲喂含那西肽抗生素的日粮，起到了减小空肠和回肠的肠壁厚度，降低隐窝深度，同时增加肠内绒毛高度的作用。机体消化吸收能力增强，减少了营养物质的流失和浪费，使其得到了有效的利用。

B. 抗菌机制

细菌的生长与增殖离不开蛋白质的合成，而那西肽就是通过抑制核糖体合成蛋白质的过程对革兰阳性菌发生作用。那西肽通过紧密结合到 50S 核糖体亚单元上的 23S rRNA-L11 蛋白复合体上，对延长因子 Tu 和 GTPase 的活性产生抑制，使 GTP 的水解不能正常进行，最终抑制了蛋白质的合成，起到了抑菌的作用。在一定范围内镁离子浓度的增加可使抑制作用增强。

那西肽具有抗菌、抗病毒的作用。那西肽低浓度时可抑菌，高浓度时能杀菌。那西肽主要对革兰阳性菌有明显抑制作用，最小抑菌浓度（MIC）平均为 $0.008\mu g/mL$。对金黄色葡萄球菌、四联球菌有较高的活性，MIC 为 $0.001\mu g/mL$；对小球菌属、八叠球菌属、梭菌属、链球菌属、双球菌属、乳杆菌属、杆菌属细菌的 MIC 一般为 $0.0001\sim0.01\mu g/mL$。对革兰阴性菌和酵母菌却无明显抑制作用，如对痢疾杆菌、沙门菌、变形菌、产气肠杆菌、铜绿假单胞菌、大肠埃希菌、阴沟肠杆菌、臭鼻杆菌、肺炎杆菌、硝酸盐阴性杆菌的 MIC＞$125\mu g/mL$。

沃尼妙林

沃尼妙林（valnemulin）是截短侧耳素（pleuromutilin）类的新一代动物专用半合成抗生素，属于二萜烯类，与泰妙菌素同属一类。1984 年，该药由 Sandoz 公司首次合成，且主要用于猪细菌性疾病的防治。1999 年，欧盟批准了瑞士诺华公司的盐酸沃尼妙林预混剂，商品名为 Econor，主要用于预防和治疗由猪痢疾短螺旋体感染引起的猪痢疾以及由肺炎支原体感染引起的猪地方性肺炎。2004 年 1 月欧盟批准增加了沃尼妙林的适应症，用于预防结肠菌毛样短螺旋体感染引起的猪结肠螺旋体病（猪结肠炎，colitis）和由胞内劳森菌引起的猪增生性肠炎（猪回肠炎，ileitis）。该药物目前主要用于防治猪、牛、羊及家禽等支原体和革兰阳性及阴性菌的感染，凭借其广谱、抗菌活性强、低毒、低残留、安全高效等优点而被世界广泛关注。

【理化性质】

沃尼妙林的化学名称为[2-[[(2R)-2-氨基-3-甲基-1-氧代丁基]氨基-1,1-二甲基乙基]硫基]乙酸(3αS,4R,5S,6S,8R,9R,9αR,10R)-6-乙烯基十氢-5-羟基-4,6,9,10-四甲基-1-氧代-3α,9-丙醇-3αH-环戊二烯并环辛烯-8-基酯，分子式为 $C_{31}H_{52}N_2O_5S$，分子量为564.8，性状为白色或类白色结晶性粉末，极微溶于水，溶于丙酮、乙醇、氯仿、甲基叔丁基醚等有机溶剂，熔点为174～177℃，比旋度为＋15.5°～＋18.0°。

为保证沃尼妙林的稳定性，临床上一般常用其盐酸盐形式，即盐酸沃尼妙林。盐酸沃尼妙林的分子式为 $C_{31}H_{53}ClN_2O_5S$，分子量为601.3，呈白色或淡黄色结晶性粉末状，有引湿性，在水、无水乙醇中易溶，在叔丁基甲醚中不溶，比旋度为＋15.5°～＋18°，熔点174～177℃，pH值为3.0～6.0。盐酸沃尼妙林对存放环境的要求较为严格，当光照或湿度较大时，其稳定性较差，对光和湿度极其敏感，因此，需要在密封、避光、干燥条件下贮藏。由于盐酸沃尼妙林味苦和有刺激性，制剂时一般采用包衣技术，不仅减弱了药物对胃肠道的刺激，而且起到避光和防潮的作用。

【结构式】

沃尼妙林结构式

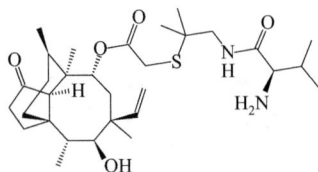

盐酸沃尼妙林结构式

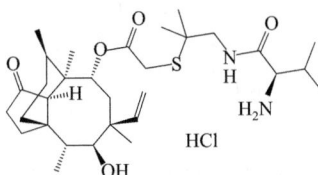

【合成工艺】

将截短侧耳素与 HCl 直接反应，生成氯化截短侧耳素；使用缬氨酸作为起始原料，以二氯甲烷为反应溶剂，与氯甲酸3-烯丙酯反应，洗涤、干燥、浓缩后得到中间体化合物，然后将得到的化合物继续与酰氯反应，经浓缩后就得到1,1-二甲基-2-(N-烯丙基羰基缬氨酰氨基) 乙硫醇；最后将前两步制得的中间体化合物经反应后，加入 Pd 脱除保护基团，得到沃尼妙林。

【药理药效】

沃尼妙林可以通过结合病原微生物核糖体上的50S亚基，再通过与病原微生物核糖体23S rRNA 的 V 区相互作用，使得肽基转移酶无法定位于 tRNA 的 CCA 末端，进而可以抑制病原微生物蛋白质的合成，从而达到抗菌作用。

盐酸沃尼妙林的抗菌谱较广，抗菌活性比较强，该药对革兰阳性菌和阴性菌、支原体、螺旋体等有效，主要对金黄色葡萄球菌、链球菌等革兰阳性菌、肺炎支原体、螺旋体等有较强抑制作用，但是对革兰阴性菌，如大肠杆菌、沙门菌等抗菌活性较弱。

沃尼妙林具有很强的抗菌活性，临床上可用于治疗畜禽的感染性疾病，尤其是对猪痢疾、腹泻及霉形体肺炎等具有良好的治疗及预防效果。

7.1.1.2　合成抗菌药
（1）磺胺类药

磺胺嘧啶

磺胺类药物（sulfonamides，SAs）是应用最早的一类人工合成抗菌药物，德国化学家 Domagk G 于 1935 年首次发现，此后发展出一系列磺胺类药物，成为真正意义上的能有效治疗全身性感染的抗菌化学治疗药。

磺胺嘧啶（sulfadiazine，SD）又称磺胺哒嗪、地亚净，是一类人工合成的苯磺酰胺类药物，是广泛应用于兽医临床的广谱抑菌药物，对多种革兰阳性菌和某些革兰阴性菌具有较显著的抑菌效果。

磺胺嘧啶钠是磺胺嘧啶的钠盐，简称 SD-Na。由磺胺嘧啶与氢氧化钠作用制得。用于治疗溶血性链球菌、肺炎球菌、脑膜炎球菌等的感染。

【理化性质】

CAS 号：68-35-9；分子式：$C_{10}H_{10}N_4O_2S$；分子量：250.28；化学名称：N-2-嘧啶基-4-氨基苯磺酰胺。磺胺嘧啶是一种白色或类白色的结晶或粉末，无臭无味，遇光渐变暗色，几乎不溶于水，微溶于乙醇、丙酮和乙醚，在氢氧化钠溶液或氨溶液中易溶，在稀盐酸中溶解，熔点 252～256℃。

磺胺嘧啶钠为白色结晶粉末，无臭，味微苦，遇光渐变棕色。久置潮湿空气中，即缓缓吸收二氧化碳，析出磺胺嘧啶。易溶于水，微溶于乙醇，不溶于氯仿和乙醚。10％水溶液 pH 为 9.5～10.5。

【结构式】

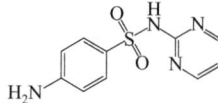

【合成工艺】

以丙炔醇为原料，经氨氧化、缩合、醇析、精制而得。

① 丙炔醇法：由乙炔与甲醛在加压（1.96～2.3MPa）下，进行催化（乙炔铜为催化剂）乙炔化反应，制成丙炔醇。再经催化氧化（2.36MPa）得丙炔醛，同时与二乙胺加成得二乙氨基丙烯醛。然后与磺胺胍缩合，经酸析，精制而成磺胺嘧啶成品。

② 乙烯基乙醚法：由乙炔和乙醇蒸气在氢氧化钾-氧化钙催化下进行加成，生成乙烯基乙醚，然后与二甲基甲酰胺在三氯化磷存在下缩合，再与磺胺胍在甲醇钠存在下环合、酸析而成磺胺嘧啶成品。

【药理药效】

磺胺类抗生素作用模式是抑制原核生物叶酸合成。磺胺嘧啶的分子结构类似对氨基苯甲酸（PABA），可与 PABA 竞争性作用于细菌体内的二氢叶酸合成酶，从而阻止 PABA 作为原料合成细菌所需的叶酸，减少了具有代谢活性的四氢叶酸的量，而后者则是细菌合成嘌呤、胸腺嘧啶核苷和脱氧核糖核酸（DNA）的必需物质，因此抑制了细菌的生长繁殖。

磺胺嘧啶对溶血性链球菌、葡萄球菌、脑膜炎双球菌、肺炎球菌、淋球菌、大肠杆菌、痢疾杆菌等敏感细菌以及沙眼衣原体、放线菌、疟原虫、星形奴卡菌和弓形虫等微生物均有抑制作用。

在兽医临床上常用磺胺类药物与甲氧苄啶配伍使用，既可以增强抗菌活性，也可以减少磺胺类药物的使用量，抗菌增效剂与磺胺类药物通常以1∶5的比例使用可使疗效增强4～20倍，常用的复方制剂有复方新诺明（磺胺甲基异噁唑-甲氧苄啶）、磺胺对甲氧嘧啶-甲氧苄啶，磺胺嘧啶-甲氧苄啶、磺胺二甲基嘧啶-甲氧苄啶等，磺胺嘧啶-甲氧苄啶复方制剂可治疗家禽的呼吸道感染，大肠杆菌引起的败血症、白痢、伤寒等以及家畜呼吸道消化道感染等。

磺胺噻唑

磺胺噻唑（sulfathiazole，ST），是一种常用的短效磺胺类药物，其抗菌和预防动物细菌感染的作用较强，抗菌作用比磺胺嘧啶强。在兽医临床上主要用于治疗敏感细菌引起的肺炎、出血性败血症、子宫内膜炎以及禽巴氏杆菌病、雏鸡白痢等。

【理化性质】

磺胺噻唑，也叫对氨基苯磺酰氨基噻唑、4-氨基-N-（2-噻唑基）苯磺酰胺、2-对氨基苯磺酰氨噻唑、2-（对氨基苯磺酰氨基）噻唑、N-（2-噻唑基）磺胺；CAS号：72-14-0；分子式：$C_9H_9N_3O_2S_2$；分子量：255.32。磺胺噻唑为白色或淡黄色的结晶颗粒或粉末，无臭或几乎无臭，几乎无味；在空气中稳定，遇光渐变色。在乙醇中微溶，在水中极微溶解；在氢氧化钠试液中易溶，在稀盐酸中溶解。熔点：202.5℃。

【结构式】

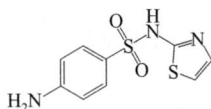

【合成工艺】

可由2-氨基噻唑与氯化对硝基苯磺酰缩合，再经还原而制得。

【药理药效】

磺胺噻唑的抗菌作用机制是通过抑制叶酸的合成而抑制细菌的生长繁殖。对该药敏感的细菌在生长繁殖过程中，不能直接从生长环境中利用外源叶酸，必须利用细菌体外的对氨基苯甲酸（PABA），在菌体内二氢叶酸合成酶的参与下，与二氢喋啶一起合成二氢叶酸，再经二氢叶酸还原酶的作用形成四氢叶酸，进一步与嘌呤、嘧啶等其他物质一起合成核酸。磺胺噻唑具有与PABA相似的化学结构，能与PABA竞争二氢叶酸合成酶，从而阻碍敏感菌叶酸的合成而发挥抑菌作用。高等动物能直接利用外源性叶酸，故其代谢不受磺胺类药物干扰。

磺胺噻唑属广谱抑菌剂，对大多数革兰阳性菌和部分革兰阴性菌有效。对磺胺噻唑较敏感的病原菌有链球菌、肺炎球菌、沙门菌、化脓棒状杆菌、大肠杆菌、副鸡嗜血杆菌等；一般敏感的有葡萄球菌、变形杆菌、巴氏杆菌、产气荚膜杆菌、肺炎杆菌、炭疽杆菌、铜绿假单胞菌等。

磺胺噻唑主要用于治疗家畜敏感菌引起的消化道、呼吸道感染及乳腺炎、子宫内膜炎等疾病，如大肠杆菌、沙门菌引起的腹泻，多杀性巴氏杆菌引起的猪肺疫、猪链球菌病等，也可用于弓形虫感染。

磺胺二甲嘧啶

【理化性质】

CAS 号：57-68-1；分子式：$C_{12}H_{14}N_4O_2S$；分子量：278.33；化学名称：N-(4,6-二甲基-2-嘧啶基)-4-氨基苯磺酰胺。本品为白色或微黄色的结晶或粉末；无臭，味微苦；遇光色渐变深。在热乙醇中溶解，在水或乙醚中几乎不溶；在稀酸或稀碱溶液中易溶，熔点为 197～200℃。

【结构式】

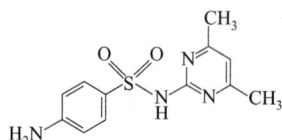

【合成工艺】

生产方法：由磺胺脒经与乙酰丙酮环合而得。

【药理药效】

本品对革兰阳性菌和阴性菌如化脓性链球菌、沙门菌和肺炎杆菌等均有良好的抗菌作用。对磺胺药敏感的细菌不能利用周围环境中的叶酸，只能利用对氨基甲酸（PABA）和二氢蝶啶，在细菌二氢叶酸合成酶的作用下合成四氢叶酸，活化性四氢叶酸在嘌呤、胸腺嘧啶核苷的合成中起了重要的传递一碳基因的作用。磺胺药在结构上类似对氨基苯甲酸（PABA），可与 PABA 竞争细菌体内的二氢叶酸合成酶，妨碍了二氢叶酸的合成和减少四氢叶酸的量，最终影响核酸的合成，抑制细菌的生长繁殖。磺胺药的作用可被 PABA 及其衍生物（普鲁卡因、丁卡因）所拮抗，此外脓液以及组织分解产物也可提供细菌生长的必需物质，与磺胺药产生拮抗作用。本品抗菌作用较磺胺嘧啶稍弱，但对球虫和弓形虫有良好的抑制作用。

主要用于治疗家畜敏感菌引起的巴氏杆菌病、乳腺炎、子宫内膜炎、腹膜炎、败血症、呼吸道、消化道、尿路感染；也可用于猪萎缩性鼻炎、链球菌病、猪弓形体病和球虫病等。

磺胺甲噁唑

磺胺甲噁唑（sulfamethoxazole，SMX），又名新诺明、磺胺甲基异噁唑和新明磺。是一种磺胺类的广谱抗生素。主要用于治疗尿路感染以及禽霍乱等，对革兰阳性菌和革兰阴性菌都有良好的抑菌效果，目前广泛应用于人类、畜禽、水产养殖作物等领域。磺胺甲噁唑属于临床兽医用药的广谱类的抑菌药物，对某些真菌、衣原体、弓形虫和球虫等都能起到抑制的作用。

【理化性质】

磺胺甲噁唑 CAS 号为 723-46-6，分子式为 $C_{10}H_{11}N_3O_3S$，分子量为 253.28，白色结晶性粉末，无臭，味微苦。熔点 168℃。在水中几乎不溶，在稀盐酸、氢氧化钠试液或氨试液中易溶。辛醇水分配系数 $\lg K_{ow}$ 为 0.89，水中溶解度为 0.6g/L，pK_a 为 1.7/5.6，熔点 168～172℃。

【结构式】

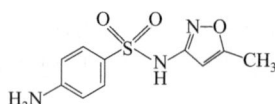

【合成工艺】

由 5-甲基异噁唑-3-甲酰胺经降解、缩合、水解而得。

以 5-甲基异噁唑-3-甲酰胺为原料，在次氯酸钠作用下降解为 5-甲基异噁唑-3-胺，然后与对乙酰氨基苯磺酰氯缩合生成 3-对乙酰氨基苯磺酰氨基-5-甲基异噁唑，后在碱性条件下水解得到 3-对氨基苯磺酰氨基-5-甲基异噁唑。

【药理药效】

磺胺甲噁唑属全身应用的中效磺胺类药物，抗菌作用机制主要是竞争性地与二氢叶酸合成酶结合，阻碍细菌二氢叶酸的合成，从而影响核酸的生成，产生抑制细菌生长繁殖作用。

磺胺甲噁唑是一种广谱抗菌药，对葡萄球菌及大肠杆菌作用特别强。

磺胺对甲氧嘧啶

磺胺对甲氧嘧啶（sulfametoxydiazine，SMD）是磺胺类药物的一种，其抗菌范围广、副作用小，乙酰化率低，且溶解度高，对革兰阳性和阴性菌如化脓性链球菌、沙门菌和肺炎杆菌等均有良好的抗菌作用，兽医临床上主要用于畜禽肠道感染，球虫病、弓形虫病及其他全身性细菌性疾病。

【理化性质】

CAS 号：651-06-9；分子式：$C_{11}H_{12}N_4O_3S$；分子量：280.3。白色或微黄色结晶性粉末，无臭，味微苦，能溶于乙醇、乙醚等有机物，几乎不溶于水。熔点 $214\sim216℃$。

【结构式】

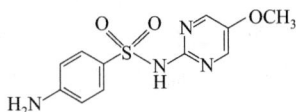

【合成工艺】

目前合成磺胺对甲氧基嘧啶主要通过乙醛经缩合、氯化、醚化，再与磺胺脒环合等步骤合成。但此方法合成的磺胺对甲氧基嘧啶产率仅为 $80\%\sim85\%$，且副产物多，不利于分离纯化。参考相应合成磺胺对甲氧基嘧啶文献，并加以对合成工艺深入研究，得到一种合成磺胺对甲氧基嘧啶新的方法。以苯胺和 2-氯-5-甲氧基嘧啶为主要原料，经过磺化、缩合两步合成磺胺对甲氧基嘧啶。该方法合成工艺简单，其产率达 93.2%，纯度为 99.7%，可适用于工业化生产。其目标产物的合成工艺路线如下：

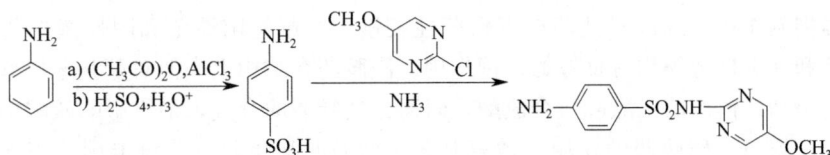

【药理药效】

本品对革兰阳性菌和阴性菌如化脓性链球菌、沙门菌和肺炎杆菌等均有良好的抗菌作用。磺胺药在结构上类似对氨基苯甲酸，可与对氨基苯甲酸竞争细菌体内的二氢叶酸合成酶，阻碍二氢叶酸的合成，最终影响核酸的合成，抑制细菌的生长繁殖。磺胺药的作用可被对氨基苯甲酸及其衍生物（普鲁卡因、丁卡因）所拮抗。此外，脓液以及组织分解产物也可提供细菌生长的必需物质，与磺胺药产生拮抗作用。本品抗菌作用较磺胺嘧啶稍弱，但对球虫和弓形虫有良好的抑制作用。

磺胺间甲氧嘧啶

磺胺间甲氧嘧啶（sulfamonomethoxine，SMM）又名磺胺-6-甲氧嘧啶，是磺胺药中抗菌作用最强的药物之一，可用于抑制大多数革兰阳性及阴性菌。本品属于广谱抗菌药物，是体内外抗菌活性最强的磺胺药，对大多数革兰阳性菌和阴性菌都有较强抑制作用，细菌对此药产生耐药性较慢。对革兰阳性菌和阴性菌如化脓性链球菌、沙门菌和肺炎杆菌等均有良好的抗菌作用。

【理化性质】

CAS 号：1220-83-3；分子式：$C_{11}H_{12}N_4O_3S$；分子量：280.3。为白色或类白色的结晶性粉末，无臭、几乎无味，熔点 204～206℃，在丙酮中略溶，在乙醇中微溶，在水中不溶，在稀盐酸或氢氧化钠溶液中易溶，遇光易被氧化而渐变暗。

【结构式】

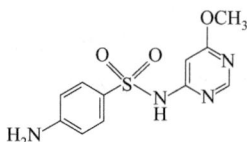

【合成工艺】

生产方法：由丙二酸二丁酯经环合、缩合、醚化、酸化等步骤制得。

据文献报道国内生产磺胺间甲氧嘧啶的方法（哈尔滨制药厂及山东新华制药厂）是以丙二酸二丁酯为起始原料，在丁醇钠的催化下，与甲酰胺环合制得 4,6-二羟基嘧啶，然后在 N,N-二甲苯胺催化下经氧氯化磷氯化制得 4,6-二氯嘧啶，再与磺胺钠缩合得 4-磺胺-6-氯嘧啶，再与固碱及甲醇反应制得磺胺间甲氧嘧啶粗品，粗品经三种浓度的碱析后，钠盐法脱色精制而得成品。

临床常用磺胺间甲氧嘧啶钠，磺胺间甲氧嘧啶钠的制备方法包括以下步骤：a. 将磺胺间甲氧嘧啶、氢氧化钠加入有机溶剂中，在 54～98℃温度条件下，搅拌反应 0.5～2h，得溶液 A；b. 向溶液 A 加入活性炭，搅拌脱色 0.3～0.8h，趁热过滤，得滤液；c. 滤液先自然冷却到 20～30℃，再在 0～5℃下，保温 1～3h，过滤，得滤渣；d. 用少量无水乙醇洗涤滤渣，在 55～60℃真空干燥 2～4h，得到磺胺间甲氧嘧啶钠。

【药理药效】

本品属于广谱抗菌药物，是体内外抗菌活性最强的磺胺药，对大多数革兰阳性菌和阴性菌都有较强抑制作用，细菌对此药产生耐药性较慢。对革兰阳性菌和阴性菌如化脓性链球菌、沙门菌和肺炎杆菌等均有良好的抗菌作用。磺胺药在结构上类似对氨基苯甲酸，可与氨基苯甲酸竞争细菌体内的二氢叶酸合成酶，阻碍二氢叶酸的合成，最终影响核酸的合成，抑制细菌的生长繁殖。磺胺药的作用可被氨基苯甲酸及其衍生物（普鲁卡因、丁卡因）所拮抗。此外，脓液以及组织分解产物也可提供细菌生长的必需物质，与磺胺药产生拮抗作用。

主要用于敏感菌所引起的呼吸道、消化道、尿路感染及球虫病、猪弓形虫病等。

磺胺氯哒嗪钠

【理化性质】

磺胺氯哒嗪钠又称 N-(6-氯-3-哒嗪基)-4-氨基苯磺酰胺钠盐，CAS 号 23282-55-5，分子式 $C_{10}H_8ClN_4NaO_2S$，分子量 306.7。磺胺氯哒嗪钠属于磺胺类药物的一种，为白色或淡黄色粉末，易溶于水，在甲醇中易溶、乙醇中略溶、氯仿中微溶。

【结构式】

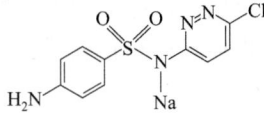

【合成工艺】

目前，国内生产磺胺氯哒嗪钠通常以水合肼、顺丁烯二酸酐为起始原料，经过扩环反应、氯化反应、缩合反应等工艺流程进行制备。

其生产中需要经过多道工艺流程，生产工艺路线为：扩环反应→氯化反应→精制提纯→缩合反应→酸化→盐化→过滤干燥→检验→成品包装。制备原料药品主要包括：水合肼、顺丁烯二酸酐、三氯氧磷、医用磺胺、氢氧化钠、碳酸钾（无水）、硫酸氢钠、盐酸、邻二氯苯、氨水。

① 扩环反应。扩环反应以水合肼、顺丁烯二酸酐、盐酸为原料，制备中间体3,6-二羧基哒嗪。合成方法在15～30℃条件下，将盐酸缓慢加入水合肼中，调节其酸碱度至 pH 6.2±0.1；之后按照1∶1.14 的比例加入顺丁烯二酸酐，在加热容器内升温至104～110℃，并保温 2h，以使反应充分完全。通过过滤出去其中盐类杂质后，对滤液加入硫酸予以回收。

② 氯化反应。氯化反应目的是制备二氯哒嗪，制备原料主要为二羧基哒嗪和三氯氧磷。制备工艺流程首先将二羧基哒嗪和三氯氧磷原料加入反应容器内，加热至 55～60℃后停止加热，待其自然升温完成氯化反应；反应过后密闭保温 5h，此时容器内会形成较高的压力使氯化物逐渐析出，通过减压蒸馏后得到液态氯化油，用容器对其加以收集。然后，将制的氯化油加入水中，同时加入氨水以调节 pH 值；完成后加入硫酸氢钠溶液保温40min，采用冷却设备使其降低至 5℃，以使氯化物结晶，通过对反应溶液的过滤和洗涤，从而得到含有杂质的二氯哒嗪。为得到纯度较高的二氯哒嗪，可将母液用二氯苯提取，然后再通过熔融、静置分离、干燥后制得高纯度二氯哒嗪干品。

③ 缩合反应。将二氯哒嗪与碳酸钾、磺胺、邻二氯苯混合搅拌后放入反应器内，然后对其升温加热至160℃后保温 5h，完成缩合反应。随后将母液放置自然冷却，先后加入氯化钠、氢氧化钠调节酸碱度至 pH 7.2～9.2，冷却后所得结晶即为磺胺氯哒嗪钠产品。

【药理药效】

磺胺氯哒嗪钠为短效广谱抗菌药，对磺胺药敏感的细菌不能利用周围环境中的叶酸，只能利用对氨基苯甲酸和二氢蝶啶，在细菌二氢叶酸合成酶的作用下合成四氢叶酸，而磺胺类药物在结构上类似对氨基苯甲酸，可与对氨基苯甲酸竞争细菌体内的二氢叶酸合成酶，阻碍二氢叶酸的合成，最终影响核酸的合成，抑制细菌的生长繁殖。磺胺药的作用可被能代谢成对氨基苯甲酸的药物如普鲁卡因、丁卡因所拮抗。此外，脓液以及组织分解产物也可提供细菌生长的必需物质，与磺胺药产生拮抗作用。特别适用于革兰阴性菌和部分革兰阳性菌所引起的感染，例如禽畜大肠杆菌、巴氏杆菌、葡萄球菌等。抗菌谱类似磺胺间甲氧嘧啶，但抗菌作用比磺胺间甲氧嘧啶稍弱。

在兽用医药领域属禽畜类消炎抗菌药，主要用于治疗鸡的大肠杆菌、葡萄球菌感染，以及白冠病、鸡霍乱、伤寒等传染病。

磺胺甲氧哒嗪

【理化性质】

化学名称：4-氨基-N-(6-甲氧基-3-哒嗪基) 苯磺酰胺或 3-(对氨基苯磺酰氨基)-6-甲

氧基哒嗪；CAS 号：80-35-3；分子式：$C_{11}H_{12}N_4O_3S$；分子量：280.3。白色或微黄色的结晶性粉末；无臭，味苦；遇光变色。该品在丙酮中略溶，在乙醇中极微溶解，在水中几乎不溶，在水溶液中以两性化合物形式存在；在稀盐酸或氢氧化钠碱溶液中易溶。该品的熔点为 180～183℃（174～177℃）。

【结构式】

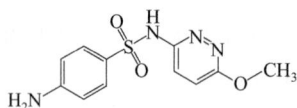

【合成工艺】

可由顺丁烯二酸酐与硫酸肼环合后，经氯化、与磺胺缩合，再经甲氧基化而制得。

【药理药效】

磺胺甲氧哒嗪是长效磺胺类药物。磺胺药在结构上类似对氨基苯甲酸，可与对氨基苯甲酸竞争细菌体内的二氢叶酸合成酶，阻碍二氢叶酸的合成，最终影响核酸的合成，抑制细菌的生长繁殖。磺胺药的作用可被对氨基苯甲酸及其衍生物（普鲁卡因、丁卡因）所拮抗。此外，脓液以及组织分解产物也可提供细菌生长的必需物质，与磺胺药产生拮抗作用。

本品用于禽畜消炎抗菌药，主要用于链球菌、葡萄球菌、大肠杆菌等感染，尤适合用于尿道感染。

磺胺脒

磺胺脒又称磺胺胍、止痢片，1944 年发现了疗效更为优良的磺胺脒，是最早用于肠道感染的磺胺药，磺胺脒的分子结构中有强碱性胍基，解离度大，脂溶性小，内服后虽有一定量从肠道吸收，但不足以达到有效血浓度，故不用于全身性感染。但能在肠内维持较高浓度，多用于消化道的细菌感染，如胃肠炎、痢疾等。与抗菌增效剂甲氧苄啶（TMP）或二甲氧苄啶（DVD）合用，其抗菌作用明显增强。

磺胺脒是一种低级的磺胺类药物，能抑制细菌。主要是用作生产磺胺嘧啶、磺胺二甲嘧啶以及其他高级磺胺类药物。对治疗肠道感染、肠胃炎及腹泻等效用显著。也可用于手术前的肠道消毒，还可用以控制伤寒及副伤寒细菌活动。

【理化性质】

化学名称：4-氨基-N-（氨基亚氨基甲基）苯磺酰胺；CAS 号：57-67-0；分子式：$C_7H_{10}N_4O_2S$；分子量：214.24。磺胺脒为白色的针状结晶性粉末，无臭或几乎无臭、无味。遇光渐变色，熔点为 190～193℃。本品在沸水中溶解，在水、乙醇或丙酮中微溶，在稀盐酸中易溶，在冷的氢氧化钠溶液中几乎不溶，加热可溶。本品应于防潮遮光的包装物中密闭保存。

【结构式】

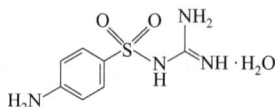

【合成工艺】

① 可由磺胺和硝酸胍在纯碱中熔融，减压缩合制得磺胺脒成品。

② 由乙酰磺胺酰氯与硝酸胍在氢氧化钠存在下，在丙酮与水的混合溶 Chemicalbook

液中反应，可制得。

③ 以对硝基苯磺酰氯为原料，经催化加氢，生成对氨基苯磺酰氯，再进行氨化，生成磺胺，再与硝酸胍反应，可制得磺胺脒。

【药理药效】

本品属于磺胺类抗菌药物，对大多数革兰阳性菌和阴性菌都有较强抑制作用。本品内服吸收很少。对革兰阳性菌和阴性菌如化脓性链球菌、沙门菌和肺炎球菌等均有良好的抗菌作用。磺胺药在结构上类似对氨基苯甲酸，可与对氨基苯甲酸竞争细菌体内的二氢叶酸合成酶，阻碍二氢叶酸的合成，最终影响核酸的合成，抑制细菌的生长繁殖。

酞磺胺噻唑

酞磺胺噻唑（phthalylsulfathiazole）是一种磺胺类抗菌药，作用与磺胺咪、琥磺噻唑相似而较强，口服极少吸收，在肠内缓慢分解释放出磺胺噻唑而发挥肠道抑菌作用，临床用于肠炎、菌痢及肠道术前准备。

【理化性质】

化学名称：2-[[[4-[(2-噻唑氨基)磺酰基]苯基]氨基]羰基]苯甲酸；CAS 号：85-73-4；分子式：$C_{17}H_{13}N_3O_5S_2$；分子量：403.43。白色或类白色结晶性粉末。熔点 198～204℃。微溶于乙醇，几乎不溶于水或氯仿，易溶于盐酸或氢氧化钠溶液，易溶于氨水。

【结构式】

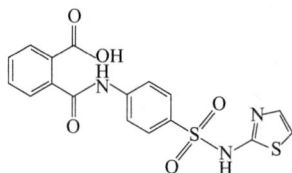

【合成工艺】

生产方法：磺胺噻唑（ST）与苯酐进行酰化反应即得粗酞磺胺噻唑（PST），经精制得到成品。将 ST 及苯酐充分混匀，140℃反应 1.5h。将所得粗品加入水中，用液碱调节 pH 至 8，全溶后在 40℃加活性炭脱色 0.5h，过滤，滤液用盐酸中和至 pH 5～6，过滤，洗涤滤饼，干燥、粉碎得成品 PST。

【药理药效】

本品内服后不易吸收，并在肠内逐渐释放出磺胺噻唑，通过抑制敏感菌的二氢叶酸合成酶，使二氢叶酸合成受阻进而呈现抑菌作用。成年反刍兽少用。

醋酸磺胺米隆

磺胺米隆为广谱抗菌药，对多种革兰阳性及阴性菌都有效，对铜绿假单胞菌有较强作用，且不受脓液、坏死组织、对氨基苯甲酸等的影响，并能迅速渗入创面及焦痂，临床上多用于烧伤感染及化脓性创面的局部应用。

【理化性质】

醋酸磺胺米隆，也叫醋酸氨苄磺胺、磺胺灭脓、甲磺灭脓、甲磺米隆；化学名称：α-氨基对甲苯磺酰胺醋酸盐；CAS 号：13009-99-9；分子式：$C_9H_{14}N_2O_4S$；分子量：246.28。本品为白色至淡黄色结晶或结晶性粉末；有醋酸臭；水溶液呈弱酸性；本品在水中易溶，熔点为 163～167℃。

【结构式】

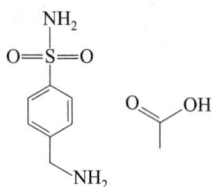

【药理药效】

本品为类磺胺药物，抗菌谱较广，对多种革兰阴性菌有效。特别对绿脓杆菌、破伤风菌、坏疽菌、厌气性菌、枯草杆菌及大肠杆菌有显著的抗菌作用；对肺炎球菌、溶血性链球菌、葡萄球菌、淋球菌等，也有良好的抗菌作用。

可用于预防或治疗Ⅱ、Ⅲ度烧伤后继发创面感染，包括柠檬酸菌属、阴沟肠杆菌、大肠埃希菌、克雷伯菌属、变形杆菌、不动杆菌属、铜绿假单胞菌等假单胞菌属，葡萄球菌属、肠球菌属，白念珠菌等真菌感染。

磺胺嘧啶银

磺胺嘧啶银是由磺胺嘧啶和硝酸银化合而成的，具有银的收敛作用和磺胺嘧啶的抗菌消炎作用，主要用于烧伤创面治疗的外用药。磺胺嘧啶银自从20世纪60年代末开始应用于烧伤创面治疗以来，已经成为国内外应用最为广泛的外用烧伤药。

【理化性质】

化学名称：N-2-嘧啶基-4-氨基苯磺酰胺银盐；CAS号：22199-08-2；分子式：$C_{10}H_9AgN_4O_2S$；分子量：357.14。本品为白色或类白色的结晶性粉末；遇光或遇热易变质，在水、乙醇、三氯甲烷或乙醚中均不溶。

【结构式】

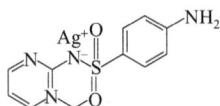

【合成工艺】

现行的磺胺嘧啶银的生产方法为磺胺嘧啶粉与硝酸银反应生产磺胺嘧啶银。在生产中，为了提高较为昂贵的硝酸银的利用率，通常需加大磺胺嘧啶的用量约10%。反应结束后，过量的磺胺嘧啶无法回收，三废处理成本比较高。

可采用磺胺嘧啶粉先与氢氧化钠反应生成磺胺嘧啶钠，之后磺胺嘧啶钠再与硝酸银反应生成磺胺嘧啶银。

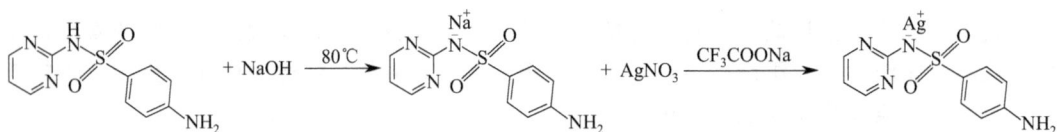

【药理药效】

磺胺嘧啶银属广谱抑菌剂，对大多数革兰阳性菌和部分革兰阴性菌有效。对铜绿假单胞菌抗菌活性强，对真菌等也有抑菌效果。本品具有收敛作用，局部应用可使创面干燥、结痂，促进创面愈合。

磺胺嘧啶的抗菌作用机制是通过抑制叶酸的合成而抑制细菌的生长繁殖。磺胺嘧啶有与对氨基甲酸相似的化学结构，能与对氨基苯甲酸竞争二氢叶酸合成酶，从而阻碍敏感菌叶酸的合成而发挥抑菌作用。高等动物能直接利用外源性叶酸，故其代谢不受磺胺类药物干扰。

磺胺嘧啶银为治疗全身感染的短效磺胺药，具有磺胺嘧啶的抗菌作用和银盐的收敛作用。抗菌谱广，对多数革兰阳性菌和阴性菌有良好的抗菌活性，对绿脓杆菌和大肠杆菌具有强大抑制作用，抗菌作用不受脓液中 PABA（对氨苯甲酸）的影响，并可促进创面干燥、结痂及愈合。用于预防和治疗Ⅱ度、Ⅲ度烧伤或者烫伤继发的创面感染并具有收敛作用。

二甲氧苄啶

甲氧苄啶和二甲氧苄啶属于抗菌增效剂，都属于二氨基嘧啶类药物，其中二甲氧苄啶为动物专用的抗菌增效剂，能增强磺胺药和多种抗生素的疗效，是人工合成的二氨基嘧啶类药物。兽医临床主要用于预防治疗畜禽的球虫病和敏感菌的肠道感染，自身也可以起到杀灭球虫的效果。

【理化性质】

二甲氧苄啶（diaveridine，DVD），又名二甲氧苄氨嘧啶、二甲基苄氨嘧啶或二氨藜芦啶，常用商品名为敌菌净，学名为 2,4-二氨基-5-(3,4-二甲氨基苄基)嘧啶。CAS 号：5355-16-8；分子式：$C_{13}H_{16}N_4O_2$；分子量：260.29。二甲氧苄啶纯品为白色或微黄色结晶性粉末，几乎无臭，在三氯甲烷中极微溶解，不溶于水、乙醇或乙醚，在盐酸中溶解，易溶于有机酸。熔点约 186℃。

【结构式】

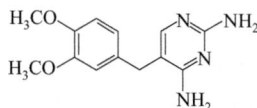

【合成工艺】

由 3-甲氧基-4-羟基苯甲醛（香草醛）经甲基化、缩合、加成、环合而得。

以香草醛为原料，先用硫酸二甲酯甲基化得 3,4-二甲氧基苯甲醛（藜芦醛），然后与甲氧基丙腈缩合生成 3′,4′-二甲氧基-2-氰基-3-甲氧基丙烯，再经加成，最后与硝酸胍环合而得。香草醛溶于氢氧化钠溶液，于 60~80℃滴加硫酸二甲酯，并于碱性条件（pH7~9）下回流反应 3h。反应液稍冷后用甲苯萃取，萃取液回收溶剂后得藜芦醛。在甲醇与甲醇钠溶液中，藜芦醛与甲氧基丙腈于 65~70℃下回流反应 5h。加水冷却后结晶，过滤、干燥得 3′,4′-二甲氧基-2-氰基-3-甲氧基丙烯。上述缩合物在甲醇、甲醇钠中与硝酸胍于 75℃下搅拌反应 2h，然后于 95℃下继续反应 5h。冷却后析出结晶，过滤得二甲氧苄啶粗品。粗品经乙酸重结晶、活性炭脱色（95℃，1h），氨水碱析、分离、干燥得成品。

【药理药效】

甲氧苄啶和二甲氧苄啶同属于二氢叶酸还原酶抑制剂，它们的作用机制都为干扰细菌的叶酸代谢，抑制二氢叶酸还原酶，阻止细菌菌体蛋白合成中的二氢叶酸还原成四氢叶酸，四氢叶酸是一碳基团的辅酶，参与到氨基酸、嘌呤、嘧啶的合成，进而会影响菌体合成去氧核酸、核糖核酸，菌体蛋白等，使细菌生长和繁殖不能正常进行。

二甲氧苄啶具有广谱抗菌作用，对多数革兰阳性菌和阴性菌有效，包括大肠埃希菌、梭菌属、沙门菌、巴氏杆菌属、金黄色葡萄球菌、炭疽杆菌等，对肺炎链球菌、淋病奈瑟球菌、脑膜炎奈瑟菌的抗菌作用不明显，对铜绿假单胞菌无作用，单独使用容易引起耐药性。二甲氧苄啶为化学合成的动物专用抗菌增效剂，一般不单独使用，常与磺胺类药物联合应用，用于防治畜禽细菌感染和抗球虫病。

甲氧苄啶

甲氧苄啶（trimethoprim，简称 TMP）为一广谱、高效、低毒的抗菌药和杀菌剂，抗菌谱与磺胺类药物相近。20 世纪 60 年代初，人们发现它能大幅度地增强磺胺类药物的效力，故其有磺胺增效剂之称。甲氧苄啶最早是在 1959 年由 Hitchings 等合成成功，1962 年 Stenbuck 等应用于工业生产，我国于 1972 年研制成功该药。

甲氧苄啶是一种二氨基嘧啶抗菌剂，对广泛的革兰阳性和革兰阴性菌有效。在兽医临床常作为抗菌增效剂与磺胺类药或其他抗生素联合使用，常用于治疗畜禽的大肠杆菌引起的败血症、鸡白痢、鸡传染性鼻炎、禽伤寒、霍乱、呼吸系统继发性细菌感染和球虫病等。

在兽医学中，甲氧苄啶通常与磺胺合用，浓度比为 1∶5。甲氧苄啶以丸、糊剂或饮用水或饲料的形式口服给予牛、猪、马、家禽和鱼（5mg/kg 甲氧苄啶＋25mg/kg 磺胺，以体重计）。猪、牛、山羊和马的混合活性成分为 15～30mg/kg（以体重计），每天可注射 1～2 次。通常重复治疗 5d（鱼类可重复治疗 7d）。还有一种用于牛的乳内给药制剂，含有 40mg 甲氧嘧啶＋200mg 磺胺嘧啶。在一些国家，甲氧苄啶也被用于其他物种，如绵羊和大羊驼。

【理化性质】

甲氧苄啶，又名三甲氧苄氨嘧啶，学名为 2,4-二氨基-(3,4,5-三甲氧苄基）嘧啶，英文名 Trimethoprim（TMP）；甲氧苄啶 CAS 号：738-70-5；分子式：$C_{14}H_{18}N_4O_3$；分子量：290.32。白色或类白色结晶性粉末，无特殊气味，味略苦，略溶于氯仿，微溶于丙酮与乙醇，在水中的溶解度几乎为零，易溶于冰醋酸，本品的熔点为 199～203℃。甲氧苄啶 0.50g 加水 50mL，振摇滤过之后取滤液，依兽药药典方法测定，pH 值为 7.5～8.5。

【结构式】

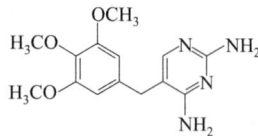

【合成工艺】

A. 三甲氧基苯甲醛经缩合、环合而得。以三甲氧基苯甲醛为原料，先与甲氧基丙腈缩合生成 3,4,5'-三甲氧基-2-氰基-3-甲氧基丙烯，然后在甲醇/甲醇钠中与硝酸胍环合而得。

B. 一直采用以天然产物五倍子为原料合成 3,4,5-三甲氧基苯甲醛（**6**）进而合成甲氧苄啶的半合成工艺路线。然而 20 世纪 90 年代后，国内科研部门和企业结合开发了一条以对甲酚为原料的全合成工艺路线，使产量大幅度增加，生产成本大幅度下降，大大提升了甲氧苄啶生产的工艺水平。甲氧苄啶新的生产工艺路线如下：

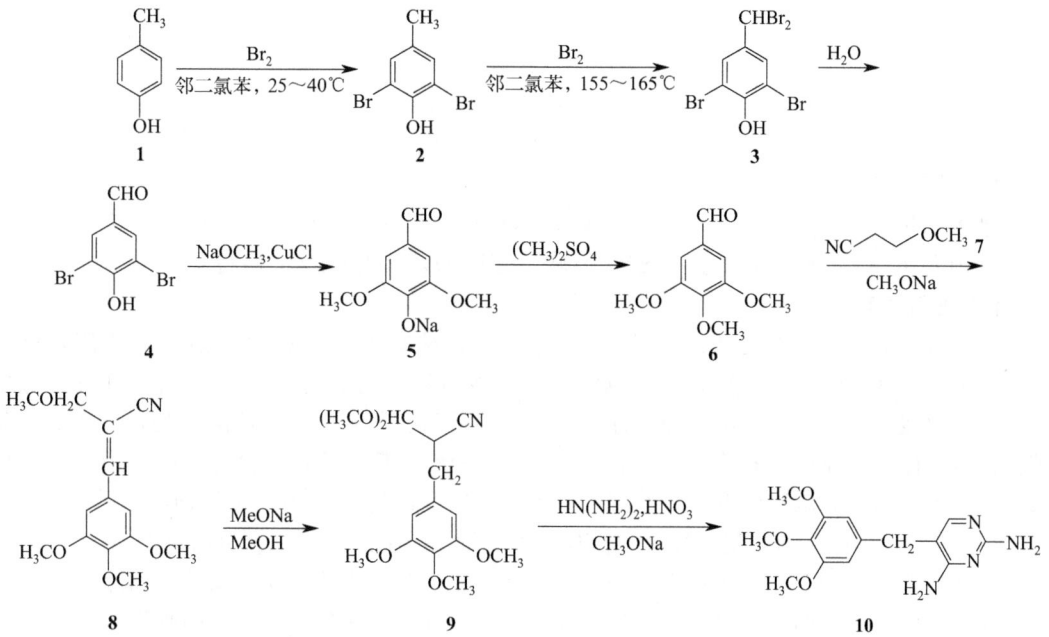

【药理药效】

甲氧苄啶通过抑制二氢叶酸还原酶的活性使二氢叶酸无法还原为四氢叶酸，四氢叶酸是细菌体内合成遗传物质核酸所必需的成分，进而阻止了细菌合成核酸和蛋白质，使细菌无法生长。

甲氧苄啶抑菌谱：链球菌属含肺炎链球菌、大肠杆菌、沙门菌属、奇异变形杆菌、肺炎杆菌、痢疾杆菌、伤寒杆菌、百日咳杆菌等对甲氧苄啶敏感。此外，甲氧苄啶对疟原虫及某些真菌，如奴卡菌、组浆菌、酵母菌也有一定作用。在体外对霍乱弧菌、沙眼衣原体具良好抗菌活性。甲氧苄啶对铜绿假单胞菌、脑膜炎球菌、产碱杆菌属无抗菌作用。

甲氧苄啶对多种革兰阳性菌及阴性菌均有抗菌作用，如溶血性链球菌、葡萄球菌、大肠杆菌、巴氏杆菌等，但单独使用易产生耐药性，一般不单独作为抗菌药使用。甲氧苄啶作为抗菌增效药，治疗家禽细菌感染和球虫病。

（2）喹诺酮类药

恩诺沙星

恩诺沙星（enrofloxacin，ENR）是第三代喹诺酮类抗菌药物，为一种兽用抗菌药物，广谱、高效，对革兰阳性菌和阴性菌及支原体有特效。1987 年首先由德国拜耳公司合成，中国于 1993 年研制成功。该药具有抗菌谱广、杀菌活性强、毒副作用小、与其他抗菌药物无交叉耐药性等特点，广泛应用于兽医临床。

【理化性质】

恩诺沙星又名乙基环丙沙星、恩氟沙星。它的化学名称是 1-环丙基-7-(4-乙基-1-哌嗪基)-6-氟-1,4-二氢-4-氧代-3-喹啉羧酸，CAS 号是 93106-60-6，分子式是 $C_{19}H_{22}FN_3O_3$，分子量是 359.39。它是一种微黄色或者类白色结晶性粉状物体，熔点 221~226℃，无臭，味微苦，易溶于碱性溶液如氢氧化钠、盐酸以及甲醇等有机溶剂中，在甲醇和水中微溶，在乙醇中溶，遇光色渐变成橙红色。

【结构式】

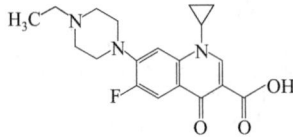

【合成工艺】

恩诺沙星的合成主要有两种途径：由环丙沙星与烃化剂（硫酸乙酯或碘乙烷）反应或由 1-环丙基-6-氟-7-氯-1,4-二氢-4-氧代-3-喹啉羧酸与乙基哌嗪反应制得。

【药理药效】

恩诺沙星属氟喹诺酮类动物专用的广谱杀菌药。对革兰阴性菌有很强的杀灭作用，对革兰阳性菌也有良好的抑制作用。对大肠埃希菌、沙门菌、克雷伯杆菌、布鲁菌、巴氏杆菌、胸膜肺炎放线杆菌、丹毒杆菌、变形杆菌、黏质沙雷菌、化脓性棒状杆菌、败血波特菌、金黄色葡萄球菌、支原体、衣原体等均有良好作用，对铜绿假单胞菌和链球菌的作用较弱，对厌氧菌作用微弱。对敏感菌有明显的抗菌后效应。本品的抗菌作用机制是抑制细菌 DNA 旋转酶，干扰细菌 DNA 的复制、转录和修复重组，细菌不能正常生长繁殖而死亡。

喹诺酮类抗菌药，用于细菌性疾病和支原体感染。临床恩诺沙星主要用于治疗各种霉形体、大肠杆菌、沙门菌、嗜血杆菌、丹毒杆菌、葡萄球菌、链球菌等引起的呼吸系统、消化系统、泌尿生殖系统感染、皮肤感染和败血症等，尤其适用于多种细菌引起的混合感染。

马波沙星

马波沙星（marbofloxacin，MBF），又称麻保沙星或马保沙星，是第三代喹诺酮类新型动物专用抗菌药物，最早由瑞士罗氏公司研制开发，法国威隆有限公司（Vetoquinol 公司）进一步开发，并于 1995 年首次在英国上市，主要用于猫、犬细菌性疾病的防治。随后相继在法国、美国和欧洲上市，并被列为动物专用药。我国于 2014 年批准该药为国家二类新兽药，用于敏感菌所致的犬呼吸道感染，具有抗菌谱广、杀菌活性强、与其他抗菌药物交叉耐药少等特点。

【理化性质】

化学名为 9-氟-2,3-二氢-3-甲基-10-(4-甲基-1-哌嗪基)-7-氧代-7H-吡啶[3,2,1-ij](4,1,2)苯并噁二嗪-6-羧酸，分子式 $C_{17}H_{19}FN_4O_4$，分子量 362.35，为黄色或淡黄色结晶粉末，熔点为 268～269℃，微溶于水，略溶或微溶于二氯甲烷，极微溶于 96% 的乙醇。

【结构式】

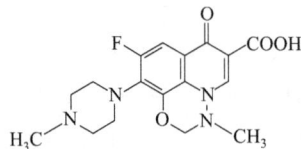

【合成工艺】

有文献报道合成路线：以 2,3,4,5-四氟苯甲酰氯为起始原料，与 3-(4-甲基哌嗪-1-基)丙烯酸乙酯反应，再与 N-甲基甲酰基肼胺化，胺化物再经环合、缩哌、碱解，最后环合得到马波沙星，并在胺化、环合、缩哌采用一锅法技术。

另有文献报道改进的合成工艺：以 2,3,4,5-四氟苯甲酰氯为原料，对反应的条件及反应催化剂进行了改进。经 7 步反应得到目标产物，收率较高，且更加绿色环保，收率较高，更加适合工业化生产。

【药理药效】

马波沙星是动物专用的喹诺酮类抗菌药。抗菌作用机理主要是抑制细菌脱氧核糖核酸（DNA）合成酶之一的回旋酶（gyrase，又称Ⅱ型拓扑异构酶，topoisomeraseⅡ）。回旋酶有 A、B 两个亚基，氟喹诺酮类药物主要作用于其 A 亚基，通过抑制回旋酶而抑制细菌 DNA 复制。氟喹诺酮类还可能抑制核糖核酸（RNA）的复制及蛋白质的合成而起到杀菌作用。

马波沙星具有广谱抗菌作用，对革兰阳性菌（特别是葡萄球菌属）、革兰阴性菌（大肠埃希菌、鼠伤寒沙门菌、空肠弯曲杆菌、费氏柠檬酸杆菌、阴沟肠杆菌、黏质沙雷菌、摩氏摩根氏菌、变形杆菌、志贺菌属、猪胸膜肺炎放线杆菌、支气管败血性鲍特氏菌、多杀性巴斯德杆菌、克雷伯菌属、嗜血杆菌属等）及支原体有效。

临床上，马波沙星主要用于治疗猫、犬的各种皮肤病，尿路感染，上呼吸道感染，消化道感染以及预防外科手术感染，牛的细菌性呼吸道感染等，还可以用于羊、牛的乳房炎以及猪的乳房炎-子宫炎-无乳综合征（MMA）的治疗，可用于家禽类的大肠杆菌病，支原体以及大肠杆菌与支原体混合感染。

乳酸环丙沙星

环丙沙星（cipmfloxacin，CPLX）又名环丙氟哌酸、悉复欣，化学名称为 1-环丙基-6-氟-1,4-二氢-4-氧代-7-(1-哌嗪基)-3-喹啉羧酸，临床上用其盐酸盐和乳酸盐。环丙沙星是一种化学合成的第三代氟喹诺酮类中抗菌作用较强的一种，由德国 Bayer 药厂于 1983 年创制、1986 年首先推出。主要通过抑制细菌的脱氧核糖核酸回旋酶（DNA gyrase）而发挥快速杀菌作用，对革兰阴性菌、革兰阳性菌、支原体等都有很强的抗菌活性。2002年 9 月，环丙沙星在我国批准上市，主要用于控制由敏感病原体引起的胃肠道感染、呼吸道感染、产科感染、皮肤组织感染、术后感染、尿路感染、难治性感染等。我国已经批准环丙沙星在兽医临床中应用，其可用于全身各系统的感染，对消化道、呼吸道、泌尿生殖道、皮肤软组织感染及支原体感染均有良效。

【理化性质】

乳酸环丙沙星的化学名：1-环丙基-6-氟-1,4-二氢-4-氧代-7-(1-哌嗪基)-3-喹啉羧酸乳酸盐；CAS 号：97867-33-9；分子式：$C_{20}H_{24}FN_3O_6$；分子量：421.43。熔点 255～257℃。微黄色或类白色结晶性粉末，几乎无臭，味苦；有引湿性。在水中易溶，在甲醇中极微溶解，在乙醇、乙酸乙酯、石油醚或二噁烷中几乎不溶；其 2.5% 水溶液的 pH 值为 4.5～5.5。

【结构式】

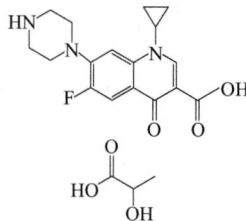

【合成工艺】

将环丙沙星粗品在大量水中（30 倍以上）制成较高纯度的盐酸环丙沙星，再在乙醇中用碱中和，游离出质量高的环丙沙星结晶，最后与乳酸成盐，即得符合要求的乳酸环丙沙星。

环丙沙星的合成参考下面盐酸环丙沙星。

乳酸环丙沙星属于动物专用的广谱杀菌药。通过作用于细菌的 DNA 回旋酶（gyrase A）亚单位，抑制细菌 DNA 复制和转录而产生杀菌作用。对大多数革兰阴性菌和球菌有很好的抗菌活性，包括铜绿假单胞菌、克雷伯菌属、大肠埃希菌、肠杆菌属、弯曲菌属、志贺菌属、沙门菌属、气单胞菌属、变形杆菌属、嗜血杆菌属、耶尔森菌属、沙雷菌属、弧菌属。而布鲁菌属、沙眼衣原体、葡萄球菌（包括产青霉素酶和耐甲氧西林耐药菌）、支原体、分枝杆菌属也对其敏感。对厌氧菌有微弱的抗菌活性，对厌氧菌感染无效。本品对革兰阴性菌的作用明显优于该类其他品种，尤其对铜绿假单胞菌的体外抗菌活性最强。

氟喹诺酮类抗菌药，用于畜禽细菌和支原体感染。

盐酸环丙沙星

盐酸环丙沙星为环丙沙星的盐酸盐，属于人工合成的第三代喹诺酮类抗菌药物。

【理化性质】

CAS 号：93107-08-5；分子式：$C_{17}H_{18}FN_3O_3 \cdot HCl$；分子量：367.8。盐酸环丙沙星为类白色或微黄色结晶性粉末，几乎无臭，味苦，有引湿性；在水中溶解，在甲醇中微溶，在乙醇中极微溶解，在氯仿中几乎不溶，在氢氧化钠试液中易溶；2.5% 水溶液的 pH 值为 3.0～4.5。

【结构式】

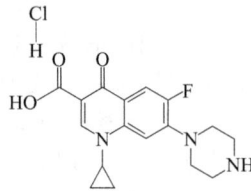

【合成工艺】

根据哌嗪化方法的不同又可分为两种工艺方法，一个是环丙羧酸螯合后的哌嗪化工艺，另一个是直接哌嗪化工艺。

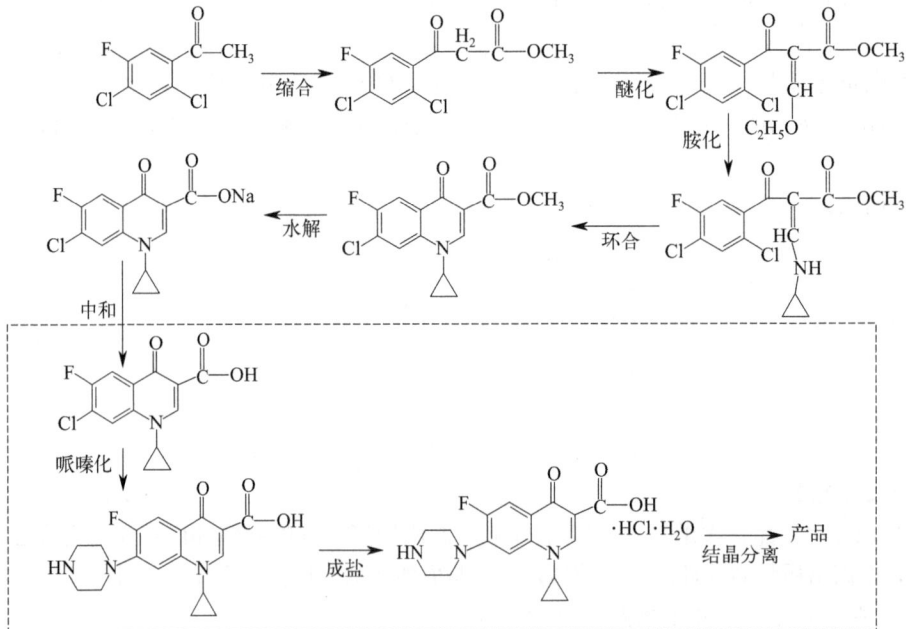

【药理药效】

环丙沙星属于杀菌性广谱抗菌药物。对大肠埃希菌、沙门菌、克雷伯杆菌、布鲁菌、巴氏杆菌、胸膜肺炎放线杆菌、丹毒杆菌、变形杆菌、黏质沙雷菌、化脓性棒状杆菌、败血波特菌、金黄色葡萄球菌、支原体、衣原体等均有良好作用，对铜绿假单胞菌和链球菌的作用较弱，对厌氧菌作用微弱。对敏感菌有明显的抗菌后效应。抗菌机制是作用于细菌细胞的 DNA 回旋酶，干扰细菌 DNA 的复制、转录和修复重组，细菌不能正常生长繁殖而死亡。

氟喹诺酮类抗菌药，用于畜禽细菌和支原体感染。

盐酸沙拉沙星

盐酸沙拉沙星（sarafloxacin hydrochloride）是喹诺酮类第三代氟喹诺酮类的动物专用抗菌药物，美国雅培公司开发，于 1995 年首次在美国上市，我国已于 2001 年批准为国家二类新药。盐酸沙拉沙星抗菌谱广、抗菌活性强，对革兰阳性菌、革兰阴性菌、厌氧菌、支原体、衣原体均有良好的杀灭作用，主要用于治疗猪链球菌、大肠杆菌病以及家畜的大肠杆菌、沙门菌等细菌感染；水产养殖中主要用于防治鱼的红头烂鳃、肠炎等疾病。

【理化性质】

盐酸沙拉沙星，化学名为 6-氟-1-(4-氟苯基)-4-氧代-7-(1-哌嗪)喹啉-3-羧酸盐酸盐。CAS 号：91296-87-6；分子式：$C_{20}H_{17}F_2N_3O_3 \cdot HCl$；分子量：421.83。盐酸沙拉沙星为类白色至淡黄色结晶性粉末，无臭，味微苦，有引湿性，遇光、遇热色渐变深。

【结构式】

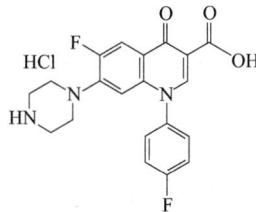

【合成工艺】

无文献报道。

【药理药效】

盐酸沙拉沙星的主要作用于细菌 DNA 回旋酶（gyrase），又称拓扑异构酶Ⅱ型，阻碍 DNA 合成而导致细菌死亡。该酶由 2 个 A 亚基和 2 个 B 亚基组成，在 ATP 和 Mg^{2+} 的作用下，将 DNA 一条单链切开，B 亚基作用下使另一条链后移并由 A 亚基将其封口，DNA 结构由正螺旋变为负螺旋。盐酸沙拉沙星与 DNA 双链中非配对碱基结合，抑制 DNA 回旋酶的 A 亚基，使 DNA 超螺旋结构不能封口，不能形成负超螺旋结构，阻断 DNA 复制，从而导致细菌死亡。

沙拉沙星属于动物专用的广谱杀菌药，对大多数革兰阴性和阳性的杆菌和球菌，包括绝大多数种类的克雷伯菌属、葡萄球菌属、大肠埃希菌、肠杆菌属、弯杆菌属、志贺菌属、变形杆菌属及巴氏杆菌等有较强的抗菌活性，对支原体的效果略差于二氟沙星。

氟喹诺酮类抗菌药，用于敏感菌引起的感染性疾病。

甲磺酸达氟沙星

甲磺酸达氟沙星是第三代氟喹诺酮类动物专用抗菌药物，也是具有手性的动物专用氟喹诺酮类药物，由美国辉瑞公司最先推出，于 1990 年在墨西哥等国家上市，2001 年在中国被批准为国家二类新兽药，主要用于治疗畜禽呼吸道感染，具有抗菌谱广、抗菌活性强、无耐药性、不良反应小、口服生物利用度高、使用方便等特点。

【理化性质】

化学名称：1-环丙基-6-氟-7-[(1S,4S)-5 甲基-2,5 二氮杂双环[2.2.1]-2-庚烷基]-1,4-二氢-4-氧代喹啉-3-羧酸甲磺酸盐；CAS 号：119478-55-6；分子式：$C_{19}H_{20}FN_3O_3 \cdot CH_4O_3S$；分子量：453.48；熔点：337～339℃。本品呈白色至淡黄结晶性粉末，无臭、味苦。本品在水中易溶，在甲醇中微溶，在氯仿中几乎不溶，无挥发刺激性气味。在水中溶解度（25℃）：10%(g/mL)，pH 值 3.5～4.5，本品的水溶液颜色为无色或微黄绿色。

【结构式】

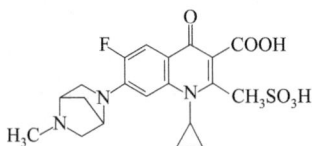

【合成工艺】

以反-4-羟基-L-脯氨酸为起始原料，经 N-磺酰化、以硼氢化钾与 Lewis 酸还原羧基、以三乙胺和丙酮代替吡啶进行羟基磺酰化和氯代反应、在甲胺甲醇液中环合、在氢溴酸存在下脱磺酰化共 5 步反应合成了甲磺酸达氟沙星的重要中间体 2，以化合物 2 和环丙羧酸为原料在吡啶和 DBU 存在下缩合得到达氟沙星（danofloxacin），然后与甲磺酸成盐反应得到目标物 1，总收率达到 50%。

【药理药效】

甲磺酸达氟沙星属于动物专用氟喹诺酮类药物，对大肠埃希菌、沙门菌、克雷伯杆菌、布鲁菌、巴氏杆菌、胸膜肺炎放线杆菌、丹毒杆菌、变形杆菌、黏质沙雷菌、化脓性棒状杆菌、败血波特菌、金黄色葡萄球菌、支原体、衣原体等均有良好作用。通过作用于细菌的 DNA 回旋酶（gyrase A）亚单位，抑制细菌 DNA 复制和转录而产生杀菌作用。对大肠埃希菌、沙门菌、志贺菌等肠杆菌科的革兰阴性菌具有极好的抗菌活性；对葡萄球菌、支原体等具有良好至中等程度的抗菌活性；对链球菌（尤其是 D 群）、肠球菌、厌氧菌几乎无或没有抗菌活性。

（3）其他合成抗菌药

乙酰甲喹

乙酰甲喹（mequindox），又名痢菌净，是中国农业科学院和兰州畜牧与兽药研究所在 20 世纪 80 年代研制合成的一种喹𫫇啉类动物专用药物，由于保留了传统喹𫫇啉类药物的抗菌活性，同时大大降低了毒性作用，因此在畜牧业生产中得到应用。1985 年我国批准其为国家一类新兽药，1992 年列入《中华人民共和国兽药规范》，并且规定了其在牛和猪中的使用。其主要作用机理为改变动物肠道菌群，提高能量物质和蛋白质的利用率，增加体内蛋白质的合成。

乙酰甲喹为一种广谱抗菌药，对革兰阴性菌作用强于阳性菌，对密螺旋体作用较强，对仔猪黄痢、白痢、犊牛腹泻，副伤寒、禽巴氏杆菌、雏鸡白痢、鸡大肠杆菌均有效，主用于密螺旋体所致猪痢疾及细菌性肠炎。

【理化性质】

CAS 号：13297-17-1；分子式：$C_{11}H_{10}N_2O_3$；分子量：218.21；化学名称：2-乙酰

基-3-甲基喹噁啉-1,4-二氧化物。本品为鲜黄色结晶或黄色粉末，无臭、味微苦，遇光色渐变深。本品在丙酮、氯仿、苯中溶解，在水、甲醇、乙醚、石油醚中微溶，熔点为153～158℃。

【结构式】

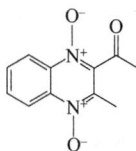

【合成工艺】

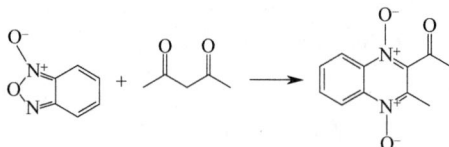

【药理药效】

乙酰甲喹属于喹噁啉类抗菌药物，通过抑制菌体的脱氧核糖核酸（DNA）合成而达到抗菌作用。具有广谱抗菌作用，对多数细菌具有较强的抑制作用，对革兰阴性菌强于革兰阳性菌，对猪痢疾密螺旋体的作用尤其突出。大肠埃希菌、沙门菌属、巴氏杆菌属和变形杆菌等对乙酰甲喹很敏感；一些革兰阳性菌，比如葡萄球菌、链球菌等对乙酰甲喹亦较敏感。

乙酰甲喹主要用于密螺旋体所致的猪痢疾，也用于细菌性肠炎。

喹乙醇

喹乙醇（olaquindox），又名喹酰胺醇、奥喹多司；商品名为倍育诺、快育灵等，是1965年由德国拜耳公司研发的一种重要的喹噁啉类药物，是一种化学合成的动物促生长剂。1976年西欧共同体正式批准喹乙醇为饲料添加剂，随后美国、日本、德国、瑞典、芬兰、捷克等国家开始推广使用喹乙醇。20世纪80年代初，喹乙醇作为饲料添加剂在我国开始推广使用。2018年我国农业农村部已发布公告（第2638号），停止在食品动物中使用喹乙醇、氨苯胂酸、洛克沙胂等3种兽药。

【理化性质】

CAS号：23696-28-8；分子式：$C_{12}H_{13}N_3O_4$；分子量：263.25；其化学名为2-[N-(2-羟基乙基)氨基甲酰]-3-甲基-2-喹噁啉-1,4-二氧化物。本品为淡黄色结晶粉末，无臭、味苦，溶于沸水，微溶于冷水，难溶或不溶于甲醇、乙醇、氯仿等有机溶剂。本品很稳定，对热不敏感，但对光敏感，光照使其降解。

【结构式】

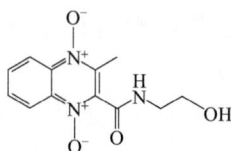

【合成工艺】

喹乙醇的合成方法有多种，但共同的之处都是用邻硝基苯胺与次氯酸钠反应生成中间体苯并呋咱，再用苯并呋咱与二聚乙烯酮或酮酸衍生物反应合成1,4-二氧喹喔啉环。

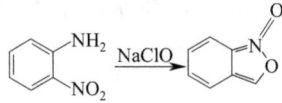

合成苯并呋咱可以在水溶液、甲苯溶液或者乙醇等溶液中进行。反应体系中加入适当氢氧化钾，20～30℃温度下反应时间3～6h。在有机溶剂中反应可以加入季铵盐或者PEG作为相转移催化剂，产率可达90%以上。

用苯并呋咱和二聚乙烯酮、氨基乙醇反应，一步可以得到喹乙醇。

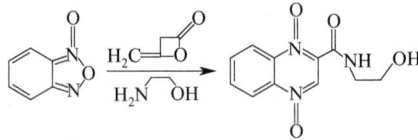

用二聚乙烯酮作原料生产喹乙醇，成本相对较高。

也可以用3-丁酮酸乙酯与氨基乙醇反应得到中间体 N-(β-羟乙基)-3-丁酮酰胺，N-(β-羟乙基)-3-丁酮酰胺再与苯并呋咱反应得到产品喹乙醇。

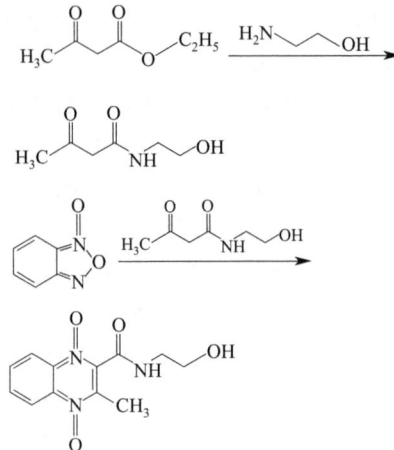

合成 N-(β-羟乙基)-3-丁酮酰胺中间体，可以不用溶剂，反应温度在130～140℃。反应结束后，中间体不用分离，直接用于产品合成。

合成产品的反应在略高于室温条件下，无水乙醇作为溶剂，反应时间24～48h。得到的产品喹乙醇是浅黄色粉末状固体，有苦味，易溶于热水，粗产率可接近90%，用乙醇/水混合溶剂重结晶提纯。纯品熔点204～205℃。

【药理药效】

喹乙醇属喹噁啉类合成抗菌药物，具有广谱抗菌作用，对革兰阴性菌作用较强，大肠埃希菌对其较敏感，对密螺旋体也有抑制作用。此外，喹乙醇具有蛋白质同化作用，可提高饲料转化率与瘦肉率，促进动物生长。

此药临床主要用于35kg以下猪促生长，亦用于防治仔猪黄痢、白痢、猪沙门菌感染等。

广谱抗菌药，对大肠埃希菌、沙门菌、克雷伯杆菌、变形杆菌、禽巴氏杆菌、鼠伤寒沙门菌、痢疾杆菌、金黄色葡萄球菌等多种致病菌均有抑制作用，尤其对消化道病菌有较强的抑制作用，其抗菌机理是抑制细菌 DNA 合成。

喹乙醇可作为抗菌促生长剂，主要是因为在该类药物的分子结构中，母核是喹噁啉-1,4-二氧化物。它能选择性地抑制消化道内病原微生物的生长繁殖，防止或减少疾病发生，同时，还能保护肠道内的有益菌群和肠壁不受微生物或寄生虫侵害，故能有效地控制仔猪腹泻等，并可增加肠道内各种养分的消化和吸收，从而加速动物生长，提高饲料利用率。

洛克沙肼

洛克沙肼（roxarsone，ROX），也称洛克沙生，于 1911 年由 Benda 和 Bertheim 首先合成的有机砷化物，也是在世界范围内应用非常广泛的一种饲料添加剂，在提高饲料转化率、促进动物生长、增加体质量等方面具有重要作用，同时还有抗菌、抗球虫作用。

最早于 1964 年，美国食品药品监督管理局（FDA）就允许将洛克沙肼用于鸡的饲料中，直到 1983 年，正式批准洛克沙肼作为促生长饲料添加剂用作猪和鸡。我国农业部在 1996 年批准了洛克沙肼的使用，逐渐开始扩大规模生产，广泛用于养殖业。由于洛克沙肼具有潜在毒性，欧盟从 1999 年开始已经全面禁止使用洛克沙肼，2018 年我国农业农村部已发布公告（第 2638 号），停止在食品动物中使用喹乙醇、氨苯胂酸、洛克沙肼等 3 种兽药。

【理化性质】

CAS 号：121-19-7；分子式：$C_6H_6AsNO_6$；分子量：263.04；化学名为 3-硝基-4-羟基苯胂酸，是一种无臭、无味的浅黄色或浅黄褐色粉末。本品可溶于乙醇，不溶于乙醚，微溶于水，可溶于 NaOH 水溶液。

【结构式】

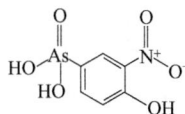

【合成工艺】

主要有以下几条路线：1）重氮化法，将 3-硝基-4-羟基苯胺重氮化，并慢慢加入亚砷酸钠悬浮液，制得 3-硝基-4-羟基苯胂酸。此方法做出来的产品纯度高，颜色好，但是总收率低。2）硝化法，将对羟基苯胂酸与混酸反应 1h，得洛克沙肼。此方法做出来产量高，但是纯度不高，颜色较深。3）直接缩合法，将邻硝基苯酚与砷酸反应，在 155℃下反应 3～4h，得洛克沙肼，产量极低。4）邻硝基苯胺与砷酸缩合，将邻硝基苯胺与砷酸反应，在 155℃下保温反应 2.5h，反应完毕，再用 NaOH 水解 5h，用活性炭脱色之后，得粗品，重结晶之后得纯品。此种方法收率高，且纯度也较高。

从原料来源、成本高低、路线长短、收率高低和操作难易等衡量，第四种方法具有优势，产量高，纯度高，适合于工业化。中国的洛克沙肼生产企业主要采用的也是这条合成路线。第四种方法唯一的缺点就是三废太多，不利于环保。

直接缩合法原料便宜，合成工艺简单，考虑到邻硝基苯酚在高温下容易氧化而导致收率降低的因素，尝试先用保护基保护邻硝基苯酚上的羟基，然后在 155℃下反应 4h，顺利地得到洛克沙肼，收率适中。

【药理药效】

一般认为，砷在动物体内多以 As^{3+}、As^{5+} 形式存在，且可以相互转化，因而既起着氧化剂作用，又起着还原剂的作用。砷可与氧化酶中的疏基结合并使之失活，从而起到减弱异化作用，增强同化作用，活跃造血机能，兴奋神经系统，增强食欲，改善营养。

洛克沙肿属于抗菌药，对多种肠道致病菌有较强的抑制作用，并有促进色素沉着的作用。

抗菌药。用于促进猪、鸡生长。与抗球虫药磺胺喹噁啉、氨丙啉等合用，对防治球虫病有协同作用。

氨苯肿酸

氨苯肿酸是苯肿酸类化合物，是重要的有机砷制剂。由于氨苯肿酸能够刺激动物生长、改善禽肉质、增加饲料利用率，已作为一种有机肿药物饲料添加剂在国际上广泛应用。

氨苯肿酸是国外 20 世纪 70 年代开发的饲用合成抗生素，国内 80 年代才开始应用研究，1993 年农业部批准其作为药物性饲料添加剂使用。2001 年我国农业部第 168 号公告《饲料药物添加剂使用规范》批准氨苯肿酸预混剂作为饲料药物添加剂，可在饲料中长时间添加使用。但由于其潜在的毒性，2018 年我国农业农村部已发布公告（第 2638 号），停止在食品动物中使用喹乙醇、氨苯肿酸、洛克沙肿等 3 种兽药。

【理化性质】

氨苯砷酸也称阿散酸、对氨基苯肿酸。CAS 号：98-50-0；分子式：$C_6H_8AsNO_3$；分子量：217.05。白色或淡黄色结晶性粉末，无臭，无味，熔点 232℃。不溶于氯仿、乙醚、丙酮、苯，微溶于冷水、乙醇和乙酸，溶于热水、甲醇、碱液。

【结构式】

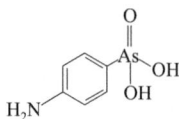

【合成工艺】

生产方法：

A. 以苯胺和五氧化二砷为原料合成。

B. 以苯胺和砷酸反应，先生成苯胺肿酸盐，然后脱水、重排得对氨基苯肿酸。

将苯胺 74.5g，四氯乙烯 6.0g，升温至 125℃加入 0.5g EDTA，然后滴加砷酸水溶液 36g，随着砷酸的加入，产生的水溶剂共沸蒸出，反应温度逐渐升至 175℃，此时反应趋于结束，继续回流 1h 停止反应。反应液冷却后用 10％～15％的碱溶液调 pH＝9，然后于 90℃下搅拌 1h，分层后水层用活性炭脱色，水蒸气蒸馏脱溶剂。滤液用盐酸调 pH＝2，然后于 104℃回流 8h，水解完成后再调 pH＝2～2.5，静置过滤得粗品，母液可以循环利用。粗品用 4 倍的水溶解，加入活性炭，调 pH＝8，于 100℃脱色 30min，趁热过滤。滤液调 pH＝3，静置析出产品。

此法工艺路线简单，原料易得，但由于肿化反应活性低，副产物多，反应后处理步骤多，单程收率低。

C. 以对硝基苯胺为原料，经重氮化、肿化（置换）和还原而得。

将对硝基苯胺 281.8g、工业盐酸 352.8g 加入反应器，于室温下搅拌，使充分成盐。冷却至 0℃后滴加 30％亚硝酸钠水溶液，控制温度不超过 10℃，以淀粉-KI 试纸检查重氮化反应终点。

将 323g AsO$_3$ 和 30％的硝酸钠溶液在反应器中升温搅拌，使其完全溶解，并沸腾 0.5h。冷却至 10℃，加入几滴 CuSO$_4$ 溶液，然后在搅拌下缓缓加入重氮盐溶液反应生成对硝基苯胂酸溶液，控制温度不超过 30℃。

用硫酸将对硝基苯胂酸溶液的 pH 调为 2.8～3.2，加入 328.1g 还原铁粉和 140g 食盐，加热至微回流（110℃）反应 2h。稍降温后补加 164g 铁粉，于回流下反应至 pH＝9。反应结束（稍冷）后加入 200g 30％的 NaOH 溶液，放置 5h 后过滤。滤液用工业稀硫酸调节 pH 至 4.5，加活性炭于 80～90℃下脱色（20min）、过滤。滤液用硫酸调节 pH 至 2.8～3.2，冷却至 10℃，过滤、洗涤得粗品。

将粗品及少量抗氧化剂和 8 倍量的去离子水加热溶解，加入少量医用活性炭回流脱色、趁热过滤、滤液冷却至 5℃析出结晶，经过滤、干燥得成品。总收率 52％（相对对硝基苯胺）。

【药理药效】

氨苯胂酸属于抗菌药，对猪的大肠埃希菌、弧菌、螺旋体和小袋虫感染所致下痢有治疗作用，对猪沙门菌感染无效。

本品用于促进猪、鸡生长。与抗球虫药磺胺喹噁啉、氨丙啉等合用，对防治球虫病有协同作用。

盐酸小檗碱

盐酸小檗碱又称盐酸黄连素，长期以来作为清热解毒及抗菌药物应用于临床。盐酸小檗碱是从黄连等植物中提取的一种季铵型异喹啉类生物碱。小檗碱存在于小檗科等 4 科 10 属的许多植物中。小檗碱主要来源于毛茛科植物黄连、芸香科植物黄檗、小檗科植物小檗根茎，另外，研究发现，在黄连科、罂粟科、防己科、鼠李科等植物中也有小檗碱的存在。其盐类在水中的溶解度都比较小，例如盐酸盐为 1∶500，硫酸盐为 1∶30。

【理化性质】

CAS 号：633-65-8；分子式：C$_{20}$H$_{18}$ClNO$_4$；分子量：371.81；熔点 204～206℃。亮黄色结晶或结晶性粉末；无臭，味极苦；易溶于沸水，难溶于冷水，不溶于乙醇、乙醚和氯仿。

【结构式】

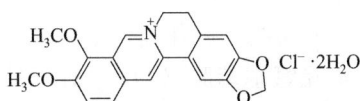

【合成工艺】

生产方法：以十大功劳或三颗针粉碎后用硫酸提取，盐酸析出粗品，再精制而得。

【药理药效】

盐酸小檗碱能够与蛋白质和 DNA 相互作用。盐酸小檗碱可以通过与 DNA 形成复合物，使细菌附着体的 DNA 自我复制功能被选择性抑制，进而影响细菌的生命活动。

盐酸小檗碱属于抗菌药物，具广谱抗菌作用，体外对多种革兰阳性菌及革兰阴性菌均具抑菌作用，其中对溶血性链球菌、金黄色葡萄球菌、霍乱弧菌、脑膜炎球菌、志贺菌属和伤寒杆菌等作用较强。本品对流感病毒、阿米巴原虫、钩端螺旋体及某些皮肤真菌也有一定抑制作用。体外试验证实本品能增强白细胞及肝网状内皮系统的吞噬能力。志贺菌属、溶血性链球菌、金黄色葡萄球菌等极易对本品产生耐药性。

本品属抗菌药，用于痢疾杆菌引起的肠道感染。

7.1.2 抗寄生虫药

7.1.2.1 抗蠕虫药

（1）抗线虫药

① 苯并咪唑类

阿苯达唑

阿苯达唑属于苯并咪唑类药物，是一类高效广谱驱虫药，该药于 1972 年由葛兰素史克公司的动物健康实验室发现，其商品名称为"史克肠虫清片"，1977 年由美国 Smith Kline 公司研制成功并上市。该药在亚洲、欧洲、拉丁美洲，特别是中东地区的 60 多个国家用于治疗各种蠕虫病。中国药典、美国药典和欧洲药典关于阿苯达唑均有收载。

【理化性质】

阿苯达唑（albendazole）又名丙硫咪唑，化学名为 5-丙硫基-1-氢苯并咪唑-2-氨基甲酸甲酯，分子式 $C_{12}H_{15}N_3O_2S$，分子量 265.33，CAS 号 54965-21-8；白色或类白色粉末，无臭，无味，不溶于水，微溶于丙酮或氯仿。

【结构式】

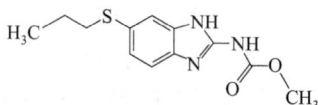

【合成工艺】

阿苯达唑合成工艺主要分 2 种：1）以苯环的不同取代物为原料的合成路线，通过在苯环上引入丙硫基，以及环合形成阿苯达唑；2）以廉价易得的多菌灵为原料，利用多菌灵本身的咪唑环，从而省去了环合的步骤，仅需在 5 位引入丙硫基，从而合成阿苯达唑。

A. 以苯环的取代物为原料的合成路线。以苯环取代物为原料合成阿苯达唑，根据苯环的取代物的不同，主要可分为三种：a. 以邻硝基苯胺为原料的合成路线；b. 以邻苯二胺为原料的合成路线；c. 以间二氯苯为原料的合成路线。详见下文。目前国内外普遍采用以邻硝基苯胺为原料的合成路线。

a. 以邻硝基苯胺为原料的合成路线。以邻硝基苯胺（**1**）为原料，与硫氰酸盐在低级醇中加入氯或者溴生成 2-硝基-4-硫氰基苯胺（**2**），（**2**）与溴代正丙烷和正丙醇在氰化钠水溶液中，以甲基三丁基氯化铵或四丁基溴化铵为相转移催化剂生成 2-硝基-4-丙硫基苯胺（**3**），（**3**）经硫化钠还原制成 4-丙硫基邻苯二胺（**4**），最后（**4**）通过氰氨基甲酸甲酯环合制得阿苯达唑。

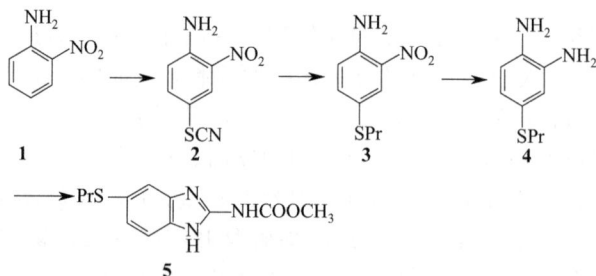

b. 以邻苯二胺为原料的合成路线。其具体合成过程是以邻苯二胺（**1**）为原料，在溴

和硫氰酸钠作用下，进行硫氰化反应形成 4-硫氰基邻苯二胺（**2**），（**2**）水解生成（**3**），（**3**）在环合剂作用下形成两分子的（**4**），（**4**）还原生成（**5**），（**5**）与溴丙烷进行烷基化生成阿苯达唑（**6**）。由于邻苯二胺易被氧化，不稳定，第一步反应不易进行，且总收率较低，只有 45.8%。目前尚无工业生产的价值。

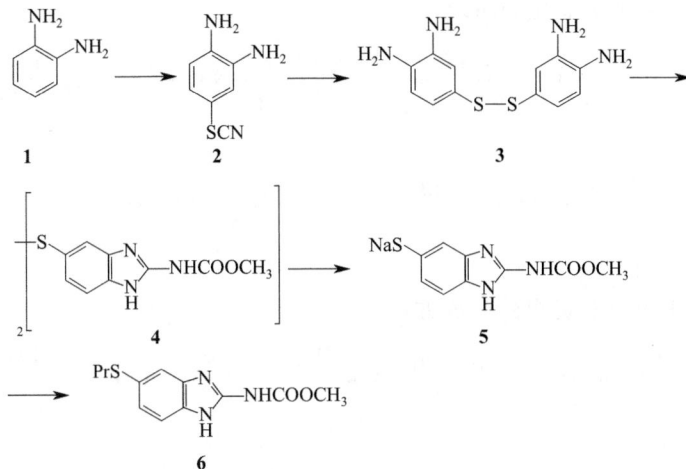

c. 以间二氯苯为原料的合成路线。以间二氯苯（**1**）为原料，在浓硫酸与硝酸中，进行硝化反应形成 2,4-二氯硝基苯（**2**），（**2**）与氨化试剂进行胺化反应生成 2-硝基-5-氯苯胺（**3**）。（**3**）在碱催化下，与丙硫醇缩合反应得到 2-硝基-5-丙硫基苯胺（**4**），（**4**）在催化剂作用下经过还原生成 4-丙硫基邻苯二胺（**5**）。（**5**）与环合剂发生环合反应生成阿苯达唑（**6**）。

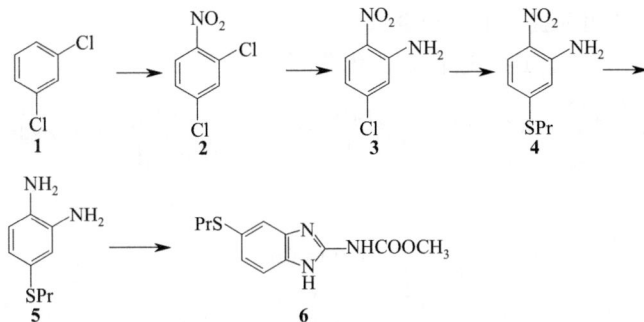

B. 以多菌灵为原料的合成。不同学者提出了不同的合成路线，分别如下。

a. Oyamada Kozo 提出的路线

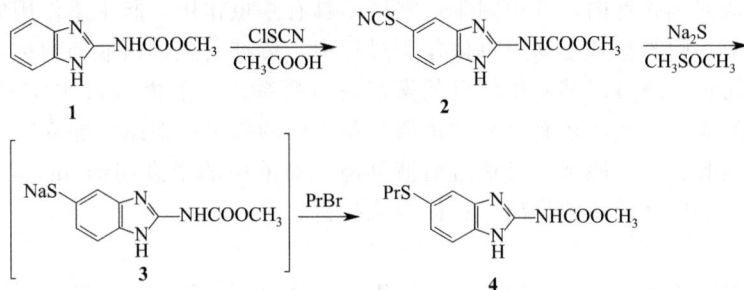

b. Szoke Sandor 和 Bakonyiaria 报道的路线

整个合成过程可分为三个步骤：氯磺化、还原、醚化。具体合成过程是以多菌灵（**1**）为原料与氯磺酸进行反应制得 5-氯磺酸基苯并咪唑-2-氨基甲酸甲酯（**2**），无水乙醇为沉淀剂中析出的（**2**）与氢溴酸、甲酸、水为溶剂，铝为还原剂制备 5-巯基苯并咪唑-2-氨基甲酸甲酯（**3**）。（**3**）与溴丙烷反应生成阿苯达唑（**4**）。

这是目前能够实现工业化的路线。

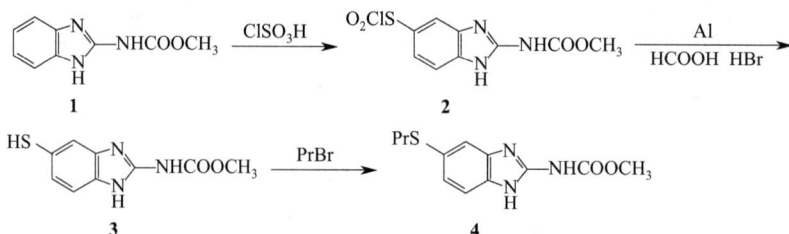

c. 国内学者王玉成等提出的合成方法

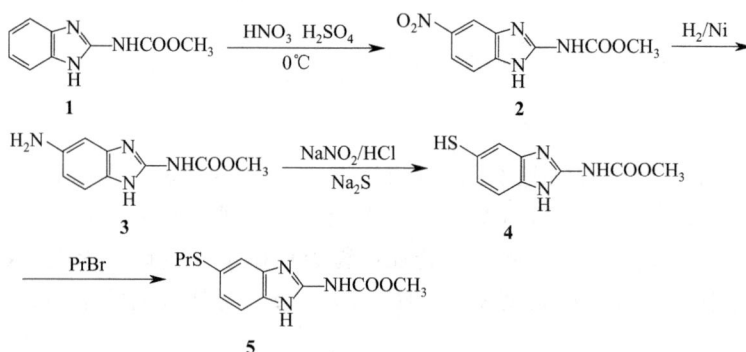

d. 国内学者王利明等提出的合成路线

该合成路线的生产工艺还需进行工业化验证。

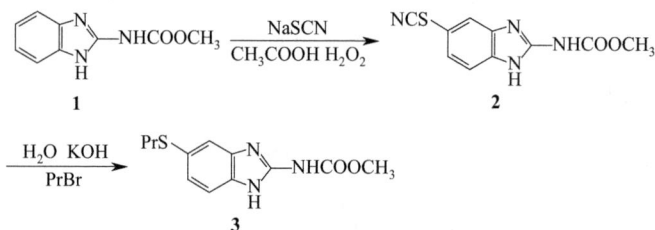

【药理药效】

阿苯达唑片进入肠道，在胃肠道内迅速吸收，在肝脏内代谢成阿苯达唑亚砜和阿苯达唑砜，然后渗透回到肠胃内，其中阿苯达唑砜不具有杀虫作用，起主要作用的是阿苯达唑亚砜。研究证明，阿苯达唑亚砜与虫体作用过程中，可抑制虫体摄取葡萄糖，致使虫体内源性糖原耗竭而亡；还可以抑制虫体延胡索酸还原酶系统，干扰 ATP 的产生，使虫体失去生存和繁殖的能力。该药还有杀死钩虫卵与鞭虫卵的效果，对蛔虫卵亦有一定作用。在动物体内依次经肝、肾、肌肉，可透过血液屏障，血液中的半衰期约 6h，代谢产物 60% 于尿液中排出，40% 从粪便中排出，在体内无积蓄。

【应用】

本品为广谱驱肠虫药，用于蛔虫病、钩虫病、蛲虫病、鞭虫病、肠类圆线虫病、短膜壳绦虫病及各种类型的囊虫病，对旋毛虫感染也有效，其疗效优于甲苯达唑。

氧阿苯达唑

【理化性质】

氧阿苯达唑，化学名称 N-(6-丙基亚硫酰-1H-苯并咪唑-2-基）氨基甲酸甲酯，分子式 $C_{12}H_{15}N_3O_3S$，分子量 280，CAS 号 54029-12-8。本品为白色或类白色粉末，无臭，无味，不溶于水，在冰醋酸或氢氧化钠溶液中溶解。其盐酸盐为淡黄色或白色粉末，易溶于水，稍有酸臭味。

【结构式】

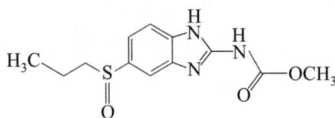

【合成工艺】

A. Olivia 等报道的合成方法。以 0.5g 阿苯达唑与 0.403g 过碘酸钠在 0～5℃反应制备阿苯达唑亚砜，所得阿苯达唑亚砜纯度为 97％。

B. 谢剑华等报道的合成方法。用过碘酸钠作氧化剂，反应 9～10h，所得阿苯达唑亚砜含量 98％以上。

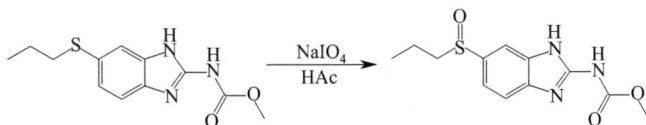

C. 意大利 Bari 大学学者报道的合成方法。以叔丁基过氧化氢为氧化剂，在酒石酸二乙酯溶液中，－20℃下反应制得阿苯达唑亚砜。

D. 李岩等报道的合成方法。室温下 1g 阿苯达唑与 4mL 双氧水反应，制得阿苯达唑亚砜和阿苯达唑砜的混合物，再经柱色谱分离，旋转蒸干溶剂，得阿苯达唑亚砜。

E. 黄立信等报道的合成方法。以间氯苯胺、乙二酸等为原料，经 8 步反应制得阿苯达唑亚砜。

F. 辛文芬等报道的合成方法。用三氧化二铬作氧化剂，反应结束用氯仿萃取，用水重结晶制得阿苯达唑亚砜，收率为 65％。

G. 袁宗辉等报道的合成方法。采用双氧水进行阿苯达唑亚砜的制备。以阿苯达唑为原料，冰乙酸为反应介质，30％双氧水为氧化剂，适当控制双氧水的用量，氧化阿苯达唑得到阿苯达唑亚砜粗品，对阿苯达唑亚砜粗品进行重结晶，制得阿苯达唑亚砜，纯度达99.5％以上。

【药理药效】

氧阿苯达唑又称阿苯达唑亚砜，是阿苯达唑经体内肝微粒体酶代谢后生成的主要活性产物。阿苯达唑的抗虫活性主要表现在其代谢产物阿苯达唑亚砜。其作用机理主要是与寄生虫的微管蛋白结合进而发挥作用，以能够抑制寄生虫肠壁细胞胞质微管系统的聚合，阻断虫体对多种营养成分和葡萄糖的摄取吸收，导致虫体内源性糖原耗竭，并抑制延胡索酸还原酶系统，阻止三磷酸腺苷的产生，致使虫体无法生存和繁殖。

【应用】

本品不但对成虫具有强的驱虫作用，对未成熟虫体和幼虫也有较强的作用，还有杀虫卵的功效，对动物线虫、吸虫、绦虫均具有驱杀作用。该药主要用于猪、牛、羊、马、猫、犬、家禽等多种动物的胃肠道绦虫、肺线虫及肝片吸虫。对奥斯特线虫、马歇尔线虫、血矛线虫、毛圆线虫、细颈线虫、食道口线虫、古柏线虫、莫尼茨绦虫、夏伯特线虫、网尾线虫、乳突类线虫、捻转血矛线虫、仰口线虫、猪蛔虫、鸡蛔虫均具有驱杀作用。随着用药范围的不断扩大，该药也普遍应用到水产养殖上，如对淡水鱼的双鳞盘吸虫鳃部、贝尼登氏吸虫、指环虫、三代虫以及黏孢子虫等均有良好的治疗作用。

芬苯达唑

芬苯达唑又名苯硫咪唑，20 世纪 70 年代由 Hoechst 公司研制。芬苯达唑可以驱杀动物胃肠道的蛔虫、钩虫、鞭虫、部分绦虫和圆线虫等寄生虫，具有驱虫谱广，安全低毒，适口性好等优点。

【理化性质】

芬苯达唑属于苯并咪唑类药物，是人工合成的芳香杂环化合物。分子式为 $C_{15}H_{13}N_3O_2S$，分子量 299.35，CAS 号 43210-67-9。白色或类白色粉末，无臭，无味，熔点为 233℃，能溶解于冰乙酸、二甲基亚砜，微溶于甲醇，不溶于水。化学结构式中含有共轭二烯烃结构，使其在紫外区有很强的光吸收。酸性溶液中有 225～252nm 和 285～315mm 两个吸收峰，并且随着溶液 pH 升高，吸收峰波长增加，发生红移。

【结构式】

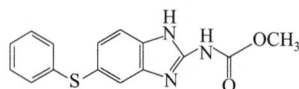

【合成工艺】

以间二氯苯、苯硫酚、氰氨基甲酸甲酯为主要原料，经过硝化、氨化、缩合、还原、环合五个步骤制备芬苯达唑。

【药理药效】

芬苯达唑的作用机理有两种理论。一种认为药物通过抑制线虫的延胡索酸还原酶而发挥驱虫作用。另一种理论认为其抑制蠕虫线粒体的电子传递体系和电子传递体偶联的磷酸化反应，抑制与微管形成有关的葡萄糖转运系统，进而使 ATP 的合成受阻。但是也有观点认为芬苯达唑作用于多种代谢途径，共同发挥杀虫效果。准确的作用机理还需要进一步的研究阐明。

芬苯达唑在动物体内吸收快，分布广泛、血药半衰期长，主要以口服方式给药，微晶体形式的芬苯达唑能够提高动物体内的吸收速度。

【应用】

本品为苯并咪唑衍生物，为广谱高效驱线虫药物。其作用机制同阿苯达唑。作用较阿苯达唑略强，但抗虫谱不如阿苯达唑广。该药对鸡比翼线虫、毛细线虫、蛔虫、异刺线虫、绦虫等有效。本品内服只有少量被吸收。

本品与喹诺酮联合使用，用于治疗鸡绦虫病。

奥芬达唑

奥芬达唑（oxfendazole，OFZ）是一种新型的高效、广谱、低毒的苯并咪唑氨基甲酸酯类（benzimidazolecarbamate）抗蠕虫药物，又称矾苯咪唑或磺苯咪唑，为芬苯达唑硫原子上的氧化物。于 20 世纪 70 年代初由美国新泰克斯公司最先研制成功，《英国兽药典》（1985 年版）已收载。目前该药在国外已被广泛用于家畜、家禽驱虫。在国内，于 1993

年被农业部批准为二类新兽药，属新合成药，在国家药典委员会和陕西汉江制药厂的共同合作下研制合成了此药。以下将从药物代谢动力学、药物作用机理、毒性、剂型和用法、临床疗效等方面进行介绍。

【理化性质】

奥芬达唑又称为奥酚哒唑、奥芬哒唑、苯亚砜咪酯、苯硫氧咪唑，是苯硫咪唑的亚砜形态，化学名称 5-苯亚砜基苯并咪唑-2-氨基甲酸甲酯，分子式 $C_{15}H_{13}N_3O_3S$，分子量 315.35，CAS 号 53716-50-0。本品为白色或类白色粉末，有轻微的特殊气味。本品在甲醇、丙酮、氯仿、乙醚中微溶，在水中不溶。熔点 253℃（分解）。

【结构式】

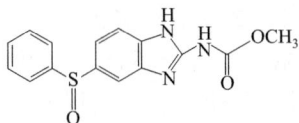

【合成工艺】

由苯硫苯咪唑用双氧水或过氧乙酸氧化制得。

【药理药效】

本品的驱虫谱和作用机制参见芬苯达唑。奥芬达唑为芬苯达唑的衍生物，属广谱、高效、低毒的新型抗蠕虫药物，其驱虫谱大致与芬苯达唑相同，但其抗虫作用活性强于芬苯达唑，作用比芬苯达唑强，应用基本与芬苯达唑相同。奥芬达唑与阿苯达唑同为苯并咪唑类，属内服吸收量较多的驱虫药。该药主要经尿排泄，吸收后奥芬达唑在体内主要的代谢产物是在苯硫基 4′-碳处发生羟基化以及氨基甲酸酯的水解和亚砜的氧化和还原。4′-羟代谢物与糖苷酸和硫酸结合而经尿排出。与其他大多数苯并咪唑类药物不同，奥芬达唑较易从胃肠道吸收，内服后迅速吸收代谢成活性化合物芬苯达唑或砜。

【应用】

奥芬达唑可用于禽线虫病和绦虫病，对成虫和幼虫均有效。驱消化道线虫效果优于噻苯达唑，对猪蛔虫、有齿食道口线虫、红色猪圆线虫成虫及幼虫均有极佳的驱除效果。对毛首线虫作用有限，对绦虫、吸虫作用较差。

本品能产生耐药虫株，甚至产生交叉耐药现象。

甲苯达唑

甲苯达唑（mebendazole，MBZ）属于苯并咪唑氨基甲酸酯类药物，1971 年合成并投入临床，1974 年被 FDA 批准上市，适用于驱除肠道寄生虫感染，阻碍寄生虫细胞微管系统的形成，使细胞周期停滞在 G2/M 期，影响细胞有丝分裂，具有广谱、高效、安全性高的特点。

【理化性质】

化学名称 5-苯甲酰基-2-苯并咪唑氨基甲酸甲酯，分子式 $C_{16}H_{13}N_3O_3$，分子量 295.30，CAS 号 31431-39-7。白色、类白色或微黄色结晶性粉末，无臭。本品在丙酮或三氯甲烷中极微溶解，在水中不溶，在甲酸中易溶，在乙酸中略溶。

【结构式】

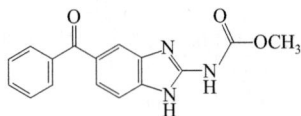

工艺1：以邻二氯苯和苯甲酰氯为原料，经缩合、氨化、环合而得。将邻二氯苯、苯甲酰氯、无水三氯化铝混合，于130～135℃下搅拌反应4h。稍冷后倾倒入稀盐酸中，过滤、水洗至中性，得二氯二甲苯酮粗品。粗品溶于盐酸，加活性炭回流脱色0.5h。脱色液冷却至10℃以下。过滤后干燥得2,4-二氯二苯甲酮，收率70%。

将2,4-二氯二苯甲酮、氯化亚铜、氯化镁、氨水在高压釜中，200～210℃和5～6MPa下反应15h。冷却至40～50℃后过滤，滤饼溶于稀盐酸，加入活性炭脱色（80℃，0.5h）。脱色液冷却至10℃，析出结晶。经过滤、干燥得3,4-二氨基二甲苯酮盐酸盐，收率65%。再与氰氨基甲酸甲酯环合得产品。

工艺2：将4-氯-3-硝基苯甲酸用氯化亚砜氯化，在三氯化铝催化下与苯缩合，再经胺化、还原得到3,4-二氨基二苯甲酮，然后经环合制成甲苯达唑。也可将3,4-二氨基二苯甲酮盐酸盐加入由S-甲基异硫脲硫酸盐、氯甲酸甲酯、氢氧化钠反应得到的混合物中，再加入乙酸钠，在85℃反应45min，亦可制得甲苯达唑。

【药理药效】

本品为广谱驱线虫药，可抑制肠道寄生虫对葡萄糖的摄取，导致虫体内的糖原耗竭，使虫体三磷酸腺苷形成减少，但并不影响宿主血内葡萄糖水平。本品引起虫体被膜细胞及肠细胞质中微管变性，使高尔基体内分泌颗粒积聚，产生运输堵塞，胞质溶解、吸收，细胞完全变性，从而引起虫体死亡。本品有完全杀死蛔虫卵的作用。

本品口服后很少由胃肠道吸收（5%～10%），进食后可增加吸收。吸收后分布于血浆、肝、肺等部位，在肝内分布较多。口服2～5h血药浓度可达峰值，但不到服药量的0.3%。

【应用】

本品可治疗蛲虫病、蛔虫病、钩虫病、鞭虫病、粪类圆线虫病。

氧苯达唑

【理化性质】

氧苯达唑又名奥苯达唑、丙氧苯咪唑。分子式 $C_{12}H_{15}N_3O_3$，CAS号 20559-55-1，为白色或类白色结晶性粉末，无臭，无味。在甲醇、乙醇、氯仿中极微溶解，在水中不溶，在乙酸中溶解。

【结构式】

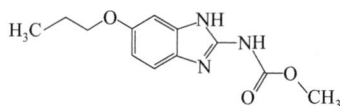

【合成工艺】

4-乙酰氨基苯酚在氢氧化钾作用下，用溴丙烷烷基化，得到的化合物（Ⅰ）再硝化引入硝基。然后水解为化合物（Ⅲ），再用二氯化锡还原为二胺（Ⅳ）。接着和S-甲基硫脲环合为2-氨基苯并咪唑衍生物，再用氯甲酸甲酯酰化，即得氧苯达唑。

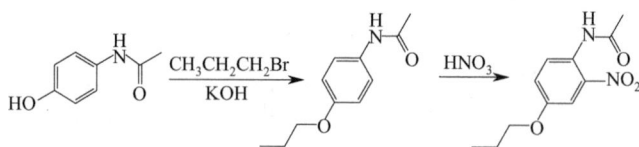

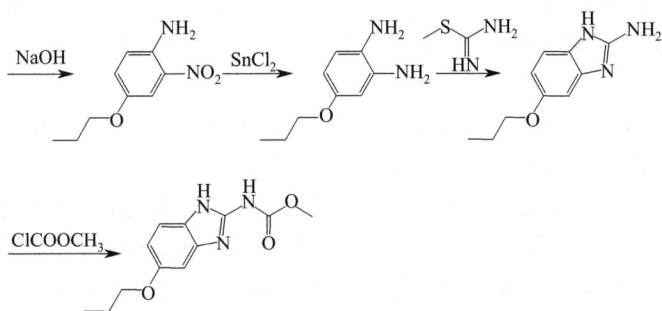

【药理药效】

氧苯达唑在动物体内的活性产物直接作用于虫体，通过抑制虫体微管系统和抑制延胡索酸还原酶系统引起虫体细胞分化和能量代谢障碍。氧苯达唑吸收极少，为高效低毒苯并咪唑类驱虫药物，虽然毒性极低，但驱虫谱较窄，仅对胃肠道线虫有效，对艾氏毛圆线虫作用不稳定，对肺线虫、柔线虫、马丝状线虫无效，因此应用不广。

【应用】

本品主要用于禽或野生动物的胃肠道线虫的驱杀。氧苯达唑与乙胺嗪合用毒性增强。

非班太尔

广谱驱虫药非班太尔（febantel），又名苯硫脲。作为一种前体药，在体内代谢（环合）为抗寄生虫药芬苯达唑，或进一步代谢（硫原子氧化）为奥芬达唑。最先由 Chemicalbook 德国拜耳制药公司研制成功，其合成路线在国内鲜有报道。上市商品拜宠清（Drontalplus），是一种复方广谱抗蠕虫药，含有非班太尔、吡喹酮及双羟萘酸噻嘧啶三种有效成分，为拜耳医药保健股份有限公司生产的犬用驱虫药，已在 30 多个国家注册并应用，可用于驱除犬的多种消化道蠕虫。

【理化性质】

分子式 $C_{20}H_{22}N_4O_6S$，分子量 446.48，CAS 号 58306-30-2。本品为白色或类白色结晶性粉末。在三氯甲烷中易溶，在丙酮中溶解，在甲醇中极微溶解，在水中不溶。本品为芬苯达唑的前体物。

【结构式】

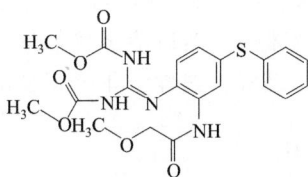

【合成工艺】

本品主要通过以下路线合成得到，并进行了工艺优化。以 5-氯-2-硝基苯胺为原料，在 K_2CO_3 作用下通过苯硫酚亲核取代得到 2-硝基-5-苯硫基苯胺，经甲氧基乙酰氯酰化得 2-甲氧基-N-(2-硝基-5-苯硫基) 苯基乙酰胺，经水合肼还原得 2-甲氧基-N-(2-氨基-5-苯硫基) 苯基乙酰胺，与 S-甲基-N,N'-二甲氧羰基异硫脲缩合，最后得到非班太尔。

【药理药效】

非班太尔本身无驱虫活性，在动物体内转化为芬苯达唑、芬苯达唑亚砜（奥芬达唑）和氧苯达唑（oxibendazole）而显驱虫活性。其作用、应用参见芬苯达唑。本品还常与吡喹酮等合用。本品内服后在马、牛、绵羊体内很快代谢，血浆中原形药的浓度很低。绵羊的代谢速率比牛快，内服后 6～12h 达峰值浓度，而牛则为 12～24h。

【应用】

本品主要用于治疗和控制牛、羊、猪、马等动物的胃肠蛔虫、肺蠕虫、绦虫等，具有高效、低毒、体内停留时间短、安全范围大等特点。

对犬钩口线虫、狭头钩虫、犬弓首蛔虫、狮弓首蛔虫、狐毛首线虫、猫管形钩口线虫和猫弓首蛔虫均有效。本品多与其他抗蠕虫药（如吡喹酮、噻嘧啶）组成复方制剂应用，以扩大驱虫范围，对犬钩口线虫、管形钩口线虫、犬弓首蛔虫、猫弓首蛔虫、狮弓首蛔虫、犬毛首线虫、带绦虫、猫绦虫、犬复孔绦虫等虫体成虫或潜伏期虫体均有极好的驱虫效果。

猫比犬对本品更敏感，给药后更有可能表现出不良反应，一般表现为呕吐和腹泻。本品与吡喹酮并用时，在增效的同时，可能使妊娠犬、猫早产。

② 咪唑并噻唑类

盐酸左旋咪唑

盐酸左旋咪唑是盐酸四咪唑的左旋体，是一种广谱抗线虫药。其右旋体盐酸右旋咪唑与盐酸左旋咪唑化学性质基本相同，但生理生化作用却大不一样。其中，左旋咪唑的驱虫疗效是右旋咪唑的 2 倍，毒性低一半。本品于 1967 年合成，国内 1972 年开始生产。

【理化性质】

化学名称（L)-(—)-6-苯基-2，3，5，6-四氢咪唑并［2,1-b］噻唑盐酸盐，分子式 $C_{11}H_{12}N_2S \cdot HCl$，分子量 204.76，CAS 号 16595-80-5。本品为白色或类白色针状晶体或结晶状粉末，无臭，味苦。在水中极易溶解，易溶于甲醇、乙醇，在氯仿中微溶，在丙酮中极微溶解，盐酸左旋咪唑的熔点为 225～230℃。温度 20℃时，取本品加水稀释至 1mL 约含 50mg 的溶液，比旋度不低于—121.5°。

【结构式】

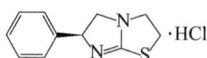

【合成工艺】

将双苯甲酰基-D-酒石酸酐于水中煮沸 40min，水解后用氢氧化钠溶液中和至 pH 为 7.5，加入消旋四咪唑。消旋四咪唑与双苯甲酰基酒石酸生成盐而析出，分离后加入氢氧化钠溶液至 pH 为 9，分解出左旋咪唑。然后溶于稀盐酸溶液，经活性炭脱色后，滤液浓缩近干，加入丙酮冷却至 0℃析出结晶。过滤、干燥得盐酸左旋咪唑。

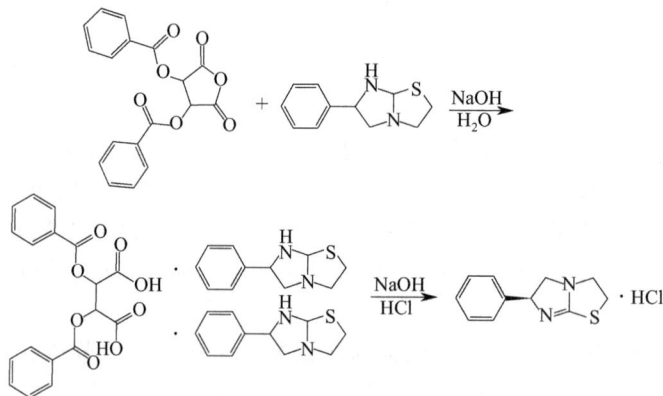

【药理药效】

本品为四咪唑的左旋体，可选择性地抑制虫体肌肉中的琥珀酸脱氢酶，使延胡索酸不能还原为琥珀酸，从而影响虫体肌肉的无氧代谢，减少能量产生。当虫体与之接触时，能使神经肌肉除极，肌肉多发生持续收缩而致麻痹；药物的拟胆碱作用有利于虫体的排出。其活性为四咪唑（消旋体）的 1～2 倍，但毒副作用则较低。另外，药物对虫体的微管结构可能有抑制作用。左旋咪唑还有免疫调节和免疫兴奋功能。

口服后迅速吸收，服用 150mg 后 2h 内，血药浓度达峰值（500ng/L），$t_{1/2\beta}$ 为 4h。在肝内代谢，本品及其代谢产物可自尿（大部分）、粪中和呼吸道排出，乳汁中亦可测得。

【应用】

本品对蛔虫、钩虫、蛲虫和粪类圆线虫病有较好的疗效。由于本品单剂量有效率较高，故适于集体治疗。对班氏丝虫、马来丝虫和盘尾丝虫成虫及微丝蚴的活性较乙胺嗪为高，但远期疗效较差。

具有烟碱作用的药物（如噻嘧啶、甲噻嘧啶、乙胺嗪）和胆碱酯酶抑制药（如有机磷、新斯的明）可增加左旋咪唑的毒性。左旋咪唑可增强布氏杆菌疫苗等的免疫反应和效果。

磷酸左旋咪唑

磷酸左旋咪唑自 1967 年间世以来，一直是美国、加拿大、新西兰、澳大利亚等国用于驱家畜肠道线虫的广谱驱虫药，我国于 1979 年研制合成。

【理化性质】

分子式 $C_{11}H_{15}N_2O_4PS$，CAS 号 32093-35-9。本品为白色或类白色的针状结晶或结晶性粉末，无臭，味苦。在水中极易溶解，在乙醇中微溶。

【结构式】

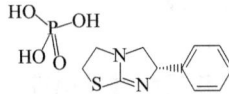

【药理药效】

本品为高效广谱的驱虫药，主要能抑制延胡索酸还原酶的催化，阻断三磷酸腺苷所起到的代谢作用，影响细胞体活动所需的能量，使虫体麻痹无力，最终被排出体外。

【应用】

本品用于畜禽的胃肠道线虫病、肺丝虫病和猪肾虫病。

盐酸噻咪唑

盐酸噻咪唑（四咪唑）为咪唑衍生物，自 1966 年发现有驱虫作用以来，已经进行了广泛的研究。特别是四咪唑的左旋体——左旋咪唑更受到了极大的重视，因为它的驱虫作用比四咪唑强一倍。我国于 1973 年合成左旋咪唑。

【理化性质】

盐酸噻咪唑，又称四咪唑、驱虫净、盐酸四咪唑、环拉酸四咪唑。化学名 DL-2,3,5,6-四氢-6-苯基咪唑并[2,1-b]噻唑盐酸盐，分子式 $C_{11}H_{12}N_2S \cdot HCl$，分子量 240.75，CAS 号 5086-74-8。白色结晶性粉末，无臭，味苦带涩。在水或甲醇中易溶，在乙醇中微溶，在三氯甲烷中极微溶，在丙酮中不溶。

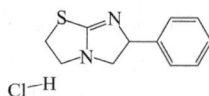

【合成工艺】

工艺1：用氧化苯乙烯为起始原料，与乙醇胺进行加成，制备得到α-[[(2-羟乙基)氨基]甲基]苯甲醇，然后α-[[(2-羟乙基)氨基]甲基]苯甲醇再用氯化亚砜进行氯代得到N-(2-氯乙基)-α-(氯甲基)苯甲胺盐酸盐，N-(2-氯乙基)-α-(氯甲基)苯甲胺盐酸盐在水溶液中进行水解，得到α-[[(2-氯乙基)氨基]甲基]苯甲胺盐酸盐，α-[[(2-氯乙基)氨基]甲基]苯甲胺盐酸盐再与硫脲在水体系中进行环合制备得到(S)-3-(2-羟基-2-苯乙基)-2-亚氨基噻唑烷酮，(S)-3-(2-羟基-2-苯乙基)-2-亚氨基噻唑烷酮再经过浓硫酸和浓盐酸体系进一步氯代后得到(S)-3-(2-氯-2-苯乙基)-2-亚氨基噻唑烷酮，(S)-3-(2-氯-2-苯乙基)-2-亚氨基噻唑烷酮再进一步脱氯化氢进行环合得到四咪唑游离碱，四咪唑游离碱最后经过盐酸酸化成盐得到盐酸四咪唑产品。

不足一是在N-(2-氯乙基)-α-(氯甲基)苯甲胺盐酸合成过程中产生杂质较多，收率相对较低；二是合成路线较长，工艺流程烦琐。

工艺2：(S)-3-(2-羟基-2-苯乙基)-2-亚氨基噻唑烷酮盐酸盐以盐酸作为溶剂，向体系中加入氯磺酸，调碱过滤得到四咪唑游离碱；四咪唑游离碱在水溶液中加入盐酸进行酸化，蒸馏结晶后得到盐酸四咪唑产品。

【药理药效】

本品为DL-四咪唑的左右混旋体，抗虫作用活性约为左旋咪唑的一半，作用机理与左旋咪唑相同，安全范围相对较窄。

【应用】

用于畜禽胃肠道线虫病和肺丝虫病。对呼吸道和消化道寄生线虫的成虫和幼虫都有驱除作用，对牛、羊、猪的肺丝虫病疗效较好。

③ 四氢嘧啶类

双羟萘酸噻嘧啶

双羟萘酸噻嘧啶，是噻嘧啶的双羟萘酸盐形式。噻嘧啶又名噻吩嘧啶，1965年首次合成，后由美国辉瑞公司开发，1970年上市。我国于1973年合成并生产。最初作为一种驱除胃肠道线虫的广谱驱蠕虫药用于绵羊，随后开发应用于牛、猪、马、犬和猫。

【理化性质】

双羟萘酸噻嘧啶，又名抗虫灵，化学名为(E)-1,4,5,6-四氢-1-甲基-2-[2-(2-噻吩基)乙烯基]嘧啶-4,4'-亚甲基-双[3-羟基-2-萘甲酸盐]，分子式$C_{34}H_{30}N_2O_6S$，分子量594.68，CAS号22204-24-6。淡黄色粉末，无臭，无味。在N,N-二甲基甲酰胺中略溶，在乙醇中极微溶解，在水中几乎不溶。

【结构式】

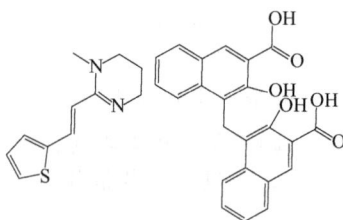

【合成工艺】

工艺1：丙烯腈与甲氨合成，得 β-甲氨基丙腈，与醋酐经乙酰化得 N-乙酰基-β-丙腈，经催化氢化、环合，得二甲基四氢嘧啶，再与噻吩甲醛缩合，与柠檬酸成盐，得柠檬酸噻嘧啶，与二羟萘酸置换，乙醇重结晶即得。

工艺2：路线 A 为交换法，将间羟基苯甲醛与1,2-二甲基-1,4,5,6-四氢嘧啶加甲酸乙酯脱水缩合得酚嘧啶甲酸盐，然后，再加盐酸使生成盐酸盐，用双羟萘酸钠进行盐交换而得成品。路线 B 为直接法，即利用缩合物直接与双羟萘酸钠制成酚嘧啶。

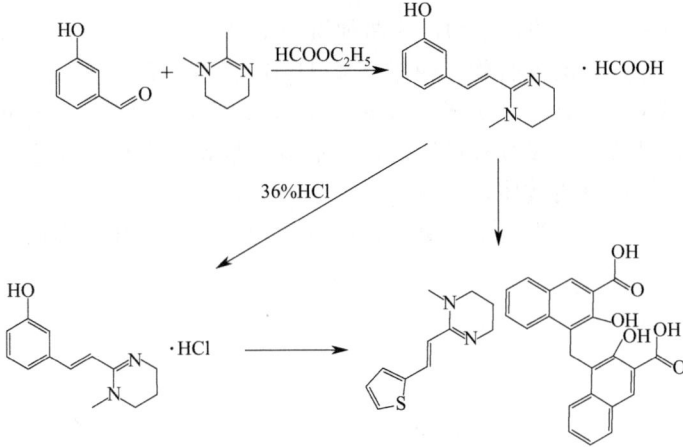

【药理药效】

噻嘧啶对宿主的药理作用与左旋咪唑相似，此类驱蠕虫药的生物学特性与乙酰胆碱相同，主要通过模拟这种天然的神经递质过量引起的麻痹作用（即烟碱样作用）而产生效应。噻嘧啶能够选择性地作用于线虫肌细胞膜上突触及外突触的烟碱型胆碱受体，导致其肌肉收缩、痉挛、麻痹。虽然噻嘧啶引起的收缩作用较慢，但作用强度却是乙酰胆碱的100倍。

双羟萘酸噻嘧啶内服后在胃肠道吸收较差，未被吸收的高浓度药物能够到达犬、猫和马的消化道较下端，酒石酸噻嘧啶比双羟萘酸噻嘧啶容易吸收。猪和犬与反刍动物相比吸收酒石酸噻嘧啶较好，内服给药后3～6h出现血浆药物峰浓度。吸收入体内的药物在肝脏中迅速代谢，大部分以酸性代谢产物的形式从尿液中排出，其余未被吸收的药物随粪便排出。

【应用】

噻嘧啶对畜禽呼吸道线虫无效，对10多种消化道线虫均有着不同程度的驱虫效果。对猪蛔虫、猪食道口线虫及寄生于猪胃内的蠕虫均有良好的驱虫效果；对马胃肠道内的蠕虫具有高效驱虫活性，但对无齿圆线虫、小型圆线虫、马尖尾线虫的成虫和未成熟虫体的疗效却有限，对回盲肠绦虫在双倍治疗剂量下（即13.2mg/kg）有效率能超过95%，噻嘧啶对犬蛔虫（犬弓首蛔虫、狮弓首蛔虫）、犬钩虫（犬钩口线虫、狭头弯口线虫）和胃蠕虫（泡首线虫）均有效；对猫的类似寄生虫也有较好的效果，即使用于幼猫也非常安全；酒石酸噻嘧啶能有效驱除牛、绵羊和山羊胃肠道内奥斯特线虫、毛圆线虫、血矛线虫、细颈线虫、古柏线虫、夏柏特线虫和食道口线虫，该药对成熟虫体及定植于腔道内未成熟阶段的虫体均有高效，但对牛的未成熟虫体的驱虫效果比羊差。此外，由于噻嘧啶对宿主有明显的烟碱样作用，因此禁用于极度虚弱的动物。

④ 阿维菌素类

伊维菌素

伊维菌素（ivermectin，IVM）是一种重要的十六元大环内酯类抗生素，具有广谱、高效、安全、机体组织渗透性强、持续时间长、不易产生耐药性等诸多优点，临床研究结果表明，其对家畜胃肠道线虫、体外寄生虫具有良好的驱杀效果。1981年伊维菌素作为兽用抗寄生虫药在法国上市，并迅速成为全世界使用最广泛的抗寄生虫药物。

【理化性质】

本品是阿维菌素 H_2B_1 的衍生物，为两种组分 H_2B_{1a}、H_2B_{1b} 在 C-22 和 C-23 之间的双键饱和（加氢还原）后的混合物，伊维菌素 H_2B_1 含量不低于 93％，其中 H_2B_{1a} 不得少于 85％。分子式 $C_{48}H_{74}O_{14}$，分子量 875.09，CAS 号 70288-86-7。白色或淡黄色粉末，无味，难溶于水，易溶于大多数有机溶剂，在室温下非酸性溶液中稳定，经紫外线辐射易分解。其注射液为无色澄明液体。

两者主要区别是伊维菌素抗虫谱更广，稳定性增强，抗氧化性提高，毒性明显下降，安全性更高。

【结构式】

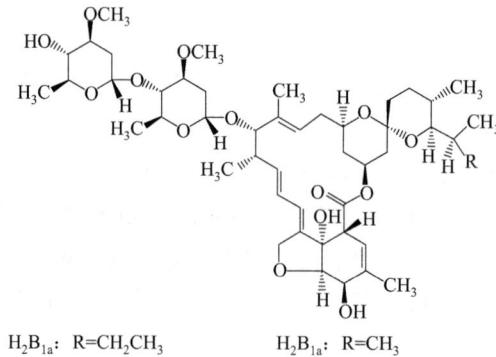

H_2B_{1a}: R=CH_2CH_3 H_2B_{1a}: R=CH_3

【合成工艺】

目前，主要采用阿维菌素在威尔金森催化剂作用下加氢的工艺制备伊维菌素，存在副产物双氢阿维菌素和少量四氢阿维菌素。伊维菌素提纯的主要目的是去除催化加氢的副产物，其结构与主产物 H_2B_{1a} 结构极其相近。

伊维菌素粗粉的制备：称取阿维菌素原粉 150g 加入反应釜中，再加入 500mL 甲苯，在氮气搅拌下加入 1.5g 催化剂三（三苯基膦）氯化铑 $[RhCl(Ph_3P)_3]$，加热升温至 70℃，打开氢气阀至反应釜压升至 0.5MPa 进行加氢反应，每隔 1h 取样，检测至反应终点后，停止反应；将反应液脱除催化剂后，降温至 30℃ 过滤、干燥，即得伊维菌素粗粉。

伊维菌素粗粉的纯化：称取伊维菌素粗粉 100g，用 450mL 乙醇在 75℃ 下加热溶解并保温，向溶液中加入晶种 2g，养晶 1h，再缓慢降温至 15℃，使结晶完全。结晶液过滤、洗涤、干燥，得到伊维菌素精粉 90g。

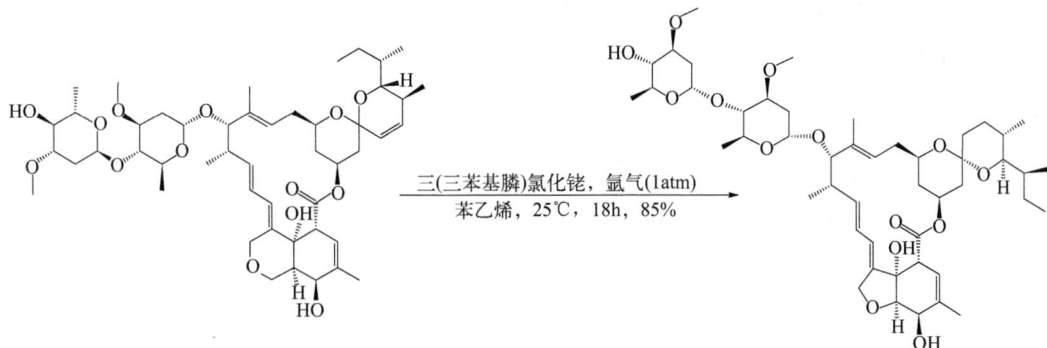

三(三苯基膦)氯化铑，氢气(1atm)
苯乙烯，25℃，18h，85%

【药理药效】

该类药物对线虫及节肢动物的驱杀作用机理在于增加虫体的抑制性递质 γ-氨基丁酸（GABA）的释放，以及打开谷氨酸控制的 Cl^- 通道，增强神经膜对 Cl^- 的通透性，从而阻断神经信号的传递，最终神经麻痹，使肌肉细胞失去收缩能力，而导致虫体死亡。伊维菌素具有选择性的抑制作用，其选择性是因为哺乳动物体内没有谷氨酸门控氯离子通道，且哺乳动物的外周神经递质为乙酰胆碱，GABA 分布于中枢神经系统，本类药物不易透过血脑屏障，对其影响极小，因此使用时对哺乳动物就比较安全。

【应用】

本品属于大环内酯抗生素类驱虫药，对线虫、螨、蜱、虱等体内外寄生虫均有高效驱杀作用，对畜体毒性小。本品用于治疗蛔虫病、圆线虫病、犬钩虫病和心丝虫病、螨病、虱病等。对体内外寄生虫特别是线虫和节肢动物均有良好的驱杀作用。对绦虫、吸虫及原生动物无效。

伊维菌素对犬、猫消化道线虫及各种外寄生虫的作用却非常有限。将伊维菌素（$6\mu g/kg$）与四氢嘧啶类广谱驱线虫药双羟萘酸噻嘧啶（$5mg/kg$）联合制成复方制剂，以咀嚼片的形式用于犬、猫，不仅能够预防犬恶丝虫病，同时还能控制犬、猫蛔虫、钩虫等消化道蠕虫，提高安全性的同时扩大了抗虫谱，且该制剂只需每月用药一次，弥补了一些传统制剂的缺陷。如英国伊科动物保健有限公司生产的伊维菌素、双羟萘酸噻嘧啶咀嚼片（ECOHEART Chewables）。

阿维菌素

阿维菌素（avermectin）是 1975 年在日本北里从阿佛曼菌代谢产物中分离出来的，它是一种混合物，成分很复杂，主要含有 8 个组分，即 A_{1a}、A_{1b}、A_{2a}、A_{2b}、B_{1a}、B_{1b}、B_{2a}、B_{2b}，商业化阿维菌素（B_{1a} 含量高于 80%，B_{1b} 含量低于 20%），不仅应用于大田农业害虫防治，同时也广泛应用于治疗多种畜禽体内外寄生虫病，是一种广泛、高效、低残留和对人畜环境安全的驱虫剂。

【理化性质】

阿维菌素是阿维链霉菌发酵获得的天然产物，从中分离提取出 8 种活性组分，分别为 A_{1a}、A_{1b}、A_{2a}、A_{2b}、B_{1a}、B_{1b}、B_{2a} 和 B_{2b}，并将其命名为阿维菌素，其中 A 组分是 C-5 位上是甲氧基的组分，若该位所连基团为羟基则称 B 组分；C-22 与 C-23 间若为双键则命名为 "1"，若之间含羟基则命名为 "2"；"a" 与 "b" 的差别在于 C-25 上，"a" 表明 C-25 上的侧链为叔丁基，"b" 表明 C-25 上的侧链为异丙基。商业化本品主要成分为阿维菌素 B_{1a}、阿维菌素 B_{1b}。本品白色或微黄结晶粉末，无味。易溶于乙酸乙酯、丙酮、三氯甲烷，略溶于甲醇、乙醇，在水中几乎不溶。

【结构式】

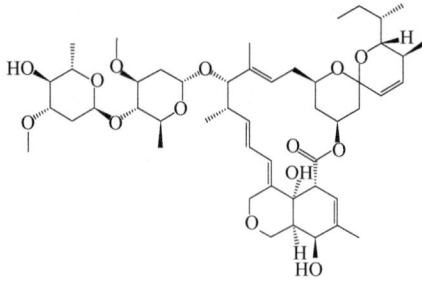

【合成工艺】

阿维菌素由阿维链霉菌发酵得来。

【药理药效】

本品是新型广谱、高效、低毒抗生素类抗寄生虫药，对体内外寄生虫特别是线虫和节肢动物均有良好驱杀作用。但该品对绦虫、吸虫及原生动物无效。本品对害虫的驱杀作用，在于增加虫体的抑制性递质 γ-氨基丁酸（GABA）的释放，以及打开谷氨酸控制的 Cl^- 通道，增强神经膜对 Cl^- 的通透性，从而阻断神经信号的传递，最终神经麻痹，使肌肉细胞失去收缩能力，而导致虫体死亡。阿维菌素类药物具有高脂溶性，无论内服还是注射给药，吸收均快而良好，特别是皮下注射的生物利用度最高，体内维持时间长，吸收后分布广泛，主要在肝脏代谢，大部分经粪便排出，小部分经尿液及乳汁排出。

【应用】

阿维菌素是一种广谱、高效的驱肠道线虫和体表寄生虫的药物。对家畜家禽体内的蛔虫、蛲虫、肺线虫、旋毛虫、钩虫、肾虫、心丝虫等各种线虫均有极佳的作用，对体外寄生虫如螨、虱、蝉、蝇、蛆等也有很好的效果。对吸虫与绦虫无效。本品广泛用于治疗家畜、家禽及宠物的各种体内线虫及体表寄生虫感染。目前被认为是最好的驱线虫抗生素药。

另外，可用于鱼、虾、蟹混养塘杀虫，能驱杀鱼类棘头虫、指环虫、三代虫。

本品超剂量可引起中毒，无特效解毒药。英国牧羊犬对本品敏感，应慎用。

⑤ 其他

双碘硝酚

双碘硝酚是美国氰胺公司开发的品种，1965 年美国批准生产和应用。

【理化性质】

化学名称 2,6-二碘-4-硝基苯酚，分子式 $C_6H_3I_2NO_3$，分子量 390.9，CAS 号 305-85-1。淡黄色粉末或淡黄色结晶性粉末。无臭、无味。在乙醇中溶解，在水中微溶。

【结构式】

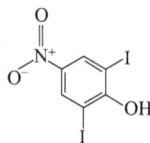

【药理药效】

本品为窄谱驱线虫药，对各类犬钩虫和猫管形钩虫有效，但不能驱除组织内幼虫。对蛔虫、鞭虫或肺吸虫的效果差。对羊鼻蝇蛆、螨和蜱的感染，以及野生猫科动物的钩口和颚口线虫感染亦有效。其作用方式除了作为氧化磷酸化的解偶联剂外，还直接作用于虫体神经和表皮膜，产生离子载体型作用，使虫体麻痹和膜破坏。寄生虫（如钩虫）仅在摄入含药物的血液后才受到影响，非吸血寄生虫则不会受影响。

本品可从消化道或注射部位迅速吸收，并在血浆中蓄积。犬的半衰期约 14d。用药后 24h 内只有少量从尿中排泄。

【应用】

本品常用于羊体外寄生虫（如螨、蜱、羊鼻蝇）的驱杀。本品对钩虫有良好的驱除效果，钩虫只在摄取含药的血液之后呈现作用。本品对绵羊的肝片吸虫病具有明显的治疗作用，对蛔虫、鞭虫、绦虫、肺吸虫效果不佳，故常用于驱除犬、猫的钩虫。对严重感染动物不引起应激状态，幼犬、幼猫也可应用。内服或肌内注射对钩虫的疗效与皮下注射相似。如同其他驱钩虫药一样，对亲组织的幼虫无效。因此，应间隔 1～2 周后重复治疗。对小火鸡的气管交合线虫也有显著的驱除作用。还可用于豹、狮等野生猫科动物的板口线虫和颚口线虫的驱杀。本品还有杀螨作用，以 10mg/kg 剂量给犬皮下注射，10d 后螨虫 100% 死亡，痂皮脱落，皮肤变软，15d 后长出新毛。

精制敌百虫

【理化性质】

敌百虫，化学名称 O,O-二甲基-（2,2,2-三氯-1-羟基乙基）磷酸酯，分子式 $C_4H_8Cl_3O_4P$，分子量 257.45，纯品为白色结晶性粉末，相对密度 1.73，熔点 83～84℃，沸点 92℃，在空气中易吸湿、结块或潮解，在水、乙醇、醚、酮及苯中溶解，微溶于乙醚、四氯化碳，室温、中性及弱酸性溶液中较稳定。在高温、碱性溶液中变性，形成敌敌畏，毒性增大。

【结构式】

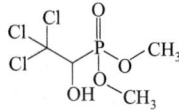

【合成工艺】

首先使甲醇与三氯化磷混合生成亚磷酸二甲酯。然后亚磷酸二甲酯与三氯乙醛反应生成敌百虫。

【药理药效】

本品为广谱驱虫药，不仅对消化道线虫有效，而且对某些吸虫（如姜片虫、血吸虫等）有一定效果。此外，对鱼鳃吸虫和鱼虱也有效，还用于防治体外寄生虫病。敌百虫的作用机理是与虫体的胆碱酯酶相结合，抑制胆碱酯酶的活性，使乙酰胆碱大量蓄积，干扰虫体的神经肌肉的兴奋传递，导致敏感寄生虫麻痹而死亡。敌百虫对马副蛔虫的成虫和未成熟虫体、马尖尾线虫成虫、马胃蝇蛆等有效。敌百虫对于治疗马皮肤线虫蚴病有效。用于反刍动物，对皱胃线虫（血矛线虫）有效，对肠线虫（食道口线虫、夏柏特线虫）无效，还可用于犬杀体外寄生虫，可有效控制蜱和蚤，并有助于某些蠕形螨病的控制。

【应用】

本品属广谱驱虫药，对马副蝇虫、蛲虫、胃蝇虫有效，对牛血矛线虫、辐射食道口线虫、仰口线虫、古柏线虫、艾氏毛圆线虫、奥氏属线虫和牛皮蝇第三期幼虫有效；对羊毛首线虫、仰口线虫、血矛线虫、细颈线虫、夏伯特线虫、羊鼻蝇第一期幼虫作用好；对猪蛔虫、毛首线虫、食道口线虫、姜片吸虫效果好；对牛血吸虫也有效。

禽类对本品敏感，不宜用。

（2）抗绦虫药

氯硝柳胺

1953年，氯硝柳胺由拜耳化学研究实验室发现，最初作为灭螺剂被开发，用来杀灭血吸虫病的中间宿主钉螺。1960年，拜耳公司的科学家发现氯硝柳胺对人的绦虫感染有效。1982年，氯硝柳胺被美国FDA批准用于治疗人的绦虫感染，并被列入世界卫生组织的基本药物清单。

【理化性质】

氯硝柳胺，分子式 $C_{13}H_8Cl_2N_2O_4$，分子量327.119，CAS号50-65-7。淡黄色结晶性粉末，置空气中容易变成黄色，无臭，无味。熔点225～230℃。不溶于水，溶于热乙醇、氯仿、环己酮、乙醚和氢氧化钠溶液。

【结构式】

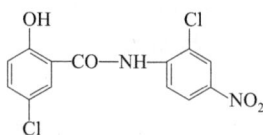

【合成工艺】

五氯水杨酸和邻氯对硝基苯胺溶于二甲苯（或氯苯），加热至沸，然后缓慢加入三氯化磷（或五氯化磷），之后继续回流3h。冷却后，滤出结晶，即得氯硝柳胺。

【药理药效】

氯硝柳胺是世界各国广泛应用的传统抗绦虫药物，对多种绦虫均有很高疗效，属杀绦虫药物。可阻断绦虫对葡萄糖的摄取而断绝能量来源，使其失去吸附能力。同时抑制虫体氧化代谢，使氧化磷酸化过程受阻，破坏三羧酸循环，导致乳酸蓄积而致死亡。另外，用药后的虫体对蛋白水解酶敏感，使头节、体节部分分解，且排出已非完整的虫体。通常绦虫与药物接触1h，则虫体萎缩，继而头节脱落而死亡，一般在用药48h后，虫体即全部排出。对禽多种绦虫和部分吸虫有效，尤对绦虫效果显著。本品内服从胃肠道吸收较少，在肠中保持较高浓度，少量吸收后代谢成无活性的氨基氯硝柳胺代谢物，主要从粪便排泄。

氯硝柳胺能在水中迅速产生代谢变化，作用时间不长。它也用于商业养鱼塘，可以在鱼塘换新水之前杀死和清除不想要的鱼。氯硝柳胺对于鱼类毒性很大，但在水中只有很短的半衰期，使用这种杀鱼剂之后只需要过几天就可以放入新鱼。

【应用】

氯硝柳胺是一种高效杀螺药，兼有显著的杀灭血吸虫尾蚴的作用。它杀螺效果好（通常0.2～0.5ng/L，即可使钉螺95%～100%死亡），对哺乳动物毒性低（大鼠经口LD＞5000ng/kg，临床用作口服驱绦虫药物），是世界卫生组织唯一推荐使用的杀螺药。可用于驱除猪和牛等动物体内的绦虫。

氯硝柳胺水中溶解度太小，使用不方便，一般形成氯硝柳胺的乙醇胺盐后使用，以增加其在水中的溶解度。

氢溴酸槟榔碱

【理化性质】

本品为白色结晶性粉末或白色结晶，遇光易变质。应置遮光容器内密封保存。

【结构式】

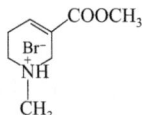

【合成工艺】

美国人 Lawrence 于 1947 年首次报道合成了槟榔碱，其合成途径为，以 3,3′-亚氨基二丙腈为原料，经过 N-甲基化，腈解，缩合环化、催化氢化还原制得槟榔碱油状液。中国农业科学院中兽医研究所于 20 世纪 80 年代以烟酸为原料，经过酯化、N-甲基化，再在中性或弱碱性条件下，以苯为溶剂，用 $NaBH_4$ 或 KBH_4 还原成盐制得槟榔碱并将其制备成氢溴酸盐。2004 年中国药科大学的黄胜堂等报道了以烟酸经酯化、N-甲基化后在乙醇中用硼氢化钠-乙酸体系进行还原合成槟榔碱的工艺。

【药理药效】

槟榔碱对绦虫肌肉有较强的麻痹作用，使虫体丧失吸附于肠壁的能力，加之本品对宿主的毒碱作用，使肠蠕动加强，腺体分泌增加而有利于麻痹虫体的迅速排除。同时可增强宿主肠蠕动，因而产生驱除绦虫作用。

【应用】

本品主要用于治疗犬和家禽常见的绦虫病。对犬细粒棘球绦虫和其他带状绦虫均有良好效果，投药前应禁饲 8～12h。对鸡赖利绦虫，鸭、鹅剑带绦虫有一定的驱虫效果。

猫对本品最敏感，不宜用。

（3）抗吸虫药

硝氯酚

硝氯酚，又名拜耳-9015、联硝氯酚，有两种同分异构体，是常用的驱吸虫药。

【理化性质】

化学名称 4,4′-二氯-6,6′-二硝基-2,2′-联二苯酚，分子式 $C_{12}H_6Cl_2N_2O_6$。本品为黄色结晶性粉末，无臭，无味。本品溶于丙酮、三氯甲烷或 N,N-二甲基甲酰胺或氢氧化钠溶液，略溶于乙醚或乙酸，微溶于乙醇，不溶于水。熔点 176～181℃。其钠盐易溶于水。

【结构式】

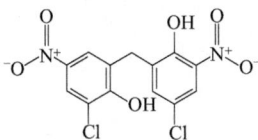

【合成工艺】

以 5,5′-二氯-2,2′-二羟基联苯经硝化制得。

【药理药效】

本品具有高效、低毒、用量小等特点，是反刍兽较理想的驱虫药。驱虫作用机理是干扰虫体能量代谢，阻止三磷酸腺苷的生成。兽医临床上已取代四氯化碳和六氯乙烷等传统驱虫药，主要用于牛、羊肝片吸虫，对牛前后盘吸虫移行期幼虫也有较好的效果，但对肝片吸虫的幼虫需用较高剂量，且不安全。牛经口给药效果不如注射给药好，因为牛的瘤胃中有部分药物被破坏。所以，现注射剂型的硝氯酚被广泛应用，牛羊可皮下注射，牛还可肌内注射。

【应用】

在我国广泛用于牛羊抗肝片吸虫药，也可用于犬、猫的华支睾吸虫病和犬卫氏并殖吸虫病。

氯氰碘柳胺钠

20 世纪 70 年代末比利时杨森公司开始生产氯氰碘柳胺，已在美国、俄罗斯、巴西、澳大利亚、意大利等许多国家得到广泛应用。1993 年我国农业部颁发了氯氰碘柳胺的二类新药证书，我国兽药厂家已经进行了开发生产。

【理化性质】

氯氰碘柳胺（closantel）别名氯生太尔、克罗散泰，经常使用其钠盐。化学名称 N-[5-氯-4-(4-氯苯基)氰甲基-2-甲苯基]-2-羟基-3,5-二碘苯甲酰钠盐。分子式 $C_{22}H_{13}Cl_2I_2N_2NaO_2$，分子量 685.06，CAS 号 61438-64-0。类白色及淡黄色粉末，无臭，在水或氯仿中不溶，在乙酸中溶解，在乙醇或丙酮中易溶，在甲醇中溶解。本品含量 98%。

【结构式】

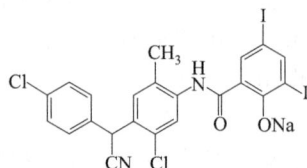

【合成工艺】

美国专利 US4005218：由对氯苯乙腈、邻硝基对氯甲苯等进行缩合反应，得到 4-氯-α-(2-氯-4-肟基-5-甲基-2,5-环己二烯-1-亚基)苯乙腈（**3**）；再和铁粉、氯化铵等进行还原反应，得到 4-氨基-2-氯-α-(4-氯苯基)-5-甲基苯乙腈（**4**），再和 2-羟基-3,5-二碘苯甲酰氯等进行酰化反应，得到 N-{5-氯-4-[α-(4-氯苯基)-α-氰甲基]-2-甲苯基}-2-羟基-3,5-二碘苯甲酰胺（**6**）；最后得到的氯氰碘柳胺和氢氧化钠溶液等进行成盐反应，得到氯氰碘柳胺钠（**7**）。

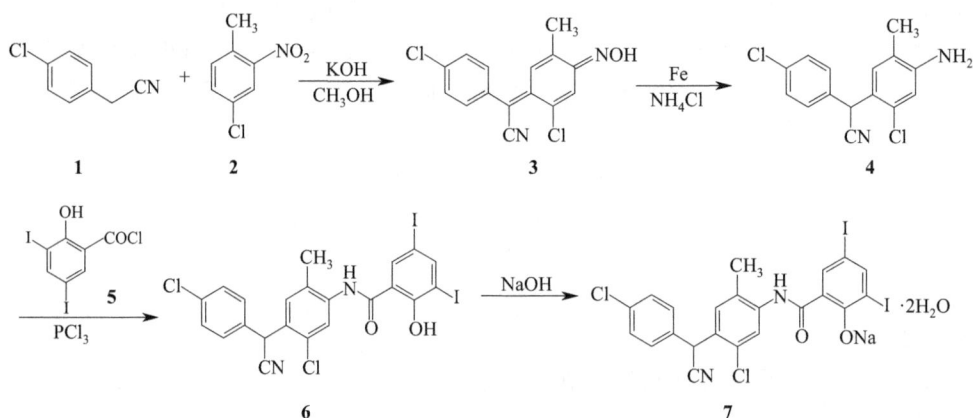

文献报道优化合成路线：革除上述工艺中严重污染环境的铁粉和有毒有害的三氯化磷的使用。

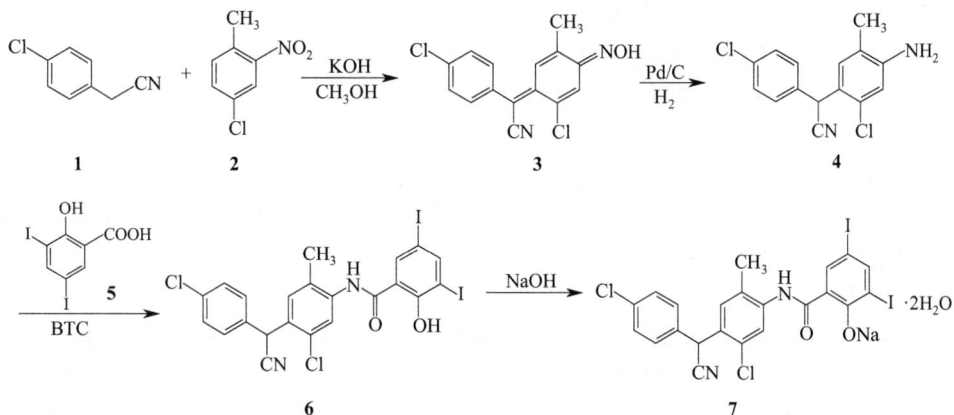

【药理药效】

氯氰碘柳胺钠是一种很强的氧化磷酸化解偶联剂，它的药理作用是抑制虫体线粒体的磷酸化过程，阻止虫体内合成三磷酸腺苷（ATP），从而导致虫体能量代谢快速减弱，而最终死亡。宿主在投药后12h，可见片形吸虫的ATP显著下降，虫体的代谢能量合成受到影响，导致活动力减弱，最终致死，经胆管排出。一般用药后24～48h即可杀死成虫。片形吸虫在用药后4～8h即出现变化，12～24h细胞受到严重损害，最终生殖器遭到破坏，同时产生严重的代谢紊乱，虫体内的线粒体ATP耗尽，导致寄生虫死亡。此药有持续的抗寄生虫能力，而这种能力受给药剂量、给药途径和终末宿主种类影响。

【应用】

本品广泛用于马、牛、羊、猪、犬等动物的各种胃肠道线虫及其幼虫、绦虫、肝片吸虫病及羊狂蝇蛆病的防治。本品毒性低，动物用治疗量不出现中毒反应或副反应。

硝碘酚腈

硝碘酚腈为新型杀肝片吸虫药，是由法国罗纳梅里厄研究所研制开发的一种有效驱除肝片吸虫的合成药物，是目前临床上有效的抗肝片吸虫药之一，具有作用剂量小（10～20 mg/kg）、使用方便、高效且安全等优点。硝碘酚腈是由英国Davis等从100余种化学合成的取代苯酚及其衍生物中筛选出的对肝片吸虫成虫及童虫均有很高驱虫活性的药物。在国外，现已被用作常规驱虫药。该药从1987年起作为进口药物开始在我国兽医临床中应用。

【理化性质】

CAS号：1689-89-0；分子式：$C_7H_3IN_2O_3$；分子量：290.01；熔点：137～138℃；本品为浅黄色粉末，无臭或几乎无臭，不溶于水，易溶于有机溶剂和氢氧化钠溶液中，对光敏感，应避光贮存。

【结构式】

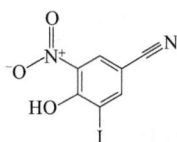

【药理药效】

硝碘酚腈属于抗吸虫药。作用机理是阻断虫体的氧化磷酸化作用，降低ATP浓度，减少细胞分裂所需能量而导致虫体死亡。

硝碘酚腈注射给药吸收良好，吸收后药物排泄缓慢，经尿、粪便排泄长达 31d。

本品用于治疗羊肝片吸虫病、胃肠道线虫病。

三氯苯达唑

三氯苯达唑系瑞士 Ciba-Geigy 公司研制的高效抗肝吸虫兽药，1983 年在爱尔兰上市，属于苯并咪唑类药物，专用于抗片形吸虫，对各种日龄的肝片形吸虫均有明显驱杀效果，是较理想的杀肝片形吸虫药。

【理化性质】

三氯苯达唑的化学名称 5-氯-6-(2,3-二氯苯氧基)-2-甲硫基-1H-苯并咪唑；CAS 号：68786-66-3；分子式：$C_{14}H_9Cl_3N_2OS$；分子量：359.66；熔点：175～176℃；密度：1.59g/cm^3；白色或类白色结晶性粉末，无臭，有轻微芳香味。本品可溶于甲醇和乙酸乙酯等有机溶剂中。

【结构式】

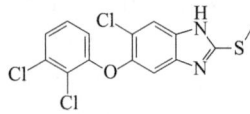

【药理药效】

药物吸收后，干扰虫体的微管结构和功能，抑制虫体水解蛋白酶的释放。

三氯苯达唑对虫体的作用因浓度而异，如成虫在低浓度（1～3$\mu g/mL$）药物中 24h 仍存活，较高浓度（10～25$\mu g/mL$）中 24h 则活动明显减弱，高浓度（25～50$\mu g/mL$）中 24h 全部抑制。但对童虫更敏感，在 10$\mu g/mL$ 浓度下，24h 活动全部抑制。

本品主要用于防治牛、羊肝片形吸虫感染。

溴酚磷

溴酚磷属有机磷酸酯类抗肝片形吸虫药，用以驱除牛、羊肝片形吸虫，不仅对成虫有效，而且对肝实质内移行期幼虫也有良效。

【理化性质】

溴酚磷的化学名称：3,3′,5,5′-四溴-1,1′-二苯基-2,2′-二酚单磷酸二氢酯水合物；CAS 号：21466-07-9；分子式：$C_{12}H_7Br_4O_5P$；分子量：581.77；沸点：186.5℃；储存条件：0～6℃；本品为白色或类白色结晶性粉末，在甲醇、丙酮中易溶，在水、氯仿、乙醚、苯中几乎不溶，在乙酸、氢氧化钠溶液中溶解。

【结构式】

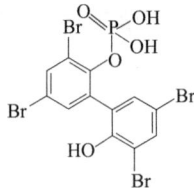

【药理药效】

本品为驱虫药，用于防治牛、羊肝片吸虫。

双酰胺氧醚

由 Dickerson 等 1971 年首先报道双酰胺氧醚是抗绵羊肝片吸虫的一种药。

【理化性质】

双酰胺氧醚性状为白色或浅黄色粉末。本品在甲醇、乙醇、氯仿中微溶，在水和乙醚中不溶。

【结构式】

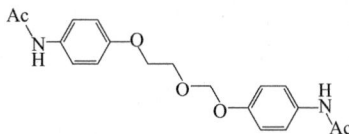

【药理药效】

双酰胺氧醚是传统应用的杀肝片形吸虫童虫药。对最幼龄童虫作用最强，并随肝片形吸虫日龄的增长而作用下降，是治疗急性肝片形吸虫病有效的药物。

双酰胺氧醚的驱虫效果显然与药物被各种肝酶（脱酰基酶）的脱酰基作用而形成一种胺代谢物有关，因为此代谢物是驱虫的有效物质。体外试验表明，除非与有酶促功能的肝细胞一起培养，否则药物对肝片形吸虫无效。由于 7 周龄前未成熟虫体还寄生在肝实质内，而药物此时又在肝实质中形成高浓度胺代谢产物，自然就奠定了迅速杀灭这些未成熟虫体的物质基础。通常，这些代谢产物也在肝内迅速破坏。进入胆管的代谢物浓度很低，因此，对寄生于胆管内的成虫效果就很差。还有资料证实，双酰胺氧醚还能引起吸虫外皮变化，进一步促进药物的杀虫效应。

【应用】

双酰胺氧醚（国外商品名可的苯，国内商品名肝蛭灵）是治疗牛羊肝片吸虫幼虫的高效药物。

A. 羊：双酰胺氧醚最适用于绵羊由于童虫寄生在肝实质中引起的急性肝片形吸虫病。大量实践资料证实，100mg/kg 量一次内服，对 1 日龄到 9 周龄的肝片形吸虫几乎有 100% 疗效。

双酰胺氧醚对 10 周龄新成熟的肝片形吸虫有效率为 78%，对 12 周龄以上成虫效果差（低于 70%），因此，一次用药，虽能驱净全部幼虫，但至少还有 30% 左右成虫在继续排卵，污染牧草地。

双酰胺氧醚对绵羊大片形吸虫童虫亦有良效，80mg/kg 量对 3 日龄、10 日龄、20 日龄、30 日龄、40 日龄、50 日龄虫体灭虫率均达 100%，但对 70 日龄成虫有效率仅为 4%，对 120 日龄虫体无效。但剂量增至 120mg/kg，对 70 日龄、90 日龄和 120 日龄虫体疗效达 100%。

B. 牛：75～100mg/kg 量内服，对黄牛、水牛的大片形吸虫成虫亦有一定效果。

硫双二氯酚

【理化性质】

硫双二氯酚简称双氯酚、二氯酚、硫氯酚等，CAS 号 97-18-7，分子式 $C_{12}H_6Cl_4O_2S$，分子量 356.05，白色结晶性粉末。熔点 185.5～186.5℃。不溶于水，易溶于乙醇、丙酮、乙醚等。

【结构式】

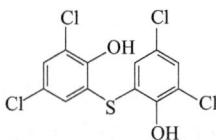

【合成工艺】

生产方法：以苯酚为原料，先氯化生成 2,4-二氯苯酚，然后再用一氯化硫进行硫化生成硫双二氯酚。ⅰ）氯化苯酚与氯反应制得 2,4-二氯苯酚：首先将苯酚熔融，在 57～63℃通入干燥氯气 35h。反应结束后，得到 2,4-二氯苯酚。收率可达 91.5%左右。ⅱ）硫化二氯苯酚与一氯化硫在三氯乙烯和无水三氯化铝存在下，反应得硫双二氯酚：在反应罐内依次加入二氯苯酚、三氯乙烯、无水三氯化铝，在 50℃±2℃加入一氯化硫，大约 2.5h加完，再恒温反应 2h。过滤，用三氯乙烯洗涤、烘干，得粗硫双二氯酚。收率可达51.3%左右。ⅲ）精制：在反应罐内加入粗硫双二氯酚，再加入氢氧化钠溶液，加热溶解后，降温至 0℃，加氯化钠，搅拌使之盐析，再加饱和氯化钠溶液，搅拌均匀。静置，过滤，用饱和氯化钠溶液洗涤，回收，得到硫双二氯酚钠。再将其溶于蒸馏水中，经过滤，搅拌加入 80℃左右 3.5%的盐酸，析出沉淀，静置，分出上层液。沉淀用蒸馏水洗涤至pH 为 2，过滤、水洗至 pH 为 7 左右，烘干得硫双二氯酚。

【药理药效】

硫双二氯酚是有效的可溶性腺苷酸环化酶（sAC）抑制剂。

硫双二氯酚对肺吸虫囊蚴有明显杀灭作用，临床用于肺吸虫病、牛肉绦虫病、姜片虫病。

硫双二氯酚是一种驱虫剂和抗原生动物药剂，常用作饲料添加剂的驱虫剂，用于治疗姜片吸虫、华支睾吸虫及肺并殖吸虫均有良好效果。对禽畜的多种绦虫和吸虫均有驱除作用，对治疗肺吸虫病、绵羊和牛的肝片吸虫病也有良好效果。

（4）抗血吸虫药

吡喹酮

吡喹酮（praziquantel，PZQ）为异喹啉类化合物，是由德国 Merck 和 Bayer 两家制药公司于 20 世纪 70 年代联合开发的广谱抗寄生虫药物。吡喹酮片于 1980 年首先在德国上市，商品名 Cresol，在临床上适用于各种血吸虫病、华支睾吸虫病、并殖吸虫病、姜片虫病和绦虫病及猪囊尾蚴病。该药具有毒性低、吸收快、疗程短、见效快、耐受性好、口服方便等特点，自上市以来，在欧美等国家得到了广泛的应用，现已成为世界上治疗血吸虫病和多种寄生虫病的首选药物，市场前景广阔。

【理化性质】

化学名称 2-环己基羰基-1,2,3,6,7,11β-六氢-4H-吡嗪并[2,1-α]异喹啉-4-酮，CAS 号55268-74-1，分子式 $C_{19}H_{24}N_2O_2$，分子量 312.42，呈白色或类白色结晶性粉末，熔点为136～141℃，难溶于水，易溶于氯仿，在磷酸缓冲液与环己烷中的分配系数为 14：86，口服有刺激性。

【结构式】

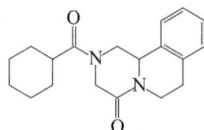

【合成工艺】

自 20 世纪 70 年代以来，国内外对吡喹酮的合成方法进行了较多研究，主要分为以下几种：①以异喹啉为起始物料，经 Reisser 转位重排反应、催化氢化反应、环合反应、水解反应和酰化反应等步骤制得吡喹酮，总收率约15％，本方法采用剧毒物料氰化钾，劳动保护困难，不宜工业化生产；②以亚氨基二乙腈为起始物料，经酰化反应、环合反应、水解反应、酰化反应、还原反应、环合反应等步骤制得吡喹酮，总收率约35％，该路线还原反应选择性差，产生的双羟基杂质会继续参与后续反应，传递至最终产品，提纯困难，而且采用还原剂硼氢化钠容易吸水潮解，存放困难，也不宜工业化生产；③以 β-苯乙胺为起始物料，经酰化反应、取代反应、成盐反应、环合反应、酰化反应制得吡喹酮，总收率约50％。

经前期的大量研究摸索，我们认为，以 β-苯乙胺为起始物料的方法整体收率较高，起始物料易得，操作工艺简单。

【药理药效】

吡喹酮具有广谱抗血吸虫和抗绦虫作用。对各种绦虫的成虫具有极高的活性，对幼虫也具有良好的活性；对血吸虫有很好的驱杀作用。

吡喹酮对绦虫的准确作用机理尚未确定，可能是其与虫体包膜的磷脂相互作用，结果导致钠、钾与钙离子流出。在体外低浓度的吡喹酮似可损伤绦虫的吸盘功能并兴奋虫体的蠕动，较高浓度药物则可增强绦虫链体（节片链）的收缩（在极高浓度时为不可逆收缩）。此外，吡喹酮可引起缘虫包膜特殊部位形成灶性空泡，继而使虫体裂解。对血吸虫和吸虫，吡喹酮可能由于增加钙离子流进虫体而直接杀死寄生虫，随后形成灶性空泡并被吞噬。

本品为抗蠕虫药，主要用于动物血吸虫病，也用于绦虫病和囊尾蚴病。

7.1.2.2 抗球虫药

（1）磺胺类

磺胺喹噁啉及其钠盐

磺胺喹噁啉能够有效预防和治疗畜禽的球虫病，同时又是畜禽生长促进剂，具有促进生长、提高饲料转化率的作用。1948年默克磺胺喹噁啉首次获批上市。

【理化性质】

磺胺喹噁啉化学名称为 N-2-喹啉基-4-氨基苯磺酰胺，分子式为 $C_{14}H_1NO_2S$，分子量为300.34，淡黄色结晶性粉末，无味，在水中的溶解度差，易溶于稀碱溶液。临床上常用其钠盐治疗疾病。

磺胺喹噁啉钠（sulfaquinoxaline sodium），化学名称为 N-2-喹啉基-4-氨基苯磺酰胺钠盐，分子式 $C_{14}H_{11}NaO_2S$，分子量322.3，CAS号59-40-5。纯物质为类白色或淡黄色粉末，无臭，在水中易溶，在乙醇中微溶。

【结构式】

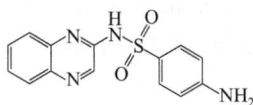

【合成工艺】

邻苯二胺与氯乙酸反应生成 2-羟基-3,4-二氢喹噁啉，后者经氧化得 2-羟基喹噁啉。用三氯氧磷与 2-羟基喹噁啉反应制得 2-氯喹噁啉，后者与对氨基苯磺酰胺缩合制成最终产品磺胺喹噁啉。

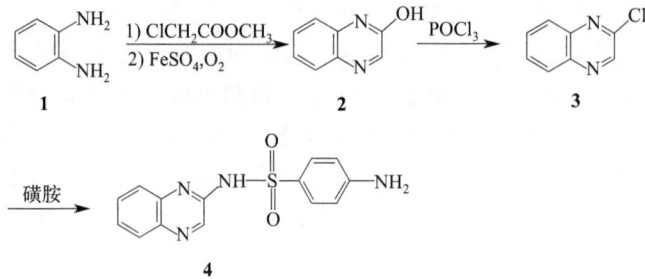

【药理药效】

其抗球虫作用机理与抗菌作用相类似：由于磺胺喹噁啉的基本结构与对氨苯甲酸（PABA）相似，可互相争夺二氢叶酸合成酶，影响二氢叶酸形成，最终影响核蛋白合成，从而抑制细菌和球虫的生长繁殖。其主要作用于球虫的无性繁殖阶段，抑制第二次裂殖体的发育，对第一次裂殖体也有一定作用，对有性生殖阶段效果不明显。磺胺喹噁啉用药宜早，后期用药效果不佳，最有效的作用时间是在感染后第四天。在生产上，当首次发现畜、禽排泄物中带血时，应用此药最适宜。

容易在动物的可食性组织中残留，人们食用这种组织后，体内就会蓄积残留，时间长了就会产生耐药性，且有潜在的致癌性。

【应用】

临床常用钠盐形式，用于治疗家禽、猪、羊的球虫病。

在临床上使用时，一般都是与其他抗球虫药联合使用，从而阻断球虫的各个发育阶段。

磺胺喹噁啉抗虫谱窄，会产生一定的毒性。其存在的毒副作用可使鸡红细胞和淋巴细胞减少，也可以引起与雏鸡维生素 K 缺乏有关的出血和组织坏死现象。磺胺喹噁啉在生产中可使禽类产蛋率下降，蛋壳变薄等。

（2）三嗪类

地克珠利

地克珠利（diclazuril）是 20 世纪 80 年代由比利时杨森公司开发的新一代化学合成的抗球虫药物，1992 年在欧洲上市，1997 年在中国生产并大量出口。已广泛用于鸡球虫病的防治，具有安全、低毒、几乎无残留等特点，是目前使用范围最广、剂量最低、治疗效果最好的抗球虫药物之一。

【理化性质】

地克珠利属三嗪苯乙腈化合物，化学名称为 2,6-二氯-α-(4-氯苯)-4-[4,5-二氢-3,5-二氧代-1,2,4-三嗪-2(3H)-基]苯乙腈。分子式为 $C_{17}H_9Cl_3N_4O_2$，分子量为 407.64，CAS 号 101831-37-2。地克珠利为类白色或淡黄色粉末，几乎无臭，在 N,N-二甲基甲酰胺中略溶，在四氢呋喃中微溶，在水、乙醇中几乎不溶。

【结构式】

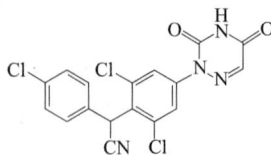

【合成工艺】

合成路线有以下几种。

工艺1：以3,4,5-三氯硝基苯为起始原料合成地克珠利的方法。1986年，比利时杨森公司的一篇专利（EP 170316），报道了地克珠利的合成路线。该方法以3,4,5-三氯硝基苯和对氯苯乙腈为起始原料，经缩合、还原生成4-氨基-2,6-二氯-α-(4-氯苯基)苯乙腈（**1**），随后经重氮化、与（2-氰基乙酰）氨基甲酸乙酯（**12**）偶合反应生成2-[3,5-二氯-4-((4-氯苯基)氰甲基)苯基]亚肼基-2-氰基乙酰氨基甲酸乙酯（**13**），**13**经环化、水解生成**7**，然后以巯基乙酸为脱羧试剂，在180℃温度下反应2h得到粗品地克珠利，再经柱色谱纯化制得地克珠利（**8**）。

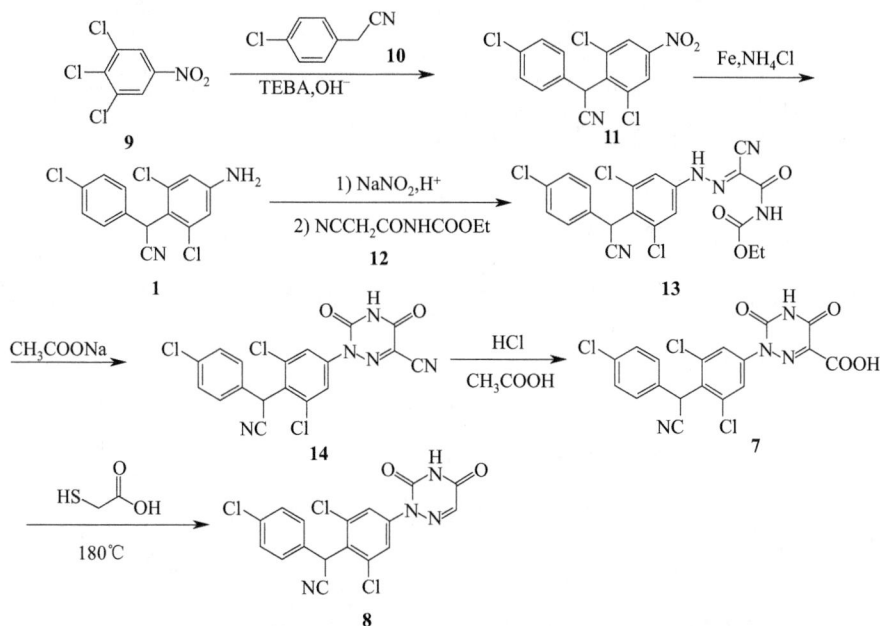

工艺2：以取代的苯肼为原料合成地克珠利。1996年，欧洲专利EP73767218报道了另一条合成地克珠利的路线。该路线以3,5-二氯-4-[(4-氯苯基)氰甲基]苯肼（**2**）为原料，与苯甲醛缩合生成腙（**3**）。**3**再与醛基保护的异氰酸酯反应生成氨基脲类化合物（**15**），最后在酸性条件下环合，经双氧水氧化得地克珠利。

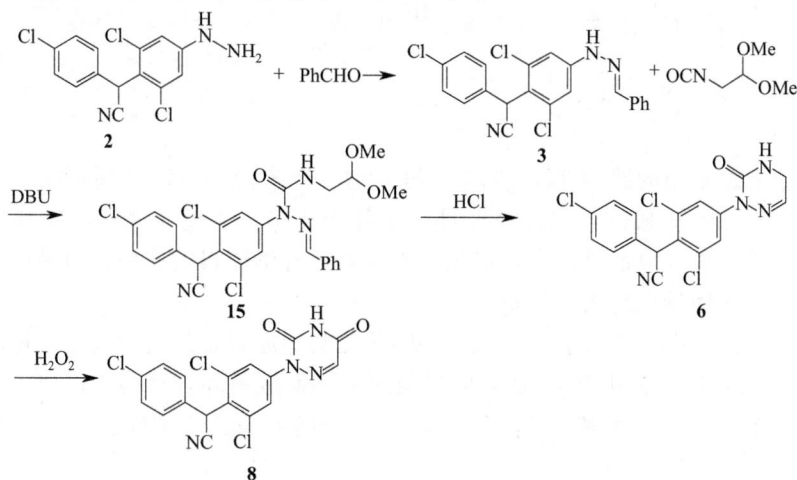

工艺3：乙醛酸参与地克珠利的合成。中国专利 CN10126523819 地克珠利的合成工艺路线。4-氨基-2,6-二氯-α-(4-氯苯基)苯乙腈（1）经肼化、与乙醛酸缩合生成 4-(4-氯-α-氰基苄基)-3,5-二氯苯基乙醛酸腙（4），4 与氨基甲酸乙酯反应生成酰胺（16），最后环合得地克珠利。

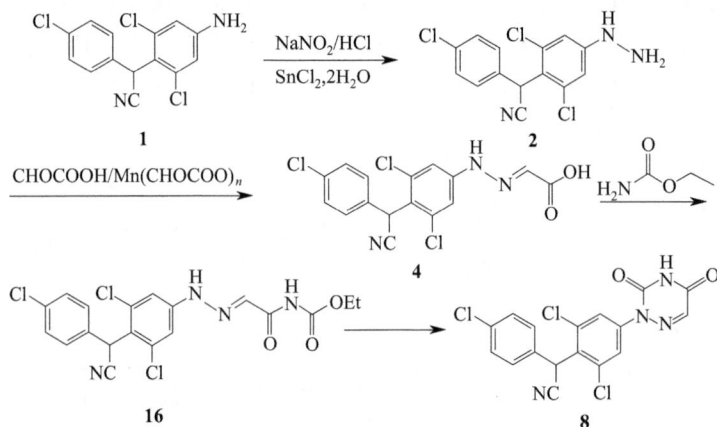

工艺4：取代苯胺与丙二酰二氨基甲酸乙酯缩合合成地克珠利的方法。对合成路线1进行改造。

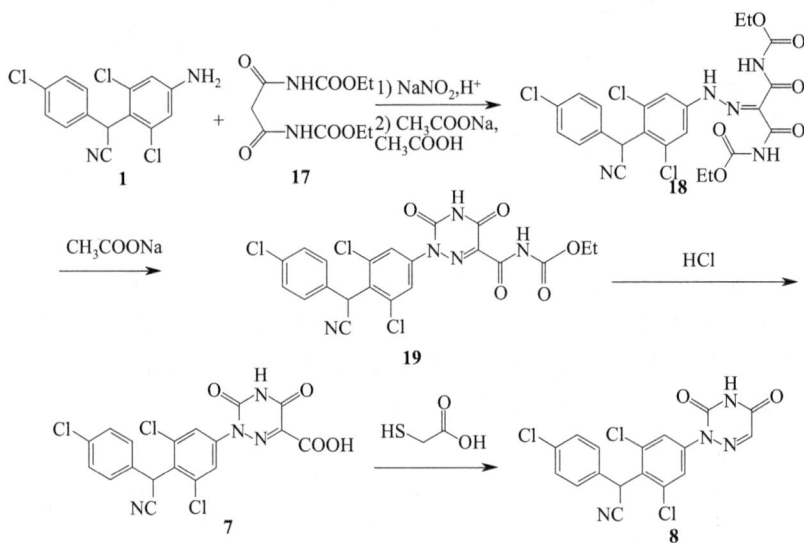

目前工业上最常用的路线是 2-[3,5-二氯-4-[(4-氯苯)氰甲基]苯基]-3,5-二氧代-2,3,4,5-四氢-1,2,4-三嗪-6-羧酸（三嗪酸）经过一步脱羧反应合成地克珠利，巯基乙酸用作脱羧试剂。三嗪酸脱羧合成地克珠利，避免了不易得或有毒原料的使用，但是脱羧试剂巯基乙酸价格较贵，使用量也是大大过量。

工艺5：以 4-氨基-2,6-二氯-α-(4-氯苯基)苯乙腈为原料，经过重氮化、还原反应得到 3,5-二氯-4-[(4-氯苯基)氰甲基]苯肼，随后与丙酮、氰酸钠环合得到 1-[3,5-二氯-4-(4-氯苯基)氰甲基]苯基-3,3-二甲基-1,2,4-三氮唑-5-酮，随后与乙醛酸经扩环反应得到产品地克珠利。

【药理药效】

地克珠利属三嗪苯乙腈化合物，为新型、高效、低毒抗球虫药，对艾美耳球虫有抗球虫活性。根据球虫种类的不同，地克珠利对寄生虫发育周期的无性或有性阶段具有杀灭作用，干扰球虫核酸合成，如对柔嫩艾美耳球虫主要作用点在第二代裂殖体，对巨型艾美耳球虫作用点在球虫的合子阶段，对布氏艾美耳球虫小配子阶段有高效。对超过 16d 的寄生虫期引起的肠道病变，使用地克珠利治疗效果有限。使用地克珠利治疗约 2 周会使球虫周期和囊泡排泄中断。

地克珠利的缺点是长期用易出现耐药性，故应穿梭用药或短期使用。

【应用】

羔羊：艾美耳球虫和卵泡艾美耳球虫病的防治。

小牛：牛艾美耳球虫病和猪艾美耳球虫病的防治。

托曲珠利

托曲珠利（toltrazuril）是德国拜耳公司 20 世纪 80 年代末研发的抗球虫药，商品名 Baycox(百球清)。本品抗虫谱广，对鸡、鹅和鸽体内球虫疗效很好。

【理化性质】

托曲珠利，又名甲苯三嗪酮，化学名称为 1-甲基 3-[3-甲基-4-[4-[(三氟甲基)硫基]苯氧基]苯基]-1,3,5-三嗪-2,4,6($1H$,$3H$,$5H$)-三酮，分子式为 $C_{18}H_4FNO_4S$，分子量为 425.4，CAS 号为 69004-03-1。其不溶于水，可溶于乙酸乙酯、二氯甲烷等有机溶剂，在甲醇中略溶。

【结构式】

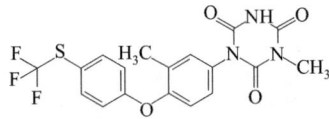

【合成工艺】

有文献报道，托曲珠利用对硝基苯硫酚经甲基化、氯化、氟代、还原、重氮化后水解制得 4-三氟甲硫基苯酚，4-三氟甲硫基苯酚再与 3-甲基-4-氯硝基苯缩合、还原、异氰酸酯化，再与甲基脲反应后环合制得。

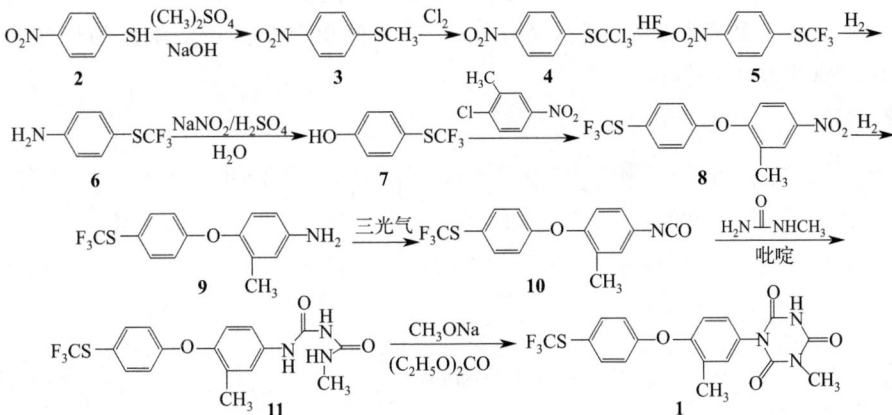

托曲珠利对球虫的各个发育阶段都有作用，可诱导虫体发育，使细胞内质网和高尔基体肿胀增殖，造成细胞核周围空间扩展异常，速殖体细胞核分裂紊乱，呼吸链酶减少，最后速殖体的细胞表面被完全胀裂。托曲珠利在进入动物体内后，首先被代谢为托曲珠利亚砜（toltrazuril sulfoxide），其后进一步氧化为具有抗虫活性的托曲珠利砜，即帕托珠利。2001 年，美国食品药品监督管理局（FDA）批准 Bayer 公司的帕托珠利口服糊剂（商品名 Marquis®）上市，用于治疗马的原虫寄生所引起的脑脊髓炎（equine protozoal mye-loencephalitis，EPM），且抗虫活性已被临床试验证实，甚至优于托曲珠利本身。

【应用】

本品用于抗球虫。

沙咪珠利

沙咪珠利是中国农业科学院上海兽医研究所自主研发的具有新型化学结构的三嗪类抗球虫药物，主要用于禽类球虫的防治，效果好，无毒副作用，安全性好。与现有抗球虫药物如地克珠利和妥曲珠利无交叉耐药性，且抗球虫效果更为明显，无卵囊和病变，是地克珠利、妥曲珠利良好的替代品。沙咪珠利于 2020 年获得中国一类新兽药证书，其顺利实现产业化应用，对我国禽类养殖特别是对鸡球虫的防治具有深远意义。

【理化性质】

沙咪珠利化学名称为 2-{3-甲基-4-(4′-乙酰氨基苯氧基)苯基}-1,2,4-三嗪-3,5($2H$，$4H$)-二酮；分子式：$C_{18}H_{16}N_4O_4$；分子量：352.35；淡黄色至类白色粉末；在 N,N-二甲基甲酰胺和二甲基亚砜中易溶，在甲醇和乙腈中微溶，在水中不溶。

【结构式】

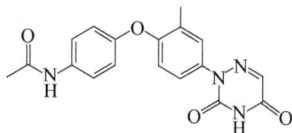

【合成工艺】

沙咪珠利的主要合成工艺有 2 种，如下图所示：工艺一以 2-氯-5-硝基甲苯和对乙酰氨基酚为起始原料，在缚酸剂的催化下，发生缩合反应，再依次经还原、重氮化、偶联、环合、水解、脱羧步骤制得沙咪珠利，此方法总收率最高约为 75%；工艺二以对乙酰氨基酚和 2-氟-5-硝基甲苯为起始原料，使用丙二酸单酯单酰胺基甲酸酯作为偶联物，收率约 79.9%，纯度为 98.0%。

工艺一：

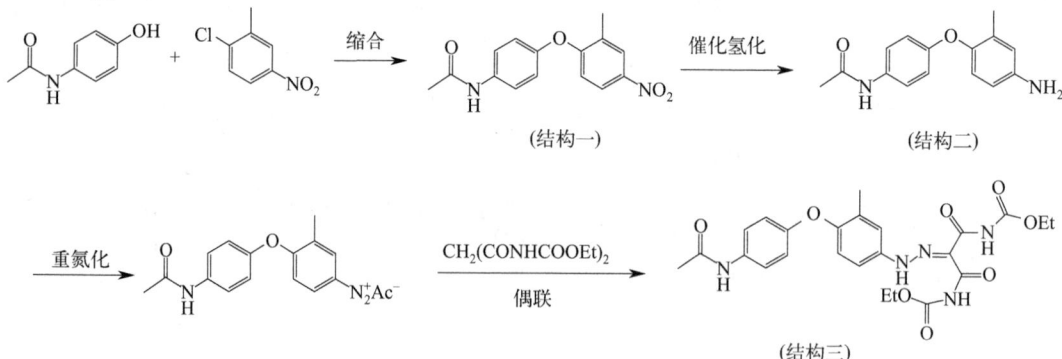

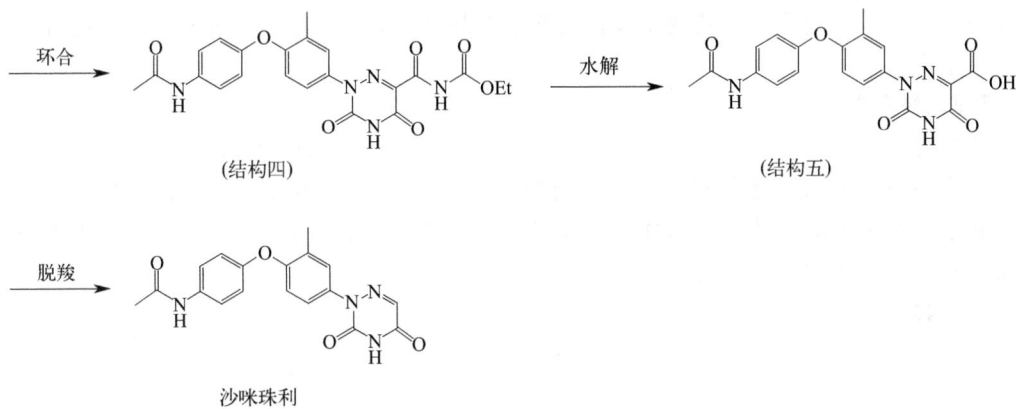

(结构四)　　　　　　　　　　　　　　　　　　　(结构五)

沙咪珠利

工艺二：

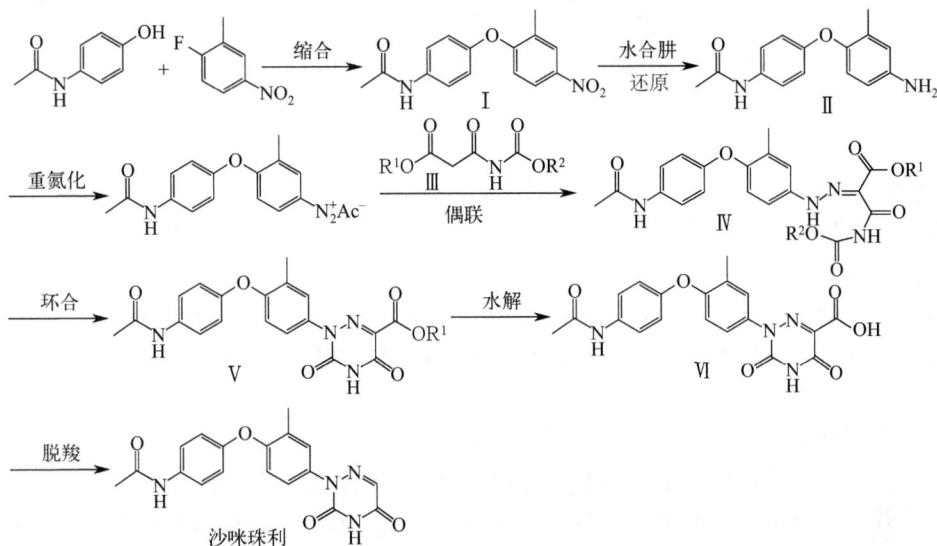

沙咪珠利

【药理药效】

沙咪珠利属于三嗪类抗球虫药，对鸡的柔嫩、堆型、毒害和巨型艾美耳球虫感染有良好的防治效果，主要作用于球虫的裂殖生殖和配子生殖阶段，作用峰期为感染后 3～4 d。

鸡按 1.33mg/kg b. w. 剂量内服 1% 沙咪珠利溶液，吸收良好，绝对生物利用度为 79%，血药峰浓度为 (3.37±0.55)mg/L，达峰时间约为 3～6h，半衰期约为 10h。内服后在鸡体内分布广泛，肝脏和肾脏的分布浓度较高。体外试验结果显示血浆蛋白结合率在 92%～98%。沙咪珠利主要经肝脏代谢，肾脏排泄，给药后 360h，95.7% 的药物以原形或代谢产物从粪尿中排出。

（3）离子载体抗球虫药

莫能菌素钠

莫能菌素（monensin）别名瘤胃素、莫能菌酸、肉桂霉素，属于五环多醚结构的酸性抗生素，它是由美国礼来公司首先研制成功，其商品名为预可胖。在 1967 年首先由 Haney 等从肉桂链霉菌（*Streptomyces cinnamonensis*）的发酵液中分离得到，是聚醚类离子载体抗生素中应用最为广泛的药物之一。莫能菌素于 1967 年被发现有抗球虫作用，1971 年美国批准其作为鸡的抗球虫剂投放市场，因此，美国、日本分别于 1976 年、1977 年正式批准将莫能菌素作为饲料添加剂。目前，已有 40 多个国家投入商品化生产，并广泛用作肉牛、羊的增重剂，猪的生长促进剂。我国于 1985 年首次通过专家技术鉴定，并应用于生产。

【理化性质】

莫能霉素钠，分子式 $C_{36}H_{63}NaO_{12}$，分子量 710.87，CAS 号 22373-78-0。莫能菌素钠纯品为白色或类白色结晶粉末，并稍有特殊臭味，易溶于甲醇、乙醇、氯仿等有机溶剂，在水中几乎不溶，酸性含水环境中易失活，碱性条件下很稳定，其干燥结晶长期保存稳定，在饲料中的稳定性也好。

【结构式】

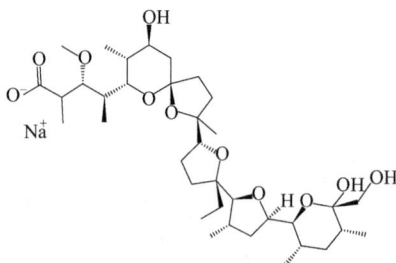

【合成工艺】

本品为肉桂地链霉菌发酵产生。

【药理药效】

本品对鸡的柔嫩艾美耳球虫、毒害艾美耳球虫、巨型艾美耳球虫、堆型艾美耳球虫、变位艾美耳球虫、布氏艾美耳球虫等有高效杀灭作用。其抗虫活性主要在球虫生活周期最初 2d 抑制子孢子或第一代裂殖体。

正常球虫孢子体和裂殖子细胞内 K^+ 浓度高、Na^+ 浓度低（细胞外相反），细胞通过储备能量进行离子渗透压平衡（外泵钠，内泵钾），以稳定细胞内环境。而莫能菌素作为一种离子载体，与单价阳离子具有较强的亲和力，能与其结合成脂溶性络合物。携带离子的络合物进入球虫子孢子或第一代裂殖体，干扰细胞膜内 K^+ 及 Na^+ 的正常转运，细胞内 K^+ 及 Na^+ 水平急剧升高，为平衡渗透压，大量水分子进入球虫细胞引起肿胀。为排除细胞内多余的 K^+ 及 Na^+，球虫细胞耗尽了能量，最后球虫细胞因耗尽能量且过度肿胀而死亡。因此莫能菌素主要作用于球虫的早期（子孢子、第一及第二代裂殖子）。莫能菌素因其独特的杀球虫作用，与化学合成类抗球虫药物不同，所以很难产生抗药性。

【应用】

研究发现它对于防治羔羊、绵羊、犊牛、兔等家畜的球虫病也有良好效果，且球虫对其不易产生耐药性。除抗球虫外，莫能菌素对葡萄球菌、杆菌、梭菌、链球菌等革兰阳性菌，霉菌（青霉菌、念珠菌），以及猪痢疾密螺旋体等有较强的抗菌活性，但对革兰阴性菌无效。

盐霉素钠

盐霉素是由白色链霉菌（*Streptomyces albus*）产生的聚醚类抗生素。盐霉素对大多数革兰阳性菌和各种球虫有较强的抑制和杀灭作用，不易产生耐药性和交叉抗药性，主要在畜牧业中用于防治鸡球虫病（coccidiosis in chicken），具有很大的经济附加值。1968 年首先由日本科研株式会社发现。1979 年，日本批准盐霉素作为球虫抑制剂投入使用，正式开启了盐霉素在农业和畜牧业中的使用历程。1987 年，盐霉素在欧盟通过批准，作为鸡球虫病的抑制剂使用。1993年，中国农业部批准盐霉素作为鸡球虫病抑制剂和动物生长促进剂使用。

【理化性质】

盐霉素钠又称沙利霉素钠，含1分子水，分子式$C_{42}H_{71}NaO_{12}$，分子量791，CAS号55721-31-8。白色或淡黄色结晶性粉末，微有特异臭味，易溶于丙酮、氯仿或乙醚，可溶于甲醇和乙醇，微溶于正己烷，不溶于水。

【结构式】

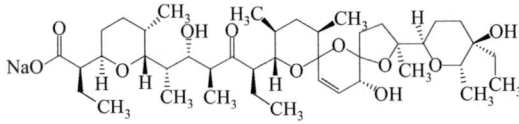

【合成工艺】

本品由白色链霉菌（*Streptomyces albus*）发酵生产。

【药理药效】

盐霉素钠能杀灭多种鸡球虫，对巨型和布氏艾美耳球虫作用较弱。盐霉素对尚未进入肠细胞内的球虫子孢子有高度杀灭作用，对无性生殖的裂殖体有较强的抑制作用。

盐霉素钠与其他聚醚类抗生素一样，是典型的离子载体抗生素，它对细胞中的阳离子，尤其K、Na、Rb离子的亲和力特别强，使生物所必需的阳离子通过膜上脂质屏障的浸透性增强，妨碍细胞内外阳离子的传递，使细胞内外离子浓度发生变化，从而影响渗透压，最终使细胞崩解。

对鸡的毒害、柔嫩、巨型、和缓、堆型、布氏等艾美耳球虫均有作用，尤其对巨型及布氏艾美耳球虫效果最强。对鸡球虫的子孢子，第一、二代裂殖子均有明显作用。此外，盐霉素也能促进动物生长，小于4月龄的仔猪喂30～60mg/kg药料，4～6月龄仔猪喂15～30mg/kg药料，可明显增加体重和提高饲料利用率。鸡内服盐霉素在胃肠道吸收很少。在肝、胃、小肠内含量较高，其他组织中含量极微。进入体内的药物，在肝脏内迅速代谢，并由小肠分泌，经粪便排出体外，给药后48h内排出量达给药剂量的94.6%，72h超过97%。

【应用】

本品属抗球虫药，临床上主要用于防治畜禽的球虫病，近年来亦用作牛、猪的促生长剂。耐药性产生较慢，与其他非离子载体类抗球虫药无交叉耐药性。

安全范围较窄，应严格控制混饲浓度。若浓度过大或使用时间过长，会引起采食量下降、体重减轻、共济失调和腿无力。成年火鸡和马禁用。休药期，禽，5d。

盐霉素禁与秦妙菌素、竹桃霉素合用，因后两者能阻止盐霉素代谢而导致体重减轻，甚至死亡。必须应用时，至少应间隔7d。

拉沙洛西钠

拉沙洛西钠是瑞士罗氏公司在1951年开发的，是由拉沙里链霉菌发酵而产生的。拉沙洛西钠1976年美国才批准使用。

【理化性质】

拉沙洛西钠分子式$C_{34}H_{53}NaO_8$，分子量612.77，CAS号25999-20-6。为白色或棕色粉末，有特异臭，熔点191～192℃。微溶于水，可溶于大部分有机溶剂。性能稳定，37℃下可保存6个月不变，25℃下保存18个月不变。

【结构式】

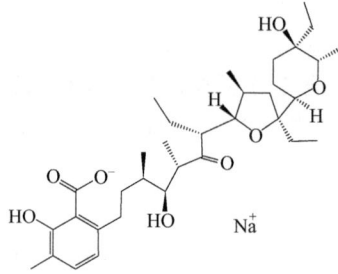

【合成工艺】

本品由拉沙里链霉菌发酵生产。

【药理药效】

本品为新型聚醚类抗生素、抗球虫药，药理同其他聚醚类抗球虫药。本品的安全范围亦较莫能菌素和盐霉素广。莫能霉素和盐霉素钠是对一价金属离子有亲和力，而拉沙洛西钠对二价金属离子有亲和力。本品主要作用于子孢子、无性生殖早期和后期，用于防治鸡的球虫病。

【应用】

除对堆型艾美耳球虫的作用稍差外，本品对鸡柔嫩、毒害、巨型、变位艾美耳球虫的抗球虫效果超过莫能菌素。拉沙洛西钠对火鸡、兔、羔羊、犊牛球虫病亦有明显疗效。本品用量每千克饲料 75mg，即治疗浓度时对机体球虫免疫力能产生严重抑制作用。

美国将其作为肉牛生长促进剂，饲料中添加拉沙洛西钠浓度为 10～30g/t 时，可提高牛的增重率和改善饲料利用率，当使用 1mg/kg（体重）剂量时，可控制牛的球虫病，即每头牛每天使用 360mg。

拉沙洛西钠鸡产蛋期禁用，禁用于马属动物，牛使用时一定要稀释，并严格控制投药量，用药过量可导致牛死亡，屠宰前无需停药。

甲基盐霉素

甲基盐霉素是美国礼来公司于 1975 年开发的。

【理化性质】

甲基盐霉素，又称那宁素，分子式 $C_{43}H_{72}O_{11}$，分子量 765.03，CAS 号 55134-13-9。本品不溶于水，溶于大部分有机溶剂，熔点为 195～200℃。

【结构式】

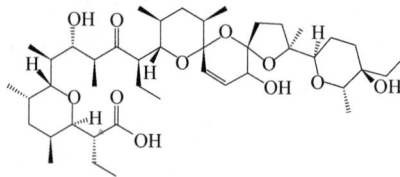

【合成工艺】

甲基盐霉素由金色链球菌发酵得到。

【药理药效】

本品为单价聚醚类离子载体抗球虫药。其抗球虫效应大致与盐霉素相同。对鸡的堆型、布氏、巨型、毒害艾美耳球虫的抗球虫效果有显著差异，如堆型、巨型艾美耳球虫感染以 40mg/kg 浓度加入饲料为最佳，毒害艾美耳球虫并发细菌感染宜选用 60mg/kg 加入饲料，而布氏艾美耳球虫感染则需用 80mg/kg 饲料浓度才能发挥应有的抗球虫效力。

体内吸收较少。在肝脏和排泄物中可检测到原形药和 15 种代谢物，其中二羟甲基和三羟甲基盐霉素、二羟甲基和三羟甲基盐霉素 B 占 50%。

【应用】

本品为抗球虫药，用于肉鸡堆型、布氏、巨型、变位、毒害和柔嫩艾美耳球虫病。还可促进育成猪对饲料中氮的利用，提高大肠中丙酸的浓度。

美国礼来公司将甲基盐霉素和尼卡巴嗪以相同质量混合制成的抗球虫剂，效果很好。其商品名为 Maxiban，美国 FDA 已作为一种产品批准使用，并规定停药期为屠宰前 5d，不得与马属动物接触，仅用于肉鸡，每吨饲料中添加 60～70g 混合剂。两种药物之间没有协同增加作用，但由于每种药物浓度的降低，相应的毒性也降低。目前这种合剂仅美国批准使用。

马属动物忌用，禁止与泰妙菌素、竹桃霉素合用。肉鸡屠宰前 5d 停止给药。

马度米星铵

马度米星铵是由一种新型的发酵菌生产的单苷类离子载体抗生素。最早由 Lui 等于 1981 年发现分子结构，并被独立发现，且广泛测试其抗球虫活性。马度霉素首先由美国氰胺公司开发生产，1990 年进入我国兽药市场。

【理化性质】

马度米星铵又名马度霉素铵，分子式 $C_{47}H_{79}O_{17}NH_4$，分子量 934.17，CAS 号 84878-61-5。本品为白色或类白色结晶性粉末，有微臭，熔点 165～167℃，不溶于水，可溶于大部分有机溶剂。

【结构式】

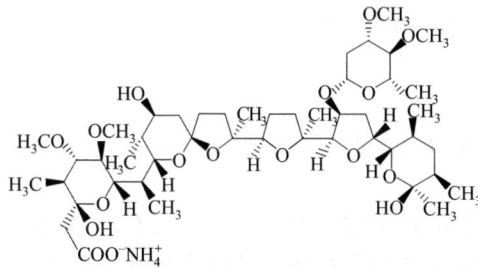

【合成工艺】

本品由土壤中分离出的微生物 *Actinomadur clyunlaensls* 发酵、提取、氨化、分离、结晶、干燥等工序，严格控制生产而获得。

【药理药效】

本品为一价单糖苷离子载体抗球虫药，抗球虫谱广，其活性较其他聚醚类抗生素强。对鸡的毒害、巨型、柔嫩、堆型、布氏、变位等艾美耳球虫更高效，而且也能有效控制对其他聚醚类抗球虫药具有耐药性的虫株，马度米星能干扰球虫生活史的早期阶段，即球虫发育的子孢子期和第一代裂殖体，不仅能抑制球虫生长，且能杀灭球虫。

【应用】

本品主要用于防治鸡球虫病，对堆型、布氏、巨型、和缓、变位、柔嫩和毒害艾美耳球虫均有效，对大部分革兰阳性菌也有抑制作用。可用于鸡饲料，用量为 5g（500 万单位）/t，产蛋期禁用，停药期 5～7d；用量超过 6g/t 时明显抑制生长，与其他药物混用应谨慎。美国 FDA 规定：仅用于肉鸡，每吨饲料添加 4.54～5.54g。本品优点是用量小，对马属动物无毒。

本品的毒性较大，安全范围窄，较高浓度（7mg/kg，饲料混饲）即可引起鸡不同程度的中毒。本品对牛、羊、猪等动物更敏感，易引起中毒。马度米星铵给鸡混饲（5mg/kg），在肝、肾、肌肉、皮肤、脂肪等组织中的半衰期约 24h。

海南霉素钠

海南霉素是从稠李链霉菌东方变种的培养液中提取出来的聚醚类抗生素，这种稠李链霉菌东方变种是在我国海南岛的土壤中分离出来的，海南霉素是 20 世纪 80 年代我国自主研发并且通过审批的第一个一类新兽药。

【理化性质】

海南霉素钠纯品的分子式为 $C_{43}H_{73}O_{11}Na$，分子量 907.125，呈白色或类白色结晶，熔点为 149～155℃，旋光度为 $-25°\sim-35°$，无臭无味，易溶于甲醇、乙醇、丙醇、正丁醇、乙酸乙酯、三氯甲烷和四氢呋喃等，微溶于石油醚和正己烷，不溶于水。海南霉素是一种一元酸多醚类抗生素，能够与碱性金属阳离子结合形成盐类，其游离酸的溶解度基本上和盐类相同，生产中使用的是含有 1% 或 10% 海南霉素纯品的海南霉素钠预混剂，海南霉素钠预混剂通常为黄色粉末状，其商品名通常为"鸡球素"或"球克"1260。

【结构式】

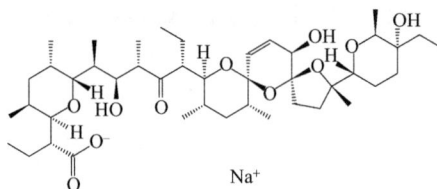

【合成工艺】

本品系自稠李链霉菌东方变种的培养液中提取出来的聚醚类抗生素。

【药理药效】

海南霉素是一种羧酸类的离子载体类抗生素，具有广谱抗球虫作用，对鸡的柔嫩、毒害、堆型、巨型、和缓艾美耳球虫等高效。其作用机理是与球虫机体细胞内的钾离子、钠离子结合形成脂溶性络合物，干扰细胞正常的离子转运，钾离子、钠离子不断在细胞内积聚，破坏渗透压平衡。由于离子转运异常导致了细胞内阳离子过多，水分子不断进入细胞以平衡渗透压，细胞不断耗能且出现肿胀，最终球虫细胞过度肿胀，耗尽能量而死亡。此外，海南霉素也能促进鸡的生长，增加体重和提高饲料利用率，主要用于防治鸡的球虫病。

【应用】

抗球虫。

（4）二硝基类

二硝托胺

二硝托胺（dinitolmide）属于硝苯酰胺类抗球虫药，该药物于 20 世纪 60 年代由法国 Dow 公司开发，1989 年在我国开始批准使用，主要用于预防和治疗鸡盲肠和小肠球虫病。

【理化性质】

二硝托胺化学名称 3,5-二硝基-2-甲基苯甲酰胺，分子式 $C_8H_7N_3O_5$，分子量 225.16，CAS 号 140-01-6，为类白色或微黄褐色粉末，无臭，味苦。该药物理化学性质特殊，不溶于水，可以溶于丙酮，在乙醇溶液中微溶，不溶于其他有机溶剂，熔点 177～181℃。

【结构式】

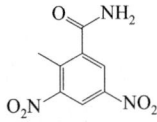

【合成工艺】

以邻甲基苯甲酸为原料，二氯乙烷为溶剂，浓硝酸为硝化试剂，氯化亚砜为酰氯化试剂，DMF 为酰氯化反应的催化剂，得到中间体 3,5-二硝基邻甲基苯甲酰氯的二氯乙烷溶液，然后经氨水氨化，再回收溶剂、氨气得到二硝托胺的水溶液，将所述水溶液冷却，析出晶体，经过过滤、洗涤和干燥获得目标产物二硝托胺。

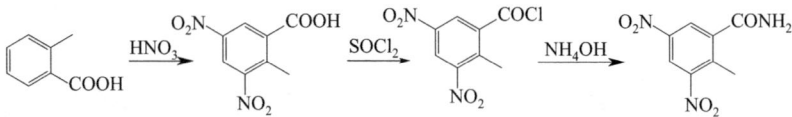

【药理药效】

二硝托胺为酰胺类的抗球虫药。二硝托胺主要作用于肠腺上皮细胞内的球虫第一代裂殖体，可以抑制其增殖传代，还可以抑制和杀灭球虫的卵囊子孢子。该药抗球虫谱广，对所有的艾美耳球虫都有作用，并且对相关抗球虫耐药的虫株也非常敏感，安全范围大，不影响鸡自身对球虫免疫力的产生，作用机理独特，可以与大多数药物配伍使用，既可以用于治疗，也可以用于球虫病的预防，该药物对对小肠黏膜损害最严重的毒害艾美耳球虫和柔嫩艾美耳球虫治疗效果最佳，对其他鸡球虫（如布氏、缓和、巨型艾美耳球虫）也有较好的防治效果，同时也用于兔、火鸡等的小肠球虫病的防治。

【应用】

二硝托胺作为抗球虫药，对小肠球虫中的毒害艾美耳（艾氏）球虫的防治效果最好，对柔嫩艾美耳球虫、波氏艾美耳球虫和巨型艾美耳球虫也有效。可用于鸡饲料，最大用量为 125g/t，产蛋期禁用。

尼卡巴嗪

尼卡巴嗪（nicarbazin，NCZ）是 1955 年由美国默克（Merk）公司研制合成。1974 年经美国 FAD 批准作为饲料添加剂用于肉鸡和青年鸡球虫病的预防和治疗。1986 年，中国农业部批准尼卡巴嗪作为饲料添加剂抗球虫药使用。

【理化性质】

尼卡巴嗪又名双硝苯脲二甲嘧啶醇、硝脲嘧啶或球虫净，是 4,4'-二硝基苯脲（DNC）和 2-羟基-4,6-二甲基嘧啶（HDP）等摩尔的复合物，分子式为 $C_{13}H_{10}N_4O_5 \cdot C_6H_8N_2O$，分子量为 426.38，CAS 号 330-95-0。本品为黄色或黄绿色粉末，无臭，稍具异味；溶解性差，仅微溶于二甲基甲酰胺，在水、乙酸乙酯、乙醇及乙醚等有机溶剂中不溶，与水研磨时发生分解，与酸接触则分解更快。

【结构式】

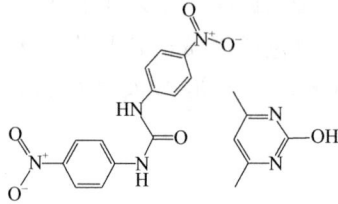

【合成工艺】

2-羟基-4,6-二甲基嘧啶合成是以乙酰丙酮与尿素进行缩合反应回流 10～15h 制得；4,4′-二硝基均二苯脲合成方法很多种，如用对硝基苯胺、甲酸乙酯与对硝基苯胺在 N，N-二甲基甲酰胺（DMF）溶剂中，回流 4～5h 而得，收率 85％～90％；用对硝基苯胺和光气在甲苯中反应而得，收率 96.5％；用对硝基苯胺和尿素在戊醇中反应而得，收率 80％；用对硝基苯胺盐酸盐与尿素在 180～200℃反应而得；用苯胺与尿素缩合得均二苯脲，后经硝化而得。

然后按照如下 2 种工艺进行：

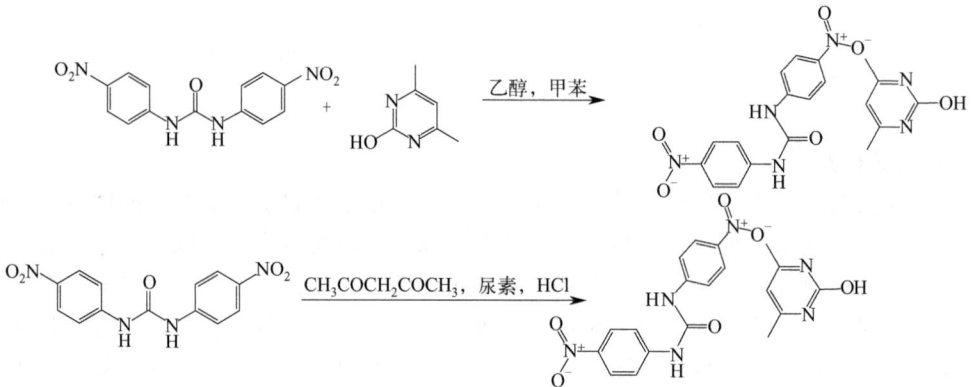

【药理药效】

尼卡巴嗪的作用机制与离子型抗球虫药物多少有些相似之处，通常被认为是一种氧化磷酸化解偶联剂。尼卡巴嗪进入球虫细胞内后干扰线粒体代谢，麻痹球虫细胞内的 ATP，中断细胞能量供应，使细胞壁上的钾钠泵停止工作，大量 Na^+ 和水同时进入细胞内，导致球虫细胞内离子失衡或细胞壁膨胀破裂而使球虫死亡。尼卡巴嗪对球虫第二代裂殖体活性最强，活性高峰为球虫感染后第 4 天。有研究表明，尼卡巴嗪对球虫第一代裂殖体也有抑制作用。

【应用】

本品对鸡盲肠球虫和堆形艾美耳球虫、巨型艾美耳球虫、毒害艾美耳球虫、波氏艾美耳球虫均有良好的预防效果。尼卡巴嗪具有高效、低毒、性能稳定、抗药性小等优点。本品可与球虫酯联合用药效果更佳。注意事项：a. 产蛋鸡禁用；b. 宰前 4d 停药；c. 温度高于 45℃时禁用。

（5）其他

乙氧酰胺苯甲酯

乙氧酰胺苯甲酯，是一种抗球虫药，主要与某些抗球虫药合用以产生协同作用，作为抗球虫药的增效剂用于家禽饲料中。

【理化性质】

乙氧酰胺苯甲酯（ethopabate，EPA）的化学名称是 2-乙氧基-4-乙酰氨基苯甲酸甲酯，分子式为 $C_{12}H_{15}NO_4$，分子量 237.25，CAS 号 59-06-3。本品为白色或类白色粉末，无臭或几乎无臭，易溶于甲醇、乙醇、氯仿，微溶于乙醚，极微溶于水。

【结构式】

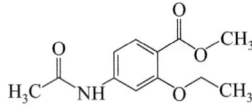

【合成工艺】

A. 将工业粗产品对氨基水杨酸 8.0g 研细，与无水甲醇混合，加热，直到对氨基水杨酸完全溶解，冷却。滴加 8mL 浓硫酸，回流反应 8～10h，反应完毕后，蒸出甲醇，到还剩约 10mL 液体时，冷却，加入碳酸钠饱和溶液，到中性，这时有细小灰色固体析出，抽滤。固体用甲醇：水＝3：2 的溶液重结晶，得到粉紫色产物对氨基水杨酸甲酯。

B. 将 55mL 无水甲醇投入 250mL 的三口瓶中，再用药勺慢慢加入上述产物 24.74g，搅拌成糊状，升温至 36℃，用恒压滴液漏斗滴加 17.29g 乙酸酐，滴加速度适宜，不能超过 45℃，反应物溶解，加完乙酐后保温搅拌 40min。冷却至室温，反应液固化，加水 300mL 继续搅拌 1h，抽滤，取出滤渣，干燥后得对乙酰氨基水杨酸甲酯粉末。

C. 将 4.2g 上述产物和 20mL 无水甲醇分别投入 150mL 的三口瓶中，搅拌加热使其溶解（水浴 50℃）。再投入 4.7g 无水碳酸钾、3.4g 硫酸二乙酯和单质碘，搅拌水浴升温至 70℃反应，用薄层色谱监测直到反应物基本消失。反应完毕，蒸去甲醇溶剂。冷却至室温，加入 50mL 水继续搅拌 30min，抽滤、水洗、干燥后得乙氧酰胺苯甲酯粗品。将粗品用 30mL 含水甲醇（甲醇：水＝2：1）和石油醚重结晶得到精制品。

【药理药效】

其抗球虫机制与磺胺药和抗菌增效剂相同，系阻断球虫四氢叶酸的合成，作用高峰期是在感染后的第 4 天。对鸡巨型、布氏艾美耳球虫以及其他小肠球虫具有较强作用，从而弥补了氨丙啉的抗球虫缺陷，而本品对柔嫩艾美耳球虫缺乏活性的缺点，亦可被氨丙啉的活性作用所补偿，这是本品不单独应用而多与氨丙啉合用的主要原因。两者互补联用，抗球虫范围扩大，效果增强，常做成复方制剂使用，不单用。

【应用】

乙氧酰胺苯甲酯作为饲料添加剂，用以防治鸡、兔球虫病。鸡从出生后 12 或 15 日龄起开始用药，连续使用到 60 日龄止。兔在 4 月龄内用药，每 2kg 饲料加 1g 原药，均匀拌饲料中。食用后能降低死亡率，增重 20% 左右。乙氧酰胺苯甲酯可以单独使用（每吨饲料掺 40g 原药，均匀拌于饲料中），也可拌同其他药剂复配成各种不同的广谱抗球虫药，例如乙氧酰胺苯甲酯 4% 常与氨丙啉 25% 联合使用，其商品名为复方氨丙啉。

盐酸氨丙啉

氨丙啉，属于硫胺类抗球虫药，是 1959 年由美国的默克公司研制成功，此药具有安全、高效、低毒、球虫不易对其产生耐药性的特点，是美国 FDA 唯一获准可用于产蛋鸡和种鸡的抗球虫药。该药适于与其他药物配合，做成水溶散剂或预混剂使用，是产蛋鸡的主要抗球虫药。

【理化性质】

本品化学名为氯化 1-(4-氨基-2-正丙基嘧啶-5-基甲基)-2-甲基吡啶盐酸盐，分子式为 $C_{14}H_{19}ClN_4 \cdot HCl$，CAS 号为 137-88-2，白色至淡黄色结晶粉末，无臭或有微弱的异味。本品易溶于水，稍溶于甲醇，几乎不溶于醚和三氯甲烷；性质稳定，在室温及 40℃ 以下保存 5 年无变化，稍有吸湿性，混于饲料中能缓慢分解。

【结构式】

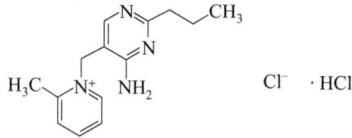

【合成工艺】

通过文献的查阅和逆合成分析，氨丙啉的合成主要有以下 4 条路线。其中合成关键是嘧啶环的制备及最后与 2-甲基吡啶的取代反应。选择其中较简单的合成路线介绍如下。

以丁腈为原料，在酸性条件下和甲醇反应制备得到甲氧基丁亚胺，再经氨气的取代生成盐酸丁脒；以丙烯腈为原料，和甲酸甲酯在甲醇钠存在的条件下，反应生成的 α-羟钠次甲基-β-甲氧基丙腈，经硫酸二甲酯甲基化生成 α-甲氧次甲基-β-甲氧基丙腈；盐酸丁脒与 α-甲氧次甲基-β-甲氧基丙腈缩合反应生成得到 4-氨基-5-甲氧基甲基-2-丙基嘧啶，然后和 2-甲基吡啶进行取代反应，最后与氯化氢成盐制备得到盐酸氨丙啉。

【药理药效】

氨丙啉主要作用于球虫的第一代裂殖体，作用峰期在感染后第 3 天。有资料显示，该药对有性生殖阶段和孢子生殖阶段的球虫也有一定的抑制作用。盐酸氨丙啉的化学结构与硫胺类似，在球虫代谢过程中取代硫胺，使虫体发生硫胺缺乏而干扰其代谢，能抑制球虫裂殖体的生长发育，对配子体和孢子体也有抑制作用。氨丙啉对毒害艾美耳球虫和柔嫩艾美耳球虫效果显著，较大剂量对巨型艾美耳球虫和变位艾美耳球虫有抑制作用，对其他球虫作用不明显，但可防治羔羊、犊牛的球虫病。盐酸氨丙啉是传统使用的抗球虫药，已广泛应用于世界各国，在各种抗球虫药中，此品种的安全性最高。

【应用】

本品对鸡柔嫩与堆形艾美耳球虫及羔羊和犊牛球虫都有效。多与其他药物配合，做成水溶散剂或预混剂使用，是产蛋鸡的主要抗球虫药。该产品毒性小，安全范围大，残留少，无需停药期。该药用于鸡球虫病的预防时多与乙氧酰胺苯甲酯和磺胺喹噁啉等制成复合制剂扩大抗球虫谱，增强抗球虫效果。与磺胺喹噁啉并用对并发细菌感染亦有良好的抑制作用，是目前广泛应用的一种抗球虫药。

高浓度该药可引起鸡群维生素 B_1 缺乏。

氯羟吡啶

氯羟吡啶（chlopidol）又称氯吡啶、克球多，是美国 Dow 化学公司创制的防治鸡球虫病、卡氏白细胞原虫病（即白冠病）的特效饲料添加剂。除防治效果显著外，对鸡的生长、发育、产蛋类亦有良好的促进作用，且能改善病鸡的饲料转化，提高饲料的利用率。

【理化性质】

氯羟吡啶化学名称为 2,6-二甲基 3,5-二氯-4-吡啶醇，分子式 $C_7H_7Cl_2NO$，分子量 192.04，CAS 号 2971-90-6。本品为白色或浅棕色结晶，无臭、无味，熔点高于 360℃。难溶于大多数有机溶剂和水，稍溶于强碱或强酸溶液。与金属氧化物生成金属盐，性能非常稳定，可保存 3 年。

【结构式】

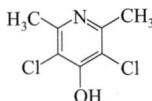

【合成工艺】

氯羟吡啶有多种生产方法，主要方法是以双乙烯酮为原料，经二聚合反应得脱氢乙酸，再从脱氢乙酸经水解、氨化和氯化反应制得。

【药理药效】

本品属于吡啶类化合物，具有广泛的抗球虫作用。作用峰期主要在子孢子发育阶段，即感染后第 1 天，能使子孢子在上皮细胞内停止发育长达 60d 左右；对第 2 代裂殖生殖、配子生殖和孢子形成均有抑制作用。本品对鸡柔嫩、毒害、布氏、巨型、堆型、和缓和早熟艾美耳球虫有效，尤其对柔嫩艾美耳球虫作用最强。鉴于氯羟吡啶对球虫仅是抑制作用，停药后子孢子能重新发育生长，过早停药往往导致球虫病暴发，且能使宿主对球虫的免疫力明显降低。

【应用】

目前认为，球虫对本品易产生耐药性。本品对兔球虫亦有一定的防治效果。但本品有较强的抗住白细胞原虫作用，因此曾广泛地用于防治禽住白细胞原虫病。

盐酸氯苯胍

氯苯胍系美国氰胺公司创制的一种新型抗球虫药，用于治疗鸡、兔等动物的球虫病效果好。经鸡、兔等动物试验证明该药具有广谱、高效、低毒、剂量小、投药方便等优点。

【理化性质】

盐酸氯苯胍（chloroguanide hydrochloride）又称氯苯胍、罗本尼丁（robeaidine）、百乐君、1,3-双（对氯亚苯基氨基）胍盐酸盐。分子式 $C_{15}H_{13}Cl_2N_5 \cdot HCl$，分子量 370.69，CAS 号 25875-51-8。盐酸氯苯胍为白色或淡黄色结晶性粉末状，无臭、味苦，熔点 289～290℃（分解），微溶于乙醇，不溶于水，遇光颜色逐渐变深。

【结构式】

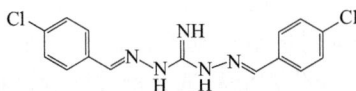

【合成工艺】

由硫氰酸钠与水合肼加成、重排生成氨基硫脲。然后用硫酸二甲酯甲基化、肼解得 N,N'-二氨基胍硫酸盐。再用氯化钙置换成 N,N'-二氨基胍盐酸盐。最后与对氯苯甲醛在乙醇中缩合制得盐酸氯苯胍。

N,N'-二氨基胍基盐酸盐也可从氯化氰出发，经与水合肼加成、重排而制得。

【药理药效】

抑制球虫第一代裂殖体的生长繁殖，对第二代裂殖体也有作用，而且还能抑制卵囊的发育，使卵囊的排出数减少。干扰虫体胞质中的内质网，影响虫体蛋白质代谢，使内质网和高尔基体肿胀、氧化磷酸化反应和三磷酸腺苷酶被抑制。

【应用】

氯苯胍是低毒、高效的抗球虫药，可用于鸡饲料，用量为 30～36g/t，产蛋期禁用，停药期 7d；也可用于兔饲料，用量为 50～66g/t，孕期禁用，停药期 7d。

临床上，氯苯胍常与地克珠利、盐霉素等交叉使用，或与磺胺类药物联合使用，防治各类球虫感染。以至少 33mg/kg 剂量添加在饲料中可有效控制艾美耳球虫引起的鸡球虫病和火鸡球虫病，以至少 50mg/kg 剂量添加在饲料中可有效控制艾美耳球虫引起的兔球虫病。此外，该药物还可用于其他寄生虫病，如治疗猪结肠小袋虫与弓形虫感染，特别是对于弓形虫感染，氯苯胍可以有效抑制弓形虫繁殖过程，具有较好的治疗效果。

7.1.2.3　抗锥虫药

三氮脒

【理化性质】

三氮脒，又叫贝尼尔、血虫净，化学名称 4,4′-二脒基重氮氨基苯二乙尿酸盐，分子式 $C_{22}H_{29}N_9O_6$，分子量 515.52，CAS 号 908-54-3。本品为黄色或橙色结晶性粉末，无臭，遇光遇热变为橙红色。本品在水中溶解，在乙醇中几乎不溶，在氯仿及乙醚中不溶。

【结构式】

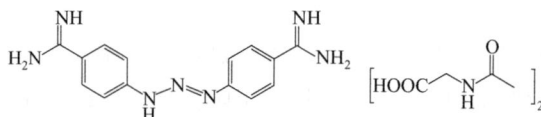

【合成工艺】

工艺 1：以对硝基苯甲酸为原料，在高温下与对甲苯磺酰胺发生氰化反应，生成对硝基苯腈。然后由对硝基苯腈加成、胺化、还原、重氮化、偶合、成盐而得三氮脒。

① 加成、胺化。将对硝基苯腈、甲醇、甲醇钠加入反应锅，搅拌溶解，在 25～30℃ 反应 3h。加入氯化铵，在 10～15℃ 搅拌反应 5h。回收甲醇至干，加入稀盐酸煮沸，过滤，得对硝基苯脒盐酸盐溶液。

② 还原。将上述溶液加热至 50℃，加入乙酸，于 60℃ 慢慢加入铁粉。加毕，升温至 105℃ 反应 5h。过滤，滤液用氢氧化钠溶液碱化至 pH 为 12。过滤，用盐酸将滤液重新酸化至 pH 为 1～2。浓缩，冷却结晶，过滤，得对氨基苯脒盐酸盐。

③ 重氮化、偶合。先将一半量的对氨基苯脒盐酸盐加入水中，加盐酸溶解，于 −5～0℃ 滴加 10% 亚硝酸钠溶液，用碘化钾淀粉试纸检查终点，将另一半量的对氨基苯脒盐酸盐加少量水混匀后加入，再加饱和乙酸钠溶液，析出黄色沉淀。过滤，滤饼溶于水中，用 10% 氢氧化钠溶液调节 pH 至 9～10，析出结晶。甩滤。将滤饼加入反应釜中，加 400kg 纯化水，搅拌，升温，于 50～65℃ 溶解，再降至 0℃，用 10% 氢氧化钠溶液调节 pH 至 9～10，甩滤，60℃ 烘干得即得 1,3-双（对脒基苯）三氮烯。

④ 成盐。将上述三氮烯、乙酰甘氨酸、甲醇搅拌 0.5h 后，用氨水调节 pH 为 7，升温。加活性炭，过滤，滤液冷却结晶。过滤、干燥，得三氮脒。

工艺 2：

① 对硝基苯甲脒肟的制备。将对硝基苯甲酰胺（90g，0.54mol）、甲苯（54g）和 DMF（54g）置于圆底烧瓶中并加热至 60℃，然后向其中加入三氯化磷（45.5g，0.3mol）并加热至 80℃ 维持 2h，反应完成后，将反应物料冷却至 40℃。再向所得溶液中加入甲醇（150g）、硫酸羟胺（68g，0.83mol）和氢氧化钠溶液，将上述溶液加热至 60℃

维持 5h，反应完成后，真空蒸馏出甲醇，冷却至室温，加入水并搅拌 0.5h。将固体过滤，用水洗涤直到 pH 为中性，然后用甲醇洗涤。

② 对氨基苄脒二盐酸盐的制备（使用氢气压）。将对硝基苄脒肟（125g）、甲醇（35L）装入烧瓶中，向上述溶液中加入钯炭（2.5g），将 4kg N_2 气体和 5kg H_2 压力的 4kg H_2 气体冲洗至上述溶液中，缓慢加热至 100℃，检查 HPLC。将反应物质加热至 100℃并保持 3h 后再冷却至室温，释放 H_2 压力并冲洗 N_2。将反应物质在氮气下通过 hyflo 过滤，hyflo 床用甲醇洗涤。将滤液冷却至 20℃，滴加 HCl（243g）保持 1h，将固体过滤，用甲醇洗涤。

③ 4-氨基苯甲脒二盐酸盐合成。将对氨基苯甲脒（100g）、水（320mL）装入四颈圆底烧瓶中，冷却至 0~5℃。将浓 HCl（96g）在 10℃滴加 5h，冷却至 0~5℃。向上述溶液中滴加亚硝酸钠溶液（16g 亚硝酸钠在 50mL 水中），维持 0~5℃ 1h，加入氨基磺酸（1g），在 0~5℃下搅拌 10min。将乙酸钠三水合物溶液（101.5g 乙酸钠在 100mL 水中）在 0~5℃下滴加 1~2h，保持 6h。过滤，用冷冻的 NH_4Cl 溶液（15g NH_4Cl 在 190mL 水中）和冷冻的 NaCl 溶液（15g NaCl 在 190mL 水中）洗涤，观察到黄色固体，吸干。水中的黄色固体置于圆底烧瓶中，冷却至 10~15℃。在 15℃下滴加氢氧化钠溶液（28g，270mL 水中的 NaOH 片）1h，形成橙色浆液，在 10~15℃下保持 1h，过滤，用 15% NaOH 溶液洗涤。

④ 4,4'-二脒基重氮氨基苯二乙尿酸盐的合成。将得到的湿 4-氨基苯甲脒二盐酸盐（149g）和异丙醇（420mL）置于圆底烧瓶中，在室温下缓慢加入乙酰甘氨酸（58.8g），将 pH 调节至 4.5~4.7，加热至 70~75℃，将活性炭（1g）在 70℃下装入烧瓶中并保持半小时，将反应混合物用热水过滤。收集滤液并置于圆底烧瓶中，冷却至室温。缓慢加入水（300mL）以形成黄色固体，完全加成反应混合物冷却至 0~5℃ 1h，固体在 0~5℃氮气下过滤。

【药理药效】

该药的确切作用机制尚不明确。其作用机理可能是选择性地阻断锥虫动基体的 DNA 合成或复制，并与细胞核产生不可逆性结合，从而使锥虫的动基体消失，并不能分裂繁殖。

三氮脒可能不能完全清除病原体，但单剂量给药后几周内，能减慢病原体代谢，抑制临床症状的重复出现或预防复发。

【应用】

三氮脒用于治疗犬和家畜（绵羊、山羊、牛）的锥体虫病、犬和马的巴贝斯虫感染、猫的胞裂虫病。三氮脒对家畜的锥虫、梨形虫及边虫均有作用。本药在美国没有市售，在其他许多国家均有销售。

7.1.2.4 抗梨形虫药

硫酸喹啉脲

【理化性质】

硫酸喹啉脲又称阿卡普林、抗焦虫素。本品为淡黄绿色或黄色粉末，易溶于水，在乙醇、氯仿中不溶解。其水溶液呈酸性反应，应遮光、密封保存。

【结构式】

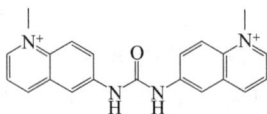

【药理药效】

用药后 12～36h 体温下降，临诊症状改善，外周血液中虫体消失。作用方式为扰乱虫体代谢。

【应用】

本品主要用于家畜巴贝斯梨形虫病。本品对家畜的巴贝斯虫有特效。对马巴贝斯虫、弩巴贝斯虫、牛双芽巴贝斯虫、牛巴贝斯虫、羊巴贝斯虫、猪巴贝斯虫、犬巴贝斯虫等均有良好的效果。本品对牛早期的泰勒虫病有一些效果。

青蒿琥酯

1972 年，屠呦呦团队首次从黄花蒿的花叶中分离出了青蒿素，并阐明了其独特的化学结构。1977 年桂林南药（前身为桂林制药厂）在青蒿素的基础上成功化学合成青蒿琥酯。1987 年，青蒿琥酯获得国家卫生部颁发的 001 号一类新药证书，这是新中国成立以来的首张一类新药证书；注射用青蒿琥酯获得 002 号新药证书。2005 年，青蒿琥酯顺利通过世界卫生组织药品预认证，5 年后，注射用青蒿琥酯也顺利通过该项认证，并被世界卫生组织推荐为国际上治疗重症疟疾的首选用药。2015 年，注射用青蒿琥酯荣登法国《处方》杂志年度荣誉榜，成为首个进入该榜单的中国原创药。

【理化性质】

青蒿琥酯，又称青蒿酯，为无色结晶或白色结晶性粉末，无嗅，几乎无味，在水中略溶，易溶于乙醇、丙酮、氯仿。化学名称二氢青蒿素-1,2-α-琥珀酸单酯，分子量 384.42。熔点 131～136℃。

【结构式】

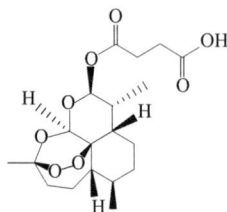

【合成工艺】

关于青蒿琥酯的合成工艺报道比较少，现有技术中主要有两条合成路线。

工艺 1：以青蒿素为原料，还原为双氢青蒿素，再将双氢青蒿素酯化生成青蒿琥酯。此工艺报道较少。

工艺 2：直接以双氢青蒿素为原料进行酯化反应得到青蒿琥酯。

酯化：按顺序依次将三氯甲烷、双氢青蒿素、丁二酸酐、三乙胺依次加入反应罐中，在常温下搅拌反应 0.5～2h，用薄层色谱检测反应彻底时，加入过量的酸终止反应。

萃取：将终止后的反应液转入分液漏斗中，加入等体积的纯净水进行萃取，萃取多次，直至水层澄清，将反应液进行过滤。

浓缩：滤液蒸发浓缩至体积为原体积的 1/25～1/20。

结晶：将浓缩液加入同体积的石油醚，搅拌均匀，静置 4～6min 结晶，离心过滤，滤饼为青蒿琥酯粗品。

精制：将青蒿琥酯粗品加入甲醇，常温搅拌至全部溶解，再加入纯净水，边加水边搅拌，直至晶体全部析出，离心过滤。

烘干：将青蒿琥酯晶体烘干，即得产品。

【药理药效】

青蒿琥酯是青蒿素的水溶性衍生物，其抗疟作用及作用机制同青蒿素，能杀灭疟原虫红内期裂殖体。具有速效、高效、低毒等特点。对疟原虫无性体有较强的杀灭作用，起效快，能迅速控制疟疾发作，但对恶性疟配子体无效。静脉注射后血药浓度很快下降。体内分布广，以肠、肝、肾中含量较高，主要在体内代谢转化，仅有少量经肾及肠道排泄。

【应用】

本品主要作用于疟原虫红内期无性体。青蒿琥酯是一种半合成的青蒿素衍生物，它被证明有效抗寄生虫，如肝吸虫（liver flukes），对不同类型的肿瘤细胞株也有细胞毒性作用。

7.1.3 杀虫药

7.1.3.1 有机磷化合物

二嗪农

二嗪农是 1952 年由瑞士化学公司 Ciba-Geigy（后为诺华和先正达）开发的硫代磷酸酯。它是一种非系统性的有机磷杀虫剂，以前用于在住宅、非食品建筑控制蟑螂、蠹虫、蚂蚁和跳蚤。二嗪农在 1970 年代和 1980 年代早期被大量用于一般用途的园艺和室内害虫防治。2004 年，二嗪农的住宅用途在美国被禁止，但它仍然被批准用于农业。二嗪农在土壤中的持久性较低，半衰期为 2～6 周。1988 年，美国环境保护局（Environmental Protection Agency）禁止在高尔夫球场和草皮农场使用二嗪农，因为聚集在这些地区的鸟群会大量死亡。在美国，从 2004 年 12 月 31 日起，出售含有二嗪农的户外非农业产品成为非法行为。

【理化性质】

化学名称为 O,O-二乙基-O-(2-异丙基-4-甲基-6-嘧啶基) 硫逐磷酸酯，分子式 $C_{12}H_{21}N_2O_3PS$，分子量 184.24，CAS 号 333-41-5。纯品为无色液体（相对密度 1.116～1.118，20℃），工业品为淡黄色至黄褐色液体（相对密度 1.11～1.12，20℃）。沸点：83～84℃/2×10^{-4}mmHg，蒸气压（20℃）1.4×10^{-4}mmHg。溶解度：水中 40mg/L（室温），可溶于丙酮、乙醚、醇、石油醚、苯、二甲苯。本品在 120℃以上分解，易被氧化。二嗪农在碱中稳定，在水和酸性介质中徐徐分解。

【结构式】

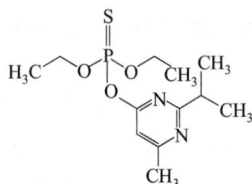

【合成工艺】

以异丁腈为原料制得 2-甲基-4-异丙基-6-羟基嘧啶，再与二乙基硫代磷酰氯反应即得二嗪农。

【药理药效】

二嗪农为高效、广谱、持续性长和残留低的杀虫剂和杀螨剂，具有触杀、胃毒、熏蒸等作用，但体内吸收较差，对蝇、蜱、虱以及各种螨均有良好的灭杀效果，灭蚊、驱蝇药效可维持 6～8 周。本品主要作用于抑制虫体的胆碱酯酶活性，破坏神经系统的正常传导，引起一系列神经系统中毒症状，直到死亡。本品对皮肤被毛附着力强，能保持长期的杀虫作用，一次用药防止重复感染的保护期为 10 周左右。成年动物对其有极好的耐受性。对绵羊颚虱的效果也很好，用药后 3d 内可从尿和奶中迅速排出。猫、鸡、鸭、鹅等对本品敏感，对蜜蜂剧毒。

【应用】

防治棉花害虫（棉蚜、棉红蜘蛛）。

防治蔬菜害虫（菜青虫、菜蚜、豆类种蝇）。

防治水稻害虫（三化螟、二化螟、盗瘟蚊、稻飞虱、稻叶蝉、稻秆蝇）。

防治地下害虫（华北蝼蛄、华北大黑金龟子、蛴螬）。

还可用于羊、牛等家畜体外寄生虫（螨、虱蝇、蜱等），动物屠宰休药期 14d，弃奶期 3d。

蝇毒磷

蝇毒磷是一种"内吸传导性"的有机磷杀虫剂，对双翅目昆虫有显著的毒杀作用。1951 年由德国拜耳公司合成，是第一个经皮内吸的牲畜外用杀体外寄生虫剂。现在该产品属于精神药品或易制毒化学品或管制类产品。

【理化性质】

蝇毒磷是一种化学物质，化学名 O,O-二乙基-O-(3-氯-4-甲基香豆素-7-基)硫代磷酸酯，分子量 362.78，分子式 $C_{14}H_{16}ClO_5PS$，CAS 号 56-72-4。纯品为无色晶体或白色粉末，室温下不易溶于水，在水中溶解度为 1.5mg/L，相对密度（d_4^{20}）1.474，熔点 95℃，在酯、酮及芳烃中溶解度较大，在水中稳定不水解。工业品为棕色晶体，熔点 90～92℃。制剂为 16％乳油，20％可湿性粉剂。

【结构式】

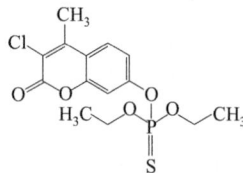

【合成工艺】

乙酰乙酸乙酯与亚硫酰氯进行氯代反应后，氯代产物再与间苯二酚进行缩合反应，制得 3-氯-4-甲基-7-羟基香豆素。将该缩合产物与二乙基硫代磷酰氯作用，即得蝇毒磷。

【药理药效】

蝇毒磷也是一种非内吸性有机磷杀虫剂，作用机理同其他有机磷杀虫药，对双翅目害虫特别有效。在蚕业上主要用于防治寄生蝇蛆，在畜牧业上主要用于防治体外寄生虫；由于蝇毒磷在生物体内分解排出较快，残留量低，时间短，近年来在养蜂业上防治蜂螨起到了举足轻重的作用。

本品是有机磷杀虫剂中唯一可用于泌乳奶牛的杀虫剂。奶牛吸收后，大部分经代谢或以原形由粪尿排出。残留于体内的药物主要分布在脂肪中，也可以分布在其他组织，奶中分布极微。外用高于治疗量浓度 $10\sim20$ 倍药液，乳中含量仅在 $0.1mg/kg$ 以下，3d 后即难检出。

【应用】

有机磷化合物，兼有杀虫和驱虫作用，可杀灭畜禽体表的蜱、螨、虱、蚤、蝇、牛皮蝇蚴和创口蛆等，内服时对畜禽肠道内部分线虫、吸虫有效。

16％蝇毒磷溶液，外用，配成 $0.02\%\sim0.05\%$ 乳剂喷淋。

本品安全范围较窄，尤其以水剂灌服时毒性较大，有色品种产蛋鸡比白色鸡对本品敏感，一般不宜用。休药期 28d。

倍硫磷

倍硫磷是一种高效、广谱有机磷杀虫剂。对人畜毒性较低，对多种害虫有药效，主要是触杀和胃毒作用，用于蔬菜、水稻、豆类、棉花、果树等。对于卫生害虫也有良效，常用于疟区灭蚊、室内及列车上防治蚊蝇。倍硫磷 1950 年由联邦德国 Senrader 首先合成，1958 年联邦德国 Bayer 公司正式生产。倍硫磷的合成工艺主要分 3 步：①O,O-二甲基硫代磷酰氯（氯化物）的制备；②对甲硫基间甲酚（中间体）的制备；③氯化物和中间体缩合而成倍硫磷。

【理化性质】

化学名称 O,O-二甲基-O-(3-甲基-4-甲硫基苯基) 硫代磷酸酯，分子式 $C_{10}H_{15}O_3PS_2$，分子量 278.33，CAS 号 55-38-9。纯品为无色液体，沸点 87℃ （0.0013kPa），密度 $1.25g/cm^3$，蒸气压 $0.4\times10^{-5}kPa$ （20℃）。工业品为棕色油状物，纯度 95％～98％，有轻微大蒜味，难溶于水，温水中溶解度为 $54\sim56mg/L$，易溶于多数有机溶剂，对光和弱碱较稳定，在 210℃分解。本品属于中毒级杀虫剂，制剂有 50％乳剂。

【结构式】

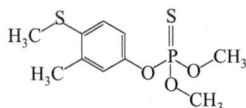

【合成工艺】

传统工艺均为水碱法，合成后需经过一次碱洗、二次水洗，故每生产 1t 倍硫磷原油，同时产生污水 （含有机磷、酚、无机盐等） $4\sim5t$。三次洗涤时，油层在下，需先将油层放入中间罐，再抽回水洗釜，反复水洗操作。

后来有采用溶剂抽提法和溶剂法合成倍硫磷，在水碱法合成后省去碱洗和二次水洗的后处理，代之以二甲苯抽提一次，溶剂层经减压脱去部分溶剂后，用来直接配制乳剂，该方法处理工艺操作简单，易于分层。

【药理药效】

本品为广谱低毒有机磷类杀虫剂，具有神经毒性，通过触杀和胃毒的作用方式进入虫体，与其他有机磷杀虫剂一样，主要抑制乙酰胆碱酯酶，使害虫中毒死亡。杀灭作用比敌百虫强 5 倍。除了对马胃蝇蚴、家畜胃肠道线虫以及虱、蜱、蚤、蚊蝇等有杀灭作用外，对牛皮蝇蚴有特效，在牛皮蝇产卵期应用可取得良好效果，由于性质稳定，一次用药可维持药效 2 个月左右。倍硫磷外用可经皮肤吸收，脂肪组织中分布较多，主要经肝脏代谢，大部分由尿液排泄，少部分随粪便排出。

【应用】

内服或肌内注射对牛皮蝇蛆病均有效，浇泼剂优于注射剂，对家畜、犬猫胃肠道线虫以及体表虱、蜱、蚤、蚊、蝇等有杀灭作用。背部浇泼，每 1kg 体重，牛 5～10mg，混于液体石蜡中制成 1%～2% 溶液应用；喷洒，稀释成 0.25% 溶液。

外用喷洒或浇泼，连续应用时应间隔 14d 以上。

吉娃娃犬禁用。

最高残留限量：残留标示物倍硫磷与代谢物之和，牛、猪、禽，肌肉、脂肪、副产品 $100\mu g/kg$。

甲基吡啶磷

甲基吡啶磷是由瑞士 Ciba-Geigy 公司首先研发成功的。它是一种杀螨剂，也是一种广谱有机磷杀虫剂，具高效、低毒、低残留的特性，属触杀和胃毒药剂，但对哺乳动物低毒，是世界卫生组织推荐使用的有机磷杀虫剂。它能杀灭对菊酯类有抗性的害虫，对多抗性蝇株功效显著，被广泛应用于公共卫生及家庭防治各种螨类、蟑螂和苍蝇等。

【理化性质】

甲基吡啶磷的性状为白色或类白色结晶性粉末，有特臭。在二氯甲烷中易溶，在甲醇中溶解，在水中微溶。熔点为 88～93℃。分子式 $C_9H_{10}ClN_2O_5PS$，分子量 324.68，CAS 号 35575-96-3，密度 $1.566g/cm^3$。

【结构式】

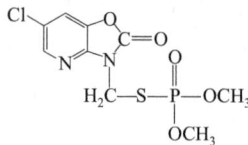

【合成工艺】

常规的甲基吡啶磷制备工艺主要包括三个反应单元：反应单元一，生成甲基吡啶磷的一种中间体支链氯代产物，以噁唑[4,5-b]吡啶-2(3H)-酮为原料，经过羟甲基化和亲核氯代进行制备；反应单元二，以硫黄、亚磷酸二甲酯为反应物，在甲醇钠催化的作用下，生成硫代磷酸酯，它也是甲基吡啶磷的另一种中间体；反应单元三，由两中间体支链氯代产物与硫代磷酸酯缩合反应进一步合成甲基吡啶磷。以上各反应原料分别储放在各自的储料罐内，由不同的导管联通至相应的反应釜，三个制备步骤分别在三个反应釜内发生；反应所产生的废气、废料则由相应导管导排至回收罐。

第一反应单元在制备支链氯代产物时，按照一定顺序依次将噁唑吡啶酮、N,N-二甲基甲酰胺（DMF）、多聚甲醛及氯化亚砜等原料加入第一反应釜，并通入氯气，边搅拌边反应，以使原料充分混合，保证其完全反应；第二反应单元制备硫代磷酸酯，分别将硫黄、甲醇、甲醇钠及亚磷酸二甲酯等原料按照一定次序加入第二反应釜，边搅拌边反应，待前一步反应完成时，再添加新的原料。

【药理药效】

甲基吡啶磷对人、畜低毒，属于高效、低毒和低残留性的有机磷杀虫剂，胃毒为主，兼有触杀作用，可杀灭苍蝇、蟑螂、马铃薯甲虫、蚂蚁等。其杀虫原理是主要作用于昆虫及高等动物体内的乙酰胆碱酯酶，它们与机体内的乙酰胆碱酯酶结合，使其催化活性受到抑制。由于乙酰胆碱是神经突触的信号传递介质，乙酰胆碱酯酶活性被抑制后，造成乙酰胆碱在体内大量积蓄，使神经兴奋失常，引起虫体震颤、痉挛、麻痹而死亡。它还可杀灭部分昆虫的成虫，因为这类昆虫的成虫具有不停地舔食的生活习性，因此通过胃毒可以发挥很好的药物效果。如果与引诱剂配合使用，还能增加2～3倍的引诱苍蝇的能力。配制成一定浓度一次性喷雾，可减少84%～97%的苍蝇。若将其涂抹于纸板上，悬挂在舍厩内或贴于墙壁上，残效期长达10周以上，喷洒使用时，残效期可达6周以上。

动物食入甲基吡啶磷后，几乎将其全部吸收，但绝大多数药物可从粪尿中排出。山羊内服后12h，药物经尿排出76%，经粪便排出5%，经奶排出0.5%。甲基吡啶磷在组织中残留量较低，肌肉为0.022mg/kg，肾脏为0.14～0.4mg/kg。母鸡服用含药5mg/kg的饲料22h后，血液中残留量为0.1mg/kg，肾内残留量为0.6mg/kg。由此可见，甲基吡啶磷在肉品、鸡蛋、脂肪中残留极少，不需要规定休药期。

【应用】

甲基吡啶磷系列杀虫剂被广泛用于杀灭蚊蝇、蟑螂等。较早应用在家禽饲养业中，主要施用方法为涂抹法和喷雾法，可将其兑水后施在墙、窗框、门框、玻璃、天花板、灯线上和柱侧等位置，以触杀和胃毒杀灭苍蝇。

其作为原药，可制成可湿性粉剂（如甲基吡啶磷可湿性粉-10、甲基吡啶磷可湿性粉-50）、饵剂（甲基吡啶磷1%诱饵）等。本品除了灭蝇外，对蟑螂、蚂蚁、跳蚤、臭虫等也有良好的灭杀作用。

本品对鲑鱼有高毒，对其他鱼类也有轻度毒性，不要污染河流、池塘及下水道，对蜜蜂亦有毒性，仅用于蜂群密集处。

有文献报道：甲基吡啶磷可作为一种潜在的鲑鱼去虱剂是Roth和Richards在1992年首次报道的。而且试验表明甲基吡啶磷对去除成虫虱子和成虫前虱子是有效的，且治疗范围广泛。在挪威，甲基吡啶磷在20世纪90年代早期被广泛使用，4年后导致广泛治疗失败的报告，被暂停使用超过10年，2008年又被重新开始使用。有研究报道海虱体内乙酰胆碱酯酶（AChE）中的单突变（Phe362Tyr）是导致挪威鲑鱼养鱼场海虱对甲基吡啶磷等有机磷杀虫剂抗性的主要因素。

7.1.3.2 拟除虫菊酯类化合物

氰戊菊酯

1974年Ohno等首先合成氰戊菊酯，并介绍其杀虫性能；1977年M. D. Mowlam等报道田间试验结果。1974年日本住友化学工业公司研究开发，1976年正式投产。Shell International Chemical Co. 也进行了开发，获专利GB1439615。

【理化性质】

化学名称：(S)-2-(4-氯苯基)-3-甲基丁酸(S)-α-氰基-3-苯氧基苄酯[(S)-α-cyano-3-phenoxybenzyl (S)-2-(4-chlorophenyl)-3-methylbutyrate]。分子式 $C_{25}H_{22}ClNO_3$，分子量419.9，CAS号51630-58-1。有4种旋光异构体，即(S,S)型、(R,R)型、(S,R)型和(R,S)型异构体，工业品一般是四者的混合物，其中以(S,S)型药效最高，是一般工业品药效的4倍，称为高效氰戊菊酯。

原药为褐色黏稠油状液体，相对密度为1.26(26℃)，室温下有部分结晶析出，蒸馏时分解。密度为 1.175g/mL（25℃），沸点大于 200℃（1.0mmHg），熔点 59.0～60.2℃，蒸气压 $1.92×10^{-5}$Pa（20℃）。几乎不溶于水，易溶于二甲苯、丙酮、氯仿等有机溶剂。燃点 420℃，闪点大于 200℃。稳定性常温贮存两年以上保持稳定，对热、潮湿稳定，酸性介质中相对稳定，碱性介质中迅速水解。

【结构式】

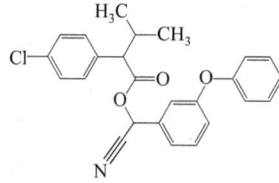

【合成工艺】

在氢氧化钠水溶液中加相转移催化剂，用氰代异丙烷使对氯氰苄烷基化，得到 2-(4-氯苯基)-3-甲基丁腈，然后在硫酸存在下水解，再与氯化亚砜进行酰氯化反应，得到 2-(4-氯苯基)-3-甲基丁酰氯，最后与间苯氧基苯甲醛、氯化钠和少量水一步反应生成。

【药理药效】

拟除虫菊酯类杀虫剂，杀虫谱广，对天敌无选择性，以触杀和胃毒作用为主，无内吸传导和熏蒸作用。其作用机理是作用于昆虫神经系统，通过特异性受体或溶解于膜上，选择性作用于膜上钠离子通道，延迟离子通道的关闭，造成 Na^+ 持续内流，引起昆虫过度兴奋、痉挛，最后麻痹而死。这类药物具有高效、速效，对人、畜毒性低，性质稳定，残效期较长等特点，长期使用易产生耐药性。

【应用】

本品对鳞翅目幼虫效果好，对同翅目、直翅目、半翅目等害虫也有较好效果，但对螨类无效。适用于棉花、果树、蔬菜、大豆、小麦等作物。动物方面，主要用于驱杀体表寄生虫，如螨、虱、蜂、虻等。也用于杀灭环境、圈舍有害昆虫，如蚊、蝇等。

7.1.3.3 其他

双甲脒

双甲脒是一种甲脒抗寄生虫药剂，1973 年英国布兹公司投产。

【理化性质】

化学名称 N-甲基双（2,4-二甲苯亚氨甲基）胺，分子式 $C_{19}H_{23}N_3$，分子量 293.41，CAS 号 33089-61-1。纯品为白色针状结晶，熔点 86～87℃。常温下水中溶解度为 1mg/L，在丙酮中易溶，在乙醇中缓慢分解。无水条件下对光和热稳定。酸性水悬液不稳定，中性和碱性时较稳定。潮湿的化合物长期贮存时，会慢慢变质。

【结构式】

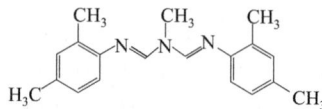

【合成工艺】

国内外文献报道合成工艺很多种，有甲基甲酰胺法、原甲酸三乙酯法、2,4-二甲基苯胺法等。基本上都是先合成单甲脒，然后再得到双甲脒。合成过程常用甲胺，这要求工艺过程无水和加压，否则甲胺会汽化损失掉，有学者用 N-甲基甲酰胺代替甲胺来合成。

以三氯氧磷或氯化亚砜等为缩合剂，2,4-二甲基苯胺和甲基甲酰胺缩合，制备 N-(2,4-二甲苯基)-N-甲基甲脒（简称单甲脒）。两个分子的单甲脒在二甲苯溶液中缩合即得双甲脒。

【药理药效】

双甲脒具有多种毒杀机制，其中主要是抑制单胺氧化酶活性，具有触杀、拒食、趋避作用，也有一定的胃毒、熏蒸和内吸作用。双甲脒口服迅速吸收，100mg/kg 剂量应用于犬，5h 后达血浆峰浓度，消除半衰期约为 24h。

双甲脒系广谱杀螨剂，具有触杀、拒食、驱避作用，也有一定的内吸、熏蒸作用，对各种螨、蜱、蝇蛆等均有效。其杀虫作用可能与干扰神经系统功能有关，使虫体兴奋性增高，口器部分失调，导致口器不能完全从皮肤拔出，或者拔出而掉落，同时还能影响昆虫产卵功能及虫卵的发育能力。对牛、羊、猪、兔以及犬猫的体外寄生虫，如疥螨、痒螨、蜱、虱等各阶段虫体均有极强的杀灭效果。双甲脒产生杀虫作用较慢，一般在用后 24h 才能使虱、蜱等解体，48h 使患螨部皮肤自行松动脱落，有彻底的杀灭作用。本品药残期长，1 次用药可维持药效 6～8 周。此外，双甲脒对大蜂螨和小蜂螨也有良好的杀灭作用。对人、宠物安全，对蜜蜂无害。

【应用】

双甲脒主要用于治疗犬蠕形螨相关疾病，也可用于其他一些物种中，包括牛、兔、山羊、猫的外寄生虫。Mitaban 产品批准在犬身上应用。双甲脒也发现在犬蜱控制项圈犬（含有 9.0％ 的双甲脒），项圈重达 27.5g、25 英寸长，每领有 2500mg 双甲脒（Preventic 包装），这些项圈用于 12 周以上的犬。ProMeris 是 150mg/mL 的溶液，应用于犬和幼犬 8 周龄以上。

休药期，牛羊 21d，猪 8d，猪弃奶期 2d，禁用于产奶羊。

环丙氨嗪

环丙氨嗪又名灭蝇胺，最早由汽巴-嘉基公司研制，FDA 和 EPA（美国环境保护协会）于 1974 年正式批准生产的新型杀虫型，1975 年在美国上市，商品名为 Cyromazine，1999 年 9 月我国批准 1％的环丙氨嗪预混剂在我国上市。

【理化性质】

本品化学名称 N-环丙基-1,3,5-三嗪-2,4,6-三胺、2-环丙氨基-4,6-二氨基-1,3,5-三嗪，分子式 $C_6H_{10}N_6$，分子量 166.18，CAS 号 66215-27-8。纯品为白色结晶性粉末，无臭，熔点 219～223℃。难溶于水，可溶于有机溶剂，遇光稳定。

【结构式】

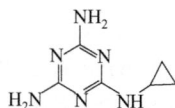

【合成工艺】

三聚氯氰和二甲苯混合，搅拌冷却至 −5℃，缓慢滴加环丙胺和二甲苯混合液，同时缓慢滴加 20％氢氧化钠溶液，滴加完后 0℃下保温反应 1h，升温至 22～25℃，保温反应 2h，静置，分层。

二甲苯层添加定量乙醇，密封，充入液氮，加热 130～135℃，保温反应，冷却，排氨，取出物料，减压蒸馏溶剂二甲苯至干，加水加热回流，用液碱调节 pH 为 7.5，冷却析出晶体，过滤，烘干得白色晶体。

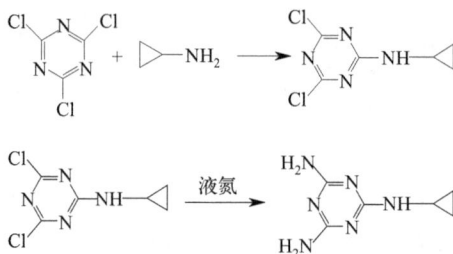

【药理药效】

环丙氨嗪属于杀蝇药，对未成熟阶段蝇的作用最强，以 1‰ 药液处理卵后，虽不影响孵化，但均在蜕皮前死亡，主要用于控制动物厩舍内蝇蛆的繁殖生长。该药具有较强的内吸、触杀和胃毒作用，通过强烈的内传导使幼虫在形态上发生畸变，成虫羽化不全，或受抑制，从而阻止幼虫到蛹正常发育，达到杀虫的目的。本品可安全用于犬猫等，可控制多抗性蝇竹，且不受交叉抗药性影响。

【应用】

1）环丙氯嗪属 1,3,5-三嗪类昆虫生长调节剂，对双翅目幼虫有特殊活性，有内吸传导作用，诱使双翅目幼虫和蛹在形态上发生畸变，成虫羽化不全或受抑制。

2）以 1g/L 浸泡或喷淋，可防治羊身上的丝光绿蝇。

3）加到鸡饲料中，可防治鸡粪上蝇幼虫，也可在蝇繁殖的地方进行局部处理。

4）防治观赏植物和蔬菜上的潜叶蝇，尤其对南美潜斑蝇是国际上最有效的药物。

米尔贝肟

米尔贝肟是一种新型的半合成大环内酯类驱虫药，是米尔贝霉素 A3 和 A4 的肟化衍生物，是目前防治犬猫体内、外寄生虫的特效药，能特效防治心丝虫，高效防治钩虫、圆虫、鞭虫、蛔虫等体内寄生虫，以及毛囊虫、疥癣、虱、跳蚤等体外寄生虫。米尔贝肟由日本三共株式会社于 1967 年从吸水链霉菌发酵液中分离获得，经过将近 20 年的改良，于 1986 年正式以商品名"米尔贝肟"在日本上市，为当时唯一单一成分可以同时防治犬恶丝虫及肠道寄生虫的产品。美国于 20 世纪 90 年代初批准该药上市，2003 年又批准该药与氯芬奴隆的复方药品上市。在中国台湾地区，诺华公司于 1997 年正式上市。2003 年，Milbemax Film-Coated tablets 在欧洲上市，同年，Sentinel Flavor Tabs（成分为米尔贝肟和氯芬奴隆）被注册，用于防治犬的犬恶丝虫感染。2013 年 9 月，我国农业部核准了米尔贝肟片为二类新兽药，是国内首个米尔贝肟制剂产品，用于驱除蛔虫、鞭虫、钩虫以及预防犬心丝虫。

【理化性质】

米尔贝霉素是一种十六元环大环内酯抗寄生虫药，其中 C-2～C-8 位为苯并呋喃（茚），在 C-16 位上连一个 C-17～C-25 螺旋缩酮单元，C-5 位羟基氧化后经肟化处理，得到杀虫活性更强、稳定性更高的米尔贝肟。

米尔贝肟的 CAS 号为 129496-10-2，主要含有米尔贝霉素 A3 肟和 A4 肟，其中米尔贝霉素 A4 肟不得低于 80%，A3 肟不得超过 20%。米尔贝霉素 A3 肟分子式为 $C_{31}H_{43}NO$，分子量为 541.68；米尔贝霉素 A4 肟分子式为 $C_{32}H_{45}NO$，分子量为

555.71。米尔贝肟为白色或淡黄色粉末，有异味，具有较强的脂溶性，易溶于 n-己烷、苯、丙酮、乙醇、甲醇和氯仿等有机溶剂，但在水中不溶。

【结构式】

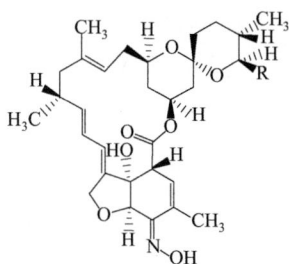

1.米尔贝霉素 A_4 肟(R=Et)
2.米尔贝霉素 A_3 肟(R=Me)

【合成工艺】

米尔贝肟是米尔贝霉素的肟化衍生物，多数是通过半合成的方法生产。首先，产米尔贝霉素的链霉菌经过发酵，从发酵产物中提取得到米尔贝霉素 A_3/A_4，然后米尔贝霉素 A_3/A_4 的 C-5 羟基被氧化成酮，这种 5-酮米尔贝霉素的酮基再经过肟化反应就可得到米尔贝肟。

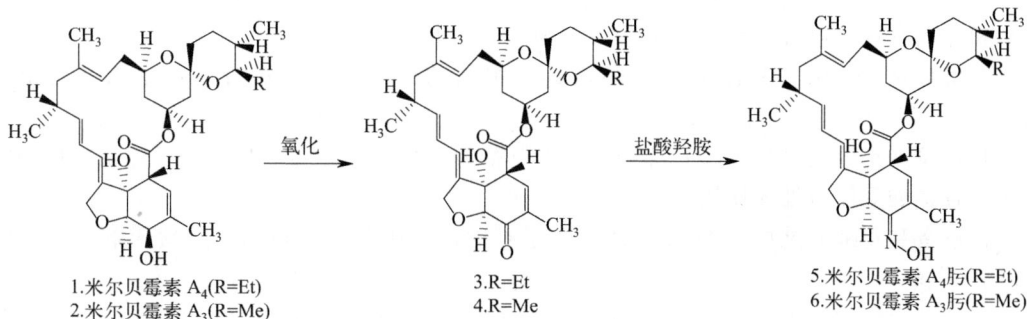

1.米尔贝霉素 A_4(R=Et)　　　　3.R=Et　　　　5.米尔贝霉素 A_4 肟(R=Et)
2.米尔贝霉素 A_3(R=Me)　　　　4.R=Me　　　　6.米尔贝霉素 A_3 肟(R=Me)

氧化　　　　盐酸羟胺

【药理药效】

米尔贝肟是广谱抗寄生虫药，对体内、外寄生虫特别是线虫和节肢动物均有良好驱杀作用。药物与靶虫细胞上的特异性高亲合力的位点结合，影响了细胞膜对 Cl^- 的通透性，继而引起线虫的神经细胞及节肢动物的肌细胞抑制性神经递质 γ-氨基丁酸（GABA）的释放量增加，打开谷氨酸控制的 Cl^- 通道，增强神经膜对 Cl^- 的通透性，从而阻断神经信号的传递，最终神经麻痹，使肌肉细胞失去收缩能力，而导致虫体死亡。

氟雷拉纳

2004 年，日本日产化学工业株式会社 Mita 等首先发现了广谱杀虫剂氟雷拉纳。2010 年，Ozoe 等报道了氟雷拉纳对昆虫 γ-氨基丁酸受体（GABA 受体）的离体电生理活性及其杀寄生虫活性。2013 年，Garcia-Reynaga 等研究了氟雷拉纳及异噁唑啉类衍生物在 GABA 受体的作用位点和机制。2014 年，美国 FDA 批准 Intervet 公司产品氟雷拉纳口服咀嚼片（商品名：Bravecto）上市，主要用来治疗猫、犬等动物体外寄生虫。2019 年 7

月，默沙东动物保健宣布，其犬类抗寄生虫口服药物贝卫多（氟雷拉纳咀嚼片）获批在中国上市，主要用于治疗犬体表的跳蚤和蜱虫等感染，还可辅助治疗因跳蚤引起的过敏性皮炎。氟雷拉纳目前上市获批剂型还有外用滴剂和口服溶液剂。

【理化性质】

氟雷拉纳化学名称为 4-[5-(3,5-二氯苯基)-5-三氟甲基-4,5-二氢异噁唑-3-基]-2-甲基-N-[2-氧代-2-(2,2,2-三氟乙基氨基)乙基]苯甲酰胺；CAS 号 864731-61-3；分子式 $C_{22}H_{17}Cl_2F_6N_3O_3$；分子量 556.29；密度(1.51±0.10)g/cm^3；酸度系数（pK$_a$）12.50±0.46。

【结构式】

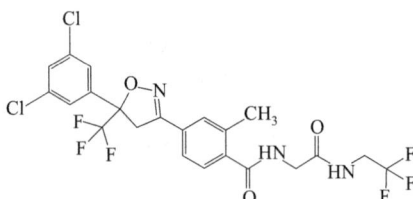

【合成工艺】

以相应的对醛基芳香羧酸为原料，经过酯化、羟胺肟化、取代/消去（得到腈氧化物）/环合、水解、酰胺缩合共计 5 步得到异噁唑啉类化合物氟雷拉纳。

【药理药效】

氟雷拉纳是一种杀螨剂和杀虫剂。对犬身上的蜱类（硬蜱、革蜱、血蜱）、蚤类（棘头绦虫）、犬蠕形螨和疥螨均有较好的防治效果。对猫的蜱虫（硬蜱属）、跳蚤（栉头螨属）和耳螨有效。对跳蚤和蜱分别在 12h 和 48h 内起效。

氟雷拉纳通过喂食暴露对蜱和跳蚤具有很高的效力，即它对目标寄生虫具有全身活性。

氟雷拉纳是节肢动物神经系统的有效抑制剂，通过拮抗配体门控氯离子通道（GABA 受体和谷氨酸受体）发挥作用。

在跳蚤和苍蝇的昆虫 GABA 受体的分子靶向研究中，氟雷拉纳不受狄氏剂耐药性的影响。

在体外生物测定中，氟雷拉纳不受对脒（蜱）、有机磷（蜱、螨）、环二烯（蜱、跳蚤、苍蝇）、大环内酯（海虱）、苯基吡唑（蜱、蚤）、苯并苯基脲（蜱）、拟除虫菊酯（蜱、螨）和氨基甲酸酯（螨）等引起的寄生虫、耐药性的影响。

该产品有助于控制经过治疗的犬可以进入的区域的环境跳蚤种群。在产生可存活的卵之前杀死犬身上新出现的跳蚤。一项体外研究还表明，极低浓度的氟雷拉纳能阻止跳蚤产卵。

由于对动物上的成年跳蚤的快速起效和持久效力以及缺乏活产卵，跳蚤的生命周期被打破。

【应用】

1）用于治疗犬、猫的蜱虫和跳蚤感染。本品是一种全身性杀虫剂和杀螨剂，可提供 12 周内立即和持久的跳蚤和蜱虫的杀灭活性。跳蚤和蜱虫必须附着在宿主身上并开始觅食，才能接触到活性物质。跳蚤在附着后 8h 内出现效果，蜱虫在附着后 12h 内出现效果。

2）该产品也可用作控制犬、猫跳蚤过敏性皮炎（FAD）治疗策略的一部分。

3）用于治疗犬蠕形螨引起的蠕形螨病和疥螨感染。

4）用于治疗猫的耳螨感染。

5）治疗小母鸡、种鸡和蛋鸡中的家禽红螨感染。

跳蚤和蜱虫必须附着在宿主上并开始觅食，才能接触到活性物质。

多杀菌素

1985年美国礼来公司（Eli Lilly and Company，之后陶氏化学公司合并礼来公司的农药部门，组成了新的公司——陶氏益农公司）筛选出一种高杀虫活性的新物质A83543A，并分离出产生菌株刺糖多孢菌（*Saccharopolyspora spinosa*）。Boeck等首次从 *S. spinosa* NRRL-18395 培养液中分离出了多杀菌素组分 A、B、C、D、E、F、H、J 以及多杀菌素 A 假糖苷配基，其中多杀菌素 A 组分约占 85%～90%，多杀菌素 D 组分约占 10%～15%，多杀菌素 B、C、E、F、H、J 组分和多杀菌素 A 假糖苷配基均为次要组分，后来又陆续发现 14 种多杀菌素类化合物，包括多杀菌素 K、L、M、N、O、P、Q、R、S、T、U、V、W、Y。在天然多杀菌素分离提取物中，两个最高活性组分多杀菌素 A 和 D 的混合物被称为 Spinosad，中文通用名为多杀菌素或多杀霉素、刺糖菌素。经过近 20 年的研究，人们已经对它的结构性质、物理性质、生物毒性和生物合成等方面有了较深入的了解。多杀菌素是天然合成的大环内酯类抗生素，不但具有生物农药的安全性、环境友好性，还具有化学合成农药的速效性，其作用模式独特、自然分解快，对非靶标动物低毒，是一种应用前景广阔的新型生物农药，多杀菌素也是迄今为止发现的最有效和安全的杀虫抗生素，在农业生产上和粮食储藏中均具有良好的应用价值和广阔的市场前景。1999 年、2008 年、2010 年多杀菌素三次获得美国"总统绿色化学品挑战奖"；2005 年美国环保局批准多杀菌素用作储粮防护剂，2008 年欧盟批准多杀菌素用于有机作物。

多杀菌素是一种新型的生物杀虫剂，具有独特的化学结构，兼有安全和速效的特性。其作用方式是通过刺激昆虫的神经系统，导致非功能性的肌肉收缩、衰竭，并伴随颤抖和麻痹。与烟碱性乙酰胆碱受体被激活的结果相一致，此外同时也作用于 γ-氨基丁酸受体，进一步促成其杀虫活性的提高。

【理化性质】

略带泥土气味的浅灰色或白色的晶状固体。沸点（801.5±65.0）℃；密度（1.16±0.1）g/cm^3。在 pH 7.74 水溶液中，对金属和金属离子在 28d 内相对稳定。在 pH 5～7 范围内，在水溶液中相对稳定；在 pH 为 9 时半衰期＞200d。多杀菌素是一个含有十余个组分的混合物，主要组分是多杀菌素 A 和多杀菌素 D。

【结构式】

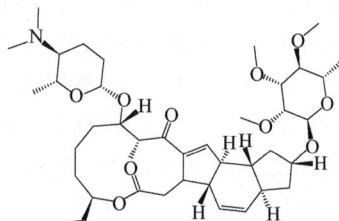

【合成工艺】

本品为刺糖多孢菌（*Saccharopolyspora spinosa*）的胞内次级代谢产物，由发酵工艺生产。

【药理药效】

本品作用于昆虫神经系统的烟碱型乙酰胆碱受体和 γ-氨基丁酸受体，对昆虫进行快速触杀和摄食毒性。

多杀菌素包括多杀菌素 A 和多杀菌素 D。多杀菌素的杀虫活性的特征在于神经兴奋导致跳蚤肌肉收缩和颤抖、虚脱、麻痹和快速死亡。这些影响主要是由烟碱型乙酰胆碱受体（nAChR）的激活引起的。因此，多杀菌素具有与其他跳蚤控制或昆虫控制产品不同的作用方式。它不与其他烟碱类或 GABA 能杀虫剂的已知结合位点相互作用，例如新烟碱类（吡虫啉或烯啶虫胺）、氟虫腈、米尔倍霉素、阿维菌素类（例如塞拉菌素）或环二烯类，而是通过一种新的杀虫机制起作用。

该产品在给药后 30min 开始杀灭跳蚤；犬在治疗后 4h 内和猫在 24h 内 100％的跳蚤死亡/垂死。对新感染的杀虫活性持续长达 4 周。

【应用】

用于犬、猫，治疗和预防跳蚤感染。

对再次侵染的预防作用是成虫活性和产卵量减少，并在单次施用该产品后持续长达 4 周。也可用作控制跳蚤过敏性皮炎（FAD）治疗策略的一部分。

7.1.4　解热镇痛抗炎药

7.1.4.1　解热镇痛药

解热镇痛药是一类具有退高热、减轻局部钝痛，大多数还有抗炎和抗风湿作用的药物。在化学结构上各不相同，但都具有抑制前列腺素合成的作用基础。本类药物抗炎作用特殊，与甾体类糖皮质激素不同，故称为非甾体类抗炎药。

在兽医临床上使用的解热镇痛抗炎药有近二十种，按化学结构可分为苯胺类、吡唑酮类和有机酸类等。各类药物均有镇痛作用。对于炎性疼痛，吲哚类和芬那酸类的效果好，吡唑酮类和水杨酸类次之。在解热和抗炎作用上，各类有差别，苯胺类、吡唑酮类和水杨酸类解热作用较好。阿司匹林、吡唑酮类和吲哚类的抗炎、抗风湿作用较强，其中阿司匹林疗效确实、不良反应少，为抗风湿首选药。苯胺类几无抗风湿作用。

（1）阿司匹林　阿司匹林（aspirin），又称乙酰水杨酸（acetylsalicylic acid），是一类经典的水杨酸类药物。解热、镇痛效果较好，抗炎、抗风湿作用强。还可抑制抗体产生及抗原抗体结合反应，并抑制炎性渗出，对急性风湿症有特效，抗风湿作用疗效确实。较大剂量时还可抑制肾小管对尿酸的重吸收而增加其排泄。内服后在胃肠道前部吸收，犬、猫、马吸收快，牛、羊较慢。反刍动物内服的生物利用度为 70％，血药浓度达峰时间为 2～4h，半衰期 3.7h。本品在全身分布，能进入关节腔、脑脊液和乳汁，也能透过胎盘屏障。本品主要在肝内代谢，也可在血浆、红细胞及组织中水解为水杨酸和乙酸。经肾排泄，在酸性尿液中排泄较慢，碱化尿液能加速其排泄。本品主要用于发热、风湿症和肌肉、关节疼痛以及痛风症的治疗。

本品以水杨酸为原料，在催化剂的作用下，利用醋酸酐乙酰化制得。在乙酰化过程中，阿司匹林的合成过程中可能会产生副产物乙酰水杨酸酐，该副产物的含量超过0.003%（质量分数）可引起过敏反应，故阿司匹林成品中其含量应控制在此限量以下。硫酸催化的阿司匹林合成路线如下。

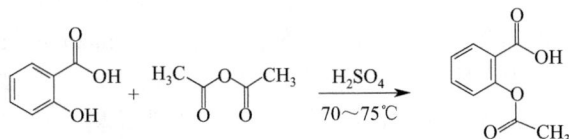

阿司匹林作为一种常见的非甾体抗炎药，在医药领域的应用极其广泛。而其传统合成方法中用浓硫酸催化反应进行，具有设备腐蚀严重、副反应多、反应用时长等缺陷，因此需要开发新的、环保的、高效的催化方法应用于阿司匹林的合成。催化合成阿斯匹林的方法主要有酸催化、碱催化及近些年兴起的绿色催化，这些方法值得关注和参考。目前，没有兽药企业生产阿司匹林，兽药制剂企业可使用人药企业原料药。

（2）对乙酰氨基酚 对乙酰氨基酚（paracetamol）又名扑热息痛（acetaminophen），是目前苯胺类化合物中唯一在临床应用的解热镇痛药。对乙酰氨基酚抑制丘脑前列腺素的合成与释放，作用较强；抑制外周前列腺素的合成与释放的作用较弱；具有解热、镇痛作用。解热作用类似于阿司匹林，但镇痛抗炎作用较差，不如阿司匹林。对血小板及凝血机制无影响。副作用比非那西汀小。内服吸收快，30min后达到峰浓度。本品主要在肝中代谢，大部分与葡萄糖醛酸或硫酸结合后经肾排出。在肝内部分去乙酰基而生成对氨基酚，后者氧化成亚氨基醌。亚氨基醌在体内能氧化血红蛋白而使之失去携氧能力，造成组织缺氧、发绀、红细胞溶解、溶血、黄疸和肝脏损害等。本品主要用作中小动物的解热镇痛药，用于发热、肌肉痛、关节痛和风湿症。

对乙酰氨基酚的合成方法很多，最关键的是其对氨基酚中间体的制备。对乙酰氨基酚的合成路线有三种。

方法1：以苯酚为原料，经硝化、还原生成对氨基酚，最后用乙酸乙酰化制得。直接乙酰化法的对乙酰氨基酚合成路线如下。

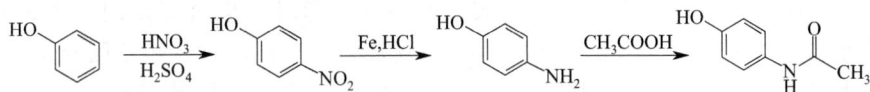

方法2：以苯酚为原料，经乙酰化、Fries 重排、肟化、Beckmann 重排制得。Beckmann 重排法的对乙酰氨基酚合成路线如下。

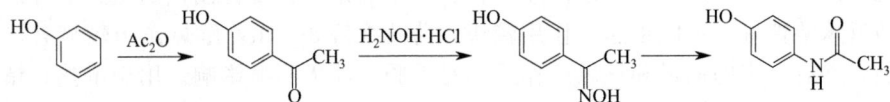

方法3：以苯酚为原料，在多聚磷酸（PPA）中与硝基乙烷反应制得。硝基乙烷法的对乙酰氨基酚合成路线如下。

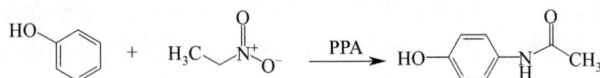

对氨基酚是制备过程的中间体，也是贮存过程中的水解产物。由于对氨基酚毒性较

大，故兽药典规定应检查其原料药中含量不得超过 0.005％，制剂中对氨基酚含量不得超过对乙酰氨基酚标示量的 0.1％。目前，只有 1 家兽药企业生产对乙酰氨基酚，兽药制剂企业也可使用人药企业生产的对乙酰氨基酚。

（3）安替比林、氨基比林、安乃近　德国化学家 Knorr 研究抗疟药奎宁类似物的过程中偶然发现了具有解热镇痛作用的药物——安替比林（phenazone, antipyrine），1884年该药首次用于临床，由于其毒性大，未能在临床长期使用。1893 年受吗啡结构中具有甲氨基的启发，在安替比林的分子中引入二甲氨基，得到氨基比林（aminophenazone, aminopyrine）。1897 年在欧洲上市。氨基比林的解热镇痛作用比安替比林优良，且对胃肠道无刺激性，曾广泛用于临床，但可引起白细胞减少及粒细胞缺乏症等，人药现已淘汰。

为了寻找水溶性更好的药物，1911 年首次将氨基比林结构中二甲氨基的一个甲基换成亚甲基磺酸钠，得到水溶性的安乃近（analgin），可供注射用。1911 年德国将其推向市场，1950 年，我国开始生产。虽然其解热镇痛作用强而迅速，但仍会引起粒细胞减少，对造血系统毒性较大，目前在中国、美国等国家已经被完全禁止作为人用药物使用。

部分吡唑酮类解热镇痛药结构式如下。

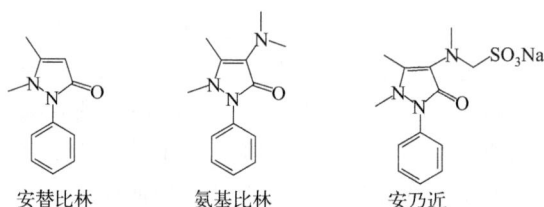

安替比林　　　　　氨基比林　　　　　安乃近

安替比林给药后易吸收，解热作用迅速，但维持时间较短。本品尚有镇痛、消炎作用。可作为中、小动物的解热镇痛药。局部应用能降低毛细血管的通透性，故用其 3％～6％的溶液冲洗患部，尚有一定的消炎止血功效。安替比林主要用于发热、疼痛性疾病。由于本品的疗效低、毒性强，目前很少单独使用，只在复方制剂或成药中使用。

氨基比林解热作用强而持久，为安替比林的 3～4 倍，亦强于对乙酰氨基酚（扑热息痛）和对乙酰氨基苯乙醚（非那西汀）。本品还有抗风湿和消炎作用，可用于治疗急性风湿性关节炎，疗效与水杨酸类相仿。内服吸收迅速，即时产生镇痛作用，半衰期为 1～4h。氨基比林主要在肝内代谢，去甲基形成 4-氨基安替比林，进一步乙酰化为 N-乙酰-4-氨基安替比林，则失去作用并从尿中排出。极小部分转化为 4-羟基安替比林和甲基-4-氨基安替比林。在马体内不进行去甲基化，主要生成 4-甲基氨基安替比林。代谢物以原形或与葡萄糖醛酸和硫酸结合，由尿排出。本品主要用作马、牛、犬等动物的解热药和抗风湿药，也可用于马、骡疝痛，但镇痛效果较差。本品是多种复方制剂的组成成分。

安乃近水溶性好，吸收迅速，作用较快，药效维持 3～4h。解热作用较显著，镇痛作用亦较强，并有一定的消炎和抗风湿作用。对胃肠运动无明显影响。用于解热、镇痛、抗风湿，及用于肌肉痛、风湿症、发热性疾病及疝痛，也可用于肠痉挛及肠臌气等。

目前国内大多数安乃近的生产都是以吡唑酮作为原料，经甲基化和水解反应生成安替比林；然后用亚硝酸钠亚硝化，再用亚硫酸氢铵与亚硫酸铵还原、硫酸水解，最后用液氨中和得 4-氨基安替比林；4-氨基安替比林经甲酰化、甲基化、水解及中和生成 4-甲氨基安替比林；4-甲氨基安替比林与甲醛、亚硫酸氢钠缩合生成安乃近。该方法合成路线长，成本高，副产物多，耗能高，合成过程中也会产生大量的难以处理的工业三废，因此，寻找更经济的合成方法，具有重大的经济效益和社会效益。

对现有安乃近的合成路线中 4-氨基安替比林（AA）到安乃近的合成工艺进行改进，4-氨基安替比林直接与多聚甲醛和亚硫酸氢钠进行缩合反应，选择性得到 4-N-去甲基安乃近，然后与硫酸二甲酯在弱碱存在下进行甲基化反应得安乃近。改进后的安乃近合成路线如下。

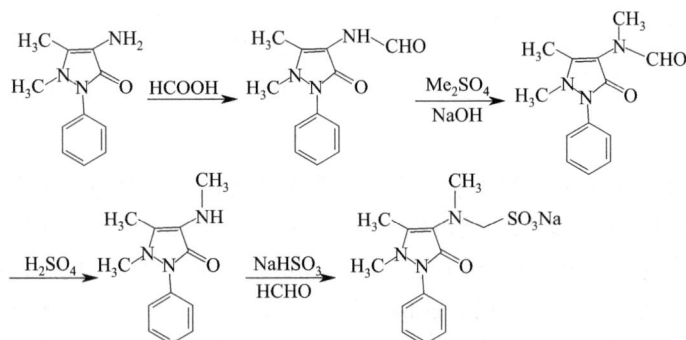

目前，有 1 家兽药企业生产安替比林，有 1 家兽药企业生产氨基比林，有 4 家兽药企业生产安乃近。

（4）萘普生　萘普生（naproxen）是一种芳基丙酸类镇痛抗炎药，对前列腺素合成酶的抑制作用为阿司匹林的 20 倍。抗炎作用明显，亦有镇痛、解热作用。对于类风湿性关节炎、骨关节炎、强直性脊椎炎、痛风、运动系统（如关节、肌肉及腱）的慢性疾病及轻、中度疼痛均有肯定的疗效，药效比保泰松强。用于解除肌炎和软组织炎症的疼痛、跛行及关节炎等。马内服的生物利用度为 50%，血药峰时 2～3h，半衰期 46h，药效在 5～7d 后出现。在肝脏内代谢，用药 48h 后可在尿中检出。马可耐受 3 倍的治疗量。犬内服吸收迅速，血药峰时 0.3～3h，生物利用度 68%～100%。半衰期达 45～92h 之久，是肠肝循环所致。

萘普生的合成方法较多，主要有以下两种路线。

方法 1：采用 Darzens 缩合法。以 2-甲氧基萘为原料，用乙酰氯经 Friedel-Crafts 酰化得 2-乙酰基-6-甲氧基萘，再与氯乙酸乙酯进行 Darzens 缩合反应，生成 3-(4'-甲氧基萘)-2,3-环氧丁酸甲酯，经水解、脱羧、重排后在碱性溶液中用硝酸银氧化制得。Darzens 缩合法的萘普生合成路线如下。

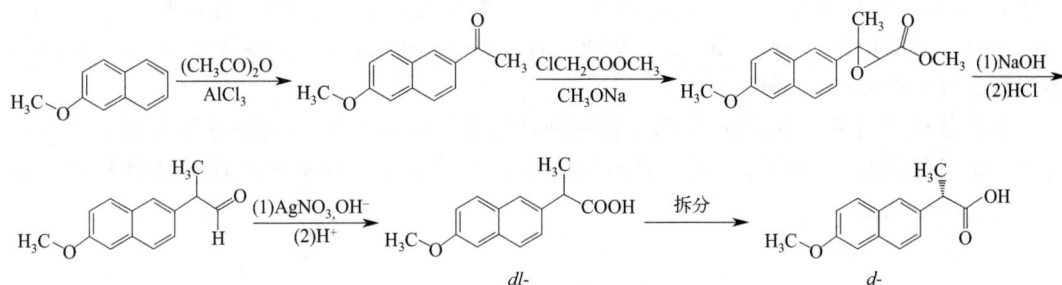

方法 2：采用 α-卤代酰萘重排法。以 2-甲氧基萘为原料，用丙酰氯经 Friedel-Crafts 酰化得 2-丙酰基-6-甲氧基萘，经 α-溴代、缩酮化，再在 Lewis 酸催化下重排、水解、拆分制得。α-卤代酰萘重排法的萘普生合成路线如下。

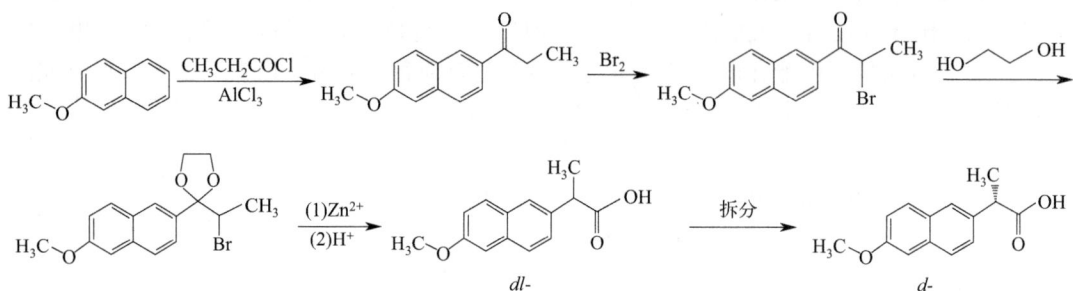

目前，没有兽药企业生产萘普生，兽药制剂企业可以使用医药企业生产的萘普生。

（5）**氟尼辛葡甲胺**　氟尼辛葡甲胺（flunixin meglumine）是一种烟酸衍生物类的非甾体解热镇痛抗炎药。本品是由美国先灵葆雅公司于 20 世纪 90 年代开发的动物专用的环氧化酶抑制剂类药物，现已在美国、法国、瑞士、德国、英国等许多国家广泛使用。

将 2-氯烟酸与 2-甲基-3-三氟甲基苯胺加入氢氧化钠水溶液中搅拌，加入乙二醇以及相转移催化剂和对甲苯磺酸及氧化铜，控制温度、时间、调节溶液 pH，搅拌后静置分层，搅拌后过滤，洗涤滤饼，干燥得氟尼辛；将氟尼辛与 N-甲基葡萄糖胺在异丙醇中进行反应，同时加入填充剂；加热回流，过滤，降温，搅拌结晶，晶体抽滤经异丙醇洗涤得到氟尼辛葡甲胺。氟尼辛葡甲胺合成路线如下。

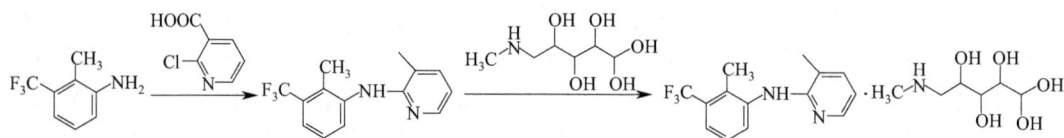

目前，有 10 家兽药企业生产氟尼辛葡甲胺。

（6）**美洛昔康**　具 1,2-苯并噻嗪结构的抗炎药被称为昔康类（oxicams），是一类结构中含有烯醇型羟基的化合物。该类药物是 20 世纪 70 年代 Pfizer 公司为了得到不含羧基的抗炎药，筛选了不同结构的苯并杂环化合物后得到的。本类药物虽无羧基，但亦有酸性，pK_a 在 4～6 之间。该类药物的副反应发生率较高，但意外的是，该类药物引起胃肠道刺激反应比常见的非甾体抗炎药要小。进一步研究发现，该类药物对 COX-2 的抑制作用比对 COX-1 的作用强，有一定的选择性，且半衰期较长。代表药物有吡罗昔康（piroxicam）、辛诺昔康（cinnoxicam）、安吡昔康（ampiroxicam）、舒多昔康（sudoxicam）、美洛昔康（meloxicam）等。

美洛昔康对与炎症有关的 COX-2 抑制活性较强，而对 COX-1 抑制活性较弱，因而具有强的抗炎作用和较少的胃肠道、肾脏副作用，可有效地治疗类风湿性关节炎和骨关节炎。其合成路线如下。

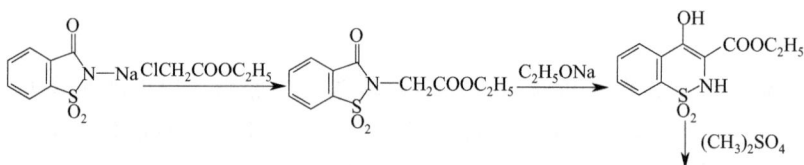

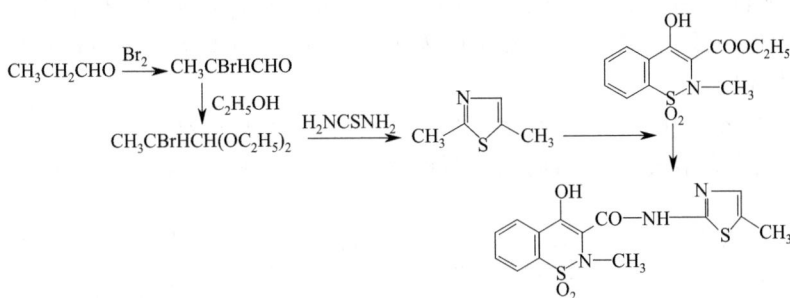

目前，只有 1 家兽药企业生产美洛昔康，兽药制剂企业也可使用人药企业生产的美洛昔康。

（7）水杨酸钠　水杨酸钠（sodium salicylate）具有镇痛、解热、消炎、抗风湿作用。其镇痛作用较阿司匹林、非那西汀、氨基比林为弱。临床上不作解热镇痛药用，主要用作抗风湿药，用于风湿性关节炎，用药数小时后，关节疼痛显著减轻，肿胀消退，体温下降。水杨酸钠吸收后能分布到各组织中，并透入关节腔、脑脊液及乳汁中，也易通过胎盘屏障，进入胎儿体内。本品主要在肝中代谢，代谢物为水杨尿酸、龙胆酸和水杨酰葡萄糖醛酸酯和醚。代谢物及部分原药由尿排出。排泄速度受尿液酸碱度影响，碱性可使水杨酸根离子化，重吸收减少，排泄加快；酸性则相反，排泄减慢。马和山羊的尿液呈碱性，排泄较快，静注后血药浓度迅速下降。猪和犬的尿液呈酸性，排泄慢。

水杨酸钠的合成比较简单，可用苯酚与氢氧化钠反应生成苯酚钠，再通二氧化碳进行羧化反应，制得水杨酸钠。目前，没有兽药企业生产水杨酸钠，兽药制剂企业可以使用人药企业生产的水杨酸钠。

（8）非罗考昔　非罗考昔（firocoxib）是一种重要的非甾体抗炎药，其主要的临床用途是治疗犬、马类动物的关节炎疾病及临床手术等引起的疼痛和炎症。相比于其他作用于马类的非甾体抗炎药，非罗考昔是高选择性的环氧化酶-2 抑制剂，经口服后，非罗考昔能够迅速地几乎完全被吸收，生物利用度高，主要在肝脏内经脱烷基化及葡糖醛酸化代谢，并通过胆汁及胃肠道消除。其主要的合成路线如下。

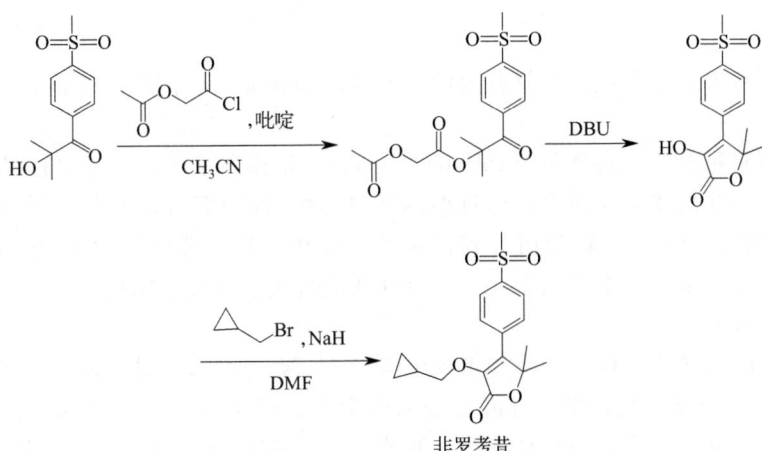

非罗考昔

非罗考昔为近年新批准的进口兽药品种，目前，国内没有兽药企业生产非罗考昔。

（9）**卡巴匹林钙**　卡巴匹林钙（carbasalate calcium）为阿司匹林衍生物，其疗效同阿司匹林，副作用低，水溶性好。在美国为非处方用药，国内曾有北京制药厂生产，商品名称为"速克痛"。

将阿司匹林溶于丙酮中，将 $Ca(NO_3)_2 \cdot 4H_2O$ 溶于热乙醇中，两者混匀后加入尿素、通入 NH_3 使成饱和溶液，短时间搅拌便可制得卡巴匹林钙。其合成反应如下。

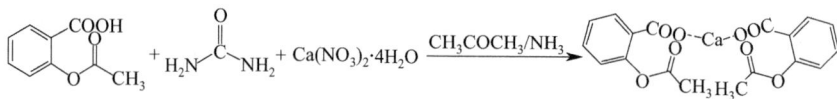

目前，有 14 家兽药企业生产卡巴匹林钙。

（10）**维他昔布**　维他昔布（vitacoxib）是非甾体类抗炎药（NSAIDs）中的选择性环氧化酶-2 抑制剂，是国内企业北京欧博方医药科技有限公司自主研发的一类新兽药。环氧化酶有环氧化酶-1（COX-1）和环氧化酶-2（COX-2）两种亚型。环氧化酶-1 负责促进基本的生理过程（例如，血小板凝聚、胃黏膜保护、肾灌注），环氧化酶-2 负责合成炎性介质。NSAIDs 的抗炎镇痛活性与抑制 COX-2 的活性有关，而胃肠道不良反应与抑制 COX-1 的活性有关。维他昔布是通过选择性抑制环氧化酶-2 来阻断花生四烯酸合成前列腺素而发挥作用。目前，只有 1 家兽药企业生产维他昔布。

（11）**双氯芬酸钠**　双氯芬酸钠（diclofenac sodium），又名双氯灭痛，有明显的镇痛、消炎及解热作用。该药通过抑制环氧化酶而阻断前列腺素的合成产生镇痛、抗炎、解热作用，故属于抗炎镇痛类药物的典型代表药物之一，常常用于骨科各类轻中度急慢性疼痛的治疗，如骨关节炎、类风湿关节炎、强直性脊柱炎等。其作用比吲哚美辛强 2～2.5 倍，比乙酰水杨酸强 26～50 倍。特点为药效强，不良反应轻，剂量小，个体差异小。双氯芬酸钠是一类芳基乙酸类非甾体抗炎药，它的合成方法众多，成本最低廉的路线是将2,6-二氯苯酚和苯胺缩合得到 2,6-二氯二苯胺，再与氯乙酰氯缩和得到 N-(2,6-二氯苯基)-2,3-二氢吲哚-2-酮，最后水解得到本品。双氯芬酸钠的合成路线如下。

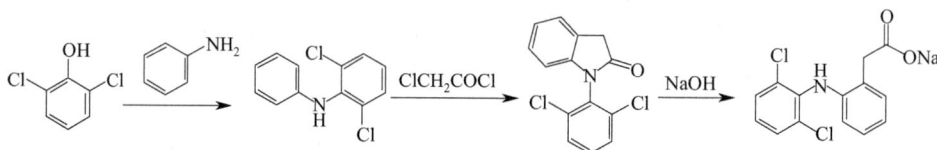

目前，没有兽药企业生产双氯芬酸钠，兽药制剂企业可以使用人药企业生产的双氯芬酸钠。

（12）**托芬那酸**　托芬那酸（tolfenamic acid）是由丹麦 GEA 药物有限公司研发的一种应用广泛的非甾体抗炎药物，通过抑制环氧化酶（COX）减少花生四烯酸（AA）向炎症介质前列腺素（PGs）转化而起到消炎镇痛作用。托芬那酸于 1994 年由 Vetoquinol公司开发用于兽医临床，主要用于犬、猫等动物的抗炎、解热、镇痛治疗，近年来也有在牛体内的研究报道。

托芬那酸的合成路线如下：将邻氯苯甲酸与 N,N-二甲基甲酰胺混合加热，然后加入一定量的 3-氯-2-甲基苯胺，继续升温后加入碳酸钾，回流反应一段时间，反应完成后蒸干溶剂二甲基甲酰胺，残余物用水溶解，调节 pH 至碱性，酸化得到纯度很低的粗品，然后用 45% 乙醇重结晶，再用稀乙醇重结晶，随后制备其钠盐，然后酸化得到纯品。

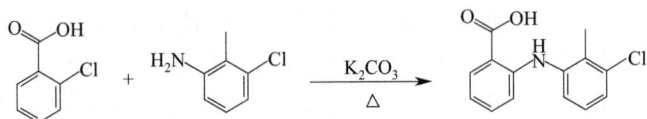

目前，只有1家兽药企业生产托芬那酸，兽药制剂企业也可使用人药企业生产的托芬那酸。

（13）卡洛芬　卡洛芬（carprofen）是美国辉瑞公司于20世纪70年代开发的高效动物用抗炎药，在美国，卡洛芬是由FDA/CVM批准用于狗的高效COX-2选择性抗炎药。作用明显较阿司匹林、保泰松、对乙酰氨基酚、布洛芬强。还具有吸收快、副作用小的特点。

其合成路线如下。

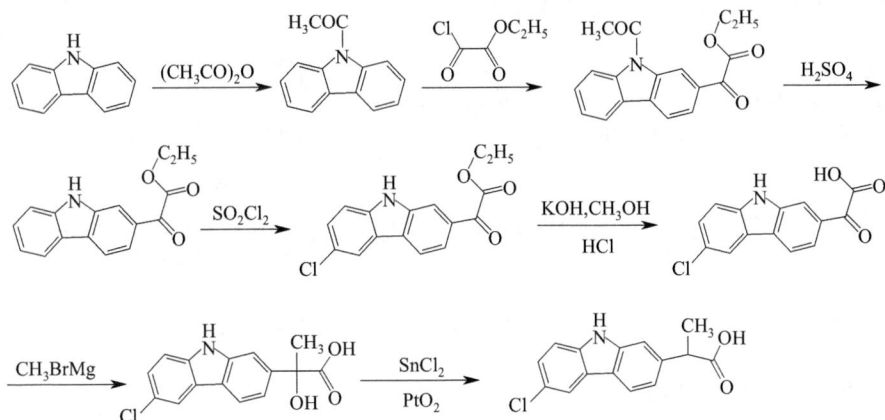

目前，没有兽药企业生产卡洛芬，兽药制剂企业可以使用人药企业生产的卡洛芬。

（14）西米考昔　西米考昔（cimicoxib）是一种三环类高选择性COX-2抑制剂，通过抑制环氧合酶的活性，从而抑制花生四烯酸，最终生成前列环素（PG1）、前列腺素（PGE-1，PGE-2）和血栓素A2（TXA2）；抑制淋巴细胞活性和活化的T淋巴细胞的分化，减少对传入神经末梢的刺激；直接作用于伤害性感受器，阻止致痛物质的形成和释放。其合成路线较多，代表性的合成如下：以苯胺与3-氟-4-甲氧基苯甲醛为起始原料，在Dean-Stark条件下回流反应，脱水生成一亚胺，再与对甲苯磺酰甲基异腈缩合形成咪唑化合物，再用NCS氯代，得到1,5-二芳基氯代咪唑化合物；然后用氯磺酸与氯代咪唑化合物反应生成氯磺化化合物，最后在浓氨水中氨解制得。

西米考昔的合成路线如下。

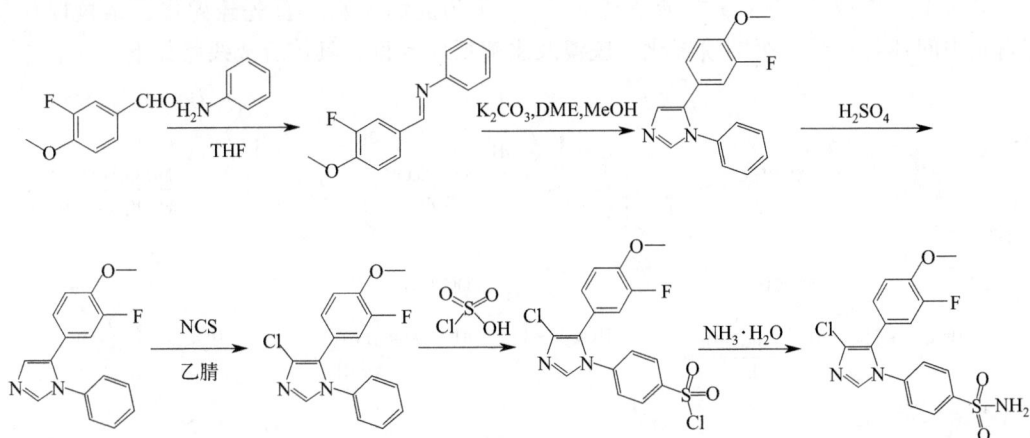

目前，没有兽药企业生产西米考昔，兽药企业可以使用医药企业生产的西米考昔。

（15）**酮洛芬**　酮洛芬（ketoprofen）又名酮基布洛芬，具有镇痛、消炎及解热作用。消炎作用较布洛芬强，副作用小，毒性低。口服易自胃肠道吸收。本品用于类风湿性关节炎、风湿性关节炎、骨关节炎、关节强硬性脊椎炎及痛风等。

酮洛芬的合成方法较多，一般以芳基乙腈类原料合成路线中总收率最高，但也仅为35％，因此探索芳基乙腈的单甲基化新试剂具有重要意义。

以 3-氰甲基苯甲酸为起始原料，经 Friedel-Crafts 反应、α-单甲基化、水解 3 步反应制得酮洛芬，具有合成路线短、收率高、操作简单等优点，适合大生产。以 3-氰甲基苯甲酸计，该方法总收率73.8％，比传统的以 CH_3I、CH_2BrI、$(CH_3)_2SO_4$ 为甲基化试剂的合成路线收率高36％。其合成路线如下。

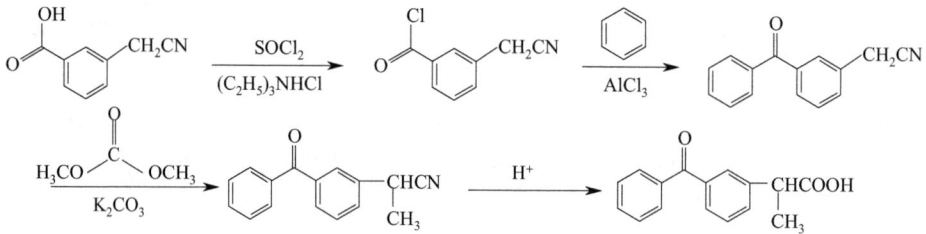

目前，没有兽药企业生产酮洛芬，兽药制剂企业可以使用人药企业生产的酮洛芬。

7.1.4.2　糖皮质激素类药物

肾上腺皮质激素是肾上腺皮质所分泌的一类激素，在化学上属于甾体化合物，为环戊烷多氢菲的衍生物，它们结构上与胆固醇类似，故又称皮质类固醇激素或皮质甾体类激素。根据其生理功能，肾上腺皮质激素分为盐皮质激素、糖皮质激素和氮皮质激素。

糖皮质激素具有明显的药理作用，这些作用包括抗炎、抗过敏、抗毒素、抗休克、影响代谢等。临床上用于严重的感染性疾病、过敏性疾病、休克、局部炎症、奶牛酮病和羊妊娠毒血症、引产和预防手术后遗症等。

（1）**氢化可的松**　氢化可的松（hydrocortisone，HC），化学名称为 $11\beta,17\alpha,21$-三羟基孕甾-4-烯-3,20-二酮，属肾上腺皮质激素类药物，抗炎作用为可的松的 1.25 倍，兽医临床上具有广泛的用途，如炎症性过敏性疾病、牛酮血病和羊妊娠毒血症等，也可用于结膜炎、虹膜炎、角膜炎、巩膜炎等。其合成路线如下。

方法 1：以 17-羟基-4,9-二烯孕甾-3,20-二酮为起始原料，首先经碘代、亲核取代反应得到中间体，再经后续的溴羟化、脱溴及水解反应制得。具体合成线路如下。

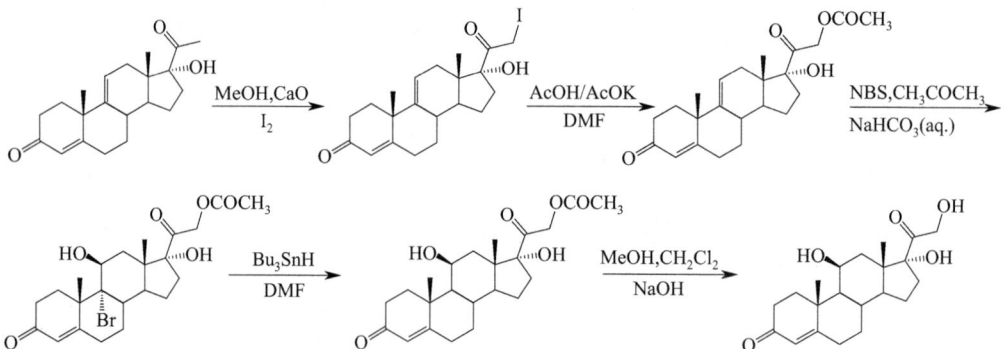

方法2：以17α-羟基-4-孕甾烯-3,11,20-三酮为原料，依次经过缩酮反应、还原反应、水解反应、碘代反应及取代反应及水解反应制得。该工艺避免了剧毒试剂的使用，且原料易得，辅料成本较低，产品的质量和收率均较好。具体合成线路如下。

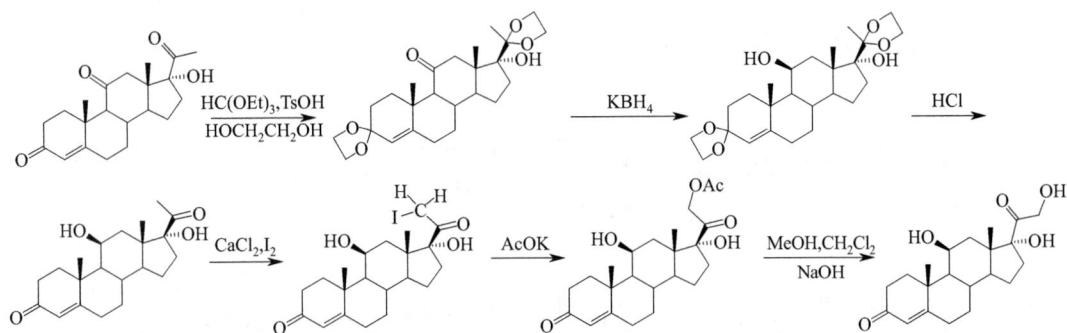

方法3：采用丙酮氰醇对4-雄烯二酮的17位羰基进行氰醇化反应，得到17α-羟基-17β-氰基雄甾-4-烯-3-酮，再经3位羰基及17位羟基保护、格式反应得到中间体，经碘代、取代反应后再通过一步梨头霉氧化，最后水解反应制得。具体合成路线如下。

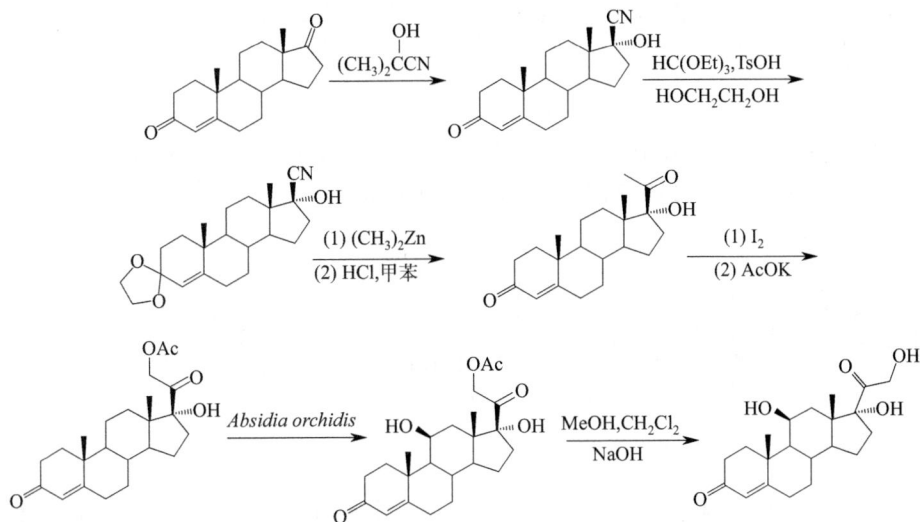

目前，只有1家兽药企业生产氢化可的松，兽药制剂企业也可以使用人药企业生产的氢化可的松。

（2）**醋酸可的松**　醋酸可的松（cortisone acetate）是临床上使用的一种重要糖皮质激素药物，具有抗炎、抗过敏、抗风湿、免疫抑制作用，其抗炎作用机理为本品减轻和防止组织对炎症的反应，从而减轻炎症的表现。能够抑制炎症细胞，包括巨噬细胞和白细胞在炎症部位的集聚，并抑制吞噬作用、溶酶体酶的释放以及炎症化学中介物的合成和释放。兽医临床上可用于结核性脑膜炎、关节炎、腱鞘炎、急慢性挫伤、肌腱劳损等。

其合成方法多为以皂素为起始原料，经多步反应合成。这些合成路线成本偏高、合成步骤较多、环境污染较大，已不能满足绿色化学的发展需要。近年来，植物甾醇微生物限制性切断侧链技术日趋成熟，部分以传统皂素资源为起始原料的甾体药物，因受生产效益等因素的制约，正逐步寻求基于甾醇资源的甾体药物合成工艺改进和新路线开发。其中，以雄烯二酮和雄二烯二酮为代表的新兴甾体半合成原料，具备易于修饰改造等特点，使甾醇基合成原料完全有可能全面替代皂素原料。

以雄烯二酮为起始原料，根据 C-17 位侧链引入的化学反应类型不同，有多种合成路线。本书介绍两种醋酸可的松的合成路线。

方法 1：通过 Wittig 反应引入 C-21 位无取代基的侧链，再经生物发酵和 C-21 位官能团化最终制得。具体合成路线如下。

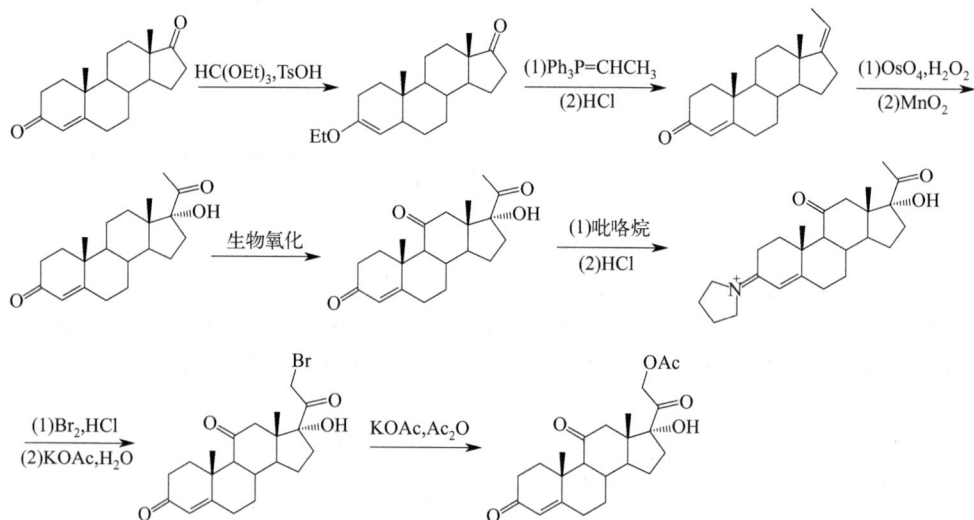

方法 2：通过 Horner-Wittig 反应直接引入 C-21 位取代侧链，经还原和酯化后，再经生物发酵引入 C-11 位基后最终制得。具体合成线路如下。

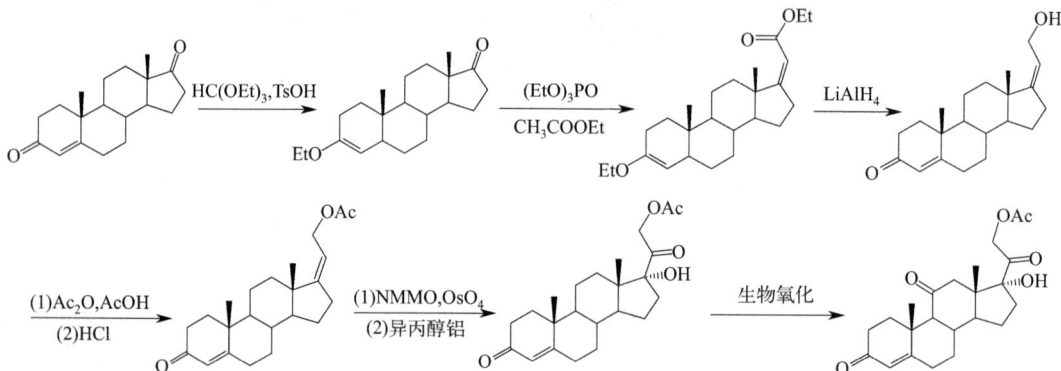

目前，没有兽药企业生产醋酸可的松，兽药制剂企业可以使用人药企业生产的醋酸可的松。

（3）醋酸泼尼松 醋酸泼尼松（prednisone acetate），皮质激素类药，作用于糖代谢，减轻机体组织对损害性刺激所产生的病理反应，用于肾上腺皮质机能减退症、活动性风湿病、类风湿性关节炎、严重的支气管哮喘、严重皮炎等过敏性疾病等，亦用于某些感染的综合治疗。该药抗炎作用与糖原异生作用为氢化可的松的 4 倍，而水钠潴留作用及排钾作用比氢化可的松小，抗炎及抗过敏作用强，副作用较少，故较常用。其本身无药理活性，需在体内转化为氢化泼尼松才显示药理作用。其合成技术路线如下。

方法 1：醋酸泼尼松的传统合成路线。根据全国原料药工艺汇编，传统的醋酸泼尼松生产工艺是醋酸可的松利用简单节杆菌进行发酵脱氢制备醋酸泼尼松。具体合成线路如下。

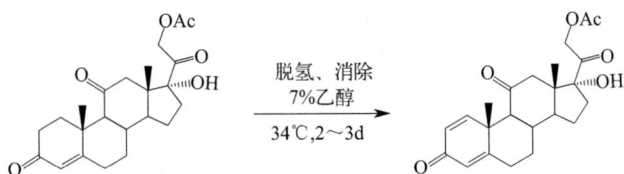

由于该微生物脱氢过程 C-1、C-2 位双键引入不够彻底，导致发酵产物醋酸泼尼松的质量很难再提高，所制备得到醋酸泼尼松按外标法仅能达到醋酸泼尼松含量＞97％、最大杂质醋酸可的松＜1.5％、总杂＜2.0％的质量标准。

方法 2：以表氢化可的松为原料的先发酵后合成路线。以表氢化可的松为原料，首先经过微生物脱氢制得表氢可脱氢物 $11\alpha,17\alpha,21$-三羟基孕甾-1,4-二烯-3,20-二酮；再对发酵产物进行酯化反应，得到 $11\alpha,17\alpha,21$-三羟基孕甾-1,4-二烯-3,20-二酮-21-醋酸酯；再经氧化反应制备得到醋酸泼尼松。具体合成路线如下。

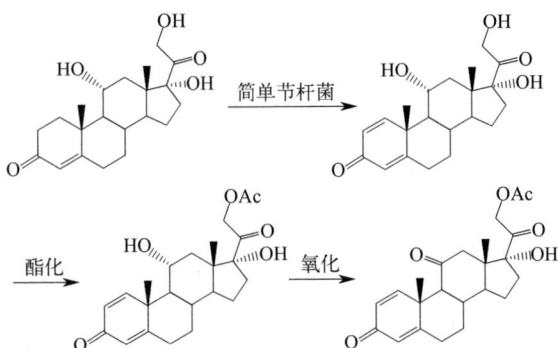

该方法中发酵脱氢过程具有投料浓度高、转化效果好的特点，解决了醋酸泼尼松原发酵生产工艺中 C-1、C-2 位双键引入不理想的工艺难点，同时该工艺过程成本低、操作简便、污染小，适合工业化生产。该方法提高了最终产物的选择性，降低了产物的杂质含量，终产品经 HPLC 外标法检测，醋酸泼尼松含量＞99.5％，总杂＜0.5％，远远优于醋酸泼尼松传统工艺中的质量标准。

目前，只有 1 家兽药企业生产醋酸泼尼松，兽药制剂企业也可以使用人药企业生产的醋酸泼尼松。

（4）醋酸氟轻松　醋酸氟轻松（fluocinonide），又名醋酸肤轻松、氟轻松醋酸酯，是临床上常用的强效外用抗炎糖皮质激素药物，被广泛应用于各种皮炎、湿疹及骨性关节炎等疾病的治疗，止痒效果尤为突出。对局部化脓创面，需配合新霉素等抗生素使用。

结合甾体药物生产的实际情况，我国的醋酸肤轻松的合成路线选用了生产氢化可的松得到的副产物——表皮质醇为起始物，经过 C-21 乙酰化、C-11 羟基磺酰化、消除、C-17 乙酰化与 C-3 烯醇酯化、C-6 氟化及转位、9,11-双键溴羟环氧、HF 开环、二氧化硒氧化引入 1,2-双键、C-17 酯基消除、高锰酸钾氧化和缩酮化共 12 步反应制得。其合成路线如下。

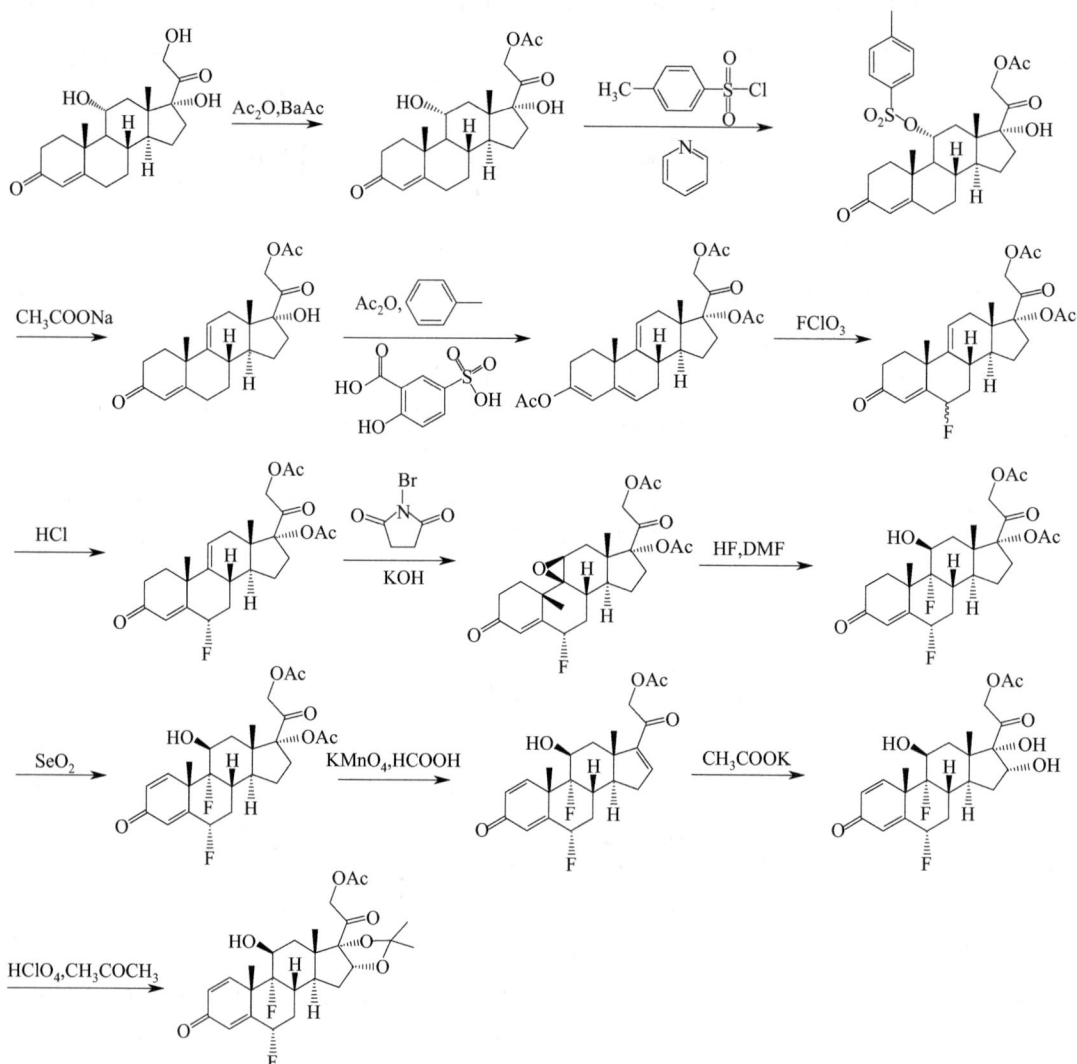

国内外合成醋酸氟轻松的原料多由薯蓣皂苷元改造而来。随着薯蓣野生资源的过度开发，薯蓣类植物的生长环境遭到严重破坏，种植的薯蓣属植物皂苷元含量低且质量差，薯蓣皂苷元已不能满足激素药物的生产需要。因此，寻找其他资源丰富的甾体原料替代薯蓣皂苷元来合成醋酸肤轻松，是值得医药工作者们探索的课题，并具有现实的意义。

目前，没有兽药企业生产醋酸氟轻松，兽药制剂企业可以使用医药企业生产的醋酸氟轻松。

（5）**地塞米松** 地塞米松（dexamethasone，简称 DXMS）于 1957 年首次合成。是一种孕甾烷类肾上腺皮质激素，被广泛应用于治疗各种风湿性疾病、皮肤病以及过敏性疾病，其药效强、用药剂量小，被誉为"皮质激素之王"。

早期的地塞米松合成工艺主要采用薯蓣皂素为原料，但提取薯蓣皂素的成本较高。后续又逐渐开发了以剑麻皂素（tigogenin）等为原料的合成方法。其合成路线如下。

方法 1：以薯蓣皂素为原料。首先以薯蓣皂素为原料，经缩酮开环、酰化、氧化、水解、消除等步骤合成双烯化合物。后续合成地塞米松的工艺路线，先对双烯化合物的 D

环进行结构修饰，以重氮甲烷（CH_2N_2）作为甲基化试剂在 C-16 上引入甲基，并通过 C-16、C-17 双键的环氧化、开环、消除及氢化还原；随后再经 C-3 位乙酰基脱保护、氧化及 C21 位碘代反应和亲核取代反应在 C-21 位引入乙酰氧基后，再采用微生物发酵法在 C-11 位立体选择性地引入羟基，后经磺酰化、消除后，采用菌种发酵直接实现 1、2 位脱氢反应，随后再通过双键溴羟化、分子内亲核取代等步骤实现 C-9 双键的立体选择性环氧化，最终经 HF 环氧开环制得。以薯蓣皂素为原料的地塞米松的合成路线具体如下。

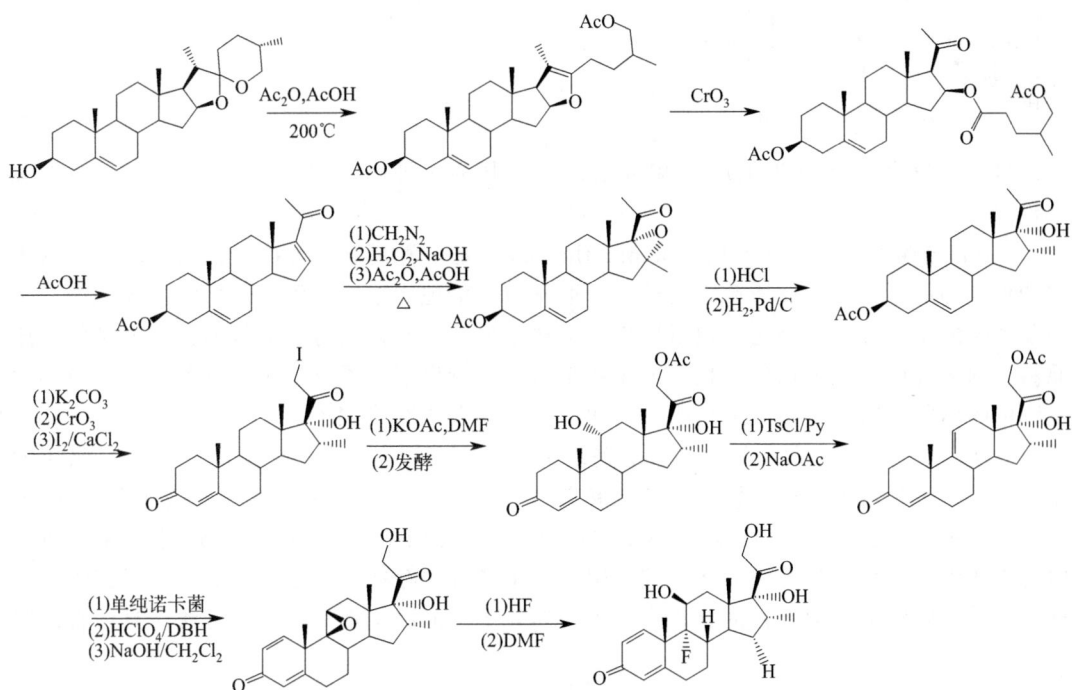

方法 2：以剑麻皂素为原料。首先对剑麻皂素的侧链进行修饰，经缩酮开环、氧化及消除后得单烯化合物。随后，采用格氏反应在 C-16 位引入甲基，并经烯醇酯化/环氧化，经过开环、溴代及亲核取代反应后，再经混合菌种发酵法实现 1,4-双烯化合物的合成。通过二次发酵法直接引入 C-11 位羟基后，最终经磺酰化、消除、溴羟化、分子内取代及 HF 酸开环等步骤最终实现地塞米松的合成。以剑麻皂素为原料的地塞米松的合成路线具体如下。

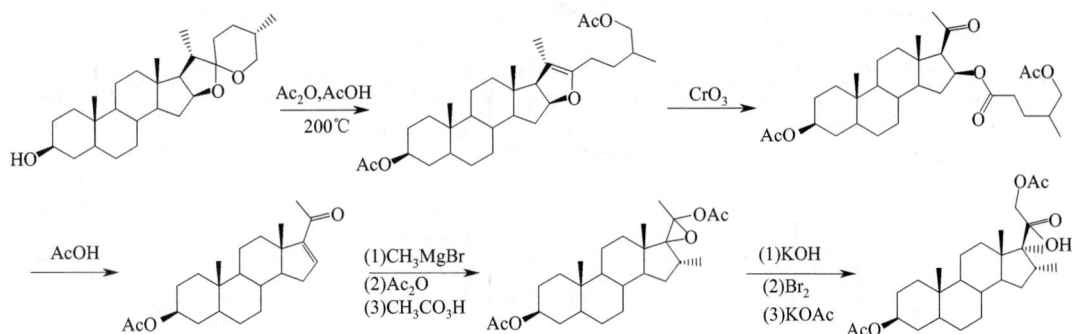

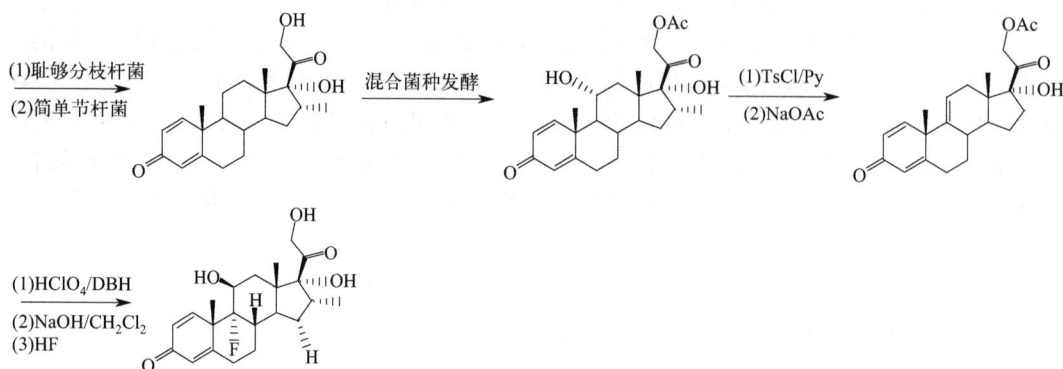

目前，没有兽药企业生产地塞米松，兽药制剂企业可以使用医药企业生产的地塞米松。

（6）倍他米松　倍他米松（betamethasone）是一种具有中等抗炎、抗过敏、抗内毒素和免疫抑制活性的糖皮质激素类药物。通常包括倍他米松乙酸酯、丙酸酯、戊酸酯、磷酸酯及磷酸钠盐等系列药物，也可以作为倍氯米松、二氟拉松等更高级的药物分子的合成原料。国内外研究报道倍他米松合成主要是基于剑麻皂素、番麻皂素、薯蓣皂素、甾类化合物中间体等原料经过化学或微生物转化合成。其合成路线如下。

方法 1：以剑麻皂素原料。该合成路线由 Oliveto 等首次报道，Merk 公司最早采用的路线也基本上是这条路线。该方法以剑麻皂素为原料，首次采用发酵的方法在 11 位引入羟基，经过消除、环氧、HF 开环等步骤获得 9α-F、11β-OH 基团，但 16β-甲基采用重氮甲烷方式引入，该过程易燃易爆，控制困难，生产过程存在安全隐患，此外该线路收率极低，但是该路线为倍他米松的合成指明了方向，为官能团构造提供借鉴方法。具体合成路线如下。

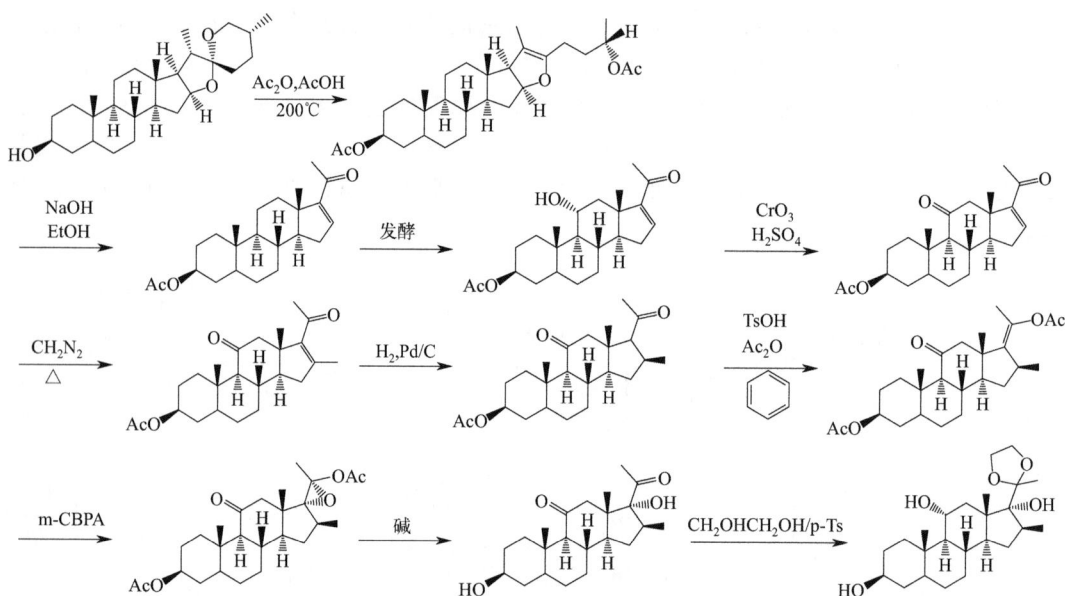

方法2中的反应条件（上方流程图）：

HOAc/Br₂ AcOK/DMF → ACNBr CH₃COCH₃ → LiBr,Br₂ Li₂CO₃ DMF →

MsCl HOAc → ACNBr 碱 → HF/DMF

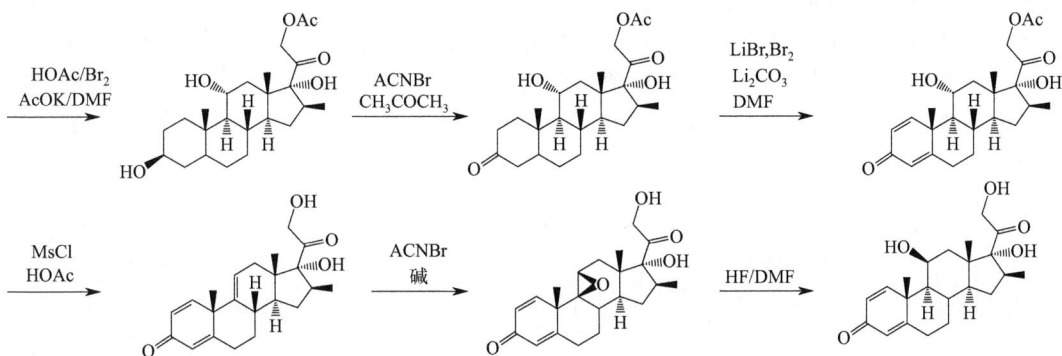

方法 2：以番麻皂素为原料。基于番麻皂素为原料的合成路线的优势在于利用原料的结构优势 C-12 羰基顺利构建 C-9、C-11 的双键，然后利用黄鸣龙反应消除羰基，通过 C-16、C-17 环氧化以及甲基格式试剂的加成反应引入 16β-甲基且选择性高，避免了使用重氮甲烷所造成的安全隐患难题，不足之处在于受到番麻皂素原料供应的限制。该工艺生产比例一般不高，约占全球总量的 10%，我国仙居药业、天津制药等公司先后开发并应用该合成工艺。具体合成路线如下。

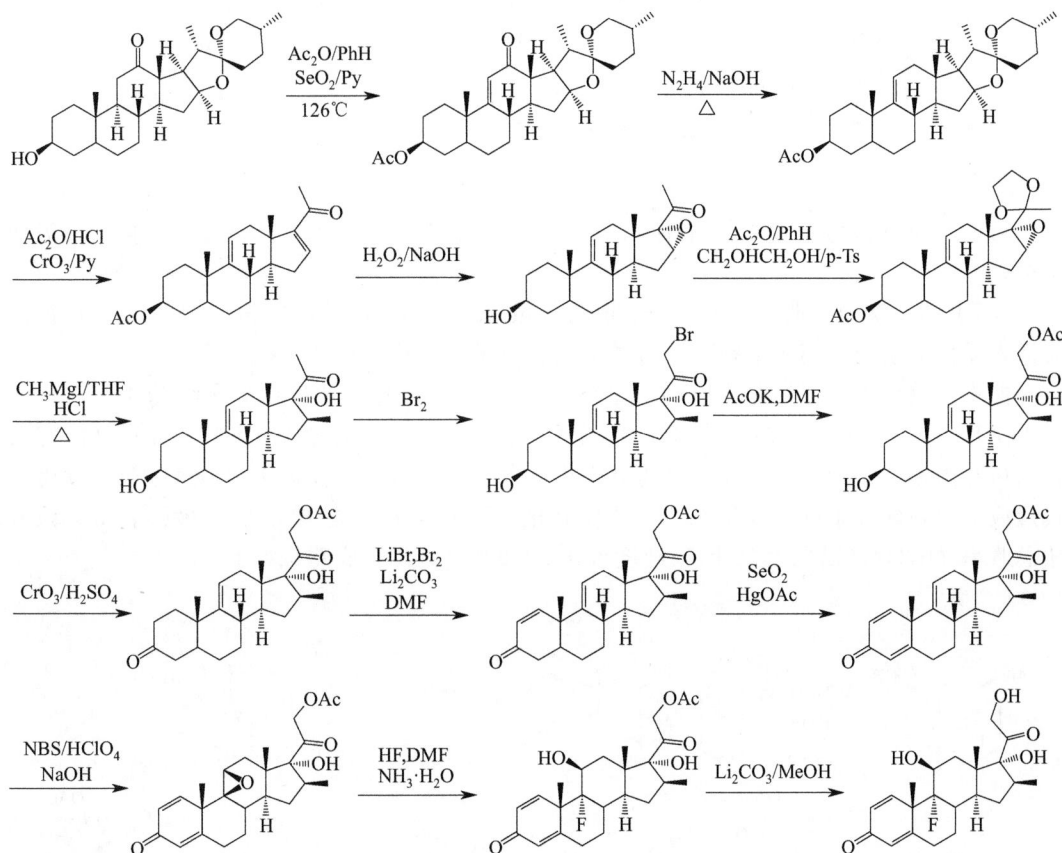

方法3流程图反应条件：

Ac₂O/PhH SeO₂/Py 126℃ → N₂H₄/NaOH △ →

Ac₂O/HCl CrO₃/Py → H₂O₂/NaOH → Ac₂O/PhH CH₂OHCH₂OH/p-Ts →

CH₃MgI/THF HCl △ → Br₂ → AcOK,DMF →

CrO₃/H₂SO₄ → LiBr,Br₂ Li₂CO₃ DMF → SeO₂ HgOAc →

NBS/HClO₄ NaOH → HF,DMF NH₃·H₂O → Li₂CO₃/MeOH

方法 3：以甾类化合物（steroid compounds）中间体为原料。为了寻求更加广泛的起始原料，1992 年 Nicholas 等首次报道了以 9α-OH-AD（9α-hydroxyandrost-4-ene-3,17-dione）为原料的合成路线，脱离传统皂素为起始物合成的全新视角，该线路的缺陷在于使用剧毒氢化物以及昂贵的碘甲烷，且甲基化的选择性与收率较低。受此启发，一些甾类中间体如 1,4-雄烯二酮、11α-羟基雄烯二酮等被尝试作为起始原料合成倍他米松。未来借助基因工程技术以及生物技术可能会实现酶在 C-1、C-2 脱氢以及 C-9、C-11 羟化方面的应用，有望通过化学合成与酶催化技术结合开发新的倍他米松合成工艺。具体合成路线如下。

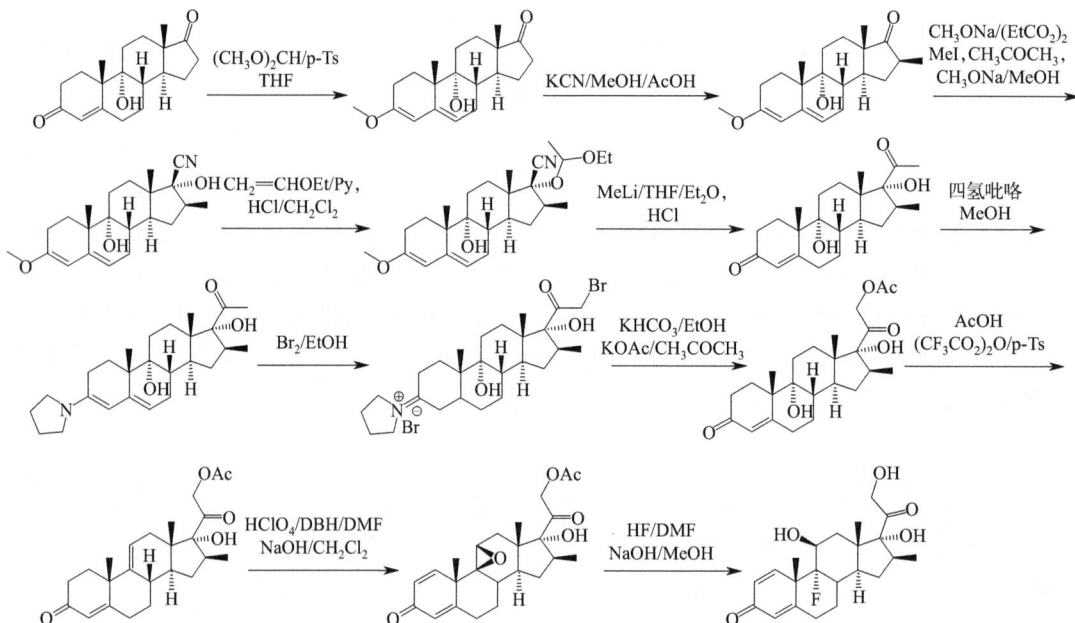

目前，没有兽药企业生产倍他米松，兽药制剂企业可以使用医药企业生产的倍他米松。

（7）曲安奈德　曲安奈德（triamcinolone acetonide），是由赛诺菲研制的一种糖皮质激素受体激动药，用于治疗犬猫骨关节病、过敏性疾病、皮肤性疾病等。

曲安奈德可以泼尼松龙为原料，先经 21 位羟基乙酰化，然后在五氯化磷作用下消除 11β-OH，在二氧化硫和 N-氯代丁二酰亚胺（NCS）作用下消除 17α-OH，经高锰酸钾氧化后再与丙酮亲核加成，再在氢氧化钾作用下水解；然后与二溴海因（DBDMH）发生溴代反应，再在碱性条件下发生 9、11 位环氧化，然后与氢氟酸/吡啶反应最终制得。该方法总收率 24.2%（以尼松龙计），纯度可达 99.9%。具体合成路线如下。

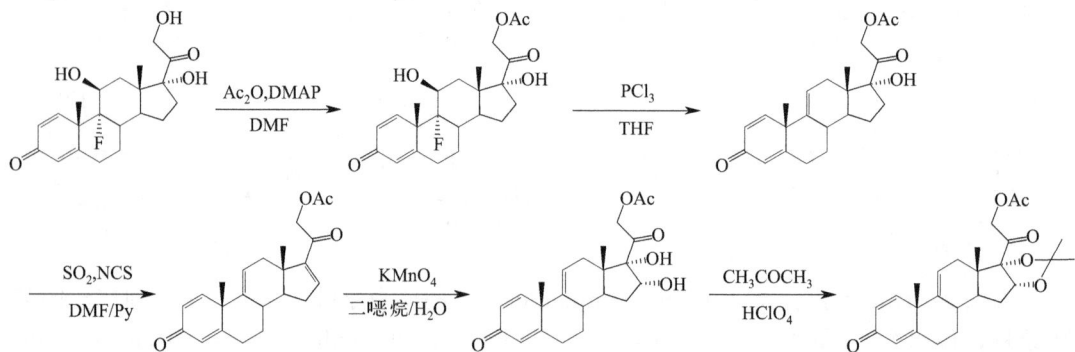

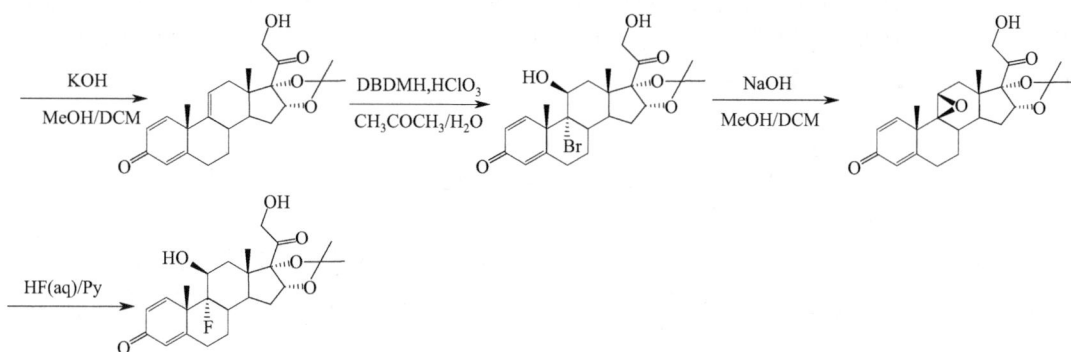

目前，没有兽药企业生产曲安奈德，兽药制剂企业可以使用人药企业生产的曲安奈德。

7.1.5 消毒防腐药

消毒防腐药是杀灭病原微生物或抑制其生长繁殖的一类药物。消毒剂是指能杀灭病原微生物的药物，主用于环境、厩舍、动物排泄物、用具和器械等非生物表面的消毒。防腐药是指能抑制病原微生物生长繁殖的药物，主用于抑制局部皮肤、黏膜和创伤等生物体表的微生物感染，也用于食品及生物制品等的防腐。

各类消毒防腐药的作用机理各不相同，可归纳为以下三种。

（1）**使菌体蛋白变性、沉淀**　故称为"一般原浆毒"，适用于环境消毒。酚类、醛类、醇类、重金属盐类等是通过这一机理而发挥作用的。

（2）**改变菌体细胞膜的通透性**　表面活性剂等的杀菌作用是通过降低菌体的表面张力，增加菌体细胞膜的通透性，从而引起重要的酶和营养物质漏失，水则向菌体内渗入，使菌体溶解和破裂。

（3）**干扰或损害细菌生命必需的酶系统**　当消毒防腐药的化学结构与菌体内的代谢物相似时，可竞争性地或非竞争性地与酶结合，从而抑制酶的活性，导致菌体的抑制或死亡；也可通过氧化、还原等反应损害酶的活性基团，如氧化剂的氧化、卤化物的卤化等。

7.1.5.1 苯酚

苯酚（phenol）又名酚和石炭酸（carbolic acid）。0.1‰～1‰苯酚溶液有抑菌作用；1‰～2‰溶液有杀细菌和真菌作用；5‰溶液可在48h内杀死炭疽芽孢。苯酚的杀菌效果与温度呈正相关。碱性环境、脂类、皂类等能减弱其杀菌作用。苯酚是外科最早使用的一种消毒防腐药，但由于对动物和人有较强的毒性，不能用于创面和皮肤的消毒。

现在苯酚等酚类化合物的主要来源是通过化学合成，由于没有直接将羟基引入苯环的方法，所以一般需要通过官能团的转换途径合成酚类。其主要合成方式如下。

方法1：磺酸盐的碱熔融法。苯磺酸钠和氢氧化钠熔融后首先得到苯酚钠，再经酸化得到苯酚。具体合成路线如下。

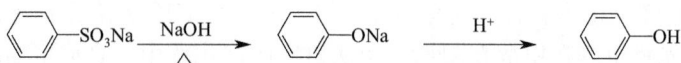

方法2：异丙苯氧化法。在过氧化物或紫外线的催化下，异丙苯被空气氧化为过氧化物，后经酸处理即可分解成苯酚和另一种重要的化工原料丙酮。该法是目前工业上产苯酚的重要方法。具体合成路线如下。

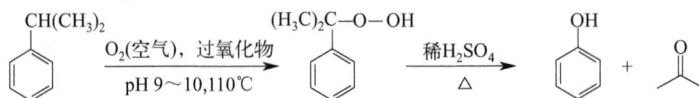

$$\underset{\text{pH 9～10,110℃}}{\xrightarrow{O_2(\text{空气})，过氧化物}} \quad \underset{\triangle}{\xrightarrow{\text{稀}H_2SO_4}} \quad +$$

方法3：芳卤烃水解法。芳卤烃的卤原子很不活泼，一般须在加热、高压和催化剂存在下与稀碱作用，才能水解得到酚类物质。芳卤烃水解法的苯酚的合成路线如下。

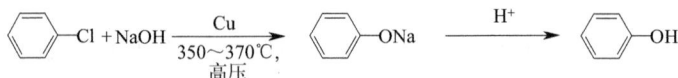

$$\text{Cl} + NaOH \xrightarrow[\text{高压}]{Cu \atop 350～370℃,} \text{ONa} \xrightarrow{H^+} \text{OH}$$

目前，没有兽药企业生产苯酚，兽用消毒剂企业可以使用化工等企业生产的原料。

7.1.5.2　甲酚

甲酚（cresol）又名煤酚、甲苯酚，为从煤焦油中分馏得到的邻位、间位和对位3种甲酚异构体混合物。甲酚能使菌体蛋白凝固变性而呈现杀菌作用。抗菌作用比苯酚强3～10倍，毒性大致相等，但消毒用药液浓度较低，故较苯酚安全。可杀灭一般繁殖型病原菌，对芽孢无效，对病毒作用不可靠。甲酚是酚类中最常用的消毒药。由于甲酚的水溶度较低，通常都用肥皂乳化配制成50％甲酚皂溶液。

目前，没有兽药企业生产甲酚，兽用消毒剂企业可以使用化工等企业生产的原料。

7.1.5.3　甲醛

甲醛（formaldehyde solution）又称蚁醛。36％甲醛溶液称为福尔马林。甲醛不仅能杀死细菌的繁殖型，也能杀死芽孢（如炭疽芽孢），以及抵抗力强的结核分枝杆菌、病毒及真菌等。甲醛对皮肤和黏膜的刺激性很强，但不损坏金属、皮毛、纺织物和橡胶等。甲醛的穿透力差，不易透入物品深部发挥作用。甲醛具滞留性，消毒结束后即应通风或用水冲洗，甲醛的刺激性气味不易散失，故消毒空间仅需相对密闭。本品主要用于厩舍、仓库、孵化室、皮毛、衣物、器具等的熏蒸消毒和标本、尸体防腐，亦用于胃肠道制酵。消毒温度应在20℃以上。

甲醛的合成方法较多，主要是以甲醇为原料，通过催化氧化的方法来制备。其主要的合成方法如下。

方法1：甲醇过量氧化法，又称银催化氧化法，采用银丝网或铺成薄层的银粒为催化剂，控制甲醇过量，反应温度为600～720℃。甲醇过量氧化法的甲醛的合成路线如下。

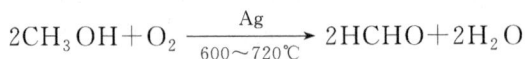

$$2CH_3OH + O_2 \xrightarrow[600～720℃]{Ag} 2HCHO + 2H_2O$$

方法2：空气过量氧化法，又称铁钼催化氧化法，采用铁和锰的氧化物为催化剂，控制甲醇不足而空气过量的条件，在320～380℃反应温度下反应生成甲醛。氧气过量氧化法的甲醛的合成路线如下。

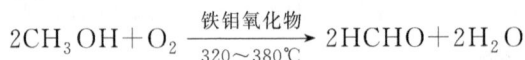

$$2CH_3OH + O_2 \xrightarrow[320～380℃]{\text{铁钼氧化物}} 2HCHO + 2H_2O$$

方法3：甲缩醛氧化法。日本旭化成公司于1980年代开发成功了该方法制备高浓度甲醛。该方法首先将甲醛在甲醇在阳离子交换树脂的催化作用下合成甲缩醛，然后甲缩醛在铁-铝氧化催化剂作用下被空气中的氧气氧化，由此可以制得浓度为 70％的甲醛水溶液，经过进一步分离提纯后可获得高浓度甲醛。甲缩醛氧化法的甲醛的合成路线如下。

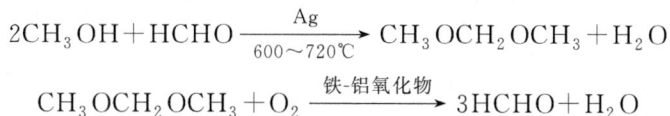

$$2CH_3OH + HCHO \xrightarrow[600\sim720℃]{Ag} CH_3OCH_2OCH_3 + H_2O$$

$$CH_3OCH_2OCH_3 + O_2 \xrightarrow{铁-铝氧化物} 3HCHO + H_2O$$

方法 4：尾气循环法。甲醇通过加热汽化为甲醇气体，控制系统按其氧醇比控制反应温度，使反应在最佳状态下进行。工艺上采用尾气循环法，将部分反应热量由循环气带走。而传统工艺路线是将反应热全部由配料蒸汽带走，由于采用了尾气循环法，这样就可能制取 37％以上的不同浓度的工业甲醛，以满足不同下游产品的需要。

该工艺是国内银法生产甲醛装置中最为先进的一种。它的设备结构、催化剂、制取、工艺路线和控制系统上都比传统工艺有明显的优势，也是银法制取高浓度甲醛的唯一途径。由于该方法的单耗低、设备寿命长、控制系统完备和产品的可选择性，已为不少企业列为优选的方法。

目前，没有兽药企业生产甲醛，兽用消毒剂企业可以使用化工等企业生产的原料。

7.1.5.4 戊二醛

戊二醛（glutaral）具有广谱、高效和速效的杀菌作用，对细菌繁殖体、芽孢、病毒、结核分枝杆菌和真菌等均有很好的杀灭作用。其主要的合成方法如下。

方法 1：吡啶法，该法以吡啶为起始原料，用甲醇和金属钠还原为二氢吡啶，再经盐酸羟胺处理得到戊二肟，最后用亚硝酸钠和盐酸使戊二肟分解，即得戊二醛。其反应过程如下。

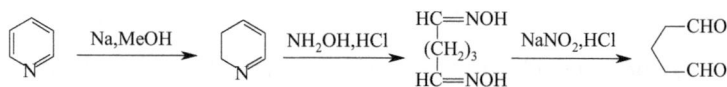

方法 2：吡喃法，该法也称杂多烯加成法。目前国内外工业上均采用此法生产戊二醛。该法以丙烯醛和烷基乙烯醚（工业上采用乙烯基乙醚）为原料，经双烯加成反应，生成 3,4-二氢吡喃-2-烷基醚（简称环合物），再经水解即得戊二醛。其反应式如下。

目前，没有兽药企业生产戊二醛，兽用消毒剂企业可以使用化工等企业生产的原料。

7.1.5.5 乙醇

乙醇（ethanol）又名酒精。无水乙醇含量为 99％以上；医用乙醇浓度应不低于95.0％。处方上凡未指明浓度的乙醇，均指 95％乙醇。乙醇是目前临床上使用最广泛，也是较好的一种皮肤消毒药，能杀死繁殖型细菌，对结核分枝杆菌、囊膜病毒也有杀灭作用，但对细菌芽孢无效。乙醇可使细菌胞质脱水，并进入蛋白肽链的空隙破坏构型，使菌体蛋白变性和沉淀。乙醇可溶解类脂质，不仅易渗入菌体破坏其胞膜，而且能溶解动物的皮脂分泌物，从而发挥机械性除菌作用。乙醇消毒必须保持 75％的浓度，否则无法达到消毒目的。工业上一般用发酵法、合成法和联合生物加工法制取乙醇。

方法 1：发酵法，反应式如下。

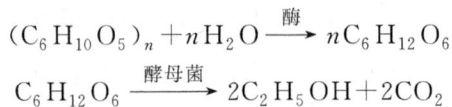

$$(C_6H_{10}O_5)_n + nH_2O \xrightarrow{\text{酶}} nC_6H_{12}O_6$$

$$C_6H_{12}O_6 \xrightarrow{\text{酵母菌}} 2C_2H_5OH + 2CO_2$$

方法 2：直接水合法，反应式如下。

$$CH_2=CH_2 + H_2O \xrightarrow[\text{高温高压}]{\text{催化剂}} CH_3CH_2OH$$

方法 3：间接水合法，反应式如下。

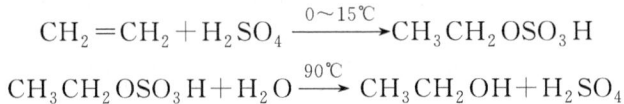

$$CH_2=CH_2 + H_2SO_4 \xrightarrow{0\sim15℃} CH_3CH_2OSO_3H$$

$$CH_3CH_2OSO_3H + H_2O \xrightarrow{90℃} CH_3CH_2OH + H_2SO_4$$

目前，没有兽药企业生产乙醇，兽用消毒剂企业可以使用化工等企业生产的原料。

7.1.5.6 次氯酸钠

次氯酸钠（sodium hypochlorite）是一种强氧化剂，其杀菌消毒原理是次氯酸钠水解形成次氯酸，次氯酸能迅速扩散到病原体表面，并穿透到病原体内，次氯酸的极强氧化性可破坏病原体的蛋白质等酶系统，从而杀死病原微生物。次氯酸钠可以通过把氯气通入氢氧化钠溶液，生成氯化钠和次氯酸钠，反应式如下。

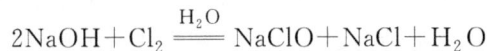

$$2NaOH + Cl_2 \xrightarrow{H_2O} NaClO + NaCl + H_2O$$

目前，没有兽药企业生产次氯酸钠，兽用消毒剂企业可以使用化工等企业生产的原料。

7.1.5.7 次氯酸钙

次氯酸钙（calcium hypochlorite）是一种强氧化剂，其杀菌消毒原理同次氯酸钠。次氯酸钙可以通过把氯气通入浓石灰溶液，生成氯化钙和次氯酸钙，反应式如下。

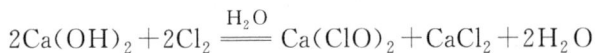

$$2Ca(OH)_2 + 2Cl_2 \xrightarrow{H_2O} Ca(ClO)_2 + CaCl_2 + 2H_2O$$

目前，没有兽药企业生产次氯酸钙，兽用消毒剂企业可以使用化工等企业生产的原料。

7.1.5.8 含氯石灰

含氯石灰（chlorinated lime）又名漂白粉（bleaching powder），为次氯酸钙、氯化钙和氢氧化钙的混合物。含氯石灰加入水中生成次氯酸，后者释放活性氯和初生氧而呈现杀菌作用，其杀菌作用快而强，但不持久。含氯石灰对细菌繁殖体、细菌芽孢、病毒及真菌都有杀灭作用，并可破坏肉毒杆菌毒素。1%澄清液作用 0.5～1min 即可抑制炭疽杆菌、沙门菌、猪丹毒杆菌和巴氏杆菌等多数繁殖型细菌的生长；1～5min 抑制葡萄球菌和链球菌。对结核分枝杆菌和鼻疽杆菌效果较差。30%漂白粉混悬液作用 7min 后，炭疽芽孢即停止生长。实际消毒时，漂白粉与被消毒物的接触至少需 15～20min。漂白粉的杀菌作用受有机物的影响。因为漂白粉中所含的氯可与氨和硫化氢发生反应，故有除臭作用。

目前，只有 1 家兽药企业生产含氯石灰，兽用消毒剂企业也可以使用化工等企业生产的原料。

7.1.5.9 溴氯海因

溴氯海因（bromochlorodimethylhydantoin，BCDMH）是缓慢释放型杀生剂的代表产品之一，其性能优异、杀菌广谱、杀毒高效，主要通过其水解产物次溴酸和次氯酸发挥消毒杀菌的作用，HBrO 和 HClO 与水中微生物体内的原生质结合，进而与蛋白质中的氮形成稳定的氮-卤键，干扰代谢过程并导致微生物中毒死亡。溴氯海因合成路线：首先将5,5-二甲基海因在一定量的水中溶解，在碱性环境下分别进行溴化、氯化反应，最后合成溴氯海因。反应式如下。

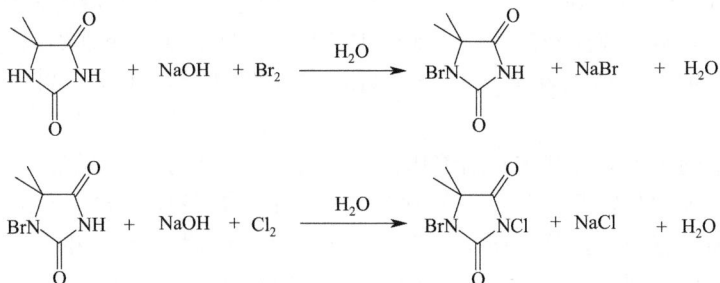

目前，没有兽药企业生产溴氯海因，兽用消毒剂企业可以使用化工等企业生产的原料。

7.1.5.10 亚氯酸钠

亚氯酸钠（sodium chlorite）是一种强氧化剂，其杀菌消毒原理同次氯酸钠。本品常见的生产方法如下。

方法 1：过氧化氢吸收法。将氯酸钠用水溶解并加入适量硫酸配成混合液，后加于二氧化氯发生器中，再将二氧化硫与空气的混合气体通入发生器中。将生成的二氧化氯稀释至防爆程度（10%）后，将生成的二氧化氯送入装有过氧化氢和液碱的鼓泡式吸收塔，生成亚氯酸钠。反应式如下。

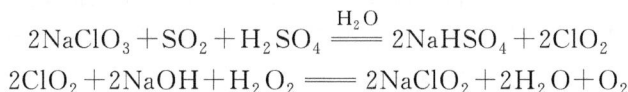

$$2NaClO_3 + SO_2 + H_2SO_4 \xrightarrow{H_2O} 2NaHSO_4 + 2ClO_2$$
$$2ClO_2 + 2NaOH + H_2O_2 = 2NaClO_2 + 2H_2O + O_2$$

方法 2：电解法。将氯酸钠用水溶解并加入适量硫酸配成混合液，后加于二氧化氯发生器中，再将二氧化硫与空气的混合气体通入发生器中，将生成的二氧化氯气体送入电解槽的阴极室。电解槽的阳极室内连续通入盐水和蒸馏水进行电解。

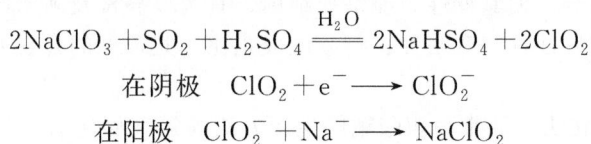

$$2NaClO_3 + SO_2 + H_2SO_4 \xrightarrow{H_2O} 2NaHSO_4 + 2ClO_2$$
$$\text{在阴极} \quad ClO_2 + e^- \longrightarrow ClO_2^-$$
$$\text{在阳极} \quad ClO_2^- + Na^- \longrightarrow NaClO_2$$

目前，没有兽药企业生产亚氯酸钠，兽用消毒剂企业可以使用化工等企业生产的原料。

7.1.5.11 碘

碘（iodine）具有强大的杀菌作用，也可杀灭细菌芽孢、真菌、病毒、原虫。碘主要以分子（I_2）形式发挥杀菌作用，其原理可能是碘化和氧化菌体蛋白的活性基因，并与蛋白的氨基结合而导致蛋白变性和抑制菌体的代谢酶系统。

碘的传统生产方法是以海藻为原料，例如利用海带浸泡水，加碱净化后，用盐酸或硫酸调 pH＝1～2，用氯酸盐将碘离子氧化成分子，然后用树脂吸附，再用亚硫酸钠解吸，把分子碘反应成离子态，得解吸液。解吸液在酸性条件下，用氯酸盐氧化为碘单质。

碘的主要的生产工艺为以高浓度的碘盐水为原料进行，向其中通入氯气或者加入氧化剂生成碘。

目前，没有兽药企业生产碘，兽用消毒剂企业可以使用化工等企业生产的原料。

7.1.5.12　聚维酮碘

聚维酮碘（povidone iodine）为 1-乙烯基-2-吡咯烷酮均聚物与碘的复合物。本品通过不断释放游离碘，破坏菌体新陈代谢，而使细菌等微生物失活。聚维酮碘是一种高效低毒的杀菌药物，对细菌、病毒和真菌均有良好的杀灭作用，用于手术部位、皮肤、黏膜消毒。

聚维酮碘中的聚维酮起载体和助溶作用，解决了碘难溶于水的问题。一般采用固相加热法制备，将聚维酮与碘混合并在 60℃加热 3～5d 而缓慢反应的方法，该方法不需研磨，在长时间低温加热过程中，同时存在显著的碘与聚维酮的固-固反应和气-固反应，生产的聚维酮碘中有效碘含量高达 12％，其中络合碘含量高达 94％，而游离碘含量低至 6％，质量收率为 100％左右，碘单耗为 0.20。该工艺对反应器的机械强度无特殊要求，一般耐氧化、耐高温的反应器就可以。

目前，没有兽药企业生产聚维酮碘，兽用消毒剂企业可以使用化工等企业生产的原料。

7.1.5.13　蛋氨酸碘

蛋氨酸碘（methionine Iodine）为蛋氨酸与碘的复合物，属于杀菌药物。本品在水中释放游离的分子碘而起杀微生物作用，碘具有强大的杀菌作用，也可杀灭细菌芽孢、真菌、病毒、原虫。碘主要以分子形式发挥作用，其原理可能是碘化和氧化菌体蛋白的活性基因，并与蛋白的氨基结合而导致蛋白变性。

蛋氨酸碘中的蛋氨酸起载体和助溶作用，解决了碘难溶于水的问题。可以采用固相加热法制备，将蛋氨酸与碘混合并在加热情况下缓慢反应的方法进行生产。

目前，有 1 家兽药企业生产蛋氨酸碘。

7.1.5.14　高碘酸钠

高碘酸钠（sodium periodate）具有消毒防腐作用，能氧化细菌细胞质的活性基团，并与蛋白质的氨基结合，使其变性。能杀死细菌、真菌、病毒及阿米巴原虫。杀菌力与浓度成正比，对机体的腐蚀性与刺激性也与浓度成正比。其常见的合成方法有氯气氧化法和氯酸钠氧化法。

方法 1：氯气氧化法。通常高碘酸钠的生产方法为氯气氧化法，分为高碘酸二氢三钠（$Na_3H_2IO_6$）的制备和高碘酸钠的制备两个步骤。首先将碘加入氢氧化钠溶液中，通入氯气反应生成高碘酸二氢三钠和氯化钠，经杂质分离后将高碘酸二氢三钠加入硝酸溶液中反应生成高碘酸钠和硝酸钠，最后利用分离制得高碘酸钠。反应式如下。

$$7Cl_2 + 20NaOH + I_2 \longrightarrow 2Na_3H_2IO_6 + 14NaCl + 8H_2O$$

$$2Na_3H_2IO_6 + 2HNO_3 \longrightarrow NaIO_4 + 2NaNO_3 + 2H_2O$$

方法 2：氯酸钠氧化法。该方法利用碘与氯酸钠在一定条件下反应生成碘酸氢钠，然后用氢氧化钠中和碘酸氢钠得到碘酸钠，再在碱性条件下，碘酸钠与过硫酸钠发生氧化还原反应生成高碘酸二氢三钠沉淀，将高碘酸二氢三钠沉淀溶于硝酸中反应后即可分离纯化制得高碘酸钠。反应式如下。

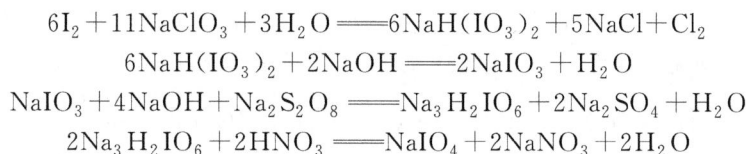

$$6I_2+11NaClO_3+3H_2O \Longrightarrow 6NaH(IO_3)_2+5NaCl+Cl_2$$
$$6NaH(IO_3)_2+2NaOH \Longrightarrow 2NaIO_3+H_2O$$
$$NaIO_3+4NaOH+Na_2S_2O_8 \Longrightarrow Na_3H_2IO_6+2Na_2SO_4+H_2O$$
$$2Na_3H_2IO_6+2HNO_3 \Longrightarrow NaIO_4+2NaNO_3+2H_2O$$

目前，没有兽药企业生产高碘酸钠，兽用消毒剂企业可以使用化工等企业生产的原料。

7.1.5.15　月苄三甲氯铵

月苄三甲氯铵（halimide）又名消毒优，为三甲基烷基苄基氯化铵的混合物。对金黄色葡萄球菌、猪丹毒杆菌、卡他球菌、鸡白痢沙门菌、炭疽芽孢、化脓性链球菌、鸡新城疫病毒、口蹄疫病毒以及细小病毒消毒效果较好，在20℃下，10min内，杀灭率达99%以上。本品属阳离子型活性剂，细菌通常带负电，与本品有较强的亲和力，在菌体表面形成膜，致使细菌呼吸受阻而死亡；本品中的阳离子与菌体蛋白结合，使细菌失去营养而死亡；本品的亲水性、亲油性以及分子内空间因素达到较好的结合，表现出超强的消毒力。

目前，有5家兽药企业生产月苄三甲氯铵，兽用消毒剂企业可以使用化工等企业生产的原料。

7.1.5.16　苯扎溴铵

苯扎溴铵（benzalkonium bromide）又名溴苄烷胺、新洁尔灭。本品为溴化二甲基苄基烃铵的混合物，属季铵盐类。本品为阳离子表面活性剂，是一种低效消毒剂，对化脓杆菌、肠道菌与部分病毒有较好的杀灭能力；对结核分枝杆菌与真菌的杀灭效果甚微；不能灭活乙型肝炎病毒；对细菌芽孢只能起到抑制作用。一般认为，苯扎溴铵对革兰阳性菌的杀灭能力要比革兰阴性菌为强。

苯扎溴铵可以通过氯化苄与二甲胺发生胺化反应，生成 N,N'-二甲苄胺；N,N'-二甲苄胺与溴代十二烷通过缩合反应，生成苯扎溴铵。

目前，没有兽药企业生产苯扎溴铵，兽用消毒剂企业可以使用化工等企业生产的原料。

7.1.5.17　苯扎氯铵

苯扎氯铵（benzalkonium chloride）为氯化二甲基苄基烃铵的混合物。本品为阳离子表面活性剂，系广谱杀菌剂，能改变细菌胞质膜通透性，使菌体胞质物质外渗，阻碍其代谢而起杀灭作用，对革兰阳性菌作用较强，对铜绿假单胞菌、抗酸杆菌和细菌芽孢无效。能与蛋白质迅速结合，遇血、棉花、纤维素等作用显著降低。本品0.1%以下浓度对皮肤无刺激性。

苯扎氯铵可以通过氯化苄与脂肪烷基二甲基叔胺反应生成苯扎氯铵。

目前，没有兽药企业生产苯扎氯铵，兽用消毒剂企业可以使用化工等企业生产的原料。

7.1.5.18　癸甲溴铵

癸甲溴铵（deciquan）是双链季铵盐消毒剂，对多数细菌、真菌、病毒和藻类有杀灭作用。其在溶液状态时，可解离出季铵盐阳离子，与细菌胞质膜磷脂中带负电荷的磷酸基结合，低浓度呈抑菌作用，高浓度起杀菌作用。溴离子使分子的亲水性和亲脂性剧增，能迅速渗透到胞质膜脂质层及蛋白质层，改变膜的通透性，达到杀菌作用。癸甲溴铵残留药效强，对光和热稳定，其表面活性功能使药物可以渗透到缝隙和裂纹中，对金属、塑料、橡胶和其他物质均无腐蚀性。癸甲溴铵可以通过如下反应获得。

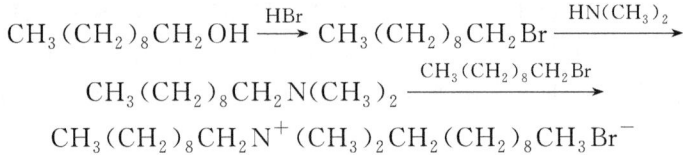

$$CH_3(CH_2)_8CH_2OH \xrightarrow{HBr} CH_3(CH_2)_8CH_2Br \xrightarrow{HN(CH_3)_2}$$

$$CH_3(CH_2)_8CH_2N(CH_3)_2 \xrightarrow{CH_3(CH_2)_8CH_2Br}$$

$$CH_3(CH_2)_8CH_2N^+(CH_3)_2CH_2(CH_2)_8CH_3Br^-$$

目前，没有兽药企业生产癸甲溴铵，兽用消毒剂企业可以使用化工等企业生产的原料。

7.1.5.19 高锰酸钾

高锰酸钾（potassium permanganate）为强氧化剂，遇有机物或加热、加酸或碱等均可释出新生氧（非游离态氧，不产生气泡）而呈现杀菌、除臭、解毒作用。在发生氧化反应时，其本身还原为棕色的二氧化锰，后者可与蛋白结合成蛋白盐类复合物，因此高锰酸钾在低浓度时对组织有收敛作用；高浓度时有刺激和腐蚀作用。高锰酸钾的抗菌作用较过氧化氢强，但它极易被有机物分解而使作用减弱。

高锰酸钾可以通过熔融法制备。二氧化锰在氯酸钾的存在下与碱共融时，可被氧化成为锰酸钾，再通过酸溶液浸出的方式让锰酸根阴离子发生歧化反应制取高锰酸钾。

目前，没有兽药企业生产高锰酸钾，兽用消毒剂企业可以使用化工等企业生产的原料。

7.1.5.20 过氧化氢

过氧化氢（strong hydrogen peroxide）有较强的氧化性，在与组织或血液中的过氧化氢酶接触时，迅速分解，释出新生态氧，对细菌产生氧化作用，干扰其酶系统的功能而发挥抗菌作用。由于作用时间短，且有机物能大大减弱其作用，因此杀菌力很弱。在接触创面时，由于分解迅速，会产生大量气泡，机械地松动脓块、血块、坏死组织及与组织粘连的敷料，有利于清洁创面。

目前工业上生产过氧化氢的主要方法是蒽醌法，将乙基蒽醇溶于有机溶剂中，通入空气氧化生成乙基蒽醌和 H_2O_2，分离出后，以 Pd 为催化剂，通入 H_2 再还原为乙基蒽醇。整个过程中，只消耗氢气和氧气，乙基蒽醇可循环使用。

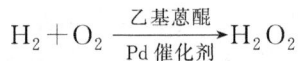

$$H_2 + O_2 \xrightarrow[\text{Pd 催化剂}]{\text{乙基蒽醌}} H_2O_2$$

目前，没有兽药企业生产过氧化氢，兽用消毒剂企业可以使用化工等企业生产的原料。

7.1.5.21 过硼酸钠

过硼酸钠（sodium perborate）为水质改良剂。与辅剂按比例混合后，遇水释放出活性氧，增加水体的溶氧量，同时吸附水体中的有害物质。过硼酸钠可以通过如下反应获得。

$$Na_2B_4O_7 + 2NaOH = 4NaBO_2 + H_2O$$

$$NaBO_2 + H_2O_2 + 3H_2O \Longrightarrow NaBO_3 \cdot 4H_2O$$

目前，没有兽药企业生产过硼酸钠，兽用消毒剂企业可以使用化工等企业生产的原料。

7.1.5.22　过碳酸钠

过碳酸钠（sodium percarbonate）为水质改良剂。过碳酸钠遇水放出活性氧，增加养殖水体中的溶氧量。

生产可采用固体碳酸钠和双氧水在搅拌反应器中进行反应。将双氧水加入反应器中，然后加入碳酸钠，控制一定的工艺条件，在液相中进行反应生成稳定的过碳酸钠。

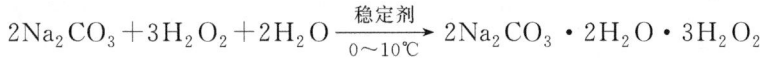

$$2Na_2CO_3 + 3H_2O_2 + 2H_2O \xrightarrow[0\sim10℃]{稳定剂} 2Na_2CO_3 \cdot 2H_2O \cdot 3H_2O_2$$

目前，没有兽药企业生产过碳酸钠，兽用消毒剂企业可以使用化工等企业生产的原料。

7.1.5.23　过硫酸氢钾

过硫酸氢钾（potassium peroxymonosulfate）是一种过氧化物，常与表面活性剂、有机酸及无机缓冲系统组成混合物使用。过硫酸氢钾复合粉在水中经链式反应，可连续持久地产生小分子自由基、次氯酸、新生态氧和活性氧衍生物，氧化和氯化病原体，使菌体蛋白质凝固。产生的 OH 自由基作用于 DNA、RNA 的磷酸二酯键，干扰病原体的 DNA 和 RNA 的合成，从而杀灭病原微生物。

生产本品可采用将双氧水与硫酸进行氧化反应获得过氧硫酸，再与氢氧化钾进行反应获得过硫酸氢钾水溶液，冷却结晶后即得。

目前，没有兽药企业生产过硫酸氢钾，兽用消毒剂企业可以使用化工等企业生产的原料。

7.1.5.24　过氧乙酸

过氧乙酸（peracetic acid）为强氧化剂，遇有机物放出初生态氧产生氧化作用而杀灭病原微生物。

生产可采用双氧水与乙酸反应合成过氧乙酸。即双氧水中的一个氢被乙酸中的乙酰基取代。该反应是一个平衡反应，有水生成，只要能减少平衡体系中的水，化学反应向右移动，有利于过氧乙酸的生成。

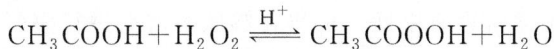

$$CH_3COOH + H_2O_2 \xrightleftharpoons{H^+} CH_3COOOH + H_2O$$

目前，没有兽药企业生产过氧乙酸，兽用消毒剂企业可以使用化工等企业生产的原料。

7.1.5.25　氢氧化钠

氢氧化钠（sodium hydroxide）又名苛性钠。消毒用氢氧化钠，又叫烧碱或火碱，含 96% NaOH 和少量的氯化钠、碳酸钠。氢氧化钠对病毒和细菌的杀灭作用均较强，高浓度溶液可杀灭芽孢，OH⁻ 能水解菌体蛋白和核酸，使酶系和细胞结构受损，并能抑制代谢机能，分解菌体中的糖类，使细菌死亡。遇有机物可使其杀菌力降低。

氢氧化钠可以通过苛化法即碳酸钠与氢氧化钙反应获得，亦可通过电解法即电解氯化钠水溶液获得。

目前，没有兽药企业生产氢氧化钠，兽用消毒剂企业可以使用化工等企业生产的原料。

7.1.5.26　乌洛托品

乌洛托品（methenamine）在酸性溶液中可分解释放出甲醛和氨，呈杀菌作用。

乌洛托品的工业制造方法所用原料是甲醛气（或甲醛水溶液）、氨气（或液氨）。所以在合成氨厂、甲醇厂生产乌洛托品有原料易得、成本低的优势。

$$6HCHO+4NH_3 \longrightarrow (CH_2)_6N_4+6H_2O$$

目前，没有兽药企业生产乌洛托品，兽药制剂企业可以使用人药企业生产的乌洛托品。

7.1.6　生殖调控药

7.1.6.1　缩宫素

缩宫素（oxytocin，又称催产素，简称为OT）是一种哺乳动物激素。本品可以在大脑下视丘"室旁核"与"视上核"合成，经下视丘脑下垂体路径神经纤维送到后叶分泌。

1909 年 Blair-Bell 发现垂体后叶提取物有促进子宫收缩的作用，后来人们证实，其中起子宫收缩作用的是缩宫素。从那以后，缩宫素就被用于催产、引产和防止产后出血。缩宫素原料最初由猪、牛脑垂体后叶中提取制得，1953 年科学家文森特·迪维尼奥的团队合成了可应用于妇女催生的人工合成缩宫素，缩宫素成为第一个被测序和合成的神经肽。

缩宫素能选择性兴奋子宫，加强子宫平滑肌的收缩。其兴奋子宫平滑肌作用因剂量大小、体内激素水平而不同。小剂量能增加妊娠末期子宫肌的节律性收缩，收缩舒张均匀；大剂量则能引起子宫平滑肌强直性收缩，使子宫肌层内的血管受压迫而起止血作用。此外，缩宫素能促进乳腺腺泡和腺导管周围的肌上皮细胞收缩，促进排乳。

缩宫素的合成工艺路线如下。

方法 1：全固相法合成缩宫素的方法，具体为采用三氟乙酸裂解后具有氨基结构的 Rink Amide-MBHA 树脂作为固相载体，在缩合试剂（HOBT＋DIC）和碱性试剂的作用下，从 C 端到 N 端依次偶联 Fmoc 保护氨基酸，得到全保护肽树脂。再通过三氟乙酸进行裂解与侧链裂解得到缩宫素直链肽。再将直链肽溶解后进行空气氧化，获得缩宫素粗品，最后通过分离制备获得缩宫素纯品。具体合成路线如下。

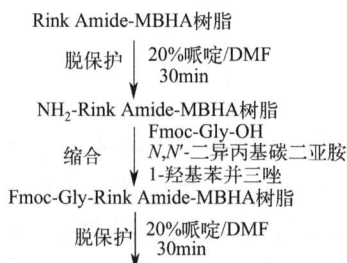

Rink Amide-MBHA树脂

脱保护 ↓ 20%哌啶/DMF
　　　　30min

NH₂-Rink Amide-MBHA树脂

缩合 ↓ Fmoc-Gly-OH
　　　 N,N'-二异丙基碳二亚胺
　　　 1-羟基苯并三唑

Fmoc-Gly-Rink Amide-MBHA树脂

脱保护 ↓ 20%哌啶/DMF
　　　　30min

NH₂-Gly-Rink Amide-MBHA树脂

重复脱保护、缩合步骤，
依次完成如下氨基酸缩合：
1：Fmoc-Leu-OH
2：Fmoc-Pro-OH
3：Fmoc-Cys(Trt)-OH
4：Fmoc-Asn(Trt)-OH
5：Fmoc-Gln(Trt)-OH
6：Fmoc-Ile-OH
7：Fmoc-Tyr(tBu)-OH
8：Fmoc-Cys(Trt)-OH

Cys(Trt)-Tyr(tBu)-Ile-Gln(Trt)-Asn(Trt)-Cys(Trt)-Pro-Leu-Gly-Rink Amide-MBHA树脂

三氟乙酸裂解

Cys-Tyr-Ile-Gln-Asn-Cys-Pro-Leu-Gly-NH₂

空气氧化

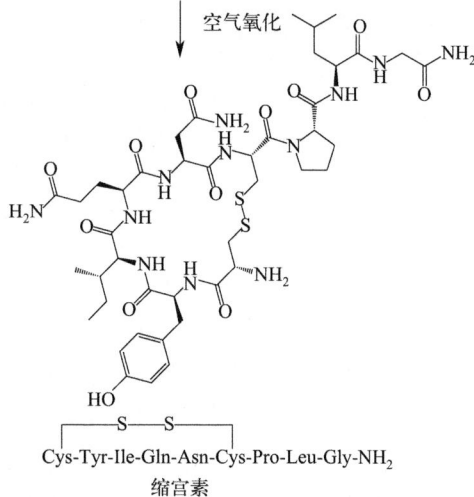

Cys-Tyr-Ile-Gln-Asn-Cys-Pro-Leu-Gly-NH₂
缩宫素

方法 2：液相合成缩宫素的方法，可分 8 步进行。

1）合成片段 1，即 Boc-Cys(Acm)-Tyr(tBu)-OH。

2）合成片段 2，即 H-Ile-Gln(Trt)-Asn(Trt)-Cys(Acm)-Pro-OMe。

3）合成片段 3，即 H-Leu-Gly-NH₂。

4）将片段组装合成全保护的缩宫素氨基酸序列，形成化合物 4，即 Boc-Cys(Acm)-Tyr(tBu)-Ile-Gln(Trt)-Asn(Trt)-Cys(Acm)-Pro-OMe。

5）合成化合物 5，即 Cys(Acm)-Tyr(tBu)-Ile-Gln(Trt)-Asn(Trt)-Cys(Acm)-Pro-OH。

6）合成化合物 6，即 Cys(Acm)-Tyr(tBu)-Ile-Gln(Trt)-Asn(Trt)-Cys(Acm)-Pro-Leu-Gly-NH₂。

7）合成化合物 7，即 Cys-Tyr(tBu)-Ile-Gln(Trt)-Asn(Trt)-Cys-Pro-Leu-Gly-NH₂。

8）将化合物 7 用三氟乙酸侧链保护，浓缩得到缩宫素粗品溶液，最后经纯化制备获得缩宫素纯品。即 Cys-Tyr-Ile-Gln-Asn-Cys-Pro-Leu-Gly-NH₂。

具体路线如下。

Boc-Cys(Acm)-Tyr(tBu)-OH　H-Ile-Gln(Trt)-Asn(Trt)-Cys(Acm)-Pro-OMe　H-Leu-Gly-NH$_2$
合成片段1　　　　　　　合成片段2　　　　　　　　　　　合成片段3

N,N-二异丙基碳二亚胺
琥珀酰亚胺
DMF

Cys(Acm)-Tyr(tBu)-Ile-Gln(Trt)-Asn(Trt)-Cys(Acm)-Pro-OMe
化合物4

NaOH
DMF

Cys(Acm)-Tyr(tBu)-Ile-Gln(Trt)-Asn(Trt)-Cys(Acm)-Pro-OH
化合物5

Cys(Acm)-Tyr(tBu)-Ile-Gln(Trt)-Asn(Trt)-Cys(Acm)-Pro-Leu-Gly-NH$_2$
化合物6

碘
DMF
硫代硫酸钠

┌─S——S─┐
Cys-Tyr(tBu)-Ile-Gln(Trt)-Asn(Trt)-Cys-Pro-Leu-Gly-NH$_2$
化合物7

三氟乙酸

Cys-Tyr-Ile-Gln-Asn-Cys-Pro-Leu-Gly-NH$_2$
缩宫素

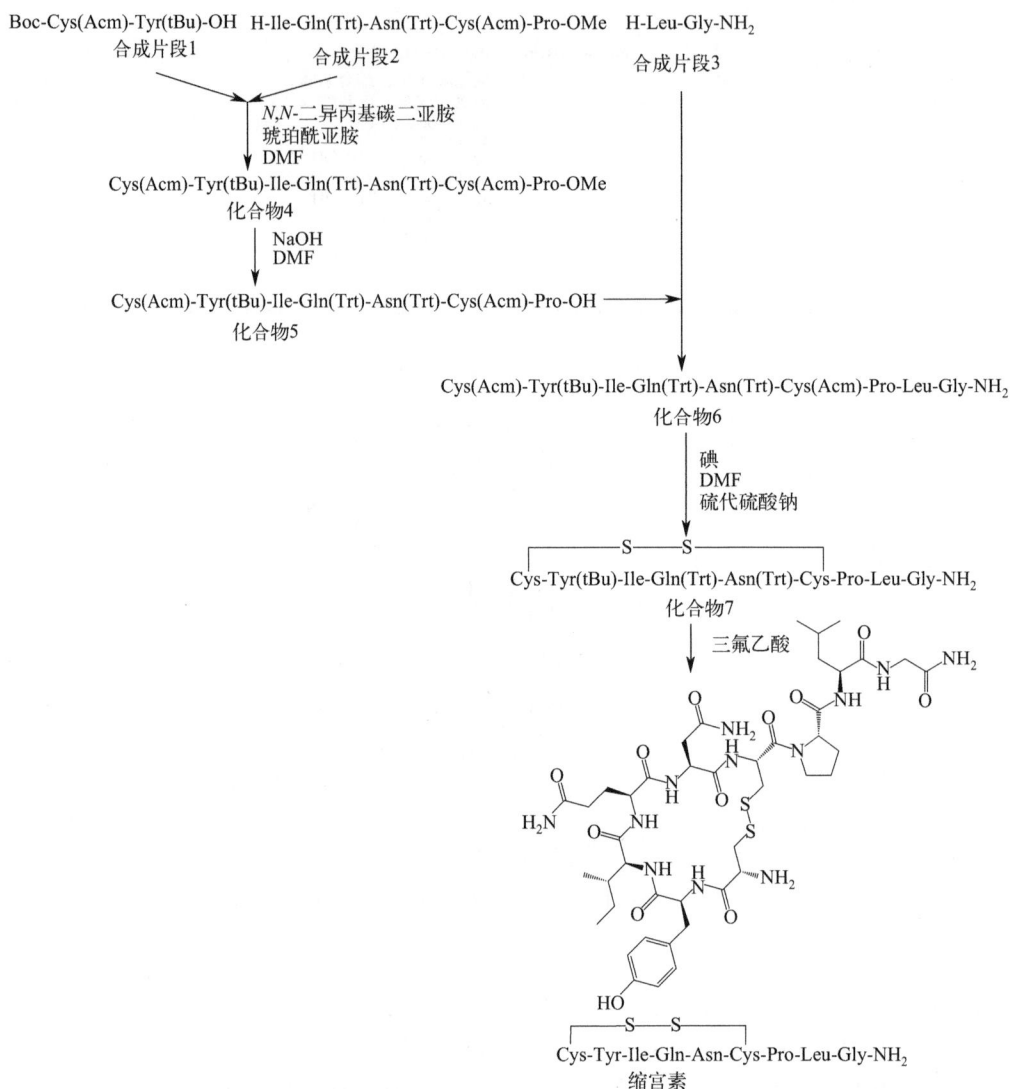

目前，没有兽药企业生产缩宫素，兽药制剂企业可使用人药企业原料药。

7.1.6.2　垂体后叶素

垂体后叶素（pituitrin）是由猪、牛脑垂体后叶中提取的水溶性成分，内含缩宫素和加压素（加压素又称抗利尿素）。对子宫的作用与缩宫素相同，其所含加压素有抗利尿和升高血压的作用。

缩宫素和加压素在化学结构上极其相似。肽链上某几个氨基酸被其他氨基酸替换或九肽的整个形态结构发生变化，生理功能都会受到明显的影响。一般认为激素的环肽是发挥生物功能的基本结构，环肽上的—S—S—键对于激素与细胞蛋白结合起着重要的作用。

其中加压素也是由9个氨基酸残基组成的活性多肽，有一个二硫键。

其生产技术路线如下。

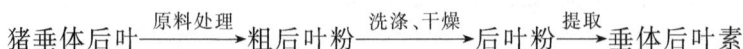

猪垂体后叶 ——原料处理——→ 粗后叶粉 ——洗涤、干燥——→ 后叶粉 ——提取——→ 垂体后叶素

目前，没有兽药企业生产垂体后叶素，兽药制剂企业可使用人药企业原料药。

7.1.6.3 丙酸睾酮

丙酸睾酮（testosterone propionate，又称丙酸睾丸素）是一种雄激素合成代谢类固醇药物，本品在体内先转化为 5α-二氢睾酮（5α-dihydrotesterone），再与细胞受体结合，进入细胞核，与染色质作用，激活 RNA 多聚酶，促进蛋白质合成和细胞代谢。

丙酸睾酮的药理作用与天然睾酮相同，可促进雄性生殖器官及副性征的发育、成熟；引起性欲及性兴奋；还能对抗雌激素的作用，抑制母畜发情。睾酮还具有同化作用，可促进蛋白质合成，引起氮、钠、钾、磷的潴留，减少钙的排泄。通过兴奋红细胞生成刺激因子，刺激红细胞生成。大剂量睾酮通过负反馈机制，抑制黄体生成素，进而抑制精子生成。

丙酸睾酮于 1936 年首次合成，发现其相对于睾酮的效力大大提高，于 1937 年由德国先灵公司推出，用于医疗用途，它是第一个上市的睾酮酯，被认为是一种较老的和较为粗糙的注射用睾酮，从 1950 年代开始，长效睾酮酯（如庚酸睾酮、环戊酸睾酮和十一酸睾酮）的引入导致丙酸睾酮大部分被取代。

丙酸睾酮合成工艺路线如下。

方法 1：丙酸睾酮以去氢表雄酮为原料，经 Oppenauer 氧化，再还原得到睾酮及二氢睾酮的混合物，其中二氢睾酮可采用 MnO_2 氧化得到睾酮，再用相应的醋酐或酰氯酯化睾酮即可得到丙酸睾酮。

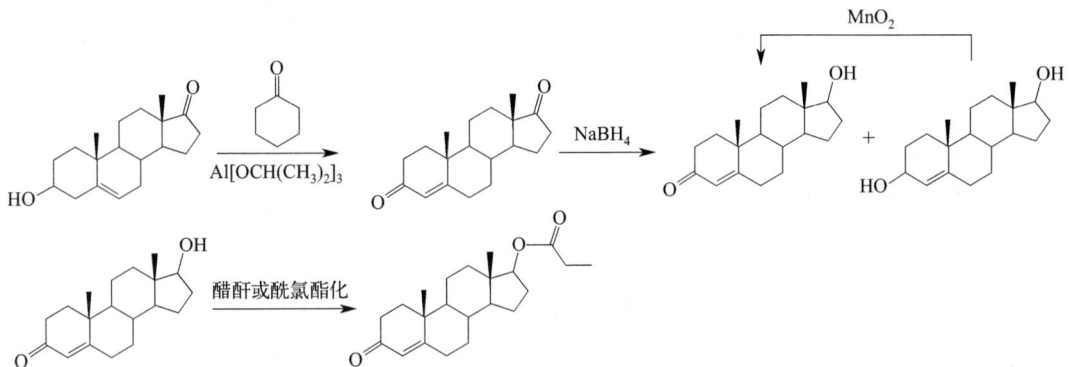

方法 2：丙酸睾酮以 4-雄烯二酮为原料，经 3-位酮基保护、17-位酮基还原、3-位酮基去保护，再用相应的醋酐或酰氯酯化睾酮即可得到丙酸睾酮。

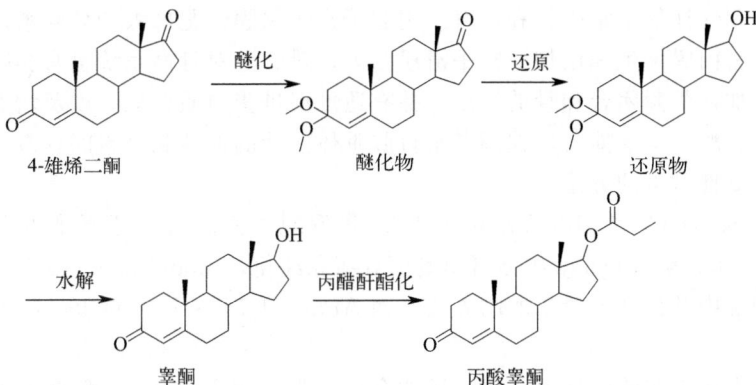

目前，没有兽药企业生产丙酸睾酮，兽药制剂企业可使用医药企业原料药。

7.1.6.4　苯丙酸诺龙

苯丙酸诺龙（nandrolone phenylpropionate，简称 NNP）是一种雄激素合成代谢类固醇药物，是雄激素受体（AR）的激动剂，雄激素是睾酮和二氢睾酮（DHT）等雄激素的生物学靶标。它具有强合成代谢作用和弱雄激素效果，使其具有副作用小的特征。能促进蛋白质合成和抑制蛋白质异化作用，并有促进骨组织生长、刺激红细胞生成等作用。

苯丙酸诺龙于 1957 年首次被描述，并于 1959 年被引入医疗用途，它最初用于多种适应症，但从 1970 年开始，其使用受到更多限制，相对于 1962 年推出了癸酸诺龙，相比之下应用更为广泛。

苯丙酸诺龙合成工艺路线如下：苯丙酸诺龙合成是以 19 位无甲基的雌甾-4-烯-3,17-二酮为原料，先将 3-酮基用甲醇反应生成缩酮保护起来，7-酮羰基由于 18 位甲基的位阻不能形成缩酮，用硼氢化钾将其还原后，在吡啶催化下用苯丙酰氯酯化，最后除去 3 位的保护基制得。其合成路线如下。

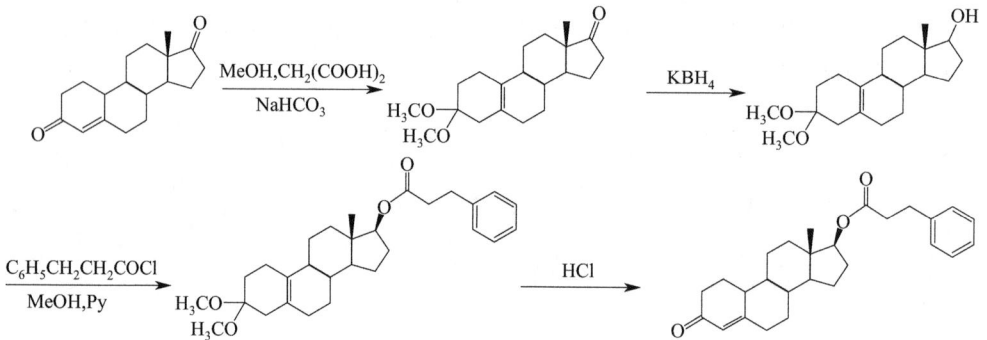

目前，有 1 家兽药企业生产苯丙酸诺龙。

7.1.6.5　雌二醇

雌二醇（estradiol，简称 E2）是一种雌激素合成代谢类固醇药物。因为它有很强的性激素作用，所以认为它或它的酯实际上是卵巢分泌的最重要的性激素。雌二醇能促进母畜雌性器官和副性征的正常生长和发育。引起子宫颈黏膜细胞增大和分泌增加，阴道黏膜增厚，促进子宫内膜增生和增加子宫平滑肌张力。雌二醇对骨骼系统也有影响，能增加骨骼钙盐沉积，加速骨骺闭合和骨的形成，并有适度促进蛋白质合成，以及增加水、钠潴留的作用。此外，雌二醇还能负反馈调节来自腺垂体前叶的促性腺激素的释放，从而抑制泌乳、排卵以及雄性激素的分泌。

雌二醇由 Schwenk 和 Hildebrant 于 1933 年发现，他们通过还原雌酮合成了它，随后，雌二醇于 1935 年由 Doisy 从母猪卵巢中分离和纯化，Inhoffen 和 Hohlweg 在 1940 年开发了从胆固醇中部分合成雌二醇的方法，而 Anner 和 Miescher 在 1948 年开发了全合成方法。

雌二醇的合成工艺路线如下：雌二醇的合成是先采用 Torgov 全合成法或其他半合成法生产得到雌酚酮，最后直接还原即可制得雌二醇。其合成路线如下。

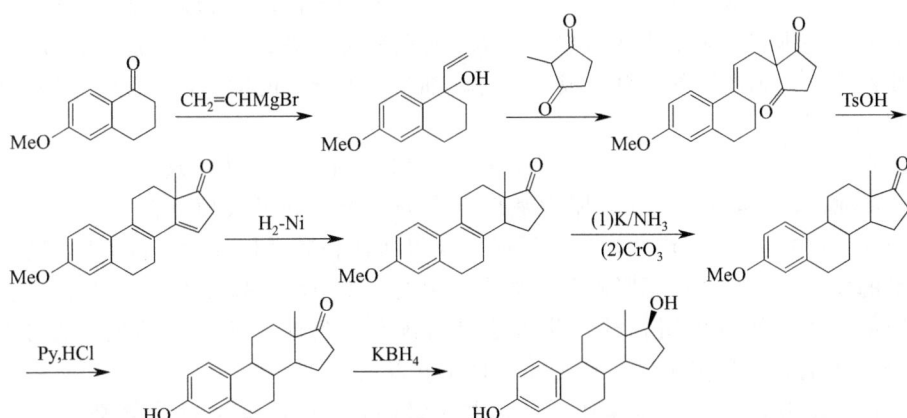

目前，没有兽药企业生产雌二醇，兽药制剂企业可使用医药企业原料药。

7.1.6.6 黄体酮

黄体酮（progesterone，又称孕酮激素、黄体激素，简称 P4）是卵巢分泌的具有生物活性的主要孕激素，一种内源性类固醇和孕激素。黄体酮在体内具有多种重要功能。它也是产生其他内源性类固醇的关键代谢中间体，包括性激素和皮质类固醇，作为一种神经类固醇在大脑功能中起重要作用。在雌激素作用基础上，黄体酮可促进子宫内膜及腺体发育，抑制子宫肌收缩，减弱子宫肌对催产素的反应，起"安胎"作用；通过反馈机制抑制垂体前叶促黄体素的分泌，抑制发情和排卵。另外，可与雌激素共同作用，刺激乳腺腺泡发育，为泌乳作准备。

1929 年 Corner 和 Allen 发现了黄体酮的激素作用，1934 年 Butenandt 提炼出纯结晶黄体酮，并确定了黄体酮的化学结构，Johnson 于 1971 年报道了黄体酮的全合成工艺。

黄体酮的合成工艺路线如下：黄体酮的合成是将薯蓣皂素的葡萄糖苷经乙酸酐处理、三氧化铬氧化以及脱水反应后得到降解产物孕甾-5,16-二烯-20-酮-3-乙酸酯，再经酸性水解和选择性催化加氢得到孕甾-5-烯-20-酮-3-醇，最后经沃氏氧化反应（Oppenauer oxidation）就可以得到黄体酮纯品。

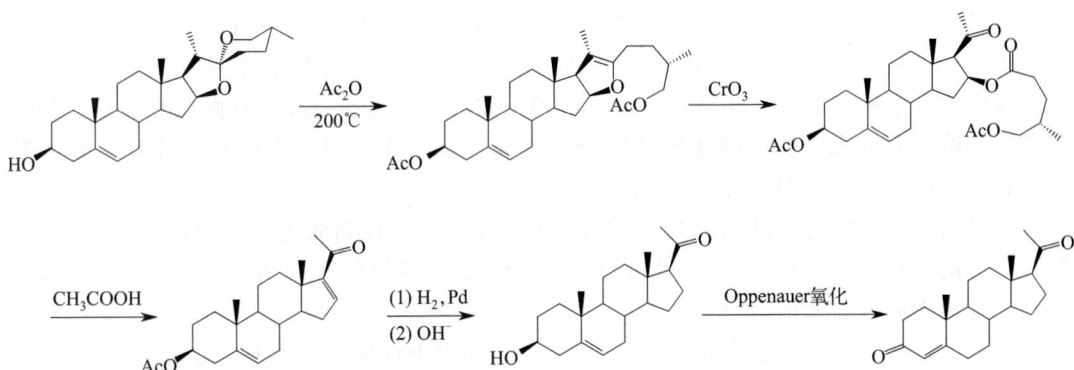

目前，有 2 家兽药企业生产黄体酮。

7.1.6.7 绒促性素

绒促性素（chorionic gonadotrophin）是从正常孕妇尿中提取纯化所得的一种糖蛋白

激素。本品具有促卵泡素（FSH）和促黄体素（LH）样作用。对母畜可促进黄体生成黄体激素并能促进排卵，对未成熟卵泡无作用。对公畜可促进睾丸间质细胞分化和雄激素分泌，促使性器官、副性征的发育、成熟，对解剖学上无异常的动物，绒促性素还可使隐睾患畜的睾丸下降。

绒促性素首先是由 Zended 和 Asehhein 于 1927 年在孕妇尿中发现。1936 年 Erown 和 Venning 发现在妊娠第 60～80 天尿中绒促性素分泌量达到最大值。在 1928 年，Zended 和 Asehhein 首先用乙醇沉淀法，从孕妇尿中取得活性物质绒促性素，以后随着研究的深入和技术的发展，研究者应用吸附剂（如人造沸石、苯甲酸、高岭土等）和离子交换吸附法取得绒促性素，然后再用各种纯化方法进行纯化，目前工业生产的绒促性素纯度在 4500IU/mg 左右，科研水平已达到 18800IU/mg 以上。

绒促性素是由 α、β 两个亚基组成，以共价键结合。α 亚基由 92 个氨基酸组成，β 亚基由 145 个氨基酸组成，其 α 亚基与其他非蛋白质激素和 FSH、LH、TSH 等 α 亚基非常相似，但 α 亚基不表现为生物功能，这些激素的 β 亚基差异则较大，正是由于这些差异，决定了激素各自的生物功能和免疫特性。

绒促性素等电点为 2.95，分子中含有 33％的糖，包括半乳糖 5.2％～5.7％、甘露糖 5.2％～5.7％、岩藻糖 1.0％、N-乙酰葡萄糖胺 11.4％～11.6％、N-乙酰半乳糖胺 2.8％～2.9％以及唾液酸 8.3％～8.4％。糖含量与绒促性素生物活性呈正相关，糖含量越多，生物活性越高。特别是唾液酸对绒促性素的生物活性最为关键，当唾液酸含量损失 0.3％时，生物活力则从 18800IU/mg 下降到 11800IU/mg。绒促性素的分子量用葡萄糖凝胶过滤测定为 59000±4000，用沉淀平衡法测定为 47000±3000，从化学组成平均计算最小分子量为 27000。

绒促性素生产技术路线如下：

孕妇尿液→足量吸附→固液分离→低浓度醇沉真空干燥→10 倍缓冲液溶解→阴离子交换色谱→收集 3 倍柱体积洗脱液→脱盐→冷冻干燥

目前，有 5 家兽药企业生产绒促性素。

7.1.6.8　血促性素

血促性素（serum gonadotrophin）是从健康孕马血清中提取的糖蛋白激素。1930 年英国科学家 Cole 及 Hart 在怀孕 40～130d 的母马血中发现，50～80d 分泌量达最大值。直至 1972 年 Allen 及 Moore 等的研究说明血促性素是由胎膜滋胚层细胞所分泌，它们侵入子宫内膜并增殖扩散成腺状结构，将宫内膜上皮与胚胎连在一起，故血促性素是胚胎的产物，其浓度高低决定胚胎的遗传基因型。血促性素的作用同绒促性素，具有促卵泡素（FSH）和促黄体素（LH）样作用。

20 世纪 40 年代英国科学家 C. Rimimgton 等对其活性物质进行了提取。20 世纪 60 年代美国的 Gospodarowicz 及 Papkoff 建立了较简单实用的分离方法。1980 年美国的 Moore 等将提取方法又推进一步。

血促性素分子的含糖量极高（45％～49％），其中中性糖（岩藻糖、甘露糖、半乳糖）16.4％、氨基乙糖（半乳糖胺、葡萄糖胺）17.7％、唾液酸 14％。其氨基酸含量具有典型糖蛋白激素的特点：半胱氨酸、脯氨酸含量高，组氨酸、酪氨酸与蛋氨酸含量低。氨基酸含量与垂体促卵泡素、垂体促黄体素相比，血促性素更接近于垂体促黄体素。其分子上有两个氨基酸末端残基，说明是由两个肽键组成，即 α 和 β 亚基，后者含糖量高，尤其是半乳糖胺、葡萄糖胺及唾液酸，分别为 15.8%、18.2%、21.3%，总和 55.3%，而 α 亚基含糖为 18.6%。

血促性素分子量由于测定方法不同，完整分子在 49000～68500 之间。等电点 pH 1.8～2.4。分子中氨基、二硫键、唾液酸对血促性素的生物活性很重要，大量的唾液酸使其有酸性特点，体内半衰期延长。

血促性素生产技术路线如下：

孕马血浆→酸沉固液分离→上清液超滤浓缩 5 倍→阴离子交换色谱→收集 3 倍柱体积洗脱液→高浓度醇沉→离心收集沉淀→真空干燥

目前，有 5 家兽药企业生产血促性素。

7.1.6.9　蜕皮激素

蜕皮激素（ecdysterone），又称蜕皮甾酮、脱皮激素，是一种天然存在的蜕皮激素，可诱导控制节肢动物的蜕皮和变态。蜕皮激素具有显著的通过增加氨基酸装配成蛋白链，从而刺激肌肉细胞质中蛋白质合成的能力，而且该能力回溯至蛋白质生长的转译和迁移过程。蜕皮激素使用后可使虾、蟹顺利脱壳，促进虾、蟹类脱壳的一致性，有效避免个体间的互相残杀，显著提高养殖成活率和商品规格。在蚕业养殖上，用于促使桑蚕龄期缩短，上蔟整齐，促进吐丝结茧。

早在 1919 年生物学家 Polish 就提出了昆虫蜕皮的激素机制，1954 年 Butenadt 和 Karlson 从家蚕蛹中分离到 α-蜕皮激素，并确定了其 α,β-不饱和烯酮的甾体化合物结构。1966 年 Nakanishi、Horn 等发现植物中存在 β-蜕皮激素及其类似物。后来，包括中国在内的世界许多国家都从植物中找到了新的含蜕皮激素的植物和新的蜕皮激素样结构。

蜕皮激素是从鸭跖草科植物珍珠露水草 *Cyanotis arachnoidea* C. B. Clarke 根部提取得到的一种活性物质。蜕皮激素的制备是植物提取法，是将散学草粉、露水草和昆诺阿苋等植物磨细，然后加入黏结剂和填充料，烘干压片即得。

目前，没有兽药企业生产蜕皮激素。

7.1.6.10　戈那瑞林

戈那瑞林（gonadorelin）为人工合成的十肽，和哺乳动物下丘脑分泌的促性腺激素释放激素天然提取物结构完全相同，能促使动物垂体前叶释放促卵泡素（FSH）和促黄体素（LH），具有促卵泡素（FSH）和促黄体素（LH）样作用。

1971 年由 Schally 和 Guillemin 领导的两组科学家分别从猪和羊的下丘脑组织中分离出能刺激垂体前叶释放 FSH 和 LH 的活性物质，故命名为促黄体生成激素释放激素（GnRH 或 LHRH），并迅速确定了它的化学结构和氨基酸序列。1973 年 Schally 和 Guillemin 因合成 GnRH（十肽）而荣获诺贝尔奖。随后 GnRH 在畜牧业上得到广泛的应用。

我国 1974 年起在中国科学院上海生化研究所龚岳亭院士等科学家带领下，人工合成了促性腺激素释放激素（戈那瑞林，国内习惯称 LHRH）。1996 年和 1998 年由上海丽珠东风生物技术有限公司与安徽省马鞍山生物化学制药厂共同研究开发，并由马鞍山生物化学制药厂独家生产制剂的国家四类新药注射用戈那瑞林，获得卫生部颁发新药证书及批准文号。

戈那瑞林主要的合成工艺路线如下。

方法 1：全固相法合成戈那瑞林的方法。具体为采用三氟乙酸裂解后具有氨基结构的 Rink Amide-MBHA 树脂作为固相载体，在缩合试剂（HOBT＋DIC）和碱性试剂的作用下，从 C 端到 N 端依次偶联 Fmoc 保护氨基酸，得到全保护肽树脂。再通过三氟乙酸进行裂解与侧链裂解得到戈那瑞林粗品，经过分离制备得到戈那瑞林纯品。具体路线如下。

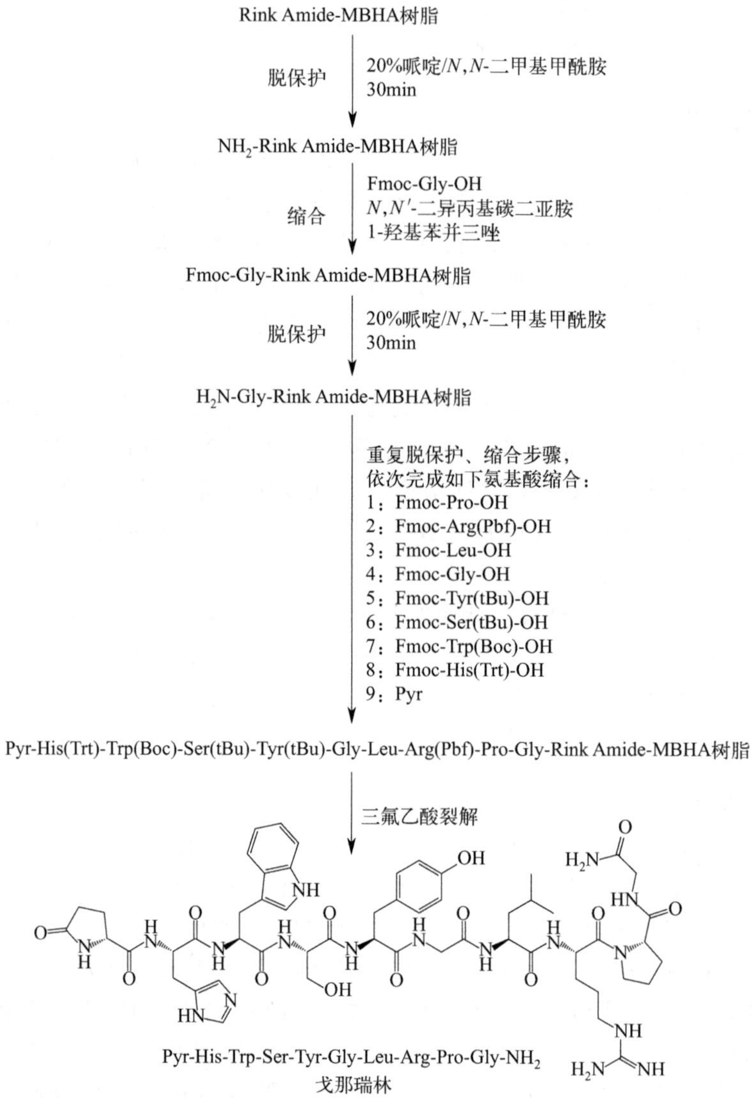

Rink Amide-MBHA树脂

脱保护 | 20%哌啶/N,N-二甲基甲酰胺
30min

NH₂-Rink Amide-MBHA树脂

缩合 | Fmoc-Gly-OH
N,N'-二异丙基碳二亚胺
1-羟基苯并三唑

Fmoc-Gly-Rink Amide-MBHA树脂

脱保护 | 20%哌啶/N,N-二甲基甲酰胺
30min

H₂N-Gly-Rink Amide-MBHA树脂

重复脱保护、缩合步骤，
依次完成如下氨基酸缩合：
1：Fmoc-Pro-OH
2：Fmoc-Arg(Pbf)-OH
3：Fmoc-Leu-OH
4：Fmoc-Gly-OH
5：Fmoc-Tyr(tBu)-OH
6：Fmoc-Ser(tBu)-OH
7：Fmoc-Trp(Boc)-OH
8：Fmoc-His(Trt)-OH
9：Pyr

Pyr-His(Trt)-Trp(Boc)-Ser(tBu)-Tyr(tBu)-Gly-Leu-Arg(Pbf)-Pro-Gly-Rink Amide-MBHA树脂

三氟乙酸裂解

Pyr-His-Trp-Ser-Tyr-Gly-Leu-Arg-Pro-Gly-NH₂
戈那瑞林

方法 2：多肽固液组合合成戈那瑞林的方法。

1）多肽固相法合成化合物 1：Boc-Pyr-His（Boc）-Trp（Boc）-Ser（tBu）-Tyr（tBu）-Gly-Leu-OH。

2）多肽液相法合成化合物 2：H-Arg(Pbf)-Pro-Gly-NH₂。

3）在液相中合成化合物 3：Boc-Pyr-His（Boc）-Trp（Boc）-Ser（tBu）-Tyr（tBu）-Gly-

Leu-Arg(Pbf)-Pro-Gly-NH$_2$。

4）合成戈那瑞林粗品，经过分离制备得到戈那瑞林纯品：Pyr-His-Trp-Ser-Tyr-Gly-Leu-Arg-Pro-Gly-NH$_2$。

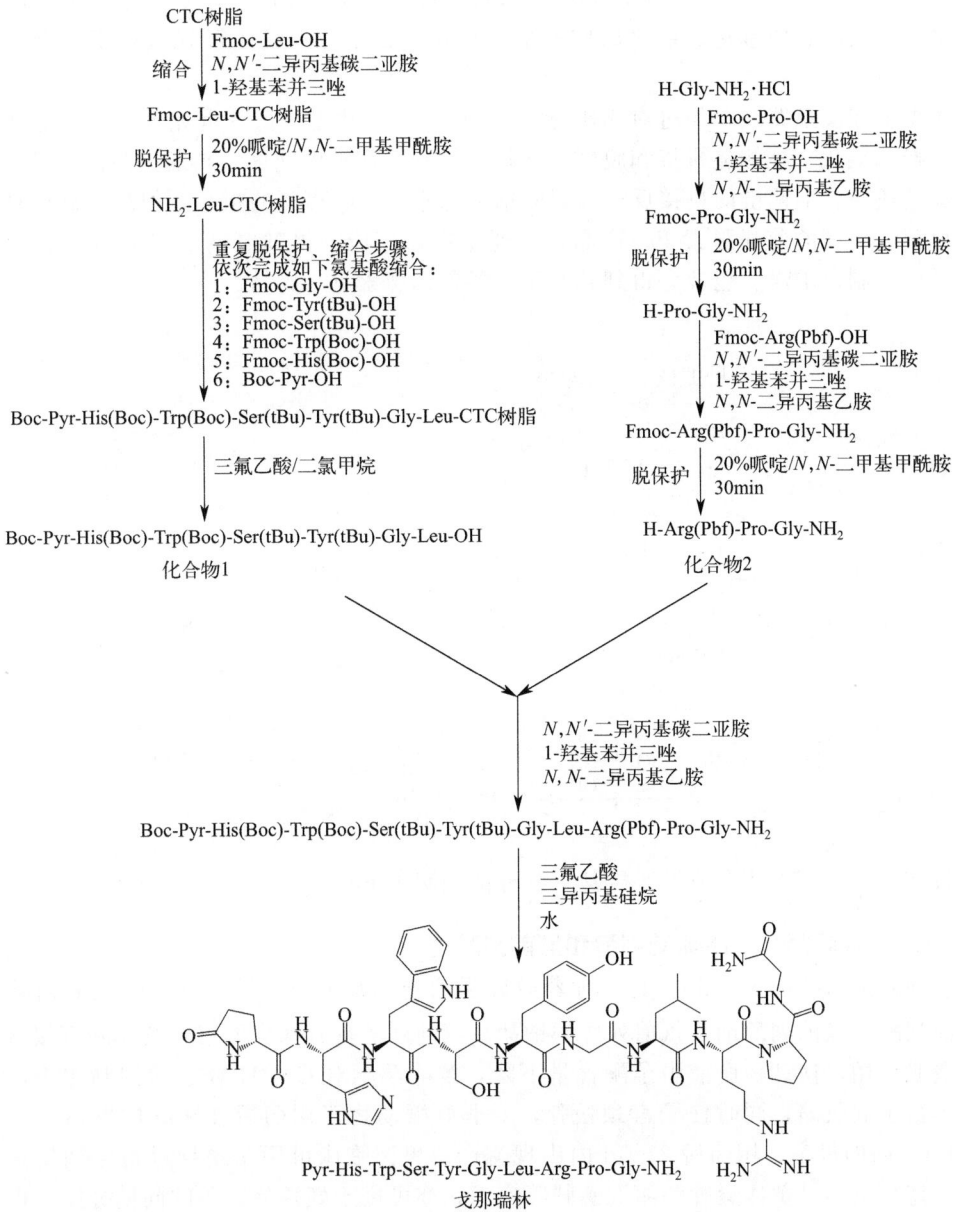

CTC树脂
| Fmoc-Leu-OH
缩合 | N,N'-二异丙基碳二亚胺
| 1-羟基苯并三唑
Fmoc-Leu-CTC树脂

脱保护 | 20%哌啶/N,N-二甲基甲酰胺
| 30min
NH$_2$-Leu-CTC树脂

重复脱保护、缩合步骤，
依次完成如下氨基酸缩合：
1：Fmoc-Gly-OH
2：Fmoc-Tyr(tBu)-OH
3：Fmoc-Ser(tBu)-OH
4：Fmoc-Trp(Boc)-OH
5：Fmoc-His(Boc)-OH
6：Boc-Pyr-OH

Boc-Pyr-His(Boc)-Trp(Boc)-Ser(tBu)-Tyr(tBu)-Gly-Leu-CTC树脂

三氟乙酸/二氯甲烷

Boc-Pyr-His(Boc)-Trp(Boc)-Ser(tBu)-Tyr(tBu)-Gly-Leu-OH

化合物1

H-Gly-NH$_2$·HCl
| Fmoc-Pro-OH
| N,N'-二异丙基碳二亚胺
| 1-羟基苯并三唑
| N,N-二异丙基乙胺
Fmoc-Pro-Gly-NH$_2$

脱保护 | 20%哌啶/N,N-二甲基甲酰胺
| 30min
H-Pro-Gly-NH$_2$

| Fmoc-Arg(Pbf)-OH
| N,N'-二异丙基碳二亚胺
| 1-羟基苯并三唑
| N,N-二异丙基乙胺
Fmoc-Arg(Pbf)-Pro-Gly-NH$_2$

脱保护 | 20%哌啶/N,N-二甲基甲酰胺
| 30min
H-Arg(Pbf)-Pro-Gly-NH$_2$

化合物2

N,N'-二异丙基碳二亚胺
1-羟基苯并三唑
N,N-二异丙基乙胺

Boc-Pyr-His(Boc)-Trp(Boc)-Ser(tBu)-Tyr(tBu)-Gly-Leu-Arg(Pbf)-Pro-Gly-NH$_2$

三氟乙酸
三异丙基硅烷
水

Pyr-His-Trp-Ser-Tyr-Gly-Leu-Arg-Pro-Gly-NH$_2$
戈那瑞林

目前，有 5 家兽药企业生产戈那瑞林。

7.1.6.11 甲基前列腺素 F$_{2\alpha}$

氨基丁三醇前列腺素 F$_{2\alpha}$（prostaglandin F$_{2\alpha}$ tromethamine）具有溶解黄体、增强子宫平滑肌张力和收缩力等作用。本品主要用于同期发情、同期分娩；也用于治疗持久性黄体、诱导分娩和排除死胎，以及治疗子宫内膜炎等。氨基丁三醇前列腺素 F$_{2\alpha}$ 的原研厂家为硕腾公司，1979 年 11 月 02 日作为新兽药在美国上市。

关于氨基丁三醇前列腺素 $F_{2\alpha}$ 原料药制备方面的研究，通过文献调研发现合成工艺路线差异较大。如 1988 年 Achmatowicz 等以（一）-科立内酯二醇为起始原料，经过双羟基保护、Wittig-Horner 缩合、水解、二异丁基氢化铝还原、Wittig 缩合、成盐得到氨基丁三醇前列腺素 $F_{2\alpha}$；2010 年 Coulthard 和 Aggarwal 以 2,5-二甲氧基四氢呋喃为起始原料，经过水解、成环、甲基化、亲核加成、水解、Wittig 缩合、成盐得到氨基丁三醇前列腺素 $F_{2\alpha}$。

根据上述文献路线，经过对比研究，以（一）-科立内酯二醇为起始原料，通过醇羟基保护、羟基氧化、下侧链拼接和脱羟基保护，得到下侧链中间体，再通过酮羰基还原和内酯的羰基还原、上侧链的拼接反应，得到前列腺素 $F_{2\alpha}$ 游离酸的粗品，粗品经硅胶柱分离后，得到高纯度的前列腺素 $F_{2\alpha}$ 产品，再通过成盐反应，得到氨基丁三醇前列腺素 $F_{2\alpha}$，最后经过精制、干燥、包装，得到氨基丁三醇前列腺素 $F_{2\alpha}$ 成品。

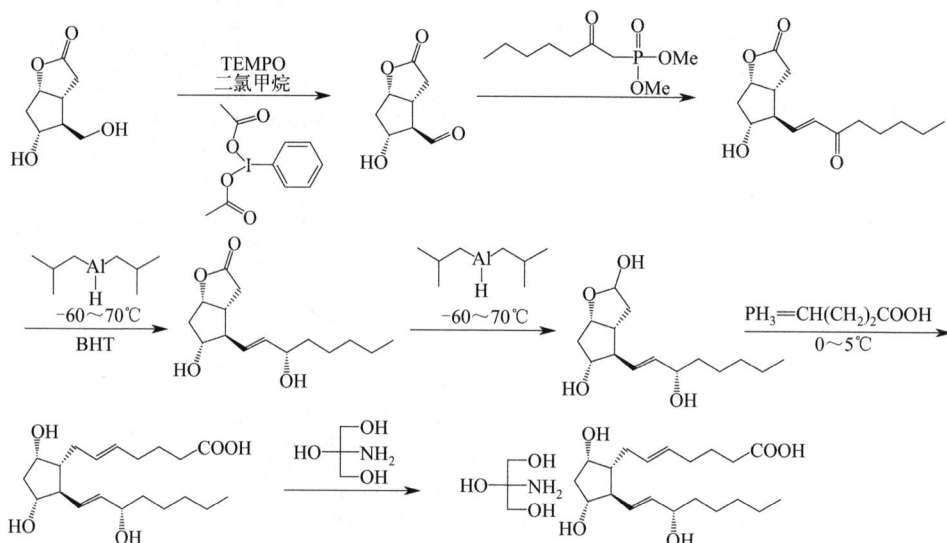

目前，有 3 家兽药企业生产氨基丁三醇前列腺素 $F_{2\alpha}$。

7.1.6.12　氯前列醇、D-氯前列醇和氯前列醇钠

氯前列醇（cloprostenol）是一种药效较强的前列腺素 $F_{2\alpha}$ 类似物，D-氯前列醇是右旋氯前列醇，氯前列醇钠是氯前列醇的钠盐。氯前列醇具有强大的溶解黄体和直接兴奋子宫平滑肌作用，使动物血液中孕酮含量下降，解除孕酮对 GnRH 释放的抑制作用，直接刺激子宫引起收缩，同时使子宫颈松弛，对非妊娠动物于用药后 2~5d 内发情；在妊娠 10~150d 内的母牛，用药后 2~3d 内出现流产。兽医临床可用于诱导母畜同期发情，治疗母牛持久黄体、黄体囊肿和卵泡囊肿等疾病；亦可用于妊娠猪、羊的同期分娩，以及治疗产后子宫复原不全、胎衣不下、子宫内膜炎和子宫蓄脓等。

氯前列醇合成工艺路线如下：氯前列醇的合成是以左旋科里内酯二醇为原料，经过氧化、烯烃化、还原、Wittig 反应，再使用（S)-苯乙胺进行拆分反应、重结晶后进行酸化调节后，得到光学纯氯前列醇。

目前，有 2 家兽药企业生产氯前列醇，有 1 家兽药企业生产 D-氯前列醇，有 3 家兽药企业生产氯前列醇钠。

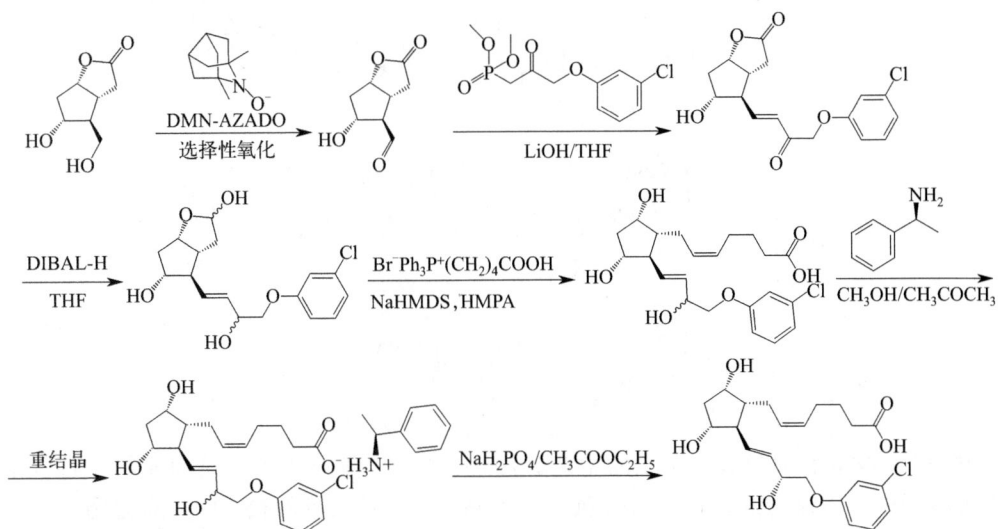

7.1.6.13 醋酸氟孕酮

醋酸氟孕酮（flurogestone acetate，PGA）是一种合成的孕烷类固醇和孕酮的衍生物。在临床上主要用作孕激素药物，同时可用作动物尤其是羊的生育调节药物，同时兼具糖皮质激素药物活性。

醋酸氟孕酮于 1960 年由 GD Searle & Company 开发和销售，用作阴道内海绵制剂以同步母羊和山羊的发情。

醋酸氟孕酮合成工艺路线如下。

方法 1：醋酸氟孕酮的传统生产方法，是以薯蓣植物中提取的薯蓣皂素，经六步化学反应、一步微生物发酵获得的重要激素药物中间体——霉菌氧化物（简称霉氧）为原料，经 11 位酯化，脱酯，16、17 位上溴脱溴，11 位环氧化，9 位上氟，17 位乙酯化等七步反应制得醋酸氟孕酮。

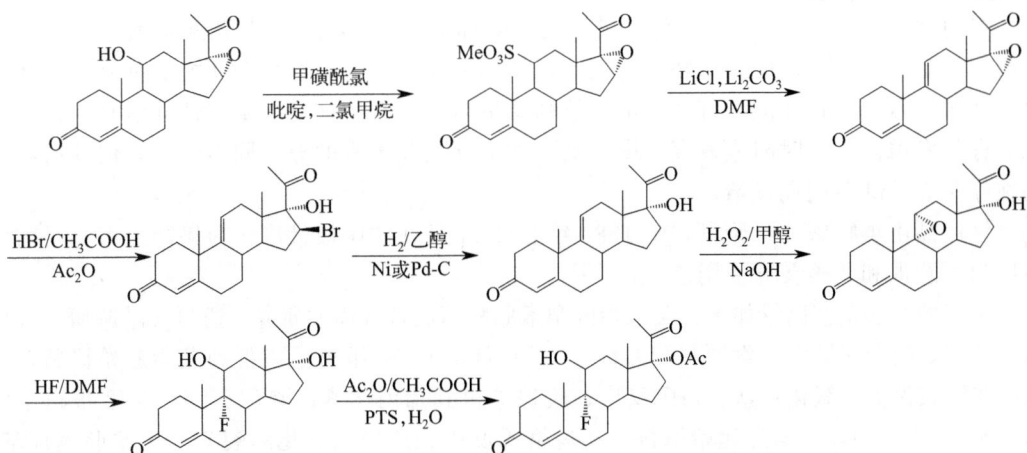

方法 2：以化合物 I 即 9α-OH-AD 为起始原料，经过消除反应、氰基取代反应、3 位缩酮护反应、17 位酯化反应、17 位格氏反应、11 位溴代环氧反应，最后上氟，得到醋酸氟孕酮。

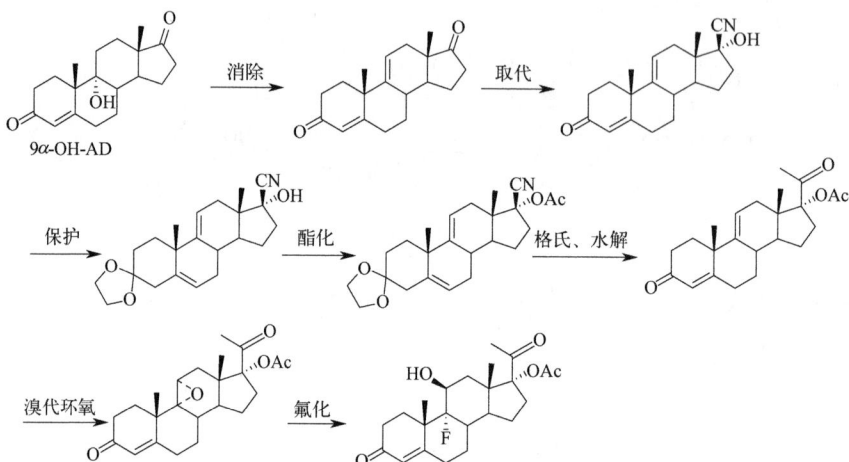

方法 3：改进后的醋酸氟孕酮的生产方法，是以 9α-氟氢化可的松为原料，将其溶解于有机溶剂中，在缚酸剂存在下与酰氯反应，得 9α-氟氢化可的松-21-O-酯化物；再将该酯化物在有机溶剂中与碘化钠和含硫还原剂反应脱酯化，合成氟孕酮；最后将该氟孕酮在有机溶剂中与乙酰氯或乙酸酐反应，得到醋酸氟孕酮。

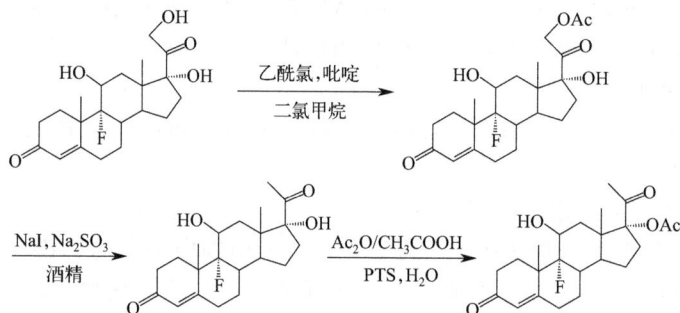

目前，有 2 家兽药企业生产醋酸氟孕酮。

7.1.6.14 烯丙孕素

烯丙孕素（altrenogest，又称四烯雌酮，简称 PGA）属于 19-睾丸酮系列，是一种内服给药具有孕激素活性的化合物，与天然黄体酮的作用类似，给药期间能够抑制脑垂体分泌促性腺激素，阻止卵泡发育及发情；给药结束后，脑垂体恢复分泌促性腺激素，促进卵泡发育与发情。停药时卵泡发育程度一致，加上促性腺激素的分泌同步恢复，促使所有动物在停药 5～8d 后同期发情。

该产品由英特威公司研发，于 1984 年 2 月 21 日在法国被批准作为兽药上市，目前已在国内、欧洲和北美普遍使用。

主要的合成工艺路线如下：关于烯丙孕素原料药制备方面的研究，通过文献调研，大概有四条主要的合成烯丙孕素原料药路线。专利 NL6401555 报道了以群勃龙为起始原料，经过盐酸羟胺保护、氧化羟基、格氏反应、脱保护得到烯丙孕素；专利 NL6702462 报道了以4,9-雌甾二烯-3,17-二酮为起始原料，经过格氏反应、选择性氧化断裂 C—H 键形成羟基、消除反应得到烯丙孕素；专利 US20070207982 报道了以 3-缩酮为起始原料经过格氏反应、脱保护反应、脱氢反应得到烯丙孕素；专利 NL6517141 报道了以 4,9-雌甾二烯-3,17-二酮为起始原料，经过甲氧基保护反应、格氏反应、脱保护反应、脱氢反应得到烯丙孕素。

宁波三生生物科技有限公司针对上述路线进行筛选后选定合适的路线对工艺进行优化

改良，以 4,9-雌甾二烯-3,17-二酮为起始原料，首先利用对甲苯磺酸一水合物和原甲酸三甲酯对 4,9-雌甾二烯-3,17-二酮中 3-羰基进行选择性保护，紧接着利用烯丙基溴化镁与 17-羰基发生格氏反应从而拼接上烯丙基，而后经草酸脱保护裸露 3-羰基，反应之后经过简单的后处理（不需重结晶或柱色谱）直接进行脱氢反应，得到烯丙孕素粗品，最后经过精制、干燥、包装，得到烯丙孕素成品。

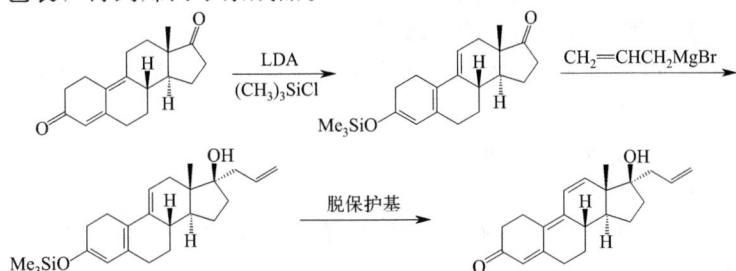

目前，有 6 家兽药企业生产烯丙孕素。

7.2

化药制剂

7.2.1 抗菌药

7.2.1.1 磺胺类抗菌药

磺胺类药物具有抗菌谱广、可内服、吸收较快、性质稳定、使用方便等优点，但也有抗菌作用较弱、不良反应较多、细菌易产生耐药性、用量大和疗程偏长等缺陷，临床上常常把磺胺药和抗菌增效剂如甲氧苄啶和二甲氧苄啶等合用，提高抗菌活性。本类药物具有相似的抗菌谱，属广谱慢效抑菌剂。常用的磺胺类药物根据其吸收情况和应用部位可分为肠道易吸收、肠道难吸收及外用等三类。

磺胺噻唑片

Sulfathiazole Tablets

【处方】本品为磺胺噻唑与适宜辅料配制而成。

【作用与用途】磺胺类抗菌药。用于敏感菌感染。

【用法与用量】以磺胺噻唑计。内服：一次量，每 1kg 体重，家畜每次量 0.14～0.2g，维持量 0.07～0.1g。每日 2～3 次，连用 3～5d。

【休药期】家畜 28d；弃奶期 7d。

【工艺流程图】（举例）

磺胺噻唑、辅料等→粉碎→过筛→配料→加入黏合剂，制粒→干燥→整粒→加入润滑剂和崩解剂，总混→压片→分装→包装→入库

【产品核发情况】截至 2021 年底，农业农村部共核发磺胺噻唑片（含不同规格）有效批准文号 1 个。

磺胺噻唑钠注射液

Sulfathiazole Sodium Injection

【处方】 本品为磺胺噻唑钠的灭菌水溶液。

【作用与用途】 磺胺类抗菌药。用于敏感菌感染。

【用法与用量】 以磺胺噻唑钠计。静脉注射：一次量，每 1kg 体重，家畜 0.05～0.1g。每日 2 次，连用 2～3d。

【休药期】 家畜 28d；弃奶期 7d。

【工艺流程图】（举例）

磺胺噻唑钠、辅料等→称量→浓配→粗滤→稀配→精滤→灌装→封口→灭菌、检漏→灯检→包装→入库

【产品核发情况】 截至 2021 年底，农业农村部共核发磺胺噻唑钠注射液（含不同规格）有效批准文号 5 个。

酞磺胺噻唑片

Phthalylsulfathiazole Tablets

【处方】 本品为酞磺胺噻唑片与适宜辅料配制而成。

【作用与用途】 磺胺类抗菌药。主要用于幼畜和中、小动物肠道细菌性感染。

【用法与用量】 以酞磺胺噻唑计。内服：一次量，每 1kg 体重，犊、羔、猪、犬、猫 0.1～0.15g；每天 2 次，连用 3～5d。

【休药期】 牛、羊、猪 28d。

【工艺流程图】（举例）

酞磺胺噻唑、辅料等→粉碎→过筛→配料→加入黏合剂，制粒→干燥→整粒→加入润滑剂和崩解剂，总混→压片→分装→包装→入库

【产品核发情况】 截至 2021 年底，农业农村部共核发酞磺胺噻唑片（含不同规格）有效批准文号 1 个。

磺胺嘧啶片

Sulfadiazine Tablets

【处方】 本品为磺胺嘧啶与适宜辅料配制而成。

【作用与用途】 磺胺类抗菌药。用于敏感菌感染，也可用于弓形虫感染。

【用法与用量】 以磺胺嘧啶计。内服：一次量，每 1kg 体重，家畜首次量 0.14～0.2g，维持量 0.07～0.1g。每日 2 次，连用 3～5d。

【休药期】 猪 5d，牛、羊 28d；弃奶期 7d。

【工艺流程图】（举例）

磺胺嘧啶、辅料等→粉碎→过筛→配料→加入黏合剂，制粒→干燥→整粒→加入润滑剂，总混→压片→分装→包装→入库

【产品核发情况】 截至 2021 年底，农业农村部共核发磺胺嘧啶片（含不同规格）有效批准文号 16 个。

磺胺嘧啶钠注射液

Sulfadiazine Sodium Injection

【处方】 本品为磺胺嘧啶钠的灭菌水溶液。

【作用与用途】磺胺类抗菌药。用于敏感菌感染，也可用于弓形虫感染。

【用法与用量】以磺胺嘧啶钠计。静脉注射：一次量，每 1kg 体重，家畜 0.05～0.1g。每日 1～2 次，连用 2～3d。

【休药期】牛 10d，羊 18d，猪 10d；弃奶期 72h。

【工艺流程图】（举例）

磺胺嘧啶钠、辅料等→称量→浓配→粗滤→稀配→精滤→灌装→封口→灭菌，检漏→灯检→包装→入库

【产品核发情况】截至 2021 年底，农业农村部共核发磺胺嘧啶钠注射液（含不同规格）有效批准文号 313 个。

磺胺二甲嘧啶片
Sulfadimidine Tablets

【处方】本品为磺胺二甲嘧啶与适宜辅料配制而成。

【作用与用途】磺胺类抗菌药。用于敏感菌感染，也可用于球虫和弓形虫感染。

【用法与用量】以磺胺二甲嘧啶计。内服：一次量，每 1kg 体重，家畜首次量 140～200mg，维持量 70～100mg。每天 1～2 次，连用 3～5d。

【休药期】牛 10d，羊 28d，猪 15d；弃奶期 7d。

【工艺流程图】（举例）

磺胺二甲嘧啶、辅料等→粉碎→过筛→配料→加入黏合剂，制粒→干燥→整粒→加入润滑剂和崩解剂，总混→压片→分装→包装→入库

【产品核发情况】截至 2021 年底，农业农村部共核发磺胺二甲嘧啶片（含不同规格）有效批准文号 13 个。

磺胺二甲嘧啶钠注射液
Sulfadimidine Sodium Injection

【处方】本品为磺胺二甲嘧啶钠的灭菌水溶液。

【作用与用途】磺胺类抗菌药。用于敏感菌感染，也可用于弓形虫感染。

【用法与用量】以磺胺二甲嘧啶钠计。静脉注射：一次量，每 1kg 体重，家畜 50～100mg。每天 1～2 次，连用 2～3d。

【休药期】家畜 28d；弃奶期 7d。

【工艺流程图】（举例）

磺胺二甲嘧啶钠、辅料等→称量→浓配→粗滤→稀配→精滤→灌装→封口→灭菌，检漏→灯检→包装→入库

【产品核发情况】截至 2021 年底，农业农村部共核发磺胺甲嘧啶钠注射液（含不同规格）有效批准文号 22 个。

磺胺甲噁唑片
Sulfamethoxazole Tablets

【处方】本品为磺胺甲噁唑与适宜辅料配制而成。

【作用与用途】磺胺类抗菌药。用于敏感菌感染引起家畜的呼吸道、泌尿道等感染。

【用法与用量】以磺胺甲噁唑计。内服：一次量，每 1kg 体重，家畜首次量 50～100mg，维持量 25～50mg。2 次/d，连用 3～5d。

【休药期】家畜 28d；弃奶期 7d。

【工艺流程图】（举例）

磺胺甲噁唑、辅料等→粉碎→过筛→配料→加入黏合剂，制粒→干燥→整粒→加入润滑剂和崩解剂，总混→压片→分装→包装→入库

【产品核发情况】截至 2021 年底，农业农村部共核发磺胺甲噁唑片（含不同规格）有效批准文号 0 个。

磺胺甲噁唑可溶性粉
Sulfamethoxazole Soluble Powder

【处方】本品为磺胺甲噁唑与适宜辅料配制而成。

【作用与用途】磺胺类抗菌药。用于治疗鸭传染性浆膜炎。

【用法与用量】以本品计。混饮：每 1L 水，鸭 1g。连用 3d。

【休药期】28d。

【工艺流程图】（举例）

磺胺甲噁唑、辅料等→干燥（必要时）→粉碎（必要时）→过筛→称量→混合→分装→包装→入库

【产品核发情况】截至 2021 年底，农业农村部共核发磺胺甲噁唑可溶性粉有效批准文号 22 个。

磺胺对甲氧嘧啶片
Sulfamethoxydiazine Tablets

【处方】本品为磺胺对甲氧嘧啶与适宜辅料配制而成。

【作用与用途】磺胺类抗菌药。用于敏感菌感染，也可用于球虫感染。

【用法与用量】以磺胺对甲氧嘧啶计。内服：一次量，每 1kg 体重，家畜首次量 50～100mg，维持量 25～50mg。1～2 次/d，连用 3～5d。

【休药期】家畜 28d；弃奶期 7d。

【工艺流程图】（举例）

磺胺对甲氧嘧啶、辅料等→粉碎→过筛→配料→加入黏合剂，制粒→干燥→整粒→加入润滑剂、崩解剂，总混→压片→分装→包装→入库

【产品核发情况】截至 2021 年底，农业农村部共核发磺胺对甲氧嘧啶片（含不同规格）有效批准文号 0 个。

磺胺间甲氧嘧啶片
Sulfamonomethoxine Tablets

【处方】本品为磺胺间甲氧嘧啶与适宜辅料配制而成。

【作用与用途】磺胺类抗菌药。用于敏感菌感染，也可用于猪弓形虫等感染。

【用法与用量】以磺胺间甲氧嘧啶计。内服：一次量，每 1kg 体重，家畜首次量 50～100mg，维持量 25～50mg。2 次/d，连用 3～5d。

【休药期】家畜 28d；弃奶期 7d。

【工艺流程图】（举例）

磺胺间甲氧嘧啶、辅料等→粉碎→过筛→配料→加入黏合剂，制粒→干燥→整粒→加入润滑剂和崩解剂，总混→压片→分装→包装→入库

【产品核发情况】截至 2021 年底，农业农村部共核发磺胺间甲氧嘧啶片（含不同规格）有效批准文号 34 个。

磺胺间甲氧嘧啶钠注射液
Sulfamonomethoxine Sodium Injection

【处方】本品为磺胺间甲氧嘧啶钠的灭菌水溶液。

【作用与用途】磺胺类抗菌药。用于敏感菌感染，也可用于猪弓形虫等感染。

【用法与用量】以磺胺间甲氧嘧啶钠计。静脉注射：一次量，每1kg体重，家畜50mg。1～2次/d，连用2～3d。

【休药期】家畜28d；弃奶期7d。

【工艺流程图】（举例）

磺胺间甲氧嘧啶钠、辅料等→称量→浓配→粗滤→稀配→精滤→灌装→封口→灭菌、检漏→灯检→包装→入库

【产品核发情况】截至2021年底，农业农村部共核发磺胺间甲氧嘧啶钠注射液（含不同规格）有效批准文号459个。

磺胺间甲氧嘧啶粉
Sulfamonomethoxine Powder

【处方】本品为磺胺间甲氧嘧啶粉与适宜辅料配制而成。

【作用与用途】磺胺类抗菌药。用于敏感菌所引起的呼吸道、胃肠道、泌尿道感染及球虫病、猪弓形虫病等。

【用法与用量】以本品计。内服：一次量，每1kg体重，家畜，首次量0.5～1g，维持量0.2～0.25g。2次/d，连用3～5d。

【休药期】28d。

【工艺流程图】（举例）

磺胺间甲氧嘧啶、辅料等→干燥（必要时）→粉碎（必要时）→过筛→称量→混合→分装→包装→入库

【产品核发情况】截至2021年底，农业农村部共核发磺胺间甲氧嘧啶粉有效批准文号16个。

磺胺间甲氧嘧啶钠粉（水产用）
Sulfamonomethoxine Sodium Powder

【处方】本品为磺胺间甲氧嘧啶钠与适宜辅料配制而成。

【作用与用途】磺胺类抗菌药。用于治疗主要养殖鱼类由气单胞菌、荧光假单胞菌、迟缓爱德华菌、鳗弧菌、副溶血弧菌等引起的细菌性疾病。

【用法与用量】以本品计。投饵喂食：每天两次，每1kg体重，鱼80～160mg，首次用量加倍。连用4～6d。

【休药期】500度日。

【工艺流程图】（举例）

磺胺间甲氧嘧啶钠、辅料等→干燥（必要时）→粉碎（必要时）→过筛→称量→混合→分装→包装→入库

【产品核发情况】截至2021年底，农业农村部共核发磺胺间甲氧嘧啶钠粉（水产用）有效批准文号34个。

磺胺间甲嘧啶预混剂
Sulfamonomethoxine Premix

【处方】本品为磺胺间甲氧嘧啶与淀粉配制而成。

【作用与用途】磺胺类抗菌药。用于治疗鸡敏感菌所引起的感染性疾病及鸡球虫病、鸡住白细胞虫病。

【用法与用量】以本品计。混饲：每1000kg饲料加2.4kg。连用5~7d。

【休药期】鸡28d。

【工艺流程图】（举例）

磺胺间甲氧嘧啶与淀粉→干燥（必要时）→粉碎（必要时）→过筛→称量→混合→分装→包装→入库

【产品核发情况】截至2021年底，农业农村部共核发磺胺间甲氧嘧啶预混剂有效批准文号28个。

磺胺间甲氧嘧啶钠可溶性粉
Sulfamonomethoxine Sodium Soluble Powder

【处方】本品为磺胺间甲氧嘧啶钠与无水葡萄糖配制而成。

【作用与用途】磺胺类抗菌药。用于治疗由敏感菌引起的鸡呼吸道、消化道、泌尿道感染，也可用于治疗鸡球虫病、鸡住白细胞虫病。

【用法与用量】以磺胺间甲氧嘧啶钠计。混饮：每1L水加250~500mg。连用3~5d。

【休药期】28d。

【工艺流程图】（举例）

磺胺间甲氧嘧啶钠与无水葡萄糖→干燥（必要时）→粉碎（必要时）→过筛→称量→混合→分装→入库

【产品核发情况】截至2021年底，农业农村部共核发磺胺间甲氧嘧啶钠可溶性粉（含不同规格）有效批准文号426个。

磺胺脒片
Sulfaguanidine Tablets

【处方】本品为磺胺脒与适宜辅料配制而成。

【作用与用途】磺胺类抗菌药。用于肠道细菌性感染。

【用法与用量】以磺胺脒计。内服：一次量，每1kg体重，家畜0.1~0.2g。每天2次，连用3~5d。

【休药期】家畜28d；弃奶期7d。

【工艺流程图】（举例）

磺胺脒、辅料等→粉碎→过筛→配料→加入黏合剂，制粒→干燥→整粒→加入润滑剂和崩解剂，总混→压片→分装→入库

【产品核发情况】截至2021年底，农业农村部共核发磺胺脒片（含不同规格）有效批准文号37个。

7.2.1.2 抗菌增效剂

本类药物能增强磺胺药和多种抗生素的抗菌作用，主要有甲氧苄啶（trimethoprim，TMP）、二甲氧苄啶（diaveridine，DVD）、阿地普林（aditoprim，ADP）、奥美普林（ormetoprim，OMP）、巴喹普林（baquiloprim，BQP）。国内临床常用的有甲氧苄啶和二甲氧苄啶，常以1：5的比例与磺胺类药制成复方制剂。

复方磺胺嘧啶钠注射液
Compound Sulfadiazine Sodium Injection

【处方】磺胺嘧啶钠100g，甲氧苄啶20g，丙二醇500mL，乙醇100mL，硫代硫酸钠

1g，注射用水适量，制成 1000mL。

【作用与用途】磺胺类抗菌药。用于敏感菌及弓形虫感染。

【用法与用量】以磺胺嘧啶钠计。肌内注射：一次量，每 1kg 体重，家畜 20～30mg。每天 1～2 次，连用 2～3d。

【休药期】牛、羊 12d，猪 20d；弃奶期 48h。

【工艺流程图】（举例）

磺胺嘧啶钠、甲氧苄啶与丙二醇、乙醇、硫代硫酸钠、水→称量→浓配→粗滤→稀配→精滤→灌装→封口→灭菌、检漏→灯检→包装→入库

【产品核发情况】截至 2021 年底，农业农村部共核发复方磺胺嘧啶钠注射液（含不同规格）有效批准文号 138 个。

复方磺胺嘧啶粉（水产用）
Compound Sulfadiazine Powder

【处方】本品为磺胺嘧啶、甲氧苄啶与淀粉配制而成。

【作用与用途】磺胺类抗菌药。用于治疗草鱼、鲢、鲈、石斑鱼等由气单胞菌、荧光假单胞菌、副溶血弧菌、鳗弧菌引起的出血症、赤皮病、肠炎、腐皮病等疾病。

【用法与用量】以本品计。拌饵投喂：一次量，每 1kg 体重，鱼 0.3g，首次量加倍。每天 2 次，连用 3～5d。

【休药期】500 度日。

【工艺流程图】（举例）

磺胺嘧啶、甲氧苄啶、淀粉→干燥（必要时）→粉碎（必要时）→过筛→称量→混合→分装→包装→入库

【产品核发情况】截至 2021 年底，农业农村部共核发复方磺胺嘧啶粉（水产用）有效批准文号 71 个。

复方磺胺嘧啶混悬液
Compound Sulfadiazine Supension

【处方】本品为磺胺嘧啶、甲氧苄啶的混悬液。

【作用与用途】磺胺类抗菌药。用于防治鸡大肠埃希菌、沙门菌感染；淡水鱼气单胞菌、假单胞菌、弧菌、爱德华菌引起的细菌性疾病，如细菌性败血症。

【用法与用量】混饮：每 1L 水，鸡 0.8～1.6mL。连用 5～7d。拌饵投喂：一次量，每 10kg 体重，鱼 3.125～5mL。每天 1～2 次，连用 3～5d。

【休药期】鸡 1d，鱼 500 度日。

【工艺流程图】（举例）

磺胺嘧啶、甲氧苄啶、辅料等→配制→过滤（粗滤）→灌装→封口→灭菌→灯检→包装→入库

【产品核发情况】截至 2021 年底，农业农村部共核发复方磺胺嘧啶混悬液（含不同规格）有效批准文号 58 个。

复方磺胺二甲嘧啶钠可溶性粉
Compound Sulfadimidine Sodium Soluble Powder

【处方】本品为磺胺二甲嘧啶钠、甲氧苄啶与葡萄糖等配制而成。

【作用与用途】磺胺类抗菌药。用于治疗鸡由大肠埃希菌引起的感染。

【用法与用量】以本品计。混饮：每 1L 水，鸡 5g。连用 3～5d。

【休药期】鸡 10d。

【工艺流程图】（举例）

磺胺二甲嘧啶钠、甲氧苄啶、葡萄糖等→干燥（必要时）→粉碎（必要时）→过筛→称量→混合→分装→包装→入库

【产品核发情况】截至 2021 年底，农业农村部共核发复方磺胺二甲嘧啶钠可溶性粉有效批准文号 39 个。

复方磺胺二甲嘧啶钠注射液
Compound Sulfadimidine Sodium Injection

【处方】本品为磺胺二甲嘧啶钠与甲氧苄啶制成的灭菌水溶液。

【作用与用途】磺胺类抗菌药。主要用于治疗猪敏感菌感染，如巴氏杆菌病、乳腺炎、子宫内膜炎、呼吸道及消化道感染。

【用法与用量】以本品计。肌内注射：每 1kg 体重，猪 0.15mL。每 2d1 次。

【休药期】猪 28d。

【工艺流程图】（举例）

磺胺二甲嘧啶钠、甲氧苄啶、辅料等→称量→浓配→粗滤→稀配→精滤→灌装→封口→灭菌、检漏→灯检→包装→入库

【产品核发情况】截至 2021 年底，农业农村部共核发复方磺胺二甲嘧啶钠注射液（含不同规格）有效批准文号 7 个。

复方磺胺二甲嘧啶片
Compound Sulfadimidine Tablets

【处方】本品为磺胺二甲嘧啶、甲氧苄啶与适宜辅料配制而成。

【作用与用途】磺胺类抗菌药。用于仔猪黄痢、白痢。

【用法与用量】以有效成分计。内服：每 1kg 体重，仔猪 30～60mg。2 次/d，连用 3d。

【休药期】15d。

【工艺流程图】（举例）

磺胺二甲嘧啶、甲氧苄啶、辅料等→粉碎→过筛→称量→配料→加入黏合剂，制粒→干燥→整粒→加入润滑剂、崩解剂，总混→压片→包装→入库

【产品核发情况】截至 2021 年底，农业农村部共核发复方磺胺二甲嘧啶片（含不同规格）有效批准文号 5 个。

复方磺胺二甲嘧啶粉（水产用）
Compound Sulfadimidine Powder

【处方】本品为磺胺二甲嘧啶、甲氧苄啶和淀粉配制而成。

【作用与用途】磺胺抗菌药。用于治疗水产养殖动物由嗜水气单胞菌、温和气单胞菌等引起的赤鳍、疖疮、赤皮、肠炎、溃疡、竖鳞等疾病。

【用法与用量】以本品计。拌饵投喂：一次量，每 1kg 体重，鱼 1.5g。每天 2 次，连用 6d。

【休药期】500 度日。

【工艺流程图】（举例）

磺胺二甲嘧啶、甲氧苄啶与淀粉→干燥（必要时）→粉碎（必要时）→过筛→称量→混合→分装→包装→入库

【**产品核发情况**】截至 2021 年底，农业农村部共核发复方磺胺二甲嘧啶粉（水产用）（含不同规格）有效批准文号 42 个。

复方磺胺甲𫫇唑片
Compound Sulfamethoxazole Tablets

【**处方**】磺胺甲𫫇唑 400g，甲氧苄啶 80g，辅料适量，制成 1000 片。

【**作用与用途**】磺胺类抗菌药。用于敏感菌引起家畜的呼吸道、泌尿道等感染。

【**用法与用量**】以磺胺甲𫫇唑计。内服：一次量，每 1kg 体重，家畜 20～25mg。每天 2 次，连用 3～5d。

【**休药期**】家畜 28d；弃奶期 7d。

【**工艺流程图**】（举例）

磺胺甲𫫇唑、甲氧苄啶、辅料等→粉碎→过筛→配料→加入黏合剂，制粒→干燥→整粒→加入润滑剂和崩解剂，总混→压片→分装→包装→入库

【**产品核发情况**】截至 2021 年底，农业农村部共核发复方磺胺甲𫫇唑片有效批准文号 6 个。

复方磺胺甲𫫇唑片（Ⅰ）
Compound Sulfamethoxazole Tablets

【**处方**】磺胺甲𫫇唑 25g，甲氧苄啶 5g，辅料适量，制成 1000 片。

【**作用与用途**】磺胺类抗菌药。用于敏感菌引起家畜的呼吸道、泌尿道等感染。

【**用法与用量**】以磺胺甲𫫇唑计。内服：一次量，每 1kg 体重，家畜 20～25mg。每天 2 次，连用 3～5d。

【**休药期**】家畜 28d；弃奶期 7d。

【**工艺流程图**】（举例）

磺胺甲𫫇唑、甲氧苄啶、辅料等→粉碎→过筛→称量→配料→加入黏合剂，制粒→干燥→整粒→加入润滑剂和崩解剂，总混→压片→分装→包装→入库

【**产品核发情况**】截至 2021 年底，农业农村部共核发复方磺胺甲𫫇唑片（Ⅰ）有效批准文号 9 个。

复方磺胺甲𫫇唑粉
Compound Sulfamethoxazole Powder

【**处方**】本品为磺胺甲𫫇唑与适宜辅料配制而成。

【**作用与用途**】磺胺类抗菌药。用于敏感菌引起家畜的呼吸道、泌尿道感染。

【**用法与用量**】以磺胺甲𫫇唑计。内服：一次量，每 1kg 体重，家畜 20～25mg。每天 2 次，连用 3～5d。

【**休药期**】28d；弃奶期 7d。

【**工艺流程图**】（举例）

磺胺甲𫫇唑、甲氧苄啶→干燥（必要时）→粉碎（必要时）→过筛→称量→混合→分装———→包装→入库

辅料→干燥（必要时）→粉碎（必要时）→过筛→称量┘　　内包装材料　外包装材料

【**产品核发情况**】截至 2021 年底，农业农村部共核发复方磺胺甲𫫇唑粉（含不同规格）有效批准文号 90 个。

复方磺胺甲𫫇唑粉（水产用）
Compound Sulfamethoxazole Powder

【**处方**】本品为磺胺甲𫫇唑、甲氧苄啶和淀粉配制而成。

【作用与用途】磺胺类抗菌药。用于治疗淡水养殖鱼类、鲈鱼和大黄鱼由气单胞菌、荧光假单胞菌引起的肠炎、败血症、赤皮症、溃疡等疾病。

【用法与用量】以本品计。拌饵投喂：一次量，每 1kg 体重，鱼 0.45～0.6g。每天 2 次，连用 5～7d。

【休药期】500 度日。

【工艺流程图】（举例）

同"复方磺胺甲噁唑粉"。

【产品核发情况】截至 2021 年底，农业农村部共核发复方磺胺甲噁唑粉（水产用）（含不同规格）有效批准文号 38 个。

复方磺胺甲噁唑注射液
Compound Sulfamethoxazole Injection

【处方】磺胺甲噁唑 100g，甲氧苄啶 20g，乙醇 100mL，丙二醇 400mL，苯甲醇 10～20mL，乙醇胺 33～58mL，硫代硫酸钠 1g，注射用水适量，制成 1000mL。

【作用与用途】磺胺类抗菌药。用于敏感菌引起的家畜呼吸道、消化道、泌尿道等感染。

【用法与用量】以磺胺甲噁唑计。肌内注射：一次量，每 1kg 体重，家畜 20～25mg。每天 2 次。

【休药期】28d；弃奶期 7d。

【工艺流程图】（举例）

磺胺甲噁唑、甲氧苄啶、乙醇等→称量→浓配→粗滤→稀配→精滤→灌装→封口→灭菌、检漏→灯检→包装→入库

【产品核发情况】截至 2021 年底，农业农村部共核发复方磺胺甲噁唑注射液（含不同规格）有效批准文号 54 个。

复方磺胺对甲氧嘧啶片
Compound Sulfamethoxydiazine Tablets

【处方】磺胺对甲氧嘧啶 400g，甲氧苄啶 80g，辅料适量，制成 1000 片。

【作用与用途】磺胺类抗菌药。用于敏感菌引起的泌尿道、呼吸道及皮肤软组织等感染。

【用法与用量】以磺胺对甲氧嘧啶计。内服：一次量，每 1kg 体重，家畜 20～25mg。每天 2～3 次，连用 3～5d。

【休药期】家畜 28d；弃奶期 7d。

【工艺流程图】（举例）

磺胺对甲氧嘧啶、甲氧苄啶、辅料等→粉碎→过筛→称量→配料→加入黏合剂，制粒→干燥→整粒→加入润滑剂和崩解剂，总混→压片→分装→包装→入库

【产品核发情况】截至 2021 年底，农业农村部共核发复方磺胺对甲氧嘧啶片有效批准文号 1 个。

复方磺胺对甲氧嘧啶钠注射液
Compound Sulfamethoxydiazine Sodium Injection

【处方】本品为磺胺对甲氧嘧啶钠加氢氧化钠适量和甲氧苄啶制成的灭菌水溶液。

【作用与用途】磺胺类抗菌药。用于敏感菌引起的泌尿道、呼吸道及皮肤软组织等感染。

【用法与用量】以磺胺对甲氧嘧啶钠计。肌内注射：一次量，每 1kg 体重，家畜 15～

20mg。每天 1～2 次，连用 2～3d。

【休药期】家畜 28d；弃奶期 7d。

【工艺流程图】（举例）

磺胺对甲氧嘧啶钠、甲氧苄啶、氢氧化钠→称量→浓配→粗滤→稀配→精滤→灌装→封口→灭菌、检漏→灯检→包装→入库

【产品核发情况】截至 2021 年底，农业农村部共核发复方磺胺对甲氧嘧啶钠注射液（含不同规格）有效批准文号 28 个。

复方磺胺对甲氧嘧啶粉
Compound Sulfamethoxydiazine Powder

【处方】本品为磺胺对甲氧嘧啶、甲氧苄啶与适宜辅料配制而成。

【作用与用途】磺胺类抗菌药。用于敏感菌引起的泌尿道、呼吸道及皮肤软组织等感染，也可用胃肠道感染和球虫病。

【用法与用量】以磺胺对甲氧嘧啶计。内服一次量，每 1kg 体重，家畜 25～50mg。每天 2 次，连用 3～5d。

【休药期】28d；弃奶期 7d。

【工艺流程图】（举例）

磺胺对甲氧嘧啶、甲氧苄啶→干燥（必要时）→粉碎（必要时）→过筛→称量→混合→分装→包装→入库

【产品核发情况】截至 2021 年底，农业农村部共核发复方磺胺对甲氧嘧啶粉有效批准文号 5 个。

复方磺胺对甲氧嘧啶注射液
Compound Sulfamethoxydiazine Injection

【处方】本品为磺胺对甲氧嘧啶、甲氧苄啶与 α-吡咯烷酮等制成的灭菌水溶液。

【作用与用途】磺胺类抗菌药。用于猪敏感菌引起的泌尿道、呼吸道疾病，也可用于猪弓形虫病。

【用法与用量】以磺胺对甲氧嘧啶计。肌内注射：一次量，每 1kg 体重，猪 20～30mg。每 2d 1 次。

【休药期】猪 28d。

【工艺流程图】（举例）

磺胺对甲氧嘧啶、甲氧苄啶、α-吡咯烷酮等→称量→浓配→过滤→稀配→精滤→灌装→封口→灭菌、检漏→灯检→包装→入库

【产品核发情况】截至 2021 年底，农业农村部共核发复方磺胺对甲氧嘧啶注射液（含不同规格）有效批准文号 2 个。

磺胺对甲氧嘧啶二甲氧苄啶片
Sulfamethoxydiazine and Diaveridine Tablets

【处方】磺胺对甲氧嘧啶 25g，二甲氧苄啶 5g，制成 1000 片或 10 片 2 种规格。

【作用与用途】磺胺类抗菌药。用于家畜肠道细菌感染，也可用于其他细菌性疾病。

【用法与用量】以磺胺对甲氧嘧啶计。内服：一次量，每 1kg 体重，家畜 20～50mg。每 12h 1 次，连用 3～5d。

【休药期】28d；弃奶期 7d。

【工艺流程图】（举例）

磺胺对甲氧嘧啶、二甲氧苄啶辅料→粉碎→过筛→称量→配料→加入黏合剂，制粒→干燥→整粒→加入润滑剂和崩解剂，总混→压片→分装→包装→入库

【产品核发情况】截至 2021 年底，农业农村部共核发磺胺对甲氧嘧啶二甲氧苄啶片（含不同规格）有效批准文号 5 个。

磺胺对甲氧嘧啶二甲氧苄啶预混剂
Sulfamethoxydiazine and Diaveridine Premix

【处方】本品为磺胺对甲氧嘧啶、二甲氧苄啶与淀粉或碳酸钙配制而成。

磺胺对甲氧嘧啶 200g，二甲氧苄啶 40g，辅料适量，制成 1000g。

【作用与用途】磺胺类抗菌药。用于畜禽肠道感染、球虫病，亦可用于其他敏感细菌引起的疾病。

【用法与用量】以本品计。混饲：每 1000kg 饲料，猪、禽 1000g。

【休药期】28d；鸡 10d。

【工艺流程图】（举例）

磺胺对甲氧嘧啶、二甲氧苄啶、淀粉或碳酸钙→干燥（必要时）→粉碎（必要时）→过筛→称量→混合→分装→包装→入库

【产品核发情况】截至 2021 年底，农业农村部共核发磺胺对甲氧嘧啶二甲氧苄啶预混剂（含不同规格）有效批准文号 5 个。

复方磺胺间甲氧嘧啶钠注射液
Compound Sulfamonomethoxine Sodium Injection

【处方】本品为磺胺间甲氧嘧啶钠和甲氧苄啶制成的灭菌水溶液。

【作用与用途】磺胺类抗菌药。用于敏感菌所引起的猪呼吸道、消化道、泌尿道感染。

【用法与用量】以磺胺间甲氧嘧啶钠计。肌内注射：一次量，每天 1kg 体重，猪 20～30mg。每天 1 次，连用 2～3d。

【休药期】猪 28d。

【工艺流程图】（举例）

磺胺间甲氧嘧啶钠、甲氧苄啶、辅料等→称量→浓配→粗滤→稀配→精滤→灌装→封口→灭菌、检漏→灯检→包装→入库

【产品核发情况】截至 2021 年底，农业农村部共核发复方磺胺间甲氧嘧啶钠注射液（含不同规格）有效批准文号 313 个。

复方磺胺间甲氧嘧啶可溶性粉
Compound Sulfamonomethoxine Sodium Soluble Powder

【处方】磺胺间甲氧嘧啶 83g，甲氧苄啶 17g，微晶纤维素适量，聚乙烯吡咯烷酮 40g，甘氨酸 60g，无水葡萄糖加至 1000g。

【作用与用途】磺胺类抗菌药。用于治疗鸡敏感菌引起的感染，如呼吸道、消化道感染及鸡球虫病、鸡住白细胞虫病。

【用法与用量】以本品计。混饮：每 1L 水，鸡 1～2g。连用 3～5d。

【休药期】28d。

【工艺流程图】（举例）

磺胺间甲氧嘧啶、甲氧苄啶、微晶维生素、聚乙烯吡咯烷酮、甘氨酸、无水葡萄糖→干燥（必要时）→粉碎（必要时）→过筛→称量→混合→分装→包装→入库

【产品核发情况】截至 2021 年底，农业农村部共核发复方磺胺间甲氧嘧啶可溶性粉

（含不同规格）有效批准文号 12 个。

复方磺胺间甲氧嘧啶钠粉

Compound Sulfamonomethoxine Sodium Powder

【处方】本品为磺胺间甲氧嘧啶钠、甲氧苄啶与适宜辅料配制而成。

【作用与用途】磺胺类抗菌药。用于敏感菌引起的呼吸道、消化道感染及鸡球虫病、鸡住白细胞虫病。

【用法与用量】以本品计。混饮：每 1L 水，鸡 1～2g。连用 3～5d。

【休药期】28d。

【工艺流程图】（举例）

磺胺间甲氧嘧啶钠、甲氧苄啶→干燥(必要时)→粉碎(必要时)→过筛→称量→混合→分装→包装→入库

辅料→干燥(必要时)→粉碎(必要时)→过筛→称量⏌

【产品核发情况】截至 2021 年底，农业农村部共核发复方磺胺间甲氧嘧啶钠粉有效批准文号 130 个。

复方磺胺间甲氧嘧啶钠可溶性粉

Compound Sulfamonomethoxine Sodium Soluble Powder

【处方】本品为磺胺间甲氧嘧啶钠、甲氧苄啶与适宜辅料配制而成。

【作用与用途】磺胺类抗菌药。用于敏感菌引起的呼吸道、消化道感染及鸡球虫病、鸡住白细胞虫病。

【用法与用量】以本品计。混饮：每 1L 水，鸡 1～2g。连用 3～5d。

【休药期】28d。

【工艺流程图】（举例）

同"复方磺胺甲氧嘧啶钠粉"。

【产品核发情况】截至 2021 年底，农业农村部共核发复方磺胺间甲氧嘧啶钠可溶性粉有效批准文号 258 个。

复方磺胺间甲氧嘧啶钠溶液

Compound Sulfamonomethoxine Sodium Solution

【处方】本品为磺胺间甲氧嘧啶钠和甲氧苄啶制成的水溶液。

【作用与用途】磺胺类抗菌药。用于治疗鸡由敏感菌引起的呼吸道、消化道、泌尿道感染，也可用于治疗鸡球虫病、鸡住白细胞虫病。

【用法与用量】以本品计。混饮：每 1L 水，鸡 1mL。连用 3～5d。

【休药期】28d。

【工艺流程图】（举例）

磺胺间甲氧嘧啶钠、甲氧苄啶、辅料→配制→过滤→灌装→轧盖/热轧→灭菌(必要时)→灯检(必要时)→包装→入库

纯化水⏌

【产品核发情况】截至 2021 年底，农业农村部共核发复方磺胺间甲氧嘧啶钠溶液（含不同规格）有效批准文号 38 个。

复方磺胺间甲氧嘧啶预混剂

Compound Sulfamonomethoxine Premix

【处方】本品为磺胺间甲氧嘧啶、甲氧苄啶与淀粉配制而成。

【作用与用途】磺胺类抗菌药。用于敏感菌引起的呼吸道、胃肠道、泌尿道感染及球

虫病、猪弓形虫病、鸡住白细胞虫病等。

【用法与用量】以本品计。混饲：每1000kg饲料，畜、禽2～2.5kg。

【休药期】28d。

【工艺流程图】（举例）

磺胺间甲氧嘧啶、甲氧苄啶→干燥(必要时)→粉碎(必要时)→过筛→称量┐混合→分装→包装→入库
淀粉→干燥(必要时)→粉碎(必要时)→过筛→称量┘　　(内包装材料)　(外包装材料)

【产品核发情况】截至2021年底，农业农村部共核发复方磺胺间甲氧嘧啶预混剂有效批准文号88个。

复方磺胺间甲氧嘧啶注射液
Compound Sulfamonomethoxine Injection

【处方】本品为磺胺间甲氧嘧啶和甲氧苄啶的灭菌水溶液。

【作用与用途】磺胺类抗菌药。用于治疗猪由敏感菌引起的呼吸道、消化道、泌尿道感染，也可用于治疗猪弓形虫病。

【用法与用量】以磺胺间甲氧嘧啶计。肌内注射：一次量，每1kg体重，猪20mg。每天1次，连用3d。

【休药期】28d。

【工艺流程图】（举例）

磺胺间甲氧嘧啶、甲氧苄啶、辅料等→称量→浓配→粗滤→稀配→精滤→灌装→封口→灭菌、检漏→灯检→包装→入库

【产品核发情况】截至2021年底，农业农村部共核发复方磺胺间甲氧嘧啶注射液（含不同规格）有效批准文号30个。

联磺甲氧苄啶注射液
Sulfamonomethoxinum and Trimethoprim Injection

【处方】本品为磺胺间甲氧嘧啶、磺胺甲噁唑和甲氧苄啶与适宜溶剂制成的灭菌溶液。

【作用与用途】磺胺类抗菌药。用于敏感菌感染。

【用法与用量】肌内注射：一次量，每天1kg体重，仔猪0.3mL。每天1次，连用4日。

【休药期】28d。

【工艺流程图】（举例）

磺胺间甲氧嘧啶、磺胺甲噁唑、甲氧苄啶、N,N-二甲基甲酰胺、辅料等→称量→浓配→粗滤→稀配→精滤→灌装→封口→灭菌、检漏→灯检→包装→入库

【产品核发情况】截至2021年底，农业农村部共核发联磺甲氧苄啶注射液（含不同规格）有效批准文号19个。

联磺甲氧苄啶预混剂
Sulfamethoxazole Sulfadiazine and Trimethoprim Premix

【处方】本品为磺胺嘧啶、磺胺甲噁唑、甲氧苄啶和玉米淀粉配制而成。

【作用与用途】磺胺类抗菌药。用于敏感菌引起的感染。

【用法与用量】以磺胺甲噁唑计。混饲：每1000kg饲料，猪100g。连用3～5d。

【休药期】猪28d。

【工艺流程图】（举例）

磺胺嘧啶，磺胺甲噁唑、甲氧苄啶、玉米淀粉→干燥（必要时）→粉碎（必要时）→过筛→称量→混合→分装→包装→入库

【产品核发情况】截至 2021 年底，农业农村部共核发联磺甲氧苄啶预混剂（含不同规格）有效批准文号 52 个。

复方磺胺氯哒嗪钠粉
Compound Sulfachlorpyridazine Sodium Powder

【处方】有高、低 2 种剂量规格，磺胺氯哒嗪钠 400g（或 625g），甲氧苄啶 80g（或 125g），辅料适量，制成 1000g。

【作用与用途】磺胺类抗菌药。用于畜禽大肠埃希菌和巴氏杆菌感染。

【用法与用量】以磺胺氯哒嗪钠计。内服，一日量，每 1kg 体重，猪、鸡 20mg。猪，连用 5～10d；鸡，连用 3～6d。

【休药期】猪 4d；鸡 2d。

【工艺流程图】（举例）

磺胺氯哒嗪钠、甲氧苄啶、辅料等→干燥（必要时）→粉碎（必要时）→过筛→混合→分装→入库

【产品核发情况】截至 2021 年底，农业农村部共核发复方磺胺氯哒嗪钠粉（含不同规格）有效批准文号 0 个。

7.2.1.3 喹诺酮类抗菌药

喹诺酮类（quinolones）药物是人工合成的具有 4-喹诺酮环基本结构的药物，广泛用于治疗宠物、畜禽由细菌、支原体引起的消化、呼吸、泌尿、生殖等系统和皮肤软组织的感染性疾病。

我国兽医临床使用的动物专用喹诺酮类药物有恩诺沙星、沙拉沙星、达氟沙星、二氟沙星、马波沙星（marbofloxacin），国外批准使用的还有奥比沙星（orbifloxacin）和普多沙星（pradofloxacin）等。

恩诺沙星片
Enrofloxacin Tablets

【处方】本品为恩诺沙星与微晶纤维素及适宜辅料配制而成。

【作用与用途】喹诺酮类抗菌药。用于细菌性疾病和支原体感染。

【用法与用量】以恩诺沙星计。内服：一次量，每 1kg 体重，禽 5～7.5mg；犬、猫 2.5～5mg。每天 2 次，连用 3～5d。

【休药期】鸡 8d。

【工艺流程图】（举例）

恩诺沙星、微晶纤维素等辅料→粉碎→过筛→称量→加入黏合剂，制粒→干燥→整粒→加入润滑剂和崩解剂，混合→压片→分装（内包材）→包装（外包材）→入库

【产品核发情况】截至 2021 年底，农业农村部共核发恩诺沙星片（含不同规格）有效批准文号 142 个。

恩诺沙星注射液（兽药典＋2383 号）
Enrofloxacin Injection

本品有 2 种规格。

【处方 1】本品为恩诺沙星的灭菌水溶液。

【作用与用途】喹诺酮类抗菌药。用于畜禽细菌性疾病和支原体感染。

【用法与用量】以恩诺沙星计。肌内注射：一次量，每 1kg 体重，牛、羊、猪 2.5mg；犬、猫、兔 2.5～5mg。每天 1～2 次，连用 2～3d。

【休药期】牛、羊 14d，猪 10d，兔 14d。

【处方 2】本品为恩诺沙星与适宜溶剂制成的灭菌水溶液。

【作用与用途】喹诺酮类抗菌药。用于治疗猪敏感菌引起的乳腺炎-子宫炎-无乳综合症（MMA）。

【用法与用量】以恩诺沙星计。肌内注射：一次量，每 1kg 体重，猪 2.5mg（相当于每 10kg 体重，猪 0.125mL）。每天 1 次，连用 3d。

【休药期】猪 10d。

【工艺流程图】（举例）

恩诺沙星、氢氧化钠、丙二醇→称量→浓配→粗滤→稀配→精滤→灌装→封口→灭菌、检漏→灯检→包装→入库

【产品核发情况】截至 2021 年底，农业农村部共核发恩诺沙星注射液（含不同规格）有效批准文号 851 个。

恩诺沙星溶液
Enrofloxacin Solution

【处方】本品为恩诺沙星的水溶液。

【作用与用途】喹诺酮类抗菌药。用于细菌性疾病和支原体感染。

【用法与用量】以恩诺沙星计。混饮：每 1L 水，禽 50～75mg。

【休药期】禽 8d。

【工艺流程图】（举例）

恩诺沙星、丙二醇等辅料→称量→配料→过筛→灌装→封口→灭菌→灯检→包装→入库

【产品核发情况】截至 2021 年底，农业农村部共核发恩诺沙星溶液（含不同规格）有效批准文号 354 个。

恩诺沙星溶液（蚕用）
Enrofloxacin Solution

【处方】本品为恩诺沙星的水溶液。

【作用与用途】喹诺酮类抗菌药。用于防治家蚕细菌性败血症。

【用法与用量】以本品计。桑叶添食：一次量，取本品 1 支（2mL：50mg），加水 125mL 混匀，喷洒于 1.25kg 桑叶；或一支（2mL：0.1g），加水 250mL，喷洒于 2.5kg 桑叶。喷洒时以桑叶正反两面湿润为度。发现病蚕后第 1 日，喂饲药叶 24h，第 2 日和 3 日分别喂饲药叶 6h。

【休药期】10d。

【工艺流程图】（举例）

恩诺沙星、辅料等→称量→配制→过滤→灌装→封口→灭菌→灯检→包装→入库

【产品核发情况】截至 2021 年底，农业农村部共核发恩诺沙星溶液（蚕用）（含不同规格）有效批准文号 6 个。

恩诺沙星可溶性粉
Enrofloxacin Soluble Powder

【处方】本品为恩诺沙星与助溶剂及葡萄糖配制而成。

【作用与用途】喹诺酮类抗菌药。用于鸡、赛鸽细菌性疾病和支原体感染。

【用法与用量】以恩诺沙星计。混饮：每 1L 水，鸡 25～75mg，每天 2 次，连用 3～5d；赛鸽 0.25g，连用 3～5d。

【休药期】鸡 8d。

【工艺流程图】（举例）

恩诺沙星、葡萄糖及助溶剂→干燥（必要时）→粉碎（必要时）→过筛→称量→混合→分装→包装→入库

【产品核发情况】截至 2021 年底，农业农村部共核发恩诺沙星可溶性粉（含不同规格）有效批准文号 821 个。

恩诺沙星可溶性粉（赛鸽用）
Enrofloxacin Soluble Powder

【处方】本品为恩诺沙星与助溶剂及葡萄糖配制而成。

【作用与用途】喹诺酮类抗菌药。用于治疗敏感菌引起的赛鸽感染性疾病。

【用法与用量】以恩诺沙星计。混饮：每 1L 饮水，赛鸽 0.25g，连用 3～5d。

【休药期】8d。

【工艺流程图】（举例）

同"恩诺沙星可溶性粉"。

【产品核发情况】截至 2021 年底，农业农村部共核发恩诺沙星可溶性粉（赛鸽用）有效批准文号 15 个。

恩诺沙星粉（水产用）
Enrofloxacin Powder

【处方】本品为恩诺沙星与淀粉配制而成。

【作用与用途】喹诺酮类抗菌药。用于治疗水产养殖动物由敏感菌感染引起的出血败血症、烂鳃病、打印病、肠炎病、赤鳍病、爱德华氏等疾病。

【用法与用量】以恩诺沙星计。拌饵投喂：一次量，每 1kg 体重，10～20mg。连用 5～7d。

【休药期】500 度日。

【工艺流程图】（举例）

恩诺沙星与淀粉→干燥（必要时）→粉碎（必要时）→过筛→称量→混合→分装→包装→入库

【产品核发情况】截至 2021 年底，农业农村部共核发恩诺沙星可溶性粉（水产用）（含不同规格）有效批准文号 377 个。

乳酸环丙沙星注射液
Ciprofloxacin Lactate Injection

【处方】本品为乳酸环丙沙星的灭菌水溶液。

【作用与用途】喹诺酮类抗菌药。用于畜禽细菌和支原体感染。

【用法与用量】以乳酸环丙沙星计。肌内注射：一次量，每 1kg 体重，家畜 2.5mg；禽 5mg；每天 2 次。静脉注射：一次量，每 1kg 体重，家畜 2mg；每天 2 次。

【休药期】牛 14d，猪 10d，禽 28d；弃奶期 84h。

【工艺流程图】（举例）

乳酸环丙沙星、氯化钠、乳酸等辅料→称量→浓配→粗滤→稀配→精滤→灌装→封

口→灭菌、检漏→灯检→包装→入库

【产品核发情况】截至 2021 年底，农业农村部共核发乳酸环丙沙星注射液（含不同规格）有效批准文号 168 个。

乳酸环丙沙星可溶性粉
Ciprofloxacin Lactate Soluble Powder

【处方】本品为乳酸环丙沙星与葡萄糖配制而成。

【作用与用途】喹诺酮类抗菌药。用于畜禽细菌和支原体感染。

【用法与用量】以环丙沙星计。混饮：每 1L 水，40～80mg。每天 2 次，连用 3d。

【休药期】禽 8d。

【工艺流程图】（举例）

乳酸环丙沙星、葡萄糖→干燥（必要时）→粉碎（必要时）→过筛→称量→混合→分装→包装→入库

【产品核发情况】截至 2021 年底，农业农村部共核发乳酸环丙沙星可溶性粉（含不同规格）有效批准文号 238 个。

盐酸环丙沙星可溶性粉
Ciprofloxacin Hydrochloride Soluble Powder

【处方】本品为盐酸环丙沙星与葡萄糖配制而成。

【作用与用途】喹诺酮类抗菌药。用于细菌和支原体感染。

【用法与用量】以盐酸环丙沙星计。混饮：鸡，每 1L 水 15～25mg。连用 3～5d。

【休药期】28d。

【工艺流程图】（举例）

盐酸环丙沙星、葡萄糖→干燥（必要时）→粉碎（必要时）→过筛→称量→混合→分装→包装→入库

【产品核发情况】截至 2021 年底，农业农村部共核发盐酸环丙沙星可溶性粉（含不同规格）有效批准文号 323 个。

盐酸环丙沙星注射液
Ciprofloxacin Hydrochloride Injection

【处方】本品为盐酸环丙沙星与葡萄糖的灭菌水溶液。

【作用与用途】喹诺酮类抗菌药。用于畜禽细菌和支原体感染。

【用法与用量】以环丙沙星计。静脉、肌内注射：一次量，每 1kg 体重，家畜 2.5～5mg；禽 5～10mg。每天 2 次，连用 3d。

【休药期】畜禽 28d；弃奶期 7d。

【工艺流程图】（举例）

盐酸环丙沙星、葡萄糖→称量→浓配→粗滤→稀配→精滤→灌装→封口→灭菌、检漏→灯检→包装→入库

【产品核发情况】截至 2021 年底，农业农村部共核发盐酸环丙沙星注射液（含不同规格）有效批准文号 39 个。

甲磺酸达氟沙星注射液
Dafloxacin Mesylate Injection

【处方】本品为甲磺酸达氟沙星的灭菌水溶液。

【作用与用途】喹诺酮类抗菌药。用于猪细菌及支原体感染。

【用法与用量】以达氟沙星计。肌内注射：一次量，每 1kg 体重，猪 1.25～2.5mg。每天 1 次，连用 3d。

【休药期】猪 25d。

【工艺流程图】（举例）

甲磺酸达氟沙星、辅料等→称量→浓配→粗滤→稀配→精滤→灌装→封口→灭菌、检漏→灯检→包装→入库

【产品核发情况】截至 2021 年底，农业农村部共核发甲磺酸达氟沙星注射液（含不同规格）有效批准文号 38 个。

甲磺酸达氟沙星粉
Dafloxacin Mesylate Powder

【处方】本品为甲磺酸达氟沙星与适宜的辅料配制而成。

【作用与用途】喹诺酮类抗菌药。主用于禽细菌及支原体感染。

【用法与用量】以达氟沙星计。内服：每 1kg 体重，鸡 2.5～5mg。每天 1 次，连用 3d。

【休药期】鸡 5d。

【工艺流程图】（举例）

甲磺酸达氟沙星、辅料→干燥（必要时）→粉碎（必要时）→过筛→称量→混合→分装→包装→入库

【产品核发情况】截至 2021 年底，农业农村部共核发甲磺酸达氟沙星粉（含不同规格）有效批准文号 9 个。

甲磺酸达氟沙星溶液
Dafloxacin Mesylate Solution

【处方】本品为甲磺酸达氟沙星的水溶液。

【作用与用途】喹诺酮类抗菌药。主用于禽细菌及支原体感染。

【用法与用量】以达氟沙星计。混饮：鸡，每 1L 水 25～50mg。每天 1 次，连用 3d。

【休药期】鸡 5d。

【工艺流程图】（举例）

甲磺酸达氟沙星、辅料等→称量→配制→过滤→灌装→封口→灭菌→灯检→包装→入库

【产品核发情况】截至 2021 年底，农业农村部共核发甲磺酸达氟沙星溶液有效批准文号 2 个。

盐酸二氟沙星片
Difloxacin Hydrochloride Tablets

【处方】本品为盐酸二氟沙星加辅料压制而成。

【作用与用途】喹诺酮类抗菌药。用于细菌及支原体感染。

【用法与用量】以二氟沙星计。内服：每 1kg 体重，鸡 5～10mg。每天 2 次，连用 3～5d。

【休药期】鸡 1d。

【工艺流程图】（举例）

盐酸二氟沙星、辅料等→粉碎→过筛→配料→加入黏合剂，制粒→干燥→整粒→加入润滑剂和崩解剂，总混→压片→分装→包装→入库

【产品核发情况】截至 2021 年底，农业农村部共核发盐酸二氟沙星片有效批准文号 3 个。

盐酸二氟沙星注射液
Difloxacin Hydrochloride Injection

【处方】本品为盐酸二氟沙星的灭菌水溶液。

【作用与用途】喹诺酮类抗菌药。用于细菌及支原体感染。

【用法与用量】以二氟沙星计。肌内注射：一次量，每 1kg 体重，猪 5mg。每天 2 次，连用 3d。

【休药期】猪 45d。

【工艺流程图】（举例）

盐酸二氟沙星、辅料等→称量→浓配→粗滤→稀配→精滤→灌装→封口→灭菌、检漏→灯检→包装→入库

【产品核发情况】截至 2021 年底，农业农村部共核发盐酸二氟沙星注射液（含不同规格）有效批准文号 4 个。

盐酸二氟沙星粉
Difloxacin Hydrochloride Powder

【处方】本品为盐酸二氟沙星粉与适宜辅料配制而成。

【作用与用途】喹诺酮类抗菌药。用于细菌及支原体感染。

【用法与用量】以二氟沙星计。内服：每 1kg 体重，鸡 5～10mg。每天 2 次，连用 3～5d。

【休药期】鸡 1d。

【工艺流程图】（举例）

盐酸二氟沙星、辅料等→干燥（必要时）→粉碎（必要时）→过筛→称量→混合→分装→包装→入库

【产品核发情况】截至 2021 年底，农业农村部共核发盐酸二氟沙星注粉（含不同规格）有效批准文号 8 个。

盐酸二氟沙星溶液
Difloxacin Hydrochloride Solution

【处方】本品为盐酸二氟沙星的水溶液。

【作用与用途】喹诺酮类抗菌药。用于细菌及支原体感染。

【用法与用量】以二氟沙星计。内服：每 1kg 体重，鸡 5～10mg。每天 2 次，连用 3～5d。

【休药期】鸡 1d。

【工艺流程图】（举例）

盐酸二氟沙星、辅料等→称量→配制→过滤→灌装→封口→灭菌、检漏→灯检→包装→入库

【产品核发情况】截至 2021 年底，农业农村部共核发盐酸二氟沙星溶液（含不同规格）有效批准文号 0 个。

盐酸沙拉沙星片
Sarafloxacin Hydrochloride Tablets

【处方】本品为盐酸沙拉沙星与适宜辅料配制而成。

【作用与用途】喹诺酮类抗菌药。用于敏感菌引起的感染性疾病。

【用法与用量】以沙拉沙星计。内服：一次量，每 1kg 体重，鸡 5～10mg。每天 1～2次，连用 3～5d。

【休药期】鸡 0d。

【工艺流程图】（举例）

盐酸沙拉沙星、辅料等→粉碎───→过筛───→配料→制粒→干燥→整粒→加入润滑剂、崩解剂，总混→压片→分装（内包材）→包装（外包材）→入库

　　　　　　　　　　　加入黏合剂

【产品核发情况】截至 2021 年底，农业农村部共核发盐酸沙拉沙星片（含不同规格）有效批准文号 32 个。

盐酸沙拉沙星可溶性粉
Sarafloxacin Hydrochloride Soluble Powder

【处方】本品为盐酸沙拉沙星与无水葡萄糖配制而成。

【作用与用途】喹诺酮类抗菌药。用于敏感菌引起的感染性疾病。

【用法与用量】以沙拉沙星计。混饮：每 1L 水，鸡 25～50mg。连用 3～5d。

【休药期】鸡 0d。

【工艺流程图】（举例）

盐酸沙拉沙星，无水葡萄糖→干燥（必要时）→粉碎（必要时）→过筛→称量→混合→分装→包装→入库

【产品核发情况】截至 2021 年底，农业农村部共核发盐酸沙拉沙星可溶性粉（含不同规格）有效批准文号 227 个。

盐酸沙拉沙星溶液
Sarafloxacin Hydrochloride Solution

【处方】本品为盐酸沙拉沙星的水溶液。

【作用与用途】喹诺酮类抗菌药。用于敏感菌引起的感染性疾病。

【用法与用量】以沙拉沙星计。混饮：每 1L 水，鸡 20～50mg。连用 3～5d。

【休药期】鸡 0d。

【工艺流程图】（举例）

盐酸沙拉沙星、辅料等→称量→配制→过滤→灌装→封口→灭菌→灯检→包装→入库

【产品核发情况】截至 2021 年底，农业农村部共核发盐酸沙拉沙星溶液（含不同规格）有效批准文号 24 个。

盐酸沙拉沙星注射液
Sarafloxacin Hydrochloride Injection

【处方】本品为盐酸沙拉沙星的灭菌水溶液。

【作用与用途】喹诺酮类抗菌药。用于敏感菌引起的感染性疾病。

【用法与用量】以沙拉沙星计。肌内注射一次量，每 1kg 体重，猪、鸡 2.5～5mg。每天 2 次，连用 3～5d。

【休药期】猪 0d，鸡 0d。

【工艺流程图】（举例）

盐酸沙拉沙星、丙二醇等辅料→称量→浓配→粗滤→稀配→精滤→灌装→封口→灭菌、检漏→灯检→包装→入库

【产品核发情况】截至 2021 年底，农业农村部共核发盐酸沙拉沙星注射液（含不同规格）有效批准文号 49 个。

注射用马波沙星
Marbofloxacin for Injection

【处方】本品为马波沙星的无菌冻干品。

【作用与用途】喹诺酮类抗菌药。主要用于敏感菌引起的犬阴道炎、包皮炎等。

【用法与用量】以马波沙星计。皮下注射：一次量，每 1kg 体重，犬 2mg，每天 1d，连用 3d。

【休药期】无。

【工艺流程图】（举例）

马波沙星→脱包→称量→配液→除菌过滤→灌装装箱→冷冻干燥→出箱→封口→灯检→包装→入库

【产品核发情况】截至 2021 年底，农业农村部共核发注射用马波沙星有效批准文号 1 个。

马波沙星片
Marbofloxacin Tablets

【处方】本品为马波沙星与适宜辅料配制而成。

【作用与用途】喹诺酮类抗菌药。用于治疗由肺炎链球菌等敏感菌引起的犬呼吸道感染。

【用法与用量】以马波沙星计。内服：一次量，每 1kg 体重，犬 2mg，急性呼吸道感染连续用药 7 天，慢性呼吸道感染连续用药 21d。

【休药期】无。

【工艺流程图】（举例）

马波沙星、辅料等→粉碎→过筛→加入黏合剂，配料→制粒→干燥→整粒→加入润滑剂和崩解剂，总混→压片→分装→包装→入库

【产品核发情况】截至 2021 年底，农业农村部共核发马波沙星片（含不同规格）有效批准文号 2 个。

马波沙星注射液
Marbofloxacin Injection

【处方】本品为马波沙星的无菌水溶液。

【作用与用途】喹诺酮类抗菌药。用于治疗猪乳腺炎-子宫炎-无乳综合征（MMA）。

【用法与用量】以马波沙星计。肌内注射：一次量，每 1kg 体重，猪 2mg；每天 1 次，连用 3d。

【休药期】猪 7d。

【工艺流程图】（举例）

马波沙星、依地酸二钠等辅料→称量→浓配→粗滤→稀配→精滤→灌装→封口→灭菌、检漏→灯检→包装→入库

【产品核发情况】截至 2021 年底，农业农村部共核发马波沙星注射液（含不同规格）有效批准文号 5 个。

7.2.1.4 喹噁啉类抗菌药

本类药物主要有乙酰甲喹、喹烯酮、喹乙醇等。后两个药物原来主要用于抗菌促生长

剂，现已禁用。

乙酰甲喹片

Acetyl Methaquine Tablets

【处方】本品为乙酰甲喹与适宜辅料配制而成。

【作用与用途】抗菌药。主用于密旋螺体所致的猪痢疾，也用于细菌性肠炎。

【用法与用量】内服：一次量，每 1kg 体重，牛、猪 5～10mg。

【休药期】牛、猪 35d。

【工艺流程图】（举例）

乙酰甲喹、辅料等→粉碎→过筛→配料→加入黏合剂，制粒→干燥→整粒→加入润滑剂和崩解剂，总混→压片→分装→包装→入库

【产品核发情况】截至 2021 年底，农业农村部共核发乙酰甲喹片（含不同规格）有效批准文号 58 个。

乙酰甲喹注射液

Acetyl Methaquine Injection

【处方】本品为乙酰甲喹的灭菌水溶液。

【作用与用途】抗菌药。主用于密螺旋体所致的猪痢疾，也用于细菌性肠炎。

【用法与用量】以乙酰甲喹计。肌内注射：一次量，每 1kg 体重，猪 2～5mg。

【休药期】猪 35d。

【工艺流程图】（举例）

乙酰甲喹、辅料等→称量→浓配→粗滤→稀配→精滤→灌装→封口→灭菌、检漏→包装→入库

【产品核发情况】截至 2021 年底，农业农村部共核发乙酰甲喹注射液（含不同规格）有效批准文号 273 个。

7.2.1.5 硝基咪唑类抗菌药

甲硝唑片

Metronidazole Tablets

【处方】本品为甲硝唑与适宜辅料配制而成。

【作用与用途】抗原虫药。用于牛毛滴虫病、犬贾第虫病、肠道原虫病。亦用于厌氧菌感染。

【用法与用量】以甲硝唑计。内服：一次量，每 1kg 体重，牛 60mg，犬 25mg。

【休药期】牛 28d。

【工艺流程图】（举例）

甲硝唑、辅料等→粉碎→过筛→配料→加入黏合剂，制粒→干燥→整粒→加入润滑剂和崩解剂，总混→压片→分装→包装→入库

【产品核发情况】截至 2021 年底，农业农村部共核发甲硝唑片有效批准文号 62 个。

地美硝唑预混剂

Demidazole Premix

【处方】本品为地美硝唑与无水葡萄糖配制而成。

【作用与用途】抗原虫药。用于猪密螺旋体性痢疾和禽组织滴虫病。

【用法与用量】以本品计。混饲：每 1000kg 饲料，猪 1000～2500g，鸡 400～2500g。

【休药期】猪、鸡 28d。

【工艺流程图】（举例）

地美硝唑、无水葡萄糖→干燥（必要时）→粉碎（必要时）→过筛→称量→混合→分类→包装→入库

【产品核发情况】截至 2021 年底，农业农村部共核发地美硝唑预混剂有效批准文号403 个。

7.2.1.6　β-内酰胺类抗生素

β-内酰胺类抗生素系指其化学结构含有 β-内酰胺环的一类抗生素。兽医临床常用的药物主要包括青霉素类和头孢菌素类。

7.2.1.6.1　青霉类抗生素

青霉素类（penicillins）分为天然青霉素和半合成青霉素。天然青霉素从青霉菌（*Penicillinum notatum*）的培养液中提取制得，含多种有效成分，主要有青霉素 F、青霉素 G、青霉素 X、青霉素 K 和双氢 F 五种。青霉素 G，又称苄青霉素（简称青霉素），较稳定，作用最强，产量较高，故在临床上使用最广。

青霉素是一种不稳定的有机酸，难溶于水，其羧基上的氢可以被钾和钠等金属离子取代而形成盐，也可以和多种有机碱结合成复盐（如普鲁卡因青霉素等）。青霉素钾盐比钠盐容易结晶，工业生产中产量较高，故过去产品以钾盐为主，但钾盐刺激性较强，现已多用钠盐。

天然青霉素具有杀菌力强、毒性低、使用方便和价格低廉等优点，但同时也有不耐酸、不耐青霉素酶、抗菌谱窄和容易引起过敏反应等缺点。因此，20 世纪 60 年代以来出现了大量半合成青霉素。兽医临床常用的半合成青霉素有：耐青霉素酶的青霉素，如苯唑西林和氯唑西林等；广谱青霉素，如氨苄西林、阿莫西林、海他西林和羧苄西林等。另外，为了克服青霉素在动物体内的有效血药浓度维持时间短的缺点，制成了一些难溶于水的有机碱复盐，如普鲁卡因青霉素和苄星青霉素（二苄基乙二胺青霉素），这些混悬液注射后，在注射局部肌肉内缓慢释放吸收，可延长青霉素在动物体内的有效血药浓度维持时间。但此类制剂血药浓度较低，仅用于对青霉素高度敏感的慢性感染。

青霉素属杀菌性抗生素，杀菌速率比氨基糖苷类和氟喹诺酮类慢，并呈时间依赖性，因此只有频繁给药以使血中药物浓度高于其对病原体的 MIC，才能获得最佳的杀菌效果。

由于青霉素在兽医临床上长期、广泛应用，病原菌对青霉素的耐药性已十分普遍，尤其是金黄色葡萄球菌。现已发现多种青霉素酶抑制剂，如克拉维酸和舒巴坦等，与青霉素类合用（或制成复方制剂）可用于对青霉素耐药的细菌感染，常用的有阿莫西林与克拉维酸等复方制剂。

注射用青霉素钠

Benzylpenicillin Sodium for Injection

【处方】本品为青霉素钠的无菌粉末。

【作用与用途】β-内酰胺类抗生素。主要用于革兰阳性菌感染，亦用于放线菌和钩端螺旋体等感染。

【用法与用量】以青霉素钠计。肌内注射：一次量，每 1kg 体重，马、牛 1 万～2 万

单位，羊、猪、驹、犊 2 万～3 万单位，禽 5 万单位，犬、猫 3 万～4 万单位。每天 2～3 次，连用 2～3d。临用前，加灭菌注射用水适量使溶解。

【休药期】牛、羊、猪、禽 0d；弃奶期 72h。

【工艺流程图】（举例）

青霉素钠→擦洗消毒包装外壁→检查→分装，上塞→轧盖→灯检→包装→入库

【产品核发情况】截至 2021 年底，农业农村部共核发注射用青霉素钠（含不同规格）有效批准文号 216 个。

<h3 style="text-align:center">注射用青霉素钾</h3>
<h3 style="text-align:center">Benzylpenicillin Potassium for Injection</h3>

【处方】本品为青霉素钾的结晶性无菌粉末。

【作用与用途】β-内酰胺类抗生素。主要用于革兰阳性菌感染，亦用于放线菌和钩端螺旋体等感染。

【用法与用量】以青霉素钾计。肌内注射：一次量，每 1kg 体重，马、牛 1 万～2 万单位，羊、猪、驹、犊 2 万～3 万单位，禽 5 万单位，犬、猫 3 万～4 万单位。每天 2～3 次，连用 2～3d。

临用前，加灭菌注射用水适量使溶解。

【休药期】牛、羊、猪、禽 0d；弃奶期 72h。

【工艺流程图】（举例）

青霉素钾→擦洗消毒包装外壁→检查→分装上塞→轧盖→灯检→包装→入库

【产品核发情况】截至 2021 年底，农业农村部共核发注射用青霉素钾（含不同规格）有效批准文号 346 个。

<h3 style="text-align:center">注射用普鲁卡因青霉素</h3>
<h3 style="text-align:center">Procaine Benzylpenicillin for Injection</h3>

【处方】本品为普鲁卡因青霉素与青霉素钠（钾）加适宜的悬浮剂与缓冲剂制成的无菌粉末。

【作用与用途】β-内酰胺类抗生素。主要用于畜禽革兰阳性菌感染，亦用于放线菌和钩端螺旋体等感染。

【用法与用量】以有效成分计。肌内注射：一次量，每 1kg 体重，马、牛 1 万～2 万单位，羊、猪、驹、犊 2 万～3 万单位，犬、猫 3 万～4 万单位。每天 1 次，连用 2～3d。

【休药期】牛、羊 4d，猪 5d；弃奶期 72h。

【工艺流程图】（举例）

普鲁卡因青霉素、青霉素钠（钾）、悬浮剂和缓冲剂→擦洗消毒包装外壁→检查→混合→分装，上塞→轧盖→灯检→包装→入库

【产品核发情况】截至 2021 年底，农业农村部共核发注射用普鲁卡因青霉素（含不同规格）有效批准文号 54 个。

<h3 style="text-align:center">普鲁卡因青霉素注射液</h3>
<h3 style="text-align:center">Procaine Benzylpenicillin Injection</h3>

【处方】本品为普鲁卡因青霉素的无菌油混悬液。

【作用与用途】β-内酰胺类抗生素。主要用于革兰阳性菌感染，亦用于放线菌和钩端螺旋体等感染。

【用法与用量】以有效成分计。肌内注射：一次量，每 1kg 体重，马、牛 1 万～2 万

单位，羊、猪、驹、犊 2 万～3 万单位，犬、猫 3 万～4 万单位。每天 1 次，连用 2～3d。

【休药期】牛 10d，羊 9d，猪 7d；弃奶期 48h。

【工艺流程图】（举例）

无菌普鲁卡因青霉素、注射用大豆油→外表灭菌→配制→过滤→灌装上塞→轧盖→灯检→包装→入库

【产品核发情况】截至 2021 年底，农业农村部共核发普鲁卡因青霉素注射液（含不同规格）有效批准文号 15 个。

注射用苄星青霉素
Benzathine Benzylpenicillin for Injection

【处方】本品为青霉素的二苄基乙二胺盐加适量缓冲剂及助悬剂制成的无菌粉末。

【作用与用途】β-内酰胺类抗生素。为长效青霉素，用于畜禽革兰阳性菌感染。

【用法与用量】以苄星青霉素计。肌内注射：一次量，每 1kg 体重，马、牛 2 万～3 万单位，羊、猪 3 万～4 万单位，犬、猫 4 万～5 万单位。必要时 3～4d 重复一次。

【休药期】牛、羊 4d，猪 5d；弃奶期 72h。

【工艺流程图】（举例）

苄星青霉素
悬浮剂、缓冲剂 ｝→外包装消毒→检查→混合→分装上塞→轧盖→灯检→贴签→包装→入库

【产品核发情况】截至 2021 年底，农业农村部共核发注射用苄星青霉素（含不同规格）有效批准文号 20 个。

注射用氨苄西林钠
Ampicillin Sodium for Injection

【处方】本品为氨苄西林钠的无菌粉末。

【作用与用途】β-内酰胺类抗生素。用于对氨苄西林敏感菌感染。

【用法与用量】以氨苄西林计。肌内、静脉注射：一次量，每 1kg 体重，家畜 10～20mg。每天 2～3 次，连用 2～3d。

【休药期】牛 6d，猪 15d；弃奶期 48h。

【工艺流程图】（举例）

氨苄西林钠→擦洗消毒→包装外壁→检查→分装上塞→轧盖→灯检→包装→入库

【产品核发情况】截至 2021 年底，农业农村部共核发注射用氨苄西林钠（含不同规格）有效批准文号 255 个。

氨苄西林可溶性粉
Ampicillin Soluble Powder

【处方】本品为氨苄西林与无水葡萄糖配制而成。

【作用与用途】β-内酰胺类抗生素。用于治疗鸡敏感菌引起的感染性疾病，如大肠埃希菌、沙门菌、巴氏杆菌、葡萄球菌和链球菌感染。

【用法与用量】以氨苄西林计。混饮：每 1L 水，鸡 60mg。

【休药期】鸡 7d。

【工艺流程图】（举例）

氨苄西林、无水葡萄糖→干燥（必要时）→粉碎（必要时）→过滤→称量→混合→分类→包装→入库

【产品核发情况】截至 2021 年底，农业农村部共核发氨苄西林可溶性粉（含不同规格）有效批准文号 277 个。

氨苄西林钠可溶性粉
Ampicillin Sodium Soluble Powder

【处方】本品为氨苄西林钠与适宜辅料配制而成。

【作用与用途】β-内酰胺类抗生素。用于对氨苄西林敏感的细菌感染，如大肠埃希菌、沙门菌、巴氏杆菌、葡萄球菌和链球菌感染。

【用法与用量】以氨苄西林计。混饮：每 1L 水，鸡 60mg。

【休药期】鸡 7d。

【工艺流程图】（举例）

氨苄西林钠、辅料等→干燥（必要时）→粉碎（必要时）→过筛→称量→混合→分装→包装→入库

【产品核发情况】截至 2021 年底，农业农村部共核发氨苄西林钠可溶性粉（含不同规格）有效批准文号 164 个。

注射用氨苄西林钠氯唑西林钠
Ampicillin Sodium and Cloxacillin Sodium for Injection

【处方】本品为氨苄西林钠和氯唑西林的无菌粉末。

【作用与用途】β-内酰胺类抗生素。用于敏感菌所致的呼吸道、胃肠道、泌尿道和软组织感染。

【用法与用量】以氨苄西林计。肌内、静脉注射：一次量，每 1kg 体重，家畜 10～20mg。每天 2～3 次，连用 2～3d。

【休药期】28d；弃奶期 7d。

【工艺流程图】（举例）

氨苄西林钠、氯唑西林→擦洗消毒包装外壁→检查→混合→分装上塞→轧盖→灯检→包装→入库

【产品核发情况】截至 2021 年底，农业农村部共核发注射用氨苄西林钠氯唑西林钠（含不同规格）有效批准文号 29 个。

阿莫西林可溶性粉
Amoxicillin Soluble Powder

【处方】本品为阿莫西林与适宜辅料配制而成。

【作用与用途】β-内酰胺类抗生素。用于治疗鸡对阿莫西林敏感菌的革兰阳性菌和革兰阴性菌感染。

【用法与用量】以阿莫西林计。内服：一次量，每 1kg 体重，鸡 20～30mg，每天 2 次，连用 5d。混饮：每 1L 水，鸡 60mg，连用 3～5d（或内服：一次量，每 1kg 体重，鸡 15～20mg，每天 1 次，连用 5～7d。混饮：每 1L 水，鸡 75～100mg，每天 1 次，连用 5～7d，进口标准）。

【休药期】鸡 7d。

【工艺流程图】（举例）

阿莫西林、辅料等→干燥（必要时）→粉碎（必要时）→过筛→称量→混合→分装→包装→入库

【产品核发情况】截至 2021 年底，农业农村部共核发阿莫西林可溶性粉（含不同规

格）有效批准文号 1545 个。

复方阿莫西林粉
Compound Amoxicillin Powder

【处方】本品为阿莫西林、克拉维酸钾与葡萄糖配制而成。

【作用与用途】β-内酰胺类抗生素。用于鸡青霉素敏感菌引起的感染。

【用法与用量】以阿莫西林计。混饮：每 1L 水，鸡 0.5g。每天 1 次，连用 3～7d。

【休药期】鸡 7d。

【工艺流程图】（举例）

阿莫西林、克拉维酸钾、葡萄糖→干燥（必要时）→粉碎（必要时）→过筛称量→混合→分装→包装→入库

【产品核发情况】截至 2021 年底，农业农村部共核发复方阿莫西林粉有效批准文号 297 个。

注射用阿莫西林钠
Amoxicillin Sodium for Injection

【处方】本品为阿莫西林钠的无菌粉末。

【作用与用途】β-内酰胺类抗生素。用于对氨苄西林敏感菌感染。

【用法与用量】以阿莫西林计。皮下或肌内注射：一次量，每 1kg 体重，家畜 5～10mg。每天 2 次，连用 3～5d。

【休药期】家畜 14d；弃奶期 120h。

【工艺流程图】（举例）

阿莫西林钠→擦洗消毒包装外壁→检查→分装上塞→轧盖→灯检→包装→入库

【产品核发情况】截至 2021 年底，农业农村部共核发注射用阿莫西林钠（含不同规格）有效批准文号 247 个。

阿莫西林注射液
Amoxicillin Injection

【处方 1】本品为阿莫西林三水化合物的无菌混悬液。

【作用与用途】β-内酰胺类抗生素。用于猪、牛由阿莫西林敏感菌的革兰阳性菌和革兰阴性菌感染。

【用法与用量】以阿莫西林计。肌内注射：一次量，每 1kg 体重，猪、牛 15mg。必要时 48h 后再注射一次。

【休药期】猪 20d；牛 16d，弃奶期 3d。

【处方 2】本品为阿莫西林与丙二醇二辛酸酯/二癸酸酯等配制而成的无菌油混悬液。

【作用与用途】β-内酰胺类抗生素。牛：用于治疗和控制对阿莫西林敏感的革兰阳性菌和革兰阴性菌感染。猪和犬：用于治疗对阿莫西林敏感的感染性疾病。

【用法与用量】以阿莫西林计。牛和猪肌内注射、犬皮下注射：一次量，每 1kg 体重，牛、猪和犬 15mg。如需要可在 48h 后再注射一次。每个注射位点的最大注射体积：牛 20mL；猪 5mL；犬 2.5mL。

【休药期】牛 18d；弃奶期 72h；猪 21d。

【处方 3】本品为阿莫西林与分馏椰子油等制成的无菌混悬液。

【作用与用途】β-内酰胺类抗生素。用于青霉素敏感引起的革兰阳性菌和革兰阴性感染。适用于治疗以下的治疗：1）消化道疾病，如：细菌性肠炎。2）呼吸道感染，如：动

物生长期间的细菌性肺炎。3）泌尿生殖道感染，如：子宫炎，膀胱炎。4）皮肤和软组织感染，如：伤口、脓肿、蹄部感染等。

【用法与用量】以阿莫西林计。肌内、皮下注射：一次量，每 1kg 体重，牛、猪、犬和猫 15mg，如需要可在 48h 后再注射一次。

【休药期】牛、猪 28d，弃奶期 96h。

【工艺流程图】（举例）

阿莫西林、分馏椰子油等辅料→称量→浓配→粗滤→稀配→精滤→灌装→封口→灭菌、检漏→灯检→包装→入库

【产品核发情况】截至 2021 年底，农业农村部共核发阿莫西林注射液（含不同规格）有效批准文号 6 个。

阿莫西林克拉维酸钾注射液（进口标准）
Amoxicillin and Clavulanate Potassium Injection

【处方】本品为阿莫西林、克拉维酸钾加适宜稳定剂与椰子油制成的油状混悬液。

【作用与用途】β-内酰胺类抗生素。用于小动物青霉素敏感菌引起的感染。

【用法与用量】以本品计。肌内或皮下注射一次量，每 1kg 体重，犬、猫，每 20kg 体重 1mL。每日 1 次，连用 3～5d。

【休药期】不需要制定。

【工艺流程图】（举例）

阿莫西林、克拉维酸钾、稳定剂、椰子油等→称量→浓配→粗滤→稀配→精滤→灌装→封口→灭菌、检漏→灯检→包装→入库

【产品核发情况】截至 2021 年底，农业农村部共核发阿莫西林克拉维酸钾注射液（进口标准）（含不同规格）有效批准文号 1 个。

阿莫西林克拉维酸钾片
Amoxicillin and Clavulanate Potassium Tables

【处方 1】本品为阿莫西林和克拉维酸钾的复方制剂。

【作用与用途】β-内酰胺类抗生素。用于治疗犬革兰阳性和革兰阴性敏感细菌的感染，如脓皮病等皮肤感染。

【用法与用量】按（阿莫西林＋克拉维酸）计。内服：一次量，犬每 1kg 体重 12.5mg。每天 2 次，连用 7d。

【休药期】不需要制定。

【处方 2】本品为阿莫西林和克拉维酸钾的混合制剂。

【作用与用途】β-内酰胺类抗生素。用于治疗犬、猫敏感菌引起的感染，如皮肤及软组织感染（脓性感染、脓肿和肛腺炎）、牙感染（牙龈炎）、尿道感染、呼吸道感染和肠炎。

【用法与用量】口服：一次量，犬、猫，每 1kg 体重 12.5～25.0mg。每天 2 次，连用 3～5d。

【休药期】不需要制定。

【工艺流程图】（举例）

阿莫西林、克拉维酸钾、辅料等→粉碎→过筛→称量→配料→加入黏合剂、制粒→干燥→整粒→加入润滑剂和崩解剂，总混→压片→分装→包装→入库

注射用阿莫西林钠克拉维酸钾
Amoxicillin Sodium and Clavulanate Potassium for Injection

【处方】本品为阿莫西林钠和克拉维酸钾均匀混合制成的无菌粉末。

【作用与用途】β-内酰胺类抗生素。用于治疗致病性大肠埃希菌引起的仔猪白痢。

【用法与用量】以阿莫西林计。肌内注射：一次量，猪每 1kg 体重 6mg。每天 2 次，连用 5d。本品用灭菌注射用水或注射用生理盐水（0.9%）配制。

【休药期】猪 2d。

【工艺流程图】（举例）

阿莫西林钠、克拉维酸钾→擦洗消毒包装外壁→检查→混合→分装上塞→轧盖→灯检→包装→入库

【产品核发情况】截至 2021 年底，农业农村部共核发注射用阿莫西林钠克拉维酸钾（含不同规格）有效批准文号 3 个。

复方阿莫西林乳房注入剂（泌乳期）
Compound Amoxicillin Intramammary Infusion（Lactating Cow）

【处方 1】本品为阿莫西林三水合物、舒巴坦钠、泼尼松龙等制成的灭菌混悬溶液。

【作用与用途】主要用于治疗由敏感的革兰阳性菌和阴性菌引起的泌乳期奶牛乳腺炎。

【用法与用量】乳管注入：挤奶后每乳室 3g，每 12h 给药 1 次，连用 3 次。

【休药期】弃奶期 60h。

【处方 2】本品为阿莫西林、泼尼松龙等制成的灭菌混悬溶液。

【作用与用途】主要用于治疗革兰氏阳性菌和阴性菌引起的泌乳期奶牛乳腺炎。

【用法与用量】乳管注入：泌乳期奶牛，挤奶后每乳室 1 支，每日 2 次，连用 3 次。

【休药期】牛 7d，弃奶期 60h。

【工艺流程图】（举例）

阿莫西林三水合物、舒巴坦钠、泼尼松龙及经灭菌的辅料→称量→乳化分散→精磨→灌装→辐射灭菌→包装→入库

【产品核发情况】截至 2021 年底，农业农村部共核发复方阿莫西林乳房注入剂（泌乳期）（含不同规格）有效批准文号 5 个。

阿莫西林硫酸黏菌素可溶性粉
Amoxycillin and Colistin Sulfate Soluble Powder

【处方】本品为阿莫西林、硫酸黏菌素与适宜辅料配制而成。

【作用与用途】β-内酰胺类抗生素。用于对阿莫西林和硫酸黏菌素敏感的鸡大肠杆菌和巴氏杆菌感染。

【用法与用量】以本品计。混饮：每 1L 水，鸡 1g，连用 5d。

【休药期】鸡 8d。

【工艺流程图】（举例）

阿莫西林、硫酸黏菌素、辅料等→干燥（必要时）→粉碎（必要时）→过筛→称量→混合→分类→包装→入库

【产品核发情况】 截至 2021 年底，农业农村部共核发阿莫西林硫酸黏菌素可溶性粉有效批准文号 3 个。

阿莫西林硫酸黏菌素注射液
Amoxicillin and Colistin Sulfate Injection

【处方】 本品为阿莫西林、硫酸黏菌素及适宜辅料配制而成。

【作用与用途】 β-内酰胺类抗生素。用于小动物青霉素敏感菌引起的感染。

【用法与用量】 以本品计。肌内或皮下注射：一次量，犬、猫，每 20kg 体重 1mL。每日 1 次，连用 3～5d。

【休药期】 不需要制定。

【工艺流程图】 （举例）

阿莫西林、硫酸黏菌素、辅料等→称量→浓配→粗滤→稀配→精滤→灌装→封口→灭菌、检漏→灯检→包装→入库

【产品核发情况】 截至 2021 年底，农业农村部共核发阿莫西林硫酸黏菌素注射液（含不同规格）有效批准文号 115 个。

注射用苯唑西林钠
Oxacillin Sodium for Injection

【处方】 本品为苯唑西林钠的无菌粉末。

【作用与用途】 β-内酰胺类抗生素。用于敏感菌引起的败血症、肺炎、乳腺炎、烧伤创面感染等。

【用法与用量】 以苯唑西林计。肌内注射：一次量，每 1kg 体重，马、牛、羊、猪 10～15mg，犬、猫 15～20mg。每天 2～3 次，连用 2～3d。

【休药期】 牛、羊 14d，猪 5d；弃奶期 72h。

【工艺流程图】 （举例）

苯唑西林钠→擦洗消毒包装外壁→检查→分装上塞→轧盖→灯检→包装→入库

【产品核发情况】 截至 2021 年底，农业农村部共核发注射用苯唑西林钠（含不同规格）有效批准文号 46 个。

注入用氯唑西林钠
Cloxacillin Sodium for Infusion

【处方】 本品为氯唑西林钠的无菌粉末。

【作用与用途】 β-内酰胺类抗生素。用于耐青霉素葡萄球菌感染的乳腺炎。

【用法与用量】 以氯唑西林计。乳管注入：奶牛每乳管 200mg。

【休药期】 10d；弃奶期 48h。

【工艺流程图】 （举例）

氯唑西林钠→擦洗消毒包装外壁→检查→分装上塞→轧盖→灯检→包装→入库

【产品核发情况】 截至 2021 年底，农业农村部共核发注入用氯唑西林钠有效批准文号 4 个。

苄星氯唑西林乳房注入剂
Benzathine Cloxacillin Intramammary Infusion

【处方】 本品为苄星氯唑西林的灭菌油混悬液。

【作用与用途】 β-内酰胺类抗生素。用于治疗由敏感菌引起的奶牛干乳期乳腺炎。

【用法与用量】以氯唑西林计。乳管注入：干乳期奶牛，每乳室 0.5g。

【休药期】牛 28d；弃奶期：产犊后 96h。

【工艺流程图】（举例）

苄星氯唑西林、经灭菌的辅料→称量→乳化分散→精磨→灌装→辐照灭菌→包装→入库

【产品核发情况】截至 2021 年底，农业农村部共核发苄星氯唑西林乳房注入剂（含不同规格）有效批准文号 18 个。

7.2.1.6.2　头孢类抗生素

头孢菌素类为半合成广谱抗生素。化学结构中含 β-内酰胺环，与青霉素类共称为 β-内酰胺类抗生素。

根据发现的时间先后、抗菌谱和对 β-酰胺酶的稳定性，目前将头孢菌素类分为四代。第一代头孢菌素的抗菌谱与广谱青霉素相似。对青霉素酶稳定，但仍可被多数革兰阴性菌的 β-酰胺酶水解，因此主要用于革兰阳性菌感染。常用的有头孢氨苄（先锋霉素Ⅳ）和头孢羟氨苄等。第二代头孢菌素对革兰阳性菌的活性与第一代相近或稍弱，但抗菌谱较广，多数品种能耐受 β-酰胺酶，对革兰阴性菌的抗菌活性增强，如头孢西丁等。第三代头孢菌素的抗菌谱更广，对革兰阴性菌的作用比第二代进一步加强，但对金黄色葡萄球菌的活性不如第一代和第二代头孢菌素，如头孢噻呋。20 世纪 90 年代以后有不少新头孢菌素问世，统称第四代，抗菌谱比第三代更广，对 β-内酰胺酶稳定，对金黄色葡萄球菌等革兰阳性菌的作用有所增强，多数品种对铜绿假单胞菌有较强的作用，如头孢喹肟。头孢噻呋与头孢喹肟为动物专用。

本类抗生素的特点是抗菌谱广，杀菌力强，对胃酸和 β-内酰胺酶较稳定，过敏反应少。抗菌作用机理与青霉素相似，也是与细菌细胞壁上的青霉素结合蛋白结合而抑制细菌细胞壁合成，导致细菌死亡。对多数耐青霉素的细菌仍然敏感，但与青霉素之间存在部分交叉耐药现象。头孢菌素与青霉素类、氨基糖苷类合用有协同作用。

头孢洛宁乳房注入剂（干乳期）
Cephaloniam Intramammary Infusion（Dry Cow）

【处方】本品为头孢洛宁与辅料制备而成的灭菌混悬液。

【作用与用途】β-内酰胺类抗生素。用于治疗由金黄色葡萄球菌、无乳链球菌、乳房链球菌和大肠杆菌等细菌引起的奶牛干乳期乳腺炎以及预防干乳期奶牛乳房内新增感染。

【用法与用量】以本品计。乳管注入：干乳期奶牛，每个乳室 1 支。

给药前先用温热、适宜的消毒剂溶液彻底清洗乳头。待乳头完全晾干后，用力挤出乳房中的剩余乳汁。然后，清洗和消毒乳头及其边缘，将注射器插入乳管，轻轻地持续地将药物推入乳室。最后，按摩乳区以便药物均匀分散至乳腺的乳池内。

【休药期】若给药后 54d 之后产犊，则弃奶期为产犊后 96h；若给药后 54d 之内产犊，则弃奶期为给药后 54d 加 96h。

【工艺流程图】（举例）

头孢洛宁及经灭菌的辅料→称量→乳化分散→精磨→灌装→辐照灭菌→包装→入库

【产品核发情况】截至 2021 年底，农业农村部共核发头孢洛宁乳房注入剂（干乳期）（含不同规格）有效批准文号 6 个。

头孢氨苄注射液
Cephalexin Injection

【处方】本品为头孢氨苄的灭菌油混悬液。

【作用与用途】β-内酰胺类抗生素。主要用于治疗猪由敏感菌引起的感染。

【用法与用量】以头孢氨苄计。肌内注射：一次量，每 1kg 体重，猪 10mg。每天 1 次。

【休药期】猪 28d。

【工艺流程图】（举例）

头孢氨苄、辅料等→称量→浓配→粗滤→稀配→精滤→灌装→封口→灭菌、检漏→灯检→包装→入库

【产品核发情况】截至 2021 年底，农业农村部共核发头孢氨苄注射液（含不同规格）有效批准文号 72 个。

头孢氨苄片
Cefalexin Tablets

【处方 1】本品为头孢氨苄与辅料配制成的片剂。

【作用与用途】β-内酰胺类抗生素。用于治疗犬革兰阳性菌和阴性菌感染，如皮肤感染（脓皮病、毛囊炎、蜂窝织炎）等。

【用法与用量】以头孢氨苄计。内服：一次量，每 1kg 体重，犬 15mg。每天 2 次，治疗尿路感染连用 14d，浅表脓皮病连用 7～14d，深层脓皮病连用 28d。

【休药期】无。

【处方 2】本品为头孢氨苄与辅料配制成的片剂。

【作用与用途】β-内酰胺类抗生素。犬：用于治疗对头孢氨苄敏感的大肠杆菌和变形杆菌引起的轻度尿路感染及由葡萄球菌属引起的皮肤感染。猫：用于治疗对头孢氨苄敏感的大肠杆菌和变形杆菌引起的轻度尿路感染，由葡萄球菌属、巴氏杆菌属引起的皮肤及皮下感染。

【用法与用量】以头孢氨苄计。内服，每次每 1kg 体重，犬、猫 15mg，每日 2 次，或按表 7-1 推荐用量使用。

表 7-1　头孢氨苄片推荐剂量

体重/kg	用药量	体重/kg	用药量
5	75mg,1 片	20～30	300mg,1.5 片
5～10	75mg,2 片	30～40	600mg,1 片
10～15	75mg,3 片	40～60	600mg,1.5 片
15～20	300mg,1 片	>60	600mg,2 片

【休药期】无。

【工艺流程图】（举例）

头孢氨苄、辅料等→粉碎→过筛→配料→加入黏合剂，制粒→干燥→整粒→加入润滑剂和崩解剂，总混→压片→分装→包装→入库

【产品核发情况】截至 2021 年底，农业农村部共核发头孢氨苄片（含不同规格）有效批准文号 6 个。

头孢氨苄单硫酸卡那霉素乳房注入剂（泌乳期）
Cefalexin and Kanamycin Monosulfate Intramammary Infusion（Lactating Cow）

【处方】本品为头孢氨苄单硫酸卡那霉素与适宜辅料配制而成。

【作用与用途】β-内酰胺类抗生素。治疗对复方头孢氨苄和卡那霉素敏感菌，如金黄色葡萄球菌、无乳链球菌、停乳链球菌、乳房链球菌、大肠杆菌和凝固酶阴性葡萄球菌等引起的泌乳奶牛（包括怀孕奶牛）的乳腺炎。

【用法与用量】乳房注入：泌乳期奶牛，每乳室 10g，隔 24h 再注入 1 次。

【休药期】牛 10d；弃奶期 5d。

【工艺流程图】（举例）

头孢氨苄单硫酸卡那霉素及经灭菌的辅料等→称量→乳化分散→精磨→灌装→辐照灭菌→包装→入库

【产品核发情况】截至 2021 年底，农业农村部共核发头孢氨苄单硫酸卡那霉素乳房注入剂（泌乳期）有效批准文号 1 个。

头孢羟氨苄片（宠物用）
Cefadroxil Tablets

【处方】本品为头孢羟氨苄与适宜辅料配制而成。

【作用与用途】β-内酰胺类抗生素。用于治疗犬猫由敏感的葡萄球菌属、链球菌、巴氏杆菌和克雷伯杆菌等引起的呼吸道、泌尿道、皮肤和软组织感染。

【用法与用量】以头孢羟氨苄计。口服：每 1kg 体重，犬、毛猫 22mg，每日一次。应持续给药至疾病症状消失后 2～3d。

【休药期】无。

【工艺流程图】（举例）

头孢羟氨苄、辅料等→粉碎→过筛→配料→加入黏合剂，制粒→干燥→整粒→加入润滑剂和崩解剂，总混→压片→分装→包装→入库

【产品核发情况】截至 2021 年底，农业农村部共核发头孢羟氨苄片（宠物用）（含不同规格）有效批准文号 86 个。

注射用头孢维星钠
Cefavicin Sodium for Injection

【处方】本品为头孢维星钠与适宜辅料配制而成的无菌冻干品。

【作用与用途】β-内酰胺类抗生素。用于治疗犬由葡萄球菌和链球菌敏感菌株引起的皮肤感染（如继发性浅表脓皮病、脓肿和创伤），由大肠杆菌和/或变形杆菌引起的尿道感染；治疗猫由多杀性巴氏杆菌和葡萄球菌敏感菌株引起的皮肤感染（如创伤和脓肿），由大肠杆菌引起的尿道感染。

【用法与用量】取本品 1 瓶，用注射用水 10mL 溶解。皮下注射：每 1kg 体重，犬、猫 8mg（以头孢维星计，相当于每 1kg 体重注射 0.1mL）。最多可维持 14d。如果对犬的治疗效果不彻底，可以进行第二次皮下注射，最多不应超过 2 次。

【休药期】无。

【工艺流程图】（举例）

头孢维星钠、辅料等→称量→配液→除菌过滤→灌装装箱→冷冻干燥→出箱→轧盖→灯检→包装→入库

【产品核发情况】截至 2021 年底，农业农村部共核发注射用头孢维星钠有效批准文号 0 个。

注射用头孢噻呋

Ceftiofur for Injection

【处方】本品为头孢噻呋加适量的助溶剂制成的无菌冻干品。

【作用与用途】β-内酰胺类抗生素。主要用于治疗猪细菌性呼吸道感染和鸡的大肠埃希菌、沙门菌感染。

【用法与用量】以头孢噻呋计。肌内注射：一次量，每1kg体重，猪3mg。每天1次，连用3d。皮下注射：一日龄雏鸡，每羽0.1mg。

【休药期】猪1d。

【工艺流程图】（举例）

头孢噻呋、辅料等→称量→配液→除菌过滤→灌装装箱→冷冻干燥→出箱→轧盖→灯检→包装→入库

【产品核发情况】截至2021年底，农业农村部共核发注射用头孢噻呋（含不同规格）有效批准文号11个。

注射用头孢噻呋钠

Ceftiofur Sodium for Injection

【处方】本品为头孢噻呋钠的无菌粉末或无菌冻干品。

【作用与用途】β-内酰胺类抗生素。主要用于治疗畜禽细菌性疾病，如猪细菌性呼吸道感染和鸡的大肠埃希菌、沙门菌感染等。

【用法与用量】以头孢噻呋计。肌内注射：一次量，每1kg体重，猪3～5mg。每天1次，连用3d。皮下注射：一日龄鸡，每羽0.1mg。

【休药期】猪4d。

【工艺流程图】（举例）

头孢噻呋钠、辅料等→称量→配液→除菌过滤→灌装装箱→冷冻干燥→出箱→轧盖→灯检→包装→入库

【产品核发情况】截至2021年底，农业农村部共核发注射用头孢噻呋钠（含不同规格）有效批准文号592个。

头孢噻呋注射液

Ceftiofur Injection

【处方】本品为头孢噻呋与大豆油等制成的无菌混悬液。

【作用与用途】β-内酰胺类抗生素。主要用于猪细菌性呼吸道感染，如猪的副猪嗜杆菌病。

【用法与用量】以头孢噻呋计。肌内注射：一次量，每1kg体重，猪5mg。每3d1次，连用2次。

【休药期】猪5d。

【工艺流程图】（举例）

头孢噻呋、大豆油等→称量→粗滤→稀配→精滤→灌装→封口→灭菌、检漏→灯检→包装→入库

【产品核发情况】截至2021年底，农业农村部共核发头孢噻呋注射液（含不同规格）有效批准文号41个。

盐酸头孢噻呋注射液
Ceftiofur Hydrochloride Injection

【处方 1】 本品为盐酸头孢噻呋与适宜辅料配制而成。

【作用与用途】 β-内酰胺类抗生素。用于治疗由坏死性梭杆菌和产黑色素拟杆菌感染引起的奶牛急性腐蹄病；用于治疗猪细菌性呼吸道疾病。

【用法与用量】 以头孢噻呋计。牛肌内或皮下注射：每 1kg 体重，1.1～2.2mg，每天 1 次，连用 3d。如果牛用药 3 次后效果不理想，可继续用药 2d。猪肌内注射：每 1kg 体重，3～5mg，每天 1 次，连用 3d。

【休药期】 牛 4d，弃奶期 12h；猪 4d。

【处方 2】 本品为盐酸头孢噻呋与适宜辅料配制而成。

【作用与用途】 β-内酰胺类抗生素。用于治疗猪的细菌性呼吸系统疾病；治疗奶牛产后子宫炎。

【用法与用量】 以头孢噻呋计。奶牛，肌内注射或皮下注射：一次量，每 1kg 体重 2.2mg，每天 1 次，连用 5d。猪，肌内注射：一次量，每 1kg 体重 3～5mg，每天 1 次，连用 3～4d。

【休药期】 猪 4d；牛 4d，弃奶期 12h。

【处方 3】 本品为盐酸头孢噻呋与适宜辅料配制而成。

【作用与用途】 β-内酰胺类抗生素。用于治疗猪呼吸道细菌性疾病，如放线杆菌引起的猪胸膜肺炎。

【用法与用量】 以头孢噻呋计。肌内注射：每 1kg 体重 5mg，每 3d 1 次，连续给药 2 次。

【休药期】 猪 5d。

【工艺流程图】（举例）

盐酸头孢噻呋、辅料等→称量→浓配→粗滤→稀配→精滤→灌装→封口→灭菌、检漏→灯检→包装→入库

【产品核发情况】 截至 2021 年底，农业农村部共核发盐酸头孢噻呋注射液（含不同规格）有效批准文号 451 个。

头孢噻呋晶体注射液
Ceftiofur Crystalline Injection

【处方 1】 本品为头孢噻呋与辅料配制成的液体制剂。

【作用与用途】 β-内酰胺类抗生素。用于治疗和预防溶血性巴氏杆菌、多杀性巴氏杆菌和睡眠嗜血杆菌感染引起的牛呼吸系统疾病（肺炎，运输热）。

【用法与用量】 以头孢噻呋晶体计。近头部耳背面根部（耳根处）单次皮下注射：每 1kg 体重，泌乳奶牛 6.6mg（即每 100kg 体重注射 3.3mL）；近头部耳背面根部（耳根处）或耳背长轴中部（指均分为三部分的中部）单次皮下注射：每 1kg 体重，肉牛或非泌乳奶牛 6.6mg（即每 100kg 体重注射 3.3mL）。

【休药期】 牛 13d；弃奶期 0d。

【处方 2】 本品为头孢噻呋与辅料配制成的液体制剂。

【作用与用途】 β-内酰胺类抗生素。用于治疗胸膜肺炎放线杆菌、多杀性巴氏杆菌、副猪嗜血杆菌和猪链球菌引起的猪呼吸系统疾病。

【用法与用量】 以头孢噻呋晶体计。耳后缘颈部单次肌肉注射：每 1kg 体重，猪 5.0mg（即每 20kg 体重注射 1mL）。

【休药期】猪 71d。

【工艺流程图】（举例）

头孢噻呋晶体、辅料等→称量→浓配→粗滤→稀配→精滤→灌装→封口→灭菌、检漏→灯检→包装→入库

【产品核发情况】截至 2021 年底，农业农村部共核发头孢噻呋晶体注射液（含不同规格）有效批准文号 2 个。

盐酸头孢噻呋乳房注入剂（干乳期）
Ceftiofur Hydrochloride Intramammary Infusion（Dry Cow）

【处方】本品为盐酸头孢噻呋与大豆油等配制而成的无菌油混悬液。

【作用与用途】β-内酰胺类抗生素。用于预防和治疗由金黄色葡萄球菌、停乳链球菌、乳房链球菌和大肠埃希菌等细菌引起的奶牛干乳期乳腺炎。

【用法与用量】乳管注入：干乳期奶牛，在最后一次挤奶后，每个乳室注入本品 1 支。

【休药期】牛 16d；产犊前 60d 给药，弃奶期 0d。

【工艺流程图】（举例）

盐酸头孢噻呋及经灭菌的辅料→称量→乳化分散→精磨→灌装→辐照灭菌→包装→入库

【产品核发情况】截至 2021 年底，农业农村部共核发盐酸头孢噻呋乳房注入剂（干乳期）（含不同规格）有效批准文号 4 个。

注射用硫酸头孢喹肟
Cefquinome Sulfate for Injection

【处方】本品为硫酸头孢喹肟加适量助溶剂制成的无菌粉末。

【作用与用途】β-内酰胺类抗生素。用于治疗由多杀性巴氏杆菌或胸膜肺炎放线杆菌引起的猪呼吸系统疾病，以及由葡萄球链球菌、大肠埃希菌等引起的犬脓皮症等细菌性疾病。

【用法与用量】以头孢喹肟计。肌内注射：一次量，每 1kg 体重，猪 2mg。每天 1～2 次，连用 7d。

【休药期】猪 72h。

【工艺流程图】（举例）

硫酸头孢喹肟、助溶剂→擦洗消毒包装外壁→检查→分装上塞→轧盖→灯检→包装→入库

【产品核发情况】截至 2021 年底，农业农村部共核发注射用硫酸头孢喹肟（含不同规格）有效批准文号 182 个。

硫酸头孢喹肟注射液
Cefquinome Sulfate Injection

【处方】本品为硫酸头孢喹肟加油性乙酯等配制而成的无菌混悬液。

【作用与用途】β-内酰胺类抗生素。用于治疗由多杀性巴氏杆菌或胸膜肺炎放线杆菌引起的猪呼吸道疾病。

【用法与用量】以头孢喹肟计。肌内注射：一次量，每 1kg 体重，猪 2～3mg。每天 1 次，连用 3d。

【休药期】猪 72h。

【工艺流程图】（举例）

硫酸头孢喹肟、油性乙酯等辅料→称量→浓配→粗滤→稀配→精滤→灌装→封口→灭菌、检漏→灯检→包装→入库

【产品核发情况】 截至 2021 年底，农业农村部共核发硫酸头孢喹肟注射液（含不同规格）有效批准文号 334 个。

硫酸头孢喹肟乳房注入剂（泌乳期）
Cefquinome Sulfate Intramammary Infusion（Lactating Cow）

【处方】 本品为硫酸头孢喹肟的灭菌油混悬液。

【作用与用途】 β-内酰胺类抗生素。用于治疗由敏感菌引起的奶牛泌乳期乳腺炎。

【用法与用量】 乳管内注入：泌乳期奶牛，挤奶后每个受感染乳室 1 支，间隔 12h 1 次，连用 3 次。

【休药期】 弃奶期 96h。

【工艺流程图】（举例）

硫酸头孢喹肟及经灭菌的辅料→称量→乳化分散→精磨→灌装→辐照灭菌→包装→入库

【产品核发情况】 截至 2021 年底，农业农村部共核发硫酸头孢喹肟乳房注入剂（泌乳期）有效批准文号 9 个。

硫酸头孢喹肟乳房注入剂（干乳期）
Cefquinome Sulfate Intramammary Infusion（Dry Cow）

【处方】 本品为硫酸头孢喹肟的灭菌油混悬液或油性膏状物。

【作用与用途】 β-内酰胺类抗生素。用于预防由金黄色葡萄球菌、停乳链球菌、乳房链球菌和大肠埃希菌等细菌引起的奶牛干乳期乳腺炎。

【用法与用量】 乳管注入：干乳期奶牛，在最后一次挤奶后，每个乳室注入本品 1 支。

【休药期】 干乳期超过 5 周，弃奶期为产犊后 1d；干乳期不足 5 周，弃奶期为给药后 36d。

【工艺流程图】（举例）

硫酸头孢喹肟及经灭菌的辅料→称量→乳化分散→精磨→灌装→辐照灭菌→包装→入库

【产品核发情况】 截至 2021 年底，农业农村部共核发硫酸头孢喹肟乳房注入剂（干乳期）有效批准文号 7 个。

7.2.1.7　大环内酯类抗生素

大环内酯类（macrolides）是由链霉菌产生或半合成的一类弱碱性抗生素，具有十四～十六元环内酯结构。动物专用品种有泰乐菌素、替米考星、泰万菌素、泰拉霉素、加米霉素、泰地罗新等。

大环内酯类抗生素的抗菌谱和抗菌活性基本相似，主要对多数革兰阳性菌、革兰阴性球菌、厌氧菌及军团菌、支原体、衣原体有良好作用。本类药物与细菌核糖体的 50S 亚基可逆性结合，阻断转肽作用和 mRNA 位移而抑制细菌蛋白质合成。大环内酯类抗生素的这种作用基本上被限于快速分裂的细菌和支原体，属生长期快效抑菌剂。

红霉素片
Erythromycin Tablets

【处方】 本品为红霉素与适宜辅料配制而成。

【作用与用途】 大环内酯类抗生素。用于耐青霉素葡萄球菌感染，也可用于其他革兰

阳性菌及支原体感染。

【用法与用量】以红霉素计。内服：一次量，每 1kg 体重，犬、猫 10～20mg。每天 2 次，连用 3～5d。

【休药期】宠物本无"休药期"概念。

【工艺流程图】

红霉素、辅料等→粉碎→过筛→配料→加入黏合剂、制粒→干燥→整粒→加入润滑剂和崩解剂，总混→压片→分装→包装→入库

【产品核发情况】截至 2021 年底，农业农村部共核发红霉素片（含不同规格）有效批准文号 12 个。

硫氰酸红霉素可溶性粉

Erythromycin Thiocyanate Soluble Powder

【处方】本品为硫氰酸红霉素与适宜配料配制而成。

【作用与用途】大环内酯类抗生素。用于治疗鸡的革兰阳性菌和支原体引起的感染性疾病。

【用法与用量】以红霉素计。混饮：每 1L 水，鸡 125mg（12.5 万单位）。连用 3～5d。

【休药期】鸡 3d。

【工艺流程图】（举例）

硫氰酸红霉素、辅料等→干燥（必要时）→粉碎（必要时）→过筛→称量→混合→分装→包装→入库

【产品核发情况】截至 2021 年底，农业农村部共核发硫氰酸红霉素可溶性粉（含不同规格）有效批准文号 418 个。

注射用乳糖酸红霉素

Erythromycin Lactobionate for Injection

【处方】本品为乳糖酸红霉素的无菌结晶、粉末或无菌冻干品。

【作用与用途】大环内酯类抗生素。用于治疗耐青霉素葡萄球菌引起的感染性疾病，也可用于治疗其他革兰阳性菌和支原体感染。

【用法与用量】以红霉素计。静脉注射：一次量，每 1kg 体重，马、牛、羊、猪 3～5mg，犬、猫 5～10mg；每天 2 次，连用 2～3d。临用前，先用灭菌注射用水溶解（不可用氯化钠注射液），然后用 5% 葡萄糖注射液稀释，浓度不超过 0.1%。

【休药期】牛 14d，羊 3d，猪 7d；弃奶期 72h。

【工艺流程图】（举例）

乳糖酸红霉素、辅料等→称量→配液→除菌过滤→灌装装箱→冷冻干燥→出箱→轧盖→灯检→包装→入库

【产品核发情况】截至 2021 年底，农业农村部共核发注射用乳糖酸红霉素（含不同规格）有效批准文号 13 个。

硫氰酸红霉素胶囊（蚕用）

Erythromycin Thiocyanate Capsules

【处方】本品为硫氰酸红霉素与适宜辅料配制而成。

【作用与用途】大环内酯类抗生素。用于防治家蚕黑胸败血病。

【用法与用量】临用前，取本品 1 粒，内容物加水 500mL，搅拌溶解，喷洒于 5kg 桑

叶叶面，以桑叶正反面湿润为度，阴干后使用。添食：4龄1～2次；5龄3～4次。病情严重时可适当增加使用次数。

【休药期】无。

【工艺流程图】（举例）

硫氰酸红霉素、辅料等→粉碎→过筛→配料→加入黏合剂、制粒→干燥→整粒→总混→灌装→包装→入库

【产品核发情况】截至2021年底，农业农村部共核发硫氰酸红霉素胶囊（蚕用）有效批准文号3个。

吉他霉素片
Kitasamycin Tablets

【处方】本品为吉他霉素与适宜辅料配制而成。

【作用与用途】大环内酯类抗生素。用于治疗革兰阳性菌、支原体及钩端螺旋体等感染。

【用法与用量】以吉他霉素计。内服：一次量，每1kg体重，猪20～30mg；禽20～50mg。每天2次，连用3～5d。

【休药期】猪、鸡7d。

【工艺流程图】（举例）

吉他霉素、辅料等→粉碎→过筛→称量→配料→加入黏合剂、制粒→干燥→整粒→加入润滑剂、崩解剂，总混→压片→分装→包装→入库

【产品核发情况】截至2021年底，农业农村部共核发吉他霉素片（含不同规格）有效批准文号9个。

吉他霉素预混剂
Kitasamycin Premix

【处方】本品为吉他霉素与适宜辅料配制而成。

【作用与用途】大环内酯类抗生素。用于治疗革兰阳性菌、支原体及钩端螺旋体等感染。

【用法与用量】以吉他霉素计。混饲：每1000kg饲料，猪80～300g（8000万～30000万单位），鸡100～300g（10000万～30000万单位）；连用5～7d。

【休药期】猪、鸡7d。

【工艺流程图】（举例）

吉他霉素、辅料等→干燥（必要时）→粉碎（必要时）→过筛→称量→混合→分装→包装→入库

【产品核发情况】截至2021年底，农业农村部共核发吉他霉素预混剂（含不同规格）有效批准文号67个。

酒石酸吉他霉素可溶性粉
Kitasamycin Tartrate Soluble Powder

【处方】本品为酒石酸吉他霉素与适宜辅料配制而成。

【作用与用途】大环内酯类抗生素。用于治疗革兰阳性菌、支原体等引起的感染性疾病。

【用法与用量】以吉他霉素计。混饮：每1L水，鸡0.25～0.5g。连用3～5d。

【休药期】鸡7d。

【工艺流程图】（举例）

酒石酸吉他霉素、辅料等→干燥（必要时）→粉碎（必要时）→过筛→称量→混合→分装→包装→入库

【产品核发情况】截至 2021 年底，农业农村部共核发酒石酸吉他霉素可溶性粉（含不同规格）有效批准文号 62 个。

注射用酒石酸泰乐菌素
Tylosin Tartrate for Injection

【处方】本品为酒石酸泰乐菌素与枸橼酸钠混合制成的无菌粉末。

【作用与用途】大环内酯类抗生素。主要用于治疗支原体及敏感革兰阳性菌引起的感染性疾病。

【用法与用量】以泰乐菌素计。皮下或肌内注射：一次量，每 1kg 体重，猪、禽 5～13mg。

【休药期】猪 21d，禽 28d。

【工艺流程图】（举例）

酒石酸泰乐菌素、枸橼酸钠→擦洗消毒包装外壁→检查→分装上塞→轧盖→灯检→包装→入库

【产品核发情况】截至 2021 年底，农业农村部共核发注射用酒石酸泰乐菌素（含不同规格）有效批准文号 191 个。

酒石酸泰乐菌素可溶性粉
Tylosin Tartrate Soluble Powder

【处方】本品为酒石酸泰乐菌素与适宜辅料配制而成。

【作用与用途】大环内酯类抗生素。用于禽革兰阳性菌及支原体感染。

【用法与用量】以泰乐菌素计。混饮：每 1L 水，禽 500mg。连用 3～5d。

【休药期】鸡 1d。

【工艺流程图】（举例）

酒石酸泰乐菌素、辅料等→干燥（必要时）→粉碎（必要时）→过筛→称量→混合→分装→包装→入库

【产品核发情况】截至 2021 年底，农业农村部共核发酒石酸泰乐菌素可溶性粉（含不同规格）有效批准文号 780 个。

酒石酸泰乐菌素可溶性粉（赛鸽用）
Tylosin Tartrate Soluble Powder

【处方】本品为酒石酸泰乐菌素与乳糖配制而成。

【作用与用途】大环内酯类抗生素。用于赛鸽革兰阳性菌及支原体等感染。如鸽支原体病、鸽螺旋体病、鸟疫（鹦鹉热）、嗜血杆菌病、巴氏杆菌病（禽霍乱）等。

【用法与用量】以本品计。混饮：每 2L 水，赛鸽 5g（100 万单位）。连用 3～5d。

【休药期】无。

【工艺流程图】（举例）

酒石酸泰乐菌素、乳糖→干燥（必要时）→粉碎（必要时）→过筛→称量→混合→分装→包装→入库

【产品核发情况】截至 2021 年底，农业农村部共核发酒石酸泰乐菌素可溶性粉（赛鸽

用）有效批准文号 14 个。

酒石酸泰乐菌素胶囊（赛鸽用）
Tylosin Tartrate Capsules

【处方】本品为酒石酸泰乐菌素与适宜辅料配制而成。

【作用与用途】大环内酯类抗生素。用于赛鸽革兰阳性菌及支原体等感染。如鸽支原体病、鸽螺旋体病、鸟疫（鹦鹉热）、嗜血杆菌病、巴氏杆菌病（禽霍乱）等。

【用法与用量】以本品计。内服：胶囊蘸水塞入赛鸽，每羽每次 1 粒，每日 1 次，连用 3～5d。

【休药期】无。

【工艺流程图】（举例）

酒石酸泰乐菌素、辅料等→粉碎→过筛→配料→加入黏合剂、制粒→干燥→整粒→总混→灌装→包装→入库

【产品核发情况】截至 2021 年底，农业农村部共核发酒石酸泰乐菌素胶囊（赛鸽用）有效批准文号 9 个。

酒石酸泰乐菌素磺胺二甲嘧啶可溶性粉
Tylosin Tartrate and Sulfadimidine Soluble Powder

【处方】本品为酒石酸泰乐菌素、磺胺二甲嘧啶与适宜辅料配制而成。

【作用与用途】抗菌药。主要用于治疗鸡大肠埃希菌及支原体引起的呼吸道疾病。

【用法与用量】以本品计。混饮：每 2L 水，鸡 2～4g。连用 3～5d。

【休药期】鸡 28d。

【工艺流程图】（举例）

酒石酸泰乐菌素、磺胺二甲嘧啶、辅料→粉碎→过筛→干燥→称量→混合→分装→包装→入库

【产品核发情况】截至 2021 年底，农业农村部共核发酒石酸泰乐菌素磺胺二甲嘧啶可溶性粉有效批准文号 210 个。

磷酸泰乐菌素预混剂
Tylosin Phosphate Premix

【处方】本品为磷酸泰乐菌素预混剂与适宜辅料配制而成。

【作用与用途】大环内酯类抗生素。主要用于防治猪、鸡支原体感染引起的疾病，也用于治疗鸡产气荚膜梭菌引起的坏死性肠炎。

【用法与用量】以泰乐菌素计。混饲：每 1000kg 饲料，猪 10～100g，鸡 4～50g。

【休药期】猪、鸡 5d。

【工艺流程图】（举例）

磷酸泰乐菌素、辅料等→干燥（必要时）→粉碎（必要时）→过筛→称量→混合→分装→包装→入库

【产品核发情况】截至 2021 年底，农业农村部共核发磷酸泰乐菌素预混剂（含不同规格）有效批准文号 114 个。

泰乐菌素注射液
Tylosin Injection

【处方1】本品为泰乐菌素与适宜辅料配制而成。

【作用与用途】大环内酯类抗生素。用于治疗犬猫支原体、巴氏杆菌等感染所致的肺炎、支气管炎。

【用法与用量】以泰乐菌素计。肌内注射：每1kg体重，犬、猫10mg（本品0.2mL）。每天1次，连用3～5d。

【休药期】无。

【处方2】本品为泰乐菌素与适宜辅料配制而成。

【作用与用途】大环内酯类抗生素。用于治疗猪支原体、巴氏杆菌等感染所致的肺炎、痢疾等。

【用法与用量】以泰乐菌素计。肌内注射：每1kg体重，猪10mg。每天2次，最多给药6d。

【休药期】猪46d。

【工艺流程图】（举例）

泰乐菌素、丙二醇等辅料→称量→浓配→粗滤→稀配→精滤→灌装→封口→灭菌、检漏→包装→入库

【产品核发情况】截至2021年底，农业农村部共核发泰乐菌素注射液有效批准文号3个。

酒石酸泰万菌素可溶性粉
Tylvalosin Tartrate Soluble Powder

【处方】本品为酒石酸泰万菌素与无水葡萄糖配制而成。

【作用与用途】大环内酯类抗生素。主要用于鸡支原体感染。

【用法与用量】以泰万菌素计。混饮：每1L水，鸡200～300mg。连用3～5d。

【休药期】鸡5d。

【工艺流程图】（举例）

酒石酸泰万菌素、无水葡萄糖→干燥（必要时）→粉碎（必要时）→过筛→称量→混合→分装→包装→入库

【产品核发情况】截至2021年底，农业农村部共核发酒石酸泰万菌素可溶性粉有效批准文号104个。

酒石酸泰万菌素预混剂
Tylvalosin Tartrate Premix

【处方】本品为酒石酸泰万菌素与脱脂米糠、脱脂大豆粉配制而成。

【作用与用途】大环内酯类抗生素。主要用于猪、鸡支原体感染。

【用法与用量】以泰万菌素计。混饲：每1000kg饲料，猪50～75g（5000万～7500万单位），鸡100～300g（10000万～30000万单位），连用7d。

【休药期】猪3d、鸡5d。

【工艺流程图】（举例）

酒石酸泰万菌素、脱脂米糠、脱脂大豆粉→干燥→粉碎→过筛→称量→混合→分装→包装→入库

【产品核发情况】截至2021年底，农业农村部共核发酒石酸泰万菌素预混剂（含不同规格）有效批准文号592个。

替米考星注射液
Tilmicosin Injection

【处方】本品为替米考星与丙二醇等制成的灭菌溶液。

【作用与用途】大环内酯类抗生素。用于治疗胸膜肺炎放线杆菌、巴氏杆菌及支原体感染。

【用法与用量】以替米考星计。皮下注射：每1kg体重，牛10mg。仅注射1次。

【休药期】牛35d。

【工艺流程图】（举例）

替米考星、丙二醇等辅料→称量→浓配→粗滤→稀配→精滤→灌装→封口→灭菌、检漏→包装→入库

【产品核发情况】截至2021年底，农业农村部共核发替米考星注射液有效批准文号184个。

替米考星预混剂
Tilmicosin Premix

【处方】本品为替米考星与适宜辅料配制而成。

【作用与用途】大环内酯类抗生素。用于治疗胸膜肺炎放线杆菌、巴氏杆菌及支原体感染。

【用法与用量】以替米考星计。混饲：每1000kg饲料，猪200～400g。连用15d。

【休药期】猪14d。

【工艺流程图】（举例）

替米考星、辅料等→干燥（必要时）→粉碎（必要时）→过筛→称量→混合→分装→包装→入库

【产品核发情况】截至2021年底，农业农村部共核发替米考星预混剂（含不同规格）有效批准文号1005个。

替米考星溶液
Tilmicosin Solution

【处方】本品为替米考星与适宜辅料配制而成。

【作用与用途】大环内酯类抗生素。用于治疗由巴氏杆菌及支原体感染引起的鸡呼吸系统疾病。

【用法与用量】以替米考星计。混饮：每1L水，鸡75mg。连用3d。

【休药期】鸡12d。

【工艺流程图】（举例）

替米考星、辅料等→配制→过滤→灌装→封口→灭菌→灯检→包装→入库

【产品核发情况】截至2021年底，农业农村部共核发替米考星溶液（含不同规格）有效批准文号340个。

替米考星可溶性粉
Tilmicosin Soluble Powder

【处方】本品为替米考星与无水葡萄糖等配制而成。

【作用与用途】大环内酯类抗生素。主要用于鸡支原体感染、巴氏杆菌感染。

【用法与用量】以替米考星计。混饮：每1L水，鸡75mg。连用3d。

【休药期】鸡12d。

【工艺流程图】（举例）

替米考星、无水葡萄糖等→干燥（必要时）→粉碎（必要时）→过筛→称量→混合→

分装→包装→入库

【产品核发情况】截至 2021 年底，农业农村部共核发替米考星可溶性粉（含不同规格）有效批准文号 218 个。

泰拉霉素注射液
Tulathromycin Injection

【处方】本品为泰拉霉素与适宜辅料配制而成。

【作用与用途】大环内酯类抗生素。治疗和预防对泰拉霉素敏感的溶血巴氏杆菌、多杀巴氏杆菌、睡眠嗜血杆菌和支原体引起的牛呼吸道疾病；治疗和预防对泰拉霉素敏感的胸膜肺炎放线杆菌、多杀巴氏杆菌和肺炎支原体引起的猪呼吸道疾病。

【用法与用量】以泰拉霉素计。皮下注射：一次量，每 1kg 体重，牛 2.5mg（相当于 40kg 体重 1mL）。每个注射部位的给药剂量不超过 7.5mL。颈部肌内注射：一次量，每 1kg 体重，猪 2.5mg（相当于 40kg 体重 1mL）。每个注射部位的给药剂量不超过 2mL。

【休药期】牛 49d；猪 33d。

【工艺流程图】（举例）

泰拉霉素、辅料等→称量→浓配→粗滤→稀配→精滤→灌装→封口→灭菌、检漏→包装→入库

【产品核发情况】截至 2021 年底，农业农村部共核发泰拉霉素注射液有效批准文号 5 个。

泰地罗新注射液
Tildipirosin Injection

【处方 1】本品为泰地罗新与适宜辅料配制而成。

【作用与用途】大环内酯类抗生素。用于治疗和预防对泰地罗新敏感的胸膜肺炎放线杆菌、多杀性巴氏杆菌、支气管败血波氏杆菌和副猪嗜血杆菌等引起的猪细菌感染性呼吸道疾病。

【用法与用量】以泰地罗新计。肌内注射：一次量，每 1kg 体重，猪 4mg（相当于每 10kg 体重给药 1mL），仅用 1 次。

【休药期】猪 9d。

【处方 2】本品为泰地罗新与适宜辅料配制而成。

【作用与用途】大环内酯类抗生素。用于治疗和预防对泰地罗新敏感的胸膜肺炎放线杆菌、多杀性巴氏杆菌和睡眠嗜组织菌等引起的牛细菌感染性呼吸道疾病。

【用法与用量】以泰地罗新计。皮下注射：一次量，每 1kg 体重，牛 4mg（相当于每 45kg 体重给药 1mL），仅用 1 次。

【休药期】牛 47d。

【处方 3】本品为泰地罗新与适宜辅料配制而成。

【作用与用途】大环内酯类抗生素。用于治疗对泰地罗新敏感的胸膜肺炎放线杆菌、多杀性巴氏杆菌及副猪嗜血杆菌等引起的猪呼吸道疾病。

【用法与用量】以泰地罗新计。肌内注射：一次量，每 1kg 体重，猪 4mg。仅用 1 次。

【休药期】猪 10d。

【处方 4】本品为泰地罗新与适宜辅料配制而成。

【作用与用途】大环内酯类抗生素。用于治疗和控制对泰地罗新敏感的胸膜肺炎放线

杆菌、多杀性巴氏杆菌、支气管败血波氏杆菌、副猪嗜血杆菌、猪链球菌引起的猪呼吸系统疾病。

【用法与用量】以泰地罗新计。肌内注射：一次量，每 1kg 体重，猪 4mg（相当于每 10kg 体重注射本品 1mL），仅用 1 次。

【休药期】猪 10d。

【工艺流程图】（举例）

泰地罗新、辅料等→称量→浓配→粗滤→稀配→精滤→灌装→封口→灭菌、检漏→灯检→包装→入库

【产品核发情况】截至 2021 年底，农业农村部共核发泰地罗新注射液有效批准文号 8 个。

加米霉素注射液
Gamithromycin Injection

【处方 1】本品为加米霉素与适宜辅料配制而成。

【作用与用途】大环内酯类抗生素。用于治疗对加米霉素敏感的溶血性曼氏杆菌、多杀性巴氏杆菌和支原体等引起的牛呼吸道疾病；胸膜肺炎放线杆菌、多杀性巴氏杆菌和副猪嗜血杆菌等引起的猪呼吸道疾病。

【用法与用量】按加米霉素计。皮下注射：一次量，每 1kg 体重，牛 6mg（相当于每 25kg 体重注射 1mL）。每个注射部位的给药体积不超过 10mL。肌内注射：一次量，每 1kg 体重，猪 6mg（相当于每 25kg 体重注射 1mL）。每个注射部位的给药体积不超过 5mL。

【休药期】牛 64d，猪 27d。

【处方 2】本品为加米霉素与适宜辅料配制而成。

【作用与用途】大环内酯类抗生素。用于治疗对加米霉素敏感的胸膜肺炎放线杆菌、多杀巴氏杆菌和副猪嗜血杆菌引起的猪呼吸道疾病。

【用法与用量】按加米霉素计。肌内注射：一次量，猪每 1kg 体重 6mg（相当于每 25kg 体重注射 1mL）。仅用 1 次。每个注射部位的给药体积不超过 5mL。

【休药期】猪 23d。

【工艺流程图】（举例）

加米霉素、辅料等→称量→浓配→粗滤→稀配→精滤→灌装→封口→灭菌、检漏→包装→入库

【产品核发情况】截至 2021 年底，农业农村部共核发加米霉素注射液有效批准文号 15 个。

多杀霉素咀嚼片
Spinosad Chewable Tablets

【处方】本品为多杀霉素与适宜辅料配制而成。

【作用与用途】大环内酯类抗生素。用于预防和治疗犬和猫的跳蚤（猫栉首蚤）感染。

【用法与用量】以多杀霉素计。

犬，内服：一次量（推荐的最低剂量），每 1kg 体重 30mg，或根据表 7-2 推荐剂量给药，每月 1 次。可在任何时间开始给药，最好在跳蚤流行前的一个月开始给药，之后连续每月给药 1 次，直至跳蚤流行季节结束。在跳蚤常年滋生的地方，应持续每月给药。

表 7-2 多杀霉素咀嚼片犬给药剂量表

体重	药片规格	剂量/片
2.3～4.5kg	140mg	1
4.6～9.0kg	270mg	1
9.1～18.0kg	560mg	1
18.1～27.0kg	810mg	1
27.1～54.0kg	1620mg	1
＞54.0kg	按实际体重,选择合适的规格搭配使用	

猫，内服：一次量（推荐的最低剂量），每 1kg 体重 50mg，或根据表 7-3 推荐剂量给药，每月 1 次。可在任何时间开始给药，最好在跳蚤流行前的一个月开始给药，之后连续每月给药 1 次，直至跳蚤流行季节结束。在跳蚤常年滋生的地方，应持续每月给药。

表 7-3　多杀霉素咀嚼片猫给药剂量表

体重	药片规格	剂量/片
1.9～2.7kg	140mg	1
2.8～5.4kg	270mg	1
5.5～11.2kg	560mg	1
＞11.2kg	按实际体重,选择合适的规格搭配使用	

【休药期】无。

【工艺流程图】（举例）

多杀霉素、辅料等→粉碎→过筛→称量→配料→加入黏合剂、制粒→干燥→整粒→加入润滑剂、崩解剂，总混→压片→分装→入库

【产品核发情况】截至 2021 年底，农业农村部共核发多杀霉素咀嚼片有效批准文号 5 个。

7.2.1.8　截短侧耳素类抗生素

延胡索酸泰妙菌素可溶性粉
Tiamulin Fumarate Soluble Powder

【处方】本品为延胡索酸泰妙菌素与适宜辅料配制而成。

【作用与用途】截短侧耳素类抗生素。主要用于防治鸡慢性呼吸道病、猪支原体肺炎、猪放线杆菌胸膜肺炎，也用于密螺旋体引起的猪痢疾和猪增生性肠炎。

【用法与用量】以延胡索酸泰妙菌素计。混饮：每 1L 水，猪 45～60mg，连用 5d；鸡 125～250mg，连用 3d。

【休药期】猪 7d；鸡 5d。

【工艺流程图】（举例）

延胡索酸泰妙菌素、辅料等→干燥（必要时）→粉碎（必要时）→过筛→称量→混合→分装→包装→入库

【产品核发情况】截至 2021 年底，农业农村部共核发延胡索酸泰妙菌素可溶性粉（含不同规格）有效批准文号 389 个。

延胡索酸泰妙菌素预混剂
Tiamulin Fumarate Premix

【处方】本品为延胡索酸泰妙菌素与适宜辅料配制而成。

【作用与用途】截短侧耳素类抗生素。主要用于防治猪支原体肺炎、猪放线杆菌胸膜

肺炎，也用于密螺旋体引起的猪痢疾。

【用法与用量】以延胡索酸泰妙菌素计。混饲：每 1000kg 饲料，猪 40～100g，连用 5～10d。

【休药期】猪 7d。

【工艺流程图】（举例）

延胡索酸泰妙菌素、辅料等→干燥（必要时）→粉碎（必要时）→过筛→称量→混合→分装→包装→入库

【产品核发情况】截至 2021 年底，农业农村部共核发延胡索酸泰妙菌素预混剂（含不同规格）有效批准文号 342 个。

盐酸沃尼妙林预混剂
Valnemulin Hydrochloride Premix

【处方】本品为盐酸沃尼妙林与适宜辅料配制而成。

【作用与用途】截短侧耳素类抗生素。主要用于预防和治疗猪由肺炎支原体引起的支原体肺炎，治疗猪痢疾。

【用法与用量】以沃尼妙林计。混饲：每 1000kg 饲料，治疗猪痢疾 75g（即本品 750g），至少连用 10d 至症状消失；预防和治疗猪由肺炎支原体引起的支原体肺炎 200g（即本品 2kg），连用 21d。

【休药期】猪 2d。

【工艺流程图】（举例）

盐酸沃尼妙林、辅料等→干燥（必要时）→粉碎（必要时）→过筛→称量→混合→分装→包装→入库

【产品核发情况】截至 2021 年底，农业农村部共核发盐酸沃尼妙林预混剂（含不同规格）有效批准文号 81 个。

7.2.1.9 林可胺类抗生素

林可胺类的共性包括：具有高脂溶性的碱性化合物，能够从肠道很好吸收，在动物体内分布广泛，对细胞屏障穿透力强，有共同的药动学特征。它们的作用部位都是细菌核糖体上的 50S 亚基，由于存在竞争作用位点，合用时可能产生拮抗作用。

盐酸林可霉素片
Lincomycin Hydrochloride Tablets

【处方】本品为盐酸林可霉素与适宜辅料配制而成。

【作用与用途】林可胺类抗生素。用于革兰阳性菌感染，也可用于猪密螺旋体病和支原体等感染。

【用法与用量】以林可霉素计。内服：一次量，每 1kg 体重，猪 10～15mg，犬、猫 15～25mg。每天 1～2 次，连用 3～5d。

【休药期】猪 6d。

【工艺流程图】（举例）

盐酸林可霉素、辅料等→粉碎→过筛→配料→加入黏合剂，制粒→干燥→整粒→加入润滑剂、崩解剂，总混→压片→分装→包装→入库

【产品核发情况】截至 2021 年底，农业农村部共核发盐酸林可霉素片（含不同规格）有效批准文号 29 个。

盐酸林可霉素注射液
Lincomycin Hydrochloride Injection

【处方】本品为盐酸林可霉素的灭菌水溶液。

【作用与用途】林可胺类抗生素。主要用于革兰阳性菌感染，也可用于猪密螺旋体病和支原体等感染。

【用法与用量】以林可霉素计。肌内注射：一次量，每1kg体重，猪10mg，每天1次；犬、猫10mg，每天2次，连用3～5d。

【休药期】猪2d。

【工艺流程图】（举例）

盐酸林可霉素、辅料等→称量→浓配→粗滤→稀配→精滤→灌装→封口→灭菌、检漏→灯检→包装→入库

【产品核发情况】截至2021年底，农业农村部共核发盐酸林可霉素注射液（含不同规格）有效批准文号864个。

盐酸林可霉素可溶性粉
Lincomycin Hydrochloride Soluble Powder

【处方】本品为盐酸林可霉素与适宜辅料配制而成。

【作用与用途】林可胺类抗生素。用于治疗猪和鸡的革兰阳性菌感染，如猪痢疾、鸡坏死性肠炎等，亦可用于猪和鸡支原体感染。

【用法与用量】以林可霉素计。混饮：每1L水，猪40～70mg，连用7d；鸡150mg，连用5～10d。

【休药期】猪、鸡5d。

【工艺流程图】（举例）

盐酸林可霉素、辅料等→干燥（必要时）→粉碎（必要时）→过筛→称量→混合→分装→包装→入库

【产品核发情况】截至2021年底，农业农村部共核发盐酸林可霉素可溶性粉（含不同规格）有效批准文号1272个。

盐酸林可霉素乳房注入剂（泌乳期）
Lincomycin Hydrochloride Intramammary Infusion（Lactating Cow）

【处方】本品为盐酸林可霉素的灭菌油混悬液。

【作用与用途】林可胺类抗生素。用于金黄色葡萄球菌、无乳链球菌、停乳链球菌等敏感菌引起的临床型牛乳腺炎和牛隐性乳腺炎。

【用法与用量】乳管内灌注：挤奶后每个乳区1支，每天2次，连用2～3d。

【休药期】弃奶期7d。

【工艺流程图】（举例）

盐酸林可霉素及经灭菌的辅料等→称量→乳化分散→精磨→灌装→辐照灭菌→包装→入库

【产品核发情况】截至2021年底，农业农村部共核发盐酸林可霉素乳房注入剂（泌乳期）有效批准文号25个。

盐酸林可霉素预混剂
Lincomycin Hydrochloride Premix

【处方】本品为盐酸林可霉素与适宜辅料配制而成。

【作用与用途】截短侧耳素类抗生素。用于治疗猪革兰阳性菌感染，也可用于治疗猪密螺旋体、弓形虫感染。

【用法与用量】以林可霉素计。混饲：每1000kg饲料，猪44～77g。连用1～3周。

【休药期】猪5d。

【工艺流程图】（举例）

盐酸林可霉素、辅料等→干燥（必要时）→粉碎（必要时）→过筛→称量→混合→分装→包装→入库

【产品核发情况】截至2021年底，农业农村部共核发盐酸林可霉素预混剂（含不同规格）有效批准文号3个。

盐酸吡利霉素乳房注入剂（泌乳期）
Pirlimycin Hydrochloride Intramammary Infusion（Lactating Cow）

【处方】本品为盐酸吡利霉素的灭菌水溶液。

【作用与用途】林可胺类抗生素。用于治疗葡萄球菌、链球菌引起的奶牛泌乳期临床型或亚临床乳腺炎。

【用法与用量】以吡利霉素计。乳管注入：泌乳期奶牛，每乳室50mg。每天1次，连用2d。视病情需要，可适当增加给药剂量和延长用药时间。

【休药期】弃奶期72h。

【工艺流程图】（举例）

盐酸吡利霉素及经灭菌的辅料→称量→乳化分散→精磨→灌装→辐照灭菌→包装→入库

【产品核发情况】截至2021年底，农业农村部共核发盐酸吡利霉素乳房注入剂（泌乳期）（含不同规格）有效批准文号0个。

7.2.1.10 氨基糖苷类抗生素

氨基糖苷类（aminoglycosides）曾称氨基糖甙类，是由链霉菌或小单孢菌产生或经半合成制得的一类水溶性的碱性抗生素。由链霉菌（*Streptomyces*）产生的有链霉素、新霉素和卡那霉素等，由小单孢菌（*Micromonosporae*）产生的有庆大霉素、小诺霉素等，半合成品有阿米卡星等。兽医常用品种有链霉素、卡那霉素、庆大霉素、新霉素、大观霉素和安普霉素等。

注射用硫酸链霉素
Streptomycin Sulfate for Injection

【处方】本品为硫酸链霉素的无菌粉末。

【作用与用途】氨基糖苷类抗生素。主要用于治疗敏感的革兰阴性菌和结核分枝杆菌感染。

【用法与用量】以链霉素计。肌内注射：一次量，每1kg体重，家畜10～15mg，每天2次，连用2～3d。

【休药期】牛、羊、猪18d；弃奶期72h。

【工艺流程图】（举例）

硫酸链霉素→擦洗消毒包装外壁→检查→分装上塞→轧盖→灯检→包装→入库

【产品核发情况】截至2021年底，农业农村部共核发注射用硫酸链霉素（含不同规格）有效批准文号122个。

硫酸双氢链霉素注射液
Dihydrostreptomycin Sulfate Injection

【处方】本品为硫酸双氢链霉素的无菌水溶液。

【作用与用途】氨基糖苷类抗生素。用于革兰阴性菌和结核分枝杆菌的感染。

【用法与用量】以双氢链霉素计。肌内注射：一次量，每 1kg 体重，家畜 10mg，每天 2 次。

【休药期】牛、羊、猪 18d；弃奶期 72h。

【工艺流程图】（举例）

硫酸双氢链霉素、辅料等→称量→浓配→粗滤→稀配→精滤→灌装→封口→灭菌、检漏→灯检→包装→入库

【产品核发情况】截至 2021 年底，农业农村部共核发硫酸双氢链霉素注射液（含不同规格）有效批准文号 4 个。

硫酸庆大霉素注射液
Gentamycin Sulfate Injection

【处方】本品为硫酸庆大霉素的无菌水溶液。

【作用与用途】氨基糖苷类抗生素。用于革兰阴性菌和阳性菌感染。

【用法与用量】以庆大霉素计。肌内注射：一次量，每 1kg 体重，家畜 2～4mg，犬、猫 3～5mg。每天 2 次，连用 2～3d。

【休药期】猪、牛、羊 40d。

【工艺流程图】（举例）

硫酸庆大霉素、辅料等→称量→浓配→粗滤→稀配→精滤→灌装→封口→灭菌、检漏→灯检→包装→入库

【产品核发情况】截至 2021 年底，农业农村部共核发硫酸庆大霉素注射液（含不同规格）有效批准文号 332 个。

硫酸庆大霉素可溶性粉
Gentamycin Sulfate Soluble Powder

【处方】本品为硫酸庆大霉素与适宜辅料配制而成。

【作用与用途】氨基糖苷类抗生素。用于治疗鸡敏感的革兰阴性菌和阳性菌感染。

【用法与用量】以本品计。混饮：每 1L 水，鸡 2g。连用 3～5d。

【休药期】鸡 28d。

【工艺流程图】（举例）

硫酸庆大霉素、辅料等→干燥（必要时）→粉碎（必要时）→过筛→称量→混合→分装→包装→入库

【产品核发情况】截至 2021 年底，农业农村部共核发硫酸庆大霉素可溶性粉有效批准文号 261 个。

硫酸卡那霉素注射液
Kanamycin Sulfate Injection

【处方】本品为硫酸卡那霉素的灭菌水溶液。

【作用与用途】氨基糖苷类抗生素。用于治疗败血症及泌尿道、呼吸道感染，亦用于猪气喘病。

【用法与用量】以卡那霉素计。肌内注射：一次量，每 1kg 体重，家畜 10～15mg。每天 2 次，连用 3～5d。

【休药期】家畜 28d；弃奶期 7d。

【工艺流程图】（举例）

硫酸卡那霉素、辅料等→称量→浓配→粗滤→稀配→精滤→灌装→封口→灭菌、检漏→灯检→包装→入库

【产品核发情况】截至 2021 年底，农业农村部共核发硫酸卡那霉素注射液有效批准文号 269 个。

注射用硫酸卡那霉素
Kanamycin Sulfate for Injection

【处方】本品为硫酸卡那霉素的灭菌粉末。

【作用与用途】氨基糖苷类抗生素。用于治疗败血症及泌尿道、呼吸道感染，亦用于猪气喘病。

【用法与用量】以卡那霉素计。肌内注射：一次量，每 1kg 体重，家畜 10～15mg。每天 2 次，连用 2～3d。

【休药期】牛、羊、猪 28d；弃奶期 7d。

【工艺流程图】（举例）

硫酸卡那霉素→擦洗消毒包装外壁→检查→分装上塞→轧盖→灯检→包装→入库

【产品核发情况】截至 2021 年底，农业农村部共核发注射用硫酸卡那霉素（含不同规格）有效批准文号 42 个。

单硫酸卡那霉素可溶性粉
Kanamycin Monosulfate Soluble Powder

【处方】本品为单硫酸卡那霉素与葡萄糖配制而成。

【作用与用途】氨基糖苷类抗生素。用于治疗鸡敏感菌所致的肠道感染。

【用法与用量】以卡那霉素计。混饮：每 1L 水，鸡 60～120mg。连用 3～5d。

【休药期】鸡 28d；弃蛋期 7d。

【工艺流程图】（举例）

单硫酸卡那霉素、葡萄糖→干燥（必要时）→粉碎（必要时）→过筛→称量→混合→分装→包装→入库

【产品核发情况】截至 2021 年底，农业农村部共核发单硫酸卡那霉素可溶性粉有效批准文号 269 个。

硫酸新霉素片
Neomycin Sulfate Tablets

【处方】本品为硫酸新霉素与适宜辅料配制而成。

【作用与用途】氨基糖苷类抗生素。用于治疗犬、猫敏感的革兰阴性菌所致的胃肠道感染。

【用法与用量】以新霉素计。内服：一次量，每 1kg 体重，犬、猫 10～20mg。每天 2 次，连用 3～5d。

【休药期】无。

【工艺流程图】（举例）

硫酸新霉素、辅料等→粉碎→过筛→配料→加入黏合剂，制粒→干燥→整粒→加入润

滑剂和崩解剂、总混→压片→分装→包装→入库

【产品核发情况】截至 2021 年底，农业农村部共核发硫酸新霉素片（含不同规格）有效批准文号 30 个。

硫酸新霉素可溶性粉
Neomycin Sulfate Soluble Powder

【处方】本品为硫酸新霉素与蔗糖、维生素 C 等配制而成。

【作用与用途】氨基糖苷类抗生素。用于治疗敏感的革兰阴性菌所致的胃肠道感染。

【用法与用量】以新霉素计。混饮：每 1L 水，禽 50～75mg。连用 3～5d。

【休药期】鸡 5d，火鸡 14d。

【工艺流程图】（举例）

硫酸新霉素、蔗糖、维生素 C、辅料→干燥（必要时）→粉碎（必要时）→过筛→称量→混合→分装→包装→入库

【产品核发情况】截至 2021 年底，农业农村部共核发硫酸新霉素可溶性粉（含不同规格）有效批准文号 1151 个。

硫酸新霉素滴眼液
Neomycin Sulfate Eye Drops

【处方】本品为硫酸新霉素与蔗糖、维生素 C 等配制而成。

【作用与用途】氨基糖苷类抗生素。主要用于结膜炎、角膜炎等。

【用法与用量】滴眼，适量。

【休药期】无。

【工艺流程图】（举例）

无菌硫酸新霉素及经灭菌的辅料（羟苯乙酯、NaCl 等）→外表灭菌→配制→灌装→灯检→辐照灭菌→包装→入库

【产品核发情况】截至 2021 年底，农业农村部共核发硫酸新霉素滴眼液有效批准文号 8 个。

硫酸新霉素溶液
Neomycin Sulfate Solution

【处方】本品为硫酸新霉素的水溶液。

【作用与用途】氨基糖苷类抗生素。用于革兰阴性菌所致的胃肠道感染。

【用法与用量】以新霉素计。混饮：每 1L 水，禽 50～75mg。连用 3～5d。

【休药期】鸡 5d。

【工艺流程图】（举例）

硫酸新霉素、辅料等→配制→过滤→灌装→封口→灭菌→灯检→包装→入库

【产品核发情况】截至 2021 年底，农业农村部共核发硫酸新霉素溶液有效批准文号 145 个。

硫酸新霉素粉（水产用）
Neomycin Sulfate Powder

【处方】本品为硫酸新霉素与淀粉、无水葡萄糖、维生素 C 等配制而成。

【作用与用途】氨基糖苷类抗生素。用于治疗鱼、虾、河蟹等水产动物由气单胞菌、爱德华菌及弧菌等引起的肠道疾病。

【用法与用量】以新霉素计。拌饵投喂：每1kg体重，鱼、虾、河蟹5mg。每天1次，连用4～6d。

【休药期】500度日。

【工艺流程图】（举例）

硫酸新霉素、淀粉、无水葡萄糖、维生素C等辅料→干燥（必要时）→粉碎（必要时）→过筛→称量→混合→分装→包装→入库

【产品核发情况】截至2021年底，农业农村部共核发硫酸新霉素粉（水产用）（含不同规格）有效批准文号181个。

硫酸新霉素软膏
Neomycin Sulfate Ointment

【处方】硫酸新霉素500万单位，液状石蜡适量，凡士林加至1000g。

【作用与用途】氨基糖苷类抗生素。外用于创伤感染。

【用法与用量】局部涂搽：适量。

【休药期】无。

【工艺流程图】（举例）

硫酸新霉素、液状石蜡、凡士林→称量→乳化→分装→包装→入库

【产品核发情况】截至2021年底，农业农村部共核发硫酸新霉素软膏有效批准文号19个。

盐酸大观霉素可溶性粉
Spectinomycin Hydrochloride Soluble Powder

【处方】本品为盐酸大观霉素与枸橼酸、枸橼酸钠配制而成。

【作用与用途】氨基糖苷类抗生素。用于革兰阴性菌及支原体感染。

【用法与用量】混饮：每1L水，鸡1～2g，连用3～5d。

【休药期】鸡5d。

【工艺流程图】（举例）

盐酸大观霉素、枸橼酸、枸橼酸钠→干燥（必要时）→粉碎（必要时）→过筛→称量→混合→分装→包装→入库

【产品核发情况】截至2021年底，农业农村部共核发盐酸大观霉素可溶性粉（含不同规格）有效批准文号50个。

盐酸大观霉素注射液（犬用）
Spectinomycin Hydrochloride Injection

【处方】本品为盐酸大观霉素的灭菌水溶液。

【作用与用途】氨基糖苷类抗生素。用于革兰阴性菌及支原体感染。

【用法与用量】肌内注射：一次量，每1kg体重，犬0.2～0.3mL。每天2次，连用3d。

【休药期】无。

【工艺流程图】（举例）

盐酸大观霉素、辅料等→称量→浓配→粗滤→稀配→精滤→灌装→封口→灭菌、检漏→灯检→包装→入库

【产品核发情况】截至2021年底，农业农村部共核发盐酸大观霉素注射液（犬用）

（含不同规格）有效批准文号 47 个。

盐酸大观霉素盐酸林可霉素可溶性粉

Spectinomycin Hydrochloride and Lincomycin Hydrochloride Soluble Powder

【处方】本品为盐酸大观霉素、盐酸林可霉素与适宜辅料配制而成。

【作用与用途】氨基糖苷类抗生素。用于革兰阴性菌、革兰阳性菌及支原体感染。

【用法与用量】以大观霉素计。混饮：每 1L 水，5～7 日龄雏鸡 0.2～0.32g，连用 3～5d。

【休药期】无。

【工艺流程图】（举例）

盐酸大观霉素、盐酸林可霉素、辅料等→干燥（必要时）→粉碎（必要时）→过筛→称量→混合→分装→包装→入库

【产品核发情况】截至 2021 年底，农业农村部共核发盐酸大观霉素盐酸林可霉素可溶性粉（含不同规格）有效批准文号 644 个。

盐酸林可霉素硫酸大观霉素预混剂

Lincomycin Hydrochloride and Spectinomycin Sulfate Premix

【处方】本品为盐酸林可霉素、硫酸大观霉素与适宜辅料配制而成。

【作用与用途】氨基糖苷类抗生素。用于防治猪赤痢、沙门菌病、大肠杆菌性肠炎及支原体肺炎。

【用法与用量】以本品计。混饲：每 1000kg 饲料，猪 1kg（规格 100g：林可霉素 2.2g 与大观霉素 2.2g）、0.1kg（规格 100g：林可霉素 22g 与大观霉素 22g），连用 1～3 周。

【休药期】猪 5d。

【工艺流程图】（举例）

盐酸林可霉素、硫酸大观霉素→干燥（必要时）→粉碎（必要时）→过筛→称量→混合→分装→包装→入库

【产品核发情况】截至 2021 年底，农业农村部共核发盐酸林可霉素硫酸大观霉素预混剂（含不同规格）有效批准文号 3 个。

盐酸林可霉素硫酸大观霉素可溶性粉

Lincomycin Hydrochloride and Spectinomycin Sulfate Soluble Powder

【处方】本品为盐酸林可霉素、硫酸大观霉素与适宜辅料配制而成。

【作用与用途】氨基糖苷类抗生素。用于治疗禽支原体和大肠杆菌引起的慢性呼吸道疾病。

【用法与用量】以本品计。混饮：禽 1 日龄～4 周龄，每 1kg 体重 150mg；4 周龄以上每 1kg 体重 75mg。连用 7d。

【休药期】禽 5d。

【工艺流程图】（举例）

盐酸林可霉素、硫酸大观霉素、辅料等→干燥（必要时）→粉碎（必要时）→过筛→称量→混合→分装→包装→入库

【产品核发情况】截至 2021 年底，农业农村部共核发盐酸林可霉素硫酸大观霉素可溶性粉（含不同规格）有效批准文号 2 个。

硫酸安普霉素可溶性粉
Apramycin Sulfate Soluble Powder

【处方】本品为硫酸安普霉素与枸橼酸钠配制而成。

【作用与用途】氨基糖苷类抗生素。用于猪、鸡革兰阴性菌引起的肠道感染。

【用法与用量】以安普霉素计。混饮：每1L水，鸡250～500mg，连用5d；每1kg体重，猪12.5mg，连用7d。

【休药期】猪21d，鸡7d。

【工艺流程图】（举例）

硫酸安普霉素、枸橼酸钠→干燥（必要时）→粉碎（必要时）→过筛→称量→混合→分装→包装→入库

【产品核发情况】截至2021年底，农业农村部共核发硫酸安普霉素可溶性粉（含不同规格）有效批准文号472个。

硫酸安普霉素预混剂
Apramycin Sulfate Premix

【处方】本品为硫酸安普霉素与适宜辅料配制而成。

【作用与用途】氨基糖苷类抗生素。用于猪革兰阴性菌引起的肠道感染。

【用法与用量】以安普霉素计。混饲：每1000kg饲料，猪80～100g，连用7d。

【休药期】猪21d。

【工艺流程图】（举例）

硫酸安普霉素、辅料等→干燥（必要时）→粉碎（必要时）→过筛→称量→混合→分装→包装→入库

【产品核发情况】截至2021年底，农业农村部共核发硫酸安普霉素预混剂（含不同规格）有效批准文号77个。

硫酸安普霉素注射液
Apramycin Sulfate Injection

【处方】本品为硫酸安普霉素的灭菌水溶液。

【作用与用途】氨基糖苷类抗生素。用于治疗猪革兰阴性菌引起的肠道感染。

【用法与用量】以安普霉素计。肌内注射：每1kg体重，猪2万单位。每天1次。

【休药期】28d。

【工艺流程图】（举例）

硫酸安普霉素、辅料等→称量→浓配→粗滤→稀配→精滤→灌装→封口→灭菌、检漏→灯检→包装→入库

【产品核发情况】截至2021年底，农业农村部共核发硫酸安普霉素注射液（含不同规格）有效批准文号84个。

硫酸阿米卡星注射液
Amikacin Sulfate Injection

【处方】本品为硫酸阿米卡星与适宜辅料配制而成。

【作用与用途】氨基糖苷类抗生素。用于犬由大肠杆菌、变形杆菌敏感菌引起的泌尿生殖道感染（膀胱炎）和由假单胞菌、大肠杆菌敏感菌引起的皮肤和软组织感染。

【用法与用量】以阿米卡星计。皮下、肌内注射：每1kg体重，犬11mg万单位。每

日2次。

【休药期】无。

【工艺流程图】（举例）

硫酸阿米卡星、辅料等→称量→浓配→粗滤→稀配→精滤→灌装→封口→灭菌、检漏→灯检→包装→入库

【产品核发情况】截至2021年底，农业农村部共核发硫酸阿米卡星注射液（含不同规格）有效批准文号2个。

7.2.1.11　四环素类抗生素

兽医临床上常用的有四环素、土霉素、金霉素和多西环素等。抗菌活性强弱依次为多西环素＞金霉素＞四环素＞土霉素。本类药物属快效抑菌剂。

土霉素片
Oxytetracycline Tablets

【处方】本品为土霉素与适宜辅料配制而成。

【作用与用途】四环素类抗生素。用于敏感的革兰阳性菌、革兰阴性菌和支原体等感染。

【用法与用量】以土霉素计。内服：一次量，每1kg体重，猪、驹、犊、羔10～25mg，禽25～50mg，犬15～50mg。每天2～3次，连用3～5d。

【休药期】牛、羊、猪7d，禽5d；弃奶期72h；弃蛋期2d。

【工艺流程图】（举例）

土霉素、辅料等→粉碎→过筛→配料→加入黏合剂，制粒→干燥→整粒→加入润滑剂、崩解剂，总混→压片→分装→包装→入库

【产品核发情况】截至2021年底，农业农村部共核发土霉素片（含不同规格）有效批准文95个。

土霉素注射液
Oxytetracycline Injection

【处方】本品为土霉素与α-吡咯烷酮等制成的灭菌水溶液。

【作用与用途】四环素类抗生素。用于某些革兰阳性和阴性菌、立克次体和支原体等感染。

【用法与用量】以土霉素计。肌内注射：一次量，每1kg体重，家畜10～20mg。

【休药期】牛、羊、猪28d；弃奶期7d。

【工艺流程图】（举例）

土霉素、辅料等→称量→浓配→粗滤→稀配→精滤→灌装→封口→灭菌、检漏→灯检→包装→入库

【产品核发情况】截至2021年底，农业农村部共核发土霉素注射液（含不同规格）有效批准文号348个。

盐酸土霉素注射液
Oxytetracycline Hydrochloride Injection

【处方】本品为盐酸土霉素与适宜辅料配制而成。

【作用与用途】四环素类抗生素。用于治疗由敏感的革兰阳性和阴性菌、立克次体、支原体等引起的感染性疾病。

【用法与用量】以土霉素计。肌内注射：一次量，每 1kg 体重，猪 10～20mg。必要时 48h 重复注射一次。

【休药期】猪 28d。

【工艺流程图】（举例）

盐酸土霉素、辅料等→称量→浓配→粗滤→稀配→精滤→灌装→封口→灭菌、检漏→灯检→包装→入库

【产品核发情况】截至 2021 年底，农业农村部共核发盐酸土霉素注射液（含不同规格）有效批准文号 2 个。

注射用盐酸土霉素
Oxytetracycline Hydrochloride for Injection

【处方】本品为盐酸土霉素的无菌粉末。

【作用与用途】四环素类抗生素。用于治疗某些革兰阳性菌和革兰阴性菌、立克次体和支原体等感染性疾病。

【用法与用量】以土霉素计。静脉注射：一次量，每 1kg 体重，家畜 5～10mg。每天 2 次，连用 2～3d。

【休药期】牛、羊、猪 8d；弃奶期 48h。

【工艺流程图】（举例）

盐酸土霉素→擦洗消毒包装外壁→检查→分装上塞→轧盖→灯检→包装→入库

【产品核发情况】截至 2021 年底，农业农村部共核发注射用盐酸土霉素（含不同规格）有效批准文号 25 个。

注射用盐酸四环素
Tetracycline Hydrochloride for Injection

【处方】本品为盐酸四环素加适量维生素 C 或枸橼酸作为稳定剂的无菌粉末。

【作用与用途】四环素类抗生素。主要用于革兰阳性菌、阴性菌和支原体感染。

【用法与用量】以盐酸四环素计。静脉注射：一次量，每 1kg 体重，家畜 5～10mg。每天 2 次，连用 2～3d。

【休药期】牛、羊、猪 8d；弃奶期 48h。

【工艺流程图】（举例）

盐酸四环素、维生素 C（枸橼酸）→擦洗消毒包装外壁→检查→分装上塞→轧盖→灯检→包装→入库

【产品核发情况】截至 2021 年底，农业农村部共核发注射用盐酸四环素（含不同规格）有效批准文号 15 个。

四环素片
Tetracycline Tablets

【处方】本品为四环素与适宜辅料配制而成。

【作用与用途】四环素类抗生素。用于革兰阳性和阴性菌、支原体等感染。

【用法与用量】以四环素计。内服：一次量，每 1kg 体重，家畜 10～20mg。每天 2～3 次。

【休药期】牛 12d，猪 10d，鸡 4d。

【工艺流程图】（举例）

四环素、辅料等→粉碎→过筛→配料→加入黏合剂，制粒→干燥→整粒→加入润滑

剂、崩解剂，总混→分装→包装→入库

【产品核发情况】截至 2021 年底，农业农村部共核发四环素片（含不同规格）有效批准文号 2 个。

盐酸多西环素片
Doxycycline Hyclate Tablets

【处方】本品为盐酸多西环素与适宜辅料配制而成。

【作用与用途】四环素类抗生素。用于革兰阳性菌、革兰阴性菌和支原体等感染。

【用法与用量】以多西环素计。内服：一次量，每 1kg 体重，猪、驹、犊、羔 3～5mg，犬、猫 5～10mg，禽 15～25mg。每天 1 次，连用 3～5d。

【休药期】牛、禽 28d，羊 4d，猪 7d。

【工艺流程图】（举例）

盐酸多西环素、辅料等→粉碎→过筛→配料→加入黏合剂，制粒→干燥→整粒→加入润滑剂、崩解剂，总混→压片→分装→包装→入库

【产品核发情况】截至 2021 年底，农业农村部共核发盐酸多西环素片（含不同规格）有效批准文号 193 个。

盐酸多西环素可溶性粉
Doxycycline Hyclate Soluble Powder

【处方】本品为盐酸多西环素与无水葡萄糖配制而成。

【作用与用途】四环素类抗生素。用于治疗猪、鸡革兰阳性菌、阴性菌引起的大肠埃希菌病、沙门菌病、巴氏杆菌病以及支原体引起的呼吸道疾病。

【用法与用量】以多西环素计。混饮：每 1L 水，猪 25～50mg，鸡 300mg。连用 3～5d。

【休药期】28d。

【工艺流程图】（举例）

盐酸多西环素、无水葡萄糖→干燥（必要时）→粉碎（必要时）→过筛→称量→混合→分装→包装→入库

【产品核发情况】截至 2021 年底，农业农村部共核发盐酸多西环素可溶性粉（含不同规格）有效批准文号 1672 个。

盐酸多西环素注射液（Ⅲ）
Doxycycline Hyclate Injection

【处方】本品为盐酸多西环素的灭菌水溶液。

【作用与用途】四环素类抗生素。用于治疗革兰阳性菌、阴性菌和支原体引起的猪感染性疾病，如猪支原体肺炎、大肠埃希菌病、沙门菌病、巴氏杆菌病等。

【用法与用量】以多西环素计。肌内注射：一次量，每 1kg 体重，猪 5～10mg。每天 1 次，连用 2～3d。

【休药期】猪 28d。

【工艺流程图】（举例）

盐酸多西环素、辅料等→称量→浓配→粗滤→稀配→精滤→灌装→封口→灭菌、检漏→灯检→包装→入库

【产品核发情况】截至 2021 年底，农业农村部共核发盐酸多西环素注射液（Ⅲ）（含

不同规格）有效批准文号 24 个。

盐酸多西环素注射液（Ⅳ）
Doxycycline Hyclate Injection

【处方】本品为盐酸多西环素的灭菌溶液。

【作用与用途】四环素类抗生素。用于治疗革兰阳性菌、阴性菌和支原体引起的猪感染性疾病，如猪支原体肺炎、大肠埃希菌病、沙门菌病、巴氏杆菌病等。

【用法与用量】以多西环素计。肌内注射：一次量，每 1kg 体重，猪 5～10mg。每天 1 次，连用 2～3d。

【休药期】猪 28d。

【工艺流程图】（举例）

盐酸多西环素、辅料等→称量→浓配→粗滤→稀配→精滤→灌装→封口→灭菌、检漏→灯检→包装→入库

【产品核发情况】截至 2021 年底，农业农村部共核发盐酸多西环素注射液（Ⅳ）（含不同规格）有效批准文号 300 个。

盐酸多西环素粉（水产用）
Doxycycline Hyclate Powder

【处方】本品为盐酸多西环素与淀粉、乳糖或葡萄糖配制而成。

【作用与用途】四环素类抗生素。用于治疗鱼类由弧菌、嗜水气单胞菌、爱德华菌等引起的细菌性疾病。

【用法与用量】以多西环素计。拌饵投喂：一次量，每 1kg 体重，鱼 20mg。每日 1 次，连用 3～5d。

【休药期】750 度日。

【工艺流程图】（举例）

盐酸多西环素、淀粉、乳糖→干燥（必要时）→粉碎（必要时）→过筛→称量→混合→分装→包装→入库

【产品核发情况】截至 2021 年底，农业农村部共核发盐酸多西环素粉（水产用）（含不同规格）有效批准文号 204 个。

金霉素预混剂
Chlortetracycline Premix

【处方】本品为金霉素产生菌的全发酵液与适量碳酸钙配制而成。

【作用与用途】抗生素类药。用于治疗断奶仔猪腹泻；治疗猪气喘病、增生性肠炎等。

【用法与用量】以金霉素计。混饲：每 1000kg 饲料，猪 400～600g。连用 7d。

【休药期】猪 7d。

【工艺流程图】（举例）

金霉素发酵液、碳酸钙→干燥（必要时）→粉碎（必要时）→过筛→称量→混合→分装→包装→入库

【产品核发情况】截至 2021 年底，农业农村部共核发金霉素预混剂（含不同规格）有效批准文号 21 个。

盐酸金霉素可溶性粉
Chlortetracycline Hydrochloride Soluble Powder

【处方】本品为盐酸金霉素与适宜的辅料配制而成。

【作用与用途】四环素类抗生素。用于鸡敏感大肠埃希菌和支原体引起的感染性疾病。

【用法与用量】以盐酸金霉素计。混饮：每1L水，鸡0.2～0.4g。

【休药期】鸡7d。

【工艺流程图】（举例）

盐酸金霉素、辅料等→干燥（必要时）→粉碎（必要时）→过筛→称量→混合→分装→包装→入库

【产品核发情况】截至2021年底，农业农村部共核发盐酸金霉素可溶性粉（含不同规格）有效批准文号213个。

7.2.1.12 酰胺醇类抗生素

酰胺醇类（amphenicols）又称氯霉素类抗生素，包括氯霉素、甲砜霉素和氟苯尼考等，属广谱抗生素。氟苯尼考为动物专用抗生素。

本类药物不可逆地结合于细菌核糖体50S亚基的受体部位，阻断肽酰基转移，抑制肽链延伸，干扰蛋白质合成，而产生抗菌作用。本类药物属快效广谱抑菌剂，对革兰阴性菌的作用较革兰阳性菌强，对肠杆菌尤其伤寒和副伤寒沙门菌高度敏感。高浓度时对本品高度敏感的细菌可呈杀菌作用。

我国已禁止氯霉素用于食品动物。甲砜霉素、氟苯尼考存在剂量相关的可逆性骨髓造血功能抑制作用。

氟苯尼考可溶性粉
Florfenicol Soluble Powder

【处方】本品为氟苯尼考与葡萄糖及适宜的助溶剂配制而成。

【作用与用途】酰胺醇类抗生素。用于治疗鸡敏感细菌所致的细菌性疾病。

【用法与用量】以氟苯尼考计。混饮：每1L水，鸡100～200mg，连用3～5d。

【休药期】鸡5d。

【工艺流程图】（举例）

氟苯尼考、葡萄糖、助溶剂→干燥（必要时）→粉碎（必要时）→过筛→称量→混合→分装→包装→入库

【产品核发情况】截至2021年底，农业农村部共核发氟苯尼考可溶性粉有效批准文号334个。

氟苯尼考注射液
Florfenicol Injection

【处方】本品为氟苯尼考的灭菌溶液。

【作用与用途】酰胺醇类抗生素。用于巴氏杆菌和大肠埃希菌感染。

【用法与用量】以氟苯尼考计。肌内注射：一次量，每1kg体重，鸡20mg，猪15～20mg；每隔48h一次，连用2次。鱼0.5～1mg，每天1次。

【休药期】猪14d，鸡28d，鱼375度日。

【工艺流程图】（举例）

氟苯尼考、辅料等→称量→浓配→粗滤→稀配→精滤→灌装→封口→灭菌、检漏→包装→入库

【产品核发情况】截至2021年底，农业农村部共核发氟苯尼考注射液（含不同规格）有效批准文号334个。

氟苯尼考粉
Florfenicol Powder

【处方】本品为氟苯尼考与适宜辅料配制而成。

【作用与用途】酰胺醇类抗生素。用于巴氏杆菌和大肠埃希菌感染。

【用法与用量】以氟苯尼考计。内服：每 1kg 体重，猪、鸡 20～30mg，每天 2 次，连用 3～5d；鱼 10～15mg，每天 1 次，连用 3～5d。

【休药期】猪 20d，鸡 5d，鱼 375 度日。

【工艺流程图】（举例）

氟苯尼考、辅料等→干燥（必要时）→粉碎（必要时）→称量→混合→分装→包装→入库

【产品核发情况】截至 2021 年底，农业农村部共核发氟苯尼考粉（含不同规格）有效批准文号 1819 个。

氟苯尼考子宫注入剂
Florfenicol Intrauterine Infusion

【处方】本品为氟苯尼考与适宜溶剂制成的灭菌溶液。

【作用与用途】酰胺醇类抗生素。用于敏感细菌所致牛的子宫内膜炎。

【用法与用量】子宫内灌注：一次量，牛 25mL（1 支），每 3d 1 次，连用 2～4 次。

【休药期】牛 28d；弃奶期 7d。

【工艺流程图】（举例）

氟苯尼考及经灭菌的辅料等→称量→乳化分散→精磨→灌装→辐照灭菌→包装→入库

【产品核发情况】截至 2021 年底，农业农村部共核发氟苯尼考子宫注入剂有效批准文号 15 个。

氟苯尼考预混剂
Florfenicol Premix

【处方 1】本品为氟苯尼考与适宜辅料配制而成。

【作用与用途】酰胺醇类抗生素。用于巴氏杆菌和大肠杆菌感染。

【用法与用量】以本品计。混饲：每 1000kg 饲料，猪 1000～2000g。连用 7d。

【休药期】猪 14d。

【处方 2】本品为氟苯尼考与适宜辅料配制而成。

【作用与用途】酰胺醇类抗生素。用于防治嗜水气单胞菌、副溶血弧菌、溶藻弧菌、链球菌等引起的感染，如鱼类细菌性败血症、溶血性腹水病、肠炎、赤皮病等，也可以治疗虾类弧菌病、罗非鱼链球菌病等。

【用法与用量】以本品计。拌饵投喂：每 1kg 体重 20mg，每天 1 次，连用 7～10d。

【休药期】150 度日。

【工艺流程图】（举例）

氟苯尼考、辅料等→干燥（必要时）→粉碎（必要时）→过筛→称量→混合→分装→包装→入库

【产品核发情况】截至 2021 年底，农业农村部共核发氟苯尼考预混剂（含不同规格）有效批准文号 74 个。

氟苯尼考溶液
Florfenicol Solution

【处方】本品为氟苯尼考与适宜辅料配制而成。

【作用与用途】酰胺醇类抗生素。用于巴氏杆菌和大肠埃希菌感染。

【用法与用量】以氟苯尼考计。混饮：每1L水，鸡100～150mg，连用5d。

【休药期】鸡5d。

【工艺流程图】（举例）

氟苯尼考、辅料等→配制→过滤→灌装→封口→灭菌→灯检→包装→入库

【产品核发情况】截至2021年底，农业农村部共核发氟苯尼考溶液（含不同规格）有效批准文号406个。

氟苯尼考甲硝唑滴耳液
Florfenicol and Metronidazole Ear Drops

【处方】本品为氟苯尼考和甲硝唑的丙二醇溶液。

【作用与用途】酰胺醇类抗生素。用于治疗犬、猫细菌性中耳炎、外耳炎。

【用法与用量】滴耳：一次3～4滴，每天2次，连用5～7d。

【休药期】无。

【工艺流程图】（举例）

氟苯尼考、甲硝唑、丙二醇等辅料→称量→配制→过滤→灌装→包装→入库

【产品核发情况】截至2021年底，农业农村部共核发氟苯尼考甲硝唑滴耳液有效批准文号32个。

甲砜霉素片
Thiamphenicol Tablets

【处方】本品为甲砜霉素与适宜辅料配制而成。

【作用与用途】酰胺醇类抗生素。用于畜禽肠道、呼吸道等细菌性感染。

【用法与用量】以甲砜霉素计。内服：每1kg体重，畜、禽5～10mg。每天2次，连用2～3d。

【休药期】畜、禽28d；弃奶期7d。

【工艺流程图】（举例）

甲砜霉素、辅料等→粉碎→过筛→配料→加入黏合剂，制粒→干燥→整粒→加入润滑剂、崩解剂，总混→压片→分装→包装→入库

【产品核发情况】截至2021年底，农业农村部共核发甲砜霉素片（含不同规格）有效批准文号50个。

甲砜霉素粉
Thiamphenicol Powder

【处方】本品为甲砜霉素与淀粉配制而成。

【作用与用途】酰胺醇类抗生素。主要用于治疗畜禽肠道、呼吸道等细菌性感染。

【用法与用量】以甲砜霉素计。内服：每1kg体重，畜、禽5～10mg。每天2次，连用2～3d。

【休药期】畜、禽28d；弃奶期7d。

【工艺流程图】（举例）

甲砜霉素、淀粉→干燥（必要时）→粉碎（必要时）→过筛→称量→混合→分装→包装→入库

【产品核发情况】截至2021年底，农业农村部共核发甲砜霉素粉（含不同规格）有效批准文号158个。

<h3 style="text-align:center">甲砜霉素可溶性粉</h3>
<h3 style="text-align:center">Thiamphenicol Soluble Powder</h3>

【处方】本品为甲砜霉素与淀粉配制而成。

【作用与用途】酰胺醇类抗生素。用于治疗鸡大肠埃希菌所致的肠道感染。

【用法与用量】以甲砜霉素计。混饮：每1L水，鸡50mg。连用3~5d。

【休药期】鸡28d。

【工艺流程图】（举例）

甲砜霉素、淀粉→干燥（必要时）→粉碎（必要时）→过筛→称量→混合→分装→包装→入库

【产品核发情况】截至2021年底，农业农村部共核发甲砜霉素可溶性粉（含不同规格）有效批准文号37个。

<h3 style="text-align:center">甲砜霉素注射液</h3>
<h3 style="text-align:center">Thiamphenicol Injection</h3>

【处方】本品为甲砜霉素与适宜溶剂制成的灭菌溶液。

【作用与用途】酰胺醇类抗生素。用于治疗猪消化道、呼吸道等敏感菌所致的感染，如仔猪副伤寒、白痢、肺炎、大肠埃希菌病等。

【用法与用量】以甲砜霉素计。混饮：每1L水，鸡50mg。连用3~5d。

【休药期】鸡28d。

【工艺流程图】（举例）

甲砜霉素、辅料等→称量→浓配→粗滤→稀配→精滤→灌装→封口→灭菌、检漏→包装→入库

【产品核发情况】截至2021年底，农业农村部共核发甲砜霉素注射液（含不同规格）有效批准文号24个。

<h3 style="text-align:center">甲砜霉素颗粒</h3>
<h3 style="text-align:center">Thiamphenicol Granules</h3>

【处方】本品为甲砜霉素与适宜辅料配制而成。

【作用与用途】酰胺醇类抗生素。用于治疗鸡由大肠埃希菌引起的肠道感染。

【用法与用量】以甲砜霉素计。混饮：每1L水，鸡50mg。连用3~5d。

【休药期】鸡28d。

【工艺流程图】（举例）

甲砜霉素、辅料等→粉碎→过筛→称量→配料→加入黏合剂，制粒→干燥→整粒→加入润滑剂、崩解剂，总混→包装→入库

【产品核发情况】截至2021年底，农业农村部共核发甲砜霉素颗粒有效批准文号24个。

7.2.1.13 多肽类抗生素

多肽类抗生素是一类具有多肽结构的化学物质。兽医临床中常用的药物包括黏菌

素等。

硫酸黏菌素注射液
Colistin Sulfate Injection

【处方】本品为硫酸黏菌素的灭菌水溶液。

【作用与用途】多肽类抗生素。用于治疗哺乳期仔猪大肠埃希菌病。

【用法与用量】以黏菌素计。肌内注射：一次量，每1kg体重，哺乳期仔猪2～4mg。每天2次，连用3～5d。

【休药期】猪28d。

【工艺流程图】（举例）

硫酸黏菌素、辅料等→称量→浓配→粗滤→稀配→精滤→灌装→封口→灭菌、检漏→灯检→包装→入库

【产品核发情况】截至2021年底，农业农村部共核发硫酸黏菌素注射液（含不同规格）有效批准文号103个。

硫酸黏菌素可溶性粉
Colistin Sulfate Soluble Powder

【处方】本品为硫酸黏菌素与适宜辅料配制而成。

【作用与用途】多肽类抗生素。用于防治革兰阴性菌所致的肠道感染。

【用法与用量】以黏菌素计。混饮：每1L水，猪40～200mg，鸡20～60mg。混饲：每1kg饲料，猪40～80mg。

【休药期】猪、鸡7d。

【工艺流程图】（举例）

硫酸黏菌素、辅料等→干燥（必要时）→粉碎（必要时）→过筛→称量→混合→分装→包装→入库

【产品核发情况】截至2021年底，农业农村部共核发硫酸黏菌素可溶性粉（含不同规格）有效批准文号872个。

硫酸黏菌素预混剂
Colistin Sulfate Premix

【处方】本品为硫酸黏菌素与小麦粉、淀粉等配制而成。

【作用与用途】多肽类抗生素。主要用于治疗敏感革兰阴性菌引起的牛、猪、鸡肠道感染。

【用法与用量】以黏菌素计。混饲：每1000kg饲料，牛、猪、鸡75～100g，连用3～5d。

【休药期】牛、猪、鸡7d。

【工艺流程图】（举例）

硫酸黏菌素、小麦粉、淀粉→干燥（必要时）→粉碎（必要时）→过筛→称量→混合→分装→包装→入库

【产品核发情况】截至2021年底，农业农村部共核发硫酸黏菌素预混剂（含不同规格）有效批准文号307个。

硫酸黏菌素预混剂（发酵）
Colistin Sulfate Premix

【处方】本品为黏菌素发酵滤液成盐后的喷干粉与小麦粉、淀粉脱脂米糠等配制

而成。

【作用与用途】多肽类抗生素。主要用于治疗敏感革兰阴性菌引起的牛、猪、鸡肠道感染。

【用法与用量】以黏菌素计。混饲：每1000kg饲料，牛、猪、鸡75～100g，连用3～5d。

【休药期】牛、猪、鸡7d。

【工艺流程图】（举例）

硫酸黏菌素发酵成盐的喷干粉、小麦粉、淀粉脱脂米糠→干燥（必要时）→粉碎（必要时）→过筛→称量→混合→分装→包装→入库

【产品核发情况】截至2021年底，农业农村部共核发硫酸黏菌素预混剂（发酵）（含不同规格）有效批准文号7个。

7.2.1.14　多糖类及其他抗生素

阿维拉霉素预混剂

Avilamycin Premix

【处方】本品为阿维拉霉素发酵液与适宜辅料配制而成。

【作用与用途】多肽类抗生素。用于辅助控制由大肠杆菌引起的断奶仔猪腹泻。

【用法与用量】以阿维拉霉素计。混饲：每1000kg饲料，仔猪40～80g，连用28d。

【休药期】猪0d。

【工艺流程图】（举例）

阿维拉霉素发酵液、辅料等→干燥（必要时）→粉碎（必要时）→过筛→称量→混合→分装→包装→入库

【产品核发情况】截至2021年底，农业农村部共核发阿维拉霉素预混剂（含不同规格）有效批准文号2个。

利福昔明乳房注入剂（泌乳期）

Rifaximin Intramammary Infusion（Lactating Cow）

【处方】本品为利福昔明的灭菌油混悬液。

【作用与用途】多糖类及其他抗生素。用于治疗由葡萄球菌、链球菌、大肠埃希菌等敏感菌引起的泌乳期奶牛的乳腺炎。

【用法与用量】以本品计。乳管注入：泌乳期奶牛，挤奶后每个感染乳室1支。间隔12h注入1次，连用3次。

【休药期】弃奶期96h。

【工艺流程图】（举例）

利福昔明及经灭菌的辅料→称量→乳化分散→精磨→灌装→辐照灭菌→包装→入库

【产品核发情况】截至2021年底，农业农村部共核发利福昔明乳房注入剂（泌乳期）有效批准文号3个。

利福昔明乳房注入剂（干乳期）

Rifaximin Intramammary Infusion（Dry Cow）

【处方】本品为利福昔明的灭菌油混悬液。

【作用与用途】多糖类及其他抗生素。主要用于防治敏感菌（金黄色葡萄球菌、链球菌、大肠埃希菌等引起的干乳期奶牛乳腺炎。

【用法与用量】乳管注入：干乳期奶牛，每乳室 1 支。

【休药期】产犊前 60d 给药，弃奶期 0d。

【工艺流程图】（举例）

利福昔明及经灭菌的辅料→称量→乳化分散→精磨→灌装→辐照灭菌→包装→入库

【产品核发情况】截至 2021 年底，农业农村部共核发利福昔明乳房注入剂（干乳期）有效批准文号 2 个。

利福昔明子宫注入剂
Rifaximin Intrauterine Infusion

【处方】本品为利福昔明的灭菌油混悬液。

【作用与用途】多糖类及其他抗生素。主要用于预防和治疗由利福昔明敏感菌引起的奶牛急性或慢性子宫内膜炎。

【用法与用量】子宫内注入：子宫内灌注 1 支，用药前应通过直肠推拿去除一部分恶露。

【休药期】弃奶期 0d。

【工艺流程图】（举例）

利福昔明及经灭菌的辅料→称量→乳化分散→精磨→灌装→辐照灭菌→包装→入库

【产品核发情况】截至 2021 年底，农业农村部共核发利福昔明子宫注入剂有效批准文号 5 个。

重组溶葡萄球菌酶粉
Recombinant Lysostaphin Powder

【处方】本品为重组溶葡萄球菌酶与甘露醇、牛血清白蛋白和甘氨酸制成的无菌冻干品。

【作用与用途】蛋白类抗菌药。用于治疗革兰阳性菌，如葡萄球菌、链球菌、化脓棒状杆菌或化脓隐秘杆菌等引起的牛急、慢性子宫内膜炎，亚临床型乳腺炎和临床型乳腺炎。

【用法与用量】治疗子宫内膜炎，子宫内灌注：牛 800～1200 单位，用注射用水溶解并稀释至 100～150mL 后进行子宫内注入，隔日 1 次，连用 3 次；治疗乳腺炎，乳房内灌注：奶牛每乳区 400 单位，用已加热到与体温相同温度的注射用水溶解并稀释至 50～100mL 后乳房内注入，每日早、晚挤奶后各用药 1 次，连用 4d。

【休药期】治疗子宫内膜炎：弃奶期 0d；治疗乳腺炎：弃奶期 24h。

【工艺流程图】（举例）

重组溶葡萄球菌酶；甘露醇、牛血清白蛋白、甘氨酸→称量→配液→除菌过滤→灌装装箱→冷冻干燥→出箱→轧盖→灯检→包装→入库

【产品核发情况】截至 2021 年底，农业农村部共核发重组溶葡萄球菌酶粉（含不同规格）有效批准文号 2 个。

7.2.1.15 抗真菌药

真菌感染分为浅部真菌感染及深部真菌感染，发病率前者高于后者。浅部真菌病，即皮肤、毛发、甲癣菌感染，其治疗大多采用抗真菌药局部应用，如吡咯类中的克霉唑、咪康唑等均属此类；抗深部真菌感染药物中目前最有效者仍为两性霉素 B，但其毒性大，限制了它的应用。近年来研制的抗真菌药有酮康唑、氟康唑等。

复方酮康唑软膏

Compound Ketoconazole Ointment

【处方】本品为酮康唑、甲硝唑与适宜辅料制成的黏稠液体。

【作用与用途】抗微生物药。用于治疗犬猫真菌病、厌氧菌等引起的细菌性皮肤病。

【用法与用量】外用：涂搽于患处，犬、猫，每天 3～5 次，连用 5～7d。

【休药期】无。

【工艺流程图】（举例）

酮康唑、甲硝唑、辅料等→称量→乳化→灌装→包装→入库

【产品核发情况】截至 2021 年底，农业农村部共核发复方酮康唑软膏有效批准文号 28 个。

复方氟康唑乳膏

Compound Fluconazole Cream

【处方】本品为氟康唑、曲安奈德、新霉素与适宜辅料制成的黏稠液体。

【作用与用途】抗微生物药。用于治疗犬由真菌及细菌引起的耳道感染，如念珠菌、孢子菌、毛癣菌、表皮癣菌、金黄色葡萄球菌、棒状杆菌等引起的耳道感染。

【用法与用量】耳道外用：直接滴入耳内，每日 2 次，每次 4～6 滴，连用 7d。

【休药期】无。

【工艺流程图】（举例）

氟康唑、曲安奈德、新霉素、辅料等→称量→乳化→灌装→包装→入库

【产品核发情况】截至 2021 年底，农业农村部共核发复方氟康唑乳膏有效批准文号 2 个。

复方克霉唑软膏

Compound Clotrimazole Ointment

【处方】本品为克霉唑、庆大霉素、倍他米松与适宜辅料制成的黏稠液体。

【作用与用途】抗微生物药。用于治疗犬由真菌感染和对庆大霉素敏感的细菌感染引起的急性和慢性外耳炎。

【用法与用量】按本品计。外用：体重小于 15kg，每次 4 滴，每天 2 次；体重大于或等于 15kg，每次 8 滴，每天 2 次。连续给药 7d。

【休药期】无。

【工艺流程图】（举例）

克霉唑、庆大霉素、倍他米松、辅料等→称量→乳化→灌装→包装→入库

【产品核发情况】截至 2021 年底，农业农村部共核发复方克霉唑软膏有效批准文号 1 个。

7.2.2　抗寄生虫药

抗寄生虫药是指能杀灭寄生虫或抑制其生长繁殖的物质。可分为抗蠕虫药、抗原虫药和杀虫药。

7.2.2.1 抗蠕虫药物

抗蠕虫药是指对动物寄生蠕虫具有驱除、杀灭或抑制作用的药物。根据寄生于动物体内的蠕虫类别，抗蠕虫药相应地分为抗线虫药、抗吸虫药、抗绦虫药、抗血吸虫药。但这种分类也是相对的，有些药物兼有多种作用，如吡喹酮具有抗绦虫和抗吸虫作用，苯并咪唑类具有抗线虫、抗吸虫和抗绦虫作用。

磷酸哌嗪片

Piperazine Phosphate Tablets

【处方】本品为磷酸哌嗪与适宜辅料制成。

【作用与用途】抗线虫药。主要用于畜禽蛔虫，也用于马蛲虫，犬、猫弓首蛔虫等。

【用法与用量】以磷酸哌嗪计。内服：一次量，每 1kg 体重，马、猪 0.2～0.25g，犬、猫 0.07～0.1g，禽 0.2～0.5g。

【休药期】猪 21d，禽 14d；弃蛋期 7d。

【工艺流程图】（举例）

磷酸哌嗪、硬脂酸镁、羧甲基淀粉钠、玉米淀粉→粉碎→配料→制粒→干燥→整粒→总混→压片→分装→包装→入库

【产品核发情况】截至 2021 年底，农业农村部共核发磷酸哌嗪片（含不同规格）有效批准文号 1 个。

枸橼酸哌嗪片

Piperazine Citrate Tablets

【处方】本品为枸橼酸哌嗪与适宜辅料制成。

【作用与用途】哌嗪类抗线虫药。主要用于畜禽蛔虫病，亦用于马蛲虫病、毛线虫病，牛、羊、猪食道口线虫病。

【用法与用量】以枸橼酸哌嗪计。内服：一次量，每 1kg 体重，马、牛 0.25g，羊、猪 0.25～0.3g，犬 0.1g，禽 0.25g。

【休药期】牛、羊 28d，猪 21d，禽 14d；弃蛋期 7d。

【工艺流程图】（举例）

枸橼酸哌嗪、食用玉米淀粉、二氧化硅等→粉碎→过筛→配料→加入黏合剂，制粒→干燥→整粒→总混→压片→分装→包装→入库

【产品核发情况】截至 2021 年底，农业农村部共核发枸橼酸哌嗪片（含不同规格）有效批准文号 1 个。

枸橼酸乙胺嗪片

Diethylcarbamazine Citrate Tablets

【处方】本品为枸橼酸乙胺嗪与适宜辅料制成。

【作用与用途】哌嗪类抗线虫药。主要用于马、羊脑脊髓丝虫病，犬心丝虫病，亦可用于家畜肺丝虫病。

【用法与用量】以枸橼酸乙胺嗪计。内服：一次量，每 1kg 体重，马、牛、羊、猪 20mg，犬、猫 50mg。

【休药期】牛、羊、猪 28d；弃奶期 7d。

【工艺流程图】（举例）

枸橼酸乙胺嗪、淀粉等→粉碎→过筛→配料→加黏合剂，制粒→干燥→整粒→总混→

压片→分装→包装→入库

【产品核发情况】 截至 2021 年底，农业农村部共核发枸橼酸乙胺嗪片（含不同规格）有效批准文号 0 个。

米尔贝肟片
Milbemycin Oxime Tablets

【处方】 本品为米尔贝肟与适宜辅料制成。

【作用与用途】 抗寄生虫药。用于预防犬心丝虫，驱除蛔虫、钩虫和鞭虫。

【用法与用量】 预防心丝虫：每 1kg 体重，犬 0.25～0.5mg，每月 1 次。蚊患季节前一个月开始服用本品，直至季节完结后一个月。驱除蛔虫和钩虫：每 1kg 体重，犬 0.25～0.5mg，每月 1 次，1 次 1 片，至少连用 2 次。驱除鞭虫：每 1kg 体重，犬 0.5～1mg，每月 1 次，1 次 1 片，至少连用 2 次。

【休药期】 无需制定。

【工艺流程图】（举例）

米尔贝肟、二氧化硅、硬脂酸镁等→粉碎、过筛→配料→加入黏合剂，制粒→干燥→总混→压片→内包装→外包装→入库

【产品核发情况】 截至 2021 年底，农业农村部共核发米尔贝肟片（含不同规格）有效批准文号 3 个。

米尔贝肟吡喹酮片
Milbemycin Oxime and Praziquantel Tablets

【处方】 本品为米尔贝肟、吡喹酮与适宜辅料制成。

【作用与用途】 抗寄生虫药。用于驱除猫蛔虫、钩虫、绦虫。

【用法与用量】 以米尔贝肟计。内服：每 1kg 体重，猫 2mg。每 3 个月 1 次。

【休药期】 无需制定。

【工艺流程图】（举例）

米尔贝肟、吡喹酮、单水乳糖等→称量→过筛→加入黏合剂，制粒、干燥、总混→压片→包衣→内包装→外包装→入库

【产品核发情况】 截至 2021 年底，农业农村部共核发米尔贝肟吡喹酮片（含不同规格）有效批准文号 2 个。

多杀霉素米尔贝肟咀嚼片
Spinosad and Milbemycin Oxime Chewale Tablets

【处方】 本品为多杀霉素、米尔贝肟与适宜辅料制成。

【作用与用途】 大环内酯类抗寄生虫药。用于预防犬心丝虫病；预防和治疗犬的跳蚤（猫栉首蚤）感染；治疗和控制犬钩虫（犬钩口线虫）成虫、犬蛔虫（犬弓蛔虫和狮弓蛔虫）成虫、犬鞭虫（狐毛尾线虫）成虫感染。

【用法与用量】 以有效成分计。内服：一次量（推荐的最低剂量），犬每 1kg 体重，多杀霉素 30mg 和米尔贝肟 0.5mg。或根据表 7-4 中推荐剂量给药，每月 1 次。

预防犬心丝虫病：在犬第一次季节性暴露于蚊子的一个月内开始给药，之后连续每月给药 1 次，直至最后一次暴露于蚊子，再连续给药 3 个月。

预防和治疗跳蚤感染：可在任何时间开始给药，最好在跳蚤流行前的一个月开始给药，之后连续每月给药 1 次，直至跳蚤流行季节结束。

表 7-4 多杀霉素米尔贝肟咀嚼片给药剂量表

体重/kg	规格	多杀霉素/mg	米尔贝肟/mg	给药片数
2.3～4.5	(1)	140	2.3	1
4.6～9.0	(2)	270	4.5	1
9.1～18	(3)	560	9.3	1
18.1～27	(4)	810	13.5	1
27.1～54	(5)	1620	27	1
>54	按实际体重计算药量,选择合适的规格搭配使用。			

【休药期】无需制定。

【工艺流程图】(举例)

多杀霉素、米尔贝肟、淀粉等→称量→过筛→加入黏合剂,制粒、干燥、总混→压片→包衣→内包装→外包装→入库

【产品核发情况】截至 2021 年底,农业农村部共核发多杀霉素米尔贝肟咀嚼片(含不同规格)有效批准文号 0 个。

阿苯达唑粉
Albendazole Powder

【处方】本品为阿苯达唑与淀粉配制而成。

【作用与用途】抗蠕虫药。用于畜禽线虫病、绦虫病和吸虫病。

【用法与用量】以阿苯达唑计。内服:一次量,每 1kg 体重,马 5～10mg,牛、羊 10～15mg,猪 5～10mg,犬 25～50mg,禽 10～20mg。

【休药期】牛 14d,羊 4d,猪 7d,禽 4d;弃奶期 2.5d。

【工艺流程图】(举例)

阿苯达唑、玉米淀粉→过筛→称量/配料→混合→分装→外包装→入库

【产品核发情况】截至 2021 年底,农业农村部共核发阿苯达唑粉(含不同规格)有效批准文号 116 个。

阿苯达唑粉 (水产用)
Albendazole Powder

【处方】本品为阿苯达唑与适宜辅料配制而成。

【作用与用途】抗蠕虫药。主要用于治疗海水养殖鱼类由双鳞盘吸虫、贝尼登虫引起的寄生虫病,淡水养殖鱼类由指环虫、三代虫等引起的寄生虫病。

【用法与用量】以本品计。拌饵投喂:一次量,每 1kg 体重,鱼 0.2g。每天 1 次,连用 5～7 次。

【休药期】500 度日。

【工艺流程图】(举例)

阿苯达唑、玉米淀粉→干燥→粉碎、过筛→称量配料→混合→分装→包装→入库

【产品核发情况】截至 2021 年底,农业农村部共核发阿苯达唑粉(水产用)有效批准文号 92 个。

阿苯达唑颗粒
Albendazole Granules

【处方】本品为阿苯达唑与适宜辅料制成。

【作用与用途】 抗蠕虫药。用于畜禽线虫病、绦虫病和吸虫病。

【用法与用量】 以阿苯达唑计。内服：一次量，每 1kg 体重，马 5～10mg，牛、羊 10～15mg，猪 5～10mg，犬 25～50mg，禽 10～20mg。

【休药期】 牛 14d，羊 4d，猪 7d，禽 4d；弃奶期 60h。

【工艺流程图】（举例）

阿苯达唑、淀粉、蔗糖→称量→粉碎过筛→加入黏合剂，制粒、干燥→整粒、总混→内包装→包装→入库

【产品核发情况】 截至 2021 年底，农业农村部共核发阿苯达唑颗粒有效批准文号 39 个。

阿苯达唑混悬液
Albendazole Suspension

【处方】 本品为阿苯达唑与适宜溶剂配制而成。

【作用与用途】 抗蠕虫类药。用于治疗畜禽的线虫病、绦虫病和吸虫病。

【用法与用量】 以阿苯达唑计。内服：一次量，每 1kg 体重，马 5～10mg，牛、羊 10～15mg，猪 5～10mg，犬 25～50mg，禽 10～20mg。

【休药期】 牛 14d，羊 4d，猪 7d，禽 4d。

【工艺流程图】（举例）

阿苯达唑、乙醇等→称量→配制→均质→灌装→封口→包装→入库

【产品核发情况】 截至 2021 年底，农业农村部共核发阿苯达唑混悬液有效批准文号 146 个。

阿苯达唑片
Albendazole Tablets

【处方】 本品为阿苯达唑与适宜辅料制成。

【作用与用途】 抗蠕虫药。用于畜禽线虫病、绦虫病和吸虫病。

【用法与用量】 以阿苯达唑计。内服：一次量，每 1kg 体重，马 5～10mg，牛、羊 10～15mg，猪 5～10mg，禽 10～20mg，犬 25～50mg。

【休药期】 牛 14d，羊 4d，猪 7d，禽 4d，弃奶期 60h。

【工艺流程图】（举例）

阿苯达唑、玉米淀粉等→称量配料→加入黏合剂，制粒→干燥→整粒→加入润滑剂→总混→压片→分装→包装→入库

【产品核发情况】 截至 2021 年底，农业农村部共核发阿苯达唑片（含不同规格）有效批准文号 297 个。

阿苯达唑伊维菌素粉
Albendazole and Ivermectin Powder

【处方】 本品为阿苯达唑、伊维菌素与适宜辅料配制而成。

【作用与用途】 驱虫药。用于驱除或杀灭猪线虫、吸虫、绦虫、螨等体内外寄生虫。

【用法与用量】 以本品计。内服：一次量，每 10kg 体重，猪 0.7～1g。

【休药期】 猪 28d。

【工艺流程图】（举例）

阿苯达唑、伊维菌素、玉米淀粉→干燥→粉碎过筛→称量→混合→分装→包装→入库

【产品核发情况】截至 2021 年底，农业农村部共核发阿苯达唑伊维菌素粉有效批准文号 449 个。

阿苯达唑伊维菌素片
Albendazole and Ivermectin Tablets

【处方】本品为阿苯达唑、伊维菌素与适宜辅料制成。

【作用与用途】驱虫药。用于驱除或杀灭牛、羊线虫、吸虫、绦虫、螨等体内外寄生虫。

【用法与用量】以伊维菌素计。内服：一次量，每 1kg 体重，牛、羊 0.3mg。

【休药期】牛、羊 35d。

【工艺流程图】（举例）

阿苯达唑、伊维菌素、淀粉、硬脂酸镁、麦芽糊精、碳酸钙等→粉碎过筛→称配→溶浆→混合→制粒→整粒→总混→压片→分装→包装→入库

【产品核发情况】截至 2021 年底，农业农村部共核发阿苯达唑伊维菌素片有效批准文号 125 个。

阿苯达唑伊维菌素预混剂
Albendazole and Ivermectin Premix

【处方】本品为阿苯达唑、伊维菌素与适宜辅料配制而成。

【作用与用途】驱虫药。用于驱除猪体内线虫、吸虫、绦虫及体外寄生虫。

【用法与用量】以本品计。混饲：每 1000kg 饲料，猪 1000g。

【休药期】猪 28d。

【工艺流程图】（举例）

碳酸钙→干燥→过筛→加入阿苯达唑、伊维菌素→混合→分装→外包装→入库

【产品核发情况】截至 2021 年底，农业农村部共核发阿苯达唑伊维菌素预混剂有效批准文号 343 个。

阿苯达唑阿维菌素片
Albendazole and Avermectin Tablets

【处方】本品为阿苯达唑、阿维菌素与适宜辅料制成。

【作用与用途】抗寄生虫药。用于治疗牛和羊的线虫病、吸虫病、绦虫病及螨病。

【用法与用量】以阿维菌素计。内服：一次量，每 1kg 体重，牛、羊 0.3mg。

【休药期】牛、羊 35d。

【工艺流程图】（举例）

阿苯达唑、阿维菌素、蔗糖、淀粉等→称量→粉碎过筛→加入黏合剂，混合、制粒→烘干→整粒筛分→总混→压片抛光→泡罩→包装→入库

【产品核发情况】截至 2021 年底，农业农村部共核发阿苯达唑阿维菌素片（含不同规格）有效批准文号 20 个。

阿苯达唑硝氯酚片
Albendazole and Niclofolan Tablets

【处方】本品为阿苯达唑、硝氯酚与适量辅料制成。

【作用与用途】抗寄生虫药。用于治疗家畜线虫病、吸虫病、绦虫病。

【用法与用量】以阿苯达唑计。内服：一次量，每 1kg 体重，牛、羊 10～15mg。

【休药期】28d。

【工艺流程图】（举例）

阿苯达唑、硝氯酚、玉米淀粉等→粉碎过筛→配料、制软材→加入黏合剂，制粒→干燥→整粒→总混→压片→分装→外包装→入库

【产品核发情况】截至2021年底，农业农村部共核发阿苯达唑硝氯酚片有效批准文号19个。

氧阿苯达唑片
Albendazole Oxide Tablets

【处方】本品为氧阿苯达唑与适宜辅料制成。

【作用与用途】苯并咪唑类抗蠕虫药。主要用于驱除线虫和绦虫。

【用法与用量】以氧阿苯达唑计。内服：一次量，每1kg体重，羊5～10mg。

【休药期】羊4d。

【工艺流程图】（举例）

氧阿苯达唑、食用玉米淀粉等→粉碎过筛→称配→湿法制粒→干燥→整粒→总混→压片→分装→外包装→入库

【产品核发情况】截至2021年底，农业农村部共核发氧阿苯达唑片（含不同规格）有效批准文号2个。

芬苯达唑粉
Fenbendazole Powder

【处方】本品为芬苯达唑与碳酸钙配制而成。

【作用与用途】抗蠕虫药。用于畜禽线虫病和绦虫病。

【用法与用量】以芬苯达唑计。内服：一次量，每1kg体重，马、牛、羊、猪5～7.5mg，禽10～50mg，犬、猫25～50mg。连用3d。

【休药期】牛、羊14d，猪3d，禽28d；弃奶期120h，弃蛋期7d。

【工艺流程图】（举例）

芬苯达唑、碳酸钙→干燥→粉碎过筛→称量→混合→分装→外包装→入库

【产品核发情况】截至2021年底，农业农村部共核发芬苯达唑粉有效批准文号213个。

芬苯达唑颗粒
Fenbendazole Granules

【处方】本品为芬苯达唑与适宜辅料制成。

【作用与用途】抗蠕虫药。用于治疗线虫病和绦虫病。

【用法与用量】以芬苯达唑计。内服：一次量，每1kg体重，马、牛、羊、猪5～7.5mg，犬、猫5～50mg，禽10～50mg。

【休药期】牛、羊14d，猪3d，禽28d；弃奶期7d。

【工艺流程图】（举例）

芬苯达唑、淀粉→粉碎过筛→称量配料→混合→加入黏合剂，制粒→干燥整粒→总混→分装→外包装→入库

【产品核发情况】截至2021年底，农业农村部核发芬苯达唑颗粒（含不同规格）有效批准文号31个。

芬苯达唑片
Fenbendazole Tablets

【处方】本品为芬苯达唑与适宜辅料制成。

【作用与用途】抗蠕虫药。用于畜禽线虫病和绦虫病。

【用法与用量】以芬苯达唑计。内服：一次量，每 1kg 体重，马、牛、羊、猪 5～7.5mg，禽 10～50mg，犬、猫 5～50mg。连用 3d。

【休药期】牛、羊 21d，猪 3d，禽 28d；弃奶期 7d，弃蛋期 7d。

【工艺流程图】（举例）

芬苯达唑、玉米淀粉→粉碎过筛→称配→溶浆→混合→制粒→整粒→总混→压片→分装→外包装→入库

【产品核发情况】截至 2021 年底，农业农村部核发芬苯达唑片（含不同规格）有效批准文号 81 个。

芬苯达唑伊维菌素片
Fenbendazole and Ivermectin Tablets

【处方】本品为芬苯达唑、伊维菌素与适宜辅料制成。

【作用与用途】抗蠕虫药。用于治疗牛、羊和猪的线虫病、绦虫病及螨病。

【用法与用量】以芬苯达唑计。内服：一次量，每 1kg 体重，牛、羊、猪 5～7.5mg。

【休药期】牛、羊 35d，猪 28d。

【工艺流程图】（举例）

芬苯达唑、伊维菌素、淀粉、滑石粉等→粉碎过筛→配料→加入黏合剂，制粒→干燥→整粒→总混→压片→分装→外包装→入库

【产品核发情况】截至 2021 年底，农业农村部核发芬苯达唑伊维菌素片有效批准文号 42 个。

奥芬达唑颗粒
Oxfendazole Granules

【处方】本品为奥芬达唑与适宜辅料制成。

【作用与用途】抗蠕虫药。用于治疗家畜线虫病和绦虫病。

【用法与用量】以奥芬达唑计。内服：一次量，每 1kg 体重，马 10mg，牛 5mg，羊 5～7.5mg，猪 4mg，犬 10mg。

【休药期】马、牛、羊、猪 7d。

【工艺流程图】（举例）

奥芬达唑、蔗糖等→粉碎→过筛→称量→加入黏合剂，湿法制粒→干燥→整粒→加入润滑剂、崩解剂，总混→分装→外包装→入库

【产品核发情况】截至 2021 年底，农业农村部核发奥芬达唑颗粒有效批准文号 10 个。

奥芬达唑片
Oxfendazole Tablets

【处方】本品为奥芬达唑与适宜辅料制成。

【作用与用途】抗蠕虫药。用于畜禽胃肠道线虫病。

【用法与用量】内服：一次量，每 1kg 体重，马、牛 10～15mg，羊、猪 10mg，禽 35～40mg。

【休药期】28d。

【工艺流程图】（举例）

奥芬达唑、玉米淀粉→过筛→称量→加入黏合剂，混合→制粒→干燥→整粒→加入崩解剂、润滑剂→总混→压片→分装→外包装→入库

【产品核发情况】截至 2021 年底，农业农村部核发奥芬达唑片（含不同规格）有效批准文号 22 个。

硝唑沙奈干混悬剂
Nitazoxanide Dry Suspension

【处方】本品为硝唑沙奈与适宜辅料制成。

【作用与用途】抗寄生虫药。用于豆状绦虫、犬复孔绦虫等绦虫引起的犬绦虫病。

【用法与用量】内服：取本品 1 袋加水 50mL，搅拌均匀，制成混悬液，每 1kg 体重，成年犬 2mL（相当于 100mg/kg）。或遵医嘱。

【休药期】无需制定。

【工艺流程图】（举例）

硝唑沙奈、辅料等→干燥→粉碎→过筛→称量→预混→总混→分装→外包装→入库

【产品核发情况】截至 2021 年底，农业农村部核发硝唑沙奈干混悬剂有效批准文号 0 个。

奥苯达唑片
Oxibendazole Tablets

【处方】本品为奥苯达唑与适宜辅料制成。

【作用与用途】抗蠕虫药。用于畜禽胃肠道线虫病。

【用法与用量】内服：一次量，每 1kg 体重，马、牛 10～15mg，羊、猪 10mg，禽 35～40mg。

【休药期】28d。

【工艺流程图】（举例）

奥苯达唑、玉米淀粉→过筛→称量→加入黏合剂，混合→制粒→干燥→整粒→加入崩解剂、润滑剂→总混→压片→分装→外包装→入库

【产品核发情况】截至 2021 年底，农业农村部核发奥苯达唑片有效批准文号 0 个。

甲苯达唑溶液（水产用）
Mebendazole Solution

【处方】本品为甲苯达唑加适宜的溶剂制成的澄清溶液。

【作用与用途】抗蠕虫药。用于治疗鱼类指环虫、伪指环虫、三代虫等单殖吸虫病。

【用法与用量】以本品计，加 2000 倍水稀释均匀后泼洒：治疗青鱼、草鱼、鲢、鳙、鳜的单殖吸虫病，每 $1m^3$ 水体，0.1～0.15g；治疗欧洲鳗、美洲鳗的单殖吸虫病，每 $1m^3$ 水体，0.25～0.5g。

【休药期】500 度日。

【工艺流程图】（举例）

甲苯达唑、甲酸→称量→配制→灌装→外包装→入库

【产品核发情况】截至 2021 年底，农业农村部核发甲苯达唑溶液（水产用）有效批准文号 122 个。

复方甲苯达唑粉
Compound Mebendazole Powder

【处方】本品为甲苯达唑、盐酸左旋咪唑与玉米淀粉配制而成。

【作用与用途】抗蠕虫药。用于治疗鳗鲡指环虫、三代虫、车轮虫等蠕虫引起的感染。

【用法与用量】以本品计。浸浴：每 $1m^3$ 水体，鳗鲡 2～5g（使用前经过适量甲酸预溶），浸浴 20～30min。

【休药期】150 度日。

【工艺流程图】（举例）

甲苯达唑、盐酸左旋咪唑、玉米淀粉→粉碎过筛→混合→分装→外包装→入库

【产品核发情况】截至 2021 年底，农业农村部核发复方甲苯达唑粉有效批准文号 4 个。

氟苯达唑预混剂
Flubendazole Premix

【处方】本品为氟苯达唑与适宜辅料配制而成。

【作用与用途】抗蠕虫药。用于驱除畜禽胃肠道线虫及绦虫。

【用法与用量】按表 7-5 剂量混饲。

表 7-5　氟苯达唑预混剂用法与用量

动物种类		饲料中药物浓度 （以氟苯咪唑计）/(mg/kg)	每吨饲料加药量/g	连续用药时间/d
猪	仔猪和育肥猪	30	600	5～10
	仔猪和育肥猪(猪鞭虫)	30	600	5～10
	种猪	30	600	5～10
家禽	鸡和鹅	30	600	4～7
	鸡和鹅(瑞立绦虫属)	60	1200	4～7
	火鸡	20	400	4～7
	雉鸡和鹧鸪	60	1200	4～7

【休药期】14d。

【工艺流程图】（举例）

氟苯达唑、淀粉等→称量→混合→分装→外包装→入库

【产品核发情况】截至 2021 年底，氟苯达唑预混剂有效进口兽药证书 1 个。

盐酸左旋咪唑粉
Levamisole Hydrochloride Powder

【处方】本品为盐酸左旋咪唑与适宜辅料配制而成。

【作用与用途】抗蠕虫药。用于胃肠道线虫病、肺线虫病和猪肾虫病。

【用法与用量】以盐酸左旋咪唑计。内服：一次量，每 1kg 体重，牛、羊、猪 7.5mg，犬、猫 10mg，禽 25mg。

【休药期】牛 2d，羊 3d，猪 3d，禽 28d。

【工艺流程图】（举例）

盐酸左旋咪唑、无水葡萄糖→过筛→称量、配料→混合→分装→外包装→入库

【产品核发情况】截至 2021 年底，农业农村部核发盐酸左旋咪唑粉（含不同规格）有效批准文号 105 个。

盐酸左旋咪唑片

Levamisole Hydrochloride Tablets

【处方】本品为盐酸左旋咪唑与适宜辅料制成。

【作用与用途】咪唑并噻唑类抗线虫药。主要用于牛、羊、猪、犬、猫和禽的胃肠道线虫、肺线虫及猪肾虫病。

【用法与用量】以盐酸左旋咪唑计。内服：一次量，每 1kg 体重，牛、羊、猪 7.5mg，禽 25mg，犬、猫 10mg。

【休药期】牛 2d，羊 3d，猪 3d，禽 28d。

【工艺流程图】（举例）

盐酸左旋咪唑、淀粉→过筛→称量→加入黏合剂，混合→制粒→干燥→整粒→加入崩解剂、润滑剂，总混→压片→分装→外包装→入库

【产品核发情况】截至 2021 年底，农业农村部核发盐酸左旋咪唑片（含不同规格）有效批准文号 80 个。

盐酸左旋咪唑注射液

Levamisole Hydrochloride Injection

【处方】本品为盐酸左旋咪唑的灭菌水溶液。

【作用与用途】咪唑并噻唑类抗线虫药。主要用于牛、羊、猪、犬、猫和禽的胃肠道线虫、肺线虫及猪肾虫病。

【用法与用量】以盐酸左旋咪唑计。皮下、肌内注射：一次量，每 1kg 体重，牛、羊、猪 7.5mg，禽 25mg，犬、猫 10mg。

【休药期】牛 14d，羊、猪、禽 28d。

【工艺流程图】（举例）

盐酸左旋咪唑、辅料→称量→浓配→粗滤→稀配→精滤→灌装→封口→灭菌、检漏→装盒→入库

【产品核发情况】截至 2021 年底，农业农村部核发盐酸左旋咪唑注射液（含不同规格）有效批准文号 54 个。

双羟萘酸噻嘧啶片

Pyrantel Pamoate Tablets

【处方】本品为双羟萘酸噻嘧啶与适宜辅料制成。

【作用与用途】四氢嘧啶类抗线虫药。用于治疗胃肠道线虫病。

【用法与用量】以双羟萘酸噻嘧啶计。内服：一次量，每 1kg 体重，马 7.5～15mg，犬、猫 5～10mg。

【休药期】无需制定。

【工艺流程图】（举例）

双羟萘酸噻嘧啶、玉米淀粉→过筛→加入黏合剂，混合、制软材→制粒、干燥→整粒→加入崩解剂、润滑剂，总混→压片→分装→外包装→入库

【产品核发情况】截至 2021 年底，农业农村部核发双羟萘酸噻嘧啶片有效批准文号 26 个。

敌百虫溶液（水产用）

Trichlorphon Solution

【处方】本品为敌百虫的无水乙醇溶液。

【作用与用途】驱虫药和杀虫药。用于杀灭或驱除主要淡水养殖鱼类中华鳋、锚头鳋、鲺、鱼虱、三代虫、指环虫、线虫等寄生虫。

【用法与用量】以敌百虫计。用水充分稀释后，全池均匀泼洒：每 1m³ 水体，0.1～0.2g。

【休药期】500 度日。

【工艺流程图】（举例）

敌百虫→称量→加入无水乙醇，配液→灌装→包装→入库

【产品核发情况】截至 2021 年底，农业农村部核发敌百虫溶液（水产用）有效批准文号 23 个。

精制敌百虫粉
Purified Trichlorphon Powder

【处方】本品为精制敌百虫与无水硫酸钠配制而成。

【作用与用途】驱虫药和杀虫药。用于驱杀家畜多种胃肠道线虫和蜱、螨、蚤、虱等。

【用法与用量】以敌百虫计。常用量，内服：一次量，每 1kg 体重，马 30～50mg，牛 20～40mg，绵羊 80～100mg，山羊 50～70mg，猪 80～100mg。极量，内服：一次量，马 20g，牛 15g。

【休药期】28d。

【工艺流程图】（举例）

精制敌百虫→称量→加入称量后的无水硫酸钠→混合→分装→外包装→入库

【产品核发情况】截至 2021 年底，农业农村部核发精制敌百虫粉有效批准文号 21 个。

精制敌百虫粉（水产用）
Purified Trichlorphon Powder

【处方】本品为精制敌百虫与无水硫酸钠混合配制而成。

【作用与用途】驱虫药和杀虫药。用于杀灭或驱除主要淡水养殖鱼类中华鳋、锚头鳋、鱼鲺、三代虫、指环虫、线虫、吸虫等寄生虫。

【用法与用量】以敌百虫计。用水溶解并充分稀释后均匀泼洒：每 1m³ 水体，0.18～0.45g。鱼苗用量减半。

【休药期】500 度日。

【工艺流程图】（举例）

精制敌百虫→称量→加入称量后的无水硫酸钠→混合→分装→外包装→入库

【产品核发情况】截至 2021 年底，农业农村部核发精制敌百虫粉（水产用）（含不同规格）有效批准文号 50 个。

精制敌百虫片
Purified Trichlorphon Tablets

【处方】本品为精制敌百虫与适宜辅料制成。

【作用与用途】驱虫药和杀虫药。用于驱杀家畜胃肠道线虫、猪姜片虫、马胃蝇蛆、牛皮蝇蛆、羊鼻蝇蛆和蜱、螨、蚤、虱等。

【用法与用量】以敌百虫计。常用量，内服：一次量，每 1kg 体重，马 30～50mg，牛 20～40mg，绵羊 80～100mg，山羊 50～70mg，猪 80～100mg。极量，内服：一次量，马 20g，牛 15g。外用：配成 1%溶液（以敌百虫计）。

【休药期】28d。

【工艺流程图】（举例）

精制敌百虫、淀粉→过筛→称量→加入黏合剂，混合→制粒→干燥→整粒→加入崩解剂、润滑剂，总混→压片→分装→外包装→入库

【产品核发情况】截至2021年底，农业农村部核发精制敌百虫片（含不同规格）有效批准文号15个。

蝇毒磷溶液
Coumafos Solution

【处方】本品为蝇毒磷加乳化剂和溶剂配制而成。

【作用与用途】杀虫药。用于防治牛皮蝇蛆、蜱、螨、虱和蝇等外寄生虫病。

【用法与用量】以蝇毒磷计。外用：牛、羊。配成0.02%～0.05%的乳剂。

【休药期】28d。

【工艺流程图】（举例）

蝇毒磷、聚乙二醇、乙酸乙酯等→配制→灌装→包装→入库

【产品核发情况】截至2021年底，农业农村部核发蝇毒磷溶液有效批准文号9个。

蝇毒磷溶液（蚕用）
Coumafos Solution

【处方】本品为蝇毒磷加适宜溶剂配制而成。

【作用与用途】杀虫药。用于杀灭柞蚕体内寄生的蝇蛆。

【用法与用量】以蝇毒磷计。临用前，配成0.02%～0.05%药液。

【休药期】无需制定。

【工艺流程图】（举例）

蝇毒磷、二甲苯、乳化剂→称量→配制→灌装、旋盖→包装→入库

【产品核发情况】截至2021年底，农业农村部共核发蝇毒磷溶液（蚕用）有效批准文号1个。

伊维菌素溶液
Ivermectin Solution

【处方】本品为伊维菌素与甘油缩甲醛、丙二醇等制成的溶液。

【作用与用途】大环内酯类抗寄生虫药。用于防治羊、猪的线虫病，螨病和寄生性昆虫病。

【用法与用量】以伊维菌素计。内服：一次量，每1kg体重，羊0.2mg，猪0.3mg。

【休药期】羊35d；猪28d。

【工艺流程图】（举例）

伊维菌素、甘油缩甲醛、丙二醇等→称量→配料→过滤→灌装、轧盖→包装→入库

【产品核发情况】截至2021年底，农业农村部共核发伊维菌素溶液（含不同规格）有效批准文号220个。

伊维菌素片
Ivermectin Tablets

【处方】本品为伊维菌素加适宜辅料制成。

【作用与用途】大环内酯类抗寄生虫药。用于防治羊、猪的线虫病，螨病和寄生性昆

虫病。

【用法与用量】以伊维菌素计。内服：一次量，每 1kg 体重，羊 0.2mg，猪 0.3mg。

【休药期】羊 35d；猪 28d。

【工艺流程图】（举例）

伊维菌素、淀粉等→称量配料→配浆→混合制粒→干燥→整粒→加入润滑剂，总混→压片→内包装→外包装→入库

【产品核发情况】截至 2021 年底，农业农村部共核发伊维菌素片（含不同规格）有效批准文号 108 个。

伊维菌素注射液
Ivermectin Injection

【处方】本品为伊维菌素与适宜溶液配制而成的无菌溶液。

【作用与用途】大环内酯类抗寄生虫药。用于防治家畜线虫病、螨病及其他寄生性昆虫病。

【用法与用量】以伊维菌素计。皮下注射：一次量，每 1kg 体重，牛、羊 0.2mg，猪 0.3mg。

【休药期】牛、羊 35d，猪 28d。

【工艺流程图】（举例）

伊维菌素、丙二醇等→称量→配制→除菌过滤→灌装→压塞→轧盖→包装→入库

【产品核发情况】截至 2021 年底，农业农村部共核发伊维菌素注射液（含不同规格）有效批准文号 646 个。

伊维菌素预混剂
Ivermectin Premix

【处方】本品为伊维菌素与玉米芯细粉等配制而成。

【作用与用途】抗蠕虫药。治疗猪的胃肠道线虫、肺线虫、猪疥螨和猪血虱。

【用法与用量】以伊维菌素计。混饲：每 1000kg 饲料，猪 2g，连用 7d。

【休药期】100kg 以下的育肥猪 7d；100kg 以上的育肥猪 27d。

【工艺流程图】（举例）

伊维菌素、玉米芯、单硬脂酸甘油酯等→称量→混合→分装→包装→入库

【产品核发情况】截至 2021 年底，农业农村部共核发伊维菌素预混剂有效批准文号 3 个。

伊维菌素氧阿苯达唑粉
Ivermectin and Albendazole Oxide Powder

【处方】本品为伊维菌素、氧阿苯达唑与淀粉配制而成。

【作用与用途】抗寄生虫药。用于驱杀羊的体内外寄生虫。

【用法与用量】以伊维菌素计。内服：一次量，每 1kg 体重，羊 0.2mg。

【休药期】羊 35d。

【工艺流程图】（举例）

伊维菌素、氧阿苯达唑、玉米淀粉等→过筛→称量→混合→分装→外包装→入库

【产品核发情况】截至 2021 年底，农业农村部共核发伊维菌素氧阿苯达唑粉有效批准文号 30 个。

伊维菌素双羟萘酸噻嘧啶咀嚼片
Ivermectin and Pyrantel Pamoate Chewable Tablets

【处方】本品为伊维菌素、双羟萘酸噻嘧啶加适宜辅料制成。

【作用与用途】抗蠕虫药。通过清除犬心丝虫幼虫来预防犬心丝虫病，治疗和控制犬蛔虫（犬弓首蛔虫、狮弓蛔虫）病和钩虫（犬钩口线虫、狭头钩口线虫、巴西钩口线虫）感染。

【用法与用量】以本品计。内服：体重在 11kg 以下的犬，S 片 1 片；体重在 12～22kg 以下的犬，M 片 1 片；体重在 23～45kg 以下的犬，L 片 1 片；体重在 45kg 以上的犬可用不同规格片配合使用（犬每个月推荐的最小给药剂量为伊维菌素 6μg/kg 和双羟萘酸噻嘧啶 5mg/kg，按体重计算剂量）。每月 1 次。

【休药期】无需制定。

【工艺流程图】（举例）

伊维菌素、双羟萘酸噻嘧啶、辅料→称量配料→加入黏合剂，混合制粒→干燥→整粒→加入润滑剂，总混→压片→内包装→外包装→入库

【产品核发情况】截至 2021 年底，伊维菌素双羟萘酸噻嘧啶咀嚼片（含不同规格）有效进口兽药证书 3 个。

阿维菌素粉
Avermectin Powder

【处方】本品为阿维菌素与玉米粉或碳酸钙配制而成。

【作用与用途】抗生素类药。用于治疗家畜的线虫病、螨病和寄生性昆虫病。

【用法与用量】以阿维菌素 B_1 计。内服：一次量，每 1kg 体重，羊、猪 0.3mg。

【休药期】羊 35d，猪 28d。

【工艺流程图】（举例）

阿维菌素、碳酸钙→过筛→配料→混合→分装→外包装→入库

【产品核发情况】截至 2021 年底，农业农村部共核发阿维菌素粉（含不同规格）有效批准文号 151 个。

阿维菌素片
Avermectin Tablets

【处方】本品为阿维菌素加适宜辅料制成。

【作用与用途】抗生素类药。用于治疗家畜的线虫病、螨病和寄生性昆虫病。

【用法与用量】内服：一次量，每 1kg 体重，羊、猪 0.3mg。

【休药期】羊 35d，猪 28d。

【工艺流程图】（举例）

阿维菌素、玉米淀粉→称量配料→加入黏合剂，混合制粒→干燥→整粒→加入润滑剂→总混→压片→内包装→外包装→入库

【产品核发情况】截至 2021 年底，农业农村部共核发阿维菌素片（含不同规格）有效批准文号 47 个。

阿维菌素注射液
Avermectin Injection

【处方】本品为阿维菌素与甘油甲缩醛、丙二醇等溶剂制成的灭菌溶液。

【作用与用途】抗生素类药。用于治疗家畜的线虫病、螨病和寄生性昆虫病。

【用法与用量】以阿维菌素 B_1 计。皮下注射：每 1kg 体重，羊 0.2mg，猪 0.3mg。

【休药期】羊 35d，猪 28d。

【工艺流程图】（举例）

阿维菌素、甘油甲缩醛、丙二醇等→称量→浓配→粗滤→稀配→精滤→灌装→封口→灭菌、检漏→灯检→外包装→入库

【产品核发情况】截至 2021 年底，农业农村部共核发阿维菌素注射液（含不同规格）有效批准文号 160 个。

乙酰氨基阿维菌素注射液
Eprinomectin Injection

【处方】本品为乙酰氨基阿维菌素的无菌油溶液。

【作用与用途】大环内酯类抗寄生虫药。主要用于驱杀牛体内寄生虫（如胃肠道线虫、肺线虫），以及体外寄生虫（如蜱、螨、虱、牛皮蝇蛆、纹皮蝇蛆等）。

【用法与用量】以乙酰氨基阿维菌素计。皮下注射：一次量，每 1kg 体重，牛 0.2mg。

【休药期】牛 1d；弃奶期 24h。

【工艺流程图】（举例）

乙酰氨基阿维菌素、丙二醇等→称量→浓配→粗滤→稀配→精滤→灌装压塞→轧盖→外包装→入库

【产品核发情况】截至 2021 年底，农业农村部共核发乙酰氨基阿维菌素注射液（含不同规格）有效批准文号 85 个。

阿维菌素胶囊
Avermectin Capsules

【处方】本品为阿维菌素与适宜辅料制成。

【作用与用途】抗生素类药。用于治疗家畜的线虫病、螨病和寄生性昆虫病。

【用法与用量】以阿维菌素 B_1 计。内服：一次量，每 1kg 体重，羊、猪 0.3mg。

【休药期】羊 35d，猪 28d。

【工艺流程图】（举例）

阿维菌素、淀粉、葡萄糖→粉碎过筛→称量配料→加入黏合剂，配料→干燥→整粒→加入润滑剂、崩解剂，总混→胶囊填充→分装内包→外包装→入库

【产品核发情况】截至 2021 年底，农业农村部共核发阿维菌素胶囊有效批准文号 8 个。

阿维菌素透皮溶液
Avermectin Pour-on Solution

【处方】本品为阿维菌素与氮酮等配制而成的溶液。

【作用与用途】抗生素类药。用于治疗家畜的线虫病、螨病和寄生性昆虫病。

【用法与用量】浇注或涂擦：一次量，牛、猪每 1kg 体重 0.1mL，由肩部向后沿背中线浇注。犬、兔两耳耳部内侧涂擦。

【休药期】牛、猪 42d。

【工艺流程图】（举例）

阿维菌素、月桂氮䓬酮、异丙醇、丙二醇等→称量→配液→灌装→外包装→入库

【产品核发情况】截至 2021 年底，农业农村部共核发阿维菌素透皮溶液有效批准文号 129 个。

乙酰氨基阿维菌素浇泼剂
Eprinomectin Pour-on Solution

【处方】本品为乙酰氨基阿维菌素与适宜的溶剂配制而成。

【作用与用途】抗寄生虫药。用于治疗奶牛体内线虫和体外螨虫等寄生虫病。

【用法与用量】以乙酰氨基阿维菌素计。外用：沿着奶牛的背脊从鬐甲到尾根渐渐地倾注，每 1kg 体重，牛 0.5mg（即每 10kg 体重用本品 1mL）。

【弃奶期】0d。

【工艺流程图】（举例）

乙酰氨基阿维菌素、异丙醇、苯甲酸苄酯等→称量→配液→灌装→外包装→入库

【产品核发情况】截至 2021 年底，农业农村部共核发乙酰氨基阿维菌素浇泼剂有效批准文号 2 个。

阿维菌素氯氰碘柳胺钠片
Avermectin and Closantel Sodium Tablets

【处方】本品为阿维菌素、氯氰碘柳胺钠与适宜辅料制成。

【作用与用途】抗寄生虫药。用于驱除牛、羊体内线虫，吸虫以及螨等体外寄生虫。

【用法与用量】以氯氰碘柳胺钠计。内服：一次量，每 1kg 体重，牛、羊 5mg。

【休药期】牛、羊 35d。

【工艺流程图】（举例）

阿维菌素、氯氰碘柳胺钠、蔗糖、糊精、淀粉等→称量→粉碎过筛→混合→制粒→烘干→整粒→总混→压片→泡罩→外包装→入库

【产品核发情况】截至 2021 年底，农业农村部共核发阿维菌素氯氰碘柳胺钠片有效批准文号 46 个。

多拉菌素注射液
Doramectin Injection

【处方】本品为多拉菌素与适宜溶剂制成。

【作用与用途】抗寄生虫类药。用于治疗家畜线虫病以及血虱、螨病等外寄生虫病。

【用法与用量】以多拉菌素计。肌内注射：一次量，每 1kg 体重，猪 0.3mg。

【休药期】猪 28d。

【工艺流程图】（举例）

多拉菌素、大豆油、油酸乙酯等→称量→浓配→粗滤→稀配→精滤→灌装压塞→轧盖→外包装→入库

【产品核发情况】截至 2021 年底，农业农村部共核发多拉菌素注射液（含不同规格）有效批准文号 101 个。

氯硝柳胺片
Niclosamide Tablets

【处方】本品为氯硝柳胺与适宜辅料制成。

【作用与用途】抗寄生虫药。用于动物绦虫病、反刍动物前后盘吸虫感染。

【用法与用量】以氯硝柳胺计。内服：一次量，每 1kg 体重，牛 40～60mg，羊 60～70mg，禽 50～60mg，犬、猫 80～100mg。

【休药期】牛、羊 28d，禽 28d。

【工艺流程图】（举例）

氯硝柳胺、蔗糖、淀粉→粉碎过筛→称量→加入黏合剂，混合、制粒→干燥→整粒→加入崩解剂、润滑剂，总混→压片→内包→外包装→入库

【产品核发情况】截至 2021 年底，农业农村部共核发氯硝柳胺片有效批准文号 25 个。

氯硝柳胺粉（水产用）
Niclosamide Powder

【处方】本品为氯硝柳胺与沸石粉配制而成。

【作用与用途】清塘药。用于杀灭养殖池塘内钉螺、椎实螺和野杂鱼等。

【用法与用量】以本品计。使用前用适量水溶解并充分稀释后，全池泼洒：每 $1m^3$ 水体，1.25g。

【休药期】500 度日。

【工艺流程图】（举例）

沸石粉→过筛→加入氯硝柳胺→混合→分装→外包装→入库

【产品核发情况】截至 2021 年底，农业农村部共核发氯硝柳胺粉（水产用）有效批准文号 9 个。

复方氯硝柳胺片
Compound Niclosamide Tablets

【处方】氯硝柳胺、盐酸左旋咪唑与适量辅料配制而成。

【作用与用途】消毒防腐药。主要用于奶牛乳房皮肤消毒剂、乳头药浴。

【用法与用量】将本品按 4 倍稀释（即 1 份药液加 3 份水），涂擦乳房皮肤及药浴乳头。挤奶前，用稀释液涂擦乳房和挤奶者的手进行消毒；挤奶后将乳头浸入稀释液 15～20s。

【休药期】无。

【工艺流程图】（举例）

氯硝柳胺、盐酸左旋咪唑、微晶纤维素→过筛→称量→加入黏合剂，混合→制粒→干燥→整粒→加入润滑剂，总混→压片→分装→外包装→入库

【产品核发情况】截至 2021 年底，农业农村部共核发复方氯硝柳胺片（含不同规格）有效批准文号 279 个。

硝氯酚片
Niclofolan Tablets

【处方】本品为硝氯酚与适宜辅料制成。

【作用与用途】抗吸虫药。用于牛、羊片形吸虫病。

【用法与用量】以硝氯酚计。内服：一次量，每 1kg 体重，黄牛 3～7mg，水牛 1～3mg，羊 3～4mg。

【休药期】牛、羊 28d。

【工艺流程图】（举例）

硝氯酚、玉米淀粉→称量→混合→加入黏合剂，制软材→制粒→干燥→整粒→加入润

滑剂，总混→压片→内分装→外包装→入库

【产品核发情况】截至 2021 年底，农业农村部共核发硝氯酚片有效批准文号 10 个。

硝氯酚伊维菌素片
Niclofolan and Ivermectin Tablets

【处方】本品为硝氯酚、伊维菌素与适宜辅料制成。

【作用与用途】驱虫药。用于驱除和杀灭牛、羊的线虫、吸虫、绦虫。

【用法与用量】以硝氯酚计。内服：一次量，每 1kg 体重，牛、羊 3mg。

【休药期】35d。

【工艺流程图】（举例）

硝氯酚、伊维菌素、淀粉等→称量→混合→加入黏合剂，制软材→制粒→干燥→整粒→加入润滑剂，总混→压片→内分装→外包装→入库

【产品核发情况】截至 2021 年底，农业农村部共核发硝氯酚伊维菌素片有效批准文号 23 个。

莫昔克丁浇泼溶液
Moxidectin Pour-on Solution

【处方】本品为莫昔克丁与适宜溶剂配制而成。

【作用与用途】抗寄生虫药。用于治疗奶牛体内线虫和虱、蝇、蛆等体外寄生虫。

【用法与用量】以莫昔克丁计。外用：沿着奶牛背脊从鬐甲到尾根倾注，每 1kg 体重 0.5mg（即每 10kg 体重用本品 1.0mL）。

【休药期】弃奶期 0d。

【工艺流程图】（举例）

莫昔克丁、辅料→称量→配液→灌装→包装→入库

【产品核发情况】截至 2021 年底，农业农村部共核发莫昔克丁浇泼溶液有效批准文号 1 个。

多菌灵片
Carbendazim Tablets

【处方】多菌灵、淀粉、滑石粉、木质素磺酸钠、陶土配制而成。

【作用与用途】抗线虫病。用于柞蚕线虫病。

【用法与用量】喷雾：按 10L 冷开水中加入多菌灵 2.1g 混匀，即将每 14 片加少量水，充分研碎后加水 15kg，柞蚕上山（树）后遇雨 7d 内喷药 1 次，喷药量以叶面布满雾滴、叶尖和叶缘有少量药液滴下为止。

【工艺流程图】（举例）

多菌灵、淀粉、滑石粉、木质素磺酸钠、陶土→称量→混配→压片→分装→外包装→入库

【产品核发情况】截至 2021 年底，农业农村部共核发多菌灵片有效批准文号 1 个。

多菌灵粉（蚕用）
Carbendazim Powder

【处方】本品为多菌灵加适宜辅料制成。

【作用与用途】苯并咪唑类驱虫药。用于治疗家蚕微粒子病。

【用法与用量】以本品计。临用前，取本品 60g，加水 15L 溶解。喷洒：每亩桑园用

本品 300g。配制成溶液均匀喷洒于桑叶，喷药后 1～5d 采桑用叶。

【休药期】无需制定。

【工艺流程图】（举例）

多菌灵、陶土等→干燥→粉碎过筛→称量→混合→分装→外包装→入库

【产品核发情况】截至 2021 年底，农业农村部共核发多菌灵粉（蚕用）（含不同规格）有效批准文号 3 个。

碘醚柳胺粉
Rafoxanide Powder

【处方】本品为碘醚柳胺加适宜辅料配制而成。

【作用与用途】抗寄生虫药。用于治疗牛、羊肝片吸虫病。

【用法与用量】以碘醚柳胺计。内服：一次量，每 1kg 体重，牛、羊 7～12mg。

【休药期】牛、羊 60d。

【工艺流程图】（举例）

碘醚柳胺、碳酸钙→称量→混合→分装→外包装→入库

【产品核发情况】截至 2021 年底，农业农村部共核发碘醚柳胺粉有效批准文号 12 个。

碘醚柳胺片
Rafoxanide Tablets

【处方】本品为碘醚柳胺与适宜辅料制成。

【作用与用途】抗寄生虫药。用于治疗牛、羊肝片吸虫病。

【用法与用量】以碘醚柳胺计。内服：一次量，每 1kg 体重，牛、羊 7～12mg。

【休药期】牛、羊 60d。

【工艺流程图】（举例）

碘醚柳胺、淀粉等→粉碎过筛→称量→配料→加入黏合剂，制粒→干燥→整粒→加入润滑剂，总混→压片→内分装→外包装→入库

【产品核发情况】截至 2021 年底，农业农村部共核发碘醚柳胺片有效批准文号 3 个。

碘醚柳胺混悬液
Rafoxanide Suspension

【处方】本品为碘醚柳胺与适宜溶剂配制而成。

【作用与用途】抗吸虫药。用于治疗牛、羊肝片吸虫病。

【用法与用量】以碘醚柳胺计。内服：一次量，每 1kg 体重，牛、羊 7～12mg。

【休药期】牛、羊 60d。

【工艺流程图】（举例）

碘醚柳胺、丙二醇、乙醇、纯化水等→称量→配液→灌装→封口→包装→入库

【产品核发情况】截至 2021 年底，农业农村部共核发碘醚柳胺混悬液有效批准文号 55 个。

三氯苯达唑片
Triclabendazole Tablets

【处方】本品为三氯苯达唑加适宜辅料制成。

【作用与用途】苯并咪唑类抗吸虫药。主要用于防治牛、羊肝片吸虫感染。

【用法与用量】以三氯苯达唑计。内服：一次量，每 1kg 体重，牛 12mg，羊 10mg。

治疗急性肝片吸虫病，应在 5 周后重复用药 1 次。

【休药期】牛、羊 56d。

【工艺流程图】（举例）

三氯苯达唑、食用玉米淀粉、轻质碳酸钙等→粉碎过筛→称量→加入黏合剂，配料→制粒干燥→整粒→加入润滑剂，总混→压片→内分装→外包装→入库

【产品核发情况】截至 2021 年底，农业农村部共核发三氯苯达唑片有效批准文号 26 个。

三氯苯达唑颗粒
Triclabendazole Granules

【处方】本品为三氯苯达唑加适宜辅料制成。

【作用与用途】苯并咪唑类抗吸虫药。主要用于防治牛、羊肝片吸虫感染。

【用法与用量】以三氯苯达唑计。内服：一次量，每 1kg 体重，牛 12mg，羊 10mg。治疗急性肝片吸虫病，应在 5 周后重复用药 1 次。

【休药期】牛、羊 56d。

【工艺流程图】（举例）

三氯苯达唑、蔗糖→称量配料→混合→加入黏合剂，制软材→制粒→干燥→整粒→内分装→外包装→入库

【产品核发情况】截至 2021 年底，农业农村部共核发三氯苯达唑颗粒有效批准文号 8 个。

吡喹酮粉
Praziquantel Powder

【处方】本品为吡喹酮与适宜辅料配制而成。

【作用与用途】抗蠕虫药。主要用于动物血吸虫病、绦虫病和囊尾蚴病。

【用法与用量】以吡喹酮计。内服：一次量，每 1kg 体重，牛、羊、猪 10～35mg，犬、猫 2.5～5mg。

【休药期】28d；弃奶期 7d。

【工艺流程图】（举例）

吡喹酮、玉米淀粉→粉碎过筛→称量→混合→分装→外包装→入库

【产品核发情况】截至 2021 年底，农业农村部共核发吡喹酮粉有效批准文号 45 个。

吡喹酮预混剂（水产用）
Praziquantel Premix

【处方】本品为吡喹酮与淀粉配制而成。

【作用与用途】抗蠕虫药。主要驱杀鱼体内棘头虫、绦虫等寄生虫。

【用法与用量】以本品计。拌饵投喂：一次量，每 1kg 体重，鱼 0.05～0.1g。每 3～4d 1 次，连续 3 次。

【休药期】500 度日。

【工艺流程图】（举例）

吡喹酮、玉米淀粉等→粉碎过筛→称量→混合→分装→外包装→入库

【产品核发情况】截至 2021 年底，农业农村部共核发吡喹酮预混剂（水产用）有效批准文号 53 个。

吡喹酮硅胶棒
Praziquantel Silastic Implants

【处方】本品为吡喹酮的灭菌硅胶棒。

【作用与用途】抗蠕虫药。本品用于预防和控制以犬为终宿主的绦虫感染（包括棘球绦虫、多头绦虫和泡状带绦虫等）。

【用法与用量】在犬上腹部体侧选择 $4cm^2$ 左右皮肤，剪毛，消毒，局部麻醉下切一1cm 左右切口，用专用植入器紧贴皮下进入后，将药棒呈扇形植入犬皮下，创口缝合即可。

使用剂量为吡喹酮每 1kg 体重 100～200mg。一般使用可按犬体重在 10kg 以下者埋 2 支，10kg 以上者埋 4 支，20kg 以上者埋 5 支。不推荐用于 4 周龄以内的幼犬。埋植 1 次后驱虫作用可维持 2 年。

【休药期】无需制定。

【工艺流程图】（举例）

医用硅胶管、吡喹酮→加工→装袋→灭菌→入库

【产品核发情况】截至 2021 年底，农业农村部共核发吡喹酮硅胶棒有效批准文号0 个。

吡喹酮片
Praziquantel Tablets

【处方】本品为吡喹酮与适宜辅料制成。

【作用与用途】抗蠕虫药。主要用于动物血吸虫病，也用于绦虫病和囊尾蚴病。

【用法与用量】以吡喹酮计。内服：一次量，每 1kg 体重，牛、羊、猪 10～35mg，犬、猫 2.5～5mg，禽 10～20mg。

【休药期】牛、禽 28d，羊 4d，猪 5d，弃奶期 7d。

【工艺流程图】（举例）

吡喹酮、淀粉→粉碎过筛→配料→加黏合剂，混合制软材→制湿粒→干燥→加入润滑剂，整粒总混→压片→分装→外包装→入库

【产品核发情况】截至 2021 年底，农业农村部共核发吡喹酮片（含不同规格）有效批准文号 207 个。

地芬尼泰混悬液
Diamfenetide Suspension

【处方】本品为地芬尼泰加适宜溶剂配制而成。

【作用与用途】抗蠕虫药。主用于驱除家畜肝片形吸虫的童虫。

【用法与用量】以地芬尼泰计。内服：一次量，每 1kg 体重，羊 100mg。

【休药期】羊 7d。

【工艺流程图】（举例）

地芬尼泰、乙醇等→称量→配液→灌装→封口→包装→入库

【产品核发情况】截至 2021 年底，农业农村部共核发地芬尼泰混悬液有效批准文号1 个。

复方非班太尔片
Compound Febantel Tablets

【处方】本品为非班太尔、吡喹酮、双羟萘酸噻嘧啶和辅料配制而成。

【作用与用途】抗蠕虫药。用于治疗宠物犬的线虫和绦虫感染，如犬弓首蛔虫、犬狮蛔虫、犬窄头钩虫、犬钩口线虫、毛首线虫、棘球绦虫、带绦虫、复孔绦虫等。

【用法与用量】以本品计。内服：一次量，每10kg体重，犬1片。

【休药期】不需要制定。

【工艺流程图】（举例）

非班太尔、吡喹酮、双羟萘酸噻嘧啶和辅料→粉碎过筛→配料→加入黏合剂，混合制软材→制湿粒→干燥→加入润滑剂，整粒总混→压片→分装→外包装→入库

【产品核发情况】截至2021年底，农业农村部共核发复方非班太尔片有效进口兽药证书2个。

7.2.2.2　抗原虫药物

抗原虫药可分为抗球虫药、抗锥虫药和抗梨形虫药。

地克珠利颗粒

Diclazuril Granules

【处方】本品为地克珠利加适宜辅料制成。

【作用与用途】抗球虫药。用于预防家禽球虫病。

【用法与用量】以本品计。混饮：每1L水，鸡0.17～0.34g。

【休药期】肉鸡5d。

【工艺流程图】（举例）

地克珠利、淀粉→粉碎过筛→称量→加入黏合剂，制粒→干燥→整粒→加入润滑剂，总混→分装→外包装→入库

【产品核发情况】截至2021年底，农业农村部共核发地克珠利颗粒有效批准文号31个。

地克珠利溶液

Diclazuril Solution

【处方】本品为地克珠利与适宜溶剂配制而成。

【作用与用途】抗球虫药。用于预防鸡球虫病。

【用法与用量】以地克珠利计。混饮：每1L水，鸡0.5～1mg。

【休药期】鸡5d。

【工艺流程图】（举例）

地克珠利、丙二醇、三乙醇胺等→称量→配料→过滤→灌装、轧盖→外包装→入库

【产品核发情况】截至2021年底，农业农村部共核发地克珠利溶液有效批准文号326个。

地克珠利预混剂

Diclazuril Premix

【处方】本品为地克珠利与豆粕粉或麸皮、淀粉配制而成。

【作用与用途】抗球虫药。用于预防禽、兔球虫病。

【用法与用量】以地克珠利计。混饲：每1000kg饲料，禽、兔1g。

【休药期】鸡5d，兔14d。

【工艺流程图】（举例）

地克珠利、豆粕粉、淀粉→称量配料→混合→分装→外包装→入库

【产品核发情况】 截至 2021 年底，农业农村部共核发地克珠利预混剂（含不同规格）有效批准文号 237 个。

地克珠利预混剂（水产用）
Diclazuril Premix

【处方】 本品为地克珠利与豆粕粉或麸皮、淀粉配制而成。

【作用与用途】 抗原虫药。用于防治鲤科鱼类黏孢子虫、碘泡虫、尾孢虫、四极虫、单极虫等孢子虫病。

【用法与用量】 以有效成分计。拌饵投喂：一日量，每 1kg 体重，鱼 2.0～2.5mg。连用 5～7 次。

【休药期】 500 度日。

【工艺流程图】（举例）

地克珠利、豆粕粉、淀粉→称量→混合→分装→外包装→入库

【产品核发情况】 截至 2021 年底，农业农村部共核发地克珠利预混剂（水产用）（含不同规格）有效批准文号 64 个。

托曲珠利混悬液
Toltrazuril Suspension

【处方】 本品为托曲珠利与适宜溶剂配制而成。

【作用与用途】 抗球虫药。用于预防犊牛和仔猪的球虫病。

【用法与用量】 以托曲珠利计。内服：一日量，每 1kg 体重，犊牛 15mg，3～5 日龄仔猪 20mg。

【休药期】 犊牛 63d；仔猪 77d。

【工艺流程图】（举例）

托曲珠利、聚乙二醇等→称量→配制→过滤→灌装→外包装→入库

【产品核发情况】 截至 2021 年底，农业农村部共核发托曲珠利混悬液有效进口兽药证书 1 个。

托曲珠利溶液
Toltrazuril Solution

【处方】 本品为托曲珠利的三乙醇胺和聚乙二醇溶液。

【作用与用途】 抗球虫药。用于防治鸡球虫病。

【用法与用量】 以托曲珠利计。混饮：每 1L 水，鸡 25mg，每天 1 次，连用 2d。

【休药期】 鸡 16d。

【工艺流程图】（举例）

托曲珠利、三乙醇胺、聚乙二醇→称量→配制→过滤→灌装→外包装→入库

【产品核发情况】 截至 2021 年底，农业农村部共核发托曲珠利溶液（含不同规格）有效批准文号 1 个。

莫能菌素预混剂
Monensin Premix

【处方】 本品为莫能菌素全发酵液与碳酸钙制备而成。

【作用与用途】 抗球虫药。用于预防鸡球虫病。

【用法与用量】 以莫能菌素计。混饲：每 1000kg 饲料，鸡 90～110g。

【休药期】鸡 5d。

【工艺流程图】（举例）

种子培养→发酵培养→加入碳酸钙→板框压滤→造粒→干燥→过筛→混合→包装→入库

【产品核发情况】截至 2021 年底，农业农村部共核发莫能菌素预混剂（含不同规格）有效批准文号 8 个。

盐霉素预混剂
Salinomycin Premix

【处方】本品为盐霉素全发酵液与碳酸钙制备而成。

【作用与用途】抗球虫药。用于预防鸡球虫病。

【用法与用量】以盐霉素计。混饲：每 1000kg 饲料，鸡 60g。

【休药期】鸡 5d。

【工艺流程图】（举例）

种子培养→发酵罐接种、培养→预处理→加入碳酸钙→菌浆液制备→喷雾制粒→混合包装→入库

【产品核发情况】截至 2021 年底，农业农村部共核发盐霉素预混剂（含不同规格）有效批准文号 12 个。

盐霉素钠预混剂
Salinomycin Sodium Premix

【处方】本品为盐霉素钠与适宜辅料配制而成。

【作用与用途】聚醚类离子载体抗球虫类。用于禽球虫病。

【用法与用量】以盐霉素计。混饲：每 1000kg 饲料，鸡 60g。

【休药期】鸡 5d。

【工艺流程图】（举例）

盐霉素钠、碳酸钙等→称量→混合→制粒→干燥→筛分、整粒→总混→分装→包装→入库

【产品核发情况】截至 2021 年底，农业农村部共核发盐霉素钠预混剂（含不同规格）有效批准文号 0 个。

甲基盐霉素预混剂
Narasin Premix

【处方】本品为甲基盐霉素发酵产物制成的颗粒与适宜的辅料配制而成。

【作用与用途】抗球虫药。用于防治鸡球虫病。

【用法与用量】以本品计。混饲：每 1000kg 饲料，鸡 600～800g。

【休药期】鸡 5d。

【工艺流程图】（举例）

种子培养→发酵罐接种、培养→预处理→加入辅料，菌浆液制备→喷雾制粒→混合包装→入库

【产品核发情况】截至 2021 年底，农业农村部共核发甲基盐霉素预混剂有效进口兽药证书 1 个。

甲基盐霉素尼卡巴嗪预混剂
Narasin and Nicarbazin Premix

【处方】本品为甲基盐霉素发酵产物和尼卡巴嗪分别制成的颗粒与米糠、玉米芯等辅料配制而成。

【作用与用途】抗球虫药。用于防治鸡球虫病。

【用法与用量】以本品计。混饲：每1000kg饲料，肉鸡375～625g。

【休药期】鸡5d。

【工艺流程图】（举例）

甲基盐霉素发酵产物和尼卡巴嗪分别制成的颗粒、米糠、玉米芯→称量→配料→混合→分装→外包装→入库

【产品核发情况】截至2021年底，农业农村部共核发甲基盐霉素尼卡巴嗪预混剂有效进口兽药证书1个。

马度米星铵预混剂
Maduramicin Ammonium Premix

【处方】本品为马度米星铵加适宜辅料配制而成。

【作用与用途】聚醚类离子载体抗球虫药。用于预防鸡球虫病。

【用法与用量】以本品计。混饲：每1000kg饲料，鸡500g。

【休药期】鸡5d。

【工艺流程图】（举例）

马度米星铵→溶解→过滤→加入玉米芯粉，混合→分装→包装→入库

【产品核发情况】截至2021年底，农业农村部共核发马度米星铵预混剂（含不同规格）有效批准文号17个。

马度米星铵尼卡巴嗪预混剂
Maduramicin Ammonium and Nicarbazin Premix

【处方】本品为马度米星铵、尼卡巴嗪与适宜辅料配制而成。

【作用与用途】抗球虫药。用于防治鸡球虫病。

【用法与用量】以本品计。混饲：每1000kg饲料，鸡500g，连用5～7d。

【休药期】鸡7d。

【工艺流程图】（举例）

马度米星铵、尼卡巴嗪、玉米淀粉、碳酸钙→配料称量→过筛→混合→分装→外包装→入库

【产品核发情况】截至2021年底，农业农村部共核发马度米星铵尼卡巴嗪预混剂有效批准文号13个。

复方马度米星铵预混剂
Compound Maduramicin Ammonium Premix

【处方】本品为马度米星铵、尼卡巴嗪与玉米芯配制而成。

【作用与用途】抗球虫药。用于防治鸡球虫病。

【用法与用量】以本品计。混饲：每1000kg饲料，鸡500g，连用5～7d。

【休药期】鸡7d。

【工艺流程图】（举例）

马度米星铵→称量→溶解→加入称量后的尼卡巴嗪、玉米芯粉→混合→分装→外包装→入库

【产品核发情况】截至 2021 年底，农业农村部共核发复方马度米星铵预混剂有效批准文号 5 个。

拉沙洛西钠预混剂
Lasalocid Sodium Premix

【处方】本品为拉沙洛西钠与玉米芯、大豆油、卵磷脂等辅料配制而成。

【作用与用途】抗生素类药。用于预防肉鸡球虫病。

【用法与用量】以拉沙洛西钠计。混饲：每 1000kg 饲料，肉鸡 75～125g。

【休药期】肉鸡 3d。

【工艺流程图】（举例）

拉沙洛西钠、玉米芯、大豆油、卵磷脂等→过筛→称量→混合→分装→外包装→入库

【产品核发情况】截至 2021 年底，农业农村部共核发拉沙洛西钠预混剂（含不同规格）有效进口兽药证书 2 个。

海南霉素钠预混剂
Hainanmycin Sodium Premix

【处方】本品为海南霉素钠与麸皮配制而成。

【作用与用途】聚醚类抗球虫药。用于防治鸡球虫病。

【用法与用量】以海南霉素计。混饲：每 1000kg 饲料，鸡 5～7.5g。

【休药期】鸡 7d。

【工艺流程图】（举例）

海南霉素钠→溶解→加入麸皮，混合→分装→外包装→入库

【产品核发情况】截至 2021 年底，农业农村部共核发海南霉素钠预混剂（含不同规格）有效批准文号 17 个。

二硝托胺预混剂
Dinitolmide Premix

【处方】本品为二硝托胺与轻质碳酸钙配制而成。

【作用与用途】二硝基类抗球虫药。用于鸡球虫病。

【用法与用量】以本品计。混饲：每 1000kg 饲料，鸡 500g。

【休药期】鸡 3d。

【工艺流程图】（举例）

二硝托胺、轻质碳酸钙→过筛→称量/配料→混合→分装→外包装→入库

【产品核发情况】截至 2021 年底，农业农村部共核发二硝托胺预混剂有效批准文号 20 个。

尼卡巴嗪预混剂
Nicarbazin Premix

【处方】本品为尼卡巴嗪与玉米粉配制而成。

【作用与用途】抗球虫药。用于预防鸡球虫病。

【用法与用量】以尼卡巴嗪计。混饲：每 1000kg 饲料，鸡 100～125g。

【休药期】鸡 4d。

【工艺流程图】（举例）

尼卡巴嗪、玉米粉→称量配料→过筛→混合→分装→外包装→入库

【产品核发情况】截至 2021 年底，农业农村部共核发尼卡巴嗪预混剂有效批准文号 4 个。

盐酸氨丙啉乙氧酰胺苯甲酯预混剂
Amprolium Hydrochloride and Ethopabate Premix

【处方】本品为盐酸氨丙啉、乙氧酰胺苯甲酯与适宜辅料配制而成。

【作用与用途】抗球虫药。用于鸡球虫病。

【用法与用量】以本品计。混饲：每 1000kg 饲料，鸡 500g。

【休药期】鸡 72h。

【工艺流程图】（举例）

盐酸氨丙啉、乙氧酰胺苯甲酯、玉米淀粉→粉碎→称量/过筛→混合→分装→外包装→入库

【产品核发情况】截至 2021 年底，农业农村部共核发盐酸氨丙啉乙氧酰胺苯甲酯预混剂有效批准文号 15 个。

盐酸氨丙啉乙氧酰胺苯甲酯磺胺喹噁啉预混剂
Amprolium Hydrochloride, Ethopabate and Sulfaquinoxaline Premix

【处方】盐酸氨丙啉、乙氧酰胺苯甲酯、磺胺喹噁啉与适宜辅料配制而成。

【作用与用途】抗球虫药。用于鸡球虫病。

【用法与用量】以本品计。混饲：每 1000kg 饲料，鸡 500g。

【休药期】鸡 7d。

【工艺流程图】（举例）

盐酸氨丙啉、乙氧酰胺苯甲酯、磺胺喹噁啉、无水葡萄糖→干燥→称量/过筛→混合→分装→外包装→入库

【产品核发情况】截至 2021 年底，农业农村部共核发盐酸氨丙啉乙氧酰胺苯甲酯磺胺喹噁啉预混剂有效批准文号 22 个。

盐酸氨丙啉乙氧酰胺苯甲酯磺胺喹噁啉可溶性粉
Amprolium Hydrochloride, Ethopabate and Sulfaquinoxaline Soluble Powder

【处方】本品为盐酸氨丙啉、乙氧酰胺苯甲酯、磺胺喹噁啉与适宜辅料配制而成。

【作用与用途】抗原虫药。用于防治鸡球虫病。

【用法与用量】以本品计。混饮：每 1L 水 0.25g，连用 5d。

【休药期】鸡 13d。

【工艺流程图】（举例）

盐酸氨丙啉、乙氧酰胺苯甲酯、磺胺喹噁啉→加入粉碎后的蔗糖→称量→混合→分装→外包装→入库

【产品核发情况】截至 2021 年底，农业农村部共核发盐酸氨丙啉乙氧酰胺苯甲酯磺胺喹噁啉可溶性粉有效批准文号 3 个。

盐酸氨丙啉磺胺喹噁啉钠可溶性粉

Amprolium Hydrochloride and Sulfaquinoxaline Sodium Soluble Powder

【处方】本品为盐酸氨丙啉、磺胺喹噁啉钠与葡萄糖等配制而成。

【作用与用途】抗球虫药。用于防治鸡球虫病。

【用法与用量】以本品计。混饮：每 1L 水，鸡 0.5g。连用 3～5d。

【休药期】鸡 7d。

【工艺流程图】（举例）

盐酸氨丙啉、磺胺喹噁啉钠、无水葡萄糖→干燥→粉碎过筛→称量→混合→分装→外包装→入库

【产品核发情况】截至 2021 年底，农业农村部共核发盐酸氨丙啉磺胺喹噁啉钠可溶性粉有效批准文号 127 个。

盐酸氯苯胍预混剂

Robenidine Hydrochloride Premix

【处方】本品为盐酸氯苯胍与适宜辅料配制而成。

【作用与用途】抗球虫药。用于鸡、兔球虫病。

【用法与用量】以本品计。混饲：每 1000kg 饲料，鸡 300～600g，兔 1000～1500g。

【休药期】鸡 5d，兔 7d。

【工艺流程图】（举例）

盐酸氯苯胍、玉米淀粉、碳酸钙→粉碎→过筛→称量→混合→分装→外包装→入库

【产品核发情况】截至 2021 年底，农业农村部共核发盐酸氯苯胍预混剂有效批准文号 35 个。

盐酸氯苯胍片

Robenidine Hydrochloride Tablets

【处方】本品为盐酸氯苯胍与适宜辅料制成。

【作用与用途】抗球虫药。用于球虫病。

【用法与用量】以盐酸氯苯胍计。内服：一次量，每 1kg 体重，鸡、兔 10～15mg。

【休药期】鸡 5d，兔 7d。

【工艺流程图】（举例）

盐酸氯苯胍、玉米淀粉→粉碎过筛→配料→加入黏合剂，混合制软材→制湿粒→干燥→加入润滑剂，整粒总混→压片→分装→外包装→入库

【产品核发情况】截至 2021 年底，农业农村部共核发盐酸氯苯胍片有效批准文号 24 个。

盐酸氯苯胍粉（水产用）

Robenidine Hydrochloride Powder

【处方】本品为盐酸氯苯胍与淀粉等配制而成。

【作用与用途】抗原虫药。用于治疗鱼类孢子虫病。

【用法与用量】以本品计。拌饵投喂：一次量，每 1kg 体重，鱼 40mg，苗种减半。连用 3～5d。

【休药期】500 度日。

【工艺流程图】（举例）

盐酸氯苯胍、玉米淀粉→称量过筛→预混合→总混→分装→外包装→入库

【产品核发情况】截至 2021 年底，农业农村部共核发盐酸氯苯胍粉（水产用）有效批准文号 44 个。

氯羟吡啶预混剂
Clopidol Premix

【处方】本品为氯羟吡啶与适宜辅料配制而成。

【作用与用途】抗球虫药。主要用于预防禽、兔球虫病。

【用法与用量】以本品计。混饲：每 1000kg 饲料，鸡 500g，兔 800g。

【休药期】鸡 5d，兔 5d。

【工艺流程图】（举例）

碳酸钙→过筛→称量→加入称量后的氯羟吡啶→混合→分装→外包装→入库

【产品核发情况】截至 2021 年底，农业农村部共核发氯羟吡啶预混剂有效批准文号 24 个。

癸氧喹酯预混剂
Decoquinate Premix

【处方】本品为癸氧喹酯与适宜辅料配制而成。

【作用与用途】抗球虫药。用于预防由各种球虫（变位、柔嫩、巨型、堆型、毒害和布氏艾美耳球虫等）引起的鸡球虫病。

【用法与用量】以本品计。混饲：每 1000kg 饲料，肉鸡 453g，连用 7~14d。

【休药期】鸡 5d。

【工艺流程图】（举例）

癸氧喹酯、无水葡萄糖等→粉碎→称量→混合→分装→外包装→入库

【产品核发情况】截至 2021 年底，农业农村部共核发癸氧喹酯预混剂有效批准文号 80 个。

癸氧喹酯干混悬剂
Decoquinate Dry Suspension

【处方】本品为癸氧喹酯与适宜辅料配制而成。

【作用与用途】抗球虫药。用于预防鸡球虫病。

【用法与用量】以癸氧喹酯计。混饮：每 1L 水，鸡 15~30mg，连用 7d。

【休药期】鸡 5d。

【工艺流程图】（举例）

癸氧喹酯、无水葡萄糖等→干燥→粉碎→过筛→称量→预混→总混→分装→外包装→入库

【产品核发情况】截至 2021 年底，农业农村部共核发癸氧喹酯干混悬剂（含不同规格）有效批准文号 4 个。

磺胺喹噁啉钠可溶性粉
Sulfaquinoxaline Sodium Soluble Powder

【处方】本品为磺胺喹噁啉钠与适宜辅料配制而成。

【作用与用途】磺胺类抗球虫药。用于球虫病。

【用法与用量】以磺胺喹噁啉钠计。混饮：每 1L 水，鸡 0.3~0.5g。

【休药期】鸡 10d。

【工艺流程图】（举例）

磺胺喹噁啉钠、无水葡萄糖→称量配料→混合→分装→外包装→入库

【产品核发情况】截至 2021 年底，农业农村部共核发磺胺喹噁啉钠可溶性粉（含不同规格）有效批准文号 301 个。

磺胺喹噁啉钠溶液
Sulfaquinoxaline Sodium Solution

【处方】本品为磺胺喹噁啉钠与适宜溶剂配制而成。

【作用与用途】抗球虫药。用于治疗鸡球虫病。

【用法与用量】以本品计。混饮：每 1L 水，鸡 5～10mL。连用 3～5d。

【休药期】鸡 10d。

【工艺流程图】（举例）

磺胺喹噁啉钠、纯化水→称量→配液→过滤→灌装、旋盖→外包装→入库

【产品核发情况】截至 2021 年底，农业农村部共核发磺胺喹噁啉钠溶液有效批准文号 18 个。

复方磺胺喹噁啉钠可溶性粉
Compound Sulfaquinoxaline Sodium Soluble Powder

【处方】本品为磺胺喹噁啉钠、甲氧苄啶与葡萄糖等配制而成。

【作用与用途】抗球虫药。用于治疗鸡球虫病。

【用法与用量】以本品计。混饮：每 1L 水，鸡 1g。连用 3～5d。

【休药期】鸡 10d。

【工艺流程图】（举例）

磺胺喹噁啉钠、甲氧苄啶、无水葡萄糖→称量配料→混合→分装→外包装→入库

【产品核发情况】截至 2021 年底，农业农村部共核发复方磺胺喹噁啉钠可溶性粉有效批准文号 35 个。

复方磺胺喹噁啉溶液
Compound Sulfaquinoxaline Solution

【处方】本品为磺胺喹噁啉、甲氧苄啶与适宜溶剂配制而成。

【作用与用途】抗球虫药。用于治疗鸡球虫病。

【用法与用量】以本品计。混饮：每 1L 水，鸡 1～2mL。连用 3～5d。

【休药期】鸡 10d。

【工艺流程图】（举例）

磺胺喹噁啉、甲氧苄啶、丙二醇、纯化水等→称量→配液→过滤→灌装、旋盖→外包装→入库

【产品核发情况】截至 2021 年底，农业农村部共核发复方磺胺喹噁啉溶液有效批准文号 19 个。

磺胺喹噁啉二甲氧苄啶预混剂
Sulfaquinoxaline and Diaveridine Premix

【处方】本品为磺胺喹噁啉、二甲氧苄啶与适宜辅料配制而成。

【作用与用途】磺胺类抗球虫药。用于鸡球虫病。

【用法与用量】以本品计。混饲：每 1000kg 饲料，鸡 500g。

【休药期】鸡 10d。

【工艺流程图】（举例）

磺胺喹噁啉、二甲氧苄啶、玉米淀粉→过筛→称量/配料→混合→分装→外包装→入库

【产品核发情况】截至 2021 年底，农业农村部共核发磺胺喹噁啉二甲氧苄啶预混剂有效批准文号 18 个。

磺胺氯吡嗪钠可溶性粉
Sulfachloropyrazine Sodium Soluble Powder

【处方】本品为磺胺氯吡嗪钠与适宜辅料配制而成。

【作用与用途】磺胺类抗球虫药。用于鸡球虫病。

【用法与用量】以本品计。混饲：每 1000kg 饲料，鸡 500g。

【休药期】鸡 10d。

【工艺流程图】（举例）

磺胺氯吡嗪钠、无水葡萄糖→称量/配料→混合→分装→外包装→入库

【产品核发情况】截至 2021 年底，农业农村部共核发磺胺氯吡嗪钠可溶性粉（含不同规格）有效批准文号 626 个。

磺胺氯吡嗪钠可溶性粉（赛鸽用）
Sulfachloropyrazin Sodium Soluble Powder

【处方】本品为磺胺氯吡嗪钠与乳糖配制而成。

【作用与用途】抗球虫药。用于治疗赛鸽球虫病。

【用法与用量】以磺胺氯吡嗪钠计。混饮：每 1L 饮水，赛鸽 0.75g。连用 5d。

【休药期】无需制定。

【工艺流程图】（举例）

磺胺氯吡嗪钠、乳糖→称量/配料→混合→分装→外包装→入库

【产品核发情况】截至 2021 年底，农业农村部共核发磺胺氯吡嗪钠可溶性粉（赛鸽用）有效批准文号 7 个。

磺胺氯吡嗪钠胶囊（赛鸽用）
Sulfachloropyrazin Sodium Capsules

【处方】本品为磺胺氯吡嗪钠与适宜辅料配制而成。

【作用与用途】抗球虫药。用于治疗赛鸽的球虫病。

【用法与用量】以本品计。内服：胶囊蘸水塞入，赛鸽，每羽每次 1～2 粒。每日 2 次，连用 3～5d。

【休药期】无需制定。

【工艺流程图】（举例）

磺胺氯吡嗪钠、淀粉→干燥→粉碎过筛→称量→混合→分装→外包装→入库

【产品核发情况】截至 2021 年底，农业农村部共核发磺胺氯吡嗪钠胶囊（赛鸽用）有效批准文号 10 个。

磺胺氯吡嗪钠二甲氧苄啶溶液
Sulfachloropyrazin Sodium and Diaveridine Solution

【处方】本品为磺胺氯吡嗪钠、二甲氧苄啶与适宜溶剂配制而成。

【作用与用途】磺胺抗球虫药。用于鸡球虫病。

【用法与用量】以本品计。混饮：每 1L 水，鸡 1.0～2.0mL，连用 3～5d。

【休药期】鸡 10d。

【工艺流程图】（举例）

磺胺氯吡嗪钠、二甲氧苄啶、三乙醇胺等→称量→配液→过滤→灌装、旋盖→外包装→入库

【产品核发情况】截至 2021 年底，农业农村部共核发磺胺氯吡嗪钠二甲氧苄啶溶液有效批准文号 1 个。

<h3 style="text-align:center">复方磺胺氯吡嗪钠预混剂</h3>
<h3 style="text-align:center">Compound Sulfachloropyrazin Sodium Premix</h3>

【处方】本品为磺胺氯吡嗪钠、二甲氧苄啶与葡萄糖配制而成。

【作用与用途】抗球虫药。用于治疗鸡球虫病、鸡霍乱及伤寒病。

【用法与用量】以本品计。混饲：每 1000kg 饲料，鸡 2kg。连用 3d。

【休药期】火鸡 4d，肉鸡 1d。

【工艺流程图】（举例）

磺胺氯吡嗪钠、二甲氧苄啶、葡萄糖→干燥→粉碎过筛→称量→混合→分装→外包装→入库

【产品核发情况】截至 2021 年底，农业农村部共核发复方磺胺氯吡嗪钠预混剂有效批准文号 30 个。

<h3 style="text-align:center">磺胺氯吡嗪钠甲氧苄啶可溶性粉</h3>
<h3 style="text-align:center">Sulfachloropyrazine Sodium and Trimethoprim Soluble Powder</h3>

【处方】本品为磺胺氯吡嗪钠、甲氧苄啶与适宜辅料配制而成。

【作用与用途】抗球虫药。用于治疗鸡球虫病。

【用法与用量】以本品计。混饮：每 1L 水，鸡 1～1.5g，连用 3～5d。

【休药期】鸡 9d。

【工艺流程图】（举例）

聚乙二醇→熔融→加入甲氧苄啶，搅拌→冷却固化→加入粉碎过筛后的磺胺氯吡嗪钠、葡萄糖，混合→分装→外包装→入库

【产品核发情况】截至 2021 年底，农业农村部共核发磺胺氯吡嗪钠甲氧苄啶可溶性粉有效批准文号 2 个。

<h3 style="text-align:center">注射用三氮脒</h3>
<h3 style="text-align:center">Diminazene Aceturate for Injection</h3>

【处方】本品成分为三氮脒。

【作用与用途】抗原虫药。用于家畜巴贝斯梨形虫病、泰勒梨形虫病、伊氏锥虫病和媾疫锥虫病。

【用法与用量】以三氮脒计。肌内注射：一次量，每 1kg 体重，马 3～4mg，牛、羊 3～5mg。临用前配成 5%～7% 溶液。

【休药期】牛、羊 28d；弃奶期 7d。

【工艺流程图】（举例）

三氮脒→检查→分装上塞→轧盖→包装→入库

【产品核发情况】截至 2021 年底，农业农村部共核发注射用三氮脒（含不同规格）有

效批准文号 90 个。

注射用喹嘧胺
Quinapyramine for Injection

【处方】本品为喹嘧氯胺与甲硫喹嘧啶（4∶3）混合的无菌粉末。

【作用与用途】抗锥虫药。用于家畜锥虫病。

【用法与用量】以有效成分计。肌内、皮下注射：一次量，每 1kg 体重，马、牛、骆驼 4～5mg。临用前配成 10% 水悬液。

【休药期】牛、羊 28d；弃奶期 7d。

【工艺流程图】（举例）

喹嘧氯胺、甲硫喹嘧啶→混合→分装上塞→轧盖→包装→入库

【产品核发情况】截至 2021 年底，农业农村部共核发注射用喹嘧胺有效批准文号 0 个。

青蒿琥酯片
Artesunate Tablets

【处方】本品为青蒿琥酯与适宜辅料制成。

【作用与用途】抗原虫药。主用于牛泰勒梨形虫病。

【用法与用量】内服：一次量，每 1kg 体重，牛 5mg，首次量加倍。每天 2 次，连用 2～4d。

【休药期】无需制定。

【工艺流程图】（举例）

青蒿琥酯、玉米淀粉→粉碎过筛→配料→加入黏合剂，混合制软材→制湿粒→干燥→加入润滑剂，整粒总混→压片→分装→外包装→入库

【产品核发情况】截至 2021 年底，农业农村部共核发青蒿琥酯片有效批准文号 4 个。

盐酸吖啶黄注射液
Acriflavine Hydrochloride Injection

【处方】本品为盐酸吖啶黄的灭菌水溶液。

【作用与用途】抗原虫药。用于梨形虫病。

【用法与用量】静脉注射：常用量，一次量，每 1kg 体重，马、牛 3～4mg，羊、猪 3mg。极量，一次量，马、牛 2g，羊、猪 0.5g。

【休药期】无需制定。

【工艺流程图】（举例）

盐酸吖啶黄、辅料等→称量→浓配→粗滤→稀配→精滤→灌装→封口→灭菌、检漏→灯检→外包装→入库

【产品核发情况】截至 2021 年底，农业农村部共核发盐酸吖啶黄注射液（含不同规格）有效批准文号 71 个。

二嗪农溶液
Dimpylate Solution

【处方】本品为二嗪农与乳化剂和适宜溶剂配制而成的溶液。

【作用与用途】杀虫药。用于驱杀家畜的体表寄生虫蜱、螨、虱。

【用法与用量】药浴。

绵羊，初液 1mL 加水 1000mL（25％规格）或 1mL 加水 2400mL（60％规格），补充液 3mL 加水 1000mL（25％规格）或 1mL 加水 800mL（60％规格）。

牛，初液 1mL 加水 400mL（25％规格）或 1mL 加水 1000mL（60％规格），补充液 6mL 加水 1000mL（25％规格）或 1mL 加水 400mL（60％规格）。

【休药期】牛、羊 14d；弃奶期 72h。

【工艺流程图】（举例）

二嗪农、二甲苯、乳化剂→称量→配制→灌装→外包装→入库

【产品核发情况】截至 2021 年底，农业农村部共核发二嗪农溶液（含不同规格）有效批准文号 54 个。

二嗪农项圈
Dimpylate Collar

【处方】本品为二嗪农、其他辅料制成的项圈。

【作用与用途】有机磷类杀虫药。用于驱灭犬、猫体表的蚤、虱。

【用法与用量】犬、猫，一次 1 条，使用期 4 个月。将项圈套于犬、猫颈部，以能插入一指头之空隙为其松紧度，剪去多余的部分。

【休药期】无需制定。

【工艺流程图】（举例）

聚氯乙烯→加热→混合→冷却→加入二嗪农、大豆油等→混合→乳化→切割→包装

【产品核发情况】截至 2021 年底，农业农村部共核发二嗪农项圈有效批准文号 0 个。

巴胺磷溶液
Propetamphose Solution

【处方】本品为巴胺磷加适量的乳化剂制成的溶液。

【作用与用途】杀虫药。用于杀灭绵羊体外寄生虫螨、虱、蜱等。

【用法与用量】以本品计。药浴或喷淋：每 1000L 水，羊 500mL。

【休药期】羊 14d。

【工艺流程图】（举例）

巴胺磷、二甲苯、乳化剂→称量→配制→灌装→外包装→入库

【产品核发情况】截至 2021 年底，农业农村部共核发巴胺磷溶液有效批准文号 6 个。

蝇毒磷溶液
Coumafos Solution

【处方】本品为蝇毒磷加乳化剂和溶剂配制而成。

【作用与用途】杀虫药。用于防治牛皮蝇蛆、蜱、螨、虱和蝇等体外寄生虫病。

【用法与用量】以蝇毒磷计。外用：牛、羊，配成 0.02％～0.05％的乳剂。

【休药期】28d。

【工艺流程图】（举例）

蝇毒磷、乳化剂、二甲苯→称量→配制→灌装、旋盖→外包装→入库

【产品核发情况】截至 2021 年底，农业农村部共核发蝇毒磷溶液（含不同规格）有效批准文号 9 个。

蝇毒磷溶液（蚕用）
Coumafos Solution

【处方】本品为蝇毒磷与适宜溶剂配制而成。

【作用与用途】杀虫药。用于杀灭柞蚕体内寄生的蝇蛆。

【用法与用量】以蝇毒磷计。临用前，配成 0.02%～0.05% 药液。药浴：老眠起 5～8d 内，将蚕连同剪下的少量枝叶，在配好的药液中浸 10s。

【休药期】无需制定。

【工艺流程图】（举例）

蝇毒磷、二甲苯、乳化剂→称量→配制→灌装、旋盖→外包装→入库

【产品核发情况】截至 2021 年底，农业农村部共核发蝇毒磷溶液（蚕用）有效批准文号 1 个。

精制马拉硫磷溶液
Purified Malathion Solution

【处方】本品为精制马拉硫磷与乳化剂等配制而成。

【作用与用途】杀虫药。用于杀灭体外寄生虫。

【用法与用量】药浴或喷雾：家畜。配成 0.2%～0.3% 水溶液。

【休药期】28d。

【工艺流程图】（举例）

精制马拉硫磷→称配→加入丙二醇、三乙醇胺，配液→过滤→灌装→外包装→入库

【产品核发情况】截至 2021 年底，农业农村部共核发精制马拉硫磷溶液（含不同规格）有效批准文号 46 个。

敌敌畏项圈
Dichlorvos Collar

【处方】本品为敌敌畏与其他辅料制成的项圈。

【作用与用途】有机磷类杀虫药。用于驱杀犬、猫体表的蚤和虱。

【用法与用量】将项圈系在猫、犬颈部。每只犬、猫 1 条，使用期 2 个月。

【休药期】无需制定。

【工艺流程图】（举例）

聚氯乙烯→加热→混合→冷却→加入敌敌畏等，混合→乳化→切割→包装

【产品核发情况】截至 2021 年底，农业农村部共核发敌敌畏项圈（含不同规格）有效批准文号 0 个。

辛硫磷浇泼溶液
Phoxim Pour-on Solution

【处方】本品为辛硫磷的异丙醇溶液。

【作用与用途】有机磷酸酯类杀虫药。用于驱杀猪螨、虱、蜱等体外寄生虫。

【用法与用量】以辛硫磷计。外用：每 1kg 体重，猪 30mg。沿猪脊背从两耳根浇洒到尾根（耳部感染严重者，可在每侧耳内另外浇洒 75mg）。

【休药期】猪 14d。

【工艺流程图】（举例）

辛硫磷、异丙醇→称量→配制→灌装→外包装→入库

【产品核发情况】截至 2021 年底，农业农村部共核发辛硫磷浇泼溶液有效批准文号 58 个。

辛硫磷溶液（水产用）
Phoxim Solution

【处方】本品为辛硫磷加适宜的乳化剂和溶剂制成的溶液。

【作用与用途】有机磷类杀虫药。用于杀灭或驱除寄生于青鱼、草鱼、鲢、鳙、鲤、鲫和鳊等鱼体上的中华鳋、锚头鳋、鲺、鱼虱、三代虫、指环虫、线虫等寄生虫。

【用法与用量】以辛硫磷计。将本品用水充分稀释后，全池均匀泼洒：每 $1m^3$ 水体，$0.01\sim0.012g$。

【休药期】500 度日。

【工艺流程图】（举例）

辛硫磷、二甲苯、乳化剂→称量→配制→灌装→外包装→入库

【产品核发情况】截至 2021 年底，农业农村部共核发辛硫磷溶液（水产用）（含不同规格）有效批准文号 209 个。

甲基吡啶磷可湿性粉-50
Azamethiphos Wettable Powder 50

【处方】本品为甲基吡啶磷与适宜辅料配制而成。

【作用与用途】杀虫药。用于控制动物厩舍内蝇等昆虫。

【用法与用量】涂布：取本品 50g 与糖 200g 加温水适量调成糊状，每 $200m^2$ 涂 30 点。

【休药期】无需制定。

【工艺流程图】（举例）

甲基吡啶磷、白陶土、二氧化硅→称量→混合→分装→外包装→入库

【产品核发情况】截至 2021 年底，农业农村部共核发甲基吡啶磷可湿性粉-50 有效批准文号 2 个。

甲基吡啶磷可湿性粉-10
Azamethiphos Wettable Powder 10

【处方】本品为甲基吡啶磷可湿性粉-50、9-二十三碳烯与糖混合配制而成。

【作用与用途】杀虫药。用于控制动物厩舍内蝇等昆虫。

【用法与用量】涂布：取本品 250g 充分混合于 200mL 温水中调成糊状，每 $200m^2$ 涂 30 点。

【休药期】无需制定。

【工艺流程图】（举例）

甲基吡啶磷可湿性粉-50、9-二十三碳烯、无水葡萄糖→过筛→混合→分装→外包装→入库

【产品核发情况】截至 2021 年底，农业农村部共核发甲基吡啶磷可湿性粉-10 有效批准文号 6 个。

氰戊菊酯溶液
Fenvalerate Solution

【处方】本品为氰戊菊酯加适量的乳化剂制成的溶液。

【作用与用途】杀虫药。用于驱杀畜禽外寄生虫，如蜱、虱、蚤等。

【用法与用量】（1）5％规格：喷雾，加水以 1：（250～500）倍稀释。（2）20％规格：喷雾，加水以 1：（1000～2000）倍稀释。

【休药期】28d。

【工艺流程图】（举例）

氰戊菊酯、二甲苯、乙醇等→称量→配制→灌装→外包装→入库

【产品核发情况】截至 2021 年底，农业农村部共核发氰戊菊酯溶液（含不同规格）有

效批准文号 74 个。

氰戊菊酯溶液（水产用）
Fenvalerate Solution

【处方】本品为氰戊菊酯加适宜的乳化剂制成的溶液。

【作用与用途】杀虫药。用于杀灭或驱除养殖青鱼、草鱼、鲢、鳙、鲫、鳊、黄鳝、鳜和鲇等鱼类水体及体表锚头鳋、中华鳋、鱼虱、鲺、三代虫、指环虫等寄生虫。

【用法与用量】以氰戊菊酯计。使用时将本品用水充分稀释。全池均匀泼洒：一次量，在水温 $15\sim25℃$ 时，每 $1m^3$ 水体，1.5mg；在水温 25℃ 以上时，每 $1m^3$ 水体，3mg。病情严重可隔日重复使用 1 次。

【休药期】500 度日。

【工艺流程图】（举例）

氰戊菊酯、二甲苯、乳化剂→称量→配制→灌装→外包装→入库

【产品核发情况】截至 2021 年底，农业农村部共核发氰戊菊酯溶液（水产用）（含不同规格）有效批准文号 86 个。

溴氰菊酯溶液（水产用）
Deltamethrin Solution

【处方】本品为溴氰菊酯加适宜的乳化剂和溶剂制成的溶液。

【作用与用途】杀虫药。用于杀灭或驱除养殖青鱼、草鱼、鲢、鳙、鲫、鳊、黄鳝、鳜和鲇等鱼类水体及体表猫头鳋、中华鳋、鱼虱、鲺、三代虫、指环虫等寄生虫。

【用法与用量】以溴氰菊酯计。全池均匀泼洒：使用时将本品用水充分稀释后，一次量，每 $1m^3$ 水体 $0.15\sim0.22$mg。

【休药期】500 度日。

【工艺流程图】（举例）

溴氰菊酯、二甲苯、乳化剂→称量→配制→灌装→外包装→入库

【产品核发情况】截至 2021 年底，农业农村部共核发溴氰菊酯溶液（水产用）（含不同规格）有效批准文号 95 个。

溴氰菊酯溶液
Deltamethrin Solution

【处方】本品为溴氰菊酯加乳化剂与稳定剂配制而成的溶液。

【作用与用途】拟除虫菊酯类杀虫药。防治牛、羊体外寄生虫病，如疥螨、蜱、虱、蝇和蛆等。

【用法与用量】以溴氰菊酯计。药浴：每 1L 水，牛、羊 $5\sim15$mg（预防），$30\sim50$mg（治疗）。

【休药期】28d。

【工艺流程图】（举例）

溴氰菊酯、乳化剂、溶剂→称量→配制→灌装→外包装→入库

【产品核发情况】截至 2021 年底，农业农村部共核发溴氰菊酯溶液有效批准文号 1 个。

氟胺氰菊酯条
Fluvalinate Strip

【处方】本品为含有氟胺氰菊酯的聚氯乙烯树脂条。

【作用与用途】杀虫剂。用于防治蜂螨。

【用法与用量】以对角线悬挂于巢框间，每1巢框2条，悬挂3周。

【工艺流程图】（举例）

氟胺氰菊酯、乳化剂等→配料→乳化→加入PVC，制条→内包装→外包装→入库

【产品核发情况】截至2021年底，农业农村部共核发氟胺氰菊酯条有效批准文号8个。

高效氯氰菊酯溶液（水产用）
Beta-Cypermethrin Solution

【处方】本品为高效氯氰菊酯加适宜乳化剂和溶剂等制成。

【作用与用途】杀虫药。用于杀灭寄生于青鱼、草鱼、鲢、鳙、鲤、鲫、鳊等鱼体上的中华鳋、猫头鳋、鱼鲺、三代虫、指环虫等寄生虫。

【用法与用量】以本品计。使用前用2000倍水稀释后，全池均匀泼洒：每1m³水体，0.02～0.03mL。

【休药期】500度日。

【工艺流程图】（举例）

高效氯氰菊酯、乳化剂、溶剂→称量→配制→灌装→外包装→入库

【产品核发情况】截至2021年底，农业农村部共核发高效氯氰菊酯溶液（水产用）有效批准文号109个。

复方升华硫粉
Compound Sublimed Sulfur Powder

【处方】本品为升华硫、精制敌百虫加适宜辅料配制而成。

【作用与用途】杀虫药。用于杀灭大、小蜂螨。

【用法与用量】喷撒。每脾每次用2g，4d 1次，3次为一疗程。使用时拧下喷瓶外盖，挤压喷瓶，使药粉呈细雾状斜喷于蜂脾，也可以从蜂路喷治。

【休药期】流蜜前20d。

【工艺流程图】（举例）

升华硫、精制敌百虫、滑石粉→干燥→粉碎过筛→称量/配料→混合→分装→外包装→入库

【产品核发情况】截至2021年底，农业农村部共核发复方升华硫粉有效批准文号7个。

环丙氨嗪预混剂
Cyromazine Premix

【处方】本品为环丙氨嗪与二氧化硅、白陶土等配制而成。

【作用与用途】杀蝇药。用于控制动物厩舍内蝇幼虫的繁殖。

【用法与用量】以环丙氨嗪计。混饲：每1000kg饲料，鸡5g。连用4～6周。

【休药期】鸡3d。

【工艺流程图】（举例）

环丙氨嗪、二氧化硅、白陶土等→称量/配料→混合→分装→外包装→入库

【产品核发情况】截至2021年底，农业农村部共核发环丙氨嗪预混剂（含不同规格）有效批准文号272个。

双甲脒溶液
Amitraz Solution

【处方】本品为双甲脒加适宜的乳化剂和溶剂等制成。

【作用与用途】杀虫药。主用于杀螨，亦用于杀灭蜱、虱等外寄生虫。

【用法与用量】以双甲脒计。药浴、喷洒或涂擦：配成 0.025％～0.05％的溶液；喷雾：蜜蜂，配成 0.1％的溶液，1000mL 用于 200 框蜂。

【休药期】牛、羊 21d，猪 8d。

【工艺流程图】（举例）

双甲脒、乳化剂、稳定剂、溶剂→称量→配制→灌装→外包装→入库

【产品核发情况】截至 2021 年底，农业农村部共核发双甲脒溶液有效批准文号 69 个。

双甲脒项圈
Amitraz Collar

【处方】本品为双甲脒、适宜辅料制成的项圈。

【作用与用途】体外杀虫药。用于驱杀犬体表寄生虫，如蠕形螨等。

【用法与用量】每只犬 1 条，驱蜱使用期 4 个月，驱蠕形螨使用期 1 个月。将项圈套于犬颈部，以能插入一指头之空隙为其松紧度，剪去多余的部分。用于治疗犬蠕形螨时，若需继续治疗须每月更换一次项圈以彻底治疗并防止伤口复发。

【休药期】无需制定。

【工艺流程图】（举例）

聚氯乙烯→加热→混合→冷却→加入双甲脒等，混合→乳化→切割→包装

【产品核发情况】截至 2021 年底，农业农村部共核发双甲脒项圈有效批准文号 0 个。

非泼罗尼滴剂
Fipronil Spot-on Solution

【处方】本品为非泼罗尼加适宜辅料配制而成。

【作用与用途】杀虫药。用于驱杀犬、猫体表跳蚤和犬虱。

【用法与用量】外用，滴于皮肤：每只动物，猫 0.5mL；犬体重 10kg 以下用 0.67mL，体重 10～20kg 用 1.34mL，体重 20～40kg 用 2.68mL，体重 40kg 以上用 4.02mL。

【休药期】无。

【工艺流程图】（举例）

非泼罗尼、辅料→称量→配制→灌装→外包装→入库

【产品核发情况】截至 2021 年底，农业农村部共核发非泼罗尼滴剂（含不同规格）有效批准文号 41 个。

非泼罗尼喷雾剂
Fipronil Spray

【处方】本品为非泼罗尼的异丙醇溶液。

【作用与用途】杀虫药。用于驱杀犬跳蚤等体外寄生虫。

【用法与用量】喷雾，喷于犬的毛发。每 1kg 体重，犬 3～6mL（本品喷量为 0.5mL/喷次，每 1kg 体重约需喷 6～12 次）。

【休药期】无。

非泼罗尼、异丙醇等→称量→配液→灌装→外包装→入库

【产品核发情况】截至 2021 年底，农业农村部共核发非泼罗尼喷雾剂有效批准文号 2 个。

复方非泼罗尼滴剂（猫用）

Compound Fipronil Spot-on Solution for Cats

【处方】本品由非泼罗尼、甲氧普烯与适量的溶剂配制而成。

【作用与用途】杀虫药。用于驱杀猫体表的成年跳蚤，跳蚤卵、幼虫。

【用法与用量】外用：滴于皮肤，每只猫使用 0.5mL（一管）。

【休药期】不需要制定。

【工艺流程图】（举例）

非泼罗尼、甲氧普烯、溶剂等→称量→配液→过滤→灌装封尾→外包装→入库

【产品核发情况】截至 2021 年底，农业农村部共核发复方非泼罗尼滴剂（猫用）有效进口兽药证书 1 个。

复方非泼罗尼滴剂（犬用）

Compound Fipronil Spot-on Solution for Dogs

【处方】本品由非泼罗尼、甲氧普烯与适量的溶剂配制而成。

【作用与用途】杀虫药。用于驱杀犬体表的成年跳蚤，跳蚤卵、幼虫和蜱。

【用法与用量】外用：滴于皮肤。体重 10kg 以下的犬使用 0.67mL（一管）；体重 10～20kg 的犬使用 1.34mL（一管）；体重 20～40kg 的犬使用 2.68mL（一管）；体重 40～60kg 的犬使用 4.02mL（一管）；体重 60kg 以上的犬使用 4.02mL（一管）加另一相应小管。

【休药期】不需要制定。

【工艺流程图】（举例）

非泼罗尼、甲氧普烯、辅料→称量→配液→过滤→灌装封尾→外包装→入库

【产品核发情况】截至 2021 年底，农业农村部共核发复方非泼罗尼滴剂（犬用）有效进口兽药证书 2 个。

非泼罗尼甲氧普烯双甲脒滴剂

Fipronil，Methoprene and Amitraz Spot-on Solution

【处方】本品为非泼罗尼、甲氧普烯、双甲脒加适宜辅料配制而成。

【作用与用途】杀虫药。可快速驱杀犬体表的蜱、跳蚤（成虫及幼虫）、虱子、疥螨，可以预防蜱和跳蚤作为媒介的传染性疾病。

【用法与用量】外用。分开犬颈背部毛发，沿犬背部分两点将双腔滴管中 A、B 溶液同时涂于颈背部皮肤。体重 2～10kg 的犬使用 1.07mL；体重 10～20kg 的犬使用 2.14mL；体重 20～40kg 的犬使用 4.28mL；体重 40～60kg 的犬使用 6.42mL。

【休药期】无。

【工艺流程图】（举例）

非泼罗尼、甲氧普烯、双甲脒、辅料→称量→配液→过滤→灌装封尾→外包装→入库

【产品核发情况】截至 2021 年底，农业农村部共核发非泼罗尼甲氧普烯双甲脒滴剂（含不同规格）有效进口兽药证书 0 个。

烯啶虫胺片

Nitenpyram Tablets

【处方】本品为烯啶虫胺加适宜辅料制成。

【作用与用途】杀虫药。用于杀灭寄生于犬、猫体表的跳蚤。

【用法与用量】内服给药，可同食物一起喂食，也可单独喂服。当有跳蚤寄生时，猫和体重 1～11kg 的小型犬，规格 11.4mg 用药 1 片；体重在 11.1～57kg 的犬，规格 57mg 用药 1 片；体重超过 57kg 的犬，规格 57mg 用药 2 片。若跳蚤寄生严重，则每日用药或每隔 1d 重复用药 1 次，直到跳蚤得到控制。如果跳蚤重新出现，应再次用药。

【休药期】无需制定。

【工艺流程图】（举例）

烯啶虫胺、辅料→粉碎过筛→配料→加入黏合剂，制软材→制粒→干燥→加入润滑剂，整粒总混→压片→分装→外包装→入库

【产品核发情况】截至 2021 年底，农业农村部共核发烯啶虫胺片（含不同规格）有效进口兽药证书 2 个。

吡虫啉滴剂
Imidacloprid Spot-on Solution

【处方】本品为吡虫啉与二丁基羟基甲苯等适宜辅料制成的溶液。

【作用与用途】抗体外寄生虫药。用于预防和治疗犬、猫的跳蚤感染，治疗犬的咬虱（犬啮毛虱）感染。

【用法与用量】外用。手持滴管，保持管口向上，取下盖子，将盖子倒转，插入管口，旋转盖子，将封口打开后取下盖子。分开被毛，将滴管前端抵住皮肤，适当挤出药液到皮肤上。具体用法与用量见表 7-6。

表 7-6　吡虫啉滴剂用法与用量

动物	体重/kg	适用产品	使用方法
犬	<4	0.4mL	取本品 1 支，滴于犬背部肩胛骨之间
	4～10	1.0mL	取本品 1 支，滴于犬背部肩胛骨之间
	10～25	2.5mL	取本品 1 支，滴于犬背部肩胛骨之间
	25～40	4.0mL	取本品 1 支，滴于犬背部，从肩胛至尾基部，平分 3～4 个点给药
	≥40	4.0mL	取本品 1 支，滴于犬背部，从肩胛至尾基部，平分 3～4 个点给药
猫	<4	0.4mL	取本品 1 支，滴于头后颈部
	≥4	0.8mL	取本品 1 支，滴于头后颈部

使用 1 次，对跳蚤的有效作用，犬可维持 4 周，猫可维持 3～4 周。

【休药期】不需要制定。

【工艺流程图】（举例）

吡虫啉、二丁基羟基甲苯等辅料→称量→配液→灌装封尾→外包装→入库

【产品核发情况】截至 2021 年底，农业农村部共核发吡虫啉滴剂（含不同规格）有效批准文号 0 个。

二氯苯醚菊酯吡虫啉滴剂
Permethrin and Imidacloprid Spot-on Solution

【处方】本品系由二氯苯醚菊酯、吡虫啉与适宜溶剂制成的溶液。

【作用与用途】抗体外寄生虫药。用于预防和治疗犬体表蚤、蜱、虱的寄生，抑制白蛉、厩蝇和蚊子的叮咬，并可用作辅助治疗因蚤引起的过敏性皮炎。

【用法与用量】仅供皮肤外用。推荐使用的最小剂量：每 1kg 体重，吡虫啉 10mg 和二氯苯醚菊酯 50mg。用药时犬应保持容易使用本品的姿势。分开犬毛至皮肤，将滴管前

段抵住皮肤，挤出适量药液，最后用毛覆盖用药部位。具体用法与用量见表 7-7。

表 7-7　二氯苯醚菊酯吡虫啉滴剂用法与用量

犬体重/kg	规格	使用方法
≤4	0.4mL	取本品 1 支,滴于犬背部肩胛骨之间
4～10	1.0mL	取本品 1 支,滴于犬背部肩胛骨之间
10～25	2.5mL	取本品 1 支,滴于犬背部肩胛骨中间、后背臀部中间和前两点连线中间分两点,分四点给药
25～50	4.0mL	取本品 1 支,滴于犬背部肩胛骨中间、后背臀部中间和前两点连线中间分两点,分四点给药
≥50	4.0mL	取本品 2 支,滴于犬背部肩胛骨中间、后背臀部中间和前两点连线中间分两点,分四点给药

预防或治疗期间，每月使用 1 次，可维持至少 1 个月有效。

【休药期】无需制定。

【工艺流程图】（举例）

二氯苯醚菊酯、吡虫啉、溶剂等→称量→配液→灌装封尾→外包装→入库

【产品核发情况】截至 2021 年底，农业农村部共核发二氯苯醚菊酯吡虫啉滴剂（含不同规格）有效批准文号 5 个。

赛拉菌素滴剂
Selamectin Spot-on Solution

【处方】本品为赛拉菌素与异丙醇等配制而成。

【作用与用途】抗寄生虫药。犬：用于治疗和预防跳蚤（栉首蚤属）感染；预防心丝虫病；治疗虱（啮毛虱）、螨（耳螨、疥螨）和成熟蛔虫（犬弓首蛔虫）感染。

猫：用于治疗和预防跳蚤（栉首蚤属）感染；预防心丝虫病；治疗虱（猫羽虱）、螨（耳螨）和成熟蛔虫（猫弓首蛔虫）、成熟肠钩虫（管形钩虫）感染。

【用法与用量】以赛拉菌素计。外用：一次量，每 1kg 体重，犬、猫 6mg，每月一次。

犬/猫跳蚤感染：在整个跳蚤发病季节每月给药 1 次，第一次给药的时间在跳蚤活跃之前。

犬/猫心丝虫病：可以全年给药，或者至少在动物首次与蚊子接触后一个月内给药，随后每个月给药 1 次，直到蚊虫季节结束。最后一次给药必须在最后与蚊子接触后一个月内给药。

犬/猫蛔虫感染、虱感染：仅用 1 次。

猫钩虫感染、耳螨：仅用 1 次。

犬疥螨感染：为完全清除疥螨，连用 2 次。

犬耳螨：使用 1 次后，兽医检查评估后决定是否使用第二次。

使用时，用力向下按压管盖，刺透药管的密封处，移走管盖，给动物用药。将动物颈背后肩胛骨前部的毛发分开，暴露皮肤；使药管的尖端直接接触动物皮肤，挤压药管将整管药液挤到一处皮肤上，不需按摩用药部位，勿用于破损皮肤。按表 7-8 和表 7-9 所述经皮肤外用。

表 7-8　猫的赛拉菌素滴剂用法用量表

体重/kg	包装颜色	每管药量/mg	药物浓度/（mg/mL）	使用量（使用包装规格）/mL
≤2.5	紫红色	15	60	0.25
2.6～7.5	蓝色	45	60	0.75
>7.5			选用合适的 2 管或 2 管以上药液合用	

表 7-9　犬的赛拉菌素滴剂用法用量表

体重/kg	包装颜色	每管药量/mg	药物浓度/(mg/mL)	使用量(使用包装规格)/mL
≤2.5	紫红色	15	60	0.25
2.6～5.0	紫色	30	120	0.25
5.1～10.0	棕色	60	120	0.5
10.1～20.0	红色	120	120	1.0
20.1～40.0	水鸭绿色	240	120	2.0
>40		选用合适的 2 管或 2 管以上药液合用		

【休药期】无需制定。

【工艺流程图】(举例)

赛拉菌素、异丙醇等→称量→配液→灌装封尾→外包装→入库

【产品核发情况】截至 2021 年底，农业农村部共核发赛拉菌素滴剂有效进口兽药证书 2 个。

吡虫啉莫昔克丁滴剂（猫用）
Imidacloprid and Moxidectin Spot-on Solution（for Cats）

【处方】本品为吡虫啉、莫昔克丁与苯甲醇等适宜辅料制成的溶液。

【作用与用途】抗寄生虫药。用于预防和治疗猫体内、外寄生虫感染。预防和治疗跳蚤感染（猫栉首蚤），治疗耳螨感染（耳痒螨），治疗胃肠道线虫感染（猫弓首蛔虫和管形钩口线虫的成虫、未成熟成虫和 L4 期幼虫），预防心丝虫病（犬恶丝虫的 L3 和 L4 期幼虫）。并可辅助治疗因跳蚤引起的过敏性皮炎。

【用法与用量】以本品计。外用：一次量，猫，每 1kg 体重，猫 0.1mL。预防或治疗期间，每月给药 1 次。为防止舔舐，仅限于猫头后颈部皮肤给药。具体用法与用量见表 7-10。

表 7-10　吡虫啉莫昔克丁滴剂（猫用）用法与用量

猫体重/kg	适用产品的类型	体积/mL	吡虫啉剂量/(mg/kg)	莫昔克丁剂量/(mg/kg)
<4	爱沃克滴剂 小猫用	0.4	不低于 10	不低于 1
4～8	爱沃克滴剂 大猫用	0.8	10～20	1～2
>8	将合适规格的产品组合使用			

预防和治疗跳蚤感染：1 次给药可以在 4 周内防止跳蚤再次感染。环境中已经存在的蚤蛹可在 6 周或更长时间孵化，用药时长取决于当地气候。为了切断跳蚤在自然环境中的生活史，使用本品应与环境处理相结合。

治疗耳螨感染：单次给药，给药后 30d 经兽医检查评估后决定是否需要第二次给药。

预防心丝虫病：对于生活在或经过犬恶丝虫流行区域的猫，可全年或在蚊子（中间宿主，携带、传播心丝虫幼虫）活动季节前一个月使用本品，每月 1 次，直至蚊子活动结束后的一个月。为确定治疗方案，建议最好在每月的同一日给药。当用本品替换其他心丝虫预防产品时，首次使用应在其他药物最后一次给药后的一个月内进行。

【休药期】无需制定。

【工艺流程图】(举例)

吡虫啉、莫昔克丁、苯甲醇等→称量→配液→灌装封尾→外包装→入库

【产品核发情况】截至 2021 年底，农业农村部共核发吡虫啉莫昔克丁滴剂（猫用）（含不同规格）有效批准文号 2 个。

吡虫啉莫昔克丁滴剂（犬用）
Imidacloprid and Moxidectin Spot-on Solution（for Dogs）

【处方】本品为吡虫啉、莫昔克丁与苯甲醇等适宜辅料制成的溶液。

【作用与用途】抗寄生虫药。用于预防和治疗犬的体内、外寄生虫感染。预防和治疗跳蚤感染（猫栉首蚤），治疗虱感染（犬啮毛虱），治疗耳螨感染（耳痒螨）、犬疥螨病（疥螨）和蠕形螨病（犬蠕形螨），治疗血管圆线虫和胃肠道线虫感染（犬弓首蛔虫、犬钩口线虫和狭头钩虫的成虫、未成熟成虫和 L4 期幼虫，狮弓蛔虫和狐毛首线虫的成虫），预防心丝虫病（犬恶丝虫的 L3 和 L4 期幼虫），治疗循环微丝蚴（犬恶丝虫）。并可辅助治疗因跳蚤引起的过敏性皮炎。

【用法与用量】以本品计。外用：一次量，犬 0.1mL。预防或治疗期间，每月给药 1 次。为防止犬舔舐，可将本品滴于犬背两肩胛骨之间到臀部的皮肤上，可分 3～4 处滴加。具体用法与用量见表 7-11。

表 7-11　吡虫啉莫昔克丁滴剂（犬用）用法与用量

犬体重/kg	适用产品的类型	体积/mL	吡虫啉剂量/(mg/kg)	莫昔克丁剂量/(mg/kg)
<4	爱沃克滴剂 小型犬用	0.4	不低于 10	不低于 2.5
4～10	爱沃克滴剂 中型犬用	1.0	10～25	2.5～6.25
10～25	爱沃克滴剂 大型犬用	2.5	10～25	2.5～6.25
25～40	爱沃克滴剂 超大型犬用	4.0	10～16	2.5～4
>40	将合适规格的产品组合使用			

预防和治疗跳蚤感染：1 次给药可以在 4 周内防止跳蚤再次感染。环境中已经存在的蚤蛹可在 6 周或更长时间孵化，用药时长取决于当地气候。为了切断跳蚤在自然环境中的生活史，使用本品应与环境处理相结合。

治疗虱感染：单次给药，给药后 30d 经兽医检查评估后决定是否需要第二次给药。

治疗耳螨感染：单次给药，给药前应将外耳道内疏松的耳屑去除。给药后 30d 经兽医检查评估后决定是否需要第二次给药。

治疗疥螨感染：每隔 4 周给药 1 次，连用 2 次。

治疗蠕形螨感染：每隔 4 周给药 1 次，连用 2～4 个月可有效防治犬蠕形螨病的发生，并明显改善临床症状；对于重度感染可能需要更长和更频繁的治疗，根据兽医检查可 1 周使用本品 1 次，使用更长时间。在所有情况下，治疗应持续至至少连续 2 个月皮肤皮屑为正常。2 个月治疗后未改善或螨的数量未减少的犬应停止使用，在兽医的指导下给予其他药物治疗。因为蠕形螨病是一种多因素引发的疾病，如果有可能，应对潜在的疾病进行治疗。

治疗血管圆线虫感染：单次给药，给药后 30d 经兽医检查评估后决定是否需要第二次给药。在流行区域常规每月给药可以预防血管圆线虫蚴移行症和血管圆线虫的明显感染。

预防心丝虫病：对于生活在或经过犬恶丝虫流行区域的犬，可全年或在蚊子（中间宿主，携带、传播心丝虫幼虫）活动季节前一个月使用本品，每月 1 次，直至蚊子活动结束后的一个月。为确定治疗方案，建议最好在每月的同一日给药。当用本品替换其他心丝虫预防产品时，首次使用应在其他药物最后一次给药后的一个月内进行。

治疗循环微丝蚴：每月给药 1 次，连用 2 次。

【休药期】无需制定。

【工艺流程图】（举例）

吡虫啉、莫昔克丁、苯甲醇等→称量→配液→灌装封尾→外包装→入库

【产品核发情况】截至 2021 年底，农业农村部共核发吡虫啉莫昔克丁滴剂（犬用）（含不同规格）有效进口兽药证书 4 个。

吡虫啉氟氯苯氰菊酯项圈
Imidacloprid and Flumethrin Collar

【处方】本品为吡虫啉、氟氯苯氰菊酯与聚氯乙烯等适宜辅料制成的项圈。

【作用与用途】抗体外寄生虫药。猫：用于预防和治疗跳蚤（猫栉首蚤）感染，作用可达 7～8 个月；抑制幼蚤发育，保护动物周围环境可达 8 个月；用于辅助治疗跳蚤引起的过敏性皮炎。对蜱有持续的杀灭作用（篦子硬蜱、血红扇头蜱、网纹革蜱）和驱避作用（篦子硬蜱、血红扇头蜱），作用达 8 个月；对蜱幼虫、若虫和成虫也有效；间接预防血红扇头蜱传播的犬巴贝斯虫和犬埃利希体感染，减少其患病风险，作用达 7 个月。用于治疗犬咬虱或嚼虱（犬啮毛虱）感染。减少利什曼原虫（由白蛉传播）的感染风险，作用达 8 个月。

在治疗前已有蜱感染的猫、犬，佩戴项圈后 48h 内仍可见蜱附着。建议在佩戴项圈时去除已附着蜱。项圈佩戴 2d 后可预防新感染蜱虫。

【用法与用量】外用：将项圈系于猫、犬颈部。使用前，从密封袋中直接取出项圈，展开，确保连接处无残留塑料。将项圈系在动物颈部，调节项圈长度，项圈和颈部之间可插入两指为宜，穿过扣环后保留 2cm，其余部分剪掉。每只动物 1 条，持续佩戴 8 个月。具体用法与用量见表 7-12。

表 7-12　吡虫啉氟氯苯氰菊酯项圈用法与用量

适用动物	适用产品的类型	吡虫啉剂量/g	氟氯苯氰菊酯剂量/g
猫和≤8kg 犬	小型项圈 12.5g（长 38cm）	1.25	0.56
>8kg 犬	大型项圈 45g（长 70cm）	4.50	2.03

如有必要，定期检查项圈并适当调节长度，尤其在幼猫、幼犬的快速生长期内。该项圈基于安全闭合机理设计。猫一旦受困，动物本身的力量足以扩大项圈，快速脱险。

【休药期】无需制定。

【工艺流程图】（举例）

增塑剂预混物→混合、加热→加入加热后的吡虫啉等→混合、冷却→注射成型→外包装→入库

【产品核发情况】截至 2021 年底，农业农村部共核发吡虫啉氟氯苯氰菊酯项圈（含不同规格）有效进口兽药证书 0 个。

氟雷拉纳咀嚼片
Fluralaner Chewable Tablets

【处方】本品为氟雷拉纳加适宜辅料制成。

【作用与用途】抗寄生虫药。用于治疗犬体表的跳蚤和蜱感染，还可辅助治疗因跳蚤引起的过敏性皮炎。

【用法与用量】以本品计。内服：犬按照表 7-13 中的体重范围给药，每 12 周给药 1 次。

表 7-13　氟雷拉纳咀嚼片给药信息

犬体重/kg	规格	数量
2～4.5	112.5mg/片	
4.5～10	250mg/片	1
10～20	500mg/片	1
20～40	1000mg/片	1
40～56	1400mg/片	1
>56	选择合适的规格组合使用	

【休药期】无需制定。

【工艺流程图】（举例）

氟雷拉纳及辅料→称量配料→加入黏合剂，混合制粒→干燥→整粒→加入润滑剂，总混→压片→内包装→外包装→入库

【产品核发情况】截至 2021 年底，农业农村部共核发氟雷拉纳咀嚼片（含不同规格）有效进口兽药证书 5 个。

沙罗拉纳咀嚼片
Sarolaner Chewable Tablets

【处方】本品为沙罗拉纳加适宜辅料配制而成。

【作用与用途】异噁唑啉类抗寄生虫药。用于预防和治疗犬跳蚤感染，治疗和控制犬蜱感染。

【用法与用量】以沙罗拉纳计。口服：每 1kg 体重，犬 2mg，每月 1 次。根据当地情况，在跳蚤、蜱虫流行季节持续给药（具体详见说明书）。

【休药期】不需要制定。

【工艺流程图】（举例）

沙罗拉纳及辅料→粉碎过筛→配料→加入黏合剂，混合制软材→制湿粒→干燥→加入润滑剂，整粒总混→压片→分装→外包装→入库

【产品核发情况】截至 2021 年底，农业农村部共核发沙罗拉纳咀嚼片（含不同规格）有效进口兽药证书 6 个。

阿福拉纳咀嚼片
Afoxolaner Chewable Tablets

【处方】本品为阿福拉纳加适宜辅料制成。

【作用与用途】用于治疗犬跳蚤（猫栉首蚤和犬栉首蚤）感染，治疗犬蜱虫（网纹革蜱、篦子硬蜱、六角硬蜱、血红扇头蜱）感染。

【用法与用量】以阿福拉纳计。内服：犬按照表 7-14 根据体重给药，应确保给药剂量范围为 2.7～7.0mg/kg。根据当地的流行病学情况，在跳蚤和/或蜱虫流行季节，每月给药 1 次。

表 7-14　阿福拉纳咀嚼片给药信息

犬体重/kg	咀嚼片规格及用量			
	11.3mg	28.3mg	68mg	136mg
2～4	1 片			
4～10		1 片		
10～25			1 片	
25～50				1 片
＞50	选择合适的规格组合给药			

【休药期】无需制定。

【工艺流程图】（举例）

阿福拉纳、玉米淀粉等辅料→配料→混合→压片→烘干→分装→外包装→入库

【产品核发情况】截至 2021 年底，农业农村部共核发阿福拉纳咀嚼片（含不同规格）有效进口兽药证书 4 个。

阿福拉纳米尔贝肟咀嚼片

Afoxolaner and Milbemycin Oxime Chewable Tablets

【处方】本品为阿福拉纳、米尔贝肟加适宜辅料制成。

【作用与用途】抗寄生虫药。用于治疗犬跳蚤、蜱感染，同时预防犬心丝虫感染和/或治疗胃肠道线虫感染。

【用法与用量】内服：犬按照表 7-15 体重范围给药，每月给药 1 次。

表 7-15　阿福拉纳米尔贝肟咀嚼片给药信息

咀嚼片规格	犬体重与使用咀嚼片的数量				
	2～3.5kg	3.5～7.5kg	7.5～15kg	15～30kg	30～60kg
1mg	1 片				
2mg		1 片			
3mg			1 片		
4mg				1 片	
5mg					1 片
	体重在 60kg 以上的犬，可以组合使用不同规格的咀嚼片				

【休药期】无需制定。

【工艺流程图】（举例）

阿福拉纳、米尔贝肟、辅料→配料→混合→压片→烘干→分装→外包装→入库

【产品核发情况】截至 2021 年底，农业农村部共核发阿福拉纳米尔贝肟咀嚼片（含不同规格）有效进口兽药证书 5 个。

7.2.3　解热镇痛抗炎药

7.2.3.1　非甾体解热镇痛抗炎药

解热镇痛抗炎药，又称非甾体类抗炎药，是一类具有退热、减轻局部钝痛和抗炎、抗风湿作用的药物。

按化学结构可分为苯胺类（对乙酰氨基酚）、吡唑酮类（氨基比林，安乃近等）和有机酸类（阿司匹林）等。各类药物均有镇痛作用，对于炎性疼痛，吲哚类和芬那酸类的效果好，吡唑酮类和水杨酸类次之；在解热和抗炎作用上，苯胺类、吡唑酮类和水杨酸类解热作用较好；阿司匹林、吡唑酮类和吲哚类的抗炎、抗风湿作用较强，其中阿司匹林疗效确实、不良反应少，为抗风湿首选药。苯胺类几乎无抗风湿作用。

阿司匹林片

Aspirin Tablets

【处方】本品为阿司匹林、玉米淀粉、硬脂酸镁等加适宜辅料制成。

【作用与用途】解热镇痛抗炎药。用于发热性疾患、肌肉痛、关节痛。

【用法与用量】以阿司匹林计。内服：一次量，马、牛 15～30g，羊、猪 1～3g，犬 0.2～1g。

【休药期】无需制定。

【工艺流程图】（举例）

阿司西林、玉米淀粉、硬脂酸镁等→称量配料→加入黏合剂→制粒→干燥→整粒→加

入润滑剂→总混→压片→分装→包装→入库

【产品核发情况】截至 2021 年底，农业农村部共核发阿司匹林片（含不同规格）有效批准文号 17 个。

对乙酰氨基酚片
Paracetamol Tablets

【处方】本品为对乙酰氨基酚、淀粉、硬脂酸镁等加适宜辅料配制而成。

【作用与用途】解热镇痛药。用于发热、肌肉痛、关节痛和风湿症。

【用法与用量】以对乙酰氨基酚计。内服：一次量，马、牛 10～20g，羊 1～4g，猪 1～2g，犬 0.1～1g。

【休药期】无需制定。

【工艺流程图】（举例）

对乙酰氨基酚、淀粉、硬脂酸镁→称量配料→加入黏合剂→制粒→干燥→整粒→加入润滑剂→总混→压片→分装→包装→入库

【产品核发情况】截至 2021 年底，农业农村部共核发对乙酰氨基酚片（含不同规格）有效批准文号 19 个。

对乙酰氨基酚注射液
Paracetamol Injection

【处方】本品为对乙酰氨基酚与适量的稳定剂和助溶剂配制而成的灭菌水溶液。

【作用与用途】解热镇痛药。用于发热、肌肉痛、关节痛和风湿症。

【用法与用量】以对乙酰氨基酚计。肌内注射：一次量，马、牛 5～10g，羊 0.5～2g，猪 0.5～1g，犬 0.1～0.5g。

【休药期】无需制定。

【工艺流程图】（举例）

对乙酰氨基酚、注射用水、丙二醇、二甲基甲酰胺→称量→浓配→稀配→精滤→灌装→封口→灭菌→灯检→包装→入库

【产品核发情况】截至 2021 年底，农业农村部共核发对乙酰氨基酚注射液（含不同规格）有效批准文号 157 个。

安乃近片
Metamizole Sodium Tablets

【处方】本品由安乃近、淀粉、硬脂酸镁等加适宜辅料配制而成。

【作用与用途】解热镇痛抗炎药。用于肌肉痛、风湿症、发热性疾患和疝痛等。

【用法与用量】以安乃近计。内服：一次量，马、牛 4～12g，羊、猪 2～5g，犬 0.5～1g。

【休药期】牛、羊、猪 28d；弃奶期 7d。

【工艺流程图】（举例）

安乃近、淀粉、硬脂酸镁→称量配料→加入黏合剂→制粒→干燥→整粒→加入润滑剂→总混→压片→分装→包装→入库

【产品核发情况】截至 2021 年底，农业农村部共核发安乃近片（含不同规格）有效批准文号 19 个。

安乃近注射液
Metamizole Sodium Injection

【处方】本品为安乃近与适量助溶剂和稳定剂配制而成的灭菌水溶液。

【作用与用途】解热镇痛抗炎药。用于肌肉痛、风湿症、发热性疾患和疝痛等。

【用法与用量】以安乃近计。肌内注射：一次量，马、牛 3～10g，羊 1～2g，猪 1～3g，犬 0.3～0.6g。

【休药期】牛、羊、猪 28d；弃奶期 7d。

【工艺流程图】（举例）

安乃近、乙二胺四乙酸二钠、焦亚硫酸钠→称量→加入注射用水→浓配→稀配→精滤→灌装→封口→灭菌→灯检→包装→入库

【产品核发情况】截至 2021 年底，农业农村部共核发安乃近注射液（含不同规格）有效批准文号 260 个。

安痛定注射液
Antondine Injection

【处方】本品为氨基比林、安替比林、巴比妥、乙二胺四乙酸二钠制成的灭菌水溶液。

氨基比林 50g，安替比林 20g，巴比妥 9g，乙二胺四乙酸二钠 0.1g，注射用水适量，制成 1000mL。

【作用与用途】解热镇痛抗炎药。用于发热性疾患、关节痛、肌肉痛和风湿症等。

【用法与用量】以本品计。肌内或皮下注射：一次量，马、牛 20～50mL，羊、猪 5～10mL。

【休药期】牛、羊、猪 28d；弃奶期 7d。

【工艺流程图】（举例）

氨基比林、安替比林、巴比妥、乙二胺四乙酸二钠→称量→加入注射用水→浓配→稀配→精滤→灌装→封口→灭菌→灯检→包装→入库

【产品核发情况】截至 2021 年底，农业农村部共核发安痛定注射液（含不同规格）有效批准文号 90 个。

复方氨基比林注射液
Compound Aminophenazone Injection

【处方】本品为氨基比林、巴比妥、甘油、乙醇制成的灭菌水溶液。

氨基比林 71.5g，巴比妥 28.5g，甘油 150mL，乙醇 230mL，注射用水适量，制成 1000mL。

【作用与用途】解热镇痛药。主要用于马、牛、羊、猪等动物的解热和抗风湿，也可用于马属动物的疝痛，但镇痛效果较差。

【用法与用量】肌内、皮下注射：一次量，马、牛 20～50mL，羊、猪 5～10mL。

【休药期】牛、羊、猪 28d；弃奶期 7d。

【工艺流程图】（举例）

氨基比林、巴比妥、乙醇、甘油→称量→加入注射用水→浓配→稀配→精滤→灌装→封口→灭菌→灯检→包装→入库

【产品核发情况】截至 2021 年底，农业农村部共核发复方氨基比林注射液（含不同规格）有效批准文号 92 个。

萘普生片
Naproxen Tablets

【处方】本品为萘普生与淀粉、硬脂酸镁等加适宜辅料制成。

【作用与用途】解热镇痛抗炎药。用于肌炎、软组织炎症疼痛所致的跛行和关节炎等。

【用法与用量】以萘普生计。内服：一次量，每 1kg 体重，马 5～10mg，犬 2～5mg。

【休药期】无需制定。

【工艺流程图】（举例）

萘普生、硬脂酸镁、淀粉→称量配料→加入黏合剂→制粒→干燥→整粒→加入润滑剂→总混→压片→分装→包装→入库

【产品核发情况】截至 2021 年底，农业农村部共核发萘普生片（含不同规格）有效批准文号 11 个。

萘普生注射液
Naproxen Injection

【处方】本品为萘普生与适宜助溶剂制成的灭菌水溶液。

【作用与用途】解热镇痛抗炎药。用于肌炎、软组织疼痛所致的跛行和关节炎等。

【用法与用量】以萘普生计。静脉注射：一次量，每 1kg 体重，马 5mg。

【休药期】无需制定。

【工艺流程图】（举例）

萘普生、丙二醇→称量→加入注射用水→浓配→稀配→精滤→灌装→封口→灭菌→灯检→包装→入库

【产品核发情况】截至 2021 年底，农业农村部共核发萘普生注射液（含不同规格）有效批准文号 136 个。

氟尼辛葡甲胺注射液
Flunixin Meglumine Injection

【处方】本品为氟尼辛葡甲胺与适宜助溶剂制成的灭菌水溶液。

【作用与用途】解热镇痛抗炎药。用于家畜及小动物发热性、炎症性疾患、肌肉痛和软组织痛等。

【用法与用量】以氟尼辛计。肌内、静脉注射：一次量，每 1kg 体重，肉牛、猪 2mg，犬、猫 1～2mg；每天 1～2 次，连用不超过 5d。

【休药期】牛、猪 28d。

【工艺流程图】（举例）

氟尼辛葡甲胺、无水亚硫酸钠→称量→加入注射用水→浓配→稀配→精滤→灌装→封口→灭菌→灯检→包装→入库

【产品核发情况】截至 2021 年底，农业农村部共核发氟尼辛葡甲胺注射液（含不同规格）有效批准文号 446 个。

氟尼辛葡甲胺颗粒
Flunixin Meglumine Granules

【处方】本品为氟尼辛葡甲胺与适宜辅料制成。

【作用与用途】解热镇痛抗炎药。用于小动物发热性、炎症性疾患、肌肉痛和软组织痛等。

【用法与用量】以氟尼辛计。内服：一次量，每 1kg 体重，犬、猫 2mg；每天 1～2 次，连用不超过 5d。

【休药期】无需制定。

【工艺流程图】（举例）

氟尼辛葡甲胺、糊精、蔗糖→称量配料→加入黏合剂→制粒→干燥→整粒→加入润滑剂→总混→分装→包装→入库

【产品核发情况】截至 2021 年底，农业农村部共核发氟尼辛葡甲胺颗粒（含不同规格）有效批准文号 149 个。

美洛昔康注射液
Meloxicam Injection

【处方】本品为美洛昔康与适宜辅料制成的灭菌水溶液。

【作用与用途】解热镇痛非甾体类抗炎药。犬：用于缓解急慢性肌肉骨骼疾病引起的炎症和疼痛，以及骨科或者软组织手术后疼痛及炎症。猫：用于缓解卵巢子宫切除术和小型软组织手术的术后疼痛。

【用法与用量】以美洛昔康计。犬：静脉或者皮下注射，一次量，每 1kg 体重，0.2mg（即每 1kg 体重 0.04mL）；猫：皮下注射，一次量，每 1kg 体重 0.3mg（即每 1kg 体重 0.06mL）。

【休药期】无需制定。

【工艺流程图】（举例）

美洛昔康→称量→加入注射用水→浓配→稀配→精滤→灌装→封口→灭菌→灯检→包装→入库

【产品核发情况】截至 2021 年底，农业农村部共核发美洛昔康注射液（含不同规格）有效批准文号 4 个。

水杨酸钠注射液
Meloxicam Injection

【处方】本品为水杨酸钠与适宜辅料制成的灭菌水溶液。

【作用与用途】解热镇痛药。用于风湿症等。

【用法与用量】以水杨酸钠计。静脉注射：一次量，马、牛 10～30g，羊、猪 2～5g，犬 0.1～0.5g。

【休药期】无需制定。

【工艺流程图】（举例）

水杨酸钠→称量→加入注射用水→浓配→稀配→精滤→灌装→封口→灭菌→灯检→包装→入库

【产品核发情况】截至 2021 年底，农业农村部共核发水杨酸钠注射液（含不同规格）有效批准文号 30 个。

卡巴匹林钙粉
Carbasalate Calcium Powder

【处方】本品为卡巴匹林钙与乳糖等加适宜辅料制成。

【作用与用途】解热镇痛抗炎药。用于控制猪、鸡的发热和疼痛。

【用法与用量】以卡巴匹林钙计。内服：一次量，每 1kg 体重，猪 40mg，鸡 40～80mg。

【休药期】猪 0d，鸡 0d。

【工艺流程图】（举例）

卡巴匹林钙、乳糖→称量配料→混合→分装→包装→入库

【产品核发情况】截至 2021 年底，农业农村部共核发卡巴匹林钙粉（含不同规格）有效批准文号 319 个。

非罗考昔咀嚼片
Firocoxib Chewable Tablets

【处方】本品为非罗考昔与适宜辅料制成。

【作用与用途】非甾体类抗炎药。用于缓解犬骨关节炎及临床手术等引起的疼痛和炎症。

【用法与用量】以非罗考昔计。内服：每1kg体重，犬5mg，每日一次。用于缓解临床手术等引起的疼痛和炎症时，动物可在手术前约2h开始给药，连续给药3d，可根据兽医的建议按相同剂量继续用药。具体见表7-16。

表7-16 非罗考昔咀嚼片给药信息

犬体重/kg	非罗考昔片(57mg)/片	非罗考昔片(227mg)/片
3.0～5.5	0.5	
5.6～10	1	
10.1～15	1.5	
15.1～22		0.5
22.1～45		1
45.1～68		1.5
68.1～90		2

【休药期】无需制定。

【工艺流程图】（举例）

非罗考昔→称量配料→加入黏合剂→制粒→干燥→整粒→加入润滑剂→总混→压片→分装→包装→入库

【产品核发情况】截至2021年底，农业农村部共核发非罗考昔咀嚼片（含不同规格）有效批准文号0个。

维他昔布咀嚼片
Vitacoxib Chewable Tablets

【处方】本品为维他昔布与适宜的辅料制成。

【作用与用途】解热镇痛抗炎药。用于治疗犬围手术期及临床手术等引起的炎症和疼痛。用于治疗猫围手术期及临床手术等引起的炎症和疼痛。

【用法与用量】以维他昔布计。内服：犬，每1kg体重，2mg，每日1次。建议饲喂食物后给药，术前及术后可连续给药7d。内服：每1kg体重，猫1mg，每日1次。术前及术后可连续给药3d。犬具体推荐使用剂量见表7-17。

表7-17 维他昔布咀嚼片给药信息

犬体重/kg	8mg 片剂		20mg 片剂		30mg 片剂	
	数量/片	剂量/mg	数量/片	剂量/mg	数量/片	剂量/mg
2～2.5	0.5	4				
2.5～4	1	8				
4～6	1.5	12				
6～8	2	16				
5～10			1	20		
10～15			1.5	30		
15～20			2	40		
4～7.5					0.5	15
7.5～15					1	30
15～22.5					1.5	45
22.5～30					2	60
30～37.5					2.5	75
37.5～45					3	90

【休药期】猪0d，鸡0d。

【工艺流程图】（举例）

维他昔布、乳糖→称量配料→加入黏合剂→制粒→干燥→整粒→加入润滑剂→总混→压片→分装→包装→入库

【产品核发情况】 截至 2021 年底，农业农村部共核发维他昔布咀嚼片（含不同规格）有效批准文号 4 个。

双氯芬酸钠注射液
Diclofenac Sodium Injection

【处方】 本品为双氯氛酸钠与适宜助溶剂制成的灭菌水溶液。

【作用与用途】 非甾体类解热镇痛抗炎药。辅助治疗奶牛临床型乳腺炎引起的发热。

【用法与用量】 肌内注射：每 1kg 体重，奶牛 2.2mg，每日 1 次，连用 3d。

【休药期】 牛 19d；弃奶期 144h。

【工艺流程图】（举例）

双氯氛酸钠、对乙酰氨基酚→称量→加入注射用水→浓配→稀配→精滤→灌装→封口→灭菌→灯检→包装→入库

【产品核发情况】 截至 2021 年底，农业农村部共核发双氯芬酸钠注射液（含不同规格）有效批准文号 14 个。

托芬那酸注射液
Tolfenamic Acid Injection

【处方】 本品为托芬那酸与适宜的助溶剂制成的灭菌水溶液。

【作用与用途】 非甾体类抗炎药。用于治疗犬的骨骼-关节和肌肉-骨骼系统疾病引起的炎症和疼痛；用于治疗猫发热综合征。

【用法与用量】 以托芬那酸计。肌内注射（皮下注射）：每 1kg 体重，犬 4mg；必要时可在 48h 后重复注射一次。皮下注射：每 1kg 体重，猫 4mg；必要时可在 48h 后重复注射一次。

【休药期】 无需制定。

【工艺流程图】（举例）

托芬那酸、苯甲醇、二乙二醇单乙醚→称量→加入注射用水→浓配→稀配→精滤→灌装→封口→灭菌→灯检→包装→入库

【产品核发情况】 截至 2021 年底，农业农村部共核发托芬那酸注射液（含不同规格）有效批准文号 3 个。

卡洛芬咀嚼片
Carprofen Chewable Tablets

【处方】 本品为卡洛芬与适宜辅料制成。

【作用与用途】 非甾体类抗炎药。用于缓解犬骨关节炎引起的疼痛和炎症，用于软组织和骨外科手术的术后镇痛。

【用法与用量】 以卡洛芬计。内服：每 1kg 体重，犬 4.4mg，每天 1 次；或每 1kg 体重，犬 2.2mg，每天 2 次。

【休药期】 无需制定。

【工艺流程图】（举例）

卡洛芬→称量配料→加入黏合剂→制粒→干燥→整粒→加入润滑剂→总混→压片→分装→包装→入库

【产品核发情况】截至 2021 年底，农业农村部共核发卡洛芬咀嚼片（含不同规格）有效批准文号 0 个。

卡洛芬注射液
Carprofen Injection

【处方】本品为卡洛芬与适宜的助溶剂制成的灭菌混悬液。

【作用与用途】非甾体类抗炎药。用于缓解犬骨关节炎引起的疼痛和炎症，用于软组织和骨外科手术的术后镇痛。

【用法与用量】以卡洛芬计。皮下注射：每 1kg 体重，犬 4.4mg，每天 1 次；或每 1kg 体重，犬 2.2mg，每天 2 次。

【休药期】无需制定。

【工艺流程图】（举例）

卡洛芬→称量→加入注射用水→浓配→稀配→精滤→灌装→封口→灭菌→灯检→包装→入库

【产品核发情况】截至 2021 年底，农业农村部共核发卡洛芬注射液（含不同规格）有效批准文号 0 个。

西米考昔片
Cimicoxib Tablets

【处方】本品为西米考昔与适宜的辅料制成。

【作用与用途】非甾体类解热镇痛抗炎药。用于犬进行整形外科手术和软组织手术前后的止痛；用于犬关节炎的止痛和消炎。

【用法与用量】以西米考昔计。内服，每 1kg 体重，犬 2mg。每天 1 次，用于整形外科手术或软组织手术前后的止痛时，手术前 2h 使用一次，手术后连续使用 3～7d；用于关节炎的止痛和消炎时，连用 90d。推荐给药规格和片数如表 7-18。

表 7-18　西米考昔片推荐给药规格和数量

犬体重/kg	8mg 西米考昔片用量/片	30mg 西米考昔片用量/片
2	1/2	
3	1	
4	1	
5		1/3
6	1+1/2	
7～8	2	
9～11	2+1/2	
12	3	
13～17		1
18～22		1+1/3
23～28		1+2/3
29～33		2
34～38		2+1/3
39～43		2+2/3
44～48		3
49～54		3+1/3
55～68		3+2/3

【休药期】无需制定。

【工艺流程图】（举例）

西米考昔→称量配料→加入黏合剂→制粒→干燥→整粒→加入润滑剂→总混→压片→分装→包装→入库

【产品核发情况】截至 2021 年底，农业农村部共核发西米考昔片（含不同规格）有效批准文号 0 个。

酮洛芬注射液
Ketoprofen Injection

【处方】本品为酮洛芬与适宜的助溶剂制成的灭菌溶液。

【作用与用途】解热镇痛非甾体抗炎药。与适宜的抗菌药合用，治疗奶牛临床型乳腺炎引起的炎症、发热与肌肉疼痛等。

【用法与用量】以酮洛芬计。肌内注射：一次量，每 1kg 体重，牛 3mg，每天 1 次，连用 3d。

【休药期】牛 7d；弃奶期 0d。

【工艺流程图】（举例）

酮洛芬→称量→加入注射用水→浓配→稀配→精滤→灌装→封口→灭菌→灯检→包装→入库

【产品核发情况】截至 2021 年底，农业农村部共核发酮洛芬注射液（含不同规格）有效批准文号 2 个。

7.2.3.2 糖皮质激素类药物

肾上腺皮质激素是肾上腺皮质分泌的一类甾体化合物，又称皮质类固醇激素或皮质甾体类激素。根据生理功能可分为盐皮质激素、糖皮质激素和氮皮质激素。其中，糖皮质激素为兽医临床最常用的药物，具有抗炎、抗过敏、抗毒素、抗休克和影响代谢等作用。临床上常用于严重的感染性疾病、过敏性疾病、休克、局部炎症、奶牛酮血症和羊妊娠毒血症、引产和预防手术后遗症等。

应用本类药物时，要严格掌握适应证，避免滥用。持续大剂量使用时，可引起类似肾上腺皮质功能亢进的症状，或者引起肾上腺皮质功能不全。连续使用超过一周，切不可突然停药，应逐渐减量，以免疾病复发或出现肾上腺皮质功能不全。严重肝功能不良、骨质疏松、骨折治疗期、创伤修复期、角膜溃疡初期、疫苗接种期和缺乏有效抗菌药治疗的感染性疾病等，均应禁用。孕畜应慎用或禁用。

本类药物仅限于危及生命或严重影响生产力的感染，一般感染不宜使用。用于感染性疾病时，需与足量、有效的抗菌药配合使用，同时要尽量使用小剂量，病情控制后应减量或停药，用药时间不宜长。

氢化可的松注射液
Hydrocortisone Injection

【处方】本品为氢化可的松与适宜助溶剂制成的灭菌稀乙醇溶液。

【作用与用途】糖皮质激素类药。有抗炎、抗过敏和影响糖代谢等作用。用于炎症性、过敏性疾病，牛酮血病和羊妊娠毒血症等。

【用法与用量】以氢化可的松计。静脉注射：一次量，马、牛 0.2～0.5g，羊、猪 0.02～0.08g。

【休药期】无需制定。

【工艺流程图】（举例）

氢化可的松、乙醇→称量→加入注射用水→浓配→稀配→精滤→灌装→封口→灭菌→灯检→包装→入库

【产品核发情况】截至 2021 年底，农业农村部共核发氢化可的松注射液（含不同规格）有效批准文号 18 个。

醋酸泼尼松片
Prednisone Acetate Tablets

【处方】本品为醋酸泼尼松与适宜辅料制成。

【作用与用途】糖皮质激素类药。有抗炎、抗过敏和影响糖代谢等作用。用于炎症性、过敏性疾病和牛酮血病、羊妊娠毒血症等。

【用法与用量】以醋酸泼尼松计。内服：一次量，马、牛 100～300mg，羊、猪 10～20mg，每 1kg 体重犬、猫 0.5～2mg。

【休药期】牛、羊、猪 0d。

【工艺流程图】（举例）

醋酸泼尼松→称量配料→加入黏合剂→制粒→干燥→整粒→加入润滑剂→总混压片→分装→包装→入库

【产品核发情况】截至 2021 年底，农业农村部共核发醋酸泼尼松片（含不同规格）有效批准文号 9 个。

醋酸泼尼松眼膏
Prednisone Acetate Ointment

【处方】本品为醋酸泼尼松与适宜的辅料制成。

【作用与用途】糖皮质激素类药。用于结膜炎、虹膜炎、角膜炎和巩膜炎等。

【用法与用量】眼部外用：每天 2～3 次。

【休药期】无需制定。

【工艺流程图】（举例）

醋酸泼尼松→称量→配制→除菌过滤→灭菌→灌装→旋盖→包装→入库

【产品核发情况】截至 2021 年底，农业农村部共核发醋酸泼尼松眼膏（含不同规格）有效批准文号 0 个。

醋酸氟轻松乳膏
Fluocinonide Cream

【处方】本品为醋酸氟轻松与适宜辅料制成。

【作用与用途】糖皮质激素类药。用于过敏性皮炎。

【用法与用量】外用：涂患处适量。

【休药期】无需制定。

【工艺流程图】（举例）

醋酸泼尼松、石蜡→称量配料→配制→灌装→封尾→包装→入库

【产品核发情况】截至 2021 年底，农业农村部共核发醋酸氟轻松乳膏（含不同规格）有效批准文号 10 个。

地塞米松磷酸钠注射液
Dexamethasone Sodium Phosphate Injection

【处方】本品为地塞米松磷酸钠与适宜助溶剂制成的灭菌水溶液。

【作用与用途】糖皮质激素类药。有抗炎、抗过敏和影响糖代谢等作用。用于炎症性、过敏性疾病，牛酮血病和羊妊娠毒血症。

【用法与用量】以地塞米松磷酸钠计。肌内、静脉注射：一日量，马 2.5～5mg，牛 5～20mg，羊、猪 4～12mg，犬、猫 0.125～1mg。

【休药期】牛、羊、猪 21d；弃奶期 72h。

【工艺流程图】（举例）

地塞米松磷酸钠→称量→加入注射用水→浓配→稀配→精滤→灌装→封口→灭菌→灯检→包装→入库

【产品核发情况】截至 2021 年底，农业农村部共核发地塞米松磷酸钠注射液（含不同规格）有效批准文号 222 个。

醋酸地塞米松片
Dexamethasone Acetate Tablets

【处方】本品为醋酸地塞米松与适宜辅料制成。

【作用与用途】糖皮质激素类药。有抗炎、抗过敏和影响糖代谢等作用。用于炎症性、过敏性疾病，牛酮血病和羊妊娠毒血症。

【用法与用量】以醋酸地塞米松计，一次量，马、牛 5～20mg，犬、猫 0.5～2mg。

【休药期】马、牛 0d。

【工艺流程图】（举例）

醋酸地塞米松、淀粉、硬脂酸镁→称量配料→加入黏合剂→制粒→干燥→整粒→加入润滑剂→总混→压片→分装→包装→入库

【产品核发情况】截至 2021 年底，农业农村部共核发醋酸地塞米松片（含不同规格）有效批准文号 12 个。

倍他米松片
Betamethason Tablets

【处方】本品为倍他米松与适宜辅料制成。

【作用与用途】糖皮质激素类药。有抗炎、抗过敏和影响糖代谢等作用。主要用于炎症性、过敏性疾病等的治疗。

【用法与用量】以倍他米松计。内服：一次量，犬、猫 0.25～1mg。

【休药期】无需制定。

【工艺流程图】（举例）

倍他米松、淀粉、硬脂酸镁→称量配料→加入黏合剂→制粒→干燥→整粒→加入润滑剂→总混→压片→分装→包装→入库

【产品核发情况】截至 2021 年底，农业农村部共核发倍他米松片（含不同规格）有效批准文号 4 个。

醋酸可的松注射液
Cortisone Acetate Injection

【处方】本品为醋酸可的松与适宜溶剂制成的灭菌水混悬液。

【作用与用途】糖皮质激素类药。有抗炎、抗过敏和影响糖代谢等作用，用于炎症性、过敏性疾病和牛酮血病、羊妊娠毒血症等。

【用法与用量】以醋酸可的松计。肌内注射：一次量，马、牛 250～750mg，羊 12.5～25mg，猪 50～100mg，犬 25～100mg。滑囊、腱鞘或关节囊内注射：一次量，马、牛

50～250mg。

【休药期】 无需制定。

【工艺流程图】（举例）

醋酸可的松→称量→加入注射用水→浓配→稀配→精滤→灌装→封口→灭菌→灯检→包装→入库

【产品核发情况】 截至 2021 年底，农业农村部共核发醋酸可的松注射液（含不同规格）有效批准文号 2 个。

氢化可的松醋丙酯喷剂

Hydrocortisone Aceponate Spray

【处方】 本品为氢化可的松醋丙酯与适宜辅料制成。

【作用与用途】 糖皮质激素类药。用于犬过敏性和瘙痒性皮肤病的对症治疗。

【用法与用量】 以氢化可的松醋丙酯计。每日每平方厘米皮肤面积 $1.52\mu g$，相当于在 10cm×10cm 的正方形区域内喷 2 次。每日用药 1 次，连用 7d。

使用方法：使用前，先将喷头旋于瓶上。距离患处约 10cm 处按压喷头喷于患处。

【休药期】 无需制定。

【工艺流程图】（举例）

氢化可的松醋丙酯→称量→配制→过滤→灌装→封口→包装→入库

【产品核发情况】 截至 2021 年底，农业农村部共核发氢化可的松醋丙酯喷剂（含不同规格）有效批准文号 0 个。

曲安奈德注射液

Triamcinolone Acetonide Injection

【处方】 本品为曲安奈德与适宜溶剂制成的无菌混悬液。

【作用与用途】 肾上腺皮质激素药。用于治疗犬和猫的急性关节炎、过敏性疾病和皮肤病。

【用法与用量】 以曲安奈德计。肌内或皮下注射，治疗炎症或过敏性疾病时，单次剂量为每 1kg 体重 0.11～0.22mg；治疗皮肤病时，单次剂量为每 1kg 体重 0.22mg。病灶内注射，单次剂量为每 1kg 体重 2.6～4.0mg，多位点注射，单个注射位点不能超过 1.32mg。关节或滑膜内注射，单次剂量为每 1kg 体重 2.2～6.6mg，3～4d 后根据症状可重复给药。

【休药期】 无需制定。

【工艺流程图】（举例）

曲安奈德→称量→加入注射用水→浓配→稀配→精滤→灌装→封口→灭菌→灯检→包装→入库

【产品核发情况】 截至 2021 年底，农业农村部共核发曲安奈德注射液（含不同规格）有效批准文号 7 个。

7.2.4　消毒防腐药

本类药物多按其化学结构和作用性质分类，可分为酚类、醛类、醇类、卤素类、季铵盐类（或表面活性剂）、氧化剂、酸类、碱类和染料类等。

影响本类药物作用的因素：①病原微生物种类。不同种类和处于不同状态的病原微生物，对消毒防腐药的敏感性不同。②浓度和作用时间。当其他条件一致时，消毒防腐药的杀菌效力一般随其溶液浓度和作用时间的增加而增强。③温度。消毒防腐药的抗菌效果随着环境温度的升高而增强，即温度越高，杀菌力越强。④pH 值。环境或组织的 pH 值对有些消毒防腐药作用的影响较大，如含氯消毒剂作用的最佳 pH 值为 5～6。⑤有机物的存在。环境中的粪、尿等或创伤部位的脓血、体液等有机物的存在，会影响消毒防腐药抗菌效力。⑥水质。硬水中的 Ca^{2+} 和 Mg^{2+} 可与季铵盐类、氯己定等结合，形成不溶性盐类，降低其抗菌效力。

7.2.4.1 酚类

苯酚
Phenol

【处方】本品由苯酚加注射用水配制而成。

【作用与用途】消毒防腐药。用于器械、器具等消毒。

【用法与用量】浸泡：配成 2%～5% 溶液。

【休药期】无需制定。

【工艺流程图】（举例）

苯酚→脱包→称量→灌装→拧盖→封口→包装→入库

【产品核发情况】截至 2021 年底，农业农村部共核发苯酚有效批准文号 0 个。

复合酚
Compound Phenol

【处方】本品为酚、乙酸及十二烷基苯磺酸等配制而成的水溶性混合物。

【作用与用途】消毒防腐药。用于畜舍及器具等的消毒。

【用法与用量】喷洒：配成 0.3%～1% 的水溶液。浸涤：配成 1.6% 的水溶液。

【休药期】无需制定。

【工艺流程图】（举例）

酚、乙酸及十二烷基苯磺酸等配制而成的水溶性混合物→脱包→称量→配制→灌装→拧盖→封口→包装→入库

【产品核发情况】截至 2021 年底，农业农村部共核发复合酚（含不同规格）有效批准文号 77 个。

复方酚溶液
Compound Phenols Solution

【处方】本品为邻苯基苯酚和对氯间甲酚加适宜的辅料配制而成的水溶液。

【作用与用途】消毒药。用于动物圈舍表面、器具、设备的消毒。

【用法与用量】稀释后喷雾使用，每 $1m^2$ 用量 300mL。稀释比例：动物圈舍表面 1：200，器具设备 1：400。疾病发生时，禽流感和新城疫 1：200，猪繁殖与呼吸综合征 1：400，大肠杆菌病 1：400，支原体 1：200。

【休药期】无需制定。

【工艺流程图】（举例）

邻苯基苯酚和对氯间甲酚加适宜的辅料配制而成的水溶液→脱包→称量→配制→灌装→拧盖→封口→包装→入库

【产品核发情况】截至 2021 年底，农业农村部共核发复方酚溶液（含不同规格）有效批准文号 4 个。

<h2 style="text-align:center">甲酚皂溶液</h2>
<h3 style="text-align:center">Saponated Cresol Solution</h3>

【处方】甲酚 520g，植物油 172g，氢氧化钠适量，水适量制成 1000mL。

【作用与用途】用于器械、厩舍和排泄物等消毒。

【用法与用量】喷洒或浸泡：以甲酚计，配成 5%～10% 的水溶液。

【休药期】无需制定。

【工艺流程图】（举例）

甲酚、植物油、氢氧化钠、水适量配制而成→脱包→称量→配制→灌装→拧盖→封口→包装→入库

【产品核发情况】截至 2021 年底，农业农村部共核发甲酚皂溶液（含不同规格）有效批准文号 8 个。

<h2 style="text-align:center">氯甲酚溶液</h2>
<h3 style="text-align:center">Chlorocresol Solution</h3>

【处方】本品为氯甲酚与水配制而成。

【作用与用途】消毒防腐药。用于畜、禽舍及环境消毒。

【用法与用量】喷洒：33～100 倍稀释。

【休药期】无需制定。

【工艺流程图】（举例）

氯甲酚、水→脱包→称量→配制→灌装→拧盖→封口→包装→入库

【产品核发情况】截至 2021 年底，农业农村部共核发氯甲酚溶液（含不同规格）有效批准文号 5 个。

7.2.4.2 醛类

<h2 style="text-align:center">甲醛溶液</h2>
<h3 style="text-align:center">Formaldehyde Solution</h3>

【处方】本品为甲醛与适宜溶剂配制而成。

【作用与用途】醛类消毒防腐药。用于厩舍熏蒸消毒，也可用于胃肠道制酵。

【用法与用量】以本品计。熏蒸消毒：$15mL/m^3$。内服：一次量，牛 8～25mL，羊 1～3mL。内服时用水稀释 20～30 倍。

【休药期】无需制定。

【工艺流程图】（举例）

甲醛、适宜溶剂配制而成→脱包→称量→配制→灌装→拧盖→封口→包装→入库

【产品核发情况】截至 2021 年底，农业农村部共核发甲醛溶液（含不同规格）有效批准文号 25 个。

<h2 style="text-align:center">甲醛溶液（蚕用）</h2>
<h3 style="text-align:center">Formaldehyde Solution</h3>

【处方】本品为甲醛与适宜溶剂配制而成。

【作用与用途】消毒防腐药。用于蚕室、蚕具和卵面消毒。

【用法与用量】以本品计。喷雾或浸渍消毒：蚕室蚕具消毒的使用浓度为 2%（也可

混入 0.5%新鲜石灰浆），喷雾消毒的使用量为 180mL/m²，25℃以上密闭保湿 5h 以上。平框种卵面消毒的甲醛浓度为 2%～4%，液温 20℃，浸渍时间为 40min。

【休药期】无需制定。

【工艺流程图】（举例）

甲醛、适宜溶剂配制而成→脱包→称量→配制→灌装→拧盖→封口→包装→入库

【产品核发情况】截至 2021 年底，农业农村部共核发甲醛溶液（蚕用）（含不同规格）有效批准文号 14 个。

复方甲醛溶液
Compound Formaldehyde Solution

【处方】甲醛 84.4g、乙二醛 19.8g、戊二醛 58.0g、苯扎氯铵 61.5g、异丙醇 37.6g，水适量制成 1000mL。

【作用与用途】用于动物厩舍及器具消毒。

【用法与用量】彻底清洁消毒的物体表面，按下面方法使用：常规情况下，1:（400～200）倍稀释作厩舍的地板、墙壁及物品、运输工具等的消毒，发生疫病时 1:（200～100）倍稀释消毒。喷洒厩舍的消毒，1:（400～200）倍稀释的复方甲醛溶液 1L 可喷洒消毒 3m³。喷雾，环境的消毒，1.5L 复方甲醛溶液与 3L 水混合后可喷雾消毒 1000m³。种蛋消毒 1:400 倍稀释。

【休药期】无需制定。

【工艺流程图】（举例）

甲醛、乙二醛、戊二醛、苯扎氯铵、异丙醇、水适量配制而成→脱包→称量→配制→灌装→拧盖→封口→包装→入库

【产品核发情况】截至 2021 年底，农业农村部共核发复方甲醛溶液（含不同规格）有效批准文号 1 个。

聚甲醛烟熏剂（蚕用）
Polyxymethylene Smoke Fumigant

【处方】A 袋聚甲醛 125g，B 袋木屑 375g。

【作用与用途】消毒药。用于蚕室、蚕具消毒。

【用法与用量】熏烟：密闭蚕室，每 1m³，A 袋 3.4g，B 袋 10.8g。将两者混匀后，在蚕室四角及中央各设一个发烟点，垫上砖块，平均放上药粉，点燃木屑发烟，关闭门窗 5h 以后开窗通气。

【休药期】无需制定。

【工艺流程图】（举例）

A 袋：聚甲醛→干燥→粉碎→过筛→称量→分装 ⎤A+B
B 袋：木屑→干燥→粉碎→过筛→称量→分装 ⎦→组合→包装→入库

【产品核发情况】截至 2021 年底，农业农村部共核发聚甲醛烟熏剂（蚕用）（含不同规格）有效批准文号 1 个。

多聚甲醛粉（蚕用）
Polyxymethylene Powder

【处方】本品为多聚甲醛与酸性陶土配制而成。

【作用与用途】消毒防腐药。用于蚕体蚕座消毒。

【用法与用量】以本品计。撒粉消毒：将本品均匀地撒于蚕体蚕座上，呈薄霜状即可。

在收蚁蚕后第一次给桑前及各龄起蚕各使用 1 次，多湿天气各龄期中增加 1 次，发现真菌病时每日使用 1 次。熟蚕上蔟前撒 1 次可防止僵蛹的发生。1～3 龄用 1.25％（小蚕用），4～5 龄用 2.5％（大蚕用）。

【休药期】无需制定。

【工艺流程图】（举例）

多聚甲醛、酸性陶土配制而成→干燥→粉碎→过筛→称量→混合→分装→包装→入库

【产品核发情况】截至 2021 年底，农业农村部共核发多聚甲醛粉（蚕用）（含不同规格）有效批准文号 27 个。

戊二醛溶液
Glutaral Solution

【处方】本品系由浓戊二醛溶液加适量非离子表面活性剂稀释制成的水溶液。

【作用与用途】用于养殖场、公共场所、设备器械、运载工具及种蛋等的消毒。

【用法与用量】喷洒、擦洗或浸泡：以戊二醛计，环境或器具（械）消毒，配成 0.1％～0.25％溶液，保持 5min 以上，晾干。孵化用种蛋消毒，配成 0.1％～0.25％溶液，保持 40～45℃，浸泡 10～15s，晾干。

【休药期】无需制定。

【工艺流程图】（举例）

浓戊二醛溶液、非离子表面活性剂、水配制而成→脱包→称量→配制→灌装→拧盖→封口→包装→入库

【产品核发情况】截至 2021 年底，农业农村部共核发戊二醛溶液（含不同规格）有效批准文号 7 个。

戊二醛癸甲溴铵溶液
Glutaral and Deciquma Solution

【处方】本品为戊二醛与癸甲溴铵配制而成的水溶液。

【作用与用途】消毒药。用于养殖场、公共场所、设备器械、运载工具及种蛋等的消毒。

【用法与用量】以本品计。临用前用水按一定比例稀释。喷洒：常规环境消毒，1∶（2000～4000）稀释；疫病发生时环境消毒，1∶（500～1000）。

浸涤：器械、设备等消毒，1∶（1500～3000）。

【休药期】无需制定。

【工艺流程图】（举例）

戊二醛、癸甲溴铵配制而成的水溶液→脱包→称量→配制→灌装→拧盖→封口→包装→入库

【产品核发情况】截至 2021 年底，农业农村部共核发戊二醛癸甲溴铵溶液（含不同规格）有效批准文号 392 个。

戊二醛苯扎溴铵溶液（水产用）
Glutaral and Benzalkonium Bromide Solution

【处方】本品为戊二醛与苯扎溴铵配制而成的水溶液

【作用与用途】消毒剂。用于水产动物、养殖器具的消毒。

【用法与用量】以戊二醛计。药浴：每 $1m^3$ 水体，150mg，10min。

【休药期】无需制定。

【工艺流程图】（举例）

戊二醛、苯扎溴铵配制而成的水溶液→脱包→称量→配制→灌装→拧盖→封口→包装→入库

【产品核发情况】截至2021年底，农业农村部共核发戊二醛苯扎溴铵溶液（水产用）（含不同规格）有效批准文号222个。

戊二醛癸甲氯铵溶液

Glutaral and Didecyl Dimethyl Ammonium Chloride Solution

【处方】本品为戊二醛与癸甲氯铵配制而成的水溶液。

【作用与用途】消毒防腐药。用于厩舍、器具和设备消毒。

【用法与用量】以本品计。临用前用水按一定比例稀释。喷洒、擦洗或浸泡；环境或器具（械）消毒1：（50～190）倍稀释，口蹄疫病毒1：80倍稀释，猪水疱病病毒1：250倍稀释，猪瘟病毒1：100倍稀释，鸡新城疫病毒和禽流感病毒1：190倍稀释，通用消毒1：35倍稀释。

【休药期】无需制定。

【工艺流程图】（举例）

戊二醛、癸甲氯铵配制而成的水溶液→脱包→称量→配制→灌装→拧盖→封口→包装→入库

【产品核发情况】截至2021年底，农业农村部共核发戊二醛癸甲氯铵溶液（含不同规格）有效批准文号0个。

复方戊二醛苯扎溴铵溶液

Compound Glutaral and Benzalkonium Bromide Solution

【处方】本品为戊二醛、苯扎氯铵和适宜辅料配制而成的水溶液。

【作用与用途】消毒防腐药。用于动物厩舍及器具消毒。

【用法与用量】1：150倍稀释。喷洒：每平方米9mL；涂刷：无孔材料表面，每平方米100mL；有孔材料表面，每平方米300mL。特定疾病的使用浓度：禽流感/新城疫，1：150倍稀释；传染性法氏囊病，1：200倍稀释；口蹄疫，1：80倍稀释；猪水泡病，1：300倍稀释。

【休药期】无需制定。

【工艺流程图】（举例）

戊二醛、苯扎氯铵和适宜辅料配制而成的水溶液→脱包→称量→配制→灌装→拧盖→封口→包装→入库

【产品核发情况】截至2021年底，农业农村部共核发复方戊二醛苯扎溴铵溶液（含不同规格）有效批准文号38个。

7.2.4.3 醇类

乙醇

Ethanol

【处方】无。

【作用与用途】常以75%的溶液用于皮肤消毒。

【用法与用量】手、皮肤、温度计、注射针头和小件医疗器械等消毒：75%溶液。

【休药期】无需制定。

【工艺流程图】（举例）

乙醇→脱包→称量→灌装→拧盖→封口→包装→入库

【产品核发情况】截至 2021 年底，农业农村部共核发乙醇（含不同规格）有效批准文号 4 个。

7.2.4.4 卤素类

次氯酸钠溶液

Sodium Hypochlorite Solution

【处方】本品为次氯酸钠溶液与表面活性剂配制而成。

【作用与用途】消毒药。用于畜禽舍、器具及环境的消毒。

【用法与用量】以本品计。畜禽舍、器具消毒：1∶（50～100）倍稀释。禽流感病毒疫源地消毒：1∶10 倍稀释。常规消毒：1∶1000 倍稀释。口蹄疫病毒疫源地消毒：1∶50 倍稀释。常规消毒：1∶1000 倍稀释。

【休药期】无需制定。

【工艺流程图】（举例）

次氯酸钠溶液与表面活性剂配制而成→脱包→称量→配制→灌装→拧盖→封口→包装→入库

【产品核发情况】截至 2021 年底，农业农村部共核发次氯酸钠溶液（含不同规格）有效批准文号 44 个。

次氯酸钠溶液（水产用）

Sodium Hypochlorite Solution

【处方】本品为次氯酸钠溶液与表面活性剂配制而成。

【作用与用途】消毒药。用于养殖水体的消毒，防治鱼、虾、蟹等水产养殖动物由细菌性感染引起的出血、烂腮、腹水、肠炎、疖疮、腐皮等疾病。

【用法与用量】以本品计。用水稀释 300～500 倍后，全池遍洒：治疗，一次量，每 $1m^3$ 水体，1～1.5mL，每 2～3d 1 次，连用 2～3 次；预防，每 $1m^3$ 水体，1～1.5mL，每隔 15d 1 次。

【休药期】无需制定。

【工艺流程图】（举例）

次氯酸钠溶液与表面活性剂配制而成→脱包→称量→配制→灌装→拧盖→封口→包装→入库

【产品核发情况】截至 2021 年底，农业农村部共核发次氯酸钠溶液（水产用）（含不同规格）有效批准文号 4 个。

次氯酸钙粉（蚕用）

Calcium Hypochlorite Powder

【处方】本品为次氯酸钙与适量辅料配制而成。

【作用与用途】消毒药。用于蚕体蚕座消毒。

【用法与用量】以本品计。临用前，取本品 1 袋，以 1∶20 的比例与新鲜石灰粉充分混匀后，用塑料袋密封。撒粉消毒：3～5 龄，每天 1 次，眠期、熟蚕除外，每次使用量以蚕座表面药物呈薄霜状即可。发现病蚕后，每日可增加用药 1 次。

【休药期】无需制定。

【工艺流程图】（举例）

次氯酸钙与适宜辅料配制而成→干燥→粉碎→过筛→称量→混合→分装→包装→入库

【产品核发情况】 截至 2021 年底，农业农村部共核发次氯酸钙粉（蚕用）（含不同规格）有效批准文号 3 个。

复合次氯酸钙粉
Composite Calcium Hypochlorite Powder

【处方】 本品为配合型制剂。由 A 包（含次氯酸钙、硅酸钠和溴化钠）与 B 包（含丁二酸和三聚磷酸钠）组成。

【作用与用途】 消毒药。用于空舍、周边环境喷雾消毒和禽类饲养全过程的带禽喷雾消毒。饲养器具的浸泡消毒和物体表面的擦洗消毒。

【用法与用量】 喷洒、浸泡、擦洗：配制消毒母液，打开外包装后，先将 A 包内容物溶解到 10L 水中，待搅拌完全溶解后，再加入 B 包内容物，搅拌，至完全溶解。

根据需要将母液稀释使用。具体用法与用量见表 7-19。

表 7-19　复合次氯酸钙粉用法与用量

消毒方法	应用范围	母液稀释比例	作用时间/min	用量/（mL/m²）
喷雾	空舍消毒 环境消毒	1∶20 或 1∶15	30	150～180
	带鸡消毒	1∶20（预防量） 1∶15（发病时）	30	50
浸泡	饲养器具	1∶30	20	按实际需要量
擦洗	物体表面	1∶30	20	350～500
对特定病原体	大肠埃希菌 1∶140，金黄色葡萄球菌 1∶140，巴氏杆菌 1∶30； 禽流感病毒 1∶30，传染性法氏囊病毒 1∶120，新城疫病毒 1∶480，口蹄疫病毒 1∶2100			

【休药期】 无需制定。

【工艺流程图】（举例）

A 包：次氯酸钙、溴化钠、硅酸钠→干燥→粉碎→过筛→称量→混合→分装　┐
B 包：三聚磷酸钠、丁二酸→干燥→粉碎→过筛→称量→混合→分装　　┘→A 包＋B 包组合→包装→入库

【产品核发情况】 截至 2021 年底，农业农村部共核发复合次氯酸钙粉（含不同规格）有效批准文号 3 个。

含氯石灰（水产用）
Chlorinated Lime

【处方】 无。

【作用与用途】 消毒药。用于水体消毒，防治水产养殖动物由弧菌、嗜水气单胞菌、爱德华菌等引起的细菌性疾病。

【用法与用量】 以本品计。用水稀释 1000～3000 倍后泼洒：一次量，每 1m³ 水体，1.0～1.5g，每天 1 次，连用 1～2d。

【休药期】 无需制定。

【工艺流程图】（举例）

含氯石灰→干燥→粉碎→过筛→称量→分装→包装→入库

【产品核发情况】 截至 2021 年底，农业农村部共核发含氯石灰（水产用）（含不同规格）有效批准文号 7 个。

含氯石灰（蚕用）
Chlorinated Lime

【处方】无。

【作用与用途】消毒药。用于蚕室、蚕具的消毒。

【用法与用量】以本品计。配制时先将粉状物加少量水捣成糊状后，再加入目标水量。取本品 1：25 稀释，进行喷雾消毒或浸渍消毒，喷雾消毒的用量为 225mL/m^3，并保持湿润 30min。

【休药期】无需制定。

【工艺流程图】（举例）

含氯石灰→干燥→粉碎→过筛→称量→分装→包装→入库

【产品核发情况】截至 2021 年底，农业农村部共核发含氯石灰（蚕用）（含不同规格）有效批准文号 7 个。

溴氯海因粉
Bromochlorodime-thylhydantoin Powder

【处方】本品为溴氯海因与无水硫酸钠配制而成。

【作用与用途】消毒防腐药。用于动物厩舍，运载工具等消毒。

【用法与用量】以溴氯海因计。喷洒、擦洗或浸泡。环境或运载工具消毒，口蹄疫按 1：1333 倍稀释，猪水疱病按 1：667 倍稀释，猪瘟按 1：200 倍稀释，猪细小病毒按 1：200 倍稀释，鸡新城疫、传染性法氏囊病按 1：3333 倍稀释，细菌繁殖体按 1：13333 倍稀释。

【休药期】无需制定。

【工艺流程图】（举例）

溴氯海因、无水硫酸钠配制而成→干燥→粉碎→过筛→称量→混合→分装→包装→入库

【产品核发情况】截至 2021 年底，农业农村部共核发溴氯海因粉（含不同规格）有效批准文号 67 个。

溴氯海因粉（水产用）
Bromochlorodime-thylhydantoin Powder

【处方】本品为溴氯海因与无水硫酸钠配制而成。

【作用与用途】消毒防腐药。用于养殖水体消毒，防治鱼、虾、蟹、鳖、贝、蛙等水产养殖动物由弧菌、嗜水气单胞菌、爱德华菌等引起的出血、烂鳃、腐皮、肠炎。

【用法与用量】以溴氯海因计。用 1000 倍以上水稀释后泼洒：治疗，一次量，每 1m^3 水体，0.03～0.04g，每日 1 次，连用 2 次；预防，一次量，每 1m^3 水体，0.03～0.04g，每 15d 1 次。

【休药期】无需制定。

【工艺流程图】（举例）

溴氯海因、无水硫酸钠配制而成→干燥→粉碎→过筛→称量→混合→分装→包装→入库

【产品核发情况】截至 2021 年底，农业农村部共核发溴氯海因粉（水产用）（含不同规格）有效批准文号 122 个。

复合亚氯酸钠粉
Composite Chlorite Sodium Power

【处方】本品为亚氯酸钠 221.3g、无水硫酸镁 251.0g、硫酸氢钠 527.7g，制成 1000g。

【作用与用途】消毒药。用于厩舍，器具等消毒，防治鱼虾常见的细菌性疾病。

【用法与用量】取本品 1 包（100g），加水 10L 使溶解，静置 3～5min，即得到含二氧化氯 500mg/L 的溶液，加水稀释至使用浓度。以二氧化氯计，禽流感病毒：喷洒，每 1L 水 80mg，每天 1 次，连用 3d；口蹄疫病毒：喷洒，每 1L 水 120mg，每天 1 次，连用 3d；厩舍及器具消毒：喷洒、冲洗、浸泡，每 1L 水 50～200mg。

水产养殖水体消毒见表 7-20。

表 7-20　复合亚氯酸钠粉用法与用量

用途		用量	用法
各种鱼类	浸泡	鱼苗：1.8g/m³	浸泡 5～10min
		鱼种：2.8g/m³	鱼种：2.8g/m³
	预防	80～100g/亩（水深 1m）	15d 全池均匀泼洒一次
	治疗	300～450g/亩（水深 1m）	每日泼洒一次，连续 2d，病情严重酌情加量
虾类	预防	60～80g/亩（水深 1m）	15d 全池均匀泼洒一次
	治疗	300～450g/亩（水深 1m）	每日泼洒一次，连续 2d，病情严重酌情加量
糠虾幼体、仔虾	预防	60～80g/亩（水深 1m）	间隔 6～7d 全池均匀泼洒一次
	治疗	300～450g/亩（水深 1m）	每日泼洒一次，连续 2d，病情严重酌情加量
清塘消毒		200～300g/亩（水深 0.1～0.5m）	全池均匀泼洒，第二日放鱼

【休药期】无需制定。

【工艺流程图】（举例）

亚氯酸钠、无水硫酸镁、碳酸氢钠配制而成→干燥→粉碎→过筛→称量→混合→分装→包装→入库

【产品核发情况】截至 2021 年底，农业农村部共核发复合亚氯酸钠粉（含不同规格）有效批准文号 10 个。

复合亚氯酸钠溶液
Composite Chlorite Sodium Solution

【处方】本品为亚氯酸钠与适宜辅料配制而成。

【作用与用途】用于畜禽养殖场所空栏消毒。

【用法与用量】按 A 剂与 B 剂 7∶3 比例使用，使用时将 B 剂固体平铺于敞口塑料容器中，直接倒入 A 剂即可反应。熏蒸 60min 以上。每 1m³ 畜禽舍等养殖场所使用本品 10g（以总质量计）。

【休药期】无需制定。

【工艺流程图】（举例）

A 剂：亚氯酸钠、水等→称量→配制→灌装
B 剂：碳酸氢钠等→称量→混合→分装
　　　　　　　　　　　　　　　　}→A 剂＋B 剂组合→包装→入库

【产品核发情况】截至 2021 年底，农业农村部共核发复合亚氯酸钠溶液（含不同规格）有效批准文号 1 个。

碘甘油
Iodine Glycerol

【处方】碘 10g、碘化钾 10g、水 10mL、甘油适量，制成 1000mL。

【作用与用途】卤素类消毒防腐药。用于口腔、舌、齿龈、阴道等黏膜炎症与溃疡。

【用法与用量】涂患处。涂擦乳房皮肤及药浴乳头：挤奶前，将本品按 4 倍稀释（即 1 份药液加 3 份水），用稀释液涂擦乳房和挤奶者的手进行消毒；挤奶后将乳头浸入稀释液 15～20s。

【休药期】无需制定。

【工艺流程图】（举例）

碘、碘化钾、水、甘油适量配制而成→脱包→称量→配制→灌装→拧盖→封口→包装→入库

【产品核发情况】截至 2021 年底，农业农村部共核发碘甘油（含不同规格）有效批准文号 69 个。

碘酊
Iodine Tincture

【处方】碘 20g、碘化钾 15g、乙醇 500mL，水适量，制成 1000mL。

【作用与用途】卤素类消毒防腐药。用于手术前和注射前皮肤消毒。

【用法与用量】术前和注射前的皮肤消毒。

【休药期】无需制定。

【工艺流程图】（举例）

碘、碘化钾、乙醇、水适量配制而成→脱包→称量→配制→灌装→拧盖→封口→包装→入库

【产品核发情况】截至 2021 年底，农业农村部共核发碘酊（含不同规格）有效批准文号 48 个。

浓碘酊
Strong Iodine Tincture

【处方】碘 100g、碘化钾 75g、水 80mL、乙醇适量，制成 1000mL。

【作用与用途】卤素类消毒防腐药。外用于局部慢性炎症。

【用法与用量】局部涂擦。

【休药期】无需制定。

【工艺流程图】（举例）

碘、碘化钾、水、乙醇配制而成→脱包→称量→配制→灌装→拧盖→封口→包装→入库

【产品核发情况】截至 2021 年底，农业农村部共核发浓碘酊（含不同规格）有效批准文号 31 个。

碘附
Iodophor

【处方】本品为碘、碘化钾、硫酸、磷酸等配成的水溶液。

【作用与用途】消毒剂。用于手术部位和手术器械消毒。

【用法与用量】配成 0.5%～1% 溶液。

【休药期】无需制定。

【工艺流程图】（举例）

碘、碘化钾、硫酸、磷酸等配制而成的水溶液→脱包→称量→配制→灌装→拧盖→封口→包装→入库

【产品核发情况】截至 2021 年底，农业农村部共核发碘附（含不同规格）有效批准文号 29 个。

碘附（Ⅰ）

Iodophor

【处方】碘 38g，碘化钾 2.8g，磷酸 110g，硫酸 90g，表面活性剂适量，水适量，制成 1000mL。

【作用与用途】消毒剂。用于手术部位和手术器械消毒及厩舍、饲喂器具、种蛋消毒；水产养殖动物机体、受精卵和养殖用器具的浸泡消毒。

【用法与用量】以本品计。喷洒、冲洗、浸泡：手术部位和手术器械消毒，用水 1：（3～6）稀释；厩舍、饲喂器具、种蛋消毒，用水 1：（100～200）稀释；水产养殖动物机体、苗种、受精卵和养殖用器具消毒，用水 1：1000 稀释，充分浸泡 10～30min。

【休药期】无需制定。

【工艺流程图】（举例）

碘、碘化钾、硫酸、磷酸等配制而成的水溶液→脱包→称量→配制→灌装→拧盖→封口→包装→入库

【产品核发情况】截至 2021 年底，农业农村部共核发碘附（Ⅰ）（含不同规格）有效批准文号 70 个。

复合碘溶液（水产用）

Composite Iodine Solution

【处方】本品为碘与磷酸等配制而成的水溶液。

【作用与用途】消毒药。用于防治水产养殖动物细菌性和病毒性疾病。

【用法与用量】以本品计。用水稀释后全池遍洒：一次量，每 $1m^3$ 水体，0.1mL。治疗：隔日 1 次，连用 2～3 次。预防：疾病高发季节，每隔 7 日 1 次。

【休药期】无需制定。

【工艺流程图】（举例）

碘与磷酸等配制而成的水溶液→脱包→称量→配制→灌装→拧盖→封口→包装→入库

【产品核发情况】截至 2021 年底，农业农村部共核发复合碘溶液（水产用）（含不同规格）有效批准文号 206 个。

激活碘粉

Active Idodine Powder

【处方】本品由 A 组分和 B 组分组成。

【作用与用途】消毒药。用于奶牛乳头皮肤消毒，预防和控制细菌性乳腺炎的发生。

【用法与用量】奶牛乳头药浴。将本品一次性全部加入规定体积的水中（每 600g 加入 20kg 水），充分搅拌使溶解，静置 40min 后使用。

【休药期】无需制定。

【工艺流程图】（举例）

A 组分：碘化钠、碘酸钾等→干燥→粉碎→过筛→称量→混合→分装
B 组分：山梨醇、柠檬酸等→干燥→粉碎→过筛→称量→混合→分装 ⎫→A 组分＋B 组分组合→包装→入库

【产品核发情况】截至 2021 年底，农业农村部共核发激活碘粉（含不同规格）有效批准文号 3 个。

聚维酮碘溶液
Povidone Iodine Solution

【处方】本品为聚维酮碘与水配制而成。

【作用与用途】卤素类消毒防腐药。用于手术部位、皮肤黏膜消毒。

【用法与用量】以聚维酮碘计。皮肤消毒及治疗皮肤病：5%溶液；奶牛乳头浸泡：0.5%~1%溶液；黏膜及创面冲洗，0.1%溶液。

【休药期】无需制定。

【工艺流程图】（举例）

聚维酮碘、水配制而成→脱包→称量→配制→灌装→拧盖→封口→包装→入库

【产品核发情况】截至2021年底，农业农村部共核发聚维酮碘溶液（含不同规格）有效批准文号1093个。

聚维酮碘溶液（水产用）
Povidone Iodine Solution

【处方】本品为聚维酮碘与水配制而成。

【作用与用途】消毒防腐药。用于养殖水体的消毒。防治水产养殖动物由弧菌、嗜水气单胞菌、爱德华菌等引起的细菌性疾病。

【用法与用量】以聚维酮碘计。用水稀释300~500倍后，全池遍洒，治疗，一次量，每1m³水体，45~75mg，隔日1次，连用2~3次；预防，每1m³水体，45~75mg，每隔7d1次。

【休药期】无需制定。

【工艺流程图】（举例）

聚维酮碘、水配制而成→脱包→称量→配制→灌装→拧盖→封口→包装→入库

【产品核发情况】截至2021年底，农业农村部共核发聚维酮碘溶液（水产用）（含不同规格）有效批准文号307个。

聚维酮碘溶液（Ⅱ）
Povidone Iodine Solution

【处方】本品为聚维酮碘与水配制而成。

【作用与用途】消毒防腐药。用于手术部位、皮肤黏膜消毒；也可用于养殖水体的消毒，防治水产养殖动物由弧菌、嗜水气单胞菌、爱德华菌等引起的细菌性疾病。

【用法与用量】以聚维酮碘计。皮肤消毒及治疗皮肤病：5%溶液；奶牛乳头浸泡：0.5%~1%溶液；黏膜及创面冲洗：0.1%溶液；水体消毒：用水稀释300~500倍后，全池遍洒：治疗，一次量，每1m³水体，45~75mg，隔日1次，连用2~3次；预防，每1m³水体，45~75mg，每隔7d1次。

【休药期】无需制定。

【工艺流程图】（举例）

聚维酮碘、水配制而成→脱包→称量→配制→灌装→拧盖→封口→包装→入库

【产品核发情况】截至2021年底，农业农村部共核发聚维酮碘溶液（Ⅱ）（含不同规格）有效批准文号60个。

高碘酸钠（水产用）
Sodium Periodate Solution

【处方】本品为高碘酸钠的水溶液。

【作用与用途】消毒药。用于养殖水体的消毒；防治鱼、虾、蟹等水产养殖动物由弧菌、嗜水气单胞菌、爱德华菌等引起的出血、烂鳃、腹水、肠炎、疖疮、腐皮等细菌性疾病。

【用法与用量】以高碘酸钠计。用 $300\sim500$ 倍水稀释后全池遍洒：每 $1m^3$ 水体，一次量，$15\sim20mg$。治疗，每 $2\sim3d$ 1 次，连用 $2\sim3$ 次；预防，每 15d 1 次。

【休药期】无需制定。

【工艺流程图】（举例）

高碘酸钠、水配制而成→脱包→称量→配制→灌装→拧盖→封口→包装→入库

【产品核发情况】截至 2021 年底，农业农村部共核发高碘酸钠（水产用）（含不同规格）有效批准文号 170 个。

碘混合溶液
Iodine Mixed Solution

【处方】本品为碘、聚乙烯基吡咯烷酮、泊洛沙姆、碘化钠、碘酸钠等的水溶液。

【作用与用途】用于泌乳期奶牛的乳头消毒。

【用法与用量】外用。挤完奶后，立即用本品药浴每个乳头，确保药液覆盖四分之三的乳头。每次使用后清洁药浴杯。

【休药期】0d。

【工艺流程图】（举例）

碘、聚乙烯基吡咯烷酮、泊洛沙姆、碘化钠、碘酸钠等配制而成→脱包→称量→配制→灌装→拧盖→封口→包装→入库

【产品核发情况】截至 2021 年底，农业农村部共核发碘混合溶液（含不同规格）有效批准文号 7 个。

碘酸混合溶液
Iodine and Acid Mixed Solution

【处方】本品为碘、硫酸、磷酸制成的水溶液。

【作用与用途】消毒防腐药。用于外科手术部位、畜禽房舍、畜产品加工场所及用具的消毒。

【用法与用量】以本品计。病毒类消毒：$0.33\%\sim1\%$；手术室及伤口消毒：0.33%；畜禽房舍及用具消毒：$0.17\%\sim0.25\%$；牧草消毒：0.067%；畜禽饮水消毒：0.04%。

【休药期】无需制定。

【工艺流程图】（举例）

碘、硫酸、磷酸配制而成的水溶液→脱包→称量→配制→灌装→拧盖→封口→包装→入库

【产品核发情况】截至 2021 年底，农业农村部共核发碘酸混合溶液（含不同规格）有效批准文号 53 个。

7.2.4.5 季铵盐类

月苄三甲氯铵溶液
Halimide Solution

【处方】本品为月苄三甲氯铵的水溶液。

【作用与用途】消毒防腐药。用于畜禽舍及器具消毒。

【用法与用量】畜禽舍消毒，喷洒：1：30 倍稀释；器具浸涤：1：（100～150）倍稀释。

【休药期】无需制定。

【工艺流程图】（举例）

月苄三甲氯铵、水配制而成→脱包→称量→配制→灌装→拧盖→封口→包装→入库

【产品核发情况】截至 2021 年底，农业农村部共核发月苄三甲氯铵溶液（含不同规格）有效批准文号 418 个。

苯扎溴铵溶液
Benzalkonium Bromide Solution

【处方】本品为苯扎溴铵的水溶液。

【作用与用途】消毒防腐药。用于手术器械、皮肤和创面消毒。

【用法与用量】以苯扎溴铵计。创面消毒：配成 0.01% 溶液。皮肤、手术器械消毒：配成 0.1% 溶液。

【休药期】无需制定。

【工艺流程图】（举例）

苯扎溴铵、水配制成→脱包→称量→配制→灌装→拧盖→封口→包装→入库

【产品核发情况】截至 2021 年底，农业农村部共核发苯扎溴铵溶液（含不同规格）有效批准文号 309 个。

癸甲溴铵碘复合溶液
Didecyl Dimethyl Ammonium Bromide and Iodine Complex Solution

【处方】本品为癸甲溴铵与碘配制而成的水溶液。

【作用与用途】消毒药。主要用于畜禽养殖场、水产养殖场等的厩舍、器具消毒、喷雾消毒；也用于防治水产养殖动物细菌性和病毒性疾病。

【用法与用量】以癸甲溴铵计。用法有浸泡、喷洒、喷雾。厩舍、器具、种蛋消毒：用水配成 0.005% 的溶液后使用。

水产养殖动物，用水稀释 3000～5000 倍后，全池均匀泼洒：每 $1m^3$ 水体用 0.08～0.1g。隔日 1 次，连用 2～3 次。预防，每 15d 1 次。

【休药期】无需制定。

【工艺流程图】（举例）

癸甲溴铵、碘配制而成的水溶液→脱包→称量→配制→灌装→拧盖→封口→包装→入库

【产品核发情况】截至 2021 年底，农业农村部共核发癸甲溴铵碘复合溶液（含不同规格）有效批准文号 109 个。

癸甲溴铵溶液
Deciquam Solution

【处方】本品为癸甲溴铵与丙二醇、水配制而成。

【作用与用途】消毒防腐药。用于动物厩舍、饲喂器具消毒。

【用法与用量】以癸甲溴铵计。动物厩舍、器具消毒：0.015%～0.05%。

【休药期】无需制定。

【工艺流程图】（举例）

癸甲溴铵、丙二醇、水配制而成→脱包→称量→配制→灌装→拧盖→封口→包装→

入库

【产品核发情况】截至 2021 年底，农业农村部共核发癸甲溴铵溶液（含不同规格）有效批准文号 76 个。

季铵盐戊二醛溶液
Quaternary Ammonium Salts and Glutaral Solution

【处方】本品为苯扎氯铵、癸甲溴铵和戊二醛配制而成的水溶液。

【作用与用途】消毒防腐药。主要用于动物厩舍的日常环境消毒。可有效杀灭细菌、病毒、芽孢。

【用法与用量】用前需将消毒液碱化（每 100mL 消毒液加无水碳酸钠 2g，搅拌至无水碳酸钠完全溶解），消毒方式为稀释后喷雾或喷洒，用量为 $200mL/m^2$，消毒时间为 1h。日常消毒用自来水将碱化液以（1∶250）～（1∶500）稀释；用于杀灭病毒时将碱化液以（1∶100）～（1∶200）稀释；用于杀灭芽孢时将碱化液以（1∶1）～（1∶2）稀释。

【休药期】无需制定。

【工艺流程图】（举例）

苯扎氯铵、癸甲溴铵、戊二醛配制而成的水溶液→脱包→称量→配制→灌装→拧盖→封口→包装→入库

【产品核发情况】截至 2021 年底，农业农村部共核发季铵盐戊二醛溶液（含不同规格）有效批准文号 33 个。

复方季铵盐戊二醛溶液
Compound Quaternary Ammonium Salts and Glutaral Solution

【处方】本品为氯化二辛基二甲基铵、氯化二癸基二甲基铵、氯化辛基癸基二甲基铵、氯化烷基二甲基苄铵及戊二醛等配制而成的水溶液。

【作用与用途】消毒防腐药。用于牧场及畜禽栏舍、兽医临床器械的消毒。

【用法与用量】牧场及畜禽栏舍喷雾消毒：无特定疾病时，以 1∶200 倍稀释；特定疾病暴发时，RNA 病毒、细小病毒以 1∶50 倍稀释，腺病毒、脊髓灰质炎病毒以 1∶100 倍稀释，其他病毒、细菌、真菌以 1∶200 倍稀释。

器械浸泡消毒：常规消毒，以 1∶100 倍稀释；特定疾病暴发时，以 1∶50 倍稀释。

使用热雾器消毒：以 1∶1 倍稀释的液体填充热雾器，每立方米约需 5mL。

【休药期】无需制定。

【工艺流程图】（举例）

氯化二辛基二甲基铵、水等配制而成→脱包→称量→配制→灌装→拧盖→封口→包装→入库

【产品核发情况】截至 2021 年底，农业农村部共核发复方季铵盐戊二醛溶液（含不同规格）有效批准文号 0 个。

7.2.4.6　过氧化物类

高锰酸钾
Potassium Permanganate

【处方】无。

【作用与用途】消毒防腐药。用于皮肤创伤及腔道炎症的创面消毒、止血和收敛，也用于有机物中毒。

【用法与用量】腔道冲洗及洗胃：配成 0.05％～0.1％溶液。

创伤冲洗：配成 0.1％～0.2％溶液。

【休药期】无需制定。

【工艺流程图】（举例）

高锰酸钾→干燥→粉碎→过筛→称量→分装→包装→入库

【产品核发情况】截至 2021 年底，农业农村部共核发高锰酸钾（含不同规格）有效批准文号 8 个。

过氧化氢溶液
Hydrogen Peroxide Solution

【处方】本品由浓过氧化氢溶液与水配制而成。

【作用与用途】氧化剂类消毒防腐药。

【用法与用量】用于清洗化脓性创口等。

【休药期】无需制定。

【工艺流程图】（举例）

浓过氧化氢溶液、水配制而成→脱包→称量→配制→灌装→拧盖→封口→包装→入库

【产品核发情况】截至 2021 年底，农业农村部共核发过氧化氢溶液（含不同规格）有效批准文号 27 个。

过氧化氢溶液（水产用）
Hydrogen Peroxide Solution

【处方】本品为浓过氧化氢溶液与水配制而成。

【作用与用途】增氧剂，用于增加水体溶解氧。

【用法与用量】以本品计。用水稀释至少 100 倍后泼洒：每 $1m^3$ 水体，一次量，0.3～0.4mL。

【休药期】无需制定。

【工艺流程图】（举例）

浓过氧化氢溶液、水配制而成→脱包→称量→配制→灌装→拧盖→封口→包装→入库

【产品核发情况】截至 2021 年底，农业农村部共核发过氧化氢溶液（水产用）（含不同规格）有效批准文号 7 个。

过氧化氢粉
Hydrogen Peroxide Powder

【处方】本品由过氧化氢溶液、氯化钠和硫酸钠配制而成。

【作用与用途】消毒防腐药。用于畜禽舍环境消毒。

【用法与用量】以本品计。用水制成 60g/L 溶液，按 $0.3L/m^2$ 比例进行畜禽舍消毒。

【休药期】无需制定。

【工艺流程图】（举例）

过氧化氢溶液、氯化钠、硫酸钠配制而成→干燥→粉碎→过筛→分装→包装→入库

【产品核发情况】截至 2021 年底，农业农村部共核发过氧化氢粉（含不同规格）有效批准文号 3 个。

过硼酸钠粉（水产用）
Sodium Perborate Powder

【处方】本品为两个独立包装组成，大包为过硼酸钠与无水硫酸钠，小包为沸石粉。

【作用与用途】水体改良剂。用于增加水中溶氧，改善水质。

【用法与用量】以本品计。大包、小包按2∶1称取，使用前在干燥容器中混合均匀后直接泼洒在鱼虾浮头集中处，泼洒面积约为总水体面积的1/4。

预防，用于改善水质、预防水产动物浮头时，每$1m^3$水体，0.4g。治疗，救治水产动物浮头、泛池时，每$1m^3$水体，0.75g。

【休药期】0度日。

【工艺流程图】（举例）

大包：过硼酸钠、无水硫酸钠→干燥→粉碎→过筛→称量→分装 ⎤
小包：沸石→干燥→粉碎→过筛→称量→分装 ⎦ →大包＋小包组合→
包装→入库

【产品核发情况】截至2021年底，农业农村部共核发过硼酸钠粉（水产用）（含不同规格）有效批准文号2个。

过碳酸钠（水产用）
Sodium Percarbonate

【处方】无。

【作用与用途】水体改良剂。用于缓解和解除鱼、虾、蟹等水产养殖动物因缺氧引起的浮头和泛塘。

【用法与用量】以本品计。在浮头处泼洒：一次量，每$1m^3$水体，1.0～1.5g；严重浮头时用量加倍。

【休药期】无需制定。

【工艺流程图】（举例）

过碳酸钠→干燥→粉碎→过筛→称量→分装→包装→入库

【产品核发情况】截至2021年底，农业农村部共核发过碳酸钠（水产用）（含不同规格）有效批准文号18个。

过硫酸氢钾复合盐泡腾片
Potassium Peroxymonosulfate Effervescent Tables

【处方】本品由过硫酸氢钾复合盐、十二烷基苯磺酸钠、氯化钠和有机酸等制成。

【作用与用途】消毒防腐药。用于畜禽舍、空气等的消毒。

【用法与用量】喷雾、喷洒或浸泡：畜禽环境、饮水设备、空气消毒、终末消毒、设备消毒、孵化场消毒、脚踏盆消毒时，以1∶400（即每10片兑水4kg）稀释。

【休药期】无需制定。

【工艺流程图】（举例）

过硫酸氢钾复合盐、十二烷基苯磺酸钠、氯化钠和有机酸等配制而成→粉碎→过筛→称量→混合→压片→分装→包装→入库

【产品核发情况】截至2021年底，农业农村部共核发过硫酸氢钾复合盐泡腾片（含不同规格）有效批准文号15个。

过硫酸氢钾复合物粉
Compound Potassium Peroxymonosulfate Powder

【处方】本品由过硫酸氢钾复合盐、十二烷基苯磺酸钠、氯化钠和有机酸等制成。

【作用与用途】消毒防腐药。用于畜禽舍、空气和饮用水等的消毒。防治水产养殖鱼、虾的出血、烂鳃、肠炎等细菌性疾病。

【用法与用量】浸泡或喷雾：a. 畜舍环境消毒、饮水设备消毒、空气消毒、终末消毒、设备消毒、孵化场消毒、脚踏盆消毒，1∶200 浓度稀释。b. 饮用水消毒，1∶1000 浓度稀释。c. 对于特定病原体消毒：大肠杆菌、金黄色葡萄球菌、猪水泡病病毒、传染性法氏囊病病毒，1∶400 浓度稀释；链球菌，1∶800 浓度稀释；禽流感病毒，1∶1600 浓度稀释；口蹄疫病毒，1∶1000 浓度稀释。水产养殖鱼、虾消毒，用水稀释 200 倍后全池均匀喷洒，每 $1m^3$ 水体 0.6～1.2g。

【休药期】无需制定。

【工艺流程图】（举例）

过硫酸氢钾复合盐、十二烷基苯磺酸钠、氯化钠和有机酸等配制而成→干燥→粉碎→过筛→称量→混合→分装→包装→入库

【产品核发情况】截至 2021 年底，农业农村部共核发过硫酸氢钾复合物粉（含不同规格）有效批准文号 96 个。

复方过硫酸氢钾枸橼酸粉
Compound Potassium Peroxymonosulphate and Citric Acid Powder

【处方】本品由过硫酸氢钾复合盐、枸橼酸、十二烷基苯磺酸钠、氯化钾等制成。

【作用与用途】消毒防腐药。用于畜禽厩舍、空气和饮用水等的消毒。

【用法与用量】以本品计。浸泡或喷雾：畜舍环境消毒、空气消毒，1∶200 倍稀释；饮用水消毒，1∶1000 倍稀释；对特定病原体消毒，大肠杆菌 1∶400 倍稀释，禽流感病毒 1∶3200 倍稀释，新城疫病毒 1∶6400 倍稀释，猪瘟病毒、猪繁殖与呼吸综合征病毒 1∶800 倍稀释。

【休药期】无需制定。

【工艺流程图】（举例）

过硫酸氢钾复合盐、十二烷基苯磺酸钠、氯化钾和枸橼酸等配制而成→干燥→粉碎→过筛→称量→混合→分装→包装→入库

【产品核发情况】截至 2021 年底，农业农村部共核发复方过硫酸氢钾枸橼酸粉（含不同规格）有效批准文号 0 个。

7.2.4.7　酸类

过氧乙酸溶液
Peracetic Acid Solution

【处方】本品为配合型制剂。由 A 液（含乙酸和少量硫酸）与 B 液（含有稳定剂的过氧化氢溶液）按规定比例混合配制而成。

【作用与用途】消毒防腐药。用于杀灭厩舍、用具等的细菌、芽孢、真菌和病毒。

【用法与用量】喷雾消毒：畜禽厩舍 1∶（200～400）倍稀释。浸泡消毒：器具 1∶500 倍稀释。

【休药期】无需制定。

【工艺流程图】（举例）

乙酸、硫酸、含有稳定剂的过氧化氢溶液、水等配制而成→脱包→称量→配制→灌装→拧盖→封口→包装→入库

【产品核发情况】截至 2021 年底，农业农村部共核发过氧乙酸溶液（含不同规格）有效批准文号 26 个。

枸橼酸粉

Citric Acid Powder

【处方】本品由枸橼酸和增效剂配制而成。

【作用与用途】消毒防腐药。用于环境或器具（械）的消毒。

【用法与用量】以本品计。喷雾、喷洒或浸泡消毒：杀灭口蹄疫病毒浓度，1∶1000倍稀释；杀灭猪瘟病毒浓度，1∶600倍稀释；杀灭猪水疱病病毒浓度，1∶200倍稀释；杀灭鸡新城疫病毒，1∶100倍稀释，杀灭鸡传染性法氏囊炎病毒浓度，1∶100倍稀释。

【休药期】无需制定。

【工艺流程图】（举例）

枸橼酸、增效剂配制而成→干燥→粉碎→过筛→称量→混合→分装→包装→入库

【产品核发情况】截至2021年底，农业农村部共核发枸橼酸粉（含不同规格）有效批准文号33个。

枸橼酸苹果酸粉

Citric Acid and Malic Acid Powder

【处方】本品由枸橼酸、DL-苹果酸与适量六偏磷酸钠等配制而成。

【作用与用途】消毒防腐药。用于厩舍、空气和饮用水的消毒。

【用法与用量】普通设备的清洁或消毒：足量的喷雾，使设备完全湿润即可；水管和输水管的消毒：投入稀释的本品放置至少30min，然后清洗；动物围栏表面喷雾消毒：按 $10mL/m^2$ 的比例，用喷雾装置喷于围栏表面。病毒消毒：按（1∶1000）～（1∶3000）稀释（相当于本品1g加水1～3L）；细菌消毒：按（1∶1000）～（1∶2000）稀释（相当于本品1g加水1～2L）；饮水消毒：按（1∶5000）～（1∶10000）稀释（相当于本品1g加水5～10L）。

【休药期】无需制定。

【工艺流程图】（举例）

枸橼酸、DL-苹果酸、六偏磷酸钠等配制而成→干燥→粉碎→过筛→称量→混合→分装→包装→入库

【产品核发情况】截至2021年底，农业农村部共核发枸橼酸苹果酸粉（含不同规格）有效批准文号13个。

7.2.4.8 碱类

氢氧化钠

Sodium Hydrate

【处方】无。

【作用与用途】消毒药和腐蚀药。用于厩舍、车辆等的消毒，也用于牛、羊新生角的腐蚀。

【用法与用量】消毒：1%～2%热溶液。腐蚀新生角：50%溶液。

【休药期】无需制定。

【工艺流程图】（举例）

氢氧化钠→干燥→粉碎→过筛→称量→分装→包装→入库

【产品核发情况】截至2021年底，农业农村部共核发氢氧化钠（含不同规格）有效批准文号13个。

7.2.4.9 染料类

甲紫溶液

Methylrosanilinium Chloride Solution

【处方】甲紫 10g，乙醇适量，水适量，制成 1000mL。

【作用与用途】消毒药和腐蚀药。用于黏膜和皮肤的创伤、烧伤和溃疡的消毒。

【用法与用量】外用：涂于患处。

【休药期】无需制定。

【工艺流程图】（举例）

甲紫、乙醇、水配制而成→脱包→称量→配制→灌装→拧盖→封口→包装→入库

【产品核发情况】截至 2021 年底，农业农村部共核发甲紫溶液（含不同规格）有效批准文号 19 个。

乳酸依沙吖啶溶液

Ethacridine Lactate Solution

【处方】本品为乳酸依沙吖啶的水溶液。

【作用与用途】消毒防腐药。用于创面、黏膜消毒。

【用法与用量】外用：适量，涂于患处。乳酸依沙吖啶的水溶液

【休药期】无需制定。

【工艺流程图】（举例）

乳酸依沙吖啶、水配制而成→脱包→称量→配制→灌装→拧盖→封口→包装→入库

【产品核发情况】截至 2021 年底，农业农村部共核发乳酸依沙吖啶溶液（含不同规格）有效批准文号 20 个。

7.2.4.10 其他

松馏油

【处方】本品为松科松属植物的木材经干馏得到的沥青状液体。

【作用与用途】防腐消毒。如蹄叉腐烂。

【用法与用量】外用，涂于患处。

【休药期】无需制定。

【工艺流程图】（举例）

松馏油→脱包→称量→灌装→拧盖→封口→包装→入库

【产品核发情况】截至 2021 年底，农业农村部共核发松馏油（含不同规格）有效批准文号 0 个。

鱼石脂软膏

Ichthammol Ointment

【处方】本品为鱼石脂与适宜的辅料配制而成。

【作用与用途】防腐消毒药。外用消炎。

【用法与用量】涂敷患处。

【休药期】无需制定。

【工艺流程图】（举例）

鱼石脂、适宜辅料配制而成→脱包→称量→配制→灌装→拧盖→封口→包装→入库

【产品核发情况】截至 2021 年底，农业农村部共核发鱼石脂软膏（含不同规格）有效

批准文号 8 个。

乌洛托品注射液

Methenamine Injection

【**处方**】本品为乌洛托品的灭菌水溶液。

【**作用与用途**】防腐消毒。用于尿路感染。

【**用法与用量**】以乌洛托品计。静脉注射：一次量，马、牛 15～30g，羊、猪 5～10g，犬 0.5～2g。

【**休药期**】无需制定。

【**工艺流程图**】（举例）

乌洛托品、水配制而成→称量→浓配→粗滤→稀配→精滤→灌装→封口→灭菌、检漏→灯检→印字/贴签→装盒→入库

【**产品核发情况**】截至 2021 年底，农业农村部共核发乌洛托品注射液（含不同规格）有效批准文号 12 个。

7.2.5 生殖调控药

所用药物有生殖激素类（性激素、促性腺激素、促性腺激素释放激素）、催产素类（缩宫素和垂体后叶激素、麦角新碱等）、前列腺素类（氯前列烯醇、氟前列醇等）和多巴胺受体激动剂。对生殖系统用药的目的在于提高或抑制繁殖力，调节繁殖进程，增强抗病能力。

缩宫素注射液

Oxytocin Injection

【**处方**】本品为猪或牛的脑垂体后叶中提取或化学合成的缩宫素灭菌水溶液。

【**作用与用途**】子宫收缩药。用于催产、产后子宫止血和胎衣不下等。

【**用法与用量**】皮下、肌内注射：一次量，马、牛 30～100 单位，羊、猪 10～50 单位，犬 2～10 单位。

【**休药期**】无需制定。

【**工艺流程图**】（举例）

缩宫素、水配制而成→称量→浓配→粗滤→稀配→精滤→灌装→封口→灭菌、检漏→灯检→印字/贴签→装盒→入库

【**产品核发情况**】截至 2021 年底，农业农村部共核发缩宫素注射液（含不同规格）有效批准文号 45 个。

垂体后叶注射液

Posterior, Pituitary Injection

【**处方**】本品为垂体后叶粉中水溶性成分灭菌水溶液。

【**作用与用途**】子宫收缩药。用于催产、产后子宫出血和胎衣不下等。

【**用法与用量**】皮下、肌内注射：一次量，马、牛 30～100 单位，羊、猪 10～50 单位，犬 2～10 单位，猫 2～5 单位。

【**休药期**】无需制定。

【工艺流程图】（举例）

垂体后叶粉、水配制而成→称量→浓配→粗滤→稀配→精滤→灌装→封口→灭菌、检漏→灯检→印字/贴签→装盒→入库

【产品核发情况】截至 2021 年底，农业农村部共核发垂体后叶注射液（含不同规格）有效批准文号 4 个。

丙酸睾酮注射液
Testosterone Propionate Injection

【处方】本品为丙酸睾酮的灭菌油溶液。

【作用与用途】性激素类药物。用于雄激素缺乏症的辅助治疗。

【用法与用量】肌内、皮下注射：以丙酸睾酮计，一次量，每 1kg 体重，种畜 0.25～0.5mg。

【休药期】无需制定。

【工艺流程图】（举例）

丙酸睾酮、大豆油配制而成→称量→浓配→粗滤→稀配→精滤→灌装→封口→灭菌、检漏→灯检→印字/贴签→装盒→入库

【产品核发情况】截至 2021 年底，农业农村部共核发丙酸睾酮注射液（含不同规格）有效批准文号 6 个。

苯丙酸诺龙注射液
Nandrolone Phenylpropionate Injection

【处方】本品为苯丙酸诺龙的灭菌油溶液。

【作用与用途】同化激素类药物。用于营养不良、慢性消耗性疾病的恢复期。

【用法与用量】皮下、肌内注射：一次量，每 1kg 体重，家畜 0.2～1mg，每 2 周 1 次。

【休药期】无需制定。

【工艺流程图】（举例）

苯丙酸诺龙、大豆油配制而成→称量→浓配→粗滤→稀配→精滤→灌装→封口→灭菌、检漏→灯检→印字/贴签→装盒→入库

【产品核发情况】截至 2021 年底，农业农村部共核发苯丙酸诺龙注射液（含不同规格）有效批准文号 2 个。

苯甲酸雌二醇注射液
Estradiol Benzoate Injection

【处方】本品为苯甲酸雌二醇的灭菌油溶液。

【作用与用途】性激素类药。用于发情不明显动物的催情及胎衣滞留、死胎的排出。

【用法与用量】以苯甲酸雌二醇计，肌内注射：一次量，马 10～20mg，牛 5～20mg，羊 1～3mg，猪 3～10mg，犬 0.2～0.5mg。

【休药期】28 日；弃奶期 7 日。

【工艺流程图】（举例）

苯甲酸雌二醇、大豆油配制而成→称量→浓配→粗滤→稀配→精滤→灌装→封口→灭菌、检漏→灯检→印字/贴签→装盒→入库

【产品核发情况】截至 2021 年底，农业农村部共核发苯甲酸雌二醇注射液（含不同规格）有效批准文号 26 个。

黄体酮注射液
Progesterone Injection

【处方】本品为黄体酮的灭菌油溶液。

【作用与用途】性激素。用于预防流产。

【用法与用量】以黄体酮计。肌内注射：一次量，马、牛 50～100mg，羊、猪 15～25mg，犬 2～5mg。

【休药期】无需制定。

【工艺流程图】（举例）

黄体酮、大豆油配制而成→称量→浓配→粗滤→稀配→精滤→灌装→封口→灭菌、检漏→灯检→印字/贴签→装盒→入库

【产品核发情况】截至 2021 年底，农业农村部共核发黄体酮注射液（含不同规格）有效批准文号 27 个。

黄体酮阴道缓释剂
Intravaginal Progesterone Insert

【处方】本品由尼龙刺体部和聚酯尾组成，尼龙刺表皮为黄体酮和硅胶制成的阴道插入翼型缓释装置。

【作用与用途】性激素类药。控制青年育成母牛和经产母牛的发情周期，适用于牛的同期发情和胚胎移植，以及治疗产后和泌乳期不发情。

【用法与用量】阴道内放置：一次量，牛 1 个。5～8d 后取出。

【休药期】无，宰前取出。

【工艺流程图】（举例）

黄体酮、医用硅胶配制而成→称量→密炼→开炼→切片、称量→注压成型→穿聚酯尾→内包装→装箱→入库

【产品核发情况】截至 2021 年底，农业农村部共核发黄体酮阴道缓释剂（含不同规格）有效批准文号 1 个。

注射用绒促性素
Chorionic Gonadotrophin for Injection

【处方】本品为绒促性素加适宜的赋形剂经冷冻干燥制成的无菌制品。

【作用与用途】性激素类药。用于性功能障碍、习惯性流产及卵巢囊肿等。

【用法与用量】肌内注射：以绒促性素计，一次量，马、牛 1000～5000 单位，羊 100～500 单位，猪 500～1000 单位，犬 25～300 单位。一周 2～3 次。

【休药期】无需制定。

【工艺流程图】（举例）

绒促性素、适宜的赋形剂配制而成→脱包→称量→配液→除菌过滤→灌装装箱→冷冻干燥→出箱→轧盖→灯检→包装→入库

【产品核发情况】截至 2021 年底，农业农村部共核发注射用绒促性素（含不同规格）有效批准文号 16 个。

注射用绒促性素（Ⅰ）
Chorionic Gonadotrophin for Injection

【处方】本品为绒促性素加适宜的赋形剂经冷冻干燥制成的无菌制品。

【作用与用途】激素类药。用于性功能障碍、习惯性流产及卵巢囊肿等。也用于鲢、鳙亲鱼的催产。

【用法与用量】肌内注射：一次量，马、牛 1000～5000 单位，羊 100～500 单位，猪 500～1000 单位，犬 25～300 单位。一周 2～3 次。

【休药期】无需制定。

【工艺流程图】（举例）

绒促性素、适宜的赋形剂配制而成→脱包→称量→配液→除菌过滤→灌装装箱→冷冻干燥→出箱→轧盖→灯检→包装→入库

【产品核发情况】截至 2021 年底，农业农村部共核发注射用绒促性素（Ⅰ）（含不同规格）有效批准文号 20 个。

注射用复方绒促性素 A 型（水产用）
Compound Chorionic Gonadotrophin A Type for Injection

【处方】本品系绒促性素与促黄体素释放激素 A2 加适宜的赋形剂经冷冻干燥制成的无菌制品。

【作用与用途】激素类药。用于鲢、鳙亲鱼的催产。

【用法与用量】以绒促性素计。腹腔注射：以绒促性素计，一次量，每 1kg 体重，雌鱼 400 单位，雄鱼剂量减半。

【休药期】用药后亲鱼禁止食用。

【工艺流程图】（举例）

绒促性素、促黄体素释放激素 A2、适宜的赋形剂配制而成→脱包→称量→配液→除菌过滤→灌装装箱→冷冻干燥→出箱→轧盖→灯检→包装→入库

【产品核发情况】截至 2021 年底，农业农村部共核发注射用复方绒促性素 A 型（水产用）（含不同规格）有效批准文号 4 个。

注射用复方绒促性素 B 型（水产用）
Compound Chorionic Gonadotrophin B Type for Injection

【处方】本品系绒促性素与促黄体素释放激素 A3 加适宜的赋形剂经冷冻干燥制成的无菌制品。

【作用与用途】激素类药。用于鲢、鳙亲鱼的催产。

【用法与用量】以绒促性素计。腹腔注射：以绒促性素计，一次量，每 1kg 体重，雌鱼 400 单位，雄鱼剂量减半。

【休药期】用药后亲鱼禁止食用。

【工艺流程图】（举例）

绒促性素、促黄体素释放激素 A3、适宜的赋形剂配制而成→脱包→称量→配液→除菌过滤→灌装装箱→冷冻干燥→出箱→轧盖→灯检→包装→入库

【产品核发情况】截至 2021 年底，农业农村部共核发注射用复方绒促性素 B 型（水产用）（含不同规格）有效批准文号 4 个。

注射用血促性素
Serum Gonadotrophin for Injection

【处方】本品为血促性素加适宜的赋形剂经冷冻干燥制成的无菌制剂。

【作用与用途】激素类药。主要用于雌性动物催情和促进卵泡发育，也用于胚胎移植时的超数排卵。

【用法与用量】临用前，以灭菌生理盐水 2～5mL 稀释。皮下、肌内注射：催情，马、牛 1000～2000 单位，羊 100～500 单位，猪 200～800 单位，犬 25～200 单位，猫 25～100 单位，兔、水貂 30～50 单位。

超排，母牛 2000～4000 单位，母羊 600～1000 单位。

【休药期】无需制定。

【工艺流程图】（举例）

血促性素、适宜的赋形剂配制而成→脱包→称量→配液→除菌过滤→灌装装箱→冷冻干燥→出箱→轧盖→灯检→包装→入库

【产品核发情况】截至 2021 年底，农业农村部共核发注射用血促性素（含不同规格）有效批准文号 15 个。

注射用促黄体素释放激素 A2
Luteinizing Hormone Releasing Hormone A2 for Injection

【处方】本品为促黄体素释放激素 A2 加适宜的赋形剂经冷冻干燥制成的无菌制品。

【作用与用途】激素类药。用于治疗奶牛排卵迟滞、卵巢静止、持久黄体、卵巢囊肿及早期妊娠诊断；亦用于鱼类诱发排卵。

【用法与用量】注射用水或生理盐水稀释后使用，现用现配。鱼类催产时，雄鱼剂量为雌鱼的一半。腹腔注射：一次量，每 1kg 体重，草鱼 $5\mu g$；二次量，每 1kg 体重，鲢、鳙 $5\mu g$，第一次 $1\mu g$，经 12h 后注射余量；三次量，第一次提前 15d 左右每尾鱼注射 1～$2.5\mu g$，第二次每 1kg 体重注射 $2.5\mu g$，第三次 20h 后每 1kg 体重注射 $5\mu g$ 和鱼脑垂体 1～$2\mu g$。

肌内注射：一次量，奶牛排卵迟滞，输精同时肌内注射 12.5～$25\mu g$；奶牛卵巢静止，$25\mu g$，每日 1 次，可连用 1～3 次，总剂量不超过 $75\mu g$；奶牛持久黄体或卵巢囊肿，$25\mu g$，每日 1 次，可连用 1～4 次，总剂量不超过 $100\mu g$；奶牛早期妊娠诊断，12.5～$25\mu g$，配种后 5～8d 注射一次，35d 内无重复发情判为已妊娠。猪 $25\mu g$。羊 $10\mu g$。

【休药期】无需制定。

【工艺流程图】（举例）

促黄体素释放激素 A2、适宜的赋形剂配制而成→脱包→称量→配液→除菌过滤→灌装装箱→冷冻干燥→出箱→轧盖→灯检→包装→入库

【产品核发情况】截至 2021 年底，农业农村部共核发注射用促黄体素释放激素 A2（含不同规格）有效批准文号 17 个。

注射用促黄体素释放激素 A3
Luteinizing Hormone Releasing Hormone A3 for Injection

【处方】本品为促黄体素释放激素 A3 加适宜的赋形剂经冷冻干燥制成的无菌制品。

【作用与用途】激素类药。用于治疗奶牛排卵迟滞、卵巢静止、持久黄体、卵巢囊肿及早期妊娠诊断；亦用于鱼类诱发排卵。

【用法与用量】注射用水或生理盐水稀释后使用，现用现配。肌内注射：一次量，奶牛 $25\mu g$。腹腔注射：每尾鱼，一次量，草鱼 2～$5\mu g$，鲢、鳙 3～$5\mu g$。

【休药期】无需制定。

【工艺流程图】（举例）

促黄体素释放激素 A3、适宜的赋形剂配制而成→脱包→称量→配液→除菌过滤→灌装装箱→冷冻干燥→出箱→轧盖→灯检→包装→入库

注射用复方鲑鱼促性腺激素释放激素类似物
Compound S-GnRHa for Injection

【处方】本品为鲑鱼促性腺激素释放激素类似物和多潘立酮加适宜的赋形剂经冷冻干燥制成的无菌制品。

【作用与用途】激素类药。用于诱导鱼类排卵和排精。

【用法与用量】胸鳍腹侧腹腔注射：每 1 瓶加注射用水 10mL 制成混悬液。草鱼、白鲢、鳙、鳜，一次注射，每 1kg 体重 0.5mL。团头鲂、太湖白鱼，一次注射，每 1kg 体重 0.3mL。青鱼，二次注射，第一次每 1kg 体重 0.2mL，第二次每 1kg 体重 0.5mL，间隔 24～48h。雄鱼剂量酌减。

【休药期】无需制定。

【工艺流程图】（举例）

鲑鱼促性腺激素释放激素类似物、多潘立酮、适宜的赋形剂配制而成→脱包→称量→配液→除菌过滤→灌装装箱→冷冻干燥→出箱→轧盖→灯检→包装→入库

【产品核发情况】截至 2021 年底，农业农村部共核发注射用复方鲑鱼促性腺激素释放激素类似物（含不同规格）有效批准文号 0 个。

蜕皮激素溶液（蚕用）
Molting Hormone Solution

【处方】本品为蜕皮激素的乙醇溶液。

【作用与用途】激素类药。用于促使蚕老熟一致，上蔟整齐，调节家蚕的生长发育。

【用法与用量】以本品计。喷叶：一次量，取本品 1 支加水 2500mL 混合均匀喷叶，供 2.5 万头蚕（1 张种）一次食完。

【休药期】无需制定。

【工艺流程图】（举例）

蜕皮激素、乙醇配制而成→脱包→称量→配制→灌装→拧盖→封口→包装→入库

【产品核发情况】截至 2021 年底，农业农村部共核发蜕皮激素溶液（蚕用）（含不同规格）有效批准文号 13 个。

注射用戈那瑞林
Gonadorelin for Injection

【处方】本品为戈那瑞林与右旋糖酐 40 经冷冻干燥制成的无菌制品。

【作用与用途】促性腺激素释放激素。主要用于治疗奶牛的卵泡囊肿、卵巢机能停止等，诱导奶牛同期发情。

【用法与用量】用注射用水或生理盐水溶解并稀释后肌内注射。卵巢机能停止的奶牛一经确诊后，即开始 Ocsynch 程序，诱导发情于产后 50d 左右开始 Ocsynch 程序。

Ocsynch 程序如下：在开始程序当日每头注射戈那瑞林 100～200μg，第 7 日注射氯前列醇钠 0.5mg，过 48h 第二次注射相同剂量戈那瑞林，再过 18～20h 后输精。

【休药期】无。

【工艺流程图】（举例）

戈那瑞林、右旋糖酐 40 配制而成→脱包→称量→配液→除菌过滤→灌装装箱→冷冻干燥→出箱→轧盖→灯检→包装→入库

戈那瑞林注射液
Gonadorelin Injection

【处方】本品为戈那瑞林的灭菌水溶液。

【作用与用途】促性腺激素释放激素。主要用于治疗奶牛的卵泡囊肿、卵巢机能停止等，诱导奶牛同期发情。

【用法与用量】肌内注射：卵巢机能停止的奶牛一经确诊后，即开始 Ocsynch 程序，诱导发情于产后 50d 左右开始 Ocsynch 程序。

Ocsynch 程序如下：在开始程序当日每头注射戈那瑞林 $100\sim200\mu g$，第 7 日注射氯前列醇钠 0.5mg，过 48h 第二次注射相同剂量戈那瑞林，再过 $18\sim20h$ 后输精。

【休药期】无需制定。

【工艺流程图】（举例）

戈那瑞林、水配制而成→称量→浓配→粗滤→稀配→精滤→灌装→封口→灭菌、检漏→灯检→印字/贴签→装盒→入库

【产品核发情况】截至 2021 年底，农业农村部共核发戈那瑞林注射液（含不同规格）有效批准文号 24 个。

甲基前列腺素 $F_{2\alpha}$ 注射液
Prostaglandin $F_{2\alpha}$ Injection

【处方】本品为甲基前列腺素 $F_{2\alpha}$ 的灭菌水溶液。

【作用与用途】前列腺素类药。用于同期发情、同期分娩；也用于治疗持久性黄体、诱导分娩和催排死胎等。

【用法与用量】以 $C_{21}H_{36}O_5$ 的 S 差向异构体计。肌内注射或宫颈内注入：一次量，每 1kg 体重，马、牛 $2\sim4mg$，羊、猪 $1\sim2mg$。

【休药期】牛、羊、猪 1d。

【工艺流程图】（举例）

甲基前列腺素 $F_{2\alpha}$、水配制而成→称量→浓配→粗滤→稀配→精滤→灌装→封口→灭菌、检漏→灯检→印字/贴签→装盒→入库

【产品核发情况】截至 2021 年底，农业农村部共核发甲基前列腺素 $F_{2\alpha}$ 注射液（含不同规格）有效批准文号 0 个。

氯前列醇钠注射液
Cloprostenol Sodium Injection

【处方】本品为氯前列醇钠的灭菌水溶液。

【作用与用途】前列腺素类药。主要用于控制母牛同期发情和怀孕母猪诱导分娩。

【用法与用量】以氯前列醇计。肌内注射：一次量，牛 $0.2\sim0.3mg$；猪，妊娠第 $112\sim113$ 日 $0.05\sim0.1mg$。

【休药期】无需制定。

【工艺流程图】（举例）

氯前列醇钠、水配制而成→称量→浓配→粗滤→稀配→精滤→灌装→封口→灭菌、检漏→灯检→印字/贴签→装盒→入库

【产品核发情况】截至2021年底，农业农村部共核发氯前列醇钠注射液（含不同规格）有效批准文号39个。

注射用氯前列醇钠

Cloprostenol Sodium for Injection

【处方】本品为氯前列醇钠加适宜的赋形剂经冷冻干燥制成的无菌制品。

【作用与用途】前列腺素类药。主要用于控制母牛同期发情和怀孕母猪诱导分娩。

【用法与用量】以氯前列醇钠计。肌内注射：一次量，牛同期发情0.4～0.6mg，11d后再注射一次；母猪诱导分娩预产期前3d内0.05～0.2mg。

【休药期】无需制定。

【工艺流程图】（举例）

氯前列醇钠、适宜的赋形剂配制而成→脱包→称量→配液→除菌过滤→灌装装箱→冷冻干燥→出箱→轧盖→灯检→包装→入库

【产品核发情况】截至2021年底，农业农村部共核发注射用氯前列醇钠（含不同规格）有效批准文号13个。

醋酸氟孕酮阴道海绵

Flugestone Acetate

【处方】本品为将醋酸氟孕酮配制成溶液浸入海绵制备而成。

【作用与用途】孕激素类药。用于绵羊、山羊的诱导发情或同期发情。

【用法与用量】阴道给药：一次量，羊1个。给药后12～14d取出。

【休药期】羊30d。

【工艺流程图】（举例）

醋酸氟孕酮、海绵配制而成→灌装→干燥→内包装→装箱→入库

【产品核发情况】截至2021年底，农业农村部共核发醋酸氟孕酮阴道海绵（含不同规格）有效批准文号2个。

烯丙孕素内服溶液

Altrenogest Oral Solution

【处方】本品为烯丙孕素的油溶液。

【作用与用途】性激素类药。用于控制后备母猪同期发情。

【用法与用量】以烯丙孕素计。直接用5mL喷头饲喂或喷洒在饲料上内服，一次量，后备母猪20mg（5mL），连用18d。

【休药期】猪18d。

【工艺流程图】（举例）

烯丙孕素、大豆油配制而成→脱包→称量→配液→过滤→灌装→加塞→旋盖→包装→入库

【产品核发情况】截至2021年底，农业农村部共核发烯丙孕素内服溶液（含不同规格）有效批准文号4个。

氨基丁三醇前列腺素 $F_{2\alpha}$ 注射液

Prostaglandin $F_{2\alpha}$ Tromethamine Injection

【处方】本品为氨基丁三醇前列腺素 $F_{2\alpha}$ 和适量苯甲醇制成的无菌水溶液。

【作用与用途】有溶解黄体及促使子宫平滑肌收缩的作用，主要用于治疗母牛持久黄

体，控制母牛同期发情，怀孕母猪诱导分娩。

【用法与用量】以前列腺素 $F_{2\alpha}$ 计。肌内注射，一次量，25mg（5mL）。

【休药期】牛 1d。

【工艺流程图】（举例）

氨基丁三醇前列腺素 $F_{2\alpha}$、苯甲醇、水配制而成→脱包→称量→除菌过滤→配制→除菌过滤→灌装、加塞→轧盖→灯检→检漏→贴签→装盒→入库

【产品核发情况】截至 2021 年底，农业农村部共核发氨基丁三醇前列腺素 $F_{2\alpha}$ 注射液（含不同规格）有效批准文号 4 个。

参考文献

[1] 石志华．刍议阿莫西林[J]．中国中医药资讯，2010，2（8）：222．

[2] 李忠华．氯唑西林钠的合成[J]．山西大学学报（自然科学版），2002，25（3）：224-226．

[3] 方维焕，朱平民．苄星邻氯青霉素的研制[J]．浙江农业大学学报，1989，16（1）：73-76．

[4] 张延峰，张伟锋．邻氯苄星青霉素的合成及应用[J]．河北医药，2005，27（1）：61-62．

[5] 刘慧勤，米祥忻，吕冠芳，等．普鲁卡因青霉素特定杂质的合成制备[J]．中国抗生素杂志，2018，（12）：1510-1513．

[6] 赵双海，周乐，耿会玲，等．抗肝片吸虫药—硝碘酚腈的合成研究[J]．化学世界，2003（8）：428-431．

[7] 吴范宏，窦清玉，蔡凡平，等．抗肝吸虫药三氯苯达唑的合成[J]．中国医药工业杂志，2001，32（9）：396-398．

[8] 艾大朋，巨修练，刘根炎，等．作用于离子型 γ-氨基丁酸受体的异噁唑啉类杀寄生虫剂[J]．化学通报，2020，83（11）：986-996．

[9] 周继华，王建文，黄新萍，等．新型饲料添加剂的合成和应用研究[J]．河北化工，1998（2）：49-50．

[10] 耿安静，王旭，陈岩，等．有机胂阿散酸的研究现状及潜在风险[J]．农产品质量与安全，2017，（5）：87-91．

[11] 王兴路，尹传祥，张平．吡喹酮的发现与工业化合成途径[J]．山东化工，2020，49（12）：51-54．

[12] 钱科，汪伟，梁幼生．吡喹酮抗血吸虫作用机制的研究进展[J]．医学研究生学报，2013，26（9）：979-983．

[13] 陈玲，朱焕星，李桂华，等．抗球虫药常山酮的研究与应用[J]．黑龙江畜牧兽医，2012，（10）：34-36．

[14] 王立萍，王琰，梅芹，等．注射用盐酸大观霉素的质量评价[J]．中国抗生素杂志，2018，43（3）：276-282．

[15] 张逍遥，郭超，刘艳丽，等．生物农药多杀菌素及其结构类似物的研究进展[J]．粮油食品科技，2020，28（6）：209-217．

[16] 张子臣，张翠芬，刘宪军，等．恩拉霉素的最新研究进展[J]．中国抗生素杂志，2013，38（3）：185-190．

[17] 叶建美，吴康，吴洪丽，等．恩诺沙星抗菌效果及药代动力学研究进展[J]．湖北农业科学，

2015, 54（23）：31-34.

[18] 郭红燕，周连根，钟佳莲，等．二甲氧苄啶在猪体内的残留消除[J]．华南农业大学学报，2015，36（4）：32-35.

[19] 孙继超，陈晨，张东辉，等．氟苯尼考的研究进展[J]．江苏农业科学，2020，48（20）：31-36.

[20] 李冰冰，姜桥．新型异噁唑啉类化合物氟雷拉纳的制备方法[J]．广东化工，2020，41（24）：215-216.

[21] 张建刚，邓波波，朱建平．杆菌肽锌在动物生产中的应用[J]．江西饲料，2011（6）：31-33.

[22] 吕丽娟，吴宝强．黄霉素的发展状况及其发酵工艺研究进展[J]．添加剂世界，2013（1）：22-25.

[23] 周石洋，陈玲．磺胺对甲氧基嘧啶的合成及表征[J]．沈阳大学学报（自然科学版），2016，28（1）：11-15.

[24] 闫雷，梁斌，王爱杰，等．微生物降解磺胺甲噁唑的研究进展[J]．微生物学报，2020，60（12）：2747-2762.

[25] 尚平，张玮，卜欣立，等．磺胺氯哒嗪钠的合成实验研究[J]．河北化工，2005（6）：45-46.

[26] 章家伟，喻祥瑞，肖江．磺胺嘧啶银的合成工艺研究[J]．化学工程与装备，2013（1）：16-18.

[27] 蒿彩菊，赵飚，张有亮，等．磺胺噻唑在家兔体内的药物动力学研究[J]．动物医学进展，2014，35（4）：81-84.

[28] 杨新艳，侯林，周德刚，等．加米霉素的研究进展[J]．安徽农业科学，2016，44（31）：150-152.

[29] 马敬中，武东梅，汪有生．喹乙醇在我国的应用研究进展[J]．化学世界，2008（10）：630-633.

[30] 刘锦妮，何敏，徐光科．硫酸庆大霉素临床药效学研究进展[J]．畜牧与饲料科学，2018，39（9）：31-33.

[31] 赵经伟，汪令，张波，等．硫酸头孢喹肟的合成[J]．国外医药（抗生素分册），2012，33（5）：207-209.

[32] 陈区，胡华南．3-硝基-4-羟基苯胂酸的合成新工艺研究[J]．科学技术与工程，2010，10（31）：7830-7832.

[33] 李金明，魏丽娟，李冀，等．马波沙星的合成工艺优化[J]．广东化工，2015，42（9）：65-66.

[34] 关丽辉，王相晶，向文胜．抗生素类驱虫药米尔贝肟的研究进展[J]．中国畜牧兽医，2010，37（6）：157-159.

[35] 张小朋，曹春华，朱游子，等．那西肽的发展状况及其发酵工艺研究进展[J]．饲料工业，2014，35（22）：59-61.

[36] 杨廷海，夏明珠，雷武，等．萘啶酸的合成与表征[J]．江苏化工，2005，33（增刊）：103-105.

[37] 慈天元．诺氟沙星合成工艺的综述[J]．青岛医药卫生，2009，41（3）：219-223.

[38] 杨昆，孙志良，隆雪明．动物专用抗生素泰地罗新[J]．动物医学进展，2018，39（3）：110-114.

[39] 夏定，杨乐武，杨风，等．泰拉菌素的合成工艺改进[J]．精细化工，2012，29（8）：795-799.

[40] 赵东峰，任翔，朱丽．泰乐菌素及其衍生物研究进展[J]．医药产业资讯，2006，3（15）：46-48.

[41] 黄贺贤，曾振灵，黄显会．截短侧耳素类抗生素——泰妙菌素的研究进展[J]．中国兽药杂志，2010，44（6）：42-45.

[42] 冯言言，田伟．大环内酯类药物泰万菌素的研究进展[J]．广东畜牧兽医科技，2015，40（6）：5-6.

[43] 华伟毅，刘义明，徐飞，等．头孢洛宁的药理作用及其在奶牛乳房炎防治中应用的研究进展[J]．中国畜牧兽医，2016，43（10）：2742-2747.

[44] 赵增任，侯林，刘兴金，等．头孢噻呋的合成改进[J]．中国兽药杂志，2011，45（11）：16-18.

[45] 任妙贤，陈良柱，潘志坤，等．头孢维星研究概况[J]．动物医学进展，2015，36（2）：106-110.

[46] 闫明．维吉尼亚霉素的研究进展[J]．湖北畜牧兽医，2014，35（9）：70-72.

[47] 刘保光，马彩珲，李进富，等．沃尼妙林（Valnemulin）——动物专用新兽药的研究进展[J]．浙

江畜牧兽医，2016（2）：10-11.

[48] 胡汉峰．盐酸多西环素氢化合成研究[J]．江苏化工，2003，3（4）：36-37.

[49] 郭惠元，田治明，孙兰英，等．盐酸二氟沙星的合成[J]．中国医药工业杂志，1992，23（12）：529-532.

[50] 吴春丽，胡玉荣，杜斌，等．盐酸沙拉沙星的合成研究[J]．河南化工，2004（11）：16-17.

[51] 李璐璐，骆延波，刘玉庆．乙酰甲喹和喹烯酮药动学研究进展[J]．中国抗生素杂志，2016，41（2）：98-103.

[52] 中国兽药典委员会．中华人民共和国兽药典[M]．北京:中国农业出版社，2020.

[53] 中国兽医药品监察所．2020年版《中国兽药典》兽药产品说明书范本化学药品卷[M]．北京：中国农业出版社，2021.

[54] 中国兽药典委员会．兽药质量标准2017年版化学药品卷[M]．北京：中国农业出版社，2017.

[55] 曾振灵．兽医临床用药指南[M]．北京：化学工业出版社，2021.

[56] 中华人民共和国农业部令第2号．兽用处方药和非处方药管理办法[S]．2013.

[57] 中华人民共和国农业农村部令第3号．兽药生产质量管理规范（2020年修订）[S]．2020.

[58] 农业农村部畜牧兽医局，中国兽药协会．《兽药生产质量管理规范（2020年修订）》指南[M]．北京：中国农业出版社，2021.

第8章

兽药生产设施、设备和自动化/智能化发展历程

8.1

兽药生产设施、设备的发展概述

兽药生产设备是用于生产兽药品的各种机械、装置及相关配套设施的统称。其目的是将各种化学原料通过一系列的物理或化学处理过程转化为符合质量标准、可用于动物疾病预防、治疗、诊断或调节动物生理机能的兽药产品。兽药生产设备的发展经历了以下几个阶段：

（1）早期阶段（20世纪初—20世纪中叶），手工操作主导的简单机械装置　这一时期的兽药生产设备较为简陋，主要是一些简单的机械搅拌装置、过滤装置等。例如，最基本的搅拌器用于将药物原料进行简单混合，其搅拌效率和均匀性都比较有限。过滤设备也只是简单的滤网或过滤器，用于去除药物中的杂质，但过滤精度不高。生产过程中很多环节依赖人工操作，比如药物的称量、投料等，不仅劳动强度大，而且容易出现人为误差，导致药品质量不稳定。生产规模较小，主要是满足一些小型养殖场或兽医诊所的基本需求。

（2）发展阶段（20世纪中叶—20世纪末），自动化设备引入，生产工艺得到改进　随着工业技术的不断发展，一些自动化设备开始应用到兽用化药生产中。例如，出现了自动化的灌装机、封口机，自动洗瓶机、理瓶机，细胞悬浮培养罐、连续流离心机，控制生产环境的自动化空调、控温控湿装备等，提高了生产效率。同时，搅拌设备也得到了改进，搅拌速率和均匀性都有了一定的提高，能够更好地满足药物生产的需要。在这一阶段，兽药的生产工艺也在不断改进，对生产设备的要求也越来越高。例如，为了提高药物的纯度和稳定性，需要更加先进的过滤设备和提纯设备。一些企业开始引进国外的先进生产设备和技术，推动了国内兽用化药生产设备的发展。

（3）快速发展阶段（21世纪初至今），多功能设备和智能化设备兴起　进入21世纪，随着信息技术和自动化技术的飞速发展，兽药生产设备逐渐向智能化方向发展。例如，一些生产设备配备了智能控制系统，可以实现对生产过程的精确控制和监测，大大提高了生产效率和药品质量。同时，通过传感器等设备可以实时获取生产过程中的各种数据，为生产管理和质量控制提供了有力的支持。为了满足不同类型兽药的生产需求，多功能的生产设备开始出现。例如，一些设备可以同时兼具粉碎、混合、干燥等多种功能，大大简化了生产流程，提高了生产效率。而且，这些设备的适应性更强，可以根据不同的药物配方和生产工艺进行调整和优化。

8.2

兽用化药生产设备

8.2.1　兽用化药制剂与生产设备

兽用化药生产设备是兽用化学药品生产过程中不可或缺的工具，随着符合GMP（药品生产质量管理规范）标准的生产设备逐渐普及，设备的设计和制造更加严格地遵循GMP标准的要求，在材料选择、结构设计、表面处理等方面都充分考虑了药品生产的特殊性。如今在药品生产中，兽药企业的生产线也逐渐向集成化方向发展，将各个生产环节的设备通过自动化控制系统连接起来，实现整个生产过程的无缝衔接。

兽用化药制剂包括粉剂、散剂、预混剂、颗粒剂、片剂、栓剂、胶囊剂、注射液、口服液、膏剂、糊剂等剂型。以下将根据兽用化药制剂的不同，对兽用化药生产的主要仪器设备进行介绍。

8.2.1.1 兽用化药固体制剂生产设备

（1）**粉碎设备** 药物粒度是影响药物性能的重要因素之一。在药物研发、生产和使用中，需要根据药物的性质和制剂要求选择合适的粒度范围，并采用有效的控制方法，以保证药物的质量和疗效。在化药固体制剂生产中，粉碎设备用于将原料药或其他固体物料粉碎至所需粒度。

万能粉碎机：药物从进料口进入粉碎室后，通过电机带动刀片高速旋转，在刀片的冲击、剪切和摩擦作用下被粉碎成小颗粒。粉碎后的药物颗粒通过筛网排出，较大的颗粒则继续留在粉碎室内进行再次粉碎，直到达到所需的粒度大小。万能粉碎机的结构相对简单，操作方便，易于维护，并且适用性强，可以粉碎多种不同性质的固体物料，如纤维状、块状、颗粒状等。

气流粉碎机：利用高速气流使物料颗粒之间相互碰撞、摩擦而实现粉碎，能够粉碎成非常细的粉末，适用于对粒度要求极高的药物粉碎，如用于吸入制剂的药物粉末。其优点是粉碎过程中不产生热量，避免了药物因受热而发生分解或变质，还能够将物料粉碎至非常细的粒度，这对于一些对粒度要求极高的化学药品如纳米药物、高端制剂等非常适用。

球磨机：球磨机主要依靠筒体的旋转，使内部的钢球、瓷球等研磨介质在重力和离心力的作用下对物料进行撞击、研磨和挤压，从而将物料粉碎至所需粒度。可用于粉碎各种硬度的化学药品原料，从软质物料到硬质物料都能有效处理，并且能够将物料粉碎得较为均匀，粒度分布较窄。通过调整球磨机的转速、研磨时间和研磨介质的大小等参数，可以控制粉碎后的粒度大小。

（2）**固体混合设备** 药物通常由多种成分组成，如活性成分、辅料等。为确保药物成分均匀分布，通过混合工艺，使这些成分在微观层面上均匀分布，以保证每一个剂量单位的药物具有相同的成分和性能。因此混合设备的性能对于药品的质量控制至关重要，通过对混合过程的监控和检测，可以及时发现混合不均匀等问题，并采取相应的措施进行调整。

V形混合机：由两个对称的V形筒体组成，物料在V形筒体内不断地进行翻转、扩散等运动，物料在混合过程中会受到重力、离心力和摩擦力的作用，从而实现较高的混合均匀度，适用于多种不同性质的化药固体制剂的混合。V形混合机通常具有良好的密封性能，能够防止物料泄漏和外界杂质的进入，保证药品的质量和纯度。

双锥混合机：双锥混合机的容器呈双锥形，通过旋转使物料在容器内翻滚、混合。在混合过程中，物料不仅受到重力的作用，还受到容器旋转产生的离心力和摩擦力的作用，从而实现高效混合。双锥混合机能够在较短的时间内实现物料的充分混合，混合效率较高。尤其对于一些黏性较大或密度差异较大的物料，混合效果更为显著，并且容器的双锥形设计使得物料在混合过程中没有死角，能够确保每一部分物料都能得到充分的混合。一些双锥混合机可以在真空条件下进行混合操作，适用于对氧气、水分敏感的化药固体制剂的混合，能够有效地防止物料氧化和受潮。

三维混合机：三维混合机原理为通过多方向运动，使物料在混合容器内进行复杂的三维空间运动，从而实现充分混合。通常，三维混合机的运动包括自转、公转和翻转。物料在三维空间内进行全方位的运动，混合均匀度非常高，能够满足对混合质量要求极高的化药固体制剂生产。三维混合机通常配备先进的控制系统，可以实现自动化操作，提高生产效率和混合精度，适用于各种不同性质的化药固体制剂的混合，包括粉末、颗粒、片状等物料。

（3）制粒设备　药物制粒是药物制剂生产中的一个重要工艺，包括干法制粒、湿法制粒、流化床制粒等。通过选择合适的制粒方法和设备，可以提高药物的流动性、可压性和释放速度，同时保证制剂的质量稳定性。在药物制粒过程中，需要严格控制颗粒的粒度分布、流动性、强度和药物的含量均匀度等质量指标。下面对药物制粒过程中使用的主要设备类型进行介绍。

摇摆式颗粒机：将软材置于机器的加料斗内，通过旋转的滚筒和刮刀的作用使软材从筛网中挤出，形成颗粒。滚筒的摇摆运动使软材在筛网上不断翻滚和挤压，从而将软材制成均匀的颗粒。可用于多种药物的制粒，尤其适用于湿法制粒。其优点为对于不同性质的药物原料，通过调整筛网的孔径和软材的湿度等参数可以获得不同粒度的颗粒，制得的颗粒形状较为规则，大小均匀，有利于后续的加工和包装。

高速混合制粒机：可将混合、制粒两个过程在同一台设备中完成，可极大缩短生产周期，提高生产效率。其原理为将药物原料和辅料加入设备的容器内，通过高速旋转的搅拌桨将物料混合均匀。然后，通过喷枪向物料中喷入黏合剂溶液，使物料在搅拌的过程中逐渐聚结成颗粒，制得的颗粒粒度均匀、密度适中、流动性好。高速混合制粒机是一种高效、节能、环保的设备，具有混合制粒一体化、混合均匀度高、制粒速度快、颗粒质量好、操作简单、清洗方便等特点，极大地提高了兽用药物的生产效率。

流化床制粒机：流化床制粒机主要利用气流使物料在流化床中呈流化状态，通过喷枪向物料中喷入黏合剂溶液，使物料在流化的过程中聚结成颗粒。同时，热空气的通入可以对颗粒进行干燥，实现制粒和干燥一体化。流化床制粒机可以实现从粉末到颗粒的一步制粒过程，简化了生产工艺，减少了设备和操作环节。并且在流化状态下，物料颗粒之间的碰撞和混合较为均匀，制得的颗粒粒度分布窄，大小均匀。热空气的通入可以同时对颗粒进行干燥，使颗粒的水分含量迅速降低，提高了颗粒的稳定性。制备过程中，可以通过调整气流速度、喷液量、温度等参数来控制制粒过程，以适应不同的药物配方和生产要求。

喷雾干燥制粒机：喷雾干燥制粒机是一种将喷雾干燥和制粒过程结合在一起的设备。喷雾干燥制粒机主要由雾化器、干燥室、热风系统、捕集系统和控制系统等组成。其工作原理是将液态物料通过雾化器雾化成微小的液滴，然后与热空气在干燥室内充分接触，使液滴中的水分迅速蒸发，从而形成干燥的颗粒。喷雾干燥制粒机适用于热敏性物料的干燥。可以有效地保留物料中的活性成分和营养物质，避免物料因高温而分解或变质。此外还可以根据不同的物料性质和生产要求调整雾化器的类型、热空气的温度和流量、干燥室的结构等参数，以实现最佳的干燥效果和颗粒质量。

（4）干燥设备　药物干燥目的是去除药物中的水分或溶剂，以提高药物的稳定性、储存性和使用效果。下面对药物干燥过程中使用的主要设备类型进行介绍。

箱式干燥器：是一种较为传统的干燥设备。将待干燥的药物放置在托盘上，然后将托盘放入干燥箱内。通过加热装置（如蒸汽、电加热等）对干燥箱内的空气进行加热，热空气在箱内循环流动，与药物接触，使药物中的水分蒸发，从而实现干燥。箱式干燥器适用于多种药物的干燥，尤其是对一些颗粒状、块状或片状的药物具有较好的干燥效果。但干燥效率相对较低：由于热空气的循环方式较为简单，干燥速度较慢，且可能存在温度不均匀的情况。

流化床干燥器：使药物颗粒在热空气的作用下呈流化状态，即药物颗粒像流体一样在气流中悬浮、翻滚。热空气与药物颗粒充分接触，迅速带走药物中的水分，实现干燥。由于药物颗粒在流化床干燥器中处于流化状态，与热空气的接触面积大，传热传质效率高，干燥速度快，良好的气流分布使得药物颗粒在干燥过程中温度较为均匀，有利于保证干燥质量，并且对于一些对温度敏感的药物，流化床干燥器可以通过控制气流速度和温度避免药物过热而影响质量。

喷雾干燥器：将药物溶液或悬浮液通过雾化器雾化成细小的液滴，喷入干燥室。热空气与液滴接触，使液滴中的水分或溶剂迅速蒸发，形成干燥的颗粒。喷雾干燥速度极快，液滴的表面积大，与热空气的接触充分，水分蒸发迅速，干燥时间短。并且可直接得到颗粒粒度均匀的粉末状干燥产品，无需后续的粉碎处理。喷雾干燥适用于热敏性药物，由于干燥时间短，药物在高温下的停留时间短，对热敏性药物的影响较小。

真空干燥器：通过加热装置对药物进行加热，降低干燥温度下的饱和蒸汽压，使药物中的水分更容易蒸发。同时利用真空泵抽取干燥室内的空气，创造真空环境，在真空条件下对药物进行干燥。其优势为药物在较低的温度下就能实现有效的干燥，特别适用于对热敏感、易氧化或易分解的药物，真空环境还可以减少药物与氧气的接触，防止药物氧化变质。由于干燥过程中温度低、氧气含量少，能够使药物保持较好的活性。

真空冷冻干燥器：也称为冻干机，其工作过程主要分为三个阶段。首先是预冻阶段，将含有药物的溶液或物料置于低温环境下，使其迅速冷冻成固态。接着是升华阶段，在真空环境下，对已冻结的物料进行加热，使其中的冰直接升华为水蒸气而被除去。最后是解析阶段，进一步提高温度，去除物料中剩余的结合水，使物料达到所需的干燥程度。由于干燥过程是在低温和真空条件下进行，能最大程度地保持药物的生物活性、化学稳定性和物理结构。对于一些生物制品、蛋白质类药物和热敏性药物来说，这是一种理想的干燥方法。

（5）压片设备　药物压片是通过施加一定的压力，使药物粉末或颗粒在模具中紧密结合，形成具有一定形状和硬度的片剂。在压片过程中，药物颗粒之间的摩擦力、附着力和内聚力逐渐增大，使得颗粒之间的空隙减小，从而实现片剂的成型，是化药固体制剂生产中的重要剂型。下面对药物压片过程中使用的主要设备类型进行介绍。

单冲压片机：单冲压片机由一副冲模组成，通过手动或电动方式驱动冲头对药物粉末进行压制。将药物粉末填充到冲模中后，上冲下降，与下冲一起对药物进行压制，形成药片。然后上冲升起，下冲将药片推出冲模。对于小批量生产或试验性生产，单冲压片机能够满足需求。由于只有一副冲模，每次只能压制一片药片，生产效率较低，且手动操作时劳动强度较大。

旋转式压片机：主要由转台、上冲、下冲、填充调节装置、压力调节装置等组成。转台周围均匀分布着多个冲模，随着转台的旋转，上冲和下冲在冲模中对药物粉末进行压制。首先，药物粉末通过填充装置填充到冲模中，然后上冲下降，与下冲一起对药物进行压制，形成片状。最后，下冲将压好的药片推出冲模，完成一个压片周期。由于多个冲模同时工作，旋转式压片机能够实现连续快速的压片，大大提高了生产效率。适合大规模生产。适用于多种药物的压片，包括普通片剂、缓释片、控释片等。对于不同性质的药物粉末，通过调整设备参数和选择合适的冲模，可以满足不同的压片要求。

（6）包衣设备　药物包衣技术是在药物表面覆盖一层特定材料的技术，以改善药物的口感、外观或提高药物的稳定性。

高效包衣机：主要由主机、热风系统、喷液系统、控制系统等组成。其原理为将待包衣的药片置于包衣锅内，包衣锅在电机的驱动下旋转，同时热风系统向锅内通入热空气，使药片表面的温度保持在一定范围内。喷液系统将包衣液均匀地喷洒在药片表面，随着药片的不断翻滚，包衣液在药片表面形成一层均匀的薄膜。高效包衣机还可以精确控制包衣液的喷洒量和热风温度、风速等参数，使包衣后的药片表面光滑、均匀，厚度一致，提高了药品的质量和稳定性。高效包衣机适用于各种类型的药片包衣，包括普通片剂、缓释片、控释片等。同时，还可以根据不同的包衣要求，选择不同的包衣液和工艺参数。

糖衣锅：糖衣锅是一种传统的包衣设备，糖衣锅的结构相对简单，成本较低，主要由锅体、电机、加热装置等组成，适合小型制药企业或实验室使用。其原理为将药片放入锅体内，锅体在电机的驱动下旋转，同时通过加热装置对锅体进行加热，使锅内的温度保持在一定范围内。将包衣材料逐次加入锅内，随着药片的不断翻滚，包衣材料在药片表面逐渐形成一层薄膜。糖衣锅操作相对容易，通过手动控制加入包衣材料的量和时间，可以根据实际情况进行调整。由于使用糖衣锅的包衣过程主要依靠人工操作，包衣液的喷洒和干燥效果难以精确控制，因此包衣后的药片质量可能存在一定的差异，且包衣效率较低，劳动强度较大。

流化床包衣机：流化床包衣机是将流态化包衣技术与喷雾技术有机结合为一体的新型微粒包衣设备。其原理为流化床包衣机利用气流使药片在流化床中呈流化状态，同时将包衣液通过喷枪喷洒在流化状态的药片表面，使包衣液在药片表面迅速干燥，形成一层均匀的薄膜。其制备的成品包衣均匀。在流化状态下，药片与包衣液的接触更加充分，包衣均匀性好，干燥速度快，由于干燥过程中温度较低，适用于热敏性药物制剂的包衣。

8.2.1.2　兽用化药液体制剂生产设备

兽用液体制剂有注射液、酊剂、眼用液体制剂、内服溶液剂、内服混悬剂、内服乳剂、耳用液体制剂、外用液体制剂、子宫注入剂和乳房注入剂、液体消毒剂等。配套的液体制剂生产设备通过精确计量、混合、控制温度和压力、过滤净化、自动化控制和监测等功能，确保药物液体制剂的质量稳定、安全有效，同时提高生产效率，适应不同液体剂型和规模的生产需求。下面对兽用化药液体制剂生产过程中使用的主要设备进行介绍。

（1）液体混合设备

搅拌罐：药物搅拌罐是制药行业中常用的设备之一，通常由罐体、搅拌装置、传动装置、加热装置、冷却装置、密封装置等组成。主要用于药物的混合、搅拌、溶解等操作，具有混合效果好、操作方便、适应性强、密封性好、安全可靠等特点。原理为将原料药、溶剂、辅料等按一定比例进行混合搅拌，使其均匀分散形成溶液。

均质机：均质机是一种用于将液体中的颗粒或液滴细化、均匀分散的设备。均质机主要通过机械力或流体力学的作用，将液体中的颗粒或液滴破碎成更小的尺寸，并使其均匀地分散在液体中。常见的均质机工作原理有以下几种：高压均质、超声波均质、高速搅拌均质等。制药过程中，均质机多用于制备注射液、口服液、乳剂、混悬剂等药物制剂。通过均质处理，可以提高药物的溶解度、生物利用度和稳定性。

搅拌式反应釜：常用于化药半固体制剂（软膏剂、凝胶剂）的生产，通常采用不锈钢材质，具有良好的耐腐蚀性和卫生性，能够满足化药膏剂生产的要求。生产时将化药膏剂的原料加入反应釜中，通过搅拌系统使物料充分混合均匀。然后，根据生产工艺要求，通过加热冷却系统控制反应釜内的温度，使物料在特定的温度条件下进行反应或溶解等过程。根据化药膏剂的特性和生产工艺要求选择合适的搅拌器，以确保物料能够充分混合均匀。

（2）过滤设备

板框过滤器：主要由滤板、滤框、压紧装置和输液泵等组成。滤板和滤框通常由聚丙烯、不锈钢等材质制成，滤板表面有滤布或滤纸等过滤介质。压紧装置用于将滤板和滤框紧密压合在一起，形成过滤腔室。输液泵用于将待过滤的液体制剂输送到过滤器中。原理为待过滤的液体制剂在输液泵的压力作用下，进入板框过滤器的过滤腔室。液体制剂通过滤布或滤纸等过滤介质时，固体颗粒被截留，而澄清的滤液则通过滤板上的滤液出口流出。板框过滤器由多个滤板和滤框组成，可以提供较大的过滤面积，比较适用于过滤黏度较大或含有较多固体颗粒的液体制剂，可用于大规模生产。

微孔滤膜过滤器：主要由过滤器壳体、微孔滤膜、进出口管道和压力表等组成。过滤器壳体一般由不锈钢或聚丙烯等材质制成，具有良好的耐腐蚀性。微孔滤膜是过滤器的核心部件，通常由聚四氟乙烯、聚醚砜、尼龙等材质制成，具有不同的孔径和过滤精度。待过滤的液体制剂在压力作用下，通过进出口管道进入过滤器壳体。液体制剂经过微孔滤膜时，微小的颗粒、细菌、病毒等杂质被截留，而澄清的滤液则通过微孔滤膜流出过滤器。微孔滤膜过滤器的过滤精度主要取决于微孔滤膜的孔径大小，一般可以达到 $0.1\sim0.45\mu m$ 的过滤精度。

超滤过滤器：主要由超滤膜组件、泵、管道、阀门和控制系统等组成。超滤膜组件是超滤过滤器的核心部件，通常由中空纤维超滤膜或平板超滤膜组成。泵用于提供过滤所需的压力，管道和阀门用于连接各个部件，控制系统用于控制过滤过程的参数。超滤过滤器工作时，待过滤的液体制剂在泵的压力作用下，进入超滤膜组件。液体制剂中的小分子物质和溶剂可以通过超滤膜，而大分子物质、蛋白质、胶体等则被截留。超滤过滤器的过滤精度主要取决于超滤膜的截留分子量，一般可以达到 1000～100000 的截留分子量。

（3）灭菌设备

湿热灭菌柜：主要由柜体、蒸汽发生器、控制系统、温度传感器、压力传感器等组成。使用湿热灭菌柜时，将待灭菌的化药液体制剂放入灭菌柜内，关闭柜门后，通过蒸汽发生器向柜内通入高温高压的饱和蒸汽。在一定的温度和压力下，蒸汽与液体制剂充分接触，使微生物的蛋白质凝固变性，从而达到灭菌的目的。湿热灭菌具有可靠的灭菌效果，能够有效地杀灭各种微生物，包括细菌芽孢，适用于大多数化药液体制剂的灭菌，尤其是对热稳定性较好的制剂。但高温高压的灭菌条件可能会对一些热敏性药物或含有易挥发成分的制剂产生影响，导致药品质量下降，因此，在药物研发过程中，需针对药物及组分特性选择合适的灭菌工艺及设备。

干热灭菌箱：主要由箱体、加热元件、循环风机、控制系统等组成。箱体一般采用不锈钢材质，具有良好的隔热性能。加热元件通常为电加热管或远红外加热管，用于产生高温。干热灭菌箱的工作原理为，使用时将待灭菌的物品放入干热灭菌箱内，启动加热元件和循环风机，使箱内温度逐渐升高到设定的灭菌温度。在高温下，微生物的蛋白质和核酸等生物大分子发生变性，从而达到灭菌的目的。干热灭菌的温度一般较高，通常在160℃以上，时间也较长，一般需要数小时甚至更长时间。干热灭菌箱适用于一些不耐湿热的物品，如玻璃器皿、金属器械等的灭菌。对于化药液体制剂来说，一般不直接采用干热灭菌。干热灭菌过程中不会引入水分，因此对于一些对水分敏感的成分来说，是一种较好的灭菌方法。

紫外线灭菌器：主要由紫外线灯管、灯罩、反射器、控制系统等组成。紫外线灯管是产生紫外线的核心部件，一般采用低压汞灯或中压汞灯。灯罩和反射器用于提高紫外线的辐射强度和均匀性。控制系统用于控制紫外线灯管的开关和照射时间。紫外灭菌主要利用紫外线的辐射能量破坏微生物的核酸结构，使其失去繁殖能力和活性，从而达到灭菌的目的。紫外线的波长一般在200～300nm之间，其中以254nm左右的紫外线杀菌效果最好。紫外线灭菌器结构简单，操作方便，无需高温高压等特殊条件，可在常温下进行灭菌，并且不会在物品上留下任何化学残留物，对环境友好。

辐照灭菌设备：是利用电离辐射对药物进行灭菌的装置。主要通过产生高能射线，如伽马射线、电子束或X射线，来破坏微生物的DNA和细胞结构，从而达到灭菌的目的。这些射线能够穿透物品，对其内部的微生物进行杀灭，而不会显著影响药物及组分的物理和化学性质。辐照灭菌可用于药品的灭菌和消毒，可对药品进行终端灭菌，确保药品在生产、储存和运输过程中的质量和安全性。辐照灭菌常用的高能射线如下。伽马射线灭菌：通常使用放射性同位素钴-60或铯-137作为辐射源。这些同位素在衰变过程中释放出伽马射线，具有很强的穿透力，能够对包装好的物品进行灭菌。电子束灭菌：利用电子加速器产生的高能电子束进行灭菌，电子束的能量可以调节，以适应不同物品的灭菌要求。电子束灭菌速度快，适用于对热敏感的物品。X射线灭菌：使用X射线发生器产生X射线进行灭菌，X射线的穿透力和能量可以根据需要进行调整，适用于多种药物、组分及液体剂型的灭菌。

环氧乙烷灭菌器：环氧乙烷是一种具有高效杀菌作用的化学气体。它能够与微生物的蛋白质、核酸等生物大分子发生烷基化反应，破坏微生物的代谢和繁殖能力，从而达到灭菌的目的。环氧乙烷灭菌器通常由灭菌室、加热系统、真空系统、加药系统、控制系统等组成。灭菌室用于放置待灭菌物品，加热系统用于升高灭菌室内的温度，真空系统用于抽取灭菌室内的空气和水分，加药系统用于将环氧乙烷气体注入灭菌室，控制系统用于控制整个灭菌过程的参数和操作。环氧乙烷灭菌的主要特点是低温、低湿、穿透力强。由于环氧乙烷在常温下为气态，能够穿透包装材料和医疗器械的狭窄缝隙，对难以到达的部位进行灭菌。同时，环氧乙烷灭菌对医疗器械的材质影响较小，适用于多种材料的灭菌，如塑料、橡胶、金属等。

8.2.1.3　兽用化药特殊剂型生产设备

如今，随着兽用药物制剂工艺的不断创新，为了满足特定的治疗需求、提高药物疗效、降低副作用或改善患病动物的依从性，更多新型的药物特殊剂型不断涌现，这对兽药规模化生产也是巨大的挑战，特殊剂型的生产需要特定的设备来确保产品质量和生产效率。下面对兽用化药部分特殊剂型生产过程中使用的设备进行介绍。

（1）微球生产设备　微球是一种可以控制药物释放速率的剂型，微球成型设备主要通过特定的方法将液态的物料转化为微小的球状颗粒。

乳化-溶剂挥发法设备：通常由搅拌器、恒温水浴锅和真空干燥箱等组成。将药物和聚合物溶解在有机溶剂中，然后在搅拌下将其缓慢滴入含有乳化剂的水相中，形成乳液。通过加热或搅拌使有机溶剂挥发，聚合物逐渐固化形成微球。搅拌器的转速和类型对乳液的稳定性和微球的粒径分布有重要影响。

喷雾干燥设备：将药物和聚合物的溶液通过喷雾器雾化成微小的液滴，然后在热空气流中迅速干燥，形成微球。喷雾干燥设备可以精确控制喷雾速度、温度和空气流量等参数，从而得到粒径均匀、药物包封率高的微球。

（2）纳米粒生产设备

沉淀法设备：主要包括反应釜和搅拌器。通过将药物和聚合物的溶液在特定条件下混合，使药物和聚合物沉淀形成纳米粒。搅拌器的作用是确保溶液的均匀混合和反应的充分进行。反应釜可以控制温度、压力和反应时间等参数，以获得所需粒径和性质的纳米粒。

高压均质机/高压微射流均质机：利用高压泵将物料加压到很高的压力，然后使物料通过一个狭窄的交互容腔或微通道。在高压和高速剪切的作用下，物料中的颗粒被破碎、分散和细化，从而形成纳米级的颗粒。其能够产生非常高的剪切力和压力，可有效地将物料分散成纳米级颗粒，且粒径分布较为均匀，具有良好的可重复性和稳定性，可以处理多种类型的物料，如乳液、混悬液、脂质体等，适合于实验室研究以及工业化生产。目前广泛用于纳米药物、纳米脂质体、纳米混悬液等剂型的生产制备中。

（3）缓释剂型生产设备

骨架片压片机：可以压制含有缓释骨架材料的片剂，药物在骨架中缓慢释放。这种压片机通常需要具备精确的压力控制和模具设计，以确保片剂的质量和缓释性能。

（4）控释剂型生产设备

挤出滚圆机：将药物与辅料混合后挤出成条状，再通过滚圆机制成微丸。挤出滚圆机可以控制微丸的粒径和圆整度，对控释微丸的制备至关重要。

流化床包衣机：用于对微丸进行包衣，通过调整包衣材料和工艺参数，可以实现不同的控释效果。流化床包衣机能够提供均匀的包衣和良好的干燥效果，保证微丸的稳定性和控释性能。

（5）气雾剂生产设备　药物气雾剂生产设备是专门用于生产药物气雾剂产品的专业设备，主要由配液系统、灌装机、封口机、充气机等系统组成。

（6）胶囊填充设备

半自动胶囊填充机：将药物粉末或颗粒填充到胶囊壳中。操作相对简单，价格较低，但劳动强度较大，生产效率较低，适用于小型制药企业或实验室的小批量生产中。

全自动胶囊填充机：高速、准确地将药物填充到胶囊壳中，并完成胶囊的封口等操作，具有生产效率高、自动化程度高、填充精度高、产品质量稳定等特点，适用于大规模化药胶囊剂生产。

8.2.2　药物灌装设备

（1）粉剂灌装设备

螺杆式灌装机：通过螺杆的旋转运动将药物固体制剂定量地推送到容器中。螺杆的螺距和直径可以根据不同的灌装量要求进行调整。计量准确，适用于颗粒状和粉末状药物的灌装；结构相对简单，维护方便；但对于黏性较大的物料可能会出现堵塞现象。常用于片剂、胶囊等药物的灌装。

容积式灌装机：采用定量杯或活塞等容积计量装置，将一定体积的药物固体制剂装入容器中。灌装速度快，适用于大规模生产；计量精度较高，但对于不同密度的物料可能需要调整计量装置，适用于颗粒剂、散剂等药物的灌装。

称重式灌装机：通过电子秤对药物固体制剂进行称重，当达到设定重量时停止灌装。计量精度极高，不受物料密度、形状等因素的影响；可以实现多种规格的灌装，但设备成本较高，速度相对较慢，用于计量要求非常严格的高端药物制剂灌装。

（2）液体制剂灌装设备

液体灌装机：可将配制好并经过灭菌处理的药液准确地灌装到容器中，如玻璃瓶、塑料瓶、安瓿瓶等。灌装机的灌装精度和速度是关键指标，根据生产规模和容器类型的不同，可选择不同类型的灌装机，如半自动灌装机、全自动灌装机、直线式灌装机、旋转式灌装机等。

安瓿灌封机：专门用于安瓿瓶的灌装和封口。安瓿瓶是一种常用于注射剂的包装容器，对灌装和封口的要求非常高。安瓿灌封机能够实现高精度的灌装和封口操作，确保注射剂的质量和安全性。

常压灌装机：在常压下，依靠液体的自重从储液罐通过灌装阀流入容器中。当容器中的液面达到预定高度时，灌装阀关闭，完成一次灌装。常压灌装机通常适用于灌装黏度较低、流动性较好的液体制剂，如口服液、眼药水等。

压力灌装机：与常压灌装机类似，但增加了压力装置，如压缩空气系统或泵等。通过压力装置将储液罐中的液体制剂加压，使其在一定压力下流入容器中。较常压灌装机，压力灌装机可以通过调节压力大小来控制灌装速度和灌装量，适用于灌装黏度较高、流动性较差的液体制剂，如糖浆、乳液等。

真空灌装机：包括真空室、储液罐、灌装阀、真空泵、输送装置等。真空室用于创造真空环境；储液罐用于储存液体制剂；灌装阀用于控制液体的流出；真空泵用于抽取真空室中的空气，形成负压。真空灌装机使用时，先将容器置于真空室内，通过真空泵抽取真空室中的空气，使容器内形成负压。然后打开灌装阀，储液罐中的液体制剂在大气压力和负压的作用下流入容器中。当容器中的液面达到预定高度时，关闭灌装阀，完成灌装。真空灌装机适用于灌装易起泡、易氧化的液体制剂。

8.2.3　成品包装设备

铝塑包装机：将粉剂、片剂、胶囊等药品用铝塑材料进行包装，起到防潮、避光、保护药品的作用。具有包装速度快，密封性好；可实现自动化控制等优势。应用于各种化药制剂的包装。

泡罩包装机：将药物片剂、胶囊等放置在成型的泡罩内，然后覆盖一层铝箔或塑料薄膜，通过加热、加压等方式将泡罩与覆盖材料密封在一起，形成独立的包装单元。泡罩包装可以有效地保护药物免受湿气、氧气、光线等因素的影响，延长药物的保质期。泡罩上可以印刷药物的名称、剂量、有效期等信息，便于识别。泡罩包装机广泛应用于片剂、胶囊等固体药物的包装。

自动装盒机：可自动将药品及说明书等装入纸盒中，完成药品的最终包装。生产效率高，包装美观；可与其他包装设备联动。应用于单品独立包装的成品包装。

袋装包装机：将药物装入袋子中，然后通过热封、超声波封合等方式将袋子密封。袋装包装机可以根据不同的袋子尺寸和形状进行调整，以适应不同的药物包装需求。袋子通常由塑料薄膜等材料制成，成本较低。袋子还可以根据不同的药物特性和包装要求进行定制，如添加防潮层、避光层等。适用于颗粒剂、散剂等固体制剂以及一些液体制剂的包装。

全自动标签粘贴机：通过自动化的输送系统将液体药物制剂容器连续地输送到标签粘贴工位。设备采用先进的传感器和控制系统，实现标签的自动剥离、定位和粘贴。整个过程无需人工干预，具有高速、高效的特点。全自动标签粘贴机自动化程度高，生产效率高，能够满足大规模生产的需求。具有高精度的标签定位系统，确保标签粘贴的准确性和一致性。可以与其他制药设备进行联动，实现生产线的自动化集成。适用于大型制药企业的大规模生产、对生产效率和质量要求较高的场景。

8.3

中兽药生产设备

中兽药生产设备，除中药前处理、提取工序涉及的设备外，其他生产工序与工艺和兽用化药制剂生产工艺区别不大，绝大多数生产设备可以共用，这里着重介绍中药前处理、提取设备。

8.3.1 中药前处理设备

中药前处理工序一般包括药材的挑选、洗药、润药、切药、炮炙、干燥、粉碎等。涉及的主要设备类型有风选机、目选机、滚桶式洗药机、润药机（如注水式真空润药机、汽相式润药机）、切药机、炒药机、蒸煮箱、干燥机（如蒸汽式干燥箱、远红外线干燥箱、微波干燥灭菌机等）、粉碎机（如 TF-400 型柴田式粉碎机等）。

8.3.1.1 选药设备

（1）变频式风选机　利用物料轻重、风阻不同，用相同大小风力带动，使得物料大小轻松自动分级。可实现自动上料、连续作业、变频无极调风，能将原料药材按堆积密度、风阻分成多个等级。吸风式风选机，机器自带除尘器，可适用于饮片药屑、毛发等选别、冷却。

（2）筛选机　用于药材、饮片或类似物料的选别，尤其是被选杂物与物料的形态有差异的混合物，既能选别杂物，也能按形态大小将物料分级。柔性支撑斜面筛选机，机身倾斜度可调，主要适合形态较大的物料的选别。振动筛选机，主要适合形态较小的物料的选别。

（3）**磁选机** 用于药材、饮片或类似物料中磁性物质的选别（包括含铁性的沙石等）。

（4）**机械化挑选机组** 采用机械辅助与人工结合方式，由上料输送机和输送带、振荡器和照明等组成，选别药材或类似物料中的杂物，尤其是非药用部位的去除。

8.3.1.2 洗药设备

药材（中药饮片）的表面不但有泥沙等杂物，还有大量的霉菌。洗药的目的就是要除掉泥沙和大部分霉菌。目前在大部分制药企业使用的都是滚桶式洗药机，用喷淋水进行洗药。洗药时应根据不同的品种，用不同的转速和喷水量去清洗。在洗净的前提下，尽量缩短洗药时间，避免有效成分的损失。可增加调速装置和增压设备，以适应不同的药材。

8.3.1.3 润药设备

润药的目的是让失水的植物细胞吸水膨胀，为提取工序创造条件，因药材中的有效成分一般在水（或其他溶媒）作用下才能实现交换。目前大部分中药制药企业使用注水式真空润药机。采用真空将药材纤维空隙中的空气抽出，水在负压条件下通过毛细管迅速进入植物细胞组织中。其中，控制真空度可以实现最佳的渗透效果；控制加水量可以防止有效成分流失；控制润药时间可以减少有效成分的酶解（某些苷类细胞内存在着与其相应的水解酶，时间过长部分苷会被水解掉）。润药机的使用过程中，应根据不同的药材，确定不同的真空度及时间；根据不同的药材，确定不同的加水量，尽量做到水尽、药透。

8.3.1.4 切药设备

（1）**旋转式切药机** 采用滚动轴承全封闭式齿轮传动，特殊链条强制送料，能把中药材加工成节、片、丝。

（2）**往复式切药机** 通过全齿轮机械转动，使刀片上下往复运动；原料经上下链条强制送料。主切软性根、茎、藤叶、皮类纤维性药材。

8.3.1.5 蒸煮设备

电热或电汽两用蒸煮箱配有水位、温度自动控制系统，配套减压阀、安全阀、压力表、温度表，便于控制。采用小车装载物料，从箱体的正面进出，蒸汽直接加热由料筐装载的物料，热效率高、易于蒸透。可根据药材性质和工艺要求控制蒸煮温度、时间和水量。内部压力通过压力表显示，根据压力要求进行减压阀的调节。蒸煮结束先关蒸汽阀，待压力下降到常压后打开箱门取药。

8.3.1.6 炒药设备

常用的有自控温电热炒药机，可用于中药饮片的清炒、加固体辅料炒。炒桶设计成带缩口的鼓式，能有效阻止物料溢出，增加炒桶装载容积。带集除尘和废气处理装置，具有定时、控温、恒温、温度数显等功能。炒桶设有隔热装置。设有文火、中火、武火等多种火力配置，炒桶适合水冲洗。启动炒筒正转按钮（顺时针方向），启动电加热器，当炒制时间达到设定值时，电蜂鸣自动报警，并自动切断电加热电源，提醒操作人员出料。此时打开出料门，启动炒筒反转按钮（逆时针方向），炒筒作逆时针旋转，物料自动排出。

8.3.1.7　干燥设备

目前还有许多制药企业使用蒸汽式干燥箱和远红外线干燥箱。因能耗大、效率低、对工作环境影响大（温湿度和粉尘），近几年逐渐被微波干燥灭菌机所取代。微波干燥灭菌机以能耗低、效率高、对环境影响小的特点，被越来越多的企业所采用。微波灭菌干燥机在前处理阶段，主要有3项功能：干燥、灭菌、破壁。

微波加热通过"介电损耗"（介电加热）和离子传导实现。具有永久偶极的分子在2450MHz的电磁场中所能产生的共振频率极高，使分子超高速旋转，动能迅速增加，从而导致温度升高；离子化的物质在超高频电磁场中以超高速运动，因摩擦而产生热效应。极性分子（主要是水分子）加热汽化后被设备上的轴流风机抽走，物料被干燥。

微波灭菌是微波的热效应和生物效应共同作用的结果。微波对细菌的热效应是使蛋白质变性，使细菌失去营养、繁殖和生存的条件而死亡；生物效应是微波电场改变细胞膜断面的电位分布，影响细胞周围电子和离子浓度，从而改变细胞膜的通透性能，细菌因此营养不良，不能正常新陈代谢，细菌结构功能紊乱，生长发育受到抑制而死亡。此外，决定细菌正常生长和稳定遗传繁殖的核糖核酸（RNA）和脱氧核糖酸（DNA），是由若干氢键紧密连接而成的卷曲形大分子。足够强的微波场可以导致氢键松弛、断裂和重组，从而诱发遗传基因突变，或染色体畸变，甚至断裂。微波灭菌干燥机就是利用微波的上述功能达到灭菌的目的。根据微波灭菌的原理，对灭菌后的物料进行菌检时要注意时间，间隔时间过短会使受损的细菌细胞得到修复，使检验结果失真。

微波干燥灭菌机使用时要注意：a. 不得空载运行，否则会烧毁设备，甚至爆炸。b. 微波源要有时段记录，磁控管寿命一般在4000h左右，超时使用微波能会衰减。c. 物料水分低于14％会影响灭菌效果；提取浸膏含水量高于40％时，要用微波真空干燥机进行干燥，用隧道式微波干燥机易造成设备的损坏。d. 微波对水的穿透厚度在2～3cm，作业时要注意物料厚度。e. 干燥物料时温度一般在80～90℃，温度越高，吸收性越好，易造成物料过干甚至碳化。f. 药材必须润透，否则微波不能破壁（可切开检验）。进行破壁时，微波能要达到能使植物细胞内水分汽化的能量和时间。g. 原料中既有粉碎料又有提取物时，可将提取浓缩后的药液掺在粉碎料中，经微波处理，干燥灭菌可同时完成，既节约能源又节省时间。h. 用于前处理的微波设备尽量选用功率大一点的，可以保证质量和产量。

8.3.1.8　粉碎设备

中小型制药企业使用的粉碎机基本是以TF-400型柴田式粉碎机为主。在机器主轴上装有打板、挡板、风叶三部分，由电动机带动旋转。打板和嵌在外壳上的边牙板、弯牙板构成粉碎室，物料通过加料口进入到粉碎机中，通过其间的快速相对运动形成对被粉碎物的多次打击和互相撞击，达到粉碎目的。粉碎后的物料在气流的作用下被吹到旋风分离器进行风选，再经过筛，将粗粉和细粉分开，细粉被风送到集粉装置内收粉，粗粉被送回到粉碎室内重新粉碎。在生产使用中，部分使用者感到实际产量与制造商提供的参数相差甚远。除加工品种、粉碎细度（筛网目数）不同外，一个重要原因是循环水和负压仓的使用不正确。循环水温度过高或不用循环水，粉碎室内温度高，药材纤维发软不易粉碎。另外，集粉装置一定要放在负压仓内，粉碎后的细料在气流的作用下才可顺利地进入集粉装置。一般可采用单机除尘的方式使集粉间形成负压，排风、降温、除尘一同解决，产量也会大大提高。另外粉碎前对需粉碎的物料进行粗打和混料，也是提高产量和粉碎效果的有效途径。

8.3.2 中药提取设备

中药提取工序一般包括提取、浓缩、纯化、干燥，涉及的主要设备类型有多功能提取罐、双效浓缩器、多功能醇沉罐、酒精蒸馏塔、喷雾干燥机以及相关的过滤、除尘等辅助配套设施。

8.3.2.1 提取设备

（1）多功能提取罐　多功能提取罐是一种常用的提取设备。操作简便、工艺应用灵活，可根据工艺需要同其他设备进行不同的组合。可用常压、减压、加压、水煎、温浸、渗漉、强制循环等提取方式进行中药材的提取。特别适合对植物茎叶类中药材的短时间提取。因为用途广，工艺适应性较强，所以称多功能提取罐。提取过程要分几次完成，所以溶媒消耗量大，提取时间长。提取、浓缩不能同时进行，提取液量大，浓缩时能源消耗也大。

一般情况下多功能提取罐罐内操作压力为 0.15MPa，夹层压力为 0.3MPa，属于压力容器。在操作前要检查安全阀、压力表、减压阀等安全附件是否有效。浸提的关键在于保持最大的浓度差。因为没有浓度差，其他的因素都失去作用，浸提过程也就终止。所以用多功能提取罐进行提取时，当提取液中的浓度差消失后就要更换新的溶媒。

（2）热回流提取机组　热回流提取机组集热回流提取、渗漉法提取、索氏提取三种原理，结合外循环浓缩技术，把提取与浓缩置于一套设备内，提取、浓缩同步进行，从而简化了工艺，缩短了生产时间，节约了能源（可节约蒸汽 50%）。由于提取过程溶媒用量少，浓缩过程溶媒损失少，大大地降低了溶媒的消耗量（可节省 30% 以上）。回流提取比渗漉提取时间短，速度快；回流提取比常规煎煮提取使用的溶媒少，耗能低；因在回流提取过程中在提取罐内创造了最大的浓度差，可以获得较好的提取效果，特别是使用有机溶媒提取时，热回流提取机组的优点更能充分地体现出来。

因在提取过程中提取罐内的溶媒浓度不断降低，在多提取出有效成分的同时，提取出来的杂质也多。热回流提取机组对操作人员的操作技术和经验要求更高，要求操作人员不但要了解工艺原理、设备性能，还要有一定实践经验的积累。在操作过程中如果提取罐、浓缩罐、冷凝器三者之间的温度差、压力差协调不好，不仅会影响提取、回流效果，还会造成能源和有机溶媒的损失。另外，根据热回流提取机组的工作原理，对中药材中热不稳定成分以水作溶媒提取时，不宜使用热回流提取机组。

将需提取的药材投入提取罐内，根据工艺需要加入药材量 5～10 倍的溶媒，如水、乙醇等。开启提取罐夹套蒸汽阀门（水提可以开通罐内直通蒸汽），使提取罐内液体加热至沸腾 20～30min 后，将 1/3 提取液放入浓缩罐。关闭提取罐夹套（直通）蒸汽、开启加热器蒸汽对液料进行浓缩。浓缩时产生的二次蒸汽，通过蒸发器上升管进入提取罐内，作为提取的新热源和溶液，维持提取罐内的温度。二次蒸汽在提取罐内继续上升，经冷凝器冷凝成热的冷凝液，回落到提取罐内作为新溶媒加到药面上。新溶媒自上而下通过药材层到提取罐底部，同时药材中的可溶性有效成分溶解于提取罐内的溶媒中。提取液再由提取罐的底部放入浓缩罐中，浓缩产生的二次蒸汽又送到提取罐内作新热源和新溶媒，这样就形成新溶媒大回流提取。使药材中溶质密度与溶媒中含溶质的密度保持较高的梯度差，药材中的溶质可快速溶出，直至完全溶出（提取液无色）。

热回流提取机组的使用注意点包括：a. 药材不宜太细，以免堵塞孔隙，影响回流效果。b. 用有机溶剂作溶媒时，应用夹层蒸汽加热，不能用罐内直通蒸汽加热，否则提取罐内有机溶剂的含量会越来越低。c. 要通过验证确定每罐的药材投放量，热回流提取原理决定了投料量要比多功能提取罐的投料量大。d. 根据药液浓度确定开始回流的时间。回流时间过早，提取液浓度低，会延长有效提取时间；回流时间过晚，提取液浓度饱和，不利于有效成分的提取，还浪费能源。应该在提取（沸腾）1h后，将部分药液放入浓缩罐，开始回流并计时。注意，提取罐内沸腾时要排除罐内的空气，否则罐内会产压。e. 要对回流液的温度进行控制，不要过低。同时要控制好提取罐内的温度，尽量保持恒温。冷提（90℃以下）杂质少、澄明度好，热提效率高、澄明度差。沸腾的目的是增强溶液的扩散和渗透作用，沸腾虽可以在短时间内缩小溶液的浓度差，但会使许多大分子杂质溶出。回流的主要目的就是在合适的温度下，以渗漉的形式，动态地降低提取罐内溶液的浓度差，在渗透压的作用下，使细胞内浓溶液不断向外扩张，细胞外的溶剂不断进入细胞内。f. 确定提取时间。过分提取会增加提取液中的杂质，给后期分离增加困难，时间过短则提取不完全，浪费原料（需在提取过程中检验溶液浓度）。g. 提取罐在开始加热时要打开排气阀，排除罐内的空气，以免提取罐内产压；开始回流时要关闭提取罐加热蒸汽，在浓缩加热的同时打开冷凝器的冷却水；提取结束时应先关闭蒸汽后再关冷却水，以保持浓缩罐、提取罐和冷凝器之间的温度差，形成循环所必需的热动力。

8.3.2.2 浓缩设备

浓缩是使溶液中的溶媒蒸发、溶液浓度增大的过程。蒸发一般情况下是用加热的方法，使溶液中部分溶媒汽化并除去，从而提高浓缩液浓度的工艺操作。

（1）多效浓缩器　双效浓缩器是将一次蒸发浓缩所产生的二次蒸汽作为下一步浓缩的热源，一次浓缩的药液通过串联管线进入下一效浓缩。以此类推还有三效、四效、五效浓缩器，其根本目的是节约能源。即用一次浓缩产生的蒸汽作为下次浓缩的热源来实现节能。如在真空条件下进行低温连续浓缩，节能效果更加明显，更适用于热敏性物料的浓缩。采用真空减压浓缩时，真空度的高低要根据设备结构、物料性质和生产工艺的不同来确定。浓缩水溶液时不回收蒸汽，真空度高，速度快；回收有机溶剂时真空度不要过高，以减少有机溶剂的损耗。多效浓缩器的缺点是残留多、清洗困难，第一效的浓缩温度高、对热敏性成分损失较多。

多效浓缩器的使用注意点：a. 为了加快浓缩速度，可采用真空减压浓缩，其真空度的高低要根据物料性质和生产工艺的不同确定；b. 回收有机溶剂时真空度不要过大，以减少有机溶剂的损耗；c. 设备用作浓缩工艺时，第一冷凝器不要通入冷凝水，否则会产生内回流，减慢浓缩速度，在回收乙醇时，第一冷凝器要通入冷凝水使其产生冷凝作用，以利于乙醇的回收；d. 出料时必须使设备恢复常压。

（2）单效浓缩器（乙醇回收器）　因单效浓缩器乙醇回收能力强，有时也称之为乙醇回收器。该设备节能效果不如双效和多效浓缩器。单效浓缩器采用外加热自然循环与真空负压蒸发相结合的方式，蒸发速度快、可减压低温浓缩、浓缩密度大（可达1.3）、清洗方便（打开加热器的上盖即可进行清洗）。另外，单效浓缩器还有操作简单、占地面积小的特点。

单效浓缩器能源消耗大，主要原因在两个方面：a. 在加热器内加热稀溶液使溶液中溶媒蒸发所消耗的工业蒸汽；b. 使已经汽化的溶媒蒸汽再冷凝成溶媒液体时在冷凝器中所需要的冷却水。前者需要供给热量，而后者需要带走热量。被加热的溶液所产生的溶媒蒸汽中含有大量的热能，在这里不但没有得到利用，相反还要消耗大量的冷却水来冷却它。产量越大需蒸发量越大，所需的加热蒸汽就越多，同时所消耗的冷却水也越多。这就是单效浓缩器能耗大的主要原因。

单效浓缩器的使用注意点：a. 回收乙醇时蒸发器内温度要控制在 80℃ 以下，蒸发温度越高冷凝效果越差，回收率就越低，能耗就越高。b. 减压浓缩时真空度不要太高，真空度过高会将汽化的乙醇吸走，造成有机溶液回收率降低。c. 真空度过高还会引起罐内药液过度沸腾，损失药液（没有汽水分离装置的可以通过加装汽水分离装置来改善）。d. 因空气和蒸汽冷凝后体积相差非常大，不能产生所需的压差，使用前要将设备内的大部分空气抽出（可结合真空上料一起完成），以免影响冷凝效果。e. 冷却循环水温度要低于 40℃，温度越低冷凝效果越好。

在正常情况下，单效浓缩器乙醇回收的浓度可达 85% 左右，再经精馏可达 90%～92%。

8.3.2.3　提取液的分离精制设备

由于中药材所含成分复杂，提取后有效成分、辅助成分、无效成分混在一起，所以必须对提取液进行分离和精制，才能去除无效成分，得到所需要的有效成分。

这类设备常用的是沉析设备（醇沉罐）。目前大部分中药生产企业使用的沉析设备基本上是带有夹套的筒体，醇沉后杂质沉淀在锥底，上清液通过出液管道吸出，罐底安装有球阀或蝶阀作为出渣口。沉析罐的搅拌电机，一般都无法进行转速的调节，操作时开启搅拌桨，将乙醇直接通过管道加入罐内。这种加醇方式不利于乙醇在药液中的均匀分散与混合，易造成有效成分损失，同时还会在醇沉过程中产生块状沉淀物，球阀和直径较小的蝶阀也不利于排渣。

如在沉析罐的上部加装喷淋管或喷头，以喷淋的方式可实现均匀加醇；通过对电机或减速机的调整来确定合适的搅拌桨转速（80～100r/min）；通过对搅拌桨角度的调整和增加搅拌桨数目来改善搅拌效果。在料液层比较高的情况下，为了使物料搅拌均匀，在增加搅拌桨数目时，相邻的两层搅拌桨可交叉成 90° 安装，这样基本可以达到搅拌均匀的效果；将排渣口的球阀改成直径大一点的蝶阀，排渣效果会更好（经过改造还可以进行小批量中药材的提取）。另外，沉析罐的罐体对沉析效果也有影响，如果厂房高度允许，罐体的高度适当加高，沉析效果会更好。在这里特别强调醇沉设备的电机和视镜灯必须是防爆的。为了在醇沉时保持一个稳定的温度，循环水系统的中间水箱要有足够的容量。凉水塔的处理能力也要足够大，也可以采用凉水塔串联的方式来提高降温效果，夏季高温季节可以用制冷机组辅助降温。在生产中一些量小的醇沉液，可以装桶后放入冷库中进行低温静沉。

8.3.2.4　过滤分离

在中药制药工艺中，药液的过滤分离是一项非常重要的精制工艺过程。在口服液、注射剂的生产中尤为重要。常用的过滤分离方式有筛析过滤、吸附过滤、离心分离、膜分离等。

（1）筛析过滤　筛析过滤即将药液中的较大的颗粒拦截下来。常见的设备有管道式过滤器、桶式过滤器、双联过滤器等。此法一般过滤精度不高（30～100 目），常用于除渣过滤和提取液的粗过滤。

（2）吸附过滤　即通过选用有吸附功能的滤材，在实现拦截过滤的同时，将易产生后期沉淀和影响药液澄明度的胶质、蜡质、油脂、色素等吸附出来。常用的设备有板框式过滤器、桶式过滤罐、硅藻土过滤机等。滤材有滤棉、滤纸等。这些设备和滤材大多选择性差、过滤精度不高；操作压力较大，堵塞严重；堵塞后需拆机进行清洗或更换滤材，清洗困难；而且有的滤材还会大量吸附有效成分，造成过滤后有效成分降低。在过滤过程中因温度、压力不同，过滤效果差异很大，工艺控制难度大。

（3）离心分离　离心分离是在液相非均匀体系中，利用离心力来达到液液分离、液固分离的方法。因为离心力比重力要大数千倍，所以离心分离具有分离效率高的特点。特别适合用于含水率高、含不溶性微粒粒径细小或黏度很大、用一般的过滤或沉降方法效果不明显的物料的分离。

离心分离设备可分为两类：a. 过滤式离心分离设备，分离操作的推动力为惯性离心力，常采用滤布作为过滤介质，如三足式离心机等，因污染严重，清洗困难，过滤式离心分离设备不宜做液体收集。b. 沉降式离心分离设备，是利用离心机高速旋转而产生的离心力，使溶液中悬浮的较大颗粒杂质（如药渣、泥沙等）或大分子成分（如淀粉、蛋白质等）得以沉降。

离心分离是提高药液澄明度的有效分离方法之一。特别是在口服液、中药注射剂生产工艺中，经管式离心机处理后的药液很少出现后期颗粒状沉淀现象。管式离心机在使用中存在的不足是排渣困难，有时因中药提取液中杂质多，分离前过滤效果不好时，操作过程中需经常拆机除渣；管式离心机的分离因数高，流量控制不合理会造成有效成分的损失。采用碟片式离心机可以改善管式离心机存在的部分缺陷。

可以针对中药提取液黏度大、杂质多而且成分复杂的特点，在离心分离前使用一种漏斗式过滤器对药液进行处理，在漏斗式过滤器中过滤吸附可以同时进行。这种过滤器结构简单，过滤面积大，直径可做成100mm左右。滤材组合灵活，滤布、滤棉、滤纸等可根据工艺需要进行组合。操作简单，清洗消毒方便。在过滤过程中，不但可以形成有弹性的滤渣层提高过滤效果，而且在吸附滤液中的胶质和鞣质方面同其他过滤设备相比有很大的优势。特别适合黏性较大的中药材提取液的过滤。在中药口服液（含有大量的糖和蜜）生产工艺中同管式离心机配合使用，可以获得良好的澄清效果。在中药注射剂生产工艺中，作为膜分离的前期处理，可以减少药液中有效成分的损失，为后期精制创造有利的条件。

（4）膜分离　膜分离技术是用筛分原理对液体进行选择性分离的一种先进分离技术。它可以根据所分离物质的分子量大小或被分离物质的颗粒大小进行过滤。与传统过滤形式不同的是滤膜可以在分子范围内进行分离，溶剂或小分子透过滤膜，颗粒、大分子溶剂被滤膜截留。在中药制药企业主要用于注射剂、口服液的精制及各种介质的除菌、除杂过滤。

膜分离法的特点：a. 操作温度低，适用于热敏性物质的分离；b. 分离过程中不需外加其他物质，生产成本低；c. 选择性强，药效成分回收率和非药效成分去除率高；d. 选择范围广，适用性强（适用于从病毒、细菌到微粒广大范围的有机物分离和无机物的分离）；e. 利用膜分离技术还可实现液体的浓缩。但膜分离设备投资大，操作维护时技术要求高。

在制药企业膜分离（过滤）技术的使用范围非常广。如制水用的反渗透膜、精制用的超滤膜及各种介质精细过滤的滤芯等。在生产中膜分离技术能否正确使用，将直接影响产品的质量好坏和是否安全。因滤芯/滤膜价格高，对生产成本有较大的影响。在实际操作中有的滤芯/滤膜使用寿命非常短，除产品质量外，主要原因是使用维护不当或因滤芯/滤膜的选型不正确造成的。一般情况下，不同材质、不同结构的滤芯/滤膜，使用及维护方法是不一样的，特别是在耐热、耐压上有很大的差异。如骨架为聚丙烯材质的滤芯，工作温度就不应高于 60℃；水处理用的反渗透膜温度高时产水量大，但反渗透膜的使用寿命就会缩短。水质质量差时，用不用阻垢剂，反渗透膜的使用寿命相差更大。

8.3.3 喷雾干燥设备

药液的干燥，目前大多数企业采用喷雾干燥。相对于传统干燥方式，喷雾干燥过程非常迅速，可将药液直接干燥成粉末。此方法易改变干燥条件，调整产品质量标准。干燥室有一定负压，保证了生产中的卫生条件，避免粉尘在车间内飞扬，提高产品纯度。生产效率高，操作人员少，生产能力强，产品质量高，每小时喷雾量可达几百吨，是干燥器处理量较大者之一。

喷雾干燥机调节方便，可以在较大范围内改变操作条件以控制产品的质量指标，如粒度分布、湿度、生物活性、溶解性、色、香、味等。在干燥室内，稀料液（含水量可达 70%～80%以上）经雾化后，在与热空气接触过程中，水分迅速汽化而产品得到干燥。喷雾干燥蒸发面积大、干燥时间非常短（数秒到数十秒），在干燥过程中雾滴的温度大致等于空气的湿球温度，一般为 50℃左右，适合于热敏性物料及无菌操作的干燥。干燥制品多为松脆的空心颗粒，溶解性好。

喷雾干燥器的缺点是体积传热系数小，生产强度较低。对于含有挥发性成分的药材，提取挥发性成分后再制备提取液进行干燥。含糖类较多的提取液，较难雾化成粉。

8.4

兽用生物制品生产设备

8.4.1 我国兽药生产设施建设和管理发展历程

我国目前分设两套独立的 GMP 体系：国家药监局管理的人药 GMP 和农业农村部管理的兽药 GMP。我国兽药于 2005 年 12 月起开始实施兽药 GMP（2002），为近年来我国兽药行业发展奠定了良好的基础，但随着技术的发展和时代的进步，尤其在厂房设施、设备等硬件领域，新的理念和技术要求层出不穷，企业加强国际化标准建设与国际接轨的需求日益提高，亟需结合我国兽药生产实际国情重新梳理和修订法规。

厂房与设施是指兽药生产中所需建筑物以及与工艺配套的公用工程，是兽药生产的基础硬件条件，必须与企业所生产的兽药品种相适应。主要包括厂区建筑实体、道路、绿化、围护结构。生产厂房附属公用设施包括空气净化系统、动力配电系统、给排水系统（含纯化水、注射用水、工艺循环冷却水、生产废水、活毒废水、生活污水等）、动力气体系统（含空调冷热源、蒸汽、洁净蒸汽、压缩空气、洁净压缩空气等）、消防设施（消火栓、喷淋、防排烟、烟感报警等）、洗涤与卫生设施以及生物安全关键防护设施等系统。

兽药 GMP 生产设备，主要指可满足兽药生产和质量检验操作需要的各种装置或器具。通常把其中用于生产的装置或器具叫作生产设备，用于测量或检测各种参数的装置或器具称为仪器（仪表）或检验设备。近年来，随着科技进步和自动化程度的发展，产品的质量、数量、成本都依赖于设备的运行状态。因此，建立有效、规范的设备管理体系，确保所有生产设备全生命周期均处于有效控制之中，最大程度降低设备造成的兽药污染、交叉污染、混淆和差错，并需持续保持设备的此种状态，以便更好地满足 GMP 要求，是兽药企业设备管理的目标。

厂房设施与设备的设计应符合兽药 GMP 和国家相关政策，满足不同类别兽药的生产要求，并符合相应生物安全防护规定，达到安全可靠、环保节能、技术先进、经济适用等要求。

2015 年 12 月，我国农业农村部开始启动对兽药 GMP（2002）的修订工作，本次修订在厂房设施要求方面，考虑我国兽药行业的生产特点和国情，对标欧盟和我国人药 GMP 标准，吸收融合了国内外相关法规、标准及技术理念的更新变化，大幅提高了我国兽药生产厂房设施的建设标准和要求，同时广泛吸纳质量风险管理（QRM）理念，大幅加强了确认及验证在硬件设施设备上的要求。

2017 年 8 月农业农村部发布《兽用疫苗生产车间生物安全三级防护标准》（第 2573 号公告），对口蹄疫病毒、高致病性禽流感病毒等活病毒操作的生产区域提出生物安全三级防护要求。高级别生物安全车间对围护结构、空调系统、电力系统、自控系统、消防系统等设施及风口型高效过滤单元、BIBO、生物安全型密闭阀、生物安全型高压蒸汽灭菌器等众多生物安全关键防护设备的设计、设施及维护，均提出了严格的生物安全要求。

2020 年 6 月 1 日，在历时 5 年多的修订编制工作后，农业农村部发布《兽药生产质量管理规范（2020 年修订）》（中华人民共和国农业农村部令 2020 年 第 3 号）。大幅提高了我国兽药生产厂房设施的建设、运维的标准和要求。

2021 年 6 月 1 日，作为新版兽药 GMP 的配套技术支撑性文件，中国工程建设标准化协会团体标准《兽药工业洁净厂房设计标准》（T/CECS 805—2021，以下简称设计标准）正式实施，设计标准以新版兽药 GMP 为依托，旨在规范兽药工业洁净厂房设计的技术要求，提高兽药工业洁净厂房的设计质量，达到安全可靠、环保节能、技术先进、经济适用等目标，适用于为符合新版兽药 GMP 而新建、扩建和改建的兽药工业洁净厂房的设计，明确了新版兽药 GMP 对室内洁净环境控制关键参数的指标确定、控制措施及最新的理念变化，为新版兽药 GMP 厂房设施的设计、建造及维护管理提供指导。

8.4.2 新版兽药 GMP 对兽药生产设施及设备要求的变化

（1）动态级别要求　动态级别的设置，是本次新版兽药 GMP 在硬件方面最大的变化。之前法规对各类工艺生产环节的洁净级别规定仅为静态，本次修订与国际接轨，亦和我国人药保持一致，采用 A、B、C、D 表示四个净化级别，每个字母分别同时定义了"静态"和"动态"两个状态下的净化级别。静态是指工程竣工，所有生产设备已安装就绪，但没有生产活动且无操作人员在场的状态。动态则为实际生产或（最不利情况）模拟操作时的工况状态。

（2）**温度、相对湿度**　与旧版 GMP 不同，法规中不再明确具体温湿度数值。生产工艺对室内温湿度有明确工艺要求的，应按工艺要求进行设计和建设。如没有特殊工艺要求的，设计标准中给出了各种参数的推荐指导值，供车间和设计单位参考。

（3）**气流流型**　根据新版兽药 GMP 要求，洁净室工作区的气流应均匀分布，气流流速应满足生产工艺要求。A 级采用单向流，B～D 级采用非单向流。单向流为通过洁净区整个断面、风速稳定，大致平行的受控气流；非单向流为送入洁净区的空气以诱导方式与区内空气混合的一种气流分布。生产中还多见由单向流和非单向流组合的混合流房间，如非最终灭菌的无菌制剂车间中的灌装间，为 B 级背景环境下的 A 级，就是典型的混合流房间代表。

（4）**截面风速和送风量**　新版兽药 GMP 中重新定义了 A 级截面风速要求，对标国家标准。取消了换气次数的具体数值要求，房间换气次数的确定，应同时满足房间动、静态级别要求，房间自净时间要求，房间热湿负荷要求，房间压差及新风量要求。表 8-1 为设计标准中给出的 A 级截面风速及不同洁净级别下兽药工业洁净室（区）用换气次数表示的送风量参数表。

<table>
<tr><td rowspan="5">表 8-1　A 级截面风速及不同洁净级别下兽药工业洁净室（区）送风量参数（推荐）</td><td>空气洁净度级别</td><td>气流流型</td><td>平均风速/(m/s)</td><td>参考换气次数/(次/h)</td></tr>
<tr><td>A</td><td>单向流</td><td>0.45±20%</td><td>—</td></tr>
<tr><td>B</td><td>非单向流</td><td>—</td><td>40～60</td></tr>
<tr><td>C</td><td>非单向流</td><td>—</td><td>≥20</td></tr>
<tr><td>D</td><td>非单向流</td><td>—</td><td>15～20</td></tr>
</table>

本次新版兽药 GMP 修订第一次提出不均匀度的要求，希望通过不均匀度这一指标对 A 级的设计、建造及运维管理提出控制要求。另外，A 级区若采用密闭隔离器、手套箱或其他密闭 A 级操作设备，风速可适当降低，但其动、静态的粒子数应可验证。

（5）**自净时间**　自净时间指医药洁净室被污染后，净化空气调节系统在规定的换气次数条件下开始运行，直至恢复固有的静态标准时所需时间。反映洁净空气的稀释能力，可理解为换气次数的另一种体现。自净时间的检测应对每分钟数值进行连续记录，生成曲线。新版兽药 GMP 附件 1 中给出了自净时间的推荐值（15～20min），与欧盟及我国人药 GMP 相同。

（6）**压差**　根据新版兽药 GMP 对压力的通用要求，洁净区与非洁净区之间、不同级别洁净区之间的压差应当不低于 10Pa。必要时，相同洁净度级别的不同功能区域（操作间）之间也应当保持适当的压差梯度，并应有指示压差的装置和（或）设置监控系统。

本次修订调整了旧版中不同级别洁净区之间、洁净区与非洁净区之间及洁净区与大气之间压差不小于 5Pa、10Pa 和 12Pa 的要求，采用了与我国人药 GMP（2010）相同的 10Pa 作为统一指标。此外，最新的欧盟征求意见稿也增加了此前没有的 10Pa 压差要求，与我国一致。有生物安全三级防护要求的兽用生物制品的生产车间，其压差设置还应满足三级防护标准的相关要求。

（7）**日常监测**　新版兽药 GMP 中加强了环境动态监测的相关内容，企业应制定系统的洁净区环境监测程序，包括限度、监测方法（设备）、监测频率、取样位置、取样数量、超标结果应采取的纠偏措施、文件记录以及数据分析等，日常监测应包含所有可能影响到工艺生产条件的环境参数，包括但不限于：

① 悬浮粒子和微生物数量；

② 风速/风量/换气次数；

③ 温度、相对湿度、压力分布；

④ 过滤器的检漏；

⑤ 气流流型；

⑥ 自净时间。

应根据历史数据，采用风险评估的方法来建立合理的监测位点及频次。

常规监测取样点的确定，应考虑以下因素：

① 哪些部位的微生物污染，最可能对产品质量造成不良影响；

② 在生产过程中，哪些是最容易长菌的地方；

③ 清洁、消毒或灭菌最难接触或覆盖到的部位；

④ 什么活动会导致污染的扩散。

对反映产品的微生物污染水平有代表性的取样点必须进行取样和环境监测。出现以下情况后，应改变微生物测试的采样频次：

① 连续超过报警限度；

② 停工时间比预计延长；

③ 关键区域内发现有被污染的东西；

④ 在生产期间，空气净化系统进行任何重大的维修；

⑤ 环境设施的限制引起工艺的改变；

⑥ 日常操作记录反映出倾向性的数据；

⑦ 净化和消毒规程的改变；

⑧ 引起生物污染的事故。

不同级别洁净区自净时间应达到规定要求。日常监测应能满足验证要求，并根据每年的年度回顾进行复核与调整。对微生物实验室洁净环境的监测可参考《中华人民共和国兽药典》中相关附录要求。

应制定适当的悬浮粒子、微生物监测的警戒限度和纠偏限度。可以根据历史数据，结合不同洁净区域的标准制订，对新厂房而言，可根据以前的类似设施或工艺来制定这些限度，并且要进行一段时间的环境监测，根据监测数据来评价事先确立的警戒限度是否合适，并作出相应调整。纠偏限度不得高于兽药 GMP 所规定的控制标准。

应定期对悬浮粒子、浮游菌、沉降菌、设施设备/人员表面微生物数据进行趋势分析，如发现异常趋势，应根据调查结果采取相应的行动。

（8）生产设备的全生命周期管理　随着时代发展，生产企业越来越注重生产设备使用的可持续性，即生产设备的全生命周期运维管理概念。应有科学、明确的设备购置计划，尤其是设备 URS（用户需求说明）、FS（功能标准）及 DS（设计标准）文件的编写和复核；强调设备确认（DQ）、安装确认（IQ）、运行确认（OQ）和性能确认（PQ）的重要性，要求建立日后运行和维护所需的基本信息，包括设备技术参数、设备财务信息、售后服务信息、仪表校验计划、预防维修计划、设备技术资料存档、设备备件计划、设备标准操作程序、清洗清洁操作程序、设备运行日志等。

加强了设备工艺验证、清洁使用及验证等要求，尤其针对涉及高级别生物安全的设施设备，其消毒效果验证应能满足审查要求，达到灭菌效果。

（9）设备的维护与维修　根据新版兽药GMP要求，设备应有日常保养计划和实施记录表，主要包括检查、清洁、调整、润滑等工作，并明确责任。设备的日常维修由维修工程师负责，主要维修策略可选择以预防性维护为主、纠正性维修和故障维修等为辅的维修策略。在所有的维修类型中预防性维护应有最高优先权，关键设备预防性维护的执行应受质量管理体系的监督。

应对设备建立技术档案，除记录必要信息外，还应包括设备变更处理、报废或其他处理的审批流程及标准操作规程（SOP）。

8.4.3　我国兽药生产设施建设和管理未来发展趋势探讨

（1）基于质量风险管理理念的验证体系进一步发展　新版兽药GMP中多处强调了质量风险管理理念，在硬件设施设备方面的体现主要集中在厂房设施及设备的设计（DbQ）、选型、验证、日常监测、清洁及运行维护环节。尤其是设施设备的日常管理、动态监测及相关验证活动。随着国家发展和技术进步，我国兽药生产势必更加广泛与国际接轨，硬件设施设备必须满足国内国际建设及维护相关标准，这些都对现有企业提出了全新的挑战。

（2）高级别生物安全设施设备运行维护　目前国内已建成多个兽用高级别生物安全车间，并已通过相关生物安全检查认证，如何安全、可靠地运行这些车间，将是未来兽药生产设施设备发展的另一个重要关注点。有生物安全要求的车间及其配套实验室应定期组织对设施设备运行维护进行评价，以促进持续改进。评价的内容包括车间及实验室设施设备状态以及年度运行维护情况。

车间及实验室设施设备运行维护工作，应作为车间及实验室管理评审的输入内容，并考虑下列内容：车间及实验室设施设备的状态报告（包括设施设备运行中的故障情况和趋势分析报告）；车间及实验室工作报告（包括设施设备运行维护情况报告）。

① 在管理要求方面　车间及实验室应建立满足相应国家标准的管理体系，其设施设备的运行维护应服从车间及实验室管理要求，分工明确，责任到人。

实验室设施设备的运行维护应纳入车间及实验室年度安全计划。应制定日常巡检、年度维护和检修计划，明确关键设施设备的运行维护频度和重要技术参数。

车间及实验室应事先建立实验室设施设备运行、维护检查清单，明确各项目的检查频率和检查要求。

车间及实验室设施设备日常巡检、维护保养和维修应作好记录，并符合下列规定：

日常巡检记录应包括巡检时间、巡检项目和状态等；

维护保养记录应包括维护保养时间、项目、状态和存在（或应引起关注的）问题等；

维修记录应包括故障原因、维修处理方法、状态和存在（或应引起关注的）问题等。

车间及实验室应对生物反应器、离心机、冻干机等实验室科研设备，RB/T 199《实验室设备生物安全性能评价技术规范》中涉及的关键防护设备，以及GB/T 50346《生物安全实验室建筑技术规范》中规定的建筑设施要求进行全面风险评估。风险评估工作的实施和管理应满足行业标准RB/T 040《病原微生物实验室生物安全风险管理指南》的要求。

② 在档案制度方面　车间及实验室应建立设施设备档案，并符合下列规定：

建筑设施主要设备、RB/T 199 规定的关键防护设备，应制定标准操作规程（SOP），应有专业维修人员的联系方式，以便发生故障时能迅速找到排除故障的维修人员。

关键防护设备档案应至少包括制造商名称、型号标识、系列号或其他唯一性标识；验收标准及验收记录；接收日期和启用日期；接收时的状态（新品、使用过、修复过）；当前位置；制造商的使用说明或其存放处；维护记录和年度维护计划；校准（验证）计划和记录；任何损坏、故障、改装或修理记录；服务合同；预计更换日期或使用寿命；安全检查记录。

车间及实验室通风、空调系统档案应至少包括冷热水机组、组合式空调机组、风机、袋进袋出高效空气过滤单元、扫描检漏高效过滤风口、风量调节阀、生物密闭阀等设备档案。

实验室电气系统档案应至少包括发电机、配电箱、不间断电源、强弱电工控配电线路等设备档案。

车间及实验室应建立设施设备运行和维护保养制度，包括巡视检查制度、定期维护保养制度、安全管理制度、值班制度、交接班制度、应急处置制度等。

实验室应建立实验用水管理制度，对实验人员的实验用水、生活用水、紧急喷淋用水、清洗器具用水的操作流程以及废水回收处理措施进行规定。

③ 在应急管理方面　设备应急反应计划，制定的应急预案、应急响应和报告程序应能满足设施设备出现故障时的应急处置需要。

内容包括（不限于）：火灾、停电、初级防护屏障失效（如生物安全柜故障）、次级防护设施故障（如通风空调系统故障、风机故障、工控系统故障）以及自然灾害等。

紧急淋浴、洗眼器、逃生门、灭火器等应急设备应定期试验或检查是否处于可用状态。

尽可能涵盖所有相关人员，如车间及实验室相关工作人员、工程维护人员和生物安全管理人员等。

应考虑与公安、消防、医疗等地方应急反应支持机构的合作。

培训和定期演练，并结合日常演练结果、内部审核和管理评审对应急反应计划的有效性、适用性、科学性进行定期评估，及时查找不足，并实时识别改进机会。

实验室设施设备应急措施除考虑国家相关规范明确的要求外，还应覆盖下列情况或清单内容：应建立并维持车间及实验室设施设备运行紧急报警和一般报警的清单；应在风险评估的基础上识别需要应急处置的其他不能自动报警的设施设备运行意外情况。

实验室应对每起设施设备故障开展调查，找出故障发生的根本原因及时纠正，并制定预防措施以防止类似故障在实验室内再次发生，做到持续改进。

年度总结。总结报告应至少包括以下内容：一年来应急的频次和应急事件或意外事故的分布；评估应急工作后采取的纠正措施和预防措施的有效性；再次进行责任划分或确定的建议；应急计划修订的建议等。

④ 在生物安全关键防护设备方面　应做好以下事项。关键防护设备包括（不限于）：个体防护与技术保障设备、防护屏障设备、物品传递设备、消毒灭菌设备。

应制定防护设备管理程序，包括（不限于）：设备完好性监控指标、巡检计划、使用前核查、安全操作、使用限制、授权操作、消毒灭菌、禁止事项、定期检定或校准、定期维护、安全处置、运输、存放等。

防护设备在投入使用前应确保其性能满足生物安全和相关标准要求。使用前或使用中应确保设备性能处于正常工作状态。

防护设备的使用操作，应严格执行标准操作规程（SOP）。

防护设备的维修应按照制订的维修方案执行，且维修方案应通过系统的专业分析和生物风险评估确定。

宜设立专门维护保养、维修队伍，保证防护设备安全有效运行。

应制定防护设备去污染、清洁和消毒灭菌的专用方案，防护设备在每次使用完毕及维护、修理、性能检测、报废或被移出实验室前应先去污染、清洁和可靠消毒，维护和检测人员应穿戴适当的个体防护装备。

关键防护设备每年应由专业机构（具备检测设备、人员和方法，宜通过实验室资质认定或认可的第三方）进行一次性能检测，相关仪表、传感器应定期进行检定或校准，设备的显著部位标示出其唯一编号、校准或验证日期、下次校准或验证日期、准用或停用状态。

实验室应对所选择的关键防护设备供应商的服务进行评价，评价内容包括：耗材易损件供货周期、现场服务周期、设备维修能力等。

（3）"双碳"战略及"智慧"概念的落地和发展　兽药车间应充分利用建筑空间，尽量采用联合厂房和多层厂房，在合理留有扩建余地的前提下提高空间利用率，降低材料消耗和造价。

随着国家经济发展和全球碳排放形势的日益严峻，碳达峰、碳中和已成为我国近年行业发展的重点关注目标之一，对于兽药生产尤其是存在全新风、高能耗生产的疫苗生产企业而言，节能减排、低碳环保已经是不可忽略的战略布局和发展思路。

此外，通过搭建智慧化环境参数监测平台，通过海量监测的大数据（云平台）和人工智能技术的结合，利用工业4.0及智能制造等现代数字化控制理念正逐步在工业生产领域得以实现和成熟，目前国内已有数家兽药产业园区采用。

作为企业数字化转型硬件实施方向之一的数据监测功能的完善，即符合数据完整性管理要求，同时能够为生产设施设备（物联网）智慧化运维提供数据支撑。

通过人工智能（AI）技术的运用，一方面可通过机械臂等机器人设备大幅提高工业化生产的效率、安全性及批间差；另一方面可以在海量数据监测的基础上，能够对系统压力、温湿度等参数进行自我调节，对工况变化及故障进行自我修复，在上位机可对数据进行历史追踪、趋势分析，对工况转换点和故障点进行记忆，可提前给予预判结果和指导建议。

8.5

兽药的生产和包装工艺的自动化/智能化

8.5.1　固体制剂生产工艺

固体制剂：兽药固体制剂有粉剂、散剂、预混剂、颗粒剂、片剂、栓剂、胶囊剂、可溶性粉剂、注射用无菌粉末、固体消毒剂等剂型。以下将对主要兽药固体制剂的工艺进行概述。

8.5.1.1 粉剂/预混剂生产工艺

（1）**粉剂、预混剂基本工艺**　物料干燥→粉碎→过筛→混合→均匀度检查→分装→装量检查→包装→扫码→入库待检→检验→入库待发。

（2）**生产设备**　烘箱、粉碎机、筛分机、投料站（投料平台）、混合机、分装机（分装平台）、扫码设备、包装设备等。

（3）**环境要求**　本制剂生产环境为一般卫生区，产品工艺和制法对环境微生物和悬浮粒子有特殊要求的产品除外。车间空间按工艺流程进行合理布局，原则上产尘区域和其他区域相对分开，干湿功能区域相对分离，人流通道和物流通道相对独立。环境控制的重点是温湿度和粉尘。按兽药 GMP（2020 年修订）要求，温度常规设置 18～26℃，湿度45％～65％，对温湿度敏感的产品按其工艺要求设定。粉尘防控，要求制剂车间设置独立的除尘系统，在称量、投料、分装等区域单独设置除尘收集系统。职业病防控重点是噪声和无机粉尘。主要功能间噪声≤75dB，照度≥300lx。

（4）**工艺要求**　按照兽药 GMP，要求从投料到分装应采用密闭式生产工艺，尽可能实现生产过程自动化控制。优先选择符合标准和工艺要求的物料，避免再次烘、粉、筛；如果需要再烘干、粉碎和筛分，建议采用前室和单独集尘设施，投料过程采用负压投料，混合罐或料仓直接连接自动分装机等设备设施，可以有效防控粉尘。优先选择垂直配料分装系统，通过料仓和投料站投料、重力给料或螺旋送料方式配料和分装，避免真空并不能清洗的送料系统。

8.5.1.2 散剂生产工艺（下划线部分为非必需工艺环节）

（1）**基本工艺**　<u>中药材拣选</u>→<u>清洗</u>→<u>干燥</u>→粉碎→过筛→混合→均匀度检查→分装→装量检查→包装→扫码→入库待检→检验→入库待发。

（2）**生产设备**　洗药机、切药机、烘箱、中药粉碎机、筛分机、投料站（投料平台）、混合机、分装机（分装平台）、扫码设备、包装设备等。

环境和工艺要求与粉剂基本一致，应配套独立的中央除尘系统。生产中药制剂所用的中药提取物收膏间，洁净程度应不低于其制剂配制操作区的洁净度级别。

8.5.1.3 颗粒剂/片剂/胶囊剂生产工艺（下划线部分为非必需工艺环节）

（1）**颗粒剂基本工艺**　物料干燥→粉碎→过筛→配制→混合→均匀度检查→<u>制粒→混合→干燥→整粒→混合</u>→分装→装量检查→包装→扫码→入库待检→检验→入库待发。

（2）**片剂基本工艺**　物料干燥→粉碎→过筛→配制→混合→均匀度检查→<u>制粒→混合→干燥→整粒→混合</u>→压片→分装→装量检查→包装→扫码→入库待检→检验→入库待发。

（3）**胶囊剂基本工艺**　物料干燥→粉碎→过筛→配料→<u>制粒→干燥→整粒</u>→总混→灌装→内包装消毒→包装（内包装）→包装（外包装）→扫码→入库待检→检验→入库待发。

（4）**生产设备**　颗粒剂设备：烘箱、粉碎机、筛分机、投料站（投料平台）、混合机、一步制粒机（制浆机、制粒机、整理机）、分装机、扫码设备、包装设备、纯化水制备系统等。片剂设备：在颗粒剂基础上增加压片机、筛片机、数片剂、铝塑包装机等。胶囊剂设备：需增加胶囊分装机、铝塑泡罩包装机等。

（5）**环境要求** 本制剂生产环境主要功能间为 D 级洁净区域，从原辅料开始暴露环节直至成品包装密封进行净化控制。车间空间按工艺流程进行合理布局，环境控制原则同粉剂，环境控制的重点是净化控制、温湿度和粉尘。按兽药 GMP 要求，温度常规设置 18～26℃，湿度 45％～65％，对温湿度敏感的产品按其工艺要求设定。粉尘防控，在称量、投料、分装等区域单独设置除尘收集系统。职业病防控重点是噪声和酒精或有毒害有机溶剂控制。中药提取调配、干燥、混合、包装等区域应为 D 级净化区域。主要功能间噪声≤75dB，照度≥300lx。

（6）**工艺要求** 按照兽药 GMP 要求，物料暴露环节应尽量采用密闭式生产工艺，尽可能实现生产过程自动化控制。优先选择干法制粒或干法压片的物料和工艺，采用一步制粒机和高速压片机。

8.5.1.4 粉针剂、冻干粉针剂生产工艺

（1）**粉针剂基本工艺** 洗瓶→干燥灭菌→分装→压塞→装量检查→轧盖→灯检→贴签→包装→扫码入库待检→检验→入库待发。

（2）**冻干粉针剂基本工艺** 称量→配制→除菌过滤→灌装→压塞→冷冻→轧盖→灯检→贴签→包装→扫码入库待检→检验→入库待发。

（3）**生产设备** 洗瓶灭菌分装压塞一体机（配套 O-RABS 系统或 C-RABS 系统）、胶塞清洗灭菌一体机、干热灭菌柜、湿热灭菌柜、轧盖机、灯检机、贴标机、二维码扫码设备、真空冷冻干燥机、纯化水和注射用水制备系统、纯蒸汽制备系统、A 级环境在线监测系统等。

（4）**环境要求** 本制剂无菌分装、压塞，直接接触兽药的包材、器具灭菌后的装配以及处于未完全密封状态时应为 B 级背景下的局部 A 级，轧盖可在 D 级或以上背景下的局部 A 级。车间空间按工艺流程进行合理布局，环境控制的重点是净化控制、温湿度。按兽药 GMP 要求，A 和 B 级区域温度建议设置 20～24℃，湿度 45％～60％；对温湿度敏感的产品按其工艺要求设定。职业病防控重点是噪声。主要功能间噪声≤75dB，照度≥300lx。

（5）**工艺要求** 按照兽药 GMP，优先选择配套 O-RABS 系统或 C-RABS 设施的洗烘灌压系统，A 级区域必须安装对浮游菌、悬浮粒子等控制在线监测系统。洗烘灌压和轧盖优先选在联动系统保护 A 级环境，轧盖在 A 级环境中进行。

8.5.1.5 固体消毒剂、固体杀虫剂生产工艺（下划线部分为非必需工艺环节）

（1）**基本工艺** 称量→配制→<u>压片</u>→分装→封口→扫码→包装→扫码入库待检→检验→入库待发。

（2）**生产设备** 投料站、混合罐、分装机、封口机、二维码扫码设备、纯化水制备系统等。

（3）**环境要求** 环境用消毒剂的生产环境为一般区；用于手术器械消毒、乳头浸泡消毒和质量标准中有微生物限度检查要求的消毒剂，生产环境应为 D 级洁净区。外用杀虫剂的生产环境为一般区；质量标准中有微生物限度检查要求的外用杀虫剂，生产环境应为 D 级洁净区。车间空间按工艺流程进行合理布局，环境控制的重点是温湿度和物料或有害气体报警和控制。按兽药 GMP 要求，温度建议设置 18～26℃，湿度 45％～65％，对温湿度有特殊工艺要求的产品单独设置。职业病防控重点是噪声和有害气体控制。主要

功能间噪声≤75dB，照度≥300lx。

（4）工艺要求　按照兽药 GMP 和相关安全要求，尽量选择从投料到分装采用密闭式生产工艺，尽可能实现生产过程自动化控制。应建立良好的排风系统、防护设施，以及避免环境污染的设施。有刺激性、有毒害物料暴露环境，应配套检测排放联动系统。

8.5.1.6　中药制剂辅助工艺（下划线部分为非必需工艺环节）

（1）中药前处理工艺　净制→切制→炮炙→干燥→粉碎→过筛→包装→检查。

（2）中药前处理生产设备　洗药机、切药机、烘箱、中药粉碎机、筛分机等。

（3）中药提取基本工艺　称量→提取→浓缩→过滤或离心→（收膏）→调配→喷雾干燥（干膏粉碎）→收粉→混合→分装→检验→入库。

（4）中药提取生产设备　提取罐、减压浓缩罐、离心机、过滤器、真空干燥机（喷雾干燥机）、粉碎机、筛分机等。

8.5.2　液体制剂生产工艺

兽用液体制剂有注射液、酊剂、眼用液体制剂、内服溶液剂、内服混悬剂、内服乳剂、耳用液体制剂、外用液体制剂、子宫注入剂和乳房注入剂、液体消毒剂等。下文将对主要兽药液体制剂的工艺进行概述。

8.5.2.1　最终灭菌注射液（下划线部分为非必需工艺环节）

（1）基本工艺　称量→浓配→稀配→灌装→压塞→轧盖→灭菌→灯检→贴签扫码→包装→扫码入库待检→检验→入库待发。

（2）生产设备　洗瓶灭菌灌装压塞一体机（配套 O-RABS 系统）、胶塞清洗灭菌一体机、铝盖清洗机、湿热灭菌柜、轧盖机、灯检机、贴标机、二维码扫码设备、纯化水和注射用水制备系统、纯蒸汽制备系统、A 级环境在线监测系统等。

（3）环境要求　本制剂配制、灌装、压塞，直接接触兽药的包材、器具灭菌后的装配以及处于未完全密封状态时应为 C 级背景下的局部 A 级，轧盖可在 D 级或以上背景下的局部 A 级。车间空间按工艺流程进行合理布局，环境控制的重点是净化控制、温湿度。按兽药 GMP 要求，温度建议设置 18~26℃，湿度 45%~65%。职业病防控重点是噪声、温度和湿度。主要功能间噪声≤75dB，照度≥300lx。如采用吹塑、灌装、密封设备，应至少安装在 D 级洁净区。

（4）工艺要求　按照兽药 GMP，优先选择配套 O-RABS 系统或 C-RABS 设施的洗烘灌压系统，A 级区域建议安装对浮游菌、悬浮粒子等控制在线监测系统。洗烘灌压和轧盖优先选在联动系统保护 A 级环境，轧盖在 A 级环境中进行。灭菌过程优先选择湿热灭菌工艺。

8.5.2.2　非最终灭菌注射液

（1）基本工艺　称量→浓配→稀配→灌装→压塞→轧盖→灭菌→灯检→贴签扫码→包装→扫码入库待检→检验→入库待发。

（2）生产设备　洗瓶灭菌灌装压塞一体机（配套 O-RABS 系统）、胶塞清洗灭菌一体机、铝盖清洗机、湿热灭菌柜、轧盖机、灯检机、贴标机、二维码扫码设备、纯化水和注射用水制备系统、纯蒸汽制备系统、A级环境在线监测系统等。

（3）**环境要求**　本制剂可除菌过滤的非最终灭菌无菌注射液的配制、过滤至少应设置在C级环境下，无法除菌的要求在B级背景下的A级。产品的灌装、分装、压塞等环境应为B级背景下的局部A级，灌装可采用O-RABS系统或C-RABS系统。轧盖应设置在D级或以上净化环境背景下的A级环境。车间空间按工艺流程进行合理布局，环境控制的重点是净化控制、温湿度。按兽药GMP要求，温度建议设置18～26℃，湿度45％～65％。职业病防控重点是噪声、温度和湿度。主要功能间噪声≤75dB，照度≥300lx。如采用吹塑、灌装、密封设备应至少安装在C＋A级洁净区。

（4）**工艺要求**　按照兽药GMP，优先选择配套O-RABS系统或C-RABS设施的洗烘灌压系统，A级区域必须安装对浮游菌、悬浮粒子等控制在线监测系统。洗烘灌压和轧盖优先选在联动系统保护A级环境，轧盖在A级环境中进行。

8.5.2.3　口服溶液剂（下划线部分为非必需工艺环节）

（1）**基本工艺**　称量→配制→灌装→旋盖（轧盖）→灭菌→灯检→贴签扫码→包装→扫码入库待检→检验→入库待发。

（2）**生产设备**　配制罐、洗瓶机、理盖机、灌装机、旋盖机、铝箔封口机、灭菌柜、灯检机、贴标机、二维码扫码设备、纯化水制备系统等。

（3）**环境要求**　本制剂配制、灌装、压塞，直接接触兽药的包材、器具清洗后的装配以及处于未完全密封状态时应为D级洁净环境。车间空间按工艺流程进行合理布局，环境控制的重点是净化控制、温湿度。按兽药GMP要求，温度建议设置18～26℃，湿度45％～65％。职业病防控重点是噪声。主要功能间噪声≤75dB，照度≥300lx。

（4）**工艺要求**　按照兽药GMP和相关安全要求，尽量配套理瓶设备，混合、分装采用密闭式物料循环生产工艺，尽可能实现生产过程自动化控制。

8.5.2.4　液体消毒剂、杀虫剂（下划线部分为非必需工艺环节）

（1）**基本工艺**　称量→配制→灌装→旋盖（轧盖）→贴签扫码→包装→扫码入库待检→检验→入库待发。

（2）**生产设备**　配制罐、理盖机、灌装机、旋盖机、铝箔封口机、贴标机、二维码扫码设备、纯化水制备系统等。

（3）**环境要求**　环境用消毒剂的生产环境为一般区；用于手术器械消毒、乳头浸泡消毒和质量标准中有微生物限度检查要求的消毒剂，生产环境应为D级洁净区。外用杀虫剂的生产环境为一般区；质量标准中有微生物限度检查要求的外用杀虫剂，生产环境应为D级洁净区。车间空间按工艺流程进行合理布局，环境控制的重点是净化控制、温湿度、有害气体报警和控制。按兽药GMP要求，温度建议设置18～26℃，湿度45％～65％。职业病防控重点是噪声。主要功能间噪声≤75dB，照度≥300lx。

（4）**工艺要求**　按照兽药GMP和相关安全要求，优先混合、分装采用密闭式物料循环生产工艺，尽可能实现生产过程自动化控制。应建立有良好的排风系统、防护设施，以及避免环境污染的设施。有刺激性、有毒害物料暴露环境，应配套检测排放联动系统。

8.5.2.5　注入剂（下划线部分为非必需工艺环节）

（1）**基本工艺**　称量→灭菌→辅料混合→配制→均质→灌装→灭菌→贴签扫码→包装→扫码入库待检→检验→入库待发。

（2）**生产设备**　转筒烘箱、反应釜、配制罐、乳化剂（胶体磨）、注射器灌装加帽一体机、灭菌柜、贴标机、二维码扫码设备、纯化水制备系统、注射用水制备系统等。

（3）**环境要求**　本制剂分为最终灭菌型和非最终灭菌型，分别同注射剂最终灭菌型和非最终灭菌型的环境控制。车间空间按工艺流程进行合理布局，环境控制的重点是净化控制、温湿度。温度建议设置 18～26℃，湿度 45%～65%。职业病防控重点是噪声。主要功能间噪声≤75dB，照度≥300lx。

（4）**工艺要求**　按照兽药 GMP，优先选择配套 O-RABS 系统或 C-RABS 设施的罐装密封系统，A 级区域建议安装对浮游菌、悬浮粒子等控制在线监测系统。

8.5.3　兽药小包装工艺

兽药制剂包装按流程，主要分为单剂量包装、内包装和外包装三个环节。单剂量包装，指兽药制剂按照用途和给药方法对兽药成品进行分计量包装的过程，如将颗粒剂装入小袋、注射剂灌入玻璃安瓿等，此类包装也称为分剂量包装。内包装，将数个或数十个单剂量兽药装品装于一个容器或材料内的过程称为内包装，如将数粒成品片剂或胶囊装于一个板泡罩式的铝塑包装材料中，再装入纸盒、塑料袋或金属容器等，防止潮气、光、微生物、外力撞击等因素对兽药造成破坏性影响。外包装，指将完成内包装的兽药装入箱、袋、桶或罐等容器中的过程，以便于兽药的扫码、贮运。

兽药制剂包装对兽药本身的质量有重要保证作用，中国兽药评审中心等部门在评价新兽药时，要求该兽药使用的包装在整个效期内能保证兽药的合格性、有效性和安全性。新兽药研发过程中，就应当对完整包装的制剂进行稳定性考查；所以合适的包装及其工艺过程，对兽药的质量有非常关键的作用。

兽药剂型较多，大、小包装种类繁多，常规的大、小包装规格工艺流程一致，不做赘述。我们将就现在比较先进的，尤其对无菌制剂有本质安全的小规格注射剂吹灌封技术，及其对应的小规格自动装盒工艺进行阐述。

8.5.3.1　吹灌封技术

吹灌封即吹塑-灌装-密封（blow-fill-seal，BFS），是由机器自动连续完成聚丙烯/高密度聚乙烯/低密度聚乙烯等材质容器的整个吹塑、产品的灌装和封口的三合一过程。吹灌封设备需配套在线清洁（CIP）和在线灭菌（SIP），以减少操作人员与产品的接触，降低对产品的污染风险。

8.5.3.2　自动装盒技术

自动装盒技术采用间隙式运行，实现自动开盒、药物入盒、说明书折叠入盒、检测物料剔除功能，并完成自动盖盒，确保每一盒产品无缺支，不缺说明书，适用于兽药的药板、瓶子、药膏等自动包装。按工艺需要，还可进行自动贴封口签或进行热收缩裹包等附加功能。

8.5.3.3　兽药小包装

（1）**工艺流程**　称量→配制→过滤→挤出→吹瓶→灌装→封口→开模→切断分离→检漏→灯检→贴签扫码→包装→扫码入库待检→检验→入库待发。

（2）**包装流程** 开盒-推料-关舌-插舌-出盒检测和剔除-装箱-扫码。

（3）**生产设备** 混合罐、过滤器、吹灌封设备［包括液压系统、气动系统、真空系统、制坯和吹塑系统、冷冻水系统、药液系统、在线清洗（CIP）和在线灭菌（SIP）系统、控制系统等］、检漏机、灯检机、贴标机、二维码扫码设备、纯化水和注射用水制备系统、纯蒸汽制备系统、A级环境在线监测系统等。

（4）**环境要求** 用于生产非最终灭菌产品的吹灌封设备，应配套A级空气净化系统。人员着装应当符合A/B级洁净区的式样，该设备至少应当安装在C级洁净区环境中。用于生产最终灭菌产品的吹灌封设备，应当安装在D级及更高洁净区环境中。车间空间按工艺流程进行合理布局，环境控制的重点是净化控制、噪声和温湿度。按兽药GMP要求，温度建议设置18～26℃，湿度45%～65%。职业病防控重点是噪声、温度和湿度。主要功能间噪声≤75dB，照度≥300lx。

（5）**工艺要求** 按照兽药GMP，吹瓶、灌装、封口核心工位进行A级净化保护。挤出时，膜泡内部进行洁净气体保护与支撑。A级区域建议安装对浮游菌、悬浮粒子等控制在线监测系统。灭菌过程优先选择湿热灭菌工艺。

8.6

兽用包装材料

兽用包装材料的种类丰富，根据药物剂型及用途的不同，主要有塑料瓶、玻璃瓶、铝箔袋、泡罩包装四大类。

塑料瓶和玻璃瓶用于液体制剂的包装。玻璃材质透明度高，耐高温性和耐低温性优良，其结构由晶体分子组成，晶体之间的互吸力比其他的分子结构要差，也更容易碎。塑料材质以聚乙烯（PE）、聚丙烯（PP）、聚酯（PET）等原料为主，这三种原料都具有非常好的阻隔性能，耐多数酸碱溶剂腐蚀，不同的是聚乙烯韧性较好，聚丙烯耐高温，聚酯原料的透明度非常高，得益于各自的突出特点，被应用于不同的兽用药物包装中。

铝箔袋和泡罩包装是高分子复合材料的衍生物，主要作为粉散剂、片剂等固体药物的包装。

8.6.1 兽用化药包装材料

兽用化药中，粉散剂、注射剂、消毒剂占比较大。粉散剂对包装的防潮性具有严格要求，一般采用阻隔性、遮光性、防潮性良好的铝箔袋作为包装。

兽用化药注射剂以粉针剂、水针剂、非最终灭菌注射液为主。水针剂包装为玻璃材质的安瓿瓶。粉针剂需要低温保存，以玻璃西林瓶作为包装。非最终灭菌注射液最开始选用的是玻璃瓶，使用前需经过洗瓶、烘干等复杂程序，且玻璃易碎，存在安全隐患。随着高分子材料的普遍应用，已逐步被聚酯瓶替代。与玻璃瓶相比，聚酯瓶破损率低，药液损失及意外事故明显减少，省去洗瓶、烘干程序，节省成本；从环保角度来看，聚酯原料可降解，顺应环保大趋势。

消毒剂是养殖场的必备药物，液体消毒剂一般选用 1～5L 的聚乙烯塑料瓶/桶作为内包装，一些消毒剂会选择阻隔性更强的高阻隔（EVOH）原料。在包装功能上不局限于药液的储存，逐步出现了具有药液分量功能的双口瓶，方便溶液的稀释与使用。固体消毒剂如二氯异氰尿酸钠、过硫酸氢钾粉等多采用铝箔袋或塑料桶作为包装，不同于液体消毒剂的包装，固体消毒剂桶的口径比较大，便于取出。

片剂在兽用化药中占比较少，主要用于出口，包装多为泡罩包装或聚乙烯、聚丙烯原料生产的塑料瓶。

8.6.2　中兽药包装材料

中兽药中的粉剂、颗粒同样以铝箔袋作为主要包装。中兽药口服液上市初期，包装选用的玻璃瓶，由于药物成分的特殊性，药液在后期储存过程中容易发酵，产生气体，导致玻璃瓶破碎，造成经济损失和安全隐患，现已逐步由玻璃瓶转换为塑料瓶。不同于普通的塑料瓶，中兽药口服液需要严格控制微生物限度，迫于生产环境受限等原因，这种药物一般选择灌装后再进行灭菌，这就对塑料瓶的性能提出了更高要求。基于此，中兽药口服液塑料瓶的包装多选用耐高温性能更好的聚丙烯原料，100℃灭菌一定时间，以满足其最终灭菌需求，包装规格以 250mL、500mL 居多。

中兽药注射液的包装与化药注射液类似，非最终灭菌类药物以塑料瓶作为包装，最终灭菌类药物多选用玻璃瓶。

8.6.3　兽用生物制品包装材料

兽用生物制品占比较大的是疫苗类，包括猪用疫苗、禽用疫苗、牛羊用疫苗、宠物疫苗。根据保存温度不同，一般将兽用疫苗分为两大类：一类是需要常温保存的疫苗，包括灭活疫苗、合成肽疫苗、亚单位疫苗等，保存温度为 2～8℃，严防冻结，否则会导致疫苗变质，影响免疫效果。玻璃材质运输成本高，因此塑料瓶往往用来储存灭活疫苗（如口蹄疫疫苗、禽流感疫苗等），材质为聚乙烯或聚丙烯，包装容量为 20～500mL。另一类是需要低温保存的疫苗，主要指弱毒疫苗（减毒活疫苗），经高温高压灭菌后，在 -15℃ 以下保存，玻璃瓶的耐高温与耐低温性能更适合这类疫苗的储存。

诊断制品是兽用生物制品的另一分支，在动物疫病诊断和防治中具有重要作用，包括诊断试剂盒和试纸条。诊断试剂盒的外包装为瓦楞纸盒，内部包括抗原包被板、样本稀释液、浓缩洗涤液、终止液等，液体试剂存放在聚乙烯或聚丙烯塑料瓶中，也有部分抗原、血清等试剂以玻璃瓶为包装；抗原包被板密封在无菌袋中。试纸条需要防潮密封保存，选用铝箔袋作为包装。

综合来看，塑料瓶、玻璃瓶、铝箔袋是兽用包装材料中的主流包装方式。未来，随着畜牧行业规模化发展不断深入，兽用包装将趋向大容量发展。产品创新方面，兽用包装在保护药物安全性与稳定性的同时，将增加更多的功能性（如用于奶牛子宫内膜炎药物包装的预灌封注射器，同时具备药物储存与定量给药功能）。

从兽用包装监管方面来看，2020 年 5 月 1 日，中国兽药协会公示了《兽用预灌封塑料乳房注入器》《兽用大容量注射液聚酯瓶》《兽用液体疫苗聚丙烯瓶》《兽用液体疫苗聚乙烯瓶》《兽用口服固体热封垫片塑料瓶》《兽用口服液体热封垫片塑料瓶》（T/CVDA1～T/CV-DA6）等六项团体标准，兽用包装结束了无标准可依的现状，行业发展趋于规范化，未来将更多采用医用包装的标准和生产过程控制要求，更好地助力畜牧行业健康发展。

参考文献

[1] 申秋毫，马卓扬，杨凯宁．自动化技术在制药设备机械设计中的应用研究[J]．中国科技期刊数据库 工业 A，2022：74-77.

[2] Singh R. Automation of continuous pharmaceutical manufacturing process[J]. Computer Aided Chemical Engineering, 2018, 41: 431-446.

[3] 梁之利．兽药企业在 GMP 实施过程中存在的问题及展望[J]．饲料与畜牧：规模养猪，2015（11）：2.

[4] 李文明．药品生产中的过程控制问题与解决方法[J]．中国科技期刊数据库 科研，2020：43-44.

[5] 薛仁冲，吴俊伟．兽用药物新剂型概述[J]．动物医学进展，2007，28（9）：5.

[6] Ramteke K H, Joshi S A, Dighe P A, et al. Veterinary pharmaceutical dosage forms: a technical note[J]. Austin Therapeutics, 2014, 1（1）：10-2014.

[7] 曾凡彬．影响难溶性药物口服固体制剂溶出特性的理化因素——晶型和粒度[J]．中国新药杂志，2002，11（7）：507-509.

[8] Kukkar V, Anand V, Kataria M, et al. Mixing and formulation of low dose drugs: underlying problems and solutions[J]. Thai J Pharm Sci, 2008, 32（3-4）：43-58.

[9] Crouter A, Briens L. Methods to assess mixing of pharmaceutical powders[J]. AAPS PharmSciTech, 2019, 20: 1-16.

[10] 罗清华，李燕．流化床制粒与湿法制粒工艺制备的对比研究[J]．广东化工，2022，49（20）：38-40.

[11] Loh Z H, Er D Z L, Chan L W, et al. Spray granulation for drug formulation[J]. Expert opinion on Drug delivery, 2011, 8（12）：1645-1661.

[12] 李桢．药物及生物制品干燥[J]．南京林业大学学报（自然科学版），1997，21（增刊）：225-227.

[13] 齐继成译．药物压片工艺技术的开发应用最新进展[J]．中国制药信息，2020，36（8）：3.

[14] Sinka I C, Motazedian F, Cocks A C F, et al. The effect of processing parameters on pharmaceutical tablet properties[J]. Powder Technology, 2009, 189（2）：276-284.

[15] 高生彬，赵华，康文通，等．药物包衣技术进展[J]．河北工业科技，2006，23（6）：3.

[16] 张霞，周雯，王有森．环氧乙烷在灭菌物品中残留量测定及毒性研究进展[J]．中国消毒学杂志，2005，22（2）：2.

[17] 中国兽药典委员会．中华人民共和国兽药典 2020 年版一部[M]．北京：中国农业出版社，2020.

[18] 中国兽药典委员会．中华人民共和国兽药典 2020 年版二部[M]．北京：中国农业出版社，2020.

[19] 农业农村部畜牧兽医局，中国兽药协会．兽药生产质量管理规范（2020 年修订）[M]．北京：中国农业出版社，2021.

[20] 农业农村部办公厅．农业农村部办公厅关于印发兽药 GMP 生产线名录的通知．2021.

[21] 中国兽医药品监察所．兽用中药制剂工[M]．北京：中国农业出版社，2013.

[22] 王沛．制药设备与车间设计[M]．北京：人民卫生出版社，2014.

[23] 孙会敏，张伟，邹健．国家药包材标准[M]．北京：中国医药科技出版社，2015.

[24] 中国兽药典委员会．中华人民共和国兽药典 2020 年版三部[M]．北京：中国农业出版社，2020.

[25] 国家药典委员会．中华人民共和国药典 2020 年版[M]．北京：中国医药科技出版社，2020.

[26] 中国建筑科学研究院有限公司．兽药工业洁净厂房设计标准：T/CECS 805-2021[S]．北京：中国建筑工业出版社，2021.

[27] 农业农村部．《兽药生产质量管理规范（2020 年修订）》指南[M]．北京：中国农业出版社，2021.

[28] 梁磊，陈光华，谷红，等．重大动物疫病疫苗生产车间空调系统生物安全要点探讨[J]．暖通空调，2018，48（1）：13-19.

[29] 梁磊．兽药生产质量管理规范（2020 年修订）．洁净室受控环境关键参数的理解[J]．暖通空调，2021，51（10）：87-91.

第 9 章
我国兽药
产业管理的
发展历程

9.1

法律法规的制订与完善

9.1.1 兽药管理的法律法规

目前，与兽药管理相关的主要法律法规有《中华人民共和国生物安全法》《中华人民共和国食品安全法》《中华人民共和国农产品质量安全法》《中华人民共和国畜牧法》《中华人民共和国动物防疫法》《病原微生物实验室生物安全管理条例》《兽药管理条例》等，其中《兽药管理条例》是核心。现行《兽药管理条例》于2004年4月9日国务院第45次常务会议审议通过，国务院令第404号予以公布，并自2004年11月1日起施行。

9.1.1.1 《中华人民共和国农产品质量安全法》

2006年4月29日第十届全国人民代表大会常务委员会第二十一次会议通过，根据2018年10月26日第十三届全国人民代表大会常务委员会第六次会议《关于修改〈中华人民共和国野生动物保护法〉等十五部法律的决定》修正。该法第二十条规定"对可能影响农产品质量安全的农药、兽药、饲料和饲料添加剂、肥料、兽医器械，依照有关法律、行政法规的规定实行许可制度。国务院农业行政主管部门和省、自治区、直辖市人民政府农业行政主管部门应当定期对可能危及农产品质量安全的农药、兽药、饲料和饲料添加剂、肥料等农业投入品进行监督抽查，并公布抽查结果"。第二十四条规定"农产品生产企业和农民专业合作经济组织应当建立农产品生产记录，如实记载下列事项：（一）使用农业投入品的名称、来源、用法、用量和使用、停用的日期；（二）动物疫病、植物病虫草害的发生和防治情况；（三）收获、屠宰或者捕捞的日期。农产品生产记录应当保存二年。禁止伪造农产品生产记录。国家鼓励其他农产品生产者建立农产品生产记录"。第二十五条规定"农产品生产者应当按照法律、行政法规和国务院农业行政主管部门的规定，合理使用农业投入品，严格执行农业投入品使用安全间隔期或者休药期的规定，防止危及农产品质量安全。禁止在农产品生产过程中使用国家明令禁止使用的农业投入品"。

9.1.1.2 《中华人民共和国食品安全法》

2009年2月28日第十一届全国人民代表大会常务委员会第七次会议通过，2015年4月24日第十二届全国人民代表大会常务委员会第十四次会议修订，根据2018年12月29日第十三届全国人民代表大会常务委员会第七次会议《关于修改〈中华人民共和国产品质量法〉等五部法律的决定》第一次修正，根据2021年4月29日第十三届全国人民代表大会常务委员会第二十八次会议《关于修改〈中华人民共和国道路交通安全法〉等八部法律的决定》第二次修正。《中华人民共和国食品安全法》第四十九条规定"食用农产品生产者应当按照食品安全标准和国家有关规定使用农药、肥料、兽药、饲料和饲料添加剂等农业投入品，严格执行农业投入品使用安全间隔期或者休药期的规定，不得使用国家明令禁止的农业投入品。禁止将剧毒、高毒农药用于蔬菜、瓜果、茶叶和中草药材等国家规定的农作物。食用农产品的生产企业和农民专业合作经济组织应当建立农业投入品使用记录制度。县级以上人民政府农业行政部门应当加强对农业投入品使用的监督管理和指导，建立健全农业投入品安全使用制度"。

9.1.1.3 《中华人民共和国动物防疫法》

1997年7月3日第八届全国人民代表大会常务委员会第二十六次会议通过该法，2007年8月30日第十届全国人民代表大会常务委员会第二十九次会议第一次修订，根据2013年6月29日第十二届全国人民代表大会常务委员会第三次会议《关于修改〈中华人民共和国文物保护法〉等十二部法律的决定》第一次修正，根据2015年4月24日第十二届全国人民代表大会常务委员会第十四次会议《关于修改〈中华人民共和国电力法〉等六部法律的决定》第二次修正，2021年1月22日第十三届全国人民代表大会常务委员会第二十五次会议第二次修订，自2021年5月1日起施行。《中华人民共和国动物防疫法》第六十五条规定"从事动物诊疗活动，应当遵守有关动物诊疗的操作技术规范，使用符合规定的兽药和兽医器械。兽药和兽医器械的管理办法由国务院规定"。

9.1.1.4 《中华人民共和国畜牧法》

2005年12月29日第十届全国人民代表大会常务委员会第十九次会议通过，根据2015年4月24日第十二届全国人民代表大会常务委员会第十四次会议《关于修改〈中华人民共和国计量法〉等五部法律的决定》修正。2022年10月30日第十三届全国人民代表大会常务委员会第三十七次会议再次修订，自2023年3月1日起施行。《中华人民共和国畜牧法》第四十一条规定"畜禽养殖场应当建立养殖档案，载明以下内容：（一）畜禽的品种、数量、繁殖记录、标识情况、来源和进出场日期；（二）饲料、饲料添加剂、兽药等投入品的来源、名称、使用对象、时间和用量；（三）检疫、免疫、消毒情况；（四）畜禽发病、死亡和无害化处理情况；（五）畜禽粪污收集、储存、无害化处理和资源化利用情况；（六）国务院农业农村主管部门规定的其他内容"。

9.1.1.5 《中华人民共和国生物安全法》

2020年10月17日第十三届全国人民代表大会常务委员会第二十二次会议通过，自2021年4月15日起施行。该法第三十三条规定"国家加强对抗生素药物等抗微生物药物使用和残留的管理，支持应对微生物耐药的基础研究和科技攻关。县级以上人民政府卫生健康主管部门应当加强对医疗机构合理用药的指导和监督，采取措施防止抗微生物药物的不合理使用。县级以上人民政府农业农村、林业草原主管部门应当加强对农业生产中合理用药的指导和监督，采取措施防止抗微生物药物的不合理使用，降低在农业生产环境中的残留。国务院卫生健康、农业农村、林业草原、生态环境等主管部门和药品监督管理部门应当根据职责分工，评估抗微生物药物残留对人体健康、环境的危害，建立抗微生物药物污染物指标评价体系"。第五十二条规定"企业对涉及病原微生物操作的生产车间的生物安全管理，依照有关病原微生物实验室的规定和其他生物安全管理规范进行"。

9.1.1.6 《病原微生物实验室生物安全管理条例》

2004年11月12日中华人民共和国国务院令第424号公布，根据2016年2月6日《国务院关于修改部分行政法规的决定》第一次修订，根据2018年3月19日《国务院关于修改和废止部分行政法规的决定》第二次修订。该条例规定实验室活动包括病原微生物菌（毒）种、样本有关的研究、教学、检测、诊断等活动，并明确了病原微生物分类管理要求、运输和实验室活动审批等要求。兽用生物制品实验室研究涉及到动物病原微生物有关活动的，应当遵守该条例有关规定。

9.1.1.7 《最高人民法院 最高人民检察院关于办理危害食品安全刑事案件适用法律若干问题的解释》

2021年12月13日最高人民法院审判委员会第1856次会议、2021年12月29日最高人民检察院第十三届检察委员会第八十四次会议通过，自2022年1月1日起施行。该解释对食品中兽药残留超标、检出禁止使用的药品和其他化合物等情形，明确了刑事案件办理的有关要求，对兽药行业中相关主体影响很大，要严防触碰刑事司法的红线。

9.1.1.8 《兽药管理条例》

《兽药管理条例》是兽药行业管理工作的基本遵循法规。现行《兽药管理条例》（以下简称2004年版条例）是经国务院第45次常务会议审议通过，于2004年11月1日起正式施行。全文包括九章内容，除第一章总则、第九章附则外，其余七章涵盖了新兽药研制、兽药生产、兽药经营、兽药进出口、兽药使用的各环节全链条，第七章规定了兽药监督管理职责、第八章明确了法律责任具体处罚要求。

此前，国务院于1987年5月21日制定发布了《兽药管理条例》（以下简称1987年版条例），它对于防治动物疾病、促进养殖业的发展起到了积极的作用。但是，随着畜牧业和兽药行业的快速发展以及市场经济体制的逐步完善，1987年版条例的一些规定已经不能适应实践需要，在执行中遇到了不少新情况、新问题。2001年中国加入世贸组织的时候，为了履行有关知识产权保护方面的承诺，国务院对1987年版条例个别条文作了修订，并决定尽快进行全面修订。2002年2月，农业部成立了修改领导小组和工作小组，采取深入调研、起草征求意见稿、征求地方兽医部门和国务院有关部门意见、召开座谈会等方式，于2003年6月将修订草案送审稿报国务院法制办。国务院法制办征求了中编办、国家发改委、财政部等19个部门意见和31个省级人民政府意见，并赴广东等地进行专门调研，会同农业部反复研究、修改，形成征求意见稿。之后，再次征求了国家发改委、财政部、国家药监局、海关总署等部门和山东、江苏、北京等省级人民政府意见，并召开了专家论证会。根据各方意见，经进一步协调、研究、修改，形成了《兽药管理条例》（修订草案）报国务院常务会议审议。

2004年版条例共九章七十四条。

第一章总则，共5条，主要内容包括：立法的目的、条例适用范围和调整对象、执法主体和条例的基本制度。明确国务院兽医行政管理部门负责全国的兽药监督管理工作，县级以上地方人民政府兽医行政管理部门负责本行政区域内的兽药监督管理工作；明确兽药监督管理实行全过程的监管，包括对兽药研制、生产、经营、进出口、使用等各个环节的全面监管。

第二章新兽药研制，共5条，主要内容包括：（1）研制新兽药，应当具备相应的研制场所和仪器设备、专业技术人员、安全管理规范和措施。（2）新兽药的研制和申报分阶段进行，研制单位完成了实验室阶段安全性评价及其他临床前研究后再向兽药管理部门提出注册申请。（3）进行临床试验研究，化学药品、抗生素、中药需要到省、自治区、直辖市人民政府兽医行政管理部门提出申请，生物制品则必须到国务院兽医行政管理部门提出申请，经批准后方能进行。需要增加新的靶动物或新的适应症的兽药，也需要在进行临床试验前获得有关管理部门的批准。（4）省、自治区、直辖市人民政府兽医行政管理部门负责对申请人提交的兽药质量方面材料和实验室阶段安全性评价及临床前研究材料进行审查把关，审查合格后批准允许进行临床试验。（5）研制新兽药需要使用一类病原微生物的，还应当具备国务院兽医行政管理部门规定的条件，遵守有关实验室生物安全管理规定，并需在实验室阶段前就报国务院兽医行政管理部门批准。这包括直接用一类病原微生物制备生物制品，还包括用一类病原微生物进行药物的临床疗效评价研究。（6）行政管理部门应在规定的时限内完成审查、审核工作。（7）国家对依法获得注册的、含有新化合物的兽药的申请人提交的其自己所获得的且未披露的试验数据和其他数据实施保护。

第三章兽药生产，共 11 条。本章是关于开办兽药生产企业和兽药生产活动的规定，规定了开办兽药生产企业的基本条件和审批程序、核发《兽药生产许可证》应遵循的原则。主要内容概括为：（1）开办兽药生产企业必须具备的基本条件。（2）兽药生产企业必须按照《兽药生产质量管理规范》组织生产活动，兽药必须按兽药国家标准和批准的工艺进行生产。（3）生产兽药所需的原料、辅料必须符合国家标准要求。（4）明确要求兽药生产企业必须对生产的兽药进行质量检验，不合格的不得出厂。（5）生产的兽药产品必须取得产品批准文号，且只能依据兽药国家标准生产。（6）兽药的标签和说明书必须经过批准。（7）兽药生产企业生产的每批兽用生物制品，在出厂前应当履行批签发手续。（8）兽药生产企业要在新兽药监测期内收集和及时报送该新兽药的疗效、不良反应等资料。

第四章兽药经营，共 10 条。本章从保证兽药经营质量、保证动物用药安全的角度出发，对影响兽药经营质量的关键性环节的管理和控制进行了必要的规定。主要内容包括：（1）开办兽药经营企业应当具备的基本条件。（2）开办兽药经营企业的批准机关、批准原则、开办程序等规定。《兽药经营许可证》实行分级审批。其中，兽用生物制品的经营许可证由省级兽医行政管理部门核发，其余的由企业所在地县以上兽医行政管理部门核发。（3）兽药经营企业必须按照《兽药经营质量管理规范》经营兽药。县级以上地方人民政府兽医行政管理部门，应当对兽药经营企业是否符合兽药经营质量管理规范的要求进行监督检查，并公布检查结果。（4）兽药经营企业应当按照兽药经营许可证载明的经营范围和地点经营兽药，不得将原料药拆零销售。（5）兽药经营企业购销兽药记录规定；兽药经营企业销售兽药行为规定；兽药经营企业兽药保管条件和行为规定。（6）兽药经营企业禁止经营事项。（7）兽药广告规定。兽药广告的内容应当与兽药说明书内容一致。发布兽药广告应当经国务院兽医行政管理部门或省、自治区、直辖市人民政府兽医行政管理部门审查批准，取得兽药广告审查批准文号。

第五章兽药进出口，共 6 条，主要内容包括：外国企业首次向中国出口兽药须履行注册手续；履行注册手续须提供的技术资料和相关物品；明确进口兽药注册的申报主体、销售主体和审批主体；明确兽药注册的审查程序、兽药进口的入关程序；明确禁止进口的兽药和国产兽药出口时的证明文件的办理等。境外企业在中国境内依法设立的销售机构可以从事进口兽药的销售活动。不得进口国家明令禁止的兽药产品。

第六章兽药使用，共 6 条，主要内容包括：兽药使用须遵守兽药安全使用规定并建立用药记录制度；禁止使用假劣兽药和违禁兽药；县以上兽医行政管理部门要建立动物及动物产品中兽药残留监控制度和残留检测公布制度；饲养者须遵守休药期规定；禁止销售含有违禁药物或者兽药残留量超过标准的食用动物产品。兽药使用单位要建立用药记录制度，并如实记录用药情况，遵守休药期规定；不得使用假劣兽药、违禁药品、人用药品，不得用原料药直接饲喂动物。

第七章兽药监督管理，共11条，主要内容包括：明确了兽药监督管理权的行使主体；规定了兽医行政管理部门和兽药检验机构在兽药管理工作中应负的责任、拥有的权利和义务，规定了兽医行政管理部门行使行政强制措施和紧急控制措施的情形；规定了假劣兽药的判定标准及按假劣兽药处理的各种情况；设定了对兽药检验结果的申请复验及不良反应报告制度；规定了兽药审评检验收费项目和标准的审批机关。

第八章法律责任，共16条，主要内容包括：规定了行政处罚的种类；规定了兽医行政管理部门及其工作人员不履行法定职责应当承担的法律责任；规定了违反新兽药研制规定应当承担的法律、行政及民事责任；规定了生产假劣兽药应当承担的法律、行政及民事责任；规定了销售假劣兽药应当承担的法律、行政及民事责任；规定了违反兽药使用规定应当承担的相关的法律责任；规定了违反本条例其他规定应当承担的法律、行政及民事责任。

第九章附则，共4条，是对本条例涉及的许多名词概念，如兽药、新兽药等，从法律上给予明确解释，以减少司法部门、兽医行政管理部门、行政管理相对人之间因对其理解不一样而产生的纠纷，有利于本条例的适用与实施。主要内容：①确定兽药、兽用处方药、兽用非处方药、兽药生产企业、兽药经营企业、新兽药、兽药批准证明文件的定义；②确定兽用麻醉药品、精神药品、毒性药品和放射性药品等特殊药品的管理；③授权县级以上人民政府渔业行政主管部门及其所属的渔政监督管理机构负责水产养殖中的兽药使用、兽药残留检测和监督管理以及水产养殖过程中违法用药的行政处罚；④确定本条例的实施日期。

总的来看，2004年版条例共建立了8项主要管理制度：①国家实行对兽药的监督管理制度；②对兽药生产企业、经营企业实行许可制度；③对兽药产品实行分类管理制度；④对兽用生物制品实行批签发管理制度；⑤对新兽药实行技术审评和注册制度；⑥对进口兽药实行注册管理制度；⑦对兽药广告实行分级审批管理制度；⑧对兽药使用实行安全管理制度。

党的十八大以来，畜牧兽医主管部门坚决贯彻落实党中央、国务院决策部署，兽药管理领域开启了全面深入实施"放管服"改革的工作历程，2014年1月取消了农业部承担的兽药安全性评价单位资格认定，2015年2月将农业部承担的兽药生产许可证核发事项下放至省级兽医行政管理部门，2019年取消了农业农村部承担的已经取得进口兽药注册证书的兽用生物制品进口审批，2019年将省级兽医行政管理部门承担的新兽药临床试验审批调整为备案。结合贯彻落实中央"放管服"改革精神，按照简政放权、放管结合、优化服务的原则，陆续对2004年版条例进行了三次部分条款的修订。2014年7月29日国务院令第653号对2004年版条例部分条款进行修订，主要是针对2014年1月28日《国务院关于取消和下放一批行政审批项目的决定》（国发〔2014〕5号）取消"兽药安全性评价单位资格认定"许可事项，修改了设定该项许可的条款，明确了第七条增加一款内容"省级以上人民政府兽医行政管理部门应当对兽药安全性评价单位是否符合兽药非临床研究质量管理规范和兽药临床试验质量管理规范的要求进行监督检查，并公布监督检查结果"，明确了新兽药研制监管的职责部门和具体要求。2016年2月6日国务院令第666号对2004年版条例部分条款进行修订，主要是针对2015年2月24日《国务院关于取消和调整一批行政审批项目等事项的决定》（国发〔2015〕11号）将兽药生产许可证核发事项下放至省级兽医行政管理部门，以及落实国务院商事制度改革实施"证照分离"管理，修改了设定该项许可以及兽药生产许可证管理相关的条款，同时对兽药生产许可证办理与工商营业执照办理衔接进行了明确，申请兽药生产许可证审批事项无需先取得工商登记手续。2020年3月27日国务院令第726号对2004年版条例部分条款进行修订，主要是针对2019年2月27日《国务院关于取消和下放一批行政许可事项的决定》（国发〔2019〕6号）取消农业农村部承担的已经取得进口兽药注册证书的兽用生物制品进口审批、将省级兽医行政管理部门承担的新兽药临床试验审批调整为备案，修改了设定两项许可以及后续管理的相关条款，明确了加强事中事后监管措施。

9.1.2　兽药管理的部门规章

自2004年11月1日至今，围绕贯彻实施2004年版《兽药管理条例》，国务院兽医行政管理部门（2018年4月前称农业部、后称农业农村部）陆续制定发布实施了《新兽药研制管理办法》《兽药注册办法》《兽药生产质量管理规范》《兽药产品批准文号管理办法》《兽药经营质量管理规范》《兽用生物制品经营管理办法》《兽药进口管理办法》《兽用处方药和非处方药管理办法》。此外，2004年版条例实施前，《兽药标签和说明书管理办法》《兽药质量监督抽样规定》基本符合新条例要求，没有进行全面修改调整，保留沿用至今。上述10部规章形成了2004年版条例的配套规章体系，对各章节、各条款进行了详细阐述，增强法规制度的可操作性、可执行性。

（1）《新兽药研制管理办法》　2005年8月31日农业部令第55号公布，自2005年11月1日起施行，明确了临床前研究管理、临床试验审批、监督管理、有关罚则等具体要求。该办法一个突出亮点就是将《兽药管理条例》《病原微生物实验室生物安全管理条例》有关内容进行了有效衔接，对研制新兽药使用一类病原微生物（含国内尚未发现的新病原微生物）作出具体要求，规定研制新兽药需要使用一类病原微生物的，应当按照《病原微生物实验室生物安全管理条例》和《高致病性动物病原微生物实验室生物安全管理审批办法》等有关规定，在实验室阶段前取得实验活动批准文件，并在取得《高致病性动物病原微生物实验室资格证书》的实验室进行试验，有力管控了兽药研发领域的生物安全风险，推动形成工作合力。2016年5月30日农业部令2016年第3号对该办法进行了修订，主要是落实2014年1月28日《国务院关于取消和下放一批行政审批项目的决定》（国发〔2014〕5号）取消兽药安全性评价单位资格认定的有关要求，调整修改该办法中所有关于兽药安全性评价单位认定的相关内容。2019年4月25日农业农村部令2019年第2号对该办法进行了修订，主要是落实2019年2月27日《国务院关于取消和下放一批行政许可事项的决定》（国发〔2019〕6号）将省级兽医行政管理部门承担的新兽药临床试验审批调整为备案的有关要求，调整修改该办法中关于非生物制品类兽药临床试验审批及相关管理的条款，调整为备案表述和相对应的管理规定。

（2）《兽药注册办法》　2004年11月24日农业部令第44号公布，自2005年1月1日起施行，对新兽药注册、进口兽药注册、兽药变更注册、进口兽药再注册、兽药复核检验、兽药标准物质管理等作出详细规定，明确了农业部兽药评审委员会负责新兽药和进口兽药注册资料的评审工作，中国兽医药品监察所和农业部指定的其他兽药检验机构承担兽药注册的复核检验工作。

（3）《兽药生产质量管理规范》　简称兽药GMP，以2020年修订版本为主体，2020年4月21日农业农村部令第3号公布，自2020年6月1日起施行。2020年修订版本是以2002年3月19日农业部令第11号公布的《兽药生产质量管理规范》为基础进行修订的，主要包括质量管理、机构与人员、厂房与设施、设备、物料与产品、确认与验证、文件管理、生产管理、质量控制与质量保证、产品销售与召回、自检等内容。同时，2020 年版兽药 GMP 保留了以往对兽药二维码追溯管理有关规定，关于二维码追溯监管规范文件层面将详细阐述。与 2002 年版兽药 GMP 相比较，2020 年版将质量风险管理单列一节，明确质量风险管理是在整个产品生命周期中采用前瞻或回顾的方式，对质量风险进行识别、评估、控制、沟通、审核的系统过程，应当对产品质量风险进行评估，以保证产品质量，质量风险管理过程所采用的方法、措施、形式及形成的文件应当与存在风险的级别相适应。在修订硬件设施要求时，2020 年版兽药 GMP 既考虑生产产品的全过程控制，确保生产产品药效与注册产品一致性，同时也充分考虑产品生产过程安全风险、生产产品的质量安全风险、生产产品引发的食品安全风险和环境安全风险。首次引入"风险管理"理念，目前 FDA 的 cGMP、欧盟 GMP 和我国药品 GMP 2010 年版，均引入了风险管理及其内容。与此同时，大幅提高并细化兽药 GMP 软件管理要求，引入质量风险管理、变更控制、偏差处理、纠正和预防措施、超标结果调查、产品质量回顾分析、持续稳定性考察计划等新制度；将验证改为确认与验证，明确企业的厂房、设施、设备和检验仪器应当经过确认，应当采用经过验证的生产工艺、操作规程和检验方法进行生产、操作和检验，并保持持续的验证状态，避免盲目性；强化了兽药质量管理，细化主要文件的管理流程和文件内容，如质量标准、工艺规程、批生产记录等。2020 年 4 月 30 日农业农村部公告第 293 号发布了新版兽药 GMP 实施过渡期安排，明确所有兽药生产企业均应在 2022 年 6 月 1 日前达到新版兽药 GMP 要求，未达到新版兽药 GMP 要求的兽药生产企业（生产车间），其兽药生产许可证和兽药 GMP 证书有效期最长不超过 2022 年 5 月 31 日。

此外，针对兽医诊断制品的特殊性，2015 年 12 月发布了专门的《兽医诊断制品生产质量管理规范》；针对落实产业发展政策，2018 年 4 月 20 日专门为新建粉剂、散剂、预混剂企业出台了检查验收评定标准；针对兽用疫苗生产生物安全特殊性，2017 年 8 月 31 日农业部公告第 2573 号发布《兽用疫苗生产企业生物安全三级防护标准》，随后又发布了检查验收评定标准，这些内容与《兽药生产质量管理规范（2020 年修订）》都是兽药生产质量管理规范的重要组成部分，企业根据生产实际对标相关要求进行贯彻执行。

（4）《兽药产品批准文号管理办法》 2015 年 12 月 3 日农业部令第 4 号发布，自 2016 年 5 月 1 日起施行，主要规定了兽药产品批准文号的申请和核发、兽药现场核查和抽样、监督管理等内容。此前，兽药产品批准文号执行的规定为 2004 年 11 月 24 日农业部令第 45 号公布的《兽药产品批准文号管理办法》。与原来办法相比较，现行办法按照"提高门槛，规范程序，强化手段"的总体思路，对兽药产品批准文号管理模式进行了完善，着力提高兽药产品质量，促进兽药行业发展。一是增加兽药产品批准文号申报资料要求，要求企业在目前提交申请资料的基础上增加兽药生产工艺、配方以及知识产权转让合同或授权书等资料。二是实行比对试验管理制度，对申请非技术转让或非企业研制的非生物制品类兽药产品批准文号的逐步实行比对试验管理，对申请企业仿制产品与原研发单位产品进行生物等效性验证，比对试验结果作为核发兽药产品批准文号的主要依据；实行比对试验管理的兽药品种目录及比对试验要求由农业部制定；开展比对试验的检验机构名单由农业部公布。三是实行现场核查和抽样制度，对申请非本企业研制的生物制品类兽药产品批准文号以及非本企业研制或非转让的非生物制品类兽药产品批准文号，实行现场核查和抽样管理；规定了现场核查程序、内容和要求，由省级兽医行政管理部门负责组织，成立现场核查抽样组；核查结果符合要求的，现场抽取三批样品；对列入比对试验品种目录的，抽取的三批样品中有一批为在线抽样。四是完善兽药创新和知识产权保护的规定，对申请自主研制发获得《新兽药注册证书》以及转让知识产权的兽药产品批准文号，除兽用生物制品外，通过增加提交样品资料考察样品的真实性，不再实行现场核查抽样。五是细化兽药产品批准文号违法行为的情形，对改变组方添加其他成分、产品主要成分含量高于或低于相应标准等违法情形，明确按照《兽药管理条例》规定予以撤销兽药产品批准文号，与兽药违法行为从重处罚的情形保持一致，便于执法工作开展；对于三年内被撤销兽药产品批准文号的或者连续 2 次复核检验结果不符合规定的，对其再申请兽药产品批准文号进行限制。六是简化兽药产品批准文号编制格式，删除了兽药产品批准文号编制格式中"年号"的规定，便于管理兽药产品批准文号，也有利于企业节约生产成本。

2019 年 4 月 25 日农业农村部令 2019 年第 2 号对《兽药产品批准文号管理办法》进行了再次修订，主要是进一步深化国务院"放管服"改革精神，对兽药产品批准文号申请实施材料精简政策，对于兽药生产许可证、兽药 GMP 证书、进口兽药注册证书等能够通过信息化手段掌握的审批情况不再要求申请人提供相关证书复印件，故对相关条款进行了修改，删除了提供相关证书证件复印件的表述。

（5）《兽药经营质量管理规范》　简称兽药 GSP，2010 年 1 月 15 日农业部令第 3 号公布，自 2010 年 3 月 1 日起施行，首次系统提出兽药经营质量管理要求，推动我国兽药经营管理与国际接轨。兽药 GSP 主要从场所与设施、机构与人员、规章制度、采购与入库、陈列与贮存、销售与运输、售后服务等方面进行详细规定。考虑到兽药经营主体多、遍布全国各地、东中西各部经济发展水平不平衡等因素，兽药 GSP 明确规定，各省、自治区、直辖市人民政府兽医行政管理部门可以根据兽药 GSP 的要求，制定符合辖区实际的实施细则，并报农业部备案。

2017 年 11 月 30 日农业部令 2017 年第 8 号对兽药 GSP 进行了修订，主要是推动实施兽药二维码追溯监管，赋予兽药经营主体相关责任，要求具备实施兽药电子追溯的相关设备、建立追溯管理制度等，出入库时上传信息至兽药产品追溯系统，联通了兽药生产、经营、使用各环节链条，为兽药全程可追溯提供制度保障。

（6）《兽用生物制品经营管理办法》　2021 年 3 月 17 日农业农村部令 2021 年第 2 号公布，自 2021 年 5 月 15 日起施行，主要规定了兽用生物制品的概念与分类、销售与分发、经销商管理、运输与贮存、冷链管理、使用管理等。此前，2007 年 3 月 29 日农业部令 2007 年第 3 号公布的《兽用生物制品经营管理办法》，对规范兽用生物制品经营行为、保障兽用生物制品质量发挥了重要作用，也为推动重大动物疫病防控工作顺利开展发挥了积极作用。但随着我国动物疫病防控政策的调整，原办法存在与实际工作不相适应问题，不能满足应对新形势、新要求、新任务的需要。主要表现在：一是强制免疫兽用生物制品限制经营与"先打后补"防疫政策不相适应。2019 年农业农村部会同财政部启动动物疫病强制免疫补助改革，探索采用"先打后补"模式，允许养殖场户自主采购疫苗、自行开展免疫，免疫合格后申请财政直补。原办法规定生产企业只能将国家强制免疫用生物制品销售给省级人民政府兽医行政管理部门和符合规定的养殖场，不得向其他单位和个人销售，不利于改革全面推进。二是兽用生物制品经销机制与我国养殖模式不相适应，原办法规定经销商只能将所代理的产品销售给使用者，不得销售给其他兽用生物制品经营企业。此规定与我国当前养殖分散模式不相适应，不利于养殖场（户）就近购买防疫所需产品。三是缺乏冷链贮存运输要求，与兽用生物制品特殊的贮存要求不相适应，兽用生物制品的贮存、运输条件直接影响其质量，进而影响免疫效果，近年来的监督检验结果也显示在经营使用环节多次出现质量不合格问题，原办法无冷链贮存运输相关要求，不利于全程保证产品质量。新办法重点完善了4个方面内容：一是调整国家强制免疫用生物制品经营管理方式，允许兽用生物制品生产企业可以将本企业生产的兽用生物制品（不再区分强免与非强免）销售给各级人民政府畜牧兽医行政主管部门或使用者，也可以委托经销商销售。二是优化兽用生物制品经销机制，不再限制经销商将经营的产品销售给其他兽用生物制品经营企业。通过拓宽经销商覆盖范围，方便养殖场（户）就近购买所需的兽用生物制品。三是增加冷链贮存运输和追溯管理规定，要求生产、经营企业建立冷链贮存运输制度，自行配送或委托配送时均应确保兽用生物制品处于规定的温度环境。同时，增加了兽药产品追溯管理要求，要求生产企业、经营企业以及国家强制免疫用生物制品采购、分发单位均应及时上传兽药产品追溯相关数据信息。四是强化质量监督管理，明确规定兽用生物制品经营企业超出《兽药经营许可证》载明的经营范围经营兽用生物制品的，属于无证经营，按照《兽药管理条例》第五十六条的规定处罚；属于国家强制免疫兽用生物制品的，依法从重处罚；兽用生物制品生产、经营企业未按照要求实施兽药产品追溯，以及未按照要求建立真实、完整的贮存、销售、冷链运输记录或未冷链贮存、运输的，按照《兽药管理条例》第五十九条有关规定处理。

（7）《兽药进口管理办法》　2007年7月31日农业部、海关总署令2007年第2号公布，自2008年1月1日起施行，主要包括兽药进口申请、通关单办理、临床和科研急需兽药进口管理、进口兽药经营、监督管理等内容，明确对进口兽药实行目录管理，《进口兽药目录》由农业部会同海关总署制定、调整并公布。

2019年4月25日农业农村部令2019年第2号对《兽药进口管理办法》进行了修订，主要是进一步深化国务院"放管服"改革精神，对《进口兽药通关单》申请实施材料精简政策，对于兽药生产许可证、所生产产品批准证明文件、进口兽药注册证书等能够通过信息化手段掌握的审批情况，不再要求申请人提供相关证书复印件，故对相关条款进行了修改，删除了提供相关证书证件复印件的表述。

（8）《兽用处方药和非处方药管理办法》　2013年9月11日农业部令2013年第2号公布，自2014年3月1日起施行，规定了兽用处方药和非处方药标识、生产经营使用的要求、处方笺要求、监督管理等内容，特别是明确兽用处方药实行目录管理，具体目录由农业部发布。截至2021年6月，陆续发布了3批兽用处方药目录，分别是2013年9月30日农业部公告第1997号、2016年11月28日农业部公告第2471号、2019年12月19日农业农村部公告第245号，同时2014年2月28日农业部公告第2069号还发布了乡村兽医基本用药目录，这些目录发布推动了处方药制度的落地见效。此外，针对兽用抗菌药保护发展问题，我国已经将兽用抗菌药物全部纳入处方药管理。

（9）《兽药标签和说明书管理办法》　2002年10月31日农业部令第22号公布，自2003年3月1日施行。2004年7月1日农业部令第38号，主要针对兽药产品说明书审批权限及流程问题进行优化调整，但随后为与新修订的《兽药产品批准文号管理办法》相适应，后续对第十三条继续进行了修订。2007年11月8日农业部令2007年第6号修改内容：将第十八条"根据需要，兽药标签上可使用条形码"修改为"兽药标签应当按照农业部的规定使用条形码"。2017年11月30日农业部令2017年第8号，将第十三条修改为："兽药标签和说明书应当经农业部批准后方可使用。农业部制定兽药标签和说明书编写细则、范本，作为兽药标签和说明书编制、审批和监督执法的依据。"将第十八条中的"兽药标签应当按照农业部的规定使用条形码"修改为"兽药标签或最小销售包装上应当按照农业部的规定印制兽药产品电子追溯码，电子追溯码以二维码标注"。将第二十三条修改为："凡违反本办法规定的，按照《兽药管理条例》有关规定进行处罚。兽药产品标签未按要求使用电子追溯码的，按照《兽药管理条例》第六十条第二款处罚。"

围绕兽药标签和说明书管理，2003年1月22日农业部公告第242号发布了兽药标签和说明书编写细则、2006年10月10日农业部办公厅印发《关于兽药商品名称有关问题的通知》、2011年10月8日农业部办公厅印发《关于国内兽药生产企业出口兽药使用外文标签和说明书问题的函》、2014年2月18日农业部公告第2066号发布了兽药标签和说明书有关问题的规定，基本构建了规范兽药标签和说明书的管理制度系统。

（10）《兽药质量监督抽样规定》 2001年12月10日农业部令第6号公布，自发布之日起施行。2007年11月8日农业部令2007年第6号，主要针对2004年版《兽药管理条例》实施后统一检验机构名称，将原来的"兽药监察机构"统一修改为"兽药检验机构"。

9.1.3　兽药管理的规范性文件

兽药管理工作涉及链条长、环节多、领域广，是一个复杂的系统工程。随着我国经济社会发展和人民生活水平提升，在实际管理过程中，需要不断改革创新工作举措、推动法规规章要求落地实施，从国家层面陆续制定出台了一系列管长远、促规范的重要管理措施和制度，主要是国务院兽医行政管理部门发布的公告、文件等，规范了兽药市场秩序、提高了产品质量，推动促进兽药行业健康发展。相关的要求都是围绕着兽药研制、生产、经营、进出口、使用、监督管理等环节具体制定，制度之间也有关联性、系统性和协同性。

（1）新兽药研究创制管理 围绕规范新兽药研制管理，国家陆续制定实施了兽药研制环节的质量管理规范，明确了具体监督检查标准和要求，形成了较为完整的研制管理制度。2015年12月9日农业部公告第2336号公布《兽药非临床研究质量管理规范》，简称兽药GLP，从组织机构和人员、实验设施、仪器设备和实验材料、操作标准规程、研究工作的实施、资料档案等方面进行系统规定，确保试验的真实性、完整性和可靠性。2015年12月9日农业部公告第2337号公布《兽药临床试验质量管理规范》，简称兽药GCP，从兽药临床试验机构与人员、试验者、申请人、协查员、临床试验前的准备与必要条件、试验方案、记录与报告、数据管理与统计分析、试验用兽药的管理、实验动物的选择与管理、质量保证与质量控制、多点试验等方面进行系统规定，确保临床研究质量。2016年4月8日农业部公告第2387号公布《兽药非临床研究与临床试验质量管理规范监督检查办法》、2016年10月27日农业部公告第2464号发布兽药非临床研究与临床试验质量管理规范监督检查标准及其监督检查有关要求，对《兽药管理条例》赋予省级以上人民政府兽医行政管理部门监督检查职责、检查标准、工作程序进行了详细规定。

（2）兽药注册准入管理 2004年12月22日农业部公告第442号发布了《兽用生物制品注册分类及注册资料要求》《化学药品注册分类及注册资料要求》《中兽药、天然药物分类及注册资料要求》《兽医诊断制品注册分类及注册资料要求》《兽用消毒剂分类及注册资料要求》《兽药变更注册事项及申报资料要求》《进口兽药再注册申报资料项目》，自2005年1月1日起施行。关于新兽药监测期方面，2005年1月7日农业部公告第449号明确了一类、二类、三类、四类、五类新兽药监测期设置年限，最长不超过 5 年；为规范新兽药监测期管理，2013 年 2 月 16 日农业部公告第 1899 号明确了监测期限计算方式、监测期内产品的转让、不良反应报告等规定。关于兽药残留方面，公告第 442 号实施期间，针对食品动物用兽药产品注册，2015 年 3 月 2 日农业部公告第 2223 号发布补充规定，增加了兽药残留限量和检测方法标准的要求，明确了方法标准复核程序等内容，注册批准后与兽药质量标准一并审查和发布实施。关于新兽用生物制品方面，为鼓励新兽用生物制品研发创新，根据我国实际情况，2015 年 11 月 24 日农业部公告第 2326 号对第 442 号公告规定的新兽用生物制品研发临床试验靶动物数量作出调整。关于诊断制品方面，为促进兽医诊断制品产业发展，满足动物疫病诊断需要，2015 年 12 月 10 日农业部公告第 2335 号对《兽医诊断制品注册分类及注册资料要求》进行了全面修订，发布了新的注册资料要求，同时废止了公告第 442 号有关诊断制品的注册分类及申报资料要求；为进一步提高兽医诊断制品研制积极性，促进商业化生产和应用，进一步满足我国动物疫病诊断和监测工作需要，2020 年 9 月 29 日农业农村部公告第 342 号再次对《兽医诊断制品注册分类及注册资料要求》进行了全面修订，明确了体外兽医诊断制品的临床试验无需审批，有关临床试验单位不需报告和接受兽药 GCP 监督检查，确定 2020 年 10 月 16 日申报的按本公告执行，2020 年 10 月 15 日及以前已申请的兽医诊断制品按照公告第 2335 号执行。

此外，根据时代发展需要，在传统家畜、家禽用兽药管理的基础上，为促进犬、猫等宠物用兽药发展，满足宠物疾病临床治疗需要，2020 年 1 月 19 日农业农村部公告第 261 号发布了《宠物用化学药品注册临床资料要求》，明确了注册分类第二类、第五类宠物用新兽药的具体要求；同时为加快推进宠物用兽药注册工作，进一步合理利用现有药物资源，促进技术创新，2020 年 9 月 7 日农业农村部公告第 330 号发布了《人用化学药品转宠物用化学药品注册资料要求》，同时对现行《中华人民共和国兽药典》《兽药质量标准》收载的兽药品种允许增加靶动物、适应症或功能主治、规格或改变用法用量、保存条件、保存期等的注册申请，增加靶动物的给予 3 年监测期。

关于兽药注册评审工作方面，2005 年 5 月 10 日农业部组织对兽药注册评审工作程序进行了修订，发布了《兽药注册评审工作程序》（农办医〔2005〕17 号），同时废止了《兽药评审工作程序》（牧药发〔1999〕79 号）；2017 年 10 月 30 日农业部公告第 2599 号发布了新修订的《兽药注册评审工作程序》，自发布之日起施行，农办医〔2005〕17 号同时废止。为进一步优化评审工作，提高评审工作效率，农业农村部再次组织修订《兽药注册评审工作程序》，2021 年 1 月 21 日发布公告第 392 号，自 2021 年 4 月 15 日起施行，农业部公告第 2599 号同时废止。本次修订的创新点：一是创新完善兽药注册评审工作机制。建立实施评审中心专家主审与兽药注册评审专家库其他专家咨询相结合的兽药注册评审工作机制。原则上，对每个兽药注册申请的评审，初次评审和复评审均不超过一次。对需要提交补充资料的申请事项，评审时限延长 40 个工作日。未能一次性提交补充资料或者补充资料明显不符合评审意见要求的，予以退审。二是创新完善兽药检验工作机制和要求。产品复核检验质量标准经申请人确认后，不得修改。第二次送样的复核检验应重新进行检验计时。三是创新完善评审停止计时要求和程序，明确列出了所有需要停止计时的情形、时限和操作程序，责任清晰。

关于注册监管方面，为加强兽药注册监管，严厉打击申报资料不实、故意造假等违法行为，2016 年 3 月 3 日农业部公告第 2368 号发布了《兽药注册研制现场核查要点》《兽用化学药品（含中药）研究资料及图谱真实性问题判定标准》《兽药研究色谱数据工作站及色谱数据管理要求》，明确了实施现场核查的情形、检查程序、检查要求等内容。

（3）兽药生产质量管理　　围绕实施《兽药生产质量管理规范》，原农业部、现农业农村部陆续发布了多个政策文件，不断细化完善兽药 GMP 制度体系、实施要求等。一是确立兽药生产限制发展的有关政策。2012 年 1 月 5 日农业部公告第 1708 号，根据《产业结构调整指导目录（2011 年本）》（国家发展和改革委员会令第 9 号），兽用粉剂、散剂、预混剂生产线和转瓶培养生产方式的兽用细胞苗生产线已列入该指导目录限制类项目管理。按照《兽药管理条例》第十一条规定，自 2012 年 2 月 1 日起，各省级兽医行政管理部门停止受理新建兽用粉剂、散剂、预混剂生产线项目和转瓶培养生产方式的兽用细胞苗生产线项目兽药 GMP 验收申请。但是，持有兽用粉剂、散剂、预混剂产品或转瓶培养生产方式兽用细胞苗产品新兽药注册证书的，兽用粉剂、散剂、预混剂具有从投料到分装全过程自动化控制、密闭式生产工艺的，采用动物、动物组织或胚胎等培养方式改为转瓶培养方式生产兽用细胞苗的，在原批准生产范围内复验、改扩建、重建的等 4 种情形可以继续受理。二是明确 5 类兽药质量管理特殊要求。2020 年 4 月 30 日农业农村部公告第 292 号发布了无菌兽药、非无菌兽药、兽用生物制品、原料药、中药制剂等 5 类兽药生产质量管理的特殊要求，作为《兽药生产质量管理规范（2020 年修订）》配套文件，自 2020 年 6 月 1 日起施行。针对原料问题，早在 2006 年 11 月 22 日农业部办公厅印发《关于加强兽用生物制品生产检验原料监督管理的通知》（农医发〔2006〕10 号），明确提出 2008 年 1 月 1 日起将对 GMP 疫苗生产企业疫苗菌（毒）种制备与鉴定、活疫苗生产以及疫苗检验使用无特定病原体（SPF 级）鸡、鸡胚情况进行全面监督检查。对达不到标准要求的，将根据《兽药管理条例》规定进行处理；自通知发布之日起，用 SPF 鸡胚生产的活疫苗，经批准，可在其标签、说明书上标注"SPF 鸡胚生产"等相关字样。三是完善兽药 GMP 检查验收办法和评定标准。2005 年 4 月 27 日农业部公告第 496 号发布《兽药生产质量管理规范检查验收办法》，自 2005 年 6 月 1 日起施行，废止了 2003 年 6 月 1 日实施的检查验收办法；2010 年 7 月 23 日农业部公告第 1427 号再次对检查验收办法进行修订，自 2010 年 9 月 1 日起施行，同时废止了农业部公告第 496 号；2015 年 5 月 25 日农业部公告第 2262 号第三次对检查验收办法进行修订完善，自公布之日起施行，同时废止了农业部公告第 1427 号。推动规范兽药 GMP 现场检查验收工作，2020 年 7 月 13 日农业农村部办公厅印发《兽药生产质量管理规范（2020 年修订）》评定标准，与《新建兽用粉剂、散剂、预混剂生产线 GMP 检查验收评定标准》（农办医〔2018〕14 号）、《兽用疫苗生产企业生物安全三级防护检查验收评定标准》（农办牧〔2018〕58 号）形成覆盖所有兽药生产类型的评定标准体系。

围绕实施兽药 GMP，农业农村部还对生产环境洁净区管理提出了具体要求。2021 年 1 月 19 日农业农村部公告第 389 号发布《兽药生产企业洁净区静态检测相关要求》，取消了对洁净区检测机构的资质确认政策，细化明确了兽药生产企业洁净区静态检测相关要求，自发布之日起施行，同时废止了此前《农业部办公厅关于加强兽药生产企业洁净室（区）检测工作的通知》（农办医〔2011〕32 号）、《农业部办公厅关于公布兽药 GMP 洁净度检测资质单位的通知》（农办医〔2010〕86 号）、《农业部办公厅关于指定兽药 GMP 洁净室（区）检测单位的通知》（农办医〔2004〕20 号）以及《农业部兽医局关于确定辽宁省药品检验所为兽药 GMP 洁净度检测单位的函》（农医药便函〔2006〕330 号）。该公告的发布实施，主要是深化兽药领域"放管服"改革，考虑到当前我国从事洁净检测的机构很多都取得了国家认证认可监督管理委员会等机构颁发的计量认证证书（CMA）或实验室认可证书（CNAS），较以往能力显著增加，可以不再进行单独的资质认可，进一步拓宽了准入门槛，增加了兽药生产企业选择范围，促进了行业的公平竞争。细化后的兽药生产企业洁净区静态检测相关要求共涉及 40 项检测项目，逐项列出了检测范围、检测方法依据、结果评价、适用对象等，相比以往要求具有更强的操作性，指导性也显著增强，有利于保障兽药生产质量安全。

（4）兽药产品批准文号管理　　以《兽药产品批准文号管理办法》《兽药标签和说明书管理办法》为基础，发布了一系列规范性文件。办理形式从以往纸质材料办理调整为全程电子化办理，2019 年 8 月 19 日农业农村部公告第 205 号决定对兽药产品批准文号核发和标签、说明书审批事项实施全程电子化办公，这是农业农村部第一个实现全程网上办理的审批事项，充分体现了兽药领域推进"放管服"改革的力度和决心。一是落地兽药现场核查抽样制度，以农办医〔2016〕27 号文件发布实施《兽药产品批准文号现场核查申请单》等 7 个配套文件。二是落地兽药比对试验制度，陆续发布《兽药比对试验要求》（农办医〔2016〕32 号）、《兽药比对试验目录（第一批）》（农办医〔2016〕32 号）、《兽药比对试验产品药学研究等资料要求》（农办医〔2016〕60 号）、《兽药比对试验目录（第二批）》（2019 年 7 月 8 日农业农村部公告第 192 号）、《兽药比对试验目录（第三批）》（2020 年 11 月 19 日农业农村部公告第 362 号）、《兽药比对试验目录（第四批）》（2021 年 8 月 27 日农业农村部公告第 461 号），陆续还将继续发布，逐步实现对所有兽药产品的生产比对。三是落地兽药标签和说明书管理制度，在《兽药标签和说明书编写细则》（2003 年 1 月 22 日农业部公告第 242 号）基础上，针对兽药商品名称有关问题，农业部办公厅印发《关于兽药商品名称有关问题的通知》（农办医〔2006〕48 号），明确了兽药商品名称命名原则，并以农办医函〔2011〕30 号明确我国境内的兽药生产企业生产供出口的兽药产品，其标签和说明书可以使用进口国家或地区文字，不需要批准，但内容应与批准内容一致；2014 年 2 月 18 日农业部公告第 2066 号就兽用处方药标识以及其他兽药标签和说明书相关问题进行了要求。四是规范了兽药产品批准文号批件管理，2015 年 9 月 22 日农业部公告第 2300 号发布了《中华人民共和国农业部兽药产品批准文号批件》的证书样张格式，实行一个文号一张批件，改变了以前多个文号信息在一张批件的方式，提高了批件的权威性、方便了企业；2016 年 2 月 21 日农业部公告第 2481 号进一步优化了兽药产品批准文号批件内容变更办理程序、简化了要求，同时明确了对于同一生产许可证下多生产地址下生产相同产品申请产品批准文号的办理要求。

（5）强制免疫用生物制品指定生产　　贯彻落实《兽药管理条例》第十九条"强制免疫所需兽用生物制品，由国务院兽医行政管理部门指定的企业生产"，2016 年 11 月 11 日农业部印发《口蹄疫、高致病性禽流感疫苗生产企业设置规划》（农医发〔2016〕37 号），从条件要求、创新要求、布局要求等三方面设置要求。一是条件要求，口蹄疫、高致病性禽流感疫苗生产企业，涉及口蹄疫、禽流感活病毒操作的生产区域、质检室、检验用动物房、污物（水）处理设施以及防护措施等应符合生物安全三级防护要求。兽用疫苗生产企业生物安全三级防护标准将在新修订的《兽药生产质量管理规范》中另行规定。二是创新要求，国家鼓励疫苗创制。本规划发布施行后取得新兽药注册证书的口蹄疫、高致病性禽流感新疫苗，其安全性和有效性在不低于现有疫苗基础上，安全性或有效性应明显优于现有疫苗。其中生产种毒为口蹄疫、禽流感活病毒且可实现免疫动物与感染动物鉴别诊断或生产工艺有重大突破的，可在新兽药注册证书署名单位中新指定一家生产企业；采用非口蹄疫、禽流感活病毒生产工艺且无生物安全风险的，可在新兽药注册证书署名单位中新指定不超过三家生产企业。已取得采用非口蹄疫、禽流感活病毒生产口蹄疫、高致病性禽流感疫苗生产资格的，如增加生产种毒为口蹄疫、禽流感活病毒的疫苗品种，应符合前述相关要求。三是布局要求，疫苗生产或检验涉及口蹄疫、禽流感活病毒的，新指定的生产企业应在已存在生产检验种毒为活病毒的同病种疫苗生产企业的省（区、市）设置。疫苗生产和检验均不涉及口蹄疫、禽流感活病毒的，企业设置不受此限制。贯彻落实设置规划，2020 年 5 月 26 日农业农村部畜牧兽医局印发《高致病性禽流感和口蹄疫新疫苗创新评价工作程序和要求》，公布了《高致病性禽流感新疫苗与现有疫苗安全性、有效性比对试验指导原则》《口蹄疫新疫苗与现有疫苗安全性、有效性比对试验技术指导原则》。

结合兽用疫苗生产实际，2017 年 8 月 31 日农业部公告第 2573 号发布了《兽用疫苗生产企业生物安全三级防护标准》，切实加强生物安全管理。同时，推动三级防护标准实施，2018 年 10 月 26 日农业农村部办公厅印发《兽用疫苗生产企业生物安全三级防护检查验收评定标准》（农办牧［2018］58 号），切实规范三级防护标准检查验收工作。

（6）**兽药经营管理**　依据 2004 年实施的《兽药管理条例》，兽药经营监督管理职责主要由省级以下人民政府兽医行政管理部门负责，国家层次重点从法规、规章层次对兽药经营管理进行顶层设计，具体实施执行主要由地方来承担。落实 2004 年实施的《兽药管理条例》，2005 年 2 月 1 日农业部印发《关于换发兽药经营许可证的通知》（农医发［2005］4 号），统一发布实施新版中华人民共和国《兽药经营许可证》，进一步明确省级以下印制发放的职责职能，发布了新版兽药经营许可证的编制格式和具体式样，规定了许可证项目，也明确了买全国卖全国的基本经营管理理念。此外，根据地方反映，以农办医函［2011］12 号明确兽药生产企业用自己的名义销售本企业生产的产品，不需要办理《兽药经营许可证》。在规范兽药经营方面，每个省份按照《兽药经营质量管理规范》要求，都出台了本辖区实施细则，参照兽药 GMP 进行检查验收，并对符合规定的兽药经营企业，在《兽药经营许可证》注明"符合兽药 GSP 要求"等类似表述。

（7）**兽药使用管理**　2004 年实施的《兽药管理条例》规定了一系列兽药安全使用规定，有的制度以规章的形式发布，如《兽用处方药和非处方药管理办法》；大部分以国务院兽医行政管理部门公告、文件方式发布，如《食品动物中禁止使用的药品及其他化合物清单》。围绕促进兽药安全使用，重点从两个方面开展了很多工作，出台了相关政策。一是"禁停使用"方面，聚焦兽药产品对食品安全、对公共卫生安全等风险程度，根据国内国际发展形势和管理实际，及时更新调整食品动物禁止使用的药品及其他化合物清单，陆续停止使用一些兽药品种。按照时间发生顺序梳理，2005 年 10 月 28 日农业部公告第 560 号，废止了一批兽药地方标准，逐步实现新的国家标准管理体制，该公告同时发布了 5 类 6 种禁用兽药，废止了金刚烷胺等抗病毒药物标准，但明确可以按照注册要求申报注册，并不是纳入了禁止使用范围；2005 年 12 月 2 日农业部印发《关于清查金刚烷胺等抗病毒药物的紧急通知》（农医发［2005］33 号），是基于当时我国高致病性禽流感防控的严峻形势，严防因使用抗病毒药延误疫情防控，因此紧急出台了停止抗病毒药物等防治一类病原微生物，但仍然明确了可以进行注册用于防治其他动物病毒性疫病。2009 年 8 月 3 日农业部公告第 1246 号，继续明确兽药产品的质量标准、规程、标签和说明书不得标注对一类动物疫病具有治疗的功效。2015 年 9 月 1 日农业部公告第 2292 号，决定自 2016 年 12 月 31 日起在食品动物中停止洛美沙星、培氟沙星、氧氟沙星、诺氟沙星 4 种兽药；2016 年 7 月 26 日农业部公告第 2428 号，决定自 2017 年 4 月 30 日起停止硫酸黏菌素预混剂用于动物促生长；主要是 2015 年我国科学家发现动物源细菌存在耐硫酸黏菌素基因 MCR-1。2017 年 9 月 15 日农业部公告第 2583 号，停止非泼罗尼及相关制剂用于食品动物。2018 年 1 月 11 日农业部公告第 2638 号，决定自 2019 年 5 月 1 日起在食品动物中停止喹乙醇、胺苯胂酸、洛克沙胂等 3 种兽药，为维护公共卫生安全和生态环境安全提供支撑。2019 年 12 月 27 日农业农村部公告第 250 号，发布了《食品动物中禁止使用的药品及其他化合物清单》，自发布之日起施行，同时废止了原农业部公告第 193 号、235 号、560 号等相关内容，特别是需要指出，这个清单与农业部公告第 235 号衔接内容中，列入清单物质在动物性食品中不得检出。二是规范科学使用方面，聚焦兽药安全、合理、科学使用问题，将一些重点品种列入处方药管理、对规范使用提出具体要求。2013 年 9 月 30 日农业部公告第 1997 号发布《兽用处方药品种目录（第一批）》、2016 年 11 月 28 日农业部公告第 2471 号发布《兽用处方药品种目录（第二批）》、2019 年 12 月 19 日农业农村部公告第 245 号发布《兽用处方药品种目录（第三批）》，促进了处方药管理制度落实落地。同时，2014 年 2 月 28 日农业部公告第 2069 号发布了《乡村兽医基本用药目录》，明确乡村兽医凭乡村兽医登记证购买列入处方药目录的产品，规定兽药经营企业向乡村兽医出售兽药，应当单独建立销售记录。加强兽医处方管理，2016 年 10 月 8 日农业部公告第 2450 号发布了《兽医处方格式及应用规范》。

此外，国务院兽医行政管理部门发布的《中华人民共和国兽药典》《兽药质量标准》以及公告发布的质量标准均为兽药规范使用的基础，养殖者必须严格按照标准标注的内容和要求使用兽药。

（8）**兽药追溯管理**　实施兽药产品追溯对保障兽药产品质量、压实生产经营企业主体责任、维护动物健康具有重要意义。经过多年的调研论证，农业部兽医局组织中国兽医药品监察所构建了追溯信息系统。2014 年 2 月 20 日，农业部办公厅印发《关于组织开展国家兽药追溯信息系统试点工作的通知》（农医发〔2014〕8 号），决定建立国家兽药产品追溯信息系统（以下简称追溯系统），对兽药产品实施追溯管理，并计划于 2014 年 2—9 月组织开展运行试点工作。经过 2014 年近一年的试点实施，2015 年 1 月 21 日农业部发布公告第 2210 号，决定加快推进兽药产品质量安全追溯工作，利用国家兽药产品追溯系统实施兽药产品电子追溯码（二维码）标识制度，明确 2016 年 6 月 30 日前实现所有兽药产品赋二维码出厂、上市销售。该公告同时发布了《国家兽药产品追溯系统相关说明》《国家兽药产品追溯系统追溯码及数据交换文件规范》《国家兽药产品追溯系统数据采集设备接口标准》等，构建了全面实施兽药产品二维码追溯的技术框架。在全面推进中，2017 年 11 月 30 日农业部令 2017 年第 8 号，对《兽药生产质量管理规范》《兽药经营质量管理规范》《兽药标签和说明书管理办法》进行了修订，从生产、经营、标签说明书管理等方面明确了二维码法律效力，系统确立了赋二维码、数据信息输入上传等法定职责义务。在如期实现所有兽药产品赋二维码出厂的基础上，2019 年 5 月 24 日农业农村部公告第 174 号，决定对兽药经营活动全面实施追溯管理，在养殖场组织开展兽药使用追溯试点，逐步扩展到兽药生产、经营和使用全链条，同时对有关技术文件进行了完善，发布了《国家兽药产品追溯系统数据交换文件规范》《国家兽药产品追溯系统备案登记和接口调用规范》。

（9）**兽药监督执法**　为强化兽药生产质量管理规范实施情况监督检查，2017 年 11 月 21 日农业部公告第 2611 号，发布《兽药生产企业飞行检查管理办法》，进一步明确了飞行检查的范围、程序，切实规范飞行检查工作，为后续执法部门开展处理处罚提供了有力支撑，同时废止了《兽药GMP飞行检查验收程序》（农办医〔2006〕59号）。为表明国家严管兽药质量安全和动物产品质量安全、维护人民群众身体健康和生命安全的决心和态度，必须严厉打击兽药违法行为，从重处罚触及红线、底线的违法行为，并为各级兽医行政管理部门提供更有针对性、可操作性和坚强有力的制度保障，2014年3月3日农业部发布公告第2071号，从8个方面公布了应当实施从重处罚的情形。这些情形主要基于三个逻辑：一是所列情形属于存在或潜在严重危害动物产品质量安全的违法行为；二是所列情形属于主观故意违法、累次违法以及行政处罚后逾期不改正的违法行为；三是所列情形属于《兽药管理条例》处罚条款中"情节严重的"规定处理情形，内容严格遵守《行政处罚法》《兽药管理条例》及其他法律法规、规章，执行部门能够实施上限处罚、吊销许可证、吊销兽药产品批准文号和相关人员行业准入限制的行政处罚行为。随着人民群众对食品安全关心、对农兽药残留超标问题的关注程度的与日俱增，实施最严格监管的要求越来越高，2018年12月4日农业农村部发布公告第97号，进一步丰富完善了兽药严重违法行为从重处罚情形，同时废止了农业部公告第2071号。

此外，根据深化党和国家机构改革有关安排部署，为贯彻落实《国务院办公厅关于农业综合行政执法有关事项的通知》（国办函〔2020〕34号），扎实推进农业综合行政执法改革，经国务院批准，2020年5月27日农业农村部印发了《农业综合行政执法事项指导目录（2020年版）》（农法发〔2020〕2号），其中涉及兽药执法事项共计30项，这也是基层开展执法活动和依法进行行政处罚的主要依据。

（10）兽药残留监控及动物源细菌耐药性监测　兽药产品在维护养殖生产安全、保障动物健康的同时，也会因不规范使用等问题产生兽药残留、细菌耐药等问题。随着经济社会发展和人民生活水平的提高，兽药残留和细菌耐药问题已经成为食品安全、公共卫生领域的重大问题。自1999年启动实施兽药残留监控国家计划以来，国务院兽医行政管理部门每年都发布全国动物及动物产品兽药残留监控计划，根据各年度风险源、风险因子的不同，每个时期确定不同的重点监控目标。自2008年实施动物源细菌耐药性监测工作以来，国务院兽医行政管理部门每年制定动物源细菌监测计划。针对耐药性问题，2016年8月，国家卫计委、农业部等14个部门联合发布《遏制细菌耐药国家行动计划（2016—2020年）》，将遏制细菌耐药上升成为国家战略，协同推进耐药性控制工作。2017年6月，农业部制定实施《全国遏制动物源细菌耐药行动计划（2017—2020年）》（农医发〔2017〕22号），推动实施"六大行动"，引导从业人员"产好药、用好药、少用药"，切实保障动物产品质量安全和生态环境安全。

上述用药管理主要是针对食品动物设立的，在犬、猫等宠物用药方面，还在起步规范阶段。随着我国经济增长和社会发展，宠物（主要为犬猫）饲养在我国特别是大中城市非常普遍，带动宠物产业迅速发展。由于宠物诊疗行业属于新兴行业，传统治疗预防畜禽等食品动物疫病的兽药产品不能适应宠物疾病诊治需要，甚至部分疾病的治疗处于无药可用的尴尬局面。近些年，农业农村部高度重视诊疗行业兽药使用需求，根据宠物诊疗行业发展形势，开拓创新、多措并举，通过实施认定一批、转化一批、研发一批等方式，发布183个宠物用兽药说明书范本（农业部公告第2512号）、确定"宠物用"兽药专用标识、制定《宠物用化学药品注册临床资料要求》（农业农村部公告第261号）、明确《人用化学药品转宠物用化学药品资料要求》（农业农村部公告第330号）、允许《中华人民共和国兽药典》《兽药质量标准》收载品种增加宠物用注册、实施优先注册评审制度，推动丰富宠物用兽药品种。

9.2

兽药行政管理体系

新中国成立以来，兽药管理工作受到党和政府的高度重视，得到了不断加强和规范。行政管理、质量监察和技术支持三大体系逐步建立和健全，监管手段不断完善，监管能力逐步提升，有力推动了兽药行业健康快速发展。

9.2.1　行政管理体系的形成、变革和现状

1977 年之前，兽药的生产、供应和管理职能分散在多个管理部门，农业部门主要负责兽用生物制品的管理。1977 年，国家计委以（77）计字 290 号文正式明确兽医生物制品、兽医专用化学药品和专用器械归口农林部生产和计划部门管理。同年，农林部在其畜牧总局兽医处下设药政组，具体承担兽药管理工作。1978 年农林部成立了"中国畜牧兽医药械公司"，主要从事兽医药械的经营，改变了以前兽药靠医药系统供应的局面。当时计划经济时期政企职责划分不清，该公司还承担了部分兽药药政管理职能。同年，农林、化工、商业、卫生四部下发的《关于贯彻国家计委"关于解决兽医药械生产、供应和管理问题的复文"联合通知》中要求："各省、市、自治区农林（农业、畜牧）局要有专人负责兽医药政管理工作，并本着精简原则尽快设立兽医药品检验机构，把兽医药政、药检工作切实抓起来。"

1980 年《兽药管理暂行条例》进一步明确了由农牧行政管理部门主管兽药管理工作，要求农业部和省、自治区、直辖市畜牧（农业）局设立相应的兽药管理机构。1984 年，农牧渔业部畜牧局正式成立了兽药管理机构——药政药械管理处，承担我国兽药管理的具体工作。各省、自治区、直辖市的农牧行政机关将兽药管理职责明确到相关单位（如兽医处、畜牧处、兽医站、药检所等）。各相关单位指定专人承办兽药药政事宜。地、县两级农牧行政部门一般都在兽医站明确人员分管兽药药政工作。

这一时期的兽药管理职能是统一规划生产兽医生物药品和兽医专用化学药品，与医药行政部门共同协商，安排中、西兽药制剂生产，审批兽药生产企业、产品、兽药新品种及兽药进出口活动，安排新兽药临床试验，制定发布兽药质量标准；实施兽药产品质量监督检查。

1987 年《兽药管理条例》发布以后，很多省份加强了兽药管理机构建设，设立了专门的药政管理机构，承担《兽药管理条例》赋予的兽药管理职能。部分地县设立了兽药监察所，同时承担药政工作。为加强兽药监督工作，县以上各级农牧行政管理机关相继建立了兽药监督员队伍。为适应对众多乡镇的兽药管理工作，吉林、四川等省还在县以下选任了兽药检查员，协助兽药监督员在辖区开展兽药监督检查工作。至此，我国基本形成了国家、省、地、县、乡五级的兽药行政管理体系，为兽药行业管理工作提供了机构保障。

这一时期的兽药管理职能是审批兽药生产企业、产品、经营企业、兽药制剂室、兽药新品种及兽药进出口活动；制定发布兽药标准；对上市兽药组织评价；对兽药生产、经

营、使用、进出口活动和动物产品中兽药残留进行监督检查；对产品质量、兽药包装、标签、说明书、商标、广告实施监督检查。

2004年新修订的《兽药管理条例》（发布后，国务院先后于2014年7月9日、2016年2月6日、2020年3月27日三次对部分条款进行了修订）对兽药管理职能作了较大调整。加强了对兽药生产、经营企业及其活动的监督检查；规范了兽药研制活动；取消了兽药制剂室的审批；集中了新兽药审批和兽药质量标准制修订的权限；强化了兽药使用管理和兽药残留监督检查职责。

随着国家兽医体制改革的进行，2004年7月农业部正式组建了兽医局，主管全国兽医和兽药的行政管理工作。局内设药政药械管理处，负责兽药管理具体工作。随后，各省、自治区、直辖市相继成立专门兽医行政管理机构，并在其中设立兽药药政处（科），负责本省兽药管理工作。地市县在体制改革中也加强了兽药管理机构和人员力量。2018年，国家行政管理体制改革，新组建了农业农村部。部内设畜牧兽医局（由原畜牧司和兽医局合并而成）。药政药械管理处设在畜牧兽医局内，具体负责兽药和兽医医疗器械的管理工作。改革后的省（自治区、直辖市）、市（地）、县的兽药管理工作由当地的农业农村厅（局）负责。经过几十年的建设，兽药行政管理体系不断加强，监管力量和能力得到提升。

当前兽药监督管理主要包括兽药管理技术规范的制定发布、兽药国家标准的制定发布、兽药产品质量的监督检查和管理、兽药不良反应的监测和报告、兽药生产企业和经营企业的管理、新兽药上市的审批、兽药产品批准文号的发放、进口兽药注册、兽药安全使用的监督检查、兽药广告管理、假劣兽药的查处以及兽医行政管理部门、兽药检验机构及其工作人员的监督等。

现行的《兽药管理条例》（2004年修订）规定，国务院兽医行政管理部门负责全国的兽药监督管理工作。县以上地方人民政府兽医行政管理部门负责本行政区域内的兽药监督管理工作。国务院兽医行政管理部门指农业农村部，县以上地方人民政府兽医行政管理部门指县以上地方人民政府设立的农业农村厅（局）。

农业农村部制定发布兽药管理部门规章、技术规范、兽药国家标准；负责新兽药和进口兽药注册、兽药产品批准文号发放；制定和组织实施全国兽药残留监控计划、兽药产品质量抽检计划、全国动物源细菌耐药性监控计划；组织GCP、GLP和兽用生物制品企业GMP检查；组织重大假劣兽药案件的查处。

水产养殖动物的兽药使用、兽药残留检测和监督管理以及水产养殖过程中违法用药的行政处罚，由县级以上人民政府渔业主管部门及其所属的渔政监督管理机构负责。但水产养殖用兽药的研制、生产、经营、进出口仍然由兽医行政管理部门负责。

县以上地方人民政府兽医行政管理部门是兽药行业的地方管理机构，负责辖区内的兽药监督管理工作。

省级人民政府兽医行政管理部门还负责兽药生产许可证的审批发放和辖区内除兽用生物制品生产企业外的兽药生产企业的GMP检查工作和日常监督管理工作。

市、县级人民政府兽医行政管理部门还负责兽用生物制品以外的兽药经营许可证的审批发放和GSP检查；兽用生物制品经营企业的经营许可证的审批发放和GSP检查由省级人民政府兽医行政管理部门负责。

9.2.2　管理职能和管理制度的发展历程

兽药管理体系建立的同时，不断健全兽药法规体系和规章制度，目前已基本形成了以兽药行政审批为先导，以兽药科研、兽药标准体系为依托，以兽药生产、经营、使用监管及兽药残留监控为手段，以兽药质量和动物产品安全为目标的、完整统一的兽药管理体系。

9.2.2.1　《兽药管理暂行条例》时期

这一时期指改革开放之初至 1987 年 5 月《兽药管理条例》正式发布。以《兽药管理暂行条例》的发布和实施为主要标志。

1977 年以前，兽药管理工作职责较为分散。农业部门仅负责动物专用的兽医生物制品和少量的兽医专用的化学药品的质量监察和企业管理，其他的管理职能或缺失或分散在相关部门。主要管理手段是行政指令，没有专门的管理法规。这一时期农业部制定发布了两部重要的技术规范：1952 年发布实施的《兽医生物药品制造及检验规程》和 1968 年发布实施的《兽医药品规范》。要求相关企业按照该规程和规范的规定生产相关品种的兽药。该规程和规范作为国家强制性技术标准，在当时没有兽药管理法规的背景下，充分发挥了规范兽药生产的积极作用。

从 1977 年开始农林部根据国家职责分工对兽药和兽医器械实行归口管理。从该时期起农业部门开始探索兽药管理的法制化建设。1980 年 8 月国务院批转了农业部制订的《兽药管理暂行条例》（以下简称《暂行条例》），开创了我国兽药管理法制化建设的先河。《暂行条例》和随后农业部发布的《新兽药管理暂行办法》《兽药检验所工作细则（试行）》《兽药试产品管理规定》《新兽药审批程序》《中华人民共和国农牧渔业部对外国企业在我国进行兽药试验登记管理办法》等配套规章组成了这一时期兽药管理法规体系的主要框架。

（1）《暂行条例》主要内容　《暂行条例》主要规定了以下内容：

① 农业部负责全国的兽药管理工作，县级以上畜牧（农业）行政部门负责辖区内的兽药管理工作。农业部和省、自治区、直辖市畜牧（农业）局要设立相应的兽药管理机构。农业部下设兽医药品监察所，省、自治区、直辖市畜牧（农业）局下设兽药检验所。

② 兽药生产。兽医生物药品和兽医专用化学药品，由农业部统一规划生产；人、畜共用的药品，由国家医药管理总局统一规划生产；中、西兽药制剂，由省、自治区、直辖市畜牧（农业）局和医药行政管理部门共同协商，纳入地方计划，归口安排生产。生产兽药的工厂或车间，由主管单位报省、自治区、直辖市畜牧（农业）局批准，并报经省、自治区、直辖市工商行政管理部门核发"营业执照"后，方可生产兽药。

③ 兽药质量标准。兽药质量标准，是国家对兽药的质量规格和检验方法所作的技术规定，分为二类：第一类是部颁标准，即农业部制订颁发的兽药规范。第二类是地方标准，即各省、自治区、直辖市畜牧（农业）局制订颁发的兽药标准。

④ 兽药新品种的审批。《暂行条例》规定对创制或仿制成功的、我国从未生产过的新兽药，必须向农业部报送新药的试制依据、制造方法、生产工艺、质量标准、检验数据、药理毒性及临床试验报告等有关资料和样品，经农业部兽医药品监察所进行核对试验，有关部门组织鉴定，证明确实安全有效的，由农业部批准安排生产。新研制成功的兽药中成药和中、西兽药制剂，必须向所在省、自治区、直辖市畜牧（农业）局报送新成药新制剂的处方及配制方法、质量标准、临床试验结果等资料，经兽药检验所核对试验，证明确实

安全有效，由畜牧（农业）局批准安排生产，并报农业部备案。

⑤ 兽药供应。《暂行条例》规定中国医药公司所属省、地、县级医药公司应设兽药商店或专柜，公社级的供销店应指定专人兼营兽药，健全供应网点，方便购药。

⑥ 兽药使用。兽医工作人员用药，要注意安全有效，经济合理，防止浪费。兽医医疗单位应指定专人管理药品，建立药品质量检查、保管、核对等制度。

⑦ 兽药质量的监督、检验。兽药质量监督检验机构分两级：一级是农业部兽医药品监察所主管全国性的兽药质量监督、检验工作。二级是自治区、直辖市畜牧（农业）局兽药检验所主管本省、自治区、直辖市的兽药质量监督、检验工作。

⑧ 麻醉药品和毒、剧药品管理。兽医科研、医疗等单位使用麻醉药品，应严格遵守《麻醉药品管理条例》的规定。各级畜牧（农业）行政管理部门应经常检查麻醉药品和毒、剧药品的供应、保管、使用情况，发现问题，及时处理。

（2）《新兽药管理暂行办法》主要内容　《新兽药管理暂行办法》规定了新兽药的审批资料要求和审批程序。

（3）《兽药检验所工作细则（试行）》主要内容　《兽药检验所工作细则（试行）》规定了兽药监察所（检验所）的职责和工作程序。

（4）《兽药试产品管理规定》主要内容　《兽药试产品管理规定》规定了兽药试产品的申报、批准文号及其试用期。

（5）《新兽药审批程序》主要内容　《新兽药审批程序》规定了国内新兽药和国外兽药登记的审批程序。

（6）《暂行条例》的作用和成就

① 《暂行条例》及其配套规章虽然仍带有一定的计划经济管理模式的痕迹，但其设立的主要管理制度已一定程度地引入法制化管理措施，推动了兽药管理工作初步纳入法制管理的轨道。

② 建立了兽药生产，兽药质量标准，兽药新品种的审批，兽药供应，兽药使用，兽药质量的监督、检验，麻醉药品和毒、剧药品管理和使用等方面的制度。

③ 各省、自治区、直辖市畜牧（农业）厅（局）开始有人专管或兼管兽药药政，全国大多数省、自治区、直辖市已建立或正在建立兽药检验所，并开展了药检工作。

④ 加大了打击生产销售假、劣兽药不法行为的力度，推动了行业的健康发展。

9.2.2.2 《兽药管理条例》时期（1988.1—2004.11）

（1）综述　随着我国改革开放的进一步深入，社会主义市场经济体制逐步形成和发展，养殖业迅速发展，兽药生产、供应及使用各方面情况发生巨大变化，为适应实际工作的需要，亟待对《兽药管理暂行条例》内容进行修改和补充完善。如关于兽药的使用范围、组成成分及兽药的生产、经营、科研、进出口等诸多方面的管理，都需要根据实际情况作必要的修改和完善，迫切要求尽快制定更具有法律效力的《兽药管理条例》。因此，1987年5月21日国务院颁布了《兽药管理条例》（以下简称《条例》），并于1988年1月1日正式施行。各省、自治区、直辖市也根据《条例》和《兽药管理实施细则》纷纷制订适应本地区工作情况的实施办法和兽药管理法规，如辽宁省就出台了《辽宁省兽药管理条例》。

（2）主要内容及制度

① 《兽药管理条例》[国发（1987）48号文]。《条例》对兽药生产、经营、使用、进

出口、监督管理等方面都作了详细的规定。《兽药管理暂行条例》同时废止。

该《条例》规定的兽药管理基本制度主要有以下几项：

a. 兽药的监督管理制度。《条例》明确规定，县级以上人民政府畜牧兽医行政管理部门负责所辖地区的兽药管理工作，国家和省级及城市兽药监察机构协助畜牧兽医行政管理部门负责兽药质量监督、检验工作。

b. 对兽药生产企业、经营企业、兽药制剂室实行许可制度。《条例》规定，从事兽药生产、经营以及兽医医疗单位配制兽药制剂必须分别取得《兽药生产许可证》《兽药经营许可证》《兽药制剂许可证》，并且将《兽药生产许可证》《兽药经营许可证》作为工商登记的前置条件。对于兽药生产企业，除领取《兽药生产许可证》外，所生产的产品还须取得产品批准文号。

c. 对兽药标准和兽药产品实行分级审批制度。《条例》规定，我国的兽药质量标准分为国家标准、行业标准和地方标准三级标准，国家标准和行业标准由农业部审批发布，地方标准由各省、自治区、直辖市兽药管理部门批准发布。

对生产企业生产的兽药产品实行两级审批，新产品和部管产品由农业部审批，已在国家标准、行业标准和地方标准中收载的品种（部管产品除外）由生产企业所在地省级兽药管理部门批准。

d. 对新兽药实行技术审评和行政审批制度。《条例》鼓励研究、创新兽药，研制新兽药，须按规定进行有关试验，并将相关资料向农业部申报，经兽药审评委员会技术审评和农业部批准后，方可进行技术转让和生产。

e. 对进出口兽药实行注册登记和许可证制度。《条例》规定，外国企业在中国境外生产的兽药产品首次向中国出口，须履行产品注册登记手续，取得《进口兽药登记许可证》后方可向中国出口产品，国内经营者、使用者每次进口还须取得《进口兽药许可证》。

f. 对兽药广告实行分级审批管理制度。《条例》和《广告法》明确规定，兽药广告发布前，必须经农业部或省级兽药管理部门审批，其中新兽药、进口兽药以及在重点媒体上发布的兽药广告须经农业部审批，其余的由省级兽药管理部门审批。

②《兽药管理条例实施细则》[(1988) 农（牧）字第 39 号]。1988 年 6 月 30 日农业部发布。根据国务院发布的《兽药管理条例》第四十九条的规定，农业部会同国家工商行政管理局制定了《兽药管理条例实施细则》。1993 年 7 月 31 日根据《关于修改〈兽药管理条例实施细则〉第六十条的通知》[(1993) 农（牧）字第 8 号]进行了修改。1998 年根据农业部第 28 号令修改再次发布。它是《兽药管理条例》的详细解释和具体规定。中华人民共和国农业部令第 37 号决定自 2004 年 11 月 1 日起该文件废止。

③《外国企业在中华人民共和国注册兽药管理办法》[(1988) 农（牧）字第 48 号]。根据《兽药管理条例》第二十六条的规定，农业部于 1988 年 7 月 11 日发布施行了本办法。该办法对向中国销售兽药的外国企业注册兽药做出了详细的规定。

④《兽药批准文号规定》[(1989) 农（牧药）字第 59 号]。农业部畜牧兽医司根据《兽药管理条例》和《兽药管理条例实施细则》于 1989 年 3 月 7 日制定。

⑤《进口兽药管理办法》（农业部令第 3 号）。该办法于 1989 年 7 月 10 日由农业部发布施行，共五章三十三条。主要规定了进口兽药的注册管理、申请进口兽药的审批程序、进口兽药质量检验与监督等内容。

⑥《新兽药及兽药新制剂管理办法》（农业部令第 4 号）。1989 年 9 月 2 日由农业部发布施行，是规定新兽药申报应具备的内容和申报程序的一部规章。1983 年 5 月 16 日发布

的《新兽药管理暂行办法》和 1987 年 5 月 15 日发布的《新兽药审批程序》同时废止。中华人民共和国农业部令第 37 号决定自 2004 年 11 月 1 日起该文件废止。

⑦《兽用新生物制品管理办法》（农业部令第 5 号）。1989 年 9 月 2 日农业部发布，是规定兽用新生物制品申报应具备的内容和申报程序的一部规章。中华人民共和国农业部令第 37 号决定该文件自 2004 年 11 月 1 日起废止。

⑧《兽药药政药检管理办法》（农业部令第 6 号）。1989 年 9 月 2 日农业部发布，是规定各级兽药管理机关和监督部门的职责和任务的一部规章，原农牧渔业部 1983 年 5 月 12 日颁发的《兽药检验所工作细则（试行）》同时废止。中华人民共和国农业部令第 37 号决定该文件自 2004 年 11 月 1 日起废止。

⑨《核发〈兽药生产许可证〉、〈兽药经营许可证〉、〈兽药制剂许可证〉管理办法》（农业部令第 2 号）。1989 年 7 月 10 日农业部发布，是规定生产、经营企业和制剂单位应具备的条件和应履行的程序的规章。中华人民共和国农业部令第 37 号决定该文件自 2004 年 11 月 1 日起废止。

⑩《兽药生产质量管理规范（试行）》〔(1989) 农（牧）字第 52 号〕。1989 年 12 月 26 日由农业部发布，于 1990 年 1 月 1 日起试行。此规范是农业部根据《兽药管理条例实施细则》第六条的规定而制定。规定新建、扩建、改建的兽药生产企业（含车间）在设计、建筑、安装、调试和试生产方面的内容。

⑪《实验临床试验技术规范》。1992 年根据农业部发布的《新兽药及兽药新制剂管理办法》和《外国企业在中华人民共和国注册兽药管理办法》规定制订而成。

⑫《生物制品车间管理办法》〔(1993) 农（牧）字第 13 号〕。1993 年 10 月 16 日发布。中华人民共和国农业部令第 37 号决定该文件自 2004 年 11 月 1 日起废止。

⑬《兽用生物制品管理规定》（农牧发〔1994〕4 号）。农业部于 1994 年 2 月 26 日发布。兽用生物制品是保证畜牧业发展，用于动物保健的特殊商品，为提高兽用生物制品的质量和防疫效果，加强兽用生物制品管理工作，农业部根据《条例》及《兽药管理条例实施细则》制定了本规定。内容包括兽用生物制品的生产、经营、使用等方面。

⑭《兽药生产质量管理规范实施细则（试行）》（农牧发〔1994〕32 号）。1994 年 10 月 21 日农业部发布，保证了《兽药生产质量管理规范（试行）》的实施。

⑮《兽药违法案件处理办法》（农牧发〔1994〕33 号）。1994 年 10 月 23 日农业部发布施行。共六章三十九条。内容包括兽药违法案件的管辖、受理与立案、调查与取证、处理与执行和结案。

⑯《兽药广告审查办法》（农业部令第 29 号）。1995 年 4 月 7 日国家工商局和农业部共同发布，该规章规定了兽药广告的审查程序和审查内容。

⑰《兽用生物制品管理办法》（农业部令第 6 号）。于 1996 年 5 月 28 日由农业部发布，自 1996 年 10 月 1 日起施行。农业部 1994 年 2 月 26 日发布的《兽用生物制品管理规定》同时废止。

⑱《进口兽药管理办法》（农业部令第 34 号）。于 1998 年 1 月 5 日由农业部发布施行。这部规章是在原《外国企业在中华人民共和国注册兽药管理办法》和原《进口兽药管理办法》(1989 年）的基础上，为加强对进口兽药的监督管理，保证进口兽药的质量和安全有效，根据《条例》的规定而制定。主要规定了进口兽药的注册和进口的审批程序、资料内容及市场监督等事项。后由中华人民共和国农业部令第 37 号决定该文件自 2004 年 11 月 1 日起废止。

⑲《兽药批准文号管理规定》（农牧发［1998］4号）。1998年3月10日由农业部发布施行。规定了兽药批准文号分级管理制度、申请兽药批准文号和兽药批准文号编号要求等内容。原农业部畜牧兽医司（1989）农（牧药）第59号文发布的《兽药批准文号规定》同时废止。

⑳《兽用生物制品管理办法》（农业部令第2号）。2001年9月17日经农业部常务会议审议通过，自2002年1月1日起实施，农业部1996年5月28日发布的《兽用生物制品管理办法》同时废止。本办法主要规定兽用生物制品的生产、经营、使用和监督等方面的内容。中华人民共和国农业部令第37号决定该文件自2004年11月1日起废止。

㉑《饲料药物添加剂使用规范》（农业部第168号公告）。2001年7月3日农业部发布，规定了饲料药物添加剂的安全使用程序和内容，对通过饲料途径进入动物体内的兽药实行分类管理措施。

㉒《兽药质量监督抽样规定》（农业部令第6号）。于2001年12月10日发布施行。该规定加强和规范了兽药质量监督抽样工作，保证了抽样工作的科学性和公正性。

㉓《兽药生产质量管理规范》（农业部令第11号）。于2002年3月19日发布，自2002年6月19日起施行。这是一部对兽药生产企业应具备的条件进行规定的行政规章，是兽药生产和质量管理的基本准则，适用于兽药制剂生产的全过程、原料药生产中影响成品质量的关键程序。原农业部颁发的《兽药生产质量管理规范（试行）》（1989）和《兽药生产质量管理规范实施细则（试行）》（1994）同时废止。

㉔《兽药标签和说明书管理办法》（农业部令第22号）。2002年9月27日业经农业部常务会议审议通过，2003年3月1日起施行。该办法规范了兽药标签和说明书的内容、印制、使用等。

㉕《食品动物禁用的兽药及其他化合物清单》（农业部第193号公告）。农业部于2002年3月5日发布。规定禁止氯霉素等29种兽药及其他化合物用于所有食品动物，限制8种兽药以促生产为目的用于食品动物。该清单是参照发达国家的兽药使用政策，结合我国国情制订的，既符合国际兽药应用准则，也是我国政府首次发布的兽药使用禁令，其意义重大而深远。

还有一些其他的管理规定，如《兽用麻醉药品的供应、使用、管理办法》《兽用安纳咖管理规定》《动物性食品中兽药最高残留限量》《中华人民共和国动物及动物源食品中残留物质监控计划和官方取样程序》《兽药广告审查标准》《兽医微生物菌种保藏管理试行办法》等。这些法规和规章一定程度地规范了兽药生产、经营等市场行为，使我国的兽药管理工作有法可依、有章可循，推动了我国兽药行业的规范发展。

（3）作用和成就

① 自《条例》颁布实施以来，共颁布实施了近三十部配套规章。全国各级农牧业行政管理部门积极宣传、贯彻执行，依法审批，依法办案，从而开创了我国兽药管理的新局面，我国兽药管理工作进入了法制化的新阶段。

② 建立了兽药的监督管理制度、兽药生产经营企业和兽药制剂室许可制度、兽药标准和兽药产品实行分级审批制度、新兽药技术审评和行政审批制度、进出口兽药注册登记和许可证制度、兽药广告分级审批管理制度。

③《条例》是继《中华人民共和国草原法》和《家畜家禽防疫条例》之后，我国又一部关于畜牧业方面的重要法规。《条例》的实施，使我国兽药行业迅速发展，兽药生产逐步规范，兽药市场整顿初见成效，兽药使用监督力度不断加大，兽药残留超标现象得到初

步遏制。达到了促进畜牧业的发展和维护人体健康之目的。

9.2.2.3 新修订《兽药管理条例》时期（2004.11至今）

（1）综述 随着国际经济全球一体化的发展和社会主义市场经济体制的逐步完善，兽药行业的基本状况发生了巨大变化，兽药管理中出现了一些新情况和新问题，尤其是我国从20世纪90年代初提出兽药生产企业必须逐步达到《兽药生产质量管理规范》的要求，但是由于没有法律依据，推行的难度很大。而且，动物源性食品诸如肉、蛋、奶、水产等产品中兽药残留问题对公众健康和环境的潜在危害也日趋严重。

为了更好地适应形势发展和现实需要，2001年11月29日，国务院发布的《关于修改〈兽药管理条例〉的决定》，主要是根据世贸组织的有关协议规定和我国入世的承诺，将与WTO规则和我国入世承诺不相一致的规定进行了修改。近年来，世界上许多国家摸索出一套很好的兽药管理办法，我国人用药品管理也积累了一些成功经验，为《兽药管理条例》的修订提供了经验。在吸收和借鉴国内外成功做法的基础上，2004年3月24日，新修订的《兽药管理条例》（简称新《条例》）经国务院第45次常务会议通过，自2004年11月1日起施行。

（2）主要内容及制度

①《兽药管理条例》（国务院令第404号）。《兽药管理条例》于2004年3月24日国务院第45次常务会议通过，自2004年11月1日起施行。主要内容及法律制度有以下几项。

a. 兽药生产经营许可。《兽药管理条例》在原条例基础上提高了生产、经营许可条件，规定《兽药生产许可证》统一由国务院兽医行政管理部门核发，避免了各地审批标准不一、把关不严的弊端。

b. 兽药生产、经营质量管理规范。《兽药生产质量管理规范》和《兽药经营质量管理规范》是分别对兽药生产、经营全过程进行管理和监控的措施，也是世界上大部分国家为保证兽药质量普遍采用的、有效的管理措施。新《条例》的出台使得《兽药生产质量管理规范》和《兽药经营质量管理规范》第一次纳入法规规定。开办兽药生产、经营企业必须按照国务院畜牧兽医行政管理部门根据本条例制定的《兽药生产质量管理规范》《兽药经营质量管理规范》生产、经营兽药。

c. 兽药国家标准。在原条例基础上，新《条例》参照国外的做法，借鉴我国人用药品的管理经验，取消了地方标准、行业标准和省以下畜牧兽医行政管理部门核发兽药批准文号的权力，规定兽药应当符合兽药国家标准。国家兽药典委员会拟定的、国务院兽医行政管理部门发布的《中华人民共和国兽药典》和国务院兽医行政管理部门发布的其他兽药质量标准为兽药国家标准。兽药国家标准的标准品和对照品的标定工作由国务院兽医行政管理部门设立的兽药检验机构负责。这样规定制止了同一兽药品种在不同地区有不同的标准，杜绝了部分地方为了保护地方利益，降低审批标准或越权审批等情况的发生。

d. 兽用处方药和非处方药。兽用处方药是凭兽医处方方可购买和使用的兽药；兽用非处方药是指由国务院兽医行政管理部门公布的、不需要凭兽医处方就可以自行购买并按照说明书使用的兽药。兽用处方药和兽用非处方药不是兽药的本质属性，而是兽药管理上确定的概念，两者都是兽药。我国人用药品也已实行处方药与非处方药分类管理制度，而且这一制度已为美国、日本、欧盟等许多国家普遍采用。新《条例》规定，国家实行兽用处方药和非处方药分类管理制度。兽用处方药和非处方药分类管理的办法和具体实施步骤，由国务院兽医行政管理部门规定。同时，为便于识别，促进兽药的合法经营和科学使用，新《条例》对兽用处方药和非处方药的标签提出了不同的要求，规定兽用处方药的标签或者说明书还应当印有国务院兽医行政管理部门规定的警示内容，其中兽用麻醉药品、精神药品、毒性药品和放射性药品还应当印有国务院兽医行政管理部门规定的特殊标志；兽用非处方药的标签或者说明书还应当印有国务院兽医行政管理部门规定的非处方药标志。

e. 兽药的使用管理。规范兽药使用行为，是控制兽药残留、保证动物源性食品安全的前提条件。在原条例基础上，新《条例》规定兽药使用单位，应当遵守国务院兽医行政管理部门制定的兽药安全使用规定，并建立用药记录。同时，还明确有休药期规定的兽药用于食用动物时，饲养者应当向购买者或者屠宰者提供准确、真实的用药记录；购买者或者屠宰者应当确保动物及其产品在用药期、休药期内不被用于食品消费。

制定残留监控计划，加强残留检测工作，是国际上为保证动物及动物产品的安全而普遍采用的做法。为此，新《条例》肯定了这一做法，规定国务院兽医行政管理部门，应当制定并组织实施国家动物及动物产品兽药残留监控计划。县级以上人民政府兽医行政管理部门，负责组织对动物产品中兽药残留限量的检测。兽药残留检测结果，由国务院兽医行政管理部门或者省、自治区、直辖市人民政府兽医行政管理部门按照权限予以公布。兽药残留限量标准和残留检测方法，由国务院兽医行政管理部门制定发布。

f. 兽药监督管理。随着兽药市场的开放，加强兽药的监督管理势在必行。新《条例》规定县级以上人民政府兽医行政管理部门行使兽药监督管理权。为保全证据，防止违法人员转移假劣兽药等，新《条例》还规定兽医行政管理部门依法进行监督检查时，对有证据证明可能是假、劣兽药的，应当采取查封、扣押的行政强制措施。同时还加大了对违法行为的处罚力度。针对实践中对违法所得难以取证和计算的问题，新《条例》增强了行政处罚的可操作性，并参照产品质量法和药品管理法的规定，将罚款以违法所得为处罚基数修改为以违法兽药货值金额为处罚基数。

②《兽药注册办法》（农业部第 44 号令）。《兽药注册办法》于 2005 年 1 月 1 日起施行，共九章四十五条。本办法是为了贯彻新的《兽药管理条例》，保证兽药安全有效、质量可控，进一步规范兽药注册行为，在多次征求有关专家、地方管理部门和社会各方面特别是兽药企业的意见基础上形成的。

《兽药注册办法》明确了兽药注册分类，将兽药注册分为新兽药注册和进口兽药注册两种，进口兽药注册证书的有效期为 5 年，有效期届满需继续进口的，应当进行再注册。该《办法》对兽药注册程序作了进一步细化，同时加大了兽药知识产权保护力度，加强了兽药标准物质管理，明确由中国兽医药品监察所负责国家兽药标准物质的标定和供应工作。

③《兽药产品批准文号管理办法》（农业部第 45 号令）。《兽药产品批准文号管理办法》于 2005 年 1 月 1 日实施。兽药产品批准文号是农业部根据兽药国家标准、生产工艺和生产条件批准特定兽药生产企业生产特定兽药产品时核发的兽药批准证明文件。《兽药产品批准文号管理办法》规定，全国兽药产品批准文号的核发和监督管理工作由农业部负责，县级以上地方人民政府兽医行政管理部门负责本行政区域内的兽药产品批准文号的监督管理工作。《兽药产品批准文号管理办法》对兽药产品批准文号的申请和核发、监督检查作了详细规定，凡是违反兽药产品批准文号规定的，农业部将依法撤销其兽药产品批准

文号，并予以公告。农业部1998年3月10日发布的《兽药批准文号管理规定》（农牧发 [1998] 4号）同时废止。

④《新兽药研制管理办法》（农业部第55号令）。该办法于2005年11月1日起施行。《办法》指出，农业部负责全国新兽药研制管理工作，对研制新兽药使用一类病原微生物、属于生物制品的新兽药临床试验进行审批。省级人民政府兽医行政管理部门负责对其他新兽药临床试验审批。县级以上地方人民政府兽医行政管理部门负责本辖区新兽药研制活动的监督管理工作。

《新兽药研制管理办法》详细规定了新兽药临床前研究管理、临床试验审批的程序。境外企业不得在中国境内进行新兽药研制所需的临床试验和其他动物试验。根据进口兽药注册审评的要求，需要进行临床试验的，由农业部指定的单位承担，并将临床试验方案和与受委托单位签订的试验合同报农业部备案。

⑤《兽用生物制品经营管理办法》（农业部第3号令）。2007年2月14日发布，自2007年5月1日起施行。该办法共二十条，内容包括兽用生物制品的分发、经营和监督管理。

（3）作用和成就

① 随着新《条例》的颁布实施和农业部配套规章和规范性文件的相继出台，我国已形成了较为完整的兽药管理法规体系。

② 确立了对兽药实行处方药和非处方药分类管理的制度，建立了用药记录制度、休药期制度、兽药不良反应报告制度、兽药残留监控制度和残留检测公布制度。推行了兽药生产、经营质量管理规范制度。实行了兽药储备制度。健全了兽药标签和说明书制度。完善了兽药使用制度，取消了兽医医疗单位可以配制兽药制剂的规定。

③ 推动了我国兽药的生产、经营和使用走向规范化，促进了我国养殖业的高效发展及其产品质量和安全性的提高，满足了新形势下人民群众对食品安全的需要，保证了人民群众的身体健康。

④ 完善了兽药监督管理措施，提高了兽药生产、经营和使用的条件要求，加大了对违法行为的处罚力度，有效惩处违法行为。

⑤ 通过加强对兽药残留的监控，保证了食品安全，满足了我国加入世贸后兽药管理工作与国际接轨的需要，促进了我国畜、水产品的出口。减少了食源性疾病的发生，充分发挥了兽医公共卫生的防线作用。

9.3

主要管理制度和措施

改革开放以来，随着兽药管理工作的日臻成熟，经过长期的制度建设，兽药评审制度、兽药生产管理制度、兽药经营管理制度、兽药使用管理制度、兽药残留监控制度、兽药进出口管理制度等主要管理制度，从无到有、从不完善发展到比较完善，构成了兽药法制的主要内容。这些制度的实施规范了相关从业行为，有力推动了行业的健康发展。

9.3.1　兽药评审制度

兽药评审是兽药审批工作中的技术审查评议阶段，为兽药审批提供技术咨询意见，对兽药审批工作起到技术把关作用。改革开放以来，随着兽药审批工作的逐步规范化和法制化，兽药评审制度也日益健全和完善。

9.3.1.1　评审制度的变革

（1）评审制度雏形时期　最早的兽药评审活动可追溯到 20 世纪 50 年代初。1952 年农业部在《兽用生物制品制造及检验规程》中提出各兽用生物制品制造厂新发明的兽用生物药品或建议新的制造方法，须经中央农业部兽医药品监察所技术会议通过，并得到中央人民政府农业部批准，才能制造应用。这可以看成是我国新兽药评审的最早规定。随后农业部分别于 1959 年和 1973 年在修订《兽用生物制品规程》时对申报新制品的相关材料内容进行了进一步的规定。

（2）评审制度形成时期　《兽药管理暂行条例》的发布实施至《兽药管理条例》发布（1980—1987 年）之间的七年是兽药评审制度初步形成的时期。

1980 年国务院批转的《兽药管理暂行条例》规定对创制或仿制成功的、我国从未生产过的新兽药，必须向农业部报送新兽药相关技术资料和样品，经农业部兽医药品监察所进行核对试验，有关部门组织鉴定，证明确实安全有效的，由农业部批准安排生产。新研制成功的兽药中成药和中、西兽药制剂，必须向所在省、自治区、直辖市畜牧（农业）局报送新成药新制剂的相关技术资料和样品，经兽药检验所核对试验，证明确实安全有效的，由畜牧（农业）局批准安排生产，并报农业部备案。这是我国第一次以法规形式规定兽药的审批、复核和鉴定工作。此时的兽药鉴定指的就是兽药评审工作。《兽药管理暂行条例》首次规定了兽药评审的范围、内容、要求和责任主体，形成了最初的兽药评审制度。

根据《兽药管理暂行条例》的规定，农牧渔业部于 1983 年 5 月发布了《新兽药管理暂行办法》，1984 年修订了《兽用生物制品新制品管理办法（NY3-84）》，1987 年 5 月颁布了《新兽药审批程序》，在申报资料项目及内容要求、技术鉴定的内容和程序、质量标准的确定、审批权限等方面进行了明确，规定了对批准的新兽药发放《兽药登记许可证》，进一步明确了评审制度的相关内容。

（3）评审制度健全完善时期　1987 年《兽药管理条例》实施以后，兽药评审工作日益规范，评审制度也日益健全完善。

1987 年 5 月国务院发布了《兽药管理条例》。随后农业部于 1989 年 9 月发布了《新兽药及兽药新制剂管理办法》和《兽用新生物制品管理办法》，进一步完善了兽药评审制度，对新兽药进行了分类，明确了不同类别的新兽药的申报资料要求、审批权限及审批程序，规定了新兽药的行政保护期和试生产期。1993 年农业部发文明确了农药与人药转兽药的原料药、单方及复方制剂、兽药复方制剂为三类新兽药，由农业部审批。农业部畜牧兽医司 1991 年发布了《兽药审评工作实施办法》，1999 年发布了《兽药审评工作程序》，进一步完善了兽药审批工作程序。

在实验规范方面，农业部 1991 年发布了《新兽药一般毒性试验技术要求》和《新兽药特殊毒性试验技术要求》，1992 年发布了《实验临床试验技术规范（试行）》和《消毒剂鉴定技术规范（试行）》，1997 年发布了《兽药药物动力学试验技术规范（试行）》，

1999 年发布了《兽药稳定性试验技术规范（试行）》，2002 年发布了《渔药临床试验技术规范》，2003 年发布了《兽药残留试验技术规范（试行）》。这一系列技术规范的实施，有力推动了兽药研制创新活动，丰富了兽药评审内容，促进了兽药审评的科学性，进一步完善了兽药评审制度。

2004 年 4 月国务院颁布了新修订的《兽药管理条例》，在兽药评审制度方面有如下新的规定：

① 集中了兽药审批权，明确所有新兽药均由国务院兽医行政管理部门审批。

② 进一步规范了兽药研制活动，要求兽药研制单位必须遵守《兽药非临床研究质量管理规范》和《兽药临床试验质量管理规范》。

③ 提出了兽药研究活动中必须遵守生物安全规定中的要求。

④ 进一步完善了技术资料的要求。

⑤ 对审评程序和审评时限进行了严格规定。

⑥ 提出了新兽药资料保护要求。

根据新修订的《兽药管理条例》的规定，农业部于 2004 年发布了《兽药注册办法》《新兽药研制管理办法》《注册分类及注册资料要求》，2005 年根据《中华人民共和国行政许可法》要求，将兽药审批纳入行政审批综合办公业务范围，制定了《农业部行政审批综合办公办事指南》，5 月重新修订发布了《兽药注册审评工作程序》，进一步明确了新兽药研制和审批程序，提出了新兽药分类及申报资料具体要求，完善了兽药审评制度。

农业部于 2005 年 1 月发布了《农业部兽药审评专家管理办法》，4 月制定下发了《兽医局兽药行政许可内部工作规范》，2006 年 6 月制订了《农业部兽药评审中心内部工作程序》、《兽药评审工作纪律规定》等 13 项规章制度，对兽药审评主体行为进行规范，保障了兽药评审工作规范运转，有力推动了兽药评审工作的规范化进程。

新修订的《兽药管理条例》发布后，农业部先后制定发布了 24 个指导兽药研究和审评的技术指导原则，推动了兽药研究和评审工作规范化，促进了我国兽药研发水平不断提高。

9.3.1.2　评审工作机构

1952—1973 年，中国兽医药品监察所组织专家技术会议审查评议新生物制品。

1973—1983 年，由中国兽医药品监察所组织"新制品鉴定会"完成新生物制品的技术审查工作。1983 年农业部成立兽用生物制品规程委员会，承担了新生物制品的技术审查工作，直至 1991 年兽药评审委员会成立。1980—1987 年新化学药品和中兽药的技术审查由研制单位或生产单位组织新兽药鉴定会完成。1987 年农业部成立了进口化药及新化药审评小组和进口动物生物制品审评小组，负责进口化药、动物生物制品及国内新化药、抗生素等的审查、评议工作。

1991 年农业部成立了第一届兽药评审委员会，对新兽药、新生物制品、国外企业申请注册兽药进行审评，并对已批准使用的兽药进行再评价。并于 1996 年、1999 年先后成立了第二和第三届兽药评审委员会，2005 年成立第四届兽药评审专家库。

自 20 世纪 80 年代末起，部分省也相继成立了新兽药评审专家委员会。到 2004 年底，又相继撤消。

9.3.1.3　评审制度的主要内容及特点

改革开放三十年的发展，以法规形式确立的兽药评审制度日趋完善。

（1）主要内容

① 各种类型的新兽药在审批过程中都必须经过技术评审。

② 兽药评审机构对申报的新兽药安全性、有效性、质量可控性资料进行全面审查。

③ 所审查资料的研制试验过程应符合《兽药非临床研究质量管理规范》《兽药临床试验质量管理规范》和生物安全规定，各项试验应符合相关试验技术指导原则。

④ 兽药评审机构应在规定的时间范围内完成评审工作。

⑤ 兽药评审机构制定和实施完善透明的评审程序。

⑥ 国家按规定对新兽药申报资料实施保护。

（2）特点

① 审查资料的项目越来越全面、对资料的内容要求逐步规范。

② 对审评程序的要求越来越详细、严格。审评工作的透明度越来越高。

③ 兽药评审作用日显重要。

9.3.1.4 评审工作成就

改革开放三十年来，在农业部兽医局的正确领导下，在广大评审专家的大力支持下，在评审中心工作人员的共同努力下，我国兽药注册评审工作取得了显著成就。

一是兽药注册程序不断完善。2005年《兽药注册办法》等配套规章相继颁布，特别是2005年农业部根据《中华人民共和国行政许可法》要求，将兽药纳入行政审批综合办公业务范围后，相继制定颁布了一系列规定，进一步明确了注册资料接收、形式审查、初审、复审和退审等兽药申报和评审程序。

二是评审内部管理制度不断健全。2005年制定发布实施了新《兽药注册审评工作程序》，2006年6月评审中心挂牌后，按照内设机构要求又制订了《农业部兽药评审中心内部工作程序》《兽药评审工作纪律规定》等13项规章制度，有力地保障了评审中心各项工作的正常运转。

三是专家队伍能力建设不断加强。2005年1月农业部由兽药评审委员会改为兽药评审专家库，从事评审的专业技术人员和评审专家不断增加，学科更趋合理，同时先后组织两次兽药评审专家培训会，兽药评审能力得到锻炼和提高。

四是指导新兽药研发工作的作用显著。依照《兽药注册办法》等规章的有关规定，遵循科学性、前瞻性、可操作性相统一的原则，充分借鉴美国、欧盟和国家药监局发布的相关技术指导原则，先后制定了"化药和中药的药学、药理、毒理与临床，生物制品的安全、效力、稳定性"等兽药试验研究技术指导原则，为兽药研发提供了有效指导。

五是评审工作方式不断丰富。针对评审工作任务重、时间紧的特点，积极探索，大胆创新，采取了专家负责、分组评审、集中决议的方式进行评审，并加强组内专家、组与组、专家与中心工作人员之间的相互沟通、协调配合，保证了前后评审的一致性、公正性和评审质量，极大地提高了评审速度。

六是评审工作程序不断规范。根据《兽药注册审评工作程序》实行了承办人、主审专家、专家组长负责制，评审报告改无记名投票表决为实行实名制投票表决，并由主审专家、专家、专家组长和承办人、处长、评审中心主任"双三级审核"，增强了工作人员、评审专家的责任感，根据评审实际情况增加了副主审专家，做到主、副审各有侧重、相互补充，以老带新，相互学习，强化了资料审查力度。

七是答辩交流平台初步建立。根据评审专家提出的问题，给注册申请人以解释和说明的机会，增进了评审专家对申报产品情况的了解，疑问得到当面澄清，避免了文件来回反复和理解上的偏差或误会，促进专家与注册申请人之间的有效沟通与交流。

八是按时完成各项审批任务，发挥技术把关作用。自评审委员会成立以来，共评审新兽药 2104 种，审议通过 656 种，其中国内新兽药 423 种、进口注册产品 232 种。完成 5849 个地方标准的审查，上升国家标准 558 个，升标率为 9.5%。

9.3.2 兽药生产管理制度

生产管理是兽药管理的主要内容。改革开放以来，与我国兽药行业发展相适应，兽药生产管理制度得到形成和完善。

9.3.2.1 生产管理制度的形成和主要内容

（1）兽药生产许可 1979 年国务院批转卫生部等八个部委《关于在全国开展整顿药厂工作的报告》。报告第八条规定了由农业（畜牧）局审查批准的药厂，由省、市、自治区革委会发给"制药企业凭照"，并由农业（畜牧）局归口统一管理。

1980 年的《兽药管理暂行条例》规定生产兽药的工厂或车间，由主管单位报省、自治区、直辖市畜牧（农业）局批准，并经省、自治区、直辖市工商行政管理部门核发"营业执照"后，方可生产兽药；兽药厂生产的兽药品种，必须报经省、自治区、直辖市畜牧（农业）局审核批准。

1985 年 6 月农牧渔业部在江苏省无锡召开了全国兽药药政、药检、饲料监察工作会议。会议提出对兽药生产单位、兽药经营单位和兽药制剂室核发许可证，兽药产品必须经检验合格，发给产品许可证和批准文号。

1987 年的《兽药管理条例》规定开办兽药生产企业，必须由企业所在地县级人民政府畜牧兽医行政管理部门审核同意，经省、自治区、直辖市人民政府畜牧兽医行政管理部门审核批准，发给《兽药生产许可证》。兽药生产企业持《兽药生产许可证》向当地工商行政管理机关申请登记，经批准后领取《营业执照》。生产兽药产品必须经相应的农牧行政管理机关审核批准，并取得生产文号后方能生产。根据《兽药管理条例》和《兽药管理条例实施细则》，农业部于 1989 年 3 月制定了《兽药批准文号规定》，并于 1998 年 3 月对其进行修订，发布了《兽药批准文号管理规定》。规定指出兽药批准文号是农业部或省、自治区、直辖市农牧行政管理部门根据《兽药管理条例》的规定，对特定的兽药生产企业按照兽药法定标准、生产工艺和生产条件生产某一兽药产品的法定许可凭证，具有专一性，不允许随意改变或转让，同时对批转文号的格式进行了统一规定。

1989 年 7 月农业部发布的《核发〈兽药生产许可证〉、〈兽药经营许可证〉、〈兽药制剂许可证〉管理办法》，规定了生产、经营企业和制剂单位应具备的条件和应履行的程序。

新修订的《兽药管理条例》加强了对兽药生产的管理，将兽药生产许可证的审批权由省级畜牧兽医行政管理部门上收到农业部，明确规定兽药产品批准文号由农业部统一核发，同时取消兽药行业标准和地方标准，只保留兽药国家标准，取消了兽医医疗单位配制兽药制剂的活动。

2004 年 11 月农业部公布《清理兽药地方标准和换发原兽药地方产品批准文号有关事项》，规定全国兽药地方标准清理工作的组织、协调、管理由农业部兽医局负责，同时对清理兽药地方标准和换发原兽药地方产品批准文号工作的审核机构、工作范围、时间期限进行了规定。

2004 年 11 月农业部公布《兽药产品批准文号管理办法》，对兽药产品批准文号的发放和监督管理进行了规定。

2005 年 1 月农业部公布《换发〈兽药生产许可证〉有关事项》，规定了兽药生产许可证证号的编制格式。

（2）标签、说明书和兽药名称管理　1998 年 3 月农业部发布《关于加强兽药名称管理的通知》，提出了规范兽药名称的措施。

为规范兽药的商品名称，农业部 2006 年发布《农业部办公厅关于兽药商品名称有关问题的通知》，公布了《兽药商品名称命名原则》，规定了兽药产品命名的原则。

2002 年 10 月农业部颁布《兽药标签和说明书管理办法》，对兽药标签和说明书的基本要求和管理进行了规定。

2002 年 12 月 9 日农业部公告第 233 号公布《关于兽药标签和说明书的管理》，进一步推动《兽药标签和说明书管理办法》的贯彻实施。

2003 年 1 月 22 日农业部公告第 242 号公布《兽药标签和说明书编写细则》，对兽药标签和说明书的内容格式进一步进行了规定。

2003 年 3 月 25 日农业部公告第 260 号公布《有关兽药标签说明书》，推动兽药标签和说明书规范工作的顺利实施。

新修订的《兽药管理条例》进一步规范了兽药标签和说明书编制标准。要求兽药的标签和说明书经国务院兽医行政管理部门批准并公布后，方可使用。兽药的标签或者说明书，应当以中文注明兽药的通用名称、成分及其含量、规格、生产企业、产品批准文号（进口兽药注册证号）、产品批号、生产日期、有效期、适应症或者功能主治、用法、用量、休药期、禁忌、不良反应、注意事项、运输贮存保管条件及其他应当说明的内容。有商品名称的，还应当注明商品名称。除前款规定的内容外，兽用处方药的标签或者说明书还应当印有国务院兽医行政管理部门规定的警示内容，其中兽用麻醉药品、精神药品、毒性药品和放射性药品还应当印有国务院兽医行政管理部门规定的特殊标志；兽用非处方药的标签或者说明书还应当印有国务院兽医行政管理部门规定的非处方药标志。

2005 年 5 月农业部发布《关于实施兽药标签和说明书备案公布制度的通知》。

（3）GMP 验收　1989 年 12 月农业部发布了《兽药生产质量管理规范（试行）》（简称兽药 GMP），1994 年发布了《兽药生产质量管理规范实施细则（试行）》，规定了兽药生产企业应该具备的条件、应该遵守的制度；提出了在全行业实施兽药 GMP 改造，所有企业必须在 2005 年底之前达到兽药 GMP 要求的规定；拉开了全行业兽药 GMP 改造和检查验收的序幕。随后农业部成立专门的工作机构，制定了检查验收标准和规则，编写了专门的培训教材，制作了辅导录像带，有力推动了企业的技术改造和管理部门的检查验收工作。

在《兽药生产质量管理规范（试行）》颁布 12 年后，农业部于 2002 年 3 月颁布了《兽药生产质量管理规范》。这是一部对兽药生产企业应具备的条件进行规定的行政规章。原农业部颁发的《兽药生产质量管理规范（试行）》（1989）和《兽药生产质量管理规范实施细则（试行）》（1994）同时废止。同年 6 月 14 日农业部就实施《兽药生产质量管理规范》的有关要求作了规定，规定 2002 年 6 月 19 日至 2005 年 12 月 31 日为《兽药 GMP 规范》实施过渡期，自 2006 年 1 月 1 日起未达到兽药 GMP 要求的企业不能生产兽药。

2003 年 4 月农业部发布《兽药生产质量管理规范检查验收办法》，明确由农业部负责全国兽药 GMP 管理和检查验收工作，对兽药生产企业的申报与审查、现场检查、审批与发证以及检查员的管理进行了规定。

新修订的《兽药条例》对兽药 GMP 检查验收制度以法规形式进行确认。

根据新修订《兽药条例》的规定，农业部加大了兽药 GMP 推行力度，对到期未通过兽药 GMP 检查验收兽药生产企业进行查封，责令其停止一切生产活动，注销其全部批准文号，吊销生产许可证；对已通过兽药 GMP 验收的企业加强监督管理、加大飞行检查力度。进一步完善了验收评定标准，规范了现场检查的程序和内容。

（4）生物制品专门管理措施 1987 年农业部颁发了《全国兽用生物药品厂监察室考核验收办法》（试行），从 1988 年 11 月开始，历时近四年，对全国二十八个生物药品厂及监察室进行了全面考核和验收，对提高我国兽用生物制品的产品质量起到了积极作用。

1989 年 9 月农业部发布《兽用新生物制品管理办法》，这是规定兽用新生物制品申报应具备的内容和申报程序的一部规章。

1993 年 10 月农业部发布了《生物制品生产车间管理办法》，对农业科研、教学单位开办兽用生物制品生产企业的设施、条件等进行了规定，使农业科研、教学单位兽用生物制品的生产纳入正常化、法制化管理轨道。

1996 年 5 月农业部公布了《兽用生物制品管理办法》，规定新开办兽用生物制品生产企业必须经省级农牧行政管理部门提出审查意见，报农业部审核同意后方可立项。兽用生物制品生产企业生产的生物制品必须取得产品批准文号。

1996 年 7 月 23 日农（牧药）发〔1996〕100 号《关于执行我部 6 号令有关问题的通知》中强调加强对兽用生物制品生产的监督管理。对新开办的生物制品企业严格按照《兽用新生物制品管理办法》进行审批。

2001 年 9 月农业部公布《兽用生物制品管理办法》。本办法规定兽用生物制品的生产、经营、使用和监督等方面的内容。主要内容有：a. 疫苗供应方面，取消逐级订购和跨省订购由省级动物防疫机构负责的管理制度。具有供应资格的动物防疫机构可以向兽用生物制品生产企业、进口兽用生物制品总代理商或其他具有供应资格的动物防疫机构采购预防用生物制品。b. 取消大型养殖场不可以订购自用疫苗的管理制度。任何符合条件并经县级以上人民政府农牧行政管理机关批准的养殖场皆可订购本场自用疫苗。c. 取消进口预防用生物制品由省级动物防疫机构或省级农牧行政管理部门指定的一家单位统一组织的管理制度。进口预防用生物制品的销售管理等同于国产预防用生物制品的销售管理。d. 明确提出研制单位在进行兽用生物制品的田间试验和区域试验时不得收取费用，试验损耗费用及造成的损失由研制单位承担。否则，将视为非法经营。e. 明确提出国家对兽用生物制品实行批签发制度。兽用生物制品生产企业生产的兽用生物制品，必须将每批产品的样品和检验报告报中国兽医药品监察所。f. 加强了兽用生物制品使用的管理。要求使用者必须在兽医的指导下使用兽用生物制品，并必须按照说明书、瓶签的内容及农业部发布的其他使用规定使用兽用生物制品。g. 对进口的兽用生物制品继续实行粘贴专用标签的管理制度。对未粘贴专用标签的，将按假兽用生物制品处罚。提出的对兽用生物制品实施批签发制度，对于控制和提高兽用生物制品质量具有重要意义。中国兽医药品监察所从 2002 年 6 月 1 日起对《中华人民共和国兽用生物制品质量标准》（2001 年版）目录中 Ⅱ、Ⅳ、Ⅴ、Ⅵ类共 131 个品种开始实施批签发，2003 年 1 月 1 日起对全部兽用生物制品实施批签发，到 2007 年共批签发兽用生物制品 41213 批。通过实施批签发，促进了兽用生物制品企业的规范生产与检验，促进了产品质量的提高。该文件的部分内容被新《兽药管理条例》收录后，于 2004 年 11 月 1 日起废止。

新修订的《兽药管理条例》强调了对兽用生物制品的管理。研制、生产、经营、进出口属于生物制品的兽药，都要遵守比普通兽药更加严格的管理制度。兽药生产企业生产的每批兽用生物制品，在出厂前应当由国务院兽医行政管理部门指定的检验机构审查核对，实行批签发管理，并在必要时进行抽查检验；未经审查核对或者抽查检验不合格的，不得销售。

2005 年 11 月，为加强疫苗质量监管，坚决查处非法生产、销售假劣疫苗行为，农业部农办医〔2005〕48 号发出《关于进一步加强兽用生物制品监督管理工作的通知》，要求各省级兽医监管部门提高认识，坚决打击生产、销售假劣疫苗的违法行为；认真做好兽用生物制品田间试验、区域试验的清查工作；加大工作力度，提高兽药监管水平；加强法律法规和兽用生物制品安全使用知识的宣传工作。

2006 年 11 月 22 日，为加强兽用生物制品生产、检验原材料管理，农业部农医发〔2006〕10 号发出《农业部关于加强兽用生物制品生产检验原料监督管理的通知》。

（5）质量保证制度和质量监督工作　《兽药管理暂行条例》中规定兽用生物药品和兽医专用化学药品，由农业部统一规划生产；人、畜共用的药品，由国家医药管理总局统一规划生产；中、西兽药制剂，由省、自治区、直辖市畜牧（农业）局和医药行政管理部门共同协商，纳入地方计划，归口安排生产。生产兽药的工厂或车间，由主管单位报省、自治区、直辖市畜牧（农业）局批准，并报经省、自治区、直辖市工商行政管理部门核发"营业执照"后，方可生产兽药。兽药厂生产的兽药品种，必须报经省、自治区、直辖市畜牧（农业）局审核批准；兽药厂必须建立质量检验机构，严格按质量标准检验出厂药品。不合格的药品，检验机构应拒发合格证。如有不合格的药品出厂，必须追查责任并严格执行包退、包换制度；兽药厂必须制定工艺操作规程，建立检查、检验、成品留样观察、卫生管理等规章制度。

农牧渔业部分别于 1982 年、1985 年和 1986 年召开了全国兽药药政、药检工作会议。会议上提出对兽药生产单位、兽药经营单位和兽药制剂室核发许可证，兽药产品必须经检验合格，发给产品许可证和批准文号。总结了自《关于整顿和加强兽药管理取缔假劣兽药的紧急通知》下达后对兽药生产企业的管理情况，查出非法兽药厂 238 家；取缔假劣兽药 700 余种，计 11647 批，价值 1709.28 万元；销毁假劣兽药 2970 批，价值 500.97 万元。

1995 年 3 月农业部发出《关于进一步加强兽药管理的通知》。通知要求集中打击走私兽药的违法行为，加强对兽用生物制品和饲料药物添加剂管理，加强对兽药生产经营企业、个体工商户及兽药广告的审批管理。

为加强兽药监督管理，农业部发布了一系列通知公告，对部分特殊兽药的生产、销售及使用等作了明确规定。禁止所有激素类及有激素类样作用的物质作为动物促生产剂使用；加强有机胂类产品生产管理；加强兽用安钠咖管理；加强氯胺酮管理；打击金刚烷胺、盐酸克伦特罗的非法生产和使用；加强渔药管理。

新修订的《兽药管理条例》规定：兽药生产企业应当按照国务院兽医行政管理部门制定的兽药生产质量管理规范组织生产。国务院兽医行政管理部门，应当对兽药生产企业是否符合兽药生产质量管理规范的要求进行监督检查，并公布检查结果。兽药生产企业生产兽药，应当取得国务院兽医行政管理部门核发的产品批准文号，产品批准文号的有效期为5 年。兽药产品批准文号的核发办法由国务院兽医行政管理部门制定。兽药生产企业应当按照兽药国家标准和国务院兽医行政管理部门批准的生产工艺进行生产。兽药生产企业改变影响兽药质量的生产工艺的，应当报原批准部门审核批准。兽药生产企业应当建立生产记录，生产记录应当完整、准确。生产兽药所需的原料、辅料，应当符合国家标准或者所生产兽药的质量要求。

2006 年 7 月农业部农办医〔2006〕26 号《农业部办公厅关于建立兽药监督管理工作督办制度的通知》，进一步加大了兽药违法案件查处等兽药监督管理工作督办力度，提高了工作效率。

2007 年 7 月 26 日农业部农医发〔2007〕15 号《农业部关于加强兽药行业管理工作的意见》中强调加强兽药生产企业监控，提出建立兽药企业监督员和兽药企业巡查制度。要求各省级兽药管理部门进一步提高对兽药行业管理工作的认识；规范兽药行政审批行为；加强兽药生产企业监控；整顿和规范兽药经营秩序；强化兽药使用环节监管；加强对进口兽药的管理；确保重大动物疫病疫苗质量；加快兽药布局规划和产业结构调整；提高兽药行业行政管理能力；加强对兽药行业管理工作的组织领导。

9.3.2.2　我国兽药行业发展的主要阶段

第一阶段，从新中国成立到 1980 年《兽药管理暂行条例》公布之前，主要为行政管理阶段。新中国成立初期，生产兽用化学药品仅有上海、武汉、长春、丹东、常州等几家兽药厂。农牧部门除生物制品自己供应外，化学药品、抗生素药品等主要依靠其他部门供应，兽药长期处于供不应求的状况。限于当时的药品的经营方式和经济条件，农牧行政管理部门着重抓了兽用防疫生物制品的科研、生产和供应管理。1954 年将南京、成都、兰州、郑州和哈尔滨 5 家生物药品厂划归农业部，与地方共同管理。1970 年保留了 9 家省属生药厂，到 1977 年全国已有 28 家兽用生物制品厂。

第二阶段，《兽药管理暂行条例》公布以后到《兽药管理条例》之前。由行政管理过渡到法制化管理阶段。主要对兽药行业进行了全面整顿。1980—1987 年完成了对兽药厂、兽药制剂室和兽药产品品种的整顿。在卫生、医药等部门的协助下，将全国原有的 1640 多家兽药厂，经过关、停、并、转、整顿后保留下 412 家。1983 年完成了原有兽药厂的整顿。在整顿兽药厂的基础上，开展了对兽药品种的清理工作，清理了名不符实、任意夸大疗效的产品，实行了兽药产品审核考察检验发给文号的办法。1984 年完成兽药品种的整顿工作。1985 年完成兽药制剂室的整顿工作。至此，我国全面完成了对兽药的"三整顿"工作。截至 1987 年，全国有兽药厂（兼产厂）624 家、生物制品厂 28 家、生产化学药品 1000 余种、生物制品 124 种。

根据《兽药管理暂行条例》有关规定的精神，在这个阶段制定了一些相应的管理办法，如《兽用麻醉药品的供应、使用、管理办法》《新兽药管理暂行办法》《兽药检验所工作细则（试行）》，以及 1987 年 4 月 18 日发布（1989）农（牧药）第 59 号文《兽药试产品管理规定》，这些规定和管理办法对《兽药管理暂行条例》的完善和具体细化起了推动作用。初步形成了兽药管理体系。

农牧渔业部于 1985 年 8 月发出了《关于整顿和加强兽药管理、取缔假劣兽药的紧急通知》〔(1985) 农（牧）字 91 号〕。《人民日报》报道了《紧急通知》和安徽某厂的违法案件，推动了查处假劣兽药工作的深入发展，很快在全国形成了清查假劣兽药的新高潮。经过农牧部门和有关单位的密切配合，共同努力，查处工作取得了显著成效。据 1987 年不完全统计，全国共查处非法兽药厂 238 家，查处假劣兽药 700 余种，计 11647 批，价值 1709 万元，罚款 22.8 万元，对违法单位和个人作了相应的处理。清查工作使兽药产销的混乱局面有了好转，兽药质量有了明显提高，促进了兽药事业的进一步发展。

第三阶段，1987 年国务院发布《兽药管理条例》之后到 2004 年国务院发布新修订的《兽药管理条例》之前。

据不完全统计，1994 年全国共吊销不符合兽药生产条件、制售假药的兽药厂 27 家，处罚兽药厂 40 余家，查处假劣兽药近千个批次。

随着改革开放的逐步实施，我国畜牧业得到快速发展，养猪、养牛、养禽业集约化生产大幅度增加，兽药的需要量也相应增加。另外，由于蚕药、蜂药和鱼药纳入兽药管理范畴，兽药生产企业的总数成倍增加。1991 年生产总值近 24.8 亿元。1992 年上半年统计，全国有兽药生产企业 1150 余家，生产 3720 个品种、规格产品，产品批准文号 14500 个。1993 年全国共有 28 家兽用生物制品厂，年产疫苗、诊断液等生物制品 110 亿头份，基本满足当时国内动物疾病预防的需要。据 1995 年初了解，全国兽药和饲料添加剂生产企业已达 1700 余家，产值 70 余亿元。

第四阶段，2004 年新修订的《兽药管理条例》公布之后，明确要求兽药生产企业必须遵循兽药 GMP。从 2006 年 1 月 1 日起，全国所有兽药生产企业均实施兽药 GMP，非兽药 GMP 企业退出兽药生产队伍的行列，自 2006 年 7 月 1 日起，所有非兽药 GMP 企业的兽药产品退出兽药市场。实施兽药 GMP 是我国兽药发展史上的重要里程碑，从此我国兽药事业的发展进入了一个崭新的历史发展阶段。

9.3.2.3　取得的成就

自 20 世纪 70 年代末以来，农业部通过对兽药行业整顿，以生产许可的方式实施企业和产品的市场准入制度，努力推动生产企业的兽药 GMP 改造和检查验收，加强飞行检查和日常监督，实施生物制品批签发制度，对行业的健康发展起到了巨大的推动作用。

截至 2008 年 4 月 1 日，共有 1454 家企业通过兽药 GMP 验收，其中化药、中兽药企业 1386 家，生物制品企业 68 家。

通过这一措施，有力地规范了兽药生产秩序。兽药生产从此开始步入一个较为公平、有序的竞争环境，推动行业本身整体素质、产品质量、市场保障能力的提高。

9.3.3　兽药经营管理制度

改革开放以来，兽药的经营方式随着经济体制改革的不断深入，发生了巨大的变化；经营管理制度也随之发生显著变化。与社会主义市场经济相适应的兽药经营管理制度已逐步形成并得到不断完善。

9.3.3.1　经营管理制度的形成和主要内容

《兽药管理暂行条例》中规定，中国医药公司所属省、地、县级医药公司应设兽药商店或专柜，公社级的供销店应指定专人兼营兽药，健全供应网点，方便购药。

《兽药管理条例》规定了兽药经营企业必须具备的条件，开办兽药经营企业需获得《兽药经营许可证》。1989 年 7 月农业部发布了《核发〈兽药生产许可证〉、〈兽药经营许可证〉、〈兽药制剂许可证〉管理办法》。办法规定了申领兽药经营许可证应提交的资料和证件发放程序。农业部同期发布的《进口兽药管理办法》对进口兽药在国内的经营进行了专门的规定。

1996 年 5 月农业部令第 6 号公布了自《兽用生物制品管理办法》，对生物制品的经营进行了专门规定。

2000 年 3 月国药管市［2000］85 号文件《关于切实加强药品兽药管理工作的通知》中强调严禁兽药经营单位经营人用药品，严禁药品生产、经营企业将不合格药品转为兽药。

2005 年 2 月 1 日农业部农医发［2005］4 号发布《关于换发〈兽药经营许可证〉的通知》。规定了核发《兽药经营许可证》的相关事项。

2006 年 6 月 12 日针对清理兽药地方标准活动，农业部农办医［2006］20 号发布《农业部办公厅关于兽药产品流通有关问题的通知》。

2007 年 3 月 29 日发布中华人民共和国农业部令第 3 号《兽用生物制品经营管理办法》，规定国家强制免疫用生物制品由农业部指定的企业生产，依法实行政府采购，省级人民政府兽医行政管理部门组织分发；符合条件的养殖场可以直接从定点生产厂购买自用的国家强制免疫用生物制品；合法的兽药经营企业可以经营非国家强制免疫用兽用生物制品。

2007 年 7 月《农业部关于加强兽药行业管理工作的意见》中强调整顿和规范兽药经营秩序，加快实施《兽药质量经营管理规范》（简称 GSP），加强兽药经营企业准入管理和制度建设。

2007 年 8 月 28 日农业部农医发［2007］25 号发布《农业部办公厅关于印发〈兽药及重大动物疫病疫苗市场整治行动方案〉的通知》。根据法规的规定，国家对兽药经营实行许可管理，具备条件的经营企业在履行相关报批手续，得到批准、取得经营许可证后，可以进行兽药经营。兽药经营企业应该遵守 GSP。

9.3.3.2　经营管理的成效

兽药经营管理的有效实施，规范了行业的经营行为，有效控制和打击了假劣兽药的流通。对国家强制免疫兽用生物制品以外的兽药的经营实行以条件为主要依据的市场准入制度，形成公平有序的市场竞争格局，有力促进了全行业的技术升级和产品质量、服务水平、供给能力的提高，有效满足了市场需求；对国家强制免疫兽用生物制品实行定点生产和政府采购制度，有效保证了国家扑灭和控制重大动物疫病所需疫苗的质量保证和有效供应。

9.3.4　兽药使用管理制度

《兽药管理暂行条例》规定兽医工作人员用药，要注意安全有效，经济合理，防止浪费。兽医医疗单位应指定专人管理药品，建立药品质量检查、保管、核对等制度。

1980 年 11 月 20 日农业部、卫生部和国家医药管理总局联合发布《兽用麻醉药品的供应、使用、管理办法》。对麻醉品供应的机构、申请程序、数量，以及使用主体、使用程序和管理进行了规定。

《兽药管理条例》要求兽药的生产、经营和使用必须保证质量，确保安全有效，规定兽药的生产、经营和使用必须遵守《兽药管理条例》的规定，县以上农牧行政管理机关对兽药的生产、经营和使用进行监督管理。

1991 年国务院办公厅下发《国务院办公厅关于加强农药、兽药管理的通知》中提出对兽药安全使用的要求。

1997 年 3 月农业部发出《关于严禁非法使用兽药的通知》，要求各省级兽医行政管理部门对本辖区畜牧生产用药情况和兽药、饲料生产经营企业及科研院校进行检查，严禁非法使用兽药。

为规范兽药添加剂管理，1997 年农牧发［1997］8 号下发《允许作饲料药物添加剂的兽药品种及使用规定》，包括 27 种兽药。

1998 年 5 月 13 日农业部农牧函［1998］9 号发出《关于加强饲料药物添加剂管理的通知》。

农业部、对外贸易经济合作部和国家出入境检验检疫局联合发布了（［1998］外经贸管发第 382 号）《关于严禁非法使用兽药和加强检疫工作等有关事宜的通知》。通知中明确规定严禁生产、使用 β 激动剂类产品和未经农业部批准的兽药及饲料药物添加剂。

在 1998 年出现供港活猪使用违禁药物"盐酸克伦特罗"事件后，1999 年 2 月 3 日农业部农牧函［1999］1 号文件发出《关于查处生产、使用违禁药物的紧急通知》，通知要求各省级兽医行政管理部门对本辖区生产、使用违禁药物或生产、使用未经批准药物的单位和个人进行查处。

1999 年 5 月 21 日农业部农牧函［1999］8 号下发《关于发布〈出口鳗鱼养殖用药规定〉、〈出口鳗鱼养殖禁用兽药品种目录〉的通知》。

2000 年 4 月 3 日农业部和国家药品监督管理局针对一些企业和饲养厂家为牟取暴利，非法生产、销售和使用盐酸克伦特罗等药品联合发出农牧发［2000］4 号《关于查处非法生产、销售和使用盐酸克伦特罗等药品的紧急通知》。

2001 年 6 月 13 日，为切实加强对药品生产和流通的管理，杜绝在饲料和饲料添加剂以及饲养过程中非法使用盐酸克伦特罗等药品，农业部、国家经济贸易委员会、国家工商行政管理总局、国家质量监督检验检疫总局和国家药品监督管理局联合发文农牧发［2001］14 号《关于严厉打击非法生产经营和使用盐酸克伦特罗等药品违法行为的通知》。

为进一步规范和指导饲料药物添加剂的合理使用，2001 年 9 月 4 日农业部公告 168 号发布《〈饲料药物添加剂使用规范〉有关问题》，规定了饲料药物添加剂的安全使用程序和内容，对通过饲料途径进入动物体内的兽药实行分类管理措施。

2002 年 3 月 5 日农业部农牧发［2002］1 号文件发出《关于发布〈食品动物禁用的兽药及其它化合物清单〉的通知》。禁止氯霉素等 29 种兽药用于食品动物，限制 8 种兽药作为动物促生长剂使用，并废止了禁用兽药质量标准，注销了禁用兽药产品批准文号，对兽药生产、经营、使用单位的库存禁用兽药一律做销毁处理，从养殖生产用药环节对动物产品质量安全实施监控。

为规范饲料药物添加剂的使用，2002 年 9 月 2 日农业部公告第 220 号发布《〈饲料药物添加剂使用规范〉执行过程中存在的问题》。

2002 年 9 月 18 日农业部农牧发［2002］54 号文件发出《关于开展禁用兽药清查工作检查的通知》。

2002 年农业部发布公告第 227 号《杜绝禁用兽药的滥用》。

2003 年 5 月，农业部发布《兽药停药期规定》（农业部 278 号公告），对临床常用的 202 种（类）兽药和饲料药物添加剂规定了停药期，要求兽药厂生产的所有产品的标签上必须按要求标明停药期，养殖场必须按兽药标签标明的停药期在动物上市或屠宰前停止用药。我国兽药停药期规定是参照国际上同品种兽药停药期规定确定的，国际上未规定停药期的兽药，我国规定该兽药的停药期为28d。

2005年6月29日农业部发布农办医〔2005〕22号《关于加强氯胺酮生产、经营、使用管理的通知》。

2005年7月7日农业部办公厅农办医〔2005〕24号文件发出《关于组织查处"孔雀石绿"等禁用兽药的紧急通知》。

2005年10月28日农业部公告第560号公布首批《兽药地方标准废止目录》，涉及禁用兽药、抗病毒药物、抗生素、合成抗菌药及农药、解热镇痛类等其他药物、复方制剂等五十多种品种。

2005年12月2日农业部农医发〔2005〕33号下发《关于清查金刚烷胺等抗病毒药物的紧急通知》。

2007年4月4日农业部公告第839号公布将48种不同程度存在毒性大、疗效不确切、环境污染、质量不可控等问题的产品列入《淘汰兽药品种目录》。

2007年7月26日农业部农医发〔2007〕15号《农业部关于加强兽药行业管理工作的意见》中强调强化兽药使用环节的监管。

9.3.5　兽药残留监控制度

随着全球经济一体化和食品贸易国际化，食品安全已成为全球性的重要公共卫生问题。近些年因兽药残留问题引起的国际贸易争端表现得日益激烈。1991年国务院办公厅发布《国务院办公厅关于加强农药、兽药管理的通知》（国办发〔1991〕67号），责成农业部负责制定兽药残留限量标准和兽药残留检测方法以及承担相关兽药残留检测工作。自此开始，农业部从完善兽药残留监控法规和兽药监管生产环节等各个方面开展了大量工作，并取得了令人瞩目的成绩，正逐步形成一个覆盖全国除西藏外三十个省（自治区、直辖市）以及部分大中城市的兽药残留监控网络。

改革开放之初，农林渔业部所属中国兽医药品监察所随即开展了倍硫磷及蝇毒磷等兽药的残留检测技术研究工作，1987年开始收集、整理并翻译美国官方分析化学师协会（AOAC）兽药残留检测方法、日本及欧洲共同体等发达国家批准使用兽药和饲料添加剂的规定、美国等国家或地区有关残留量的规定，1991年国办发〔1991〕67号文责成农业部负责制定兽药残留限量标准和兽药残留检测方法以及承担相关兽药残留检测工作。1998年农业部根据国办发〔1991〕67号文的要求发布了《关于开展兽药残留检测工作的通知》（农牧函〔1998〕10号），通知要求各地畜牧兽医行政管理部门要将兽药残留工作纳入兽药管理工作范畴，为保证兽药残留检验工作的开展，各兽药饲料监察所必须尽快建立兽药残留检测实验室，利用现有条件、设备积极开展兽药残留监测工作。1999年初，农业部会同国家出入境检验检疫局制定了《中华人民共和国动物及动物源食品中残留物质监控计划》和《官方取样程序》，2000年又发布了《关于发布"2000年度兽药残留监控抽样计划技术操作要点"的通知》，这三个文件是我国兽药残留监控工作的指导性文件。1999年底农业部成立了兽药残留专家委员会，负责审议最高残留限量、残留检测方法以及其他技术事项，并在中监所设立兽药残留专家委员会办公室，负责兽药残留专家委员会日常工作，并且在北京召开了2000年兽药残留监控计划制定会。至此，有关兽药残留监控管理组织框架基本成型。2004年11月1日颁布实施的《兽药管理条例》，首次从立法的角度要求制定并组织实施动物及动物产品兽药残留监控计划。2006年11月1日《中华人民共和国农产品质量安全法》正式颁布实施，为保证食品安全，加强兽药残留监管工作提供了更为强有力的法律支持。

9.3.5.1 积极制修订兽药残留监管法律法规，完善法律法规体系建设

（1）建立兽药残留标准体系　1994年农业部《动物性食品中兽药最高残留限量（试行）》[（1994）农（牧）字第5号]发布了42种兽药最高残留限量。1997年，农业部组织有关专家进行了进一步的审定和修订后，发布了《动物性食品中兽药最高残留限量》（农牧发［1997］7号），共发布47种兽药的最高残留限量，1999年再次修订后农牧发［1999］17号文发布了109种兽药的最高残留限量，2002年以农业部第235号令的形式再次发布119种兽药的最高残留限量，将兽药分为四类：不需制定残留限量、需要制定残留限量、不得检出及禁用于所有食品动物的兽药，现行2003版收载250余种（总计1000多个标准参数）。上述技术标准的制定为我国开展兽药残留监控工作，实施兽药残留检测计划，加快与国际的接轨提供了技术依据。

从1994年开始，有关大专院校、科研部门和检验单位即开展兽药残留检测方法研究。农牧发［1997］9号文首次发布19种兽药在饲料中的检测方法，至2007年底共发布75种兽药残留检测方法标准。自1999年农业部实施兽药残留监控计划以来，兽药残留检测试剂（盒）的市场需求量激增，为加强兽药残留检测试剂（盒）管理，兽药残留检测试剂（盒）实行备案制，必要时做比对试验。2005年农业部发布《关于加强兽药残留检测试剂（盒）管理的通知》（农办医［2005］3号），截至2006年底备案14种残留快速检测试剂盒。这些都为开展兽药残留检测工作提供了技术支撑。

（2）规范兽药添加剂管理　为了加强饲料药物添加剂的管理和科学使用，根据《兽药管理条例》及农业部发布的《兽药管理条例实施细则》的规定，1989年1月9日农业部首次发布《饲料药物添加剂品种及使用规定》[（1989）农（牧）字第1号文]，本规定只收载了农业部批准使用的人工制造的饲料药物添加剂，限用于畜禽类动物；1994年发布《关于发布〈饲料添加剂允许使用品种目录〉的通知》（农牧发［1994］7号）；1997年农业部发布《允许作饲料药物添加剂的兽药品种及使用规定》（农牧发［1997］8号），包括27种兽药，规定饲料中需要使用兽药时，只能添加饲料药物添加剂，不能添加原料药或其他剂型的兽药，含有兽药的商品饲料应在标签中标明所含兽药的法定名称、准确含量、停药期及注意事项等；为进一步规范和指导饲料药物添加剂的合理使用，防止滥用饲料药物添加剂，农业部《关于发布〈饲料药物添加剂使用规范〉的通知》（农牧发［2001］20号）规定必须在产品标签中标明所含兽药成分的停药期规定，所有商品饲料中不得添加该文件附录二中所列的兽药成分。

（3）完善禁用兽药清单　为保证养殖业健康发展，保护人民身体健康，防止滥用激素类产品，1998年发布《关于禁止生产、销售、使用己烯雌酚的通知》（农牧函［1998］39号），禁止所有激素类及有激素类样作用的物质作为动物促生产剂使用。在1998年出现供港活猪使用违禁药物"盐酸克伦特罗"事件后，农业部发布《关于查处生产、使用违禁药物的紧急通知》（农牧函［1999］1号），该通知明确规定严禁生产和使用β激动剂类产品及非法制售假劣兽药，依据《兽药管理条例》的规定对违法行为进行查处。农业部、卫生部和国家药品监督管理局联合发布公告176号《禁止在饲料和动物饮水中使用的药物

品种目录》，收载了 5 类 40 种禁止在饲料和动物饮用水中使用的药物品种；为保证动物源食品安全，维护人民身体健康，2002 年农业部 193 号公告《食品动物禁用的兽药及其他化合物清单》公布了兴奋剂类、性激素类和氯霉素等 21 种（类）禁用兽药，对列入序号 1 至 18 品种药物停止生产，废止其质量标准，撤销其产品批准文号，对列入序号 19 至 21 品种药物不准以抗应激、提高饲料报酬、促进动物生长为目的在食品动物饲养过程中使用；为加强兽药标准管理，保证兽药安全有效、质量可控和动物性食品安全，2005 年农业部 560 号公告《兽药地方标准废止目录》废止了抗病毒药物、部分抗生素、农药、解热镇痛类药物及不合理复方制剂。

（4）建立停药期制度　从中华人民共和国农业部 1993 年汇编的《进口兽药质量标准》起开始建立兽药停药期；为加强兽药使用管理，保证动物性产品质量安全，农业部组织制定了兽药国家标准和专业标准中部分品种的停药期规定，2003 年 5 月农业部 278 号公告发布部分兽药品种的停药期规定，对临床常用的 202 种（类）兽药和饲料药物添加剂规定了停药期，要求兽药厂生产的所有产品的标签上必须按要求标明停药期，养殖场必须按兽药标签标明的停药期在动物上市或屠宰前停止用药。我国兽药停药期规定是参照国际上同品种兽药停药期规定确定的，国际上未规定停药期的兽药，我国规定该兽药的停药期为 28d。

9.3.5.2　推进和加强标准化、兽药监察体系能力建设

检测能力和检测水平是动物性食品安全性的重要保障。近几年来，农业部积极争取国家财政支持，加强我国兽药残留监控体系建设，重点投资建设了 4 个国家残留基准实验室和 31 个省级兽药残留实验室。

2003 年 1 月农业部发布了《兽药残留试验技术规范（试行）》（农牧发［2003］1号），规范有关兽药残留试验活动，为准确评价兽药安全性提供了技术保证。2003 年 2 月发布了《兽药监察所实验室管理规范》（农牧发［2003］2 号），自实施国家兽药残留监控计划以来组织实验室间的比对试验，并参加国际间的比对试验，2007 年 8 个省所参加氯霉素串连液质检测方法比对试验标志着我国的兽药残留检测能力已与国际先进水平接轨。

各年度兽药残留监控计划中的检测任务，主要由各省兽药监察所及农业部质检中心承担，检验结果分别上报样品来源所在地的省（市、自治区）畜牧（农牧、农业）厅（局、办）和全国兽药残留专家委员会办公室。

实施国家兽药残留监控计划是一项利国利民的公益事业，被世界各国政府作为保障食物安全的重要手段。1999 年 3 月农业部发布了《中华人民共和国动物及动物源食品中残留物质监控计划》和《官方取样程序》，实行养殖过程和加工生产的全程监管，引入《官方取样程序》这一国际通行的科学理念，实现了与国际接轨。兽药残留监控计划的颁布实施标志着我国动物性产品残留监控进入法制化、规范化管理轨道。为满足国外政府要求，我国兽药残留监控计划已先后提供欧盟、美国、日本等国家和地区，并得到这些国家认可。农业部与国家质检总局每年联合编制我国兽药残留监控报告，并按欧盟等进口国要求为其提供兽药残留报告和兽药残留监控计划，为恢复我国动物性产品出口奠定了基础。同时，1999—2006 年期间农业部与国家质检总局共同组织，连续四次接受欧盟对我国兽药残留监控计划实施情况的现场考察，2 次接受 FDA 的考察。2003 年，欧盟解除了停止我国动物性产品进口的禁令，恢复进口我国除禽肉以外的动物性产品。同时，我国全面实施兽药残留监控计划，还促进了我国动物性产品对美国、日本等国家和地区的出口贸易。

农业部自 1999 年启动兽药残留监控计划，每年 2 月份下达兽药残留监督监控计划，

并自 2004 年起建立了兽药残留超标样品追溯制度，要求各地对超标样品实施追加样品检测，采取后续处理措施，使得我国兽药残留监控计划逐步走向完善，检测能力和检测水平不断提高，监控工作成效初步显现。

9.3.5.3　无公害食品行动

为全面提高农产品质量安全水平，进一步增强农产品国际竞争力，农业部从 2001 年开始实施"无公害食品行动计划"，对蔬菜中农药残留以及畜禽产品和水产品中药物污染和残留进行监测。兽药监察系统承担了畜禽产品中药物残留的检测工作。2001 年监测 4 个城市，检测药物为盐酸克伦特罗和磺胺类药物，至 2007 年监测城市增加为 36 个，检测药物在盐酸克伦特罗和磺胺类药物基础上增加了己烯雌酚的检测，并有针对性地对"苏丹红"和"瘦肉精"检测所出现的问题组织 4 次监督抽检。

9.3.6　兽药进出口管理制度

9.3.6.1　概述

为加强进口兽药质量的管理，1985 年 8 月 30 日农业部发布了《中华人民共和国农牧渔业部对外国企业在我国进行兽药试验、登记管理办法》，1987 年 5 月 15 日又发布了《新兽药审批程序》，初步确立了进口兽药管理，明确了进口兽药注册类别、资料要求和审批程序。进口兽药经中国兽医药品监察所或省兽药监察所质量复核检验，农业部指定的省级农业院校、科研单位或兽医医疗机构试验验证，进口兽药评审小组审评通过，由农牧渔业部批准颁发《中华人民共和国兽药登记许可证》，才允许在中国销售。1988 年 7 月 11 日农业部制定了《外国企业在中华人民共和国注册兽药管理办法》。1989 年 7 月 10 日发布了《进口兽药管理办法》，规定省级畜牧行政管理部门负责已有《兽药注册登记许可证》化学药品、抗生素、饲料药物添加剂的《进口兽药许可证》审批，农业部负责《兽药注册登记许可证》和生物制品《进口许可证》的审批，明确进口兽药需从指定的口岸进口，口岸兽药监察所负责进口兽药的报验，并在进口通关单上签已接受报验后方可进口。未经检验的进口兽药，不准迁移存放地点，不准销售、使用。1988 年 5 月 13 日（1988）农（牧）字第 40 号文指定北京、天津、上海、广东、江苏、辽宁和中国兽药监察所等 7 个所为口岸兽药监察所。进口兽用麻醉药品和精神药品，必须持有国务院卫生行政管理部门核发的《进口准许证》，并且对进口兽药实施强制检验，海关凭指定口岸所在"进口货物报关单"上加盖"已接受报验"印章验收。1998 年 1 月 5 日农业部对进口兽药管理进行了修订，以农业部令第 34 号发布了《进口兽药管理办法》，首次提出外国企业在中国销售产品必须在中国国内委托合法的兽药经营企业作为代理商，其中兽用生物制品只能委托一家总代理商进行销售，并明确了代理商的条件。提出注册产品在审查期间，我国可派员到生产企业进行考核，考核不合格的不予注册。对进口兽用生物制品必须经口岸所加贴专用标志后，方能销售、使用。1988 年发布的《兽药管理条例实施细则》规定，出口兽药须符合进口国的质量要求，对方要求出具的政府批准生产的证件或质量检验合格证明由出口兽药厂所在省、自治区、直辖市农业（畜牧）厅（局）、兽药监察所提供，但出口兽用麻醉药品和精神药品，必须持有国务院卫生行政管理部门核发的《出口准许证》。2004 年农业部根据新修订的《兽药管理条例》发布了农业部令第 44 号《兽药注册办法》，2007 年 7

月 31 日农业部和海关总署 2 号令发布了《兽药进口管理办法》，进一步加强了进口兽药监督管理，规范了兽药进口、进口兽药经营行为。

9.3.6.2　进出口兽药管理

（1）**兽药进口管理**　进口兽药实行目录管理，《进口兽药管理目录》由农业部会同海关总署制定、调整并公布。进口兽药应从具备检验能力的兽药检验机构所在地口岸进口，口岸检验所由农业部确定公布。兽药进口应当办理《进口兽药通关单》，《进口兽药通关单》由省级兽医行政管理部门审批，但进口兽用生物制品由农业部审批，核发兽用生物制品《进口许可证》，并规定了办理《进口兽药通关单》应提交的资料要求、《进口兽药通关单》所载明的具体内容和审批时限要求。进口少量科研用兽药，进口注册用兽药样品、对照品、标准品、菌（毒）种、细胞等，向农业部申请，农业部组织风险评估合格后发给《进口兽药通关单》。《进口兽药通关单》实行一单一关，有效期为 30d。规定了禁止进口兽药品种和类别：a. 经风险评估可能对养殖业、人体健康造成危害或者存在潜在风险的；b. 疗效不确定、不良反应大的；c. 来自疫区，可能造成疫病在中国境内传播的兽用生物制品；d. 生产条件不符合规定的；e. 标签和说明书不符合规定的；f. 被撤销、吊销《进口兽药注册证书》的；g.《进口兽药注册证书》有效期届满的；h. 未取得《进口兽药通关单》的；i. 农业部禁止生产、经营和使用的。兽用麻醉药品、精神药品、毒性药品和放射性药品等特殊药品的进口管理，除遵守本办法的规定外，还应当遵守国家关于麻醉药品、精神药品、毒性药品和放射性药品的管理规定。兽用生物制品进口后，代理商应当向农业部指定的检验机构申请办理审查核对和抽查检验手续，未经审查核对或者抽查检验不合格的不得销售。其他兽药进口后由兽药进口口岸所在地省级人民政府兽医行政管理部门通知兽药检验机构进行抽查检验。

（2）**进口兽药销售管理**　境外企业不得在中国境内直接销售兽药。进口兽用生物制品由中国境内的兽药经营企业作为代理商销售，但外商独资、中外合资和合作经营企业不得销售。其他进口兽药由依法取得《兽药经营许可证》的境外企业在境内设立的销售机构或者境内兽药经营企业作为代理商销售。销售进口兽用生物制品的《兽药经营许可证》应当载明委托的境外企业名称及委托销售的产品类别等内容。进口兽药销售代理商由境外企业确定、调整并报农业部备案。境外企业应当与代理商签订进口兽药销售代理合同，明确代理范围等事项。境外企业在中国境内确定 2 家以上代理商销售进口兽用生物制品的，代理商只能将进口兽用生物制品直接销售给养殖户、养殖场、动物诊疗机构等使用者，不得再确定经销商进行销售；确定 1 家代理商销售进口兽用生物制品的，代理商可以将代理产品直接销售给使用者，也可以确定经销商销售代理的产品，但经销商只能将进口兽用生物制品直接销售给使用者，不得销售给其他兽药经营者。代理商应将经销商名单报农业部备案。除境外企业确定的代理商及代理商确定的经销商外，其他兽药经营企业不得经营进口兽用生物制品。进口的兽药标签和说明书应当用中文标注。养殖户、养殖场、动物诊疗机构等使用者采购的进口兽药只限自用，不得转手销售。

（3）**海关监管产品管理**　经批准以加工贸易方式进口兽药的，海关按照有关规定实施监管。进口料件或加工制成品属于兽药且无法出口的应按规定办理《进口兽药通关单》，海关凭《进口兽药通关单》办理内销手续。未取得《进口兽药通关单》的由加工贸易企业所在地省级人民政府兽医行政管理部门监督销毁，海关凭有关证明材料办理核销手续，销毁所需费用由加工贸易企业承担。以暂时进口方式进口、不在中国境内销售的兽药不需要办理《进口兽药通关单》，暂时进口期满后全部复运出境，因特殊原因确需进口的，依照规定办理进口手续后方可在境内销售。无法复运出境又无法办理进口手续的，经进口单位所在地省级人民政府兽医行政管理部门批准，并商进境地直属海关同意，由所在地省级人民政府兽医行政管理部门监督销毁，海关凭有关证明材料办理核销手续，销毁所需费用由进口单位承担。从境外进入保税区、出口加工区及其他海关特殊监管区域和保税监管场所的兽药及海关特殊监管区域、保税监管场所之间进出的兽药，免予办理《进口兽药通关单》，由海关按照有关规定实施监管。从保税区、出口加工区及其他海关特殊监管区域和保税监管场所进入境内区外的兽药应当办理《进口兽药通关单》。

（4）出口管理　向境外出口兽药，进口方要求提供兽药出口证明文件的，国务院兽医行政管理部门或者企业所在地省、自治区、直辖市兽医行政管理部门可以出具出口兽药证明文件。国内防疫急需的疫苗，国务院兽医行政管理部门可以限制或者禁止进口。

9.4

兽药的全过程管理

9.4.1　兽药研发管理

《兽药管理条例》对兽药的研制作了比较系统的规定，国家鼓励研制新兽药，依法保护研制者的合法权益。制定出台了配套法规，例如《新兽药研制管理办法》《兽药临床试验质量管理规范》《兽药非临床研究质量管理规范》《兽用生物制品研发临床试验靶动物数量调整》（农业部公告第 2326 号）、《兽用生物制品试验研究技术指导原则》（农业部公告第 683 号）、农业农村部兽药评审中心发布的《兽用生物制品技术标准文件编写要求》等。

研制新兽药，应当具有与研制相适应的场所、仪器设备、专业技术人员、安全管理规范和措施；研制新兽药，应当进行安全性评价。从事兽药安全性评价的单位，应当经国务院兽医行政管理部门认定，并遵守兽药非临床研究质量管理规范和兽药临床试验质量管理规范；研制新兽药，应当在临床试验前向临床试验场所所在地省、自治区、直辖市人民政府兽医行政管理部门备案，并附具该新兽药实验室阶段安全性评价报告及其他临床前研究资料。

研制新兽药属于生物制品（尤指预防和治疗用制品）的，应当在临床试验前向国务院兽医行政管理部门提出申请，国务院兽医行政管理部门应当自收到申请之日起 60 个工作日内将审查结果书面通知申请人。

研制新兽药所用的菌、毒（虫）种应符合现行《中华人民共和国兽药典》三部附录3005《生产和检验用菌（毒、虫）种管理规定》、附录 3006《兽用生物制品生物安全管理规定》以及其他相关规定要求。

研制新兽药需要使用一类病原微生物的，还应当具备国务院兽医行政管理部门规定的条件，并在实验室阶段前报国务院兽医行政管理部门批准。

研制新兽药所用菌、毒（虫）种属于转基因的，若申报用于活疫苗生产，还应当通过依据《农业转基因生物安全管理条例》设立的农业转基因生物安全委员会的评价，获得《农业转基因生物安全证书》，否则研发、注册都会因不符合要求而受阻。

除了与生物制品的研发管理同等管理的法规规定外，我国针对兽药（化药、中药）的研发也有相应的办法、规定等。例如，《食品动物兽药产品注册要求补充规定》《宠物用化学药品注册临床资料要求》《人用化学药品转宠物用化学药品注册资料要求等有关兽药注册事宜规定》等。

兽药中间试制和生物制品的临床试验甚至注册过程、注册要求等都属于兽药研发过程中的重要环节。针对兽药研发中兽药中间试制以及临床试验，我国也有相关的管理规定，包括《兽药生产质量管理规范》《无菌兽药、非无菌兽药、兽用生物制品、原料药、中药制剂等 5 类兽药生产质量管理的特殊要求》《兽医诊断制品生产质量管理规范》《兽医诊断制品生产质量管理规范检查验收评定标准》等。

9.4.2 兽药注册管理

我国历来十分重视兽药的注册管理，以国家《兽药管理条例》为基础，兽药注册法规和管理工作逐步完善。2005 年中国兽医药品监察所加挂农业部兽药评审中心牌子，曾先后组建了五届评审专家库，2021 年开展专职评审制度改革，部评审化［2021］148 号发布了《中国兽医药品监察所（农业农村部兽药评审中心）第一届兽药注册评审员》。

9.4.2.1 注册管理的法律法规

《兽药管理条例》（以下简称《条例》）对兽药注册也进行了规定：临床试验完成后，新兽药研制者向国务院兽医行政管理部门提出新兽药注册申请时，应当提交该新兽药的样品和下列资料：a. 名称、主要成分、理化性质；b. 研制方法、生产工艺、质量标准和检测方法；c. 药理和毒理试验结果、临床试验报告和稳定性试验报告；d. 环境影响报告和污染防治措施。

研制的新兽药属于生物制品的，还应当提供菌（毒、虫）种、细胞等有关材料和资料。菌（毒、虫）种、细胞由国务院兽医行政管理部门指定的机构保藏。

研制用于食用动物的新兽药，还应当按照国务院兽医行政管理部门的规定进行兽药残留试验并提供休药期、最高残留限量标准、残留检测方法及其制定依据等资料。

国务院兽医行政管理部门应当自收到申请之日起 10 个工作日内，将决定受理的新兽药资料送其设立的兽药评审机构进行评审，将新兽药样品送其指定的检验机构复核检验，并自收到评审和复核检验结论之日起 60 个工作日内完成审查。审查合格的，发给新兽药注册证书，并发布该兽药的质量标准；不合格的，应当书面通知申请人。

国家对依法获得注册的、含有新化合物的兽药的申请人提交的其自己所取得且未披露的试验数据和其他数据实施保护。

自注册之日起 6 年内，对其他申请人未经已获得注册兽药的申请人同意，使用前款规定的数据申请兽药注册的，兽药注册机关不予注册；但是，其他申请人提交其自己所取得的数据的除外。

依据《条例》，先后制定了《兽药注册办法》《兽药进口管理办法》《兽药临床试验质量管理规范》（农业部公告第 2337 号）、《兽药非临床研究质量管理规范》（农业部公告第 2387号）、《兽药注册资料要求》（农业部公告第 442 号）、《兽医诊断制品注册规定（修订）》（农业部公告第 2335 号）、《兽医诊断制品注册分类及注册资料要求》（农业农村部公告第 342号）、《新兽药注册现场核查有关事项规定》（农业部公告第 2368 号）等。农业部还颁布了一系列部门规章，对兽药（包括兽用生物制品）的注册管理进行进一步细化。其中，《兽药注册办法》（2004 年 11 月 24 日发布，2005 年 1 月 1 日起施行，农业部令第 4 号）对兽药注册过程中的具体负责机构、评审机构和复核检验机构等作出明确规定，并对新兽药注册、进口兽药注册、兽药变更注册、进口兽药再注册、兽药复核检验及兽药标准物质的具体注册程序和时限等进行了规定；《中华人民共和国农业部公告第 442 号》（2004 年 12 月 22 日发布，2005 年 1 月 1 日起施行）对各类兽药的注册、变更注册及进口兽药再注册等的注册资料提出要求；《中华人民共和国农业部公告第 2335 号》（2015 年 12 月 10 日发布施行），对农业部公告第 442 号中《兽医诊断制品注册分类及注册资料要求》部分进行了修订完善，2015 年 12月 10 日农业部公告第 2335 号再次修订与完善；《新兽药研制管理办法》（2005 年 8 月 31 日发布，2005 年 11 月 1 日起施行，农业部令第 55 号），对从事新兽药临床前研究、临床试验和监督管理进行了规定；《中华人民共和国农业部公告第 2336 号》（2015 年 12 月 9 日发布施行），对兽药注册而进行的非临床研究进行了进一步规定。

此外，国务院和农业农村部还颁布了《病原微生物实验室生物安全管理条例》（2005年 11 月 12 日，国务院令第 55 号）、《农业部行政审批综合办公办事指南》（2011 年 12 月31 日，农业部公告第 1704 号）、《兽药产品批准文号管理办法》（2015 年 12 月 3 日，农业部令第 4 号）、《兽药产品批准文号变更有关规定》（2016 年 2 月 21 日，农业部公告第2481 号）、《兽药标签和说明书管理办法》（2002 年 10 月 31 日农业部令第 22 号公布，2004 年 7 月 1 日农业部令第 38 号、2007 年 11 月 8 日农业部令第 6 号修订）、《兽药标签和说明书编写细则》（2003 年 1 月 22 日，农业部公告第 242 号）、《兽药标签和说明书有关问题的规定》（2014 年 2 月 18 日，农业部公告第 2066 号）、《农业部办公厅关于实施兽药标签和说明书备案公布制度的通知》（2005 年 5 月 9 日，农办医 [2005] 16 号）、《兽医生物制品试验研究技术指导原则》（2006 年 7 月 12 日，农业部公告第 683 号）等，从而进一步完善了中国兽药注册管理的法律基础。

此外，农业农村部发布了兽药有关的国家标准，包括《中华人民共和国兽药典》《兽医生物制品规程》《兽药质量标准汇编》《兽药产品说明书范本》和农业部对新兽药、进口兽药注册的公告等，对规范兽药质量控制的技术标准和生产管理等起到了积极作用。

兽医诊断制品的注册管理，依据农业农村部公告第 342 号《兽医诊断制品注册分类及注册资料要求》进行管理。进一步明确了纳入兽药注册管理的兽医诊断制品的定义是"仅指用于动物疫病诊断或免疫监测的诊断制品"体外诊断试剂，在注册资料中提供临床检测数据和总结报告，不再要求临床试验审批，但要求应在不少于 3 家实验室进行诊断制品的比对试验。诊断制品的中试应在 GMP 车间或符合生物安全要求的实验室进行。新的兽医诊断制品注册申请应由具有相应 GMP 条件并进行中试生产的企业单独提出或联合其他研究单位提出。对体内兽医诊断制品的临床试验管理要求与预防治疗类兽用生物制品相同。

9.4.2.2　注册管理机构

依据《兽药注册办法》规定，农业农村部负责全国兽药注册工作，农业农村部兽药评审中心负责新兽药和进口兽药注册资料的评审工作，中国兽医药品监察所（以下简称"中监所"）和农业农村部指定的其他兽药检验机构承担兽药注册的复核检验工作。

9.4.2.3　注册程序和评审工作机制的变革

兽药注册评审工作机制改革的最大变化就是，由原来农业部兽药评审专家库专家评审改为专职评审＋专家库专家咨询相结合模式。《兽药注册评审工作程序》（农业农村部公告第 392 号）规定：评审中心专家应为评审中心人员并由评审中心确定，负责对申请注册兽药的安全性、有效性、质量可控性等提出评审意见，兽药注册评审专家库中的其他专家根据评审中心要求参与技术审查并提出咨询意见。

评审工作方式主要有以下四种方式：一是一般评审。常规兽药注册均采用一般评审方式。二是优先评审。符合以下情形的兽药，采取优先评审方式：针对口蹄疫、高致病性禽流感、猪瘟、新城疫、布鲁菌病、狂犬病、棘球蚴病、猪繁殖与呼吸综合征等优先防治的疫病，可实现鉴别诊断的且具有配套诊断方法或制品的疫苗；临床急需、市场短缺的赛马和宠物专用兽药以及特种经济动物、蜂、蚕和水产养殖用兽药；未在中国境内外上市销售的创新兽用化学药品；重大动物疫病防疫急需兽药等。评审中心对符合上述情形的兽药注册申请，第一时间进行评审，第一时间报出评审意见和评审结论；中监所第一时间安排复核检验。优先评审技术要求不降低，评审步骤不减少，评审流程同一般评审。三是应急评价。对重大动物疫病应急处置所需的兽药，农业农村部可启动应急评价。评审中心按照农业农村部畜牧兽医局要求开展应急评价，重点把握兽药产品安全性、有效性、质量可控性，非关键资料可暂不提供。经评价建议可应急使用的，农业农村部畜牧兽医局根据评审中心评价意见提出审核意见，报分管部领导批准后发布技术标准文件。有关兽药生产企业按《兽药产品批准文号管理办法》规定申请临时兽药产品批准文号。四是备案审查。根据动物防疫需要，强制免疫用疫苗生产所用菌毒种的变更可采取备案审查方式。具体评审流程和要求见《高致病性禽流感和口蹄疫疫苗生产毒种变更备案工作程序》及变更技术资料要求。

农业农村部兽药评审中心在农业农村部公告第 392 号基础上积极稳妥推进兽药专职评审工作，于 2021 年 4 月 29 日又发布了《农业农村部兽药评审中心兽药注册评审工作程序（试行）》（部评审生［2021］323 号），进一步细化了流程、增强了评审的对接与可操作性。从形式审查、初审、质量复核、复审、咨询、现场核查、审定会、沟通交流、暂停/恢复计时等方面详细作了相应的规定。

9.4.3　兽药产品批准文号管理

兽药产品批准文号是农业农村部根据兽药国家标准、生产工艺和生产条件批准特定兽药生产企业生产特定兽药产品时核发的兽药批准证明文件。它是兽药产品在国内生产的法律凭证，具有唯一性。加强兽药产品批准文号的监督管理，对保证兽药产品质量、规范兽药市场，确保动物源性食品安全，维护人民生命健康等具有重要作用。

2004 年以前，兽药产品批准文号由农业部或省、自治区、直辖市农业（畜牧）厅（局）核发。其中生产第一、二类新兽药试产品及新生物制品试产品，《中华人民共和国兽药典》《兽用生物制品制造及检验规程》《中华人民共和国兽用生物制品质量标准》收载的生物制品（如口蹄疫、狂犬病、猪水泡病、马传染性贫血、鸡马立克氏病疫苗、诊断制品）由农业部核发兽药产品批准文号。《中华人民共和国兽药典》《兽药规范》、农业部部颁标准、地方标准已收载品种及第四、五类新兽药及第一、二、三类新兽药正式产品的批准文号由由省、自治区、直辖市农业（畜牧）厅（局）核发。

2004年11月24日，由农业部组织制定的《兽药产品批准文号管理办法》（农业部令第45号）正式发布，并于2005年1月1日实施，规定了兽药产品批准文号核发条件、程序和期限，并将其列入农业部兽药行政审批事项。

为配合《兽药产品批准文号管理办法》顺利实施，农业部对兽药地方标准进行清理，并实施地标升国标工作。针对因兽药标准不统一而造成市场上兽药产品鱼目混珠、同品种产品质量参差不齐等问题而开展的地标升国标工作旨在建立统一的兽药标准，以衡量兽药产品质量，规范兽药生产，建立公平、有序、良好的市场竞争环境，将市场竞争焦点集中到兽药产品质量上。兽药产品批准文号核发审批权上收，由国务院兽医行政管理部门统一审批，从制度上杜绝兽药标准不统一、监管被动的局面。规范了兽药文号行政审批行为和运行机制，健全完善兽药文号行政审批制度和审批程序，形成了企业申报、地方审查、统一受理、专家评审、农业农村部行政审批制度，各个环节独立运行、各负其责、相互监督的工作机制。

为适应新形势，增强可操作性，农业部对《兽药产品批准文号管理办法》（农业部令第45号）进行了修订，于2015年12月3日农业部令2015年第4号发布，自2016年5月1日起施行。新《兽药产品批准文号管理办法》的发布对提高兽药产品批准文号申报门槛，从源头监管和规范企业行为，促进兽药产业转型升级、保障养殖业发展和兽医公共卫生具有重大意义。新《兽药产品批准文号管理办法》修订主要涉及五方面：一是增加兽药文号申报资料要求。在原来提交申报资料基础上，要求企业提交兽药生产工艺、配方以及知识产权转让合同或授权书等资料。二是实行比对试验管理制度。对申请非技术转让或非本企业研制的非生物制品类兽药文号的，逐步实行比对试验管理，比对试验结果作为核发兽药文号的主要依据。实行比对试验管理的兽药品种目录及比对试验要求由农业部制定，开展比对试验的检验机构名单由农业部公布。三是实行现场核查和抽样制度。对申请非本企业研制的生物制品类兽药文号以及非本企业研制或非转让的非生物制品类兽药文号，实行现场核查和抽样管理，并规定了现场核查程序、内容和要求，具体由省级兽医行政管理部门负责组织实施。为鼓励企业自主创新，对申请自主研制并获得《新兽药注册证书》以及转让知识产权的兽药文号，仅要求提交样品资料以考察样品的真实性，不实行现场核查抽样。四是细化兽药文号违法行为处罚规定。对改变组方添加其他成分、产品主要成分含量高于或低于相应标准等违法情形，明确按照《兽药管理条例》的规定予以撤销兽药文号，与农业部对兽药违法行为从重处罚的情形保持一致，便于执法工作开展。三年内被撤销兽药文号的或者连续2次复核检验结果不符合规定的，对其再申请兽药产品批准文号进行限制。五是简化兽药文号编制格式。删除了兽药文号编制格式中"年号"的规定，便于管理兽药文号，也有利于企业节约生产成本。其中比对试验是我国兽药管理一项新的制度，尚处于探索起步阶段。按照积极稳妥、突出重点、不断完善的原则，新《兽药产品批准文号管理办法》规定实行比对试验的产品按照目录管理。这样可根据工作进展情况，统筹比对试验的品种和数量，有序推进工作的落实。新《兽药产品批准文号管理办法》规定列入目录需做比对试验的兽药品种，且发布前已获得兽药产品批准文号的，应当在规定期限内按照要求补充比对试验并提供相关材料，未在规定期限内通过审查的，将依法撤销该产品批准文号。确保样品真实性是这次修订《兽药产品批准文号管理办法》重点解决的一个问题，特别是对做比对试验样品的抽取，要求更加严格。新《兽药产品批准文号管理办法》规定，对现场抽样的产品若已列入比对试验品种目录的，抽取三批样品中，有一批必须在线抽取，而且规定应当用在线抽取的样品做比对试验，以确保样品的真实性。符合兽药 GCP 或兽药 GLP 规定条件的研究单位、企业和专业公司等，按照兽药 GCP 或兽药 GLP 规范完成的有关比对试验资料，可用于兽药批准文号申请。此外，对于兽药安全性和知识产权的保护力度进一步加大，新增知识产权纠纷的规定条款：如第三十一条发生兽药知识产权纠纷的，由当事人按照有关知识产权法律法规解决。知识产权管理部门或人民法院最终依法认定侵权行为成立的，由农业农村部依法注销已核发的兽药产品批准文号；对兽药监测期届满后，其他兽药生产企业可根据本办法第七、九或十二条的规定申请兽药产品批准文号，但应当提交与知识产权人签订的转让合同或授权书或者对他人专利权不构成侵权的声明。新增生产企业的社会责任，要求生产企业应当在监测期内收集该新兽药的疗效、不良反应等资料，并及时报送农业农村部。

兽药产品包括生物制品和非生物制品两类，每类又划分为本企业研制的产品、转让他人研制的产品、仿制已有兽药国家标准的产品三种情形。按照新《兽药产品批准文号管理办法》要求，根据申报类型不同，部分申请需直接递交到农业农村部行政审批大厅，部分申请需递交到省级兽医行政管理部门，后者情形中有些申请还需进行现场核查和抽样。针对不同的申报类型，要求企业提交的申报资料也有差异，申请企业应按照新《兽药产品批准文号管理办法》要求提供相关附件材料。

近年来，农业农村部一直大力推进兽药监管信息化建设，为充分发挥信息技术在兽药批准文号管理和市场准入中的重要作用，配合新《兽药产品批准文号管理办法》实施，2016年5月1日，由农业部组织开发的《农业部兽药产品批准文号核发系统》正式上线，作为首个农业部全流程网上办公系统，工作链条层涵盖企业申报、省级审查、农业部行政审批大厅受理、中监所技术审查、农业部审批、制证、大厅办结和信息发布共8个环节；具有就地申报、即时接收、多级审查、状态查询、限时办结、终身留痕及绩效考核等功能，将各项法规要求嵌入文号核发系统，实现申报流程、技术要求的硬约束与软提醒全流程智慧审批，将批准文号工作由"人工模式"带入"互联网＋"模式，显著提高工作质量和效率。2019年4月，农业农村部发布公告，取消了企业需提供的《兽药生产许可证》《兽药 GMP 证书》《进口兽药注册证书》复印件。采用信息化手段，通过与国家兽药生产许可证信息管理等系统对接和数据共享自动提供相关信息。为深入贯彻落实国务院"放管服"改革精神，优化行政审批服务，2019年9月1日，农业农村部公告兽药生产企业申请兽药产品批准文号，不再提供纸质申请表和其他纸质申请资料。省级畜牧兽医行政管理部门负责组织在系统中上传现场核查报告、抽样单和复核检验报告等有关附件，并负责在系统中签署技术审查意见，不再在纸质申请表上盖章或签署意见，真正实现无纸化办公模式。同时，审批工作效率得到大幅提升，办理用时进一步减少。兽药产品批准文号办结次日，通过多个系统数据对接功能，将核发系统中的批准文号数据库自动共享到国家兽药基础数据查询平台、国家兽药追溯码系统，为各地加强兽药产品事中事后监管提供有力支撑。

配合《兽药产品批准文号管理办法》实施，农业农村部相继发布了《兽药处方药和非处方药管理办法》《兽药比对试验要求》《兽药比对试验目录》等规章制度。尤其是《兽药比对试验要求》《兽药比对试验目录》《兽药产品批准文号现场核查申请单等7个配套文件的通知》具体明确了比对试验参比品选择要求、试验动物种类要求、血药浓度法生物等效试验要求、临床疗效验证试验要求、休药期验证试验要求、在线抽样数量说明等，便于企业和试验比对试验机构更好地开展比对试验。详细规定了现场核查报告格式及现场核查要点，统一尺度，易于现场核查人员监督检查。

为实现养殖业绿色发展，维护动物产品质量安全和公共卫生安全，农业农村部决定实施促生长类药物饲料添加剂（中药类除外）退出行动，促进养殖过程"用好药""少用药"。自2020年1月1日起，退出除中药外的所有促生长类药物饲料添加剂品种，兽药生产企业停止生产、进口兽药，代理商停止进口相应兽药产品，同时注销相应的兽药产品批准文号和进口兽药注册证书。改变抗球虫和中药类药物饲料添加剂品种管理方式，不再核发"兽药添字"批准文号，改为"兽药字"批准文号，可在商品饲料和养殖过程中使用。此次行动中废止产品质量标准15个，注销相关兽药产品批准文号561个。

此外，对已确认存在安全性隐患的兽药，农业农村部可以暂停受理该兽药产品批准文号的申请，如喹乙醇、非泼罗尼等品种。对国内重大动物疫病防控急需的兽药产品，可核发临时兽药产品批准文号，临时兽药产品批准文号有效期不超过2年。县级以上地方人民政府兽医行政管理部门对在现场检查和对上市兽药产品进行监督检查中，发现有违反本办法规定情形的，依法作出处理决定，应当撤销、吊销、注销兽药产品批准文号或者兽药生产许可证的，及时报发证机关处理。申请人隐瞒有关情况或者提供虚假材料、样品申请兽药产品批准文号的，农业部不予受理或者不予核发兽药产品批准文号；申请人1年内不得再次申请该兽药产品批准文号。

农业农村部在核发新兽药的兽药产品批准文号时，可以设立不超过5年的监测期。在监测期内，不批准其他企业生产或者进口该新兽药。生产企业应当在监测期内收集该新兽药的疗效、不良反应等资料，并及时报送农业农村部。兽药产品批准文号有效期届满需要继续生产的，兽药生产企业应当在有效期届满6个月前按原批准程序申请兽药产品批准文号的换发。在兽药产品批准文号有效期内，生物制品类1批次以上或非生物制品类3批次以上经省级以上人民政府兽医行政管理部门监督抽检且全部合格的，兽药产品批准文号换发时不再做复核检验。已进行过比对试验且结果符合规定的兽药产品，兽药产品批准文号换发时不再进行比对试验。兽药产品批准文号格式：兽药类别简称＋企业所在地省份（自治区、直辖市）序号＋企业序号＋兽药品种编号。兽药类别简称分别为"兽药字""兽药生字""兽药原字""兽药临字"。新《兽药产品批准文号管理办法》明确了农业农村部核发的临时兽药产品批准文号简称为"兽药临字"，取代以往的文件形式，体现更加规范。

总之，兽药产品批准文号管理是我国兽药产品准入的关键环节、兽药质量管理的有力抓手，其重要性不言而喻。三十多年来，兽药产品批准文号由一个小小的兽药代码演变为现在兽药产品的唯一标识，承载着更多新的内涵，为兽药质量监督管理提供有力支撑。

9.4.4 兽药生产管理

兽药GMP是兽药生产质量管理规范的简称，是在兽药生产全过程中用科学合理、规范标准的条件和方法来保证兽药质量的管理体系。1989年，农业部首次颁布了《兽药生产质量管理规范（试行）》，1994年发布了《兽药生产质量管理规范实施细则（试行）》，要求自1995年7月1日起，各地新建的兽药生产企业必须经过农业部组织的兽药GMP验收合格后，才能发放《兽药生产许可证》。1998年农业部发布《兽药管理条例实施细则》，明确规定"新建、扩建、改建的兽药生产企业，必须符合农业部制定的《兽药生产质量管理规范》规定"。为加快兽药 GMP 实施进程，2001 年农业部成立了"农业部兽药 GMP 工作委员会办公室"，承担兽药 GMP 规范、标准的制修订，负责全国兽药 GMP 检查验收工作。2002 年 3 月，农业部修订并发布《兽药生产质量管理规范》（农业部令第 11 号）。同年 6 月又发布了公告第 202 号，规定自 2006 年 1 月 1 日起强制实施兽药 GMP。农业部先后发布了 2002 版、2006 版和 2010 版《兽药 GMP 现场检查验收评定标准》。

2020 年 4 月 30 日，农业农村部发布了新修订的《兽药生产质量管理规范（2020 年修订）》（农业农村部令 2020 年第 3 号）以及无菌兽药生产质量管理的特殊要求等 5 个配套文件（农业农村部公告第 292 号），即新版兽药 GMP。新版兽药 GMP 的主要变化：强化了从业人员的素质要求；提高了无菌兽药、粉剂、散剂、预混剂及兽用生物制品的生产要求；大幅提高了对企业质量管理软件方面的要求；引入质量风险管理、变更控制、偏差处理、纠正和预防措施、超标结果调查、产品质量回顾分析、持续稳定性考察计划、设计确认等新制度；增加了对计算机化系统的管理要求等。根据农业农村部公告第 293 号要求，所有兽药生产企业均应在 2022 年 6 月 1 日前达到新版兽药 GMP 要求。

9.4.4.1 兽药 GMP 法规体系

现行的各项兽药 GMP 管理制度及办法依照《兽药管理条例》有关要求制订并组织实施。《兽药生产质量管理规范检查验收办法》先后进行了 3 次修订，保障了现场检查验收工作的科学公正。发布实施农业部公告第 1708 号，提高了兽用粉剂、散剂、预混剂生产线和转瓶培养生产线的准入门槛，有效遏制了生产企业的低水平重复建设。按照"供需平衡、鼓励创新、确保安全"原则，推动口蹄疫、高致病性禽流感疫苗生产合理布局和结构优化，严格管控生物安全风险，农业部制定了《口蹄疫、高致病性禽流感疫苗生产企业设置规划》。《兽药生产企业飞行检查管理办法》（农业部公告第 2611 号）的出台，为开展质量监管工作提供了法律保障。近些年陆续修订并发布实施的《兽药生产质量管理规范检查验收评定标准（2020 年修订）》（农办牧〔2020〕34 号）、《关于进一步做好新版兽药 GMP 实施工作的通知》（农办牧〔2021〕35 号）、《关于印发兽药 GMP 生产线名录的通知》（农办牧〔2021〕45 号）、《兽药生产质量管理规范（2020 年修订）指南》等一系列技术标准和指南，也为统一检查验收标准提供了制度保障与技术支持。

9.4.4.2 兽药 GMP 管理体制

自 1989 年《兽药生产质量管理规范（试行）》发布以来，由农业部（现为农业农村部）负责组织兽药 GMP 检查验收并核发兽药 GMP 证书和兽药生产许可证。根据国务院国发〔2015〕11 号文件要求，"兽药生产许可证核发事项"自 2015 年 2 月 24 日起下放至省级人民政府兽医行政主管部门，由其负责属地内生产企业兽药 GMP 申请资料的审查及检查验收工作。通过审批权下放，强化了属地管理，实现审批和监管的责权统一，提高了地方各级部门兽药 GMP 日常监管的积极性和主动性，对促进兽药产品质量的提高具有重要意义。

9.4.4.3 兽药 GMP 检查员队伍管理

自实施兽药 GMP 以来，农业农村部先后 5 次在全国遴选兽药 GMP 检查员进入专家库管理，新一届农业农村部兽药 GMP 检查员共有 375 人，各省（自治区、直辖市）均按照要求组建了自己的检查员队伍。为加强兽药 GMP 检查员管理，规范检查行为，2007 年农业部发布《兽药 GMP 检查员管理办法》。兽药 GMP 办公室定期组织通过理论培训、现场实训、国内外技术交流等多种形式，培养锻炼出一支高素质的检查员队伍，为公平公正开展兽药 GMP 工作提供了人力保障。

9.4.4.4　兽药飞行检查/监督检查

为强化兽药质量安全监管，发布实施《兽药生产企业飞行检查管理办法》（农业部公告第 2611 号），将举报涉嫌违法违规、重点监控、文号申报资料造假等生产企业作为重点检查对象，有针对性开展现场核查工作。通过飞行检查与日常监管相结合，进一步强化了对兽药生产企业的监管。随着《农业农村部关于兽药严重违法行为从重处罚情形公告》（农业农村部公告第 97 号）的修订发布实施，各省兽医行政管理部门认真落实属地监管职责，加大了对违法、违规兽药企业的查处力度，对发现问题的企业及时进行行政处罚。同时，农业农村部每年组织开展春、秋两次重大动物疫病疫苗定点生产企业集中监督检查，实现对重大动物疫病疫苗生产企业检查全覆盖。针对兽药企业在生产中存在的突出问题，每年还有计划地开展一些专项检查和调查摸底，督促企业进一步规范兽药研制、生产和检验行为，强调质量意识和生物安全意识，促进企业持续改进和提高兽药 GMP 管理水平。

9.4.4.5　兽药质量监督抽检

为切实加强兽药质量安全监管工作，不断提高兽药产品质量，农业农村部每年组织开展兽药质量监督抽样检验工作。1994 年 6 月，农业部颁布的《省级兽药监察所基本条件（试行）》中明确规定，农牧行政管理部门会同兽药监察所制定并下达全年抽检计划。2001 年 12 月，农业部发布实施了《兽药质量监督抽样规定》，规定“依照《兽药管理条例》第三十条规定设立的兽药监察机构，根据省级以上农牧行政主管部门制定的抽样规划或者执法监督的需要，实施兽药质量监督抽样工作”。目前全国兽药监督抽检工作是根据每年度兽药质量监督抽检计划，对兽药生产、经营问题较多的产品进行重点监督抽检，并增加高风险品种的抽检和监测数量、频次。每年的抽检工作不断提高样品覆盖面，覆盖尽可能多的兽药生产企业。

9.4.4.6　兽用生物制品批签发管理

兽用生物制品批签发是指兽药生产企业生产的每批兽用生物制品及进口兽用生物制品，在出厂前及进口后应当由农业农村部指定的检验机构审查核对，并在必要时进行抽查检验的制度。1996 年 4 月颁布了《兽用生物制品管理办法》（1996 年农业部令第 6 号），首次提出对兽用生物制品进行批签发管理。2004 年《兽药管理条例》中明确规定“兽药生产企业生产的每批兽用生物制品，在出厂前应当由国务院兽医行政管理部门指定的检验机构审查核对，并在必要时进行抽查检验；未经审查核对或者抽查检验不合格的，不得销售”。中国兽医药品监察所组织制定的《兽用生物制品批签发程序》对批签发申请、抽样、审核、签发等程序进行了相关规定。

9.4.4.7　兽药二维码追溯管理

2015 年 1 月，农业部发布《兽药二维码追溯体系建设规定》（农业部公告第 2210 号），要求加快推进兽药产品质量安全追溯工作，利用国家兽药产品追溯系统实施兽药产品电子追溯码（二维码）标识制度，形成功能完善的兽药产品查询和追溯管理系统。2019 年 5 月农业农村部发布的《全面推进兽药二维码追溯监管的规定》（农业农村部公告第 174 号）中规定，自 2019 年 9 月 1 日起，境内外兽药生产企业应按照公告附件要求上传兽药产品入库和出库数据信息至国家兽药产品追溯系统，进一步强化兽药产品质量安全监管。

9.4.4.8 兽用麻醉药品、精神药品管理

为加强兽用麻醉药品和精神药品的管理，原农业部分别颁布了《兽用麻醉药品的供应、使用、管理办法》《兽用安钠咖管理规定》（农牧发〔1999〕5号）、《农业部办公厅关于加强氯胺酮生产、经营、使用管理的通知》（农办医〔2005〕22号），保证兽用麻醉药品和兽用精神药品的合法、安全、合理使用，防止流入非法渠道。

9.4.5 兽药经营管理

兽药经营在兽药产业链中承上启下，是联系兽药生产和终端养殖的"桥梁和纽带"，是兽药质量把关的重要环节。规范兽药经营秩序，提高兽药经营质量，对于保障养殖业健康发展和食品安全至关重要。《兽药管理条例》（以下简称《条例》）规定具备相应条件的企业可向市、县人民政府兽医行政管理部门提出申请，经营兽用生物制品的应当向省、自治区、直辖市人民政府兽医行政管理部门提出申请，审查合格的发给兽药经营许可证。兽药经营许可证有效期为5年。县级以上地方人民政府兽医行政管理部门，应当对兽药经营企业是否符合《兽药经营质量管理规范》的要求进行监督检查，并公布检查结果。销售兽用处方药的，应当遵守兽用处方药管理办法。兽药经营企业购销兽药，应当建立购销记录。购销记录应当载明兽药的商品名称、通用名称、剂型、规格、批号、有效期、生产厂商、购销单位、购销数量、购销日期和国务院兽医行政管理部门规定的其他事项。兽药经营企业应当建立兽药保管制度，采取必要的冷藏、防冻、防潮、防虫、防鼠等措施，保持所经营兽药的质量。《条例》还规定强制免疫所需兽用生物制品的经营，应当符合国务院兽医行政管理部门的规定。《条例》发布后，农业部又相继出台了《兽药经营质量管理规范》《兽用处方药和非处方药管理办法》《兽药进出口管理办法》《兽用生物制品经营管理办法》和全面推进兽药二维码追溯监管等政策法规。

9.4.5.1 落实 GSP 制度实施，提高兽药准入门槛

长期以来，由于准入门槛低、监管不到位，兽药经营行业存在着经营主体数量多但规模小、从业人员素质低、硬件条件差、管理水平粗放、假冒伪劣兽药充斥市场等问题，对兽药和畜产品质量安全造成了严重威胁。为规范兽药经营行为，2010年1月4日经农业部第1次常务会议审议通过、发布并施行了《兽药经营质量管理规范》（简称兽药GSP），对兽药经营企业的经营场所与设施、机构及人员、规章制度、采购与入库、陈列与存储、销售与运输和售后服务等方面做了明确的规定，凡是未通过兽药GSP检查验收并未依法申领兽药经营许可证的兽药经营企业，禁止其从事兽药经营活动。2012年2月10日，农业部进一步下发了《关于组织开展兽药经营清理和规范行动的通知》，要求自2012年3月1日起，在全国范围内组织开展兽药经营清理和规范行动，对未达到兽药GSP要求的兽药经营企业实施清理。2017年11月30日农业部令第8号对兽药GSP进行了部分修订，在第八条、第十五条、第十六条、第二十条、第二十五条相应位置增加了实施兽药电子追溯管理的相关设备、制度及出入库信息上传兽药产品追溯系统规定等。

随着兽药GSP制度的全面实施，兽药经营行业的准入门槛提高，一大批不具备资质的弱小企业或门店被淘汰出局，而一些有实力、重管理、重信誉的品牌兽药经营企业不断成长，兽药经营的市场环境、从业人员素质、质量管理等方面有了较大改观，规范、诚信

的兽药经营新秩序逐步建立起来。

9.4.5.2 建立健全兽药分类管理体系

兽药 GSP 制度规定了需要具备什么资质才能经营兽药，限定了兽药经营的准入门槛，《兽用处方药和非处方药管理办法》（以下简称《办法》）则限定了处方药的使用和经营条件。《条例》第四条规定"国家实行兽用处方药和非处方药分类管理制度"。2013 年，为加强兽用处方药管理，促进兽医临床科学合理用药，农业农村部审议并通过了《兽用处方药和非处方药管理办法》。《办法》确立了兽用处方药和非处方药分类管理制度，要求处方药、非处方药标签和说明书上须分别标注"兽用处方药"及"兽用非处方药"字样，要求兽药经营者对兽用处方药、兽用非处方药分区或分柜摆放，在经营场所显著位置悬挂或者张贴"兽用处方药必须凭注册执业兽医处方购买"的提示语，并规定自 2014 年 3 月 1 日起施行。为了配合《办法》的实施，农业农村部还组织制定了《兽用处方药品种目录（第一、二、三批）》《乡村兽医基本用药目录》《兽药产品说明书范本》等配套政策。

9.4.5.3 提高对兽用生物制品经营监管服务能力

为了加强兽用生物制品经营管理，保证兽用生物制品质量，2007 年 2 月 14 日农业部发布实施了《兽用生物制品经营管理办法》［以下简称《办法》（2017 年）］。《办法》（2017 年）对适用对象、监督职责、销售范围等进行了规定，并明确对兽用生物制品生产企业对国家强制免疫用生物制品和非国家强制免疫用生物制品进行分类管理。该办法的发布对规范兽用生物制品经营行为、保障兽用生物制品质量发挥了重要作用，同时也为推动重大动物疫病防控工作顺利开展发挥了积极作用。

为适应新形势下动物疫病防控工作需求，国家研究提出了强制免疫疫苗"先打后补"政策，选择部分省份开展试点并取得积极进展。但《办法》（2017 年）规定生产企业只能将国家强制免疫用生物制品销售给省级人民政府兽医行政管理部门和符合规定的养殖场，不得向其他单位和个人销售，给推广"先打后补"政策带来一定不便。为适应下阶段全面推行"先打后补"政策需求，农业农村部对《办法》（2017 年）进行了修订，发布了《兽用生物制品经营管理办法》［以下简称《办法》（2021 年）］，自 2021 年 5 月 15 日起施行。《办法》（2021 年）重点调整了现行兽用生物制品经营管理制度，完善国家强制免疫用生物制品经营方式，与"先打后补"政策做好衔接，推动重大动物疫病防控工作顺利开展。同时，对兽用生物制品经销机制进行了优化，进一步保障兽用生物制品质量安全。与《办法》（2017 年）相比进行了以下修订：一是放开国家强制免疫用生物制品经营。实施"先打后补"政策后，养殖场（户）需要方便、及时地购买到国家强制免疫用生物制品，允许兽用生物制品生产企业将本企业生产的兽用生物制品（不再区分强免与非强免）销售给各级人民政府畜牧兽医行政管理部门或使用者，也可授权其经销商销售。二是优化兽用生物制品经销机制。《办法》（2017 年）规定经销商只能将所代理的产品销售给使用者，不得销售给其他兽药经营企业。此规定与我国当前养殖分散模式不相适应，不利于养殖场（户）就近购买。因此，《办法》（2021 年）允许两级经营，一级经销商可向二级经销商销售兽用生物制品，一级经销商和二级经销商均可向养殖场（户）销售兽用生物制品。通过拓宽二级经销商覆盖范围，方便养殖场（户）就近购买所需的兽用生物制品。三是增加冷链贮存运输和追溯管理要求。兽用生物制品的贮存、运输条件直接影响其质量，进而影响免疫效果，近年来的监督检验结果也显示在经营使用环节多次出现质量不合格问题。为强化冷链管理，确保兽用生物制品质量，要求生产、经营企业建立冷链贮存运输制度，自行配送或委托配送时，均应确保兽用生物制品处于规定的温度环境。同时，《办法》（2021年）增加了追溯管理要求，要求生产企业、经营企业以及国家强制免疫用生物制品采购、分发单位均应及时上传相关数据信息。

9.4.5.4 加快研究制定互联网兽药经营管理办法

随着社会信息化的发展，网络销售兽药开始出现并有增多的趋势。《兽药管理条例》《兽药经营质量管理规范》《兽用生物制品经营管理办法》对开办兽药经营企业的硬件、设施设备、人员、管理制度、采购、销售等作出了明确要求，但未提及兽药产品网络销售如何管理。《兽用处方药和非处方药管理办法》《兽医处方管理规范（试行）（征求意见稿）》《乡村兽医管理办法》《执业兽医管理办法》对兽用处方药的开具、购买和使用作出了规定，但对兽医处方药是否允许网上销售以及涉及互联网远程诊断、网络电子处方等新型兽医执业行为未作出明确规定。《兽药广告审查办法》《兽药广告审查标准》明确了兽药广告审查的依据、程序和内容，但对兽药网络宣传是否纳入其管理范畴没有明确说法。由于缺乏相应的法律法规依据，对网络销售兽药存在一定程度的监管空白，给假劣兽药在网络上销售以可乘之机。各方都希望职能部门尽快出台相应的法律法规，规范兽药网络销售行为，为优质的企业和正规的网络销售平台创造良好的市场环境，促进兽药行业健康有序发展。

9.4.6 兽用生物制品生物安全管理发展历程

兽用生物制品生物安全管理是生物安全的重要组成部分，是指对采用动物病原微生物进行制品研发、生产与使用等环境的安全防范与管理。活的病原微生物和各类转基因活生物体释放到环境中可能对生物多样性构成潜在风险与威胁。病原微生物的操作环境的安全防护与管理的主要目的是防止工作人员被感染，或意外泄漏导致环境污染、人群或动物感染。兽用生物制品可能引发的生物安全问题主要包括人员感染、病原微生物外泄对环境、人和动物的影响以及遗传性状不稳定引发生物物种变异等。可以说兽用生物制品从研制开发到产品的应用，甚至可以延伸到应用之后的一定时期，都存在着生物安全风险。兽用生物制品的生物安全直接或间接影响动物和人类的健康，关注兽用生物制品的生物安全问题不仅仅是保障动物的健康问题，更重要的是保障全人类健康和社会稳定，维护公共卫生安全。兽用生物制品的特殊性决定了其在研发、生产、经营与使用中必须严格遵守生物安全管理规定，防范生物安全风险，是开展兽用生物制品相关工作的重要前提与根本要求。

生物技术在带给人类进步和益处的同时，也带来了生物安全问题和威胁。生物威胁已经从偶发风险向现实持久威胁转变，威胁来源从单一向多样化转变，威胁边界从局限于少数区域向多区域甚至全球化转变，突发生物事件影响范围已经从民众健康拓展为影响国家安全和战略利益。当前我国生物安全形势严峻，2011年公开的东北农大"布病"事件，起因就是4只未经检疫的山羊进入了东北农业大学的实验室，28名师生在实验后患上了布鲁菌传染病。2019年中牧股份兰州生物药厂废气消毒不彻底造成的意外布病阳性事件，上万人抗体检测阳性。这些事件给兽药行业加强生物安全管理敲响了警钟。而另一个层面，以新型冠状病毒感染、非典、埃博拉出血热、非洲猪瘟等为代表的重大新发突发传染病及动植物疫情等传统生物威胁依然存在，生物恐怖袭击、生物技术误用谬用、实验室危险生物泄漏等非传统生物威胁凸显，生物安全已成为我国面临的重大安全问题和挑战。

9.4.6.1　法律法规体系

我国现行涉及兽用生物制品生物安全管理法规体系主要由法律、行政法规、部门规章和规范性文件等部分组成，在《刑法》等法律修订中，考虑了生物安全的部分内容，并出台了一些部门规章。2004年，国务院颁布《病原微生物实验室生物安全管理条例》。2021年4月15日，《生物安全法》正式实施。

我国已经出台了《中华人民共和国生物安全法》《中华人民共和国国家安全法》《中华人民共和国动物防疫法》《中华人民共和国进出境动植物检疫法》《中华人民共和国出口管制法》等相关生物安全管理法律，尤其是《中华人民共和国生物安全法》针对生物安全管理提出了新要求，将单位法定代表人和实验室负责人列为生物安全负责人，共同对实验室生物安全负责，与《兽药管理条例》相比，提高了管理层级、责任层级，明确了设立单位法定代理人的职责，更有利生物安全资源调配及生物安全制度措施的落实，确保实验室生物安全。完善实验室设立的要求，明确个人不得设立实验室；进一步完善病原微生物分类、实验室分等级管理要求；明确实验活动要求，从事病原微生物实验活动应当在相应等级的实验室进行；进一步明确从事高致病性病原微生物实验活动审批规定；加强实验动物管理及三废处置管理要求；完善实验室设立单位的管理责任；完善高等级实验室人员进入审核制度；明确涉及病原微生物操作的生产车间管理要求；要求采集、保存、运输动物病料或者病原微生物以及从事病原微生物研究、教学、检测、诊断等活动，应当遵守国家有关病原微生物实验室管理的规定。

我国已经制定和颁布了一系列生物安全管理法规、规范和标准。《兽药管理条例》《重大动物疫情应急条例》《病原微生物实验室生物安全管理条例》《农业转基因生物安全管理条例》《实验动物管理条例》等颁布实施，标志着我国的生物安全管理开始全面走向法制化道路。随后，相关部门发布了一系列配套法规和国家标准，为规范我国实验室生物安全管理工作提供了法律和技术保障。但目前我国主要用于生物安全领域的两个标准《生物安全实验室建筑技术规范》（GB 50346）和《实验室生物安全通用要求》（GB 19489）均为实验室规范，对大规模工业化生产车间的针对性欠缺。2016年11月11日，农业部发布《口蹄疫、高致病性禽流感疫苗生产企业设置规划》，对涉及口蹄疫、高致病性禽流感活病毒操作的生产区域等要求应符合生物安全三级防护标准，企业必须于2020年11月30日前达到该规划要求。对于兽用疫苗生产行业而言，可以说一个生物安全的高标准时代已经到来。

为加强兽药生物安全管理，完善法律法规，农业部根据《兽药管理条例》制订了一系列规章及规范性文件，对兽药研制、生产、经营、进出口、使用、监督管理等各个环节生物安全进行管理。先后制定了《高等级病原微生物实验室建设审查办法》《人间传染的高致病性病原微生物实验室和实验活动生物安全审批管理办法》《高致病性动物病原微生物实验室生物安全管理审批办法》《动物病原微生物菌（毒）种保藏管理办法》《兽药生产质量管理规范》（GMP），以及高等级生物安全实验室国家认可制度、人间传染的病原微生物名录、动物病原微生物分类名录、高致病性病原微生物菌毒种运输和保藏管理规定等。

9.4.6.2　生物安全管理措施

（1）兽药注册的生物安全管理　对涉及一类病原微生物和重要人兽共患病的生物制品，注册新兽药时要求提供使用相关病原体的批准文件，并要求活病原体的相关工作应在相应级别的生物安全实验或动物实验室进行；涉及转基因生物安全的生物制品需提供转基因生物安全证书。

（2）**兽药生产的生物安全管理**　新版《兽药生产质量管理规范》（简称兽药 GMP）对兽用生物制品生产和检验中涉及生物安全风险厂房和设施设备以及废弃物、活毒废水和排放空气的处理等提出了严格要求。特别是使用人畜共患病和烈性传染病病原微生物生产兽用生物制品的，要求使用专门设备及空调排风系统。具有生物安全三级防护要求的兽用生物制品生产设施应符合兽药生产企业生物安全三级防护标准，检验设施设备应符合生物安全防护三级实验室标准。

总之，兽用生物制品研究与生产中的生物安全管理是一个值得注意的问题，我国在这一领域与发达国家存在较大的差距，应引起广泛关注。增强风险意识，加强兽用生物制品生物安全管理，是关系到国计民生、促进畜牧业发展和对人类的生命与健康负责的大事。相信随着国家实施《中华人民共和国生物安全法》新版兽药 GMP 的不断深入，兽用生物制品的生物安全问题一定能够得到有效解决。

9.4.7　废弃物的管理

9.4.7.1　废弃物的分类

化学术语中的废弃物是指在化学实验中产生的，在一定时间和空间范围内基本或者完全失去使用价值，无法回收和利用的排放物。化学废弃物按物理形态可分为废气、废液和废渣三种，简称"三废"。

根据《国家危险废物名录》（环境保护部令 [2008] 第 1 号），化学废弃物按危害性可分为危险性废弃物和非危险性废弃物。危险性废弃物是指具有易燃性、腐蚀性、毒性、反应性等中的一种或几种危险特性的化学废弃物，也包括排除具有危险特性，但可能对环境或者人体健康造成有害影响，需要按照危险废物进行管理的化学废弃物。常见危险性废弃物分为易燃性废弃物、腐蚀性废弃物、毒性废弃物和反应性废弃物。

在兽药领域中的废弃物，有着兽药的特殊属性，不能直接按照化学废弃物进行简单分类。兽药领域既涉及常规的化学废弃物，又涉及生物安全类废弃物；既包含了兽药生产和实验室产生的危险性废弃物，又包含了兽药上市后产生的危险性废弃物（兽药和兽用疫苗包装废弃物、过期兽药和兽用疫苗等）。因此需要管理的条款比较多比较杂。其中，兽药生产产生的危险性废弃物是指兽药生产企业在生产过程中产生的有害人体健康、污染环境或存在安全隐患的废弃物及其污染物。实验室危险性废弃物是指各级各类实验室或实验场所在进行教学、科研活动等过程中产生的有害人体健康、污染环境或存在安全隐患的废弃物及其污染物。

9.4.7.2　废弃物管理的法律法规

目前已针对废弃物出台了一系列的政策法规制度，如《中华人民共和国环境保护法》《中华人民共和国固体废物污染环境防治法》《废弃危险化学品污染环境防治办法》《病原微生物实验室生物安全环境管理办法》等。

农业农村部也出台了部分法规和意见。比如《农药包装废弃物回收处理管理办法》、农业农村部关于肥料包装废弃物回收处理的指导意见，又如发布了《餐厨废弃物饲料化利用安全性评价实施方案》，制定了《畜禽养殖废弃物资源化利用 2019 年工作要点》。农业部还与国家质量监督检验检疫总局组织修订了《中华人民共和国禁止携带、邮寄进境的动植物及其产品和其他检疫物名录》。但是，并未单独对兽药研发、生产、经营和使用过程中的具体情况出台相应的政策法规。因此，有必要对兽药废弃物加强事前、事中和事后管理。要制定完善的兽药废弃物管理体系，加大宣传导向和政策扶持，开展日常性检查和宣传督促落实，提高对兽药废弃物管理的认识，争取资金政策支持，建立处置长效机制，加大兽药废弃物管理的投入，促进兽药废弃物的管理。

9.4.7.3　兽药废弃物的管理

兽药废弃物的管理，要遵循兽药的特点，一般分为兽药常规化学废弃物和涉及病原微生物类废弃物。

兽药生产企业生产过程、实验室在教学和科学研究过程以及兽药上市后产生的常规化学废弃物，需要各个兽药生产企业、科研院所、各兽药经营和经销单位以及各兽药使用单位严格落实国家"三废"政策，做好常规化学废弃物的管理。所有废气必须达标排放，严禁直接排和漏排。废液的处理要求尽量浓缩废液，使其体积变小，根据其化学特性选择合适的容器和存放地点，通过密闭容器存放，不可混合贮存，标明废物种类贮存时间，定期处理。一般废液可通过酸碱中和、混凝沉淀、次氯酸钠氧化处理后排放，综合废液可用酸、碱调节废液 pH 为 3～4 加入铁粉，搅拌 30min，然后用碱调节 pH 为 9 左右，继续搅拌 10min，加入硫酸铝或碱式氯化铝混凝剂进行混凝沉淀，上清液可直接排放，沉淀按废渣方式处理。有机溶剂废液应根据性质进行回收，也可以利用蒸馏、过滤、吸附等方法将危险物分离，而只弃去安全部分。

无论液体或固体，凡能安全焚烧的则焚烧，但数量不宜太大，焚烧时切勿残留有害气体或残余物，如不能焚烧时，要选择安全场所填埋，不能裸露在地面上。一般有毒气体可通过通风橱或通风管道，经空气稀释后排出，大量的有毒气体必须通过与氧充分燃烧或吸附处理后才能排放。生活污水则经过专门管道汇入生活污水处理站进行处理，经检测合格达到中水标准后，排入市政管网。

常规固体废弃物一般使用专门垃圾袋，密封包装，专人运输至指定地点，委托专门公司定期回收处理。固体废弃物的处理通常是指利用物理、化学、生物、物化及生化方法把固体废弃物转化为适于运输、贮存、利用或处置形态的过程，固体废弃物处理的目标是无害化、减量化、资源化。目前采用的主要方法包括压实、破碎、分选、固化、焚烧、生物处理等。

涉及病原微生物类废弃物同样可分为废气、废液和固体废弃物。

涉及病原微生物的生物废气需经过具有原位检漏功能的高效过滤器过滤后才能排放；同时为了防止氨臭生物性废气影响环境，在高效过滤后还需经活性吸附装置过滤后排放，确保排出气体安全无污染。操作产生的气溶胶经过安全柜自带排风高效过滤器过滤后汇集到排风管道安全排放。

含病原微生物的污水通过活毒废水处理设备高温高压后，进行完全灭活处理，与普通污水汇合，一并进入污水处理站进行处理，经检验合格达到中水标准后，排入市政管网。

固体废弃物在生产车间或实验室内经专门的高温高压消毒灭菌设备完全灭活处理后，使用专门的警示包装密封包装，由专人专车运送至专人管理的垃圾站集中存放，委托专业公司定期统一回收处理。专业公司在运输过程中，对危险固体废弃物单独存放、密闭罐装，防止外泄。

排放生物废水、废气的，应当按照国家环境保护总局的有关规定，执行排污申报登记制度。产生危险废物的，必须按照危险废物污染环境防治的有关规定，向所在地县级以上地方人民政府环境保护行政主管部门申报危险废物的种类、产生量、流向、贮存、处置等有关资料。

兽药生产企业和相关实验室必须按照下列规定，妥善收集、贮存和处置其生产及实验活动产生的危险废物，防止环境污染。要建立危险废物登记制度，对其产生的危险废物进行登记。登记内容应当包括危险废物的来源、种类、重量或者数量、处置方法、最终去向以及经办人签名等项目。登记资料至少保存 3 年。及时收集其实验活动中产生的危险废物，并按照类别分别置于防渗漏、防锐器穿透等符合国家有关环境保护要求的专用包装物、容器内，并按国家规定要求设置明显的危险废物警示标识和说明。配备符合国家法律、行政法规和有关技术规范要求的危险废物暂时贮存柜（箱）或者其他设施、设备。按照国家有关规定对危险废物就地进行无害化处理，并根据就近集中处置的原则，及时将经无害化处理后的危险废物交由依法取得危险废物经营许可证的单位集中处置。

转移危险废物的，应当按照《固体废物污染环境防治法》和国家环境保护总局的有关规定，执行危险废物转移联单制度。不得随意丢弃、倾倒、堆放危险废物，不得将危险废物混入其他废物和生活垃圾中。还应满足国家环境保护法律、行政法规和规章中有关危险废物管理的其他要求。

国家根据实验室对病原微生物的生物安全防护水平，并依照实验室生物安全国家标准的规定，将实验室分为一级、二级、三级和四级。不同级别的病原微生物实验室产生的废弃物要分类处理。实验室的设立单位对实验活动产生的废水、废气和危险废物承担污染防治责任。实验室应当依照国家环境保护规定和实验室污染控制标准、环境管理技术规范的要求，建立、健全实验室废水、废气和危险废物污染防治管理的规章制度，并设置专（兼）职人员，对实验室产生的废水、废气及危险废物处置是否符合国家法律、行政法规及本办法规定的情况进行检查、督促和落实。

9.4.7.4 关于兽药废弃物管理的一些思考

已经出台的管理法规制度体系中，并没有兽药废弃物相关的管理规范。要加强兽药废弃物的管理，首先需要完善现有的法律法规，建立兽药废弃物管理体系，探索建立兽药和兽用疫苗包装废弃物及兽用过期疫苗回收处理体系，逐渐提高兽药研发、生产、经营和使用者对兽药废弃物的认知，从而提高对兽药废弃物进行管理的自觉性。

目前，大家对于兽药研发、生产、经营环节的兽药废弃物比较重视，往往忽略了使用环节中产生的兽药废弃物，比如兽药和兽用疫苗包装废弃物以及使用过期疫苗等。因此，在持续推进兽药生产和经营环节的兽药废弃物管理的同时，也要逐步加强使用环节中兽药废弃物的管理。

参考文献

[1] 中国兽药协会. 中国兽药产业发展报告（2020 年度）[M]. 北京：中国市场出版社，2020.

[2] 于文蕴，李春雨．兽药管理[M]．北京：中国农业大学出版社，2008.

[3] 中华人民共和国国务院令．兽药管理条例[S]．2020. 03. 27部分修订．

[4] 中华人民共和国令．兽药注册管理办法[S]．2004.

[5] 中华人民共和国主席令．中华人民共和国生物安全法[S]．2020.

[6] 全国人民代表大会常务委员会．中华人民共和国农产品质量安全法[S]．2015.

[7] 全国人民代表大会常务委员会．中华人民共和国畜牧法[S]．2005.

[8] 全国人民代表大会常务委员会．中华人民共和国动物防疫法[S]．2021.

[9] 中华人民共和国农业部第55号．新兽药研制管理办法[S]．2019.

[10] 中华人民共和国农业部公告第2336号．兽药非临床研究质量管理规范[S]．2015.

[11] 中华人民共和国农业部公告第2337号．兽药临床试验质量管理规范[S]．2015.

[12] 中华人民共和国农业部公告第2326号．兽用生物制品研发临床试验靶动物数量调整[S]．2015.

[13] 中华人民共和国农业部令第8号．农业转基因生物安全评价管理办法[S]．2017.

[14] 中国兽药典委员会．中华人民共和国兽药典．2020年版[S]．北京：中国农业出版社，2021.

[15] 中华人民共和国农业部公告第442号．兽药注册资料要求[S]．2005.

[16] 中华人民共和国农业部公告第2223号．食品动物兽药产品注册要求补充规定[S]．2015.

[17] 中华人民共和国农业农村部公告第261号．宠物用化学药品注册临床资料要求[S]．2020.

[18] 中华人民共和国农业农村部公告第330号．人用化学药品转宠物用化学药品注册资料要求等有关兽药注册事宜规定[S]．2020.

[19] 中华人民共和国农业农村部公告第292号．兽药生产质量管理规范，无菌兽药、非无菌兽药、兽用生物制品、原料药、中药制剂等5类兽药生产质量管理的特殊要求[S]．2020.

[20] 中华人民共和国农业部公告第2334号．兽医诊断制品生产管理规范和兽医诊断制品生产质量管理规范检查验收评定标准[S]．2015. 12. 09.

[21] 中华人民共和国农业部公告第683号．兽用生物制品试验研究技术指导原则[S]．2006.

[22] 中华人民共和国农业农村部公告第342号．兽医诊断制品注册分类及注册资料要求[S]．2020.

[23] 中华人民共和国农业部公告第2507号．农业部兽药评审专家管理办法[S]．2017.

[24] 中华人民共和国农业农村部公告第392号．兽药注册评审工作程序[S]．2021.

[25] 农业农村部兽药评审中心．农业农村部兽药评审中心兽药注册评审工作程序（试行）（部评审生[2021] 323号）[S]．2021.

[26] 中华人民共和国农业部令第4号．兽药产品批准文号管理办法[S]．2015.

[27] 中华人民共和国农业部公告第2481号．兽药产品批准文号变更有关规定[S]．2016.

[28] 中华人民共和国农业部令第22号．兽药标签和说明书管理办法[S]．2007.

[29] 中华人民共和国农业部公告第242号．兽药标签和说明书编写细则[S]．2003.

[30] 中华人民共和国农业部公告第2066号．兽药标签和说明书有关问题的规定[S]．2014.

[31] 单守林，张云，王彦丽，等．《兽药产品批准文号管理办法》解读[J]．北方牧业，2016，（6）35.

[32] 盛圆贤．《兽药产品批准文号管理办法》解读[J]．中国兽药杂志，2004，38（12）：3-4.

[33] 葛林，刘晓飞，王勤，等．国内外兽药管理[J]．中国兽药杂志，2017，51（8）：73-77.

[34] 杨培昌，李慧娇．加强我国兽药管理体系建设的建议[J]．中国兽药杂志，2009，43（4）：7-10.

[35] 王忠田，曲鸿飞，王乐元．新兽用生物制品评审工作存在的主要问题及对策[J]．中国兽药杂志，2017，51（6）：74-77.

[36] 王忠田．兽用生物制品注册申报应注意的事项及建议[J]．中国兽药杂志，2014，48（7）：53-57.

[37] [1989]农〔牧〕字第52号．兽药生产质量管理规范（试行）[S]．1989.

[38] 中华人民共和国农业部，农牧发[1994]32号．兽药生产质量管理规范实施细则（试行）[S]．1994.

[39] 中华人民共和国农业部令第11号．兽药生产质量管理规范[S]．2002.

[40] 中华人民共和国农业部公告第202号．实施《兽药GMP规范》的有关要求[S]．2002.

[41] 中华人民共和国农业农村部令第3号．兽药生产质量管理规范（2020年修订）[S]．2020.

[42] 中华人民共和国农业部公告第1708号．关于兽用粉剂、散剂、预混剂生产线和转瓶培养生产方

式的兽用细胞苗生产线已列入该指导目录限制类项目管理的公告[S]. 2012.

[43] 中华人民共和国农业部. 农办牧[2021]35号：关于进一步做好新版兽药GMP实施工作的通知[S]. 2021.

[44] 中华人民共和国农业部. 农办牧[2021]45号：关于印发兽药GMP生产线名录的通知[S]. 2021.

[45] 中华人民共和国国务院国发[2015]11号. 国务院关于取消和调整一批行政审批项目等事项的决定[S]. 2015.

[46] 中华人民共和国农业部. 农办医[2007]8号. 农业部办公厅关于发布《兽药GMP检查员管理办法》的通知[S]. 2007.

[47] 中华人民共和国农业部公告第2611号. 兽药生产企业飞行检查管理办法[S]. 2016.

[48] 中华人民共和国农业农村部公告第97号. 兽药严重违法行为从重处罚情形[S]. 2018.

[49] 中华人民共和国农业部令第6号. 兽药质量监督抽样规定[S]. 2001.

[50] 中华人民共和国农业部令第6号. 兽用生物制品管理办法[S]. 1996.

[51] 中华人民共和国农业部公告2210号. 兽药二维码追溯体系建设规定[S]. 2015.

[52] 中华人民共和国农业农村部公告第174号. 全面推进兽药二维码追溯监管的规定[S]. 2019.

[53] 农业（牧）字第34号、[80]卫药字36号、[80]国药供字第545号. 兽用麻醉药品的供应、使用、管理办法[S]. 1980.

[54] 中华人民共国农业部令第3号. 兽药经营质量管理规范[S]. 2010. 01. 15日公布，2017. 11. 30农业部令第2017年第8号部分修订.

[55] 中华人民共和国农业部令第2号. 兽用处方药和非处方药管理办法[S]. 2013.

[56] 中华人民共和国农业部、海关总署令第2号. 兽药进出口管理办法[S]. 2022.

[57] 中华人民共和国农业农村部令第2号. 兽用生物制品经营管理办法[S]. 2021.

[58] 中华人民共和国农业农村部公告第174号. 全面推进兽药二维码追溯监管[J]. 2019.

[59] 谭克龙，段文龙，吴涛，等. 我国兽药产品网络销售现状及管理对策[J]. 中国动物检疫，2021，38（3）：37-40.

[60] 中华人民共和国农业部公告第2573号. 兽用疫苗生产企业生物安全三级防护标准[S]. 2017.

[61] 中华人民共和国国务院令第424号. 病原微生物实验室生物安全管理条例[S]. 2004.

[62] 中华人民共和国农业部令第53号. 动物病原微生物分类名录[S]. 2005.

[63] 中华人民共和国农业部. 农医发[2016]37号：农业部关于发布《口蹄疫、高致病性禽流感疫苗生产企业设置规划》的通知[S]. 2016.

[64] 中华人民共和国国家标准GB 19489—2008：实验室生物安全通用标准[S]. 2009.

[65] 中华人民共和国国家标准GB 50346—2011：生物安全实验室建筑技术规范[S]. 2011.

[66] 认证认可标准RB/T 040-2020：病原微生物实验室生物安全管理指南[S]. 2020.

[67] 中华人民共和国全国人民代表大会常务委员会. 中华人民共和国环境保护法[S]. 2014.

[68] 中华人民共和国全国人民代表大会常务委员会. 中华人民共和国固体废物污染环境防治法[S]. 2020.

[69] 中华人民共和国环境保护部令第1号. 国家危险废物名录[S]. 2008.

[70] 中华人民共和国国家环境保护总局令第27号. 废弃危险化学品污染环境防治办法[S]. 2005.

[71] 中华人民共和国国家环境保护总局令第32号. 病原微生物实验室生物安全环境管理办法[S]. 2006.

[72] 中华人民共和国农业农村部、生态环境部令第6号. 农药包装废弃物回收处理管理办法[S]. 2020.

第 10 章

我国兽药
产业的发展
趋势

10.1

我国兽药产业发展面临史无前例的挑战

经过七十余年的发展，中国兽药产业不断成长壮大，已经显现出创新能力显著增强、产业结构趋向合理、产品种类不断增加、产品质量逐步提升、竞争能力迅速提高的发展趋势。企业个性发展方面逐步呈现出企业集团化、品牌集中化、管理精细化、服务一体化、市场国际化的良好势头。一部分优秀企业已经走出国门，进入国际市场，在与国际动保巨头的激烈竞争中找到了属于自己的生存和发展空间。中国兽药产业在全球动保产业中已经成为不可忽视的力量，2020 年有 7 家企业销售额进入全球动保前 30 强，有 4 家企业销售额进入全球动保前 20 强。

但是，近年由于突发重大疫情、国家政策调整、国际企业竞争、产业自身缺陷等原因，中国兽药产业正面临严峻的挑战，主要表现在以下几个方面。

挑战一：非洲猪瘟对兽药产业造成的突然冲击

2018 年 8 月 2 日，像幽灵一样在我国周边徘徊已久的非洲猪瘟突然在辽宁省沈阳市被发现报道出来，然后以不可阻挡之势迅速传播到长城内外、大江南北、黄河两岸，不仅给养猪业造成了历史上最大的疫病灾害，也对养猪业的第二大投入品产业——兽药产业造成了很大的影响。最快速、最直接的影响是产业销售额的大幅下降。2018 年下半年至 2019 年全年，因非洲猪瘟引起的死亡和扑杀，使得繁殖母猪和商品猪养殖量锐减，直接用于猪病预防和治疗的疫苗和兽药制剂需求量大幅度减少，特别是 2018 年下半年的销售额快速降低，导致多年持续增长的产业销售额不升反降，比 2017 年减少了 14.14 亿元，其中化药降低 8.83 亿元，中兽药降低 4.59 亿元，生物制品降低 0.72 亿元；2019 年生物制品销售额继续下降，比 2018 年又下降了 14.56 亿元。更长远、更潜在的影响是养猪业对兽药总体需求的下降。非洲猪瘟暴发，没有疫苗可以用来预防，习以为常的病毒性传染病靠疫苗、细菌性传染病靠药物、寄生虫病靠驱虫的做法已经无法奏效，迫使养猪业从业者意识到生物安全防护的重要性。在防控非洲猪瘟的过程中，通过生物安全体系建设，使疫情得到有效遏制，确实让养猪业从业者尝到了甜头，整个养猪业的生物安全防护意识和生物安全体系建设显著加强。同时，把猪放到生物安全防护圈舍饲养的楼宇化、智能化养猪模式，在非洲猪瘟的威胁下加速了推进步伐。生物安全防护体系的强化，客观上切断了病原与易感动物接触的途径，使猪的各种疫病的发病率大幅度降低，其结果是疫苗和各种用于防治猪疫病的药物需求减少。

挑战二：新版兽药 GMP 将加速推进产业结构剧烈调整

新版《兽药生产质量管理规范（2020 年修订）》（简称"新版兽药 GMP"），已经于 2020 年 4 月 21 日公布，2020 年 6 月 1 日起施行。要求所有兽药生产企业均应在 2022 年 6 月 1 日前达到新版兽药 GMP 要求，未达到要求的生产企业，其兽药生产许可证和兽药 GMP 证书有效期最长不超过 2022 年 5 月 31 日。关于出台新版兽药 GMP 的目的，主要有四点：一是提高准入门槛，淘汰落后产能；二是向国际发达国家看齐，提高生产设施的洁净度监测标准；三是提高重大动物疫病和人畜共患病疫苗生产设施的生物安全水平，消除生产过程中的生物安全隐患；四是建立风险管理理念，提高企业的风险管理水平。新版 GMP 的实施，对创新能力强、企业规模大、发展水平高、队伍素质好、发展基金足的大中型企业是空前的、绝对的利好，因为实施的结果是优化了产业的发展环境，减少了市场的恶性竞争，消除了假冒伪劣产品，有利于整个产业的健康、成熟发展，有利于本土企业走出国门参与国际竞争。但是，对于部分企业特别是小微企业有可能就是灭顶之灾，面临着被收购、被重组和倒闭关门的命运。因为这些企业本身就面临生存困境：一是没有产品创新能力，依靠生产兽药典产品生存；二是生产管理水平低，缺乏兽药 GMP 管理意识；三是产品同质化高，靠低水平竞争（价格大战、熟人面子、假冒伪劣、欺骗用户等）勉强维持；四是缺乏生产厂房升级改造的资金和/或土地。新版兽药 GMP 实施带来的另外一个影响是使所有的兽药生产企业都变成了重资产企业，企业运行的固定资产成本加大，利润率降低，对于某些中、小、微企业，特别是那些没有创新型独具特色产品的企业更是雪上加霜，甚至在激烈的市场竞争中难以为继。新版兽药 GMP 实施的结果，就是要淘汰落后企业的落后产能，加速产业结构重塑，尽管这个结果是早有预期的，但也必然引起产业结构调整过程中的剧烈阵痛。

挑战三：养殖减抗和饲料禁抗引发的产品结构调整

早在 2015 年农业部就发布了《全国兽药（抗菌药）综合治理五年行动方案》；2016年 8 月 5 日，国家卫生计生委等十四部委联合下发了"关于印发《遏制细菌耐药国家行动计划（2016—2020）》的通知"；2017 年 6 月 22 日，农业部下发了《全国遏制动物源细菌耐药行动计划》，在重点任务中提出了：实施"退出行动"，推动促生长用抗菌药物逐步退出。

2019 年 7 月 9 日，农业农村部发布了 194 号公告，规定："一、自 2020 年 1 月 1 日起，退出除中药外的所有促生长类药物饲料添加剂品种，兽药生产企业停止生产、进口兽药代理商停止进口相应兽药产品，同时注销相应的兽药产品批准文号和进口兽药注册证书。此前已生产、进口的相应兽药产品可流通至 2020 年 6 月 30 日。二、自 2020 年 7 月 1 日起，饲料生产企业停止生产含有促生长类兽药饲料添加剂（中药类除外）的商品饲料。此前已生产的商品饲料可流通使用至 2020 年 12 月 31 日。"

据统计，2019 年在我国境内使用的兽用抗菌药总量为 30903.66t，其中的 48.43％用于动物促生长。生产促生长类抗菌药及其兽药饲料添加剂的企业数量是 178 家，在养殖减抗、饲料禁抗的大环境下，这些企业必须尽快调整产品结构、研发新型制剂、增加靶动物、增加给药途径，否则，就会面临生存困境。对于那些专门生产促生长类抗菌药和/或相应兽药饲料添加剂的企业，更是雪上加霜，要么关门倒闭，要么寻求新的发展方向。

挑战四：本土企业面临日益激烈的国际动保巨头竞争

中国兽药产业通过七十余年的发展，取得了巨大的成就，在满足国内养殖业发展需求、促进养殖业健康发展、保障动物源性食品安全方面作出了突出贡献。部分优秀企业主动与科研单位、大专院校紧密结合，组建了企业创新团队，开发出具有国际领先或国际先进水平的产品，产品质量迅速提高，有些产品已经走出国门，参与国际市场的激烈竞争。但是，就本土企业自身的技术与产品创新能力、企业管理水平、产品质量水平、市场营销能力、售后服务能力等方面与国际动保巨头相比还有较大的差距。兽药进口最早开始于改革开放以后的 20 世纪 80 年代初，国际动保企业通过寻求港澳台商代理，将产品打入中国市场，有些做法甚至不太规范。针对这种情况，国家陆续出台了一系列管理措施，规范兽药进口。1985 年 8 月 30 日，农牧渔业部发布了《中华人民共和国农牧渔业部对外国企业在我国进行兽药试验、登记管理办法》，1998 年 7 月 1 日农业部发布了《外国企业在中华人民共和国注册兽药管理办法》；1989 年 7 月 10 日，农业部颁布了《进口兽药管理办法》，1998年1月5日农业部又发布了《进口兽药管理办法》的修订版；2007年7月31日农业部、海关总署公布了《兽药进口管理办法》，逐步规范了进口兽药管理。但是，进口兽药在中国市场的占有率至今没有超过10%，究其原因可能有以下三点：一是生产、流通和管理成本高，导致市场定价高；二是国外企业营销管理政策不适应中国市场；三是国家对进口兽药的风险防范意识较高，进口管理政策比较严格，特别是进口兽药注册政策。2001年11月10日，中国加入世界贸易组织（WTO），为国际动保企业在中国提供了更广阔的市场空间。此后，国际动保企业逐渐找到了在中国大陆发展的正确路径：在中国本土建立研发中心和生产销售企业。凭借国际动保巨头强大的研发能力、先进的管理水平、过硬的产品质量、优质的售后服务，一旦在国内展开产品研发和大规模生产，必将迅速挤压本土企业的市场空间，本土企业在产业结构剧烈调整中的发展将会面临更多的困难。

挑战五：中国兽药产业长期发展过程中积存的问题

中国兽药产业经过七十余年的发展，取得了辉煌的业绩，为保障畜牧业的健康可持续发展和动物源性食品安全作出了突出的贡献。但是，中国兽药产业在长期发展过程中也积累了一些难以克服的问题。一是创新能力比较弱，企业没有成为产品和工艺技术创新的主体。绝大部分中型企业是没有研发团队的，小微企业更是如此。大型企业，尤其是上市公司，虽然设有专门的研发团队，但原始创新能力不强，多数仅擅长于生产工艺技术的改进和提高，真正的创新主体是科研单位和大专院校。2000—2020年，一类新兽药中的59.32%、二类新兽药中的45.97%是由科研单位/大专院校牵头申报的。近年，有些科技人员建立了专门从事产品和工艺技术创新的研发企业，直接将产品或技术转让给兽药生产企业；还有一些兽药产业的上游企业，如生产生物反应器和培养基的企业、生产浓缩和纯化设备的企业，与兽药生产企业共同开发产品生产工艺。由企业牵头申报的一、二类新兽药逐渐增加。目前，国内兽药新产品、新技术的主要创新模式有以下三种：a. 科研单位/大专院校＋兽药生产企业；b. 兽药创新企业＋兽药生产企业；c. 产业上游企业＋兽药生产企业；d. 企业完全自主研发。具备第四种研发模式能力的企业非常少。二是产业集中度低，大型企业数量少、规模小。截至2020年底，全国具有统计数据的1633家企业中，只有77家大型企业（销售额≥2亿元人民币），占比4.72%；119家生物制品企业中有大型企业24家，占比20.17%；1514家化药（含中兽药）企业中有大型企业53家，占比3.50%。生物制品生产前10企业销售额为84.51亿元，占生物制品总销售额162.36亿元的52.05%；化药制剂生产前10企业销售额为60.46亿元，占化药制剂总销售额252.61亿元的23.93%；中兽药生产前10企业销售额为13.02亿元，占中兽药总销售额56.81亿元的22.92%。我国兽药生产前10企业销售额之和为27.4亿美元，占全国兽药生产企业总销售额95.87亿美元的28.58%。世界动保前10企业的销售额为262.60亿美元，占全球动保企业总销售额338.00亿美元的77.69%。我国兽药产业集中度和企业规模与欧美企业相比较还存在非常大的差距，我们必须正视这一点。三是企业之间的产品同质性太高，市场恶性竞争加剧。大多数企业没有创新能力，甚至连好一点的新产品生产权都买不起，只能生产兽药典收载的品种，是企业间产品同质性高的根本原因。化药制剂方面，氟苯尼考相关制剂、规格的文号被申报获批4144次；其他药物：恩诺沙星2483次、盐酸多西环素2330次、阿莫西林2240次、盐酸林可霉素2181次；替米考星1791次、磺胺间甲氧嘧啶钠1636次、硫酸新霉素1518次、聚维酮碘1347次。几乎每个兽药生产企业都有上述产品，同质化竞争严重。兽用疫苗方面，也与化药制剂类似，多个厂家生产相同产品。例如：猪瘟活疫苗（细胞源）63 家，鸡新城疫活疫苗（La Sota 株）59 家，鸡新城疫、传染性支气管炎二联活疫苗（La Sota 株＋H120 株）56 家，鸡新城疫灭活疫苗 48 家，伪狂犬病活疫苗（Bartha-K61 株）48 家。同质性高的结果，就是企业间在市场上进行恶性、无序竞争，甚至弄虚作假，欺骗用户。受伤害的不仅是用户，也是企业自己，甚至危及产业发展。四是产品质量不理想，与世界动保巨头相比有差距。除了少数企业的部分品种外，如口蹄疫疫苗、禽流感疫苗、猪瘟疫苗、小反刍兽疫疫苗及少部分化药制剂，其他产品在质量上还有很大的提升空间。生物制品方面，有些疫苗注射副反应较大、免疫持续期短、疫苗保存期短、批间差异较大；部分诊断试剂批间差异较大、敏感性降低、特异性不强、保存期较短。化药制剂方面，在制剂的种类、生物利用度、溶出度、均匀度、副作用、稳定性、批间差异、保存期、保存条件等方面与欧美国家兽药企业相比有差异。造成差异的原因，是我们的制剂配方技术和生产工艺技术还不够先进。生物制品方面，多数企业还缺乏细胞悬浮培养、表达体系构建、制苗种毒的选育与构建、抗原蛋白的浓缩与纯化、抗原冻干与耐热保护、抗原稳定与长期保存、佐剂创制等技术。化药制剂方面，主要是缺乏先进的制剂配方技术和精细的制剂制备技术以及严密的质量控制体系。

10.2

立足国情，尽快形成产业发展战略共识

10.2.1　深化改革，进一步完善法律法规

自 1987 年 5 月，国务院颁布了第一部兽药规章《兽药管理暂行条例》以来，农业部陆续发布了包括《兽药注册管理办法》《兽药产品批准文号管理办法》《兽用生物制品经营管理办法》等 16 个部门规章和 28 个规范性文件，形成了以《兽药管理条例》为核心、部门规章和规范性文件为配套的法规制度体系，构建了覆盖兽药研发、生产、经营环节的质量管理体系（4G）。建立了以《中华人民共和国兽药典》为核心、《兽药质量标准》和新兽药注册标准为补充的兽药标准管理新格局。制定了《兽药非临床研究与临床试验质量管理规范监督检查办法》《兽药生产企业飞行检查管理办法》《兽药注册现场核查》等各兽药管理环节监督检查管理规定及相关技术标准配套的兽药监管法规体系。同时，针对兽药产品的类别建立起兽药处方药、比对试验产品、兽用麻醉和精神类药物的管理机制，并与《中华人民共和国刑法》《中华人民共和国动物防疫法》等 20 多个相关法律法规进行衔接。

随着"放管服"改革不断深化，政策法规供给不断加强。聚焦兽药管理重点、难点，落实风险管理要求和有效管控措施研究，进一步提升相关法律法规的科学性、系统性、实效性。兽药生产许可行政审批事项下放后，各省级人民政府畜牧兽医行政主管部门、自贸区行政主管部门健全完善行政审批服务指南和规范，不断提升服务质量和水平。迈进中国特色社会主义新时代，兽药法律法规将从兽药产业发展全局出发，进一步加强政策法规制

定工作顶层设计和行业发展的统筹规划，牢固树立兽药产业高质量发展观念，鼓励创新、淘汰落后、避免低水平重复建设和资源浪费，整体上提升兽药产业科学化、标准化水平。

（1）推进《兽药注册管理办法》《兽药注册分类及技术资料要求》《兽药注册评审工作程序》修订，简化宠物用药注册和已有国家标准产品增加靶动物、适应症等注册技术要求，加强对兽药再评价研究与实施。

（2）规范第三方检测机构监管行为，着力网络销售、第三方检测机构监管、兽用生物制品检测与销售监管相关法规的顶层设计。推动《网络销售兽药管理办法》《兽药出口管理办法》《兽药委托生产管理办法》《兽药监督管理办法》《兽药休药期管理办法》《兽药不良反应报告制度》等法规制定，填补兽药生产、销售、使用环节新业态监管空白法规依据。

（3）加强兽药监测、检测法律体系和质量标准体系建设。推动《兽药标准管理办法》制定，探索建立以《中华人民共和国兽药典》为基础、注册标准为主体、企业标准为补充的质量标准体系，以动物性食品安全和公共卫生安全为导向，重点瞄准涉及安全性的共性问题，推进兽药国家标准体系建设，推进兽药标准管理机制的不断优化；持续加强标准物质和菌毒种管理，规范标准物质研制、标定、供应。

（4）健全完善兽药技术标准。组织编纂《中华人民共和国兽药典 2025 年版》及配套工具；开展高风险兽药品种的评估工作；健全完善兽药残留限量标准，加快残留检测方法标准制定和修订进程，满足食品安全监管和畜产品国际贸易需要。

（5）补充完善兽药产品退出机制，探索兽药和生产企业分级分类管理制度，健全兽药行政执法体系，加快推进基层综合执法，创新执法体制机制，形成执业兽医与官方兽医新合力，使疫情报告成为执业兽医的义务。

（6）加强兽药与饲料、兽药与中药材在生产、加工、使用等环节监管法规的完善、监管机制的建立健全，在监管执法、信息数据共享、风险预警、突发事件处置、法规宣传贯彻和人员培训等方面强化监管部门间合作机制。

10.2.2　锲而不舍，进一步强化管理体系

我国兽药管理依法分别由中央政府和省、市、县三级地方政府共同承担。在国家层面，农业农村部畜牧兽医局承担着全国兽药行政管理和兽药监督执法工作，农业农村部成立的各类专业技术组织负责兽药的技术支持工作。其中中国兽医药品监察所（以下简称中监所）承担兽药检验、审评等技术支撑工作，业务上接受畜牧兽医局指导。在地方层面，省、市、县三级设置兽医行政管理机构，受地方各级政府领导，省级设置兽药检验机构。地方兽医行政管理机构领导兽药监督执法机构和兽药检验机构。半数以上的地方兽医行政管理部门单独或合并或委托设置了兽药监督执法机构，上下级兽医行政管理机构之间、检查检验机构之间在业务上是指导关系。行政管理机构、质量检验机构、监督执法机构、专业技术组织，依各自职责开展工作，对兽药实行全过程的监督管理。

10.2.2.1　行政管理机构

（1）国务院兽医行政管理部门——农业农村部　农业农村部是国家兽医行政最高管理部门，负责全国的兽药监督管理工作，组织兽药典委员会制修订兽药国家标准并审批发布；负责组织实施兽药的 GLP、GCP、GMP、GSP，对国内兽药生产企业是否符合兽药

GMP 要求进行监督检查；指导、协调各省、自治区、直辖市兽医行政管理部门的药政工作和各级兽药监察所的监察、检验工作；组织仲裁兽药生产、经营、使用以及进出口中的重大质量事故和纠纷。

（2）省、自治区、直辖市兽医行政管理部门　省级办理的兽药行政审批及兽药行政审核上报事项：一是兽药生产许可证审批，二是兽用生物制品经营许可证核发（非国家强制免疫用生物制品），三是兽药广告审查（在地方媒体发布兽药广告），四是出口兽药证明文件，五是申请除生物制品以外的已有兽药国家标准的兽药产品批准文号审核，六是《兽用新生物制品临床试验申请表》的审核，七是研制新兽药使用一类病原微生物的审核。

（3）地、市、县兽医行政管理部门　在上级行政管理部门的领导下，参与管理以下事项：兽药质量监督抽查；兽药生产、经营企业的审核与监管；执行《兽药管理条例》；处理违法行为；信息通报与管理协作等。

10.2.2.2　质量检验机构

（1）中国兽医药品监察所　中国兽医药品监察所（简称中监所）是农业农村部直属司局级事业单位，目前是全国唯一的承担兽用生物制品检验的合法机构。

（2）省、自治区、直辖市兽药监察所　省级兽药监察所负责本辖区兽用生物制品生产企业产品的批签发抽样工作和生产企业的日常监督检查；口岸兽药监察所负责国外兽用生物制品进口时批签发管理的抽样工作；受兽医行政主管部门的委托，承担辖区兽用产品监督检查和打假等监督任务。

（3）地、市、县兽药监察所　各地共有 171 个地市级兽药监察所、289 个县级兽药监察所，地、市、县兽药监察所不承担兽用生物制品的监察检验职责。

10.2.2.3　监督执法机构

农业农村部畜牧兽医局药政药械处负责全国兽药监督执法工作。兽药的监督管理没有单独的执法机构和体系，半数以上的地方兽医行政管理部门单独或合并或委托设置了兽药监督执法机构。省级具有执法职能的机构主要有省兽医局或农业农村厅等直接负责、省级动物卫生监督所、畜牧兽医综合执法总队、农业行政综合执法总队。市、县级具有执法职能的机构主要有市、县级动物卫生监督所，市、县级兽药监察所，农业行政综合执法总队和畜牧兽医综合执法支队。

10.2.2.4　专业技术组织

农业农村部设立专业技术组织——农业农村部兽药审评委员会、中国兽药典委员会、农业农村部兽用生物制品规程委员会、农业农村部兽药 GMP 工作委员会、全国兽药残留专家委员会、农业农村部实验动物管理办公室、兽医微生物菌种保藏管理中心，5 个委员会下设办公室及菌种保藏管理中心均设于中国兽医药品监察所，并承担相应的工作职责。

兽药检测机构职责是为兽医行政主管部门的决策和执法提供有力的技术支撑。近年来，全国机构改革的新形势和检测经费改革等新政策对兽药质量监测和检测机构产生了冲击，部分原省级兽药检验机构合并后面临兽药检验机构职能定位不明确、技术人员流失、失去检测经费来源等问题，业务能力培养速度跟不上人员流动频率，技术支撑力量削弱。

为强化兽药管理体系，提高技术支撑能力，着力推进以下方面的发展。

（1）强化监测、检测体系建设　建设国家兽药标准物质中心和国家兽用生物制品评价生物安全动物实验室。加强省、市、县三级兽用生物制品行政管理机构建设，健全省、市、县三级的监管机构和队伍，形成机构设置合理、职责明确、人员匹配合理、运转高效的兽药管理体制。在省级兽药检验机构建设兽用生物制品检验区域实验室、动物源细菌耐药性监测实验室、兽药非法添加物检测实验室、兽药质量和兽药残留检测分析实验室。推动《兽药检验检测体系建设的指导意见》制定，明确兽药检验检测体系的指导思想、机构定位。鼓励并规范第三方兽药检验与第三方兽医诊断行业的发展，弥补官方检验机构的不足，激发市场活力、用好社会资源，着力构建市场化监管体系。

（2）加强人才队伍建设　加强人才引进、培养和使用，完善人才引进、激励、评价与选拔机制，基于纵横相通的人才培养模式，构建部级、省级、市县级管理人才、技术人才、执法人才队伍，实现三支队伍在人才数量、结构及素质方面与事业发展需要相适应。构建兽药监管新体制与机制，切实提高基层畜牧兽医执法水平。形成执业兽医与官方兽医新合力，疫情报告成为执业兽医的义务。

（3）推进信息化建设，发挥信息化对兽药监管的支撑作用和倍增效应　利用信息化手段赋能兽药产业，提升行业监管效能，提高服务质量。建立菌、毒种基因数据库，促进资源共享，满足兽用生物制品生产、检验和科研需求。推动国家兽药监管数据中心建设，围绕核心数据完善兽药数据采集机制。开展兽药监管数据资源整合和大数据平台构建，推动数据共享开放。着力推进信息技术与兽药监管工作深度融合，着力发展"互联网＋"服务，着力增强大数据分析决策能力，着力提升政务服务供给精细化、精准化水平。

（4）加强兽药经营与使用监管　建立兽药安全使用责任制。进一步强化兽药残留监控和阳性样品追溯制度，建立全国动物源细菌耐药性监测网。加强上市后兽药安全监管，建立健全上市后兽药监测、预警、应急、撤市、淘汰的风险管理长效机制。对已上市兽药分期分批开展再评价研究，定期对现有兽用诊断制品开展比对验证，完善兽药不良反应监测和报告制度。探索建立兽药经营诚信体系建设，完善兽药使用记录制度。进一步推进兽药追溯与兽药GSP实施，和兽药规范使用管理相结合，有力规范兽药市场经营秩序。在审批新建兽药经营企业时，要注意合理布局，实现对兽药经营企业结构的有效调整。建立监督检查制度，通过日常检查、跟踪检查、飞行检查等手段，加强对通过兽药GSP企业的监管。

（5）探索建立监督抽检评价新模式　强化兽用生物制品批签发管理，加大兽药质量监督抽检和跟踪检验力度，完善兽药质量"检打联动"机制。加强信息共享和业务协同，部门互动，强化畜牧与兽药管理部门监管衔接，深入推进兽药质量监督执法工作，充分发挥地方监督执法整体效能。

10.2.3　净化市场，进一步严格监督管理

我国兽药管理法律法规日臻成熟，实现了对兽药研制、生产、经营、使用各环节管理均有章可循，有效保障兽药产品质量，新兽药研发阶段应遵循《新兽药研制管理办法》、《兽药非临床研究管理规范》（兽药GLP）、《兽药临床试验质量管理规范》（兽药GCP），兽药生产阶段实行《兽药生产质量管理规范》（兽药GMP），兽药经营环节应符合《兽药经营质量管理规范》（兽药GSP）、《兽药生物制品经营管理办法》等要求，兽药使用阶段实行兽药残留监控制度、兽用处方药管理制度等。

农业部公告第 2368 号、《兽药注册现场核查工作规范》的发布，为涉嫌申报资料不实、有意造假的申报单位开展现场核查提供了法规依据。进一步规范了兽药研制活动，畜牧兽医行政管理部门对兽药安全性评价单位开展日常监督管理，对其执行兽药 GLP、兽药 GCP 法规标准和规范等情况进行核查。通过飞行检查与日常监管相结合，加大对兽药企业的日常抽查力度，确保兽药生产经营企业都能按照兽药 GMP 和兽药 GSP 相关要求严格执行，兽药执法部门定期对辖区内的兽药企业进行检查，对执行不到位的兽药企业责令整改，逾期整改不合格的依法注销其许可证。结合实际情况，各监管机构因地制宜制定监督方案，并加强后续整改跟踪监管，确保监督检查的作用落到实处。按照"双随机"和重点监督相结合原则，每年对兽药生产企业、经营企业、使用单位进行抽样，在抽样同时对被抽样兽药生产企业、经营企业、使用单位实施监督检查。发现列入食品动物中禁止使用的药品和其他化合物清单的产品、未经农业农村部批准的产品等假兽药产品，依法进行处理。同时，兽药各环节信息化管理水平日益提升，在兽药生产经营管理、监督抽检统计、兽药来源及流向追溯等基础信息管理方面均实现了信息化。

在我国兽药监管组织体系趋于完善的同时，监管工作中还存在一些问题。从法规层面看，部分标准尚待细化。《兽药管理条例》是兽药监管的基础法规，但《兽药管理条例》只属于法规，尚未上升到法律层面，实际监管效力有限。从监管条件上看，由于基层监管机构人员、设备缺乏，技术支撑严重不足，监管实效大打折扣。针对上述问题，政府还需细化相关法律法规，如修订《兽药管理条例》。此外，还应加强兽药监管队伍建设。在市、县建立健全兽药监察机构，并与兽医行政主管部门相互配合，形成机构设置合理、运行有效的畜牧兽医监察体系。要通过全面严格的兽药 GMP 制度，优胜劣汰，扶优扶强。

10.2.4 问题导向，进一步突出政策引导

根据国家发改委《产业结构调整指导目录（2011 年本）》将兽用粉剂、散剂、预混剂生产线和转瓶培养生产方式的兽用细胞苗生产线已列入限制类项目管理的要求，2012 年农业部发布第 1708 号公告，停止受理兽用粉剂、散剂、预混剂生产线和转瓶培养生产方式的兽用细胞苗生产线兽药 GMP 验收申请。同时发布了《新建兽用粉剂、散剂、预混剂 GMP 检查验收细则》，大幅度提高了新建粉剂、散剂、预混剂生产条件，这对淘汰落后产能、避免低端重复建设起到了重要作用。

兽医诊断制品在动物疫病防控中发挥着重要作用，是依法防疫的物质基础，在动物疫病防控、公共卫生安全等方面具有重要意义。在兽医体外诊断制品的管理上，目前我国兽用诊断试剂的种类和数量远不能满足疾病防控的需求，另外由于诊断制品的特殊性，市场产品不规范，存在合法产品与无合法手续产品一起流通等情况。针对上述情况，管理部门通过政策支持和引导，扶持一批在国内影响力较大、产品种类较全的单位，提高国产诊断制品的质量和供应能力，在研发方面施行注册管理，专门制定了《兽医诊断制品注册分类及注册资料要求》，又于 2015 年对兽医诊断制品注册进行了修订，并调整了临床试验靶动物数量，以便有别于预防、治疗用兽用生物制品。在企业准入方面，实施兽药 GMP 和兽药生产许可证管理，且于 2015 年发布实施《兽医诊断制品生产质量管理规范》，进一步规范兽医诊断制品生产活动。

口蹄疫、高致病性禽流感是传染性强、危害性大的动物疫病，属于我国实施强制免疫

的病种。为加强口蹄疫、高致病性禽流感疫苗生产企业管理，农业部出台《口蹄疫、高致病性禽流感疫苗生产企业设置规划》，该规划围绕国家动物疫病预防、控制政策和策略，按照"供需平衡、鼓励创新、确保安全"原则，进一步推动口蹄疫、高致病性禽流感疫苗生产合理布局和结构优化，严格管控生物安全风险，提升口蹄疫、高致病性禽流感疫苗生产企业技术装备和管理水平，确保疫苗产品质量。

在发展绿色、高效、循环养殖业要求下，国家深入开展兽药超标治疗的监管工作，特别是滥用抗生素的治理，促进兽药源头减量，同时抓紧修订《农产品质量安全法》，提高畜牧产品质量安全标准，从使用环节和消费环节倒逼兽药产业转型升级；并加快国家、省、市级兽药残留监控网络建设，完善并深入实施国家兽药残留监控计划，加强动物源细菌耐药性监测，引导广大养殖场（户）科学合理使用兽药。

10.2.5 上下联动，进一步调整产业结构

据中国兽药协会统计，截至 2020 年底，全国共有 1665 家兽药生产企业，完成生产总值 683.52 亿元，产值年复合增长率为 6.56%；销售额 620.95 亿元，销售额年复合增长率为 6.44%；资产总额 2471.79 亿元，资产利润率 8.90%。由上述数据可看出，兽药产业整体规模逐步扩大，产值、销售额逐年增长。但低水平重复建设、产品同质化、产能利用率低以及自主创新能力不强仍是目前兽药行业面临的突出问题。为贯彻落实创新、协调、绿色、开放、共享新发展理念，去产能、去库存、降成本、补短板，推进兽药产业供给侧结构性改革。一是政府应加大政策引导，通过控制新增产能、加快淘汰落后产能，推进企业转型发展、产业结构优化升级，同时鼓励企业改造升级，调整产品结构，促进产业可持续发展；二是进一步完善管理体制，创新监管机制方式，实施兽药质量全程监管，加大监管力度；三是强化企业市场主体地位，优化创新环境，激发创新活力，强化新产品、新技术等要素支撑；四是企业应强化自身主体责任，健全质量管理体系，严格按照兽药GMP 等要求生产，提升产品质量；五是充分发挥行业协会等中介组织在品牌孵化、行业自律等方面的功能和作用，规范行业发展。

10.2.6 需求引领，进一步优化产品结构

近年来，全球兽药市场呈现增长趋势，化学药品占据最大的市场份额（59.4%），未来的全球兽药市场还会不断增长。非洲猪瘟防控常态化以后，市场快速恢复，整个兽药市场保持增长，化药及中兽药板块占据最大的市场份额（2020 年占比 73.85%），兽药需求也在发生着变化，给行业带来新的发展挑战和机遇。

10.2.6.1 兽药需求变化带来的挑战

（1）**食品安全** 随着食品卫生标准的不断提高，对动物产品体内药品残留量将提出更高的要求，未来高效、安全、消除快、低残留的兽药的需求将增加。

（2）**耐药性控制** 国内、外禁止抗生素作为促生长药物使用，饲料添加药物的开发也将受到限制，具机能改善作用的兽药和酶制剂等的开发需求将会大幅增加，尤其是免疫

增强作用的免疫肽类更加成为研发热点。

（3）**养殖模式** 规模化养殖比例的逐步提升将极大地促进畜牧业对兽药的需求，为适应食品动物群体给药模式的特殊性，必然带来药物品种、给药途径、制剂选择的要求，可溶性粉、溶液制剂、饮水剂的需求将会继续增加。重大动物疫病的出现将增大诊断试剂、消毒剂、卫生用药（扑蝇、驱蜱）的需求。

（4）**药物品种** 中兽药。在全球倡导健康养殖模式的大背景下，全球范围内为应对动物源细菌耐药性采取必要的限抗减抗行动，中药以其源于自然的绿色优势，有极大上升空间，迎来大好机遇。习近平总书记对中医药给予高度评价，国务院发布《中医药发展战略规划纲要 2016—2030 年)》也成为中药发展政策上的利好。

水产养殖用药。"绿色"渔药是当前合理用药的发展方向。目前我国批准的多为 20 世纪的研发成果，不能完全满足当前对水产品质量和养殖环境的需要。

宠物用药。特种经济动物和宠物数量的增加将成为兽药行业新的增长点。国内宠物犬猫数量近 1 亿只，宠物医院数量超过 1.7 万家。宠物用抗炎镇痛药、抑制呕吐药、麻醉药、行为调教药、老年用药有非常大的市场需求。

牛羊用药。近年来，随着肉类消费结构的调整，奶牛的集约化，肉牛、肉羊产业的养殖技术水平的发展，奶牛、肉牛、肉羊专用药物、专用剂型的需求增加，主要集中在抗生素、促繁殖类药物。

10.2.6.2 兽药需求变化带来的机遇

严格执行新版兽药 GMP 后，将逐步淘汰产能落后的兽药生产企业，对低水平重复建设进行有效遏制，使行业集中度提升、产品同质化减少，实现产业升级转型。以市场为主导，以创新为内核，不断提高兽药生产技术水平。优化生产技术结构，改进产品工艺，提高产品质量和效益。支持发展动物专用原料药及制剂、安全高效的多价多联疫苗、新型标记疫苗及兽医诊断制品，加快发展宠物、牛羊、蜂蚕以及水产养殖专用药，推进研制微生态制剂及低毒环保消毒剂。加快中兽药产业发展，开拓替抗中兽药和宠物药领域，推进中药提取物委托加工管理制度，积极探索中兽药和伴侣动物药品创新发展新理念、新形态、新模式和监管新机制，不断优化兽药生产工艺，以技术创新和制度创新加速推进兽药产业创新发展成果与养殖业发展深度融合。健全中药提取物监测检测体系。鼓励开展兽药和畜产品安全检验检测新技术、新方法、新标准研究。加快菌毒种自主创新。

10.3

"同一个健康"理念引领兽药产业发展方向

"同一个健康"理念是世界动物卫生组织（WOAH）于 2000 年初提出，其中心内涵是：人和动物的健康是相互依存的，并与他们共同生活的生态系统的健康密不可分。

一方面，一些动物疾病（如禽流感、狂犬病、裂谷热等）可传播给人类，给全球的公共卫生造成威胁；也有一些人与人之间传播的疫病，可将动物作为宿主，然后在人群中引起流行，此类风险日趋严重。而动物疾病的暴发可能导致畜牧业生产损失，进而导致现有食品供应的短缺，引发由于粮食缺乏和蛋白质不足而造成严重的公共健康问题。人畜共患病的病原可在人类与动物之间互相传播，控制其动物源头是最为有效和经济的方法，也是保护人类免受其危害的最佳途径。要保护公共卫生健康，必须采取积极有效的措施防控动物疫病。另一方面，前些年一些养殖场（户）为防治动物疫病，超范围、超剂量滥用抗菌药物的事件频发，由此造成的药物残留超标事件时有发生，动物源细菌耐药性问题日益突出，严重影响了动物源性食品安全，也影响了公共卫生健康和生态环境。作为服务畜牧养殖业的重要产业，提供安全高效的兽药产品，促进兽药规范使用，对动物源性食品安全也起着非常重要的作用。

因此，兽药产业的发展要紧紧围绕"同一个健康"理念，引领和推进产业科学发展、绿色发展、生态发展。一是坚持预防优先，研究推广更多高效安全的动物疫苗和治疗药物，将可能感染动物和人类的病原消灭在源头；二是积极推进抗菌药物减量化行动，提供更多绿色、高效、低残留、低污染的兽药产品，为畜牧养殖业"少用药""用好药"提供重要保障。从而在现阶段为我国有效防控动物疫病，保障动物源性食品安全，保护人类健康、公共卫生安全和生态安全发挥重要作用。

10.3.1 生产过程趋向绿色化

近几年国家环保部门对环境的监管和治理工作越来越重视。随着相关政策的出台，治理措施日趋严格和规范。生产过程绿色化，其思路就是采用当代最新科学技术的物理、化学、生物手段和方法，从根本上消除污染源，使兽药生产过程中产生的废弃物、废水得到有效控制，从源头彻底控制污染。

因此，在研究兽药生产工艺中，应该努力实现生产过程的绿色化，采用可以减少或消除对人体健康或环境有害的原料、溶剂、试剂等的使用，在生产过程中控制污染物的产生或排放，重视生产过程中对环境的影响，改进对生产过程中产生的工业废水、活毒废水的处理方式，有效减少对生态环境的影响。从经济角度来看，绿色生产也是合理利用资源和能源，降低生产成本，符合经济可持续发展的根本要求，力求使兽药生产实现"零排放"。

10.3.2 产品高效、环境友好化

随着国家继续加强兽用抗菌药综合治理，实施动物源细菌耐药性监测、药物饲料添加剂退出和兽用抗菌药使用减量化行动，建立畜牧业绿色发展评价体系，推广绿色发展配套技术等一系列政策的落实，"同一个健康"理念将引领兽药科技创新活力进一步释放，兽药产业将快速向产品高效、环境友好方向发展。一是在新兽药研发方面，绿色、安全、高效的新兽药产品将不断涌现，在防治动物疫病方面发挥越来越重要的作用。二是制剂工艺和制药生产技术的创新应用将不断深入，新工艺、新材料、先进的现代化制药设备和生产加工技术不断引进，将会更好地改善和提高兽药的质量水平和临床药效。三是剂型的创新应用也将得到更快发展，兽药生产技术的应用研究不断精进，创新剂型也将不断出现，近年来出现的"中药超微粉""中药可溶性粉""透皮吸收剂"等新制剂取得了很好的应用，

明显提高了临床药效，且大大降低了其他化学兽药的临床用量。同时，绿色、安全、高效的新兽药、新制剂产品的广泛应用，将会进一步地保护环境及生态安全。

10.3.3　抗生素替代产品迅速涌现

抗菌药物具有防治疾病、促进生长及提高动物生产性能等功效，但是其在畜牧、水产养殖中被长期大量不合理使用导致药物残留，细菌耐药性等问题，给畜牧、水产品质量安全和公共卫生带来严重隐患。畜牧、水产养殖业等所滥用的抗菌药物转移到人体的可能路径有两种：一是直接食用肉类，抗菌药物在畜禽、水产品中的药物残留通过食物链进入人体，直接危害人体健康；二是动物排泄物污染水体后，经生态循环传递到人体，导致人体细菌耐药性增大，从而形成恶性循环。

我国是全球使用抗菌药物最多的国家之一，针对饲料抗生素滥用问题，政府部门多次发文禁止多种抗生素用作饲料添加剂。2015—2016 年，国家先后发文禁止部分喹诺酮类抗菌药物、停用硫酸黏杆菌素等作为饲料添加抗生素。2019 年 7 月，农业农村部发布第 194 号公告，自 2020 年 1 月 1 日起退出除中药外的所有促生长类药物饲料添加剂品种，自 2020 年 7 月 1 日起饲料生产企业停止生产含有促生长类药物饲料添加剂（中药类除外）的商品饲料。同时，鼓励积极研发绿色高效饲料及抗菌药物替代产品，生物饲料、酶制剂、肠道健康产品，如益生菌、植物提取物、酸化剂、低聚麦芽糖等替代产品迅速涌现。

10.3.4　中兽药面临最后发展机遇

在"禁抗、限抗和安全"的大背景下，给中兽药的快速发展也带来了重大机遇。中兽药生产企业应积极主动抓住机遇，分析化解当前制约中兽药产业发展的主要问题，研究中兽药在供给侧结构性改革和企业转型升级中的发展新思路。

首先中兽药面临着几个制约因素，比如疗效是否确切、低添加量、成本高等。其次，中兽药发展受到西医评价标准的影响，不乏有人用有效成分论、作用机理论、有效成分可测论，以及霉菌毒素、"重金属"超标问题等打压、否定中兽药。同时，中兽药发展还面临着人才缺乏，中兽医的人才培养与学科体系建设尚不完善。

挑战与机遇并存，中兽药已经来到畜牧业转型升级发展的风口，要做到以下改进：一是转变发展理念，当前养殖业的发展需从注重数量向提高生产性能和改善肉品质方向转变。可借助中兽药技术创新，探索促进生产安全、健康、优质的肉蛋奶食品。二是进一步提升大众对中兽药应用的认知度，并谋求国际化道路。三是需进行中兽药产业重组融合与传承创新，以临床功效为标准开发新剂型、新产品，同时提升新工艺新装备，稳定质量。四是加强中兽医的人才培养与学科体系建设，壮大中兽医和中兽药人才队伍。

当前，畜禽养殖集约化、智能化已成趋势，无抗健康生态养殖将成为新的共识，可治、可防、安全、绿色等兽药新需求将为中兽药提供良好的发展机遇。建议国家相关部门从中药材的种植，中兽药的生产、研发、应用、注册、审批和标准等方面加大对中兽药的支持力度，促进中兽药健康发展。

10.3.5　人兽共患病产品受到重点关注

人兽共患病是指在人和动物之间自然传播的疫病。人兽共患病防控不仅关系到健康养殖、公共卫生安全、食品安全，而且关系到国家生物安全和社会和谐稳定。因此，必须将人兽共患病防控的关口前移，切断动物疫病向人类传播的"源头"；坚持"同一个世界，同一个健康"的理念，加强国家层面的支持与协调，建立多学科、多部门协同联动机制，联合防控；完善法律法规，从法律层面上保障人兽共患病防控工作的落实；同时加大科技投入，依靠科技，加强研究，采用新型生物学技术开展埃博拉出血热、狂犬病、中东呼吸综合征、裂谷热等重要人兽共患病病原监测与流行病学调查，研制简、快、准诊断技术与新型疫苗和救治药物，进行科学防控。

10.4

理论和技术创新成为产业发展的原动力

回顾我国兽药产业发展史，基础理论和技术的创新推动我国兽药不断推陈出新。2016—2021年，国内兽药产品销售规模由472.29亿元增长至689.94亿元，年均复合增长率为5.57%。随着合成生物学、mRNA等革命性新技术逐步成熟，免疫学和生物信息学等学科理论不断发展，为兽药产业提供研发新思路，基于新理论和新技术的新型兽药迎来巨大发展空间，生物兽药发展方向将从单纯预防感染向免疫调节（预防＋暴露后预防＋治疗）转变，药物使用的疾病谱从传染病向慢性病转变。

10.4.1　基础理论成果推动产品和工艺创新

近年来，我国对兽药的基础理论研究主要集中在抗生素、氟喹诺酮类、抗病毒中药、抗球虫化药等方面的抗菌、抗虫活性与耐药性机制（细胞和基因水平）等方面。新药与新制剂的研发有喹噁啉类合成新药喹赛多、喹烯酮。新抗生素研究有头孢菌素类动物专用头孢喹诺的合成、兽类专用大环内酯类新抗生素土拉霉素。新制剂研制有牛至油预混剂、肉鸡中草药4号、二氟沙星长效注射乳剂、长效氧氟沙星注射液和阿莫西林注射混悬剂等。这些都说明，随着我国兽药基础理论的不断突破与应用，大大推动新型兽药产品的研制。

动物用生物制品（疫苗、生物药物和诊断制剂），是防治动物疫病最有效、最经济的措施，其研发和应用的理论基础主要来源于动物免疫学、病原学及其病原与宿主相互作用的流行病学、感染免疫与致病机制，以及分子生物学、遗传学、基因组学、生物信息学和材料科学等其他新兴交叉学科的理论基础，其中动物免疫学和病原学理论是其核心理论基础。

21世纪，机体"自我"与"非我""三位一体"的模式识别受体的发现，以及天然免疫学概念和理论的形成和建立，使免疫学成为一个完整的免疫抗病防御体系。在病原学方面，各种病原体的发现以及入侵机制和抗感染免疫机制的阐明，生物DNA分子双螺旋结构的发现和中心法则等分子生物学和遗传学理论的建立，病原体在体内细胞中的核酸复制、转录和翻译以及子代病原的组装、增殖和散播机制的阐明，基于病原和宿主及其互作的各种组学（基因组学、转录组学、蛋白组学和代谢组学）、生物信息学以及反向遗传学等理论的建立，使生物制品特别是疫苗和治疗性生物制品的研发进入高通量和个性化精准设计的分子时代。

随着分子生物学与各种组学（基因组学、转录组学蛋白组学和代谢组学）技术的发展，病原学及其致病和免疫机制研究进入分子水平和系统生物学时代，人们将采用新兴交叉学科的理论和技术进一步探索阐明病原与宿主互作的免疫识别、应答和调节规律，免疫细胞发育、分化与活化的分子机制以及病原抗原模式识别与天然免疫的分子机制，畜禽不同病原体（病毒、细菌和寄生虫）及其成分的抗原性、基因组学和反向遗传学等诸多方面的问题。同时，结合生物信息学分析建立的兽医免疫学、流行病学和病原学研究的大数据以及特定病原的致病与免疫机制的研究结论，为安全、高效、广谱的动物用各种新型生物制品的研发提供前瞻性、颠覆性理论基础。

因此，从免疫学、病原学与流行病学角度对病原诱发宿主免疫反应的深入探讨，从机制上揭示病原与机体免疫的互作规律，发现病原与机体免疫调控网络的关键通路，将是研发未来抗感染疫苗和药物以及有效地预防和控制重要疫病的新思路，可为畜禽重大疫病和人畜共患病的"可防可控"提供前瞻性精准科学理论指导。

随着生物技术发展，我国兽医工作者已经创制了基因工程亚单位疫苗、合成肽疫苗、病毒活载体疫苗和核酸疫苗等新一代高安全性疫苗，如：伪狂犬病三基因缺失疫苗，仔猪腹泻大肠杆菌菌毛K88/K99疫苗，禽流感/新城疫重组二联活疫苗，禽流感DNA疫苗，猪口蹄疫O型合成肽疫苗，重组新城疫病毒灭活疫苗（A-Ⅶ株），猪口蹄疫O型、A型二价灭活疫苗（Re-O/MYA98/JSCZ/2013株＋Re-A/WH/09株），猪口蹄疫O型病毒3A3B表位缺失疫苗灭活疫苗（O/rV-1株）等，在理论的引领下，推动了产品和工艺创新，已达到国际领先水平，获得国家一类新兽药证书，在动物疫病防控中发挥了重要的作用。今后，还将有更多、更先进的产品问世。

10.4.2　前沿新技术引领产品和工艺创新方向

农业农村部发布的《"十四五"全国畜牧兽医行业发展规划》在兽药方面指出："十四五"期间严把兽药生产和使用关口，保障畜产品质量安全。推动兽药产业转型升级。严格执行新版《兽药生产质量管理规范》，提升兽药产业技术水平。

自21世纪以来，现代生物技术发展不断创新和突破，成为推动兽用生物制品发展的最大动力。一批基于现代生物技术的新型疫苗、治疗制剂、诊断试剂研制成功，极大丰富了兽用生物制品的内涵，加速了兽用生物制品产业的发展。通常认为现代生物技术主要包括基因工程、细胞工程、发酵工程和分离浓缩纯化工程等四方面技术。随着生物信息学、生物学、病毒学、免疫学、宏基因组学、代谢组学以及蛋白组学学科的发展，结合新材料和新工艺，不断有新的技术产生，如合成生物学技术、RNA病毒反向遗传操作技术、正交遗传技术、基因编辑技术以及反向疫苗技术等。

前沿新技术的创新与应用，大大提高了疫苗生产技术水平，催生出更加安全高效的多价多联疫苗、新型标记疫苗及兽医诊断制品。如 2004 年 11 月，中牧实业股份有限公司、申联生物医药（上海）有限公司研究的猪口蹄疫 O 型合成肽疫苗获得批准，标志着合成肽疫苗在我国成功面世并投入规模化生产和应用。2013 年，批准了口蹄疫 O 型、亚洲 I 型、A 型三价灭活疫苗（O/MYA98 株＋Asia I JSCZ/2005 株＋Re-A/WH/09 株），其中 Re-A/WH/09 株是国际首例利用反向遗传技术构建的重组疫苗种毒。2017 年，评审通过的猪口蹄疫 O 型、A 型二价灭活疫苗（Re-O/MYA98/JSCZ/2013 株＋Re-A/WH/09 株），是完全利用反相遗传技术构建的制苗种毒生产口蹄疫疫苗，国内外尚属首例。

利用 CRISPR/Cas9 技术及其延伸技术制备特定的基因修饰细胞系以突破疫苗生产中存在的技术屏障（产量、效价等），进而降低动物用生物制品的生产成本，将是今后细胞灭活疫苗和弱毒疫苗的生产工艺研究重点之一。另外，作为一种新兴的生物技术，mRNA 技术已经在疫苗研究、基因治疗等多个领域取得了重要进展，并在新冠预防和传染病防治方面进行了临床应用，展现出了广阔的应用前景。mRNA 技术在动物传染病研究中的应用相对滞后，尚无可临床应用的产品被批准。目前，国内外动物传染病 mRNA 疫苗的研究主要聚焦于人畜共患病及重要动物疫病。相信在不久的将来，mRNA 疫苗在动物疫病的防控中将大放异彩。

在化学药物方面，将更加关注动物专用原料药、制剂与工艺创新，增加药物生物利用度和设计各种给药系统等，研制出使用方便、安全、合理、保持高药理活性的给药途径和新的生物兽药新剂型。

研究开发口服制剂和注射制剂之外，喷雾剂、滴鼻剂、涂擦剂、控释和缓释剂、肠溶性的微囊、包被颗粒剂等新型制剂核心技术将相继突破；中兽药饲料添加剂，牛羊、宠物、蜂蚕以及水产养殖专用药，新型微生态制剂及低毒环保消毒剂等新型兽药产品将大量涌现，大大加强我国兽药的原创性和开创性改进工作，使我国成为名副其实的兽药研发与生产大国。

10.4.3　多策略的协同攻关成为主要创新模式

要切实提高我国兽药行业技术创新能力和共享利用效率，促进我国兽药产业可持续发展。作为担当新兽药开发角色的科研单位、大专院校、研究型企业以及有创新能力的兽药生产企业要充分利用多策略的协同攻关与创新模式，把基础研究与应用研究相贯通，把基础理论与应用理论相结合，不断提升我国兽药科技自主创新能力，取得更多更好的原创性科研成果。同时，用多策略的协同创新模式促进产、学、研更加深度融合，带动高校、科研院所和高新技术企业等力量开展全产业链技术攻关与集成示范，加快新型兽药科技成果转化和产业化应用。

十九大报告指出："深化科技体制改革，建立以企业为主体、市场为导向、产学研深度融合的技术创新体系，加强对中小企业创新的支持，促进科技成果转化。倡导创新文化，强化知识产权创造、保护、运用。"目前，我国在动物药品科技创新方面已初步建设产学研三位一体的科技创新平台，形成了以企业为主体的"中国兽药协会"和以技术为核心的"国家兽药产业技术创联盟"产学研战略联盟，以需求为导向，引导市场、培育市场，正在形成企业与研发机构之间的双赢和良性互动的局面，提高科技创新成果转化为现实生产力的比例，打造多元主体的创新经费投入机制，产生更多的科技创新成果。

10.4.4　企业成为产品和工艺技术创新的主体

2016年5月30日习近平总书记在《为建设世界科技强国而奋斗》的讲话中指出："企业是科技和经济紧密结合的重要力量，应该成为技术创新决策、研发投入、科研组织、成果转化的主体。"

近年来，我国兽药企业积极与人才齐备、设备先进、科研实力雄厚的科研院所及高等院校强强联合，打破部门界限，建立起国家级及地方多层次企业主导的生物兽药产业化创新发展体系，创造科技资源开放共享创新平台。以近5年新兽药证书中第一署名单位作为研发和转化主体进行统计分析，349项新兽药中，高校44项（占12.61%），科研院所71项（占20.34%），企业234项（占67.05%）。今后应使企业在新兽药研制及转化方面占据主导地位，成为产品与工艺技术创新的主体。

10.5

我国兽药产业前景展望

兽药是动物养殖业的投入品，养殖业的发展必然拉动对各类药物的不断增长的需求，促进兽药产业的发展。同时，兽药新产品和新技术也会反过来促进动物养殖业形成新的需求。兽药需求的变化主要和以下因素有关：一是养殖业的规模和饲养方式，决定了用药的数量和给药途径；二是同一健康和食品安全的法规和标准，决定了养殖业用药的选择和使用规范；三是兽药理论创新和产品创新的能力，决定了兽药的种类、质量和需求拓展。我国兽药产业已经走过了七十多年的历史，在为动物养殖业保驾护航中不断发展壮大，在产业形成期打牢基础，乘改革东风进入快速发展轨道，已经取得了令人瞩目的成就，今后如何发展，是需要认真回答的问题。

10.5.1　计划经济下产业形成，筑发展之基

我国兽药产业的发展过程和西方资本主义国家不同，就是产业的形成期很长。新中国成立以前，只有几个能够生产兽药的地方，都是政府管理的，兽药还没有形成产业。1931年2月，成立国民政府中央畜牧试验所；1934年8月成立国民政府西北防疫处；1936年3月成立四川省家畜保育所；1936年江西省农业院设立兽医血清制造所（江西生物药厂前身）；1949年9月设立河南省开封血清厂（郑州生物药厂前身）。新中国成立以后，人民安居乐业，农业生产的役用畜和食品畜禽的养殖数量迅速上升。中央政府非常重视兽药生产，先后成立了"华东军政委员会南京血清厂（南京生物药厂前身）""西北军政委员会兰州兽疫生物制药厂（兰州生物药厂前身）""西南军政委员会兽疫血清制造厂（成都药械厂前身）"和郑州生物药厂，这些企业后来均归属农业部直接管理，号称农业部直属四大生物制品制造企

业。此后，各省、自治区、直辖市相继建立了由省级农业主管部门或畜牧兽医行政主管部门直接管理的 28 家兽用生物制品生产企业。进入 70 年代中后期，地市级甚至县一级又成立了化药生产企业。1980 年国务院颁布了《兽药管理暂行条例》，兽药生产企业管理加强，发展逐渐开始规范化、规模化、标准化。截至 1986 年，全国生产兽药的企业 450 多家，总产值约 8.7 亿元人民币。至此，我国兽药产业已经完成了形成期的发展过程。

1978 年，中共中央召开了十一届三中全会，吹响了改革开放的号角，积极吸引外资和促进经济发展，开始允许私人做生意，以激发经济活力。1979 年国务院颁布了《中华人民共和国个体工商户条例》，允许个人注册为个体工商户，在指定的市场和地点进行商业活动。进入 80 年代，国家开始允许私人开办工厂、办企业，为民办兽药企业的产生提供了可能。1987 年 5 月 21 日，国务院发布《兽药管理条例》，自 1988 年 1 月 1 日起施行。这是我国兽药管理的顶层法律，是部门规章、地方法规、规范性文件和各类标准必须依据的法律框架。1988 年全国人民代表大会颁布实施的中华人民共和国宪法修正案为私营兽药企业提供了法律基础和条件。1992 年邓小平同志视察南方谈话的发表，随后私营兽药生产和经营企业大量涌现，兽药生产企业的数量达到了历史最高水平。兽药产业的发展进入了粗放的快速增长期。截至 2005 年末，我国已经取得生产文号的兽药生产厂家就有 3160 多家，兽药经营企业 7 万多家。兽药生产企业销售额约 150 亿元人民币，经营企业销售额约 170 亿元人民币。2002 年中华人民共和国农业部颁布并实施第一版《兽药生产质量管理规范》（兽药 GMP），标志着我国兽药管理将迈向更高的台阶。自 2006 年 1 月 1 日起，国家对兽药生产企业强制施行兽药 GMP，兽药生产企业的数量从 2005 年底的 3160 多家迅速减少至 800 多家。兽药产业进入了有较高门槛的规范快速发展阶段。经历了计划经济时代的稳定增长期、改革开放前期的快速增长期、市场经济条件下的规范发展期三个阶段的发展，中国兽药产业在全球动保产业中已经成为不可忽视的力量，2022 年有 10 家企业销售额进入全球动保前 50 强，有 9 家企业销售额进入全球动保前 30 强，有 4 家企业销售额进入全球动保前 20 强。经过七十余年的发展，部分优秀兽药企业已经走出国门，进入国际市场，在与国际动保巨头的激烈竞争中找到了属于自己的生存和发展空间。

10.5.2　多重挑战下浴火重生，影响力持续增大

经过七十多年的发展，中国兽药产业不断成长壮大，已经进入了规范快速发展的轨道，呈现良好的发展趋势，在全球动保产业中崭露头角。特别是进入新世纪以后，随着我国兽药 GMP、兽药 GSP 等法规的实施，兽药产业生产经营逐步规范化，我国兽药产业稳步规范发展，企业开始重视科技创新，加大研发投入力度，积极与科研单位、大专院校、技术创新型企业合作，研发转化新产品和新工艺，快速缩小与欧美发达国家的差距。2018 年以来，我国每年新兽药批准数量维持在 70 个以上，"十三五"期间共批准国内新兽药 355 个，2022 年批准新兽药 78 个，创历史新高。

在产业不断前进的时候，我们必须清醒地看到前方的路途还有许多艰难和曲折，还有许多问题和挑战需要克服和面对。一是产业整体创新能力不足，企业还没有成为产品和技术创新的主体，产品研发效率低、新产品注册时间长、宠物和水产用药短缺的局面尚未得到根本的转变；二是国际国内市场竞争加剧，本土企业围绕产品价格血腥拼杀，企业利润急剧下降甚至亏本经营，部分企业面临生存危机；三是"猪周期"和养猪头部企业的影

响，猪价低迷时期对兽药的购买欲望下降，大型养猪企业为降本增效对兽药产品价格实行极限打压，企业无法盈利，使部分企业丧失了产品更新换代和扩大再生产的发展空间；四是产业长期积累的问题对发展的限制，产品同质性高、产能利用率低、企业间产品结构互补性差、小微企业比较多等问题在短期内无法得到解决，影响了产业的发展速度；五是新版兽药GMP实施后企业固定资产急剧增加，所有的兽药生产企业都变成了重资产企业，固定资产折旧负担沉重，产品生产的直接成本提高，企业利润率大幅度降低；六是兽药市场环境有待进一步改善，监管力量不足，监管能力尚需加强，监管工作不到位，往往造成"劣币驱逐良币"的情况。严峻的外部新形势和产业发展中积累的老问题，迫使中国兽药产业必须走转型升级、优胜劣汰、并购重组的剧烈变革之路，每一个企业都在适应新形势，寻找新定位，解决新问题。在这样的背景下，高质量发展已经成为兽药企业新生的必然选择。兽药生产企业的领导者必须立足全球视野，认真总结全球动保产业发展过程中的经验与教训，明确发展定位，积极应对挑战，及时抢抓机遇。要转变工作思路，树立新发展理念，构建新发展格局，积极发展新质生产力，加大科技创新力度，加快转型升级步伐，着力推动高质量发展；以提高自主创新能力为目标，在新兽药研发上取得战略突破，丰富产品种类，优化产品结构，提高产品质量，努力打造产业的核心竞争力。中国兽药协会要充分发挥行业引领和服务的功能，进一步加强国际交流，借鉴国际先进的管理经验和市场营销理念，努力开拓国内国际两个市场；搭建包括高等院校、科研院所、兽药研发生产企业、兽药使用单位在内的产学研用交流平台，共同推动兽药产业的健康可持续发展，不断提高中国兽药品牌在国际上的影响力。

10.5.3 全球市场中份额增多，呈三足鼎立之势

从动保市场规模增速的幅度上看，我国要明显高于全球增速。2017—2021年，全球动保市场规模的年复合增长率为3.5%，从390.1亿美元增长到447.2亿美元。2018年到2022年，中国兽药产业规模的年复合增长率为10.6%，从458.97亿元人民币（66.74亿美元）增长到673.45亿元人民币（97.62亿美元），其中2021年市场规模达到了686.18亿元人民币（101.6亿美元）。2021年中国兽药产业市场规模在全球动保市场规模中的占比已经达到了22.72%。我国兽药市场规模增长势头强劲。

随着全球人口的稳定增长和宠物、异宠数量的增加，预计全球动保市场规模将在2025年达到529亿美元，在2030年达到608.11亿美元，到2035年达到743.53亿美元。在今后很长一段时间，中国兽药产业市场规模将会持续、稳定、快速增长。驱动增长的主要原因：一是宠物板块存在巨大的增长空间。据统计，2022年我国宠物犬和猫的拥有量是1.156亿只，是全世界第二宠物饲养大国，而且每年还在以8%以上的速度增长。但是我国宠物用药品的研发和生产却是短板，宠物用药在我国兽药板块中占比不到10%，远远低于北美和欧洲40%的宠物药占比。近年，许多兽药生产企业充分利用国家在宠物药研发方面的鼓励政策，采取"洋为中用、古为今用、人药兽用、老药新用"的便捷路径，开始布局宠物药的研发和生产，相信在不久的将来宠物用药将在我国快速发展。二是水产动物用药极度短缺。我国是水产动物养殖大国，全世界三分之二的水产品生产在我国。水产养殖动物的病毒病、细菌病和寄生虫病非常严重，但用于这些疾病的诊断、治疗、预防和水体清洁的药物却很少，未来水产动物用药的开发前景广阔。特别是日本核污染水排海

之后，淡水养殖将会迅速发展，水产动物用药短缺的状况将更加严重，为水产动物用药的快速发展创造了条件。三是牛羊和特种经济动物用药种类很少。按照出栏加存栏计算，2022 年我国饲养牛大约 1.5 亿头、羊 6.5 亿只、家兔 5 亿只、水貂 579 万只、狐狸 836 万只、貉子 791 万只、梅花鹿和马鹿 170 万只。但是，能用的药物种类很少，标明靶动物的药物更少，亟需下大力气解决，也是企业寻求差异化发展的机遇。基于上述三个原因，有理由预测，如果按照我国 2018—2022 年 5 年间复合增长率为 10.06％推算，人民币兑换美元汇率按 7.1 计算，2030 年我国兽药市场规模将达到 207.13 亿美元；全球动保市场规模按照 2017—2021 年 5 年间复合增长率为 3.5％计算，2030 年全球动保市场规模将达到 608.11 亿美元；中国兽药产业市场规模在全球动保板块中将超过三分之一，形成中国、北美、欧洲三足鼎立的格局。

10.5.4 产业集中度迅速提高，现世界动保巨头

我国兽药产业正处在剧烈的变革之中，必须通过科技创新、转型升级、兼并重组、优胜劣汰的途径淘汰落后产能，促进差异发展，减少同质化竞争，大力提高产业的集中度与核心竞争力，实现浴火重生，以新的姿态迎接全球竞争的挑战。2023 年，兽药产业经受了新版兽药 GMP 改造升级后带来的新机遇和新挑战、养殖规模化引发的兽药市场供求关系角色转变的新考验、养猪业行情无规律可循的持续低迷所造成的新困惑以及企业间产品同质性高形成的价格内卷致使产业毛利率迅速下滑等一系列叠加因素影响，我国兽药产业依然能够披荆斩棘，逆势前行，实属不易。越来越多的兽药生产经营企业家在严肃地思考一个问题：今后的路应该怎么走？部分专家推测，在养猪业持续低迷、非洲猪瘟影响难以消除、兽药价格内卷加剧的情况下，在 3～5 年内我国 90％的微型企业和 60％的小型企业将会倒闭，部分中型企业和处于尾部的大型企业将被头部企业兼并重组，部分新组建的企业有可能来也匆匆、去也匆匆，兽药生产企业的数量将会减少，产业集中度将会大幅度提高。进入"十四五"，有情怀、有胆识、有理想、能干事的兽药生产经营企业家已经做好了发展规划，按照这些企业家的宏伟设想，到 2035 年至少有 2 家企业销售额将进入全球动保企业排名前 5 名，5 家企业进入前 10 名，10 家企业进入前 20 名。千淘万漉虽辛苦，吹尽黄沙始到金。相信在国家政策法规的引导下，在新产品和新技术创新的推动下，在兽药生产经营企业家团队的领导下，中国兽药产业一定会走向更加辉煌的明天！

参考文献

[1] 农业农村部畜牧兽医局. 兽药产业发展报告（2022 年度）[M]. 北京：中国农业出版社，2024.
[2] 夏业才，陈光华，丁家波. 兽医生物制品学[M]. 2 版. 北京：中国农业出版社，2018.

[3] 景志忠，殷宏，才学鹏．我国动物生物制品产业的发展现状与趋势[J]．生物产业技术，2008（2）：40-47.

[4] 王昌青，姜子楠，等．新评我国兽用生物制品行业[J]．中国畜牧兽医文摘，2016，32（8）：16-18.

[5] 中国科学技术协会．2018—2019兽医学学科发展报告．北京：中国科学技术出版社，2020.

[6] 邓奇风，陈颀，刘志强，等．我国智能化养猪业现状与发展趋势[J]．中国猪业，2017（12）：48-53.

[7] 金宁一．野生动物与新发人兽共患传染病[J]．兽医导刊．2017，122（10）：21-24.

[8] 刘春鹏，海峰．中国牛肉供求现状及趋势分析．农业经济与管理，2016，38（4）：79-87.

[9] 焦新安，涂长春，黄金林，等．我国食源性人兽共患细菌病流行现状及其防控对策[J]．中国家禽，2009，31（19）：4-11.

[10] 崔治中．我国禽病流行现状与开展科学研究的思考．中国家禽，2011，33（2）：1-3.

[11] 刘秀梵．疾病防控是保障我国养禽业健康发展的重中之重[J]．中国家禽，2009，31（9）：1-3.

[12] 王笑梅，田国彬，廖明，等．2014世界肉鸡疫病控制研究和技术发展报告[J]．中国家禽，2015，37（10）：5-8.

[13] 林德贵．我国宠物业现状、机遇与挑战[J]．中国比较医学杂志，2010（20）：13-16.

[14] 霍志云，和彦良，等．中国宠物疫苗市场前景广阔[J]．现代畜牧兽医，2014（9）：40-43.

[15] 中国兽药典委员会．中华人民共和国兽药典2015年版三部．北京：中国农业出版社，2016.

[16] 王云峰，智海东．兽用生物制品产业与研发现状[J]．农业生物技术，2010（6）：82-86.

[17] 张许科．兽用生物制品研发创新的趋势与策略[J]．中国家禽，2011，33（19）：48-49.

[18] 邓博元．浅谈合成生物学在医药领域中的应用[J]．成功：教育，2017（21）：P.49-49.

[19] 汪梦竹，蒲飞洋，赵泽阳，等．新型疫苗的研究进展[J]．畜牧与兽医，2022（9）：054.

[20] 谢伟，侯耀晨．在AI生物医药研发领域建立制高点[J]．中国商人，2023（5）：190-192.

[21] 王海旭，陈艳萍，赵凯．中国人工智能医疗产业发展的现状及国际经验借鉴[J]．卫生经济研究，2020，37（9）：9-11.